U0903249

SIPRI 年鉴 2006

军备、裁军和国际安全

中国军控与裁军协会　译

时事出版社

1987年以前出版的各年鉴书名为：
《世界军备与裁军：斯德哥尔摩国际和平研究所【出版年号】》

根据牛津大学出版社2006年版译出

图书在版编目（CIP）数据

SIPRI年鉴2006：军备、裁军和国际安全/斯德歌尔摩国际和平研究所编；中国军控与裁军协会译.—北京：时事出版社，2007.
书名原文：SIPRI Yearbook 2006：Armaments，Disarmament and International Security
ISBN 978-7-80232-064-2

Ⅰ.S… Ⅱ.①斯… ②中… Ⅲ.①军备－世界－2006－年鉴 ②裁军问题－世界－2006－年鉴 ③国际问题－安全－2006－年鉴 Ⅳ.①E118-54 ②D815-54
中国版本图书馆CIP数据核字（2007）第048908号

图字：01-2007-2214号

责任编辑：伍　荷

出版发行：时事出版社
地　　址：北京市海淀区万寿寺甲2号
邮　　编：100081
发行热线：（010）88547590　88547591
读者服务部：（010）88547595
传　　真：（010）68418647
电子邮箱：shishichubanshe@sina.com
网　　址：www.shishishe.com
印　　刷：北京百善印刷厂

开本：880×1230　1/32　印张：38.625　字数：1154千字
2007年5月第1版　2007年5月第1次印刷
定价：98.00元

中国军控与裁军协会

《SIPRI 年鉴》项目

主　任　叶如安

副主任　李根信

参与本卷翻译的单位

中国国际战略学会

中国国际问题研究所

中国国防科技信息中心

军事科学院世界军事研究部

国防大学防务学院

北京应用物理与计算数学研究所

中国军控与裁军协会秘书处

本卷翻译人员

王连成　王春生　尤东晓　田景梅　叶如安　刘永胜

刘孝明　刘俊波　吕品柔　孙晋忠　朱肖晶　庄茂成

邢笑蕃　陈　戎　谷景书　何毅丹　李　佳　李国富

陆建新　陆春林　孟　君　佘小玲　张玉龙　罗明毅

周　坚　周爱群　费肖竣　柳　莉　荣　鹰　高俊敏

唐寅初　徐　蓉　韩　辉　锁开明　谢匡余　蒋正明

蒋振西　翟玉成　翟德泉　滕建群

译　审　庄茂成　叶如安

斯德哥尔摩国际和平研究所（SIPRI）

SIPRI 是一家独立的国际性研究机构，致力于研究和平与冲突问题，尤其是军控与裁军问题。它建于 1966 年，以纪念瑞典连续享有 150 年的和平。

研究所的经费主要是由瑞典政府提议尔后由瑞典议会批准的赞助款。工作人员和董事会成员来自全球。研究所还设有一个顾问委员会，作为其国际咨询机构。

董事会对研究所出版物中反映的观点不负责任。

年鉴主编和出版人：艾丽森·J·K·贝尔斯所长
执行编辑：伊恩·安东尼（Ian Anthony）

主任编辑：康妮·沃尔（Connie Wall）、D. A. 克瑞克申克（D. A. Cruickshank）
协 调 员：伊恩·安东尼（Ian Anthony）、艾丽森·J·K·贝尔斯（Alyson J. K. Bailes）、比约恩·哈格林（Bjorn Hagelin）
编　　辑：D. A. 克瑞克申克（D. A. Cruickshank）、耶塔·吉利根·博格（Jetta Gilligan Borg）、安迪·马什（Andy Mash）、康妮·沃尔（Connie Wall）

斯德哥尔摩国际和平研究所（SIPRI）

地　　址：Signalistgatan 9，SE—169 70 Solna，Sweden
电报挂号：SIPRI
电　　话：46 8/655 97 00
传　　真：46 8/655 97 33
电子信箱：sipri@sipri. org
因特网网址：http：//www. sipri. org

序言

40年前的1966年7月，斯德哥尔摩国际和平研究所成立。3年后，第一卷《SIPRI年鉴》出版。

与1966年所面临的和平与安全挑战相比，现在的政治环境已截然不同。即使从1989年冷战结束以来，地缘政治和地缘战略的现实——尤其是欧洲、跨大西洋关系和中东的现实——从我们见到的为建立一个新欧洲而达成的1990年《巴黎宪章》以及为实现中东和平的巴塞罗那进程中出现的乐观情景，已演变成今天一种令人不安的形势。

全球化进程的定义尽管很难准确地界定，但其含义则是经济和政治意义的威力从国家权威转移到了国际组织、经济集团和其他非国家行为体，其中也包括恐怖主义网络。英特网所呈现的信息技术革命和机遇，深刻地影响了信息交流、舆论营造，尤其是新闻传递的速度。这对不同文化间和不同宗教间的关系已经产生影响，并使“文明冲突”少了一些地缘政治概念，而更多地成了一种具有内在和社会含义的现象。

在本卷年鉴的引言中，SIPRI研究所的所长艾丽森·J.K.贝尔斯论述了东西方对抗结束后的主要发展趋势，回顾了国际上主要角色尤其是美国如何应对各种挑战。她还论述了自1990年以来国际事务的重点已从军备控制转到安全建设的问题，其中包括北约作用的变化和欧盟安全议程的扩展。

本卷年鉴阐述了维和行动从原来单纯的、有联合国授权的行动向着由越来越多国际组织实施的、多种样式的和平行动转变，指出了为适应新的现实，和平建设的手段需加以调整的必要性。

关于目前仍在进行的武装冲突之广度及影响，本卷年鉴从各种不同的角度做了描述和分析。欧洲及其他一些地方自 1990 年以来对军备控制和大规模杀伤性武器扩散，特别是对核武器的扩散，所采取的消极和忽视态度，在近几年已成为国际上的一大关注点。有关这些问题的一些章节，理应引起政治家和决策者们的特别关注。使用大规模杀伤性武器的恐怖行动之潜在危险，要求我们把军备控制和不扩散问题放在国际议程的最高位置。附录中所讨论的伊斯兰、冲突和恐怖主义这些复杂问题，是一些比以往任何时候都谈论得更多的话题。

关于军费开支和武器装备这些反映 SIPRI 专长的那几章，乃是本研究所在这方面的传统做法和领头作用的独特而不可或缺的体现。

标志斯德哥尔摩国际和平研究所成立 40 周年的本卷年鉴，是本所研究人员在所长领导下，为探索对国际和平与安全新而复杂挑战的应对措施而作出的重要贡献。同以往的《SIPRI 年鉴》一样，细心的读者将会享受到这一作品在质量和专业上的高水平，这也是 SIPRI 出版物自开始以来所保持的一个特征。

罗尔夫·埃克尤斯

SIPRI 董事会主席

2006 年 5 月

致谢

斯德哥尔摩国际和平研究所继续在探索能充分利用本《年鉴》及其内容作为一种透明工具的途径。我们正在寻找能继续将年鉴全文译成阿拉伯文、中文、俄文和乌克兰文的途径，并在许多合作伙伴的帮助下，将继续出版年鉴的荷兰文、法文、德文、俄文、西班牙文和瑞典文袖珍摘要本（这后一种简短的文本可从 SIPRI 网站上查看，其网址是 http：//www.sipri.org/contents/publications/pocket_yb.html）。所有关于把本出版物能翻译成更多语种并使其有更多读者的建议我们都欢迎。

与以往一样，本卷年鉴得以出版，实在是集体努力的结果。在衷心感谢全体 SIPRI 研究所同事及所外撰稿人的同时，我要特别感谢康妮·沃尔、戴维·克鲁克香克、耶塔·吉利根·博格和汤姆·吉尔组成的编辑团队的卓越工作；感谢南尼·博德尔和 SIPRI 图书馆人员，他们带头提供了本卷的大部分参考资料；还要感谢格尔德·哈格米尔—加弗和信息技术部人员，感谢索引编辑彼得·雷亚和我的助手辛西娅·洛。

艾丽森·J. K. 贝尔斯
SIPRI 所长
2006 年 5 月

目录

第二部分 2005 年军费开支和军备

第三部分　2005 年不扩散、军控与裁军

术语汇编

南尼·博德尔和康妮·沃尔

缩略语

ABM Anti－ballistic missile

反弹道导弹

ACV Armoured combat vehicle

装甲战车

AG Australia Group

澳大利亚集团

APEC Asia－Pacific Economic Forum

亚太经合论坛

APM Anti－personnel mine

杀伤人员地雷

APT ASEAN Plus Three

"东南亚国家联盟＋3"

ARF ASEAN Regional Forum

东盟地区论坛

ASEAN Association of South－East Asian Nations

东南亚国家联盟

ATTU Atlantic－to－the Urals（zone）

大西洋到乌拉尔（地区）

AU African Union

非洲联盟

BMD Ballistic missile defence

弹道导弹防御

BSEC Organization of Black Sea Economic Cooperation

黑海经济合作组织

BTWC Biological and Toxin Weapons Convention

禁止生物武器公约

BW Biological weapon/warfare

生物武器/战

CADSP Common African Defence and Security Policy

非洲共同防务与安全政策

CAR Central African Republic

中非共和国

CBM Confidence－building measure

建立信任措施

CBW Chemical and biological weapon/warfare

化学和生物武器/战

CD Conference on Disarmament

裁军谈判会议（裁谈会）

CEI Central European Initiative

中欧倡议国组织

CEMAC Communauté Economique et Monétaire d' Afrique Centrale (Economic Community of Central African States)

中非国家经济共同体

CFE Conventional Armed Forces in Europe (Treaty)

欧洲常规武装力量（条约）

CFSP Common Foreign and Security Policy

共同外交和安全政策

CICA Conference on Interaction and Confidence－Building Measures in Asia

亚洲相互协作与建立信任措施会议

CIS Commonwealth of Independent States

独立国家联合体（独联体）

CNCI Civil Nuclear Cooperation Initiative

民用核合作倡议

CSBM Confidence—and security—building measure

建立信任与安全措施

CSCAP Council for Security Cooperation in the Asia Pacific

亚太安全合作理事会

CSTO Collective Security Treaty Organization

集体安全条约组织

CTBT Comprehensive Nuclear Test—Ban Treaty

全面禁止核试验条约

CTBTO Comprehensive Nuclear Test—Ban Treaty Organization

全面禁止核试验条约组织

CTR Co—operative Threat Reduction

合作减少威胁

CW Chemical weapon/warfare

化学武器/战

CWC Chemical Weapons Convention

禁止化学武器公约

DDR Demobilization，disarmament and reintegration

复员遣散、解除武装和重新安置

DPKO Department of Peacekeeping Operations

（联合国）维和行动部

DRC Democratic Republic of the Congo

刚果民主共和国

EAEC European Atomic Energy Community（also Euratom）

欧洲原子能联营

EAPC Euro—Atlantic Partnership Council

欧洲—大西洋伙伴关系委员会

ECOMOG ECOWAS Monitoring Group

西非国家经济共同体监督小组

ECOWAS Economic Community of West African States

西非国家经济共同体

EMU European Monetary Union

欧洲货币联盟

ESA European Space Agency

欧洲太空署

ESDP European Security and Defence Policy

欧洲安全和防务政策

EU European Union

欧洲联盟

FP Framework Programme

框架计划

FSC Forum for Security Co—operation

安全合作论坛

FY Fiscal year

财政年度

FYROM Former Yugoslav Republic of Macedonia

前南斯拉夫马其顿共和国

G8 Group of Eight

八国集团

GAERC General Affairs and External Relations Council

总务和对外关系委员会

GCC Gulf Cooperation Council

海湾国家合作委员会

GDP Gross domestic product

国内生产总值

GLCM Ground—launched cruise missile

地面发射巡航导弹

GNEP Global Nuclear Energy Partnership

全球核能伙伴计划

GNI Gross national income

国民总收入

GNP Gross national product

国民生产总值

GTRI Global Threat Reduce Initiative

全球减少威胁倡议

HCOC Hague Code of Conduct（*as ICOC*）

海牙行为准则

HCNM High Commissioner on National Minorities

少数民族事务高级专员

HEU Highly enriched uranium

高浓缩铀

IAEA International Atomic Energy Agency

国际原子能机构

ICBM Intercontinental ballistic missile

洲际弹道导弹

ICC International Criminal Court

国际刑事法院

IGAD Intergovernmental Authority on Development

发展问题政府间委员会

IGC Intergovernmental Conference

政府间会议

IMF International Monetary Fund

国际货币基金组织

INDA International non－proliferation and disarmament assistance

国际防扩散和裁军援助

INF Intermediate－range Nuclear Forces（Treaty）

中程核力量（条约）

INFCE International Nuclear Fuel Cycle Evaluation

国际核燃料循环评估

INPRO International Project Innovative Nuclear

国际核创新计划

IRBM Intermediate－range ballistic missile

中远程弹道导弹

JCG Joint Consultative Group

联合协商小组

JHA Justice and home affairs

司法和内政

LEU Low-enriched uranium

低浓缩铀

MANPADS Man-portable air defence system

肩扛式防空系统

MDGs Millennium Development Goals

千年发展目标

MER Market exchange rate

市场汇率

MERCOSUR Mercado Comun del Sur（Southern Common Market）

南方共同市场（南共市）

MIRV Multiple，independently targetable re-entry vehicle

多个、可独立命中目标的再入飞行器

MTCR Missile Technology Control Regime

导弹及其技术控制制度

NAC New Agenda Coalition

新议程联盟

NAM Non-Aligned Movement

不结盟运动

NATO North Atlantic Treaty Organization

北大西洋公约组织（北约）

NBC Nuclear，biological and chemical（weapons）

核、生物和化学（武器）

NGO Non-governmental organization

非政府组织

NNWS Non-nuclear weapon state

无核武器国家

NPT Non-Proliferation Treaty

不扩散核武器条约

NRF NATO Response Force

北约快速反应部队

NSG Nuclear Suppliers Group

核供应国集团

NWS Nuclear weapon state

核武器国家

OAS Organization of American States

美洲国家组织

OCCAR Organisme Conjoint de Cooperation en Matiered'Armement

军备合作联合组织

ODA Official Development Assistance

官方发展援助

OECD Organisation for Economic Co-operation and Development

经济合作与发展组织

OIC Organization of the Islamic Conference

伊斯兰会议组织

OPCW Organisation for the Prohibition of Chemical Weapons

禁止化学武器组织

OPEC Organization of the Petroleum Exporting Countries

石油输出国组织

OSCC Open Skies Consultative Commission

开放天空协商委员会

OSCE Organization for Security and Co-operation in Europe

欧洲安全与合作组织

PFP Partnership for Peace

和平伙伴关系

PPP Purchasing power parity

购买力平价

PSI Proliferation Security Initiative

防扩散安全倡议

R&D Research and development

研究与开发

SAARC South Asian Association for Regional Co-operation

南亚区域合作联盟

SADC Southern African Development Community

南部非洲发展共同体

SALW Small arms and light weapons

小武器轻武器

SAM Surface-to-air missile

地对空导弹

SCO Shanghai Cooperation Organization

上海合作组织

SECI Southeast European Cooperation Initiative

东南欧合作倡议

SLBM Submarine-launched ballistic missile

潜射弹道导弹

SLCM Sea-launched cruise missile

海上发射巡航导弹

SORT Strategic Offensive Reductions Treaty

削减进攻性战略武器条约

SRBM Short-range ballistic missile

短程弹道导弹

SSM Surface-to surface missile

地对地导弹

SSR Security sector reform

安全部门改革

START Strategic Arms Reduction Treaty

削减战略武器条约

TLE Treaty-limited equipment

受条约限制的装备

UAE United Arab Emirates

阿拉伯联合酋长国

UAV Unmanned air/aerial vehicle

无人驾驶飞行器（无人机）

UCAV Unmanned combat air vehicle

无人驾驶作战飞行器

USAID US Agency for International Development

美国国际开发署

UN United Nations

联合国

UNDP UN Development Programme

联合国开发计划署

UNHCR UN High Commissioner for Refugees

联合国难民事务高级专员公署

UNMOVIC UN Monitoring, Verification and Inspection Commission

联合国对伊拉克武器监督、核查与视察委员会（监核会）

UNROCA UN Register of Conventional Arms

联合国常规武器登记制度

UNSCOM UN Special Commission on Iraq

联合国伊拉克问题特别委员会

WA Wassenaar Arrangement

瓦森纳安排

WEAO Western European Armaments Organization

西欧军备组织

WEU Western European Union

西欧联盟

WMD Weapon of mass destruction

大规模杀伤性武器

（徐蓉 译）

政府间机构和国际组织

术语汇编对本年鉴中出现的主要组织机构和出口控制机制均给予了解释。它们的成员国或参加国列于后面几页。术语汇编中提及的军备控制和裁军协议，见本卷附件A。

非洲联盟（AU）：

《非洲联盟章程》于2001年生效，“非洲联盟”正式成立，总部设在埃塞俄比亚首都亚的斯亚贝巴，向所有非洲国家开放。2002年非盟取代了“非洲统一组织”（OAU）。其宗旨是推动非洲在团结、安全和解决冲突、民主、人权方面的进展，促进非洲政治、社会和经济一体化。见成员国名单。

拉丁美洲禁止核武器组织（OPANAL）：

根据1967年的《特拉特洛尔科条约》建立。目的是与“国际原子能机构”一道解决条约执行方面的问题。该组织设在墨西哥的首都墨西哥城。

安第斯国家共同体：

根据《安第斯公约》于1969年成立，目的是推动成员国的经济、社会发展和一体化。该组织设在秘鲁首都利马。见成员国名单。

阿拉伯联盟：

阿拉伯国家联盟成立于1945年，总部设在埃及首都开罗。它的主要目标是在阿拉伯国家之间组成更加紧密的联盟，促进政治和经济合作。1950年，联盟成员国签署了集体防御和经济合作协定。见成员国名单。

东南亚国家联盟（ASEAN）：

成立于1967年，目的是促进经济、社会和文化的发展以及东南亚地区和平与安全。秘书处设在印度尼西亚首都雅加达。“东盟地区论坛”（ARF）成立于1994年，目的是处理安全问题。“东盟加三”（APT）论坛开始于1997年，1999年机制化，目的是致力于政治和安全合作。见“东盟”、“东盟地区论坛”和“东盟加三”成员国名单。

澳大利亚集团（AG）：

成立于1985年的多国集团。每年举行非正式会议，以监督化学和生物制品的扩散并讨论同化学和生物武器有关的受国家监督的物项。见参加国名单。

黑海经济合作体（BSEC）:

见“黑海经济合作组织”。

中欧倡议国组织（CEI）:

成立于1989年，目的是推动成员国之间在政治和经济领域的合作。对非欧盟国家在入盟进程中提供支持。执行秘书处设在意大利的特里斯特。见成员国名单。

集体安全条约组织（CSTO）:

根据1992年《集体安全条约》于2003年正式成立，其宗旨是推动成员国主要是中亚各国间的合作。该组织的一个目标是就区域内的恐怖主义和毒品走私等战略问题制订更有效的对策。该组织设在俄罗斯首都莫斯科。见成员国名单。

独立国家联合体（独联体，CIS）:

成立于1991年，作为前苏联各共和国之间多边合作的框架。总部设在白俄罗斯首都明斯克。见成员国名单。

英联邦

1949年成立的包括发达国家和发展中国家的组织，其目的是推动成员国内外的民主、人权，促进经济和社会的可持续发展。秘书处设在英国首都伦敦。见成员国名单。

全面禁止核试验条约组织（CTBTO）:

根据1996年的《全面禁止核试验条约》建立。目的是解决条约执行方面的问题，同时还作为缔约国之间进行磋商与合作的一个论坛。该组织设在奥地利首都维也纳。

裁军谈判会议（CD）:

系多边军备控制谈判机构。1961年成立时称“十八国裁军委员会”。此后经过多次扩大成员国和更名，1984 年起称“裁军谈判会议”。裁谈会向“联合国大会”报告工作。该机构设在瑞士日内瓦。见列在“联合国”条目中的成员国名单。

亚洲相互协作与建立信任措施会议（简称亚信会议）（CICA）:

1992 年发起，根据 1999 年《指导亚信会议成员国间关系原则的声明》建立。亚信会议作为一个论坛促进成员国之间安全合作和建立信任措施，并推动成员国在经济、社会和文化领域的合作。见成员国名单。

亚太安全合作理事会（CSCAP）:

成立于 1993 年，是一个非正式的非政府组织。目的是在亚太安全事务领域通过对话和磋商，建立地区信任与安全合作。见理事会成员国名单。

欧洲委员会:

1949 年成立，设在法国的斯特拉斯堡。委员会向所有接受法治原则及保障其公民的人权和基本自由的欧洲国家开放。“欧洲人权法院”和“欧洲发展银行理事会”是“欧洲委员会”的下属机构。见成员国名单。

波罗的海国家委员会（CBSS）:

1992 年成立的地区非政府组织，目的是推动波罗的海区域内国家的合作。秘书处设在瑞典首都斯德哥尔摩。见成员国名单。

西非国家经济共同体（ECOWAS）:

成立于 1975 年的区域组织。执行秘书处设在尼日利亚首都拉各斯。宗旨是促进经贸发展与合作，为西非的发展做出贡献。该组织于 1981 年正式通过了《防务互助议定书》。1990 年建立了作为多边维和力量的“西非国家经济共同体监督小组”（ECOMOG）。见成员国名单。

欧洲原子能联营（Euratom 或 EAEC）：

根据 1957 年《建立欧洲原子能联营条约》（《欧洲原子能条约》）创立。目的是在“欧盟”成员国内部促进和平利用核能的发展和在成员国领土范围内实施保障监督措施。“欧洲原子能联营”设在比利时首都布鲁塞尔。其成员国也是“欧盟”成员国。

欧洲联盟（欧盟，EU）：

欧洲国家的组织，总部设在比利时首都布鲁塞尔。2000 年的《尼斯条约》于 2003 年 2 月 1 日生效。欧盟的三个“支柱”是：包括欧洲单一市场、经济与货币联盟（EMU）和《欧洲原子能条约》的欧共体的范围；“共同外交和安全政策”（CFSP）；司法和内政合作（JHA）。2004 年 10 月欧盟国家元首和政府首脑签署了制定欧洲宪法条约，但该条约只有在所有欧盟成员国政府通过议会投票或全民公决批准后方能生效。见成员国名单，亦见“欧洲原子能联营”。

八国集团（G8）：

八个主要工业国家组成的集团（最初为七个国家）。该集团自 20 世纪 70 年代以来举行国家元首或政府首脑级的非正式会晤。见成员国名单。

海湾国家合作委员会（GCC）：

海湾地区阿拉伯国家合作委员会（简称海合会），于 1981 年创立，总部设在沙特阿拉伯首都利雅得。目的是推动区域经济、金融、贸易、政府管理和立法等方面的一体化，促进科学和技术进步。成员国也在对外政策、军事和安全事务等领域进行合作。最高理事会是该委员会的最高权力机构。见成员国名单。

防止弹道导弹扩散海牙行为准则（HCOC）：

2002 年，由一批认同其原则、认识到防止和制止运载大规模杀伤性武器的弹道导弹系统扩散的必要性和加强多边裁军和防扩散体制的重要性的国家签署。秘书处设在维也纳的奥地利外交部。见签约国名单。

发展问题政府间委员会（IGAD）：

1996 年成立，目的是促进非洲之角的和平与稳定，建立冲突预防、控制和解决的机制。秘书处设在吉布提的首都吉布提市。见成员国名单。

国际原子能机构（IAEA）：

系联合国体系内的政府间组织。总部设在奥地利首都维也纳。机构在其《规约》于 1957 年生效后正式成立。其宗旨是促进和平利用原子能，并保证核活动不用于促进任何军事目的。根据《不扩散核武器条约》和各无核区条约，无核武器国家必须接受机构的核保障监督，以表明其履行了不制造核武器的义务。见列在“联合国”条目中的国际原子能机构成员国名单。

遵约与核查联合委员会（JCIC）：

根据 1991 年的《美苏第一阶段削减战略武器条约》成立的论坛。旨在双方（俄罗斯和美国）交换数据、解决履约中出现的问题、澄清模糊之处和讨论改进履约的方法。委员会在至少有一个缔约国提出要求的情况下召开会议。

联合协商小组（JCG）：

根据 1990 年的《欧洲常规武装力量条约》成立。通过调解在解释和履行条约方面出现的含糊之处，推动条约的履行和其宗旨的实现。

南共市（MERCOSUR）：

见“南方共同市场”。

导弹及其技术控制制度（MTCR）：

系与军事有关的非正式出口控制机制，建立于 1987 年。同年，制定了《与导弹相关的敏感物项转让的指导原则》（后来作了修改）。目的是通过控制弹道导弹运载系统来限制大规模杀伤性武器的扩散。

见参加国名单。

北约—俄罗斯理事会：

2002 年成立，是北约和俄罗斯就安全问题进行磋商、增加共识、开展合作、做出共同决定和采取联合行动的一个机制，重点是根据 1997 年的《北约—俄罗斯关于相互关系、合作与安全的基本文件》确定共同感兴趣的领域，以及反恐斗争、危机处理和防扩散等新领域。

北约—乌克兰委员会：

1997 年成立，目的是双方就政治和安全问题、预防和解决冲突、防扩散、武器出口和技术转让以及其他共同关心的问题进行磋商。

不结盟运动（NAM）：

成立于 1961 年，是不结盟国家之间在联合国内就政治、经济和军备控制问题进行磋商和协调立场的论坛。见成员国名单。

北大西洋公约组织（NATO）：

根据《北大西洋公约》（即《华盛顿条约》）于 1949 年建立的西方防御联盟。公约第五条规定：任何一个成员国受到武装攻击时，所有成员国有义务作出反应。总部设在比利时首都布鲁塞尔。北约欧洲—大西洋伙伴关系理事会于 1997 年成立，是旨在促进北约与其“和平伙伴关系计划”的伙伴国之间双边合作的论坛。见成员国名单。

核供应国集团（NSG）：

成立于 1975 年，又称作“伦敦俱乐部”。该集团根据《核转让指导原则》（即《伦敦指导原则》）和《核双重用途设备、材料 、软件及有关技术转让指导原则》（即《华沙指导原则》）来协调核材料的国家出口控制措施。《伦敦指导原则》包含材料的“触发清单”，当为了和平目的向任何无核武器国家出口有关材料时，应根据“触发清单”启动国际原子能机构的保障监督。见参加国名单。

开放天空咨询委员会（OSCC）：

根据 1992 年的《开放天空条约》成立，宗旨是解决履约方面的问题。

经济合作与发展组织（OECD）：

成立于 1961 年，宗旨是通过协调成员国之间政策，促进经济发展和社会福利。总部设在法国首都巴黎。见成员国名单。

禁止化学武器组织（OPCW）：

根据 1993 年的《禁止化学武器公约》成立的机构，目的是监督公约履行情况和解决履约过程中产生的问题。该组织设在荷兰海牙。

军备合作联合组织（OCCAR）：

1996 年成立，总部设在德国波恩，是法国、德国、意大利和英国四国之间为开展军备项目国际合作而成立的管理组织。也称“联合军备合作组织”（JACO）。

欧洲安全与合作组织（OSCE）：

1973 年发起，当时称为“欧洲安全与合作会议”（CSCE）。1995 年更名为“欧洲安全与合作组织”，转变成为一个组织。总部设在奥地利首都维也纳，是负责预警、冲突预防和危机处理的主要机构。其设在维也纳的“安全合作论坛”（FSC）负责处理军备控制和建立信任与安全措施。欧洲安全与合作组织由若干机构组成，全部设在欧洲。见成员国名单，也见“东南欧稳定公约组织”条目。

美洲国家组织（OAS）：

系美洲的国家集团。该组织于 1948 年通过宪章，宗旨是加强西半球的和平与安全。总秘书处设在美国首都华盛顿。见成员国名单。

黑海经济合作组织（BSEC）：

1992 年成立，常设秘书处在土耳其伊斯坦布尔。宗旨是保障黑海地区的和平、稳定和繁荣，推动和促进经济合作与发展。见成员国名单。

伊斯兰会议组织（OIC）：

1971年由伊斯兰国家成立。目的是促进成员国之间的合作，支持和平、安全和巴勒斯坦人民及所有穆斯林人民的斗争。秘书处设在沙特阿拉伯的吉达。见成员国名单。

太平洋岛国论坛：

1971年成立，由一些南太平洋国家组成。论坛提出建立南太平洋无核区，具体体现为1985年的《拉罗汤加条约》。论坛监督该条约的履约情况。秘书处设在斐济首都苏瓦。见成员国名单。

防扩散安全倡议（PSI）

根据2003年美国的倡议建立的一个多边行动，重点是对非法的大规模杀伤性武器、导弹技术及相关物项在陆地、天空或海洋运输时实施拦截开展执法合作。该倡议由11个核心国和至少60个支持国参加。2003年发表了《拦截原则声明》。见参加国名单。

上海合作组织（SCO）：

前身是“上海五国”，于1996年成立。2001年更名为“上海合作组织”，向所有支持其宗旨的国家开放。成员国在建立信任措施、地区安全以及经济领域等方面开展合作。上海合作组织秘书处设在中国首都北京。见成员国名单。

南亚区域合作联盟（SAARC）：

1985年建立的旨在促进区域政治和经济合作的国家联合体。秘书处设在尼泊尔首都加德满都。见成员国名单。

东南欧合作倡议（SECI）：

1996年由美国发起的一个倡议，旨在促进东南欧国家间的合作和稳定，推动其加入欧盟。秘书处设在欧安组织驻维也纳办事处。见成员国名单。

南部非洲发展共同体（SADC）：

成立于1992年，宗旨是促进地区经济发展和维护主权、和平与安全、人权与民主的基本原则。秘书处设在博茨瓦纳首都哈波罗内。见成员国名单。

南方共同市场（MERCOSUR）：

于1991年成立，旨在实现成员国经济一体化。1996年，该组织作出一项决定：只允许那些已确立了民主、负责任机制的国家参加。共同市场理事会是最高决策机构，共同市场集团是常设执行机构。秘书处设在乌拉圭首都蒙得维的亚。见成员国名单。

东南欧稳定公约组织：

1999年由欧盟在“东南欧会议”上倡议成立，随后置于“欧洲安全与合作组织”名下。公约的宗旨是通过促进政治与经济改革、发展和安全，使东南欧国家融入欧洲—大西洋的结构。其活动由“东南欧地区会议”进行协调，《稳定公约》特别协调员担任会议主席。特别协调员办公室设在比利时首都布鲁塞尔。见伙伴国名单。

次地区磋商委员会（SRCC）：

根据1996年的《关于南斯拉夫的次地区军控协定》（《佛罗伦萨协定》）建立，是作为成员国解决协定执行问题的论坛。

联合国（UN）：

世界范围的政府间组织，总部设在美国纽约。1945年通过《联合国宪章》，宣告成立。它的六个主要机构分别是大会、安全理事会、经济和社会理事会、托管理事会、国际法院和秘书处。它还包括许多专门机构和自治组织。见成员国名单。

维斯格拉德四国集团（V4）：

1991年成立的由四个中欧国家组成的集团，是一个旨在推动欧洲一体化进程的合作论坛。见成员国名单。

瓦森纳安排（WA）：

《关于常规武器和两用物项及技术出口控制的瓦森纳安排》于1996年正式成立。宗旨是防止其行为受到成员国关注的国家获取武器和可转军用的敏感两用物项和技术。见参加国名单。

西欧联盟（WEU）：

根据1954年修订后的《布鲁塞尔条约》成立，总部在比利时首都布鲁塞尔。西欧联盟涉及军事的活动（“彼得斯堡任务”）已于2000年转入欧盟。设在法国巴黎的“欧洲安全和防务议员大会”审查“西欧军备组织”（WEAO）内的政府间合作情况。见成员国名单。

桑戈委员会：

成立于1971年的核出口国委员会，称为桑戈委员会。这个由核供应国组成的集团，一年举行两次非正式会议，协调核材料的出口控制，即根据定期更新的触发清单，核材料出口时必须实施国际原子能机构的安全保障措施。该委员会的工作是核供应国集团的补充（参见“核供应国集团”条目）。见参加国名单。

（徐蓉 译）

政府间机构和国际组织成员国

（截至2006年1月1日）

联合国会员国和联合国系统内的组织被列在前面，其他组织依字母顺序排列在后。请注意：这些组织并非所有成员国和参加国都是联合国会员国。成员国资格截至2006年1月1日。每个组织尽可能提供了其互联网网址。

联合国会员国（191个）及加入时间

〈http：//www. un. org〉

阿富汗，1946；阿尔巴尼亚，1955；阿尔及利亚，1962

安道尔，1993；安哥拉，1976；安提瓜和巴布达，1981
阿根廷，1945；亚美尼亚，1992；澳大利亚，1945
奥地利，1955；阿塞拜疆，1992；巴哈马，1973
巴林，1971；孟加拉国，1974；巴巴多斯，1966
白俄罗斯，1945；比利时，1945；伯利兹，1981
贝宁，1960；不丹，1971；玻利维亚，1945
波斯尼亚和黑塞哥维那，1992；博茨瓦纳，1966；巴西，1945
文莱，1984；保加利亚，1955；布基纳法索，1960
布隆迪，1962；柬埔寨，1955；喀麦隆，1960
加拿大，1945；佛得角，1975；中非共和国，1960
乍得，1960；智利，1945；中国，1945
哥伦比亚，1945；科摩罗，1975；刚果民主共和国，1960
刚果共和国，1960；哥斯达黎加，1945；科特迪瓦，1960
克罗地亚，1992；古巴，1945；塞浦路斯，1960
捷克共和国，1993；丹麦，1945；吉布提，1977
多米尼克国，1978；多米尼加共和国，1945；厄瓜多尔，1945
埃及，1945；萨尔瓦多，1945；赤道几内亚，1968
厄立特里亚，1993；爱沙尼亚，1991；埃塞俄比亚，1945
斐济，1970；芬兰，1955；法国，1945
加蓬，1960；冈比亚，1965；格鲁吉亚，1992
德国，1973；加纳，1957；希腊，1945
格林纳达，1974；危地马拉，1945；几内亚，1958
几内亚比绍，1974；圭亚那，1966；海地，1945
洪都拉斯，1945；匈牙利，1955；冰岛，1946
印度，1945；印度尼西亚，1950；伊朗，1945
伊拉克，1945；爱尔兰，1955；以色列，1949
意大利，1955；牙买加，1962；日本，1956
约旦，1955；哈萨克斯坦，1992；肯尼亚，1963
基里巴斯，1999；朝鲜民主主义人民共和国，1991
大韩民国，1991；科威特，1963；吉尔吉斯斯坦，1992
老挝，1955；拉脱维亚，1991
黎巴嫩，1945；莱索托，1966；利比里亚，1945

利比亚，1955；列支敦士登，1990；立陶宛，1991
卢森堡，1945；前南斯拉夫马其顿共和国，1993
马达加斯加，1960；马拉维，1964；马来西亚，1957
马尔代夫，1965；马里，1960；马耳他，1964；
马绍尔群岛，1991；毛里塔尼亚，1961；毛里求斯，1968；
墨西哥，1945；密克罗尼西亚，1991；摩尔多瓦，1992；
摩纳哥，1993；蒙古，1961；摩洛哥，1956；
莫桑比克，1975；缅甸，1948；纳米比亚，1990；
瑙鲁，1999；尼泊尔，1955；荷兰，1945；
新西兰，1945；尼加拉瓜，1945
尼日尔，1960；尼日利亚，1960；挪威，1945
阿曼，1971；巴基斯坦，1947；帕劳，1994
巴拿马，1945；巴布亚新几内亚，1975；巴拉圭，1945
秘鲁，1945；菲律宾，1945；波兰，1945
葡萄牙，1955；卡塔尔，1971；罗马尼亚，1955
俄罗斯，1945；卢旺达，1962；圣基茨和尼维斯，1983
圣卢西亚，1979；圣文森特和格林纳丁斯，1980；
西萨摩亚，1976；圣马力诺，1992；
圣多美和普林西比，1975；沙特阿拉伯，1945；
塞内加尔，1960；塞尔维亚和黑山，2000；
塞舌尔，1976；塞拉利昂，1961；新加坡，1965；
斯洛伐克，1993；斯洛文尼亚，1992；
所罗门群岛，1978；索马里，1960；南非，1945
西班牙，1955；斯里兰卡，1955；苏丹，1956
苏里南，1975；斯威士兰，1968；瑞典，1946；瑞士，2002
叙利亚，1945；塔吉克斯坦，1992；坦桑尼亚，1961
泰国，1946；东帝汶，2002；多哥，1960；汤加，1999
特立尼达和多巴哥，1962；突尼斯，1956；土耳其，1945
土库曼斯坦，1992；图瓦卢，2000；乌干达，1962；
英国，1945；乌克兰，1945；阿拉伯联合酋长国，1971；
乌拉圭，1945；美国，1945；乌兹别克斯坦，1992；
瓦努阿图，1981；委内瑞拉，1945；越南，1977；

也门，1947；赞比亚，1964；津巴布韦，1980

联合国安全理事会

〈http：//www. un. org/Docs/sc/〉

常任理事国（P5）：中国、法国、俄国、英国、美国

2006 年的非常任理事国（由联合国大会选举产生，任期二年。括弧中的年代是指任期截止的年代）：阿根廷（2006）、刚果共和国（2007）、丹麦（2006）、加纳（2007）、希腊（2006）、日本（2006）、秘鲁（2007）、卡塔尔（2007）、斯洛伐克（2007）、坦桑尼亚（2006）

裁军谈判会议（CD）

〈http：//www. disarmament2. un. org/cd〉

阿尔及利亚、阿根廷、澳大利亚、奥地利、孟加拉国、白俄罗斯、比利时、巴西、保加利亚、喀麦隆、加拿大、智利、中国、哥伦比亚、刚果民主共和国、古巴、厄瓜多尔、埃及、埃塞俄比亚、芬兰、法国、德国、匈牙利、印度、印度尼西亚、伊朗、伊拉克、爱尔兰、以色列、意大利、日本、哈萨克斯坦、肯尼亚、朝鲜、韩国、马来西亚、墨西哥、蒙古、摩洛哥、缅甸、荷兰、新西兰、尼日利亚、挪威、巴基斯坦、秘鲁、波兰、罗马尼亚、俄罗斯、塞内加尔、斯洛伐克、南非、西班牙、斯里兰卡、瑞典、瑞士、叙利亚、突尼斯、土耳其、英国、乌克兰、美国、委内瑞拉、越南、津巴布韦

国际原子能机构（IAEA）

〈http：//www. iaea. org〉

阿富汗、阿尔巴尼亚、阿尔及利亚、安哥拉、阿根廷、亚美尼亚、澳大利亚、奥地利、阿塞拜疆、孟加拉国、白俄罗斯、比利时、贝宁、玻利维亚、波斯尼亚和黑塞哥维那、博茨瓦纳、巴西、保加利亚、布基纳法索、喀麦隆、加拿大、中非共和国、乍得、智利、中国、哥伦比亚、刚果民主共和国、哥斯达黎加、科特迪瓦、克罗地亚、古巴、塞浦路斯、捷克共和国、丹麦、多米尼加共和国、厄瓜多

尔、埃及、萨尔瓦多、厄立特里亚、爱沙尼亚、埃塞俄比亚、芬兰、法国、加蓬、格鲁吉亚、德国、加纳、希腊、危地马拉、海地、梵蒂冈、洪都拉斯、匈牙利、冰岛、印度、印度尼西亚、伊朗、伊拉克、爱尔兰、以色列、意大利、牙买加、日本、约旦、哈萨克斯坦、肯尼亚、韩国、科威特、吉尔吉斯斯坦、拉脱维亚、黎巴嫩、利比里亚、利比亚、列支敦士登、立陶宛、卢森堡、前南斯拉夫马其顿共和国、马达加斯加、马来西亚、马里、马耳他、马绍尔群岛、毛里塔尼亚、毛里求斯、墨西哥、摩尔多瓦、摩纳哥、蒙古、摩洛哥、缅甸、纳米比亚、荷兰、新西兰、尼加拉瓜、尼日尔、尼日利亚、挪威、巴基斯坦、巴拿马、巴拉圭、秘鲁、菲律宾、波兰、葡萄牙、卡塔尔、罗马尼亚、俄罗斯、沙特阿拉伯、塞内加尔、塞尔维亚、黑山、塞舌尔群岛、塞拉利昂、新加坡、斯洛伐克、斯洛文尼亚、南非、西班牙、斯里兰卡、苏丹、瑞典、瑞士、叙利亚、塔吉克斯坦、坦桑尼亚、泰国、多哥、突尼斯、土耳其、乌干达、英国、乌克兰、阿拉伯联合酋长国、乌拉圭、美国、乌兹别克斯坦、委内瑞拉、越南、也门、赞比亚、津巴布韦

注：朝鲜在 1994 年 9 月以前，曾是国际原子能机构的成员国。柬埔寨于 2003 年 3 月退出机构成员国资格。

非洲联盟（AU）

〈http：//www. africa－union. org〉

阿尔及利亚、安哥拉、贝宁、博茨瓦纳、布基纳法索、布隆迪、喀麦隆、佛得角、中非共和国、乍得、科摩罗、刚果民主共和国、刚果共和国、科特迪瓦、吉布提、埃及、赤道几内亚、厄立特里亚、埃塞俄比亚、加蓬、冈比亚、加纳、几内亚、几内亚比绍、肯尼亚、莱索托、利比里亚、利比亚、马达加斯加、马拉维、马里、毛里塔尼亚、毛里求斯、莫桑比克、纳米比亚、尼日尔、尼日利亚、卢旺达、西撒哈拉（阿拉伯撒哈拉民主共和国，SADR）、圣多美和普林西比、塞内加尔、塞舌尔、塞拉利昂、索马里、南非、苏丹、斯威士兰、坦桑尼亚、多哥、突尼斯、乌干达、赞比亚、津巴布韦

安第斯国家共同体

〈http: //www. comunidadandina. org〉

玻利维亚、哥伦比亚、厄瓜多尔、秘鲁、委内瑞拉

阿拉伯联盟

〈http: //www. arableagueonline. org/〉

阿尔及利亚、巴林、科摩罗、吉布提、埃及、伊拉克、约旦、科威特、黎巴嫩、利比亚、毛里塔尼亚、摩洛哥、阿曼、巴勒斯坦、卡塔尔、沙特阿拉伯、索马里、苏丹、叙利亚、突尼斯、阿拉伯联合酋长国、也门

东南亚国家联盟 (ASEAN)

〈http: //www. aseansec. org〉

文莱、柬埔寨、印度尼西亚、老挝、马来西亚、缅甸、菲律宾、新加坡、泰国、越南

东盟地区论坛 (ARF)

〈http: //www. aseanregionalforum. org〉

东南亚国家联盟成员国加上澳大利亚、加拿大、中国、欧共体、印度、日本、朝鲜、韩国、蒙古、新西兰、巴基斯坦、巴布亚新几内亚、俄罗斯、东帝汶、美国

东南亚国家联盟+3

〈http: //www. aseansec. org/16580. htm〉

东南亚国家联盟成员国加上中国、日本和韩国

澳大利亚集团 (AG)

〈http: //www. australiagroup. net〉

阿根廷、澳大利亚、奥地利、比利时、保加利亚、加拿大、塞浦路斯、捷克共和国、丹麦、爱沙尼亚、欧洲委员会、芬兰、法国、德国、希腊、匈牙利、冰岛、爱尔兰、意大利、日本、韩国、拉脱维亚、立陶宛、卢森堡、马耳他、荷兰、新西兰、挪威、波兰、葡萄

牙、罗马尼亚、斯洛伐克、斯洛文尼亚、西班牙、瑞典、瑞士、土耳其、英国、乌克兰、美国

中欧倡议国组织（CEI）

〈http：//www. ceinet. org〉

阿尔巴尼亚、奥地利、白俄罗斯、波斯尼亚和黑塞哥维那、保加利亚、克罗地亚、捷克共和国、匈牙利、意大利、前南斯拉夫马其顿共和国、摩尔多瓦、波兰、罗马尼亚、塞尔维亚和黑山、斯洛伐克、斯洛文尼亚、乌克兰

集体安全条约组织（CSTO）

亚美尼亚、白俄罗斯、哈萨克斯坦、吉尔吉斯斯坦、俄罗斯、塔吉克斯坦

独立国家联合体（独联体，CIS）

〈http：//www. cis. minsk. by〉

亚美尼亚、阿塞拜疆、白俄罗斯、格鲁吉亚、哈萨克斯坦、吉尔吉斯斯坦、摩尔多瓦、俄罗斯、塔吉克斯坦、土库曼斯坦、乌克兰、乌兹别克斯坦

英联邦

〈http：//www. thecommonwealth. org〉

安提瓜和巴布达、澳大利亚、巴哈马、孟加拉国、巴巴多斯、伯利兹、博茨瓦纳、文莱、喀麦隆、加拿大、塞浦路斯、多米尼加、斐济、冈比亚、加纳、格林那达、圭亚那、印度、牙买加、肯尼亚、基里巴斯、莱索托、马拉维、马来西亚、马尔代夫、马耳他、毛里求斯、莫桑比克、纳米比亚、瑙鲁、新西兰、尼日利亚、巴基斯坦、巴布亚新几内亚、圣基茨和尼维斯、圣卢西亚、圣文森特和格林纳丁斯、萨摩亚、塞舌尔、塞拉利昂、新加坡、所罗门群岛、南非、斯里兰卡、斯威士兰、坦桑尼亚，汤加、特立尼达和多巴哥、图瓦卢、乌干达、英国、瓦努阿图，赞比亚

亚洲相互协作与建立信任措施会议（CICA）

〈http：//www. kazakhstanembassy. org. uk/cgi－bin/index/128〉

阿富汗、阿塞拜疆、中国、埃及、印度、伊朗、以色列、哈萨克斯坦、吉尔吉斯斯坦、蒙古、巴基斯坦、巴勒斯坦、俄罗斯、塔吉克斯坦、泰国、土耳其、乌兹别克斯坦

亚太安全合作理事会（CSCAP）

〈http：//www. cscap. org〉

成员委员会：澳大利亚、文莱、柬埔寨、加拿大、中国、CSCAP 欧洲委员会、印度、印度尼西亚、日本、朝鲜、韩国、马来西亚、蒙古、新西兰、巴布亚新几内亚、菲律宾、俄罗斯、新加坡、泰国、美国、越南

欧洲委员会

〈http：//www. coe. int〉

阿尔巴尼亚、安道尔、亚美尼亚、奥地利、阿塞拜疆、比利时、波斯尼亚和黑塞哥维那、保加利亚、克罗地亚、塞浦路斯、捷克共和国、丹麦、爱沙尼亚、芬兰、法国、格鲁吉亚、德国、希腊、匈牙利、冰岛、爱尔兰、意大利、拉脱维亚、列支敦士登、立陶宛、卢森堡、前南斯拉夫马其顿共和国、马耳他、摩尔多瓦、摩纳哥、荷兰、挪威、波兰、葡萄牙、罗马尼亚、俄罗斯、圣马力诺、塞尔维亚和黑山、斯洛伐克、斯洛文尼亚、西班牙、瑞典、瑞士、土耳其、英国、乌克兰

波罗的海国家委员会（CBSS）

〈http：//www. cbss. st〉

丹麦、爱沙尼亚、欧共体、芬兰、德国、冰岛、拉脱维亚、立陶宛、挪威、波兰、俄罗斯、瑞典

西非国家经济共同体（ECOWAS）

〈http：//www. ecowas. int〉

贝宁、布基纳法索、佛得角、科特迪瓦、冈比亚、加纳、几内亚、几内亚比绍、利比里亚、马里、尼日尔、尼日利亚、塞内加尔、

塞拉利昂、多哥

欧洲联盟（欧盟，EU）

〈http：//europa. eu. int〉

奥地利、比利时、塞浦路斯、捷克共和国、丹麦、爱沙尼亚、芬兰、法国、德国、希腊、匈牙利、爱尔兰、意大利、拉脱维亚、立陶宛、卢森堡、马耳他、荷兰、波兰、葡萄牙、斯洛伐克、斯洛文尼亚、西班牙、瑞典、英国

八国集团（G8）

〈http：//www. g8. utoronto. ca〉

加拿大、法国、德国、意大利、日本、俄国、英国、美国

海湾国家合作委员会（GCC）

〈http：//www. gcc－sg. org〉

巴林 科威特、阿曼、卡塔尔、沙特阿拉伯、阿拉伯联合酋长国

防止弹道导弹扩散海牙行为准则（HCOC）

〈http：//www. bmaa. gv. at/view. php3？ f _ id＝54&LNG＝en&version＝〉

阿富汗、阿尔巴尼亚、安道尔、阿根廷、亚美尼亚、澳大利亚、奥地利、阿塞拜疆、白俄罗斯、比利时、贝宁、波斯尼亚和黑塞哥维那、保加利亚、布基纳法索、布隆迪、柬埔寨、喀麦隆、加拿大、佛得角、乍得、智利、哥伦比亚、科摩罗、库克群岛、哥斯达黎加、克罗地亚、塞浦路斯、捷克共和国、丹麦、厄瓜多尔、萨尔瓦多、厄立特里亚、爱沙尼亚、斐济、芬兰、法国、加蓬、冈比亚、格鲁吉亚、德国、加纳、希腊、危地马拉、几内亚、几内亚比绍、圭亚那、海地、梵蒂冈、洪都拉斯、匈牙利、冰岛、爱尔兰、意大利、日本、约旦、哈萨克斯坦、肯尼亚、基里巴斯、韩国、拉脱维亚、利比里亚、利比亚、列支敦士登、立陶宛、卢森堡、前南斯拉夫马其顿共和国、马达加斯加、马拉维、马里、马耳他、马绍尔群岛、毛里塔尼亚、密克罗西亚岛、摩尔多瓦、摩纳哥、蒙古、摩洛哥、莫桑比克、荷兰、新西兰、尼加拉瓜、尼日尔、尼日利亚、挪威、帕劳群岛、巴拿马、巴布亚新几内亚、巴拉圭、秘鲁、

菲律宾、波兰、葡萄牙、罗马尼亚、俄罗斯、卢旺达、塞内加尔、塞尔维亚、黑山、塞舌尔、塞拉利昂、斯洛伐克、斯洛文尼亚、南非、西班牙、苏丹、苏里南、瑞典、瑞士、塔吉克斯坦、坦桑尼亚、东帝汶、汤加、突尼斯、土耳其、土库曼斯坦、图瓦卢、乌干达、英国、乌克兰、乌拉圭、美国、乌兹别克斯坦、瓦努阿图、委内瑞拉、赞比亚

发展问题政府间委员会（IGAD）

〈http：//www. igad. org〉

吉布提、厄立特里亚、埃塞俄比亚、肯尼亚、索马里、苏丹、乌干达

导弹及其技术控制制度（MTCR）

〈http：//www. mtcr. info〉

阿根廷、澳大利亚、奥地利、比利时、巴西、保加利亚、加拿大、捷克共和国、丹麦、芬兰、法国、德国、希腊、匈牙利、冰岛、爱尔兰、意大利、日本、韩国、卢森堡、荷兰、新西兰、挪威、波兰、葡萄牙、俄罗斯、南非、西班牙、瑞典、瑞士、土耳其、英国、乌克兰、美国

不结盟运动（NAM）

〈http：//www. e—nam. org. my/main. php？ pg＝2〉

阿富汗、阿尔及利亚、安哥拉、巴哈马、巴林、孟加拉国、巴巴多斯、白俄罗斯、伯利兹、贝宁、不丹、玻利维亚、博茨瓦纳、文莱、布基纳法索、布隆迪、柬埔寨、卡麦隆、佛得角、中非共和国、乍得、智利、哥伦比亚、科摩罗、刚果民主共和国、刚果共和国、科特迪瓦、古巴、吉布提、多米尼加共和国、厄瓜多尔、埃及、赤道几内亚、厄立特里亚、埃塞俄比亚、加蓬、冈比亚、加纳、格林那达、危地马拉、基尼、几内亚比绍、圭亚那、洪都拉斯、印度、印度尼西亚、伊朗、伊拉克、牙买加、约旦、肯尼亚、朝鲜、科威特、老挝、黎巴嫩、莱索托、利比里亚、利比亚、马达加斯加、马拉维、马来西亚、马尔代夫、马里、毛里塔尼亚、毛里求斯、蒙古、摩洛哥、莫桑比克、缅甸、纳米比亚、尼泊尔、尼加拉瓜、尼日尔、尼日利亚、阿

曼、巴基斯坦、巴勒斯坦、巴拿马、巴布亚新几内亚、秘鲁、菲律宾、卡塔尔、卢旺达、圣卢西亚、圣文森特和格林纳丁斯、圣多美和普林西比、沙特阿拉伯、塞内加尔、塞舌尔、塞拉利昂、新加坡、索马里、南非、斯里兰卡、苏丹、苏里南、斯威士兰、叙利亚、坦桑尼亚、泰国、东帝汶、多哥、特立尼达和多巴哥、突尼斯、土库曼斯坦、乌干达、阿拉伯联合酋长国、乌兹别克斯坦、瓦努阿图、委内瑞拉、越南、也门、赞比亚、津巴布韦

北大西洋公约组织（NATO）

〈http：//www. nato. int〉

比利时、保加利亚、加拿大、捷克、丹麦共和国、爱沙尼亚、法国*、德国、希腊、匈牙利、冰岛、意大利、拉脱维亚、立陶宛、卢森堡、荷兰、挪威、波兰、葡萄牙、罗马尼亚、斯洛伐克、斯洛文尼亚、西班牙、土耳其、英国、美国

* 法国不参加北约的一体化军事机构。

欧洲—大西洋伙伴关系委员会（EAPC）

〈http：//www. nato. int/issues/eapc〉

成员国：

北约成员国加上阿尔巴尼亚、亚美尼亚、奥地利、阿塞拜疆、白俄罗斯、克罗地亚、芬兰、格鲁吉亚、爱尔兰、哈萨克斯坦、吉尔吉斯斯坦、前南斯拉夫马其顿共和国、摩尔多瓦、俄罗斯、瑞典、瑞士、塔吉克斯坦、土库曼斯坦、乌克兰、乌兹别克斯坦

核供应国集团（NSG）

〈http：//www. nuclearsuppliersgroup. org〉

阿根廷、澳大利亚、奥地利、白俄罗斯、比利时、巴西、保加利亚、加拿大、中国、克罗地亚、塞浦路斯、捷克共和国、丹麦、爱沙尼亚、芬兰、法国、德国、希腊、匈牙利、爱尔兰、意大利、日本、哈萨克斯坦、韩国、拉脱维亚、立陶宛、卢森堡、马耳他、荷兰、新西兰、挪威、波兰、葡萄牙、罗马尼亚、俄罗斯、斯洛伐

克、斯洛文尼亚、南非、西班牙、瑞典、瑞士、土耳其、英国、乌克兰、美国

经济合作与发展组织（OECD）

〈http：//www. oecd. org〉

澳大利亚、奥地利、比利时、加拿大、捷克共和国、丹麦、芬兰、法国、德国、希腊、匈牙利、冰岛、爱尔兰、意大利、日本、韩国、卢森堡、墨西哥、荷兰、新西兰、挪威、波兰、葡萄牙、斯洛伐克、西班牙、瑞典、瑞士、土耳其、英国、美国

欧洲安全与合作组织（OSCE）

〈http：//www. osce. org〉

阿尔巴尼亚、安道尔、亚美尼亚、奥地利、阿塞拜疆、白俄罗斯、比利时、波斯尼亚和黑塞哥维那、保加利亚、加拿大、克罗地亚、塞浦路斯、捷克共和国、丹麦、爱沙尼亚、芬兰、法国、格鲁吉亚、德国、希腊、梵蒂冈、匈牙利、冰岛、爱尔兰、意大利、哈萨克斯坦、吉尔吉斯斯坦、拉脱维亚、列支敦士登、立陶宛、卢森堡、前南斯拉夫马其顿共和国、马耳他、摩尔多瓦、摩纳哥、荷兰、挪威、波兰、葡萄牙、罗马尼亚、俄罗斯、圣马力诺、塞尔维亚和黑山、斯洛伐克、斯洛文尼亚、西班牙、瑞典、瑞士、塔吉克斯坦、土耳其、土库曼斯坦、英国、乌克兰、美国、乌兹别克斯坦

美洲国家组织（OAS）

〈http：//www. oas. org〉

安提瓜和巴布达、阿根廷、巴哈马、巴布达、伯利兹、玻利维亚、巴西、加拿大、智利、哥伦比亚、哥斯达黎加、古巴*、多米尼克、多米尼加共和国、厄瓜多尔、萨尔瓦多、格林那达、危地马拉、圭亚那、海地、洪都拉斯、牙买加、墨西哥、尼加拉瓜、巴拿马、巴拉圭、秘鲁、圣基茨和尼维斯联邦、圣卢西亚、圣文森特和格林纳丁斯、苏里南、特立尼达和多巴哥、乌拉圭、美国、委内瑞

* 古巴自 1962 年起被排除在该组织之外。

黑海经济合作组织（BSEC）

〈http：//www. bsec—organization. org〉

阿尔巴尼亚、亚美尼亚、阿塞拜疆、保加利亚、格鲁吉亚、希腊、摩尔多瓦、罗马尼亚、俄罗斯、塞尔维亚和黑山、土耳其、乌克兰

伊斯兰会议组织（OIC）

〈http：//www. oic—oci. org〉

阿富汗、阿尔巴尼亚、阿尔及利亚、阿塞拜疆、巴林、孟加拉国、比宁、文莱、布基纳法索、卡麦隆、乍得、科摩罗、科特迪瓦、吉布提、埃及、加蓬、冈比亚、基尼、几内亚—比绍、圭亚那、印度尼西亚、伊朗、伊拉克、约旦、哈萨克斯坦、科威特、吉尔吉斯斯坦、黎巴嫩、利比亚、马来西亚、马尔代夫、马里、毛里塔尼亚、摩洛哥、莫桑比克、尼日尔、尼日利亚、阿曼、巴基斯坦、巴勒斯坦、卡塔尔、沙特阿拉伯、塞内加尔、塞拉利昂、索马里、苏丹、苏里南、叙利亚、塔吉克斯坦、多哥、突尼斯、土耳其、土库曼斯坦、乌干达、阿拉伯联合酋长国、乌兹别克斯坦、也门

太平洋岛国论坛

〈http：//www. forumsec. org. fj〉

澳大利亚、库克群岛、斐济、基里巴斯、马绍尔群岛、密克罗西亚岛、瑙鲁、新西兰、纽埃岛、帕劳群岛、巴布亚新几内亚、萨摩亚、所罗门群岛、汤加、图瓦卢、瓦努阿图

上海合作组织（SCO）

〈http：//www. sectsco. org〉

中国、哈萨克斯坦、吉尔吉斯斯坦、俄罗斯、塔吉克斯坦、乌兹别克斯坦

南亚区域合作联盟（SAARC）

〈http：//www. saarc—scc. org〉

阿富汗、孟加拉国、不丹、印度、马尔代夫、尼泊尔、巴基斯

坦、斯里兰卡

东南欧合作倡议（SECI）

〈http：//www. secinet. info〉

阿尔巴尼亚、波斯尼亚和黑塞哥维那、保加利亚、克罗地亚、希腊、匈牙利、前南斯拉夫马其顿共和国、摩尔多瓦、罗马尼亚、斯洛文尼亚、土耳其、塞尔维亚和黑山

南部非洲发展共同体（SADC）

〈http：//www. sadc. int〉

安哥拉、博茨瓦纳、刚果民主共和国、莱索托、马达加斯加、马拉维、毛里求斯、莫桑比克、纳米比亚、南非、斯威士兰、坦桑尼亚、赞比亚、津巴布韦

南方共同市场（MERCOSUR）

〈http：//www. mercosur. org. uy〉

阿根廷、巴西、巴拉圭、乌拉圭

东南欧稳定公约

〈http：//www. stabilitypact. org〉

伙伴国： 阿尔巴尼亚、奥地利、比利时、波斯尼亚和黑塞哥维那、保加利亚、加拿大、克罗地亚、塞浦路斯、捷克共和国、丹麦、爱沙尼亚、芬兰、法国、德国、希腊、匈牙利、爱尔兰、意大利、日本、拉脱维亚、立陶宛、卢森堡、前南斯拉夫马其顿共和国、马耳他、摩尔多瓦、荷兰、挪威、波兰、葡萄牙、罗马尼亚、俄罗斯、塞尔维亚和黑山、斯洛伐克、斯洛文尼亚、西班牙、瑞典、瑞士、土耳其、英国、美国

其他伙伴： 中欧倡议国组织、欧洲理事会、（欧洲发展银行理事会）、欧洲复兴发展银行、欧洲投资银行、欧盟（欧盟理事会、欧洲重建署、欧盟委员会、欧洲议会、东南欧办事处）、国际金融组织、国际货币基金组织、国际移民组织、北大西洋公约组织、联合国驻波黑高级代表办事处、经济合作与发展组织、欧洲安全与合作组织、黑

海经济合作组织、东南欧合作倡议国组织、东南欧合作进程、联合国(联合国发展项目、联合国难民事务高级专员公署、联合国驻科索沃特派团)、世界银行

维斯格拉德四国集团（V4）

〈http：//www. visegradgroup. org〉

捷克共和国、匈牙利、波兰、斯洛伐克

瓦森纳安排（WA）

〈http：//www. wassenaar. org〉

阿根廷、澳大利亚、奥地利、比利时、保加利亚、加拿大、克罗地亚、捷克共和国、丹麦、爱沙尼亚、芬兰、法国、德国、希腊、匈牙利、爱尔兰、意大利、日本、韩国、拉脱维亚、立陶宛、卢森堡、马耳他、荷兰、新西兰、挪威、波兰、葡萄牙、罗马尼亚、俄罗斯、斯洛伐克、斯洛文尼亚、南非、西班牙、瑞典、瑞士、土耳其、英国、乌克兰、美国

西欧联盟（WEU）

〈http：//www. weu. int〉

比利时、法国、德国、希腊、意大利、卢森堡、荷兰、葡萄牙、西班牙、英国

西欧军备组织（WEAO）

奥地利、比利时、捷克共和国、丹麦、芬兰、法国、德国、希腊、匈牙利、意大利、卢森堡、荷兰、挪威、波兰、葡萄牙、西班牙、瑞典、土耳其、英国

桑戈委员会

〈http：//www. zanggercommittee. org/Zangger/default. htm〉

阿根廷、澳大利亚、奥地利、比利时、保加利亚、加拿大、中国、捷克共和国、丹麦、芬兰、欧盟委员会、法国、德国、希腊、匈牙利、爱尔兰、意大利、日本、韩国、卢森堡、荷兰、挪威、波兰、

葡萄牙、罗马尼亚、俄罗斯、斯洛伐克、斯洛文尼亚、南非、西班牙、瑞典、瑞士、土耳其、英国、乌克兰、美国

常用符号

…	未掌握或不适合使用的数据
—	零或可以忽略的数字
()	不确定的数据
b.	十亿（一千个百万）
kg	公斤
km	公里（一千米）
kt	千吨（一千吨）
m.	百万
Mt	百万吨（一百万吨）
th.	千
tr.	万亿（一百万个百万）
$	美元（除非另有注明）
€	欧元

（徐蓉 译）

引言　安全与和平研究界 40 年回顾

艾丽森·J. K. 贝尔斯

第一节　导　言

第一卷《SIPRI 年鉴》是 1969 年在斯德哥尔摩国际和平研究所首任所长罗伯特·尼尔德的领导下出版的。[1] 它描绘了一个由冷战时期东西方战略对抗所主导的世界，当时世界上只有少数几个国家能够避免与一个集团或另一个集团结成军事同盟，而瑞典便是它们中的一个。而且，只有少数几个观察家能够从一个公正的角度观察两个集团的所作所为，而斯德哥尔德国际和平研究所便有志成为它们中的一个。1969 年的战略氛围刚刚达到了白热化程度：仅仅两年前，《哈默尔报告》认为北大西洋公约组织应在促进国际关系的缓和方面做出与另一集团相应的努力，[2] 而 1968 年苏联领导的军事入侵残酷镇压了捷克斯洛伐克的民主运动。当 SIPRI 的分析家撰写关于武器和军事科技的发展时，自然会看到前苏联和美国之间及华沙条约组织（华约）和北约组织之间展开的东西方对抗是军备竞赛的主要驱动力以及导致这些武器可能被使用的最危险的根源。值得称许的是，这些分析家们还对发生在世界上其他地区并且与冷战政治环境没有直接联系的

〔1〕《SIPRI 世界军备和裁军年鉴 1968/1969 年》[阿尔莫克维斯特（Almqvist）和维克塞勒（Wiksell），斯德哥尔摩，1969 年]。

〔2〕北约，“联盟未来的任务：理事会报告”，部长公报，北大西洋理事会，布鲁塞尔，1967 年 12 月 13 至 14 日，URL〈http：//www.nato.int/docu/comm/49－95/c671213b.htm〉。该报告是由以比利时外交部长皮埃尔·哈默尔（Pierre Harmel）为首的一个研究小组撰写的，其全文可以在 URL〈http：//www.nato.int/archives/harmel/harmel.htm〉找到。

冲突和军备竞赛给予了极大的关注。通过这样做和力图详细记录世界所有国家和地区的军费开支，第一卷年鉴的撰稿者们设定了一个全面而平衡的撰写目标，使他们的后继者们一直牢记不忘但又从来不是轻轻松松就能达到的。

当前的这卷年鉴是斯德哥尔摩国际和平研究所成立 40 年以来撰写的第 36 卷。这自然使我们有机会回顾一下过去 40 年中全球安全形势发展中变化了的及没有变化的情况。后面的章节中将对这些变化的许多方面进行专门的分析，本引言则仅讨论四个主题。第二节研究从东西战略两极向一种新的全球体制的转型，这种全球体制中的许多其他类型的分极方式或组织原则都曾被提出过，但仍没有任何一种观点已经占据明显优势。第三节论述那些被视为对安全分析十分重要，对安全形势发展产生巨大影响（好的或坏的）的目标、事件、过程和行为体的变化。第四节则讨论变化了的军备控制和裁军的评估方法及实施手段，并且从更为广泛的意义上阐述了不同机构在安全构建方面的作用。第五节以强调一些在首卷年鉴中提及的而至今仍旧存在的引人关注的问题，以及强调基于数据的安全研究和透明度的重要性来结尾。

第二节 从东西方对抗到何种模式？

对决策者们来说，冷战时期的两极战略格局还是有点适宜和舒服的成分，这在 20 世纪 90 年代一定程度上是个常识，尽管不对，但的确如此。对抗的双方发现很容易确定威胁的主要来源和比较容易对威胁进行量化。敌友界限在大多数情况下是清晰的，并鉴于有些朋友具有重要的战略价值，他们的小过错可以被忽略不计。为友谊而承担的义务是十分繁重的，西方大国要求时刻保持对共产主义入侵的警惕，而对于对方国家的各种福祉可以漠不关心。与此同时，跨越集团界限达成的军备控制与裁军进程和其他规则框架在减少现存的危险和对抗的经济代价方面发挥了明显而极有价值的作用。

新地缘战略模式

自从两大集团体系于 1989 年崩溃以来，许多智囊和决策者都倾向于寻找出用同样清楚界定阵营的“快捷方法”来描述新的战略环境。大致上说，所提出的方法可以分为：一是仍旧认同像地缘战略“集团”那样的一类；二是较少使用传统理论的一类。在前一类的理论中，东西紧张的观念被南北紧张所取代，这主要体现在经济和人类安全领域，而非指军事关系。由于这种观点确有阐述的价值，因此受到坚持。在南北之间没有明确的界线，[3] 但基本正确的是绝大部分武装冲突目前出现在南方地区，[4] 而这些地区的死亡人数和主要原因也与北方国家，包括中国和俄罗斯的不同。近年来，越来越多的迹象表明，为保卫发展中国家独特的商业和经济利益，[5] 以及以武器出口和相关技术转让的形式进行的南南合作正在得到努力加强。[6] 但是，采用北南关系诊断法只能使人们认识到今天的安全形势与东西方对立时是多么的不同。即使在贸易和经济领域，与东西方阵营相比，北方与南方远没有那么对立，而且他们在利益上有着更多的相互依存。他们并不把对方当作道义或理论上的敌人来看待或对待。[7] 相反，对于北方国家来说，唯一正确的政策便是“援助”南方国家实现可持续发展和构建和平等。此外，像中国及印度等大国经济和军事力量的崛起也很快就把世界一

---

〔3〕 有关这一点及当代总体安全问题中的北南关系可参见 A. J. K. 贝尔斯，“处理全球安全问题：充满变化和挑战的世界”，《SIPRI 年鉴 2005：军备、裁军和国际安全》（牛津大学出版社，牛津，2005 年版），第 1—27 页。

〔4〕 2005 年的 17 场主要武装冲突中有 15 场发生在非洲、南亚、东南亚、中东和南美。参见本卷附录 2A。

〔5〕 比如，巴西就在 2004—2005 年举行的世界贸易组织多哈回合谈判中自命为南方国家的发言人。现已举行过两次正式的“南方首脑会谈”，最新的成果是《多哈宣言》、《行动计划》以及《新亚非战略伙伴关系》。第二次南方首脑会谈，《多哈宣言》和《多哈行动计划》，多哈，卡塔尔，2005 年 6 月 12—16 日，URL 〈http：//www. g77. org/southsummit2/〉；2005 年亚非首脑会谈，《新亚非战略伙伴关系宣言》，万隆，印度尼西亚，2005 年 4 月 24 日，URL 〈http：//www. asianafricansummit2005. org/〉。

〔6〕 参见本卷第 10 章和第 13 章。

〔7〕 至少，敌人不是仅仅根据地理位置或财富来确定的。“文明对立”的观点在下面要专门加以论述。

分为二的界线变得模糊，它们兼有北方国家和南方国家的行为特点，尽管前者可被认为是北方国家，后者为南方国家。当然，一些分析家，特别是美国的分析家，一直试图视中国为取前苏联而代之的西方未来的战略对手。

西西紧张关系的观念也至少部分地有助于人们了解新的国际形势。人们很容易明白为什么这会比冷战时期更为公开和产生更重大的影响。随着因面临共同的地缘战略威胁而实施的戒律逐渐弱化，西方自身就变得更大而且更多样化。北约及欧洲联盟成员国的持续扩大使加入这两个或其中一个组织的国家数量从 1990 年 17 个增加到今天的 32 个。目前还有多个申请国已经程度不同地加入了西方盟友体系。与一个或多个北约国家（通常是美国）有着安全伙伴关系的欧洲大西洋地区以外的民主国家也逐步发挥更为公开和积极的战略作用。澳大利亚在伊拉克冲突所发挥的作用和有关日本是否应当采取更高的防务姿态的争论便是两个有力的例证。[8] 当这个扩大的民主家庭内的安全观和利益发生分歧时，其影响必将是全球性的。西方国家之间的分歧还包括应该实施哪些重要的跨地区干预和谁将自愿或被要求参加等。西方国家中的不同派别以一种令人回想起过去东西方竞争时的方式在其他国家中积极争取支持。[9] 但即使是在理论上，西西争论也深刻地影响了其他行为体能够或可能表达其安全关切时所用的语言。一些传统的西方观点最近不断受到挑战，比如：把恐怖主义划为一种“非对称威胁”，有关用“先发制人”或“扩大自卫权”来取代国际公认的指导原则作为军事干预决策标准的争议，甚至还有相当流行的有关“脆弱国家”和“人的安全”的争议。

尽管如此，把今天的西西战略分歧等同于冷战时期的集团对抗是十分荒谬的。自从斯德哥尔摩和平研究所开始研究北约以来，北约的内部分歧一直是推动其做出决策的强有力的驱动器。而且，现在就得出自 1990 年以来它不仅发生了量变，而且正在发生质变的结论还为

---

〔8〕 澳大利亚在 2003 年 3 月向在伊拉克进行的由美国领导的作战行动提供了 2000 人的部队，并且在地区和平干预方面发挥重要作用，比如在东帝汶和所罗门群岛。

〔9〕 比如：伊拉克危机期间，亲美和反美阵营都在为一项可能使美国入侵伊拉克的愿望合法化的联合国安理会决议案进行游说，并导致法国、德国和俄罗斯形成了临时的反美集团。

时过早。即使不考虑整个西方世界仍旧有着共同的根本利益和信念，富有的民主国家集团之间也不会以战略对手的传统方式行事：结成固定的联盟，相互以武力对抗、破坏、准备或鼓动针对对方的军事行动。[10] 至少到目前为止，美欧关系或欧洲国家关系中不和的最为极端表现形式主要包括不愿参加所倡议的联合行动，阻止共同采取新政策和新倡议（比如在气候变化上），或和平地把有关争议提交给相关的国际仲裁机构（比如，世界贸易组织）。而且，除了上面提到的以西方为中心的广泛影响外，在世界其他地方正在发生的情况显然不是从属于美国或欧洲集团。一些欧洲人倾向于把“多极化”看作是一种理想的状态，这是因为他们清醒地认识到欧洲—大西洋地区以外其他权力基地的存在，可以至少间接地减轻一个十分不对称的美欧平衡关系给欧洲带来的后果。

这导致了自从弗朗西斯·福山（Francis Fukuyama）提出冷战后“历史终结”理论后出现的最丰富的地缘战略格局，[11] 该理论强调美国作为相对其他所有国家来说唯一的超级大国的作用。[12] 考虑到美国地位的独特性有助于解释它自身政策的演变，有助于理解为什么西方盟国不会再是铁板一块，以及为什么美国的盟友有时会与非盟友，甚至对手一起对超级大国的行动感到担忧。分析美国反应的专家们已就以下几点提出了重要疑问：“硬实力”（像军事力量和强制力）与“软实力”（像说服力和影响力）相比，究竟哪一种更有效、更持久；与体制化的联盟和全球规范相比，单边行动的优点究竟何在；与更为现实和应对性的战略姿态相比，先发制人行

---

〔10〕 由支持美国的英国、意大利和所谓的“新欧洲”的其他国家，以及澳大利亚组成的联盟，而法国、德国和现在的西班牙则站在另一边。这种格局自 2001 年以来似乎相当稳定，但它绝不是非常明确或固定不变的。总之，英国在贸易、环境和欧洲防务方面的政策就趋向于打破两者的界线。

〔11〕 弗朗西斯·福田，《历史的结束和最后一个人》（自由出版社，纽约，N. Y.，1992 年版）。

〔12〕 2005 年美国的军费支出为 5070 亿美元，占全球总支出的 48%，没有其他任何一个国家的支出超过全球总支出的 5%。见本卷第 8 章。美国也是最大的国家经济体，2004 年国内生产总值为 117340 亿美元。国际货币基金组织，国际金融统计，在线服务。

动究竟有何意义。[13] 这些分析被理解为冷战后国际形势演变的总体解释，再加上那些与此相对应的把所有的世界问题都归咎于一个“无赖的超级大国”的观点，为那些没有进行仔细分析的人们设下了圈套。它们普遍夸大了美国的绝对和相对实力，（特别是低估了在使用强制力方面的限制），[14] 但是以美国为中心的分析方法存在着忽视美国并未参与的安全进程和活动，低估了对华盛顿来说不太相关或没有什么吸引力的国家和影响力的重要性的危险。这些著作中许多所描述的实际的或潜在的美国帝国并不比 19 世纪时的欧洲帝国更加无所不在，而对此进行证明的责任落在了那些希望宣称美国帝国会更加持久的人身上。美国权力的问题和如何与其相联系的问题，在今天有关安全问题的讨论中可谓是无所不在。一种不仅分析美国的行动，同时也分析其他国家决定在没有美国的情况采取行动的原因和方式，以及分析当美国决定不参与某一特定地区或事件后他们如何应对的这一种对当今战略现实的解释，开始变得具有相当大的说明力。

功能性界定“对手”的模式

一套不能用传统地缘术语来确定其对立面的通用词汇可准备改为更为普通的、抽象的或功能性的定义来描述“其他国家”。在冷战期间，许多政策都把共产主义作为敌手，而不是只对或同时也对特定的共产主义国家。这种观点的微妙之处在于他们承认存在一个“内部敌人”的可能性，即：某特定社会中某些成分可能被敌对的原则所腐蚀，他们以比普遍的间谍更阴险的手段来为其工作。

自从冷战结束以后，已有许多基于这类分析的模式。随着 20 世

〔13〕 参见：例如，P. 哈斯诺，“美国：武力的帝国还是帝国的武力?”，《沙洛特论文》第 54 期，欧盟安全研究所，巴黎，2002 年 9 月，URL 〈http://www.iss－eu.org/chaillot/chai54e.html〉；I. 伊兰德，“帝国出击：‘新帝国主义’及其致命弱点”，《政策分析》，第 459 期，卡托研究所，华盛顿，2002 年 11 月 26 日，URL 〈http://www.cato.org/pub_display.php?pub_id=1318〉；C. 考克，“冲突中的帝国：欧洲与美国之间不断扩大的裂痕”，《白厅论文》第 35 期，皇家联合勤务研究所，伦敦，2003 年 5 月；以及 J. 加里森，“作为帝国的美国：全球领袖还是无赖强权?” Berrett－Koehler 出版社，旧金山，加利福尼亚，2004 年版。

〔14〕 有关对传统国家权力和对通过军事力量行使这种权力的限制，参见贝尔斯（同注释 [3]），第 2—13 页。

纪 90 年代的逝去，当对地区冲突的强烈关注（各有各的对错）趋向于用哲学观来解释其背景时，21 世纪初已经被有争议地视为摩尼教思想的复兴时期。塞缪尔·P·亨廷顿的“文明冲突论”便是一个早期的公式，它暗示出许多新模式的特点。[15] 当一些人实行共产主义时，他们中的许多人看起来很像西方人，并且拥有相当的物质文明，新的“其他人”被以更为基本的人类差异——种族、信仰、总体的生活方式来定义。“敌人”不是某一特定的国家或联盟，而是伊斯兰教、移民或国际恐怖主义；或者从另一方面来看，则是信奉异端邪说的，追求物质享受的西方暴政。随着北方（基督教世界）主要内部冲突的消失，殖民主义和扩大的东西阵营竞争对南方国家行动控制的削弱，全球化对非西方社会的影响（这加剧了它们的内部分裂和功能障碍），日益典型的在多文化社会中的（可能是日益紧张的）生活经验，这类观念不断涌现的理由也越来越充分。[16] 暂且把道义上的缺陷放在一边，接受任何这种根据种族、信仰的或文化的差异所确定的二元性来取代冷战两极格局的观点，给战略制定者们带来的问题远比他们能够解决的问题多得多。在冷战期间人们可能会同情生活在被强加的共产主义制度下的那些人们。而根据新的分析方法，每个个体自己都必须被视为是问题，即使当生活在一个表面友好的国家（比如阿拉伯君主国）人，甚至就生活在西方社会中时也是如此。没有任何已知的军事方法能够消除一种以这种术语定义的“威胁”，使用其他可能的强迫手段——转变信仰、镇压、新帝国主义占领和自我孤立——都被西方世界和伊斯兰世界的经济相互依存所阻碍（主要但不仅仅是因为石油）。难怪采纳这种分析方式的作者更经常地提出悲观的预测，而不是提出战略方案。

而实际发生的是那些开始打击以功能确定的新对手的国家都重新采取对付老的地缘战略对手的策略。美国于 2001 年在其城市遭受“基地”组织野蛮袭击后宣布发动一场全球反恐战争便是一个恰当的例子。的确，美国及持相同观点的国家的决策者们没有简单地把新的

---

〔15〕 S. P. 亨廷顿，《文明的冲突和世界秩序的重建》，西蒙和舒斯特出版社，纽约，1996 年版。

〔16〕 参见本卷附录 2C。

“超级恐怖主义”等同于伊斯兰教或特定的种族。不论是用军事术语将其定义为非对称战术（弱小一方用来对付强大目标），还是用道义或法律的术语将其定义为针对非战斗人员采取的令人无法接受的不分青红皂白的行动，他们都将其指责为一种行为异常。〔17〕然而，美国政策已经不断显示出一种倾向，将恐怖主义作为一种具有有限的、可确认的和富有破坏性的一系列根源的单一现象予以具体化，甚至拟人化。奥萨马·本·拉登和一大批伊拉克极端分子已经成为新的菲德尔·卡斯特罗、胡志明或者阿亚图拉·霍梅尼。〔18〕与恐怖主义同流合污，加上大规模杀伤性武器扩散等邪恶已经成为美国描述像伊朗和朝鲜等“无赖国家”及其领导人的典型用语。《2002 年美国国家安全战略》认为，这些政权对世界和平及美国自身利益的威胁证明对它们实施即使没有国际社会授权的先发制人打击也具有正当性。〔19〕正是在这一点上，当今的威胁与冷战时期完全不同，因为当时的东西方战略威慑不会允许美国对其主要对手采取这样的行动。2003 年美国所领导的对伊拉克的行动不仅反映了美国民众对两年前遭受的攻击的愤怒，而且反映了新的国际环境实际上允许美国可以像“基地”组织自由地攻击纽约和华盛顿那样，自由地打击它的敌人。

本卷对由美国对付这些新的敌人所带来的问题进行了很好的归纳，并做了进一步的分析。〔20〕除了其他因素外，一旦把将恐怖分子

〔17〕有关恐怖主义的定义问题参见 G. 辛普森，“恐怖主义和法律：过去及当前国际方法”，《SIPRI 年鉴 2003：军备、裁军和国际安全》（牛津大学出版社，牛津，2003 年版），第 23—31 页。2005 年 9 月举行的联合国世界首脑会议未能就由秘书长根据一个高级别小组 2004 年提交的报告而提出的一个新的、通用定义达成一致。联合国，“一个更安全的世界：我们共同的责任”，“威胁、挑战和变革问题高级别小组的报告”，联合国文件 A/59/565，2004 年 12 月 4 日和联合国文件 A/59/565/Corr. 1，2004 年 12 月 6 日，URL〈http://www.un.org/ga/59/documentation/list5.html〉；联合国，“2005 年世界首脑会议成果”，联合国大会文件 A/RES/60/1，2005 年 10 月 24 日，URL〈http://www.un.org/summit2005/documents.html〉。

〔18〕也可与 1993—1994 年美国在索马里最终失败的干预中给法拉德·艾迪德贴上敌人的标签的作法进行比较。T. 芬德雷，斯德哥尔摩和平研究所，《联合国和平行动中武力的使用》（牛津大学出版社，牛津，2002 年版），第 166—218 页。

〔19〕白宫，《美利坚合众国国家安全战略》，华盛顿，2002 年 9 月，URL〈http://www.whitehouse.gov/nsc/nss.html〉。

〔20〕参见本卷第 2 章和第 8 章。

和扩散者作为新的全球竞争中的敌手的观点与过去5年中的实际情况进行比较，就会清楚地发现，不论是美国，还是其他国家都没有坚持使用这样一把标尺。事实上拥有大规模杀伤性武器的国家——印度、以色列和巴基斯坦——中至少有一个也对针对其对手的恐怖行动持宽容的态度，继续与美国保持着伙伴关系，甚至得到了新的宠爱。[21]美国最主要的军事行动是针对一个政权——伊拉克政权，但回过头来看，有关对其的支持恐怖主义和拥有大规模杀伤性武器的指控（最近）都多少被证明是无证据的。美国实际上把越来越多的军事援助提供给与恐怖主义作斗争的政府，但却因为一些坚定的反恐盟友在与此不相关的国际刑事法庭问题上没有进行合作而暂停了对其的军援。[22]另外，美国也不是总是采用武力手段，与一场明显的反恐干预（阿富汗）和一场据称与大规模杀伤性武器相关的干预（伊拉克）相对照的是，到目前为止仍然主要用非军事手段解决的两个扩散问题（伊朗和朝鲜），还有一个则已经得到和平解决（利比亚）。[23]

肯定的是，这种差异能够在几乎任何战略原则的实施中都可以被找到，这通常是由于资源有限、过去的经验教训和更喜欢低风险的目标等原因。然而，除此之外，这很显然也是为了判断不同伙伴的可接受性和来自不同敌人的威胁相对程度，美国及其盟友为此必须使用比恐怖主义和大规模杀伤性武器更为广泛的衡量标准。恐怖主义和大规模杀伤性武器并非所有甚至大部分当前安全威胁的根源。许多主要的冲突，包括巴尔干和美国自2001年起干预的两起冲突——海地和利比里亚就与它们无关。即使在与它们有关的冲突中，对其过程的观察，以及对阻止它们的努力结果的观察，都清楚地表明它们是安全和政府管理方面等其他问题所表现出的症状而已，而并非需要根治的主要症结所在。总之，美国自冷战以来一直

---

〔21〕 当前的美国总统乔治·W. 布什政府最近同意与印度建立更为紧密的（民用）核合作（参见本卷附录13B），被认为在与巴勒斯坦人实现和平的问题上偏袒以色列，并加强了与巴基斯坦的反恐合作。

〔22〕 S. 威哈特，“冲突后的正义：国际法庭的发展”，《SIPRI年鉴2004：军备、裁军和国际安全》，牛津大学出版社，牛津，2004年，第197—198页。

〔23〕 J. 哈特S. N. 和凯勒，“利比亚发弃核、生、化武器及弹道导弹”，《SIPRI年鉴2005》（同注释［3］），第629—648页。

努力用功能性的术语来确定一个全球敌人“新威胁”的理论，在提出几年后已经看起来不论是在理论上，还是在实践中都是不完善的。对各国的判断需要基于它们与安全相关的行动，以及特性、信念和公开的目标等因素的全面分析之上。

2005 年 1 月，美国总统乔治·W. 布什在其第二届任期就职典礼上通过列举今后美国判断其他国家所遵循的大量原则，使美国政策与现实更为接近。[24] 特别引人注意的是，他强调（其他美国演讲人自此以后也强调）缺乏民主是导致采取纠正行动的一个很好的理由。民主的确是判断当代国际形势更为符合逻辑和吸引人的功能性原则。这是冷战期间西方大国所代表的主要原则，而且是它们选择其伙伴的一个主要标准（不幸的是，它没有一直得到贯彻）。自从 1990 年起民主方面所取得的进展是加入北约和欧盟的一个条件，而且这有助于稳定这些组织和它们邻居的关系。它保证了显然有利于维护安全的地区合作的持久结构能够在世界其他地区建立起来。缺乏有效的民主制度经常是引发冲突的一个因素，而现代和平构建的一个核心目的是要纠正这一点。最后但绝非是最不重要的是，有可能用几乎完全是在文化上中立的术语来界定民主标准，从而使推进这一原则不必与以西方为中心的思想或认为这是“别人”的东西的看法相联系。

然而，正如美国新政策评论者们已经注意到的，在安全领域把民主作为判断和制定政策的标准有两个层次的困难：[25] 首先，它不与其他重要战略问题的缺失或解决有着足够密切的联系。民主国家容易受到恐怖主义的影响，并成为其攻击目标；它们帮助大规模杀伤性武器的扩散，而且本身就是扩散者；它们很少会使用常规武器与其邻国交战，但它们会卷入包括内战在内的其他各种类型的外部和内部动荡中去。众所周知的是，民主制度不能在没有当地人民支持的情况下被

---

〔24〕 白宫，“总统宣誓就职第二届任期”，新闻公报，华盛顿，2005 年 1 月 20 日，URL〈http：//www.whitehouse.gov/news/releases/2005/01/〉。

〔25〕 例如，C. 霍布森，“在中东推进自由的战略：美国促进民主与‘反恐战争’”，《澳大利亚国际关系学报》，第 59 卷，第 1 期，2005 年 3 月，第 39—53 页；J. 蒙顿，“布什主义的根源：美国战略中的权力、民族主义和促进民主”，《国际安全》，第 29 卷，第 4 期，2005 年春季号，第 112—156 页；S. 艾森斯塔，J. E. 波特和 J. 温斯汀，“重建弱国”，《外交》，第 84 卷，第 1 期，2005 年 1/2 月，第 134—146 页。

强加在他们的身上，但当当地的势力能够自由发挥作用时，其结果往往又不符合西方国家的品味。[26] 总之，尽管从长远看，民主的传播会增加建立更为有序与和平的国际关系的机会，但从近期看，民主的水平，与秩序、稳定和避免冲突并非在任何地方都是相吻合的。第二层次的问题是，如果民主意味着一切，那么依法实现多元、公平、平等的原则就应该和国家内部体系之间一样在国与国的关系中（包括在个人的跨国交往中）得到广泛推广。这不是反对在国际上动用武力，因为“正义战争”的概念在哲学上与惩罚社会中坏事的权力和需要是一致的。这也不意味将民主目标从属于对秩序和避免危机的考虑之下：在向更为民主的方向发展变化与所有变化一样有着固有的危险性，但这仍需具有合法性。但是，这的确意味着由某一个国家判定民主是什么，并宣称有权据此奖赏或惩处其他国家是一个十分有争议的问题。如果一个强大的国家一方面推进民主，同时声称有权无视国际社会通过民主方式采纳的规则和标准行事，那么民主事业本身就有失去信誉的危险，而且它的许多花言巧语也会被许多国家看作仅仅是过去的霸权国家的恶劣行径的掩饰而已。

以上所观察到的两极格局分析法，不论是地缘战略法，还是基于行为与特性认定相结合的功能法，在一开始就不能充分解释当今全球安全的复杂性。它们谁也无法对这么多冲突的起因，对这么多已阻止或解决的冲突，信服地说清楚所有不同的地区性安全动力（竞争或合作），更不要说提出解决方案了。这种动力现在导致了军备和军事支出方面一些重要趋势。当然没有一种方法是毫无用处的，但是对现实状况的全面理解需要综合使用它们，甚至用更多的方法。不论冷战后的世界是否可以被描绘成多极世界，它肯定是多层次的。第三节用与过程相关的术语来描述变化了的安全环境：跟踪被认为属于安全议程的问题的变化，以及跟踪那些被视为问题或视为恰当的角色、手段和行动的变化。

---

〔26〕 摆脱殖民统治的国家通常在他们独立后的第一阶段采取反西方的立场，而且观察家们已经警告说，阿拉伯国家中更为民主的政府形式会使极端的伊斯兰分子（甚至有恐怖主义背景的政治运动）上台。

第三节 从武装集团到多功能、人性化、积极的安全体系

当《SIPRI 年鉴》以“世界军备与裁军”，以及后来以“军备、裁军和国际安全形势”为副标题时，人们无需任何解释就明白为何这些问题会引起人们的关注。[27] 在冷战期间，人们一直担忧东西方爆发核战争——它也有可能被世界其他地区的冲突所引发。世界各地很高的军备水平便是一个十分危险的迹象，所以任何能够降低军备水平的东西都被认为有助于改善安全。冷战期间和平运动的口号几乎总是有关销毁某些特定武器[28]或结束某些特定冲突，比如在越南的冲突。今天，反对美国领导的伊拉克军事行动的抗议行动已经部分继承了这种方法。那么针对军备的运动如何了呢？那些过去针对最具有破坏力的武器——核武器的运动自从抗议 1995 年法国核试验以后就基本上被停止或被边缘化了。在过去十年中获得大量民众支持的运动主要是针对像人员杀伤地雷和轻武器等武器装备，它们遭到反对是因为它们危害人类安全的方式而非担心它们会使冲突升级。[29] 大量的精力都被投入到与军事行动没有（或仅有有限）联系的事业中去，比如生态和环境抗议活动——包括那些反对民用核能、转基因、纳米技术和其他形式的技术发展，以及总体反对全球化的运动。前面的第二节没有对谁是新“敌人”和人们害怕什么给出清楚的答案，因此人们寻求什么样的安全也没有简单的答案。

为了不过于简单化，并考虑到不同地区和社会在观念上的巨大差异，三个变化过程可以被视为当今威胁和安全观念的基础：1. 安全议程的多样化；2. 行为体的多样性；3. 倾向于通过采取行动解决问

---

〔27〕 原来的副标题一直用到 1993 年版，而新的副标题则自 1995 年版起开始使用至今。

〔28〕 当然有一些变化，比如 20 世纪 80 年代初在美国的核冻结运动。

〔29〕 甚至很难证明轻武器的流通与国家间冲突的蔓延或强度之间的直接联系。参见 P. D. 魏茨曼，“冲突与轻武器的转移”，SIPRI，斯德哥尔摩，2003 年 3 月，URL 〈http://www.sipri.org/contents/armstrad/smarm.html〉。

题，而非克制。

安全议程的多样化

安全议程的多样化是威胁和安全观念扩展至比传统的国防事务包含更多的内容，这一过程包括两个方面：首先，构成安全政策重点的暴力形式越来越多样化，从单纯的国家间战争转为包括各种冲突形式——国内冲突[30]和像恐怖主义的跨国犯罪——而且也包括国内的各种违法犯罪活动，在一些分析家看来，甚至包括人际间的暴力。除了对人造成伤害外，所有这些冲突的共同点是威胁到传统国家结构对力量的垄断，从而威胁其权威性和完整性。国家政府的安全目标相应地越来越被确定为保护人民和他们权利免受各种灾难的危害，使国家的外部安全和内部安全之间不再有明确的界线。国际社会同样是不仅关心平息现有的冲突，而且也希望使“脆弱”国家能足够强大以防止未来的内部崩溃和外部的暴力入侵。对内部安全重要性认识的不断提高，可以从关于国际干预目标及把有关国家的首要任务定为重建和平的这一最新思维中看出，也可从那些较强国家对自己的“国土安全”或其他类似事务的关注中得到证明。[31]

这种趋势的第二部分包括认识到一些现象具有安全上的重要性，它们与人类冲突无关，也许压根就没有犯罪。世界 40%的人口每天的生活费不到 2 美元，而 10 亿生活在赤贫中的人们每天的生活费还不到 1 美元。[32] 到 2005 年，全世界有 4030 万人感染了艾滋病病毒(HIV/AIDS)，同年有 300 多万人死于艾滋病。[33] 据假定，下一次

---

〔30〕 本卷附录 2A 中所列的 17 场主要武装冲突中没有一场是国家间的，都是国家内部对领土或对政府控制的争端所引发的。

〔31〕 R. 德旺和 S. 韦哈塔，“多边和平行动：建设和平的挑战”，《SIPRI 年鉴 2005》，(同注释 [3])，第 139—198 页。

〔32〕 此外，有 4.6 亿人口的 18 个国家的人类发展指数比 1990 年低，而向 2000 年达成的联合国千年目标的进展如此缓慢，以致于如果情况得不到改善的话，到 2015 年将有 440 万本可以避免死亡的儿童丧生。联合国发展计划署（UNDP），《人类发展报告 2005 年》，UNDP：纽约，2005 年，URL〈http：//hdr. undp. org/reports/global/2005/〉。

〔33〕 联合国防治艾滋病项目（HIV/AIDS）（UNAIDS）和世界卫生组织联合报告，“当今艾滋病：预防艾滋病病毒特别报告”，UNAIDS：日内瓦，2005 年 12 月，URL〈http：//www. unaids. org/epi/2005/〉。

流感大爆发中的预计死亡人数将数以百万计。其他可能引起大量人员伤亡的典型灾难包括发生在 2004 年 12 月 26 日导致 27.5 万人丧生的海啸、2005 年 10 月克什米尔的强烈地震和 2005 年秋天发生在美国的卡特里娜飓风和丽塔飓风所造成的（显然）在一定程度上无法挽回的损害。其他能够影响人类及动植物赖以生存的气候和环境异常，包括从火山爆发、旱灾和洪灾等一次性事件到全球变暖、土壤沙漠化和自然资源枯竭等大规模持续进程。所有这些非军事威胁不论是对于传统威胁相对减轻的富国，还是这些自然灾难可能对其脆弱的社会造成大规模破坏的穷国来说都变得越来越突出。此外，它们越来越被视为与武装冲突有着紧密的联系，以至于它们所引发的紧张关系可能导致或延长冲突，而且由于冲突使民众更加容易受到它们的侵袭。传统的军事力量和技能（而仅有少数几种特种的军事装备）能够被用来应对其中的许多灾难和上面所提到的有些内部安全任务。把部分或所有花费在传统国防上的资金转而用于应对人类共同敌人的非军事威胁上，是否能够挽救更多的生命仍是一个巨大的疑问。[34] 当今取代冷战期间有关裁军和发展的争论的是一个含义更为宽泛"人的安全"的概念，包括对于生命质量十分重要的权利和自由，而有关国防的狭隘的考虑必须服从于它，而且被认为值得为此保持的军事资源也应当更加充分利用，也便能更好地服务于它。[35]

行为体的多样性

与过去历史中的多数时期一样，在冷战期间，对威胁与危险的分析仍主要集中在传统民族国家和它们所领导的联盟之间的互动，这通常被称为威斯特伐利亚模式。自从 1990 年开始，对安全问题和解决方案的分析开始更多地关注其他类型的行为体，从低于国家层次的反

---

〔34〕 E. 申斯，"为全球范围的安全筹资"，《SIPRI 年鉴 2005》，（同注释 [3]），第 285—306 页。

〔35〕 有关"人的安全"的概念参见欧洲安全能力研究小组："欧洲的人的安全理论"，伦敦经济学院，全球管理研究中心，伦敦，2004 年 9 月，URL 〈http：//www.lse.ac.uk/Depts/global/Publications/HumanSecurityDoctrine.pdf〉；英国哥伦比亚大学，人的安全中心，《2005 年人的安全报告：21 世纪战争与和平》，牛津大学出版社，纽约，2005 年版，URL 〈http：//www.humansecurityreport.info〉。

叛运动组织、种族和宗教社团等，到高于国家层次的跨国公司和多边机构，或者到某些跨国的组织，比如恐怖和犯罪网络等。广泛的全球化及民主化趋势，以及在经济领域私有化的大趋势已经为所有这些类型的行为体创造了发挥作用的新空间，但是它们安全作用的相对提高也与上面提到的另外两个趋势有关。对国家内部和国家之间各种形式冲突的更多关注，把武装冲突的其他参与者带进了过去由交战国或它们的直接代理人垄断的舞台。如果范围扩大到包括其他内部和“人的安全”范畴，那些相关的安全威胁受害者或安全服务提供者，从警察到医生、地震学家以及维修电缆或打击电脑犯罪的人们都应当被算作安全行为体。除了政府雇员和社会团体成员外，公司企业及其雇员都积极参与到实际上所有这些领域中（在传统领域之内），包括提供作战勤务服务。[36]

《SIPRI年鉴2005》的引言讨论了这样的非国家行为体在安全领域发挥作用和影响的方式。[37] 大部分评论家都把注意力集中在当这些行为体发挥负面作用时对国家和多边组织构成的问题上，而这些问题的确十分严重。如果按照威斯特伐利亚外交模式与之打交道，只有少数相关的组织和个人能够被慑止，而且能够与之谈判的也并不多。传统的军事情报并不适于预测和跟踪它们的行动，以及正如过去几年所充分显示的，传统的军事资源并不能很好地消灭它们。当出现像疾病、自然异常和基础设施瘫痪等非人为的危险时，在最好的情况下，危险分析和早期预警技术分散在不同的专业部门中，而且世界各国的发展水平不平衡；而在最糟的情况下，根本就还没有开发相关技术。对如此多种多样危险的评估和排序本身，就给制定政策和分配资源带来的巨大的问题。

由此而来的一个有待充分研究的问题是，如何发挥安全领域的新行为体的潜能。一个已经明确的挑战是，如何协调具有为处理一个复杂的国内突发事件或进行一项成功的冲突干预或建设和平行动所需的

---

〔36〕 A. J. K贝尔斯和I. 费罗梅尔特合编，《商业和安全：新安全环境中公营部门与私营部分的关系》，牛津大学出版社，牛津，2004年版；C. 霍尔姆奎斯特，《私人证券公司：管理的案例》，《SIPRI政策论文》，第9辑，斯德哥尔摩，2005年1月，URL〈http://www.sipri.org/〉。

〔37〕 贝尔斯（同注释［3］）。

各种技能的不同集团的行动。[38] 一个更为普遍的问题是，根据其定义，非军事行为体不受军纪的约束，如果它们来自私营部门则甚至不承担政府部门的义务。它们不同于受到专门训练的武装力量的预备役部队，也没有很大的动员能力。除了公民的自愿组织外，它们不是免费前来服务的。一个政府或机构如果试图为了一个单一的安全任务组织军民混合、公营私营部门混合的团队，就必须以多重模式和根据多重规则来运作。另一个复杂因素是几乎世界上每个国家都会选择除国家层次的资源以外的其他资源：它们会求助于与其他国家共同组成（一体化程度不同）的地区组织、联合国及其有关机构等国际组织，特别是临时国家集团（和私营部门实体）。有关不同组织之间能力的横向重迭问题将在下面讨论，但是在这里值得注意的一点是现代政府可以选择与之共事的垂直分布的不同类型的行为体越来越多。为满足一个特定防务需求或完成一项紧急任务的需要而找到的合适水平的行为体或不同水平的行为体的结合，或者用欧盟的说法，就是在安全领域的辅助性艺术，是一种许多国家仍旧缓慢和迟疑地获得的技能。

倾向于通过采取行动而非克制来解决问题

正如《SIPRI 年鉴 2003》引言所说的，自冷战时期以来，安全行为进一步变化的是各国，主要是强大的民主国家，更多地采取积极的方法构建国家喜欢的安全环境。[39] 这方面最明显的迹象是自 1990 年起数目不断增多的对地区冲突和针对“无赖国家”的外部干预。[40] 对这种现象的解释包括：1. 东西方对抗升级的危险消除；2. 免受冷战威胁的地区有剩余能力“出口”安全；3. 在其他地区出现了较为合作和积极的安全组织；4. 对任何冲突对国际社会的影响有着更广的理解和关注；5. 各种学说（主要在美国但又不仅仅在美国）、提供了依据扩大的自卫权进行干预的新理论。然而，还有其他力量在新环境中发挥作用，这种环境进一步弱化了认为安全是建立在“克制”、

---

〔38〕 有关建设和平问题参见德旺和韦哈塔（同注释 [31]）和本卷第 3 章。

〔39〕 A. J. K. 贝尔斯，“国际安全的趋势及挑战”，《SIPRI 年鉴 2003》，（同注释 [17]），第 1—22 页。

〔40〕 SIPRI 统计在 1993 年总共有 34 项多边和平行动，其中 20 项由联合国领导；2005 年总数则达到 58 项，其中 21 项由联合国领导。参见本卷第 3 章。

“回避”或（用军事术语来说）最低自卫能力之上的观念。大多数人认为是一种积极的力量是阻碍冷战期间的对手开展积极军事合作的隔阂已经消除，包括像现代化和改革方面的援助等潜在的转化因素，以及在训练和执行联合海外任务方面的合作等。这是东西方在欧洲大西洋地区根据北约的欧洲大西洋伙伴计划和在欧洲安全合作组织的框架内进行的。[41] 这也成为那些刚刚摆脱冲突和缓和相互紧张关系的非洲和拉美国家集团中一种日益明显的趋势，并在东南亚，以及由中国、俄罗斯和中亚四国组成的上海合作组织中也开始出现。[42]

不太明显的一点是，安全议程的扩大也使安全政策学者认为，通过避免挑衅来降低风险的努力已经变得与传统的威慑一样无意义。可以采取一些物质防御措施来预防从恐怖主义到恶劣天气的各种“新威胁”，但是不可能通过与它们进行谈判以实现脱离接触或裁军协议，以及建立信任措施。在这些领域唯一有意义的积极政策最为理想的是，在威胁因素产生威胁之前就将其排除和抑制住。近年来犯罪预防、灾害预防或事故预防等用语变得与冲突预防的用语一样自然，且对于大多数人来说它们一样没有什么问题。对威胁进行先发制人打击的步骤是以更为传统和武力方式表现出来，这使某些思想家认为它是一种快捷的手段，尽管它会产生不同的战略和道义的后果。

一个积极进行干预主义的安全政策需要资源，只要需要应对的挑战包括武装暴乱，所需资源就会包括军事力量。现在日益广泛的国际组织可以实施维和行动——北约、欧盟、非洲联盟（非盟）、东南亚国家联盟（东盟）和其他地区或次地区集团——都要求它们的成员国具备干预能力作为一个长期政策目标。经常在冲突结束地区进行的重建工作完成后，从冲突中恢复过来的国家越来越多地被鼓励通过参与和平行动来获得人们新的尊敬。当过去的对手正在把资源用于其他善举的时候，在特定地区出现较高的军备水平（至少是那些需要用来完成远距离使命的各种装备）就不再成为问题。支持反恐或阻止大规模杀伤性武器扩散的国家可能会得到军售和相关技术转让的奖励。简而

〔41〕 A. 科蒂和 A. 福斯特，《重新规划国防：军事合作和援助的新作用》，《阿德拉菲论文集》第 365 辑，（Routledge，伦敦，2004 年 5 月）。

〔42〕 参见本卷术语汇编。

言之，节制使用军事力量根本没有被视为一种美德，而今天的善良国家是既被期待着重新武装自己以便积极地与其他国家协调一致地提供安全保障，又有机会改进其装备以此作为其善良行为的奖励。在本质上由西方国家所支持的这些进程进行的同时，一些其他地区的国家继续由于维持地区力量平衡或军备竞赛等老的原因而囤积武器装备，而且至少一个国家——美国这样做则是为了保持其在地缘和功能威胁方面的全球性优势。

这一分析不应走向极端，因为它遗漏了经济原因，而经济原因能够并的确使各国裁减而不是增加军事力量，〔43〕新的"远征作战"的需要导致了武器装备的质变（不再是最适于用来攻击邻国的那些装备）。但是，这种可以被称为支持增加军备的压力的广泛观点对于强调美国显著的军事支出仅是一个更广趋势最为极端的例子是有用的。在当今世界的其他地方，一些地区大国的典型政策都不是贬低军事手段本身的作用，而是把它们留给"合适的"使用者和用于"正确"目的。认为是使用者而非武器有好坏之分的观点，对解释在世界主要大国的安全政策思考中。如何将不扩散取代了裁军，以及为什么它们比任何时候都不愿意用自己的武器贸易作为不扩散的代价（如 1968 年《核不扩散条约》所暗示的那样），是大有帮助的。许多出口控制集团的政策已经发生演变，从永久禁止出售给某些特定国家（冷战期间的战略对手）到限制出售给某类国家或基于不同转让后果的限制措施。〔44〕它也有助于解释为什么在 1987 年《中程核力量条约》和 1993 年《化学武器公约》之后，除了对于新干涉主义来说不太感兴趣的武器（如地雷和致盲激光武器）外，各国无法进一步就禁止任何一种类别的武器达成协议。〔45〕有关在最狭义的自卫权之外使用武装力量所要实现的正确目的和所依据的条件的问题，已成为 2001 年以后美国、它的北约盟友和世界其他国家之间激烈争论的焦点。如果说并不令人吃惊的话，也非常令人失望的是，2005 年 9 月联合国世界峰会未能

〔43〕 比如，尽管北约和欧盟都要求西欧国家承担更大的责任，但是从 2000 年至 2003 年，西欧各国军费支出总额一直保持在国内生产总值 2.0%。E. 申斯等人，"军费支出"，《SIPRI 年鉴 2005》，(同注释［3］)，第 316 页。

〔44〕 参见本卷第 12 章。

〔45〕 尽管如此，美国已经拒绝签署 1997 年《人员杀伤性地雷公约》，见本卷附件 A。

就“威胁、挑战与变革问题高级别小组”于 2004 年 12 月所提交的报告中提出的一整套建议达成协议。这些建议应当能够澄清对合法的国际干预的限制以及干预的目的等问题。[46] 即使世界峰会达成了协议，近年来的实践证明了在现代条件下对于一个拥有采取军事行动的手段、动机和机会，并且（正确或错误地）期望受到较小反弹的国家来说，这种纯标准的限制的脆弱性。

由这些趋势所构成的新环境对于 SIPRI 自成立以来一直十分关注的军备控制和裁军进程显然不是十分有利的。这些机制化的安全工作进程是如何在一个更为广阔的发展背景下进行的，这是下一节要讨论的主题。

第四节 从军备控制条约到安全建设——有或没有一个规则手册

一眼看上去，令人感到震惊的是当人们把 21 世纪初的国际机制与 20 世纪 60 年代的机制相比较时会发现没有什么太大的变化。联合国和各个国际金融机构仍旧是最为普遍或最为活跃的框架。在冷战后的欧洲组织机构中，北约和欧洲联盟经过几次变化后继续存在下来，并且拥有了更多的成员及更强大的能力。对于十个前共产主义国家来说，现在这两个机构中的一个或两个同时都可以提供过去华沙条约组织和经济互助委员会曾经试图提供的一体化多边框架。[47] 取代 1975 年成立的欧洲安全与合作会议的欧洲安全与合作组织（OSCE）仍旧存在，并作为一体化的西方集团和它们的一直延伸到前苏联东部地区的非成员国邻居之间的联系纽带；[48] 拥有较少成员国和较小影响力的欧洲委员会也同样存在着。而发生变化的地方在于它们的平衡更加机制化或不是非机制化。当欧盟 2000 年接过指挥欧洲人领导的军事

---

〔46〕 联合国，“一个更为安全的世界”，（同注释［17］）；联合国，“2005 年世界峰会成果”，（同注释［17］）。

〔47〕 有关冷战后地区安全进程的发展参见本卷第 4 章。

〔48〕 有关欧安组织的未来作用参见 P. 多瑙伊，“欧洲安全与合作组织：不断调整，问题依旧”，《SIPRI 年鉴 2005》，（同注释［3］），第 76—82 页，以及本卷第 1 章。

行动的责任后，西欧联盟已经沦为一副没有活力的空骨架；而联系俄罗斯和它较为听话的后苏联邻国的集体安全条约组织，仍旧是华约的一个含糊不清而且运作不充分的继任者。[49] 然而在其他地方，非殖民化的进程和后殖民地时代冲突的和解已经促使许多直接或间接促进安全的新的地区和次地区集团的崛起。一个明显的巧合是：至今还没有这类合作形式的地区往往正是那些安全挑战最为严重的地区：大中东、南亚和东亚。

然而，有关军备、裁军和其他安全进程的考虑，冷战模式的机制作用至少在两个方面变得模糊不清：1. 在有和没有安全作用的组织间的界限上；2. 在安全与裁军的关系上。

向多功能化发展

参与和不参与防务和其他安全相关活动的组织之间曾经有着清楚的界限。北约是一个军事组织，而欧洲共同体（欧盟的前身）则是一个非军事的政治、经济组织。东方国家相似的机构也有着同样的作用区分，华约和经互会。只要北约类型的中央条约组织和东南亚条约组织还在运作，它们就在各自地区起着一个纯粹的军事组织的作用。[50] 在世界范围内，联合国，更具体的说安全理事会所承担的安全责任，一方面与世界贸易组织、世界银行和国际货币基金组织的经济职能区分开，另一方面与联合国其他机构所承担的功能性和人道主义职责区分开。与这些情况相反的趋势，即向多功能方向的发展可以在 20 世纪 70 年代欧安会的理念中找到，该组织具有三个相互补充的篮子：军事安全、经济和人的领域。这也成为七个工业化国家集团（七国集团，随着俄罗斯的加入现在是八国集团）的一个特征，它开始时是一个经济、政治协调组织，但自从 1983 年威廉斯堡首脑会议后开始在战略问题，如核政策上，表明立场。今天，八国集团的议事日程过于关注安全议题，以至于据报道，德国在 2005 年格伦伊格尔斯峰会前

---

〔49〕 有关西欧联盟和集体安全条约组织参见本卷术语汇编。

〔50〕 中央条约组织由伊朗、伊拉克、巴基斯坦、土耳其和英国于 1955 年成立，美国于 1958 年加入，但伊拉克和伊朗分别于 1959 年和 1979 年的退出实际上使该组织被解散。东南亚条约组织成立于 1954 年，并于 1977 年解散，其成员国包括澳大利亚、法国、新西兰、巴基斯坦、菲律宾、泰国、英国和美国。

由于所起草的主要议程中缺乏任何重要的经济议题而提出了抗议。[51]

自从冷战结束以来，七/八国集团所代表的模式——一个本来是经济或其他民事的论坛“安全事务化”已经开始影响许多不同的地区和机构。欧盟是一个典型的例子：它在柏林墙倒塌后等了 10 年（直到 1999 年 12 月赫尔辛基决定[52]）才首次宣布具有特定的军事职能，但它在此很久以前就已经在处理地区和全球安全事务，以及内部和“人的安全”问题了。在亚洲，东盟和亚洲太平洋经济合作组织也在 2001 年以后拟定了打击恐怖主义和防止扩散的明确政策，到 2005 年东盟向印度尼西亚的亚齐省派遣了维和部队。当非洲统一组织于 2001—2002 年转变为非盟时，[53] 新的组织似乎自然地就应当具有把冲突管理和安全构建与经济发展和良政紧密结合的职责了。[54] 即使是那些纯粹的经济组织，它们也制定打击经济犯罪的政策，这些犯罪也同样是安全问题。比如，旨在打击为恐怖主义和犯罪分子洗钱活动的经济合作与发展组织的金融行动特遣队，以及最近国际海事组织倡议加强港口和集装箱安全检查，以阻止大规模杀伤性武器走私，此外还有其他一些例子。[55]

过去以防务为主的机构职能的扩大也反映了这一点，比如北约的职能在 1990 年至 2002 年从一个特定区域的本土防御变为准备好在世界其他地区实施和平行动（或者在理论上，扩大的自卫行动）。联合国自身的工作重点也在发生演变，并正在向采取更为一体化的立体手段来关注人类福祉、找到长期冲突的解决方案以及构建和平。从

---

〔51〕 H. 威廉森和 J. 布利茨，“柏林努力争取聚焦世界经济”，《经融时报》，2005 年 7 月 5 日，第 2 页。

〔52〕 欧洲联盟委员会，“主席结论”，赫尔辛基欧洲委员会，1999 年 12 月 11—12 日，URL〈http：//europa. eu. int/council/off/conclu/dec99/dec99 _ en. htm〉，这包括制定欧洲安全和防务政策。

〔53〕《非洲联盟宪章》于 2001 年 5 月 26 日生效，而该组织的成立大会是于 2002 年 7 月 9—10 日在德班举行的首脑会议。

〔54〕 其他的非洲次地区集团，比如西非国家经济共同体等，也具有类似的混和功能。J. 阿迪萨，“非洲联盟：设想、方案、政策和挑战”，《SIPRI 年鉴 2003》，（同注释［17］），第 78—85 页；R. 威廉姆斯，“国防改革和非洲联盟”，《SIPRI 年鉴 2004》，（同注释［22］），第 231—249 页。

〔55〕 有关与安全相关行动的机构的情况参见贝尔斯和费罗梅尔特的附录 1 和附录 2（同注释［36］）。

2000 年起，联合国《千年目标》集中在“人的安全”，很少或没有直接涉及冲突或像武器贸易等其他传统安全问题。[56] 在 1999—2000 年发展起来以便获得私营部门对联合国目标支持的“全球契约”故意避开了军事问题。[57] 然而，当联合国于 2004—2005 年进行自我总结的时候，“威胁、挑战和变革问题高级别小组”的建议和联合国秘书长在其“在更大的自由中：朝向所有人的发展、安全和人权”的报告[58]中给各国政府提出的建议在冲突、军备问题、发展、民主和人类福祉的其他因素之间建立起更为紧密的联系，并指出了联合国自身机制需要进行的改革，以便正确处理这些使命之间的相互关系。

经过艰苦谈判，联合国大会于 2005 年 9 月 20 日通过的世界首脑会议成果文件对于这些先辈来说的确是自由地把发展相关、安全相关和人权相关的愿望结合起来了。[59] 其主要弱点是被删节了（原来的 40 页仅剩下 8 页），而且总的说其安全部分没有强有力的保障措施，特别是缺乏任何军控、裁军和不扩散方面的措施，另外它既没有通过联合国主要体制改革所应遵循的基本原则，也没能说明为什么没有这些原则也可以。它的优点是能够打破立体空间的隔阂：使一个国家保护自己人民的责任正式成为一个国际社会关注的问题；创立了联合国建设和平委员会，以便采取协调和综合的方法来完成各个方面的重建工作；澄清了安全进程与个人权利及性别权利之间的几个关系等等。从上述第二节所讨论的不同权力模式来看，人们也许会注意到该文件中所提出的建设性的新方案可以或多或少地协调西西以及北南之间的利益关系。尽管许多评论家采用一种美国对其他所有国家的诊断法，把未能采纳其余的那些建议归咎于美国，而实际上是美国和其他一些反对制订越来越多国际准则的国家组织了一个可怕的联盟（见下文）。

在回头看对安全的机制性“任务移位”现象，上面提到的两种趋

---

〔56〕 联合国，“联合国千年宣言”，《联合国大会文件 A/RES/55/2》，2000 年 9 月 18 日，URL〈http：//www. un. org/millenniumgoals/〉。

〔57〕 参见联合国全球契约网址，URL〈http：//www. unglobalcompact. org/〉。

〔58〕 联合国，“在更大的自由中：朝向所有人的发展、安全和人权”，秘书长报告，联合国文件，A/59/2005，2005 年 3 月 21 日，URL〈http：//www. un. org/largerfreedom/〉。

〔59〕 联合国（同注释［17］）。

势在这里是相关的：1. 对冲突分析和解决方案以及对建设和平需求的理解越来越多地功能化；2. 安全议程向经济、社会和其他功能性过程（和能力）为主的领域扩展。推动原来地区性经济组织演变的不仅有不断扩展合作领域的一体化趋势，[60] 也有地区自给自足或至少自我表达的利益。这使地区合作成为与联合国或与美国建立更广泛联系的一种有吸引力的替代选择，或者是有效的推动器。据此，很容易理解为什么前军事和非军事组织之间重叠的能力并不完全对称。北约实际上已经在向新的安全建设领域发展：但并没有向经济或功能性安全行动发展，也几乎没有向维护国内安全方向发展，而是只有限地、实验性地参与民主制度的建设（主要是在阿富汗）。今日最需要的非军事安全贡献需要大量的、共同拥有或控制的资源——而这往往是那些非国家行为体能够提供的——以及行使国家之间或内部具有约束力的某种管理能力。欧盟这两样东西都有，但北约一样也没有，即使是其最亲密的盟友也没有建议它获得，比如巨额援助预算、实施经济制裁的权力，或者制定对其成员有强制力的反恐法律。[61] 当然没有客观理由为什么所有的机构都应当成为全能的，如果一个机构宁愿使其在某个有限而关键领域的效能最大化的话，也没有任何不对。自如下文所讨论的，自从1990年以来的经验说明重叠的能力仅仅是使不同机构之间角色分享和协调的问题变得更为突出。

裁军及其与其他安全工作的关系

自从典型的冷战时期以来，机制性角色变得模糊不清的第二种方式主要是与军备控制和裁军相联系的，这些曾经是有着自己单独的框架和形式的进程。联合国在日内瓦有自己的裁军委员会（现在叫会议），要么就全球性措施进行谈判，或推动新的单项谈判进程以制定新的公约。自从《哈默尔报告》[62] 时期开始，北约就谋求与其对手

---

〔60〕 这种趋势导致在防务和安全方面合作的特别原因包括：1. 保护通过经济合作获得的集体资产和利益的兴趣；2. 分别在非军事及军事部门进行的技术和工业合作之间的界限越来越开放。

〔61〕 欧安组织也有着同样的不足，也不具备采取任何全球性行动的权力，因此人们对它的未来充满忧虑。P. 多瑙伊（同注释［48］）。

〔62〕 北约（同注释［2］）。

集团达成军控协议，以此作为其安全政策的一只臂膀——“缓和”的一部分（另一只臂膀是通过强大的防卫力量对对手形成威慑）。当北约和华约同意就削减常规武器进行会谈时，它们在一个特定的论坛上根据自己的规则进行：首先是共同均衡裁军谈判，然后是欧洲常规裁军谈判，这一谈判与欧安会框架有联系，但在形式上有所不同。苏联和美国就他们的战略核力量举行直接谈判，同时知会他们的盟友。所有这些进程的特点是：1. 所谋求达成的协议是以条约、公约或其他具有法律约束力的形式出现；2. 根据协议进行的削减由拥有武器的国家在没有外来帮助的情况下自己实施；3. 对所要求进行削减和限制的监督与核查通常由专门成立的机制或机构进行，比如为了实施1993 年《化学武器公约》而成立的“禁止化学武器组织”或国际原子能机构在与《核不扩散条约》相关的活动中所起的作用。因此，很自然看到军控和裁军是一项与通过积极、自愿和合作手段来提供防卫及构建安全的努力沿着不同轨道，如果不是总是相反的方向的话，而进行的独特“事业”。它肯定是由大多数政府部门中单独的部门（通常是外交部）来处理。

这种裁军模式并没有随着冷战的结束而终结。它一直延伸到 20 世纪 90 年代中期，比如 1991 年和 1993 年的俄美第一阶段和第二阶段削减战略武器条约、1990 年的《欧洲常规武装力量条约》及其 1999 年的《修改协议》、1992 年的《开放天空条约》、1993 年《化学武器公约》以及 1996 年《全面禁止核试验条约》（《核禁试条约》也有其后续成立的机构）。[63] 在华约和苏联解体后，当最严重的威胁似乎已经过去时，军控方面的这些成果并没有使人感到已与时代趋势相矛盾。它可以被认为是对仍旧未定而正在演变的东西方关系中的战略缓和及危险减少这一成果的确认。同样重要的是，就在这一时期，参与冷战的各国还同时进行大规模自愿裁军（停止了扩军的计划）。在这样一个时期，通过谈判进行的裁减并不见得是一种惩罚，事实证明一些国家实际削减的军备比他们应当裁减的数量还要多，但他们能够确信另一方也在采取类似的行动，而且一旦对方改变了政策就必须做出澄清。回顾所有这些，作为冷战后收获的这些协议与其说是新的开

〔63〕 有关这些协议参见本卷附件 A。

始，不如说是传统军控结束的开始。其主要成果中的三项——《START II 条约》、《核禁试条约》和《CFE 修改协议》还未生效。较早的一项重要协议——苏美 1972 年《限制反弹道导弹条约》则于 2002 年在美国为了推进其弹道导弹防御计划而退出该条约后失效。的确，俄罗斯和美国在 2002 年确实就一项新的《削减战略进攻性武器条约》达成了协议，但在美国的坚持下，这个条约与过去几个条约相比只具有更多的"政治"意义，它既没有强制核查安排，也没有永久性拆除有关系统的要求。〔64〕

再加上在第三节论述的关于要求提高军备质与量的压力，这些挫折是否意味着裁军——甚至在从冷战结束中获益最大的地区——已陷于停顿了？当然，答案有赖于"裁军"意味着什么。可以被称为实现军控和裁军的"法律"手段——条约所规定的量化的和可核查的裁减当然出现严重的逆转，在许多情况下是故意的。在布什总统的两个任期内，美国严厉指责旧的方法既过于软弱，又过于强硬：对于那些"坏蛋"过于软弱——这些国家能够摆脱或决定不参加关键的条约，而且当他们违反条约时也不能及时发现并实施有效制裁；而在阻止那些寻求自卫手段和出口安全的善意国家上又过于强硬。事实上，如果这些指责没有一定影响的话，近年来传统军控和裁军界不断增长的信任危机不会如此严重。的确，像《核不扩散条约》这样重要的条约并没有使所有对于实现其目的十分关键的国家加入。传统的法律工具既没有强制实施的能力，实际上也没有来自他处的有保证的执法援助。总的来说，签订条约的办法比较僵硬和无效，缺乏积极合作的特点和发展的潜力，因此这与实现安全更为积极的现代方法来比，其吸引力越来越小。这绝不是说以一种能够克服上述问题的方式重新实施"依法"裁军是不可能的。联合国安理会第 1540 决议中包含的有关大规模杀伤性武器非法交易的新的普遍原则便是一种有趣的尝试，〔65〕但是应该说还没有一国已经在这项任务中获得成功，甚至没有一国为此而投入国家资本。

---

〔64〕 S. N. 基尔，"核军控、不扩散和弹道导弹防御"，《SIPRI 年鉴 2003》，（同注释[17]），第 604—605 页。

〔65〕 I. 安东尼，"军控与不扩散：国际组织的作用"，《SIPRI 年鉴 2005》，（同注释[3]），第 539—547 页。

然而，武装力量、武器和军事支出的削减从未完全结束，即使（或特别）是在冷战后的15年中，除了签署条约外，人们还通过其他手段来寻求实现军控和不扩散这一终极目标。这一进程可以大致分为五种方法：1. 单边步骤；2. 强制性手段；3. 限制使用而不是限制数量；4. 干预武器周期中的某一环节；5. 一揽子方案。

正如上面提到的，自1990年起冷战期间的对手们所削减的大规模杀伤性武器和常规武器中很大一部分是属于第一类方法，即完全自愿或许还超过条约规定的义务。至少有一种情况是平行的单边行动，即1991年俄罗斯和美国宣布的削减短程（“战术”）核力量的一揽子计划。[66] 具有讽刺意味的是，假如“单边”裁军反映了冷战和平运动如此强烈的愿望，今天很清楚的是这样的自愿措施对于安全的贡献是十分有限。它们是不可核查的，或者有时候，甚至无法准确衡量；它们可以在任何时候被逆转，而且它们不能阻止获得质量更好，或甚至数量更多的其他不同武器系统。目前的美国政府明显倾向于采取这种方法，因此经常受到支持裁军的游说集团的批评。[67]

第二类方法——强制裁军——中最为引人注目的情况是通过军事行动执行的，比如2003年美国领导的对伊拉克入侵，但是其他的强制做法没有那么多争议。现在国际社会在干预国内冲突后把促进解除武装、复员遣返和重新安置作为建设和平进程的一部分几乎已经成为惯例。1995年《代顿协议》的一部分呼吁在前南斯拉夫境内强制实施由国际监督的战斗人员裁减，而这一进程根据计划顺利完成。[68] 在伊拉克，1991年由联合国下令、由“联合国伊拉克特别委员会”

〔66〕 R. 菲尔德豪斯，“核武器开发及单边削减倡议”，《SIPRI 年鉴 1992：世界军备和裁军》，牛津大学出版社，牛津，1992年版，第66—92页。

〔67〕 美国常驻欧安组织代表在2005年9月声称：“如果有明确的安全需求得到满足，我们可能愿意考虑特定的建议，但是我们反对就新的传统类型军控/信任及安全构建机制进行谈判。”美国驻欧安组织代表团，“美国常驻大使朱利·芬雷的声明”，维也纳，2005年9月13日，URL〈http：//osce. usmission. gov/〉。

〔68〕《波斯尼亚与黑塞哥维那和平总体框架协议》（《代顿协议》）是于1995年12月14日签署的，协议文本可以在 URL〈http：//www. oscebih. org/overview/gfap/eng/〉找到。附录1b涉及地区稳定。Z. 拉霍夫斯基，“新欧洲的信任和安全构建措施”，《SIPRI 研究报告》（第18辑），牛津大学出版社，牛津，2004年版；Z. 拉霍夫斯基和 P. 多瑙伊，“常规军备控制”，《SIPRI 年鉴 2005》，（同注释［3］），第662—663页。

监督，后来又由"联合国监督、核查和视察委员会"检查的剥夺伊拉克发展大规模杀伤性武器能力的措施，其结果被证明是非常有效的。〔69〕这类措施的明显缺点是，正如欧洲早期经验所显示的那样，除非有能够消除重新武装的机会和诱因更大的国家或地区性转型，否则它们不能阻止被强制执行的国家一旦可能就进行重新武装。如果相关国家能够自愿向所有相关的地区和全球性的军控机制做出承诺的话，就有可能取得持久的效果。〔70〕

不限制数量的第三类措施能有多种形式，但最普遍的形式要么是建立信任和安全的措施（比如涉及有关部队部署和行动，加上增强透明度及事故控制的措施），要么是对某种特定装备的使用范围加以限制，通常是出于人道主义目的。〔71〕一些比较典型的"信任和安全建设措施"在双边和部分地区的框架内得以实施，特别是在欧洲，以及拉美和中俄边境地区。它们没有对拥有的武器数量或种类，或对部队的数量加以任何限制，这一点在今天的主流安全环境中既是弱点，也是潜在的优点。在某些情况下，它们为真正的裁军铺平了道路；而更经常的情况是，它们便利和驾驭了前面所说的那一种类型的转型，即由敌对性的武器聚集向在某一特定区域内一起协调使用军事资源。而在局势继续紧张的地区，信任和安全建设措施至少可以减少突然袭击或由意外事件引发冲突的危险（比如冷战期间北约和华约之间，以及今天的印巴之间）。对武器使用一般性的人道主义限制则相应地可以在冲突确实爆发后减少其所带来的损害。人们也许还能设想出这些方法进一步应用和发展的许多方案，特别是在区域的框架内和作为"一

〔69〕"联合国伊拉克特别委员会"是根据1991年4月3日安理会第687号决议成立的，并一直存在到1998年12月。"联合国监督、核查和视察委员会"是根据分别于1999年12月17日和2002年11月8日通过的第1284号和第1441号决议的授权进行工作，并在1999—2003年期间运作。对伊拉克情况的评估参见S. N. 基尔，"核军备控制和不扩散"，以及R. 格思里、J. 哈特和F. 库劳，"化学及生物战的发展及军备控制"，《SIPRI年鉴2005》，（同注释［3］），第566—568页，第616—621页。

〔70〕至今在伊拉克问题中显然缺少这一进程。化学武器相关的问题参见J. P. 桑德斯、J. 哈特、F. 库劳和R. 格思里，"不遵守化学武器公约：来自及对于伊拉克的教训"，《SIPRI政策论文》（第5辑），SIPRI，斯德哥尔摩，2003年10月，URL〈http://www.sipri.org/〉。

〔71〕有关"信任和安全构建措施"（CSBMs）参见Z. 拉霍夫斯基（同注释［68］）。

揽子”方法的一部分。(见下文)

根据 SIPRI 的文件记载，自从冷战结束以来，将重点放在现存武库规模以外其他方面的第四类措施越来越流行。[72] 它们包括技术控制和出口控制，旨在彻底制止开发新的杀伤性技术，或在已开发出来时只准转让给一定种类的使用者；还包括对于武器周期另一端的措施，旨在确保不再使用的武器（不论是出于什么目的）都处于安全的控制之下，得到妥善保管并最终完全摧毁。后一种方法中的“裁军援助”主要是用于处理前苏联留下的大规模杀伤性武器[73]和大量储存的小型武器装备，比如地雷和轻武器及弹药。[74] 近年来，由于这两种方法可应对源于非国家行为体的威胁，因而引起了人们特别的兴趣。有效的出口控制能有助于防止杀伤性武器落入恐怖主义分子之手，或进入黑市。受到援助的裁军既适用于自愿裁军，也适用于通过国际协定实施的裁军，它减小了恐怖分子或犯罪分子窃取有关物项以及它们被出售给不可靠使用者的危险。不论是否被承认为军控的一部分，这些手段都有它们的局限性。出口控制被批评为带有天生的歧视性和不透明，其效果也难以得到证明。[75] 裁军援助没有明显的不足，但是这些方法和结果的透明度，以及所用的资源是否得到优化使用仍存在问题。然而，两种措施都已经成为现代政策选择之一，并可以预期在未来几年中将得到进一步的发展。

在第五类措施中，军控与裁军“一揽子”方案能够在多个层次上结合在一起。最简单的一揽子方案是把（扩大的）军控范围内的多个

---

〔72〕 参见，例如，I. 安东尼，“新安全环境中的军备控制”，《SIPRI 年鉴 2003》，(同注释［17］)，第 563—576 页。

〔73〕 这曾经是在美国国家的“纳恩—鲁格计划”框架内进行的，它后来成为合作减少威胁计划，现在是八国集团全球伙伴计划。I. 安东尼和 V. 费琴科，“国际不扩散和裁军援助”，《SIPRI 年鉴 2005》，(同注释［3］)，第 675—698 页。

〔74〕 有关在欧洲—大西洋地区这些计划的执行情况及它们所留下的差距，参见 A. J. K. 贝尔斯、I. 安东尼和 O. 梅尔尼克，“冷战的遗物：欧洲的挑战，乌克兰的经验”，《SIPRI 政策文件》（第 6 辑），（SIPRI，斯德哥尔摩），2003 年 11 月，URL〈http://www.sipri.org/〉。

〔75〕 对于一个发展中国家（需求方）对出口控制的批评参见 A. 马利克，“21 世纪的技术与安全：需求方的视角”，《SIPRI 研究论文》（第 20 辑），牛津大学出版社，牛津，2004 年。

措施结合在一起，比如用裁军援助和建立信任措施来作为裁减协议的补充。其他的一揽子方案扩大到军控领域以外，甚至扩大至安全领域之外。由于开发大规模杀伤性武器所需要的所有技术都来自于合法的民用技术或与其密切相关，所以阻止大规模杀伤性武器扩散的防线必须由军民双方合作防守，通过监督和规范民用核活动（比如通过对核燃料循环进行国际监控〔76〕）或者通过化学和生物技术工业的安全和安保控制，〔77〕以及坚决制止应用相关技术生产武器的活动。最为典型的多样化的一揽子方案是，用一系列的政治、经济、技术，以及安全的“大棒与胡萝卜”政策来专门制止某个特定国家发展危险能力，或使之放弃现有的能力。实际上，即使是最典型的冷战裁军协议的背后也有不同的战略、政治和经济驱动力，而今天承认和使用这样的方法正好与维护安全的多功能手段相吻合。2004年国际社会出钱使利比亚放弃了发展大规模杀伤性武器的潜能便是一个典型的例子。〔78〕目前正在为解决朝鲜和伊朗开发大规模杀伤性武器的难题也是通过经济或政治鼓励措施与战略抑制行动相结合来进行的。在这些情况中，与武器相关的核查与控制仍是关键要素，但更多是作为进行最终讨价还价的筹码，而不是实现目标的手段。

但是，这里有必要回到谁有能力和权力提出这样一个一揽子方案的问题上。显然像“禁止化学武器组织”等典型的军控机构无法自己完成这一工作。同样，除非一揽子方案有明确的目标和实施标准，比如条约给予明文规定，并受到相应机构公正的监控与核查，它们也不可能完全和持久地发挥作用。从这一点来看，由于近年来发展起来的各种方法有突出的局限性并且依赖其他内部行为体——组织和个别国家，或同时依赖两者，因此它们并没有更多地取代传统的工具。为了有效解决，需有十分宽泛的“附加”手段，因为它不仅包括实现军控与不扩散的目标的工具——从军事“大棒”到经济和金融“胡萝卜”，还包括所有把违反武器规则背后混乱的安全形势转变为一个稳定和合作的安全形势所需要的其他努力：在一个国家内部，或对于一个国家

〔76〕参见本卷附录13C。
〔77〕参见本卷附录14A。
〔78〕哈特与基尔（同注释［23］）。

乃至整个地区。

把这一观点与上面所说安全机构的变化相联系，就会产生三个进一步的想法：第一是拥有可支配资源和制定规则能力的机构也在特定的军控领域和在促进持久的不扩散解决方案方面有优势。欧盟有全面的反大规模杀伤性武器战略，它拥有的手段包括：对联盟内部和全球性的规则体系的改进、为裁军援助拨出巨额资金、控制欧洲出口、对像伊朗这样的个案制订专门的“胡萝卜加大棒”一揽子方案。而北约在谋求类似目标方面所拥有的工具要少的多。[79] 第二，在很多问题中，若干个拥有不同能力的不同机构有必要相互协调来一起制订好的一揽子方案。第三，加入一个像北约、欧盟或（越来越突出的）东盟等这样高度一体化的机构本身就保证了申请加入的国家要有良好的行为。实际上，新成员可能被要求为了集体的干预行动而提高其常规部队水平，但它既没有动机也没有机会发展某些特定机构所不允许的武器类型。而且如果它以被禁止的方式使用了它的军事能力，就会受到组织内的（直接或间接的）制裁。

除了制订在国际社会中具有强制力的规则外，各国可单独地采取这五种军备控制和普遍的安全建设新方法。当今的美国政府在批评条约方法的同时，显示出更喜欢获得单独或与自己选择的伙伴采取国家行动的自由，以便对付在军备以及其他领域出现的威胁。乍看起来，如果一个像美国一样强大的国家拥有比任何已知的机构（至少在开始时）更多的资源，国家行为的确拥有快速和灵活的优势。但只要稍稍回顾一下伊拉克的教训，就能证明这种由国家所主导的行动的长期有效性和最终的安全影响都是令人怀疑的。一个明显的问题是当干预者声称坚持有普遍效力的标准（包括那些军控和不扩散的标准）时，在其他人眼中，特别是在受到干预的人们眼中他们的行为缺乏合法性。一个国家单独行动也比一个多国集团共同采取行动更容易根据不完整

---

〔79〕 欧洲联盟委员会，“欧盟防大规模杀伤性武器扩散的战略”，欧洲委员会，布鲁塞尔，2003 年 12 月，URL 〈http：//www. ue. eu. int/cms3 _ fo/showPage. asp? id = 718〉。北约根据 1999 年华盛顿首脑会议的决议建立了自己的大规模杀伤性武器中心，但它在促进北约成员国之间的协商，以及改进在核、生、化沾染环境中对武装部队的保护和民用应急计划等领域的工作方面的作用相对有限。理论上它还协调北约在国际谈判中的立场，但美欧在许多特定问题上的分歧阻碍了它发挥这一作用。

的信息行动，对所拥有的信息做出错误判断和（由于主观的喜恶）误判目标地区的情况，并采取过于冒险的行动，这是因为如果是一个多国集团采取行动，其内部的怀疑和分歧必须争辩清楚。即使是最强大的国家，其资源也早晚难以承受不同需求，难以长期满足这些需求的负担。这些实际问题证明了第二节中的论点，即对于任何国家来说，只要它坚持作为自己的法官和执行者，那么它要始终坚持或被视为坚持对于国际安全“好的”或“坏的”原则是多么的困难。

至于世界的多边安全机构，它们不再像20世纪90年代那样花费很多时间来争论它们之间的责任区分，而是更多地关注如何相互学习以及用不同的方式把它们的力量联合起来。它们之间的一些竞争和捣乱可能永远会存在下去，也不必总是受指责。一个组织坚持已见能够反映一些积极的方面，像团队精神、内部凝聚力和雄心。在一个不断产生新需求的环境中，各机构为新的先后排序进行竞争是一种检验它们各自适应和生存能力的方式。然而，这种分析的底线是所有多国机构相互间的共同点，要比那些为追求相同目标而采取的纯国家、无管理的行动之间的共同点多。使用与不使用，尊重与不尊重机构之间的二分法是安全领域最重要概念。即使世界在21世纪初还没有像一些人相信（或希望）的那样趋向“去机构化”，这仍然是一种有必要极端认真对待的威胁。它可能会来自机构内部自信心的消蚀，这会导致低质量的输出，回避新的任务；同样也来自外界对它们的批评，或藐视它们的规定。自从2005年宪法全民公决危机以来，确保“最好的”不至失去“所有的信心”的斗争在欧盟内部变得非常公开。善意的行为体将努力在2005年世界峰会成果的基础上前进并争取最大进展（发现新的方法来填补差距），而其他行为体甚至对于已经达成了哪些一致还存在不同的理解，因此从现在开始这场斗争也将在联合国内部进行。但是，要对机构化进行情况得出最为平衡和完整的判断，还需对世界所有地区的多边机构发展（包括与全球性机构的关系）作出比现有研究更为全面的调查。

第五节　结　论

用历史的观点来看，40年是一个短暂的时期，仅代表了稍多于一代人。自从 1966 年以来，安全事务变化的速度并不均匀，方向有时变化不定，这并不令人奇怪。这完全要归功于这一时期所发生的一些主要的、积极的变革，即便是它们仅仅向新挑战敞开了大门。除了冷战的结束和德国及欧洲的和平统一外，同样的例子还包括南非种族隔离制度的结束，东南亚共产主义叛乱的结束（通过东盟的扩大而得以确认），中美洲战略两极分化的消失。另外一些问题也已经在向大大减少爆发重大冲突风险的方向发展，尽管它们仍然被视为问题：俄罗斯与其他欧洲—大西洋大国的关系，西亚和中亚的政治地理形势，以及中国有争议的战略作用（尽管对此有更为悲观的学派）。

但是，在许多令人沮丧的情况中，不能简单地说在过去 40 年中，情况变得更好或更糟。《SIPRI 年鉴 2005》突出了那些长期得不到解决和反复出现的冲突：〔80〕在 2005 年，在 17 起被定义为“重大”武装冲突中，15 起持续了至少 10 年之久，而有 3 起则持续了 40 年以上。〔81〕以色列与其邻国和巴勒斯坦之间的冲突便是这类棘手问题的典型例子；但是印度与巴基斯坦之间的紧张关系实际上自从巴基斯坦建国以来就一直持续不断；而在非洲的一些国家自从独立以来就不曾听说有哪一年是在和平中度过的。从广义上说，这些持久冲突的特点似乎是冲突循环中零和的观点和利益，再加上一系列的因素使外部干预难以奏效或适得其反（或者，可能无法进行）。还有一些内部冲突没有收入年鉴的统计数据，但它们在世界一些最为先进的民主国家中已经持续了几十年甚至几个世纪之久：著名的有北爱尔兰和巴斯克问题。还有一些国家，古巴和朝鲜仍旧顽固地坚持最为死板的共产主义模式，而其他一些国家则仍处在个人独裁之下。整个阿拉伯世界都由于各国内部管理问题和各国间不协调的关系而处于深深的分裂之中。〔82〕许多这些与国家相关的挑战的共同点是，它们与第一次世界

〔80〕 R. 德旺和 C. 霍尔姆奎斯特，“重大武装冲突”，《SIPRI 年鉴 2005》，（同注释〔3〕），第 83—120 页。

〔81〕 参见本卷附录 2A。

〔82〕 R. 霍利斯，“大中东地区”，《SIPRI 年鉴 2005》，（同注释〔3〕），第 223—250 页。

大战结束的旧帝国解体存在着某种程度的联系。[83] 考虑到这种因果关系，那么就不应该过多地期待冷战的结束本身（即使加上非殖民化的完成）能够解决所有领域的问题。正如第二节所论证的，这使某些外部干预容易了，但几乎肯定不是正确的。

如果有一个安全领域解决和未解决的问题的资产负债表的话，它甚至变得更为令人沮丧了。美国目前的军费支出已经超过了它在冷战期间的最高水平，[84] 而 2004 年全球的军火贸易额高达 440 亿—530 亿美元。[85] 发展和人类的福祉继续受到冲突和从来没有积极应用过的军事资产所消耗的大量资源的阻碍。当人们想到像酷刑、使用娃娃兵、把强奸作为战争手段和类似于贩奴的人口走私等顽固不化的问题时都令人羞愧。如何向消除大规模杀伤性武器的方向迈进，如何与它们同时安全共存等一些基本的不解不谜，同以前一样难以找到解决的答案，这并不仅仅是因为扩散者的过错。比如，需要非常令人遗憾地指出，一项中止生产裂变材料的条约在撰写第一卷《SIPRI 年鉴》的时候就已经在讨论，而且目前人们对国家或非国家行为体可能会滥用核能力的担心使它更具有价值，但是直到今天它还停留在纸面上。自从 20 世纪 60 年代开始，人们就在讨论全面停止核试验，但现在看来它被卡在了《核禁试条约》生效的门槛上。

没有变化的一点是可靠和公正信息的重要性：有关安全数据、过程、不同行为体所起的作用，以及不同选择的已知或可预见的后果。将 SIPRI 建成一个独立的权威性机构，部分原因就是因为在 20 世纪 60 年代有关这些问题的来自其他来源的数据经常是不完整和带有倾向性的，而今天它们仍然如此。现在问题实际上更严重了，为了保证完整性，要监督如此多的与安全相关活动的不同领域和如此多的行

〔83〕 把一系列近来最为突出的问题与第一次世界大战时期奥斯曼帝国的解体相联系是十分时髦的做法，但是其他的一些问题则只能与 20 世纪初帝国势力从东亚和美洲国家撤出相联系。

〔84〕 美国军费支出在冷战期间于 1986 年达到最高值，为 4720 亿美元。2005 年美国的军费支出达到 4780 亿美元。（根据 2003 年不变价格计算，来自 SIPRI 军费支出数据库）也可参见本卷第 8 章。

〔85〕 有关军火贸易的总额的这一粗略估计数字是通过把供应国政府公布的数据相加而得出的。参见本卷第 10 章。

为体。好的数据也需要第四维，即时间，来描绘出一个特定过程的所有阶段，不仅是危机干预，还有后续结果；不仅是武器的生产，还有它们去向何方，以及它们是如何被使用的和是否被销毁。这些问题中只有很少一部分采取了不同类型的旨在增加透明度或附带地带来透明度的措施，包括出口控制、核查和监督、以及援助销毁方案。在这一链条中仍然存在着严重的差距，存在着对不同地点、不同使用者报道的很大不相等性，也存在着所使用的技术不兼容以及零部件不兼容的问题。〔86〕这些问题不仅妨碍了政府和组织去善意地分析所有这些交易的安全影响并设法阻止那些带有负面影响，也阻碍了公众了解事情真相，阻碍了各国内部对影响国防和安全领域的选择进行适当争论，阻碍了各层次代表机构行使民主控制，〔87〕并且阻碍了相关的非政府组织和民间社会运动对此的报道和开展相应活动。

从一开始，SIPRI 的目标就是提供有关关键安全领域和所有国家的"最清楚"的信息，并把它们传播给所有能够传播到的读者。这绝非是一件简单或程序化的工作。信息收集的目标和来源在变化，技术在变化，新读者在出现，老读者有了新的需求。此外，SIPRI 在这一领域远非孤独，必须随时准备与其他机构进行可能的合作，建立伙伴关系和进行分工。安全进程中提供、交流和传播好数据的行为体范围的增加是件好事，这不仅有利于增加透明度和促进民主，而且也是因为它有加强信任和促进积极的安全合作的潜在作用。在今天不确定和复杂的世界中，安全相关行动目标的制定不应仅停止在有做好的想法，还要以正确的方式实施。考虑到对于本引言所分析的所有挑战和对策方面的困惑和不同意见，要告诉并说服世界舆论某一特定的安全行动是好的则是所有工作中最为艰巨的一个。除非那种挑战也予对付和解决，否则未来 40 年安全会比 SIPRI 第一个 40 年取得更大进步的希望不大。

（尤东晓 译）

〔86〕 参见本卷第 6 章。

〔87〕 参见本卷第 5 章。

第一部分

2005 年的安全与冲突

第一章 欧洲—大西洋安全及相关机构

帕尔·多瑙伊 兹希洛·拉霍夫斯基

第一节 导 言

2005 年，欧洲—大西洋关系以实用主义为主导。作为北约或欧盟成员国，美国与欧洲国家在伊拉克问题上的裂痕基本依旧，但它们已经认识到，美、欧在全球事务中所发挥的作用不是分道扬镳和对抗的，而是具有互补性和合作性。在一些场合，欧洲—大西洋合作重新通过诸如北约、欧洲安全与合作组织和联合国等国际机构来进行。在另一些场合，则通过双边渠道重新进行接触。然而，关于特殊联盟价值之类的话，美国现在已很少提及了。2005 年，欧盟宪法条约受挫，欧盟在世界事务中扮演更为有效的安全角色的雄心因此出现了问题。与此同时，北约则通过承担新的任务极力显示其价值和重要性。

俄罗斯对外关系中的两个方面，即与其他后苏国家之间的关系以及与西方之间的关系，都没有出现任何决定性转机。在后苏势力范围以外的欧亚地区，包括伊朗、朝鲜和中东，俄罗斯的重要性得到了认同，战略合作也得以继续加强。然而，就俄罗斯的国内政治标向而言，一些西方国家较前更加清楚地表达了它们的关切。

西方对西巴尔干国家的政策取向，实用主义亦占上风。在那里，除了继续努力实施维和和建和行动以外，注意力已转移到如何在保持该地区稳定的情况下，使那些实体（科索沃、塞尔维亚和黑山）的地位得到最终解决。

本章第二节讨论美国的政策趋向；第三节对欧洲—大西洋地区相

关机构的内部关系提出总的简要看法；第四节为欧盟发展之分析；第五节回顾北约发展趋向；第六节简要谈及欧洲安全与合作组织的改革进程；第七节评估前苏地区的发展情况；第八节提出结论。对于当前西巴尔干国家的问题，在附录 1A 中有详细评述。

第二节　美国的政策

2004 年 11 月，乔治·布什总统在大选中再次当选。2005 年，美国政府换届。在两次早些时候的主要讲演中，布什总统强调了一个相同的政策主题。他在就职典礼讲演中说："生活在专制及绝望中的人们可以知道，美国不会无视你们的受压，也不会原谅你们的压迫者。你们谋求解放时，我们将与你们站在一起。面临压制、坐牢或流放的民主改革者们可以知道，美国知道你们是谁，你们是你们自由国家的未来领导。"〔1〕 两周后，他在国情咨文讲话中提出：

> 美国无权、无欲、无意将我们的政府模式强加给任何人。这是我们与敌人之间的主要区别之一……我们的目的是要建立和保护自由和独立国家组成的共同体。这个共同体的成员国政府求其公民所求，反映他们自己的文化。正因为民主国家尊重它们的人民和邻国，推进自由将会导致和平。〔2〕

细想起来，布什的讲话可能有自相矛盾之处。但重要的是，要注意到在布什总统领导下的美国，已经跟随历史和近期之先河，把在全球热切推广民主作为己任，并使之成为国家议事日程之根本。很明显，其区别并非在于热切与否，而在于实现推广民主的方式。

然而，布什政府的看法实际上正在不断碰壁，其行动自由也受

〔1〕 白宫："总统第二任就职宣誓"，新闻秘书处，华盛顿特区，2005 年 1 月 20 日，URL 〈http：//www.whitehouse.gov/news/releases/2005/01/20050120－1.html〉，第 2 页。

〔2〕 白宫："国情咨文讲话"，新闻秘书处，华盛顿特区，2005 年 2 月 2 日，URL 〈http：//www.whitehouse.gov/news/releases/2005/02/20050202－11.html〉，第 5 页。

到影响。由于在伊拉克泥足深陷，加上预算赤字依然不断上升，包袱沉重，美国领导人已经发现他们的政策和资源分配正在受到国内严格考查，特别是在 2005 年 8 月遭“卡特里娜”台风袭击之后。[3] 这样，有关美国安全政策关切点的辩论已经从国际转向国内。与此同时，美国与其他西方伙伴的关系因在处理伊拉克问题上未出现产生分歧的新因素而得到了改善。为赢得欧洲国家的配合，美国以外交方式继续应对伊朗和北朝鲜的挑战。[4] 与此同时，欧盟在诸如取消对华武器禁运等问题上的立场有所后退，以避免与美国相对抗。

迫于形势的压力，美国政府的行动有所调整。于是，一些分析家开始从美国长远利益的角度重新评估布什战略的优劣。有政治分析家认为，对美国来说，关键问题在于应该如何界定多边主义以及这种多边主义是否可以重塑，以便用来为美国的利益服务。[5] 其他分析家则注意到了这样一种远非确定的迹象，即：至少有些世界大国已经开始重新实施“软平衡”，以便对美国的力量和威胁性行为进行抑制。[6] 有人已告诫，在国际舆论中，美国的威望已经下降。[7] 也有人提醒人们注意，重要的是，只能自愿接受美国的领导。[8] 显然，在某种情况下，对于美国的极端单边行动，连布什

---

〔3〕 民主党领导人，参议员约瑟夫 R. 比丹承认，“政府开始认识到，仅仅强大是不够的，我们必须精明。单靠力量和单独行动不能确保美国的利益。我希望（康多莉扎·赖斯）完成从意识到实际这一转变”，引用于 R. 赖特和 G. 凯塞尔的“赖斯在国务院控制外交”，《华盛顿邮报》2005 年 7 月 31 日，第 A01 页。

〔4〕 参见本卷第 13 章。

〔5〕 J. 范奥丹纳伦的“遏制欧洲”，《国家利益》第 80 期（2005 年夏），第 60 页。原文如此强调。

〔6〕 R. A. 佩普的“对美国的软平衡”，《国际安全》，第 30 卷第 1 期（2005 年夏），第 7—45 页；T. V. 保罗的“美国主导时代的软平衡”，《国际安全》，第 30 卷第 1 期（2005 年夏），第 46—71 页。

〔7〕 参见《公众议事日程》：“美国外交政策指数中的公众议事日程信心”，2005 年，URL 〈http://www.publicagenda.org〉。

〔8〕 S. M. 沃尔特的《制服美国的力量：对美主导地位的全球反应》（诺顿出版社：纽约，2005 年）。

政府的成员也并未全盘接受。[9]

2005 年，美国安全计划的主要项目包括：应对伊拉克冲突、继续实施反恐作战、本土安全、美国的情报问题以及防务改革。

伊拉克冲突

在伊拉克，临时联盟依然存在。但是，与美国一起进行军事介入的国家数量继续减少，更多的国家决定撤军或减少或重新派遣它们的驻军去执行不太危险的任务。[10] 这反映出在伊拉克驻军不仅有风险，而且在参与国的国内政治生活中有反响。2004 年，西班牙政府发生更迭，其中有伊拉克问题的原因。英国政府的合法性受到削弱，也与伊拉克问题有关。[11] 在其他欧洲大国，如德国和意大利，[12] 伊拉克问题再次成了大选预定议程中的一个问题。实际情况是，由于在伊拉克参加军事行动，许多国家的政府地位受到削弱而不是增强，联盟的威信和合法性也遭到损害。另外，有更多的证据可以说明，入侵伊拉克时，萨达姆既无大规模杀伤性武器，也未与恐怖组织有什么联系，

〔9〕 例如，审问恐怖分子的某些做法和在美国境外设置秘密监狱的政策是由副总统迪克·切尼代表的。国务卿赖斯发现，要为此辩护很不容易。赖斯对秘密监狱问题虽保持缄默，但对虐待所谓恐怖分子的做法，其表态显然是要置身其外。美国国务卿赖斯的“赴欧时的讲话”，2005 年 12 月 5 日。URL〈http：//www. state. gov/secretary/rm/2005/57602. htm〉，第 2 页。

〔10〕 乌克兰决定于 2005 年底从伊拉克撤军。“尤先科签署从伊拉克撤军令”，《基辅邮报》，2005 年 3 月 22 日，URL〈http：//www. kyivpost. com/bn/22490〉。撤军于 2005 年 12 月下旬完成。“乌克兰已完成从伊拉克撤军”，《莫斯科新闻》，2005 年 12 月 27 日。URL〈http：//www. mosnews. com/news/2005/12/27/ukriraqexit. shtml〉。

〔11〕 S. 瑟法蒂的《重要伙伴—权力与秩序：伊拉克以外的美国与欧洲》（罗曼与小地出版社：兰哈姆，2005 年），第 3 页。

〔12〕 在撤军伊拉克问题上，意大利政府已多次修改其立场，主要原因是，在有关美国在意大利境内从事情报活动以及意大利情报头目死于一次国际作战的事件问题上，意大利与美国有分歧。A. 文锡的“意大利就劫持问题找美国说理”，CNN. com，2005 年 6 月 24 日。URL〈http：//www. edition. cnn. com/2005/WORLD/europe/06/24/italy. arrests/〉；J. 胡珀的“意大利人质指责美国企图杀死她，同时数以千计的人对营救她的人表示哀悼”，《无限卫士》(Gnardian Unlimited)，2005 年 3 月 7 日，URL〈http：//www. guardian. co. uk/lraq/Story/0，2763，1432040，00. html〉。在波兰，关于国家许诺参战伊拉克问题的辩论对总统和议会选举没有影响。

这使得美国对于这场危机的评估无法可望与反对者的看法取得一致。[13]

如果不能用事实证明恐怖分子的确存在于萨达姆的伊拉克，那么自 2003 年占领伊拉克以来的情况则发生了变化。[14] 在伊拉克参加反占领（也反对其他伊拉克人）的战斗中，虽然 95%左右的人属于伊拉克国民，但有相当多使用恐怖手段的国际参战人员。[15] 现在，伊拉克有了恐怖分子问题。这一事实说明，一旦占领军计划撤离，后果将十分严重。

2005 年，伊拉克问题成了美国政治争论的中心，从而使一些记者断言："现在是伊拉克乌云笼罩一切"。[16] 在国会，围绕对伊拉克发动战争问题形成的两党一致，已经烟消云散。[17] 究其原因，主要包括：发动战争缺乏依据；伤亡人数上升（自 2003 年 4 月以来死亡人数达 2000 人以上[18]）；在与占领伊拉克扩大反恐斗争有关的问题上，美国各选区选民对美国政府的行为持越来越强烈的反对态度。

在上述背景下，美国准备在 2006 年举行中期选举，而美国防部

---

〔13〕 布什总统于 2005 年 2 月访问布鲁塞尔。期间，发表了一份欧盟—美国有关伊拉克问题的联合声明。这个问题已在联合声明中表述得很清楚了："美国与欧洲站在一起支持伊拉克人民和伊拉克新政府……，如果伊拉克新政府有需求，美国和欧盟准备共同主持一次国际会议，以便为鼓励和协调对伊国际支援提供一个论坛"。白宫："美国和欧洲关于伊拉克的联合声明"，新闻秘书处，华盛顿特区，2005 年 2 月 22 日，URL〈http：//www.whitehouse.gov/news/releases/2005/02/print/20050222－9.html〉。

〔14〕 今天谈论"占领"已不甚确切，因为随着把政权移交给伊拉克当局，这一阶段已于 2004 年 6 月 28 日正式结束。然而，有鉴于一部分伊拉克人的感受，从政治意义上说，使用此词或许依然正确。

〔15〕 A. H. 柯迪斯曼的"伊拉克与外国志愿者"，《工作草图》（Working Draft），2005 年 11 月 18 日，URL〈http：//www.csis.org〉，第 2 页。外国战斗人员总数约 3000 人，其中 80%来自阿拉伯国家（依次为阿尔及利亚、叙利亚、也门、埃及和沙特）；15%来自苏丹；5%来自其他国家。详情参见本卷第 2 章。

〔16〕 J. 韦斯曼和 C. 巴宾顿的"伊战辩论使所有其他问题黯然失色"，《华盛顿邮报》，2005 年 11 月 20 日，第 A01 页。

〔17〕 庞乌（PEW）研究中心主任断言，"如果不是一场反恐战，如果人们并非真正感受到威胁，这将如同越南一样"。引用于 D. 巴尔兹的"'9·11'的教训重占中心舞台"，《华盛顿邮报》，2005 年 6 月 29 日，第 A01 页。

〔18〕 2003 年 3 月至 2005 年 11 月，美军共伤亡 2108 人。参见联盟在伊拉克伤亡统计，URL〈http：//www.icasualties.org/oif〉。

已开始考虑筹措从伊拉克减少军事存在的计划。[19] 撤军事宜部分取决于国内的政治趋向，部分取决于伊拉克新训部队负责本国安全的能力。很明显，伊拉克有滑向内战的危险。有鉴于此，美国进退两难，没有万全之策。美国战略界共同的看法是，“仓促撤军……将有碍稳定”。[20] 如此撤军将影响伊拉克的稳定，影响地区的稳定，也有损美国的威望。布什政府的官员强调：“立即撤军对我国和我国人民的安全来说是一件可怕的事情。”[21] 国务卿赖斯则声称：“我们要求伊拉克部队有能力反恐保国。我们不能让恐怖分子有能力控制伊拉克大部乃至伊拉克的一些重要城市。”[22] 这样，在减少和撤离部队问题上，其可能的速度和阶段都存在不确定因素，进一步调整政策也就势在必行。一些观察家断定，“美国撤军的条件是镇压叛乱不能失败”。[23] 国防部长拉姆斯菲尔德于 2005 年圣诞节前夕访问了伊拉克。期间，他宣布在伊拉克的美军作战旅将从 17 个减至 15 个，共减少 7000 人。[24]

最后，或许可以指出，美国越是从伊拉克撤军，其他国家（中东、欧洲）和机构将面临越来越多的挑战。伊拉克问题即使不再像过去几年那样成为中心问题，但仍将长久地萦绕于跨大西洋议程。

反恐与国土安全

自 2001 年 9 月 11 日以来，恐怖分子再也没有成功地在美国发动袭击。但恐怖集团，特别是“基地”组织，已在其他地方找到袭击目标，如：2004 年在西班牙、土耳其；2005 年在埃及、约旦和英国。

---

〔19〕 B. 格雷厄姆与 R. 赖特的“可能于 2006 年初在伊拉克减少了 3 个旅：部分美军将留驻科威特待命”，《华盛顿邮报》，2005 年 11 月 23 日，第 A01 页。

〔20〕 格雷厄姆与赖特（同注释 [19]）。

〔21〕 “拉姆斯菲尔德反对从伊拉克撤军”，《BBC 新闻联播节目》，2005 年 11 月 20 日，URL〈http：//news. bbc. co. uk/1/4455146. stm〉。

〔22〕 美国国务院：“国务卿赖斯在《FOX 新闻》接受吉姆·安格尔采访”，2005 年 11 月 22 日，URL〈http：//www. state. gov/secretary/rm/2005/57284. htm〉。

〔23〕 M. 希尔斯与 J. 巴利的“耗尽伊拉克”，《新闻周刊》，2005 年 8 月 8 日，第 29 页。

〔24〕 N. 麦克唐纳的“伊拉克大选促使美国减少 7000 人”，《金融时报》，2005 年 12 月 24 日，URL〈http：//www. news. ft. com/〉，第 5 页。

这么做的原因，尚不完全清楚，〔25〕尽管自 2001 年 9 月以来美国加强情报侦察和集中力量加强国土安全肯定是其中的原因之一。美国会议员邓肯·亨特认为："已有四年过去了，我们的国土未遭第二次袭击，这是因为我们咄咄逼人地将美国战斗部队投送到了阿富汗和伊拉克地区。"〔26〕不管亨特的看法是否正确，美国当然可以为它取得的成就感到骄傲。

遭受恐怖袭击后，美国成立了国土安全部，起初旨在团结所有部门集中全力实施反恐。但后来国土安全部因受到压力而重新审视其作用。有影响的思想库曾建议，"国土安全部必须同时负责国际领域的安全，这主要是因为我们的国际社会已是一个全球性的互联网络"。〔27〕国土安全部对"卡特里娜"台风束手无策，未能成功应对，受到相应的批评。看来，国土安全部至今还没有一个疏散美国大城市的周密计划。〔28〕联邦紧急管理署的全面失败，包括在危机情况下无法实施通联，从总体上说明了该机构没有能力应对这样的问题。2005 年 7 月伦敦遭受恐怖袭击之后，国土安全部也受到批评，因为它过分强调空中安全，对公共地面交通未予以足够的重视。面对这些不足，国土安全部修改了计划，并集中力量做好全面准备，包括：着力加强应对灾难性事件；加强人员和货物的安全运输体制；加强边境安全与内部增援；改革移民程序。它还采取了一些组织措施来改进其工作职能。〔29〕

美国继续在采取一些旨在加强安全又不损害公务和其他利益的安

〔25〕布什总统说："自'9·11'以来，美国及其伙伴至少粉碎了'基地'组织 10 次严重恐怖阴谋。"白宫："总统在国家民主基金会谈反恐战"，新闻秘书处，华盛顿特区，2005 年 10 月 6 日，URL〈http://www.whitdhouse.gov/news/releases/2005/10/20051006—3.html〉，第 4 页。

〔26〕众议院武器部队委员会主席邓肯·亨特之言，引用于 C. 巴宾顿的"鹰派民主党人士加入呼吁撤军：GOP 非难 MURTNA 的离伊要求"，《华盛顿邮报》，2005 年 11 月 18 日，第 A01 页。

〔27〕J. J. 卡拉法诺与 D. 海曼的"国土安全部 2.0：重新考虑国土安全部"，《传统基金会》特别报告（传统基金会与 CSIS：华盛顿特区，2004 年 12 月 13 日），第 7 页。

〔28〕E. 罗宾逊的"布什先生，这也是你的失败"，《华盛顿邮报》，2005 年 9 月 6 日，第 25 页。

〔29〕美国国土安全部（DHS），"国土安全部的组织机构：国土安全部的过渡"，URL〈http://www.dhs.gov/dhspublic/display?theme=10〉。

全措施。包括几个欧盟成员国在内的大多数护照免签国都按规定期限于 2005 年 10 月 26 日开始使用附有数字照片的护照。此后发放的护照若用于免签旅行，须附有一个生物统计标识符。〔30〕为防止可能的恐怖分子渗透，根据加、美 2001 年 12 月通过的计划，对两国 6000 公里的边境线（世界上最长的不设防边境线）的控制变得更加严格。在美国南部边境，业已建成完好的监控系统，重点是拘押非法侨民，防范各种走私。最近，遣返非法侨民的速度已经加快，从而使拘留设施所受的压力有所减轻。〔31〕

对国土安全部的拨款已略有增加，2006 财年为 408 亿美元。〔32〕尽管有批评，但如前述，加强国土安全仍然得到普遍支持。因为“国土安全部的开支可能比防务费用更易说服人……”〔33〕

情报

2001 年 9 月恐怖袭击以来，情报对国家安全的重要作用不仅受到专家的认同，而且受到了世人广泛的认同。美国情报部门和许多其他国家的情报部门一直在努力对付那种在最近一些事件中所显示的特别严重的挑战。当前流传的一种看法认为，未能发现伊拉克大规模杀伤性武器说明美国情报能力有限。〔34〕但多数观察家则认为，问题的部分原因在于情报分析的自主性受到压抑。〔35〕美国政府处理这一问题的先前努力在 2005 年得以继续，〔36〕而且对有些情报问题的重视程

---

〔30〕美国国土安全部：“多数护照免签国准备遵守数字照片期限”，2005 年 10 月 26 日，URL〈http：//www. dhs. gov/dhspublic/display? theme=43&content=4907&〉。

〔31〕B. 诺内兹—内托的“边境安全：美国边境巡逻的作用”，《国会研究部报告》，2005 年 5 月 10 日，第 10 页。根据该报告，97%的非法侨民在美国南部边境受到抵押。

〔32〕这意味着自 2005 年来增加了 18 亿美元，属正常性增长 5.8%，与 2003 年至 2004 年的增长率大体相当。

〔33〕B. 蒂格纳的“跨大西洋裂痕？欧洲人害怕与美国发生本土安全贸易战”，《防务新闻》，2005 年 6 月 13 日，第 48 页。

〔34〕F. 福库亚马的“布什主义，前前后后”，《金融时报》，2005 年 10 月 11 日，第 15 页。

〔35〕D. 杰尔的“2002 年报告告诫，伊拉克数据是假的”，《国际先驱论坛报》，2005 年 11 月 7 日，第 7 页。

〔36〕详情参见 P. 杜内与 Z. 拉霍夫斯基的“欧洲—大西洋安全及相关机构”，《SIPRI 年鉴 2005：军备、裁军与国际安全》（牛津大学出版社：牛津，2005 年），第 51—52 页。

度已得到提高。

2005 年 10 月，国家情报局局长〔37〕颁布了国家情报战略，〔38〕用以补充 2004 年国家安全战略和 2004 年的情报改革与预防恐怖法案。〔39〕国家情报战略要求整合国内外各种情报，以便使对国家安全威胁的理解不出疏漏，使情报分析更加深入、正确，确保现在和将来的情报来源产出成果。〔40〕这一战略使情报与国外目标更加广泛结合，并要求情报界与新的和年轻民主国家密切联系，帮助它们加强法治，避开威胁，从而为决策者提供牢靠的分析框架，去辨别安全威胁和推进民主、预防国家失败的机会。〔41〕该情报战略的解析用语已与欧盟的安全战略概念相接近，〔42〕其主要区别在于美国的文件对改变现状持更加积极的姿态。

国家情报局局长的结构性作用表现在两个方面，即：确保情报机构如同一个单一的企业那样工作；成为总统的主要情报顾问。〔43〕情报改革的中心目的是减少对情报的政治影响。如何结合上述两种作用以达成中心目的，还有待研讨。有一种看法相当普遍，就是在 2001

〔37〕美国国家情报局长办公室于 2004 年成立，这是布什政府自 2002 年组建国土安全部之后成立的第二个联邦政府主要部门。参见国家情报局长办公室网站 URL〈http：//www. odni. gov/〉。

〔38〕美国国家情报局长办公室："美国国家情报战略：通过联合与创新实现转型"，2005 年 10 月，URL〈http：//www. odni. gov/press releases/20051025 release. htm〉，第 1 页。

〔39〕白宫："美国国家安全战略"，华盛顿特区，2002 年 9 月，URL〈http：//www. whitehouse. gov/nsc/nss. pdf〉；美国国会：《2004 年反恐法案》，第 108 届国会第 2 次会议，众议院报告第 108、796 号（美国政府印刷办公室：华盛顿特区，2004 年），URL〈http：//www. gpoaccess. gov/serialset/creports/intel reform. html〉。

〔40〕美国国家情报局长办公室（同注释［38］）：整合国内外情报在执行时有可能引起某些人权关切。此举会模糊这两种情报的界线，如同已由美国等许多国家的若干例子所证实的那样，有可能危及防止减少与公民宪法权利的司法控制。

〔41〕美国国家情报局长办公室（同注释［38］），第 8 页。

〔42〕欧盟理事会："在更加美好世界中的安全欧洲：欧洲安全战略"，布鲁塞尔，2003 年 12 月 12 日，URL〈www. http：//www. ue. eu. int/uedocs/cms _ data/docs/2004/4/29/Europena%20Security%20Strategy. pdf〉。

〔43〕白宫："总统祝贺美国第一任国家情报局长和副局长"，新闻秘书处，华盛顿特区，2005 年 5 月 18 日，URL〈http：//www. whitehouse. gov/news/releases/2005/05/20050518. html〉。

年 9 月前，太多强调技术手段和太少关注人力情报和分析能力都是导致情报工作失败的原因。于是，美国建立了一个名叫国家保密署的新机构，作为“负责整个情报界的整合、协调、调和和评估人力情报活动的权威机关”，[44] 其任务是帮助建立一个“更加统一、协调和有效”的情报团体。但在实践中是否可行，仍需拭目以待。

2005 年，情报部门也遇到了新的具体挑战。问题有：中央情报局扣留人员；关于严重侵犯人权的控告以及因受政治压力泄露了一名中央情报局工作人员的身份。[45] 这些都预示着会引起麻烦。设立国家情报局局长这个职位使中央情报局协调情报的中心地位受到削弱，但此举并不一定能使中央情报局免受 2003 年伊战以前就有的那种政治压力。

国防部继续努力发挥较过去更大的情报主角作用，[46] 其当前的目标是扩大“反情报外勤机构”。该机构成立于 2002 年，旨在获取美国公民“被认为与外国情报活动有关系”的情况。[47] 国内外情报界线不清楚以及美国政府过多插手国内情报部是一种干扰因素。

中央情报局受到了指责，因为其做法超越了它的传统职责。表现在，在伊战期间实施污辱性审问。2005 年，有报道称，中央情报局在世界各地设有关押和审问“基地”人员的秘密设施，欧洲国家（包括欧盟）可能因参与此事或参与转移囚犯而受到牵连。[48] 布什政府想消除这一丑闻的努力并未奏效，因为与此同时，继续放纵中央情报局不受国会法规制约。国会法规严禁对拘留被美国拘押的人进行虐待

---

〔44〕 美国国家情报局办公室：“成立国家保密署”，国家情报局长办公室第 3—05 号新闻稿，2005 年 10 月 13 日，URL〈http://www.dni.gov/press－releases/20051013_release.htm〉。

〔45〕 指瓦莱丽·普兰，他的身份为中央情报局工作人员。在约瑟夫·威尔逊大使就伊拉克大规模杀伤性武器问题批评布什政府后，他的妻子——一名“政府高级官员”——泄露了普兰的身份。根据情报身份及保护法，未经授权去查明一个中央情报局工作人员的身份属犯罪行为，可判长达 10 年的徒刑。据知，当时副总统切尼的办公室主任为泄露之源。

〔46〕 详情参见杜内与拉霍夫斯基（同注释 [36]），第 52 页。

〔47〕 W. 品柯斯的“五角大楼扩大其国内监测行动”，《华盛顿邮报》，2005 年 11 月 27 日，第 A06 页。

〔48〕 D. 普里斯特的“中央情报局在秘密监狱关押恐怖分子嫌疑犯”，《华盛顿邮报》，2005 年 11 月 2 日，第 A01 页。

或羞辱。[49] 这些事件表明，美国的对外形象和对外关系将受到潜在影响。这也与美国政府的国内立场不符，由此会使一些欧洲国家将来与美国情报合作和对美国的情报依赖复杂化。

防务改革

作为世界主要军事大国，美国在防务改革方面面临独特的挑战，因为它无法对其军事性能和发展计划作出与一个相同情况的国家所面临的挑战因素作出比较。在决定部队长远走向方面，美国的自主程度比其他任何国家都大。

2005 年，美国颁布了两个用于执行 2002 年国家安全战略的文件——《国家军事战略》和《国家防务战略》。《国家防务战略》文件将美国面临的正在浮现的挑战区分为传统的、非正规的、灾难性的和瓦解性的等几种。该文件的结论是，由于美国在传统领域占优势，与美竞争又十分费钱，使用常规军事能力的国家对美形成传统挑战的规模大大缩小。然而，非正规手段（如恐怖主义和叛乱），或许再加上获取大规模杀伤性武器，可以对美国的安全利益形成严重威胁。生物技术的发展、电脑战、空间武器或定向能武器亦可导致严重威胁。[50]《国家防务战略》文件声称，防务转型的主要目的包括：(1) 加强情报；(2) 重点保护重要作战基地以及作为首要基地的美国（本土）；[51] (3) 在"全球公共区域"（如公海和外层空间）实施作战；(4) 向远程环境投送和保持部队；(5) 不让敌人拥有庇护所；(6) 实施网络中心战；(7) 提高抵御非正规挑战水平；(8) 提高国际和国内伙伴的能力。[52]

从《国家防务战略》文件的陈述中还可以看到一些反思的成分，

---

〔49〕《人权观察》："美国：禁止虐待打折扣的里程碑，国会将允许通过拷问取证"，2005 年 12 月 16 日，URL〈http://www.hrw.org/english/docs/2005/12/16/usdom12311.htm〉。

〔50〕美国国防部："美国国家防务战略"，华盛顿特区，2005 年 3 月，URL〈http://globalsecurity.org/military/library/policy/dod.nds－usa_mar2005.htm〉，第 2—3 页；美国参谋长联席会议："美国国家军事战略：今日战略，明日之见解"，华盛顿特区，2004 年 12 月，URL〈http://www.derdnselink.news/Mar2005/d20050318nms.pdf〉。

〔51〕将此与其他当今压力相比较。当今压力是"要求国防部为国内安全提供更多的保障"。卡拉法诺与海曼（同注释〔27〕），第 7 页。

〔52〕美国国防部（同注释〔50〕），第 12—15 页。

即：搞好转型，其重要性仅次于在战场获取胜利。[53] 该文件告诫：从最近的经验看，特别是从阿富汗战争和伊拉克战争来看，如果以牺牲夺取和控制地面的能力为代价，过分强调空中力量、精确打击和信息优势，并让这些能力不是作为补充而是取代其他重要能力，决策者将会面临严重风险。空中力量具有强制性，但不能久留。[54] 由此认识到需要拥有更多的部队去占领领土。在 2007 年制订的一项计划中，上述认识得到了反映。该计划要求将陆军作战部队的规模从 31.5 万人扩大到 35.5 万人，增加 4 万人。[55] 当前美国武装部队所承担的野战责任受到了在伊拉克的巨大责任的严重影响——2005 年 1 月伊拉克大选期间，那里共有约 16 万美军。[56] 可以设想驻该地区的美军数量最终会减少，但猜测未来美军任务倒是一件有趣的事。

2005 年，美军基地经历了自 1988 年以来的第 5 轮重组、关闭。这对国内外来说，是一件十分敏感的事。美军从海外基地大量撤走业已列入计划（今后 10 年从世界各地撤走约 6 万—7 万人），为此，这一轮的美军基地重组和关闭已于 2005 年 8 月立法。在国内，可望有 22 个主要基地将关闭，而不是原先估计的 33 个。[57]

第三节　欧洲—大西洋机构相互关系

二次大战以来，欧洲—大西洋关系已有 60 年的历史。期间，不

〔53〕 R. D. 霍克，H. R. 麦克马斯特和 D. 格雷的“把握好转型”，《联合部队季刊》，第 38 期（2005 年 4 季度），第 20 页。亦可参见美国国防部（同注释［50］）。

〔54〕 霍克、麦克马斯特和格雷（同注释［53］），第 23 页。

〔55〕 J. J. 卡拉法诺，A. 柯切姆斯和 D. 甘蒂尔的“军队的前途：高层的看法”，《传统基金会》，网站备忘录，URL 〈http：//www. heritage. org/Research/NationalSecurity/wm906. cfm? re〉，第 1 页。

〔56〕《NBC 新闻》：“与蒂姆·拉西特一起会见新闻记者：6 月 26 日笔录”，2005 年 6 月 26 日，URL 〈http：//www. msnbc. msn. com/id/83326757〉，第 4 页。

〔57〕 美国防部《美国部队新闻社》记者 D. 迈尔斯的“基地重组、关闭期限已到，国防部将开始关闭，重组，”2005 年 11 月 9 日，URL 〈http：//www. defenselink. mil/news/Nov2005/20051109 _ 3280. html〉，第 7 页。

乏有成功，也有僵持、危机和紧张，而宣布终止北约曾是一个经常性的不成熟话题。美国主宰的冷战范式，北约的重要性以及欧洲的政治依从都已烟消云散。过去 15 年里，新的力量关系业已形成。2001 年 9 月事件虽然使盟国有了一时的团结和合作，但跨大西洋关系裂痕在不断扩大，不再可以隐蔽。围绕 2003 年伊拉克战争问题的危机，现在可以被看作是一种催化剂，使欧洲在安全问题上不断成熟，而且独立自主。差不多 2 年以后的 2005 年，西西关系继续解冻，但其基础则更多是出于实用主义和实际利益的考虑，而不是深层次的哲理性和解。特别是在 2004 年马德里和 2005 年 7 月伦敦爆炸案后，欧洲被迫承认自己易遭来自伊斯兰极端主义、恐怖主义和大中东的威胁。美国也开始懂得，任何国家和机构要单独面对此种挑战的全面影响是多么不容易。从实际出发，传统论坛和机制现在看来比用手挑选的盟国之间的特别安排更加有效。于是，美国 2001 年 9 月后对于组建志愿者联盟的热情似乎也就悄然淡出了。

2005 年，欧盟—北约—美国之间的三角关系进一步让位于欧盟与美国之间的更加积极的对话。这反映出美国业已认同欧洲在安全事务方面发挥更大作用，而北约在制定政策方面的作用则可能日益下降。〔58〕 2005 年，德国总理施罗德受到广泛批评，因为他建议应有一个高级别小组来考虑美国如何更直接地与欧盟打交道。其理由是，当前欧盟与美国关系的形式既与日益提高的欧盟重要性不相适应，也与日益增长的跨大西洋合作不相符合。〔59〕 尽管如此，有几件事情还是证实了施罗德的基本想法是对的。例如：2005 年 2 月，布什总统参加北约首脑会议，开始与欧洲和解。与此同时，他还不寻常地去了一趟欧盟总部。反过来，欧盟宪法条约于 2005 年年中受阻后（下面将

---

〔58〕 C. 格兰特与 M. 伦纳德的“何为跨大西洋机构?”《欧洲改革中心公报》，第 4441 期（2005 年 4 月/5 月）。关于增强欧洲防务能力的挑战，参见《战略与国际研究中心》(CSIS) 的“欧洲防务联合：缩小战略与能力之间的差距”（战略与国际研究中心：华盛顿特区，2005 年 10 月）。

〔59〕 德国联邦总理施罗德于 2005 年 2 月 12 日在慕尼黑第 41 届慕尼黑安全政策大会上讲话，慕尼黑，2005 年 2 月 12 日，URL〈http://www.securityconference.de/konferenzen/rede.php? menu 2005=&menu _ 2004-&menu _ konferenzen=&sprache=en&id=143&〉。

谈及），欧盟很快向美国保证，在诸如伊朗、伊拉克和中东问题上，欧盟将继续发挥强有力的辅助作用。[60] 然而，这些政治倾向还需要在政党机制性实践中得到反映，并需要用具体的步骤予以强化。[61]

虽然成员国有交叉，欧盟与北约的“战略伙伴”关系除了表面上的操作性合作外，并没有多少进展。部分原因在于有政治上和程序上的特殊障碍。另一原因是这两个机构都想在发挥国际影响和安全作用方面进行竞争。[62] 对于欧盟的防务实体化，美国依然感到讨厌。与此同时，欧盟在危机处理外交方面取更积极主动姿态，北约则想恢复其作为讨论跨大西洋主要问题的论坛地位，前者的成功会损害后者的诉求。实际上，欧盟已经取代北约负责欧洲的维和任务，只是在全球和职能层面上还没有明确分工（欧盟现在亦提出推行“联合裁军”和反恐行动）。在欧盟内部，大多坚持欧盟应在安全方面（纯军事安全除外）拥有更广泛的选择权，更加自主于美国，有更多的政治灵活性（尤其是在处理未来危机时选择伙伴的问题上）。

与欧洲有关的其他安全机构亦面临更多挑战。欧洲安全与合作组织曾被视为一个欧洲—大西洋安全的保险箱，但目前仍处在徘徊于十字路口的危机之中。独联体面临进步性演变。俄罗斯控制的集体安全条约组织内部关系紧张，不断挣扎，与此同时，也试图取得与北约平起平坐的地位，并得到北约的全面承认，但至今尚未成功。[63] 欧盟和北约仍然喜欢在单个有区别的基础上与集体安全条约组织的成员国进行合作。

---

〔60〕 E. 奥尔登，G. J 莫尔和 C. 丹尼尔的“欧盟就欧洲发挥世界作用问题向布什作保证”，《金融时报》，2005 年 6 月 21 日。

〔61〕 克劳斯·诺曼上将，前北约军事委员会主席，呼吁成立最高级别的北约—欧盟—美国指导委员会，以在出现严重危机时开会决定分工问题。他同时担心，如北约不能转型，则会失去其本体，从“公众舆论的雷达屏幕上消失”。前北约军事委员会主席克劳斯·诺曼上将的“北约：有前途吗?”在北约最高盟军司令部系列讲座中的发言，布鲁塞尔，2005 年 5 月 10 日，URL 〈http: //www. shape. nato. int/shape/opinions/2005/s050510a. htm〉。

〔62〕 J. 丹普瑟的“欧盟与北约，竞争影响力”，《国际先驱论坛报》，2005 年 2 月 18 日。欧洲宪法全民公决失败至少暂时加剧了问题的严重性，因为许多欧盟圈内人士担心北约会“得好处”。

〔63〕 对于上海合作组织，俄罗斯官员有相似的暗示。

第四节 欧洲联盟

宪法条约危机

欧洲"伟大设计"——"更加紧密联合，打造共同命运"[64]铭刻于宪法条约之中。但在2005年，欧洲"伟大设计"受到严重打击。法国和荷兰先后于5月29日和6月1日举行公民投票，但均未通过。那些指望宪法条约能使欧洲更加有效、精干、民主、负责和贴近公民的人们，为之惶惑不安。欧盟宣布了一个"反省期"，以保面子。然而，宪法条约的主要弱点似乎在于，它实质上没有触及更深层次的欧洲弊端。这包括：许多政府业绩不佳，声望不高；政府有错，但无端怪罪于欧盟；人民与政治精英（"民主不足"或"有进步的专制"）[65]有距离；在发展模式（"社会欧洲"对"自由欧洲"）方面，政府与公众各有期盼；在一体化与扩大问题上，新老成员国之间存在明显的分歧；难以消化欧盟新扩的"一大帮"成员国（特别是担心来自新成员的竞争，这是"波兰调查"的概括）；在欧洲向全球化更加开放和应对文化压力方面犹豫不决（扩大中、印市场和土耳其的成员国问题）；由平民主义叛逆者和精英所作所为反映出来的准"新民族主义"。

所有这一切均使欧洲的前途、规模、目的和进程存在不确定性。许多观察家相信，任何有关欧盟前途的重新辩论势必要等到2007年年中法国总统选举以后再说。[66]外部对宪法危机的反响更难解读。设立一名"联盟外交部长"、建立一个欧盟对外行动部门，以及延长欧洲理事会主席任职期限的这些计划受阻，必将有碍于为提高欧盟对外活动效果和效率的努力。另一方面，如下所述，在宪法草案条款

---

〔64〕制订欧洲宪法条约的前言。欲知其内容，登陆网站URL〈http://europa.cu.int/constiuion/index_en.htm〉。

〔65〕西班牙会议欧洲事务联合委员会主席阿纳·帕拉希奥使用这一短语："一切为人民，人民没有一切"。"讨论欧盟前途"，《国际先驱论坛报》，2005年6月16日，URL〈http://www.iht.com/articles/2005/06/15/news/voices.php〉。

〔66〕H.威廉逊与G.帕克的"德国将试图复活欧洲宪法"，《金融时报》，2005年11月23日。

中，有关防务和安全的问题已经在荷兰、法国全民公决之前得到有效解决，因此并没有受到宪法危机的影响。

扩员

欧盟地理扩大还不能说没有受到宪法危机的影响。2004 年以前的欧盟成员国在 2005 年显然染上了“扩大疲劳症”。〔67〕对 2004 年成员国扩大的各种不同评估、排外倾向以及对欧洲计划被（“克罗地亚的电工和土耳其的木工”〔68〕）淡化的担心，使荷兰和法国的全民公决受到重大影响。其结果对于更大范围的巴尔干地区的尔后加盟者和土耳其来说，前景不妙。〔69〕

在巴尔干，欧洲精英的主流看法仍然是，持久和平的唯一希望在于用“新欧洲黎明”来进行诱惑。〔70〕3 月，**克罗地亚**的入盟谈判未能得以继续，原因是它没有将一名重要战争嫌疑犯，前南斯拉夫的安蒂·戈托维纳（Ante Gotovina）将军送交国际刑事法庭。直到 10 月 3 日，克罗地亚才收到一个较为有利的评估，从而为给它确定入盟谈判开始日期创造了条件（正如奥地利所特别坚持的），使之与土耳其的入盟谈判同时进行。〔71〕西巴尔干其他候选国——阿尔巴尼亚、波黑、前南斯拉夫马其顿共和国和塞黑等国的政治、经济入盟标准尚未达到，虽然程序性障碍已于 2005 年得以排除。〔72〕

2004 年 12 月，与**保加利亚**和**罗马尼亚**的谈判成功结束，加盟条

---

〔67〕G. 鲍利的“界定扩大了的欧盟”，《国际先驱论坛报》，2005 年 3 月 9 日。

〔68〕D. 史蒂芬的“不能指望土耳其离开”，《金融时报》，2005 年 9 月 1 日。

〔69〕西巴尔干更多情况参见附录 1A。

〔70〕E. 詹逊的“布鲁塞尔看到巴尔干人的‘新欧洲黎明’”，《金融时报》，2005 年 10 月 4 日。欧盟委员会断言，“西巴尔干的未来在于欧盟”。欧共体委员会“来自委员会的信息：2005 年扩大战略方案”，布鲁塞尔，2005 年 11 月 9 日，文件 COM（2005 年）561 号，URL〈http：//europa. eu. int/comm/enlargement/croatia/key _ documents. htm # elarg _ pck _ 2005〉，第 20—21 页。

〔71〕欧共体委员会（同注释［70］），第 20—21 页。国际刑事法庭检察官卡拉·迪尔·庞特证实，克罗地亚全面配合抓捕戈托维纳。2005 年 12 月 7 日，戈在西班牙的卡纳里群岛被逮捕。

〔72〕12 月中旬，欧洲理事会给前南斯拉夫马其顿共和国以正式候选国地位。10 月初，塞黑承诺抓捕战争嫌疑犯以后，欧盟外交部长决定与塞黑就建立稳定和联系协议问题举行谈判。11 月 25 日，与波黑举行同样的谈判。亦参见附录 1A。

约于 2005 年 4 月 25 日签署，全面入盟的日期将是 2007 年 1 月。然而，此后不久，欧盟委员会要求上述两国采取“有力步骤”反腐败，改革司法体制和公共行政，以便按照欧洲标准来修补存在的缺陷。2006 年春，欧盟委员会的一份监察报告可能会建议，如果到 2007 年 1 月，保加利亚和罗马尼亚仍有不符合成员国要求的风险，欧洲理事会应将这两个国家的入盟时间推迟一年。〔73〕

2004 年 12 月，欧盟设定 2005 年 10 月为决定**土耳其**是否入盟的最后期限。期限即至，土耳其是否可以入盟问题变得困难、复杂起来。正式言之，困难在于土耳其国内改革明显缓慢（表现在司法体制、宗教和民主自由、法治、人权和保护少数民族等方面），又坚持如果不能就结束塞浦斯岛长期分裂状态达成一揽子交易的话，就拒绝承认塞浦斯（现是欧盟成员国）。〔74〕在政治层面，德国（其未来总理安杰拉·默克尔建议只给土耳其享受“特别伙伴”待遇）、奥地利、丹麦、法国和荷兰等国的舆论对土耳其入盟特别充满敌意，其动机包括：害怕一个相对贫穷的穆斯林大国加入由基督教徒占主导的富裕的欧盟；欧洲将有被卷入中东地区动荡的风险。〔75〕在 10 月份作出决定之前，收场戏特别旷日持久，出现了塞浦路斯问题〔76〕、土耳其全面成员国资格替代方案的可能性以及奥地利更倾向于克罗地亚等等情况。但是，欧盟最终如期提出了举行成员国问题谈判的建议，土耳其接受了欧盟的建议。多数观察家估计，即将举行的谈判不会少于 10 至 15 年，上述所有实际上没有解决的问题以及其他问题将无疑会使

---

〔73〕 欧盟委员会：“2005 年一揽子扩大，总结性方案：来自委员会的信息：关于保加利亚和罗马尼亚入盟准备状况的综合性监察报告”，布鲁塞尔，2005 年 10 月 25 日，文件 COM（2005 年）第 543 号，URL〈http://europa.eu.int/comm/enlargement/bulgaria/key_documents.htm#elarg_pck_2005〉。

〔74〕 2005 年 7 月 29 日，土耳其签署了一项议定书，将其关税联盟扩大到 10 个新的欧盟成员国，但发表了一个单方面的声明，声称签署议定书并不等于正式承认塞浦路斯共和国。欧盟业已表示，该声明并不影响议定书所规定的土耳其责任。

〔75〕 据一位欧盟外交人士称，欧盟领导人从未就欧洲与土耳其关系的战略含义问题进行过认真的辩论。史蒂芬斯（同注释［68］）。

〔76〕 土耳其拒绝允许从希腊的塞浦路斯港口装载的塞浦路斯和其他船只使用土耳其港口，土耳其继续阻止塞浦路斯参加一些国际组织和协定。尽管与希腊的关系良好，但土耳其仍未能就突出的希、土领土纠纷问题达成妥协。

谈判复杂化。[77]

欧盟的睦邻政策

欧盟于 2004 年制订的“欧洲睦邻政策”旨在在欧盟周边造就一个“朋友圈”,[78] 现已有 15 个国家，覆盖前苏地区、南地中海和中东（包括巴勒斯坦权力机构），但不包括俄罗斯。该政策基于一个双层结构：真实分析有关政治、经济和机构改革的国家报告和指明优先区域的双边“行动计划”。后者一般涉及政治、经济和制度改革以及在自由、安全和司法领域的合作。2004 年 12 月，有 7 个行动计划获得同意。[79] 2005 年 3 月，提交了 5 个国家报告,[80] 其行动计划也可望很快跟上。从 2007 年起，欧盟与地中海国家的联系计划以及与前苏地区国家签署的伙伴与合作协议将转变成睦邻协议。这样，规章性框架将得到统一。

欧盟睦邻政策的目的是，通过向邻国提供新的激励，支持实施长期国内改革、地区合作和在欧盟近邻地区建设和平。[81] 与此有关的问题有：世界主要政治角色有时在这些地区有更大的影响；对欧盟施加影响的具体手段和附加条件抱有怀疑。除了呼吁仿效欧盟模式外，诸如贸易自由化、扩大单一市场准入、开放签证等“胡萝卜”政策可能对所有的伙伴也有一定影响。然而，以“激励为基础”的欧洲睦邻政策结构造成了一个更为普遍的弱点：对于那些不愿照搬照抄或进行合作的国家，欧盟缺少对策。白俄罗斯与格鲁吉亚和乌克兰的情况大不一样，可以说明这一观点。后者的情况表明，使用欧盟最强有力的胡萝卜——成员国前景，还远未准备好。[82] 欧盟业已明确提出，像

---

〔77〕 参见 B. E. 贝克迪尔与 V. 艾金索伊的“土耳其威胁感对欧盟构成挑战”，《防务新闻》，2005 年 10 月 24 日，第 61 页。

〔78〕 参见杜内与拉霍夫斯基（同注释［36］），第 61 页。

〔79〕 行动计划适用于以色列、约旦、摩尔多瓦、巴勒斯坦权力机构、突尼斯和乌克兰。

〔80〕 国家报告所指者为亚美尼亚、埃及、格鲁吉亚和黎巴嫩。

〔81〕 N. 托希的“欧盟的睦邻政策对欧盟扩大后挑战作出响应吗?”《国际观众》，第 40 册，第 1 期（2005 年 1—3 月），第 25 页。

〔82〕 乌克兰总统明确提出，他希望“行动计划于 2007 年结束时，我们将有资格开始与欧盟谈判入盟问题”。V. 尤先科的“乌克兰的前途在欧盟”，乌克兰总统在欧洲讨论会的讲话，2005 年 2 月 23 日，URL〈http：//europa－eu－un. org/articles/en/article _ 4382 _ en. htm〉。

乌克兰、摩尔多瓦和格鲁吉亚等“近邻国家”将被告知现在不必申请加入欧盟，因为他们会被拒绝。[83] 对于进一步东扩，目前 25 个欧盟成员国有明显的不同看法，波兰和其他新成员国的态度最为积极。欧盟是否能够，怎样能够找到一个办法来超越同意或不同意准入的鸿沟，并采取一系列手段来谋取自身的利益，仍然是一个严肃的政策考验。[84]

欧洲安全与防务

欧盟宪法危机并没有直接妨碍其与安全有关的计划，倒是形成了新的压力，去推动有关计划取得成功。在许多深受冲突折磨的地区，如阿富汗、非洲大湖地区、波黑、中亚、前南斯拉夫马其顿共和国、科索沃、中东、摩尔多瓦、南高加索和苏丹，[85] 欧盟尤其通过派驻特别代表的方法提升了自己的形象。2005 年，欧洲理事会同意实施一项新的非洲战略，目标是为非洲提供一个长期、广泛的训练计划项目。[86]

危机处理仍是中心任务，正稳步演变为执行欧洲安全和防务政策的手段，而且其地理范围不断扩大，方法不断增多。2005 年，在完成以前的三项行动之后，欧盟执行了 11 项危机处理行动和任务，大部分是非军事性的。[87]

2005 年 5 月发生乌兹别克斯坦安集延流血事件之后，欧盟外长们于 6 月决定向中亚派任特别代表，目的是更加积极地卷入该地区事

---

〔83〕 有人提出，欧盟对外关系专员贝尼塔·费利罗—瓦尔德纳是此话之源。参见 B. 奥罗克的“欧盟：布鲁塞尔认为现在还谈不上近邻国家寻求加入联盟的问题”，《自由欧洲电台》，2005 年 5 月 4 日，URL〈http://www.rfer.org/featuresarticle/2005/05/089016eb－178904b6a－91c8－4bb63366501a.html〉。

〔84〕 D. 林切的“欧洲睦邻政策中的安全方面”，《国际观众》，第 40 册，第 1 期（2005 年 1—3 月），第 34 页。

〔85〕 在麻烦国家与地区，欧盟特别代表们为欧盟提供看得见的实际情况（“声音”和“面貌”）。欧盟理事会：“欧盟特别代表”，《情况介绍》，2005 年 6 月，URL〈http://ue.eu.int/cms3_fo/showpage.asp?id=263&lang=en&mode=g〉。2005 年，欧盟特别代表首次被派往中亚、摩尔达瓦和苏丹。

〔86〕 欧盟理事会：“欧盟与非洲：走向战略伙伴关系”，布鲁塞尔，2005 年 12 月 19 日，2005 年第 15961 号文件，URL〈http://ue.euint/cm3_fo/showpage.asp?lang=EN〉。

〔87〕 索取 2005 年欧盟危机处理任务清单，参见本卷第 3 章。

务。在伊斯兰·卡里莫夫总统拒绝允许进行独立国际调查之后，欧盟于10月对乌兹别克斯坦实施一年的一揽子制裁，包括对可能用于实施国内镇压的武器、军事装备和其他装备进行禁运。[88] 11月，欧盟外长们警告白俄罗斯，要它尊重人权和平民自由，否则一旦不符合国际标准，将面临针对责任人的进一步"严厉措施"。[89] 2005年底，欧盟对阿塞拜疆—亚美尼亚冲突进行调解，因为这两国在和平谈判中都有进展。[90]

军事能力

2005年，欧盟举行了三次自主性（未动用北约资源）危机处理军事演习：4月，研讨如何在此种行动中与联合国合作（代号为EST 05）；9月至10月，为应对下沙哈拉种族冲突，快速部署一项民事—军事维和行动；11月至12月，检验制订实施行动的军事计划（代号为MILEX 05）。2005年春，欧盟军事参谋部的民事—军事计划小组开始工作，估计从2006年6月起能有一个开始运行的行动中心。[91]

像过去几年一样，军事能力不足问题继续困扰着欧洲安全与防务政策。[92] 2005年，能力达标（2010年目标纲要）[93] 尚无重大进展。年中报告称，能力提高缓慢，并指出只有四个领域（可部署实验室、

---

〔88〕 制裁于2005年11月14日生效。"理事会关于对乌兹别克斯坦实施限制性措施的共同立场" 2005/792/CFSP，2005年11月14日，《欧盟官方季刊》第L299期（2005年11月16日），URL〈http://europa.eu.int/eur-lex/LexUriServ/site/en/oj/2005/l_299/l_29920051116en00720079.pdf〉，第72页。

〔89〕 欧盟轮值主席国英国："2005年11月7日，GAERC结论：对外关系"，URL〈http://www.eu2005.gov.uk/〉。

〔90〕 欧盟理事会："政治对话会议之后，欧盟CFSP高级代表杰维欧·索拉纳在亚美尼亚、阿塞拜疆和格鲁吉亚外长记者招待会上的结束语"，《第S411/05号文件》，布鲁塞尔，2005年12月13日，URL〈http://ue.eu.int/cms3_applications/applications/solana/list.asp?cmsid=358&BID=107&lang=EN〉。

〔91〕 欧盟理事会："理事会秘书长兼共同外交和安全政策高级代表索拉纳在轮值主席国英国关于民—军关系的研讨会上的开幕词"，伦敦，2005年10月17日，URL〈http://ue.eu.int/cms3_applications/applications/solana/list.asp?cmsid=358&BID=107&lang=EN〉。

〔92〕 欧盟国家中，法国、意大利、葡萄牙和英国在2004年达到了防务开支占国内生产总值2%的目标。《大西洋新闻》，第3727期（2005年11月22日），第2页。关于进一步提高欧洲防务能力的挑战的讨论，参见《战略与国际研究中心》（同注释[58]）。

〔93〕 关于2010目标纲要之详情，参见杜纳与拉霍夫斯基（同注释[36]），第65页。

海港卸载部队、作战司令部和机械化步兵营）有所改善。2005 年底，下半年的报告又未有新进展的记录。关于提高能力的新动力，主要寄希望于发挥欧洲防务署的作用，而欧洲防务署应在欧盟军事委员会的帮助下，加上政治与安全委员会的密切协调，与欧盟军事委员一起解决欧盟军事能力的不足之处。[94]

欧洲防务署的工作启动于 2005 年初，目的是：提高欧洲防务能力；更加有效地管理多国军备合作；发展并整合欧洲防务市场和协调研究与发展。2005 年，欧洲防务署集中力量搞四项选定的“旗舰”项目。[95] 第一个项目为年价值 300 亿欧元的欧洲防务装备市场。这是一个从事欧洲内部军贸活动的、志愿参加的、松散的政府间机构，于同年 11 月 21 开始运行。欧洲防务装备市场基于 2005 年防务采购准则，[96] 目的是通过提高 100 万欧元以上合同投标的透明度来加强竞争。单个国家的执行情况将由欧洲防务署进行核查。新的规定不包括核武器、化学、细菌和放射性货物及其维修，也未涵盖属于特别紧急的情况和国家安全方面的案例。

其他两个项目旨在查明参与成员国中愿意进一步发展无人飞行器和装甲战车的“利益共同体”。同年 12 月，签署了一项无人飞行器的技术研究合同。欧洲防务署 2005 年的第 4 个项目是开始分析参与成员国、军事司令部、工业界和其他参与者之间的 C^3（指挥、控制和通讯）发展情况。还提出了用以区分进展程度的

〔94〕“欧盟 2005 年能力改善计划之一”，《大西洋新闻》，第 3680 期（2005 年 5 月 24 日），第 6—12 页；“欧盟 2005 年能力改善计划之二”，《大西洋新闻》，第 3727 期（2005 年 11 月 22 日），第 5—13 页。2005 年 5 月，有 11 个 ECAP 项目组在欧洲防务署的协调下全部或部分转入联合进程。2005 年宣布，欧洲防务署业已开始为欧洲安全与防务政策设计了一个远景规划（至 2025 年）。有关欧洲防务署，参见杜纳与拉霍夫斯基（同注释［36］）第 65—66 页。

〔95〕欧洲防务署：“欧盟各国政府同意在防务装备市场方面按志愿准则进行跨边境竞争”，《欧洲安全与防务政策新闻》，布鲁塞尔，2005 年 11 月 21 日，URL〈http://ue.eu.int/cms3_fo/show page.asp?id=978&lang=EN&mode=g〉。

〔96〕欧洲防务署：“关于参加欧洲防务署的欧盟成员国的防务采购行为规则”，布鲁塞尔，2005 年 11 月 21 日，URL〈http://www.eda.eu.int/〉。

其他 8 项倡议。[97] 2006 年的计划将聚焦于 C^3（特别是软件—分辨率无线电通讯）、空中加油和战略运输。[98] 欧洲防务合作面临的主要挑战在于财政和参与成员国的政治意志。由于军费紧缩和国家爱好依然不一，欧盟的防务努力仍然受到阻碍。[99]

战斗群的概念是欧盟快反能力的组成部分。[100] 2005 年，战斗群数量从原先计划的 13 个增至 18 个，涉及 26 个国家。2006 年 11 月 8 月至 2007 年 1 月，欧盟召开了战斗群协调大会。根据大会达成的协议，欧盟将具备同时动用两个战斗群的作战能力。突出的问题有战略机动与运输、后勤和医疗卫生保障等。怎样才能使欧洲的战斗群与北约的快反部队相互支援仍然是一个有待讨论的问题。[101]

第五节 北大西洋公约组织

2005 年，北约内部和其区域外的行动发展提高了北约组织的信心。[102] 2 月份，美国总统布什重申，北约是跨大西洋关系的“基

---

〔97〕 参见欧洲防务署网站 URL〈http://www.eda.eu.int/〉；欧洲防务署（同注释[95]）。10 月，13 个欧盟成员国保证在一个由欧洲防务署支持的特别小组中一起工作，以便更积极地提高空中加油（加油机）能力——这是贯彻欧洲能力行动计划的主要不足之处。

〔98〕 欧洲防务署：“欧洲防务署敦促集中力量提高通讯与交通的快速反应能力”，布鲁塞尔，2006 年 1 月 24 日，URL〈http://www.eda.eu.int/news/2006－01－24－0.htm〉。2006 年 1 月，法、英决定联合检查轻型雷达技术。这种轻型雷达技术应用于诸如无人飞行器和导弹等小型平台。

〔99〕 欧盟未能就欧洲防务署的一个 3 年度预算框架达成协议，推迟一年，即至 2006 年秋再作决定。

〔100〕 战斗群之详情参见杜纳与拉霍夫斯基（同注释[36]），第 66 页。

〔101〕 欧盟理事会，第 2691 次理事会会议，一般事务与对外关系，《新闻稿》，布鲁塞尔，2005 年 11 月 21—22 日，URL〈http://www.ue.eu.int/cms3_applications/Applications/newsRoom/loadBook.asp?target=2005&bid=71&lang=1&cmsId=349〉。

〔102〕 北约秘书长夏侯雅伯骄傲地宣称：“北约是一个很活跃的组织。那就是为什么……对北约的作用不再有根本性的争论。”北大西洋公约组织，“保持北约的相关性：一份股东报告”，北约秘书长在北约年度议会大会上的演讲，哥本哈根，2005 年 11 月 15 日。URL〈http://www.nato.int/docu/speech/2005/s051115a.htm〉。前些年，美国派往北约布鲁塞尔总部人员的素质下降被提及。艾维斯等，《一种欧洲的战争方式》（欧洲改革中心：伦敦，2004 年 5 月），URL〈http://www.cer.org.uk/defence/〉，第 62 页。

石”，并承诺将通过欧洲和美国高级官员更多更深层次的接触，加强北约作为政策磋商论坛及其他方面的作用。[103]

自 2002 年布拉格峰会以来，北约已经开始稳步由欧洲固定的“区域”防卫转向执行区域外远征任务。[104] 在保证其集体防御目标的同时，如今北约也关注于“非第五款”任务。[105] 目前北约部队在巴尔干半岛（军事总部在波黑，援助波斯尼亚的防务改革和 16000 名科索沃部队）、阿富汗（驻扎 12000 名国际安全援助部队，ISAF）、地中海（执行“积极奋进”海上监视行动）、伊拉克（执行军事训练行动）等地持续存在。2005 年，北约还临时参与了非洲（苏丹达尔富尔）和巴基斯坦的军事行动，以及一次美国的救援行动。[106] 这些任务都是北约从未参与过的（例如：非军事国家建设任务、间接维和支持以及使用军事资源进行人道主义救援）。

北约在双边（例如，与俄罗斯和乌克兰的关系和和平伙伴关系）和多边（欧洲—大西洋伙伴关系理事会）的框架下，一直恰如其分地追求欧洲—大西洋地区的“硬安全”。与此同时，美国的政策变化以及北约必须内部一致同意的表决规则使北约易遭影响，美国未来有可能绕开北约而进行单方面行动或组织志愿联盟。

尽管北约的未来及其面临的核心任务、军事转型以及在反恐等主要方面还有许多问题尚待解决，但它仍然努力“参与各个领域的任务和作战行动”，不断增加国防预算，尽职尽责地与欧盟在实际

---

[103] 北大西洋公约组织（NATO），“美国总统布什出席北大西洋委员会国家和政府首脑会议后在新闻记者招待会上的公开声明”，布鲁塞尔，北约讲话，2005 年 2 月 22 日，URL〈http：//www. nato. int/docu/speech/2005/s050222j. htm〉。美国副国务卿尼古拉斯·伯恩斯指出：“美国希望更多更有效地将北约作为对重要议题进行跨大西洋战略性讨论的基本平台。”美国国务院，国际信息局，“副国务卿伯恩斯跨大西洋议程概要”，2005 年 4 月 11 日，URL〈http：//www. usinfo. state. gov/mena/archive/2005/apr/08－637379. html〉。

[104] 实际上这种发展并没有完全平息来自一些国家的反对声音。例如，法国反对在非洲实施首次北约快速反应部队演习的计划，但是最终进行了“非政治化的妥协”，同意在佛得角举行演习。“北约选择佛得角举行军事演习”，《国际先驱论坛报》，2005 年 4 月 13 日，第 3 页。

[105] 1949 年北大西洋公约（华盛顿公约）第 5 款定义成员国有义务对公约中任何国家受到武力攻击作出回应。

[106] 2005 年，北约也曾采取谨慎措施就以色列—巴勒斯坦冲突与各方建立了一次对话。

操作领域进行合作，并在反恐作战中更多大胆地强调西方的“战略选择”。[107]

区域外行动

在北约的区域外作战行动中，**阿富汗**仍是北约的重点优先任务。自 2003 年以来，北约一直行使着国际安全援助部队的指挥权，并通过小型的军民省级重建队（PRTs）协助国家重建工作，省级重建队主要建立在国际安全援助部队控制区。北约部队在阿富汗喀布尔和其北部（2004 年 10 月）和西部（2005 年夏）部分地区已经成为稳固的军事存在。2005 年 9 月中旬，国际安全援助部队的 9000 人和来自 26 个北约成员国以及 10 个伙伴国家的部队，完成了对阿富汗西部省份的扩展，并开始准备向阿富汗南部地区实施第三阶段的扩展（最有可能从 2006 年 5 月份开始实施）。这将要求再增加多达 16000 人的部队，需要制定针对阿富汗这一极端武装控制区域的新的行动计划和交战规则。在此期间，另外 2000 人组成的北约部队增援参加了 9 月份举行的阿富汗立法和省级选举的保障任务。10 月，联合国继续延长了国际安全援助部队一年的职责授权。

对于北约来说，是否将北约在阿富汗的作用限制于“安全援助”、维和行动和重建工作，或是应当将北约的作用正式扩展到打击对抗阿富汗的反叛行动，这是一个很大的政治性议题。[108] 北约最终要获得阿富汗境内所有部队的指挥权的计划，已要求其在国际安全援助部队和美国领导的持久自由行动之间进行更多的协调。[109] 正如 2004 年，

---

[107] 北大西洋公约组织（同注释［103］）。

[108] 英国专家马克·乔伊斯指出：“在作战势头的强大动力下，尽管面临内部政治上的困惑，欧洲部队在 NATO 大旗下还是很快便将置身于反恐战争的最前线”，乔伊斯，“北约的渐进转型”，《国际先驱论坛报》，2005 年 10 月 8 日，URL〈http://www.iht.com/articles/2005/10/07/opinion/edjoyce.php〉。

[109] 在文章中，人们关注的是国际安全援助部队（ISAF）的扩展可能直接导致持久自由行动（OEF）参与的减少，特别是美国参与的减少，阿富汗官员并不确信 ISAF 具备对抗难以控制的武装反抗和恐怖活动的能力，这些反抗和恐怖活动在阿富汗南部地区非常活跃。塔兹，“阿富汗：北约准备进入最难以控制的省份”，欧洲自由广播/自由广播，2005 年 12 月 12 日，URL〈http://www.rferl.org/fcaturesarticle/2005/12/555dd2f4－e303－4a6f－b635－146a304de707.html〉。

尽管两支战斗力量可能展开的“协同”合作未排除，但有关两支力量的合并问题却在 2005 年遭到来自法国和其他国家的强烈反对。[110] 11 月，国际安全援助部队第三阶段作战行动计划的拟订已经由北约军事委员会完成并于 12 月提交北约理事会，其中就涉及与持久自由行动进行合作问题。在军事行动方面，国际安全援助部队目前已经被额外授权，与阿富汗国内安全部队合作执行“稳定和安全行动”，为阿富汗政府“解除非法武装组织”提供支持。[111] 北约成员国许诺在 2006 年初期还将再向阿富汗投入另一支 6000 人的部队。北约在阿富汗的行动可能还要持续 6—7 年之久。[112]

2005 年，有关**伊拉克**问题的分歧在北约内部仍然在持续，法国、德国和其他一些国家依旧反对北约在伊拉克发挥军事作用。2 月份，北约国家宣布已经筹集了充足的资金，为在巴格达进行安全部队训练任务以及 9 月份在 Ar-Rustamiya 成立军事学院，该军事学院的目标是每年对 900 名中、高级军官员进行培训。[113] 一些不愿意向巴格达派遣部队的北约国家正在为伊拉克军事人员在海外受训提供资金援助，北约国家同时还筹集了价值 100 万欧元的武器装备提供给伊拉克武装部队。

新任务

2005 年 4 月 26 日，非洲联盟（AU）要求北约考虑向其在苏丹**达尔富尔**的行动提供单纯后勤支援的可能性，以试图中止该地区持续的冲突。北约同意在 2005 年 5—6 月帮助非洲联盟扩展其维和任务，

---

[110] 根据《世界报》报道，北约将任命一名将军统一指挥阿富汗国际安全援助部队行动。这名负责 ISAF 部队指挥的将军还有三名副手，分别负责维稳、空中作战和安全方面的相关工作。赛奇尼（Zecchini）“在阿富汗不会出现军事行动的‘合并’”，《世界报》，2005 年 10 月 19 日。

[111] 北大西洋公约组织，“北大西洋理事会部长级会议最后公报”，第 158 号新闻稿（2005），布鲁塞尔，2005 年 12 月 8 日，URL〈http：//www. nato. int/docu/pr/2005/p05－158e. htm〉。目前还不清楚如果这样一种方式得到喀布尔当局采纳，是否国际安全援助部队会使用武力。

[112] 12 月，乌兹别克斯坦对北约部队关闭其领空和领土，这使得盟军部队在阿富汗的军事行动变得更加困难。

[113] 2005 年，据估计大约有 700 名官员在伊拉克受训，还有数百名官员在欧洲的北约设施中受训。

这是北约对非洲地区事务的首次介入。北约和欧盟都曾被请求在非洲联盟的控制下对其实施支援和协调。[114] 北约对非洲联盟的空运援助由欧洲国家完成，并与联合国、非政府组织和其他国家进行了合作。北约于7月早期对达尔富尔地区实施非洲维和人员的空运行动，同时北约还参与对非洲联盟部队指挥与控制和作战计划等方面的训练，操控一个多国军事总部和管理情报工作。9月，北约决定为“非盟苏丹特派团”的轮换和未来训练非洲联盟官员的技能提供类似的后勤支援，并将此时间延长到2006年3月31日。

在10月8日**巴基斯坦**和**印度**发生强烈地震后的三天，北约决定向巴基斯坦北部地区提供紧急灾难救援，并向该地区派遣了一支工兵营、来自北约反应部队的机动国际医疗小队以及一个可部署的司令部和专业器材。[115] 此外，北约还向受灾地区提供了水净化装置（来自立陶宛）和超过40架直升机，并在11月在当地建立了一座野战医院。这次战略空运行动在北约的历史上是独一无二的。救援物资由北约成员国和伙伴国以及联合国难民事务高级专员公署捐赠，由德国和土耳其通过两条航线空运到受灾地区。在地震发生后的第一个月中，大约有1600吨的救援物资被空运到受灾地区，空运超过100架次。此外，北约救援人员还在受灾地区建立18个难民营，共容纳超过20万灾民。北约按照计划将持续对巴基斯坦提供救援直到1月底。

扩员

在2004年北约扩员之后，正如欧盟一样，北约也受到“扩员疲劳”的影响。2004年3月在第五轮，也是最大一轮北约扩展后，三个巴尔干半岛国家——阿尔巴尼亚、克罗地亚和前南斯拉夫马其顿共和国——参加了北约的成员行动计划（MAP），作为其未来成为北约成员国的途径。然而2005年9月，美国一名高级官员声称，三个巴

---

〔114〕 一些北约/欧盟国家——法国、德国、西班牙和其他一些国家——决定将自身置于欧盟的领导下。

〔115〕 2005年早些时候，北约秘书长夏侯雅伯发表评论说，如果2004年12月的亚洲海啸灾难发生在距离北约较近的地区，北约快速反应部队必定会进行部署，参加救援。

尔干半岛国家“还没有准备好”成为北约成员国。据报道，未来北约扩员的议题最早会在 2008 年北约峰会上被解决。[116] 与此同时，当北约指出，尽管北约愿意帮助乌克兰实施必要的改革，但是乌克兰加入北约资格的主要责任则落在“乌克兰领导层的肩膀上”，乌克兰 2008 年加入北约的希望也正在不断受挫。[117]

转型

除了弗吉尼亚诺福克的盟军转型司令部之外，用于远征的北约反应部队也是 2002 年北约布拉格峰会上提出转型的催化剂。现在这支拥有 17000 人的部队是北约参与全球危机事件的先头部队，按照计划于 2006 年 10 月形成完全作战能力。美国（卡特里娜飓风）和巴基斯坦（地震）的自然灾难在危机反应模式下为检验北约反应部队提供了机会。[118]

在北约内部，有关北约反应部队讨论的焦点已经由该部队的基本组织，转移到该部队的目标、功能和作用，以及如何使其与其他部队框架发生关系（如欧盟的欧洲快反部队或是作战大队）。尽管北约官员和军事官员从不厌烦重复，但成功取决于能力，[119] 而正式的步骤必须等到 2006 年 11 月里加“转型”峰会才能制订。

2005 年 3 月北约宣布，北约已经为“主动分层战区弹道导弹防御”正式通过章程，根据计划部署实施的战区导弹防御计划已经到达一个关键的里程碑。该计划旨在将多种导弹防御系统（如爱国者或是中程增程防空系统，MEADS）综合到“一个连贯的、可部署的防御

---

[116] 《大西洋新闻》，第 3671 期，2005 年 4 月 23 日，第 1 页；《大西洋新闻》，第 3706 期，2005 年 9 月 13 日，第 3 页。

[117] 《大西洋新闻》，第 3691 期，2005 年 6 月 28 日，第 1 页。2005 年 4 月，乌克兰进入有关北约成员国资格的全面对话，这通常被认为是受邀请加入成员行动计划（MAP）进程的先兆。

[118] 在先前的部署中，北约快速反应部队为 2004 年雅典奥运会和 2004 年阿富汗总统选举提供援助。

[119] 众所周知，紧迫的问题包括采购一架空中预警监视飞机，以及战略运输机和战术直升机。但是联合投资采办的呼吁却遭遇一些成员国冷淡的回应。《大西洋新闻》，第 3707 期，2005 年 9 月 15 日，第 1 页。

网络中”。该导弹防御系统将于 2010 年达到初始作战能力。[120]

第六节 欧洲安全和合作组织

根据欧洲安全和合作组织部长理事会 2004 年 12 月的决定，[121] 欧安组织仍然将重点放在内部事务上，其中包括呼吁改革。欧安组织斯洛文尼亚轮值主席（CIO）工作可以被归纳为“3R 议程：复兴（Revitalize）、改革（Reform）和重新平衡（Rebalance）”。[122] 有关改革讨论的正式媒介是由显赫人物组成的专门研究小组 2005 年 6 月向轮值主席提交的报告，该报告在此之前已经由参与国进行了磋商。这份报告包括超过 70 项建议以提高欧洲安全和合作组织的效率，[123] 但是绝大多数建议相对来说并非是根本而实际的，这些建议关注的是管理和制度问题。一旦欧安组织参与国的高层磋商开始，很显然，只有适度的建议才能指望获得一致通过。

“重新平衡”的提法则反映出一个持续存在的主要分歧，即关于在美国和俄罗斯之间的欧安组织未来。在一定程度上由于成员国之间存在分歧，欧盟在这个问题上并不采取高姿态。[124] 美国希望欧安组

[120] “北约在 2010 年部署导弹防御系统”，《简氏防务周刊》，2005 年 3 月 23 日，第 5 页。

[121] 参见杜奈（Dunay），“欧洲安全与合作组织：不断改变但问题仍旧”，《SIPRI 年鉴 2005》（同注释［36］），第 76—82 页。

[122] 欧洲安全与合作组织，“欧安组织轮值主席迪米特里伊·鲁佩尔在常设理事会上的讲话”，欧安组织文件 CIO。GAL/2/05，2005 年 1 月 13 日，URL〈http：//www. osce. si/docs/2005－01－13－gover－cio－na－zasedanju－pc－eng. pdf〉，第 1 页。

[123] 欧洲安全与合作组织，“共同的目的：建立更有效的欧安组织”，2005 年 6 月 27 日，非政府组织报告，其中包括泽尔纳（Zellner），《应付欧洲的变化：评估欧安组织及其未来的作用、能力和任务》，第 13 号 CORE 工作文件（欧安组织研究中心：汉堡，2005 年）；欧安组织议会大会和瑞士世界事务基金会，“报告：‘欧安组织的未来’讨论会”，华盛顿特区，2005 年 5—6 月。欧安组织出版物见 URL〈http：//www. osce. org〉。

[124] 值得注意的是，在发表高层磋商欧盟声明后，数个欧盟成员国——如奥地利和波兰——认为需要作出国家声明。欧盟理事会英国轮值主席国，“有关维也纳高层欧安组织磋商的欧盟声明”，PC. DEL/865/05，2005 年 9 月 13 日。

织继续将关注点放在人文方面，包括监督选举和即时公布初选结果，[125] 而不希望它将注意力集中在前苏联地区，更不希望其关注西巴尔干地区。[126] 俄罗斯和其他一些前苏联国家的立场对此则是直接对立的：当西方国家实际上没有干预苏联势力范围的时候，他们不希望在地理上，而是在机能上“重新平衡”欧安组织，这在一定程度上让人联想到其冷战时期的角色。他们的观点是应当将更少的关注点放在人文方面，而应该更多关注政治、军事合作；关注焦点应当放在整个欧安组织区域；选举监督不应当被用作政权变更的手段。[127]

根据高层的磋商结果，2005 年 12 月欧安组织部长理事会没有重要突破也不令人感到惊讶。19 项决议的通过并不能掩盖这样的事实，有关各方在政治改革问题上同意存在不同意见。有些被同意的机制改革——如将欧安组织转变成一个职业化的组织，以及给予欧安组织维和特派团和观察员的豁免权——至少可以提高欧安组织活动的专业性。

第七节 前苏联地区国家间关系的正常化

2005 年，在前苏联地区没有发生更多如 2003、2004 年发生的格鲁吉亚和乌克兰那样令人瞩目的政权变更，而是不同的国内政策和做法反而得到了巩固，致使该地区出现了较为正常的国际秩序。尽管作出不同国内政策选择的国家都对彼此持有强硬的观点，各国之间的对抗性看起来在一定程度上有所减弱。

---

[125] 这样的初步评估有助于否认那些近期在各种非“公平和自由”选举中获胜者的合法性。

[126] 美国在欧洲安全与合作组织中的任务，负责政治事务的美国副国务卿伯恩斯，“介入第 13 届欧安组织部长级会议”，卢布尔维那，2005 年 12 月 5 日，URL〈http：//osce. usmission. org/mc/ljubljana. html〉。

[127] 俄罗斯外交部长谢尔盖·拉夫罗夫的谈话副本，第 13 届欧安组织部长级会议，卢布尔维那，2005 年 12 月 5 日，URL〈http：//www. mid. ru/〉。

俄罗斯

俄罗斯仍然保持着在后苏联区域的中心角色，为该地区的国内改革制定标准（不论好的或是坏的）。然而，俄罗斯正在面对越来越多的形象问题。西方社会对俄罗斯一些决策，例如对前石油巨头尤科斯总裁米哈伊尔·霍多尔科夫斯基判刑，对提议要严禁外国（或是由外国资助的）非政府组织参与政治活动，表示担忧。[128] 反过来，俄罗斯也对世界权力平衡的转换深表焦虑，并关心着对美国行动自由的削弱。俄罗斯以先前见过的模式竭力与其他大国，如中国和印度，加强政策联系。[129] 同时，俄罗斯在一些备受关注的议题，如伊朗和朝鲜核扩散问题上，仍然是一个重要，也许是关键的角色。[130] 更明显的是，俄罗斯在前苏联地区所继续起着的作用，使人难以想象这里任何一个冻结或未决的冲突之解决要是没有它参与或没有它弃权将会怎样。

一个逐渐统一的欧洲令俄罗斯处于两难境地，同样俄罗斯也令欧盟处于两难境地。[131] 自 2003 年以来，俄罗斯和欧盟一直在讨论一项建立四个“共同空间”的协议。看起来实际性的条款将被淡化，不会对 2007 年期满的伙伴和合作协议产生实质性的促进作用。[132] 俄罗斯没有达到诸如公民免签证旅游或是在“欧洲安全和防务政策”中的特殊地位等目标，它还对一些“欧盟新成员国…竭力将对抗性的口吻用于俄罗斯和欧盟的对话中”表示不满。[133] 俄罗斯正遭受经贸方面的

---

〔128〕 麦尔斯，“俄罗斯试图限制非政府组织活动”，《国际先驱论坛报》，2005 年 11 月 24 日，第 6 页；Veretennikova，“预算民主：文明社会体现在财政账目上”，《新闻时报》，2005 年 11 月 18 日，URL〈http://www.vremya.ru/print/139353.html〉。

〔129〕 这一想法要追溯到 20 世纪 90 年代中期，当时外交部长普里马科夫提倡签署中国—印度—俄罗斯“战略”协议。

〔130〕 参见本卷第 13 章。

〔131〕 正如一份波兰报纸曾描绘：“俄罗斯因为太虚弱而不能附属于欧洲，因为太强大而不能成为一个正常的欧洲大国”，《波兰新闻公报》，2005 年 7 月 29 日。

〔132〕 卡拉加诺夫，“俄罗斯的欧洲战略：一个新的开始”，《全球事务中的俄罗斯》，第 3 期（2005 年 7—9 月），URL〈http://eng.globalaffairs.ru/region－snt/numbers/12/941.html〉，第 72—85 页。

〔133〕 拉缇舍夫（Latyshev），“俄罗斯和欧洲相互需要：赛格埃·雅斯特里希姆斯基访谈”，《俄罗斯期刊》，第 102 期（2005 年 11 月）第 25 章，第 36 页。

不对称，其接近一半的对外贸易是与欧盟进行的，然而与俄罗斯贸易仅占欧盟进口总额的7.6%，出口总额的4.4%。[134] 另一方面，欧盟反对俄罗斯国内民主的倒退和其支持那些后苏联时期的专制政权。欧盟还察觉出俄罗斯并未下定决心，究竟会将美国还是欧盟作为其长远的主要合作伙伴。[135] 由于受到欧盟宪法问题的影响，[136] 欧盟和俄罗斯双方的对话也只能满足于取得一些次要的进展，如2005年10月12日启动的关于简便签证手续和允许再次入境的协议，前者对于俄罗斯更为重要，而后者对欧盟则更为重要。[137]

在过去几年，绝大多数有关俄罗斯民主和人权记录的批评都来自非政府组织。2005年美国总统布什曾指出："民主国家在一些问题上有共同点。他们拥有法律准则并保护少数人的权益，拥有自由的媒体和政治反对者。"[138] 虽然其他一些西方国家领导人表达得不那么清晰，但民主和人权问题已经再次成为俄罗斯和西方国家的议题。

同时，2005年俄罗斯意外获得的石油利润让人感到，俄罗斯至少现时还不需要太多依靠外界，[139] 它仍然是一个有影响力但是单独的大国。这就能够帮助解释，俄罗斯在面对欧盟和北约一些新的成员

---

[134] 卡拉加诺夫（同注释［132］）。

[135] 参见斯科罗夫（Skorov），"俄罗斯—欧盟：战略伙伴关系问题"，《Mirovaya ekonomika I mezhdunarodnye otnosheniya》第3期（2005年），第79—84页。

[136] "俄罗斯和欧盟的宪法危机"《CEPS邻邦观察》，第5期（2005年6月），第11—14页。

[137] 欧盟委员会，"欧盟与俄罗斯关系：朝着达成简便签证手续、允许再次入境协议的新步骤，URL〈http://www. europa. eu. int/comm/external _ relations/russia/intro/ip05 _ 1263. htm〉。由于费用降低和需要证明文件的减少，俄罗斯公民签证申请速度将加快。对于从俄联邦过境进入欧盟领土的第三国公民再次入境的规则将在该规则生效三年的过渡期之后开始实施。

[138] 白宫，"布什总统和普京总统讨论加强美俄伙伴关系"，《新闻公报》，布拉迪斯拉发，2005年2月24日，URL〈http://www. whitehouse. gov/news/releases/2005/02/20050224－9. html〉。根据美国《自由之家》评估，由于国内有影响力的反对党派的消失和行政权力进一步集中，俄罗斯的政治权利排名在2005年从第5名下降到第6名，状态由"部分自由"变为"不自由"。《自由之家》，"俄罗斯：文明社会的立法压迫"，URL〈http://www. freedomhouse. org〉。

[139] 俄罗斯的国际储备在2004年底到2005年10月底之间增长了400亿美元，达到约1650亿美元。俄罗斯联邦中央银行，"俄罗斯联邦2005年国际储备资产"，URL〈http://www. cbr. ru/eng/statistic/credit _ ststistics/print. asp? file=inter _ res _ 05 _ e. htm〉。

国时试图炫耀其实力，以及它在后苏联地区展示强硬的零和政策。那些没有与西方国家结盟，以及接受后苏联区域完整性的国家能够依靠俄罗斯的支持，而不管其政权的特性。但是那些亲西方或是离开俄罗斯阵营的国家却不能得到这样的支持了。那些“回归”俄罗斯阵营的国家则是受到了俄罗斯强大支持的诱惑，近期的阿塞拜疆和乌兹别克斯坦已经证明了这一点。对于那些不屈从的人来说，俄罗斯总统普京再次选择运用经济杠杆，其中包括价格操控和能源筹码（2005 年底和 2006 年初乌克兰遭遇的勒索方式）。〔140〕俄罗斯对摩尔多瓦和保加利亚也有同样的做法。这种战术的选择尤其反映出由于常规能力的下降，俄罗斯减少了其在邻国的军事存在，这可能暗示着一个历史性的不可逆转的变化。〔141〕

在国内安全议题上，潜伏在车臣的冲突危机是最为严重的。俄罗斯已经加强了对车臣地区的控制，但是冲突的横向升级已经威胁到北高加索。〔142〕然而，2005 年 10 月恐怖分子攻击纳尔奇克的 Kabardino—Balkaria，俄罗斯特种部队采取了适当的处理，不像 2004 年 9 月发生的别斯兰人质惨剧分裂了俄罗斯社会。从 2005 年底开始，仅仅由俄罗斯内政部的志愿部队驻留在车臣，使其从政治上更易于持续行动。〔143〕2005 年 11 月车臣议会选举已经证明了这种缓慢的非决定性的和解。但是可以肯定的是，当地民众对于这些冲突已经感到疲惫不堪了。

乌克兰和高加索

乌克兰新政权坚持其亲西方政治路线，但是 2005 年年初对它的

---

〔140〕《金融时报》记者，“俄罗斯同意向乌克兰提供天然气交易”，《金融时报》，2006 年 1 月 5 日，第 1 页；巴克利和沃纳，“莫斯科和基辅都能宣称‘胜利’”，《金融时报》，2006 年 1 月 5 日，第 4 页，巴克利和沃纳，“基辅动乱加深对天然气交易的怀疑”，《金融时报》，2006 年 1 月 12 日，第 3 页。

〔141〕穆欣（Mukhin），“外交政策中部队作为工具的影响”，“Nezavisimaya gazeta，Dipkur’er”，2005 年 10 月 10 日，第 2 页。

〔142〕参见本卷第 2 章。

〔143〕“2005 年底俄罗斯在车臣的驻军全部由志愿兵组成”，莫斯科军事新闻局（Agentstvo Voyennykh Novostey），2005 年 10 月 26 日，URL〈http://www.dlib.eastview.com/sources/article.jsp?id=8483147〉。

厚望却被更现实的评估打消了。融合到西方欧洲是一个远期计划，[144]乌克兰不能在毫不顾忌东方的情况下倾向西方社会——与俄罗斯和其他邻国进行合作这种实际需要没有改变。由于认识到加入欧盟的愿望不能立即实现，乌克兰打算发展与单个经济区域的关系，它假设后者不会变成超过一个贸易区。[145] 但是并非所有融入西方社会的举措都获得乌克兰国内绝大多数的支持：加盟北约仍然是一个意见分歧特别大的问题。

从表面上看，乌克兰通过与**格鲁吉亚**结盟，已经努力在该地区和其他方面扮演着积极的角色。两个"改革"国家的合作已经对复兴GUAM（格鲁吉亚、乌克兰、阿塞拜疆和摩尔多瓦）这些国家和解决德涅斯特河两岸问题作出了贡献。[146]

在2003年"玫瑰革命"两年后格鲁吉亚领导层取得的成就有好有坏。最令人印象深刻的结果出现在国内改革进程中，从打击腐败到基础设施发展，[147] 但是格鲁吉亚在"透明国际腐败认知指数"排名靠后，这可能预示格鲁吉亚自上而下努力的局限性。[148] 也有报告指出其国内民主政治原则遭破坏，大众媒体有倾向性，司法体系不健

---

[144] 乌克兰希望2008年可以做好加入北约的准备，但是北约却不是这样想。而乌克兰加入欧盟的希望还要等得更久。莫斯科军事新闻局（Agenstvo Voyennykh Novostey），"国防部长：乌克兰准备2008年加入北约"，URL〈http：//dlib. eastview. com/sources/article. jsp? id=8468767〉。

[145] Inter TV（基辅），"乌克兰安全高官表示可能与俄罗斯和欧盟进行合作"，BBC追踪基辅，2005年6月10日。为白俄罗斯、哈萨克斯坦、俄罗斯和乌克兰创建了一个"单一经济领域"的框架协议2003年9月在CIS峰会上被签署。其目标是加快这些国家之间的经济和政治融合。

[146] 波佩斯库，欧盟安全研究学会，"欧盟在摩尔多瓦：解决邻国之间的冲突"，不定期论文，第60期，2005年10月，URL〈http：//www. iss－eu. org/〉，特别是第26—28页。

[147] 出现在里昂纳多和格兰特并非完全没有偏见的报告中，"格鲁吉亚和欧盟：欧洲的睦邻政策能认知吗"，《欧盟改革政策简报》，2005年9月，URL〈http：//www. cer. org. uk/pdf/policybrief _ georgia _ sept05. pdf〉。

[148] 格鲁吉亚在透明国际组织2005年政府清廉指数排名第130位，这一报告对159个国家的表现给予衡量。URL〈http：//www. transparency. org〉。

全，精英成员滥用权力。[149] 另一个尚未解答的问题是新政权的成功多大程度上是靠自己，多大程度上是靠来自世界的关注、支持和资金投入。[150]

然而，格鲁吉亚新政权毫无疑问已经在领土完整问题上取得了一定成绩。2004 年格鲁吉亚解决了阿札尔问题，阿札尔是格鲁吉亚领土上三个分离主义实体之一。2005 年，格鲁吉亚中止协议，要求俄罗斯在 2008 年从格领土上撤军并关闭俄军事基地。[151] 格鲁吉亚重新开始努力解决南奥赛梯问题，并提出更大范围的自治，这令南奥赛梯和俄罗斯很难完全反对，[152] 而一项分阶段实施解决计划也已经呈现出来。[153] 这一问题的进一步发展将证明总统萨卡什维利重建格鲁吉亚领土完整的计划正在全面实施中，尽管有关阿布哈西亚的冲突仍在冲突中。

阿塞拜疆于 2005 年 11 月 6 日举行了议会选举。总统伊尔哈姆·阿利耶夫并不像其父亲、前总统盖达尔·阿利耶夫一样紧握大权，外界认为试图操控选举结果将导致出现格鲁吉亚和乌克兰类似的情况。然而，尽管欧安组织和欧洲理事会指出，阿塞拜疆议会选举“没有达到欧安组织和欧洲理事会有关民主选举标准和规定的要求”，[154] 但是选举后出现的结果却与格鲁吉亚和乌克兰不一样。阿塞拜疆当局对示威者进行了坚决镇压，反对活动缺乏组织，缺少一名有魅力的领袖领

---

[149] 有时很难判断是否在媒体上过度表现反映出总统的声望或是“玫瑰革命”胜利者的操控。比较“格鲁吉亚带领一个新的革命?”，自由欧洲电台/自由电台，《高加索报告》，第 8 卷，第 31 期（2005 年 9 月 10 日），URL〈http：//www. rferl. org/reports/caucasus－report/2005/09/31－100905. asp〉；里昂纳多和格兰特（同注释［147］）。

[150] 外界资金投入的作用参见里昂纳多和格兰特（同注释［147］）。

[151] 详情参见本卷第 15 章。

[152] “格鲁吉亚总统在南奥赛梯会议上提出自治议题。”格鲁吉亚电视一台，2005 年 7 月 10 日。

[153] 格鲁吉亚总理祖拉布·日瓦尼亚与 OSCE 常设理事会举行会议时发表演讲，2005 年 10 月 27 日。此次演讲被索科尔（SOCOR）归纳，“格鲁吉亚在南奥赛梯的行动计划：对国际社会的一次测试”，《欧亚每日追踪》，第 2 卷，第 219 批（2005 年 11 月 23 日），URL〈http：//www. jamestown. org/publications〉。

[154] 欧洲安全与合作组织，国际选举观察团，“2005 年 11 月 6 日阿塞拜疆共和国的议会选举：初步发现和结论声明”，URL〈http：//www. osce. org/odihr－elections/15649. html〉。

导，而外来的支持也是非常局限的（也许是由于阿塞拜疆的战略石油储备和新开通的巴库—杰伊汉石油管道的重要性）。[155] 俄罗斯也为阿利耶夫提供了有效的“选举前支持”，帮助他在选举前两周瓦解了一次可能的政变行动。[156] 尽管他的政权不能获得全部的控制权，但是可以看到的是，在其他地方适用的“颜色革命”在阿塞拜疆却不能奏效。

有迹象显示 2005 年已经冻结的纳戈尔诺—卡拉巴赫冲突可能在外部势力的鼓励下得到解决。[157] 这是一个非常重要的机会，因为阿塞拜疆政府已经决定将其经济优势转变为军事优势，[158] 这将有损长久的和平机会。

中亚

塔吉克斯坦境内的战争结束后，中亚一直免遭冲突袭扰的情况在 2005 年结束了。吉尔吉斯斯坦完成了一次政权更迭，而塔吉克斯坦安集延市发生游行示威，领导层对此的反应则拥有深远的影响。

2005 年 2 月**吉尔吉斯斯坦**议会选举“在几个重要领域不符合欧安组织规定和其他国际标准”。[159] 随后发生的示威活动导致总统阿卡耶夫的辞职。尽管受到裙带关系和腐败问题的影响，阿卡耶夫曾掌管吉尔吉斯斯坦这一中亚民主国家大权。2005 年 7 月总统选举导致吉尔吉斯斯坦革命“虎头蛇尾”般的结束，而对这一变化的评

---

[155] 苏坦诺娃，美联社，“官员们举行仪式庆祝里海到地中海石油管道开通”，2005 年 5 月 25 日，URL 〈http://www.armeniandiaspora.com/archive/30451.html〉。

[156] 曼德维尔，“俄罗斯希望将巴库的革命消灭在萌芽之中”，《费加罗报》，2005 年 11 月 14 日，第 4 页；“普京重新夺回阿塞拜疆的主动权”，《费加罗报》，2005 年 11 月 14 日，第 1 页。

[157] 国际危机组织，“纳戈尔诺—卡拉巴赫：一个和平计划”，《欧洲报告》第 167 期，2005 年 10 月 11 日，URL 〈http://www.crisisgroup.org/home/index.cfm? id=3740&1=1〉。

[158] 参见国际危机组织（同注释 [157]）。

[159] 民主制度和人权办公室，“吉尔吉斯斯坦共和国：议会选举，2005 年 2 月 27 日和 3 月 13 日”，OSCE/ODIHR 选举观察团最终报告，华沙，2005 年 5 月 20 日，URL 〈http://www.osce.org/odihr/〉，第 4 页。

估仍然是不确定的。[160] 美国已经说服吉尔吉斯斯坦新的领导层延长其对玛那兹空军基地的使用权，用于执行在阿富汗的军事行动——考虑到美国在乌兹别克斯坦计划受阻，这对于美国来说就更加重要了。[161]

乌兹别克斯坦的面积和地理位置决定其必是中亚地区的一个重要角色。5 月 12—13 日在安集延市，可能是由于安全部队反应过度，导致数百名当地示威者，也可能多达 1000 名示威者被枪击。[162] 当局试图指责伊斯兰极端武装分子，后来指称“西方社会政治圈中有人企图控制这一地区以获取物资，并服务于他们的战略利益”。[163] 而这些事情的后果就是，西方社会的公然触犯，将乌兹别克斯坦总统，至少是暂时推向俄罗斯的怀抱。[164] 在安集延事件发生后不久，一份有关外国军队在乌兹别克斯坦存在的极端批评评估报告被发表，[165] 三周后当局便要求美国腾空卡尔希—汗阿巴德空军基地并于 2005 年底从乌兹别克斯坦撤出军事部队。2005 年 11 月，乌兹别克斯坦通告“北约欧洲成员国不能使用其领空和领土执行有关阿富汗的维和行动”。[166] 然而，乌兹别克斯坦允许德国继续长时间使用其铁尔梅兹空

---

[160] 索科尔，“虎头蛇尾导致吉尔吉斯斯坦革命终结”，《欧亚每日追踪》，第 2 卷，第 162 期（2005 年 8 月 18 日）。

[161] 吉尔吉斯斯坦渴望利用升高的谈判地位，在美军使用玛那兹空军基地起降问题上获得更好的收益。在阿卡耶夫时代，美国为其飞机在该机场的一次起飞或是降落支付 7000 美元。美国驻比什凯克大使馆官员与作者的交流中透露，2005 年 1 月 12 日。

[162] 参见布兰科，“安集延事件后乌兹别克斯坦的未来”，《恐怖主义观察》，第 3 卷，第 11 期（2005 年 6 月 2 日），URL〈http：//www. jamestown. org/terrorism/news/uploads/ter _ 003 _ 011. pdf〉。

[163] 乌兹别克斯坦总统新闻办，“中亚的安全问题”，2005 年 10 月 22 日，URL〈http：//www. press－service. uz/en/gsection. scm? groupid＝5203&content〉。

[164] 乌兹别克斯坦总统新闻办，“总统对俄罗斯的访问”，2005 年 6 月 30 日，URL〈http：//www. press－service. uz/en/gsection. scm? groupid＝5203&content〉。

[165] 乌兹别克斯坦总统新闻办，“乌兹别克斯坦外交部关于外国部队在上海合作组织（SCO）国家驻军的声明”，2005 年 7 月 8 日，URL〈http：//www. press－service. uz/en/gsection. scm? groupid＝5203&contentid＝11060〉。

[166] 路透社警示网络，“乌兹别克斯坦禁止部分北约国家飞越其领空”，2005 年 11 月 4 日，URL〈http：//www. craigmurray. co. uk/archives/2005/11/uzbekistan _ to _ b. html〉。卡斯腾斯，“在欧洲的支持下：德国国防军还需要驻扎在乌兹别克斯坦‘很长一段时间’”，《法兰克福汇报》，2005 年 12 月 16 日，第 12 页。

军基地，并对其进一步拓展。这些事情不但表明俄罗斯支持专制统治者的策略——尤其是当其可有效挫败美国的战略时，而且也表明前苏联邻国之间不同的发展趋势正在不断扩大。在安集延事件后，尽管乌兹别克斯坦表示抗议，乌的难民仍逃入邻国吉尔吉斯斯坦，一些人在那里被疏散到罗马尼亚。

第八节　结　　论

2005 年，尽管在伊拉克问题上仍然存在分歧，但是跨大西洋关系进一步得到缓和。西方民主国家重新认识到它们共同分享的利益和共同目标。美国则与欧洲伙伴逐渐恢复关系正常化，并在政策上与其加强紧密合作。目前亲美国的“新欧洲”将怎样影响长远的跨大西洋及欧洲内部的平衡，仍有待观察。美国对欧洲国家和组织采用实用主义的做法，主要缘于在伊拉克和国内问题上遇到的具体障碍，而不是基于哲理上的重新评估。布什政府对单边使用武力的选择似乎没有改变，但是伊拉克的僵局限制其继续先发制人使用武力。因此现在美国的态势可以概括为自我克制的、协调的单边主义。

在欧洲—大西洋关系的机制方面，当主要角色——欧盟和北约之间的竞争正步入一个新的阶段，因为它们地理上和功能上的议程日益重叠。2005 年欧盟的危机对其来年雄心勃勃的安全议程的执行已经产生了无声的但非致命的影响。由于陷入了成员国不同看法和利益的争斗之中，北约对于未来仍然缺乏一个明确战略使命。两个组织均已失去了在今后若干年内扩员的势头。其他欧洲安全相关的组织则受到更多内部事务的困扰，而且其正当性也正在减小。

在前苏联地区，开始民主化的国家和坚持专制统治的国家之间的分水岭越来越显得明显和尖锐。这些不同政治进程的国际影响已经被来自改革国家和其他国家的人民党主义的宣传、扩音器外交和象征性示威而加深。因此产生的糟糕反应可能会使未决冲突的解决变得更加复杂化。中亚地区更易于受到不稳定因素的影响，结果可能导致政权的变更。由于涉及美国、俄罗斯和中国在该地区的利益，任何一个较大中亚国家的崩溃造成的战略影响是难以估计的。

（唐寅初　孟君 译）

附录 1A　西巴尔干国家地位

帕尔·多瑙伊

一、导言

自冷战结束以来，西巴尔干地区经历了巨变。[1] 多民族的南斯拉夫社会主义联邦共和国解体后发生的大规模骚乱现在已经结束，重新爆发骚乱的威胁也已经消失。然而，南斯拉夫巨变所造成的所有后果并未彻底解决。后南斯拉夫各共和国之间和共和国内部的战争结果、国际干涉的结果和其他内部紧张局势（主要是前南斯拉夫马其顿共和国）导致欧洲安全受到了不同程度的影响。科索沃和黑山（不同程度）的最终地位还不明朗。科索沃的问题是能否获得独立国家地位，而黑山关心的是能否在此框架内实现国家主权。同时，联合国、欧盟、北约以及欧洲安全与合作组织等国际机构仍留守在该地区，进行一些直接的行政管理和“建设和平”工作（包括经济和社会发展项目），[2] 这本身就说明该地区远未实现任何形式的正常化。

前南历史演变中存在某种规律，即每 5—6 年都会有重大事件发生。例如，随着冷战的结束，1989 年塞尔维亚总统斯洛博丹·米罗舍维奇取消了科索沃（和伏伊伏丁那）的自治地位。1991 年开始的

〔1〕“西巴尔干”一词是欧盟自 1999 年开始使用的，指东南欧地区的非欧盟成员、在入盟的时间方面没有得到承诺、但在恢复政治稳定后很可能入盟的国家。该地区由阿尔巴尼亚和四个前南斯拉夫的继承国组成，它们是波斯尼亚和黑塞哥维那、克罗地亚、前南斯拉夫马其顿共和国和塞尔维亚和黑山（包括作为塞尔维亚的一个省并处于国际托管状态的科索沃）。该地区不包括斯洛文尼亚，因其已加入欧盟（2004 年 5 月）和北大西洋公约组织（2004 年 3 月）。

〔2〕 有关该地区的和平行动参见本卷附录 3A。

解放战争于1995年结束，签署了《波斯尼亚和黑塞哥维那和平总框架协议》(代顿协议)，[3] 确保了波黑事实上的独立。1999—2001年，又发生了一系列悬而未决的问题。北约1999年3—6月的军事行动使塞尔维亚失去了对科索沃的控制权。2001年底前，后南斯拉夫历史上的三位主要领导人失去了政权：克罗地亚总统弗兰约·图季曼、波黑总统阿利亚·伊泽特贝戈维奇以及南联盟总统斯洛博丹·米罗舍维奇。这些事件全面改善了西巴尔干地区获得持久和平及最终全面融入欧洲机制的机遇。但2006年国际社会又面临着一系列重大的政策挑战和选择。[4]

图 1A.1　西巴尔干地图

〔3〕《波黑和平总框架协议》(代顿协议)，代顿，奥亥俄州，1995年12月14日，附件1B，地区稳定。URL〈http：//www. oscebih. org/overview/gfap/eng/〉。

〔4〕参见第1章。

除其他因素外，关于前南领土新地位的决定需要一个切实可行的经济基础。目前，除克罗地亚和斯洛文尼亚外，前南其他国家还谈不上经济发展。经济复苏还不足以弥补20世纪90年代的战争、动乱和压迫所造成的损失。高失业率、[5] 投资不足以及“灰色”和“黑色”经济导致社会问题长期存在。2003年塞尔维亚和黑山的人均国内生产总值约2240欧元，而科索沃的人均国内生产总值只有1000欧元。[6] 腐败水平仍然很高：按照2005年透明国际廉洁指数，波黑排在第88位，塞黑排在第97位。[7] 这样的经济形势无法提供一个良好的环境来消除昔日的仇怨。

2006年应该有助于帮助该地区仍有问题的三个领域规划未来。首先，自2006年初以来，（在联合国安理会的同意下[8]）举行了有关科索沃最终地位的谈判。第二，黑山将于2006年春季就是否保留塞黑联盟举行全民公决。[9] 第三，波黑2006年末的议会选举应该为波黑所选的发展方向，尤其是否有必要超越或修改《代顿协议》作为进一步发展的框架提供证据。虽然这三个事件仅仅是松散的相互关联，但把它们的结果组合到一起将有助于形成西巴尔干的未来。

---

〔5〕科索沃的数据更具有戏剧性：根据官方数据，失业率继续占全国总人口的50%，占25岁以下人口（占全国人口的一半）的70%。《华盛顿季刊》，第28卷，第4期（2005年秋），第29页。然而，对“灰色”和“黑色”区域的工作难以统计。

〔6〕有关塞黑的数据参见欧盟委员会“塞黑：2005年进展报告”，布鲁塞尔，2005年11月9日，SEC（2005）1428，［COM（2005）561 final］，URL〈http：//www. europa. eu. int/comm/enlargement/report_2005/index. htm#pcc〉，第60页。有关科索沃的数据参见欧洲共同体委员会“委员会通讯：科索沃的欧洲未来”，布鲁塞尔，2005年4月20日，［COM（2005）156 final］，URL〈http：//www. . eu. int/comm/enlargement/docs/pdf/COMM_PDF_COM_2005_0156_F_EN_ACTE. pdf〉，第4页。

〔7〕2005年透明国际廉洁指数包括了259个国家。巴勒斯坦未包括在内，它不符合半独立领土的标准。参见透明国际网址，URL〈http：//www. transparency. org/〉。

〔8〕联合国安理会，“安理会主席声明”，联合国文件S/PRST/2005/51，2005年10月24日。声明包括同意开启科索沃未来地位的谈判。有关背景情况参见联合国安理会“安理会主席声明为启动决定科索沃未来地位的政治进程提供了全面支持”，2005年10月24日，URL〈http：//un. org/News/Press/docs/2005/sc8533. doc. htm〉。

〔9〕国际危机小组，“黑山独立的动力”，欧洲报告第169号，2005年12月7日，URL〈http：//www. crisisgroup. org〉，第1页。

二、待定地位和国家身份问题

科索沃

1999 年 6 月北约结束军事行动后，联合国安理会通过了 1244 号决议。[10] 决议未涉及科索沃的最终地位，但包含如下主要内容：(1) 重新确认了南联盟及该地区其他国家的主权和领土完整；(2) 提到了科索沃签署而非贝尔格莱德签署的 1999 年《科索沃和平与自治临时协议》，也称《朗布依埃协议》；[11] (3) 声明国际存在具有确定科索沃未来地位的特别目的。[12] 有些分析家将该决议看作是建设性模糊的一个典型例子，[13] 但也可以看作是实用主义的产物，因为当时安理会成员国无法就科索沃地位问题达成一致意见。该决议提到南联盟领土完整的目的是再次向贝尔格莱德保证它没有因未与会而失去科索沃，同时向该地区其他国家暗示科索沃的变化并不意味着要重新进行较大规模的边界划界。虽然 1995 年的《代顿协议》并没有重新划分国际边界，但它获得了南联盟对波黑独立的承认并给予波黑实体法律上的承认——波黑边界是战争的产物。此外，1244 号决议意味着任何一个国家（如阿尔巴尼亚）都不应试图利用科索沃的开放地位来扩展其国土。同时，科索沃未来的开放地位保证了科索沃阿尔巴尼族社团不会再回到塞尔维亚的实际统治。

稳定相对于国家地位

自 1999 年以来，科索沃一直由联合国科索沃临时管理机构 (UNMIK) 管理，其安全由北约科索沃部队（KFOR）负责——除塞尔维亚人口居多的科索沃北部外，其他地区与贝尔格莱德都脱离了联系。那些制订 1999 年解决方案的人希望时间会产生重要的“治疗效

---

〔10〕 联合国安理会 1244 号决议，1999 年 6 月 10 日。

〔11〕 美国和平协会，和平协议电子集：《科索沃和平与自治临时协议》，朗布依埃，法国，1999 年 2 月 23 日，URL〈http://www.usip.org/library/pa/kosovo/kosovo_rambtoc.html〉。

〔12〕 联合国安理会 1244 号决议（同注释［10］），序言，第 11a. 点和第 11e. 点。

〔13〕 模糊表现在特别把南联盟领土完整与朗布依埃协议并列，暗示“独立并没有被取消”。J. 巴特，《塞尔维亚的问题》，Chaillot Paper 第 81 号（欧盟安全研究学会：巴黎，2005 年 8 月），URL〈http://www.iss-eu.org/〉，第 35 页。

应”。塞尔维亚人将习惯科索沃的实际脱离，而且科索沃的两个种族社团在新经济繁荣的帮助下可能会实现和解。

在此背景下，联合国制定了一项“在确定地位前达标”的政策。该政策建议在科索沃最终地位问题提到议事日程前，民主机构的运作、法制、行动自由、难民回归和重新融入社会、经济、财产权利、与贝尔格莱德对话以及科索沃保护部队（维护内部秩序）等诸多方面应取得了显著进展。然而，这种方法所依据的设想在一定程度上是站不住脚的，未能达到预期效果，而且在某些情况下由于地位问题的不明确而遇到阻力。例如，把塞尔维亚族和阿尔巴尼亚族分开可能对两个种族的和平相处起到了作用。然而，科索沃从塞尔维亚的实际分离并没有产生民族和解，相反却给合作和共存带来了负面影响，正如 2004 年 3 月爆发的暴力冲突和后来发生的一些不易觉察事件所显示的那样。经济萧条加上科索沃与塞尔维亚分离及关闭双方边境造成两个种族共存的环境日益恶化。同时，有关科索沃最终地位的模糊不清及未来自治程度的不确定等因素妨碍了当地法律框架的清晰性和可预测性。这种法律框架对任何持久的、大型的商业利益，尤其是外国直接投资都是一个十分必要的前提。这种不稳定也很难处理财产权问题；这是又一个阻碍经济发展，尤其是私有化的因素。然而，标准先于地位的政策并非完全一无是处。它迫使科索沃政治领导人努力尊重某些标准，同时联合国逐渐将一些责任转给他们，让他们管理科索沃事务。

联合国秘书长特使凯艾德大使 2005 年 10 月递交的一份期待已久的报告称，联合国政策的目标只实现了一部分。〔14〕塞尔维亚政府科索沃委员会更直截了当地发表了相同的观点，认为“在有关非阿尔巴尼族社团基本权利和创建一个多种族社会方面，科索沃省远未达到标准”。〔15〕面对这些现实，国际政策制定者们不得不考虑是否做出更大努力来全面遵守标准，或者放弃这种最终地位的概念。

---

〔14〕参见凯艾德，《科索沃形势总回顾》，联合国秘书长 2005 年 10 月 7 日写给安理会主席的信，联合国文件 S/2005/635，2005 年 10 月 7 日。

〔15〕“塞尔维亚政府科索沃委员会：科索沃省远未达到标准”，《每日新闻报道》第 3133 期（2005 年 8 月 1 日），第 1 页。

2005 年底，一种观点逐渐得到国际社会的认同：对标准优先于地位这一政策的刻板理解不会实现一个管理良好、自给自足和稳定的科索沃的预期目标。正如一位美国高官所称，“我们正逐步采取一种有效的‘标准伴随地位’的方法——意识到只有解决了地位问题，我们才能给科索沃带来标准进程所希望取得的建立先进的民主和市场经济体制所必需的稳定”。〔16〕西方政策的这种重新调整为达成协议铺平了道路——虽然只达到了部分标准，但科索沃未来地位谈判可以开始了。〔17〕

在这些谈判开始前的数月中，有关各方努力通过不同渠道陈述其观点来巩固他们谈判前的立场。塞尔维亚领导人〔18〕和科索沃的政治派别都将他们的注意力放在那些在有关最终地位的任何协议上都将有决定权的国家和机构上。同时，他们还一直相互传递信息，也向他们的选民传递信息。虽然传递给三方选民的信息有一些重叠的内容，但并不相同。贝尔格莱德和普里什蒂纳之间的联系以及他们和国内人民之间的联系可以归纳为发出一个信号——决不改变他们各自的原则立场：“不放弃塞尔维亚主权”和“独立”。向国际社会发出的信息经过更加仔细地斟酌。除了公开阐明立场外，各方都寻求某种程度的灵活性以便弥合在会谈中的分歧。例如，各方目前规定其国内能够“接受”的方式：贝尔格莱德认为塞尔维亚不能接受的任何决议可能会使其人民更加激进，或许会破坏国家的稳定。然而，实际上越来越多的

---

〔16〕 美国国务院，R. N. 伯恩斯，负责政治事务的副国务卿，《代顿协议后的十年：赢取巴尔干地区和平》，在伍德罗·威尔逊中心的讲话，华盛顿特区，2005 年 5 月 19 日。URL〈http：//www. state. gov/p/us/rm/2005/46548. htm〉。欧盟也支持“地位和标准”。参见《欧盟共同外交与安全政策高级代表索拉纳与欧盟扩大事务专员奥利·瑞恩有关未来欧盟在科索沃的作用和贡献的联合报告摘要》，提供给记者的消息，S412/05，布鲁塞尔，2005 年 12 月 9 日。URL〈http：//www. ue. eu. int/ueDocs/cms _ Data/docs/pressdata/EN/reports/87565. pdf〉，第 1 页。

〔17〕 协商已经在各方及接触小组成员国的首都（法国、德国、意大利、俄罗斯、英国、美国和欧盟）展开。这种“穿梭外交”之后，将起草一份协议，然后最早于 2006 年春与塞尔维亚和科索沃阿尔巴尼亚族的谈判小组进行讨论。正式谈判被推迟了，以便双方不公开陈述其立场，这样就可以“绑住他们自己的手”。参见 T. Judah 的《科索沃的真相时刻》，《生存》，第 47 卷，第 4 期（2005—2006 年冬），第 79 页。

〔18〕 黑山共和国的领导人宣称对科索沃谈判和结果不感兴趣。由于要举行有关塞尔维亚和黑山未来关系的全民公决，这是可以理解的。

塞族人并不强烈反对科索沃独立，虽然独立后的科索沃如何对待占少数的塞族人是更加敏感的问题。因此，现在已公开讨论何时及在何种条件下塞尔维亚政权能承认“失去科索沃”。但是，没有一个塞尔维亚政客愿意将其名字与失去科索沃联系在一起。许多分析家得出了相同的结论：“如果接触小组推动独立，塞族人可能退出谈判，这将不得不决定是否强制解决。这样一种局面或许更适合塞族总理，他将可以宣称他已竭尽全力进行斗争，没有屈服。”[19] 同时，科索沃反驳说剥夺其自治权利（独立的国家地位）可能会面临科索沃秩序失控的危险。

从理论上看，塞尔维亚和科索沃间存在不可逾越的鸿沟。塞族方面特别认为安理会1244号决议基于领土完整：由于科索沃从未获得独立国家地位，唯一的答案就是要恢复南斯拉夫继承国（塞黑）的主权。[20] 这一立场为科索沃提供了某种比自治权更独特的解决方案。科索沃阿族政治家认为这种解决方案是不能接受的，因为他们认为鉴于科索沃阿族人在塞族人手里受尽了苦，从道义上讲科索沃有权要求独立。对于他们而言，1974年的南斯拉夫宪法曾经授予科索沃的自治权不是解决方案：科索沃“受贝尔格莱德统治时间太久了”，就像“解放后的伊拉克和阿富汗被压迫人民的境况一样”。[21] 实际上，科索沃阿族人要求民族自决，也就是要求独立国家的权利。科索沃阿族政治家甚至不愿讨论包括在塞尔维亚国内下放权力在内的解决方案，担心科索沃因此可能失去完全独立的机会。

国际社会，尤其是法国、德国、意大利、俄罗斯、英国、美国和欧盟等接触小组成员国已经考虑了多种方案。有一些方案已经被排除了：(1) 科索沃重回塞尔维亚控制之下；(2) 允许科索沃与阿尔巴尼

---

〔19〕 S. Wagstyl，“争取稳定：为什么科索沃可能掌握巴尔干‘未来’的钥匙”，《金融时报》，2006年2月20日，第11页。

〔20〕 这就是为何在科索沃内部有势力认为应该首先行使自治权（获得独立国家地位），只有这样才能与贝尔格莱德开展双边谈判。Judah（同注释［17］），第81—82页。

〔21〕 H. 塔齐，“我的人民应该获得独立”，《国际先驱论坛报》，2005年11月26—27日，第4页。

亚结盟；(3) 拆分科索沃。[22] 很显然科索沃重回塞尔维亚控制之下既不可行也不可取。最终与阿尔巴尼亚结盟，走向大阿尔巴尼亚，将会给该地区带来很大影响而不会为多数接受。允许科索沃与阿族人居住的任何邻国（如马其顿部分地区和南塞尔维亚）结合的方案也被否决了。除来自内部的反对外，拆分科索沃可能会带来危险的多米诺骨牌效应，导致西巴尔干地区其他国家重新划定边界。上述三种方案表明所有国际上接受的方案都假定科索沃领土的完整。

明确界定科索沃不应该有什么样的最终地位，那么，剩下的问题就是还有哪些方案没有想到。目前，独立的国家地位及达不到该地位的一种独特的地位仍然都是有可能的。负责任的官员已经否认“国际社会已经制订了一个解决方案，就等着执行了。根本没有这回事。而且，一个漫长而又充满希望的建设性谈判过程结束后才会出台一个解决方案”。[23] 考虑到当事双方立场的迥异，现在开始的谈判进程不可能是和平的和富有建设性的。在一年内结束谈判的目标似乎有些异想天开。[24]

少数民族权利问题

确定科索沃的最终地位应该有利于西巴尔干的稳定，但这需要对一个大范围内的问题进行调整。如果拆分科索沃的方案真的被否掉，那么尊重少数民族的权利会变成一个中心问题。无论科索沃成为理论上的还是事实上的主权实体，这可能是在有关未来地位谈判中必须解决的主要问题。然而，这两种情况的法律框架将会完全不同。如果科索沃获得独立的国家地位，它将有保证少数民族权利的国家义务；而

---

〔22〕 N. A. 拉姆森，丹麦国际事务研究所（DIIS），“科索沃独立——法律对事实”，丹麦国际事务研究所 2005 年报告：2005 年 10 月 14 日，URL〈http：//www.diis.dk/sw15761.asp〉，第 13 页。其他文章还加了第（4）条：立即给科索沃完全主权。参见 Pond（同注释［5］），第 23 页。

〔23〕 塞黑外交部的《每日调查》引用了刊登在《Dnevnik 日报》（诺维萨德）上的一篇采访德国驻塞黑大使安德列亚斯·佐贝尔的文章，贝尔格莱德，2005 年 4 月 15 日，URL〈http：//www.mfa.gov.yu/Bilteni/Engleski/b250405_e.html#N16〉。

〔24〕 有多种估计，通常认为需要进行 6—12 个月的谈判。一些分析家预言谈判甚至还要拖延。参见《每日新闻报道》，第 3215 期（2005 年 11 月 23 日），第 1 页。贝尔格莱德和普里什蒂纳间的第一轮谈判开始于 2006 年 2 月 20 日。参见“科索沃谈判‘礼貌’启动，但立场不和谐”，《每日新闻报道》，第 3277 期（2006 年 2 月 21 日），第 1 页。

假如它得到的是低于独立国家的地位，它就没有这样的义务——在塞尔维亚看来这是一种反常的形势。无论结果如何，国际社会设想着要在科索沃继续保留某种形式的国际存在，承担保护少数民族权力的特别责任。

关于科索沃民族的组成没有可靠的数据，[25] 但可以肯定的是已经逐步发生变化。根据1981年的人口普查，不足80%的科索沃人口是阿族人，现在已接近90%。据估计，2003年有7%的人口是塞族人。[26] 专家估计目前科索沃塞族人口数量约7万人，占科索沃总人口的3.5%。

自1999年以来，科索沃有关尊重少数民族权利，尤其是塞尔维亚少数民族权利的记录一直是不均衡的。可以说"除了国际社会官僚机构的评估外，多种族的科索沃是不存在的"。[27] 在未来的谈判中，预期科索沃当局可能做出尊重人权，包括尊重少数民族权利的承诺。但是这种承诺是否真诚、可行就是另外一个问题了。在目前情况下，国际组织继续留在科索沃并行使强制权力似乎是保证少数民族权利的唯一途径。[28] 但问题是在这方面（或许也在确定地位方面）继续接受国际社会的存在对改善科索沃当局的行为无济于事。另一方面，塞尔维亚所建议的分权方案也行不通。而且也无法看出贝尔格莱德如何保护塞尔维亚少数民族。目前，塞族方面坚持"塞族在科索沃的自治必须在科索沃政治自治框架内得到保证"。[29]

塞尔维亚少数民族的权利之谜可以被另一因素所简化：交互作用。不仅在科索沃有塞尔维亚少数民族，在塞尔维亚南部的普雷舍沃地区也有阿尔巴尼亚少数民族。如果科索沃获得独立，拥有加强少数

---

〔25〕部分由于这一原因，科索沃阿族人抵制了1991年的人口普查。下一次人口普查计划在2006年进行。

〔26〕欧洲少数民族问题中心，"统计"，URL〈http：//www. ecmi. de/emap/download/KosovoStatisticsFinalOne. pdf〉。

〔27〕巴尔干国际委员会，"巴尔干在欧洲的未来"（自由战略中心：索非亚，2005年），URL〈http：//www. balkan－commission. org〉，第14页。

〔28〕有建议认为应该在科索沃建立一个类似于在波黑建立的由阿什顿勋爵领导的代表欧盟和联合国的临时国际中央集权机构。

〔29〕"塞尔维亚议会通过有关科索沃谈判的决议"，《每日新闻报道》，第3214期（2005年11月22日），第1页。

民族权利的责任，对在科境内的塞尔维亚少数民族任何可能的虐待都将造成塞尔维亚当局对其境内的阿尔巴尼亚少数民族进行虐待。这形成了相互关联的局面，有可能给地区形势带来动荡。

“回归欧洲”的吸引

有关地位谈判的进程及后来的任何调整阶段〔30〕将为外部势力提供一个机会来观察科索沃当局如何“变得成熟”并承担其未来责任。未来科索沃的当权者必须使国际社会相信其所获得的最终地位不会变成一个传播动乱、培育跨国威胁的软弱实体。同时，应该注意到这些谈判不是传统意义上的双边谈判。联合国任命的协调员、芬兰前总统马蒂·安蒂萨里主要负责使双方达成妥协，而许多其他实力强大的外部参与者则提供实际的内容。这种“胡萝卜加大棒”的策略可能会有助于塞尔维亚和科索沃的社会福祉和经济繁荣，但多数人认为其最大的作用就是为两个实体开辟了加入欧盟和北约的道路。然而，必须注意到《欧盟宪法条约》未能实施及欧盟2007—2013 年预算使任何欧盟有关未来成员资格的承诺变得不如以前可信。〔31〕实际上，获得成员资格之路主要通过加入北约的和平伙伴（PFP）及取得超越目前所选择的《稳定和联合协议》〔32〕的某种欧盟地位的前景。如果接触小组成员国愿意在塞尔维亚和科索沃间取得和解，他们（及他们在其中发挥重要作用的一些国际组织）必须做出一些牺牲。〔33〕

---

〔30〕 与类似的情况一样，一直有“试探气球”来试探各方的反应。斯洛文尼亚总统亚内兹·德尔诺夫舍克提出一个计划，建议国际社会将所有的特权在 18 个月内交给科索沃当局，在这个期间可以举行普选和总统大选。如果国际社会确定基本的民主准则得到尊重，科索沃将在 5 年内得到国际认可。塞黑外交部，《每日调查》，贝尔格莱德，URL〈http://www.mfa.gov.yu/Bilteni/Engleski/b211005_e.html〉。塞尔维亚当局对此项“默认科索沃独立计划”反应强烈并取消了斯洛文尼亚总统对贝尔格莱德的访问。

〔31〕 参见 Q. 皮尔，“修订宪法或者放弃扩张”，《金融时报》，2006 年 1 月 19 日，第 13 页。还有一些像意大利外长那样的人继续辩论说，“胡萝卜是欧盟成员资格”。参见 G. 芬尼，“科索沃和巴尔干：胡萝卜是欧盟成员资格”，《国际先驱论坛报》，2006 年 1 月 17 日，第 7 页。

〔32〕 C. 比尔特，“欧洲在巴尔干成功的第三次机会或许也是最后一次”，《欧洲世界》，2005 年春，URL〈http://www.europesworld.org〉，第 112 页。

〔33〕 当欧洲人民表露出明显的“扩大疲劳症”时，进一步具体化任何一个实体的入盟前景对欧盟政府来说都是一个痛苦的选择。参见第 1 章第 4 节。

在这种形势下，国际组织有两种手段可供选择：结交和制约。欧盟更多地是依靠第一种手段，同时做科索沃和塞黑双方的工作；北约采取“制约”的方式来处理与塞黑的关系，主要坚持与前南国际刑事法庭（ICTC）全面合作。北约的政策能否在不危及塞尔维亚适应科索沃完全最终地位希望的情况下维持下去尚须拭目以待。欧盟在其公布的政策及实施过程中都显露出对西巴尔干所承担的重大义务。2003年6月的欧盟—西巴尔干峰会达到极致，宣布“巴尔干的未来在欧盟”。[34] 众所周知，欧盟无论在政治上，例如2006年召开了欧盟—西巴尔干峰会，[35] 还是提供资源支持其在本地区的目标方面都加大了力度。然而，在《欧盟宪法》未能付诸实施的持续影响下，欧盟能否对上述目标表现出足够的决心尚待观察。

相反，如果需要对西巴尔干采取除保障成员国地位之外的政策，欧盟将必须进行高度创新以便有机会以能承受的“代价”保证其长期影响。虽然欧盟在反复斟酌各种方案，有关成员国地位的官方政策依然未变，欧盟接受克罗地亚入盟谈判的启动、前南马其顿共和国入盟候选地位的进展以及与波黑和塞黑有关《稳定和联合协议》谈判的启动都是很好的例证。尤其重要的是，边境更加开放，包容多于排斥。原则上，对科索沃和整个西巴尔干而言，如果由于人员接触、教育和劳力流动而减少民族分离，国家分裂可能会逐渐弥合。没有这些最基层的变化，外部对科索沃发展日益增加的承诺可能不会带来走出当前困境所需要的科索沃人民和政治组织态度的变化。这种深层次转变的需要加上已经提到的匆忙解放的科索沃可能会成为“欧洲的哥伦比亚…一种厄尔·多拉多有组织犯罪”的担心，[36] 增强了在获得完全国家地位前需要计划一个仔细管理的过渡阶段的逻辑。在此期间，科索沃应该得到帮助，发展履行基本国家职能的一些机构，包括公共安

---

〔34〕“欧盟—巴尔干峰会宣言”，10229/03（Presse 163），Thessaloniki，2003年6月21日，URL〈http://www.mfa.gr/english/foreign_policy/eu/EU－WBalkans_en.pdf〉，第2页。

〔35〕巴尔干国际委员会（同注释〔27〕），第36页。根据委员会的报告，峰会应该提供“巴尔干审计”，以便对欧盟对西巴尔干承担的义务有一个清楚的认识。

〔36〕国际危机小组，“科索沃：通向最终地位”，欧洲报告第161号，2005年1月24日，URL〈http://www.crisisgroup.org〉，第8页。

全、司法和社会服务等。虽然一些必要的步骤已经进行了一段时间，但一个关于最终地位的协议将提供决定性的推动力和清晰的最终目标。可能很容易得出这样一个结论：当考虑采取任何进一步的行动时，把重点放在“未来地位”要好于放在“最终地位”，但必须要把后者牢记在心。不仅直接利益攸关者在密切关注此问题的发展，那些有与冲突相关的类似问题的国家也在密切关注，国家地位的出现可能会提供一种解决方案。引用阿塞拜疆外交部长在 2005 年 12 月的讲话，“预期明年将是解决科索沃冲突进程中最关键的一年。阿塞拜疆共和国的立场坚定而明确：这一进程应该完全遵照联合国 1244 号决议，以赫尔辛基最终方案为基础来进行，无论结果如何，都不能成为任何先例”。[37]

黑山

黑山是前南斯拉夫最后一个仍然与塞尔维亚正式结合在一起的共和国，然而他们的基础是不稳定的。根据 2003 年欧盟协助谈判形成的塞黑国家联盟宪章：“在 3 年到期时，成员国有权启动改变国家地位、或者脱离塞黑联盟的程序……脱离塞黑联盟的决定……必须要经过全民公决。”每个共和国都有权进行此类全民公决。[38] 根据该宪章，塞黑联盟的两个宪法实体在其他方面也是平等的，虽然一些相关的条款被完全违背。[39]

与科索沃未来地位问题不同，黑山问题直到 2005 年后期才凸显出来。在米罗舍维奇时代，黑山定期得到主要来自于美国的鼓励，把寻求独立作为削弱贝尔格莱德地位及分散其领导人对黑山其他要求注意力的手段。然而，自 2000 年秋贝尔格莱德革命爆发以来，全世界的立场愈加模糊。复杂性包括如下事实：自前南分裂以来，在西巴尔干种族特点一直是国家地位的基础，然而很难认为存在一个单独的黑

---

〔37〕 欧洲安全与合作组织（OSCE），“阿塞拜疆共和国外长埃尔马·马马蒂亚洛夫博士阁下在欧安组织部长理事会第 13 次会议上的讲话”。欧安组织文件 MC. DEL/18/05，2005 年 12 月 5 日，第 2 页。

〔38〕 塞黑国家联盟宪章，2003 年 2 月 1 日颁布，第 60 条。英文与塞文版见网址 URL 〈http：//www. mfa. gov. yu/Facts/const _ scg. pdf〉。

〔39〕 根据塞黑联盟宪章第 35 条，“外长和国防部长（在贝尔格莱德）的候选人应该出自不同的成员国”。但这条规定从未付诸现实。

山民族。[40] 其次，黑山一直因打击跨国犯罪不力而受到谴责，而且也看不到在这方面有所改善的希望。这可能是欧盟在黑山独立问题上迟疑不决的一个主要原因。最后，对有70万人口的黑山的经济能力也有很多疑虑。

黑山将于2006年5月12日就独立问题举行全民公决。[41] 黑山最大的反对党反对全民公决，[42] 而且公决的结果是难以预料的。塞黑国家联盟事实上的解体及两个法律实体事实上的独立，是否必须彼此在法律上相互承认尚不清楚（这必然遗留诸如海关联盟和其他经济联系之类的实际问题）。然而，黑山总理已经“宣布如果黑山大多数公民不支持独立的话，他将退出政坛”。[43]

如果遵守任何全民公决至少必须超过51%票数的规则（虽然一些分析家主张更高的比例），赞成独立的票数不一定是决定性的。黑山政府反对这种方法，因为民调显示要取得这样的多数是极为困难的。即使公决赞成独立，如果得不到黑山宪法所规定的议会2/3的票数，它依然无法获得批准。[44]

与此有关的国际参与者发出了不同的信号。欧盟成员国和美国强调他们将支持“黑山人民在民主的全民公决中做出的任何决定”。然而，他们还强调“如果黑山和塞尔维亚继续结盟，两者都将会发展得更好”。[45] 根据英国驻塞黑大使，“欧盟官员的总体评价是如果塞黑继续结盟，他们将更快、更有把握成为欧盟成员国”。[46] 塞尔维亚与前南国际刑事法庭的有限合作使欧盟与塞黑间的合作退缩不前，黑山

---

〔40〕参见国际危机小组（同注释［9］），第12—14页。

〔41〕“黑山全民公决5月21日举行，地方选举秋季举行。”《每日新闻报道》，第3283期（2006年3月1日），第1页。

〔42〕“欧盟部长委员会敦促不要在黑山采取单方面行动”，《每日新闻报道》，第3235期（2005年12月21日），第1页。

〔43〕塞黑外交部，“黑山—2006年春季全民公决，”《每日调查》，贝尔格莱德，2005年4月15日，URL〈http://www.mfa.gov.yu/Bilteni/Engleski/b250405_e.html#N16〉。

〔44〕国际危机小组（同注释［9］），第13页。

〔45〕塞黑外交部（同注释［43］）引用美国驻塞黑大使麦克·波尔特的讲话。

〔46〕参见“高万：科索沃分治可能是个错误”，《每日新闻报道》，第3245期（2006年1月26日），第2页。然而，欧盟成员资格的何种时间框架能促使科索沃政治家和选民按照外部期望的那样来行事还有待探讨。

对此无能为力。因此，黑山可能会得出结论，独立可能会加快其获得欧盟成员资格的进程。

塞黑最终分裂的安全意义是双重的。它可能加深塞族人的看法，认为他们的国家受到不公正的惩罚。这可能造成一些负面的政治反应，尤其是如果有关科索沃最终地位谈判没有达成令人满意的妥协。尽管目前塞黑联盟在应对跨国威胁尤其是有组织犯罪和腐败方面不能令人满意，但更进一步的担心是一个独立的黑山未必能够胜任这项工作。总的来说，犯罪组织间的合作似乎比西巴尔干国家间的合作更为有效。

波黑

与科索沃和黑山相反，1995 年的《代顿协议》重新确定了波黑的国家地位，但附加了允许其宪法实体拥有重要自治权的条款。在协议签署后的十年间，波黑中央政府采取了一些措施巩固其地位。其中包括一些象征性措施，如汽车号牌的标准化；也包括一些重大措施，如统一情报机构和武装部队。〔47〕

另一方面，国际上普遍认为《代顿协议》及其后续的宪法安排“凝固了分裂”，难以再取得进展。特别是美国外交政策机构似乎一致认为波斯尼亚更应该向国家统一发展。这就要求波黑境内的塞族实体——塞族共和国“彻底承认是国家的一部分”。〔48〕“波斯尼亚领导人和人民需要中止自战争结束以来一直存在的最后的政治和种族分裂……宪法改革的时候到了……由三人主席团改为一人主席、一个强势的总理和更加有效的议会。”〔49〕从对西巴尔干更广泛的意义来看，美国的立场是直截了当和可以理解的。欧盟一直比较低调

〔47〕 有关西巴尔干国家这方面和安全方面的其他挑战参见 M. 卡帕里尼，“西巴尔干安全部门改革”，《SIPRI 年鉴 2004：军控、裁军和国际安全》，（牛津大学出版社：牛津，2004 年），第 251—282 页。

〔48〕 B. 诺尔顿，引用理查德·希尔布鲁克，“波什尼亚克人达成修改宪章的协议：领导人同意施压成立更强大的民族政府”，《国际先驱论坛报》，2005 年 11 月 23 日，第 8 页。

〔49〕 美国国务院，R. N. 伯恩斯，“10 年后的波斯尼亚：成功与挑战”，在美国和平学院的讲话，华盛顿特区，2005 年 11 月 21 日，URL〈http：//www.state.gov/p/us/rm/2005/57189.htm〉。

而且表示没有任何宪法改革的计划，同意各方达成的协议。[50] 联合国特使安蒂萨里在回答重新划分波黑边界以有利于塞尔维亚这一特别问题时说："这个问题的答案很简单：不遵守游戏规则的人应该忘掉其自己的目标。"[51]

为进行新一轮的变革，许多不同的目标被讨论过。其中，为了塞黑人民的利益而改善塞黑的稳定，减少对外部势力的依赖（阿什顿勋爵作为联合国和欧盟在波黑的高级代表所拥有的非凡的权力一直是受到质疑的焦点）。中央政府机构统一的步伐与担心塞尔维亚在损害波黑利益的情况下（如通过改变塞族共和国的现有地位）寻求补偿其在科索沃和黑山即将面临的"损失"联系在一起。"塞族共和国仍然是塞族的堡垒，联盟中央机构不起作用"的看法也提醒人们这些担心，即使他们并不突出。[52] 那些致力于阻止进一步走向分治的人也关心尊重包括少数民族权利在内的人权问题。这些最后的问题以及正式加入欧盟和北约的潜在影响使人联想到有关科索沃问题的讨论，最主要的区别在于《代顿协议》"确立"了波黑的国家地位，而且自 20 世纪 90 年代中期以来，波黑已经存在统一的国家地位的某些因素。这不仅为波黑建国提供了实质基础，而且意味着国际社会更愿意保持（或者更准确地说积极巩固）现状。如前所述，当前的难题是，国际直接援助和"本土化"政策的结合及有关执行《代顿协议》条款的忠实性和灵活性的结合，这其中究竟哪种结合能最有希望给未来的波黑带来稳定和自给自足。

前南斯拉夫马其顿共和国

目前科索沃地位变化对前南斯拉夫马其顿共和国的影响已经鲜有提及，虽然马其顿国内的阿尔巴尼亚族还与此有些关联。有一种

〔50〕 联合国，"秘书长雷恩的讲话——由建设和平走向建设国家"，日内瓦，2005 年 10 月 20 日，URL〈http://europa－eu－un.org/articles/en/article_5172_en.htm〉。

〔51〕 就科索沃未来地位采访马蒂·安蒂萨里，"Es Wird Keine Teilung geben"（不会有分裂），Der Spiegel，2006 年 2 月 20 日，第 114 页（作者的译文）。URL〈http://www.mfa.gov.yu/Bilteni/Engleski/b250405_e.html#N16〉。

〔52〕 E. P. 约瑟夫，"回归巴尔干"，《外交事务》，第 84 卷，第 1 期（2005 年 1—2 月），第 121 页。

假定认为，2001 年的《奥赫里德和平框架协议》[53] 实现了完全政治和解，使之不必通过公开讨论分治来处理国家事务。这种乐观有些令人惊讶，因为近期的民意测验发现，76%参与测验的马其顿人“非常同意”认为在他们国内“仍会发生武装冲突”的观点。[54] 公开宣言与非公开场合表达的关切之间的不同是显而易见的。虽然对《框架协议》的执行情况有一些明显不满，[55] 似乎“民主稳定”还是起了作用。当马其顿国内政治家轻描淡写地提出担心马其顿国内最终会出现种族分裂时，他们希望三种并存的因素能够帮助避免发生这种情况：(1) 马其顿人民不愿使用武力改变现状；(2)《框架协议》的顺利实施；(3) 马其顿加入欧盟的进展。[56]

有趣的是，欧盟给予前南马其顿共和国候选国地位，同时还提升了其承诺协助发展马其顿在警务领域，包括边防警察、公共秩序和责任，打击腐败和有组织犯罪等方面的国家能力。欧盟警察顾问团 (EUPAT) 最初任期为 6 个月，2005 年 12 月中旬开始工作。[57]

三、结论

目前西巴尔干地区正加紧最终解决有关国家地位和资格的几个迫切问题。这些重大问题间的相互关联使他们能够同时得到解决，虽然这是一件很困难的事。很显然，没有这些努力，一定会出现不能给有

〔53〕 参见民主倡议联盟，《框架协议》，2001 年 8 月 13 日，URL〈http: //www. adi. org. mk/frameworkagreement. html〉，以及卡帕里尼（同注释［47］），第 270、272、281 页。

〔54〕 根据西巴尔干一项比较调查，2005 年 4 月公布，本地区其他国家和实体的人民认为武装冲突的可能性很小。巴尔干国际委员会（同注释［27］），第 46 页。

〔55〕 国际危机小组关于警察和司法改革重大缺陷的特别报告。国际危机小组，“马其顿：摇摇晃晃走向欧洲”，《欧洲简报》第 41 期，2006 年 1 月 12 日，URL〈http: // www. crisisgroup. org〉。

〔56〕 如欧盟委员会所做结论，“欧盟委员会决定给予前南马其顿共和国欧盟候选成员国地位”。欧盟委员会，“主席总结”，布鲁塞尔欧盟委员会，2005 年 12 月 15—16 日，URL〈http: //ue. eu. int/ueDocs/cms _ Data/docs/pressData/en/ec/87642. pdf〉，第 24 点。

〔57〕 欧盟委员会，“委员会在前南马其顿共和国组建了欧盟警察顾问团”，14912/05 (Presse 313)，布鲁塞尔，2005 年 11 月 24 日，URL〈http: //ue. eu. int/ueDocs/cms _ Data/docs/pressdata/en/misc/87118. pdf〉。

关方面带来目前迫切需要的繁荣和统一的国家地位的僵局。受即将发生变化的影响，每个实体都有自己的困境，而且任何一种选择都不是完全正确和没有风险的。这些变化可能导致该地区各种势力的重新组合。前面所提到的四种挑战——科索沃地位、黑山全民公决、波黑议会选举和前南马其顿共和国的稳定——都与塞尔维亚的作用和地位有某种联系。这尤其是因为，如果波黑在其现有领土上巩固其国家地位，如果黑山选择独立而且科索沃也获得独立，塞尔维亚将在西巴尔干变成一个规模和作用都比以前小得多的角色。自 20 世纪 90 年代初以来，塞尔维亚的影响严重缩水，现在的问题是它能否接受这个现实并学会以另外的方式来行使其影响。另外，从长远考虑，如果阿族人口居住的地区，如科索沃和前南马其顿共和国的一部分与阿尔巴尼亚结盟，西巴尔干可能会出现两极格局，阿尔巴尼亚和塞尔维亚将相互争夺地区霸权。两国中期无法取得欧盟成员资格的前景可能不利于西巴尔干的稳定。

接触小组成员国和欧洲大西洋一些主要机构十分清楚这些问题相互间错综复杂的关系。美国似乎是最努力推动重新安排西巴尔干谜团和减轻可能产生的负面影响的外来势力。其近期有关黑山和波黑的政策就是明显例证。然而，矛盾的是在该地区长期发挥主要作用、为将这些国家带进欧洲主流而埋单的是欧盟（或者北约）而不是美国。

目前，政治现实为科索沃将要获得的最终地位提供了相当清晰的计划。科索沃取得国家地位的可能进展将延续战后巴尔干国家形成的程序，主要以种族组成为基础。实际情况更加复杂。尚不清楚的是，如何管理和执行科索沃向国家地位的转变，塞尔维亚的默许是否算数，在此进程中欧盟、北约及其成员国如何使塞尔维亚和科索沃实体相安无事。然而当务之急是避免在过渡阶段出现不稳定，欧洲的较长期安全将更多地依赖于在该地区成功建立正常运转的国家（和经济）。

（周坚 译）

第二章 重大武装冲突

卡罗琳·霍尔姆奎斯特*

第一节 导言：冲突的变化

自从本研究所于 1969 年出版第一版《SIPRI 年鉴》以来，对武装冲突的分析已成为本年鉴的一个长久保留的特色。即便粗略地浏览一下过去 40 年的冲突，就会发现不论是冲突的动态还是冲突的概念都发生了很大变化。很明显，地缘政治的架构有了发展，并且由于冲突中非国家行为体的表现比国家行为体更加突出，人们试图对国际法则和准则加以调整。〔1〕

尽管冷战期间国际体系的两极结构有时被人描绘成苏联与美国之间的“持久和平”，但它在国际上明显具有非和平的影响力，正如安哥拉、朝鲜和越南的冲突所证明的那样。〔2〕 意识形态与强权政治的动机的汇合在 20 世纪 60 年代冲突的第二主题——民族自决——中得到了共鸣。〔3〕 在非洲、亚洲和拉丁美洲的解放战争常常以代理人冲

---

* 斯德哥尔摩国际和平研究所（SIPRI）的实习生莎拉·林伯格（Sara Lindberg）和松冈春子（Haruko Matsuoka）协助本作者写作本章内容。

〔1〕 为供全面分析过去 40 年来不断变化的国际安全政治动态，请参阅本年鉴的引言部分。

〔2〕 加迪斯（J. L. Gaddis）所著，“持久和平：对冷战历史的调查”（纽约州，纽约，牛津大学出版社，1987 年出版）。

〔3〕 在这一方面，联合国大会通过的关于准予殖民地国家和人民独立的宣言是一个意义重大的里程碑。见 1960 年 12 月 14 日联合国大会决议第 1541 号。该决议和联合国大会其他决议可查阅 URL 〈http：//www. un. org/documents/resga. htm〉。

突的形式出现，其后面总是有某一个超级大国力图扩展和巩固其势力范围。当冷战结束而使人们对于在没有超级大国对峙的情况下会出现和平解决冲突的新的可能性抱有一定的乐观情绪时，独特的、新的冲突主题又出现了。〔4〕

在 20 世纪 90 年代，人们把更多的注意力投向新兴的“民族”冲突（例如在原苏联加盟共和国、巴尔干地区和卢旺达的那些冲突）以及那些体现政府软弱无能和争夺对自然资源控制权为特征的冲突上。〔5〕虽然国家地位问题仍是人们关注的中心，那些“民族”战争和资源战争却似乎把重点从民族自决转到了“良好”或公正的治理问题上。〔6〕尽管如此，国际上从两极到多极的过渡并没有实现人们在后冷战时代初期所抱有的用国际合作来处理暴力冲突的期望。围绕 1991 年第一次海湾战争所形成的广泛的国际共识，在 1994 年面临卢旺达的种族灭绝大屠杀时却可悲地未能转化成集体行动。到 1999 年对科索沃进行干预时，联合国安理会内的僵局导致北约在未经联合国批准的情况下进行了干预。〔7〕

---

〔4〕伊格纳蒂耶夫（M. Ignatieff）所著，“斗士们的荣誉：民族战争与现代道德心”（纽约州，纽约，大都会图书社 1997 年出版。）人类安全报告争辩说，过去 15 年中，冲突发生的次数已经减少了。英属哥伦比亚大学人类安全中心编写：“人类安全报告 2005 年：21 世纪的战争与和平”（纽约州，纽约，牛津大学出版社 2005 年出版），请查阅 URL 〈http://www.humansecurityreport.info/〉，第 68—70 页。

〔5〕请参阅，例如，鲍文（J. R. Bowen）撰写的“全球民族冲突的神话”《民主》杂志第 7 卷第 4 期（1996 年 10 月）；布朗（M. E. Brown）撰写的“民族冲突的原因和含义”，见吉伯瑙（M. Guibernau）和雷克斯（J. Rex）编纂的民族特点读本（政体出版社 1997 年出版，剑桥）第 80—100 页；以及坎贝尔（D. Campbell）撰写的“种族隔离地图绘制学：波斯尼亚的认同、领土和共处”，刊登在考纳豪斯情况简报第 22 期（2001 年 1 月），请查阅 URL〈http://www.thecornerhouse.org.uk/item.shtml? x＝51981〉。关于“资源战争”，请参阅伯德尔（M. Berdal）与马隆（D. Malone）合编的“内战中的经济工作事项”（科罗拉多州波尔多市林奈·赖因纳社 2000 年出版）；和巴伦廷（K. Ballentine）、舍曼（J. Sherman）合撰的“武装冲突的政治经济学：超出贪婪与苦情”（林奈·赖因纳社 2003 年出版）。

〔6〕有些冲突似乎完全回避了国家地位的概念，然而值得注意的是最近一些冲突带有宗教目的的特征。关于怀有宗教动机的暴力行动请参阅附录 2C。

〔7〕对于有关“人道主义的”军事干预行动的辩论，请参阅，例如，惠勒（N. Wheeler）所著：“不必用陌生人了：国际社会中的人道主义干预”（牛津市，牛津大学出版社 2000 年出版）；以及钱德勒（D. Chandler）所著：“从科索沃到喀布尔：人权和国际干预”（伦敦，冥王星出版社 2002 年出版）。

有关使用武力的国际准则也发生了重大变化。四十年前，按照当时的国际准则和战争法规——尤为重要的是国际人道主义法和人权法，还很难认定非国家行为体负有责任。1977 年对 1949 年日内瓦公约增补了第二议定书，代表了敢于正视国际法条款中固有的国家偏见而作出的最重要的尝试，对武装的非国家行为体加以过去只对国家规定的有关战争行为的同等法律责任——这就改变了非国家行为体在国际法中法定的属性和地位。〔8〕只是到了上世纪 80 年代和 90 年代，一些主张尊重人权的主要组织如大赦国际和人权观察才修改它们对于侵害人权的定义并包括非国家行为体所犯的暴行。〔9〕虽然对人权架构的拓展是一项很大的成就，但国际社会要使武装的非国家行为体对违反国际人道主义法负起责任这一点来说其能力还很有限。〔10〕

20 世纪 90 年代后期关于出现“新战争”的讨论同对于“新安全威胁”的分析恰好吻合——那些威胁和风险在性质上是属于非国家或超国家以及非军事性的。〔11〕实际上，全球关于安全的谈论已经从传统意义上的地缘政治转到了对规范的关切（随着人权文化的传播和人的安全议程的扩展）和对职能的关切上。然而，“新的”职能性的威胁，诸如国际恐怖主义、有组织的犯罪、国家治理失败、走私贩卖人口和非法物资、环境危害、疾病以及非法移民等，

〔8〕对 1949 年 8 月 12 日订立的日内瓦公约的补充议定书以及关于保护非国际性武装冲突的受害者（第二议定书）于 1977 年 12 月 12 日开放供各国签署，并于 1978 年 12 月 7 日起生效；其内容全文请查阅 URL〈http：//www.unhchr.ch/html/menu3/b/94.htm〉，而关于第二议定书的签署国请见本年鉴的附件 A。

〔9〕过去，有人的论点是，因为国家要对其领土上维护人权的行为负责，所以按照定义解释，国家就是唯一的侵害人权者。为供进一步讨论，请参阅，例如曼考斯（K. Menkhaus）的发言稿：“军阀和地主：索马里的非政府行为者和人道主义准则”，2003 年 11 月 13—15 日在加拿大温哥华市召开的关于“制止非政府武装集团侵犯人权行动”会议（武装集团项目）上的发言。见 URL〈http：//www.armedgroups.Org/〉。

〔10〕斯里拉姆（C. L. Sriram）的发言稿：“使非政府武装集团负起责任：把国内机制用于国际犯罪”，在同上会议的发言（同注释〔9〕）；以及霍尔姆奎斯特（C. Holmqvist）撰写：“在后冲突背景下与非政府武装人员打交道”，见日内瓦武装力量民主控制中心的布莱登（A. Bryden）与汉纪（H. Hänggi）合编的《后冲突和平建设中的安全治理》（汉堡，Lit 出版社 2005 年出版）。

〔11〕请参阅，例如考尔多（M. Kaldor）所著，“新旧战争：全球时代的有组织的暴力”（剑桥，政体出版社 1999 年出版）；以及杜菲尔德（M. Duffield）所著，“全球治理与新战争：发展与安全的结合”（翟德图书社 2001 年出版，伦敦）。

是无法干净利落地同冲突分割开的；而双方的辩论则把经常有着跨国背景的非政府行为体的作用摆到了最突出的地位。[12]“人类安全报告2005年”使得关于在冲突中传统地关注国家行为的恰当性的讨论注入了新的活力：除了衡量在一国政府同一个或多个反对派之间的冲突中与战斗有关的死亡人数外，它还记载了“非政府性冲突”还是“单方面的暴力”等类型，从而突出了非国家行为体行动的日益增长的重要性。[13]事实是，人们发现在2002年和2003年内非政府性冲突——即在两个有组织的集团之间涉及使用武力的冲突中哪一方也不是一国的政府——在数量上超过了政府方面卷入的冲突次数。这一事实表明，国际社会需要找到更有效的办法来对付非政府行为体。[14]

本章的第二节讨论两场冲突，它们经历过（或反映了）过去几十年来全球的变化：在以色列（巴勒斯坦）的冲突和在印度（克什米尔）的冲突。第三节则着重探讨冲突中的非国家行为体，并就与这些非国家行为体在现代冲突中越来越大的作用有关的三个主题加以阐述。[15]它包括几个挑选出来的在2005年内比较重要的冲突的概要情况，这些冲突说明了今天冲突中涉及非国家行为体的一些主要方

---

〔12〕请参阅，例如，“在更美好世界中的安全的欧洲：欧洲安全战略”，欧洲理事会，布鲁塞尔，2003年12月12日，见URL〈http：//www. iss—eu. org/solana/solanae. pdf〉；“一个更安全的世界：我们的共同责任”，联合国关于威胁、挑战和变化的高级别小组的报告，联合国文件A/59/565（2004年12月4日）和A/59/565/Corr. 1（2004年12月6日）。见URL〈http：//www. un. org/ga/59/documentation/list5. html〉；以及“享有更大自由：朝着发展、安全和人人享有各种人权的目标”，联合国秘书长的报告，联合国文件A/59/2005（2005年3月21日）、A/59/2005/Add. 1（2005年5月23日）、A/59/2005/Add. 2（2005年5月23日）和A/59/2005/Add. 3（2005年5月26日）。见URL〈http：//www. un. org/largerfreedom/〉。

〔13〕英属哥伦比亚大学，人类安全中心（同注释［4］）第一、二、五部分。

〔14〕英属哥伦比亚大学，人类安全中心（同注释［4］）第63页。

〔15〕斯德哥尔摩国际和平研究所2004年和2005年的年鉴中关于冲突的篇章着重讲国内冲突——剖析这类冲突的持久性、常导致国际化的类型以及现代国内冲突的特性等。德旺（R. Dwan）与古斯塔夫松（M. Gustavsson）合撰“重大武装冲突”，《斯德哥尔摩国际和平研究所2004年年鉴：军备、裁军与国际安全》（牛津大学出版社2004年出版，牛津）第97—113页；以及德旺（R. Dwan）和霍尔姆奎斯特（C. Holmqvist）合撰“重大武装冲突”，《斯德哥尔摩国际和平研究所2005年年鉴：军备、裁军与国际安全》（牛津大学出版社2005年出版，牛津）第83—110页。

面。[16] 第四节完全着眼于伊拉克，那里的局势也许最清楚地反映了涉及非国家行为体策动的高层次暴力行动的冲突的复杂性。第五节总结了冲突管理中的一些教训。附录 2A 提供了乌普萨拉冲突数据项目的调研成果，附录 2B 则提供了乌普萨拉冲突数据项目的数据资料的定义、来源和统计方法。附录 2C 概述了目前对伊斯兰暴力和恐怖事件的讨论情况。

第二节　持久的冲突

过去 40 年来，冲突的一些重要特征仍保持不变，尽管所涉及的行为体的性质和印象中的规范化架构都发生了深刻的变化。今天许多冲突的发生地点与 20 世纪 60 年代的冲突地区是同样的：例如，刚果民主共和国、印度（克什米尔）、以色列（巴勒斯坦）和哥伦比亚。2005 年 9 月在北爱尔兰突然发生的独立派的暴乱以及在西班牙迄今未解决的巴斯克分离主义问题也提醒了人们关于低强度冲突的持续性。[17] 特别是在印度（克什米尔）和以色列（巴勒斯坦）的冲突，表明了冲突观念发生的变化——从非殖民地化和超级大国的控制到目前的全力应对国际恐怖主义——是如何影响国际上对某些冲突的态度和参与程度的，或者没有变化。尽管反叛集团在两种冲突（争夺有争议的领土和争夺主权国家地位）中的最终目标是有连续性的，两种情况也都说明了由于当代非国家行为体行动的特殊性而使冲突轨迹发生变化。

以色列—巴勒斯坦

在以色列政府、巴勒斯坦权力机构和巴勒斯坦一些组织之间的冲突醒目地成为世界上最难处理的冲突之一。这场冲突溯源于 1948—

〔16〕 必须说明，这是一个选择：这里所讨论的主题有所重叠，而同一个冲突可能说明几个不同的主题。同样，一个以上的冲突可能适合说明同一个主题。

〔17〕 “独立派暴乱在城区爆发”，BBC 新闻在线 2005 年 9 月 16 日，见 URL 〈http://news.bbc.co.uk/1/4249760.stm〉。

1949年的战争，目前阶段的冲突则始于2000年9月奥斯陆和平进程的瓦解和巴勒斯坦第二次起义。[18] 2005年1月9日马哈茂德·阿巴斯（又称阿布·马真），一位被美国看好的温和派人士当选为巴勒斯坦权力机构主席，这使人们对于和平进程重新注入活力抱有更大希望。[19] 同年2月8日，以色列与巴勒斯坦领导人在埃及的沙姆沙伊赫举行了四年来的第一次高层会议。而且，尽管双方领导人突然停止使用“停火”一词，两位领导人的相互协调的声明还是使人们看到了暂时停战的前景。[20]

阿巴斯主席在控制巴勒斯坦激进分子方面所面临的挑战被2月25日发生在特拉维夫一家夜总会门外的自杀式爆炸更加凸显出来了。在西岸和叙利亚人马士革的伊斯兰圣战组织的官员们随后声称对该爆炸负责。[21] 巴勒斯坦权力机构在爆炸事件后拘捕了若干人。[22] 7月12日在滨海城市内坦亚又发生一次自杀式炸弹袭击，也是伊斯兰圣战组织声称干的，杀死了三个人并导致了以色列军队在相对平静了4个月之后再次封锁了西岸和加沙地带。[23] 以色列不断用武力对付巴勒斯坦平民的事例继续在这被占

---

〔18〕 奥斯陆和平协议是在1993年9月13日由阿拉法特代表巴勒斯坦解放组织、西蒙·佩雷斯代表以色列政府在华盛顿签署的。

〔19〕 “巴勒斯坦的选举：从马戏场到走钢丝”，《经济学家》杂志2005年1月8日第39—40页。

〔20〕 埃兰德（S. Erlander）撰写，“极力主张新路线，沙龙和阿巴斯宣布停战”，《纽约时报》2005年2月9日第1版。

〔21〕 “激进分子承认特拉维夫爆炸事件”，BBC新闻在线2005年2月26日，见URL〈http：//news. bbc. co. uk/1/4301249. stm〉。阿克萨烈士旅，一个分裂出来的民兵组织，要对多次袭击负责，其次数几乎同哈马斯发动的袭击一样多。据以色列情报机构称，将近4/5的阿克萨烈士旅的袭击是由真主党策动的。参阅“巴勒斯坦的选举：从马戏场到走钢丝”，《经济学家》杂志，2005年1月8日第39—40页。

〔22〕 拉巴鲍特（A. Rapaport）撰写，“巴勒斯坦人实施真的拘捕了”，特拉维夫《Ma’ariv报》2005年3月3日，译自希伯莱语，世界新闻通联，国家技术信息服务局，美国商务部。

〔23〕 迈耶（G. Myre）和埃兰格（S. Erlanger）合撰，“以色列封锁西岸和加沙以压制暴力行动”，《纽约时报》2005年7月14日；以及“炸弹袭击以色列滨海城市”，BBC新闻在线2005年7月12日，见URL〈http：//news. bbc. co. uk/2/4676257. stm〉。

领土上引起不安。[24]

人们对由英国首相布莱尔于 3 月 1 日在伦敦组织召开的由四方（俄罗斯、美国、欧盟和联合国）代表、阿巴斯主席和一些其他国家和组织参加的高级官员会议寄予了巨大希望。尽管与会者作出了承诺要支持巴勒斯坦在治理、安全和经济发展等领域加强能力建设的计划，会议还是未能对和平进程带来实实在在的影响，因为以色列没有参加会议。美国后来作出保证，在 2005 年内向巴勒斯坦权力机构提供 5000 万美元的直接援助。[25]

遵照以色列总理沙龙的脱离接触计划，以色列从加沙的占领领土上撤出的行动于 7 月份在以色列强硬派定居者的普遍抗议声中正式开始。[26] 在 2005 年 8 月 15 日，主要的通道口都加以封锁，对残留的定居者实施强制撤离。数千名巴勒斯坦权力机构的保安人员在以色列人撤离时部署在当地以防止激进分子的攻击。此外，在西岸的两个定居点，撤离工作遭到来自以色列境内和国外激进的犹太复国主义者的激烈反抗，因而需要派出约 1 万名以军士兵去那里进行清理。[27] 10 月中旬，暴力行动再次发生：阿克萨烈士旅声称对西岸北部小镇古什·埃齐昂郊外杀死了 3 名以色列人一事负责，而以

---

〔24〕 莫里斯（H. Morris）撰写，“在美国峰会之前，中东暴力事件突然爆发”，《金融时报》2005 年 4 月 10 日；中东新闻社 2005 年 5 月 5 日，“埃及：部长谴责以色列用实弹对付巴勒斯坦人”，世界新闻通联，国家技术信息服务局，美国商务部；以及“五名巴勒斯坦人在亚塔被以色列炮火所伤，扎希里耶受到猛烈攻击”，巴勒斯坦拉马拉之声 2005 年 5 月 8 日，译自阿拉伯语，世界新闻通联，国家技术信息服务局，美国商务部。

〔25〕 伦敦会议的与会者就支持巴勒斯坦权力机构在安全方面拟进行的具体努力达成一致，包括加强国家安全委员会，任命一位国家警察头头。英国对外和联邦事务办公室，“伦敦会议以支持巴勒斯坦权力机构而结束”，2005 年 3 月 1 日，见 URL〈http: //www. fco. gov. uk/〉；以及“布什保证向巴勒斯坦权力机构提供 5 千万美元”，美国 CNN 新闻 2005 年 5 月 26 日，见 URL〈http: //www. cnn. com/2005/WORLD/meast/05/26/abbas. bush/index. html〉。

〔26〕“以色列内阁同意脱离接触计划”，BBC 新闻在线 2005 年 2 月 20 日，见 URL〈http://news. bbc. co. uk/1/4281039. stm〉。

〔27〕 戴维（S. Devi）撰写，“以色列开始了从加沙撤离的进程”，《金融时报》2005 年 8 月 14 日；以及普勒士尼克（R. Plushnick）撰写，“以军与极端分子在西岸发生对抗”，《纽约时报》2005 年 8 月 23 日。

色列军队则在加沙地带发动导弹攻击，打死了 8 名巴勒斯坦人。[28] 真主党对以色列北部和戈兰高地的袭击导致了以色列与真主党战斗人员之间在黎巴嫩边境发生多次冲突。这些事件，连同 11 月底对黎巴嫩的空袭，表明了以巴冲突造成了连续不断的地区性甚至全球的影响。[29]

到了年底，巴勒斯坦争取国家地位的前景出现了更多的积极迹象。11 月 25 日在加沙地带与埃及交界的拉法正式成立了由巴勒斯坦方面控制的边境通道口，这被认为是有巨大象征意义的：自从 1967 年“六天战争”以来，以色列一直控制着加沙地带，而且众所周知要进出加沙的边界线是很难的。[30] 尽管如此，全面解决冲突的前景（按照 2003 年的“和平路线图”，[31] 设想全面解决冲突要到 2005 年完成）在年底来看仍显得很遥远。阿巴斯主席坚持了他的前任阿拉法特所提出的和平的最低条件：以色列从西岸和加沙地带的所有地点撤走；东耶路撒冷定为巴勒斯坦国首都；通过谈判达成巴勒斯坦难民返回家园的权利。[32] 12 月，哈马斯在地方选举中获胜，导致以色列对预定 2006 年 1 月举行的巴勒斯坦议会选举的忧虑。[33] 当沙龙脱离利库德党并随后遭到严重的健康问题时，人们就开始对以色列未来的政

---

〔28〕“3 名以色列人在西岸被杀”，BBC 新闻在线 2005 年 10 月 16 日，见 URL 〈http://news. bbc. co. uk/1/4347518. stm〉；以及“在对加沙的空袭中 8 人丧身”，BBC 新闻在线 2005 年 10 月 28 日，见 URL 〈http://News. bbc. co. uk/1/4383556. stm〉。

〔29〕法塔（H. M. Fattah）撰写“以军同真主党在边界附近再次爆发冲突”，《纽约时报》2005 年 11 月 23 日。

〔30〕韦斯曼（S. R. Weisman）撰写，“对赖斯而言，冲入中东风暴的一次冒险行动”，《纽约时报》2005 年 11 月 16 日；以及迈耶（G. Myre）撰写，“巴勒斯坦人控制了加沙一个边境通道口”，《纽约时报》2005 年 11 月 26 日。关于欧盟在年底向拉法派出监控团一事，请参阅本年鉴附录 3A。

〔31〕欲了解由四方作中介达成的路线图的细节，请参阅联合国秘书长 5 月 7 日致安理会主席的信的附件，“针对以色列—巴勒斯坦冲突制订的以履行情况为基础的走向建立两个国家的永久解决办法的路线图”，见联合国文件 S/2003/529，2003 年 5 月 7 日。

〔32〕阿瑟（M. Asser）撰写，“解析：中东透出的几丝光线”，BBC 新闻在线 2005 年 1 月 14 日，见 URL 〈http://news. bbc. co. uk/1/4161769. stm〉。6 月 21 日阿巴斯主席与沙龙总理举行了第二次峰会，但未取得实质性进展。“你又停滞不前了”，《经济学家》杂志 2005 年 6 月 25 日，第 47 页。

〔33〕“哈马斯赢得了西岸的选举”，BBC 新闻在线 2005 年 12 月 16 日，见 URL 〈http://news. bbc. co. uk/1/4534224. stm〉。

治组合进行了猜测。虽然到 2005 年岁末时传统的政治领导问题仍然是冲突的首要问题，但以巴冲突也显示了一些持久的冲突也能呈现出新的特征和新的模式，而且往往与非政府行为体的活动有关。

印度—巴基斯坦

自从 1947 年以来，印、巴两国政府都争着要控制克什米尔领土。一条实际控制线把克什米尔分成两大块，分别由印度和巴基斯坦管理，还有一块较小的地区则处于中国的统治下。[34] 后来，印巴这两个核武器强国之间的抗衡由于在克什米尔的领土动乱而更复杂化了，据估计冲突造成了约 4.5 万人丧生。[35] 在 2004 年初开始进行的综合对话在 2005 年继续为实际改善印巴关系提供了机会，尽管在 1 月份由于相互指责违反了实际控制线协议而使紧张关系一度加剧。[36] 年内采取了一些建立信任措施，例如在巴控和印控克什米尔地区之间开通了公共汽车线路。[37] 而且，两国政府还承诺增加贸易和对过往边境的人给予方便，并且在安全合作方面也达成了协议。[38] 10 月 8 日发生在克什米尔的毁灭性地

---

〔34〕 从 1947 年以来，印巴两国为争夺克什米尔而发生了三次武装冲突：1947—1949 年，1965 年和 1999 年。最近，在 1999 年 5 月巴基斯坦的激进组织转移到克什米尔，就发生了所谓的“卡吉尔战争”。

〔35〕 “克什米尔的叛乱与和平谈判合拍”，路透社 2005 年 8 月 30 日，见 URL 〈http://www.jammu－kashmir.com/archives/archives2005/kashmir20050830c.html〉。

〔36〕 坎普（D. Kemp）撰写，“巴基斯坦指责印度违反克什米尔停火协议”，法新社（香港）2005 年 1 月 24 日，世界新闻通联，国家信息技术服务局，美国商务部。印巴之间在 2004 年的冲突没有记载与战斗有关的死亡情况。为供简要讨论 2004 年的和平进程情况，请参阅德旺（Dwan）与霍尔姆奎斯特（Holmqvist）（同注释第［15］条）合撰的章节第 84 页。

〔37〕 鲁斯（E. Luce）撰写“对于在克什米尔地区开通公共汽车旅行路线事，突破的希望很高”，《金融时报》2005 年 2 月 15 日；以及鲁斯撰写的“当伊斯兰堡开始看到同新德里的和平带来了效益时，希望的迹象就出现了”，《金融时报》2005 年 2 月 23 日。

〔38〕 约翰森（J. Johnson）撰写，“印度和巴基斯坦同意采取措施创造一条‘软边界’”，《金融时报》2005 年 4 月 17 日；库马尔（H. Kumar）撰写，“印度和巴基斯坦同意减少冲突的风险”，《纽约时报》2005 年 8 月 9 日；以及“南亚的对手们签订了安全协议”，BBC 新闻在线 2005 年 10 月 3 日，见 URL〈http://news.bbc.co.uk/1/4302144.stm〉。

震及其所造成的人道主义灾难——在克什米尔地区有7.4万余人死亡，300万人无家可归——促使双方作出抚慰性的姿态。然而，只是在地震过去一个月之后，实际控制线才开放，允许救援机构过境。[39] 印度在2005年内继续指控巴基斯坦支持克什米尔的极端主义组织，而且关于伊斯兰堡支持（极端分子）越过实际控制线的渗透行动的说法往往伴随着印度军队对克什米尔激进组织成员的报复行动。[40] 2005年国家间关系的发展仅仅提供了关于克什米尔局势发展不完整的情景。该地区出现了一些新的武装组织，并且据说克什米尔极端主义组织与国际伊斯兰教网络有联系，加上其强调的重点已由世俗的民族主义转向伊斯兰教义目标，这些都证明了叛乱活动的流动性。[41] 这样，1999年在克什米尔首先信奉圣战主张的泰巴（Lashkar-e-Toiba）组织已正式地不再存在了，但人们认为它已分裂成若干个具有同样信仰的较小的组织，其中一个“英吉拉比”（the Inqilabi）就声称对10月29日发生在新德里的重大炸弹袭击案负责，在该次袭击中炸死59人，炸伤210人。[42] 当年年初，在印度的查谟与克什米尔邦首次

〔39〕汗（A. A. Khan）撰写，“分析：开放克什米尔”，BBC新闻在线2005年10月19日，见URL〈http：//news. bbc. co. uk/1/4357006. stm〉；“克什米尔的余震和事后思考”，《经济学家》杂志2005年10月22日第61页；以及华生（P. Watson）与格莱昂纳（J. M. Glionna）合撰，“熟悉的沮丧气氛取代了对开放的克什米尔边境的希望”，《洛杉矶时报》2005年11月8日第5版。

〔40〕例如，“印军在克什米尔边境线打死四名叛乱的渗透者”，法新社2005年1月7日。如欲详细调查巴基斯坦政府与各种各样克什米尔组织之间的复杂关系，请参阅汗（A. U. Khan）撰写，“恐怖主义威胁与巴基斯坦的政策反应”，斯德哥尔摩国际和平研究所政策论文第11期（斯德哥尔摩国际和平研究所2005年9月出版，斯德哥尔摩），见URL〈http：//www. sipri. org〉。

〔41〕过去处于叛乱活动前锋地位的、主张独立的“查谟—克什米尔解放阵线”现已被认为不那么活跃了，而更多的怀有宗教动机的组织——如“拯救克什米尔运动”、“真主游击队”、“Farzandan-e-Milat”、和“al－Badr”——则逐渐占领了舞台的中心。“克什米尔的叛乱者到底是谁?”BBC新闻在线2005年4月6日，见URL〈http：//news. bbc. co. uk/1/4416771. stm〉。并请参阅对外关系理事会问答网站“克什米尔好战的极端主义者”，见URL〈http：//cfrterrorism. org/groups/harakat. html〉。

〔42〕“德里炸弹案的调查取得进展”，BBC新闻在线2005年10月30日，见URL〈http：//news. bbc. co. uk/1/4390464. stm〉；以及“概况：泰巴组织”，BBC新闻在线2005年10月31日，见URL〈http：//news. bbc. co. uk/2/3181925. stm〉。

举行了地方选举，但由于分裂主义者号召抵制选举以及暴力行动的发生使投票率很低，在 2 月 24 日激进分子还冲击了斯利那加市的政府办公楼。〔43〕在夏季的几个月内，暴力活动有所增加。〔44〕尽管统一圣战理事会——克什米尔分裂主义者的一个保护伞组织，在秋季宣布了停火，但并没有导致分裂主义者永远放弃反叛的暴力行动。〔45〕

第三节 冲突中的非国家行为体

近几年冲突中的非国家行为体受到了广泛的关注，也凸显了种种挑战，包括甚至如何对这些人下定义，如何准确地辨认他们，更不要说如何对付他们。同时，要对“国家行为体”给予一个恰当的定义也就越来越困难了，特别是因为在对待武装冲突中广泛使用了私人企业去实施传统上与政府相关的职能。〔46〕然而，从广义来说，“武装的非国家行为体”也可以说包括叛乱的反对派组织和其他一些不受政府管制的组织（民兵、军阀、治安维持会等等），它们使用武力出于不同目的，并常常“跟着”国家的

〔43〕“在印度克什米尔邦投票前夕，穆斯林叛乱分子手榴弹袭击中 26 人受伤”，法新社 2005 年 1 月 27 日，世界新闻通联、国家信息技术服务局、美国商务部；瓦尼（I. Wani）撰写，“在反叛活动困扰的克什米尔地区，选民们冒着威胁去参加投票”，法新社 2005 年 2 月 5 日，世界新闻通联，国家信息技术服务局，美国商务部；以及“在克什米尔，印军开枪打死 4 名伊斯兰叛乱分子”，法新社 2005 年 2 月 26 日，世界新闻通联，国家信息技术服务局，美国商务部。

〔44〕森古普塔（S. Sengupta）撰写，“印度与巴基斯坦的热情在减退”，《国际先驱论坛报》2005 年 7 月 29 日。

〔45〕“克什米尔的一名部长遭袭身亡”，BBC 新闻在线 2005 年 10 月 18 日，见 URL〈http：//news. bbc. co. uk/1/4351950. stm〉。

〔46〕欲求详细描述，请参阅霍尔姆奎斯特（C. Holmqvist）撰写“私人安全公司：有待管理的问题”，斯德哥尔摩国际和平研究所政策论文第 9 期（斯德哥尔摩国际和平研究所 2005 年 1 月出版，斯德哥尔摩），见 URL〈http：//www. sipri. org. 〉。

同等做法而干的。[47] 该定义并不把“恐怖主义组织”看成与其他武装的非国家行为体必然有区别：历史上武装组织也一直使用了恐怖主义策略。[48] 下文将集中讨论“冲突中的武装的非国家行为体”的过程中所出现的三个主题：（1）非国家行为体经常出现的不规范行为或流动性及其对冲突控制和冲突解决所构成的挑战；（2）国家行为体在面临非国家行为体的反抗行动时，他们要想否定“冲突”的发生（传统的理解是在不共戴天的双方之间的激烈对抗[49]）能有多大机会；（3）考虑到武装的非国家行为体始终会经常出现、经常活动，因而人为地区分“冲突”、“后冲突”和“和平”等阶段有无意义。

非国家行为体的多变性

一些武装的非政府组织，就其组织性与凝聚力的程度而言，是各不相同的。它们容易分裂成不同的派别，在新领导下重新改组，或者

---

〔47〕这里所用的定义引自戴维·彼特拉沙克（David Petrasak）的定义：“凡是武装起来并用武力达到目的而且不受政府管制的组织”。参阅彼特拉沙克（D. Petrasak）撰写“目的与手段：与武装组织打交道的人权方法”（日内瓦，国际人权政策理事会，2000 年 9 月）。伦敦国际战略研究所对“非政府行为体”的定义是“一个有组织的、武装起来的、具有明确政治目标并且独立于政府之外采取行动的反对派组织……该定义包括了诸多不同说法的组织如游击队、民兵部队、准军事组织或自卫组织等”。伦敦国际战略研究所《军事力量对比 2005/2006 年》第 421 页（伦敦，路特立奇出版社，2005 年出版）。此外，对于文献中所使用的术语也有相当的争论：“非正规的武装力量”——见戴维斯（D. E. Davis）和佩雷拉（A. W. Pereira）合编的《非正规的武装力量及其在国家形成中的作用》（剑桥大学出版社 2003 年出版，剑桥）；“武装组织”——巴布鲁·鲍立策（Pablo Policzer）与戴维·卡佩（David Capie）的《武装组织计划》，见 URL〈http：//www. armedgroups. org〉；以及“作为非政府行为体的武装组织”—布鲁德兰（C. Bruederlein）所著《非政府行为体在创建人类安全中的作用：国内战争中武装组织的情况》（日内瓦，人类安全网络 2000 年出版），见 URL〈http：//www. humansecuritynetwork. org/docs/report－may2000－2－e. php〉。

〔48〕欲了解更多内容，请参阅鲍立策（P. Policzer）所撰“既非恐怖分子，亦非自由斗十”，在 2005 年 3 月 3—5 日在夏威夷檀香山召开的国际研究协会大会上提供的书面发言，见 URL〈http：//www. armedgroups. org/content/view/20/43/〉；以及附录 2C。

〔49〕关于 UCDP 所使用的定义和方法，请参阅附录 2B。

作为更松散的实体重新露面，并等待国际同伙的支持。[50] 一些不规范武装组织的出现可能导致暴力行动走入歧途，从而把居民既当靶子又当罪人。把平民武装起来的情况曾在几个地方出现过：例如，在哥伦比亚，农民军受到了中央政府的训练与武装。在尼日利亚，“巴卡西本地人”曾定期地受到政府当局的赞助，而且尽管他们有滥用人权的记录，他们甚至被授予正式的地位，称为阿南布拉州维持治安服务队。[51] 那些带有不规范的非国家行为体特色的冲突就特别容易抹杀战斗人员与非战斗人员的区别。

人口统计的做法（包括全国的和地区的）对武装的非国家行为体组成的流动性提供了部分解释。尤其是大量的失业人口和生活无着的青年为武装组织提供了招募的人群，正如西非的科特迪瓦、利比里亚和塞拉利昂所显示的情景那样。[52] 在乌干达，遭劫持的儿童被迫执行圣灵抵抗军所进行的叛乱活动中的大部分工作。[53] 同样，被剥夺公民权的难民们也可能受到引诱去参加武装组织，例如，几内亚福雷

---

〔50〕 这里所用的“流动性”(Fluidity) 一词是部分引申自社会学家齐格蒙·鲍曼 (Zygmunt Bauman) 所用的“流动性”(Liquidity) 一词的概念，他的论点是后现代世界的社会关系比以前几个时代更为脆弱和无常。鲍曼 (Z. Bauman) 所著：《易变的现代性》(剑桥，政体出版社 2000 年出版)。(Liquidity) 一词的概念已被用在论述国际安全的文章中；请参阅，例如，科克 (C. Coker) 撰写“北约无法忍受的生命之轻”(RUSI 期刊第 149 卷第 3 期，2004 年 6 月)。

〔51〕 人权观察组织/尼日利亚执法教育中心，“巴卡西本地人：凶杀与酷刑的合法化”，(“人权观察”期刊第 14 卷第 5 期，2002 年 5 月)；以及“河流与血流：尼日利亚沿河各州的枪炮、石油与权力”，《人权观察简况论文》2005 年 2 月。并请参阅埃罗 (C. Ero) 撰写“治安维护队、民防军和民兵组织：在非洲，安全私营化的另一面”，(《冲突趋势》第 1 卷，2000 年，第 25—29 页)。

〔52〕 2005 年的研究表明了，在整个西非次区域地区存在着不可忽视的对已“复员”的前战斗人员进行重新招募的情况。“青年、贫困与流血：非洲的地区战士的致命遗产”(《人权观察》期刊第 17 卷第 5 期，2005 年 4 月 13 日)。为供讨论青年、就业不足与冲突之间的关系，请参阅匹巧托 (R. Picciotto)、奥龙尼萨金 (F. Olonisakin) 和克拉克 (M. Clarke) 合撰的“全球发展与人类安全：走向政策的待议事项”，第 152—153 页 (2006 年内待出版)。

〔53〕 据估计，自 1986 年以来圣灵抵抗军总共劫持了 2.5 万名儿童。“乌干达：下夜班的儿童害怕遭劫持”(大赦国际，公众声明，2005 年 11 月 22 日)，AI 索引：AFR59/016/2005，见 URL 〈http://www.amnestyusa.org/child－soldiers/document.do?id＝ENGAFR590162005〉。

斯蒂亚地区的难民，或者逃到泰国北部的缅甸难民。[54] 在其他的情况下，非国家行为体的流动性也许是政府的直接政策造成的：譬如，美国在伊拉克建立并资助了当地的“非正规旅”以围堵那里的叛乱活动。[55]

2005 年的一些冲突显示了一些武装的非国家行为体的不规范性是如何可能导致呈现叛乱特色的冲突。在泰国南部，一些松散的组织所犯的制造紧张、定期发动暴力的行动就构成了这样一种事例：在 2004 年初发动的叛乱到 2005 年年中就大大恶化了。[56] 从冲突控制和冲突解决的角度来看，那些流动的或不规范的组织是最难与之谈判和平的——部分是因为很难识别主要的对手，而对其领导层也不清楚（如在索马里）。在 2005 年，专注于“反叛乱行动的教训”的大部分注意力都集中到美国在伊拉克的战略上（见第 4 节），而对付一个流动的反叛组织的问题在那样背景下也绝非是绝无仅有的。[57] 克什米尔的相同的局势发展表明了：对付不规范的非国家行为体，使解决冲突的努力更复杂了。在 2005 年，为处理苏丹达尔富尔的冲突所做的努力由于非国家行为体内部缺乏凝聚力而大为复杂化了。

苏丹

2005 年 1 月 9 日签署的全面和平协议正式结束了苏丹全国伊斯兰阵线政府同苏丹人民解放运动军之间在南部的长期冲突。协议规定对自然

---

〔54〕 统一地区信息网，网站特稿，“几内亚：生活在刀尖上”，2005 年 1 月，见 URL 〈http：//www.irinnews.org/webspecials/guinea/default.asp〉；以及伦敦国际战略研究所的米尔纳（J. Milner）和洛歇尔（G. Loescher）合撰的“拖拖拉拉的难民局势：对国内和国际安全的影响”，《Adelphi 论文集》第 375 期，第 56—61 页（牛津，牛津大学出版社 2005 年）。

〔55〕 伦敦国际战略研究所（同注释第［47］条），“中东与北非：伊拉克”，第 173—74 页。如欲了解伊拉克的更多细节，请参阅本章下面第 4 节。

〔56〕“泰国南部：是叛乱，而非圣战”，国际危机组织，《亚洲报告》第 98 期，2005 年 5 月 18 日，见 URL〈http：//www.crisisgroup.org/home/index.cfm? id＝3436&1＝1〉。

〔57〕 请参阅，例如，伦敦国际战略研究所（同注释第［47］条）；以及邬科（D. Ucko）撰写的“信息时代的美国反叛乱行动”，（“杰茵氏情报评论”2005 年 12 月 1 日）。

资源的收益实施共享，并允许南部实行部分自治。[58] 一个新的民族团结政府于 7 月 9 日宣誓就职，苏丹人民解放运动军的领袖约翰·格朗担任副总统，并且原先的叛军在全国过渡政府中得到了 28% 的职位。[59] 7 月 31 日格朗去世，以及随之在喀土穆和一些南部城镇发生的骚乱和暴力行动——打死了至少 130 人——使人对和平进程的命运抱有严重的忧虑。[60] 尽管很快确定了格朗的继承人——萨尔瓦·基尔·马亚迪特——执行全面和平协议和民主改革的进程却迟缓下来了。而且，在这一年中，南部的当地民众仍然受到暴力的影响，往往受"南部苏丹国防军"——一帮与政府有联系的民兵——的虐待。[61]

自 2003 年来，苏丹政府与若干叛乱组织在达尔富尔的冲突已杀死了至少 20 万人，并造成 200 多万人流离失所。在 2005 年，它依然对当地民众的生命和地区安全构成了严重威胁，特别是因为在与乍得接壤的边境地区所发生的冲突和罪恶活动。[62] 在这一年内，对平民施行的极端的暴力仍在进行，并导致了民众更大程度上的背井离乡。[63] 而且，非洲联盟驻苏丹特派团的人员，连同其他人道主义机

---

〔58〕 法新社（世界服务）英文电讯 2005 年 1 月 9 日："苏丹，南部叛军签署和平协定，从而结束了非洲最长的冲突"；以及莱塞（M. Lacey）报道："协定结束了苏丹的一个内战，而在达尔富尔地区冲突仍在进行"，《国际先驱论坛报》2005 年 1 月 10 日。

〔59〕 英格兰（A. England）报道："前叛军领袖格朗宣誓就任苏丹副总统"，《金融时报》2005 年 7 月 11 日。

〔60〕 在喀土穆，数千名苏丹南方人同警察发生冲突后有 84 人被打死；在朱巴和政府控制区的其他南部城镇也有报道发生了同样的骚乱。英格兰（A. England）报道："喀土穆遭受民族暴乱已经第三天了"，《金融时报》2005 年 8 月 4 日；以及"随着死亡人数上升到 130 人，领袖们呼吁保持冷静"，统一地区信息网—非洲之角，"每周综述"第 288 期（2005 年 7 月 30 日—8 月 5 日）。

〔61〕 "南部地区期待和平"，统一地区信息网—非洲之角，"每周综述"第 233 期（2005 年 3 月 5—11 日）；以及"喀土穆与苏丹人民解放运动达成协议：苏丹的难以预料的和平"，国际危机组织，《非洲报告》第 96 期，2005 年 7 月 25 日，见 URL 〈http://www.crisisgroup.org/home/index.cfm?action=login&ref—id=3582〉，第 3 页。

〔62〕 联合国，秘书长关于达尔富尔情况的每月报告，联合国文件 S/2005/719，2005 年 11 月 16 日，第 7 段；以及"在冲突发生后，乍得指责苏丹"，BBC 新闻在线 2005 年 12 月 19 日，见 URL 〈http://news.bbc.co.uk/1/4540192.stm〉。

〔63〕 如欲了解更多细节，请参阅"达尔富尔的暴行仍在肆虐——医生无国界组织"，统一地区信息网—非洲之角，"每周综述"第 288 期，2005 年 7 月 30 日—8 月 5 日；以及联合国文件（同注释第［62］条）。

构和救援人员不断地遭到袭击。[64] 正当苏丹解放运动军和正义与平等运动依然作为反政府的主要组织的同时，其他一些派别，如全国改革和发展运动（它是 2004 年从正义与平等运动中分离出来的），继续在该地区活动。喀土穆继续利用剑贾维德民兵袭击该地区的平民，这是违反 2004 年 4 月达成的停火协议精神的。[65]

由非洲联盟牵头为推动全面的和平进程所做的努力，却由于达尔富尔各组织的不规范性以及相应地未能确认叛军方面充分和法定的代表权而受到了损害。[66] 7 月 5 日，苏丹政府、苏丹解放运动军以及正义与平等运动签署了“解决苏丹达尔富尔冲突的原则宣言”。该宣言阐述了谈判解决的必要性，但未能讲清楚各种细节。[67] 叛军领袖发表的声明表明了他们对和平进程的怀疑，而由非洲联盟支持的在尼日利亚阿布贾举行的和平谈判到 9 月 15 日还没有重新开始。苏丹解放运动军的一个派别都没有参加，使谈判从一开始就偏离了正道，谈判大部分没有效果，反而使暴力行动增加。[68] 9 月 20 日，500 名苏丹解放运动军战士向达尔富尔南部的塞里亚镇发起了攻击并占领了该镇；军事官员们责备苏丹解放运动军中一个一直不参加阿布贾会谈的派别，与此同时一支亲政府的民兵部队袭击了马拉山区的一些叛军据

〔64〕“达尔富尔局势恶化——联合国难民事务高级专员署”，统一地区信息网—非洲之角，“每周综述”第 300 期，2005 年 10 月 22—28 日；以及联合国文件（同注释第［62］条）第 15 段。

〔65〕麦克杜姆（O. McDoom）报道：“苏丹被指控在最近的达尔富尔暴行中提供了帮助”，《华盛顿邮报》2005 年 10 月 2 日。

〔66〕“把达尔富尔的各叛乱组织统一起来：和平的先决条件”，国际危机组织，《非洲情况简介》第 32 期，内罗毕与布鲁塞尔，2005 年 10 月 6 日。

〔67〕“解决苏丹达尔富尔冲突的原则宣言”（2005 年 7 月 5 日），见 URL〈http://www.sudantribune.com/IMG/pdf/DOP-Darfur.pdf〉。并请参阅“苏丹解放军叛乱分子对达尔富尔的和平持怀疑态度”，统一地区信息网—非洲之角，“每周综述”第 288 期，2005 年 7 月 30 日—8 月 5 日。

〔68〕“苏丹解放军叛乱分子对达尔富尔和平持怀疑态度”，统一地区信息网—非洲之角，“每周综述”第 288 期，2005 年 7 月 30 日—8 月 5 日；“苏丹叛军拒绝与政府在阿布贾举行会谈”，法新社（巴黎）2005 年 9 月 14 日，世界新闻通联，国家信息技术服务局，美国商务部；以及瓦达姆斯（N. Wadhams）报道“联合国派赴苏丹首席使节说达尔富尔的暴力行动在升级”，美联社（纽约）2005 年 9 月 22 日。

点，杀死了至少 40 人。[69] 随后苏丹解放运动军代表团与政府代表之间相互进行了指控，都说是对方故意用暴力行动来破坏会谈，并且 9 月份的冲突达到了 2005 年 1 月以来从未见过的激烈程度。[70] 在苏丹解放运动军内部领导层的斗争耽误了会谈，直到 11 月 29 日苏丹解放运动军终于能以单独一方的身份参加谈判。[71] 然而，谈判并未达成决定性的协议。[72] 而且，尽管双方同意重开谈判，并重申了现有的停火协议，但全国改革与发展运动的叛军并没有参加阿布贾的谈判。[73] 在这一年中，全国改革与发展运动继续威胁当地民众，并卷入了 4 月份在北部的吉贝尔·蒙恩地区与政府军的激烈冲突。[74] 到 2005 年年底，一种旨在统一不规范武装组织的达尔富尔内部对话似乎成了谈判和重新启动和平进程的先决条件，政府则结束其“焦土”政策，具体反映在不再利用剑贾维德民兵，因为这帮民兵继续使平民大众蒙受巨大苦难。[75]

对冲突的存在有争议

在涉及非国家行为体的诸多冲突中，有些就突出地表现为很少甚至没有牵连到外国方面，往往是因为政府把此类冲突说成是“内部事

---

〔69〕“苏丹的叛军夺取了达尔富尔一镇”，BBC 新闻在线 2005 年 9 月 20 日，见 URL 〈http：//news. bbc. co. uk/1/4263926. stm〉。

〔70〕联合国，秘书长关于达尔富尔情况的每月报告，联合国文件 S/2005/650，2005 年 10 月 14 日第 2 段。

〔71〕该组织的主席阿布杜尔·瓦希德（Abdul Wahid）和秘书长米尼·米纳维（Mini Minavi）是争夺苏丹解放运动军领导地位的主要竞争者。“叛军的纠纷耽误了和平谈判”，路透社 2005 年 11 月 18 日。

〔72〕“达尔富尔的叛军们‘联合起来’参加谈判”，BBC 新闻在线 2005 年 11 月 29 日，见 URL 〈http：//news. bbc. co. uk/1/4480748. stm〉。

〔73〕2004 年 12 月，苏丹政府同“全国改革与发展运动”在乍得签署了停火协议。汗（A. Khan）报道“苏丹的达尔富尔叛乱组织背弃了停火”，《新时代时报》2005 年 9 月 14 日，见 URL 〈http：//www. english. epochtimes. com/news/5—9—14/32318. html〉。

〔74〕美国国际开发署，“达尔富尔——人道主义的危急关头：实情报告第 31 期，2005 财政年度”（2005 年 4 月 29 日）；以及联合国，秘书长关于达尔富尔情况的每月报告，联合国文件 S/2005/240，2005 年 4 月 12 日。

〔75〕联合国（同注释第［62］条）第 32 段。关于政府对达尔富尔的政策，请参阅沃尔（A. Waal）所著：《致人死命的是饥荒：达尔富尔，苏丹》（牛津，牛津大学出版社 2005 年出版）。

务”。非国家行为体施行的暴行特别容易导致混淆冲突与犯罪之间，或者冲突与恐怖主义之间的区别；把一个武装组织说成或打上“恐怖主义的”或“犯罪的”标记或许是一个否认该组织为政治代理人的最有效办法。[76] 抵制经典的或传统的冲突控制办法（谈判和调解）而赞成“执法”机制，这是由非国家行为体占优势的冲突中的一种趋势。在这类情况下，国际上提供援助来控制边界以制止武装组织在几个国家间流窜，向（冲突地区周边的）外国军队提供军事援助和训练，或者进行国家间的警察合作与情报合作，这也许就等于是国际上参与减轻冲突影响的行动了，而不一定要针对冲突的根源去做出艰辛的努力。恢复“保护责任”的行动计划（约定国际社会进行干预，甚至军事干预，以保护平民在面临种族灭绝大屠杀或其他大规模危机时的生命的责任），以及包括联合国关于威胁、挑战和改革问题的高级别小组的 2004 年报告和 2005 年联合国世界首脑会议所产生的文件，这些都应在原则上表明国际社会有更强的意志同广泛而严重的危害平民生命的现象作斗争，虽然实现的程度还有待确定。[77]

然而，国际社会对 2005 年冲突的参与行动在很大程度上还只是设法得到有关国家政府的合作。恰当的例子就是哥伦比亚的冲突，乌里韦总统依旧只谈国内的“毒品—恐怖主义”问题；他禁止任何人同武装组织接触，除非得到政府的明确批准；他甚至还明确地禁止哥伦比亚外交官们使用“冲突”一词。[78] 俄罗斯政府同车臣分裂主义分子之间的冲突使这一点更为清楚了，它显示了各国政府在面临非政府的反对派时可以否认存在“合法”冲突的自由度，

---

〔76〕 请参阅“第三世界季刊，特刊：取名称的政治学——叛乱分子、恐怖主义分子、罪犯、匪徒与颠覆分子”第 25 卷第 1 期（2005 年），尤其是巴蒂亚（M. V. Bhatia）撰写“与字眼交锋：冠名恐怖主义者、匪徒、叛乱分子及其他暴行者”第 5—22 页。

〔77〕 国际干预和国家主权委员会，“保护的责任：国际干预和国家主权委员会的报告”（国际开发研究中心，渥太华，2001 年 12 月），见 URL 〈http：//www. iciss. ca/report－en. asp〉。如欲更多了解关于高级别小组的报告（见注释第 [12] 条）和联合国世界首脑会议（其文件转载于 URL 〈http：//www. un. org/summit2005/〉，请参阅本年鉴的导言和第三章。还请参阅联合国，秘书长关于保护武装冲突中的平民的报告，联合国文件 S/2005/740，2005 年 11 月 28 日。

〔78〕 “突出的重点：哥伦比亚的军事/游击队/准军事活动，2005 年 6 月 10—13 日”，译自西班牙语，世界新闻通联，国家信息技术服务局，美国商务部。

以及这种否认对国际社会从事冲突控制或解决的能力（或意志）的影响。[79]

俄罗斯（车臣）

俄罗斯政府同车臣分裂主义分子之间的第二次冲突始于 1999 年，到 2005 年时继续对广大的北高加索地区构成了日益严重的威胁。俄罗斯总统普京竭力把该地区的问题——包括在达吉斯坦、印古什、卡巴迪诺—巴尔卡里亚和北奥塞梯诸共和国中政局不稳与叛乱袭击等——描绘成俄罗斯联邦内部关切的“有组织的犯罪活动”或“恐怖主义行动”，而不说是带有政治动机的“冲突”。[80] 同时，在车臣因冲突而对平民造成的伤亡人数是很大的：有一个人权组织估计，在 2000—2004 的五年内有 3000—5000 名“被强制的失踪者”，而总的伤亡人数包括平民、俄军和车臣战士估计达 8—10 万人。[81] 劫持行动（对象往往是青年男子以及叛军战士亲戚）常常是俄军所为，在 2005 年依然肆无忌惮地进行着。[82]

俄罗斯政府的“车臣化”（具有讽刺意味的是又被称为“正常化”）政策是从它一贯否认冲突继续存在的立场派生出来的。[83] 这一政策的基调是把与叛军作战的任务转到地方部队肩上，也就是在车臣副总理拉姆

〔79〕 迈耶斯（S. L. Myers）报道：“俄罗斯人企图对非政府组织施加约束”，《纽约时报》2005 年 11 月 24 日。

〔80〕 如欲了解更多情况，请参阅鲁塞尔（J. Russell）所撰：“恐怖主义分子、匪徒、怪人和盗贼：在“9·11”之前和“9·11”以来俄罗斯人把车臣人妖魔化”，《第三世界》季刊特刊（同注释第［76］条）第 101—117 页；以及加里奥蒂（M. Galeotti）所撰：“在达吉斯坦的冲突达到了‘危急程度’”，杰茵氏情报评论第 17 卷第 9 期，第 46—47 页（2005 年 9 月）。

〔81〕 纪念馆，“车臣 2004 年：被劫持的和‘失踪’的人”，2005 年 2 月 7 日，见 URL〈http://www.memo.ru/hr/hotpoints/caucas1/msg/2005/02/m31404.htm〉（俄语版）；以及希尔（F. Hill）、列文（A. Lieven）和沃尔（T. Waal）三人合撰：“扩散的危险：对车臣实施新政策的时机”，卡内基和平基金会，《政策简报》第 35 期，第 5 页，2005 年 3 月。关于对平民的影响，请参阅“比战争更糟：在车臣的‘失踪事件’——反人类的罪行”，人权观察组织“情况简介”2005 年 3 月，见 URL〈http://hrw.org/backgrounder/eca/chechnya0305/〉。

〔82〕 人权观察组织（同注释第［81］条）第 16 页。

〔83〕“普京的英雄们”，《经济学家》杂志 2005 年 12 月 3 日，第 27—28 页。普京于 2004 年 12 月在德国的石勒苏益格对记者们说，“在车臣已经有三年没有发生战争了。战争已经结束了。”“普京发出车臣倡议的信号”，BBC 新闻在线 2004 年 12 月 21 日，见 URL〈http://news.bbc.co.uk/1/4115279.stm〉。

赞·卡德罗夫（他是 2004 年遭叛军袭击身亡的亲莫斯科的车臣总统艾哈迈德·卡德罗夫的儿子）指挥下的“卡德罗夫”部队。卡德罗夫部队在 2005 年执行了多次搜索（清剿）行动，而且在车臣共和国境外也实施了该行动，结果是，例如，1 月份在印古什共和国的纳兹兰镇逮捕了一些车臣叛军战士。〔84〕俄罗斯当局认可了卡德罗夫部队的行动；确实，有人认为俄当局在 2004 年 12 月授予拉姆赞·卡德罗夫以俄罗斯英雄的称号就是对他们的赞许。〔85〕莫斯科对冲突不愿采取任何政治解决办法，其最赤裸裸的也是最令人吃惊的象征也许就是 3 月 8 日俄军对叛军领袖、前车臣总统阿斯兰·马斯哈多夫的杀害，尽管马斯哈多夫已经公开表示他本人不主张采取恐怖主义的手段并在 2 月份宣布了单方面的停火。〔86〕4 月中旬，俄罗斯特种部队在车臣首府格罗兹尼同叛军的枪战中遭到了他们自 2004 年解决别斯兰围攻事件以来最大的伤亡。〔87〕

同时，俄军和俄罗斯所支持的军队无法制止整个该地区反叛行动的扩散，并在 2005 年在达吉斯坦的纳尔奇克市发动了好几次激烈的攻势以搜捕雅尔姆克叛军的成员。10 月份，叛军头一次向卡巴迪诺—巴尔卡里亚南部的纳尔奇克镇发动了袭击，导致至少 60 人死亡。〔88〕

俄罗斯政府坚持否认冲突存在的政策似乎产生了相反的效果，反而推动了激进主义。首先，3 月份阿布杜尔—卡里姆·萨杜拉耶夫接

---

〔84〕杜达耶夫（U. Dudayev）撰写：“车臣：新年，新暴行”，战争与和平报道学院“高加索报道服务”第 296 期（2005 年 1 月 12 日）。

〔85〕希尔（F. Hill）报道：“现在让车臣人选择他们的领袖：马斯哈多夫死后的车臣”，《国际先驱论坛报》2005 年 3 月 12 日；以及希尔（F. Hill）、列文（Lieven）和德沃尔（de Waal）合撰文章（同注释第［81］条）。

〔86〕“俄罗斯的议员们欢呼马斯哈多夫之死”，BBC 新闻在线 2005 年 3 月 9 日，见 URL〈http://news.bbc.co.uk/1/4333067.stm〉；阿里耶夫（T. Aliev）撰写：“车臣对马斯哈多夫被杀感到震惊”，战争与和平报道学院 2005 年 3 月 9 日，见 URL〈http://iwpr.gn.apc.org/?s=f&o=239824&apc-state=henicrs2005〉；以及“车臣：停火仍然有效，但谈判的可能性很小”，自由欧洲电台/自由电台第 9 卷第 24 期（2005 年 2 月 7 日）。

〔87〕“有人指控俄军使用酷刑”，BBC 新闻在线 2005 年 11 月 18 日，见 URL〈http://news.bbc.co.uk/1/4450186.stm〉；以及“叛军与特种部队在格罗兹尼发生枪战”，《车臣周刊》第 11 卷第 5 期（2005 年 4 月 20 日）。

〔88〕人们发现另一个达吉斯坦的激进组织，称为沙里亚·贾马特，同车臣的分裂主义分子有联系。土梅尔蒂（P. Tumelty）撰文：“车臣以及在达吉斯坦的反叛行动”，《车臣周刊》第 6 卷第 18 期（2005 年 5 月 11 日）；以及路透社电讯“车臣叛军巴沙耶夫说他指挥了对城镇的袭击”，2005 年 10 月 17 日。

替了马斯哈多夫出任车臣叛军的领袖，并且很快显示出他比其前任更加激进，宣布创立“高加索阵线”来对抗俄罗斯的影响。[89] 第二，8月份，沙米尔·巴沙耶夫（他与 2004 年别斯兰扣押人质事件和 2002 年占领莫斯科剧院事都有关，而且总是受到马斯哈多夫的谴责）被选进了车臣叛军领导班子。[90] 而且，俄罗斯联邦内对穆斯林的迫害（包括关闭清真寺），只能起到刺激对冲突怀有忏悔心情的人群的作用，从而把车臣分裂主义分子推向国际上的圣战组织体系。[91] 第三，俄罗斯对车臣的政策杜绝了国际社会方面对于车臣和整个北高加索地区冲突的有力介入。一个典型的实例是，2005 年 3 月欧洲议会举行的一次会议由于叛军未派代表参加而无任何结果。[92]

对车臣的改革和“民主”的尝试都停下来了；11 月 27 日举行了议会选举，由克里姆林宫支持的联合俄罗斯党获得了 61%多数的席位，但选举受到了广泛的抨击，说是有欺诈行为，人们还认为该选举把实际权力都集中到拉姆赞·卡德罗夫手里。[93] 拒绝同车臣叛军进行对话，不仅限于莫斯科，也包括阿鲁·阿尔哈诺夫总统领导的车臣政府。[94] 最终，车臣和更大范围的高加索地区的进步，只有在该地区混乱的社会—经济局面得到有效的处理并且建立了基本的国家机构的情况下，才能实现。[95] 俄罗斯在这方面的疏忽，使反叛运动能够

---

〔89〕 杜达耶夫（U. Dudayev）撰文：“车臣叛军宣告了新阵线”，战争与和平报道学院“高加索报道服务”第 289 期（2005 年 6 月 2 日），见 URL〈http://iwpr.gn.apc.org/?s=f&o=243909&apc-state=henicrs200506〉。

〔90〕 伯克利（N. Buckley）和奥斯特洛夫斯基（A. Ostrovsky）报道：“在领袖死后，车臣叛军宣誓要继续战斗”，《金融时报》2005 年 3 月 8 日；以及“人物简介：车臣叛军的新头头”，BBC 新闻在线 2005 年 3 月 10 日，见 URL〈http://news.bbc.co.uk/1/4336445.stm〉。

〔91〕 威廉姆森（J. Wilhelmsen）撰文：“在岩石和艰苦地方之间选择：车臣分裂主义运动的伊斯兰化”，“欧洲—亚洲研究”第 57 卷第 1 期，第 35—59 页（2005 年 1 月）。

〔92〕 阿里耶夫（T. Alief）撰文：“车臣：并非所有人都在桌旁”，战争与和平报道学院“高加索报道服务”第 297 期（2005 年 3 月 25 日），见 URL〈http://www.iwpr.net/index.php?apc-state=hen&s=o&o=archive/cau/cau-200503-279-2-eng.txt〉。

〔93〕 “对车臣选举的复杂压力”，BBC 新闻在线 2005 年 11 月 28 日，见 URL〈http://news.bbc.co.uk/1/4477832.stm〉。

〔94〕 国际传真（格罗兹尼），“阿尔哈诺夫不愿同通缉的分裂主义分子接触”，2005 年 12 月 1 日。

〔95〕 希尔（F. Hill）报道：“现在让车臣人选择他们的领袖：马斯哈多夫之后的车臣”，《国际先驱论坛报》2005 年 3 月 12 日。

在日益扩大的深感不满和贫困化的人群中招兵买马。使形势发展进一步复杂化的是，在2005年有一种传言说，俄罗斯依靠的卡德罗夫部队不仅对当地民众构成了威胁，而且也是对中央政府的威胁，因为这支私家部队表现得越来越不守规矩，有时甚至与俄联邦的军队及车臣警察发生冲突。卡德罗夫部队不断增加的自主和放纵使一些分析家推测该地区将会出现“另一场战争”。〔96〕

暴力的和平？

关于存在着互不关联的“冲突”阶段与“后冲突”阶段的设想往往证明是错误的，可是如今在大部分冲突预防、冲突控制与建立和平的尝试中依然有它的市场。反而，实际的情况可能更接近于像一种战争—和平连续体，其中，武装的非国家行为体继续犯下各种暴行，并对当地社会施加压力而不管冲突的正式结局是什么。〔97〕在不同的“后冲突”环境中，暴力行动甚至在和平协议已经签署或者复员遣返、解除武装和重新安置进程，包括把各派组织结合到过渡政府中来——有时是由于形成了新的交战方（分裂出来的派别和改变效忠关系），还有其他一些情况，如有的组织被排除在正式和平进程之外（例如布隆迪的胡图人民解放党—民族解放力量）〔98〕正式开始之后依然毫不减弱地继续肆虐。人们越来越认识到，建立和平就是要同时进行后冲突的重建工作和冲突预防工作：如不能成功地建立和平，就意味着冲突的重新爆发，而“在适当的时刻跳出‘冲突循环圈’”仍是一个重大的挑战。〔99〕阿富汗与海地是两个例子，在2005年内尽管国际社会作出了巨大努力，这两国继续受到暴力行动的损害。同样，在利比里亚，当地成立了一些维持治安组织，表明尽

---

〔96〕“普京的英雄们”（同注释第［83］条）。

〔97〕基恩（D. Keen）撰文：“战争与和平：有什么区别?”《国际维和》第7卷第4期，第1—22页（2000年）。

〔98〕该组织的全称是“解放胡图人民党—全国解放军”。

〔99〕伊文斯（G. Evans）撰文：“营造和平：制订政策者的六条重要规则”，在2005年10月27日由联合国日内瓦办事处与日内瓦民主管理武装力量中心在日内瓦联合举办的关于“安全与和平建设：联合国的作用”的研讨会上的主旨发言，见URL〈http://www.crisisgroup.org/home/index.cfm?id=3771&l=1〉。并请参阅世界银行，“打破冲突圈套：内战与发展政策”（纽约，牛津大学出版社2003年出版）；以及伯德尔（M. Berdal）撰文：“在贪婪与苦情之外——而不会太快”，“国际研究评论”第31卷，第687—698页（2005年）。

管有了一个正式的“和平”，局势依然不稳，暴力行动照旧。[100] 在科特迪瓦，自从 2002 年该国被分割成由叛军控制的北方和由政府统治的南方以来，叛军与政府双方似乎都接受这种相持状态，因为这样的局面可以使他们在各自的领域内进行管理。同时，在整个 2005 年内，周期性的暴力行动继续损害着这个国家。[101]

非洲之角的局势发展突出显示了国家间潜在冲突的危险，因为 11 月份在厄立特里亚与埃塞俄比亚之间重新出现了紧张关系。[102] 2 月 14 日黎巴嫩前总理拉菲克·哈里里遭暗杀，触发了一场政治骚乱。在这件案子中，人们对邻国的作用表示了怀疑——人们指控叙利亚与此事有牵连，因而叙、黎两国关系顿时紧张。[103]

社会暴力与犯罪活动的高发率从另一角度显示了：尽管没有处于战争状态的社会仍然可能生活在不安宁的状态中，就像巴西和尼日利亚的情况那样，但他们各有各的情形。[104] 刚果民主共和国的情况则又是一种样子，那里签署了许多和平协议，但非国家行为体的暴力行

---

[100] 联合国，秘书长关于联合国派驻利比里亚特派团的第 8 份进展报告，联合国文件 S/2005/560，2005 年 9 月 1 日。

[101] 华盛顿（J. M. Washington）撰文：“分析：象牙海岸（科特迪瓦）丧失的和平”，AMPMlist：第三世界的冲突的方方面面，2005 年 4 月 8 日；“一种危险的和平交易”，《经济学家》杂志 2005 年 4 月 16 日，第 37 页；“在局势多变的西部，新爆发的民族暴力事件至少杀死 41 人”，统一地区信息网—西非，“每周综述”第 279 期，2005 年 5 月 28 日至 6 月 3 日，2005 年 6 月 1 日；以及“象牙海岸的叛军拒绝解除武装”，BBC 新闻在线 2005 年 8 月 1 日，见 URL〈http：//news. bbc. co. uk/1/4733879. stm〉。

[102] “人们担心非洲之角发生新战争”，BBC 新闻在线 2005 年 11 月 3 日，见 URL〈http://news. bbc. co. uk/1/4401782. stm〉。

[103] 乌歇尔（S. Uscher）报道：“阿拉伯媒体对哈里里遇刺表示愤慨”，BBC 新闻在线 2005 年 2 月 14 日，见 URL〈http：//news. bbc. co. uk/1/4266053. stm〉。到 2005 年底，联合国对哈里里之死的调查仍未作出任何结论。“联合国对哈里里遇刺展开调查”，BBC 新闻在线 2005 年 12 月 16 日，见 URL〈http：//news. bbc. co. uk/1/4533614. stm〉。

[104] 人权观察组织，“2005 年世界报告：2004 年的事件”（纽约，2005 年 1 月）第 144 页，见 URL〈http：//hrw. org/wr2k5/wr2005. pdf〉；以及联合国人类定居计划，“世界城市状况 2004/5”，见 URL〈http：//www. unhabitat. org/mediacentre/sowckit. asp〉。犯罪团伙如 Mara 18（M18）和 Mara Salvatrucha 的活动，主要在萨尔瓦多、洪都拉斯和危地马拉，被人们形容为“没有国界的战争”。阿拉纳（A. Arana）撰文：“街头匪帮们是如何占领中美洲的”，外交事务第 84 卷第 3 期（2005 年）；以及罗萨斯（M. C. Rosas）撰稿“拉丁美洲和加勒比地区：后冷战时代的安全和防务”，斯德哥尔摩国际和平研究所年鉴：2005（同注释第［15］条）第 255 页，尤其是该文注释第 23 条。

动仍在继续——而且有着很大的地区规模。而且，刚果民主共和国的局势发展表明，国际社会在直接对付武装的非国家行为体而不是通过正式的谈判程序时显得多么无能为力，这对有效地控制冲突和保护平民依然是一个重大挑战。

刚果民主共和国

刚果民主共和国政府与不同的叛乱组织之间的冲突随着 2002 年 12 月签署的"关于过渡时期的一揽子协议"而正式结束了。[105] 该协议后来得到各方各派的批准，是与各方同意一份有效期为两年的过渡时期宪法并于 2003 年 7 月建立由约瑟夫·卡比拉领导的权力分享的过渡时期政府有关。尽管如此，刚果民主共和国在 2005 年继续受到暴力行动的折磨，而和平仍然时隐时现。虽然在 5 月 13 日国民议会通过了宪法草案，预定于 2005 年 6 月举行的全国选举还是被推迟到 2006 年 3 月进行。[106] 群众对推迟的决定进行了抗议，政府军队就向示威者开枪。[107]

刚果过渡政府的军队——"刚果民主共和国武装力量"——和联合国刚果民主共和国特派团继续面临各种武装组织的袭击，主要是在该国东部的伊图里、北基伍、南基伍和卡丹加几个省。[108] 由于过渡时期政府内一些党派依靠民兵的支持来扩大影响以代替政治据点的做法，不稳定局面加剧了。[109] 年初在北基伍省"刚果民主联盟—戈马派"同政府军之间的战斗十分激烈，而在 3 月份政府军同马伊—马伊民兵之间的战斗迫使 5000 余人逃离。[110] 联合国刚果民主共和国特派

---

[105] 关于刚果民主共和国过渡时期的一揽子协议于 2002 年 12 月 16 日签署，见 URL 〈http://www.reliefweb.int/library/documents/2002/gov－cod－16dec－02.pdf〉。在该协议上签署的有刚果民主共和国政府、刚果民主联盟、刚果解放运动、政治反对派、社会各界、刚果民主联盟/解放运动、刚果民主联盟/全国派，以及马伊—马伊。

[106] 反对派领袖推测，作出推迟选举的决定是过渡时期政府的实用主义的缓兵之计。"和平代价昂贵"，非洲机密第 46 卷第 3 期，第 3 页（2005 年 2 月 4 日）。

[107] 联合国秘书长关于联合国驻刚果民主共和国特派团的第 18 份报告，联合国文件 S/2005/506，2005 年 8 月 2 日。

[108] 关于联合国驻刚果民主共和国特派团的授权和规模，请参阅本年鉴第三章。

[109] 特劳布（J. Traub）报道："刚果的事情"，《纽约时报》2005 年 7 月 3 日。

[110] "刚果民主共和国：欧盟中止了在北基伍省的项目"，统一地区信息网—中东非，"每周综述"第 268 期，2005 年 2 月 26 日至 3 月 4 日，2005 年 3 月 1 日；以及"刚果民主共和国：在马伊—马伊与刚果军队发生冲突后数千人流离失所"，统一地区信息网—中东非，"每周综述"第 273 期，2005 年 4 月 2—8 日，2005 年 4 月 7 日。

团的部队在伊图里省面临至少 5 支民兵部队的反抗，在 1 月份遭到反复的攻击，并于 2 月 25 日进行了反击，捣毁了叛军“种族平等民族主义阵线”的一个据点，打死了 50—60 名民兵，这是联合国自 20 世纪 60 年代以来在刚果民主共和国所经历的最恶劣的战斗。[111]

以“卢旺达民主解放军”名义组织起来的卢旺达叛军在刚果民主共和国东部的盘踞活动继续成为一种安全威胁，并引起人们对卢旺达重新介入刚果事务和由此引发地区的进一步反应的忧虑。[112] 2005 年 4 月 21 日由刚果民主共和国、卢旺达和乌干达签署的“三方协议”并未能阻止暴力行动的发生：[113] 在 5 月 23 日卢旺达控制的另一个武装组织“拉斯塔斯”（Rastas）发动袭击后，打死了 18 名平民并扣押了 50 人作人质；然后在 7 月下旬卢旺达民主解放军攻击了南基伍省的基加拉马村，导致了 5000 多名村民逃离家园。[114]

到 2005 年底，刚果民主共和国东部地区的治理及有效的冲突后，和平建设都没有取得多大的实质性进展。除了平民百姓直接的实质安全需求之外，煞费苦心地把叛军战士编入刚果民主共和国武装力量的工作暴露了这个国家安全机构内外的腐败和豁免权（不受惩罚）的问题。[115] 当地百姓与国际部队及刚果民主共和国武装力量的关系是有问题的，并容易受到所有各方的滥用。7 月 9 日卢旺达民兵在南基伍省活活烧死 39 个村民，据说是为了惩罚当地人对联合国部队的支持，

---

[111] “联合国变得强硬起来”，《经济学家》杂志 2005 年 3 月 12 日，第 44 页。

[112] “刚果：一劳永逸地解决卢旺达民主解放军的问题”，国际危机组织《非洲简况》第 25 期，内罗毕与布鲁塞尔，2005 年 5 月 12 日。

[113] 联合国一份 5 月份的报告记载了卢旺达民主解放军和其他一些卢旺达民兵组织仅仅在上一年内就在刚果民主共和国南基伍省的瓦伦古犯下了 1700 多件伤害平民的罪行，联合国（同注释第［107］条）；以及“刚果民主共和国：卢旺达叛军伤害刚果平民——联合国报告”，统一地区信息网—中东非，“每周综述”第 279 期，2005 年 5 月 14—20 日，2005 年 5 月 19 日。

[114] “刚果民主共和国：最近在南基伍省的杀戮是长期伤害的一部分”，统一地区信息网—中东非，“每周综述”第 280 期，2005 年 5 月 21—27 日；以及“刚果民主共和国：最近在南基伍省的袭击，数千人逃离”，统一地区信息网—中东非，“每周综述”第 289 期，2005 年 7 月 23—29 日，2005 年 7 月 25 日。

[115] “一份刚果行动计划”，国际危机组织《非洲简况》第 34 期，内罗毕与布鲁塞尔，2005 年 10 月 19 日。

就是一个令人厌恶的例子。[116] 尽管到 8 月份对刚果民主共和国东部的一些叛乱组织的复员遣返工作取得了进展，正式撤消了“刚果人民武装力量”组织和“刚果爱国者联盟—弗洛里伯特·基森博派”，但在重新安置原战斗人员的工作上仍然存在着重大问题。[117] 一大群失业的前叛军人员和几个残留的民兵组织——“刚果爱国者联盟—托马斯·卢班加派”、“种族平等民族主义阵线”及“伊图里爱国抵抗力量”——的存在，构成了东部省份内反复无常变动的大杂烩。由于联合国的武器禁运对民兵的暴力行动所起的作用有限，2005 年大部分刚果民众的处境就像在战争中而不是走向持久和平的过渡阶段。

第四节 伊 拉 克

在《SIPRI 年鉴 2005》中，关于武装冲突的一章注意到，由于国际的干预播下了内战的种子，伊拉克的形势与经典的从国内冲突演变为国际冲突的情形正相反。2005 年，这个国家确实继续在朝这个方向发展。自 2004 年 6 月 28 日恢复主权之日起，以及在整个 2005 年中，在伊拉克的由美国领导的多国部队参与了冲突，站在伊拉克政府一边反对各种反抗集团。虽然这个国家在政治上取得了一些重大的里程碑式的进展，但暴力活动有增无减。2005 年的冲突表明，要对非国家的暴力活动进行分析和作出反应是极为困难的。各种武装集团在组织上是非正规的或是多变的，高犯罪率使冲突和犯罪之间的区分变得复杂化，使用恐怖主义的策略以及与国际恐怖主义网络的联系在很大程度上变成了反抗行动和在发展中的内战的概念。[118] 2005 年 10 月 9 日，

---

〔116〕“卢旺达叛军在刚果活活烧死 39 个村民”，《纽约时报》2005 年 7 月 11 日。

〔117〕刚果爱国者联盟最初是由卢班加在 2001 年组建的，但是基森博领导的一个派别分裂了出去。联合国（同注释第［107］条）。

〔118〕要列出反抗集团及其倾向参见：“谁是伊拉克的反抗分子”，英国广播公司新闻在线，2005 年 9 月 7 日，URI 〈http：//news. bbc. co. uk/1/4268904. stm〉；美国和平研究院，“谁是反抗分子？伊拉克逊尼派阿拉伯反叛者”，美国和平研究院第 134 号报告（2005 年 4 月）；科德斯曼，“伊拉克发展中的反抗运动”，战略和国际问题中心（CSIS），华盛顿，2005 年 10 月修改，URI 〈http：//www. csis. org/media/csis/pubs/051209 _ iraqiinsurg. pdf〉。

联合国安理会一致同意将根据联合国安理会 1637 号决议授权组成的多国部队的任期延长一年（到 2006 年 12 月 31 日），尽管按规定要到 2006 年 6 月才能对期限进行修改，并曾规定过如伊拉克政府强烈要求，可提前结束多国部队的存在。[119]

政治发展

2005 年是这个国家进行重大政治重组的一年，其起点是 1 月 30 日的选举。选举中，由什叶派主导的多党集团“伊拉克团结联盟”取得了 48%的多数，而“库尔德民主爱国联盟”名列第二，获得了 25.7%的选票。许多方面认为，这一结果体现了一种进程，它使逊尼少数派在这个国家处于不利地位。[120] 一些逊尼派政党，如“伊拉克伊斯兰党”，抵制选举，部分原因是担心会受到暴力报复。[121] 伊拉克团结联盟主要是根据伊拉克最受尊敬的什叶派宗教领袖、伊朗出生的大阿亚图拉赛义德·侯赛因、阿里·西斯塔尼的倡议建立的。由于其大部分的候选人政治上不附属于任何党派，伊拉克团结联盟从一开始就被看成是很脆弱的。[122] 经过长时间的协商后，由 275 名新议员组成的过渡性国民会议最终于 3 月 16 日召开了。伊拉克过渡政府于 4 月 28 日成立，处于总统加拉尔·塔拉巴尼（库尔德爱国联盟领袖）和总理伊卜拉欣·加法里（来自什叶派伊斯兰达瓦党）的领导之下。[123] 临时政府的任务是起草一部永久性的宪法，为在 2005 年 12 月举行新的全国大选铺平道路。

---

[119] 联合国安理会 1637 号决议，2005 年 11 月 9 日。

[120] A. 卡皮斯泽沃斯基，“伊拉克大选及其后果：权力分配，这个国家未来政治的关键”，编辑 W. 波斯奇，安全研究所（ISS），伊拉克观察，Chailot 文件 79 号（ISS：巴黎，2005 年 7 月）第 13—25 页。临时政府总理伊亚德·阿拉维的世俗派别得到了 14.5%的选票。

[121] 其中，有影响力的（逊尼派）穆斯林学者委员会号召抵制选举，而各反抗团体对选民进行威胁。其结果是投票的选民在逊尼派省份萨拉赫丁省占 29%，在安巴尔省仅为 2%。参见“什叶派高兴，逊尼派忧愁”，《经济学家》，2005 年 2 月 19 日，第 38—39 页。

[122] 费尔金斯 .D，“选举已经结束，伊拉克什叶派面临内部竞争对手”，《纽约时报》，2005 年 2 月 1 日。

[123] “争吵还在继续”，《经济学家》，2005 年 3 月 12 日，第 42 页及 R.E. 沃斯，“什叶派领袖任命伊拉克总理以结束两个月的争吵”，《纽约时报》，2005 年 4 月 8 日。

伊拉克的民族和宗教构成（大体上分为 20%逊尼派阿拉伯人，60%什叶派阿拉伯人和 20%库尔德人）成为讨论这个国家政治前途的基线。[124] 虽然伊拉克人口这种分成三部分的划分在特定的社区本身是不存在的（群体很少是同族的，在许多地区是共处的），但年内日益增强的族群政治化倾向和宗派主义认同意识产生了一种危险地自我成长的逻辑："看来一分为三的伊拉克已变成一个政治现实和框架，政治议论正是在这一框架内发生于今日伊拉克。"[125]

最初，起草宪法的进程由于缺少未参加 1 月选举的选民的代表而受到阻碍。美国和西斯塔尼的伊拉克团结联盟都作出表示，保证将逊尼派的代表包括进去，但是被延误了。[126] 最终的宪法草案于 8 月 28 日被议会通过，它被描绘成一个有缺陷的文件。分析家们警告说，文本中所包含的模糊内容将产生使一些重要问题推迟解决的风险。[127] 最值得引起注意的是，宪法没有就这个国家的联邦结构的前景作出结论，这是许多逊尼派阿拉伯政治家们所坚持的一点，他们担心北部库尔德地区和南部什叶派地区（可能处于伊朗影响之下）更大的自治将会分裂这个国家，牺牲他们分享这些地区石油收

[124] "有希望的转折点，不然将陷入混乱"，《纽约时报》，2005 年 4 月 8 日。

[125] W. 波斯奇，"一个被忽视的多数：伊拉克的阿拉伯人"，波斯奇编（同注释[120]），第 26 页。占领者的政策一直受到指责，被批评根据族群身份来任命管理委员会中的职位以及北部库尔德地区行政当局的有效代表的做法加剧了这种进程。详情参见 T. 道奇的《伊拉克的未来》，IISS Adelphi 文件第 372 页（牛津大学出版社：牛津，2005 年）。当然，库尔德人要求自治/独立的愿望不是新鲜事。关于此问题参见"分裂而自由的诱惑"，《经济学家》，2005 年 1 月 22 日，第 39—40 页及 M. 利普伯格所著"伊拉克的库尔德斯坦：一个内战后社会的景象"，《第三世界季刊》特刊："重建萨达姆后的伊拉克"，第 4—5 期（2005），第 26 卷。

[126] 宪法起草委员会的 55 名成员中只有 2 名是逊尼派阿拉伯人。到 7 月 5 日，15 名逊尼派阿拉伯人被增加到有 55 名成员的委员会。联合国，秘书长依据 1546 号决议（2004）所写的报告，联合国文件 S/2005/585，第 2 页，及 ICG，"毁灭中的伊拉克：立宪进程失败了"，《中东新闻》第 19 号，安曼和布罗塞尔，2005 年 9 月 26 日，第 2 页。

[127] "伊拉克宪法草案文本"，合众社译自阿拉伯文，全文可查 URL〈http://news.bbc.uk/1/shared/bsp/hi/pdfs/24－08－05－constit.pdf〉。另见 ICG（同注释[126]）；和"伊拉克的政治：宪法及其他"，萨班中心政策午餐会文件，布鲁金斯学会，华盛顿特区，2005 年 9 月 29 日，URL〈http://www.brookings.edu/fp/saban/events/20050929.htm〉。

入的利益。[128] 此外，逊尼派阿拉伯人的反对是由一些条款引起的，这些条款暗示将前复兴党官员排除在公众机构之外。

这种宪法起草进程的政治化性质从一开始就出现了。起初竭力争取让逊尼派阿拉伯人参与，但在最后阶段又把他们边缘化，这意味着这一进程进一步巩固了种族—宗派主义认同意识，其结果则使反抗分子有机可乘。[129] 该宪法不仅遭到逊尼派的反对，而且什叶派教士穆克塔达·萨德尔（2004 年在引发什叶派起义中发挥了重要作用）的约 10 万支持者于 10 月 14 日集会进行抗议。[130] 正如人们所期望的那样，在 10 月 15 日的公民投票中该宪法的命运是由逊尼派占多数省份的反应决定的：由于逊尼派阿拉伯反对者未能动员足够的投票者，宪法以极其微弱的多数被通过。[131] 具有讽刺意味的是，宪法起草进程变成了政治斗争中的一个新赌注而不是解决这一问题的工具。[132]

伊拉克全年的政治发展进程总是伴随着暴力事件并受其损害。在 1 月的国民大会选举前发生了一股袭击浪潮，而选举当天自杀式爆炸和迫击炮攻击杀死了至少 30 人，主要发生在巴格达。[133] 在自 2003 年入侵以来发生的一次最严重的袭击——2 月 28 日发生在巴格达以南 100 公里的什叶派城镇希拉的自杀式袭击中，有 125 名平民、警察和国民卫队志愿者被杀，140 多人受伤。紧接着这一袭击（被一个自称为圣战祈祷团或称伊拉克圣战基地组织的集团所承认），该城镇发生了群众集会抗议，示威者对当地警察和安全部队未能阻止这次袭击

---

[128] “伊拉克宪法陷入困境”，英国广播公司新闻在线，2005 年 8 月 15 日，URL 〈http：//www. news. bbc. co. uk/1/4150160. stm〉；及“伊拉克逊尼派抵制宪法”，英国广播公司新闻在线，2005 年 8 月 28 日，URL 〈http：//news，bbc. co. uk/1/4192122. stm〉。

[129] ICG（同注释［126］），第 5 页。

[130] 关于什叶派起义及其后果参见德旺和霍尔姆奎斯特（同注释［15］），第 113—116 页。

[131] 在安巴尔和萨赫荷丁省，宪法被三分之二多数否决（但在尼纳万赫省只有 55% 的投票者反对），J. W. 安德逊，“逊尼派未能阻止通过伊拉克宪法”，《华盛顿邮报》，2005 年 10 月 26 日。

[132] ICG（同注释［126］），第 1 页，及 A. 西尔，“伊拉克急速走向失败”，《纽约时报》，2005 年月 4 日。

[133] “在巴格达遭受袭击时伊拉克进行投票”，英国广播公司新闻在线，2005 年 1 月 30 日，URL 〈http：//www. news. bbc. co. uk/1/4219569. stm〉。

表达了他们的愤怒。[134]

然而，紧随着过渡政府成员的宣布，从4月28日至5月6日，发生了另一股暴力浪潮，10次自杀性炸弹爆炸事件和35次大规模袭击行动杀死了270多人。[135] 暴力事件也直接影响到了宪法起草进程：7月19日杀害3名宪法委员会的逊尼派阿拉伯人代表导致逊尼派的阿拉伯代表对委员会的工作进行了一个星期的抵制。[136] 在商讨宪法草案文本的最后日子里紧张气氛上升，在发生对巴格达警察部队的自杀性袭击事件后，该城爆发了激烈的战斗。在10月15日就宪法举行公民投票后暴力事件再次发生，美国部队在安巴尔省茹特巴镇及整个伊拉克中西部地区与反抗分子发生冲突。[137] 与此同时，有迹象表明，巴士拉周围地区的什叶派团体将宪法草案解读为进一步巩固了他们对这个国家南部地区的控制。10月中旬发生的致命的路边炸弹爆炸和其他袭击迫使英国部队进一步从市中心撤退到郊区。[138]

反抗行动的模式

若干因素使得对2005年伊拉克发生的反抗行动进行分析变得复杂起来。首先，没有关于反抗行动的规模和组成的可靠情报。估计人数在2万（这是美国官员最常用的数字）和6万多人之间，想编写完

---

[134] 联合国，秘书长根据1546号决议（2004）第30段写的报告，联合国文件S/2005/141，2005年3月7日，第3页；及“伊拉克城镇抗议炸弹爆炸”，英国广播公司新闻在线，2005年3月1日，URL〈http://news.bbc.co.uk/1/4308529.stm〉。

[135] 联合国，秘书长根据1546号决议（2004）第30段写的报告，联合国文件S/2005/373，2005年6月7日，第3页。

[136] “伊拉克宪法起草人被杀”，英国广播公司新闻在线，2005年7月19日，URL〈http://news.bbc.co.uk/1/4696869.stm〉；联合国，秘书长根据1546号决议（2004）第30段写的报告，联合国文件S/2005/587，2005年9月7日，第2页；及E.王，“逊尼派抵制起草小组起草伊拉克宪法”，《纽约时报》，2005年7月21日。

[137] “伊拉克首都发生枪战”，英国广播公司新闻在线，2005年8月24日，URL〈htt://news.bbc.co.uk/1/4180672.stm〉；及E.王，“伊拉克人开始审计大量‘赞成’票，可能需要三天时间”，《纽约时报》，2005年10月19日。

[138] P.伍德，“什叶派民兵在巴什拉的力量增强”，英国广播公司新闻在线，2005年10月10日，URL〈http://news.bbc.co.uk/1/4347636.stm〉。

整的名单的尝试显示出反抗组织是变化不定的。[139] 很多反抗者看来是“兼职”的，没有正式与哪个团体有联系，而平民（包括失业者和犯罪分子）常被吸纳为新成员。[140] 有迹象表明，反抗团体雇佣平民去埋设临时准备的爆炸装置，给杀害政府官员者以奖金。对劫持人质和绑架事件进行的分析显示出有一种三层式的结构，在此结构中，劫持人质常常是由受雇的“基层士兵”来执行，由有组织的犯罪集团支付，而这些犯罪集团反过来又成为反抗集团的“承包人”。[141] 自杀式炸弹爆炸分子是从各选区招募来的，攻击发生率保持在一个具有破坏性的平均数，即全年每月 50 起。[142]

其次，在确定伊拉克反抗团体的身份和对他们进行分类时遇到了困难，这就影响到对他们的动机进行准确的分析。小规模的和惊人规模的两种暴力犯罪事件均高频率地发生，这使人很难去区分哪个是政治动机暴力行动，哪个是刑事暴力行动。[143] 想绘制反抗行动分布状况的努力围绕着三大群体：伊斯兰主义者（激进派/圣战派/萨拉非派/瓦哈比派）、逊尼派阿拉伯人/民族主义者（包括前复兴党分子以及伊拉克伊斯兰军和安萨尔·逊尼集团）和什叶派（最有名的是萨德尔

---

[139] 见 A. H. 科德斯曼，“伊拉克反抗行动的新模式：为伊拉克内战而打的战争”，战略和国际问题研究中心工作文件，2005 年 9 月 27 日修改，第 2 页；及 IISS（同注释[47]），第 425—426 页。

[140] A. F. 奇乌斯多齐，“相互矛盾的情报遮盖了对伊拉克反抗行动的分析”，Jane's Homeland Security and Resilience Monitor，（2005 年 4 月）第 3 期第 4 卷，第 14—16 页。

[141] A. F. 克日平那维奇，“如何在伊拉克赢得胜利”，外交事务双月刊（2005 年 9 月/10 月）第 5 期第 84 卷，第 103 页；C. 阿龙，“绑架使外国在伊拉克的建设陷于危险之中”，《简氏情报评估报告》，2005 年 3 月，第 9 页；及 J. 卡罗尔，“伊拉克兴起中的行业：国内绑架”，《基督教科学箴言报》，2005 年 4 月 22 日，URL 〈http：//www. csmonitor. com/2005/0422/p06s01－woiq. html〉。

[142] E. 王，“伊拉克自杀式炸弹爆炸炸死 30 人，伤数十人”，《纽约时报》，2005 年 11 月 25 日。

[143] 在 2003 年入侵伊拉克前，萨达姆将 38000 名在押犯从监狱里释放了出来，这为犯罪活动的广泛流行播下了种子。R. M. 佩里托，“联盟临时当局的经验与伊拉克的公众安全”，USIP 特别报告，第 137 期，2005 年 4 月，URL 〈http：//www. usip. org/pubs/specialrepots/sr137. html〉，第 7 页。

的迈赫迪军及巴德尔旅)。[144] 大多数分析家发现，反抗分子的多数是逊尼派阿拉伯人（有个消息估计，接近 90%的袭击是由逊尼派阿拉伯集团发动的)，而另一个消息来源认为，更具特性的是活动在传统逊尼派地区的反对派集团，或是从以前的权势集团衍生出来的反抗分子，他们因复兴党统治下的复杂的权力和财富结构的崩溃而被剥夺了权利，他们的网络是以部落和家族为基础组成的。[145]

第三，支持政府的一些集团继续保留民兵，对于瓦解主要是反对美国领导的多国部队和反政府的反抗行动变得很困难。尽管伊拉克的官员们定期地提出，为了保证当地的安全，依靠当地民兵是必要的，但是这种民兵的继续存在显示了当局的四分五裂以及在伊拉克复杂安全环境下非国家行为体的进一步扩散。[146] 民兵组织中最突出的是库尔德民主党和库尔德爱国联盟控制的佩斯梅加（Peshmerga）组织以及由团结伊拉克联盟成员伊拉克伊斯兰革命最高委员会支持的巴德尔旅。[147] 民兵组织之间的暴力活动——如 8 月在整个南部地区发生的萨德尔的迈赫迪军和巴德尔旅（都是什叶派民兵）之间的冲突——表明，在伊拉克，除在反对多国部队问题上的分歧外，还存在着与当地权力竞争有关的种族—宗派主义分歧。[148]

第四，反抗行动中圣战者分子所占的比例以及他们在多大程度上与国际恐怖网络（或者说是外向性的）有联系仍然是个疑问。由于与

---

[144] 波斯奇（同注释 [120]）编，第 107—113 页；科德斯曼（同注释 [118]）；及 HRW，“面子和名声：平民是伊拉克反抗集团的牺牲品”，《人权观察》，(2005 年 10 月) 第 9 期，第 17 卷。

[145] HRW（同注释 [144]），第 8 页；及“对伊拉克—逊尼派为基础的反对派的分析”，《战略观察》，(2005 年 5 月) 第 4 期第 5 卷，URL 〈http: /www. ccc. nps. navy. mil/si/2005/may/haoghSunniMay05. asp〉。然而，一些分析家争辩说，消除逊尼派的不满将使一大部分反抗分子中立化。波斯奇编（同注释 [120]），第 25—44 页。

[146] 伊拉克过渡政府总统加拉尔·塔拉巴尼散布过用基层民兵来保卫当地安全的思想。J. 缪尔，“伊拉克的部长们面临着艰巨的任务”，英国广播公司新闻在线，2005 年 5 月，URL 〈http: //news. bbc. co. uk/2/4527913. stm〉。

[147] V. 迈特，“伊拉克：对民兵恢复法律和秩序的能力的怀疑上升”，自由欧洲电台/自由电台（RFE/RL），2005 年 4 月 21 日。

[148] “伊拉克什叶派各派之间爆发暴力冲突”，英国广播公司新闻在线，2005 年 8 月 24 日，URL 〈http: //news. bbc. co. uk/1/4182230. stm〉；及 P. 斯皮格尔，“巴德尔和萨德尔民兵之间的敌对使英国部队感到担忧”，《金融时报》，2005 年 12 月 14 日。

叙利亚松弛的边界成了反抗分子招募人员和运进武器弹药的通道，伊拉克冲突的国际背景是很清楚的。在南部地区的什叶派民兵据传由伊朗提供物质支援和训练，而在约旦的人士被指责为反抗行动的财政来源。[149] 美国发动的一些旨在封锁叙利亚边界的进攻行动表明，美国军事上的重心放在了切断反抗运动的外部联系上。[150]

尽管在国际媒体中经常提到“国际恐怖主义”和“外国圣战分子”，联军官员在 2005 年春天报告说，95％以上被打死或俘虏的反抗分子是伊拉克人；而在 11 月，伊拉克和美国的官员都估计，伊拉克籍的武装分子接近 95％。[151] 在国内，大多数分析家判断，逊尼派阿拉伯反抗分子中的极端分子/圣战者分子——他们常常是“新萨拉非”集团成员——约占反抗分子总数的 5％—10％，也就是（这要看将哪个数据作为总数）在 1500 人至 6000 人之间。[152] 最不幸的是，在约旦人阿布·穆萨·扎卡维领导下的活动在美索不达米亚地区的基地组织对 2005 年发生的几起重大的袭击事件负有责任。[153] 11 月 8 日发生在约旦安曼三个旅馆的三联式炸弹袭击炸死了 50 多人，炸伤 100 多人，它突出地表明该组织不仅对伊拉克构成了威胁（在那里扎卡维对什叶派宗教目标实施了分裂主义暴力活动），而且也对地区和国际安

---

[149] “南部也是一片混乱”，《经济学家》，2005 年 9 月 24 日，第 49 页；“叙利亚同与伊拉克反抗行动有联系的武装分子发生冲突”，《纽约时报》，2005 年 7 月 5 日；及 R. A. 欧培尔，“伊拉克谴责约旦允许向反抗行动提供财政支持”，《纽约时报》，2005 年 8 月 22 日。关于伊朗作用的更接近的分析参见 ICG，“伊朗在伊拉克的影响有多大?”中东报告第 38 期，安曼和布罗塞尔，2005 年 3 月 21 日。

[150] R. A. 欧培尔，“100 名反叛分子在伊拉克西部地区被打死”，《纽约时报》，2005 年 5 月 10 日；K. 塞姆泼尔，“在反抗分子的伏击中，5 名海军陆战队队员被打死，11 名受伤”，《纽约时报》，2005 年 11 月 17 日；及“来自伊拉克的新好战者的威胁”，英国广播公司新闻在线，2005 年 6 月 23 日，URL 〈http：//news. bbc. co. uk/2/4122040stm〉。

[151] HRW（同注释［144］），第 7 页。说到外国反抗分子，估计一半以上是沙特阿拉伯人。A. H. 科德斯曼，“伊拉克和外来的志愿人员”，战略和国际问题研究中心报告，2005 年 11 月 17 日，UEL 〈http：//www. csis. or/index. php〉，第 2 页。

[152] A. H. 科德斯曼（同注释［139］）。

[153] 如该组织承认对 12 月 6 日发生在首都巴格达主要的警察学院的最致命的攻击负责，此次袭击至少炸死 36 名警官，炸伤 72 人。E. 王，“在伊拉克学院发生的自杀式炸弹袭击杀死 36 名官员”，《纽约时报》，2005 年 1 月 7 日；及 A. H. 科德斯曼（同注释［18］），第 28、50—56 页。

全构成了威胁。[154] 2005 年 8 月对停泊在约旦亚喀巴港的两艘美国军舰的火箭袭击，看来也是由伊拉克境内不明身份的反抗集团指使发动的。[155]

就战术而言，反抗力量看来是要对多国部队和伊拉克安全力量保持主动进攻态势并继续利用新统治集团的战略弱点。伊拉克安全部队成为暴力活动的主要目标，一个惊人的例子是 4 月 4 日在伊拉克北部库尔德地区伊尔比尔市发生的对一个警察招募中心的一次自杀式炸弹袭击事件（由安萨尔·逊尼集团的一名成员实施），共有 60 多人被炸死。在 5—10 月间，伊拉克安全部队比过去损失了更多的人员，平均每星期死亡 69 人。[156] 自萨达姆·侯赛因被推翻起至 6 月，2600 名伊拉克安全人员被杀，比联军的军事和非军事死亡人数的总和还多。[157] 针对伊拉克官员的暗杀活动使政局进一步处于不稳定状态，而对驻伊拉克的外国外交官的攻击——有时是致命的——导致过渡政府在国际上陷于困境。[158]

然而最严重的是反抗袭击所造成的平民伤亡的程度。11 月 25 日发生在巴格达南部幼发拉底河河谷马赫穆迪亚市的针对在一家旅馆外排队等候的平民的自杀式袭击，杀死 30 多人，它显示了这种暴力活动不分青红皂白的性质。[159] 伊拉克“尸体统计”单位 12 月中旬估

---

[154] “基地组织宣称对约旦的袭击事件负责”，2005 年 11 月 10 日，英国广播公司新闻在线，URL 〈http：//news. bbc. co. uk/1/4423714. stm〉；及 D. 季赫，“以伊拉克为基地的圣战组织寻求更广阔的天地”，《纽约时报》，2005 年 11 月 11 日。

[155] M. H. 法塔，“约旦逮捕了火箭袭击的主要嫌疑犯”，《纽约时报》，2005 年 8 月 23 日。

[156] “七天的暴力活动”，《华盛顿邮报》，2005 年 5 月 8 日；及 N. 本萨赫尔，“对反击反抗组织的评估”，《巴尔的摩太阳报》，2005 年 8 月 9 日。

[157] A. 林斯 . 德 . 阿尔布奎克和 M. 欧汉龙，“保护伊拉克安全部队”，《华盛顿邮报》，2005 年 7 月 18 日；及“斗士们屠杀 21 名伊拉克警察”，英国广播公司新闻在线，2005 年 11 月 7 日，URL：〈http：//news. bbc. co. uk/1/3989671. stm〉。

[158] 埃及驻伊拉克大使伊哈布·谢里夫被杀，巴基斯坦和巴林外交官成为目标。J. F. 伯恩斯，“在使节被杀后伊拉克要求穆斯林国家提供帮助”，《纽约时报》，2005 年 7 月 9 日。

[159] E. 王，（同注释［142］）。

计，自 2003 年 3 月以来被杀害的平民为 30989 人。[160] 就地理位置来说，巴格达以南幼发拉底河河谷地区 2005 年继续成为暴力活动的中心（常被称为死亡三角），这里强盗的伏击与宗派主义者为控制城镇和通向首都以南圣城纳杰夫和卡尔巴拉的主要交通干线的斗争混在一起。[161] 巴格达、摩苏尔及西部的安巴尔省受暴力活动的影响最严重，但北部地区库尔德人省份也面临严重的不安。10 月最后一个星期发生在这个国家中部和北部地区和 11 月第一个星期发生在巴格达、提克里特和基尔库克附近的哈维加镇的袭击造成 400 多名伊拉克人丧生。[162]

2005 年末的展望

至 2005 年底，英美两国政府尚未找到一条实现多国部队在伊拉克的反常作用的道路：尽管多国部队的存在为反抗运动提供了一个招募人员的刺激因素，但是它在极其不安全情况下的撤离必将广泛地被认为是一种不负责任的行为。[163] 与此同时，美国 6 月的民意测验显示，民众的支持率已降到了 2003 年入侵以来的最低点：一半以上的受调查者相信伊拉克战争没有对美国的安全带来好处，而 56% 的人相信根本就不值得打这场战争。在年底，由于美国部队死亡总数超过 2000 人大关，造成的象征性影响，国内压力进一步上升。[164] 而且，2005 年的大多数分析指出了外部力量在打败反抗分子中的历史性不

---

[160] "伊拉克尸体统计"，URL〈http：www. iraqbodycount. org〉，2005 年 12 月 20 日。要详细了解针对平民的暴力活动参见 HRW（同注释 [144]）。

[161] E. 王，（同注释 [142]）。

[162] R. 哈迪，"分析：伊拉克暴力事件上升"，英国广播公司新闻在线，2005 年 11 月 5 日，URL〈http：news，bbc. co. uk/2/4537065. stm〉。

[163] 什叶派和逊尼派集团中反美情绪高涨。S. 内格斯和 P. 瓦尔德米尔，"萨德尔的追随者计划发起运动将美赶出伊拉克"，《金融时报》，2005 年 4 月 11 日，第 8 页；及 D. 比曼，"伊拉克的五个坏的选择"，《生存》杂志，2005 年（春）第一期，总第 47 期，第 10 页。

[164] "这是没有赢得胜利的感觉"，《经济学家》，2005 年 6 月 18 日，第 39—40 页；及布鲁金斯学会，"伊拉克的指数：跟踪变化不定的后萨达姆时代的建设和安全形势"，11 月 28 日修改，URL〈http：//www. brookings. edu/iraqidex〉，第 5、7—8 页。关于向伊拉克转运武器，参见本卷第 10 章。

良记录。[165] 由于反抗运动重新在法罗加站住了脚（被看作是在美国部队 2004 年 11 月从反抗分子的控制中夺取该城市以来最成功的一次战斗），因而很显然，缺乏当地的支持和不足的经济重建使得要巩固对反抗分子的一时所得很困难。[166]

逐步将安全作战任务交给伊拉克安全部队被广泛地认为是摆脱联军深深卷入伊拉克的解决办法。[167] 2005 年底，已有约 7.5 万名当地警官经过训练并予以部署，这只是估计所需的 13.5 万人的约一半。尽管另外 7300 人现正接受训练，但当地警察的训练还是滞后。与此同时，总目标为 16 万人中的 9.9 万名伊拉克士兵受到了训练并已予装备。[168] 美国和伊拉克安全部队本年度发动了几次联合进攻，结果是有成有败。在 2 月底，在与叙利亚接壤的安巴尔省进行了一次大规模的对反抗运动的作战行动，但引起了对这次作战行动的政治和人道主义影响的强烈关注。[169] 6 月，伊拉克安全部队被分配担任巴格达和摩苏尔小部分的安全任务，并在北部的塔尔阿法尔城进行了进一步的联合作战行动。由于伊拉克部队受到严重打击及缺乏训练和装备，美国官员怀疑他们接管作战任务的能力；为了更好地利用当地部队，美国正在考虑对其战略做重大改变。[170]

比缺乏有效性更令人困扰的是伊拉克安全部队和多国部队都未能

---

〔165〕 C. 科纳塔，“恶性循环：伊拉克占领和抵抗的动向”，研究专著（共同体关于防务选择的项目：剑桥，马斯，2005 年 5 月 18 日），URL〈http://www.comw.org/pda/0505rm10exsum.html〉。

〔166〕 布鲁金斯学会萨班中东政策研究中心高级研究员兼研究部主任肯尼斯·M. 波拉克 2005 年 7 月 18 日在参议院外交关系委员会就伊拉克安全问题所作的证词，URL〈http://brook.edu/views/testimony/pollack/20050718.htm〉。

〔167〕 E. 斯密特，“美国说，伊拉克人没有做好准备依靠自己来打败叛乱分子”，《纽约时报》，2005 年 7 月 21 日。训练伊拉克警察在 2003 年部分地交给了美国私人保镖公司 Dyncorp。关于在伊拉克的私人保镖公司参见霍尔姆奎斯特（同注释 [46]），尤其是第 3 章。

〔168〕 D. 费尔金斯，“将军说，伊拉克民兵撕裂了伊拉克安全部队的忠诚”，《纽约时报》，2005 年 12 月 3 日第 12 版。

〔169〕 联合国，秘书长根据 1546 号决议第 30 段所作的报告，联合国文件 S/2005/141，2005 年 3 月 7 日，第 3 页。

〔170〕“需要英雄”，《经济学家》，2005 年 6 月 8 日，第 23 页；及 E. 斯密特，“美国说，伊拉克人没有做好准备依靠自己来打败叛乱分子”，《纽约时报》，2005 年 7 月 21 日。

坚持民主的标准。未经必要的程序拘押 2 万人在联合国秘书长的一些报告中被认为是对这个国家的一个重大人权挑战，而不断的关于过渡使用武力的谴责则深深地玷污了伊拉克和美国安全部队的声誉。[171] 2005 年，对主要是什叶派组成的伊拉克安全部队针对逊尼派社区宗派主义的暴力活动的谴责不断增多。11 月，内政部关押中心逊尼派阿拉伯囚犯遭受拷打的照片被泄露给了国际新闻界。[172] 伊拉克安全部队宗派主义的劫持和处死人员也被一些人权组织所证实，而关于反抗分子正在渗透进伊拉克新的警察部队的传闻引起了对伊拉克新武装力量信誉的严重关注。[173]

多国部队未能促进伊拉克安全部队有效和负责任的行事方式，导致一些分析家得出结论，建立伊拉克安全部队的努力更多地是与美国想继续留在伊拉克的愿望有关，而不是根据对居民安全需要和统治网络的确切理解。[174] 尽管一些反抗集团不时发表声明，表示愿意加入政治进程，但在 2005 年底，这类接触的可信性受到怀疑，任何更广泛的放弃暴力手段看来很遥远。[175] 10 月份阿拉伯联盟秘书长阿姆里·穆萨对伊拉克的访问导致 11 月在埃及开罗召开了伊拉克“民族

[171] 联合国，秘书长根据 1546 号决议第 30 段所作的报告，联合国文件 S/2005/373，2005 年 6 月 7 日，第 13 页；联合国，秘书长根据 1546 号决议第 30 段所作的报告，联合国文件 S/2005/585，2005 年 9 月 7 日，第 11 页；及 HRW（同注释 [144]）。

[172] J. 缪尔，“关于虐囚问题的报道给伊拉克紧张局势火上加油”，英国广播公司新闻在线，2005 年 11 月 16 日，URL〈http：//news. bbc. co. uk/1/4443126. stm〉；“伊拉克发现新的虐囚监狱”，英国广播公司新闻在线，2005 年 12 月 2 日，URL〈http：//nes. bbc，co. uk/2/4520714. stm〉。

[173] 一个逊尼派集团采用巴格达一些家庭的证词声称，它已为在过去 4 个月中 700 多名逊尼派平民的死亡和失踪提供了证明文件。D. 费尔金斯，“逊尼派人士指责伊拉克军队进行绑架和屠杀”，《纽约时报》，2005 年 11 月 29 日；J. 卡罗尔，“新伊拉克武装力量中的老式野蛮行为”，《基督教科学箴言报》，2005 年 5 月 4 日，URL〈http：//www. csmonitor. com/2005/0504/p01s04—woiq. html〉；及“加入伊拉克警察”，英国广播公司新闻在线，2005 年 7 月 26 日，URL〈http：//news. bbc. co，uk/2/4716531. stm〉。

[174] A. 希尔，“有新有旧：伊拉克的安全管理”，《冲突、安全和发展》第 2 期（2005 年 8 月）第五册，第 183—184、196 页。

[175] E. 王，“伊拉克方面说，反叛集团伸出触觉”，《纽约时报》，2005 年 11 月 26 日。

和解”会议，似乎为一种新的外部参与伊拉克局势的形式提供了希望。[176] 令人鼓舞的是，国会选举按计划在 12 月 15 日相对平静的情况下举行了。然而在年底时选举的结果是非决定性的，尤其是考虑到逊尼派选民的未来作用。[177]

尽管对伊拉克来说这一年里越过了一些政治里程碑，但无情的暴力活动显示：伊拉克政府、多国部队以及从更广的意义上来说还有国际社会都无望地未做好准备以使这个国家避免陷入内战。在 2005 年底，如何应对非国家行为体的活动成为面临的核心挑战；不能理解反抗运动的动机或组成情况，更不用说确定政治谈判的可靠切入点，继续给伊拉克投下了阴影。

第五节 结论：应对冲突中的非国家行为体

本章开头所作的简要回顾注意到了过去四年中冲突模式和态势的一些重大变化。四十年前，国家被看作是冲突和国际安全关系中的关键行为体，并自然地认为任何反叛运动的目标是自决。接着，冲突中非国家行为体日益加强的重要作用，加之出现了非传统或“新”安全威胁，已大大改变了全球各种冲突的态势和国际应对冲突的措施。[178] 此外，人权文化的成长及对个人和多层面安全（或称人的安全）的强调，已经将传统的关注从物质和民族的安全转移到推动作出更大努力去应对危害贫民百姓生命的威胁，不管这种威胁源自国家还是非国家

[176] “阿拉伯联盟首脑对伊拉克之行表示满意”，阿拉伯新闻在线，2005 年 10 月 25 日，URL〈http：//www.arabicnews.com./ansub/Daily/Day/051025/2005102505.htlm〉；A. 贾纳比，“开罗会议给不满情绪火上加油”，阿拉伯新闻在线，2005 年 11 月 15 日，URL〈http：//www.arabicnews.com./ansub/Daily/Day/051025/2003102505.html〉；及 A. H. 科德斯曼，“阿拉伯人在伊拉克问题上的作用”，战略和国际问题研究中心报告，2005 年 10 月 6 日，URL〈http：//www.csis.org/〉。

[177] “该死的，错误的一群人赢了”，《经济学家》，2005 年 1 月 5 日。

[178] 关于新威胁的出现与非国家行为体的扩散之间关系的详细说明参见 E. 克拉赫曼（编），《国际安全中的新威胁和非国家行为体》（帕格拉夫·麦克米兰：纽约州，纽约市，2005 年）。

行为体。

然而，可用于应对非国家威胁和非国家行为体的手段在很大程度上仍掌握在国家手里。2005 年的种种事件表明，为了适应改变了的国际环境，联合国这个在消除对和平和安全的威胁方面最重要的国际组织在多大程度上依然在同个体国家利益与机构发展之间的紧张关系作斗争。[179] 尤其是联合国在直接解决冲突中武装的非国家行为体问题上权限有限，这在很大程度上是因为要冒着被视为对武装的反对派集团给予过多的合法性或同有问题政府过于敌对的风险。换句话说，联合国需要“解决反叛问题”。本章所着重指出的非国家行为体活动的特点——武装集团的多变性、将冲突描绘成国内犯罪或恐怖活动问题、在冲突结束之后武装集团的继续活动——有助于说明为什么解决武装集团的努力是那么的困难。

现代政治环境的另一个争论很多的方面是参与冲突管理和和平建设的民间社团组织的成长和扩展。[180] 这部分是民间社团（显著的是非政府组织）在人道主义援助及更广泛的发展活动方面既定作用的一种很自然的延伸，因为安全与发展的不可分割性越来越得到公认。[181] 一些分析家认为，非国家冲突管理者和和平建设者一般比国家（或政府间的）行为体可能在实际上更好地适合于处理武装集团及非国家威胁。[182] 尤其是非政府组织正变得愿意和有能力（例如通过“致敏”计划和更广泛的促进人权）与武装集团直接接触，这正是因为他们不会像国家那样面临同样的政治障碍。[183] 虽然各国正越来越认识到需

[179] 在这方面，2005 年联合国全球峰会当然是中心事件。参见本卷第 3 章。

[180] 要详细了解非政府组织在和平建设方面的作用，参见 L. C. 格斯特鲍厄，“新的冲突管理者：建设和平的非政府组织和国家议程”，克拉赫曼编（同注释 [178]），第 23—45 页。

[181] 参见如国际和平学院，“安全—发展的联系：21 世纪的冲突、和平和发展”，计划说明，2004 年 3 月，URL〈http://www.ipacademy.org/Programs/Programs.htm〉；及英国国际贸易和发展部，“与贫困作斗争以建立一个更安全的社会：一个安全和发展的战略”（伦敦，2005 年 3 月），URL〈http://www.dfid.gov.uk/pubs/files/securityforall.pdf〉。

[182] 克拉赫曼（同注释 [178]），第 199—213 页。

[183] 国际红十字会（ICRC）凭借国际法给予它的永久性的授权及其得到公认的公正、独立和中立的政策，在培育和增进武装集团对国际人道主义法律和人权标准的理解和尊重方面占有独一无二的地位。关于国际红十字会参见 URL〈http://www.icrc.org/〉。

要合作来解决（跨国）非国家行为体的威胁，但国家领导和公民社会的努力之间的合作仍然是不够的。新成立的联合国和平建设委员会可能会为解决这种差距和促进官方和非官方努力之间的结合提供一个论坛。在这种情况下，探寻预防行动，包括早期调解是很重要的。

自 2003 年美国领导的备受争议的入侵以来，伊拉克的冲突已经成为国际关于冲突问题争论的中心。2005 年的情况发展表明，这一冲突将会继续在国际上引起反响，而且，不管其根源如何独特，将会对更广泛的冲突和冲突管理的概念产生影响。尤其是伊拉克的冲突已经将与冲突中非国家集团的多样性有关的种种问题提了出来。从反抗运动中是否会出现一个可生存的政治实体，或是否由于非国家行为体的活动会使冲突扩展至地区和国际范围，这一问题在可预见的将来无疑会进一步引发关于冲突、安全和跨国威胁的争论。

（罗明毅 陆春林 译）

附录 2A 1990—2005 年重大武装冲突的模式

罗塔·哈博姆　彼得·瓦伦斯腾*

一、全球模式

2005 年，全世界 16 个地点出现了 17 起重大武装冲突。自 1999 年以来，重大武装冲突的数量平稳下降，2005 年冲突的次数是冷战后 1990—2005 年间最少的一年。在 20 世纪 90 年代前半期，重大武装冲突的次数较多，每年达 27 次至 31 次之多，其中以 1991 年为最高。

2005 年没有记录到新的国家间冲突。而国家间冲突的数量少，并不是一种新的现象。在 1990 年至 2005 年的这 16 年间，57 起重大武装冲突中只有 4 起是国家间的交战，即厄立特里亚与埃塞俄比亚（1998—2000 年）、印度与巴基斯坦（1990—1992 年和 1996—2003 年）、伊拉克与科威特（1991 年），以及伊拉克与美国及其盟国（2003 年）。其余 53 起冲突均在国内打，或者是为争夺政府控制权（30 起），或者是为争夺领土控制权（23 起）。在冷战后的所有年份中，除了 1993 年以外，为争夺政府控制权而发生的冲突数量都大于争夺领土控制权的冲突数量。

2005 年，外部国家向 3 起国内冲突派出了正规部队：阿富汗政府与“塔利班”的冲突、伊拉克政府与伊各反抗派别的冲突，以及美

* 乌普萨拉大学和平与冲突研究部“乌普萨拉冲突数据项目”。表 2A. 3 中各人负责的地点如下：Johan Brosche 负责俄罗斯和苏丹；Kristine Eck 负责印度和尼泊尔；Hanne Fjelde 负责阿富汗；Erika Forsberg 负责菲律宾；Helena Grusell 负责哥伦比亚和秘鲁；Joop de Haan 负责土耳其；Lotta Harbom 负责斯里兰卡和乌干达；Stina Hogbladh 负责布隆迪；Joakim Kreutz 负责伊拉克、以色列和缅甸。

国政府与“基地”组织的冲突。美国还是前两场冲突的主要参与方，使该国成为 2005 年重大武装冲突最频繁的参与国。〔1〕

二、地区模式

在 2005 年，亚洲是冲突数量最多的地区，共发生了 7 起（应为 10 起，译者注）重大武装冲突。非洲、美洲和中东这三个地区各发生了 3 起冲突，在欧洲有 1 起。表 2A.1 和表 2A.2 列出了 1990—2005 年间重大武装冲突及地点的地区性分布。图 2A.1 显示了这一时间段每一年的地区分布数量和总数。

非洲是整个冷战后时期重大武装冲突的主要发生地。自 1990 年以来，该地区的 17 个地点共发生了 19 起冲突，其中只有 1 起是国家间冲突——厄立特里亚与埃塞俄比亚之间的冲突。〔2〕2000 年后非洲的冲突数量持续下降，2005 年只记录有 3 起，为冷战后时期冲突次数最少的年份。冲突数量高峰间为 1998 年和 1999 年，每年非洲均发生了 11 起冲突。1990—2004 年间非洲发生的 18 起国内冲突中的绝大多数（15 起）为政府权力之争。

在**美洲**（包括北美、中美、南美及加勒比海地区），1990—2003 年间有案可查的重大武装冲突有 6 起。〔3〕冲突数量从这一时间段第一年的最高点（5 起）下降到 1997—2000 年间的只有 2 起。2001 年以来，冲突数量每年都是 3 起。1990 以来，哥伦比亚和秘鲁每年都记录有 2

〔1〕 关于向以上冲突派兵的各国情况，参见表 2A.3。想了解美国与“基地”组织冲突的背景情况以及影响数据库编码的复杂问题，请参阅 M. 索伦伯格和 P. 瓦伦斯腾合写的“1990—2001 年重大武装冲突的模式”（《SIPRI 年鉴 2002：军备、裁军和国际安全》牛津大学出版社：牛津，2002 年）第 67—68 页。

〔2〕 1990—2004 年间在非洲有记录的 19 次重大武装冲突发生在阿尔及利亚、安哥拉、布隆迪、乍得、刚果民主共和国（原扎伊尔）、刚果共和国、埃塞俄比亚、埃塞俄比亚（厄立特里亚）、厄立特里亚—埃塞俄比亚、几内亚比绍、利比里亚、摩洛哥（西撒哈拉）、莫桑比克、卢旺达、塞拉利昂、索马里、苏丹（苏丹南部）及乌干达。请注意，在本附录中如果只提到国家名字，即意味着这是一场争夺政府控制权的冲突；对于争夺领土控制权的冲突，则在国名后面括号中注上所争领土的名字。

〔3〕 1990—2005 年间在美洲有记录的 6 起冲突发生于哥伦比亚、萨尔瓦多、危地马拉、秘鲁和美国（美国政府与“基地”组织之间的冲突）。

起冲突。[4] 该地区所有的冲突均为内部冲突，都是针对政权控制的。

在**亚洲**，1990—2005 年间共有 15 起重大武装冲突。[5] 虽然非洲是这个时期冲突数量最多的地区，而按年份算，多数活跃的冲突发生在亚洲（参见图 2A. 1）。从 1990 年到 1996 年，亚洲的冲突数量在 9—12 起之间起伏，但自 1997 年以来在缓慢地下降，到 2004 年降至 6 起。2005 年增加了 1 起冲突——阿富汗政府与“塔利班”之间的冲突。2005 年记录到的 4 起冲突——印度（克什米尔）、缅甸（克伦）、斯里兰卡（伊拉姆）和菲律宾——在过去 16 年期间始终未停过。该地区有 1 起冲突是国家间的冲突（印度和巴基斯坦）。亚洲的 14 起国内冲突中，只有 6 起是涉及政府权力的，其余 8 起则涉及领土。

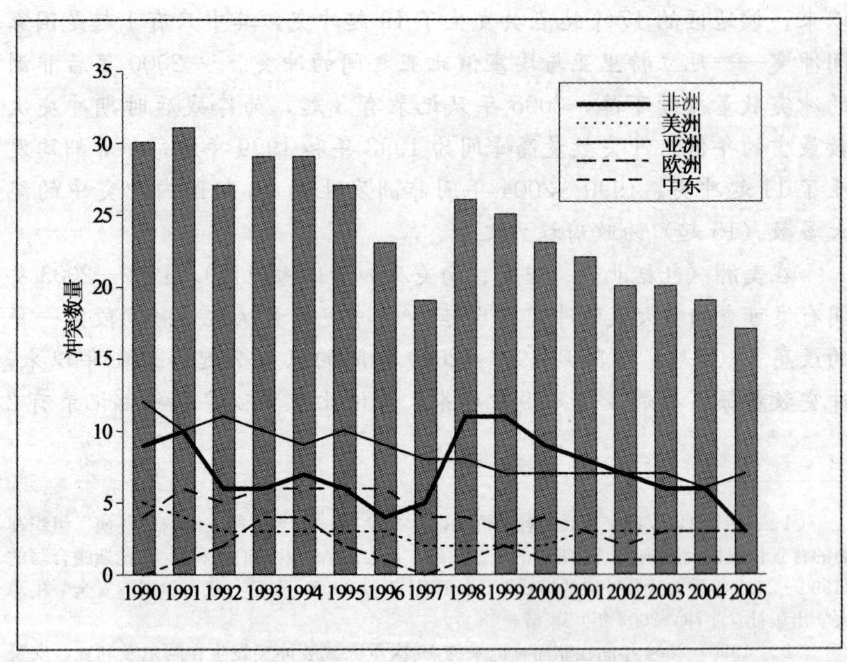

图 2A. 1 1990—2005 年重大武装冲突的地区分布及总数

〔4〕 该类别的第 3 起冲突是美国和“基地”组织之间的交战。

〔5〕 1990—2005 年间在亚洲记录的 15 起冲突发生在阿富汗、柬埔寨、印度（克什米尔）、印度（旁遮普）、印度—巴基斯坦、印度尼西亚（东帝汶）、缅甸（克钦）、缅甸（克伦）、缅甸（掸邦）、尼泊尔、菲律宾、菲律宾（棉兰老岛）、斯里兰卡、斯里兰卡（泰米尔伊拉姆）和塔吉克斯坦。

表 2A. 1 1990—2005 年重大武装冲突的地区分布、数量和类别

地区	1990		1991		1992		1993		1994		1995		1996		1997		1998		1999		2000		2001		2002		2003		2004		2005	
	G	T	G	T	G	T	G	T	G	T	G	T	G	T	G	T	G	T	G	T	G	T	G	T	G	T	G	T	G	T	G	T
非洲	6	3	7	3	5	1	5	1	6	1	5	1	3	1	4	1	9	2	9	2	7	2	7	1	6	1	5	1	5	1	3	0
美洲	5	0	4	0	3	0	3	0	3	0	3	0	3	0	2	0	2	0	2	0	2	0	3	0	3	0	3	0	3	0	3	0
亚洲	4	8	3	7	4	7	4	6	4	5	4	6	4	5	3	5	3	5	2	5	2	5	2	5	2	5	2	5	2	4	3	4
欧洲	0	0	0	1	0	2	0	4	0	4	0	2	0	1	0	0	0	1	0	2	0	1	0	1	0	1	0	1	0	1	0	1
中东	1	3	3	3	2	3	2	4	2	4	2	4	2	4	2	2	2	2	1	2	2	2	1	2	0	2	1	2	1	2	1	2
合计	16	14	17	14	14	13	14	15	15	14	14	13	12	11	11	8	16	10	14	11	13	10	13	9	11	9	11	9	11	8	10	7
总计	**30**		**31**		**27**		**29**		**29**		**27**		**23**		**19**		**26**		**25**		**23**		**22**		**20**		**20**		**19**		**17**	

注： G 和 T 分别代表冲突的类型：政府控制权之争和领土控制权之争。

表 2A. 2 1990—2005 年至少爆发一场重大武装冲突的地区分布

地区	1990	1991	1992	1993	1994	1995	1996	1997	1998	1999	2000	2001	2002	2003	2004	2005
非洲	8	9	6	6	7	6	4	5	11	11	9	8	7	5	5	3
美洲	5	4	3	3	3	3	3	2	2	2	2	3	3	3	3	3
亚洲	8	8	9	8	8	8	9	8	8	7	6	6	6	6	5	6
欧洲	0	1	2	3	3	2	1	0	1	2	1	1	1	1	1	1
中东	4	4	4	5	4	4	4	4	3	4	3	2	3	3	3	
合计	**25**	**26**	**24**	**24**	**26**	**23**	**21**	**19**	**26**	**25**	**22**	**21**	**19**	**18**	**17**	**16**

资料来源： 乌普萨拉冲突数据项目。

在**欧洲**，冷战后时期记录有 7 起重大武装冲突。[6] 除了 1993 年和 1994 年这两年以外，从年度数量上来看，欧洲是重大武装冲突最少的地区。在 1990 年（0 起）至 1993—1994 年（每年 4 起）期间，主要由于巴尔干地区冲突的发生而使冲突的年度数量出现了上升。到 1997 年，这一数字又降为零。2000 年以来，在欧洲地区的唯一冲突就是俄罗斯政府同车臣共和国之间的冲突。过去 16 年期间在欧洲发生的这 7 起冲突，均为内部冲突。与其他地区情况有所不同的是，欧洲的这些冲突全都是领土控制权之争。

在**中东**，1990—2005 年间共记录了 10 起重大武装冲突。[7] 冲突数量最少的年份是 2002 年，那年只记录到 2 起。2003 年上升为 3 起，2005 年保持了这一水平。只有 1 起冲突延续了整个这十几年时间，即以色列政府和巴勒斯坦派别间的冲突。应注意的是，自 1992 年以来一直记录有土耳其（库尔德斯坦）旷日持久的冲突。中东有过 2 起国家间冲突：伊拉克与科威特之间，以及伊拉克与美国领导的联盟之间。中东出现的 8 起国内冲突，其中 3 起为政府控制权之争，5 起为领土控制权之争。

三、冲突情况表中 2005 年的变化

2005 年情况表中新增加的冲突

表中列入了 2005 年 1 起新的冲突：阿富汗政府与“塔利班”之间的冲突。2001 年记录下在阿富汗发生的最后一场大规模武装冲突，当时“拯救阿富汗伊斯兰联合阵线”（UIFSA，通常被称为“北方联盟”）在美国领导的多国联盟部队支持下推翻了“塔利班”政府。“塔利班”在 2003 年得以再聚重组，并对阿富汗新政权进行武装抵抗。2005 年，该冲突明显加剧并导致 1000 人以上与作战相关的死亡。人

[6] 1990—2005 年在欧洲的 7 起冲突发生在阿塞拜疆（内戈诺—卡拉巴赫）、波黑（Hereg—Bosna）、波黑（srpska 共和国）、格鲁吉亚（阿布哈兹）、俄罗斯（车臣）、南斯拉夫（克罗地亚）和南斯拉夫（科索沃）。

[7] 1990—2005 年间在中东的 10 起重大武装冲突发生在伊朗、伊朗（库尔德斯坦）、伊拉克、伊拉克（库尔德斯坦）、伊拉克—科威特、伊拉克—美、英、澳，以及以色列（巴勒斯坦）、黎巴嫩、土耳其（库尔德斯坦）和也门。

们曾普遍将其视为与 9 月选举有关的暂时性暴力活动，现在则认为这是冲突的升级。

列入 2004 年而未列入 2005 年的冲突

表中去除了 3 起冲突：发生于卢旺达、苏丹（苏丹南部）和阿尔及利亚的冲突。

在 2005 年，卢旺达政府与胡图族反叛组织解放卢旺达民主力量（FDLR）之间未发生作战。2005 年 3 月，基地设于刚果领土的 FDLR 宣布，愿意停止对卢旺达的军事行动并返回家园。该组织目前的目标是使自身成为一个政治党派，此举为卢旺达政府所反对。2005 年度未就遣返达成协议，FDLR 目前仍盘踞在刚果领土。

2005 年 1 月 9 日签署的《全面和平协议》[8] 终止了苏丹政府与苏丹人民解放运动/军（SPLM/A）之间自 1983 年以来旷日持久的冲突。SPLM/A 主席约翰·加朗在 7 月 9 日就任第一副总统数周后身亡，这对和平进程造成沉重打击。然而，苏丹政府军与前 SPLM/A 叛军之间并未发生作战。SPLM/A 副主席萨尔瓦·基尔·马亚尔迪特被选为加朗的继任者并出任苏丹第一副总统兼南部政府主席。2005 年 12 月，南部政府通过一部新宪法，这是执行和平协议进程中的一个重要里程碑。

在阿尔及利亚，政府与伊斯兰武装集团（GIA）之间的持久冲突似乎在 2005 年初走向结束。2004 年底，GIA 领导人 Nourredint Boudiafi 被阿当局捕获。2005 年 1 月阿内务部宣布，这一事件与 2004 年 7 月 GIA 另一领导人的死亡，已导致反叛运动“几乎完全崩溃”。[9] 与此相应，2005 年未有关于此冲突的伤亡报道。[10]

---

〔8〕 关于《全面和平协议》，参见美国和平研究院网站（URL〈http: //www.usip.org/library/pa/sudan/cpa01092005/cpa_toc.html〉。

〔9〕 “阿尔及利亚最嗜杀武装集团几被清除”，法新社，2005 年 1 月 4 日。

〔10〕 应注意的是，在 2005 年阿尔及利亚的局势远非平静，阿军与反叛组织“阿尔及利亚传道与战斗组织”（GSPC）之间的作战造成很多死伤。然而，GSPC 与政府之间的作战造成的与作战相关死亡人数在任何年度从未超出 1000 人这一界线，因此这一冲突未被界定为重大武装冲突，也未被此处收录。

冲突强度的变化

与 2004 年比较，2005 年 17 起重大武装冲突中的 4 起强度升高。[11] 其中的 2 起冲突——缅甸（克伦）和斯里兰卡（伊拉姆），与作战有关的死亡人数上升了 50%以上。

缅甸政府与克伦人全国联盟（KNU）的冲突强度上升，而在此前的 2004 年违反停火的事件只是零星地发生过。在 2005 年，随着军人统治集团的人事变动，各党派间的谈判更为艰难并随之破裂。然而，应注意的是，虽然暴力活动较前大幅加剧，但该冲突仍是 2005 年各地冲突中强度最低的。

2004 年 12 月东南亚地区遭受海啸袭击后，有人谨慎地希望这起灾难会拉近斯里兰卡各冲突方的距离。然而，由于该国政府与泰米尔伊拉姆猛虎解放组织（LTTE）未能就流入该国的人道主义救援物资达成分发协议，这种乐观态度很快冷却下来。双方在该年度未就实质性冲突问题举行任何会谈。相反，2005 年各派别之间的暴力活动明显上升。2005 年 11 月，前总理拉贾帕克萨赢得斯里兰卡总统大选，各党派的立场分歧似乎变得更大。在 12 月底，挪威人领导的停战监督团警告，战争可能并不遥远。

与 2004 年相比，2005 年强度下降的 9 场冲突是：以色列、乌干达、苏丹、美国—“基地”组织、布隆迪、伊拉克、尼泊尔、菲律宾和俄罗斯（车臣）。其中前 4 场冲突的强度下降了 50%以上。

在以色列，2005 年 2 月各派别之间达成停火协议。尽管发生过多起违反停火事件，暴力活动却因此明显降低。在乌干达，政府与圣灵抵抗军（LRA）之间的持久冲突在 2005 年继续进行，尽管较前一年的水平低得多。2004 年最后两个月发起一项旨在实现和平会谈的进程，到年底时，可能会签署正式停火协议的希望大增。然而，在最后时刻谈判破裂，双方在 2005 年恢复武装行动。2005 年 2 月 LRA 首席谈判代表 Sam Kolo 向乌干达军队投降，使这一进程再受打击。这些叛乱分子仍盘踞在苏丹，但由于有了南部苏丹的和

---

〔11〕 这 4 起强度升高的冲突是哥伦比亚、缅甸（克伦）、斯里兰卡（伊拉姆）和土耳其（库尔德斯坦）。

平协议，他们正受到更大的压力。在达尔富尔地区，政府与两个叛乱组织——苏丹人民解放运动/军（SLM/A）及争取公正与平等运动（JEM）之间的冲突仍在持续，但水平有所降低。然而，在该地区军阀和土匪活动明显上升，人民仍在受苦。在美国与“基地”组织的冲突中，这一年发生战斗的次数极少。确实发生的数起交火主要是从巴基斯坦 Waziristan 地区报道出来的，这是一个与阿富汗交界的部落区。

有 3 场冲突的强度同 2004 年没有变化：秘鲁政府与“光辉道路”、菲律宾政府与摩洛伊斯兰解放阵线（MILF）以及印度政府与克什米尔叛乱分子之间的冲突。

2005 年 17 起重大武装冲突中的 5 起，在该年度出现了 1000 人以上的与作战相关的死亡数。它们是：阿富汗、哥伦比亚、印度（克什米尔）、伊拉克和尼泊尔。

在哥伦比亚，“哥伦比亚革命武装力量”（FARC）与民族解放军（ELN）均在继续与政府的武装斗争。FARC 拒绝进行谈判，其暴力活动略有增加。ELN 则参与了一项暂时性进程，并在 2006 年举行了实质性会谈。在 2005 年，印度政府与克什米尔叛乱分子的冲突持续未减。这是克什米尔冲突连续导致 1000 人以上与作战相关死亡人数的第七个年头。尽管在伊拉克的暴力活动略有下降，该冲突导致的与作战相关死亡人数却远远超过 1000 人。这是 2005 年死亡人数最多的冲突，每天均有袭击发生。在尼泊尔，政府军与“毛派”尼泊尔共产党之间的作战仍在持续。然而，叛乱分子在 9 月份宣布进行为期 3 个月的单方面停火，并在随后加以延长。因此，该冲突在 2005 年的最后 4 个月明显降温。

表 2A.3　2005 年至少爆发一场重大武装冲突的地点

地点	对立因素[a]	形成/申明/交战/列入年份[b]	交战方[c]	死亡总数[d]（含 2005 年）	2005 年死亡人数[e]	相对 2004 年的变化[f]
非洲						
布隆迪	政府	1991/ 1991/1991 ..	布隆迪政府对 Palipehutu-FNL	＞7100	＜300	—
Palipehutu-FNL：胡图人民解放党—民族解放力量						
苏丹	政府	2003/ 2003/2003/ 2003	苏丹政府 对 SLM/A 对 JEM	＞5700	＜500	——
SLM/A：苏丹解放运动/军 JEM：公正与平等运动						
乌干达	政府	1987/ 1987/1988/ 1991	乌干达政府 对 LRA*	＞9400	＜700	
LRA：圣灵抵抗军						

* 请注意，在抵抗运动的初期，LRA 曾使用过多个不同的名称，最著名的是乌干达基督教民主军（UCDA）。

地点	对立因素[a]	形成/申明/交战/列入年份[b]	交战方[c]	死亡总数[d]（含 2005 年）	2005 年死亡人数[e]	相对 2004 年的变化[f]
美洲						
哥伦比亚	政府	1964/1966/1966/..	哥伦比亚政府对 FARC	>42000*	<1200	+
		1964/1965/..	对 ELN			
FARC：哥伦比亚革命武装力量						
ELN：民族解放军						
* 这一数字包括表中所列交战方以外的其他派别从 1964 年以来在战斗中死亡的人数。当然，绝大多数死亡者属于 FARC，一小部分属于 ELN。						
秘鲁	政府	1980/1980/1980/1981	秘鲁政府对 Sendero Luminoso	>28000	<25	0
Sendero Luminoso：光辉道路						
美国	政府	2001/2001/2001/2001	美国政府/多国联盟对“基地”组织	>3700	<25	— —

地点	对立因素[a]	形成/申明/交战/列入年份[b]	交战方[c]	死亡总数[d]（含 2005 年）	2005 年死亡人数[e]	相对 2004 年的变化[f]
＊ 请注意，由于哪些国家向多国联盟派出兵员的可靠信息是敏感而又不易查找的，因此本名单应视为初步的。在 2005 年，以下国家向多国联盟派出了作战部队：比利时、加拿大、克罗地亚、丹麦、爱沙尼亚、法国、意大利、荷兰、挪威、波兰、罗马尼亚、斯洛伐克、西班牙和英国。关于这场冲突的背景和起源，请参阅《SIPRI 年鉴 2002》，第 67—68 页。						
亚洲						
阿富汗	政府	1990/1994/1994/2005	阿富汗政府多国联盟＊对“塔利班”	..	＞1300	n. a.
＊ 请注意，由于哪些国家向多国联盟派出兵员的可靠信息是敏感而又不易查找的，因此本名单应视为初步的。在 2005 年，以下国家向多国联盟派出了作战部队：比利时、加拿大、克罗地亚、丹麦、爱沙尼亚、法国、意大利、荷兰、挪威、波兰、罗马尼亚、斯洛伐克、西班牙和英国。关于这场冲突的背景和起源，请参阅《SIPRI 年鉴 2002》，第 67—68 页。						
印度	领土	1977/1977/1984/1990	印度政府对克什米尔反叛者	＞28000	＜1100	0
缅甸	领土	1948/1948/1948/1948	缅甸政府对 KNU	＞20000	25—100	＋＋
KNU：克伦人全国联盟						

地点	对立因素[a]	形成/申明/交战/列入年份[b]	交战方[c]	死亡总数[d]（含 2005 年）	2005 年死亡人数[e]	相对 2004 年的变化[f]
尼泊尔	政府	1996/1996/1996/2002	尼泊尔政府对 CPN－M	>7800	<1400	-
CPN－M：尼泊尔共产党（毛派）						
菲律宾	政府	1968/1968/1969 1982	菲律宾政府对 CPP*	20000－27000	<200	-
	领土	1968/1981/1986/2000	对 MILF	>37500	25－100	0
CPP：菲律宾共产党						
MILF：摩洛伊斯兰解放阵线						
* 请注意，CPP 以前被列为新人民军，这是菲律宾共产党的武装组织。						
斯里兰卡	领土	1976 1976/1975/1989	斯里兰卡政府对 LTTE	60000	25－100	＋＋
LTTE：泰米尔伊拉姆猛虎解放组织						

地点	对立因素[a]	形成/申明/交战/列入年份[b]	交战方[c]	死亡总数[d]（含 2005 年）	2005 年死亡人数[e]	相对 2004 年的变化[f]
欧洲						
俄罗斯	领土	1991/ 1991/1991/ 1995	俄罗斯政府 对车臣 共和国	40000— 70000	>700	-
中　东						
伊拉克	政府	2003 2003/2003/ 2004	伊拉克政府 多国联盟* 对伊拉克反叛组织**	>13100	<5500	-

* 在伊拉克美国领导的多国联盟来自下列国家的军队：阿尔巴尼亚、亚美尼亚、澳大利亚、阿塞拜疆、波黑、保加利亚、捷克共和国、丹麦、萨尔瓦多、爱沙尼亚、格鲁吉亚、意大利、日本、哈萨克斯坦、韩国、拉脱维亚、前南斯拉夫马其顿、摩尔多瓦、蒙古、荷兰、挪威、波兰、葡萄牙、罗马尼亚、斯洛伐克、英国、乌克兰和美国。

** 这些组织包括 Tanzim Qa' idat al—Jihad fi Bilad al—Rafidayn、the Jaish Ansar Al—Sunna 以及 Al Jaysh al—Islami fi Iraq。

地点	对立因素	形成/申明/交战/列入年份	交战方	死亡总数	2005 年死亡人数	相对 2004 年的变化
以色列	领土	1964/ 1964/1964/ ..	以色列政府对 巴勒斯坦组织*	>14300	<200	--

这些组织包括法塔赫（巴勒斯坦民族解放运动）、哈马斯（伊斯兰抵抗运动）、巴勒斯坦伊斯兰圣战者组织以及解放巴勒斯坦人民阵线。

地点	对立因素	形成/申明/交战/列入年份	交战方	死亡总数	2005 年死亡人数	相对 2004 年的变化
土耳其	领土	1974/	土耳其政府对	>30100	<200	+

地点	对立因素[a]	形成/申明/交战/列入年份[b]	交战方[c]	死亡总数[d]（含 2005 年）	2005 年死亡人数[e]	相对 2004 年的变化[f]
		1974/1984/1992	PKK *			

PKK：库尔德工人党。

*请注意，PKK 在三年内三易其名。2002 年，PKK 更名为库尔德自由民主大会（KADEK）；2003 年，更名为库尔德人民大会会议（KONGRA－GEL）；2005 年 4 月，该团体又恢复了旧称 PKK。

请注意，虽然有些国家也爆发了小规模武装冲突，但此表只列出了这些国家中的重大武装冲突。关于定义、方法及出处，请参阅附录 2B。

表 2A.3 中的冲突是按 5 个地理分区及发生地的字母顺序排列的：非洲——除埃及以外；美洲——包括北美、中美及南美和加勒比海国家；亚洲——包括大洋洲、澳大利亚和新西兰；欧洲——包括高加索国家；中东——埃及、伊朗、伊拉克、以色列、约旦、科威特、黎巴嫩、叙利亚、土耳其和阿拉伯半岛国家。

a. 所申明的总的对立立场——“政府”和“领土”——分别指引发争斗的对立因素是关于政府（政治制度的类型、中央政府的变更或其组成的变化）和领土（对领土的控制、分离或自治）。如果有争议的领土是几个不同实体，每一地点可能有一种或多种对立因素。由于按照定义每一地点只能有一个政府，因此每一地点只能有一个关于政府的对立因素。

b. “形成年份”系指一场重大武装冲突的原交战方——在几起冲突中都为同一对立因素而战的若干参与方——首次申明对立立场的年份。“申明年份”系指有活动的组织申明其对立立场的年份。“交战年份”系指有活动的组织在冲突中开始使用武力的年份。“列入年份”系指在政府与交战方的战斗中，与作战相关的死亡人数首次在一个年日历年度内达到 1000 人这一界线而被列入重大武装冲突数据库的年份。联系到乌普萨拉冲突项目数据库所进行的重大数据修正工作（参见《SIPRI 年鉴 2005》附录 2B），很明显，表中所列的 20 世纪 90 年代初期和中期的各种年份有时是指整个冲突开始的年份，有时是指有活动组织所申明其对立立场的年份。尽管这几种年份经常是相同的，但也还有一些是不相同的。因此，为了对这种变数定得更严格些，现在将“形成年份”定为武装冲突本身所开始的年份，而表中所列其他三种年份（“申明年份”、“交战年份”和“列入年份”）是指有活动的交战方。

c. 反对派组织是指任何一个公开宣布其名称和政治目标，并为实现其目标而使用过武力的非政府组织。本栏只列出了那些在 2005 年有活动的派别和联盟。联盟在交战方名称之间以逗号表示。

d. 死亡人数是指冲突中与战斗有关的死亡总数，即这种死亡是由作战方引起的，并与冲突开始以来的对立因素直接有关。因此，这个数字与“形成年份”有关。在国内冲突中，应指出的是，这些数字仅包括政府与反叛方之间的交战所引起的与战斗有关的死亡数，这些反叛方（在一年内与战斗有关死亡人数超过 1000 人的组织）被列入此表。涵盖一整年的资料，最后几个月的数据只是暂时性的。经验还表明，数据的可靠性会随时间的推移而改进，因此每年都会对它们进行修改。

e. 超过 100 的数字用接近它的百位数来表示。因此，101—150 之间的数字用（100 来表示，151—199 之间的数字则用<200 来表示。1—24 之间的数字用<25 来表示，25—100 之间的数字用 25—100 来表示。

f. “相对 2004 年的变化”是将 2005 年与战斗有关的死亡人数同 2004 年的与战斗有关的死亡人数相比后来衡量其增加或减少。这些符号是根据不能被认为完全可靠的数据标出的，但它们所表示的变化如下：

++　与战斗有关的死亡人数增幅大于 50%；

+　与战斗有关的死亡人数增幅在 10%到 50%之间；

0　与战斗有关的死亡人数稳定（增减幅度在 10%以内）；

－　与战斗有关的死亡人数减幅在 10%到 50%之间；

－－与战斗有关的死亡人数减幅大于 50%；

n. a. 该武装冲突并未列入 2004 年表格，无法相比。

（蒋正明 译）

附录 2B　冲突数据的定义、来源及统计方法

乌普萨拉的冲突数据项目

本附录将阐释编撰重大武装冲突所用的定义和方法，并对如何处理资料来源作出解释。附录 2A 中的重大武装冲突纪录是由乌普萨拉大学和平与冲突研究部乌普萨拉冲突数据项目编写的。[1]

一、定义

乌普萨拉冲突数据项目中对重大武装冲突的定义是，关于政府或领土而引起争议的对立因素中，冲突双方的军队使用了武装力量，至少其中一方是一个国家的政府，并且在其中任何一年至少有 1000 人因作战死亡。[2] 该定义的各要素明确如下：

1. 关于政府或领土的对立因素。 这是指冲突双方所明示的总的对立因素。关于政府的对立因素，是指对于政治制度类别或政府组成上的对立立场，这也可能涉及要改变现政府的意图。关于领土的对立因素，是指对于领土地位上的对立立场，这可能涉及到要求分离或自治（国内冲突）或要求改变控制着某一领土的国家（国家间冲突）。

2. 使用武装力量。 指冲突双方的军队使用武装力量以增强其在

〔1〕 参见乌普萨拉冲突数据项目网站，URL〈http：//www. pcr. uu. se/research/ucdp〉。

〔2〕 这里关于重大武装冲突的定义与 1988 年至 1999 年出版的《SIPRI 年鉴》（Oxford University Press：Oxford，1988—1999）中乌普萨拉冲突数据项目所作的定义略有不同。冲突的一个必要条件是其中一年，而不是整个冲突过程中因作战死亡人数在 1000 人以上，这可确保只有那些按照死亡人数衡量强度很高的冲突才被包括在内。表 2A. 1 和 2A. 2 从而进行了修改。

冲突中的总体地位。武器被定义为作战的任何物质手段，包括从生产的武器到棍棒、石头、火、水等所有物质。

3. 作战方。指一国政府或反对组织或反对组织联盟。一国政府系指被普遍视为实行中央控制的作战方，即使是那些试图夺权的组织也承认这一点。如果这条标准不适用，政府则指控制国家首都的作战方。在大多数情况下，这两条标准是重合的。反对组织系指已公开其组织名称及政治目标，并使用武装力量来实现其目标的任何非政府团体。应该指出的是，从邻国基地前来作战的反对组织被列为受挑战的政府所在国的作战方。除了这些主要冲突方之外，在表中还包括另一类角色：向主要冲突方提供正规部队支持的一个国家或一个多国组织。要列入此表的这一从属的作战方，必须是与交战方中的一方持相同的立场。与此相反，传统的维持和平行动不被认为是冲突的一方，而是符合双方意愿的和平进程中公正的角色。

4. 国家。国家是指一个控制一块具体领土并受到国际承认的主权政府，或是一个控制一块具体领土但未受国际承认的政府，而此前控制同一领土并受到国际承认的主权政府对此主权不持异议。

5. 与作战有关的死亡。这是指与因对立因素进行的作战有直接关系的作战方引起的死亡。如果某一冲突中与作战有关的死亡人数超过 1000 人，那它将继续出现在年度重大武装冲突表中，直到引起冲突的对立因素消失，或在本年度中冲突各方未因同一对立因素使用了部队而导致死亡的纪录。如果在其后年份又使这些冲突方因相同对立因素使用了部队，并导致了死亡，那么这个冲突将重新出现在冲突表上。因此重点不在政治暴力本身，而是在于使用武力而引起的对立因素。所以，乌普萨拉冲突数据项目只登记政治暴力的一种类型，即与作战有关的死亡，并以此来衡量冲突的烈度。其他类型的政治暴力被排除在外，例如：单方面使用武力（如屠杀）、无组织的或自发的暴力（如社区暴力）、非针对国家的暴力（如反叛组织之间的相互斗争）。这些类型的政治暴力只是现象的描述而不是此处定义的武装冲突。

二、资料来源

附录 2A 中的数据以公开渠道的各种信息为依据，其中既有印刷品，也有电子出版物。这些渠道包括新闻社、报纸、学术期刊、研究报告以及国际与多边组织和非政府组织的文件。为了收集有关各方宗旨和目标的信息，还经常查阅交战方（政府和反对组织）的文件以及诸如反叛组织的因特网网站。

多年以来一直精心选用的独立新闻渠道是材料搜集的基础。一般性新闻报道的搜集以 Factiva 新闻数据库（以前称作“路透社简报”）为主。它包括 118 个国家来的 22 种语言的 8000 个信息来源，因而提供了新闻媒体所有三个重要的层面：国际（例如路透社和法新社）、地区和当地的媒体。然而，需要指出的是，地区和国家信息来源不同的话，信息是没有任何价值的。这就是说，对有些国家，若干来源可供参考，而对其他国家和地区，只能参阅很少几个高水平的特定地区和国家的材料来源。2003 年以来，使用了更为有效的自动化软件来调阅各种材料，从而提高了材料的可比性。

乌普萨拉冲突数据项目对资料来源的选择和综合不断加以审查和修改，以保持地区与国家资料高度的可靠性和可比性。为避免偏差，尽量平衡使用不同渠道的资料来源。资料来源的可靠性是由本项目的专家汇同全球网络的专家（学者和决策者）的意见共同评估的。资料来源的独立性及其原始来源的透明度是极其关键的。后者非常重要，因为大部分来源是第二手的。这意味着为保证一则报道的可靠性，还需对其原始来源加以分析。每一资料来源均要同他发表时所处的环境来判断，要考虑当时的总体气候和新闻审查的程度，考虑第一手和第二手资料来源对事件失实报道的潜在利益。在这方面，非政府组织和国际组织的报告尤其有用，他们不仅可作为媒体报道的补充，而且有助于交叉核实情况。资料来源应该独立，这一标准当然并不能适用于那些正是因为有倾向才要查询的来源，例如政府文件和反叛组织网站，因为它们有倾向。乌普萨拉冲突数据项目知道，需要高水平的审核，从而努力确保所用材料的可靠性。

三、统计方法

编写重大武装冲突资料时采用了公历纪年。其中包括关于冲突地点、对立因素类型、武装冲突开始年份、交战方、与作战相关死亡总数、该年度与作战相关死亡数量以及此数与上一年度相比的变化等方面的资料。[3]

收集与作战相关死亡数字占用了整理冲突数据库的大部分工作。例如，每个事件都要记录时间、新闻来源、原始来源、地点和死亡总数等信息。理想情况下，这些单个数字将由两个或更多的渠道进行佐证。然后，还要对每个冲突的全年情况进行汇总。这些汇总后的数字将同官方文件、特别报道或新闻媒体的全部数字进行比较。在资料收集过程中，经常要与地区问题专家，如研究人员、外交官或记者进行研讨。他们的贡献主要是澄清事件发生时的背景，从而有助于对资料来源中的报告作出合理解释。

从公开渠道获得的关于武装冲突死亡人数的精确信息极为匮乏，因此本项目所提供的这些数字最多只能被视为估计数。这里所给的数字有时只是区间值，而不是确切数。乌普萨拉冲突数据项目在估计与作战相关死亡数字时一般来说是较保守的。以往的经验表明，随着获得武装冲突的更深入信息增多，根据每一事件信息作出的保守估计要比那些被新闻媒体广泛引用的其他数据更正确。如果得不到任何数字，或公开得到的数字不可信，乌普萨拉冲突数据项目就不列出数字。随着新信息的获得，每年都对此前的数字有所更正。

（李佳 译）

〔3〕 见附录 2A 中的表 2A.3 的注释。

附录 2C

伊斯兰、冲突和恐怖主义

尼尔·梅尔文

一、导言

2005 年，实施自杀式爆炸的袭击者与孟加拉国、约旦和英国的伊斯兰组织有关联，伊拉克不断出现的冲突和暴力事件也与泰国、乌兹别克斯坦等地的伊斯兰教徒有联系，这一现象凸显了这种伊斯兰组织不断对全球安全构成威胁。据估计，目前约有 18000 名接受过“基地”组织训练的人员分散在世界各地，看来这些伊斯兰暴力团伙所构成的威胁并不亚于 2001 年袭击美国的“9·11”事件刚发生后的情况。[1] 实际上，根据美国国务院收集的资源显示，尽管为制止这类团伙发动了全球“反恐”战争，世界范围内发生的较大恐怖事件从 2003 年的 175 起上升到 2004 年的 655 起。[2]

国际社会已将伊斯兰恐怖主义置于当前安全议程的中心，并且做出相当大的努力来探求这一现象的实质。作为这些努力的成果，本附录扼要阐述这场关于“伊斯兰恐怖主义特征”辩论的主要观点。最近的研究成果反映了当今伊斯兰运动组织和主张的多样性，以及与伊斯兰教、穆斯林社会和国际社会之间错综复杂的关系。研究结果还揭示了一系列促使伊斯兰暴力，包括恐怖主义产生的要素，提醒人们关注伊斯兰运动内部的动因。

对伊斯兰极端主义产生和传播的研究对以传统思维理解穆斯林社

〔1〕 国际战略研究所（IISS），《2004—2005 年军事平衡》，（牛津大学出版社：牛津 2004 年），第 378 页。

〔2〕 S. B. Glasser，“美国统计数据显示恐怖主义在全球急剧增长：国务院是不会将这些数据写进报告的”，《华盛顿邮报》，2005 年 4 月 27 日。

会内部滋生暴力的根源提出了挑战，也对目前打击伊斯兰暴力组织的方式提出了质疑，尤其是强调“反恐”是打败这种组织的主要手段。的确，研究显示，美国领导的“反恐”战争在有些情况下也许加剧了伊斯兰暴力威胁，而在一些地区，如车臣、泰国南部、乌兹别克斯坦和新疆，则采取了强硬而事与愿违的政策。其实，研究结果表明，如果综合采取各种对策，包括发展、“反恐”和预防冲突等，并将其放在一个特定的范畴内来处理伊斯兰暴力的滋生和发展，应对伊斯兰挑战的安全政策可能会比较有效。

第二节论述后冷战时期世界范围内与宗教相关的冲突的重要性。人们普遍将伊斯兰极端暴力的产生与2001年“9·11”事件相联系。第三节探讨伊斯兰恐怖主义的主要特征，特别是他们实施暴力的手段。论述伊斯兰暴力与伊斯兰、冲突与穆斯林世界的关系，扼要阐述伊斯兰运动内部因素转向极端暴力的主要原因。第四节论述伊斯兰运动的近期情况，特别是对“反恐”战争的反应。本节还论述了国际社会针对伊斯兰暴力挑战而逐渐形成的对策证明在初期阶段存在不足。附录最后预测为更有效地应对暴力伊斯兰挑战而可能出现的未来政策取向。

二、宗教、冲突和恐怖主义

最近几年，全球范围内冲突的内容和性质都发生了重大变化，特别是国际体系中的两大对抗集团结束之后。研究资料显示，冷战结束后，暴力冲突明显减少，[3] 尤其是国家间冲突。但冲突总体减少的同时，其特点发生了重大变化，非国家行为体越来越多地卷入冲突[4]。尽管国家作为“行为体”仍在冲突中起核心作用，如卢旺达、东帝汶和前南斯拉夫局势所示，但冲突产生的最重要根源一直被认为是基于文化、民族和宗教。[5]

---

〔3〕 加拿大不列颠哥伦比亚大学，人的安全研究中心，《2005年人的安全报告：21世纪战争与和平》（牛津大学出版社，牛津，2005年），URL〈http：//www. humansecurityreport. info/〉。

〔4〕 有关冲突的非国家行为体，参见本书第二章。

〔5〕 M. Kaldor，《新旧战争：有组织的暴力在全球化时代》（政治：牛津，2004年）；和R. Brubaker，《没有团体的民族》，（哈弗大学出版社：马萨诸塞州坎布里奇，2004年），第11—18页。

由政治、经济争端引发的国家间冲突向更复杂的、有国家和非国家行为体都参与的冲突转化，后一种冲突往往可以有不同的界定，被一些人视作文明冲突的开始[6]。伴随着新形式的暴力极端主义，包括恐怖主义的加剧，这种观点似乎得到印证。

国际上冲突特征的变化和由此产生的威胁引发了一场关于国际社会和某些特定国家面临安全挑战的广泛争论。在这一背景下，人们更加重视宗教和冲突问题。[7] 在阿富汗、克什米尔、斯里兰卡和一些中东国家的冲突，加之宗教极端主义抬头，加深了人们对宗教与冲突间确有日益增强的联系的认识。

当然，宗教冲突并非只有当今才有，而是以各种形式存在于很长一段的人类历史中。[8] 这一现象表明，暴力是宗教不可分割的一部分。[9] 即便在冷战高峰时期和“二战”后民族解放冲突时期，宗教冲突仍时有爆发。据一位学者统计，1950 年至 1996 年的 46 年间，宗教冲突占所有冲突的 33%—47%。[10] 冷战结束后，与其他形式的冲突相比，宗教冲突的数量加大了。[11] 此外，宗教作为冲突的一个显著因素，很多人认为在近几十年兴起的基于宗教暴力的新冲突形式——“无限战争”中得到加强。[12] 作为该趋势发展的一部分，宗

〔6〕 参见 S. P. 亨廷顿，《文明冲突和再建世界秩序》，Simon and Schuster 出版社：伦敦，1998 年。

〔7〕 L. Reychler，“宗教与冲突”，《国际和平研究杂志》，第 2 卷，第 1 期（1997 年 1 月），URL〈http：//www. gum. edu/academic/ijps/vol2 _ 1/Reyschler. htm〉。

〔8〕 M. Ranstorp，“以宗教名义的恐怖主义”，《国际事务杂志》，第 50 卷，第 1 期（1996 年夏），第 41—62 页。

〔9〕 M. Juergensmeyer，“舍身与无限战争”，《恐怖主义与政治暴力》，第 3 卷，第 3 期（1991 年），第 101—117 页；和 S. Zitrin，“千年主义与暴力”，《冲突研究杂志》第 12 卷，第 2 期（1998 年），第 110—115 页。

〔10〕 J. Fox，“宗教与国家失败：考察从 1950 年至 1996 年期间宗教冲突的范围和数量”，《国际政治科学研究》，第 25 卷，第 1 期（2004 年），第 55—64 页。

〔11〕 Fox notes：“看来，影响非宗教冲突增长的一个因素是冷战。就冲突形式而言，在冷战期间，非宗教冲突比宗教冲突更普遍，但冷战后冲突总体都减少了，非宗教冲突比宗教冲突减少得更多。如这一趋势继续，宗教冲突将比其他样式冲突更普遍。”Fox（同注释［10］），第 70 页。

〔12〕 M. Juergensmeyer，《上帝心目中的恐怖：全球宗教暴力上升》，（加利福利亚大学出版社：加州伯克利，2001 年）。

教不仅成为施暴的正当理由，也成为恐怖主义的正当理由。[13] 在这种新的冲突氛围中，世界所有主要宗教——佛教、基督教、印度教、伊斯兰教、犹太教和锡克教的教徒均与极端暴力有联系。[14]

尤其是 20 世纪 90 年代出现的宗教恐怖主义，作为“第四波恐怖主义”的一部分，被认为与其他形式的恐怖主义，特别是 70 年代和 80 年代出于政治动机的恐怖主义有明显不同。[15] 宗教恐怖主义逐步变得比“世俗恐怖主义更加致命”，因其完全不同的价值体系、法理机制、道德意识以及直接影响“神圣恐怖分子”动机的摩尼教世界观。[16] 依据这一观点，宗教作为一种正统力量而发挥作用，特别是实施大规模且往往很极端的暴力时，不分对象是作战军人还是平民百姓，同时有“妖魔化”敌手的倾向。一般认为，那种以宗教名义实施暴力的人不大愿意妥协或能争取过来，弃暴从善。

尽管很多宗教的信徒与暴力冲突和恐怖主义有关联，但最近几年来，极端伊斯兰教徒被视作与这一现象有特别的联系。事实上，鉴于 2001 年美国“9·11”事件后，马德里、巴厘岛和伦敦相继发生恐怖袭击事件，以及中东地区的“哈马斯”、真主党和“基地”组织等都采取恐怖行为方式，特别在以巴冲突和伊拉克内战中，许多人认为伊斯兰组织在当代恐怖主义中起决定性作用。

在突出强调伊斯兰组织时，观察家们试图将这类组织的行为与其他形式的恐怖主义区别开来。[17] 近几年出现的伊斯兰恐怖主义被认为具有神秘主义的特征，缺乏明确的政治目标和诉求。就伊斯兰分子

---

〔13〕 C. J. M. Drake，“意识形态在恐怖分子选择攻击目标中的作用”，《恐怖主义与政治暴力》，第 10 卷，第 2 期（1998 年），第 53—85 页。

〔14〕 S. A. A. Shah，“在其他信仰中的宗教恐怖主义”，《战略研究》，第 25 卷，第 2 期（2005 年夏），第 126—141 页。

〔15〕 D. C. Rapoport，“第四波现代恐怖主义”，A. Cronin and J. Ludes 主编，《打击恐怖主义：大战略的内容》，（乔治敦大学出版社：华盛顿，2004 年），第 46—73 页。

〔16〕 B. Hoffman，“神圣恐怖：由宗教激发恐怖主义的影响”，兰德公司文献第 7834 号（兰德公司：加州圣莫尔卡，1993 年）。

〔17〕 B. Hoffman，“证词：‘9·11’的教训，联合调查成员的要求，2002 年 10 月 8 日，向众议院和参议院特别情报委员会递交的有关美国 2001 年 9 月 11 日联合调查委员会的报告记录”。（兰德公司，加州圣莫尔卡，2002 年）URL〈http：//www. rand. org/pubs/testimonies/2005/CT201，pdf〉。

来说，他们所反对的是西方现代文明本身和全球世俗化进程带来的种种变化，而不是那些显眼的政治、社会或经济举措。

基于这一认识，最初关于新的伊斯兰组织，主要是“基地”组织的描述，勾勒出一幅清晰的从事恐怖主义活动组织的图画。这些组织受宗教狂热驱使，得到富人的支持（主要是沙特阿拉伯），由一些掌握现代技术（大众媒体和网络）的人组成，以及能够使用非常有效的手段（人体炸弹）来实施恐怖行动，因此人们认为它们特别难以对付。这些特征使伊斯兰恐怖组织以阿富汗和其他一些失败国家为基点扩大其活动范围，不再限于过去欧洲和中东地区等主要活动地域，而是在更广泛的不同地方不分青红皂白地进行暴力活动。

伊斯兰组织是人们了解当代恐怖主义的主要形态，因此这些组织已成为“反恐”和军事战略及行动的主要目标。基于上述对伊斯兰组织组织情况和本质的理解，至今应对激进伊斯兰威胁的主要手段包括挑战和消灭实施暴力的人，即所谓的“抓杀政策”；为阻止和瓦解进行恐怖活动的伊斯兰圣战组织，采取形式多样的安全措施（反洗钱、跟踪监视和提高安全警戒）；[18] 以及打击或颠覆被认为是支持伊斯兰国际恐怖主义的政权。

三、伊斯兰暴力及其背景

伊斯兰恐怖主义采取的手段

由于伊斯兰恐怖组织以惊人的袭击方式给西方社会带来巨大冲击，它们引起人们对其使用的手段特别警惕。人们看到，这种手段与其动机和目标一样，与其他恐怖组织是有区别的。特别是有两个手段与伊斯兰恐怖主义紧密相关，即利用现代媒体和自杀式爆炸。

论述宗教极端主义的作者强调恐怖组织暴力袭击的本质上象征性特点，而非战略性特点。[19] 由此看来，暴力行为发生的地点和时间会产生特殊的反响。这种行为的目的不是为了打败敌人，而在于为了揭示其弱点，并寻求更多的支持。为达到这个目的，恐怖主

〔18〕 这些伊斯兰武装认为，他们理所当然可以使用极端暴力行动是在进行一场圣战。

〔19〕 Juergensmeyer，（同注释［12］）。

义需要有恐吓的对象。此外，伊斯兰恐怖分子准备袭击时往往企图挑起激烈反应或遭到镇压，一种办法是通过传媒广为报道，以得到公众的更多支持，招募新人。[20] 从这个意义上说，现代大众传媒的出现和宗教恐怖主义发展之间似乎有很大关系。许多由宗教煽动的恐怖主义行为有象征性一面，因此这种活动会迅速、直接地在全球引起关注。[21] 有些人认为，恐怖主义和现代大众媒体之间有一种共生关系。[22]

伊斯兰恐怖组织比其他组织更了解和更会利用全球媒体。只要“基地”组织和活动范围更广的“圣战”运动出现在新闻中就会引起人们的注意，事实证明骇人听闻的暴力事件是实现这一目的的最好办法。虽然“圣战”组织领导人对阿拉伯电视台未能如其所愿将其信息传递出去表示遗憾，但这些电视台的出现成为提升这些组织形象的一个要素。[23] 互联网也是恐怖分子能够利用的另一个重要工具。[24] 不少证据表明，伊斯兰组织广泛利用互联网进行宣传、组织活动，并使互联网也成为志同道合者结伙的媒介。[25] 据报道，2000 年至 2005 年期间，“圣战”组织的网站数量已从不足 20 个增加到 4000 多个。[26]

---

〔20〕 W. Schiffauer,“原教旨主义的产物：论产生巨大差异的动因”，eds H. de Wries, S. Weber,《宗教和媒体》（斯坦福大学出版社，加利福尼亚斯坦福，2001），第 435—455 页。

〔21〕 A. P. Schmid,“恐怖主义的概念化框架”，《恐怖主义和政治暴力》，第 16 卷，第 2 期（2004 年夏），第 207 页。

〔22〕 参见 P. Wilkinson,“重评媒体和恐怖主义”，《恐怖主义和政治暴力》，第 9 卷，第 2 期（1997 年夏），第 51—64 页。

〔23〕 H. Miles, “Al－Jazeera：阿拉伯电视新闻如何挑战世界”（Abacus：伦敦，2005)。

〔24〕 G. Weimann,“现代恐怖主义是如何利用互联网”，美国和平研究所（USIP）特别报告第 116 号（USIP：华盛顿，2004 年)。

〔25〕 L. Wright,“恐怖主义网络：马德里爆炸是网上策划的一场广大新圣战的一部分吗?”,《纽约人》杂志，2004 年 8 月 2 日出版。

〔26〕 S. Atran“圣战的真正操手”一文中引用 Marc Sageman 的研究报告，《Terrorism Monitor》（Jamestown 基金会），第 3 卷，第 10 期（2005 年 5 月 19 日），URL〈http：//www.jamestown.org/terrorism/news/article.php? articleid=2369701〉。

全球金融体系的扩展为恐怖组织提供了迅捷、秘密的资金渠道。[27] 同时，人们能在全球范围内快速流动和联络是国际伊斯兰恐怖主义网络得以发展和维持下去的另外两个原因。

或许，自杀式爆炸比伊斯兰恐怖主义任何其他行为使外部世界更清楚地看到一种动向——在一次毁灭性行动中把狂热与几乎无法制止的威胁结合在一起。在公众眼里，自杀式恐怖分子一直是那些孤独、贫穷、没有出路的失业青年人，他们感到极度失望，在鼓吹中世纪式宗教狂热的极端分子那里得到了安慰。然而，最近的研究表明产生自杀式袭击者的原因很复杂。这些研究不仅挑战了人们对于什么人会成为自杀式恐怖分子的通常观念，也对这种关注行为本身的性质有了新的认识。

关于伊斯兰自杀式恐怖分子的社会心理学研究表明，这些人的身份各种各样，但近年来出现了一种越来越普遍的情况。举例来说，那些策划和实施 2001 年 9 月劫持飞机的人大多数是受过高等教育的中产阶级专业人员：[28] 穆罕默德·艾塔是建筑师；拉登手下的二号人物扎瓦赫里是儿科医生；“基地”组织汉堡分支的创办人之一兹阿德·杰拉原是牙医，后来成为飞机机械师。全球“圣战”组织的新生代成员主要不是不发达社会的城市贫民，很多人像是瓦哈比教派与硅谷不可能的联姻生出来的有特权的子女。扎瓦赫里 20 世纪 90 年代曾经到过硅谷。他们不仅是“圣战”和“乌玛”的继承者，而且还是电子革命和美式全球化的产物。[29] 确实，许多自杀式袭击者似乎没有多少宗教背景。

当不再把宗教本身看作自杀式袭击的核心问题时，暴力手段就确实会受到“殉道”观念的刺激而得以强化。[30] 像英雄一样死去是终

---

〔27〕 G. Haslerud 和 B. S. Tranoy，Forsvarets Forskningstitutt（FFI），“切断恐怖主义资金：问题、影响和挑战”，FFI/Rapport 2005/02100（挪威防卫研究所：Kjeller，2005 年）。

〔28〕 T. McDermott，“完美战士：劫持者：他们是谁，为何而为?”（Politics 出版社：伦敦，2005 年）。

〔29〕 G. Kepel，“为穆斯林信仰而战：伊斯兰和西方”（哈佛大学出版社：马萨诸塞州坎布里奇，2004）。Umma 的字面意思是信仰者大家庭，因此也指整个伊斯兰世界。

〔30〕 A. M. Oliver 和 R. F. Steinberg，“通向烈士广场之路：自杀式爆炸袭击者的探索之旅”（牛津大学出版社，牛津，2005 年）。

极牺牲，为此“殉道者”会为了群体而放弃生命，但这样死去也是“无限战争”基本概念中关于善与恶的描述的内涵。造英雄也是妖魔化敌人的一种手段。[31]

对巴勒斯坦自杀式袭击者动机的研究表明，重新解释“基地”组织、哈马斯、真主党等“圣战”组织实施的“殉道”，与传统的伊斯兰神学关系松散，对这种行为的发展至关重要。同时，为建立一个巴勒斯坦国，当地群众支持这种理念作为国家宗教斗争的一部分，是自杀式袭击者能够活动的一个必要条件。[32] 从这个意义上说，宗教和国家主义结合在一起使自杀式爆炸具有鲜明的政治特点。

其他一些研究质疑自杀式爆炸行为主要受宗教信仰的驱动。不过也有人认为自杀式爆炸是实现战略政治目标的十分有效的策略武器。实际上，20 世纪 90 年代自杀式爆炸在斯里兰卡的冲突中搞得最多，与伊斯兰组织的活动并没有多大关系。根据这种说法，自杀式爆炸要达到的主要目的是，迫使外部大国从袭击者看作是自己家园的领土上撤走占领军。[33]

自杀式袭击在最近几年内的迅速上升也促使人们质疑这一观念，即自杀式恐怖主义始终是有清晰政治目标的有组织运动的产物，例如民族解放运动。在车臣和约旦河西岸，自杀式恐怖主义固然可能有政治动机，但是似乎不属于这种情况。[34]

根据对自杀式爆炸袭击者的采访写成的研究报告，由于宗教不同采取自杀式袭击的根源在于，行为者在生活中有受辱感或者与其他受辱者关系密切。[35] 这种情况还表明，为了理解恐怖网络是如何因受辱感纠合在一起采取行为，有必要密切注意小规模团伙的心理和价值

〔31〕 Juergensmeyer，(同注释［12］)，第 164—184 页。

〔32〕 I. Strenski，“牺牲，回赠和穆斯林人弹的社会逻辑”，《恐怖主义和政治暴力》，第 15 卷，第 3 期（2003 年秋），第 1—34 页。

〔33〕 R. A. Pape，《为胜利而死：自杀式恐怖主义的战略逻辑》(Random House 出版社：纽约，纽约州，2005 年)；D. Gambetta，(ed.)，《廓清自杀袭击任务的意义》(牛津大学出版社，牛津，2005 年)。

〔34〕 S. Atran 和 J. Stern，“小型组织通过因特网发现致命意图”，《自然》，第 437 卷，第 7059 期（2005 年 9 月 29 日），第 620 页。

〔35〕 J. Stern，《以上帝名义搞恐怖活动》(Harper Collins：纽约，纽约州，2003 年)。

观的作用，因为这些因素合在一起可能促使普通人不顾合理的个人利益而采取极端暴力手段。[36]

对美国带头发动“反恐”战争以来出现的自杀式爆炸的研究更有力地表明，这种自杀式恐怖袭击的性质可能正在发生变化。自从1968年首次发生自杀式袭击以来，81%发生在2001年“9·11”事件之后。而且，35个自称对最近袭击负责的组织中有31个是伊斯兰武装组织。[37]“圣战”组织的动机不是为达到某个特定政治目标，而是要对抗其视为全球的邪恶势力，通常指西方。

对目标锁定美国和西方的“圣战”组织新生代恐怖分子的研究，而非那些参加车臣、克什米尔或巴勒斯坦战争的民族主义斗争的人，能更详细了解自杀式恐怖分子的情况。[38] 由此看来，像“基地”组织这样的恐怖组织都是形成一个自行招募人员的网络，这些人技能熟练，许多人能讲多国语言，大多数出身中产阶级，受过高等教育。他们到处流动，不断往上爬，平均年龄26岁，大多数已婚，许多人有孩子。这些人通常在加入“圣战”组织后才皈依宗教。他们可谓出类拔萃之辈，因此被选送出国留学。80%的“圣战者”散居在常被主流社会边缘化的族裔聚居区和由70%朋友和20%家庭成员组成的、难以渗透的社会团组。为寻找归属感，许多人在“圣战”组织网络上寻找出路和目标。这和以往以本国政府为袭击目标的土生土长的恐怖分子有很大不同。[39]

伊斯兰“圣战”组织产生的根源

作为全球恐怖主义的主要根源，极端伊斯兰组织的产生引起了关于如何应对这些恐怖组织挑战的不少争论。人们关注的一个重要问题是，导致这些组织出现和扩展的各种因素。一种颇有影响的诠释强调，伊斯兰教内部的深刻危机是产生恐怖主义的伊斯兰社会内部各种

---

〔36〕 S. Atran 和 J. Stern，(同注释［34］)。

〔37〕 引自 Atran 和 Stern，(同注释［34］)，兰德公司恐怖主义危机管理政策研究中心的 Bruce Hoffman 的研究报告，华盛顿。

〔38〕 M. Sageman，《了解恐怖网络》(宾夕法尼亚大学出版社：宾夕法尼亚州费城，2004)。

〔39〕 Sageman，(同注释［38］)。

问题的最终根源。[40] 按照这种观点，是伊斯兰教未能适应现代化和抵制以复兴传统为核心的变革这两个因素催生了原教旨主义政治（伊朗革命）和后来的新原教旨主义“圣战”组织的出现。因此按照这种说法，是穆斯林社会内部对现代化的抵制阻碍了中东阿拉伯国家的民主化，而不是像以巴冲突那样的具体政治因素。[41]

有些人则持相反的观点，他们认为穆斯林实际上是被他们自己社会中的一些要素羁绊的，如军方和腐败的精英，而这些人往往与西方沆瀣一气。从这个角度看，伊斯兰极端主义的出现是因为穆斯林生活在被剥夺了政治参与权的受压制、受排挤的社会中。在这种氛围中，实现政治变革的唯一有效手段就是通过暴力和好斗。[42] 而且，在许多情况下，特别是穆斯林处少数时，似乎是世俗、非穆斯林政府和非穆斯林多数民众策动对穆斯林居民施加暴力。

对伊斯兰“好斗性”的诠释主要根据穆斯林世界内部的深层次反应过程——不是出于内部原因，就是出于外部原因。这些学者对“圣战”组织以及包括中东以外的穆斯林社会的伊斯兰在当代各种不同情况下的实践做了研究。有些学者对此提出异议。2001 年“9·11”事件后，“基地”组织经常被描绘为联合武装斗争的“伊斯兰阵线”或穆斯林不满(基督教）西方的“圣战先锋”。与此相反，这些学者的研究为我们描绘出颇为不同的情景。在“圣战”运动内部，“基地”组织是以少数派的面目出现的，它的策略受到“圣战者”中的宗教民主主义者的指责和反对，而后者要求把主要目标放在改变穆斯林世界，而不是发动全球斗争。[43]

一种观点认为，以“基地”组织和其他激进派别为代表的伊斯兰组织是恐怖主义的独特形式。有些学者对此提出了质疑，他们指出，这些组织与其他全球运动，例如环境保护主义者和反全球化运动抗议

---

〔40〕 B. Lewis，《伊斯兰的危机：圣战和不神圣的恐怖》(Weidenfeld & Nicolson 出版社：伦敦，2003 年)。

〔41〕 B. Lewis，《什么出错了？西方的冲击和中东回应》（牛津大学出版社：牛津，2002 年)。

〔42〕 M. M. Hafez，《穆斯林为何反叛：伊斯兰世界的压制和反抗》（Lynne Reiner：Boulder 出版社，科罗拉多州，2003 年)。

〔43〕 F. A. Gerges，《遥远的敌人：“圣战”组织为什么会走向全球》（剑桥大学出版社：剑桥，2005 年)。

者，有许多共同点。[44] 其相似之处包括组织分散，强调伦理而非恰当的政治行为。对新“圣战”组织的这种分析正是在冷战后的政治理念转变中可以看到其存在。随着“圣战”组织而出现的那些观点在传统意义上并非教条，在现代意识形态的意义上（法西斯或共产主义）也并不全面；既与当前的理论实践无关，也与革命的乌托邦无关。目前的“圣战”理论却是有分散性、差异性和个人主义色彩的特征。由于穆斯林世界中权势的崩溃，不论其形式是传统宗教主义还是世俗现代化，以及伊斯兰原教旨主义未能在伊朗以外的地区守住阵地，从而滋生了“圣战”运动。[45]

确实，就伊斯兰组织而言，从这样的角度看，冲突的根源不在穆斯林社会的传统文化和信仰，而在于宗教与文化的分离（伊斯兰教的各种具体形式在全球各地的实践）。按照这种诠释，“圣战”运动并非传统宗教的表现，即反对面临威胁原生态文化或“文明冲突”，而是这种文化消失的反映。这样，“圣战”组织网的滋生和蔓延不是对由传统衍生的西方的回应，而是伊斯兰教的表征正在西方化和全球化的影响下发生转变。[46]

这种转变所基于的现代伊斯兰社会学的一个重要内涵是：政治主动性和神学革新逐渐脱离根植于中东和中亚传统文化的穆斯林群体，转向在西方特别是欧洲新形成的自我意识强的穆斯林群体。这个运动的起源多种多样，一个重要的动向是：通常带有和平性质的伊斯兰教的振兴，尤其在英属印度是为了反对殖民统治，在 20 世纪前半叶，在埃及、伊拉克、巴勒斯坦和叙利亚的穆斯林兄弟会得到了发展。后来伊斯兰运动发生了分裂，大大小小的穆斯林组织遍布中东和亚洲各地，从而促使穆斯林群体内部神学观点更加多元化。过去几十年内大批穆斯林从原住地向欧洲和美国大迁移，也对根植于传统宗教实践的长期权力结构提出了挑战。

尤其是伊斯兰在全球的扩展模糊了伊斯兰、某个特定社会以及领

---

〔44〕 F. Devji，《“圣战”组织的好斗性道德观念和现代化》（C. Hurst &Co 出版社：伦敦，2005 年）。

〔45〕 O. Roy，《政治伊斯兰的失败》（哈佛大学出版社：马塞诸塞州坎布里奇，1994 年）。

〔46〕 O. Roy，《已全球化的伊斯兰：寻找新“乌玛”》（哥伦比亚大学出版社：纽约，2004 年）。

土这三者之间的关系。全球 1/3 的穆斯林现在在其居住的地方是少数民族。这种情况的核心问题是：一方面，穆斯林是自愿到西方世界定居的；另一方面，西方文化模式和社会规范在这些移民群体内的渗透和影响。对这些移民群体的研究表明，以“圣战”运动为表现形式的新原教旨主义在这些漂泊的穆斯林青年中，特别是在西方的第二、三代移民中，逐渐获得滋生土壤。这一现象又助长了新的激进主义模式，如支持“基地”组织，断然拒绝融入西方社会。

在这种背景下，伊斯兰复兴或称之“重新伊斯兰化”，产生于已经西化的穆斯林企图在非穆斯林环境中标榜自己的认同性。这样，在穆斯林世界的许多主流伊斯兰运动的组织，包括巴勒斯坦的“哈马斯”和黎巴嫩的真主党，与无根的武装分子之间存在着巨大差距。前者侧重于民族斗争，后者致力于建立一个想象中的、不以任何社会或领土为载体的“乌玛”，不论是像“基地”组织那样用暴力手段，还是像 Hizb—ut Tahrir 组织那样用和平方式。〔47〕 确实，全球“圣战”组织与伊拉克民族性更强的叛乱分子之间在目标上的种种矛盾，使人们已认识到，这是组成一个统一又相互协调的反对美国为首占领的运动的主要障碍。〔48〕

对不同国家中的伊斯兰运动的分析使当代穆斯林世界的状况看上去更加扑朔迷离。这类研究突出促使伊斯兰政治兴起和转向暴力的多种因素。例如，在巴基斯坦，作为推动激进伊斯兰的一个载体，国家的作用被认为是产生伊斯兰组织的一个重要因素。〔49〕 在其他国家，当地环境和常常与全球“圣战”组织网有关联的伊斯兰组织交织在一起，培育出新的、不同类型的激进主义。〔50〕 与此同时，在许多情况

---

〔47〕 Hizb—ut Tahrir 寻求建立新哈里发统治下的无疆界的“乌玛”，以代替犹太教—基督教占统治地位的民族国家。尽管该组织宣称反对暴力，但其理念的激进本质和对新成员灌输信仰的做法，导致一些包括欧洲和中亚国家在内的政府取缔了该组织。Baran，Z.，“打思想战”，《外交》双月刊，2005 年 11—12 月，第 68—78 页。

〔48〕 S. Ulph，“处于压力下的阿尔—扎瓦赫里的组织寻求同盟”，《聚焦恐怖主义》(Jamestown 基金)，第 3 卷，第 2 期（2006 年 1 月 18 日），URL 〈http：//jamestown. org/terrorism/news/article. php? articleid=2369867〉。

〔49〕 A. U. Khan，《恐怖主义威胁和巴基斯坦的对策》，SIPRI 政策文件第 11 期（2005 年 9 月），URL 〈http：//www. sipri. org〉。

〔50〕 参见“国际危机组织”网站，关于许多国家伊斯兰运动的报道，URL 〈http：//www. icg. org〉。

下，这类研究强调激进化的制约因素和在政治伊斯兰基础上治理民族国家的挑战，如在非洲。[51]

因此，前面论述伊斯兰与西方社会关系的文章中，许多都从静止的眼光来看伊斯兰社会，但近年来的研究却不是这样，而是描绘出了一个动态的、多样化的穆斯林世界——一个正在经历急剧变化的世界，其传统正在经受挑战。全球许多地方都在发生着这种转变，并且涉及不同的问题和角色，其核心是根据神学革新对伊斯兰进行解读的斗争，例如瓦哈比教派和 Salafism 教派之间的斗争。[52] 在这场斗争中，与西方的关系以及描述与西方社会性质的关系成了一个关键问题，暴力成了强化和突出新思维的手段。

四、新的动向和对策

伊斯兰恐怖主义性质的变化

2001 年“9·11”事件以来，西方对于穆斯林世界特有的复杂性和动因的理解也有所加深，使其意识到：应对发轫于伊斯兰组织的国际恐怖主义的一个主要挑战是伊斯兰运动本身性质的逐渐演变。促使最近变化的一个特殊因素是全球“反恐”战争。由于全球联手打击“基地”组织及其下属组织，原先的恐怖主义组织纷纷被端掉，其头目有的被击毙，有的被抓或躲藏起来。然而，“圣战”运动却没有消失，而是转变为一个网络式跨国团伙，不再是以往那种其指挥控制系统一目了然、铁板一块的国际恐怖主义组织。[53]

现在一些分析家认为“圣战”运动的组织特点存在四种不同而又互不排斥的形式，即有许多附属组织、联系团组、当地团组，以及一

---

〔51〕 A. De Waal（ed.），〈伊斯兰主义和它在非洲之角的对手〉（印第安那大学出版社：Bloomington，Ind.，2004 年）。

〔52〕 T. Stanley，“了解瓦哈比教派和 Salafism 教派的起源”，*Terrorism Monitor*（Jamestown 基金），第 3 卷，第 14 期（2005 年 7 月 15 日），URL〈http：//www. jamestown. org/terrorism/news/article. php? articleid=2369746〉。

〔53〕 B. Hoffman，“我们的反恐战略适应威胁吗?”在美国国会众议院国际关系委员会国际恐怖主义和防扩散小组委员会上的证词，2005 年 9 月 29 日，兰德公司，加利福尼亚州圣莫尼卡，2005 年，URL〈http：//www. rand. org/pubs/sestimonies/2005/RAND_CT250－1. pdf〉。

个支持“基地”组织的网络。这些附属团组包括 Abu Sayyaf，Jemmah Islamiyah，Ansr Al Islam 和北高加索的 Jamaat Yarmuk，尽管人们颇怀疑“基地”组织及其附属团组在多大程度上形成了真正意义上的组织，而不是松散的、志同道合者的群体。这样，伊斯兰运动就可能已变成一个基本上群龙无首的组织。[54] 确实，有些人认为，这种转变的结果是，当前伊斯兰恐怖主义的威胁比 2001 年“9·11”事件之前更大，“基地”组织化整为零，流窜到克什米尔、菲律宾南部和也门等地。[55]

正如转变“圣战”运动的组织特征一样，许多以全球“反恐”战争名义采取的措施反而有助于激进伊斯兰组织内部的思维转变，加强了一些人的论据。他们认为不应把暴力斗争重点放在特定国家，而应该针对真正的敌人：西方世界及其势力范围。[56] 这种转变助长了当地、地区和国际恐怖组织之间的联系。入侵伊拉克和较小程度上对阿富汗的干预似乎更加坚定了全球“圣战”者的意志。从“圣战”网站的录像谈话，尤其是扎瓦赫里和伦敦爆炸案的主犯之一穆罕默德·西迪克·可汗的言论可以看出，这种干预反而加强了广大穆斯林长期定居地区的“圣战”组织和欧洲新的穆斯林移民族群之间的政治团结。确实有证据表明，入侵伊拉克以及此后造成的内战已经变成了伊斯兰武装招募新人的手段。[57]

应对伊斯兰恐怖主义挑战的对策变化

伊斯兰运动与伊斯兰教以及全球各地的穆斯林群体的复杂关系，加上“圣战”组织在组织上的不断分散化，使人们对什么是打击这种形式恐怖主义的最适当方法产生了很大疑虑。鉴于对打击伊斯兰恐怖主义的难度的认识日益加深，一些人断言，“靠采取一次性战术军事

〔54〕 F. Bokhari，“基地组织头领失去对武装人员的控制权”，《金融时报》，2005 年 12 月 13 日，第 4 页。

〔55〕 B. Knowlton，“美国眼中空前严重的恐怖威胁”，《国际先驱论坛报》，2006 年 2 月 3 日。

〔56〕 O. Mattera，“圣战运动从本地化到全球化”，*CeMiSS Quarterly*，2005 年夏，第 9—21 页。

〔57〕 D. Jehl，“中央情报局认为，伊拉克或许是训练武装人员的主要地方”，《纽约时报》，2005 年 6 月 22 日。关于伊拉克问题另参见本卷第 1、2 章。

行动，甚或接连采取这样的行动，是不能摧毁或打败恐怖主义的”。[58] 人们批评最初应对伊斯兰组织抬头的方法，也看到了主要政策方面的缺点。对此，在政策圈子里的人并非熟视无睹。不断增强的挑战意识促使人们去研讨什么是打击恐怖主义和穆斯林族群内部暴力极端主义抬头的正确方法。

例如，2001 年“9・11”事件后，如何强化打击伊斯兰恐怖组织的措施，从一开始美国和欧洲就采取了不同做法，这可能反映出了两者不同的战略文化。[59] 美国倾向于从“国家安全”的角度看恐怖威胁，并且强调单边主义。相反，欧洲根据自己过去的经验，则采取了一种通过多边主义协调的方式，虽然欧洲在“反恐”问题上也存在不同意见。[60] 这种看问题角度上的分歧及其对未来大西洋两岸关系可能产生的重大影响，促使美国在 2005 年调整“反恐”政策，立场有所软化。美国政府承认“反恐”战争不再被视为单纯的军事行为，而是也要在政治、社会、经济和意识形态等方面采取基础性的、平行不悖的行动。因此，美国把与暴力极端主义作斗争而不是进行“反恐”战争作为其主要任务。[61] 这种对伊斯兰组织威胁的新看法使一些美国分析家认为，需要的不仅仅是合作，而是要齐心协力应对极端主义组织。[62]

这种政策调整引发一些关于恐怖主义概念的重要问题，以此作为一种主要方式去理解来自伊斯兰组织的安全挑战，并按照这种理解去组织恰当的应对措施。界定恐怖主义历来有争议，因而难以捉

〔58〕 B. Hoffman，(同注释［53］)。

〔59〕 W. Rees 和 R. J. Aldrich，“反恐文化：大西洋两岸的对策趋异还是趋同?”，《国际关系》，第 81 卷，第 5 期（2005 年 10 月），第 905—923 页。

〔60〕 D. Keohane，《欧盟和反恐》(欧洲改革中心：伦敦，2005 年 5 月)。

〔61〕 E. Schmidt 和 T. Shanker，“华盛顿重塑恐怖行为”，《国际先驱论坛报》，2005 年 7 月 27 日；T. Shanker，“美国制订清晰的恐怖战略”，《国际先驱论坛报》，2006 年 2 月 5 日。

〔62〕 R. Gunaratna，“应对 911 事件后全球圣战在组织结构和活动方式变化的挑战”，*Connections*，第 4 卷，第 1 期（2005 年春），第 9—42 页，URL〈http：//www. isn. ethz. ch/pubs/ph/details. cfm? id=10676〉；美国国防部，《四年一度防务审议报告》，2006 年 2 月 6 日，URL〈http：//www. defenselink. mil/qdr/report/Report20060203. pdf〉，第 87—91 页。

摸。近年来，各方在恐怖主义是手段而非目的和表征问题上的认识逐步趋于一致，这有助于对恐怖主义下定义。[63] 这种诠释得到大多数国家支持，也正是这种看法形成了联合国安理会界定恐怖手段的第 1617 号决议。[64] 对恐怖主义做出这种非政治性界定得到一些国家的认同，至少部分原因是，这样界定有助于与这些暴力挑战其政权的人做斗争，又不至于遇到国家政策助长这种暴力（包括恐怖主义）。[65] 确实有人提出，在有的情况下国家当局参与“反恐”会得到民众的政治支持是导致这种冲突发生的因素。[66] 尽管联合国“威胁、挑战和改革问题高级别小组”呼吁，但 2005 年 9 月召开的联合国世界峰会仍未能就恐怖主义的定义达成一致，部分原因是有些国家担心没有这种定义条文，它们采取的行动可能被认为是国家恐怖主义。[67]

重点放在恐怖主义的手段也得到那些强调“反恐”及与此相关的所有技术性对策是打击伊斯兰恐怖组织的主要手段的支持。然而 2005 年，在英国（关于《2005 年反恐法》）和美国（政府以“反恐”战争名义采取种种影响深远的措施被曝光）都出现了广泛争议。[68] 争论的焦点是为应对恐怖主义挑战而制订的各项政策中是否含有危及公民自由权的规定。为应对当代安全威胁而日益关注“反恐”对策，使一些人得出这样的结论：“反恐”可能是一项“崇高的事业”，但是

---

〔63〕 A. P. Schmid，（同注释［21］），第 197—221 页。

〔64〕 联合国安理会第 1617 号决议，2005 年 7 月 29 日。

〔65〕 “人权观察组织”，“以反恐的名义：世界各地违反人权的情况”，URL〈http：//hrw. rg/un/chr59/counter－terrorism－bck4. htm〉。

〔66〕 P. K. Baev，“普京的反恐战争：战略死胡同的参据？”《小规模战争和叛乱》，第 17 卷，第 1 期（2006 年 3 月），第 1—21 页。

〔67〕 C. Lynch，“博尔顿反对联合国提议”，《华盛顿邮报》，2005 年 9 月 1 日。2005 年 9 月 14—16 日召开的联合国大会世界峰会文件，参见 URL〈http：//www. un. org/summit2005/〉；高级别小组报告，参见联合国，“一个更加安全的世界：分担责任，”威胁、挑战和改革问题高级别小组报告，参见 2004 年 12 月 4 日联合国文件 A/59/565 and A/59/565/Corr. 1，URL〈http：//www. un. org/ga/documentation/list5. html〉。

〔68〕 美联社，“上帝抛出的恐怖计划”，《卫报》，2006 年 1 月 18 日，URL〈http：//www. guardian. co. uk/terrorism/story/0,，1689069，00. html〉；大赦国际美国分会网页，URL〈http：//www. amnestyusa. org/waronterror/index. do〉。

"错误概念"。[69]

尽管在 2005 年，在如何应对伊斯兰暴力问题上发生了明显变化，不再局限于采取军事和"反恐"形态，但政策调整依然相对较小。最重要的是，除了泛泛地承诺要通过民主化来稳定成为伊斯兰恐怖主义根源的社会之外，似乎很少有人去仔细考虑有什么其他办法可以替代过去的安全政策。[70] 不过，近期研究也对这种看法的作用提出了质疑。研究指出，"现有资料不能证明，民主和消除或减少恐怖主义活动之间存在密切关系"。[71] 确实，尤其在中东，一些穆斯林占多数的国家中实现真正的民主可能会催生强大的政治伊斯兰运动或政权。2005 年埃及选举中穆斯林兄弟会很得人心，2006 年"哈马斯"在巴勒斯坦选举中胜出，这两件事证明这种看法是正确的。

虽然民主化可能有助于使伊斯兰新原教旨主义边缘化，使暴力作为政治手段不得人心，但在短期内，不能指望民主化会消除伊斯兰运动的主要组织在经济和文化上的异化感和受辱感，看来这正是其滋生的推动因素。在这种情况下，一些组织可能对在政治和社会经济上对其迁就包容的举动无动于衷，继续顽固坚持其暴力"圣战"思想。如果把民主的重点放在民族国家的关切上，即使扩展民主也不会自动吸纳伊斯兰激进分子加入政治进程。像"基地"组织这样的团伙不会过分关注民族事业，尤其是巴勒斯坦起义，即使其中有强烈的伊斯兰情结，也不愿为建立一个伊斯兰民族国家而努力，而是集中精力搞全球"圣战"。

五、结论：应对伊斯兰暴力的新途径

上述研究分析突出了伊斯兰恐怖主义运动在近几十年内得到发展，其背景是宗教暴力事件上升和出现恐怖主义新形式。同时，上述

〔69〕 G. Andreani，"反恐战争：崇高事业，错误概念"，《生存》杂志，第 46 卷，第 4 期（2004/2005 年冬季号），第 31—50 页。

〔70〕 K. Dalacoura，"评 2001 年 9·11 事件以来美国在中东阿拉伯国家推广民主"，《国际关系》杂志，第 81 卷，第 5 期（2005 年），第 963—979 页。

〔71〕 F. Gregory Gause III，"民主可以制止恐怖主义吗？"《国际关系》杂志，第 84 卷，第 5 期（2005 年 9—10 月合刊），第 62 页。

研究也直接或间接地对文明冲突日益严重的概念以及关于宗教、非国家行为体很大程度上决定当代冲突的性质的论断提出了质疑。相反，近期研究指出，当代冲突比过去更加错综复杂，其中有不同形式的暴力，包括恐怖主义，由各种各样的行为体实施，并且怀有多种多样的动机。伊斯兰暴力就是这样，似乎至少与其他形式的冲突有联系。

从组织和手段来看，伊斯兰运动，特别是在初期阶段，在许多方面与过去二十年内出现的宗教或非宗教性的恐怖主义组织有相似之处。从这个意义上讲，人们只有在更广泛的背景下才能理解伊斯兰恐怖主义的抬头，要研究影响世界变化的相互关联的社会、政治和经济诸因素。这样做并不是要淡化“圣战”运动内部各派组织及某些特定首领的作用或其扩展运动的行动，而是要侧重分析某些问题。不过这里要指出的是：这些组织的出现及其活动能力取决并归诸于迄今仍在变化的过程，这种变化正在影响传统的穆斯林群体和占当地人口少数的新穆斯林群体，尤其是移民到西欧的穆斯林。

虽然本附录对伊斯兰恐怖主义的研究强调需要在更广泛的背景下理解这一现象，然而作为国际社会的一个突出议题，伊斯兰恐怖主义确实有其突出的特点，虽然基本上是程度的不同，而非本质的区别。鉴此，全球各个伊斯兰组织、伊斯兰教和穆斯林群体之间联系的确切性质成了一个关键问题。对这个问题的研究表明，这也是一个复杂问题。一般认为，伊斯兰恐怖主义组织和正统的伊斯兰教及其传统组织之间的关系较弱。虽然“圣战”组织宣称，根据其信仰进行“圣战”，但其实只是其自我标榜的战争，传统伊斯兰和西方一样，都是他们攻击的目标。至于其他一些因素，尤其是小团组的亲缘关系和心理因素，看来在保持组织的相同身份和凝聚力方面，至少和宗教信仰一样也起着重要作用。

同时，对当今世界的伊斯兰下定义很难，其中必定涉及像“基地”组织这样的伊斯兰组织，它们的许多行为，例如自杀式爆炸袭击，只有通过新旧宗教习俗加以审视才有意义。虽然大多数情况下自杀式袭击者似乎与正统伊斯兰联系不多，但是实施自杀式袭击的人也是从宗教意义上看待自身行为的，即所谓“殉难”。在有些情况下这种理念有所强化，尤其是在建立巴勒斯坦国的斗争中，当地很多人都支持这种行为，并以宗教或带有宗教色彩的形式表达这种支持。

由于穆斯林世界趋于多元化，伊斯兰恐怖主义组织和伊斯兰教之间的关系变得更加错综复杂，也使人们难以对其做出见解扼要的概括。穆斯林世界不是铁板一块，可以做许多划分，包括分为什叶派和逊尼派，阿拉伯和非阿拉伯，在社会文化上又可分为不同的种族、宗落和氏族。〔72〕在有些地方，如北高加索、泰国南部和巴勒斯坦，出于宗教动机诉诸暴力往往与分离主义和穆斯林族群内部长期存在的宗教、民族冲突交织在一起，有时甚至融汇一起。

对美国进行恐怖袭击导致其发动“反恐”战争之后已过去了 5 年，人们对产生伊斯兰恐怖主义原因的认识也比以往大有提高。同时，这种认识的提高也使人们逐步认识到这一现象本身的复杂性，有经济、社会、文化、人口和政治等多种因素。此外，伊斯兰暴力的抬头在许多地方以不同形式出现，并且继续在变。随着理解的加深，人们的忧虑也在增加，因为在应对伊斯兰恐怖袭击时所采取的一些重要举措实际上适得其反，从而增强了全球“圣战”运动的力量。所有这些表明，各国对这个问题的政策将来可能会做出进一步调整。

由于各国加强制订综合性政策时兼顾会影响极端组织滋生与蔓延的诸多因素，近年来主要从“反恐”的需要来应对伊斯兰暴力的主导看法可能会有所削弱。如果这种政策举措要行之有效，就需要在总体框架内综合运用发展的、外交的、政治的以及“反恐”等各种方法。〔73〕但是近期研究强调指出，只有认真分析不同地区的伊斯兰政治势力内部和各种不同观点后制订的战略，并采取相应对策才能取得成功。为此，必须做到在长期处于有穆斯林参与的北高加索、菲律宾、索马里和泰国南部等地，适当的政策平衡，以防止成为滋生新的伊斯兰极端组织的温床。〔74〕

---

〔72〕 A. Rabasa 等，《“9·11”后的穆斯林世界》（兰德公司：加利福尼亚州圣莫尼卡，2005 年）。

〔73〕 芬兰政府一直以这种方针来考虑其海外援助计划。芬兰外交部，“为打击新恐怖主义，芬兰发展援助的原则”，2005 年 7 月 4 日，URL 〈http: //www. um. dk/en/menu/DevelopmentPolicy/DanishDevelopmentPolicy/FightagainsttheNewTerrorism/〉。

〔74〕 国际危机组织（ICG），《索马里的伊斯兰主义》，“非洲报告”第 100 期（2005 年 12 月 12 日）；ICG，《菲律宾的恐怖主义：好斗伊斯兰皈依者的角色》，“亚洲报告”第 110 期（2005 年 12 月 19 日）。

将来特别值得关注的一个问题可能是伊斯兰运动如何招募新人，从而使这些新成员从许多国家不断流向全世界。虽然伊斯兰运动招募新人时主要考虑精神、经费和情感因素，然而有证据表明，政治问题也起重要作用。中东地区某些极权政权的崩溃，全球许多地方后殖民时代民族国家建设政策的种种弱点，以及对西方对这些地区的政治、经济政策的反应——所有这些引起人们的沮丧、失意情绪是他们加入伊斯兰运动的部分深层原因。[75]

现在，全球"反恐"战争成了伊斯兰运动招募新人的最主要因素，这证明要有效应对自愿者纷纷涌向伊斯兰暴力组织，就必须解决西方政策中的一些基本问题，如对伊拉克的占领。由于巴以之间不能实现永久和平，也会妨碍应对伊斯兰暴力组织发展所做的努力。

与此同时，不同场合和不同时期，穆斯林社会内部的动态，在推动或阻止极端组织暴力方面，是一个关键因素。2005 年发生的事件也凸显了伊斯兰恐怖主义日益跨国化的特征，以及欧洲的穆斯林民众重要性的不断上升。[76] 有鉴于此，为防止非洲、亚洲和中东地区的伊斯兰暴力事件发生而采取的新举措，只有在与重新力促穆斯林民众融入西方社会结合起来才能取得成功。

（柳　莉　李国富译）

〔75〕 G. E. Fuller，"伊斯兰政治势力的未来"（Palgrave Macmillan 出版社：伦敦，2004 年）。

〔76〕 F. Sendagorta，"欧洲的圣战组织：广泛的背景"，《生存》杂志，第 47 卷，第 3 期（2005 年秋季号），第 63—72 页。

第三章　建设和平：国际社会对非洲工作新重点

莎伦·韦哈塔

第一节　导　言

冷战结束以来，国际安全议程经历了一场变革：安全议程的概念被重新界定，安全议程的范围得到了拓宽。无论是种族冲突、环境退化和有组织的跨国犯罪，还是艾滋病等疾病，都已列入安全议程。新安全观是以对新型威胁的全面理解为基础的，并以“人的安全”为导向。〔1〕新型安全威胁具有相互关联和“超越国界”的本质特征，因此威胁是共同的。在变化已成常态的背景下，非洲正经历着地缘政治的复兴：非洲的和平与安全关切已经成为更大意义上的全球性关切。其原因不仅在于“全球反恐战争”，〔2〕还在于非洲的一些次地区，主要是西非，正在成为世界油气的主要供应者。

正是在这一背景下，冲突后的建设和平工作，尤其是在非洲开展的和平行动，成为2005年国际和平与安全议程的显著特征。《2005年人的安全报告》显示，最近几年武装冲突的急剧减少与国际社会加大行动力度，尤其是增加和平行动的部署，有着密切的相互关系。〔3〕人们越来越清楚地认识到，和平行动对于战乱国家的重建起着关键的

〔1〕关于新安全议程，参见本卷第7章。

〔2〕参见S. Klingebiel撰写：“非洲和平与安全的新结构：使外部角色的作用与非洲的利益相结合”，《非洲安全评论》，第14卷，2005年第2期，第35—44页。例如：国际社会做出努力铲除苏丹和非洲之角其他地区的伊斯兰原教旨主义组织。

〔3〕不列颠哥伦比亚大学，人类安全中心，《2005年人的安全报告：21世纪的战争与和平》（牛津大学出版社：纽约市，纽约州，2005年）。URL〈http://www.humansecurityreport.info/〉。

作用。因此，在 2005 年这一年，国际社会以近年所取得的成功以及精心制定的全面政策为基础，积极开展建设和平工作。非洲是国际社会特别关注的地区，因此也是本章的中心议题。

本章第二节对最近几年来世界各地在建设和平与人的安全领域所采取的积极行动（尤其是联合国建设和平委员会的成立）进行了研究。第三节对 2005 年在非洲进行的多边和平行动的成功与失败进行了回顾，并对未来可能的发展进行了展望。第四节为结论。附录 3A 包括一张表格，内含 2005 年仍在进行的或当年结束的多边和平行动的大量数据。

第二节 建设和平与“人的安全”

联合国千年项目与英国领导的非洲委员会于 2005 年初分别发表的重要报告，使非洲大陆成为国际政策大讨论的中心，并且促使各个政府间机构，如联合国、欧盟和八国集团的主要工业国家，重新审视并加强了他们对非洲发展努力的支持。这两份报告都注意到这样一个事实：非洲目前是距离实现《千年宣言》所确定的 2015 年目标最遥远的地区，“撒哈拉以南非洲比 10 年前还要贫困”。[4]《千年发展目标》（MDGs）列举了一系列应该采取的集体行动，其目的是在促进基本人权、男女平等、教育与环境的可持续性以及在特别关注非洲的同时，通过解决饥饿、疾病、住房短缺和社会排斥等问题来消除极端贫困。2000 年的《千年宣言》为从个人权利入手解决安全与发展问题铺平了道路，也为达成安全、发展与人权相互促进这一共识创造了条件。非洲的事实尖锐地说明，管理不力和冲突可以给经济发展造成消极影响，利比里亚、科特迪瓦和津巴布韦就是如此；同时，事实也

---

〔4〕 有关联合国千年项目的最后报告，即《投资于发展：实现千年发展目标的可行计划》、千年发展八大目标以及实现上述目标的全球努力的详情，见 URL〈http：//www. unmillenniumproject. org〉。有关非洲委员会的报告，即《我们的共同利益：非洲委员会的报告》的详情，见 URL〈http：//www. commissionforafrica. org〉。另请参见欧盟理事会，“更加美好世界中的安全欧洲：欧洲安全战略”，布鲁塞尔，2003 年 12 月 12 日，URL〈http：//ue. eu. int/cms3 _ fo/showPage. ASP？id=266〉。

说明，一旦管理改善、冲突得到解决，好转的势头是多么强劲，马里和莫桑比克就是例证。同时，非洲从区域、次区域和国家等不同层面解决非洲大陆面临的挑战的政治意愿也越来越强烈。因此，促进稳定、增加非洲自身的能力以及改善管理已经成为优先的任务，但没有外部的参与，这些就一事无成。实现千年目标只剩下 10 年的时间，2005 年是全球重申对非洲承担义务的关键节点。

联合国建设和平委员会

“关于威胁、挑战与改革问题的联合国高级名人小组”2004 年提出建议，联合国应成立新的机构来处理冲突后的建设和平工作。这一建议得到 2005 年 9 月举行的联合国世界首脑会议的赞同。同年 12 月，安理会和大会同时通过了成立建设和平委员会的决议。[5]建设和平委员会的成立是世界首脑会议所取得的第一项切实有效的成就。世界首脑会议期间，世界领导人聚集一堂，考虑有关联合国改革的建议。[6]成立建设和平委员会的目的是，弥补维持和平与发展活动之间的缺口，进一步加强联合国“最广泛意义上”的建设和平能力。从实际意义上来说，成立建设和平委员会是为了简化联合国日益错综复杂的计划程序。不同角色之间缺乏协调与互补性使得本来健全的建设和平战略无法变成具体而可持续的成就。

建设和平委员会的三大目标是：（1）充当中心环节，将各种国际角色和资源汇集在一起，并就冲突后建设和平的总体战略和优先事项提出建议（包括总体的和针对特定国家的建议），从而加强机构间的协调；（2）以国家正常运转所必需的机构改革和制度建设为工作重心；（3）拓展专门技术和最佳实践，确保融资工作的可预见性和可持

---

〔5〕 见联合国安理会 1645 号决议，2005 年 12 月 20 日，URL〈http：www. un. org/documents/scres. htm〉和联合国大会 A/RES/60/180 号决议，2005 年 12 月 30 日，URL〈http：//www. un. org/documents/resgo. htm〉。另请参见联合国，“一个更加安全的世界：我们的共同责任”，“关于威胁、挑战与改革问题的联合国高级名人小组报告”，联合国文件 A/59/565，2004 年 12 月 4 日，和 A/59/565/Corr. 1，2004 年 12 月 6 日。URL〈http：//www. un. org/ga/documentation/list5. html〉。

〔6〕 关于 2005 年 9 月 14 日至 16 日在联合国大会举行的这次首脑会议，以及首脑会议的文件，参见 URL〈http：//www. un. org/summit2005/〉。

续性以及国际社会对建设和平活动的持续关注。[7]在许多人看来，作出不把冲突预防纳入委员会工作范围的决定是一个现实的妥协，因为冲突预防工作过于浩繁复杂，联合国任何一个机构都难以应付。[8]根据设想，委员会工作的核心是针对具体国家开展的活动，尤其在国家从过渡性恢复转向发展过程中的各项活动。预计，建设和平委员会将首先向安理会，然后是经社理事会（ECOSOC）报告其活动。由于建设和平的努力必须因地因时制宜，委员会应当承认各地利益攸关方的首要作用，提倡当地自掌原则。[9]

这个以协商一致为基础的委员会将包括一个由 31 名成员组成的常务组委会，组委会负责程序性和组织性事务。其中，7 名成员将来自安理会，包括 5 个常任理事国；7 名成员来自经济与社会理事会（ECOSOC）的 54 个成员国；5 名成员来自占联合国预算份额最大和向联合国基金、项目和机构自愿捐款最多的 10 个国家；5 名成员来自向联合国和平特派团提供军事人员和民事警察最多的 10 个国家；7 名成员由联合国大会选举产生以确保地域平衡。[10] 在开会讨论特定国家的形势时，委员会将扩大成员，其他来自有关国家或过渡性权力机构、联合国主要机构、国际金融机构和区域性组织的代表也将参加会议。组委会中的非常任成员任期仅限于两年，但可以连任；而且，为避免双重代表问题的出现，成员国无论什么时候都只能从一个类别中产生。现在还不能肯定，组委会领导是像联合国秘书长建议的那样由联合国高级官员担任，还是由其中的一个当选成员担任。组委会的规模比秘书长原先的预想要大一倍，其构成的复杂性令人产生这样一个疑问：它能否有效履行其职责，会不会陷入联合国积重难返的官僚作风的泥潭？[11]人们还担心，只能算是顾问性质的建设和平委员会的

---

〔7〕 参见联合国安理会 1645 号决议（同注释〔5〕），第 2（a）—（c）段。

〔8〕 联合国大会：《大自由：实现人人共享的发展、安全与人权》，联合国秘书长报告，附录：建设和平委员会，联合国文件 A/59/2995/Add. 2，2005 年 5 月 23 日。

〔9〕 关于当地自掌权，参见 A·S汉森及 S·韦哈塔所著：《冲突结束后向秩序的过渡》，（福尔克·伯纳多德学院出版物，斯德哥尔摩，2006 年）。

〔10〕 尽管如此，发展中国家已经表示了强烈的关切：这个委员会的组成仍然反映出向西欧和北美的倾斜。

〔11〕 联合国大会（同注释〔8〕）。

有限权力可能使委员会缺乏俐齿。

为了协助委员会的工作，联合国利用现有资源在秘书处内设立了一个小单位。这个名为“建设和平支援办公室”（PSO）的小单位的主要任务是：(1) 搜集和分析委员会成员国开展的建设和平活动及可用于建设和平活动的财经资源方面的信息；(2) 为建设和平行动的计划过程贡献力量；(3) 开展最佳实践分析并制定政策指南。[12]然而，由于建设和平支援办公室人手可能有限（约 20 名成员），以及联合国秘书处长年资源不足，建设和平支援办公室有可能遭到与联合国其他大多数部门同样的命运。它连委员会基本的组织与监督要求可能无法达到，更不要说完成分析与政策制定任务了。[13]

为支持建设和平委员会，还建立了一个常设的建设和平基金，基金来源为自愿捐款，其用意是加快基金的发放以利建设和平活动的开展。这一举措反映了这样一种认识：建设和平计划的实施在过去往往遭受缺少资源之苦。如果基金能够为长期计划和活动提供资金，而不是资助仅有短期效应的项目，那么它对于促进国家在冲突后的可持续恢复将更加有用。如果基金能够掌握比拟议的 2.5 亿美元更多的资源，那就更好了。[14]在讨论委员会的规模、活动范围及基金使用方式时，应该再次对这个问题进行研究。

预计，建设和平委员会、建设和平支援办公室和建设和平基金均将于 2006 年中期开始运作。[15]

连贯一致的对非战略

为了使千年发展目标温故而不忘，其他多边组织也在 2005 年与联合国一道开展了建设和平努力。在非洲具有传统重要影响的英国在主办 2005 年八国集团峰会的同时，恰逢 2005 年下半年担任欧盟轮值主席国，它努力使非洲大陆的安全与发展需要牢牢地占据西方世界的议事日程，这使非洲受益匪浅。八国集团与欧盟是世界最大的援助提

---

〔12〕 联合国大会（同注释〔8〕）。

〔13〕 参见 R. Ponzio 所著：《联合国建设和平委员会的建立与运行》，（Saferworld：伦敦，2005 年 11 月）。

〔14〕 联合国大会（同注释〔8〕）。

〔15〕 联合国大会（同注释〔8〕）。

供者，它们的发展政策对非洲的社会经济发展具有深远的影响。这两个组织均采取了全面的做法，并且持有相似的看法，即他们拥有广泛的政治、经济和社会手段来处理撒哈拉以南非洲的欠发达问题。非洲委员会和欧盟的政策文件都强调了非洲与发达国家之间的平等伙伴关系。例如，为了将自掌权原则由美丽的词藻变为实际的政策，欧盟表示，对预算的支持（即直接为伙伴国政府的预算提供资金）是提供援助的主要方式。〔16〕

在英国首相托尼·布莱尔的协调下，非洲委员会于 2005 年成立，其目的是确定影响非洲发展的全球性趋势，并提出解决非洲大陆问题的有效政策建议。〔17〕2005 年 3 月，非洲委员会赶在 2005 年 7 月格伦伊格尔斯八国集团首脑会议举行前提交了政策建议。委员会的建议包括：百分之百地免除最贫困国家的债务；到 2010 年，将非洲的政府发展援助（ODA）增加一倍，达到每年 250 亿美元；通过增加透明度和消除腐败，改善非洲国家的管理水平；进一步强化非盟（AU）的主要机构以及非洲发展新型伙伴关系（NEPAD）。〔18〕委员会的这些建议旨在加速非洲落实千年目标的进程。建议的要素之一是：注重促使非洲自己掌握主动，并采取措施依靠非洲自身的发展努力。非洲同行审议机制以及非洲发展新型伙伴关系是两大主要机制：几乎所有的国际机构和双边捐助者都认同非洲发展新型伙伴关系为总的框架机构，国际社会应该在此框架下组织其非洲发展工作。

2005 年 7 月，格伦伊格尔斯八国集团首脑会议采纳了非洲委员会提出的许多建议。在非洲的和平与安全方面，八国集团领导人重申了他们先前所做出支持非盟建立自己的维和部队的承诺。然而，对于许多观察家来说，八国集团所作出的唯一实实在在的承诺是，百分之百地免除符合条件的最重债穷国应向国际货币基金和其他国际金融机

---

〔16〕 非洲工作委员会（同注释〔4〕）。

〔17〕 委员会成员包括来自英国、其他欧洲国家、美国和非洲的专家与要人。

〔18〕 关于非洲委员会（同注释〔4〕）及“非洲委员会报告：分析”，见英国广播公司新闻在线，2005 年 3 月 11 日，URL〈http：//news，bbc. co. uk/1/4337853. stm〉。关于非盟和非洲发展新型伙伴关系，见 J·阿迪沙撰写：“非盟：设想、计划、政策与挑战”，《SIPRI 年鉴 2003：军备、裁军与国际安全》，牛津大学出版社，2003 年，第 79—85 页。

构偿还的全部债务，以及增加对非洲的财经义务。[19]美国保证在 2004 年至 2010 年间将援助增加一倍，并设立“千年挑战账户”，以便每年提供多达 50 亿美元的援助。同样，欧盟的每个成员国都保证在 2015 年前，将国民生产总值的 0.7%用于政府发展援助，并把 2010 年前 0.56%的指标作为其过渡性的集体目标。此外，首脑会议还同意，欧盟将在 2004 年—2010 年间将政府发展援助增加一倍，即从 345 亿欧元增加到 670 亿欧元，其中一半用于非洲。[20] 一些分析家认为，这是一项条件反射式的措施，它吸取了近期布隆迪、刚果民主共和国（DRC）、伊拉克和利比里亚的教训。这些国家的教训告诉我们，对于刚刚结束冲突的国家来说，债务往往是能够折射其他问题的典型问题。[21] 此外，经验表明，有目标地增加援助可以减少冲突复发的风险。[22]

为了检讨并更新欧盟的现有政策，并且给欧盟提供一个全面、综合和长期的对非关系框架，欧盟委员会于 10 月提出了欧盟非洲工作战略。[23] 欧盟非洲工作战略的目标是欧盟与非洲伙伴一道，进一步为减少贫困、促进 2005 年至 2015 年联合国非洲千年发展目标的实现作出贡献，并且确保欧盟的非洲政策符合非洲的需要与发展重点。战略的另一个目标是加强欧盟与非洲及其机构之间的政治对话，拓展两者之间的关系。例如，战略强调了如何通过欧盟新建立的金融机制与

---

〔19〕 见“非洲：八国集团格伦伊格尔斯 2005 年首脑会议”，URL〈http：//www. g8. gov. uk〉。

〔20〕 八国集团：“八国集团成员国各自承诺的财经义务”，格伦伊格尔斯公报，附件二，2005 年 7 月 7 日至 8 日。URL〈http：//www. g8. gov. uk〉。

〔21〕 参见 R·德旺和 S·韦哈塔撰写：“多边和平行动：建设和平面临的挑战”，《SIPRI 年鉴 2005：军备、裁军与国际安全》，牛津大学出版社，2005 年，第 158—161 页。

〔22〕 参见 P. Collier 和 A. Hoeffler 撰写：“冲突后国家的援助、政策与发展”，世界银行政策研究工作文件 2902 号，2002 年 10 月。URL〈http：//www-wds. worldbank. org/servlet/WDSContentServer/WDSP/IB/2002/11/01/000094946 _ 02101904245026/Rendered/PDF/multi0page. pdf〉。

〔23〕 2005 年 12 月，欧盟理事会通过了这份文件，即“欧盟非洲工作战略：为加速非洲发展而建立欧盟—非洲合约”。见欧盟委员会与理事会、欧洲议会和欧洲经济与社会委员会之间的公文往来，欧盟文件（2005）489 号，正式本，布鲁塞尔，2005 年 10 月 12 日。URL〈http：//europa. eu. int/comm/development/body/communications/docs/eu _ strategy _ for _ africa _ 12 _ 10 _ 2005 _ en. pdf〉。

稳定机制改进现有的援助、复兴与发展工作。[24] 然而，可能出现的结果是，欧盟不必为安全—发展活动的实际扩大提供资源保证，就可以达到加强其金融机制的灵活性的目的。[25] 因此，欧盟非洲工作战略并没有提出很多新的倡议，而是将重点放在欧盟可以更加有效利用的现有机制。该战略还强调了针对特定国家的具体措施。

尽管八国集团首脑会议对非洲问题的关注是一个良好的政治势头，但如果政治与财经承诺不能得到实际预算分配的支持，这种势头并不会变成实际的行动。

第三节 非洲的建设和平实践

非洲是 2005 年大规模、多方位、高消耗和平行动最集中的地区，在 14 项和平行动中总共部署了 6.5 万多名人员（参见表 3.1 和图 3.1）。[26] 外部角色如此大规模的参与表明，他们可能卷入诸如摩加迪沙和基加利发生的灾难的担心消退了。[27] 过去 10 年中，联合国加强了在非洲的参与。截至 2005 年 12 月，75％的联合国资源（包括人员和维和预算）被用于非洲。[28] 联合国维和人员的将近一半部署于非洲，这反映了“非洲问题非洲解决”的复生。2004 年以来，联合国已经在非洲部署了9个特派团，这是1991以来的历史最高纪录，

---

〔24〕 关于稳定机制，参见 A. Dewaele 和 C. Gourlay 撰写：“稳定工具：确定委员会在危机反应中的作用”，《国际安全信息服务简报》，国际安全信息服务，欧洲，布鲁塞尔，2005 年 6 月 27 日。(Brussels，27 June 2005.)

〔25〕 为欧盟对外行动提供资金属于 2007—2013 财政周期中的第四类。欧洲发展基金仍属政府间框架范围，2008—2013 年为 2270 万欧元。见：欧盟：“2007—2013 年财政远景”，欧盟理事会文件 15915/05 号，布鲁塞尔，2005 年 12 月 19 日。URL〈http：//ue.eu. int/ueDocs/cms _ Data/docs/pressData/en/misc/87677. pdf〉。

〔26〕 图表数据的截止日期为 2005 年 12 月 31 日。

〔27〕 这里指的是 1993 年索马里和 1994 年卢旺达发生的事件。当年，在联合国索马里行动和联合国卢旺达援助特派团中的联合国维和人员分别遭到袭击并被迫卷入暴力冲突。

〔28〕 参见 B. Heldt 和 P. Wallensteen 所著：《维持和平行动：全球干预与成功模式，1948—2004》（福尔克·伯纳多德学院出版物，斯德哥尔摩，2005），第 21 页，以及联合国：“安理会呼吁在西非采用区域办法处理娃娃兵、雇佣军和小武器等跨国界问题”，《新闻公报》，联合国文件 SC/8037，2004 年 3 月 25 日。

表 3.1　1991—2005 年在非洲的和平行动数量

领导者	1991	1992	1993	1994	1995	1996	1997	1998	1999	2000	2001	2002	2003	2004	2005
联合国*	1	1	2	8	7	4	4	4	6	5	4	5	6	9	9
区域性组织	1	1	2	2	2	2	4	5	6	5	3	3	5	5	4
临时联盟	—	—	—	1	—	—	1	2	1	1	1	1	1	1	1
总数	**2**	**2**	**4**	**11**	**9**	**6**	**9**	**11**	**13**	**11**	**8**	**9**	**12**	**15**	**14**

注：所谓联合国和平行动是指由联合国维和行动部和联合国政治事务部管辖的行动。

资料来源：SIPRI 维和行动数据库。

也是所有地区的最高纪录。〔29〕在这 9 项行动中，2005 年仍在进行的几项行动发生于相邻国家，例如在科特迪瓦、利比里亚和塞拉利昂进行的和平行动，以及在布隆迪、刚果民主共和国和苏丹进行的和平行动。以这一业务现实以及整个非洲大陆冲突的地区性质为基础，建设和平界已经就采用地区性方式解决地区性问题的必要性取得了广泛的共识。〔30〕这种方式将地区冲突联系起来，防止冲突向境外蔓延，并且促进地区经济与社会的可持续性发展。

联合国在西非的和平特派团

2005 年标志着历经多年的联合国塞拉利昂援助特派团（UNAMSIL）成功结束。联合国利比里亚特派团（UNMIL）也在协助利比里亚全国过渡政府（NTGL）落实 2003 年《全面和平协议》所确定的过渡时期工作重点方面取得了显著进展。〔31〕不过，这种结果在联合国科特迪瓦行动（UNOCI）却不是那么明显。今年还标志着上述三项和平行动在开展跨国界联合巡逻防止小武器非法流动、贩卖人口和自然资源的非法贸易以及后勤保障和信息共享方面合作的深化。〔32〕联合国利比里亚特派团还被赋予一项独特的使命，即负责为塞拉利昂特别法庭提供安全，特派团还被赋予拘捕利比里亚前总统查尔斯·泰勒的权力。〔33〕

塞拉利昂 联合国塞拉利昂援助特派团（简称“联塞特派团”，UNAMSIL）长达 6 年的任期于 2005 年结束，此时，特派团已经完成了几项关键性的任务：解除了 7.2 万多名前战斗人员的武装，将其复员并重新安置；协助恢复了政府在整个国家的权威；组织了全国性

〔29〕关于非洲地区和平行动的详细数据分析，请参见 B. Heldt 所著：《非洲的维持和平模式》（福尔克·伯纳多德学院出版物，斯德哥尔摩，2006 年即将出版）。

〔30〕联合国（同注释〔28〕）。

〔31〕利比里亚政府、利比里亚和解与民主联盟（LURD）利比里亚民主运动（MODEL）以及各政治派别于 2003 年 8 月 18 日签订《全面和平协议》。协议全文参见 URL〈http://www.usip.org/library/pa/liberia/liberia_08182003_cpa.html〉。

〔32〕联合国：《联合国秘书长关于联合国利比里亚特派团的第九份进展报告》，联合国文件 S/2005/764，2005 年 12 月 7 日，第 26—29 段。

〔33〕联合国安理会 1638 号决议，2005 年 11 月 11 日。

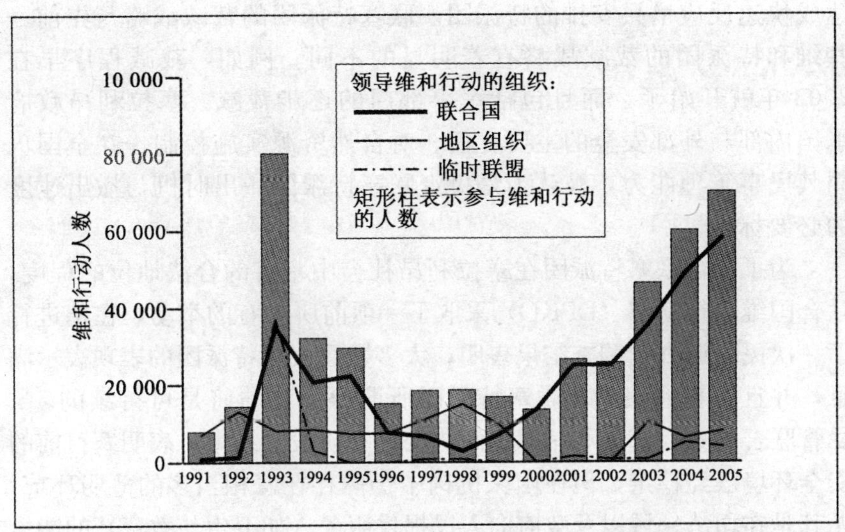

图 3.1　1991—2005 年由联合国、区域组织和临时联盟领导的部署于非洲的和平特派团的人员数量

和地方性选举；协助重建了安全部队；遣返了近 30 万难民。[34] 联塞特派团被认为是联合国所取得的一大成功，这不只是因为联合国从 2000 年 500 名维和人员被革命联合阵线（RUF）的叛乱分子绑架事件所造成的几近崩溃中打了个漂亮的翻身仗。[35]

联塞特派团的成功还在于它在许多方面所取得的突破。该团是联合国第一个采用综合性特派团概念（即将人道主义援助和开发机构包含在维和特派团内）的特派团；[36] 第一个将同时进行的区域性维和部队收编并接替其连续运行的特派团；第一个与双边出兵国

---

〔34〕参见：联合国：《秘书长关于联合国塞拉利昂特派团的第 25 份报告》，联合国文件 S/2005/273，2005 年 4 月 26 日，以及综合性西非区域信息网（IRIN－WA））：“历经 5 年，解除武装与遣返工作终于完成”，《IRIN－WA 周报》第 213 期，2004 年 1 月 31 日到 2 月 6 日。

〔35〕参见 W. Reno 撰写：“塞拉利昂的战争与维和行动的失败”，《SIPRI 年鉴 2004：军备、裁军与国际安全》，（牛津大学出版社，牛津，2001 年），第 149—161 页。

〔36〕联合国塞拉利昂援助特派团吸收了西非国家经济共同体驻塞拉利昂监督团（ECOMOG）的人员。联合国：主席声明，联合国文件 S/PRST/2005/63，2005 年 12 月 20 日。与此同时，在前南斯拉夫，联合国保护部队被改名为北约领导的执行部队。

达成快速反应增兵安排的特派团。联塞特派团的裁减战略与先前一些维和特派团的裁减战略有着明显的不同。例如，裁减程序早在2003 年就开始了，而且包括军事部门的逐步裁减。塞拉利昂政府承担内部与外部安全的主要责任、对自然资源实施控制、在全国巩固其民事管理能力，被认为是决定联塞特派团撤出时机与撤出速度的必要标准。[37]

为了确定联塞特派团在塞拉利昂社会中享有的合法地位的程度，联合国维和行动部（DPKO）采取了一项前所未有的举动，在塞进行了一次民意调查。调查结果表明，大多数居民对特派团的表现表示满意，并且乐观地表示，联塞特派团所取得的成绩将是可持续的。[38]尽管联合国参与塞拉利昂问题解决的维和阶段的结束，表明塞目前的安全环境已经稳定，但在国家机构中仍然存在着相当多的薄弱环节，尤其是在司法领域以及政府向人民提供服务（如卫生与教育）的能力方面。

联合国保持了在塞拉利昂的小规模存在，建立了驻塞拉利昂综合办事处（UNIOSIL)。办事处具有一项强有力的建设和平使命，即将重点转移到处理“软”问题上，如腐败和青年失业问题。[39] 联合国驻塞拉利昂综合办事处的中心工作之一是通过协调捐助者对关键领域(如国家机构的能力建设、人权与法治）的支持，支持塞拉利昂政府落实该国根据千年发展目标确定的减贫战略。[40] 2005 年 11 月，塞拉利昂问题磋商小组承诺提供 8 亿美元，落实该国的 2005 至 2007 三年减贫战略。[41]

---

〔37〕 联合国：《秘书长关于联合国塞拉利昂援助特派团的第 15 份报告》，联合国文件第 S/2002/987 号，2002 年 9 月 5 日。

〔38〕 参见 J. Krasno 撰写：《关于联合国塞拉利昂援助特派团在塞拉利昂工作的民意调查》，为联合国维和行动部最佳实践处撰写的外部研究报告，2005 年 7 月。URL 〈http：//www. un. org/Depts/dpko/lessons/〉。

〔39〕 联合国驻塞拉利昂综合办事处（UNIOSIL）成立于 2005 年 8 月，但直至 2006 年 1 月才得以部署。见联合国安理会 1620 号决议，2005 年 8 月 31 日。

〔40〕 联合国：《秘书长关于联合国塞拉利昂援助特派团的第 23 份报告》，联合国文件 S/2005/273，2005 年 4 月。

〔41〕 世界银行：“捐助者承诺向塞拉利昂的第一轨道减贫工作提供 8 亿美元”，新闻公报第 2006/177/AFR 号，2005 年 11 月 30 日。网址：URL 〈http：//web. worldbank. org〉。

利比里亚 为利比里亚长达14年的冲突结束后举行的首次总统选举和议会选举进行准备，是一项具有里程碑意义的任务，联合国利比里亚特派团（简称“联利特派团”，UNMIL）2005年的大部分精力集中于此。2005年10月，100多万利比里亚人参加了投票，约80万人参加了11月举行的补选。结果，埃伦·约翰逊—瑟利夫当选为总统，成为非洲第一位选举产生的女性国家元首。〔42〕这几次关键性的选举推动了利比里亚从一个作为地区不稳定根源的接近失败的国家向一个法治的、更加民主的国家过渡。〔43〕联利特派团的作用是提供安全，在利比里亚全国协助建立选举办公室，并且提供公共信息与选民教育培训。选举过程中不断传出消息，说前总统查尔斯·泰勒正试图扰乱利比里亚政治，还有人威胁说可能出现大规模暴力。这给选举过程投下了阴影。但联利特派团的1.5万名部队人员和1800名刚刚得到训练的利比里亚国家警察的实质性存在证明是有效的威慑力量。〔44〕

利比里亚武装部队（AFL）的改组工作在2005年并未取得多少进展。尽管改组的第一阶段任务（即复员9000名非正规武装部队人员）得以完成，但国际捐助者之间存在的分歧造成了资金的短缺，从而影响了应该在第二阶段完成的4000名利比里亚武装部队人员的复员工作。〔45〕复员过程中出现的这一延误，加上擅自占住者拒绝撤离希夫林军营（希夫林军营是新组建的利比里亚武装部队的兵营所在地），使得新组建的利比里亚武装部队的招募与训练工作被迫推迟。〔46〕利比里亚安全领域改革的核心受两大迫切需要驱使：一是提高工作效率；二是加强民主执政。到目前为止，利比里亚改革进程的

---

〔42〕“铁娘子当选为利比里亚领导人”，英国广播公司新闻在线，2005年11月23日。URL〈http：//news. bbc. co. uk/2/4462032. stm〉。

〔43〕人权观察：“十字路口的利比里亚：新政府的人权挑战”，《人权观察简报》，2005年9月30日。URL〈http：//hrw. org/backgrounder/africa/Liberia0905〉。

〔44〕国际危机小组：“利比里亚选举：必要但还不够”，《非洲报告》第98号，2005年9月7日；联合国：《秘书长关于联合国利比里亚特派团的第8份进展报告》，联合国文件S/2005/560，2005年9月1日，第30段。

〔45〕联合国利比里亚特派团工作人员与本文作者的访谈，2005年11月15日。

〔46〕DynCorp代表与本文作者的访谈，2005年11月16日，IRIN—WA：“士兵们拒绝撤出新军所需的军营”，《IRIN—WA周报》第311号，2005年12月31日至2006年1月6日。

重点几乎完全集中在提高工作效率上。要使安全职能变得可以持续，就必须付出更大的努力，改善对安全职能的民主监督。[47]

2005 年，对于利比里亚的建设和平工作来说，经济管理能力是个中心问题。5 月，由欧盟委员会和世界银行领导的国际伙伴机构向利比里亚提出了一份倡议，其目的是打击公共服务领域的腐败，确保利比里亚的公共税收流动管理得当、职责分明。该计划规定：在为期三年的时间内，通过任命在中央银行、财政部和其他关键政府部门中具有共同签字权的国际专家，对利比里亚的财政实行国际控制。[48] 利比里亚全国过渡政府（NTGL）反对这一计划，称这一计划不仅损害利比里亚的主权，而且等于对利比里亚实行国际托管。7 月，过渡政府提出了自己的建议：即“执政与经济管理协助计划”(GEMAP)。[49] 随后，又出台了一项妥协计划，保留了国际计划中关键性的共同签字权。在强大的政治压力下，利比里亚全国过渡政府于 9 月签署了协议。[50]“执政与经济管理协助计划”仍然是一个有争议的问题，但新成立的政府已经表示，它将接受计划的条款，并与国际社会一道落实这一计划。[51]

到了岁末，人们对利比里亚产生了谨慎的乐观情绪。由于安全环境相对稳定，至少，联利特派团的军事部门计划在 2006 年逐步裁减。同时，民事部门的力量将得到加强，以确保业已取得的进展。预计，联利特派团的部署调整将按照塞拉利昂的模式，根据具体的标准逐步削减兵力。[52]

---

〔47〕 参见 A. Ebo 所著：《冲突后利比里亚安全领域改革的挑战与机遇》，日内瓦武装部队民主控制中心不定期刊物第 9 号。

〔48〕 纽约大学国际合作中心：“全球维和行动年度回顾”，第 54—61 页。

〔49〕 关于“执政与经济管理计划”，参见 URL〈http：//www. worldbank. org/liberia〉。

〔50〕 参见 D. Mahtanirn 撰写：“利比里亚人寻求一位建设和平总统：尽管有国际帮助，这个西非国家的选举获胜者仍然面临艰巨的任务”，《金融时报》，2005 年 10 月 4 日，第 10 页。

〔51〕 约翰逊—瑟利夫总统指出，她所领导的政府将实施自己的监督计划，这样“执政与经济管理协助计划”就不需要在第一阶段结束时延长。约翰逊—瑟利夫就职演说，蒙罗维亚，2006 年 1 月 17 日。URL〈http：//allafrica. com/stories/200601170106. html〉。

〔52〕 联合国：《秘书长关于联合国利比里亚特派团的第 9 份进展报告》，联合国文件 S/2005/767，2005 年 12 月 7 日，第 87 段。

科特迪瓦 2005 年，总统候选人资格争夺战中出现的僵局使科特迪瓦的和平进程处于长久的停顿，并造成了长达近三年的“不战不和”困境。由于各派在公民资格、投票权和土地所有权问题上的不妥协态度，也由于非盟随后决定将过渡总统洛朗·巴博的任期延长一年，科特迪瓦未能在 10 月举行选举，因而引发了新的暴力。[53] 2004 年“阿克拉协议 III”的拖延执行不仅妨碍了联合国科特迪瓦行动团（简称“联科行动”，UNOCI）履行其使命的能力，还给本来已经脆弱的地区稳定造成了威胁。[54] 到了年底，局势的严重性致使联合国秘书长科菲·安南呼吁大量增加联科行动的部队人数，以使联科行动在必要时作出“强有力的反应”。[55] 作为另一种选择，联合国安理会可以考虑将联合国利比里亚特派团的部队调整部署到联科行动团，安理会 1609 号决议允许在“授权的人员限额内”进行这样的部署，但这样做可能会遇到财政、程序和政治方面的各种障碍。[56]

非盟苏丹特派团和联合国苏丹特派团

在经历了为期两年半的一系列紧张谈判后，苏丹政府与苏丹人民解放运动/解放军于 2005 年 1 月签订的《全面和平协议》使非洲最长的战争之一得以结束。[57] 作为联合国的一项新的重大和平行动，联

---

〔53〕 关于和平进程停滞不前的其他原因，参见 IRIN－WA，“巴尼宣誓就任新总理”，《IRIN－WA 周报》第 307 号，2005 年 12 月 3 日至 9 日；及《危险的和平协议》，《经济学家》，2005 年 4 月 16 日，第 37 页。

〔54〕 联合国：《秘书长关于联合国塞拉利昂特派团、联合国利比里亚特派团和联合国科特迪瓦行动之间相互合作和开展跨国界行动的报告》，联合国文件 S/2005/135，2005 年 3 月 2 日；及“Nervy neighbours”，*Africa Confidential*，第 47 卷，第 7 期（2005 年 4 月 1 日），第 3 页。《阿克拉协议 III》签署于 2004 年 7 月 30 日，协议进一步强化了 2003 年《利纳—马尔库西协议》所达成的和平进程的执行。关于《阿克拉协议 III》，参见：URL〈http：//www. issafrica. org/AF/profiles/cotedivoire/research. htm＃pax〉。

〔55〕 IRIN－WA：“安南想增加一线维和人员数量”，《IRIN－WA 周报》第 311 期，2005 年 12 月 31 日至 2006 年 1 月 6 日。

〔56〕 联合国：“2006 年 1 月：科特迪瓦（联合国科特迪瓦行动）”，安理会报告，2005 年 12 月 22 日。URL〈http：//www. securitycouncilreport. org/site/c. glKWLeMTIsG/b. 1313229/k. C896/January _ 2006brCte _ dIvoire _ UNOCI. htm〉。联合国安理会第 1609 号决议，2005 年 6 月 24 日。

〔57〕 关于苏丹的冲突，参见本卷第 2 章。

合国苏丹特派团（简称“联苏特派团”，UNMIS）于 2005 年 3 月成立，以保证协议的落实。

尽管联合国在 2004 年就派出了联合国苏丹先遣团（UNAMIS），联合国维和行动部也参与了《全面和平协议》的政治谈判，而且从授权到部署之间的准备时间也不算短，但在 2005 年全年，联苏特派团还是在部署过程中遇到了困难。[58] 到 2005 年底，联苏特派团仅以三分之一的授权实力在开展活动。在苏丹南部部署军事和民事人员的目的是监督《全面和平协议》中安全部分的落实，并且支持羽毛未丰的南部苏丹政府。与此同时，《全面和平协议》的落实在 2005 年取得了缓慢但稳步的进展。然而，南部苏丹国家机构的建立却是一项重大的挑战，其部分原因是缺乏资源。警察执法能力的培养、法治以及人权工作通过各种培训计划得到了启动。协助流落他乡人员（IDPs）回归工作所取得的成就则更加明显——有 50 万流落他乡人员重返家园。[59] 联苏特派团的授权允许特派团采取强硬措施保护特派团部署地区的平民。但是，以特派团的能力，要想对付其周围发生的小小骚乱都成问题。即使特派团达到满编实力，特派团既没有权限也没有能力处理苏丹安全局势的失控。在南部苏丹所取得的缓慢进展使许多苏丹人感到，和平的红利太少了。[60]

达尔富尔冲突的持续恶化导致非盟部署了成立以来的第二项和平行动。[61] 非盟苏丹特派团（AMIS）2004 年 6 月部署于达尔富尔时，最初只有 60 名非武装的观察员和一支由 300 名士兵组成的部队，执行的任务是监督双方对协议的遵守情况。[62] 当时还考虑了成立联合国一

〔58〕 纽约大学（同注释〔48〕），第 34—41 页。

〔59〕 联合国：《秘书长关于苏丹问题的报告》，联合国文件 S/2005/821，2005 年 12 月 21 日。

〔60〕 “苏丹和平少人喝彩”，英国广播公司新闻在线，2006 年 1 月 9 日。URL〈http://news.bbc.co.uk/2/4594242.stm〉。

〔61〕 在解决达尔富尔冲突的一系列协议的谈判中，非盟是主要的调解者。这些协议包括 2004 年《恩加梅纳协议》，《亚的斯亚贝巴协议》和《阿布贾议定书》。关于这些协议，参见 URL〈http://www.unsudanig.org/emergencies/darfur/index.htm〉。

〔62〕 非盟苏丹特派团是根据与苏丹各派于 2004 年 5 月 28 日签订的关于停火委员会的建立形式和在达尔富尔部署观察员的有关协议以观察团的形式成立的，观察团的成立得到了联合国安理会 2004 年 7 月 30 日通过的 1556 号决议的批准。

非盟联合保护部队的方案，但这一方案由于非盟决心在达尔富尔取得成功，以及苏丹政府反对部署非非盟的部队而被放弃。[63] 依靠非盟观察员、维和人员和警察的决定得到了广泛的支持：非洲领导人认为可以借此机会树立非盟作为非洲主要政治—军事机构的良好信誉。

不幸的是，随着战地情况的发展，非盟苏丹特派团很快就表现出兵力不足，并且有必要扩大特派团的规模，[64] 以便对达尔富尔的安全与人道主义形势产生影响。因此，在媒体和政治压力加大的情况下，非盟和平与安全理事会于 2004 年 10 月授权将特派团的实力增加到 3000 多人，并赋予特派团更加强硬的权限。[65]

2005 年，非盟苏丹特派团的根本目标是克服自身存在已久的部署与作战方面的挑战。2005 年 3 月非盟领导的评估团对形势进行了评估，随后非盟苏丹特派团再次扩编到 6171 名军事人员和 1586 名民事警察。[66] 同时，非盟承认，如果不能给所需的大量部队增加装备、运输和财政等方面的能力，特派团就无法再次扩大。据此，欧盟与北约同意向非盟提供战略空运，在指挥与控制以及作战计划的制订方面提供到任后培训，并且给予财政与物质支援。[67] 特派团终于在 10 月底达到了满编，其新任务包括“为人道主义救援物资的提供帮助创造安全的环境，使流落他乡人员和难民重返家园”；在资源和能力允许的范围内，保护“面临直接威胁和部署地周围”的平民；在预计可能出现麻烦的地区进行前瞻性部署，“以威慑武装组织停止针对平民的

---

〔63〕 纽约大学（同注释〔48〕）。

〔64〕 参见 W. G. O'Neill 和 V. Cassis 所著：《保护 200 万流落他乡者：非盟在达尔富尔的成功与不足》，Brookings-Bern Project on Internal Displacement，Occasional Paper（华盛顿特区布鲁金斯学会和瑞士伯尔尼大学，2005 年 11 日）。URL〈http：//www. brookings. edu/fp/projects/idp/200511au _ darfur. htm〉。SC/PR/2（XVII），2004 年 10 月 20 日。

〔65〕 非洲联盟：《委员会主席关于苏丹达尔富尔问题的报告》，联合国文件 PSC/PR/2 (17)，2004 年 10 月 20 日。

〔66〕 联合国：《秘书长关于向非盟苏丹特派团提供联合国援助的报告》联合国文件 S/2005/285，2005 年 5 月 3 日。

〔67〕 欧盟：“情况简报：达尔富尔一支持第二阶段非盟苏丹特派团的欧盟强化计划”，URL〈http：//ue. eu. int/newsroom〉，以及北约：“北约给非盟援助实现多样化”，2005 年 8 月 11 日，URL〈http：//www. nato. int/shape/news/2005/08/050811a. htm〉。

敌对行为”，而不只是在接到违反事件的报告后作出反应。[68] 然而，自成立以来，已经有 170 起违反 2004 年《恩加梅纳协议》事件的报告，700 多人死亡。[69]

2005 年底，联合国秘书长安南宣布达尔富尔处于无政府状态。[70] 装备短缺以及情报和通讯方面的问题仍然影响着非盟苏丹特派团的作战效率，并妨碍特派团履行其职责。在 2005 年，特派团本身也是多次袭击的目标。还有报道说，在北达尔富尔的几次袭击事件中，政府将其军用车辆刷成非盟停火监督员所使用的白色。[71] 尽管国际社会不断争取当地政府同意在达尔富尔开展活动，但 2005 年秋季出现的形势剧变表明，这可能是奢望。临近年终发生的事件令人对维和人员应对广泛而系统的暴力事件的能力产生怀疑，而且联合国苏丹特派团和非盟苏丹特派团面临着众多错综复杂的挑战。这些挑战包括：执政的全国大会党迟迟不肯遵守《全面和平协议》中包含的“分享”原则，如何处理苏丹全国被边缘化了的反对派组织问题，以及在南部苏丹建立国家机构的缓慢。非盟在达尔富尔的尝试成为 2005 年非洲是否有能力为区域危机承担责任的重大考验。如果非盟取得成功，这将实质性地提高国际社会阻止在非洲今后发生人权灾难的能力。苏丹发生的多重冲突所构成的挑战，对于联合国、非盟以及其他许多组织能否齐心协力协助一个脆弱而又漫长的和平进程是个考验。非盟的根本弱点仍然是其对外部财政支持的依赖。例如，尽管一开始答应提供支持，但美国最终决定撤回它原先承诺向非盟苏丹特派团提供的 5000 万美元。[72] 与此同时，非盟在实地采取的阻止暴力事件的

---

〔68〕 非盟:《和平与安全理事会第 17 次会议公报》，非盟文件 PSC/PR/Comm.(XVII)，2004 年 10 月 20 日。

〔69〕 参见 S. Appiah-Mensah 撰写：“非盟在达尔富尔的关键任务”，《非洲安全评论》，第 14 卷，2005 年第 2 期，第 7—21 页。

〔70〕 “能获成功的事它会去做”，《经济学家》，2005 年 12 月 3 日，第 22—24 页。

〔71〕 参见 A. Mitchell 撰写：“非盟报告称，苏丹部队在达尔富尔化装成维和人员”，《阿拉伯新闻》2006 年 1 月 13 日。URL〈http：//www. arabnews. com/? page=4§ion=0&article=76176&d=13&m=1&y=2006〉。

〔72〕 参见 H. LaFranchi 撰写：“苏丹对美国众议院重新考虑援助问题犹豫不决”，《基督教科学箴言报》2005 年 11 月 14 日。URL〈http：//www. csmonitor. com/2005/1114/p02s02-usfp. html〉。

勇敢努力却并没有取得成功。非盟似乎已经准备将其特派团融入现有的联合国苏丹特派团或另外成立的联合国特派团。[73] 这一选择将确保特派团拥有更多可靠的资金来源以及装备更加精良、训练更加有素的人员。

欧盟与联合国驻刚果民主共和国的特派团

欧盟在刚果民主共和国的参与并不新鲜：2003 年欧盟就派出了该组织的第一个区外军事特派团（即阿尔特弥斯行动，Operation Artemis)，以协助联合国刚果特派团（MONUC）平息在伊图里的叛乱性袭击。从那时起，欧盟就加倍努力，派出两个民事危机管理特派团，即欧盟驻金沙萨警察特派团（EUPOL Kinshasa）和欧盟刚果民主共和国安全改革顾问与协助特派团（EUSEC DR Congo)，帮助恢复刚果民主共和国的稳定。这两个特派团的派出就是为了向安全领域的改革提供协助，尤其是在组织刚果民主共和国全国统一警察部队方面。欧盟以往在巴尔干地区所取得的能力建设经验使欧盟有资格领导这类特派团。

由 30 名民事警察组成的欧盟驻金沙萨警察特派团成立于 2005 年 4 月，其目的是协助刚果民主共和国政府巩固国内安全，并为前期派出的驻金沙萨综合警察部队（IPU）提供补充。[74] 欧盟驻金沙萨警察特派团的使命是，在综合警察部队人员完成训练并按照刚果的指挥系统开展活动后负责对综合警察部队进行监督、提供指导并充当顾问。特派团的目的是确保综合警察部队根据其训练所学内容和国际最佳实践开展活动。欧盟驻金沙萨警察特派团在联合国—欧盟危机管理合作框架内开展行动，到目前为止这一机制运转相对顺利。对特派团的批评意见（也许主要是针对机制层面而非特派团层面）主要集中在它的规模方面，因为欧盟驻金沙萨警察特派团的规模要比欧盟驻波黑警察特派团和欧盟驻前南斯拉夫马其顿共和国警察特派团小得多。

---

〔73〕 参见 M. Turnert 和 A. England 撰写："为结束苏丹的暴力怪圈，联合国向非洲以外寻求帮助"，《金融时报》，2006 年 1 月 18 日，第 3 版。

〔74〕 欧盟："理事会联合行动 2004/847/CFSP"，2004 年 12 月 9 日，及欧盟："理事会联合行动 2004/494/CFSP"，2004 年 5 月 17 日。

随后派出的欧盟顾问与协助特派团是个安全改革特派团，其目的是为了进一步加强欧盟警察特派团的落实，以便为刚果民主共和国武装部队（FARDC）成功实现一体化作出贡献。依照欧盟驻格鲁吉亚特派团将民事专家安插于相关政府部门的模式，欧盟驻刚果民主共和国安全改革顾问与协助特派团将由 8 名顾问组成，分别任职于刚果共和国新近实现一体化的军事机构的不同岗位，这些机构包括陆军总参谋部，缴械、复员与安置全国委员会，联合作战委员会和国防部。

欧盟将工作重点放在安全领域的机构能力建设方面，而联合国则集中力量使刚果共和国东部实现稳定。2005 年，联合国刚果行动的实力从 10800 人增加到 17500 人，几乎翻了一倍。该行动的授权也得到扩大，这不仅表现在其应该完成的任务方面，还表现在其为完成任务而使用武力的能力方面。在数名联合国维和人员遭到残忍袭击之后，联合国与刚果民主共和国武装部队联合制订了一个分三阶段实施的军事战役计划，双方将协力控制被叛乱武装占领的省份，先从伊图里省开始，接着是北基伍省和南基伍省。〔75〕为了改进在苛刻环境下遂行作战任务的部队指挥与控制，特派团还采取了一个创新性的步骤，即成立了分区司令部，司令部设在基桑加尼。司令部负责对伊图里省和基伍省的民兵部队和外国武装分子开展战术行动。仿照在西非采取的模式，联合国刚果行动团还与联合国布隆迪特派团合作，防止武装分子的跨国界渗透。联合国刚果行动团从 2003 年起所采取的日益强硬的态势，反映了联合国要使刚果民主共和国的和平进程取得圆满成功的决心。而如果不为可信的选举创造一个安全环境，做到这一点是不可能的。

尽管联合国刚果行动团的军事性质越来越强烈，但该团还是开始执行了一系列与刚果民主共和国的政治、经济以及社会转型相关的越来越广泛的任务。行动团还在刚果全国成功实施了选民登记计划，以

〔75〕 联合国：《秘书长关于联合国刚果民主共和国特派团的第 19 份报告》，联合国文件 S/20025/603，2005 年 9 月 26 日。“卢旺达叛军在刚果焚烧 39 个村庄”，《纽约时报》（网络版），2005 年 7 月 11。URL〈http：//nytimes. com/reuters/international-congo-democractic-killings. html〉。法新社：“刚果民主共和国：联合国维和人员在伊图里地区摧毁 5 个民兵营地”2005 年 4 月 18 日。World News Connection，National Technical Information Service（NTIS），美国商务部。

期在 2005 年底举行宪法投票以及在 2006 年 6 月举行大选。[76]

刚果民主共和国的和平行动在喜忧掺半中走过了 2005 年。刚果民主共和国东部的安全形势依然险恶，而使刚果民主共和国武装部队和警察部队一体化的努力则取得了勉强的成果。

非洲实施和平行动能力的前景

2005 年，国际社会加强了增强非洲实施和平行动能力的努力，[77] 其中包括八国集团承诺援助非盟建立维和部队，即“非洲待命部队”（ASF）。该部队将由 5 个地区旅组成（即西部旅、南部旅、东部旅、中部旅和北部旅），到 2010 年，部队总人数将达到近 2.5 万人。组建非洲待命部队是非盟“非洲共同防御与安全政策”的一部分。八国集团还承诺为整个非洲的国际培训计划以及欧盟的非洲和平基金提供支持。[78] 2002 年首脑会议通过的八国集团非洲行动计划制订了一份详细的八国集团承诺支持的非盟优先领域清单，重点领域是人权、政治管理以及经济问题。[79]非洲行动计划还从总体上提到了和平与安全的促进，但其唯一具体的有时间限制的承诺是“到 2003 年，提出一项提高非洲实施和平支持行动（包括在区域层次实施的和平支持行动）能力的共同计划”。关于行动计划实施进展的报告如期提交了 2003 年以及 2004 年的八国集团首脑会议。2004 年，八国集团成员国承诺到 2010 年向世界范围内的 7.5 万名部队提供培训，“必要时

---

〔76〕 联合国：《秘书长关于刚果民主共和国选举的特别报告》，联合国文件 S/2005/320，2005 年 5 月 26 日，第 2—3 页。

〔77〕 关于区域性维和行动，参见 R·德旺及 S·韦哈塔撰写的“多边和平行动”，《SIPRI 年鉴 2004，军备、裁军与国际安全》，（牛津大学出版社，2004），第 155—161 页。

〔78〕 非盟：《关于成立非洲待命部队和军事参谋委员会的政策框架》，亚的斯亚贝巴，2003 年 5 月 12—14 日。IRIN：“关注非盟首脑会议” 2003 年 7 月 5 日。非盟：《关于非洲共同防御和安全政策的庄严宣言》 2004 年 2 月 28 日，URL 〈http：//www.afrrica-union.org/News_Events/2ND%20EX%20ASSEMBLY/Declaration%20on%20a%20Comm.Af%20Def%20Sec.pdf〉。及八国集团：“八国集团资料：今日非洲的和平与安全”，URL 〈http：//www.g8.gov.uk/servlet/Front?pagename=OpenMarket/Xcelerate/ShowPage&c=Page&cid=1119518704554〉。这一决定与卡纳纳斯基斯和埃维安两次八国集团首脑会议所作出的承诺是一致的。

〔79〕 八国集团非洲行动计划 2002 年 6 月 27 日发布于加拿大的卡纳纳斯基斯。URL 〈http：//www.g8.gc.ca/2002Kananaskis/afraction-en.asp〉。

还将提供装备”。[80] 然而，尽管从报告来看似乎已经取得了不小的进展。但事实上，说得比做得多，或者说，说得比提供的财政支持多。八国集团所承诺的提高非洲实施和平支持行动能力的计划本身就坦率地承认，“创造全面开展复杂性和平支持行动及其相关活动所需的完整能力，并创造条件使这种能力得以持续，不仅需要时间，还需要大量资源”。[81]

在过去 10 年中，区域安全安排获得了发展自身能力的许可证以及某些途径。最近非盟所提出的几项倡议是这一革命性过程的最新内容。然而，受资源的限制，非洲的安全安排，包括非盟新近提出的几项倡议，几乎不能看作是足够的。例如，非洲待命部队将达到联合国已经部署在非洲大陆的人员数量，而且对部署的要求还在增加。在部署于非洲的联合国行动中，非盟成员国提供的部队人数接近一半(43%)。考虑到部队轮换的需要，以及待命旅将由已经部署的部队组成（至少是其中的一部分），其含义不言自明：在非盟成员国为非洲大陆开展的和平行动承担主要作战责任前，还有一个很大的缺口需要填补。非洲待命部队以及非洲安全组织实施和平行动的成功，取决于快速制订与完善任务计划的能力，取决于特派团领导人员登记制度的建立，取决于特派团开办所必需的军事、警察与民事专家的具备，还取决于后勤基地的建立。所有这一切都是关键因素，但到目前为止对此给予的重视却太少。[82]

第四节　结　论

本章所介绍的各个特派团的情况表明了 2005 年非洲建设和平工作的严峻现实，还表明 2006 年给和平行动带来挑战的问题将依然存

---

〔80〕 八国集团：“2004 年海岛首脑会议：八国集团关于扩大全球和平支援行动能力的行动计划”，URL〈http：//www. g8. utoronto. ca/summit/2004seaisland/peace. html〉。

〔81〕 参见 B. Nowrojee 撰写：“非洲自力更生：区域干预与人权”，《人权观察世界报告 2004》，URL〈http：//www. hrw. org〉。

〔82〕 参见：T. Neethling 撰写：“实现非洲待命部队的泛非主义理想：进展、前景与挑战”，《军事与战略研究学报》，第 8 卷，第 1 期（2005 年秋季）。

在。2005 年结束之时，联合国刚果行动团、联合国利比里亚特派团、联合国苏丹特派团以及联合国科特迪瓦行动使联合国深感压力沉重。要求联合国接管非盟苏丹特派团的呼声得到了响应，不过联合国维和行动部和新近成立的建设和平委员很快就可能变得负担过重。联合国塞拉利昂特派团的成功归功于国际社会的长期承诺，同时也提醒我们，建设和平工作是一个漫长的过程。本章所描述的种种努力旨在增强非洲实施和平行动的能力，也就是增强非洲的区域角色与区域组织、外部国家以及联合国系统更加迅速、更加持久、更加有效地作出应对的能力，以便停止非洲大陆发生的暴力以及造成局势不稳的冲突。非洲大陆较为广泛的安全结构也许已经建立，但在行动层面还存在着许多挑战。非盟近期在达尔富尔取得的经验突出显示了非洲维持和平的一个严酷现实：活动水平与成功程度不是受限于政治意愿或者部队，而是受制于财政困难，以及缺乏技术和适当的运输条件。非盟在达尔富尔的不佳表现突出表明，非盟可持续地实施复杂性和平行动的能力仍然处于萌芽状态。这就有力地说明，国际社会应该认真考虑关于威胁、挑战与改革问题的联合国高级名人小组所提出的下列建议：联合国应该为区域行动提供装备；适当时候，区域行动应该由联合国维和预算提供资金。

（陆建新 译）

附录 3A 2005 年的多边和平行动

莎伦·韦哈塔*

一、维和行动的演变

在过去 40 年里，维和的概念和实践都经历了巨大的变化。在冷战时期，和平行动的职责只是担负诸如监督停火、隔离冲突各方和维护缓冲区这样的直接功能。这些做法现在常被称作“传统”维和行动，或称为“《联合国宪章》第六章行动”。[1] 在 1948 年第一次部署一个监督埃及、以色列、黎巴嫩及叙利亚之间停战的联合国行动团之后，维和行动在逐渐发展和扩大。今天，除了行动的数量大大增加以外——1948 年至 1989 年期间总共才进行了 40 项和平行动——各项行动耗资越来越多、越来越复杂，担负更多的功能，并由众多的角色共同实施。和平行动的职责已超越传统的维持和平任务，扩大到了建设和平，包括举行大选、提供人道援助，以及改革安全部门等。另一方面，有些行动还赋予了《宪章》第七章的权力，使之合法地“采取一切必要手段来完成其使命”，或实施通常

* SIPRI 的实习生萨拉·林德伯格和哈卢库·马祖卡为本附录的编写工作提供了协助。

〔1〕 P. F. 迪赫尔：“国际维和行动：在索马里、波斯尼亚和哥伦比亚一个新的结尾”（约翰·霍普金斯大学出版社，马里兰州巴尔的摩，1995 年）。《联合国宪章》第六章赋予安理会以和平方式解决争端的权力。

所称的“强制和平”。[2] 各项和平行动的规模也相应地有了扩大——冷战结束后实施的不少行动都至少有数千人。

二、2005 年全球和地区形势走向

2005 年，共实施了 58 项多边和平行动，有 28.95 万名军事人员[3]和 1.75 万名文职人员参加。当年新启动的多边和平行动有 8 项，其中 6 项是由欧洲联盟实施的民事行动，其余 2 项是联合国苏丹特派团（简称“联苏特派团”—UNMIS）和联合国东帝汶办事处（简称“联东办事处”—UNOTIL）。2005 年结束了 5 项行动：联合国塞拉利昂特派团（简称“联塞特派团”—UNAMSIL）、联合国东帝汶支助团（简称“联东支助团”—UNMISET）、联合国苏丹先遣团（简称“联苏先遣团”—UNAMIS）、欧盟驻前南斯拉夫马其顿共和国警察特派团（简称“欧马警察团”—EUPOL PROXIMA）和欧盟驻格鲁吉亚法制特派团（简称“欧格法制团”—EUJUST THEMIS）。联塞特派团、联东支助团和欧马警察团均由一个规模小一些的后续行动团所接替，以便继续为相关国家的机构和能力建设作出努力，并保持一种有限的存在。这些行动团体现了国际社会的共识，即为了保证和平进程的可持续性，继续卷入是必要的。

自 1998 年以来，尽管联合国在冲突的控制和解决中仍居首位，但由于全球对维和的要求激增，区域性组织以及联合国认可的临时国家联盟的卷入经常比联合国还突出。这一新的趋势在 2005 年依然继续着。年内实施的这种行动共有 37 项，与 1999 年达到的最高峰持平。表 3A.1 显示了区域性组织与临时联盟这两者的作用有着相反的发展趋势。常设的区域组织所采取的维和行动次数自 2002 年以来逐

---

〔2〕 例如，M. 古尔丁的“和平贩子”（约翰·莫莱出版社：伦敦，2002 年）；T. 芬德莱（SIPRI）的“联合国和平行动中武力的使用”（牛津大学出版社，牛津，2002 年）；A. 纳斯林和 L. 张合编的由联合国训练研究所（UNITAR）和新加坡政策研究所联合举办的 2005 年广岛大会报告：“作为和平维持者和国家重建者的联合国：连续性和变革——再往前走将会是什么？”（Martinus Nijhoff 出版社：雷敦/波士顿，2005 年）。《联合国宪章》第七章赋予安理会使用强制执行的权力，包括对于那些安理会认定存在着威胁和平、破坏和平或违法行为的地方使用武力，以维护或恢复那里的和平与安全。

〔3〕 在这个数字中，有 18.3 万人（或 63%的人）部署在驻伊拉克的多国部队中。

渐增加，2005 年达到了冷战结束后的最高点。而且，从北大西洋公约组织（北约）2003 年接手在阿富汗的国际安全支援部队（ISAF）开始，区域性组织已越来越愿意启动区域外的行动。临时国家联盟在 1999 年至 2002 年这四年中所实施的行动数量却始终未增，并从 2003 年以来已在下降。鉴于当前的国际政治形势以及对牵头国家造成的巨大资源和财政负担，自愿国家联盟在可见的将来似乎不会再启动较大规模的和平行动了。

表 3A.1　1996—2005 年联合国、区域组织及临时联盟在全球实施的和平行动数量

行动种类	1996	1997	1998	1999	2000	2001	2002	2003	2004	2005
联合国和平行动（由 DPKO 和 DPA 管辖）	24	23	21	24	22	18	20	18	21	21
区域组织或联盟实施或领导的和平行动	18	22	26	30	25	26	21	26	29	31
临时联盟领导的和平行动	4	7	8	7	7	7	7	8	7	6
总　计	**46**	**52**	**55**	**61**	**54**	**51**	**48**	**52**	**57**	**58**

注： DPKO 指联合国维和行动部；DPA 指联合国政治事务部。

资料来源： SIPRI 维和行动数据库。

对于依据欧盟的欧洲安全和防务政策（ESDP）实施的民事行动来说，2005 年是一个很有意义的年份。这类行动的数量迅速增长——欧盟实施了 11 项行动，是前一年的两倍。2005 年欧盟共启动了 6 项新的维和行动——是 2004 年新启动数量的三倍——这是任何一个区域组织在单一年份中启动数量最多的。欧盟先后启动的项目有：欧盟驻金沙萨（民主刚果）警察特派团（简称“欧金警察团”—EUPOL Kinshasa)、欧盟在中东地区的第一个维和团——欧盟驻伊拉克法制整合团（简称“欧伊法制团”—EUJUST LEX)、欧盟驻民主刚果安全改革顾问与援助团（简称"欧刚安全改革团"－EUSEC DR Congo)、欧盟在亚洲的第一个维和团——欧盟亚齐监督团（简称"亚齐监督团"－AMM)、欧盟驻前南马其顿共和国警察顾问小组（简称"欧马警察小组"－EUPAT）以及在埃以边界巴勒斯坦领土上的欧盟驻拉法过境站边界援助团（简称"拉法边界团"－EU BAM Rafah)。

欧盟维和努力中最引人注目的一点是：其多数新的行动是区域外行动，它已卷入了 4 个非欧洲地区。其维和行动的强度和分布区域的广度，反映了欧洲对和平行动的参与已进入一个新的阶段，证明欧盟为成为全球性安全角色愿承担越来越多的义务。〔4〕亚齐监督团还显示了两个区域组织——欧盟与东南亚国家联盟——之间的第一次联合行动。至于拉法边界团的成效如何，现在作结论还为时尚早，但亚齐监督团的显著成功，至少是其在解除武装和复员遣返进程中的成功，已引起要求将该团使命延长至 2006 年 3 月之后并扩大其职责的呼声。〔5〕

2005 年欧盟启动的许多民事维和行动表明，欧盟在民事危机管理能力建设方面是一个最有远见的组织，并在这方面已取得了一些进展。然而，欧盟理事会总秘书处是否也会计划和实施多职能的维和行动还有待观察。无论对于联合国还是对于区域角色，2005 年维和行动的最大挑战是资源的限制。这充分反映在非洲，那里的一些维和行动因众多原因而难以达到所批准的和必要的人员数量使之有效地执行其职责。北约在科索沃的宽泛义务以及在阿富汗日益扩大的作用，使其可能很难向其他地方再增派兵力。〔6〕向各项维和行动派遣训练有素、装备精良的士兵和具有一定专长的文职人员，这依然是 2006 年面临的核心挑战。

表 3A. 2 是对 2005 年所实施的维和行动按世界各地区进行分类。

---

〔4〕 这在欧盟的各种政策文件中有清楚的表述。见欧盟理事会文件：《一个在更美好世界中的安全欧洲：欧洲安全战略》，（布鲁塞尔，2003 年 12 月 12 日），网址：URL〈http://ue. eu. int/cms3 _ fo/showPage. ASP? id=266〉。

〔5〕 "欧盟亚齐监督团欢迎部署 TNI，以帮助重建亚齐"，《雅加达邮报》，2005 年 12 月 12 日。

〔6〕 国际安全支援部队（ISAF）的人数在 2006 年有望增加。

表 3A. 2　2005 年联合国、区域组织和临时联盟实施的和平行动数量（按地区分类）

行动种类	非洲	美洲	亚洲	欧洲	中东	世界总数
联合国和平行动（由 DPKO 和 DPA 实施）	9	1	4	3	4	21
区域组织或联盟实施或领导的和平行动	4	2	4	18	3	31
临时联盟领导的和平行动	1	—	2	—	3	6
总　数	**14**	**3**	**10**	**21**	**10**	**58**

注：DPKO 指联合国维和行动部；DPA 指联合国政治事务部。

资料来源：SIPRI 维和行动数据库。

三、多边和平行动项目表

表 3A. 3 比以往各年《SIPRI 年鉴》中的多边和平行动项目表所列的数据要更多。首先，表中所列的派兵国是以所派人员（部队、军事观察员、民事警察和文职人员）分类。其次，各维和行动团的实力中还列出了批准数，用以说明每个行动团是否已全员部署。最后，所报年份的死亡数在表中以死亡原因分类。

表 3A. 3 列出了 2005 年正进行的或年内结束的 58 项多边和平行动的广泛数据。表中所列的各项行动仅仅是由联合国组织实施的行动，或经联合国认可或经联合国安理会决议授权、由区域组织或临时国家联盟实施的行动。这些行动所明示的意图是：1. 作为推动履行已签署的和平协议的一种手段；2. 支持和平进程；或者 3. 协助预防冲突和/或建设和平的努力。

斯德哥尔摩国际和平研究所使用联合国维和部对“维持和平”的描述，即它是协助冲突国家为实现可持续和平创造条件的一种机制——它可以包括监督和观察停火协议的履行，用作信任措施，保护人道主义救援物资的运送，协助战斗人员复员遣返和重新安置的进程，加强司法、法制（包括刑事机构）、治安和人权等领域的机制性能力，协助选举和经济社会发展。本表因而涵盖了和平行动的广泛范围，以反映和平行动职责的日益复杂性以及在履行这些职责的过程中和平行动发生变化的潜在可能。表中未列入斡旋、事实调查和协助选举等活动，也未列入由不在实地居住的谈判人员或小组组成的和平行动以及未得到联合国认可的行动。〔7〕

这些行动系按组织分组排列，在同一组中则按起始年月次序排列。第一组为联合国行动，分为两类：17 项系由联合国维和部实施；4 项界定为特别政治行动和建设和平行动。后面八组为区域组织或联盟实施或领导的行动：非洲联盟 1 项；中非国家经济与货币共同体 1 项；独联体 3 项，其中包括俄罗斯根据双边协定实施的 1 项；欧洲联盟 11 项；北约组织 3 项；美洲国家组织 2 项；以及欧洲安全和合作组织 10 项。最后一组列出的 6 项系由联合国认可的临时国家联盟领导的行动。

2005 年新启动的行动以及现有行动中新参加的国家用黑体字标出。2005 年结束的行动和停止参与的国家用斜体字标出。国家名称有下划线的则是指定的牵头国家（它们或者是有着行动控制权，或者是派出人员最多的国家）。

表的第一栏中注明一项行动所依据的法律文书——联合国安理会决议或区域组织的正式决定——以及该项行动的起始日期（SIPRI 引用的是首次部署日期）。

批准人数，尤其是联合国行动的批准人数，是指最近一次所批准的人员数额。各国提供的人员数量和当地支援工作人员的数量未列入本表数字，但只要有，就在表下方的注释中加以注明。

各项行动中的死亡人数统计，一是从行动开始之日起，止于 2005 年最后报告之日的人数；二是 2005 年这一年的总数。报告年份的死亡数列出了死因：死于意外事故、敌对行动和伤病。

除非另有注明，表中所有数字均为截至 2005 年 12 月 31 日或行动结束之日的数字。

经费预算的金额单位为百万美元。从这一年度开始，以其他货币

〔7〕 例如，作为菲律宾冲突的调解者，马来西亚派出一批观察员去监督菲政府与摩洛伊斯兰解放阵线之间的停火。

计算的预算开支，按国际货币基金组织 2005 年总合市场汇率折算。〔8〕标出的联合国行动的经费数字是指行动的核心运作费用，除其他项目外，主要包括人员部署费、人员津贴费、后方的直接支持费用（例如维和行动的支持活动账目和联合国在意大利布林迪西后勤基地所需的费用）。联合国维和行动的支出由所有联合国会员国分担，按具体核定比例缴纳摊款，不管是否参与维和行动。政治行动和建设和平行动的经费由联合国的正常预算拨款。联合国维和预算不涵盖有些项目的经费，例如解除武装、复员遣返和重新安置的经费，这些费用依靠自愿捐助来解决。

与此相反，由区域组织如欧盟和北约实施的行动的预算数字，仅指一般性开支。这包括主要是欧盟和北约总部的运作费用（文职人员及行动和维持费用）以及用于支援行动所需的基础设施方面的投入。人员部署费系由各派兵国自行承担，不列入此表的预算数字。多数欧盟行动是以这两种方式中的一种提供经费的，取决于是民事还是军事行动。民事行动由共同体预算拨款，而军事行动或带有军事成分的行动则通过“雅典娜”机制获得经费，该机制的经费仅由参加行动的各成员国提供。〔9〕其他组织实施的行动，例如“美洲国家组织驻海地增强民主特派团”以及各个临时联盟的行动，一般来说其预算金额可能还包括落实有关项目的费用。由于这些原因，本表所列的各项经费数字最好看作是估计数，不同的行动团，其经费情况不能进行相互比较。

各项多边和平行动的数据是从以下几类公开来源得到的：1. 相关组织的秘书处提供的官方信息；2. 来自维和行动团团部的信息，或是其官方出版物，或是它们对 SIPRI 年度调查问卷的答复；以及 3. 来自所要调查的维和团派员国政府的信息。除了这些主要来源之外，还用大量公开的辅助性来源作补充，包括专业期刊、研究报告、新闻机构，以及国际、地区和当地报刊等。具体来源在注释中都予以注明。

---

〔8〕这是延用 SIPRI 军费开支项目对其数据分析所采用的方法。在以往年份的维和行动表中，所用的数字均截至 12 月 31 日。现改用国际货币基金组织总合市场汇率，将会减少由于货币汇率波动引起的经费数据的不连续性。

〔9〕“雅典娜”机制是一个财政和管理机制，负责对界定为一般性开支的经费进行管理。2004 年 2 月 23 日欧盟常设理事会“2004/197/CFSP 联合行动”文件，决定建立一个机制来管理欧盟具有军事或防务含义行动的一般性开支。

表 3A.3　2005 年多边和平行动

缩略语 (法律依据) 开始时间	行动名称 (地点)	2005 年派出部队、 军事观察员、 民事警察 或文职人员的国家	部队/ 军事观察员/ 民事警察/ 文职人员		死亡人数: 迄今数/ 2005 年数/ (死于敌对行动、 事故、伤病)[1]	开支 (百万美元) 全年开支额 /未付额
			批准数	实际数		
由联合国实施的行动(17 项)(2005 年共有 108 个国家参加)[2]			**73591 3145 8925 8421**	**61284 2626 7025 4850**[3]	**1010 196**	**5030.0 1990.0**[4]
UNTSO (安理会 50 号决议)[5] 1948.6	联合国停战监督组织 (埃及/以色列/黎巴嫩/叙利亚)	军事观察员:阿根廷、澳大利亚、奥地利、*比利时*、加拿大、智利、中国、丹麦、爱沙尼亚、芬兰、法国、爱尔兰、意大利、尼泊尔、荷兰、新西兰、挪威、俄罗斯、斯洛伐克、斯洛文尼亚、瑞典、瑞士、美国	-- 150 -- 123[6]	-- 150 -- 104[7]	44 5 (1,-,3)	29.0 --
UNMOGIP (安理会 91 号决议)[8] 1949.1	联合国印巴军事观察小组 (印度/巴基斯坦:克什米尔)	军事观察员:*比利时*、智利、克罗地亚、丹麦、芬兰、意大利、韩国、瑞典、乌拉圭	-- 45 -- 24[9]	-- 42 -- 22[10]	11 2 (-,-,1)	8.4 --
UNFICYP (安理会 186 号决议)[11] 1964.3	联合国塞浦路斯维和部队 (塞浦路斯)	部队:阿根廷、奥地利、加拿大、克罗地亚、*芬兰*、匈牙利、*爱尔兰*、*韩国*、斯洛伐克、英国、*乌拉圭* 民事警察:**阿根廷**、**澳大利亚**、**波黑**、**克罗地亚**、**萨尔瓦多**、印度、*爱尔兰*、**意大利**、荷兰	860 -- 69[12] --	840 -- 69 37[13]	175 2 (-,1,2)	46.5 19.9[14]

缩略语 （法律依据） 开始时间	行动名称 （地点）	2005 年派出部队、 军事观察员、 民事警察 或文职人员的国家	部队/ 军事观察员/ 民事警察/ 文职人员		死亡人数： 迄今数/ 2005 年数/ （死于敌对行动、 事故、伤病）[1]	开支 （百万美元） 全年开支额 /未付额
			批准数	实际数		
UNDOF （安理会 350 号决议）[15] 1974.6	联合国脱离接触观察部队 （叙利亚：戈兰高地）	部队：奥地利、加拿大、日本、尼泊尔、波兰、斯洛伐克	1047 -- -- 40[16]	1047 -- -- 37[17]	42 2 (1,-,-)	43.7 22.7[18]
UNIFIL （安理会 425 和 426 号决议）[19] 1978.3	联合国黎巴嫩临时部队 （黎巴嫩）	部队：法国、加纳、印度、爱尔兰、意大利、波兰、乌克兰	2000 -- -- 124[20]	1989 -- -- 100[21]	256 6 (1,-,3)	99.2 72.6[22]
MINURSO （安理会 690 号决议）[23] 1991.9	联合国西撒哈拉公民投票特派团 （西撒哈拉）	部队：丹麦、加纳、韩国 军事观察员：阿根廷、奥地利、孟加拉国、中国、克罗地亚、埃及、萨尔瓦多、法国、加纳、希腊、几内亚、洪都拉斯、匈牙利、爱尔兰、意大利、肯尼亚、马来西亚、蒙古、尼日利亚、巴基斯坦、波兰、俄罗斯、斯里兰卡、乌拉圭 民事警察：埃及、萨尔瓦多	27 203 6[24] --	31 195 6 120[25]	14 4 (-,2,1)	48.0 51.8[26]

缩略语 (法律依据) 开始时间	行动名称 (地点)	2005 年派出部队、军事观察员、民事警察或文职人员的国家	部队/军事观察员/民事警察/文职人员		死亡人数:迄今数/2005 年数/(死于敌对行动、事故、伤病)[1]	开支 (百万美元) 全年开支额 /未付额
			批准数	实际数		
UNOMIG (安理会 849 和 858 决议)[27] 1993.8	联合国格鲁吉亚观察团格鲁吉亚 (格鲁吉亚:阿布哈兹)	军事观察员:阿尔巴尼亚、奥地利、孟加拉国、**克罗地亚**、捷克、丹麦、埃及、法国、德国、希腊、匈牙利、印度尼西亚、约旦、韩国、巴基斯坦、波兰、**罗马尼亚**、俄罗斯、瑞典、瑞士、土耳其、英国、乌克兰、乌拉圭、美国 民事警察:德国、匈牙利、**印度**、波兰、俄罗斯、瑞士	-- 136 20[28] --	-- 122 11 107[29]	10 3 (1,-,1)	36.4 13.7[30]
UNMIK (安理会 1244 号决议)[31] 1999.6	联合国科索沃临时管理机构南斯拉夫联盟共和国 (塞黑:科索沃)	军事观察员:阿根廷、孟加拉国、*比利时*、玻利维亚、保加利亚、智利、捷克、丹麦、芬兰、匈牙利、爱尔兰、意大利、约旦、肯尼亚、马拉维、马来西亚、尼泊尔、新西兰、挪威、巴基斯坦、波兰、葡萄牙、罗马尼亚、俄罗斯、西班牙、英国、乌克兰、赞比亚 民事警察:阿根廷、奥地利、孟加拉国、巴西、保加利亚、*喀麦隆*、中国、**克罗地亚**、捷克、丹麦、埃及、斐济、芬兰、法国、德国、加纳、希腊、匈牙利、印度、意大利、约旦、肯尼亚、吉尔吉斯斯坦、立陶宛、马拉维、马来西亚、尼泊尔、荷兰、尼日利亚、挪威、巴基斯坦、菲律宾、波兰、葡萄牙、罗马尼亚、俄罗斯、斯洛文尼亚、西班牙、瑞典、瑞士、**东帝汶**、*突尼斯*、土耳其、英国、乌克兰、美国、赞比亚、津巴布韦	-- 38 3055 910[32]	-- 36 2188 623[33]	42 13 (5,1,9)	252.6 132.4[34]

缩略语 （法律依据） 开始时间	行动名称 （地点）	2005 年派出部队、 军事观察员、 民事警察 或文职人员的国家	部队/ 军事观察员/ 民事警察/ 文职人员		死亡人数： 迄今数/ 2005 年数/ （死于敌对行动、事故、伤病）[1]	开支 （百万美元） 全年开支额 /未付额
			批准数	实际数		
UNAMSIL *（安理会 1270 号决议）*[35] *1999. 11*	*联合国塞拉利昂特派团* *（塞拉利昂）*	部队：*孟加拉国*、*德国*、*加纳*、*约旦*、*肯尼亚*、*尼泊尔*、*尼日利亚*、*巴基斯坦*、*瑞典*、*英国* 军事观察员：*孟加拉国*、*玻利维亚*、*中国*、*克罗地亚*、*埃及*、*冈比亚*、*加纳*、*几内亚*、*印度尼西亚*、*约旦*、*肯尼亚*、*吉尔吉斯斯坦*、*马来西亚*、*尼泊尔*、*尼日利亚*、*巴基斯坦*、*俄罗斯*、*斯洛伐克*、*坦桑尼亚*、*英国*、*乌克兰*、*乌拉圭*、*赞比亚* 民事警察：*德国*、*加纳*、*印度*、*约旦*、*肯尼亚*、*马来西亚*、*纳米比亚*、*尼泊尔*、*尼日利亚*、*巴基斯坦*、*瑞典*、*土耳其*、*赞比亚*、*津巴布韦*	*3250* *141* *80* [36] --	*944* *69* *30* *216* [37]	*188* *29* *(6,7,25)*	*113. 2* *94. 5* [38]
MONUC （安理会 1279 号决议）[39] 1999. 11	联合国刚果民主共和国行动团 （刚果民主共和国）	部队：孟加拉国、*比利时*、*贝宁*、玻利维亚、*喀麦隆*、*加拿大*、中国、*捷克*、*埃及*、*法国*、加纳、**危地马拉**、印度、印度尼西亚、*爱尔兰*、约旦、肯尼亚、**马拉维**、*马来西亚*、*马里*、摩洛哥、尼泊尔、**荷兰**、*尼日尔*、*尼日利亚*、巴基斯坦、*俄罗斯*、**塞内加尔**、**塞黑**、南非、*瑞典*、*瑞士*、突尼斯、*英国*、*乌克兰*、乌拉圭、赞比亚 军事观察员：阿尔及利亚、孟加拉国、**比利时**、贝宁、玻利维亚、波黑、布基纳法索、喀麦隆、**加拿大**、中国、捷克、丹麦、埃及、法国、加纳、**危地**	16240 760 966[40] --	15051 724 786 828[41]	75 31 (12,4,19)	1153. 8 292. 9[42]

缩略语 (法律依据) 开始时间	行动名称 (地点)	2005 年派出部队、 军事观察员、 民事警察 或文职人员的国家	部队/ 军事观察员/ 民事警察/ 文职人员 批准数	实际数	死亡人数： 迄今数/ 2005 年数/ (死于敌对行动、 事故、伤病)[1]	开支 (百万美元) 全年开支额 /未付额
		马拉、印度、印度尼西亚、爱尔兰、约旦、肯尼亚、马拉维、马来西亚、马里、蒙古、摩洛哥、莫桑比克、尼泊尔、**荷兰**、尼日尔、尼日利亚、巴基斯坦、巴拉圭、秘鲁、波兰、罗马尼亚、俄罗斯、塞内加尔、南非、西班牙、斯里兰卡、瑞典、**瑞士**、突尼斯、**英国**、乌克兰、乌拉圭、赞比亚 民事警察：阿根廷、**孟加拉国**、贝宁、布基纳法索、喀麦隆、**中非共和国**、乍得、科特迪瓦、**埃及**、法国、几内亚、**印度**、约旦、**马达加斯加**、马里、*摩洛哥*、尼日尔、尼日利亚、*葡萄牙*、罗马尼亚、俄罗斯、塞内加尔、瑞典、*瑞士*、土耳其、**瓦努阿图**、**也门**				
UNMEE (安理会 1312 号决议)[43] 2000.7	联合国埃塞俄比亚和厄立特里亚特派团 (埃塞俄比亚/厄立特里亚)	部队：*澳大利亚*、奥地利、孟加拉国、保加利亚、*芬兰*、法国、冈比亚、加纳、印度、*意大利*、约旦、肯尼亚、马来西亚、纳米比亚、尼日利亚、*南非*、西班牙、坦桑尼亚、突尼斯、乌拉圭、赞比亚 军事观察员：阿尔及利亚、奥地利、孟加拉国、波黑、保加利亚、中国、克罗地亚、捷克、丹	4200 230[44]	3132 205 -- 191[45]	13 5 (-,-,5)	186.0 48.1[46]

缩略语 (法律依据) 开始时间	行动名称 (地点)	2005 年派出部队、 军事观察员、 民事警察 或文职人员的国家	部队/ 军事观察员/ 民事警察/ 文职人员 批准数	实际数	死亡人数: 迄今数/ 2005 年数/ (死于敌对行动、 事故、伤病)[1]	开支 (百万美元) 全年开支额 /未付额
		麦、芬兰、冈比亚、德国、加纳、希腊、危地马拉、印度、伊朗、约旦、肯尼亚、马来西亚、纳米比亚、尼泊尔、尼日利亚、挪威、巴拉圭、秘鲁、波兰、罗马尼亚、俄罗斯、南非、西班牙、瑞典、瑞士、坦桑尼亚、突尼斯、乌克兰、乌拉圭、美国、赞比亚				
UNMISET *(安理会 1410 号决议)*[47] *2002. 5*	*联合国东帝汶支助团* *(东帝汶)*	部队:*澳大利亚、孟加拉国、玻利维亚、巴西、丹麦、斐济、约旦、马来西亚、莫桑比克、尼泊尔、新西兰、巴基斯坦、菲律宾、葡萄牙、俄罗斯、瑞典* 军事观察员:澳大利亚、孟加拉国、玻利维亚、巴西、丹麦、约旦、马来西亚、莫桑比克、尼泊尔、新西兰、巴基斯坦、菲律宾、葡萄牙、俄罗斯、瑞典 民事警察:澳大利亚、孟加拉国、波黑、巴西、中国、克罗地亚、加纳、约旦、马来西亚、尼泊尔、挪威、巴基斯坦、菲律宾、葡萄牙、俄罗斯、萨摩亚、西班牙、斯里兰卡、瑞典、土耳其、乌克兰、美国、赞比亚、津巴布韦	*477* *42* *157* *950* [48]	*428* *41* *134* *264* [49]	*25* *12* *(-,3,10)*	*85. 2* *66. 4* [50]

缩略语 （法律依据） 开始时间	行动名称 （地点）	2005 年派出部队、 军事观察员、 民事警察 或文职人员的国家	部队/ 军事观察员/ 民事警察/ 文职人员 批准数	 实际数	死亡人数： 迄今数/ 2005 年数/ （死于敌对行动、 事故、伤病）[1]	开支 （百万美元） 全年开支额 /未付额
UNMIL （安理会 1509 号决议）[51] 2003.11	联合国利比里亚特派团 （利比里亚）	部队：孟加拉国、**贝宁**、玻利维亚、巴西、中国、克罗地亚、厄瓜多尔、埃塞俄比亚、芬兰、法国、**德国**、加纳、爱尔兰、约旦、肯尼亚、韩国、马拉维、马里、摩尔多瓦、纳米比亚、尼泊尔、尼日利亚、巴基斯坦、巴拉圭、秘鲁、菲律宾、塞内加尔、*南非*、瑞典、多哥、英国、乌克兰、美国 军事观察员：孟加拉国、贝宁、玻利维亚、保加利亚、中国、**捷克**、丹麦、厄瓜多尔、埃及、萨尔瓦多、埃塞俄比亚、冈比亚、加纳、印度尼西亚、约旦、肯尼亚、韩国、吉尔吉斯斯坦、马来西亚、马里、摩尔多瓦、纳米比亚、尼泊尔、尼日尔、尼日利亚、巴基斯坦、巴拉圭、秘鲁、菲律宾、波兰、罗马尼亚、俄罗斯、塞内加尔、塞黑、**多哥**、乌克兰、美国、赞比亚 民事警察：阿根廷、孟加拉国、波黑、中国、捷克、**萨尔瓦多**、斐济、冈比亚、德国、加纳、牙买加、约旦、肯尼亚、吉尔吉斯斯坦、马拉维、纳米比亚、尼泊尔、尼日尔、尼日利亚、挪威、巴基斯坦、菲律宾、*波兰*、葡萄牙、俄罗斯、萨摩亚、塞内加尔、塞黑、斯里兰卡、瑞典、土耳其、乌干达、乌克兰、乌拉圭、美国、也门、赞比亚、津巴布韦	15250 250 1115[52] --	14656 193 1008 552[53]	67 39 （-,8,28）	760.6 3.2[54]

缩略语 （法律依据） 开始时间	行动名称 （地点）	2005 年派出部队、 军事观察员、 民事警察 或文职人员的国家	部队/ 军事观察员/ 民事警察/ 文职人员		死亡人数： 迄今数/ 2005 年数/ （死于敌对行动、 事故、伤病）[1]	开支 （百万美元） 全年开支额 /未付额
			批准数	实际数		
UNOCI （安理会 1528 号决议）[55] 2004.4	联合国科特迪瓦行动团 （科特迪瓦）	部队：孟加拉国、贝宁、巴西、*布基纳法索*、法国、冈比亚、加纳、*印度*、约旦、肯尼亚、摩洛哥、尼日尔、巴基斯坦、巴拉圭、菲律宾、塞内加尔、多哥、突尼斯、**乌干达**、乌拉圭 军事观察员：孟加拉国、贝宁、玻利维亚、巴西、乍得、中国、刚果共和国、克罗地亚、多米尼加共和国、厄瓜多尔、萨尔瓦多、法国、冈比亚、加纳、危地马拉、几内亚、印度、爱尔兰、约旦、肯尼亚、摩尔多瓦、摩洛哥、纳米比亚、尼泊尔、尼日尔、尼日利亚、巴基斯坦、巴拉圭、秘鲁、菲律宾、波兰、罗马尼亚、俄罗斯、塞内加尔、塞黑、多哥、突尼斯、**乌干达**、乌拉圭、也门、赞比亚 民事警察：*阿根廷*、孟加拉国、贝宁、喀麦隆、加拿大、**中非共和国**、乍得、吉布提、萨尔瓦多、法国、加纳、**印度**、约旦、黎巴嫩、**马达加斯加**、尼日尔、尼日利亚、**菲律宾**、*葡萄牙*、塞内加尔、*斯里兰卡*、多哥、土耳其、乌拉圭、**瓦努阿图**、也门	7090 200 725 964[56]	6701 195 674 358[57]	14 14 (1,3,7)	438.2 109.6[58]

缩略语 (法律依据) 开始时间	行动名称 (地点)	2005 年派出部队、 军事观察员、 民事警察 或文职人员的国家	部队/ 军事观察员/ 民事警察/ 文职人员		死亡人数： 迄今数/ 2005 年数/ (死于敌对行动、 事故、伤病)[1]	开支 (百万美元) 全年开支额 /未付额
			批准数	实际数		
ONUB (安理会 1545 号决议)[59] 2004.6	联合国布隆迪 行动团 (布隆迪)	部队：阿尔及利亚、比利时、布基纳法索、埃塞俄比亚、危地马拉、印度、约旦、肯尼亚、马里、莫桑比克、尼泊尔、*荷兰*、尼日利亚、巴基斯坦、俄罗斯、塞内加尔、南非、*西班牙*、泰国、多哥、突尼斯 军事观察员：阿尔及利亚、孟加拉国、比利时、贝宁、玻利维亚、布基纳法索、乍得、中国、埃及、埃塞俄比亚、*加蓬*、冈比亚、加纳、危地马拉、几内亚、印度、约旦、肯尼亚、韩国、吉尔吉斯斯坦、马拉维、马来西亚、马里、莫桑比克、纳米比亚、尼泊尔、尼日尔、尼日利亚、巴基斯坦、巴拉圭、秘鲁、菲律宾、葡萄牙、罗马尼亚、俄罗斯、塞内加尔、塞黑、南非、斯里兰卡、泰国、多哥、突尼斯、乌拉圭、也门、赞比亚 民事警察：贝宁、布基纳法索、喀麦隆、乍得、*科特迪瓦*、几内亚、马达加斯加、马里、尼日尔、尼日利亚、*塞内加尔*、*土耳其*	5650 200 120 --	5170 187 82 316[60]	20 15 (-,9,5)	307.7 112.2[61]
MINUSTAH (安理会 1542 号决议)[62] 2004.6	联合国稳定特 派团 (海地)	部队：阿根廷、*贝宁*、玻利维亚、巴西、加拿大、智利、克罗地亚、厄瓜多尔、法国、危地马拉、约旦、马来西亚、摩洛哥、尼泊尔、巴拉圭、秘鲁、菲律宾、西班牙、斯里兰卡、乌拉圭、美国、也门	7500 -- 1897 1543[63]	7286 -- 1748 449[64]	13 13 (6,3,2)	541.3 331.7[65]

缩略语（法律依据）开始时间	行动名称（地点）	2005 年派出部队、军事观察员、民事警察或文职人员的国家	部队/军事观察员/民事警察/文职人员		死亡人数：迄今数/2005 年数/（死于敌对行动、事故、伤病）[1]	开支（百万美元）全年开支额/未付额
			批准数	实际数		
		民事警察：*阿根廷*、贝宁、波黑、巴西、布基纳法索、喀麦隆、加拿大、乍得、智利、中国、埃及、萨尔瓦多、法国、加纳、几内亚、约旦、马里、*毛里求斯*、尼泊尔、尼日尔、尼日利亚、巴基斯坦、菲律宾、*葡萄牙*、罗马尼亚、俄罗斯、塞内加尔、塞拉利昂、西班牙、*斯里兰卡*、多哥、土耳其、乌拉圭、美国、瓦努阿图、也门、赞比亚				
UNMIS （安理会 1590 号决议） 2005. 3	联合国苏丹特派团 （苏丹）	部队：澳大利亚、奥地利、孟加拉国、加拿大、中国、克罗地亚、丹麦、埃及、芬兰、德国、希腊、印度、约旦、肯尼亚、马来西亚、尼泊尔、新西兰、挪威、巴基斯坦、卢旺达、瑞士、土耳其、英国、赞比亚 军事观察员：澳大利亚、孟加拉国、比利时、贝宁、玻利维亚、巴西、柬埔寨、加拿大、中国、厄瓜多尔、埃及、萨尔瓦多、斐济、加蓬、德国、希腊、危地马拉、几内亚、印度、印度尼西亚、意大利、约旦、肯尼亚、韩国、吉尔吉斯斯坦、马拉维、马来西亚、摩尔多瓦、蒙古、莫桑比克、纳米比亚、尼泊尔、新西兰、尼日利亚、挪威、巴基斯坦、巴拉圭、秘鲁、菲律宾、波兰、罗马尼亚、俄罗斯、	10000 750 715 3743	4009 467 289 526[66]	1 1 (-,1,-)	969. 5 192. 6[67]

缩略语 (法律依据) 开始时间	行动名称 (地点)	2005 年派出部队、 军事观察员、 民事警察 或文职人员的国家	部队/ 军事观察员/ 民事警察/ 文职人员 批准数	 实际数	死亡人数: 迄今数/ 2005 年数/ (死于敌对行动、 事故、伤病)[1]	开支 (百万美元) 全年开支额 /未付额
		卢旺达、斯里兰卡、瑞典、坦桑尼亚、乌干达、乌克兰、也门、赞比亚、津巴布韦 民事警察:阿根廷、孟加拉国、巴西、中国、萨尔瓦多、斐济、芬兰、加纳、印度、牙买加、约旦、肯尼亚、马来西亚、纳米比亚、尼泊尔、尼日利亚、挪威、巴基斯坦、菲律宾、俄罗斯、萨摩亚、斯里兰卡、瑞典、坦桑尼亚、土耳其、乌干达、乌克兰、美国、赞比亚、津巴布韦				
联合国特别政治行动及重建和平行动(4 项行动)[68]			**15** **25** **60** **399**	**19** **35** **69** **1017**	**21** **6**	**221.9**[69] --
UNAMA (安理会 1401 号决议)[70] 2002.3	联合国阿富汗支援团 (阿富汗)	军事观察员:澳大利亚、奥地利、孟加拉国、*加拿大*、丹麦、德国、韩国、新西兰、波兰、罗马尼亚、*瑞典*、乌拉圭 民事警察:加拿大、中国、丹麦、*约旦*、*尼泊尔*、尼日利亚、*挪威*、菲律宾、瑞典 文职人员:澳大利亚、奥地利、孟加拉国、白俄罗斯、比利时、波黑、巴西、布隆迪、加拿大、中	-- -- -- --	-- 11 7 187[71]	4 4 (-,1,3)	63.6 -

缩略语 （法律依据） 开始时间	行动名称 （地点）	2005 年派出部队、 军事观察员、 民事警察 或文职人员的国家	部队/ 军事观察员/ 民事警察/ 文职人员		死亡人数： 迄今数/ 2005 年数/ （死于敌对行动、 事故、伤病）[1]	开支 （百万美元） 全年开支额 /未付额
			批准数	实际数		
		国、克罗地亚、萨尔瓦多、埃塞俄比亚、斐济、芬兰、法国、德国、加纳、危地马拉、洪都拉斯、匈牙利、印度、伊朗、伊拉克、爱尔兰、意大利、牙买加、日本、约旦、肯尼亚、韩国、吉尔吉斯斯坦、利比里亚、马其顿、马来西亚、缅甸、荷兰、新西兰、巴基斯坦、秘鲁、菲律宾、波兰、葡萄牙、罗马尼亚、俄罗斯、卢旺达、塞拉利昂、南非、西班牙、斯里兰卡、苏丹、瑞典、瑞士、叙利亚、塔吉克斯坦、泰国、特立尼达和多巴哥、突尼斯、英国、乌克兰、美国、乌兹别克斯坦、津巴布韦				
UNAMI （安理会 1500 号决议）[72] 2003.8	联合国伊拉克援助团 （伊拉克）	文职人员：阿富汗、澳大利亚、奥地利、孟加拉国、巴巴多斯、比利时、波黑、巴西、加拿大、刚果民主共和国、克罗地亚、捷克、丹麦、厄瓜多尔、埃及、爱沙尼亚、埃塞俄比亚、斐济、芬兰、法国、德国、加纳、希腊、印度、爱尔兰、意大利、牙买加、日本、约旦、肯尼亚、*科威特*、黎巴嫩、马其顿、马耳他、摩洛哥、缅甸、荷兰、新西兰、尼日利亚、巴基斯坦、秘鲁、菲律宾、葡萄牙、俄罗斯、西班牙、斯里兰卡、苏丹、瑞典、叙利亚、塔吉克斯坦、泰国、特立尼达和多巴哥、乌干达、英国、乌拉圭、美国	-- -- -- 344	4 -- -- 227[73]	17 2 (-,-,2)	99.8 --

缩略语 （法律依据） 开始时间	行动名称 （地点）	2005 年派出部队、 军事观察员、 民事警察 或文职人员的国家	部队/ 军事观察员/ 民事警察/ 文职人员 批准数	实际数	死亡人数： 迄今数/ 2005 年数/ （死于敌对行动、 事故、伤病）[1]	开支 （百万美元） 全年开支额 /未付额
UNAMIS *（安理会 1547 号决议）*[74] *2004. 6*	*联合国苏丹先遣团* *（苏丹：达尔富尔）*	文职人员：*阿尔巴尼亚、澳大利亚、奥地利、孟加拉国、白俄罗斯、不丹、加拿大、中非共和国、克罗地亚、丹麦、埃及、厄立特里亚、埃塞俄比亚、斐济、法国、德国、加纳、印度、伊拉克、爱尔兰、牙买加、日本、约旦、肯尼亚、黎巴嫩、马来西亚、摩洛哥、尼泊尔、荷兰、新西兰、尼日利亚、挪威、巴基斯坦、巴勒斯坦、菲律宾、波兰、罗马尼亚、俄罗斯、卢旺达、塞黑、塞拉利昂、索马里、南非、西班牙、斯里兰卡、瑞典、塔吉克斯坦、坦桑尼亚、泰国、特立尼达和多巴哥、突尼斯、土耳其、乌干达、英国、美国、纳米比亚*	-- *25*[75] -- --	-- *24* *6* *164*	-- --	*36. 6* --
UNOTIL **（安理会 1599 号决议）**[76] **2005. 5**	**联合国东帝汶办事处** （东帝汶）	部队：**澳大利亚、孟加拉国、巴西、马来西亚、新西兰、巴基斯坦、菲律宾、葡萄牙** 民事警察：**澳大利亚、孟加拉国、巴西、中国、克罗地亚、约旦、马来西亚、巴基斯坦、帕劳、菲律宾、葡萄牙、俄罗斯、萨摩亚、西班牙、斯里兰卡、土耳其、美国** 文职人员：**安哥拉、澳大利亚、奥地利、孟加拉国、比利时、波黑、巴西、柬埔寨、加拿大、佛得角、智利、哥伦比亚、克罗地亚、埃塞俄比亚、斐**	**15** -- **60** **55**	**15** -- **56** **439**	-- --	**21. 9** --

缩略语（法律依据）开始时间	行动名称（地点）	2005 年派出部队、军事观察员、民事警察或文职人员的国家	部队/军事观察员/民事警察/文职人员 批准数	部队/军事观察员/民事警察/文职人员 实际数	死亡人数：迄今数/2005 年数/（死于敌对行动、事故、伤病）[1]	开支（百万美元）全年开支额/未付额
		济、芬兰、法国、德国、危地马拉、几内亚、洪都拉斯、印度、印度尼西亚、爱尔兰、意大利、牙买加、日本、肯尼亚、利比里亚、马来西亚、莫桑比克、尼泊尔、荷兰、新西兰、巴基斯坦、菲律宾、波兰、葡萄牙、塞拉利昂、新加坡、西班牙、斯里兰卡、圣文森特和格林纳丁斯、瑞士、泰国、乌干达、英国、美国、赞比亚、津巴布韦				
由区域组织和联盟实施的行动（35 项）						
非洲联盟行动（1 项）（2005 年共有 27 个国家参加）			**6171** **450** **1560** **--**	**5645** **650** **1320** **--**	**8** **8**	**52.4** **--**
AMIS（非盟决议，2004.5.28）[77] 2004.6	非盟苏丹特派团[78]（苏丹：达尔富尔）	部队：乍得、冈比亚、尼日利亚、卢旺达、塞内加尔、南非 军事观察员：阿尔及利亚、贝宁、博茨瓦纳、布基纳法索、喀麦隆、乍得、刚果共和国、埃及、加蓬、冈比亚、加纳、肯尼亚、莱索托、利比亚、马达加斯加、马拉维、马里、毛里塔尼亚、莫桑比克、	6171 450 1560[79] --	5645 650 1320 --	8 8 (2,1,5)	52.4 ..[80]

缩略语 (法律依据) 开始时间	行动名称 (地点)	2005 年派出部队、 军事观察员、 民事警察 或文职人员的国家	部队/ 军事观察员/ 民事警察/ 文职人员 批准数	 实际数	死亡人数: 迄今数/ 2005 年数/ (死于敌对行动、 事故、伤病)[1]	开支 (百万美元) 全年开支额 /未付额
		纳米比亚、尼日利亚、卢旺达、塞内加尔、南非、多哥、赞比亚 民事警察:博茨瓦纳、喀麦隆、埃及、冈比亚、加纳、肯尼亚、马达加斯加、马里、毛里塔尼亚、尼日利亚、卢旺达、塞内加尔、南非、乌干达、赞比亚				
中非国家经济与货币共同体行动(1 项行动)(2005 年共有 3 个国家参加)			-- -- -- --	380 -- -- --	6 --	**6.2** --
FOMUC (利伯维尔首脑会议决定,2002.10.2)[81] 2002.12	中非国家经济与货币共同体驻中非共和国多国部队[82] (中非共和国)	部队:乍得、刚果共和国、加蓬	-- -- -- --	380 -- -- --	6 --	6.2 --
独立国家联合体行动(3 项)(2005 年共有 3 个国家参加)			**1500** -- -- --	**4031** **40** -- --	**(144)** --	-- --

缩略语 (法律依据) 开始时间	行动名称 (地点)	2005 年派出部队、 军事观察员、 民事警察 或文职人员的国家	部队/ 军事观察员/ 民事警察/ 文职人员		死亡人数: 迄今数/ 2005 年数/ (死于敌对行动、 事故、伤病)[1]	开支 (百万美元) 全年开支额 /未付额
			批准数	实际数		
—— (双边, 1992.7.21)[83] 1992.7	维和部队联合控制委员会[84] (摩尔多瓦:德涅斯特河沿岸)	部队:摩尔多瓦、俄罗斯、(德涅斯特河沿岸)	1500[85] -- -- --	1120 -- -- --	(32)[86] --	-- --
—— (双边, 1992.6.24)[87] 1992.7	驻南奥塞梯联合部队[88] (格鲁吉亚:南奥塞梯)	部队:格鲁吉亚、俄罗斯	-- -- -- --	586 40 -- --	19 --	.. ..
—— (独联体, 1994.10.15)[89] 1994.6	独联体驻格鲁吉亚维和部队[90] (格鲁吉亚:阿布哈兹)	部队:俄罗斯	-- -- -- --	2325 -- -- --	125 --	.. ..
欧洲联盟行动(11 项行动)(2005 年共有 44 个国家参加)			**7000** -- **557** **510**[91]	**6270** -- **534** **500**	**16** **2**	**179.0** --

缩略语（法律依据）开始时间	行动名称（地点）	2005 年派出部队、军事观察员、民事警察或文职人员的国家	部队/军事观察员/民事警察/文职人员 批准数	实际数	死亡人数：迄今数/2005 年数/（死于敌对行动、事故、伤病）[1]	开支（百万美元）全年开支额/未付额
EUMM 《布里俄尼协议》[92] 1991.7	欧盟监视团[93] （西巴尔干）[94]	文职人员：奥地利、比利时、丹麦、芬兰、法国、德国、希腊、爱尔兰、意大利、荷兰、挪威、斯洛伐克、西班牙、瑞典、英国	-- -- -- 100	-- -- -- 90[95]	11 --	5.4
EUPM （欧盟常设理事会 2002/210/CFSP 联合行动决定）[96] 2003.1	欧盟驻波黑警察特派团[97] （波黑）	民事警察：奥地利、比利时、保加利亚、加拿大、塞浦路斯、捷克、丹麦、爱沙尼亚、芬兰、法国、德国、希腊、匈牙利、冰岛、爱尔兰、意大利、拉脱维亚、立陶宛、卢森堡、马耳他、荷兰、挪威、波兰、葡萄牙、罗马尼亚、俄罗斯、斯洛伐克、斯洛文尼亚、西班牙、瑞典、瑞士、土耳其、英国、乌克兰 文职人员：奥地利、比利时、保加利亚、芬兰、法国、德国、爱尔兰、意大利、荷兰、挪威、葡萄牙、西班牙、土耳其、英国、乌克兰	-- -- 367 53	-- -- 367 53	3 --	22.3 --
EUPOL Proxima *（欧盟常设理事会 2003/681/CFSP 联合行动决定）*[98] *2003.12*	*欧盟驻前南斯拉夫马其顿共和国警察特派团*[99] *（前南斯拉夫马其顿共和国）*	民事警察：*奥地利、比利时、塞浦路斯、捷克、丹麦、**爱沙尼亚**、芬兰、法国、德国、希腊、匈牙利、爱尔兰、意大利、拉脱维亚、立陶宛、卢森堡、荷兰、挪威、波兰、葡萄牙、斯洛伐克、**斯洛文尼亚**、西班牙、瑞典、瑞士、土耳其、英国、乌克兰* 文职人员：*芬兰、法国、德国、希腊、爱尔兰、意大利、荷兰、西班牙、英国*	-- -- *140* *28*	-- -- *128* *28*	-- --	*14.0* --

缩略语 （法律依据） 开始时间	行动名称 （地点）	2005 年派出部队、 军事观察员、 民事警察 或文职人员的国家	部队/ 军事观察员/ 民事警察/ 文职人员		死亡人数： 迄今数/ 2005 年数/ （死于敌对行动、 事故、伤病）[1]	开支 （百万美元） 全年开支额 /未付额
			批准数	实际数		
EUJUST THEMIS *（欧盟常设理事会 2004/523/CFSP 联合行动决定）*[100] *2004.7*	*欧盟驻格鲁吉亚法制特派团*[101] （格鲁吉亚）	文职人员：*丹麦、法国、德国、希腊、意大利、拉脱维亚、立陶宛、荷兰、波兰、西班牙、瑞典*	-- -- -- *12*	-- -- -- *12*[102]	-- --	*2.6*[103] --
EUFOR ALTHEA （欧盟常设理事会 2004/570/CFSP 联合行动决定[104] 2004.12	欧盟驻波黑军事行动团[105] （波黑）	部队：阿尔巴尼亚、阿根廷、奥地利、比利时、保加利亚、加拿大、智利、捷克、爱沙尼亚、芬兰、法国、德国、希腊、匈牙利、爱尔兰、意大利、拉脱维亚、立陶宛、卢森堡、摩洛哥、荷兰、新西兰、挪威、波兰、葡萄牙、罗马尼亚、斯洛伐克、斯洛文尼亚、西班牙、瑞典、瑞士、土耳其、英国	7000 -- -- --	6270 -- -- --	2 2 (-,1,-)	91.3 --
EUPOL Ki-nshasa **（欧盟常设理事会 2004/847/CFSP 联合行动决定）[106]** **2005.4[107]**	**欧盟驻金沙萨（民主刚果）警察特派团[108]** （刚果民主共和国）	民事警察：**比利时、加拿大、法国 、意大利、荷兰、葡萄牙、瑞典、土耳其**	**--** **--** **30** **--**	**--** **--** **19** **9**	**--** **--**	**5.5** **--**

缩略语 （法律依据） 开始时间	行动名称 （地点）	2005 年派出部队、军事观察员、民事警察或文职人员的国家	部队/军事观察员/民事警察/文职人员		死亡人数：迄今数/2005 年数/（死于敌对行动、事故、伤病）[1]	开支（百万美元）全年开支额/未付额
			批准数	实际数		
EUJUST LEX （欧盟常设理事会 2005/190 /CFSP 联合行动决定）[109] 2005.7	欧盟驻伊拉克法制整合团[110] （伊拉克）	文职人员：比利时、法国、德国、西班牙	-- -- -- --	-- -- -- 21	-- --	12.7 --
EUSEC DR Congo （欧盟常设理事会 2005/355 /CFSP 联合行动决定）[111] 2005.7	欧盟驻民主刚果安全改革顾问与协助团[112] （刚果民主共和国）	文职人员：比利时、法国、匈牙利、葡萄牙、英国	-- -- -- 8	-- -- -- 8	-- --	2.0 --
AMM （欧盟常设理事会 2005/643 /CFSP 联合行动决定）[113] 2005.8	欧盟亚齐监督团[114] （印度尼西亚：亚齐）	文职人员：奥地利、比利时、文莱、丹麦、芬兰、法国、德国、爱尔兰、意大利、立陶宛、马来西亚、荷兰、挪威、菲律宾、新加坡、西班牙、瑞典、瑞士、泰国、英国	-- -- -- 229	-- -- -- 216[115]	-- --	19.1 --

缩略语 (法律依据) 开始时间	行动名称 (地点)	2005 年派出部队、军事观察员、民事警察或文职人员的国家	部队/军事观察员/民事警察/文职人员		死亡人数：迄今数/2005 年数/(死于敌对行动、事故、伤病)[1]	开支(百万美元)全年开支额/未付额
			批准数	实际数		
EU BAM Rafah **(欧盟常设理事会 2005/889/CFSP 联合行动决定)**[116] **2005. 11**	**欧盟驻拉法过境站边界援助团**[117] (埃及-以色列边界的拉法过境站)	文职人员：**奥地利、丹麦、芬兰、法国、德国、意大利、卢森堡、葡萄牙、罗马尼亚、西班牙、瑞典、英国**	**--** **--** **--** **70**	**--** **--** **--** **53**	**--** **--**	**2. 2** **--**
EUPAT **(欧盟常设理事会 2005/826/CFSP 联合行动决定)**[118] **2005. 12**	**欧盟驻前南马其顿共和国警察顾问小组**[119] (前南马其顿共和国)	民事警察：奥地利、比利时、塞浦路斯、丹麦、芬兰、法国、德国、匈牙利、意大利、立陶宛、斯洛伐克、斯洛文尼亚、西班牙、瑞典、英国 文职人员：法国、德国、意大利、英国	-- -- 20 10	-- -- 20 10	-- --	1. 9 --
北约实施和北约主导的行动(3 项)(2005 年共有 40 个国家参加)			**26300** -- -- --	**26263** -- -- --	**181** **26**	**127. 0**[120] --

缩略语 （法律依据） 开始时间	行动名称 （地点）	2005 年派出部队、 军事观察员、 民事警察 或文职人员的国家	部队/ 军事观察员/ 民事警察/ 文职人员		死亡人数： 迄今数/ 2005 年数/ （死于敌对行动、 事故、伤病）[1]	开支 （百万美元） 全年开支额 /未付额
			批准数	实际数		
KFOR （安理会 1244 号决议）[121] 1999.6	北约驻科索沃部队[122] （塞黑：科索沃）	部队：阿根廷、亚美尼亚、奥地利、阿塞拜疆、比利时、保加利亚、加拿大、捷克、丹麦、爱沙尼亚、芬兰、法国、格鲁吉亚、德国、希腊、匈牙利、爱尔兰、意大利、拉脱维亚、立陶宛、卢森堡、摩洛哥、挪威、波兰、罗马尼亚、斯洛伐克、斯洛文尼亚、西班牙、瑞典、瑞士、土耳其、英国、乌克兰、美国	17000 -- -- --	17174[123] -- -- --	71 .. (-,..,..)	31.6 --
ISAF （安理会 1386 号决议）[124] 2001.12	国际安全支援部队[125] （阿富汗）	部队：阿尔巴尼亚、奥地利、阿塞拜疆、比利时、保加利亚、加拿大、克罗地亚、捷克、丹麦、爱沙尼亚、芬兰、法国、德国、希腊、匈牙利、冰岛、爱尔兰、意大利、拉脱维亚、立陶宛、卢森堡、荷兰、新西兰、挪威、波兰、葡萄牙、罗马尼亚、斯洛伐克、斯洛文尼亚、西班牙、瑞典、瑞士、土耳其、英国、美国	9000 -- -- --	8934 -- -- --	110 26 (5,17,-)	83.1 --
NTM-I （安理会 1546 号决议）[126] 2004.8	北约驻伊拉克训练团[127] （伊拉克）	部队：*比利时*、保加利亚、*加拿大*、捷克、丹麦、*爱沙尼亚*、*德国*、*希腊*、匈牙利、冰岛、意大利、*拉脱维亚*、立陶宛、*卢森堡*、荷兰、挪威、波兰、葡萄牙、罗马尼亚、斯洛伐克、*斯洛文尼亚*、*西班牙*、土耳其、英国、美国	300 -- -- --	155 -- -- --	-- --	12.4

缩略语 （法律依据） 开始时间	行动名称 （地点）	2005 年派出部队、 军事观察员、 民事警察 或文职人员的国家	部队/ 军事观察员/ 民事警察/ 文职人员 批准数	 实际数	死亡人数： 迄今数/ 2005 年数/ （死于敌对行动、 事故、伤病）[1]	开支 （百万美元） 全年开支额 /未付额
美洲国家组织行动(2 项)（2005 年共有 14 个国家参加）			-- -- **6** **22**	-- -- **6** **34**	**1** **1**	**18.2**
MAPP/OEA （常设理事会 CP/RES. 859 号决定）[128] 2004.2	驻哥伦比亚支持和平进程特派团[129] （哥伦比亚）	文职人员：阿根廷、哥斯达黎加、危地马拉、尼加拉瓜、挪威、秘鲁、瑞典、**乌拉圭**	-- -- -- --	-- -- -- 10[130]	-- --	3.2[131]
—— 常设理事会 CP/RES. 806 号决定）[132] 2004.6	美洲国家组织驻海地增强民主特派团[133] （海地）	文职人员：**阿根廷**、加拿大、哥伦比亚、多米尼克、**厄瓜多尔**、格林纳达、**危地马拉**、墨西哥、**秘鲁**	-- -- 6 22	-- -- 6 24[134]	1 1 (-,-,1)	15.0 --
欧洲安全与合作组织行动(10 项)（2005 年共有 46 个国家参加）			-- -- -- **424**	-- -- -- **762**	**3** --	**131.5**[135] --

缩略语（法律依据）开始时间	行动名称（地点）	2005 年派出部队、军事观察员、民事警察或文职人员的国家	部队/军事观察员/民事警察/文职人员		死亡人数：迄今数/2005 年数/（死于敌对行动、事故、伤病）[1]	开支（百万美元）全年开支额/未付额
			批准数	实际数		
——（高级理事会 1992.9.18 决定）[136] 1992.9	欧安组织驻斯科普里防蔓延观察团[137]（前南斯拉夫马其顿共和国）	文职人员：奥地利、阿塞拜疆、白俄罗斯、波黑、克罗地亚、爱沙尼亚、芬兰、法国、格鲁吉亚、德国、匈牙利、爱尔兰、意大利、日本、荷兰、挪威、波兰、葡萄牙、罗马尼亚、俄罗斯、斯洛文尼亚、西班牙、瑞典、瑞士、塔吉克斯坦、土耳其、英国、乌克兰、美国[118]	-- -- -- 210[138]	-- -- -- 104	-- --	14.3 --
——（高级理事会 1992.11.6 决定）[139] 1992.12	欧安组织驻格鲁吉亚观察团[140]（格鲁吉亚）	文职人员：*亚美尼亚*、奥地利、*阿塞拜疆*、*白俄罗斯*、**比利时**、波黑、保加利亚、**加拿大**、*克罗地亚*、捷克、*爱沙尼亚*、芬兰、法国、德国、*希腊*、匈牙利、爱尔兰、*意大利*、*拉脱维亚*、立陶宛、前南马其顿、摩尔多瓦、*荷兰*、*挪威*、波兰、罗马尼亚、俄罗斯、斯洛伐克、*瑞典*、*瑞士*、土耳其、英国、乌克兰、美国	-- -- -- 78[141]	-- -- -- 71	-- --	16.4 --
——（高级理事会 1993.2.4 决定）[142] 1993.2	欧安组织驻摩尔多瓦观察团[143]（摩尔多瓦）	文职人员：白俄罗斯、法国、德国、挪威、波兰、斯洛伐克、英国、美国	-- -- -- 10[144]	-- -- -- 11[145]	-- --	1.9 --

缩略语 （法律依据） 开始时间	行动名称 （地点）	2005 年派出部队、 军事观察员、 民事警察 或文职人员的国家	部队/ 军事观察员/ 民事警察/ 文职人员		死亡人数： 迄今数/ 2005 年数/ （死于敌对行动、 事故、伤病）[1]	开支 （百万美元） 全年开支额 /未付额
			批准数	实际数		
—— （罗马部长理事会 1993.12.1 决定）[146] 1994.2	欧安组织杜尚别中心[147] （塔吉克斯坦）	文职人员：**白俄罗斯**、保加利亚、法国、**匈牙利**、意大利、拉脱维亚、**立陶宛**、荷兰、**挪威**、罗马尼亚、俄罗斯、**瑞典**、美国	-- -- -- 16[148]	-- -- -- 17[149]	-- --	5.1 --
—— （欧安组织 1995.8.10 决定）[150] 1995.8	明斯克会议冲突处理执行主席私人代表[151] （阿塞拜疆：纳卡）	文职人员：捷克、**芬兰**、匈牙利、波兰、英国、乌克兰	-- -- -- 6	-- -- -- 6	-- --	1.3 --
—— （部长理事会决定，1995.12.8）[152] 1995.12	欧安组织驻波黑观察团[153] （波黑）	文职人员：阿尔巴尼亚、*亚美尼亚*、奥地利、阿塞拜疆、比利时、保加利亚、加拿大、捷克、*丹麦*、**芬兰**、法国、格鲁吉亚、德国、匈牙利、爱尔兰、*意大利*、**日本**、*吉尔吉斯斯坦*、拉脱维亚、立陶宛、摩尔多瓦、荷兰、挪威、**葡萄牙**、*罗马尼亚*、俄罗斯、**斯洛文尼亚**、西班牙、瑞典、瑞士、**塔吉克斯坦**、土耳其、英国、美国	-- -- -- 37[154]	-- -- -- 127	-- --	21.3 --

缩略语 （法律依据） 开始时间	行动名称 （地点）	2005 年派出部队、 军事观察员、 民事警察 或文职人员的国家	部队/ 军事观察员/ 民事警察/ 文职人员		死亡人数： 迄今数/ 2005 年数/ （死于敌对行动、事故、伤病）[1]	开支 （百万美元） 全年开支额 /未付额
			批准数	实际数		
—— （常设理事会 112 号决定，1996.4.18）[155] 1996.7	欧安组织驻克罗地亚观察团[156] （克罗地亚）	文职人员：*亚美尼亚*、奥地利、*白俄罗斯*、*比利时*、*保加利亚*、*加拿大*、捷克、*丹麦*、**爱沙尼亚**、芬兰、法国、格鲁吉亚、德国、希腊、*爱尔兰*、意大利、*日本*、*吉尔吉斯斯坦*、*拉脱维亚*、**立陶宛**、摩尔多瓦、荷兰、*挪威*、波兰、罗马尼亚、*俄罗斯*、斯洛伐克、西班牙、瑞典、英国、*乌克兰*、美国、**乌兹别克斯坦**	-- -- -- 67[157]	-- -- -- 51	-- --	11.6 --
—— （常设理事会 160 号决定，1997.3.27）[158] 1997.4	欧安组织驻阿尔巴尼亚观察团[159] （阿尔巴尼亚）	文职人员：奥地利、白俄罗斯、保加利亚、*加拿大*、*克罗地亚*、捷克、芬兰、法国、德国、*匈牙利*、*爱尔兰*、*意大利*、*日本*、**拉脱维亚**、*摩尔多瓦*、**荷兰**、*罗马尼亚*、*西班牙*、瑞典、英国、美国	-- -- -- --	-- -- -- 27	-- --	4.7 --
OMIK （常设理事会 305 号决定，1999.7.1）[160] 1999.7	欧安组织驻科索沃观察团[161] （塞黑：科索沃）	文职人员：阿尔巴尼亚、亚美尼亚、奥地利、阿塞拜疆、*白俄罗斯*、比利时、波黑、保加利亚、加拿大、*克罗地亚*、捷克、丹麦、爱沙尼亚、芬兰、法国、格鲁吉亚、德国、希腊、匈牙利、*冰岛*、爱尔兰、意大利、*日本*、*吉尔吉斯斯坦*、*拉脱维亚*、*立陶宛*、*马其顿*、摩尔多瓦、荷兰、挪威、波兰、葡萄牙、罗马尼亚、俄罗斯、*斯洛伐克*、斯洛文尼亚、西班牙、瑞典、*瑞士*、塔吉克斯坦、土耳其、英国、*乌克兰*、美国、乌兹别克斯坦	-- -- -- --	-- -- -- 284	3 --	42.8 --

缩略语 （法律依据） 开始时间	行动名称 （地点）	2005 年派出部队、 军事观察员、 民事警察 或文职人员的国家	部队/ 军事观察员/ 民事警察/ 文职人员 批准数	 实际数	死亡人数： 迄今数/ 2005 年数/ （死于敌对行动、 事故、伤病）[1]	开支 （百万美元） 全年开支额 /未付额
OMiSaM （常设理事会 401 号决定， 2001.1.11）[162] 2001.3	欧安组织驻塞黑观察团[163] （塞黑）	文职人员：*奥地利*、比利时、波黑、保加利亚、加拿大、爱沙尼亚、**芬兰**、法国、德国、希腊、爱尔兰、意大利、*吉尔吉斯斯坦*、拉脱维亚、*列支敦士登*、**摩尔多瓦**、荷兰、挪威、葡萄牙、罗马尼亚、*斯洛伐克*、瑞典、土耳其、英国、美国	-- -- -- --[164]	-- -- -- 64	-- --	12.1 --
临时联盟行动(6 项)（2005 年共有 55 个国家参加）			**187000** **2000** -- **195**	**187086** **1695** **1377** **175**	**2459** **904**	**68362.8** --
NNSC （停战协定）[165] 1953.7	中立国监督委员会[166] （朝鲜/韩国）	军事观察员：瑞典、瑞士	-- -- -- --	-- 9 -- --	-- --	2.3 --
MFO （和平条约议定书）[167] 1982.4	驻西奈多国部队及观察团[168] （埃及：西奈）	军事观察员：澳大利亚、加拿大、哥伦比亚、斐济、法国、匈牙利、意大利、新西兰、挪威、乌拉圭、美国 文职人员：美国	-- 2000 -- 15[169]	-- 1686 -- 15	49 1 (-,-,1)	51.0 --

缩略语 (法律依据) 开始时间	行动名称 (地点)	2005 年派出部队、 军事观察员、 民事警察 或文职人员的国家	部队/ 军事观察员/ 民事警察/ 文职人员		死亡人数: 迄今数/ 2005 年数/ (死于敌对行动、 事故、伤病)[1]	开支 (百万美元) 全年开支额 /未付额
			批准数	实际数		
TIPH2 (希伯伦议定书)[170] 1997.1	驻希伯伦临时国际部队[171] (希伯伦)	部队:土耳其 民事警察:丹麦、意大利、挪威 文职人员:丹麦、意大利、挪威、瑞典、瑞士、土耳其	-- -- -- 180[172]	6 -- 26 40	2 --	2.0 --
—— (安理会 1464 号决议)[173] 2003.2	Licorne 行动[174] (科特迪瓦)	部队:法国	4000 -- -- --	4000 -- -- --	20[175] 8	350.4[176]
RAMSI (比克塔瓦宣言)[177] 2003.7	所罗门群岛地区援助团[178] (所罗门群岛)	部队:澳大利亚、斐济、巴布亚新几内亚、新西兰、汤加 民事警察:澳大利亚、库克群岛、斐济、基里巴斯、巴布亚新几内亚、瑙鲁、新西兰、萨摩亚、汤加、图瓦卢、瓦努阿图	-- -- -- --	80 -- 300 120[179]	2 2 (1,1,-)	157.0[180]
MNF-I (安理会 1511 号决议)[181] 2003.10	驻伊拉克多国部队[182] (伊拉克)	部队:阿尔巴尼亚、亚美尼亚、澳大利亚、阿塞拜疆、波黑、*保加利亚*、捷克、丹麦、萨尔瓦多、爱沙尼亚、格鲁吉亚、意大利、日本、哈萨克斯坦、韩国、拉脱维亚、立陶宛、前南马其顿、摩尔多瓦、蒙古、荷兰、*挪威*、波兰、葡萄牙、罗马尼亚、新加坡、斯洛伐克、英国、*乌克兰*、美国	-- -- -- --	183000[183] -- 1051[184] --	2387 895 (707,140,29)[185]	67800.8[186] --

缩略语 (法律依据) 开始时间	行动名称 (地点)	2005 年派出部队、 军事观察员、 民事警察 或文职人员的国家	部队/ 军事观察员/ 民事警察/ 文职人员		死亡人数： 迄今数/ 2005 年数/ (死于敌对行动、 事故、伤病)[1]	开支 (百万美元) 全年开支额 /未付额
			批准数	实际数		
		民事警察：澳大利亚、奥地利、比利时、加拿大、克罗地亚、捷克、爱沙尼亚、芬兰、*匈牙利*、约旦、新加坡、斯洛伐克、斯洛文尼亚、瑞典、英国、美国				

注释：

A/RES 指联合国大会决议；CPA 指联盟临时当局；CSO 指欧安组织高官委员会(现为高级理事会)；DDR 指解除武装、复员遣返和重新安置；DMZ 指非军事区；DPA 指联合国政治事务部；DPKO 指联合国维和行动部；FY 指财政年度；GA 指联合国大会；MC 指部长理事会；MOU 指谅解备忘录；NAC 指北大西洋理事会；PC 指欧安组织常设理事会；PC. DEC 指欧安组织常设理事会决定；SC 指联合国安理会；SCR 指联合国安理会决议；UNVs 指联合国志愿者。

〔1〕表中所列的 2005 年死亡数目系以死者的死亡原因分类。这些数字中可能还包括前一年某些死因不明的死者。但 2005 年死者中有的死因至今也未能搞清，因而把死于敌对行动、死于意外事故和死于伤病这几类数字相加，并不一定能与 2005 年的全年总数相符。凡联合国维和部实施的维和行动，其死亡数据系来自联合国维和部发布的“截至 2005 年 12 月 29 日各项维和行动及事故类别的死亡人数统计表”。见联合国网址：URL〈http://www. un. org/Depts/dpko/fatalities/fatal2. htm〉。

〔2〕凡联合国实施的维和行动，国名底下划线的国家系表示这是该国派遣到该项行动的人数最多。各项联合国维和行动的参加国数据系来自联合国维和部 2005 年 12 月 31 日发表的“各国对联合国维和行动的派员情况”。见联合国网址：URL〈http://www. un. org/Depts/dpko/dpko/contributors. 2005/dec 2005_5. pdf〉。

〔3〕表中共列出了 17 项维和行动。联合国维和部实施的所有各项行动的人数数据系来自联合国维和部 2005 年 12 月 31 日发表的“各项维和行动的军事人员和军事警察概况”。见联合国网址：URL〈http://www. un. org/Depts/dpko/dpko/contributors. 2005/dec 2005_4. pdf〉。

〔4〕表中共列出了 17 项维和行动的开支情况。“联合国停战监督组织”(UNTSO)和“联合国印巴军事观察小组”(UNMOGIP)由联合国正常预算拨款,因而不应该出现拖欠。17 项行动的预算数据系来自联合国维和部 2005 年 12 月 31 日发表的“维和行动的背景情况介绍”。见联合国网址:URL〈http://www.un.org/Depts/dpko/dpko/bnote.htm〉。

〔5〕联合国停战监督组织(UNTSO)成立于 1948 年 5 月,其职责是协助“调解员”和“停战委员会”监督 1948 年阿以战争后在巴勒斯坦的停火执行情况。2005 年该组织的职责未变。

〔6〕这是 2006—2007 年两年的计划预算。见 2005 年 5 月 2 日联合国文件 A/60/6(第 5 节)第 29 页。

〔7〕该组织另有 119 名当地雇员协助。

〔8〕联合国印巴军事观察小组(UNMOGIP)系根据 1951 年 3 月 30 日安理会第 91 号决议建立,以取代“联合国印巴委员会”。该小组的任务是监督 1949 年 7 月《卡拉奇协议》规定的克什米尔停火。该小组使命的终止,需由安理会作出肯定性决定。

〔9〕见联合国文件(同注释〔6〕)第 26 页。

〔10〕该小组另有 47 名当地雇员协助。

〔11〕联合国塞浦路斯维和部队(UNFICYP)系根据 1964 年 3 月 4 日安理会第 186 号决议建立,其职责是防止塞浦路斯的希腊族和土耳其族两方居民发生战事,并协助维护和恢复法制与社会秩序。自 1974 年起,该部队的职责还包括监督停火和维护两方之间的缓冲区。

〔12〕2003 年 6 月 11 日安理会第 1486 号决议授权增加民事警察的人数。2004 年 10 月 22 日安理会第 1568 号决议将维和部队的规模减小 30%,其军事人员的人数减至 860 人(包括军事观察员)。

〔13〕该部队另有 110 名当地雇员协助。

〔14〕预算中包括一笔占总数 1/3 的塞浦路斯政府自愿捐赠和希腊政府 650 万美元的捐赠。表中数字是截至 2005 年 12 月 31 日的未付金额。见 2005 年 11 月 29 日联合国秘书长关于联合国塞浦路斯维和行动的报告(联合国文件 S/2005/743)第 32 段。

〔15〕联合国脱离接触观察部队(UNDOF)系在 1973 年“十月战争”结束后根据脱离接触协议和 1974 年 5 月 31 日安理会第 350 号决议建立,其职责是维持以色列和叙利亚之间的停火,并监督两国军队脱离接触。2005 年 12 月 21 日安理会第 1648 号决议将此授权延长至 2006 年 6 月 30 日。

〔16〕见 2004 年 12 月 20 日联合国秘书长关于联合国脱离接触观察部队 2003 年 7 月 1 日至 2004 年 6 月 30 日期间预算执行情况的报告(联合国文件 A/59/625)。

〔17〕该部队另有 105 名当地雇员协助。

〔18〕这是截至 2005 年 11 月 28 日的未付金额。见 2005 年 12 月 7 日联合国秘书长关于联合国脱离接触观察部队的报告(联合国文件 S/2005/767)第 9 段。

〔19〕联合国黎巴嫩临时部队(UNIFIL)系根据 1978 年 3 月 19 日联合国安理会第 425 号决议和第 426 号决议建立,其职责是确认以色列军队从黎巴嫩南部撤离,并协助黎巴嫩政府确保对该区域重新行使有效的行政权力。2006 年 1 月 31 日安理会第 1655 号决议将此授权延长至 2006 年 7 月 31 日。

〔20〕见联合国文件(同注释〔16〕)。

〔21〕该部队另有 297 名当地雇员协助。

〔22〕这是截至 2005 年 11 月 30 日的未付金额。见 2006 年 1 月 18 日联合国秘书长关于联合国黎巴嫩临时部队的报告(联合国文件 S/2006/26)第 30 段。

〔23〕联合国西撒哈拉公民投票特派团(MINURSO)系根据 1991 年 4 月 29 日安理会第 690 号决议建立,负责监视西撒人民阵线同摩洛哥政府之间的停火,核查摩洛哥在西撒哈拉的驻军裁减情况,以及组织一次自由、公正的公民投票。2005 年 10 月 28 日安理会第 1570 号决议将此授权延长至 2006 年 4 月 30 日。

〔24〕见 2005 年 4 月 19 日联合国秘书长关于西撒哈拉形势的报告(联合国文件 S/2005/254)第 3 段。

〔25〕该特派团另有 96 名当地雇员协助。

〔26〕这是截至 2005 年 8 月 31 日的未付金额。见 2005 年 10 月 13 日联合国秘书长关于西撒哈拉形势的报告(联合国文件 S/2005/648)第 23 段。

〔27〕联合国格鲁吉亚观察团(NUOMIG)系根据 1993 年 7 月 9 日安理会第 849 号决议和 1993 年 8 月 24 日安理会第 858 号决议建立。其核查格鲁吉亚政府同阿布哈兹当局停火的原先职责由于 1993 年 9 月双方在阿布哈兹战事重起而失效,于是被临时授权同冲突双方及俄罗斯军事特遣分队保持接触,并负责监视和报告那里的形势发展。1994 年《停火和部队隔离协议》签署后,观察团的职责根据 1994 年 7 月 27 日安理会第 937 号决议扩大为监督和核查该协议的执行情况。2006 年 1 月 31 日安理会第 1656 号决议将此授权延长至 2006 年 3 月 31 日。

〔28〕1994 年 7 月 21 日安理会第 937 号决议授权增加军事观察员的数量,2003 年 7 月 30 日安理会第 1494 号决议授权增派一支不超过 20 名警官的警察分队。

〔29〕该观察团另有 187 名当地雇员和 2 名联合国志愿者协助。

〔30〕这是截至 2005 年 11 月 30 日的未付金额。见 2006 年 1 月 13 日联合国秘书长关于格鲁吉亚阿布哈兹形势的报告(联合国文件 S/2006/

19)第 40 段。

〔31〕联合国科索沃过渡行政管理机构(UNMIK)系根据 1999 年 6 月 10 日的安理会第 1244 号决议建立,其主要任务是:促进科索沃建立实质性的自治和自己的政府,行使民事管理职能,维护法律和秩序,促进人权,保证所有难民和离散人员的安全返回。终止该管理机构的任务需由安理会作出肯定性决定。

〔32〕见 2004 年 12 月 18 日联合国秘书长关于联合国科索沃过渡行政管理机构 2005 年 7 月 1 日至 2006 年 6 月 30 日预算的报告(联合国文件 A/59/633)第 3 页。

〔33〕该机构另有 2289 名当地雇员和 202 名联合国志愿者协助。

〔34〕这是截至 2005 年 2 月 28 日的未付金额。见 2005 年 4 月 8 日联合国第五委员会关于向联合国科索沃过渡行政管理机构财政拨款情况的报告(联合国文件 A/59/772)。

〔35〕联合国塞拉利昂特派团(UNAMSIL)系根据 1999 年 10 月 22 日安理会第 1270 号决议建立。此前,塞拉利昂政府同革命联合阵线于 1999 年 7 月 7 日签署《洛美和平协议》。2001 年 3 月 30 日安理会第 1346 号决议将特派团的职责重新确定为协助塞拉利昂政府扩大行政权力的努力,恢复该国的法律和秩序,促使解除武装、复员遣返和重新安置工作的重新启动,协助预期的选举。2005 年 12 月,该特派团的使命终止,由 UNIOSIL 从 2006 年 1 月接替。

〔36〕2004 年 3 月 30 日安理会第 1537 号决议授权该团保持一定数量的留守人员,为 2005 年 12 月撤离作准备。

〔37〕该特派团另有 369 名当地雇员和 83 名联合国志愿者协助。

〔38〕这是截至 2005 年 4 月 30 日的未付金额。见 2005 年 6 月 21 日联合国秘书长关于对联合国塞拉利昂特派团追加经费的第 25 次报告(联合国文件 S/2005/273/Add.1)第 3 段。

〔39〕联合国刚果民主共和国特派团(MONUC)系根据 1999 年 11 月 30 日安理会第 1279 号决议建立。2000 年 2 月 24 日,安理会第 1291 号决议授权该团监视停火协议的执行,监督和核查双方部队的脱离接触,监视违反人权的情况,以及为人道主义援助提供便利。2003 年 7 月 28 日安理会第 1493 号决议将该团的职责改为:根据《联合国宪章》第七章,授权其为执行任务可使用“一切必要手段”。2004 年 10 月 1 日安理会第 1565 号决议将该团的职责改为部署于潜在不稳的关键区域,在那里保持维和人员,并与联合国布隆迪行动团合作,监视和阻止战斗人员和武器通过共同边界,确保对平民及联合国人员和设施的保护,为解除武装、复员遣返和重新安置的进程创造条件,以及协助选举进程的成功结束。2005 年 10 月 28 日安理会第 1635 号决议将该团的使命延长至 2006 年 9 月。

〔40〕2004 年 10 月 1 日安理会第 1565 号决议授权将军事人员数量增至 16700 人。2005 年 9 月 6 日安理会第 1621 号决议授权增加民事警察。

2005 年 10 月 28 日安理会第 1635 号决议授权将联合国刚果民主共和国观察团的军人数量增加 300 人，为即将举行的大选作准备。

〔41〕该特派团另有 1388 名当地雇员和 491 名联合国志愿者协助。

〔42〕这是截至 2005 年 11 月 15 日的未付金额。见 2005 年 12 月 28 日联合国秘书长关于联合国刚果民主共和国特派团的第 20 次报告(联合国文件 S/2005/832)第 69 段。

〔43〕联合国埃塞俄比亚和厄立特里亚特派团(UNMEE)系根据 2000 年 7 月 31 日安理会第 1312 号决议建立。其职责是负责筹备建立一个核查停止敌对行动的机制；并按停火协议的规定筹备建立“军事协调委员会”；以及为维和部队的部署作准备。2000 年 9 月，该特派团增加了人员，负责监督停火，遣返埃塞俄比亚军队，监视埃塞俄比亚和厄立特里亚两方军队在 25 公里临时安全区以外的部署位置，主持联合国和非盟组织的军事协调委员会，以及协助扫雷。勘界进程的拖延使该团的此职责有必要继续延长。

〔44〕2000 年 9 月 15 日安理会第 1320 号决议授权扩大特派团的军队规模；2005 年 9 月 13 日安理会第 1622 号决议授权重新调整军队的部署，并将军事观察员的人数增至 230 人。

〔45〕该特派团另有 228 名当地雇员和 75 名联合国志愿者协助。

〔46〕这是截至 2005 年 7 月 31 日的未付金额。见 2005 年 8 月 30 日联合国秘书长关于埃塞俄比亚和厄立特里亚问题的报告(联合国文件 S/2005/533)第 36 段。

〔47〕联合国东帝汶支助团(UNMISET)系根据 2002 年 5 月 17 日安理会第 1410 号决议建立，作为联合国东帝汶过渡行政当局的后续行动。其任务是向东帝汶政府的行政机构提供援助，在协助建立新的执法机构的同时，行使临时的执法任务，并为东帝汶的全面安全提供保障。该支助团于 2005 年 4 月由联合国东帝汶办事处(UNOTIL)接替。

〔48〕2004 年 5 月 14 日安理会第 1543 号决议决定削减特派团的规模，为该团终止使命作准备。

〔49〕该支助团另有 523 名当地雇员和 100 名联合国志愿者协助。

〔50〕见 2005 年 5 月 12 日联合国秘书长关于结束联合国东帝汶支助团使命的报告(联合国文件 S/2005/310)。

〔51〕联合国利比里亚特派团(UNMIL)系根据 2003 年 9 月 19 日安理会第 1509 号决议建立，拥有《联合国宪章》第七章规定的权力。其授权是支持停火协议及和平进程的执行；协助利比里亚政府在国家安全领域的改革努力，包括国家警察的训练以及成立一支新的、重组的军队；支持人道主义援助和人权的活动；保护联合国人员、设施和其他民事人员。该团在开展活动时，同联合国塞拉利昂特派团(UNAMSIL)和联合国科特迪瓦特派团(UNOCI)进行合作。

〔52〕2005 年 9 月 19 日安理会第 1626 号决议授权增加军队数额，为在利比里亚举行大选作准备。

〔53〕该特派团另有 828 名当地雇员和 286 名联合国志愿者协助。

〔54〕这是截至 2005 年 6 月 30 日的未付金额。见 2005 年 9 月 1 日联合国秘书长关于联合国利比里亚特派团进展情况的第 8 次报告(联合国文件 S/2005/560)第 96 段。

〔55〕联合国科特迪瓦行动团(UNOCI)系根据 2004 年 2 月 27 日安理会第 1528 号决议建立。它作为联合国科特迪瓦特派团的后续行动,被赋予了《联合国宪章》第七章的权力。其职责是监督停火协定的执行,阻止战斗人员和武器从科特迪瓦与利比里亚和塞拉利昂交界处的通过;协助全国和解临时政府做好以下工作:实施解除武装、复员遣返和重新安置的计划、恢复国家权力和举行大选;为提供人道主义援助提供便利。该团在开展活动时,同联合国塞拉利昂特派团(UNAMSIL)、联合国利比里亚特派团(UNMIL)以及在科特迪瓦的法国 Licorne 部队进行合作。

〔56〕2005 年 6 月 24 日安理会第 1609 号决议授权扩大该特派团,以应对该国日益恶化的形势。

〔57〕该行动团另有 424 名当地雇员和 205 名联合国志愿者协助。

〔58〕这是截至 2005 年 11 月 30 日的未付金额。见 2006 年 1 月 3 日联合国秘书长关于联合国科特迪瓦行动团进展情况的第 7 次报告(联合国文件 S/2006/2)第 72 段。

〔59〕联合国布隆迪行动团(ONUB)系根据 2004 年 5 月 21 日安理会第 1545 号决议建立。它被赋予了《联合国宪章》第七章的权力。其职责是确保各方尊重停火协议;通过实施一项解除武装、复员遣返和重新安置的全面计划,促使布隆迪各派部队之间重建信任;协助选举进程的成功结束;以及保护联合国人员、设施和其他民事人员的安全。该团在开展活动时,同联合国刚果民主共和国特派团(MONUC)进行合作。

〔60〕该行动团另有 388 名当地雇员和 146 名联合国志愿者协助。

〔61〕这是截至 2005 年 9 月 30 日的未付金额。见 2005 年 11 月 21 日联合国秘书长关于联合国布隆迪行动团的第 5 次报告(联合国文件 S/2005/728)第 66 段。

〔62〕联合国海地稳定特派团(MINUSTAH)系根据 2004 年 4 月 30 日安理会第 1542 号决议建立。它被赋予《联合国宪章》第七章的权力。该团的任务是,为推进和平进程创造一个安全和稳定环境;协助政府进行国家安全改革的努力,包括实施一项解除武装、复员遣返和重新安置的全面计划和训练国家警察;协助恢复和维护法制;支持人道主义援助和人权活动;以及保护联合国人员、设施和其他民事人员的安全。

〔63〕2005 年 6 月 22 日安理会第 1608 号决议授权扩大该团的规模,以应对海地日益恶化的安全形势。

〔64〕该特派团另有 512 名当地雇员和 171 名联合国志愿者协助。

〔65〕这是截至 2005 年 7 月 31 日的未付金额。见 2005 年 10 月 6 日联合国秘书长关于联合国海地稳定特派团的报告(联合国文件 S/2005/631)第 58 段。

〔66〕该特派团另有 512 名当地雇员和 171 名联合国志愿者协助。

〔67〕这是截至 2005 年 11 月 30 日的未付金额。见 2005 年 12 月 21 日联合国秘书长关于苏丹形势的报告(联合国文件 S/2005/821)第 77 段。

〔68〕这些联合国维和行动并非根据《联合国宪章》第六、第七章部署的,但归联合国维和部指导和管理,只有一项由联合国政治事务部管理的联合国伊拉克援助团除外。行动中的文职人员并非由各自政府选派。

〔69〕各维和行动团的此项经费数据来自:联合国新闻部和平与安全处官员 S. Sang 2006 年 1 月 16 日的电子邮件,以及 2005 年 12 月 23 日联合国文件"特别政治行动:对联合国大会和安理会相关事项做出的估计数额——东帝汶"(联合国文件 A/RES/60/244)。

〔70〕联合国阿富汗支援团(UNAMA)系根据 2002 年 3 月 28 日安理会第 1401 号决议建立。该团的职责是促进民族和解,履行 2001 年《波恩协议》赋予联合国的任务和责任(包括有关人权、法治和公民性别等方面的责任),以及与阿富汗过渡政府协调安排所有在阿的联合国人道主义援助、救济、恢复和重建等活动。该团在开展活动时,同国际安全支援部队进行合作。

〔71〕该支援团另有 749 名当地雇员和 42 名联合国志愿者协助。

〔72〕联合国伊拉克援助团(UNAMI)系根据 2003 年 7 月安理会第 1500 号决议建立,其任务是支持联合国秘书长特别代表根据 2003 年 5 月 22 日安理会第 1483 号决议规定的职责,即协调联合国在伊的各种人道主义救援和重建努力、使难民和离散人员安全返回,以及为帮助重建当地机构的国际努力提供方便。该团在开展活动时,同驻伊拉克多国部队进行合作。2005 年 8 月 11 日,安理会第 1619 号决议将该团使命延长至 2006 年 8 月 10 日。

〔73〕这些是军事顾问。该援助团另有 281 名当地雇员和 36 名联合国志愿者协助。

〔74〕联合国苏丹先遣团((UNAMIS)系根据 2004 年 6 月 11 日安理会第 1547 号决议建立,负责与驻苏丹非洲特派团合作监督 2003 年 9 月 25 日的停火协议,并为组建一项全面的和平行动进行规划和筹备。《全面和平协议》2005 年 1 月 9 日签署后,联合国苏丹先遣团 2005 年 3 月由联合国苏丹特派团(UNMIS)替代。

〔75〕2004 年 6 月 11 日安理会第 1547 号决议对该先遣团的规模作了授权,但未明确民事警察和文职人员的具体人数。

〔76〕联合国东帝汶办事处(UNOTIL)系根据 2005 年 4 月 28 日安理会第 1599 号决议建立,作为联合国东帝汶支助团(UNMISET)之后一项特别政治行动。该办事处的职责是支持东帝汶国家机构的能力建设,包括国家警察(PNTL)和边境巡逻队的建设,以及在人权领域提供训练等。

〔77〕驻苏丹非洲特派团(AMIS)最初是根据同苏丹各派达成的关于成立停火委员会和在达尔富尔派驻观察员的模式协议,作为观察团于 2004 年 5 月 28 日建立的,并根据 2004 年 7 月 30 日安理会第 1556 号决议赋予《联合国宪章》第七章的权力。后依据非盟和平与安全理事会第 17 次会议通过的决定,该团的职责有所扩大。目前此特派团的职责是,监督停火协定的执行,协助建立各方之间的信任措施,并帮助达尔富尔营造一

个安全的环境。见 2004 年 10 月 20 日非盟和平与安全理事会第 17 次会议公报(非盟文件 PSC/PR/COMM.〔XVII〕)。

〔78〕2005 年,驻苏丹非洲特派团(AMIS)经历了两次扩大(5 月和 6—8 月),使之达到全员部署。另派军事观察员的有些不是特定的国家,它们包括欧盟/美国、苏丹政府(GOS)、公正平等运动(JEM)、苏丹解放运动/解放军(SLM/A)。欧盟/美国还派出了民事警察。资料来源:非盟秘书处和平支援行动司司长 B. Mtimkulu 2005 年 10 月 12 日发给作者的的电子邮件。

〔79〕见 2005 年 4 月 28 日非洲联盟和平与安全理事会第 28 次会议文件(非盟文件 PSC/PR/Comm.〔XXVIII〕)第 2 页。

〔80〕2005 年的官方数据尚无法得到。这个数据是按该行动的计划人数为 7936 人来推算其 2005 年 7 月 1 日至 2006 年 6 月 30 日期间的现金需求所得出的。以货代款的承诺数额达 2.13 亿美元。非盟已承认 2005 年对该特派团的资金缺口,但具体多大,没有说。联合国秘书长报告说,至少缺 460 万美元。资料来源:2005 年 10 月 25 日"危机小组报告"第 99 期,ICG"欧盟/非盟在达尔富尔的合作:尚未形成一个胜利的联合";以及 2005 年 8 月 11 日联合国秘书长关于达尔富尔的月度报告(联合国文件 S/2005/523)。

〔81〕中非国家经济与货币共同体(CEMAC)多国部队系根据 2002 年 10 月 2 日利伯维尔首脑会议决定建立,负责保障乍得与中非共和国的边境安全,保证前总统 Patassé 的安全。2003 年 3 月 15 日中非政变之后,中非国家经济与货币共同体 3 月 21 日在利伯维尔首脑会议上决定修改该部队的职责,要其帮助维护该国的总体安全环境,协助重组中非共和国的武装部队,以及支持过渡进程。见 2002 年 10 月 2 日中非国家经济与货币共同体利伯维尔首脑会议公报和 2003 年 7 月 4 日至 8 日非洲联盟执行理事会第 3 次例会公报。

〔82〕中非国家经济与货币共同体驻中非共和国多国部队(FOMUC)同一个约有 220 名法国士兵的特遣分队相互支持并部署在同一地区。有 39 名当地职员提供行政支持。资料来源:中非国家经济与货币共同体驻中非共和国多国部队司令 A. R. Bibaye Itandas 2005 年 10 月 5 日的传真件。

〔83〕1992 年 7 月 21 日,摩尔多瓦和俄罗斯两国总统在莫斯科签署《关于和平解决德涅斯特河沿岸地区武装冲突的指导原则协议》,随后组成一个由俄罗斯、摩尔多瓦和"德涅斯特河沿岸"代表参加的"监督委员会",负责协调联合维和部队的活动。

〔84〕表中未特地将参与该行动的冲突各方全部包括进去。但冲突各方对这一行动的实质性参与,是独联体维和行动和启动这种行动所依据的相关和平协议的明显特点。俄罗斯、摩尔多瓦和"德涅斯特河沿岸"三方分别提供 340 名、400 名和 380 名军事人员。资料来源:俄罗斯驻瑞典使馆公使衔参赞 V. Barbin 2005 年 9 月 26 日发给作者的电子邮件和摩尔多瓦外交部 DMC 司司长 A. Galbur2005 年 10 月 11 日发给作者的电子邮件。

〔85〕每个分队批准的规模约为 500 名军事人员。

〔86〕这个数字仅为俄罗斯和摩尔多瓦两方的死亡数,其死因都是意外事故和伤病。

〔87〕1992 年 6 月 24 日，格鲁吉亚与俄罗斯在 Dagomas 签署《关于和平解决南奥塞梯冲突的指导原则协议》，随后组成一个由俄罗斯、格鲁吉亚、北奥塞梯和南奥塞梯派代表组成的“联合监督委员会”，负责监督该协议的执行。

〔88〕表中未特地将参与该行动的冲突各方全部包括进去。但冲突各方对这一行动的实质性参与，是独联体维和行动和启动这种行动所依据的相关和平协议的明显特点。“奥塞梯营”的正式名称是“北奥塞梯/阿拉尼亚营”。资料来源：Barbin（同注释〔84〕）的电子邮件。

〔89〕《格鲁吉亚—阿布哈兹停火和部队隔离协议》于 1994 年 5 月 14 日在莫斯科签署。1994 年 10 月 21 日独联体集体安全理事会各成员国首脑批准了对独联体格鲁吉亚维和部队的授权，并在此前得到联合国安理会第 937 号决议（1994 年 7 月 21 日）的认可。该部队的任务从 2004 年 1 月起得到无限延长。资料来源：2003 年 12 月 17 日莫斯科 ITAR—塔斯社新闻稿“俄罗斯在格鲁吉亚—阿布哈兹冲突区的维和人员开始按计划轮换”，以及 2003 年 12 月 18 日美国外国广播新闻社的“每日报道—苏联”（FBIS—SOV）的 FBIS/SOV/3003/1217 条目。

〔90〕其他独联体成员国也可以参加该维和部队。资料来源：2003 年 12 月 25 日莫斯科 ITAR—塔斯社新闻稿“俄罗斯国防部长排除在格鲁吉亚—阿布哈兹冲突中将使用武力”；2004 年 1 月 2 日外国广播新闻社的 FBIS/SOV/2003/1225 条目；以及 Barbin（同注释〔84〕）的电子邮件。

〔91〕“欧盟常设理事会联合行动决定”未提供具体的批准人数，但要求人员规模须与每个特派团的目标和结构相符。此表下面所列的各项行动人数都是经欧盟同意的。

〔92〕该监视团系根据 1991 年 7 月 7 日在克罗地亚布里俄尼签署的《布里俄尼协议》建立。此协议由欧共体同前南联盟 6 个共和国的代表签署。阿尔巴尼亚政府、克罗地亚政府分别于 1997 年和 1998 年同欧共体签署了“谅解备忘录”。该监视团在成为欧盟共同外交和安全政策的一个执行手段之后，即由“欧共体监视团”（ECMM）变为“欧盟监视团”（EUMM），并得到受权负责跟踪派驻国政治和安全形势，监视边境和族际问题，监视难民返回，以及为欧盟理事会预警机制、为该地区建立信任与稳定作出贡献。见 2000 年 12 月 23 日欧盟文件（2000/811/CFSP）“2000 年 12 月 22 日理事会关于欧盟监视团的联合行动决定”的前言部分第 6 段和第 1 条第 2 段。2005 年，欧盟“理事会 2005/807/CFSP 联合行动决定”（2005 年 11 月 21 日）修正了该监视团执勤的地域范围，使其集中于科索沃和塞黑。

〔93〕资料来源：欧盟监视团萨拉热窝总部人事处长 T. Backman 2005 年 9 月 27 日发给作者的电子邮件。

〔94〕欧盟监视团的行动区域包括阿尔巴尼亚、波黑、克罗地亚、前南斯拉夫马其顿、塞黑、科索沃和普雷塞沃。

〔95〕该监督团另有 74 名当地合同职员和约 40 名临时/替补人员协助。

〔96〕欧盟驻波黑警察特派团（EUPM）系根据 2002 年 3 月 11 日欧盟“理事会 2002/210/CFSP 联合行动决定”建立的，其职责是确保由波黑控制的、符合欧洲和国际标准的持久治安安排。该团的任务是监督、训练和视察当地警察管理。

〔97〕截至 2005 年 9 月 20 日，已部署的 367 名民事警察中有 321 名是由各自的欧盟成员国调派的，53 名文职人员中有 45 名来自欧盟成员国。

资料来源：欧盟驻波黑警察特派团资深发言人 Z. Ilaria 2005 年 9 月 22 日发给作者的电子邮件，以及欧盟理事会秘书处经济司九处（民事危机处理与协调和警察事务）官员 A. Kis 2005 年 10 月 18 日与作者的电话交谈。

〔98〕欧盟驻前南斯拉夫马其顿共和国警察特派团（EUPOL PROXIMA）系根据 2003 年 9 月 29 日欧盟“理事会 2003/681/CFSP 联合行动决定”建立。其职责是支持在前南斯拉夫马其顿共和国组建一支符合欧洲治安标准的职业警察队伍。该特派团在开展活动时，同欧安组织驻斯科普里防蔓延观察团进行合作。该特派团使命于 2005 年 12 月 15 日终止，此后由欧盟驻前南马其顿共和国警察顾问小组（EUPAT）接替。

〔99〕这是截至 2005 年 8 月 31 日的未付金额。资料来源：欧盟驻前南斯拉夫马其顿共和国警察特派团新闻官 L. Magnaguagno 2005 年 8 月 31 日发给作者的电子邮件。

〔100〕欧盟驻格鲁吉亚法制特派团（EUJUST THEMIS）系根据 2004 年 6 月 28 日欧盟理事会 2004/523/CFSP 联合行动决定建立，其任务是协助格鲁吉亚政府为刑事司法部门的改革制订一项相互协调的战略。该特派团使命于 2005 年 7 月 14 日终止。

〔101〕资料来源：欧盟理事会秘书处经济司九处官员 S. Paesen 2005 年 9 月 22 日与作者的电话交谈。

〔102〕该特派团另有 16 名当地雇员协助。2 名法制专家根据欧盟决定在该特派团使命结束后留任 6 个月，以协助格鲁吉亚方面实施改革战略。

〔103〕所拨的预算款项是该特派团任务期（2004 年 7 月 15 日至 2005 年 7 月 15 日）的经费。

〔104〕欧盟驻波黑军事行动团（EUFOR ALTHEA）系根据 2004 年 7 月 12 日欧盟理事会 2004/570/CFSP 联合行动决定建立，联合国安理会 2004 年 7 月 9 日第 1551 号决议予以认可并赋予宪章第七章的权力。该行动是北约稳定部队的后续行动，其职责是维护为执行 1995 年《代顿协议》所需要的安全环境，协助增强当地的能力，以及支持波黑走向加入欧盟的进程。

〔105〕该行动团分成三支特遣队——北区（Tuzla）多国特遣队、东南区（Mostar）多国特遣队和西北区（Banja Luka）多国特遣队——分别由芬兰、法国和英国作为骨干国家。截至 2005 年 11 月 11 日，欧盟国家派出 5502 人的军队，非欧盟国家派出 768 人的军队。见欧盟驻波黑军事行动团网址：URL〈http://www.euforbih.org/organisation/050810_strength.htm〉。

〔106〕欧盟驻金沙萨（民主刚果）警察特派团（EUPOL Kinshasa）系根据 2004 年 12 月 9 日欧盟“理事会 2004/847/CFSP 联合行动决定”建立，作为“联合警察队伍”（IPU）的后续行动。其职责是监督、训练和指导刚果警察队伍。

〔107〕2005 年 2 月 3 日进行预备性部署后，该特派团工作于 2005 年 4 月 12 日正式启动。资料来源：欧盟理事会秘书处经济司九处处长 S. Bianchi 2005 年 9 月 22 日发给作者的电子邮件。

〔108〕资料来源：Bianchi（同注释〔107〕）的电子邮件。

〔109〕欧盟驻伊拉克法制整合团(EUJUST LEX)系根据 2005 年 3 月 7 日欧盟“理事会 2005/190/CFSP 联合行动决定”建立。作为一个综合型民事行动团,它将通过训练伊拉克警官和地方官员来增强该国的刑法体制。该整合团是对目前联合国和北约在伊行动的补充,并依据 2004 年 6 月 8 日安理会第 1546 号决议开展工作。

〔110〕训练工作在 10 个欧盟成员国内进行,另外 10 个国家提供训练和其他方面的支持。那些不愿为北约驻伊拉克训练团(NTM-I)提供人员的国家有望为该整合团的训练工作充当东道国。训练工作主要在欧盟成员国不公开的地方进行。资料来源:欧盟驻伊拉克法制整合团团长 S. White 2005 年 8 月 31 日发给作者的电子邮件。

〔111〕欧盟驻民主刚果安全改革与援助团(EUSEC DR Congo) 系根据 2005 年 5 月 2 日欧盟“理事会 2005/355/CFSP 联合行动决定”建立,作为欧盟驻金沙萨警察特派团(EUPOL Kinshasa)的后续行动和补充。其职责是:对刚果政府在安全问题上提供咨询和协助,确保其政策与国际人道主义法、民主治理标准和法制原则相符。该团在开展工作时,同欧盟驻金沙萨警察特派团(EUPOL Kinshasa)及联合国刚果民主共和国观察团(MONUC)密切合作。

〔112〕资料来源:欧盟理事会秘书处经济司(对外经济关系、共同外交与安全政策)八处(防务方面:演习事务)官员 G. Déjoué 2005 年 8 月 26 日发给作者的电子邮件。

〔113〕欧盟亚齐监督团(AMM)系根据 2005 年 9 月 9 日欧盟“理事会 2005/643/CFSP 联合行动决定”建立,以监督履行印度尼西亚政府与自由亚齐运动(GAM)2005 年 8 月 15 日签署的备忘录中达成的和平协议。该团的职责包括:监视停火,监视自由亚齐运动战斗人员解除武装、复员遣返和重新安置,协助印尼军事和警察力量的撤离,以及监视人权状况。

〔114〕资料来源:欧盟理事会秘书处官员 V. Hueso 2005 年 9 月 28 日发给作者的电子邮件。

〔115〕在该总数中,124 人来自欧盟成员国以及挪威和瑞士,92 人来自 5 个东盟国家。该团还另聘有 77 名当地工作人员协助工作。

〔116〕欧盟驻拉法过境站边界援助团(EU BAM Rafah)系根据欧盟理事会在以色列与巴勒斯坦权力机构(PA)2005 年 11 月 15 日达成《人员出入协议》后于 2005 年 12 月 12 日作出的“理事会 2005/889/CFSP 联合行动决定”建立。该援助团的职责是支持巴权力机构在能力建设方面的努力。

〔117〕资料来源:欧盟理事会秘书处经济司九处(警察事务)官员 F. Bruzzesse del Pozzo 2006 年 1 月 26 日发给作者的电子邮件。

〔118〕欧盟驻前南马其顿共和国警察顾问小组(EUPAT)系根据 2005 年 11 月 24 日欧盟“理事会 2005/826/CFSP 联合行动决定”建立,作为欧盟驻前南马其顿共和国警察特派团(EUPOL PROXIMA)的后续行动。该小组的职责是:监视该国警察边防巡逻,监视和平与秩序,监督相关人员的责任心,打击腐败和有组织犯罪。该小组工作的对象将集中于对中、高层人员的管理。

〔119〕资料来源:欧盟驻前南马其顿共和国警察顾问小组人员 L. Magnaguagno 2006 年 1 月 19 日发给作者的电子邮件。

〔120〕北约领导的各项行动的预算数据来自北约军事预算委员会人员 J. Day 2005 年 10 月 6 日发给作者的电子邮件。

〔121〕1999 年 6 月 10 日,北约驻科索沃部队(KFOR)获得安理会授权,其使命包括阻止敌对行动再次发生,建立安全稳定的环境,支持联合国驻科索沃临时管理机构(UNMIK)工作,以及监视边境地区。见 1999 年 6 月 10 日安理会第 1244 号决议。

〔122〕北约驻科索沃部队(KFOR)除了在 Pristina 的总部外,其部队分成 5 个特遣分队:由芬兰领导的中区多国分队(驻 Lipljian)、由法国领导的北区多国分队(驻 Novo Selo)、由德国领导的西南区多国旅(驻 Prizen)、由美国领导的东区多国旅(驻 Urosevac),以及由意大利领导的多国特别分队(驻 Pristina)。多国特别分队是一支具有军事地位的警察部队,除了其他任务外,其职责还包括维持一个稳定的环境,巡逻和行使执法责任。资料来源:北约总部国际军事参谋部新闻办公室人员 K. Dehaes 2005 年 10 月 12 日与作者的电话交谈,以及该部队网站 URL〈http://www.nato.int/kfor/kfor/structure.htm〉。

〔123〕北约成员国为该部队派出 14310 人,和平伙伴关系国派出 2864 人。

〔124〕2001 年 12 月 20 日,安理会根据《2001 年波恩协定》附录一的设想,按《联合国宪章》第七章的精神授权一支多国部队帮助阿富汗过渡政府维护安全(见 2001 年 12 月 20 日联合国文件 SC/7248)。2003 年 8 月,北约接手对该多国部队的指挥和协调,由驻 Brunnssum 联盟联合部队司令部负责全面行动。2004 年,国际安全支援部队(ISAF)将其行动区域扩展至喀布尔以外地区,包括 9 个其他省份。2005 年 9 月 13 日安理会第 1623 号决议将该部队职责延长至 2006 年 10 月 12 日。

〔125〕截至 2006 年 1 月 23 日,法国和德国是喀布尔多国旅(KMNB)的牵头国家。德国、意大利和加拿大是三个主要派兵国,其人数占该支援部队总数的一半。资料来源:欧洲盟军总司令部新闻处官员 Z. Szabo 2006 年 1 月 24 日发给作者的电子邮件。

〔126〕该训练团系 2004 年 6 月 8 日安理会第 1546 号决议授权建立。决议要求各成员国和其他国际组织支持伊拉克政府在其安全部队能力建设方面的努力。伊全国国民大会于 2004 年 7 月 30 日同意北约驻伊拉克训练团(NTIM I)的建立。2004 年 12 月 16 日,伊国民大会决定将该训练团的使命转为一个全面性的训练团,以帮助伊拉克安全部队建设。

〔127〕训练工作也在伊拉克以外的不公开地方进行。资料来源:北约那普列斯联合部队司令部副新闻官 F. Veltri 2005 年 10 月 12 日发给作者的电子邮件。

〔128〕驻哥伦比亚支持和平进程特派团(MAPP/OEA)系根据 2004 年 2 月 6 日美洲国家组织常设理事会 CP/RES. 859(1397/04)号决定而建立,以支持哥伦比亚政府同民族解放军进行政治对话。该团还被赋予推动解除武装、复员遣返和重新安置进程的任务。

〔129〕资料来源:驻哥伦比亚支持和平进程特派团团长 C. Perez de Vargas 2006 年 1 月 17 日发给作者的电子邮件。

〔130〕该特派团另有11名东道国专业人员和28名行政管理人员协助。

〔131〕该特派团的经费由爱尔兰、荷兰、瑞典和国际移民组织捐助。

〔132〕该团系根据2002年1月16日美洲国家组织常设理事会CP/RES. 806(1303/02)号决议建立,目的是帮助解决海地的政治危机,尤其是协助海地政府加强其民主进程及民主机制。2004年6月,美洲国家组织大会通过A/RES2058(XXXIV—0/04)号决议,修正该团的职责,使其包括下列任务:协助选举的进行,促进和保护人权,以及协助海地国家警察的职业化。在履行职责时,该团同联合国海地稳定特派团(MINUSTAH)和加勒比支助团(CARICOM)进行合作。

〔133〕资料来源:美洲国家组织驻海地特派团官员L. Brunet 2005年9月14日发给作者的电子邮件。

〔134〕该特派团另有50名当地雇员协助。

〔135〕欧安组织各项行动的经费数据系从"欧安组织2005年联合预算"中获得。该预算由欧盟常设理事会第555次全体会议通过。见2005年5月12日常设理事会文件PC. DEC/672。

〔136〕建立该观察团是欧安组织第16次高官委员会会议的决定(见1992年9月18日Journal第3期附录1),并通过同前南斯拉夫马其顿共和国政府1992年11月7日换文达成的谅解条款得到了后者的授权。该团的任务包括评估马其顿局势的稳定程度以及发生冲突和动荡的可能性。

〔137〕资料来源:欧安组织驻斯科普里防蔓延观察团新闻官S. Broughton 2005年9月6日发给作者的电子邮件。

〔138〕见2001年9月28日欧安组织文件PC. DEC/439。

〔139〕该观察团系根据欧安组织高官委员会第17次会议的决定而建立(见1992年11月6日*Journal*, No. 2, Annex 2),并在1993年1月23日同格鲁吉亚政府达成的谅解备忘录和1993年3月1日同南奥塞梯领导人换文后得到了双方的授权。其最初的目标是促使冲突双方谈判。1994年3月29日,该团的职能扩大为监视南奥塞梯地区的联合维和部队。1999年12月,其使命进一步扩大为监视格鲁吉亚同印古什接壤的边界(见2001年12月13日欧安组织常设理事会PC. DEC/450号决定)。2002年11月,该团的任务又一次扩大,包括观察和报告格鲁吉亚与俄罗斯联邦达吉斯坦共和国边境地区的过境情况(见2002年12月19日欧安组织常设理事会PC. DEC/522号决定)。

〔140〕资料来源:欧安组织驻格鲁吉亚观察团人事部官员I. Okropiridze 2005年9月7日发给作者的电子邮件。

〔141〕见2004年8月6日欧安组织常设理事会文件PC. DEC/628。

〔142〕该观察团系根据欧安组织高官委员会第19次会议的决定建立(见1993年2月4日*Journal*第3期附录3),并通过1993年5月7日的谅解备忘录获得摩尔多瓦政府的授权。其使命包括协助冲突双方就冲突的永久性政治解决进行谈判,以及收集和提供该国的形势情况。

〔143〕资料来源:欧安组织驻摩尔多瓦观察团新闻和公共事务官员C. Neukirch 2005年12月16日发给作者的电子邮件。

〔144〕见 2002 年 4 月 11 日欧安组织常设理事会文件 PC. DEC/469。

〔145〕该观察团目前另有一名军控顾问和一名军官协助，两人暂时隶属于由美国军队主持的执勤项目管理部门(PMC)。

〔146〕欧安组织杜尚别中心系根据 1993 年 12 月 1 日欧安组织第 4 次部长理事会(罗马)会议的 I. 4 决定(CSCE/4—C/Dec. 1)建立，但未同当事国政府签署双边谅解备忘录。其使命包括为对话创造条件，促进人权以及向欧安组织报告局势发展的情况。2002 年，该团还增加了包括经济和环境方面的职责。

〔147〕该中心原称“欧安组织驻塔吉克斯坦观察团”，2002 年 10 月决定改为现名，以反映其活动重点的变化。资料来源：欧安组织杜尚别中心政治和新闻官员 E. Benigni 2006 年 1 月 26 日发给作者的电子邮件。

〔148〕见 2002 年 4 月 11 日欧安组织常设理事会文件 PC. DEC/469。

〔149〕该中心另有 70 名当地工作人员协助。

〔150〕1995 年 8 月，欧安组织轮值主席任命一名负责处理欧安组织明斯克会议讨论过的冲突问题的私人代表。该会议寻求纳戈尔诺—卡拉巴赫冲突的和平解决。此私人代表的职责是协助明斯克小组对可能采取的维和行动制定计划，协助有关各方建立信任措施和处理人道主义事务，监督冲突各方的停火。见 2000 年 11 月 24 日发表的“欧安组织 2000 年度活动报告”(1999. 11. 1—2000. 10. 31)。

〔151〕资料来源：欧安组织秘书处冲突预防中心特派团计划处官员 S. Schrooten 2006 年 1 月 30 日发给作者的电子邮件。

〔152〕该观察团的建立是 1995 年 12 月 8 日欧安组织第 5 次部长理事会(布达佩斯)会议根据《1995 年代顿协议》附录 6 的规定作出的决定(MC/(5). /DEC/1)。其使命包括协助有关各方建立地区稳定措施和进行民主建设。

〔153〕资料来源：欧安组织驻波黑观察团参谋长兼计划处长私人助理 M. Soldo 2005 年 8 月 26 日发给作者的电子邮件。

〔154〕见 2001 年 12 月 21 日欧安组织常设理事会文件 PC. DEC/451。

〔155〕该观察团系根据欧安组织常设理事会 1996 年 4 月 18 日 PC. DEC/112 号决定建立。理事会曾于 1997 年 6 月 26 日和 1998 年 6 月 25 日将其职能进行过两次调整(见 PC. DEC/176 和 PC. DEC/239 号决定)。其调整后的职能是，协助并监督难民和离散人员的返回以及保护少数民族。

〔156〕资料来源：欧安组织驻克罗地亚观察团媒体和公共事务处发言人 A. Cesarino 2005 年 8 月 29 日发给作者的电子邮件。

〔157〕见 2002 年 12 月 12 日欧安组织常设理事会文件 PC. DEC/514。

〔158〕该观察团系根据 1997 年 3 月 27 日欧安组织常设理事会第 108 次会议的决定建立(见 PC. DEC/160 号决定)，其目前的使命是由 1997 年 12 月 11 日欧安组织常设理事会的第 PC. DEC/206 号决定确定的。

〔159〕资料来源：欧安组织秘书处冲突预防中心特派团计划处官员 A. Ackerman 2006 年 1 月 24 日发给作者的电子邮件。

〔160〕1999 年 7 月 1 日，欧安组织常设理事会决定建立欧安组织驻科索沃观察团(OMiK)，以替代 1999 年 6 月 8 日建立的驻科索沃过渡性特遣部队(见 PC. DEC/296 号决定)。该观察团的使命包括训练警察、司法人员和民事行政管理人员，以及监督和促进人权。该观察团是联合国科索沃临时管理机构(UNMIK)的一个组成部分(第三支柱)。

〔161〕资料来源：欧安组织驻科索沃观察团新闻官 C. Cycmanick 2005 年 10 月 10 日发给作者的电子邮件。

〔162〕2001 年 1 月 11 日，欧安组织常设理事会决定建立该组织驻南斯拉夫联盟共和国观察团，最初任务期为一年。其使命是向塞黑当局及民间社会团体在民主化、人权和少数民族权利方面提供专家协助，帮助重建和训练执法机构和司法部门，提供媒体支持，以及为难民返回提供方便(见 2001 年 1 月 11 日常设理事会 PC. DEC/401 号决定)。2001 年 11 月 15 日，常设理事会指示观察团在南联盟黑山地区的波德戈里察(原称铁托格勒)建立办事处(见 2001 年 11 月 15 日常设理事会 PC. DEC/444 号决定)。

〔163〕该观察团原称"欧安组织驻南斯拉夫联盟观察团"，在塞尔维亚和黑山的国家联盟新宪章通过后，欧安组织于 2003 年 2 月决定将该团改为现名(见常设理事会 PC. DEC/533 号决定)。资料来源：欧安组织驻塞黑观察团发言人 M. Eick 2005 年 10 月 12 日发给作者的电子邮件。

〔164〕2001 年 3 月 16 日，欧安组织与当时的南斯拉夫联邦共和国政府签署了一份关于该观察团模式——其中包括一定数量的国际人员——的备忘录。

〔165〕朝鲜停战协定于 1953 年 7 月 27 日在板门店由联合国司令部总司令、朝鲜人民军最高司令和中国人民志愿军司令员签署。协定于 1953 年 7 月 27 日生效。

〔166〕资料来源：瑞士驻瑞典使馆首席新闻官 A. Baumgartner 2006 年 1 月 26 日发给作者的电子邮件；瑞典外交部亚太司副司长、东亚小组组长 K. Lindström 2006 年 1 月 27 日发给作者的电子邮件。

〔167〕驻西奈多国部队及观察团(MFO)系根据 1979 年 3 月 26 日埃及与以色列签署的《和平条约》议定书的规定，于 1981 年 8 月 3 日建立，于 1982 年 3 月 20 日在以色列军队撤离西奈后开始部署的，但直到 1982 年 4 月 25 日以色列将西奈归还埃及的当天才真正开始运作。

〔168〕资料来源：驻西奈多国部队及观察团团长 2004 年 10 月 11 日在罗马举行的"三边会议"上所作的报告，第 5 页。见该团网址：URL〈http://www.mfo.org/files/Trilat_2004_report.pdf〉。

〔169〕驻西奈多国部队及观察团(MFO)基本任务中的一大部分系由"民事观察员分队"(COU)承担。该分队原先是美国"西奈战地团"(SFM)的一部分。战地团是随着 1975 年第二个西奈协定的签署而建立，直到 1982 年停止活动。其大部分成员转到"民事观察员分队"。目前，该分队共有 15 名成员，全都是美国人。见 1981 年 8 月 3 日的《和平条约》议定书——"关于建立多国部队和观察团的议定书"，第 7 页。

〔170〕驻希伯伦临时国际部队系得到 1997 年 1 月 15 日"关于在希伯伦重新部署的议定书"和 1997 年 1 月 21 日"关于在希伯伦临时派驻国际

部队的协议”的授权。该部队的职责是通过其派驻来提供一种安全和稳定的环境。此职责需每三个月经巴勒斯坦和以色列双方复议一次。

〔171〕资料来源：驻希伯伦临时国际部队(TIPH2)首席新闻官 G. Forselv 2005 年 8 月 23 日发给作者的电子邮件。

〔172〕见 1997 年 1 月 21 日“关于临时国际部队进驻希伯伦市的协议”，网址：URL〈http://www.tiph.org/documents/Agreement.asp〉。

〔173〕最初安理会根据宪章第七章并依照第八章授权法国军队部署于西非国家经济共同体驻科特迪瓦特派团(ECOMICI)的周边地区，帮助建立一个稳定环境，并为《利纳—马尔库西协定》的实施创造条件。见 2003 年 2 月 4 日安理会第 1464 号决议。该项行动的目前任务得到 2004 年 2 月 27 日安理会第 1528 号决议的授权。法国 Licorne 部队的活动同联合国科特迪瓦行动团密切配合。

〔174〕资料来源：法国驻瑞典使馆国防武官 F. Lyet 2005 年 10 月 17 日发给作者的传真件。

〔175〕迄今已有 12 人死于敌对行动，7 人死于意外事故，1 人死于伤病。2005 年的分类死因数字尚无法得到。

〔176〕这个数额被称作“surcôut”预算，意思是它包括了实际支出和能预见的、不可避免的支出。

〔177〕该援助团(RAMSI)系根据 2000 年《比克塔瓦宣言》的框架而建立。太平洋岛国论坛各成员国在该宣言中同意应东道国政府的请求对危机一般都要作出集体反应。见 2000 年 10 月 23—30 日在基里巴斯塔拉瓦举行的太平洋岛国论坛第 31 次会议公报。该团的职责是协助所罗门群岛政府恢复法治和秩序以及加强其警察队伍的能力。

〔178〕资料来源：所罗门群岛地区援助团(RAMSI)特别协调员办公室政策顾问 N. McCaffrey 2005 年 10 月 11 日发给作者的电子邮件。

〔179〕此数中包括 20 名律师和法律顾问、30 名监狱顾问、60 名服务于该团任务的国家建设和发展事务顾问、17 名服务于财政部的顾问和在编人员。

〔180〕这个数额既包括所罗门群岛地区援助团的活动经费，也包括澳大利亚给所罗门群岛的海外发展援助款项。

〔181〕驻伊拉克多国部队(MNF)根据 2003 年 10 月 16 日安理会第 1511 号决议授权，帮助维持伊拉克的治安和稳定，包括帮助为联合国伊拉克援助团(UNAMI)履行其使命创造必要的条件。联盟临时当局解散并随后将主权移交给伊拉克临时政府后，该多国部队的这一职责得到 2004 年 6 月 8 日安理会第 1546 号决议再次认定。

〔182〕将伊拉克领土分成 6 个主要责任区，分别是：由美国牵头的多国部队西北区、多国部队巴格达区、多国部队中央北部区和多国部队西部区，以及由波兰和英国分别牵头的多国部队中央南部区和多国部队东南区。资料来源：“多国部队——驻伊拉克的主要分队”，网址：URL〈http://www.mnf-iraq.com/oif.htm〉(2005 年 10 月 5 日)；布鲁金斯学会负责中东政策的萨班中心的 M. E. O'hanlon 和 N. Kamp 合写的文章—“伊拉克问题的标志：跟踪后萨达姆时期的伊拉克重建和安全形势”，网址：URL〈http://www.brookings.edu/iraqindex〉(2006 年 1 月 5 日)；民事警察协助训练团公共事务官员 A. Bertucci 2005 年 10 月 5 日发给作者的电子邮件；“伊拉克每周情况报告”，网址：URL〈http://www.state.gov/p/nea/rls/

rpt/iraqstatus/〉(2005 年 9 月 14 日)；以及“多国联盟在伊拉克伤亡人数统计”，网址：URL〈http://icasualties.org/oif/〉。

〔183〕美国派兵 16 万人，英国 8000 人，韩国 3600 人，意大利 3000 人，波兰 1700 人，其余 6700 人系由多国联盟的其他国家派遣。在这总数中，指派 372 名英国和美国军事人员协助民事警察训练援助团工作。

〔184〕此数中包括 291 名在约旦设施中的教官。

〔185〕这是截至 2006 年 1 月 4 日的数字，其中包括 20 人死于不明原因。895 名死者中有 841 人是美国士兵，26 名是英国士兵，其余 28 名来自其他国家。

〔186〕此金额为美国和英国出资的总数。各出兵国自行负担其人员费用。2005 财年(2004 年 10 月 1 日至 2005 年 9 月 30 日)美国出资为 662 亿美元，其中包括国会于 2004 年 8 月批准、2005 年初拨款的 250 亿美元紧急储备金。估计英国在 2004 年 10 月 1 日至 2005 年 9 月 30 日期间出资 9.1 亿英镑，这是根据英国 2004/2005 财年和 2005/2006 财年的各项数字并假设每个财年的开支比较平稳增长的情况下计算出来的。资料来源：英国国防部业绩与分析司人员 J. Hough 2005 年 10 月 4 日发给作者的电子邮件。

(庄茂成 译)

第四章　21 世纪初期的地区性安全合作

艾丽森 · J. K. 贝尔斯　安德鲁 · 科泰

第一节　导　言

自从 1945 年，特别是 20 世纪 90 年代以来，地区主义和地区合作已越来越成为世界政治的特征。在第二次世界大战结束后的数十年里，冷战和摆脱殖民主义统治使全球范围内建立起多边安全组织，包括“北大西洋公约组织”（NATO）、欧盟（EU）的多个前身组织、“美洲国家组织”（OAS）、“非洲统一组织”（OAU，即“非洲联盟”，AU 的前身）、“阿拉伯联盟”和“东南亚国家组织”（ASEAN）（这些组织和其他相关组织在表 4.1 中列出）。20 世纪 90 年代，冷战的结束和全球化进程引发了所谓的新地区主义，建立了一系列地区性合作框架，如“北美洲自由贸易协定”（NAFTA）和“亚洲—太平洋经济合作组织”（APEC）进程，出现了恢复和强化现有地区机制的努力，在欧洲和非洲还产生了多个次地区性组织。

安全合作一直是这种普遍现象的重要组成部分。很明显，部分机制，如“北约”、“欧洲安全与合作组织”（OSCE）和“东盟地区论坛”（ARF）主要是安全组织。大多数普遍意义上的地区组织，如“阿拉伯联盟”、“非洲联盟”和“美洲国家组织”在很大程度上也都有安全方面的考量，一些规模较小的地区（或次地区）集团，如“南部非洲发展共同体”（SADC）和“西部非洲国家经济共同体”（ECOWAS）也同样带有安全考量。许多地区和次地区性组织弥合了传统安全和更广义安全之间的概念差距，后者涉及民主、人权、经济和环境问题等。尽管许多地区性机制主要是经济性质的，而且没有明确或直接的安全合作，即便如此，通过鼓励其成员一体化，它们也常常含蓄地带有促进稳定、避免冲突和其团体的集体生存力方面的考虑，这些都是安全领域的重要内容。最明显的例证是在欧洲一体化的初期发展，而今天可商讨的例子则是诸如“亚太经济合作组织”（APEC）和“南方共同市场”（MERCOSUR）。

表 4.1　具有安全功能的地区性组织和集团

组织名称	成立年份	成员国数量	网址
非洲			
非洲联盟（AU）	2001	53[a]	www. africa-union. org
东部和南部非洲共同市场（COMESA）	1994	20	www. comesa. int
萨赫勒-撒哈拉国家共同体（CEN-SAD）	1998	23	www. cen-sad. org
东非共同体（EAC）	1999	3	www. eac. int
中部非洲经济和货币共同体（CEMAC）	1998	6	www. cemac. cf
西部非洲国家经济共同体（ECOWAS）	1975	15[a]	www. ecowas. int
发展问题政府间委员会（IGAD）	1996	7[a]	ww. igad. org
马河联盟	1973	3	—
南部非洲发展共同体（SADC）	1992	14[a]	www. sadc. int
美洲			
安第斯集团国家共同体（安第斯条约组织）	1969	5[a]	www. comunidadandina. org
加勒比共同体（CARICOM）	1973	15	www. caricom. org
中部美洲统一体制（SICA）	1991	7	www. sgsica. org
拉丁美洲统一体组织（LAIA）	1980	12	www. aladi. org
南部共同市场（MERCOSUR）	1991	4	www. mercosur. int
北美洲自由贸易协定（NAFTA）	1994	3	www. nafta-sec-alena. org
美洲国家组织（OAS）	1948	35[a]	www. oas. org
里约集团	1987	19	—

组织名称	成立年份	成员国数量	网址
亚洲			
澳大利亚、新西兰、美国安全条约（ANZUS）	1951	3	—
亚洲-太平洋经济合作组织（APEC）	1989	21	www. apec. org
东南亚国家联盟（ASEAN）：	1967	10[a]	www. aseansec. org
东盟地区论坛（ARF）	1994	25[a]	www. aseanregionalforum. org
东盟＋3体制（APT）	1997	13[a]	www. aseansec. org/16580. htm
亚洲相互协作与建立信任措施会议（亚信会议，CICA）	1992	17[a]	www. kazakhstanembassy. org uk/cgi-bin/index/128
经济合作组织（ECO）	1985	10	www. ecosecretariat. org
太平洋共同体	1947	26	www. spc. org. nc
太平洋岛国论坛	1971	16[a]	www. forumsec. org. fj
上海合作组织（SCO）	2002	6[a]	www. sectsco. org
南亚地区合作组织（SAARC）	1985	8[a]	www. saarc-sec. org
欧洲和欧洲与大西洋			
北极地区理事会	1996	8	www. arctic-council. org
波罗的海地区理事会	1993	3	—
巴仑支欧洲与北极地区理事会（BEAC）	1993	7	www. beac. st
黑海地区经济合作组织（BSEC）	1992	12[a]	www. bsec-organization. org
中部欧洲倡议（CEI）	1989	17[a]	www. ceinet. org
集体安全条约组织（CSTO）	2003	6[a]	—
独立国家联合体（CIS）	1991	11[a]	www. cis. minsk. by
波罗的海国家理事会（CBSS）	1992	12[a]	www. cbss. st
欧洲理事会	1949	46[a]	www. coe. int
欧洲联盟（EU）	1951	25[a]	europa. eu. int
北大西洋公约组织	1949	26[a]	www. nato. int
欧洲—大西洋伙伴理事会（EAPC）	1997	46[a]	www. nato. int/issues/eapc/
北欧理事会	1952	5	www. norden. org
欧洲安全与合作组织	1973	55[a]	www. osce. org
东南欧稳定条约	1999	40[a]	www. stabilitypact. org
东南欧洲合作倡议（SECI）	1996	12[a]	www. secinet. info
维谢格拉德集团（V4）	1991	4[a]	www. visegradgroup. org
西欧洲联盟（WEU）	1954	10[a]	www. weu. int

组织名称	成立年份	成员国数量	网址
中东			
阿拉伯联盟	1945	22[a]	www. arableagueonline. org
阿拉伯马格里布联盟	1989	5	www. maghrebarabe. org
阿拉伯经济一体化理事会	1964	10	www. caeu. org. eg
海湾合作委员会（GCC）	1981	6[a]	www. gcc-sg. org
伊斯兰大会组织（OIC）	1971	57[a]	www. oic-oci. org

a 成员国名单以及这些组织的详细情况在本卷的术语汇编中有所陈述。

尽管存在着这种地区性安全合作的趋势，但令人吃惊的是，目前还没有对这些现象进行理性化且富有见解的比较分析。关于世界政治中地区主义现象的文字描述越来越多，特别是 20 世纪 90 年代出现的“新地区主义”。〔1〕然而，这些描述主要集中于国际政治经济方面，不但反映出这许多新地区机制大多带有经济特性，而且还认为经济因素是这些新地区主义背后的驱动力。以 21 世纪头 10 年为前提背景，本章通过提供分析地区安全合作常用的框架来作为全球、国家间和国家内部（如果有的话）安全管理的一个方面来论述以上差别。〔2〕

本章第二节陈述地区的定义，第三节评价地区安全合作的概念性模式，回顾当代和现代历史。第四节审视 20 世纪 90 年代以来出现的地区安全合作模式，列出各地区组织和合作进程中带有直接和间接安全功能的类型。第五节论述了要使地区合作在安全方面有益和有效，哪些“该做”，哪些“不该做”，论述了在特定地区促进或阻碍其发展的条件。本节还主张，对这些问题需做进一步深入研究。第六节是结论。

〔1〕 A. 赫里尔，“诠释世界政治领域里地区主义的再现”，《国际研究评论》，第 21 卷，第 4 册，1995 年 10 月，第 331—358 页；L. 法赛特和 A. 赫里尔（编辑），《国际政治中的地区主义：地区组织和国际秩序》（Cambridge University Press：New York），1995 年；还有 W. 马特里，《地区一体化的逻辑：欧洲和其以外地区》（Cambridge University Press：Cambridge），1999 年。

〔2〕 反映不同地区安全评估的章节已出现在近年来出版的《SIPRI 年鉴》中。例如 R. 霍利斯，“大中东”和 M. C. 拉萨斯，“冷战结束后拉丁美洲和加勒比地区的安全与防务”《SIPRI 年鉴 2005：军备、裁军和国际安全》（Cambridge University Press：Cambridge），2005 年，第 223—250 页和第 251—282 页。

第二节　地区、地区主义和安全

“地区”和“安全”是两个广泛应用但模糊不清且有争议的术语。在国际政治领域，地区一词已更多地成为与世界各大洲息息相关的用词：非洲、美洲、亚洲、大洋洲和欧洲。次大陆（如南亚）和环海地区（如波罗的海和里海地区）有时候也被认定为地区。在地区和次地区之间或许还可以找出不同，从地理角度讲，后者被认为是在大陆不同位置的次区域，但这两个术语常常互用，而且相互间的区别也常常模糊不清。

然而，地理学本身并没有定义世界政治中的地区概念。[3] 地区，就如国家一样，是由政治制造和想象出来的：它们的确定既取决于当地国家的身份和联系观念，也取决于外部人的看法和与之互动的方式，看一下关于近东、远东这些名称的用法就理解其含义。在当时，以欧洲为中心的帝国主义者的看法是主宰性的。地区、次地区体系、国家间集团和组织的确认和人为的建立，同样地都是受历史、文化因素、多种主观认知和爱好的驱使，这与客观逻辑的作用一样重要。地区可当作人为的政策计划而“制造”出来，如 20 世纪 50 年代发生在欧洲的一体化，以及如今一些观察家所看到的拉丁美洲和东亚地区试图平衡潜在的美国霸权所表现的那样。[4] 动机一致的相互作用决定了安全的定义和范畴，即一些国家会依此来做出行动的选择。所有这些解释都是必要的，它有助于理解为什么现实中的地区性机构有时不把那些从地理位置上看似属于该地区的国家包括在内，而吸收其他地区的国家加入；为什么多个拥有不同成员与议程的安全集团可存在于

---

〔3〕 B. M. 拉西特：《国际地区与国际体制》(Rand MacNally: Chicago, Ill., 1967)；L. J. 坎托里和 S. L. 斯佩格尔：《地区的国际政治：一种对比的方法》(Prentice Hall: Englewood Cliffs, N. J., 1970)；还有 B. 布赞和 O. 韦佛：《地区与力量：国际安全结构》(Cambridge University Press: Cambridge, 2003)。

〔4〕 美国被有意排挤在 2005 年 12 月举行的新东亚高峰会议之外。R. 麦戈雷格，V. 马利特和 J. 伯顿，“影响的新侧面：贸易冲击赢得了中国的盟友但却催生出不信任”，《金融时报》，2005 年 12 月 9 日，第 11 版。

相同地域里；为什么一些次地区集团产生于某些地区而不是其他地区，而且它们明显地不以地理为基础；为什么从安全角度看是地区的地方或许没有像经济、气候、文化或其他目的所决定的地区那样有相同的界限。本章的研究题目理所当然是那些地区和次地区，它们由政府创立并坚信其存在意义，而且它们直接或间接地规范着与安全相关的政策制定。

第三节　地区性安全合作的概念化

如何让地区安全合作概念化并让人理解？乍看起来，21 世纪初至少有四种地区安全合作模式：同盟、集体安全、安全机制和安全共同体。

同盟　是在国际安全合作中最为古老的模式之一，其目的既可用于防御，也可用于进攻，对付（一般来说是通过军事手段）某个共同的外部甚至是内部的威胁和敌人。它们把合作当成是最终目的而不是其本身，而且同盟的成员资格必然要把敌人排除在外。相对来说，这些做法具有“零和”的特点，而且还与结盟方式所具有的负面的实际作用一起对国际安全产生影响：即使是纯粹防御性的同盟也有可能强化其成员国的威胁意识，而不是弱化这种意识，它可以增加紧张程度和深化裂痕，而且还会卷入竞争性军火采购行动中。用于对付内部敌人的同盟（不论是对异类国家，还是宗教或种族集团）也会刺激前者，并鼓励它们去寻找外部的支持者。从另一个方面看，同盟必须至少要通过促进互信、鼓励避免冲突和达成协议来减少成员国之间发生战争的可能性，或许还可以引来其他非安全领域里的合作。东盟和北约都可看成是在这种动力驱使下的例证。尽管 1989—1990 年结束了传统意义上的东西方对抗，但北约（虽然稍有松动）和其他组织仍然继续在完成至少与同盟相关的任务。

集体安全　这一概念起源于 20 世纪，是对相互矛盾的“均势”政治和同盟旧有模式的一种应对。第一次尝试就是国联框架，尔后是联合国。这种集体安全模式的目的就是通过对成员国之间的任何侵略行为或对和平所构成威胁做出反应，以此来防止或遏制战争。如果要按照设想的那样发挥作用，这些机制就必须包括地区内或世界上所有成员国，而且把注意力向内转到他们自己的行动上。除联合国外，一些大型的地区性实体，如“非洲联盟”、“美洲国家组织”以及“欧洲安全与合作组织”，均可被看作是明确或隐约带有或至少可产生集体安全效能的机构。[5] 然而，众所周知的是，这些机制从来没有尽善尽美地发挥过作用，因为带有明显缺陷，即成员国越多，就越难以达成共同的判断和意志，就难以对冒犯者予以回击。经验显示，当大国达成一致时，此种方法就会有效地发挥作用，但如果面临最大的危险，其中包括主要国家卷入冲突时，它就会失去作用。这里提出的教训或许可以显示出地区集团在安全诉求方面所存在的制约因素。

安全机制 第三种地区安全合作模式是安全机制。[6] 机制在诸如国际贸易和运输规定等国际关系中的非安全领域里是一个普遍存在的现象。它们对国家行为规定了合作而且通常带有积极意义的标准，而且常常提供了落实、支持和验证这些标准的方法。一个与安全相关的机制会包含广泛的行为规范，如不使用武力、尊重现有边境线，或者会更具体地规定相关武器的类型和使用，或规定军事机动活动和透明度。现存地区性结构中比较有代表性的是“欧洲安全与合作组织”和一些拉丁美洲倡议，它们都可被视作安全机制，也可以是诸如无核区之类的地区性军备控制措施或 1990 年达成的《欧洲常规力量条约》(CFE)。[7] 这些结构的价值取决于其标准受到何种程度的重视，但在内部力量的模式、组织结构、激励与惩罚上有哪些需要确保遵守等方面仍存在着较大争议。必须指出的是，有功能性安全目标的机制也许不需要把它们自己局限于地理位置相邻的成员国范围内。事实上，有人会认为，利用成员数量有限的集团去完成诸如出口管制之类的任务具有“零和”色彩，而且一些机制只有在全球参与时才会发挥

---

〔5〕 详细情况参见下文第四节中的“安全对话与冲突控制”一段落。

〔6〕 R. 杰维斯：“安全机制”，《国际组织》，第 36 卷，第 2 期（1982 春季版），第 357—378 页。

〔7〕 关于 1990 年达成的《欧洲常规武装力量条约》和 1999 年达成但并没有生效的《修改协议》，可参见 Z. 拉克夫斯基，“修改的《欧洲常规力量条约》与巴尔干国家加入北约”，SIPRI 政策报告第 1 号（SIPRI：Stockholm，2002），网页 URL〈http：//www.sipri.org/〉。关于《欧洲常规武装力量条约》的最新进展情况参阅本卷第 15 章。

最大作用。[8]

安全共同体 被认作是由国家组成的集团，在它们中间有一个“真正确保共同体成员国间不会发生有形战争，相反将通过其他手段来解决争端的保证”。[9] 这一概念是由卡尔·多伊奇在 20 世纪 50 年代后期提出来的，反映出二战结束后欧洲一体化特别久远的目标。反过来，它又把欧洲放在由世界工业化民主国家组成的更大安全共同体之上。安全共同体预示着比上述其他任何模式都严密、持久和普遍的互动。由于其出发点是消除集团内存在着的冲突危险，它所产生的力量远远大于其各成员完成安全使命的力量总和，超出防预某种特定灾难的能力。近来，欧洲以外的其他几个地区也表现出建立这种共同体的雄心，但在安全领域里地区一体化方面的特点和效用并没得到很好的认识。欧盟的实验减少了国家间冲突，但不是国家内部冲突（例如北爱尔兰和西班牙巴斯克地区）。安全共同体弱化内部边界的取向意味着它们会更直接地受到“跨国”威胁的影响（即恐怖主义、犯罪交易以及疾病等）。其目标开放式的议程会使它们在旧有威胁被解决后立即去应对新的挑战。特别需要指出的是，人们会感觉到它们会带有把过多安全“转让”给其他国家的冲动，明显的例证是在维和行动这种模式上（下文还将赘述）。

这四种模式可帮助人们理解地区安全合作特有形式的特点、前景以及局限性，但它们仍使用今天现实公众交谈中很少使用的语言，而且在做出地区性决策时也极少使用。它们同样受到固步自封的侵害，很少解释为什么地区性组织的成员和议事日程变化，很少解释为什么它们会从一种形式演变成另一种形式。[10] 给地区性结构分类，有多种选择方法可以讨论，例如可以其机构或管理特点（即组织的紧密程度、相关固定决策程序的特点、其集体性机构和经费、非政府和当地角色参与的程度等）方面来考虑。然而，这些并不足以直接判定其在安全方面的效用，因为经验显示，不同结构样式会在不同环境下适应

---

〔8〕 参见本卷第 16 章。

〔9〕 K. W. 多伊奇编著：“政治共同体与北大西洋区域：从历史经验的角度看国际组织”，(Greenwood Press：New York，N. Y.，1969)，第 5 页。

〔10〕 关于机构的变化与“趋势”参见本卷的引言。

不同类型的安全使命。例如，有时会有几个安全组织共存于相同的地区，也许是因为这些国家愿意根据不同的程序特点来重视安全的不同侧面。对地区性集团做出新理解最直接的方法就是看它们在安全方面的表现。

第四节 地区性安全合作的新形式

本节审视 20 世纪 90 年代以来出现的且不断演变的地区安全合作模式和功能，提出四种（但绝不是全部）理解当代常见地区安全合作的框架结构：安全对话与冲突控制、新型军事合作、民主与人权、经济一体化与更广泛意义上的非军事性安全议程。本节旨在找出那些能被找到的地区贡献的证据，因而可能会提供一种过于肯定的对比，但仍会很理性地去做，其目的是为弥补那种一知半解的较通常的分析取向（包括那些一体化程度最高地区的内部和外部分析）。还要指出的是，由于很难证明其负面影响（即否则冲突会更加剧烈），地区性合作的有些成果予以忽略不提。

安全对话与冲突控制

在最基础层面上，地区安全机构被看成是成员国间交流与对话的框架。毫无疑问，国家或政府元首、部长或低层次官员和军方的定期会晤有助于在国家间建立起信任，避免误解，消除分歧，并建立起一种共同利益感和相互认同感。欧盟及其前身在克服西欧国家间存在着的历史性敌视模式方面做了大量工作，特别是在法国和德国之间；1991 年拉丁美洲国家建立起来的“南方共同市场”在促进 20 世纪 80 年代开始的阿根廷与巴西和解方面发挥了相同的作用。然而，组织机构与改变关系之间的因果循环分析是有分歧和有问题的：或许可认为，冲突的解决是和地区合作的结果同样重要的促进因素。〔11〕

〔11〕 H. 哈夫滕多恩、R. O. 基奥恩和 C. A. 沃兰德：《非完美的联盟：时空中的安全组织》，(Oxford University Press：Oxford，1999)。

20 世纪 90 年代以来，特别要提出的是，欧洲和亚洲一直在做着扩大（从地理位置上来说）长期存在的地区安全框架的和平职能。在欧洲，欧盟和北约的扩大在很大程度上一直基于这样的观点，即它们在西欧建立安全共同体的成功经验现在可以扩展到中欧和东欧。欧盟和北约现在被看作是它们在 20 世纪 50 年代和 60 年代帮助法国和德国、德国与波兰、匈牙利与罗马尼亚以及其他国家和解（此外还有避免希腊与土耳其之间公开的战争）那样重要。90 年代，欧盟和北约把候选国家解决与邻国的冲突作为入盟条件，因此鼓励整个中欧和东欧的政府达成协议，确认现有边界，为少数民族的权利提供保证，而且建立诸如联合维和部队和跨国经济区之类的新型合作模式。伴随着 2004 年欧盟和北约“开天劈地”的扩大，这两个组织现在面临着更加艰巨的挑战，即把它们一体化的模式扩展到西巴尔干地区。[12] 90 年代，东盟进行了与此相近似的扩大进程：1995 年到 1999 年，它吸纳了柬埔寨、老挝、越南以及有争议的缅甸入盟。作为此次扩大进程的内容，所有 4 个国家都签署了东盟 1976 年达成的《东南亚友好合作条约》，该条约要求签字国承诺防止冲突升级，拒绝威胁使用或使用武力来解决分歧。[13] 与之相平行的还有东盟地区论坛，它创立于 1994 年，主要是当作一种在更广泛的亚太地区促进与东盟邻国对话的机制。从那时起，东盟地区论坛已成为一种固有的地区性国际政治特征。[14] 更近些时候，中国也于 2003 年签署了《东南亚友好合作条约》。无可否认，考虑到中国与东盟成员国围绕着南中国海的未解争议，此举无疑是东盟国家和东盟地区论坛的一项重大成就。[15]

---

〔12〕 关于西巴尔干事态的现实与未来发展，参阅本卷附录 1A。

〔13〕《东南亚友好合作条约》的文本可在以下网站中查阅：URL〈http：//www. aseansec. org/1217. htm〉。

〔14〕 Y. F. 孔：“东盟地区论坛：多年之后仍充满生机”，国防与战略研究所，第 46/2005 号，新加坡，2005 年 7 月 7 日，URL〈http：//www. ntu. edu. sg/IDSS/publications/commenatries. html〉。

〔15〕 20 世纪 60 年代至 90 年代，“美洲国家组织”通过接收加勒比海国家和加拿大得以扩大，它的 35 个成员国（其中古巴被终止参与该组织）现在包含美洲全部独立国家。“美洲国家组织”，“美洲国家组织与美洲内部机制”，2005 年，URL〈http：//www. oas. org/documents/eng/oasinbrief. asp〉。

一些地区性组织已确立更明确和正式的机制，用以防止、控制和解决成员国之间的冲突。例如，自冷战结束以来，“欧洲安全与合作组织”一些地方设立了半常设的代表机构，在潜在和实际冲突地区派遣特使，使用少数民族高级专员，用以防止和解决与少数民族相关的冲突。同样，“非洲联盟”已建立起新的冲突控制机制：“非洲联盟委员会”，包括1个和平与安全专员署、1个和平与安全局（组成冲突控制中心）和1个早期预警系统，它们得到“智者委员会”（由5名“极受尊重的非洲人士”组成）的支持，该委员会的任务是提供建议和支持。[16] 自2002年成立以来，非盟已参与成员国家内部多起冲突的政治调解使命（在科摩罗、科特迪瓦、马达加斯加、索马里和苏丹）。“美洲国家组织”拥有自己防止和解决冲突的办公室，主要从事冲突的预防和解决机制的设计和应用。[17]

“欧盟公共外交与安全政策”机构（CDSP）是最具代表性的地区结构，它已超出其内部的和平目标，而成为在外部使用集体力量的模式，特别是帮助在欧盟疆界之外的地区避免冲突，控制冲突。尽管欧盟有过尽人皆知的失败和不足，包括20世纪90年代处理其家门前南斯拉夫冲突的失败，但“欧盟公共外交与安全政策”机构的发展趋势正不断地增加信心，扩大范围和变得多样性，自2000年开始，还有其军事手段——“欧盟安全与防务政策”（ESDP）机构的参与。其他组织，如东盟和“南方共同市场”，在更广泛区域内含有公共政策，例证之一就是东盟在东盟地区论坛中的领导地位和它与像强大邻国中国的对话。然而，它们都没有像欧盟那样试图去建立一个更广泛的公共外交与安全政策机构。就目前来说，欧洲之外各地区的最大动力似在于，或是在世界经济和职能性谈判（如

〔16〕“关于建立非洲联盟和平与安全理事会的议定书”，“非洲联盟理事会”，第一次公开会议，德班，2002年7月9日，URL〈http：//www.au2002.gov.za/docs/summit_council/secprot.htm〉。参见R. 威廉姆斯：“国防改革与非洲联盟”《SIPRI年鉴2004：军备、裁军与国际安全》（Oxford University Press：Oxford，2004），第231—250页。

〔17〕“美洲国家组织”，民主与政治事务部，冲突预防与解决办公室，“工作计划2005”。华盛顿，DC，2005年，URL〈http：//www.ddpa.oas.org/oprcwork_plan.htm〉。

世界贸易组织的谈判）中更好地表达共同的地区利益，或是通过对地区内部弱点进行更有效的控制，共同抵挡有害的外部安全影响。

军事合作的新方式

以地区为基础的军事合作在历史上一直主要是在面对外部敌人时的被迫合作和直接为了对付外部敌人，或是通过地区军备控制协议和建立军事信任与安全措施（CSBMs），来努力遏制发生这种对抗的危险。最成熟军事信任与安全措施的例证包括："欧洲安全与合作组织"和它的前身，即自 20 世纪 70 年代开始的欧洲安全与合作会议内建立的框架结构；[18]《欧洲常规武装力量条约》；以及遍及世界各地的无核武器区。更近些的例证是，中国、俄罗斯、哈萨克斯坦、吉尔吉斯、塔吉克斯坦和乌兹别克斯坦达成的一系列协议，限制双方在边境地区的军事力量部署。[19] 其他一些地区性组织，如"美洲国家组织"一直从事于对军备控制、建立军事信任与安全措施和军事透明度问题较局限的讨论。但总体上看，地区军备控制与建立军事信任与安全措施的最大潜力还远未发掘出来。[20]

20 世纪 90 年代初以来，新型军事合作模式与形态开始出现在世界许多地区。最具代表性的例子包括：北约的"和平伙伴关系"（PFP）、欧盟的"安全与防务政策"（ESDP）和非盟的"非洲共同防御与安全政策"（CADSP）。在通常情况下，这些机制具有包容性，而不是排他性，它们寻求把地区所有国家都包容进来，而不是直接对付某些特定国家。同传统意义上带有控制与正式约束力的军控方法相比，它们以解决问题为导向而且目标敞开，强调积极的军事对话与合作。它们具有灵活性，强调应付一系列现实存在的军事挑战，例如改

---

〔18〕 Z. 拉霍夫斯基："新欧洲的信任与安全措施建设"，SIPRI 研究报告，第 18 号，（Oxford University Press：Oxford，2004）。

〔19〕 D. 特罗夫莫夫："中亚地区的军控"，A. J. K. 贝尔斯等编著：《高加索与中亚地区的军备与裁军》，SIPRI 政策报告，第 3 号，（SIPRI：Stockholm，July 2003），URL〈http：//www. sipri. org/〉，第 46—56 页。

〔20〕 参见本卷第 15 章。

革武装力量、维和行动和人道主义救援保障。其方法可归纳为“防务外交”：各国国防部与武装部队间多边和双边对话，目标是建立信任与增加透明，以及帮助伙伴应付诸如裁减军队员额和建立民主和文官控制的军队时面临的具体挑战。〔21〕一典型的范例就是北约的“和平伙伴计划关系”（PFP，成立于 1994 年），它同时已成为帮助有关申请北约成员国做好入盟准备的核心机构。与之相同的是，尽管不那么紧密和成熟，在其他地区也出现了合作框架。20 世纪 90 年代中期以来，美洲国家国防部长们每两年举行一次会晤，讨论共同挑战，尽管这一论坛在基层军事合作方面没有什么根本性成果。在亚太地区，双边军事关系（主要是与美国）依旧强固，但直到最近为止，这些国家才开始愿意参与地区范围内的防务对话与合作。香格里拉对话是 2002 年由非政府组织国际战略研究所（IISS）建立起来的，它是把亚太地区国防部长和高级军事领导召集到一起的第一个框架。〔22〕从那时起，尽管谨慎小心，东盟地区论坛也开始进行有限的军事对话与合作。〔23〕

人道主义援助、维和行动以及更有争议性的“强制和平”已成为许多新型地区军事合作重要的功能性重点。〔24〕正如《SIPRI 年鉴》所记载的那样，北约和欧盟（通过“欧洲安全与防务政策”机构）自冷战开始以来就已演变成全球范围内各种形式危机干预的参与者。它们都有允许非成员国加入成员国为每次行动组建的临时联盟的机制。〔25〕非洲次地区组织，特别是“西部非洲国家经济共同体也一直在从事维和活动”，这也是“非洲联盟”从建立之初就把它作为其核心任务之一。特别与“非洲统一组织”先前对主权的强调所不同的

〔21〕 A. 科泰和 A. 福斯特：“重新塑造国防外交：军事合作与援助的新用途”，Adelphi 论文第 365 号，（Oxford University Press：Oxford，2004）。

〔22〕 关于香格里拉对话情况参阅网站：<http：//www. iiss. org/shangri-la. php〉。

〔23〕 例证之一就是 2005 年 9 月东盟论坛举行的应付自然灾害中的军事行动研讨会，有 21 个国家参加了关于灾害的研讨会。新闻稿，9 月 13 日参见网址：URL〈http：//www. aseanregionalforum. org/Default. aspx? tabid=50〉。

〔24〕 A. 科泰和 T. 比金—基塔：“军事与人道主义：正在出现的干涉与接触模式”，海外发展研究所（ODI），人道主义政策小组：《监察趋势 2004—2005：重新确定接触的原则》（ODI：London，2006），第 21—38 页。

〔25〕 参见本卷第 1 和第 3 章。

是,《非洲联盟章程》确立了“联盟的权力可以干预成员国……的严重境况,即战争罪行、种族屠杀和反人类罪”。[26] 非洲联盟的“非洲共同防御与安全政策”最为重要的目标就是建立一支非洲待命部队,它有 2 万军人、警察和文职人员组成,建制为 5 个旅,兵力由非洲大陆的五个次地区提供。[27] “非洲联盟”第一批维和行动是 2003—2004 年在布隆迪(一支“非洲联盟”的部队先于更大规模的联合国部队之前部署)、2004 年开始的苏丹达尔富尔地区采取的行动。这些行动充分暴露出“非洲联盟”能力上的不足(而且也包括非军事领域里的不足)以及对外部支援极大的依赖性。[28] 世界其他地区也有维和行动的地区性合作举措,尽管它们还并不完善,例如,2004 年开始的联合国海地稳定行动,就被视作由地区牵头的联合国维和行动、由拉丁美洲国家提供大部分军事力量、由巴西指挥人的模式。在中美洲地区,最普遍的问题是毒品走私、犯罪团伙和自然灾害。这一切引出 2005 年中期由萨尔瓦多、危地马拉、洪都拉斯、尼加拉瓜总统共同提出组建地区性军事力量的建议,尽管批评者坚持这种冒险会变成过于军事化而且变成由美国主导应付这些挑战的模式。[29]

民主与人权

民主与人权正越来越被视为安全议程的一部分。有证据(尽管仍有争议)支持这样的假设,即民主国家之间很少发生,或许根本不会有战争——即使是处于转型的正在民主化的国家至少在某些情况下较易于卷入国际或国内战争。[30] 同独裁制度比,民主国家较少会对其

---

〔26〕《非洲联盟章程》,2000 年 7 月 11 日签署,URL<http://www.africa－union.org/About_AU/Constitutive_Act.htm〉,Article 4(h)。

〔27〕关于建立非洲联盟和平与安全理事会的议定书,(同注释[16]),第 13 款。

〔28〕关于在非洲维持和平和与和平建设特派团情况请参阅本卷第 3 章。

〔29〕C. 克劳尔和 A. 伦德罗斯,“中美洲犯罪浪潮引发出一支地区性力量的计划”《洛杉矶时报》,2005 年 8 月 16 日,URL〈http://www.americas.org/item_21317〉;和“斯坦的致命一击”,《经济学家》杂志,2005 年 10 月 15 日,第 59 页。

〔30〕B. 拉西特:《把握民主和平:冷战后世界的准则》(Princeton University Press:Princeton,N.J.,1993);M. E. 布朗、S. M. 林—琼斯 和 S. E. 米勒编辑:《辩论民主和平》(MIT Press:Cambridge,Mass.,1996)。

国民进行种族屠杀或采取其他形式的大规模暴力行动。[31] 随着对"人的安全"定义的普遍接受，管理与安全之间的联系正变得日益重要，它把对人权的践踏看作是对人的安全的主要威胁。[32] 更进一说，20 世纪 70 年代开始在全球许多先前是集权国家的民主扩展，使人们更加坚信全球民主共同体的想法。在这其中，地区性组织会在那些具有类似文化和历史的国家中促进与保护良政和人权方面发挥自然而然的作用。

欧洲把地区组织用于支持民主和人权的历史最悠久。欧洲委员会最核心的任务就是支持民主和人权。通过其部长委员会、议会、欧洲人权法院和各项有法律约束力的公约（最著名的是 1950 年《欧洲人权公约》，[33] 欧洲委员会在确立成员国的人权与民主标准方面发挥着重要作用，在监督成员国是否达到这些标准和对违反标准的国家施加政治压力方面发挥着重要作用。20 世纪 50 年代开始的欧洲一体化进程演变成今天的欧盟，它也把民主作为成员国资格的先决条件之一。北约的创立，对于德国和意大利这些国家来说，有着明显的民主化动因，尽管在冷战的危急关心，使同盟在不少时候愿意容忍希腊、葡萄牙和土耳其的独裁制度。在 70 年代，人权同军事信任与安全措施和科学技术合作并列为欧洲安全与合作会议关注的三"篮子"问题之一。

自冷战结束以来，欧洲所有上述组织都已把相当大的努力转向在其疆界外推进民主和人权。欧洲委员会、欧盟和北约已扩大了成员，涵盖中欧、东欧和地中海地区的国家。欧盟和北约都积极支持新入盟国家和其他邻国向后共产主义政治和官僚机构转型。毫无争议的是，欧盟与北约在支持增强民主以及在维持从波罗的海到黑海地区的和平方面发挥了核心作用。这两个组织现正面临更为棘手的任务，即把这

〔31〕 R. J. 拉梅尔："权力、种族屠杀和大屠杀"，《和平研究杂志》，第 31 卷，第 1 号，1994 年 1 月，第 1—10 页。

〔32〕 例如，英国哥伦比亚大学，"人的安全"研究中心，《"人的安全"报告 2005：21 世纪的战争与和平》（Oxford University Press：New York，N. Y.，2005），URL 〈http：//www. humansecurityreport. info/〉。

〔33〕《人权和基本自由保护公约》于 1950 年 11 月 4 日向欧洲成员国开放签署，1953 年 9 月 3 日生效，公约文本可在以下网站查阅：URL 〈http：//conventions. coe. int/〉。

种模式延伸到冲突后的巴尔干地区。在那里，20 世纪 90 年代战争的后遗症对民主构成严重威胁。〔34〕欧洲委员会、“欧洲安全与合作会议”/“欧洲安全与合作组织”在中欧和东欧及前苏联地区促进民主和人权的过程中发挥了重要作用，它们主要是在该地区确立基本标准、监督选举并对国家提供建议和技术支持。〔35〕事态的发展也显露出这些地区性组织的局限性，部分国家如白俄罗斯和乌兹别克斯坦（它们都是“欧洲安全与合作组织”成员，但并不是“欧洲委员会”的成员）仍在践踏民主和人权标准，而且对欧洲方面的批评不理不睬。当然，这是有争议的，即西方国家的政策在某些方面，特别是它们在 2001 年 9 月 11 日事件后坚持对恐怖主义采取更强硬的国家或集团措施，已经或者至少在内部安全领域提供了反对过分民主的新借口，这既在欧洲相邻的地区，也在其他地区发生了。〔36〕

在美洲，20 世纪 80 年代在许多南美洲和中美洲国家开始的民主转型形成了新动力，即把“美洲国家组织”当成一种促进整个地区民主的工具。1948 年通过的《美洲国家组织宪章》包含了促进和巩固民主的目标。〔37〕独立出来的“泛美洲人权委员会”和“泛美洲人权法院”做了许多有价值的工作，在秘鲁的工作就是一例。然而，由于南美洲和中美洲实际上盛行着独裁政权，以及美国愿支持这些政权成为阻止共产主义的壁垒，在 20 世纪 90 年代以前，“美洲国家组织”在这方面所发挥的作用很少。1990 年“美洲国家组织”成立了促进民主的机构，主要是为成员国提供建议和技术支持。1991 年，它通

〔34〕 参见本卷附录 1A。

〔35〕 在 1990 年签署的《新欧洲巴黎宪章》中，“欧洲安全与合作组织”把其成员国现有的人权义务扩大到包括民主和自由选举，而且还建立起一系列机构，以促进民主和人权，特别值得一提的是民主机构和人权办公室的（ODIHR）的建立、1997 年开始设立媒体自由代表、欧洲安全与合作大会，《新欧洲的巴黎宪章》，巴黎首脑会议，1990 年 11 月 21 日，URL 〈http：//www.osce.org/item/16336.html〉。

〔36〕 参阅本卷引言部分。关于反恐怖的严峻性和地区安全的确定性目标之间的紧张关系还可参阅拉萨斯（同注释［2］）、R. 德旺和 C. 霍姆奎斯特：“重大武装冲突”，《SIPRI 年鉴 2005》（同注释［2］）第 83—120 页。

〔37〕《美洲国家组织宪章》于 1948 年 4 月 30 日签署，1951 年 12 月 13 日生效，文稿可在以下网站上查阅：URL〈http：//www.oas.org/juridico/english/charter.html〉。

过《关于民主和恢复泛美机制的圣地亚哥承诺》文件，重申“美洲国家组织”对保卫和促进有代表性民主和人权的承诺，并确立对“突然或非正常中断民主政治制度进程或权力合法行使权力”做出反应的程序。〔38〕在《圣地亚哥承诺》的基础上，20 世纪 90 年代初期和中期“美洲国家组织”通过运用不同形式的政治、经济压力，对在危地马拉、海地和秘鲁出现的危害民主制度的威胁做出了反应。在危地马拉、秘鲁，这些反应取得一些进展，而在防止海地国家民主崩溃方面却失败了。〔39〕

在实现民主进程领域里，“美洲国家组织”在古巴、委内瑞拉仍面临着不少挑战。古巴现在是美洲唯一的非民主国家，尽管它是“美洲国家组织”的一员，但自 1962 年以来一直被排除在外。美国希望利用“美洲国家组织”对古巴施加更大的压力，但是许多南美洲和中美洲国家在警惕地关注着美国的新帝国主义走向，认为鼓励古巴自由化最好的办法是通过建设性接触。其结果是，“美洲国家组织”至今达不成一个针对古巴的共同方案。同样，许多美国人把委内瑞拉总统乌戈·查韦斯的“玻利瓦尔革命运动”看成是威胁民主和自由事业的（美国）人民党。然而，查韦斯已证实其在国内的支持力度（特别是 1998 年和 2000 年总统大选和 2004 年的全民公决），表明 2002 年美国支持反对查韦斯的政变强化了美洲各国的认识，即美国更愿意保护其经济利益，而不是民主。〔40〕结果是“美洲国家组织”在委内瑞拉问题上一直存在着分歧。“美洲国家组织”秘书长试图说

〔38〕“美洲国家组织”，“关于民主义务和恢复美洲内部机制的圣地亚哥声明”，全体大会，圣地亚哥，1991 年 6 月 4 日；“美洲国家组织”“有代表意义的民主”，1080 号决议，全体大会，圣地亚哥，1991 年 6 月 5 日，两者可阅：URL〈http：//www. ddpa. oas. org/about/documents _ related. htm〉。

〔39〕R. 帕里斯和 M. 皮森尼：“康德的的自由主义和拉丁美洲民主的集体保护”，《和平研究》杂志，第 39 卷，第 2 号，2002 年 3 月，第 229—50 页。

〔40〕J. 博格和 A. 贝罗斯：“美国对委内瑞拉的政变点头”，《卫报》，2002 年 4 月 17 日，URL〈http://www. guardian. co. uk/international/story/0，3604，685531，00. html〉；D. 坎贝尔：“美国海军帮助委内瑞拉政变”，《卫报》，2002 年 4 月 29 日，URL〈http://www. guardian. co. uk/international/story/0，3604，706802，00. html〉；G. 帕拉斯特：“亚太经合组织首脑就政变一事警告查韦斯”《卫报》2002 年 5 月 13 日 URL〈http://www. guardian. co. uk/venezuela/story/0，858072，00. html〉。

服查韦斯与他的右翼反对者达成妥协。这些例证加剧了对于美国在该地区的霸权角色看法的紧张程度，使“美洲国家组织”的民主努力复杂化。另一个问题是南美洲和中美洲经济持续不断的极度不平等。

推进民主和促进人权同样被新成立的“非洲联盟”看作是最核心的工作。同它奉行不干涉主义的前身“非洲统一组织”相比，“非洲联盟”的目标在2000年的《非洲联盟章程》中得以确定，它包括促进“民主原则和机制、广泛的参与和良好的管理”，还要促进“人权和民权”。[41]“通过非宪法手段获得权力的”政府将被中止其参与“非洲联盟”活动的权力。[42]“非洲联盟和平与安全理事会”是一个重要的决策体，有权“在通过非宪法而改变政府时对其实施制裁”。[43]“非洲人权和民权委员会”（虽然没有强制力）也能对发生在诸如厄立特尼亚、埃塞俄比亚、津巴布韦的侵害行为和对普遍关注的诸如通过反恐怖政策避免对人权的损害方面做出评价和提出建议。在此背景下，“非洲联盟”动用政治方面的压力，例如以此来反对发生在毛里塔尼亚的政变。[44]然而，这些行动所针对的都是一些小国，而“非洲联盟”内大一些的成员国则会设法逃脱责难。“非洲联盟”一直不愿意批评苏丹政府在达尔富尔地区对人权的侵犯，而且一直对埃塞俄比亚被认为是正在转向独裁主义的走向保持沉默，究其问题原因所在是因为“非洲联盟”的总部设在埃塞俄比亚首都亚的斯亚贝巴。最为明显的例证是，津巴布韦越来越独裁的总统罗伯特·穆加贝一直把自己打扮成一个非洲的民族主义者，抵抗西方新帝国主义的影响，因此也就逃脱了来自“非洲

---

〔41〕《非洲联盟章程》(同注释［25］)，第3款。

〔42〕《非洲联盟章程》(同注释［25］)，第30款。

〔43〕“关于建立非洲联盟和平与安全理事会的议定书”，（同注释［16］)，第7(1)(g)条款。

〔44〕“非洲联盟”的方法由于对新的军事政权采取普遍欢迎的态度而变得复杂起来。毛里塔尼亚将被中止在非洲联盟的资格，直到举行选举。“特使们冷漠前毛里塔尼亚领导人”，BBC新闻在线，2005年8月10日。URL〈http：//news.bbc.co.uk/2/4137434.stm〉。

联盟”对其政权在人权问题上的巨大压力。[45] 相对年轻的“非洲联盟”在促进和保护民主和人权方面究竟能发挥多大作用，尚需拭目以待。

同非洲、美洲和欧洲相比，亚洲和中东地区的国家并不愿意让地区性组织在民主和人权方面发挥作用。东盟一直坚持亚洲不干涉邻国内部事务的历史和文化取向，反过来看，其部分原因是为了避免国家间冲突。尽管有些国家正处在民主进程中（最为明显的是 1998 年以来的印度尼西亚），东盟国家仍坚持认为，不干涉原则一直有利于该地区，不应该放弃。更进一步说，最新入盟的四个成员——柬埔寨、老挝、缅甸和越南均系非民主的政权。一些批评者认为，吸收它们入盟是一个战略性错误，这样做严重地削弱了该组织。[46] 在东盟之外，中国的共产党政权会反对赋予各个泛亚洲机构，如“东盟论坛”和“亚太经济合作组织”任何促进民主和人权的功能。

中东地区的情形更加刻板些，以色列是地区唯一的民主国家（尽管伊朗推行的部分或者说是有限民主仍存在争议，但伊朗自 20 世纪 90 年代就开始了民主进程，还有人希望民主会从当前动荡的伊拉克中诞生）。只要地区的主要成员国仍保持独裁国家，“阿拉伯联盟”或“海湾合作委员会”就难以选择发挥与民主和人权相关的作用。自 2003 年伊拉克战争结束以来，美国总统乔治·布什政府一直把推进民主作为其主要的中东长期目标之一，通过“中东伙伴倡议”来使其制度化。[47] 然而这一努力在绝对程度上仍是一种外力，对中东地区

---

〔45〕 2005 年 12 月，“非洲联盟人权和民权委员会”首次批评津巴布维政府践踏《非洲联盟章程》和联合国人权宣言，要求它停止多项压迫性法律，停止对贫民区居民的强制性转移，而且还要允许非洲联盟事实调查团访问该国。非洲联盟人权和民权委员会第 38 届大会公报，班珠尔，冈比亚，2005 年 12 月 5 日。URL〈http：//www.achpr.org/english/communiques/communique38_en.htm〉。还可参阅 A. 梅尔德伦：“非洲领导人就穆加贝对人权的践踏打破沉默”，《卫报》，2006 年 1 月 4 日。URL〈http：//www.guardian.co.uk/zimbabwe/article/0，1677460，00.html〉。

〔46〕 J. 亨德森，“重新评估东盟”，Adelphi 论文，第 329 号（Oxford University Press：Oxford，1999）。2005 年 12 月，东盟谨慎地采取了新措施，并“鼓励”缅甸加快民主化进程。“东盟集团苛责缅甸的人权”，BBC 新闻在线，2005 年 12 月 12 日，URL〈http：//news.bbc.co.uk/2/4520040.stm〉。

〔47〕 霍利斯（同注释［2］），第 244—248 页。

国家来说，它们最不情愿接受。从亚洲和中东地区得出的最大教训就是，由于缺乏民主国家的核心作用，它们不愿意使用地区性机制来促进民主和人权，因而此类机构在这方面所能发挥的作用似乎是有限的。

经济一体化与更宽泛的安全议程

20 世纪 90 年代初以来，许多新兴或复活的地区性机构带有经济性质。而且，地区经济合作和一体化可被视为具有重要的安全范畴或含义。经济合作与一体化或许是在为减少相关国家间政治或军事冲突可能性的愿意驱使下确立起来的。据认为，国家间经济的相互信赖性增加了使用武力的代价，而且也增加了共同的利益。〔48〕这种逻辑是二战结束初期欧洲一体化进程的驱动力之一，同样也是“亚太经济合作组织”、东盟和“南方共同市场”无可争辩的动力。过去 20 年中出现的许多经济地区主义同样可以被看作是对经济全球化自我保护的一种反应，带有安全方面的色彩，即通过在地区集团中携手工作，国家能够帮助保护它们所处地区的市场和工业，增强它们在全球经济中的竞争力，强化它们在全球性经济场所（如世界贸易组织 WTO）中的支配能力。因此，地区主义会与关于全球化和新自由主义经济的争论相提并论。分析家描绘出开放型和封闭型经济地区主义的区别，前者更主要地是与贸易和金融的自由主义化相一致，而后者则代表了限制贸易和金融自由流动的选择。这种争论同样可演绎成“经济安全”一词。一种观点认为，可以从以市场为驱动的经济增长中获益；而另一种观点则认为，由于竞争的存在，它将对国家的偿付能力、就业和社会安全保险网络等方面造成破坏。人们还可以认为，全球化所带来更为复杂的国际相互依赖和更漫长的供应链条，增加了国家面对安全挫折的脆弱性。这种脆弱性不但表现在这些国家领土范围内，而且也在供应国和转运国内。在谈及能源供应时，这个问题常常被“安全化”，在其他多个领域，情况也大致如此。它已超出本章所要强调的范畴，但很明显地区机构是全球经济安全这个更大问题中的一个重要组

〔48〕J. S. 奈和 R. O. 基奥恩：《权力与相互依存》，第三版，（Longman：New York，N. Y.，2001）。

成部分。

除了从经济学角度思考问题外，地区组织一直被看作是重要的机构框架。在其中，人们一直在追求更宽泛的安全日程，而不单单是传统意义上的政治与军事安全。一批组织已很明确地采用全面安全的概念。这种发展趋势在欧洲已达到极致。20 世纪 90 年代，“欧洲安全与合作组织”确立了共同和全面的安全概念，包括经济与环境问题，同时还有对传统政治与军事安全的关切以及对民主和人权的关切。〔49〕部分欧洲次地区集团，如“波罗的海国家理事会”和“黑海经济合作组织”，已采取更广泛的安全措施，寻求对跨国问题，如环境恶化、污染和跨国犯罪等做出反应。〔50〕非欧洲集团已把合作拓展到与这些地区特别相关的新领域，如非洲国家确立的“金伯利进程”用以对付非洲的“冲突钻石”问题、〔51〕东盟国家的反海盗措施、〔52〕拟议中的印度洋地区海啸预警网络建设以及于 2005 年 12 月发起、由美国领导的“清洁发展与气候亚太伙伴计划”。〔53〕2001 年 9 月美国遭受恐怖袭击后，所有大型地区性集团均相应地制订了对付非国家行为体威胁的共同计划，其中最明显的是对付恐怖主义，但也包括反对大规模杀伤性武器（WMD）以及相关材料和技术的非法交易、犯罪和毒品走私。这种努力已得到不断提升，其原因是因为各地区本身所面临的特有威胁，例如：欧洲 2004 年 3 月的马德里事件和 2005 年 7 月的伦敦爆炸案，以及亚洲 2002 年 10 月的巴厘岛爆炸案，同时也因为想支持美国的努力，或支持体现在联合国安理会 1373 和 1540 号决议案中的

---

〔49〕特别值得参阅的是 欧洲安全与合作组织在 1999 年 11 月 18—19 日通过的《欧洲安全宪章》，URL〈http：//www. osce. org/ec/13017. html〉。

〔50〕A. 科泰编辑：《新欧洲的次地区性合作：从巴伦支到黑海建立起安全、繁荣和稳定》，(Macmillan：Houndmills，1999)。

〔51〕关于背景情况还可参阅 A. 博恩：“冲突的钻石：德比斯集团和金伯利进程”，A. J. K. 贝尔斯和 I. 弗罗梅尔特编辑，瑞典斯德哥尔摩，“商业与安全：在新的安全环境下公共领域与私营领域里的关系”(Oxford University Press：Oxford，2004)，第 129—147 页。

〔52〕C. Z. 雷蒙德：东南亚的海盗“新趋势、问题和应对”，国防与战略研究所(IDSS)，工作报告，第 89 号，DSS，新加坡，2005 年 10 月，URL〈http：//www. ntu. edu. sg/idss/publications/Working _ papers. html〉。

〔53〕白宫：“事实说明：布什总统与亚太组织在清洁发展与气象问题上的伙伴关系”，新闻稿，2005 年 7 月 27 日。URL〈http：//www. whitehouse. gov/news/releases/2005/07/〉。

全球努力。[54] 欧盟，由于其本身所具有的立法权力和集中资源的能力，在思考非军事性政策方面走得更远和更快些。[55] 而且，在这方面出现的新政策框架同样为“亚太经济合作组织”、“东南亚国家联盟”、“集体安全条约组织”（CSTO）、“南方共同市场”、“美洲国家组织”和“上海合作组织”等组织所采纳。[56] 上述例证中所解决问题的特点是，它们都带有最好的政治意愿，即使是最强大的国家也会开始寻找可以对它们发挥作用的合作方法。系统化国际合作是对真正意义跨国威胁的合理反应，而且还具有通过减少协调过程中的“口舌”而加快全球性反应（如对疫病或突发性环境挑战）的潜在能力。对未来的地区性努力来说，这似乎会有越来越广泛的领域。

美国因素

作为唯一的超级大国，美国在世界各地区策划塑造安全动力方面发挥着核心作用，而且还是许多地区安全机构的主导性成员，包括在美洲“北美自由贸易区”和“美洲国家组织”，在欧洲的北约和“欧洲安全与合作组织”，在亚洲的“亚太经济合作组织”和“东盟地区论坛”。事实上，美国力量的全球性特点意味着它今天可以被看作是

---

〔54〕 联合国安理会第 1371 号决议案，2001 年 9 月 28 日，确立了全面应对恐怖分子财政援助的原则。1540 号决议，200 年 4 月 28 日，对大规模杀伤性武器的拥有和转让都同样规定为犯法行为。两个决议的文稿可查阅：URL〈http：//www. un. org/Docs/sc/〉。

〔55〕 关于欧盟在 2001 年 9 月以后所做出的反应参阅 N. 伯吉斯和 D. 斯宾塞：“欧洲联盟：新的威胁与一致性”，贝尔斯和弗罗梅尔特（同注释［50］），第 84—101 页。

〔56〕 亚太经济合作组织：《未来合作伙伴的曼谷宣言》，2003 年 10 月 21 日。URL〈http：//www. apecsec. org. sg/content/apec/leaders _ declarations/2003. html〉；东盟，“东盟国家反恐怖的努力”，URL〈http：//www. aseansec. org/14396. htm〉；美洲国家组织，“美洲安全宣言”，2003 年 10 月 28 日，URL〈http：//www. oas. org/documents/eng/DeclaracionSecurity _ 102803. asp〉；M. 布罗姆利和 C. 佩尔德默，“拉丁美洲国家的信任措施建立和委内瑞拉获取武器”，工作文件 41/2005，Real Instituto Elcano de Estudios Internacionales y Estratégicos，Madrdi，Sep. 2005，URL〈http：//www. realinstitutoelcano. org/documentos/216. asp〉；和非洲联盟“关于非洲恐怖主义的决定”，大会/非盟/12 月 15 日，马普托，2003，URL〈http：//www. africa—union. org/Official _ documents/Decisions _ Declarations/offDecisions _ & _ Declarations. htm〉。2003 年 4 月 28 日独联体集体安全条约组织成员国同意建立一支联合快速反应部队以应对恐怖主义和毒品。“六个独联体国家成立了集体安全集团”，自由欧洲电台，自由新闻在线电台，2003 年 4 月 29 日，URL〈http：//www. rferl. org/newsline/2003/04/290403. asp〉。

一支在任何地区无所不在的力量。美国仍继续通过北约对欧洲承担正式的防务和安全义务；通过明确对日本和韩国的义务、通过它对台湾的政策以及不同规模的驻军安排，在亚洲和太平洋地区承担着正式的防务和安全义务。美国军队本身所拥有的五大地区司令部覆盖了欧洲（和非洲）、大中东地区、亚洲和太平洋地区、南美洲和北美洲，在所有这些地区内都保持着广泛的双边和多边军事联系。〔57〕在这样和那样的背景下，美国开拓了它的军事伸展活动，旨在开展范围更广的多边地区合作。它已建立起一系列安全研究中心，用来训练军事和文职防务人员，并把它们当成防务对话的场所。〔58〕同样，美国的地区军事司令部发起地区范围内的多边军事演习，其领域涉及到维和行动和人道主义援助等。

冷战期间，美国支持地区性安全合作的主要动机是为了在与共产主义的全球冲突中支持自己的盟国。20世纪90年代，比尔·克林顿政府试图建立起范围更广的地区性机制：美国因此成为北约东扩和在欧洲建立“北约和平伙伴计划”（PFP），在亚洲建立“亚太经济合作组织”和“东盟地区论坛”的支持者之一，并努力在美洲地区恢复“美洲国家组织”的活力。2001年9月之后，布什政府一直在寻求利用地区组织来作为其更广泛的反恐战争的一分子，但是地区性努力仍然受到了美国外交政策大幅度转变的影响，这种转变就是在机构（有时在国际法理）限制之外行动。其结果是，美国对待地区安全合作的做法更趋向于狭隘的功利主义，只要对美国的特定目标有利，特别是在反恐战争方面则就认为对它有用，而不管其目标本身如何。

因此，美国在地区化努力中的影响有着不可否认和越来越强的相互矛盾的情感因素。至少可从三个层面来确认这一问题：第一，美国的国家需要或许会使当地的合作议程倾倒或失去平衡，不论当地集团

〔57〕这些司令部的缩写分别是：EUCOM、CENTCON、PACOM、SOUTHCOM和NORTHCOM。D. 普里斯特：“使命：发动战争与动用美军维持和平”（W. W. Norton & Company：New York，N. Y.，2003），第61—77页。

〔58〕这些中心是：位于慕尼黑从事欧洲安全研究的乔治 . C. 马歇尔中心、位于火奴鲁鲁的亚太安全研究中心、半球国防研究中心、非洲战略研究中心和近东战略研究中心，所有这些中心都位于华盛顿特区的国防大学里。

愿意竭力满足美国的意愿，还是它们联合起来反对美国政策所带有的特色，倾倒和失衡都会发生。第二个问题是美国在某些特定地区所采取的保护自身利益和权力的措施常常会带有事实上的分界线作用，把当地“朋友”和“敌人”给区分开来，或者利用一些国家去平衡或包围其他国家，这种方法（或者至少可以说）使当地的多边主义复杂化。[59] 这种模式在大中东和东亚地区再明显不过了。这有时也会削弱美国对欧洲关系的多边性特点。早在 2003 年初，在率领美国发起的对伊拉克行动中，国防部长唐纳德·拉姆斯菲尔德在“老欧洲”的无益态度与“新欧洲”的有益态度之间划出了一条界线，这样做给欧盟和北约这两组国家之间的关系蒙上了阴影。[60]

伊拉克危机同样在美国国内引发第三层问题的争论：这些高级的地区性结构就其本身来说是否对美国优势构成内在的威胁，因此对它们应予积极破坏，以便档住“多极化”世界的幽灵？在这个问题上，布什总统第一任期间所带有的明显取向对此的回答是“是的”：即美国不但要避免对其所主张的“自愿国家联盟”的机制化制约，而且还应努力防止多边的崛起，以及防止出现一个单独国家的地区性竞争者。与之相对应，针对世界贸易谈判多哈回合的僵持情形，美国谈判代表寻求与当地伙伴的双边交易，而不是通过地区性渠道。[61] 也许这种双边主义能反应出美国思维中一些“默许模式”。2004 年 11 月在他再次当选后还是有迹象表明，在其他领域里也一样，布什总统开始重新平衡现有政策。欧洲 2005 年围绕着所提宪法条约而产生的内部危机使美国许多政策制定者意识到，一个严重虚弱的欧洲在世界事务这一脆弱接合点上是多么的举步维艰。[62] 同时，美国现在越来越积极地支持地区维和行动（由欧盟主导的巴尔干或者由非洲组织进行的维和行动）。这样可空出美国自己的部队到其他任何地区遂行新的

〔59〕 有迹象表明，中国正在采取“镜像”战略，即讨好那些面临由于美国的不喜欢而受到的地区和全球孤立状态的国家，最新的例证就是中国与伊朗和委内瑞拉达成的石油交易。

〔60〕 “对‘老欧洲’言论的恼怒”，BBC 新闻在线，2003 年 1 月 23 日。URL 〈http：//news. bbc. co. uk/2/2687403. stm〉。

〔61〕 关于多哈回合贸易谈判参阅世界贸易组织网站：URL 〈http：//www. wto. org/〉。

〔62〕 参见本卷第 1 章。

任务。在一些事件中，正如 2003 年 3 月入侵伊拉克后欧盟所表现出的那样，美国阻碍地区集团或对其“分而治之”的努力只会强化其他国家巩固其地区组织的决心，使之完全超出美国可以对它们带来严重伤害的范畴。这些动力将会走向何方仍是一个尚无答案的问题，在下面第六节中将再次涉及此问题。

第五节　地区性合作的“质量”以及如何促进合作

并不是所有符合本章定义的地区都可视为有着积极的目标和影响，而且也不是所有具有良好计划的组织都会成功。即使是在冷战结束后，判定一个特定组织本质的好与坏和证明其是否胜任一定的任务，仍需有政治和集团的支持。如果能设计出一些较可靠、重证据的评估手段加以证明那么针对现有组织的政策和创建新组织的努力应该有好处的。作为起点，并为了激励更进一步的工作，在这里提出用五条相关标准来衡量：（1）合作是不是被迫的和带有霸权性质；（2）它与外部世界是不是一种“零和”关系；（3）它是否是僵硬且静止不变的；（4）它是否是人为而浮浅的；（5）在管理和资源利用上是否有效。〔63〕

被迫和带有霸权性质的地区合作，其例证是冷战时期的“华沙条约组织”。尽管现在仍可看见俄罗斯继续试图在苏联的空间里建立起新的安全组合，但因为巨变的原因，它已变得宽容了许多，这种在企图上和风格上带有霸权色彩的模式今天已不多见了。〔64〕这些集团的

〔63〕 随后的论述是基于自 1945 年以来一直活跃着的大型地区和次地区集团的基础上的。它明显地受到作者欧洲和大西洋阅历的影响，但也考虑到了其他地区集团。关于这种假设的一个详细数字统计难证将需要对特别是欧洲以外案例的研究。

〔64〕 A. 阿尔巴托夫：“处于转变过程中的俄罗斯外交思维”，编辑 V. 巴兰诺夫斯基，瑞典斯德哥尔摩国际和平研究所，《俄罗斯与欧洲：正显现出来的安全日程》，（Oxford University Press：Oxford，1997），第 146—147 页；D. 特里宁：“俄罗斯和欧亚的终结” *Pro et Contra*，第 9 卷，第 1 号，2005 年，URL 〈http：//www.carnegie.ru/en/pubs/procontra/72915.htm〉，第 11—13 页。

领导人当然会尽全力去使他们看起来值得尊重，同时来自弱小成员国的抱怨或许恰恰被这些力量的不平衡性所抑制，这样就从一开始把这些抱怨拦截掉了。因此，判断特定集团是否有滥用权力的性质，外部观察家必须要掌握其起源和历史；看集团的行动是否看起来公平地反映成员国的利益，看其内部管理工作如何运作。简单且最好的诊断就是看在国家间的层次上，集团工作中是否缺乏民主，而且常常被证明对拥有选举权力的国家带来非民主和反民主的影响，1968 年苏联及其盟国对捷克斯洛伐克的入侵便是臭名昭著的例子。

这种结构在消除成员国之间冲突和避免外部干涉方面有时候看似比民主国家更有效些。因为这些目标是通过胁迫才取得的，那么成员国“真正”的意图和利益总是有可能冲破束缚。这样做，最坏的情况是导致成员国或前成员国之间（或与邻国）之间的冲突，但无论如何，集团的崩溃至少会暂时影响到地区的稳定和它在国际力量格局中的地位。被胁迫和非情愿的组织还有可能失去其效率，除其他原因外，还因为：“指令性”的管理风格难以利用成员国真正意义上的不同优势；通过分而治之的策略，霸权会更进一步保留或恶化成员国内在的紧张程度；缺乏民主就更难应对安全范畴的问题，而来自社会不同角色的支持是十分重要的。这种集团也难以适应变化了的环境，因为霸权偏重于试验过且坚信不疑的控制方法。

如前所述，**“零和”**目标就像其本身一样不足以从负面来判断一个集团。然而，即使是最公正和最民主但带有敌视性议程的集团也无法避免某些内在的危险。集团间持久的紧张气氛引发持久的军备竞赛，这不但变成了集团成员国的负担，而且也增加了扩散到其他国家的风险。这样的紧张气氛也难以采取合作的方法去应对更为普遍存在的威胁因素（如冷战期间的恐怖主义）。任何持久的对抗也可能把其他地区带有“零和”作用的角色引入这场游戏中，他们或是支持者和同情者，或是装备的提供者，或是其他地区的旗手和附庸。冷战期间，欧洲为避免集团间发生直接对抗付出了代价，不光是在其他地方的国家或领地之间发生了一系列“代理人”战争，而它们那种不稳定的发展状况使之最难以承担这种代价。

对这些危险的理解当然也是集团之间采取积极缓和措施的基本原因，这些措施包括达成军控协议、建立信任措施、建立两大阵营成员国都可接受的更广泛的地区合作框架。[65] 回过头来看看，正是东西方对抗的这种“残障”，产生了一些最强、最重要的军备控制与裁军措施，[66] 而自 1989 年以来较为分散的全球平衡和流行一时的干涉之风使这种进展难以保持，更不用说继续向前了。[67] 从这一特定意义上讲，两种“错误”（即“零和”和对立的地区组合）看起来有一部分是“正确”的。即使如此，一个集团从开始起就确立有建设性目标，而且愿意把所有资源用于实现上述目标上来，而不是通过长期并且附带有代价和风险的对抗来绕来绕去，这显然会更好些的。一个与成员国和邻国相安相处的集团会拥有更多的安全“红利”来帮助那些非幸运者，而且这样也不会引起受助者的猜疑。放弃围困式思维，则可给予其成员国和它们的公民更多发挥其不同作用的自由空间，也可更容易与其他国际角色共同应对安全领域里的挑战，包括更新和“更软”的挑战。最后，一个建立在积极的共同利益和志向之上的集团会生存得长久些，因为在威胁被打败或消除后积极的目标一般能为创造新的条件而得到延长和重组。

第三个标准：地区集团所带有**僵硬或不变**的特点既可以用于民主建设，也可以用于不民主建设中。其要害并不是该集团的管理有多么正式，而是它能如何顺利地适应外部变化和内部驱动力，能否适应成员的扩大和内部新成员参与的要求或终止先前的（和较简单的）议程。一个集团，如果不能够根据危险做出调整，就会出局或被空化，而同时其成员（至少是更具有力量的国家）会去在其他地方寻找安全。如果成员国能够迈上更高台阶，包括在更有效的框架中采取行动，一个组织的死亡或封存对安全来说并不一定是坏事。[68] 最让人感到不安的是一些“去组织化”的例证，这些角色为了自己所选择的

---

〔65〕 如前所述，一个显著的例证就是“欧洲安全和合作会议”/“欧洲安全与合作组织”。尽管如此，在诸如环境、能源、通信、体育、文化等领域里的泛欧洲合作网络还是发挥了一定的作用，而且在 1989 年 11 月柏林墙倒塌之前一些有限度的跨集团之间的次地区性合作已经开始了（如奥地利、捷克斯洛伐克、匈牙利、意大利和南斯拉夫的五国合作）。

〔66〕 例证包括苏联和美国达成的关于削减战略武器条约（SALT 和 START）和所有中程核武器协议。关于条约的详细内容参阅本卷附件 A。

〔67〕 参见本卷的引言和第 15 章。

〔68〕 其中例证之一就是当欧盟承担起欧洲危机管理使命后的西欧联盟的命运。

安全行动而越出地区框架，正如美国在干涉阿富汗和伊拉克时通过建立非联合国、非北约的临时联盟所做的那样。然而，这些例证表明，除非它表现出能满足那些拥有最多选择能力的成员国（最强大的成员国）的需要，否则它就难以维护和继续坚持其机构化的做法。这需要慎重思量，因为如果给了最不愿受管束的成员国太多的空间，那么在其他成员国看来或在更广泛的安全目标上就会削弱集团的规范权力。最坏的例证就是，集团及其原则保持了形式上的存在，因此危险则被归究于抱怨，而其成员越来越会在不要纪律和支持的情况下采取行动。

这就引出第四组指标：**人为性和浮浅性**。这些指标描述出这样一些结构，即建立这些结构是用来转移对地区真正安全问题的注意力，使该地区看起来比其他地区好些，或者增加提出该倡议的一个或多个国家的光荣感（请看冷战后在中亚地区所进行的一系列竞争性组合的尝试）。[69] 人为性和浮浅性，要说有的话，可出现在一个集团衰落的时期，成员国出于惯性来参加会议，派出降低了官阶的代表。一个集团不应立即被贴上浮浅的标签，然而正是因为它缺乏稳定的官僚机构形式和资源，或只涉及到地区安全议程中微小的不重要的部分。这样的机构创造可以成为更大事件的首批种子，而且只要有需要建立信心，只要参加国正学着理解各自的优先考虑，就有理由让它们继续“亮着”。但较确实的危险信号在于：（1）参加国之间明显存在着不同的认真水平；（2）活动迅速减少；（3）集团的双重或多重机构之间没有互补性；（4）不能与外部角色发生有意义的接触，这些外部角色与特定议程是相关联的；（5）成员国越来越多地做一些与集团明确的目标和规则相冲突的行为。即使是在这种毫无希望的条件下，同样不能说安全会受到这些事实上名存实亡集团的伤害。这种带有“修辞性的地区主义”承认，其他角色和世界一般来说都把合作看作是有价值的。当人为组织表现得好到足以混淆（和产生一种虚假的安全）地区内部和外部真正的挑战时，错误的判断就会变得更危险了。

---

〔69〕 R. 艾利森：“中亚的地区主义、地区结构和安全管理”，《国际事务》，第 80 卷，第 3 号，2004 年 5 月，第 469—473 页。

管理和资源使用的效率必须是一个相关措施，因为对一个地区性努力付出合理的力量关系到预期的收益，以及该地区能负担多少（或从其他地区获得多少），在不同时期这些都是不同的。投入和产出的平衡，不仅仅要考虑到有形的现金流向和此类保障（即建筑物、秘书处工作人员、行动所用的部队和其他资产的借用），而且还要考虑到“过程费用”，包括国家政府参与集团的活动和用在集团事务上的时间。平衡的另一面是更广泛过程中出现的好处，表现在集团内部的信任、理解和团结，以及与外部世界互动时有形的东西（即更强大的谈判力量）和无形的东西（即立场和影响）。总之，一个不发挥作用的集团会成为一个与其付出代价相比多得多的组织，或者成为一个难以实现其所宣布目标的集团。最后的平衡还要考虑到这个集团对外人、对自己的臣民和对出钱人是否有效。这里就会出现矛盾，即：集团的工作方式从内部来说是可以接受甚至是合理的，但对一些需要产生影响的外人来说却毫无意义，这种现象常常出现在欧盟和美国之间。在这种情况下，该集团也许需要考虑使用双重语言和信息，尽管不是用双重标准。

地区环境：促进因素和复杂化因素

是什么原因使一些地区或次地区的安全合作活跃，而其他地区则不然？发现其中的答案对于那些正在寻求弥补合作中现存差距的人来说是重要的，但这并没有简单的定式，这里只涉及到几个相关因素，以显示它们的实际影响将是何等复杂。

1. 国家规模和均势。在东亚和南亚地区，中国和印度不成比例的规模对与安全相关的合作分别构成一种特有的挑战，而苏联在“华沙条约组织”中显然也施加了不健康的主导作用。然而在北约，美国的力量和领导能力被普遍看作是一直以来使同盟得以维系下去的因素，〔70〕而且历史也显示出几个带有不同选择假设的例证，在这里，一个或多个大国的存在则鼓励其他国家走到一起，目的就是要与大国

〔70〕 在 3 个最活跃的次地区集团中（“南部非洲发展共同体”和“西部非洲国家经济共同体”）分别包含了一个不匀称的强国——南非和尼日利亚。

或大国们保持力量的平衡。[71] 最可准确无误说明的是，集团在包含有大的成员国时将发现很难达成高度一致和融为一体，因为大国不会接受在其本土上的指手划脚，而其他国家则对于只能接受这个国家的模式都带有警惕性。

2. 地区内的关系。在紧张程度最低和邻国之间拥有最大的共同安全利益时，或者当一个地区明显地划分为两个集团时（如冷战时期的欧洲），合作应该是最容易的。大中东提供了一个情形正好相反的好例子，那里的合作受阻，并不单单因为是其斗争的激烈程度，而且因为现存敌手和冲突的复杂性。[72] 另一方面，在西欧机制建设上，由于存在着具有明显不同议程和改变了结盟的四五个较大国家（现在波兰是第六个），一体化既是动机和动力，也是一种阻力。阿根廷与巴西间的对立，或巴西与墨西哥的对立，致使拉丁美洲的机构性安全机制至今尚未摆脱缓慢而复杂的进程。[73] 有时候，邻国之间的关系并不足以成为确定正式安全方案的问题（在这一点上北欧地区就是一个例证）。另一个变量是外部大国的行为。正如前所述，如果它们的行动故意或本身就带有“分而治之”的目的，一个稳固的地区结构或者无法出现，或者就是一个两极模式（就像早期阿拉伯与以色列对抗的中东地区）。[74]

3. 历史与文化。有两种形成鲜明对比的方式，即共同的历史促进了现代地区合作。地区过去存在的超国家结构和权力（诸如帝国和先前存在的同盟形式）产生习惯与经验，它们至少可缩短达成新协议的路程。[75] 这些传统有时候是故意调动起来，以给予新（重新）出

---

〔71〕 东盟的部分逻辑可以这样解读，特别是在面对中国时。

〔72〕 霍利斯（同注释［2］）。

〔73〕 拉萨斯（同注释［2］）。

〔74〕 自 2001 年开始，欧洲开始在区分为亲美和反美阵营之间摆动，集结到一起为了更有效地与美国接触或者对美国形成一种选择。在这种情况下，这种混乱往往倾向于后者，因为美国常常不鼓励欧洲一体化。

〔75〕 欧洲本身就是一个例证，但是和东盟、“南方共同市场”和非洲的集团相比，它似乎更具有统一性，后者更多地扎根于广泛殖民化的地区。从另外一个角度看，在建立现代次地区集团如西非的“西部非洲国家经济共同体”这样的跨边界集团时，由先前竞争性帝国建立起来的文化疆界（如非洲的法语地区和英语地区）在现实和政治方面已经产生出更为特别的复杂性。

现的地区具有合法性，正如 1993 年挪威参照中世纪“海岸贸易”合作样式发起的“巴伦支欧洲与北极地区理事会”那样。[76] 有时候，出现一个自愿组合的当地集团，其目的就是要取代一个由外部力量强加的多边框架，并与之相对比，这一般发生在该多边框架退出之后（如“华沙条约组织”和“经济互助组织”COMECON）解散后出现的中欧合作。相反，一个遭受过灾难性内部冲突的地区在“不再这样做”的精神指导下能被迫成立一种新型的多边管理模式，如二战结束后在欧洲成立的“欧洲共同体”和“西欧联盟”那样。在此情形下，新的集体身份提供了新的合法性，特别是对那些在先前冲突中的失败者。历史似乎变成一种障碍，它只提供了分裂模式或完全不可靠的多边实验，先前各场战争之后的和解并不充分，“遗留的”索赔问题或边界争端从一开始就阻碍了地区结构的建立。[77]

邻国间政治与文化的兼容性是一个更加复杂的问题。政治和文化的特性带有主观成分，它可以不时地发生变迁，而那些重新自我发现的国家有可能对谁是其天然邻国和伙伴采取不同的看法。至于对结构性地区化进程的影响，文化上的高度相同性（如北欧国家之间）会使合作变得如此简单，而使其很少拘泥于形式。到目前为止，伊斯兰的共同遗产并没有让大中东或北非地区摆脱严重的“非地区化”状态，无疑成为一个障碍，因为它提供了另外一种限定现代国家权力的跨国家参照框架。成功融为一体的地区，包括欧洲，是在这样条件下产生的，即多元化种族、宗教、语言和行动，部分动力来源于希望不使这些差异导向冲突。[78] 总之，文化兼容性是一个促进因素，而文化多样性并不一定是决定性障碍，其前提条件是：(1) 有足够强烈的战略利益；(2) 这些差异不是被当作政治资产本身来加以保护，相反去通

---

〔76〕 I. B. 诺伊曼：“北欧地区建设道路”，《国际政治评论》，第 20 卷，第 1 号，1994 年 1 月，第 53—74 页。

〔77〕 这种封闭的效果在冲突双方涉及到合法性和身份时变得非常强大，以致于不能让其隔离或绕过（例如印度和巴基斯坦在克什米尔问题上，俄罗斯和日本在北方领土问题上）。最为极端的例证是历史让多少个国家在那种当地性地区体系变得不确定（如台湾和巴勒斯坦）。

〔78〕 一种更高层次的一体化有助于以现实的方法给予种族集团相同的权力，不管他们居住在何种主权之下，而且让他们自由地移动。

过一种妥协文化来得以调解。[79] 最后但并不是不重要的，国家不一定都有民主才能使安全组合有效运转，正如我们在历史同盟“华沙条约组织”或“上海合作组织”（由 6 个至少有不完美民主的国家）看到的那样。然而，这里确实有许多证据表明，民主普及的集团能够更紧密地结合起来，而且生存得更好，正如本节开头部分所讨论的那样。

第六节　结　　论

如果还有些意义的话，本章所显示出来的 20 和 21 世纪地区安全合作并不是一种暂时现象。这是一个丰富且多样化的现象，世界大多数国家现在都卷入了其中，只是有些国家卷入得更深入、更认真和更自愿些。它正发展一些模式，以包容当代泛化的安全范畴。出于战略和运作目的，它把安全和非安全工具结合到一起。然而，许多观察家仍会质疑，这些过多的会议、宣言、声明、军事接触、机构总部的官僚工作以及诸如此类，会对国家和民众的安全带来有用的价值。那些集中研究恐怖主义、扩散、暴力冲突和大国敌对等最严峻安全挑战的分析家则会很容易得出这样结论，即地区合作的做法并不有效，也不相干。本作者的观点是，这些争论过于简单，而且会引起误导。从历史角度来看，确有这样一些有力的例证表明，一些重要的机构，特别值得一提的如东盟、欧盟、“南方共同市场”和北约，在克服成员国之间根深蒂固的冲突和致力于维护国内和国际关系中的和平方面发挥了重要作用。20 世纪 90 年代以来，这些机构吸收了许多迫切要求加入的成员和伙伴。在这段时间里，确有充分证据表明，在不同地区，如中美洲和南非洲、东南亚、中欧和巴尔干地区，这样的进程有助于防止和解决国家间或国家内部冲突，有助于民主的巩固和人权的保护。

[79] 然而经验显示，在十分广泛的地区建立起活跃的安全共同体也存在着陷阱，文化和管理方面的共同特点变得越来越弱，以致于失去维系该共同体所依赖的共同标准的分量，对欧盟和北约扩大的辩论也涉及到了这个相同的问题。

难以评估地区安全合作的部分原因是标准的选择。发现失败和弱点并不难：20 世纪 90 年代欧洲无力应付其后院前南斯拉夫国内冲突，非洲没有对整个大陆上发生的许多冲突做出反应，东亚国家没能阻止朝鲜的核野心，这里只列举了最具有代表意义的例证。然而，应付这些安全挑战的其他方法，如国家行动或单方行动、自愿国家临时联盟和通过诸如联合国这样机构而采取的全球性行动却被证明成功不多。因此，一个更合理的问题是，同已有的其他方法相比，地区方法将能提供什么样的额外价值。在这方面，逻辑和事实都表明，当地包容性的做法可提供合法性，提供一个长期而自我维持的框架以及一种比其各成员国更大的影响力，特别是当它们实现更紧密的一体化之后。与此同时，它们也带有力量上的不足，明显的障碍通常是要决策一致。地区安全合作因此不可能完全替代国家行动，或替代通过联合国安理会做出的决定，但它可成为它们强有力的补充。最后，各国往往不以其国家的大小、地理位置和对待它国的态度，而是以其安全重点和喜欢做的反应来判断地区主义的价值：一个想运用军事力量反对恐怖主义和强化其边界防御的国家，不会过高地看重使用民事、法律、跨国和侵入性补救措施的，欧盟就是例证。然而，合作性地区方法在处理其他重点问题上具有明显的优势，例如国家间长期的和平建设、促进民主和保护人权以及应付诸如环境污染和有组织犯罪等跨国挑战等。

如何让这些“安全地区”与全球安全管理更广泛地结合到一起？地区化与全球化之间的辩证关系从经济学来看有相似之处，但在安全方面，即使不总是，却经常是有争论的术语。因此，正如前面第四节所述，不带有美国参与的一体化地区不但会被其参与者，而且还也被美国看作是平衡美国力量或者至少减轻美国干涉的尝试。随着他们获得信心，地区性组织会而且确实能影响到他们认为是追随者的其他人，或者鼓舞这些人追随他们的合作模式，这样就会更进一步扩散地区主义的“病毒”。〔80〕与此同时，处在世界上较虚弱、缺乏组织的部

〔80〕 因此，欧盟与诸如东盟、“南方共同市场”等集团有过对话，而且为非盟的维和政策提供集体性支持。还有一些与安全相关组织的非正式的全球网络，它们主要由联合国召集，用以讨论冲突议题。

分地区的国家或许有理由担心大型集团的力量会转而对付它们：这种气氛仍让北约和欧盟向地中海地区的“伸展”感到苦恼。

用更具有分析性的术语来说，也许尚有疑问的是，地区性俱乐部这个堑壕在多大程度上能够适应像冲突之类传统安全病患的影响和像恐怖主义、疾病这种灾难所带有的越来越明显的全球性质。如果地区性输出能够显示出它是在促进而不是干预全球性共同的目标，回答就应该是肯定的。在威胁以分散的方式出现（如地区冲突）的地方，像非洲和欧洲的那样当地反应能力，将可减少联合国作为“最后手段”的干预能力超负荷使用的危险。这些地区性能力让联合国的注意力集中于最需要的地方，因此有助于补偿更长远的安全标准。〔81〕在跨国威胁方面，有组织的地区能有效地增大自身防卫能力，而且为全球性努力提供“预先设置好的”投入。然而，如果旧的观念——“地区组成的世界”——不想变成只有几只野兽的丛林的话，这两种例证都显示出权力的普遍标准和框架的突出重要性（包括联合国强力干预的合法性）。

无论如何，由地区组成的世界是一个遥远的希望，只要中国、印度、俄罗斯，特别是美国仍是只对地区化进行有限体验和做出有限承诺的角色。〔82〕一个直接的问题是，这个不同色彩的世界体系——拥有独立的大国和地区集团（集团中的一些国家有时遵守集团的纪律，有时不在集团纪律范围内行动）——如何能够使之运作下去。部分答案存在于现有论坛当中，不仅是联合国，而且还有国际金融机构和世界贸易组织，在这些机构中，参加者可以在国家和集团的立场上互动；另一部分答案寓于越来越需要全球合作的压力上，诸如对付恐怖主义、大规模杀伤性武器和许多其他“软性”安全的挑战方面。然而，前景是复杂的。各种角色在文化和规范方面，即使是在那些涉及到最基本安全问题上都存在着差异，生活或未生活在一体化地区的不同角色的经验，无疑进一步增强了这些差异。对地区安全进程的进一

---

〔81〕 E. 申斯：“为全球范围的安全筹资”，《SIPRI 年鉴 2005》（同注释［2］），第285—306页。

〔82〕 从这个意义上讲，美国卷入北约只是部分的例外，它对美国自己的本土并不带有侵入性或文化构成难以见到的影响。在多数情况下，美国忙于把自己的资产在欧洲领土上较少以地区形式出现，也较少对欧洲承担义务的方式来重新设计北约。

步客观研究或许可以有助于所有各方更冷静地对待这种现象，而且更关注其实际和潜在手段。在现实生活中，即使是缺乏这样一些概念性框架，欧盟和美国同样都在为如何给大中东、东亚和南亚从稳定的地区体制中获取好处而斗争。上述分析指出，这确实是一个值得而且也是紧迫的事业，它应该获得比现在多得多有见地的思想和努力。

（滕建群 译）

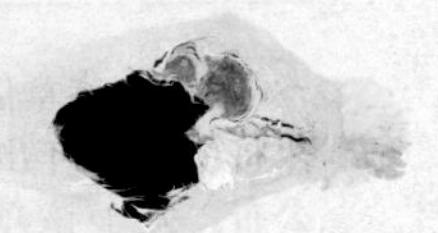

第五章 核武器的国家治理：机遇与限制

汉斯·博恩

第一节 导 言[1]

在核武器时代来临 60 年之后，核武器的治理成为一个需要重新审视的问题，而现在这一时机已经成熟。在本章中，“治理”一词不仅包括在核武器问题上拥有各种决策权的国家的职能，也包括那些在决策的执行上具有实际手段和现实机会的国家的角色。尽管冷战已经终结，1968 年签署的《不扩散核武器条约》（NPT）[2] 也得以无限期延长，但无论对于有核国家还是无核国家，核武器仍然是国家主要的安全关切。本章在广义上、从治理而不是安全的角度，全面关注核武器国家内部以及（某种程度上）核武器国家之间实行的政治监督和管制机制。通过引入文职控制和民主责任的概念（这些概念已经成为

[illegible]本章借鉴了日内瓦武装力量民主控制中心（DCAF）研究项目的初步结果。该结果将在[illegible]年出版的著作《核武器治理：核武器的民主责任和文职控制的机遇与限制》中公布。关于该项目和日内瓦武装力量民主控制中心，参见网址：URL〈http：//www. dcaf. ch/civnuc/ _ index. cfm〉。另参见：汉斯·博恩，“核武器的文职控制和民主责任”，载海涅·汉格（H. Hanggi），T. 温克勒主编：《安全部门治理的挑战》（LIT Verlag：Munster，2003）。作者对日内瓦武装力量民主控制中心的同事海涅·汉格（Heiner Hanggi）和温迪·罗宾逊为本文提供的帮助表示感谢。

〔2〕《不扩散核武器条约》第九条规定，只有在 1967 年 1 月 1 日前制造并试爆核装置的国家才被认为是核武器国家。根据这条规定，中国、法国、俄罗斯、英国和美国是不扩散核武器条约的核武器缔约国。有关核不扩散条约的签署国和缔约国，参见本卷附件 A。全文可参见网址：URL〈http：//www. iaca. org/Publication s/Documents/Treaties/npt. html〉。

安全部门改革努力的一部分[3]），本章不仅考察了国家行政部门、军队和专门的文职机构的角色和条件，还考察了议会机构以及整个公民社会的作用和条件。

经过对地区乃至全球安全的风险评估之后，由谁支配和控制核力量以及他们可能使用核武器意味着什么等问题则变得非常重要。[4] 核武器的文职控制和民主责任是一个被多数人遗忘的研究领域。现有的大多数研究一般都是从国别的角度进行考察（通常关注美国），专注的是行政控制；[5] 而其他研究则探讨新兴的核武器国家。[6] 罗伯特·达尔以及其他作者已经对民主与核“监护权”之间的相互影响及兼容性（包括民主如何达到促进军备控制和裁军的目的等问题）进行了分析。[7] 除了强调担心现存的核武器数量以及核武器“横向扩散”和“纵向扩散”的风险等显性原因外，[8] 这些研究还突显了关注核武器发展和核政策制定进程的其他几个原因。即使在发达的民主国家，保密与公开之间的平衡也是倾斜的。很大程度上，国家在核武器能力问题上的决策是不

[3] 参见汉格（Hanggi）、温克勒（同注释［1］）、卡帕瑞尼：“安全部门改革与北约和欧盟的扩大”，《SIPRI 年鉴 2003：军备控制、裁军和国际安全》（牛津大学出版社，2002 年版），第 237—260 页。

[4] 参见 B. 布莱尔：《意外核战争的逻辑》（华盛顿布鲁金斯学会，1993 年版）；布瑞肯（P. Bracken），《核力量的支配与控制》（耶鲁大学出版社，纽黑文，美国康涅狄格州，1983 年版）。

[5] 彼得·费沃尔（P. Feaver）：《保卫监护人：美国核武器的文职控制》（康奈尔大学出版社，1992 年版）。

[6] 莱沃（P. Lavoy）、S. 萨根和 J. 沃兹：《规划意想不到的事：新兴力量如何使用核、生化武器》（康奈尔大学出版社 2000 年版）；彼得·费沃尔（P. Feaver）：“新兴核武器持有国的指挥与控制”，《国际安全》（第 17 卷，1992/93 冬季号），第 160—187 页。

[7] 达尔：《控制核武器：民主与监护》（锡拉丘兹大学出版社，1985 年版）。另参见萨根和沃尔兹，《核武器的扩散：复活的辩论》（诺顿出版社，2003 年版）；马勒，“核裁军：渐进主义的案例”，拜利斯（Baylis）和奥尼尔：《核武器未来的抉择：后冷战时代核武器的作用》（牛津大学出版社，2000 年版），第 125—144 页；萨根，国际安全与军控中心，《文职官员与军方的关系和核武器》，斯坦福大学国际安全与军控中心报告（1994 年 6 月）。

[8] 有关核力量和计划发展的信息，参阅本卷附录 13A；有关对现在核扩散担忧的讨论，参阅本卷第 13 章。

受正常的民主原则控制的。〔9〕专制政府控制的以及有着敌对邻国的国家通常认为对核武器计划实行牢固的中央控制是政权生存和地区稳定的先决条件。不同程度的不透明性以及由此导致的民主"缩水"，表明在新兴核国家和老牌核国家之间，除了其他方面以外还有在治理方法上的"核学习"余地。〔10〕在国际层次，自冷战以来就一直认为，关于问题国家的外部行为，内部辩论和控制的缺乏同更大的不确定性和风险相联系。在现在的安全环境下，以秘密和民主的方式进行核决策将会引起更大的争议，这种方式可能会扩大新武器的获取规模，增大核武器国家对核武器的依赖程度；不同的治理实践和不同的开放程度也阻碍了地区和全球合作对付共同危险（如核恐怖主义和核走私）的进展。

本章的第二节关注的是在五个为《不扩散核武器条约》所承认的核国家——美国、俄罗斯、中国、法国和英国，以及三个事实上的核国家——印度、以色列和巴基斯坦〔11〕的国家治理的各个方面。该节详细考察了各国在数量上和质量上很大不同的核武库以及各国不同的国内体制、历史、文化和地理背景。第三节不仅讨论了责任的四个不同指标：指挥和控制安排，行政控制，议会控制以及公众的作用，还探讨了在国际文书和国际关系中国有的管制。第四节是结论。通过分析，有必要认识到，核武器决策领域的机密性，有时甚至是故意的模糊和误导，致使在比较研究领域存在着种种问题。

---

〔9〕按照达尔的观点："核武器战略的关键选择是由包括总统在内的决策圈的一小部分人决定的，这些关键决策很少会受到民主程序的制约。对于这些问题上的所有可行性建议，不仅公众舆论无法参与，连民主程序也无法发挥作用。"参阅，达尔，(同注释 [7])。

〔10〕关于核武器国家的"核学习"进程，参阅约瑟夫·奈："核习得和美苏安全机制"，《国际组织》(第 41 卷，1987 年夏季号)，第 378—385 页；加迪斯主编，《冷战时代政治家的导弹对抗：1945 年以来的核外交》(牛津大学出版社，1999 年版)。

〔11〕2005 年 2 月，朝鲜宣布其拥有作战核武器。这项声明还未得到独立的证实。

第二节　核武器拥有国的核武器治理

美国[12]

美国在1945年成为世界上第一个进行核试验的国家，同时也是迄今为止唯一一个使用过核武器的国家。从一开始，美国就强调要对其核资产进行政治控制。20世纪50年代初期，美国的核武器与运载工具由原子能委员会（AEC）而不是由军方分离存放。根据1946年《原子能法》相关条款的规定，只有总统方能授权将核武器转移给军方（如1950年朝鲜战争爆发不久发生的情形）。然而，随着时间的推移，美国对待核武器的态度在某种程度上变得“常规化”，允许委托管制。到今天，军方已经成为美国核弹头实质上的管理者。但无论如何，美国核武器的研究、开发、生产、现代化以及销毁仍然由设立在能源部（DOE）的国家核安全局（NNSA）负责。[13] 核武器的使用由一套许可性行动链接系统（PALs）控制。该系统使用电子密码，而只有得到总统授权，军事官员才有权得知这一电码。许可性行动链接系统、其他安全装置以及各式各样的机械保护就是为了防止核武器发生事故以及核武器的被盗窃和越权使用而设立的。

总统虽然在核学说、核开发以及核武器的操作上拥有最终的权威，但却严重依赖法定的政策顾问小组，尤其是国防部长办公室和参谋长联席会议。国务院和能源部以及国家安全委员会在核问题上也具有决策权。总统作为武装力量总司令拥有实际操作的权力，包括批准目标政策，设定美国核力量的警戒级别以及授权军方使用核武器。内含核密码和发射选项的手提箱（“核足球”）时时刻刻都紧随总统身侧。

为了保证美国在一旦受到攻击的情况下政府采取行动的权力和连

---

〔12〕 本节借鉴了彼得·费沃尔和克里斯汀·汤姆逊·夏普日内瓦武装力量民主控制中心（DCAF）研究项目有关核武器治理上研究成果。

〔13〕 参阅国家核安全局（NNSA）网址：URL〈http：//www. nnsa. gov〉。

续性，法律也作了相关规定，总统有权事先授权使用核武器。[14] 事先授权被认为是在受到核攻击之际使用军事指挥链解决指挥和控制问题的一种方法。这种安排设定了一套特定的条件，即在总统的预先授权下使用核武器。由于文职官员列出了预先授权给军方指挥官使用核武器的特定条件，所以文职官员仍然保留着对进程的完全控制。近年来解密的国家安全档案显示，预先授权发生在德怀特·艾森豪威尔总统和约翰·肯尼迪总统时期，据推测一直持续到 20 世纪 80 年代末期。[15] 但当前在何种程度上发生这种情况尚不清楚。

到目前为止，还没有解密文件显示，在预先授权进行报复性核打击之后有重新连接总统或总统继任者与国家统帅部（NCA）的计划。而且，移交国家统帅部授权使用核武器的命令与美国宪法规定的总统继任规则不相一致，这显示了在严峻的或极端环境下核武器民主治理的潜在问题。

根据宪法，总统作为三军统帅在核武器问题上的权力受到国会的制约。根据宪法的规定，国会拥有宣战、集结军队和批准条约（此权力仅限于参议院）以及批准对高级文职官员和军事官员任命的权力。国会还控制着包括国防开支在内的联邦预算。财权的力量最近得到证明，国会连续第三年否决了行政当局就开发新型核弹头的计划而提出的拨款要求。[16] 一般而言，国会拥有宪法的授权，监督行政机构的活动。为了实现这项职能，国会设立了一系列机构，如国会研究部（CRS）和国会预算办公室（CBO）为议员提供独立的信息和建议。另外，政府审计总署（GAO）直接参与行政机构执行国会批准的政策和计划，包括国家安全领域的审计。

与其他一些核国家相比，美国是一个活力充沛的公民社会，它对核辩论具有显而易见的影响。藉此“旋转门”体制，新任总统可以委派其任命者（通常是非官方人士）担任哪怕是级别不太高的行政职

〔14〕 参阅彼得·费沃尔（同注释［5］），第 48 页。

〔15〕 参阅布莱尔，（同注释［4］）。

〔16〕 该计划是研制威力更强大的钻地核弹头。参阅诺里斯和克里斯汀：“美国的核力量：2006”，《原子能科学家通告》（第 62 卷，第 1 期，2006 年 1/2 月号），第 68—71 页。

位，这保持了处理核问题的官员与政府外拥有职位的个人之间的双向交流。在一些总统大选中，核武器已经成为一个重大问题：请看肯尼迪总统 1960 年在竞选活动中所谓“导弹差距”的演讲、吉米·卡特总统 1980 年在与罗纳德·里根的竞选中“软防务”的演说以及 2000 年大选中的导弹防御问题。一个充满活力的民主体制当中的多种因素与美国核体制和核计划的相对公开相结合——以及美国在国际交往上的合作态度（尤其是与俄罗斯〔17〕），使得美国成为其他不透明国家进行核治理调查的参照点和标杆。〔18〕然而，体制内的保密因素和总统掌握的行政权力的集中，对（即使是美国的）核武器的民主治理构成挑战。

俄罗斯〔19〕

俄罗斯联邦是苏联的法定继承国。苏联在 1949 年成功试爆核武器，成为世界上第二个进行核试验的国家。〔20〕苏联拥有核武器对核治理构成的挑战不但反映了现在俄罗斯民主转型过程的不成熟和困难，而且折射出一种战略背景。在这种战略背景下，核武器被俄罗斯视为是保持其超级大国地位的唯一象征。这些因素使核决策的权力集中在超越公众监督的严密的官方决策圈手中，但矛盾的是：核能力对

---

〔17〕美国和苏联（现在是俄罗斯）是唯一两个达成正式的、相互的核军控协议的国家。在某些情形下，包含可核查的削减核武器。然而美国最近已经逐渐偏离了这些正式协议。（参阅本卷第 12 章），现在美俄在剩余核武器的处理和安全以及可用于武器制造的核材料上的合作性计划有利于增加其在各自核弹头上的透明度。参阅扎瑞姆帕斯（Zarimpas）主编，SIPRI，《核弹头和核材料的透明度：政治和技术的层面》（牛津大学出版社，2003 年版）。

〔18〕瑞士世界事务和日内瓦武装力量民主控制中心基金会在有关核武器治理：应对政治控制、军队特权和科学游说团会议的报告，华盛顿特区约翰·霍普金斯大学，2005 年 4 月 11 日。

〔19〕本节借用了阿列克谢·阿尔巴托夫在 DCAF 研究计划中核武器治理的研究成果（同注释［1］）。

〔20〕有关 1991 年 12 月苏联解体之后，其武器的地位问题的论述参阅洛克伍德：“核军控”，《SIPRI 年鉴 1994》（牛津大学出版社 1994 年版），第 639—672 页；以及 J. 格奥德布莱特（Goldblat），瑞典斯德哥尔摩国际和平研究所（SIPRI）和奥斯陆国际和平研究所，《军备控制：谈判和协议的新指南》（伦敦塞奇出版公司，2002 年版），第 90 页。详细可参阅本卷附件 A 中的《第一阶段削减和限制战略性进攻武器条约》（START I Treaty）。

国家的整体命运和自我形象之间的关联性使得核决策成为专家和大众积极谈论的话题。

俄罗斯总统在包括核开发、生产、储存、部署以及使用核武器在内的核武器周期的所有重要环节具有正式的决策权。总统可以在资金和核弹头的数量上作出决定。根据宪法规定，总统通过由总理、国防部长、外交部长和联邦安全局局长组成的安全委员会的协助行使其在军事政策上的权力。与美国的总统相比，俄罗斯总统没有单独授权使用核武器的权力，藏有解锁密码的手提箱由总统、国防部长和总参谋长共同控制。[21] 在实践中，缺乏来自文职官员良好而独立的建议成为制约总统发挥其作为核政策的文职主宰者作用的另外一个因素。普京总统在强力部门（军民安全和情报官员）担任职务时，这个问题更加严重。现在普京总统几乎垄断了所有重要职位，这种情形与中国和巴基斯坦文武合一的领导风格有些类似（见下文）。

制度性责任和俄罗斯军队的能力（与文职领导相比）近年来已经削弱。在过去，战争规划和核武器现代化计划主要是由军队在既定的预算范围内进行处理。这也导致了不必要的武器种类的扩散，引发了一定争议。2004 年 6 月，在 1996 年的“国防法”[22]修正案中明确规定，总参谋长接受文职国防部长的指挥。

考虑到前苏联体系的分裂（例如，前苏联的八个预警雷达中的五个现在并不在俄罗斯境内）和资金的短缺（已经导致卫星系统和其他物理装置的侵蚀），[23] 与俄罗斯核力量的实际控制相关的问题依然是一个严重的关切。对俄罗斯核弹头，尤其是其战术核武器安全状况的担忧，虽然激发了对一些前苏联国家的国际核不扩散和裁军援助计

〔21〕 沃尔勒（J. Waller）：“改变核指挥”，《深度观察》（第 17 卷，第 7 期，2001 年 2 月），第 14 页；克林纳（T. Collina）：“核恐怖主义和俄罗斯核弹头的控制”，《生存》（第 44 卷，第 2 期，2002 年春季号），第 75 页。

〔22〕 俄罗斯联邦国防部，联邦法“国防法案”，第 61—FZ，1996 年 5 月。参见网址：URL 〈http：//www. mil. ru/articals/artical3863. shtml〉（俄文版）。

〔23〕 1995 年挪威研究型火箭的发射导致俄罗斯的指挥控制系统出现错误，显示为警戒状态。参阅：索科夫（N. Sokov）：《挪威会引发核战争吗？俄罗斯指挥控制系统的注释》（PONARS 政策备忘录 24 号）（蒙特雷学院不扩散研究中心，1997 年版）。

划，但却未能完全消除这种担忧。[24] 然而，通常认为，俄罗斯核弹头的物理安全防护措施是有效的。没有证据可以反驳俄罗斯的声明，即所有俄罗斯的核弹头都得到严格的储存。美国和俄罗斯一起为提升这些储存场所的安全性做了大量工作。现在与物理安全相关的问题不仅涉及可用于武器的材料，还涉及到在 20 世纪 90 年代初期到中期前苏联的特殊环境下是否所有的武器都被统计在内。

按照规定，国家杜马（俄罗斯议会下院）的作用只限于批准政府的决定。杜马议员有权审查年度军备计划文件，但是大多数议员缺乏独立评估计划的专业能力，而保密法则有效地限制了他们寻求专家帮助的可能。杜马国防委员会的成员要么是退休的，要么是现任的军事官员。这些因素综合的结果就是，杜马在核学说和核战略问题上没有多少发言权，其进行的每年一度的国防预算的辩论也没有导致多少改观。相比较而言，由于曾与美国进行过 30 多年的军备控制谈判，俄罗斯已经形成一个与核武器相关的大型信息实体，使得议会外的非政府专家和媒体可以获得相关的信息：但是他们却没有影响政府决策的渠道。而且一旦他们泄露“国家机密”，就可能有被囚禁的危险。[25] 所以，现在可以理解为什么记者和学者不愿意就核议题发表评论了。

中国[26]

中国于 1964 年进行了首次核试验，成为最后一个为《不扩散核武器条约》所承认的核武器拥有国。中国的核决策体系被称为“有中国特色的文职控制”，但这种体系并不是“民主责任”体制。虽然中国共产党依旧牢牢地“控制着枪杆子”，但军队在核武器事务中扮演着虽非决定性但却是非常关键的角色。

中国领导层处理核决策的方式反映出中国共产党与军队之间密切

---

〔24〕 I. 安东尼，弗·费琴科（V. Fedchenko）：“国际不扩散和裁军协助”，《SIPRI 年鉴 2005：军备、裁军与国际安全》（牛津大学出版社，2005 年版），第 675—698 页；和俄罗斯联邦国防部（同注释〔22〕）。

〔25〕 俄国人因间谍罪获刑 15 年，英国广播公司（BBC）新闻在线 2004 年 4 月 7 日，参见网址：URL〈http：//www.bbc.co.uk/1/3606649.stm〉。

〔26〕 本节借用了贝茨·基尔，伊万·麦德尔罗斯 DCAF 研究计划有关核武器治理的研究成果（同注释〔1〕）。

的依存关系，其中原因要追溯到中国共产党成立之初。中国国家主席、中国共产党总书记胡锦涛同时还是两个国防政策最高决策机构——政治局常委会和中央军事委员会——的首脑。这两个机构的所有成员都是中国共产党党员，这意味着文职控制就等同于党的控制。核武器决策主要是基于这些机构中“集体领导层”的一致意见，决策在军方层面的执行有直接渠道并且受到严格的控制。根据美国情报官员的消息，中国战略导弹未经授权或意外发射的可能性非常低。中国保存导弹时并不添加燃料，而且也不与弹头成对存放。[27] 负责核武器发射的第二炮兵部队的司令员是中央军委的委员。按照沈大伟的说法，没有分别来自中央军委和总参谋长的命令，二炮无权采取行动（例如给导弹安装弹头）。[28] 据报道，只是在 1989 年天安门事件后，中国领导层才开始为国内危机之前的核武器控制采取预防措施（如引入美国式的许可性行动链接系统）。[29]

问题是这种良好的局面是否会随着中国的改革而发生变化。曾经是军队英雄的中国共产党一代领导人已经相继去世，文职领导人必须通过官僚机构之间的讨价还价和任命官员等新的方式保持自己的权威。中国经济的快速增长伴随其新的全球雄心一起可能会导致其核力量结构和态势的快速现代化。然而，即使在将来中国具备了在加速核武器现代化计划上的物质性手段，也没有证据表明此类计划已得到批准。[30] 相反，更大规模、更精确以及更多的移动弹头将要求更加专业的（或许是委托）军队控制。有理由相信中国人民解放军在核学说、发展和采购方面的作用将会由于其日益专业化和非政治化而变得更加重要。

作为立法机构，宪法正式授予全国人民代表大会广泛的宪法权

---

〔27〕 美国国家战略和核项目情报官罗伯特·沃波尔的简报，卡内基国际和平基金会，1998 年 9 月 17 日，参见网址：URL〈http：//www. ceip. org/programs/npp/walpole. htm〉。

〔28〕 沈大伟：《中国的军事现代化：进步、问题与前景》（加利福尼亚大学出版社，2003 年），第 166—167 页。

〔29〕 S. 考尔，D·奥特维：“美国、俄罗斯和中国会成为 21 世纪的核伙伴还是核对手?”《华盛顿邮报》，1995 年 4 月 11 日。

〔30〕 有关中国核力量现代化计划的论述，参阅本卷附录 13A。

力，最终在决策问题上形成议会至上的权威。在实际中，由于是一党统治，全国人大在事关最高政策的问题上从来没有发挥过这样的作用，只在决策的执行上扮演了橡皮图章的角色。现在没有公开的证据表明，立法机构或议会在核武器问题上发生辩论。对于广大的公众来说，中国既不是一个信息透明的公民社会，也没有一个有能力提供政策选择的非政府组织。此外，媒体依然接受中国共产党的领导，所以在中国，核事务依旧是一个绝密的议题。中国从来没有参加过国际裁军谈判，也没有和一个民主国家进行过武器的联合开发和采购，这更增大了这种秘密性。

法国〔31〕

1960 年法国进行了首次核试验。法国的政治体制是“总统的民主”，这种体制赋予总统极大的权力，尤其是在外交事务和包括核武器决策制定的国防政策领域。总统有权任命总理、主持内阁甚至解散国民大会。由于核责任可以加强总统的这种权威性，所以法国的总统体制也被戏称为“核君主政体”。〔32〕

在法国，未得到政治授权，无法对核武器进行物理移动。在警戒状态下总统必须亲自批准任何变动。例如，与美国不同，法国核弹道导弹潜艇司令官没有得到总统的命令和授权代码，不能发射核导弹；没有得到总统的代码和军方密码，不许物理引爆任何武器。〔33〕法国总统在行使核权力的时候，需要得到秘密军事参谋小组和包括总理、国防部长和外交部长在内的国防委员会的支持。军工企业和科技部门在这个机构中没有发言权。有关使用核武器的决策一般只包括三个人：总统、总统府军事参谋长、国防总参谋长。根据宪法规定，如果总统无法行使这些权力，他们将把这些权力移交给参议院主席，然后再移交给政府。

按照宪法第 34 条规定，法国议会有权“决定总体国防组织的基

〔31〕 本节引用了布鲁诺·特尔特莱斯 DCAF 研究项目有关核武器治理的研究成果（同注释〔1〕）。

〔32〕 S. 科恩：《核君主政体：第五共和统治之下外交政策的背后》（巴黎阿歇特出版公司，1986 年版），第 15—32 页。

〔33〕 J. 伊思纳德：《发射核武器的密码》，《世界》（Le Monde）（1981 年 5 月 20 日）。

本原则”。然而，1964 年的总统法令剥夺了议会参与总统的核武器授权和权力的资格。[34] 1958 年戴高乐总统开启核计划时并没有同议会进行咨询。但是，议会在年度国防预算和五年军事采购计划问题上拥有投票权，这两项预算设定了核弹头发展和维护预算的基本方针。议会在核武器问题上的报告虽然对政府的政策也非常关键，但不会对政策产生实质性的影响。然而，议会可以为议员以及一般公众提供核事务方面的官方信息。

多年以来，大概有 2/3 多数（60%—70%）的法国民众支持核武器计划，[35] 但是这种态度的可信度很难评估。法国的思想库在有关核问题的公开讨论上发挥的作用有限，而且即使不扩散问题受到广泛关注，有关法国自身核弹头的信息也很少见诸报端。

英国[36]

自从 1956 年开始英国就拥有可用于军事用途的核武器（英国在 1952 年进行了第一次核试验），但是在苏联解体之后，英国逐渐削减了核弹头的数量。1998 年，工党政府公布了战略防御评估的结果，命令削减英国潜射弹道导弹力量的规模，并降低战备状态。[37] 英国核武器政策的公开目标依然是保持“最低限度的核威慑”。[38] 根据 1958 年美国和英国签署的《相互防御协议》，英国独立控制自身的核武器，但需要依靠美国进行技术改进和武器维护。[39] 而且，美国可以在英国境内部署核武器。按照北大西洋公约组织（NATO）的政

---

〔34〕 1964 年 1 月 14 日有关战略空军的第 64—46 号法令。该法令随后被废除，由 1996 年 6 月 12 日第 96—520 号法令取代，新法令对核力量的相关责任进行了重新分配。

〔35〕 参阅 1984 年和 1996 年的民意测验，引自罗伯特·席纳：《欧洲的民意测验和安全政策》，夏洛特报告（Chaillot Paper）第 28 号（巴黎西欧联盟安全研究所，1997 年）。

〔36〕 本节引用了约翰·辛普森和詹妮·尼尔森 DCAF 研究项目中核武器治理的研究成果（同注释 [1]）。

〔37〕 英国国防部：《战略防御评估》（英国国防部，1998 年 7 月），参见网址：URL 〈http://www.mod.uk/issues/sdr/deterrence.htm〉。

〔38〕 英国国防部（同注释 [37]），第 60 节。

〔39〕 R. 哈里斯：“特殊关系的国家”，《政策评论》（2002 年 6 月），参见网址：URL 〈http://www.policyreview.org/JUN02/harris.html 〉。也可参阅《相互防御协议》的文本，网址：URL 〈http://www.basicint.org/nuclear/1958MDA.htm〉。

策，美国负责对这些国家的核武器实行完全监管。但是，据称美国承诺在使用这些核武器之前——只要时间和条件允许——就必须同英国政府进行磋商。

首相和内阁掌握着英国国防政策（包括核武器计划的各个方面）的主要决策权。彼得·亨内斯说，在任期之初历任首相都会给值勤的核潜艇司令官写一封“生死令”，就其一旦失去与英国的联络后如何行动做出指示。〔40〕然而，首相不会预先授权给军方发射核武器。英国核潜艇上的所有导弹都是与目标分离的，只有在接到命令并开动由不同军官控制的若干按钮后才可以发射导弹。据报道，2001 年“9·11”事件后，英国开始重新审视这些指挥和控制安排：任命副首相在英国受到攻击而首相不能采取行动的情况下，负责决策是否使用核武器。〔41〕

虽然英国议会“具有拒绝或批准政府开支的最终权力”，但实际在国防政策的相关问题上，议会——如果行使过的话——很少行使这种权力。议会“并不详细分析特定的计划，因而不能预先进行控制”。相反，议会的作用仍然局限在对行政机构做出的决策进行审查以及基于专门的依据对现行政策和决策进行听证两方面。〔42〕众议院国防委员会严格监督现行的三叉戟核武器系统，多数议员也已经明确表示他们将密切关注有关不久可能替换三叉戟潜射核导弹的决策。〔43〕另外，众议院公共审计委员会的授权可以确保政府的开支既合法也符合议会的规定，现在这种授权有可能延伸到核威慑领域。

民意测验显示，58%的受访者认为，除非其他核武器国家放弃核武器，否则英国应当继续拥有核武器。〔44〕支持和反对核武器的非政府组织在引导公众兴趣和辩论方面扮演着重要的角色。例如，在冷战

---

〔40〕 彼德·海恩斯：《秘密国家：白厅与冷战》（伦敦企鹅出版公司，2003 年版），第 208—210 页。

〔41〕 海恩斯（同注释［40］），第 206—208 页。

〔42〕 S. 麦克林恩（S. Mclean）编：《核武器的决策是如何制定的》（麦克米伦和牛津大学研究组织，1986 年版），第 132 页。

〔43〕 M. 波尔蒂略（Portillo）：“英国需要核导弹吗？不！销毁它们吧”。《泰晤士报》2005 年 6 月 19 日。

〔44〕 该数字来源于 1984 年和 1996 年的民意测验，参阅席纳（同注释［35］）。

期间，核裁军运动通过工党对主流政治产生了重大影响。[45] 然而，秘密条款限制了公众领域的公开辩论，这在英国对核力量现代化重新审视的时刻尤为重要。虽然政府可以，也确实阻止公开一些与核武器相关的文件，但 2000 年的《信息自由法案》在一定程度上矫正了这一情况。

在国际层面，英国的政策是在各种双边和地区同盟结构以及全球治理和军备控制协议下运作的。作为北约的一个成员国，英国现在的核立场允许首先使用核武器，工党在 1997 年夺取政权后放弃了其在反对首先使用核武器政策上的立场。

以色列[46]

以色列的核武器计划始于 20 世纪 50 年代中期。一般认为，以色列在 1970 年就具有了军用核武器的能力。自 1986 年莫迪凯·瓦努努泄露核机密伊始，[47] 国际上就认为以色列已经拥有成熟的核武器计划。有关其核弹头数量的猜测众说纷坛，一般认为以色列的核弹头数量介于不足 100 枚到 200—300 枚之间。[48]

以色列官方既不承认也不否认拥有核武器，这样的政策与严格的保密措施密切结合，并遵循与国家政治议题相分离的原则。[49] 2004 年国际原子能机构（IAEA）总干事穆罕默德·巴拉迪试图说服以色列就中东无核区问题展开对话，以色列总理阿里尔·沙龙公开声称："我们在核武器问题上的模糊政策是有价值的，我们将继续实行这一政策。"[50] 在这种情况下，外界就很难了解以色列的核武器指挥及控

---

〔45〕 弗里德曼：《核战略的演变》（帕尔格雷夫—麦克米伦出版公司，2003 年）。

〔46〕 本节引用了阿芙纳·科恩 DCAF 研究项目有关核武器治理的研究成果（同注释[1]）。

〔47〕 莫迪凯·瓦努努是前以色列核科学家，1986 年向《星期日泰晤士报》泄露了以色列的核武器计划，随后被以色列特工绑架带回以色列，被以叛国罪判处监禁。

〔48〕 本卷附录 13A 记录有以色列核弹头的数据。

〔49〕 科恩，《以色列与核炸弹》（纽约·哥伦比亚大学出版社，1998 年版）。

〔50〕 "沙龙坚持其核政策"，BBC 新闻在线 2004 年 7 月 6 日，参见网址：URL〈http：//www. news. bbc. co. uk. 2/3869125. stm〉。沙龙补充说，如果以色列的邻国放弃它们的大规模杀伤性武器并彻底执行全面的地区和平协议，以色列将会考虑放弃其"威慑能力"。

制体系。但是据信，为了保护未经授权使用核武器或防止核武器被盗，以色列的核指挥与控制系统应当包括一套许可性行动链接系统。以色列的核弹头由严密的文职控制体制管理，该体制由一批内阁官员组成，他们直接对总理负责。根据推测，以色列可能存在经由经济学家、首席科学家、军方将领以及经过忠诚调查的学者组成的国内顾问小组，但是有关这种小组的信息并不是公开的。

在以色列核计划的第一个阶段（1955—1961 年），议会和国家审计长办公室都没有发挥任何监督作用。只是在 19 世纪 60 年代初期，一个由资深议员组成的小组开始参与核武器项目预算的批准工作。在 19 世纪 70 年代末期，议会国防和外交委员会成立了一个次级委员会，专门处理以色列的核能力。但专业技术的缺乏以及与外界交流机会的稀少限制了议会在此问题上的作用。尽管如此，2000 年 2 月 2 日，一些国会议员就以色列的核威慑政策进行了公开、激烈的辩论。[51] 以色列国家审计长具有对核武器的财政控制权，其报告是保密的。军队审查办公室也禁止任何有关以色列核弹头的媒体报道，这对公众监督和辩论构成明显障碍。

以色列不是《不扩散核武器条约》的成员国，也没有与国际原子能机构缔结任何特定设备的保障监督协议。历届以色列政府都拒绝了国际原子能机构提出的开放其在迪莫纳沙漠的核设施以便进行核查的要求。

印度[52]

继 1974 年试验“和平核装置”（即笑面佛）之后，印度又于 1998 年 5 月进行了 5 次地下核试验。[53] 1999 年 8 月，印度国家安全顾问委员会发表了核学说计划（DND）。该计划在很大程度上是仿照核武器国家的学说和部署态势而设计的。核学说计划声明，印度应当

---

〔51〕 施坦因伯格：“议会的核闹剧”，《耶路撒冷邮报》2000 年 2 月 18 日。

〔52〕 本节引用了瓦赫古鲁·帕尔·辛格·斯德胡（Waheguru Pal Singh Sidhu）在 DCAF 研究项目中关于核武器治理的研究成果。

〔53〕 参阅罗伯特·费姆（R. Ferm）：“核爆炸：1945—1998”，《SIPRI 年鉴 1999：军备、裁军和国际安全》（牛津大学出版社，1999 年），第 556—564 页。

在基于不首先使用核武器的原则下“追求可信的最低限度的核威慑”。〔54〕但是印度并没有发表官方声明，详细说明其“可信的最低限度核威慑”所需的核武库的规模。〔55〕据估计，印度现在大约有 50 枚核弹头，这一数字在未来十年有可能会增长。〔56〕大多数观察家认为，按照印度不首先使用核武器的政策，印度保持着隐藏式的核力量。也就是，核弹头并不与其运载工具相配对，一些核弹头可能以未组装的方式储存。

在核武器治理方面，印度的政治领导人、科研机构以及军队通过相互合作发挥作用。其中，科研机构控制着核弹头，军方掌管运载系统，政治领导层负责管理核武器使用的其他事务。2003 年 1 月，印度政府建立了一个双层结构的核指挥局（NCA）负责管理核弹头和导弹弹头。核指挥局包括由总理的国家安全顾问担任主席的执行委员会和由总理领导的政治委员会。政治委员会是印度授权使用核武器的唯一机构。另外，印度还设立了三军战略力量司令部（SFC），负责监督核力量。〔57〕如果文职领导层要做出决策使用核武器，就会向战略力量司令部通知运载目标。核武器的复合控制体制可能成为防范意外或无授权使用核武器的一道屏障。

自 1974 年独立以来，印度议会就核武器问题进行了好几次辩论，但是并没有发挥决定性的作用。1974 年和 1998 年的核试验是由执行机构中的一小圈决策者决定的。议会常设的国防委员会在印度核武器问题上只是发挥程序性的监督作用。核武器的成本是秘而不宣的：在国防预算中并不把核弹头和运载系统当作独立的条目列出。在实际中，有关多少核武器才能构成最低限度威慑的政策问题一般都留给科学家和军队去解决，这当然会服务于他们的利益。而公民社会即使发

---

〔54〕 印度政府对外事务部：《国家安全顾问委员会在印度核学说上的草案报告》，1999 年 8 月 17 日，参见网址：URL〈http：//www.meaindia.nic.in//disarmament.dm17Aug99.htm〉。

〔55〕 有关这一威慑概念的批评（尤其是在南亚的背景下），可参阅：彼德威（P. Bidwai），亚秦瓦奈（A. Vanaik），《南亚的火爆脾气：核政治和全球裁军的未来》（新德里·牛津大学出版社，1999 年版）。

〔56〕 参阅本卷附录 13A。

〔57〕 帕特尼：“核力量结构：挑战”，瑞格哈万（Raghavan）主编，《核武器与安全》（德里政策组织，2005 年），第 53—55 页。

挥作用也是很小的。民意测验显示，1974 年和 1998 年核试验之后的几天里民众对政府和核试验的支持率显著上升，但是几个月之后支持率逐渐下降到正常水平甚至进一步降低。〔58〕

巴基斯坦〔59〕

继印度进行核试验之后，巴基斯坦也进行了一系列核试爆。〔60〕之后在 1998 年 5 月，巴基斯坦承认其事实上的核武器拥有国地位。巴基斯坦总统佐勒菲卡尔·阿里·布托在 20 世纪 70 年代成立由文职政治家和科学家组成的核管理机构，负责核武器的研发和管理。然而在 2000 年 2 月，军政府成立了一个新的机构——国家统帅部(NCA)——负责制定政策并掌管巴基斯坦战略核力量的研发和管理事务。国家统帅部现在由总统穆沙拉夫领导，是一个由文官和军人组成的混合体，具体包括三部分：劳工控制委员会、发展控制委员会和战略规划局。由于军方代表在这三个机构中占居多数，所以在巴基斯坦核战略的总体制定方面，军队发挥着主导作用。

总统和总理控制着使用核武器的权力。根据巴基斯坦一位高级军官透露的消息，核武器的控制权由“三人统治”负责：有关使用核武器的任何决定都必须得到这三个人的一致同意（虽然现在还不清楚除了总统和总理之外的第三个人是谁）。〔61〕

在美国的帮助下，巴基斯坦的核武器也装备了现代的许可性行动链接系统和其他安全设施，以防止越权及意外使用核武器。美国对巴基斯坦核武器的安全状况非常担忧，尤其是考虑到存在伊斯兰极端主义者推翻现有巴基斯坦政权的风险。据《华尔街日报》报道，美国国防部的战略家正在就“诸如巴基斯坦这样核武装的盟友被伊斯兰极端

---

〔58〕 乔治—帕克维奇：《印度的核武器：对全球核扩散的影响》（加利福尼亚大学出版社，2001 年版），第 180 页，188 页，416 页，439 页。

〔59〕 本节吸收了扎法尔·伊克巴·车玛（Zafal Iqbar Cheema）在 DCAF 研究项目中关于核武器治理的研究成果（同注释 [1]）。

〔60〕 麦克拉马纳，Z. 米安：“南亚的核对抗”，《SIPRI 年鉴 2003：军备、裁军和国际安全》（同注释 [3]），第 195—212 页。另参阅费姆（Ferm）（同注释 [53]）。

〔61〕 考特·拉姆斯诺（P. Cotta—Ramusino）、马特尔利尼：“巴基斯坦的核安全、核稳定以及核战略”，2001，参见网址：URL ＜http：//www. mi. infn. it/～landnet/Doc/pakistan. pdf〉，第 4—5 页。

分子夺取政权而可能造成的危机设计应对方案”。〔62〕在这种情况下，军队对国家核能力的控制就被视为是不得已而求其次的选择。

巴基斯坦议会在军政府统治时期曾多次被解散，对军事领导的行政机构难以形成有效的民主制衡。核武器的管理与控制主要依靠行政当局的命令，议会在立法程序中的作用被边缘化。在巴基斯坦，总理的确是对议会负责，但迄今为止，议会并没有就巴基斯坦核武器的研发、部署以及使用进行过任何辩论。

巴基斯坦的公民社会非常活跃，但是公众的辩论很难涉及到国家安全和国防事务。据最近的一项民意测验显示，军队是巴基斯坦控制核武器的最可靠的组织。〔63〕即使按照当地的标准，巴基斯坦的社会氛围也是比较活跃的，但是言论自由依然受到限制。记者如果批评政府，就可能会受到情报和安全部门的胁迫。〔64〕

第三节　核武器控制的责任层次

指挥与控制

指挥与控制系统是核武器的使用得以进入军事运作程序的媒介。指挥与控制系统必然与军事知识和军事行动相关联，但可以有把握地说，尽管核领域总是处于绝密状态，现在世界上还没有一个国家会把使用核武器的决策权完全置于军队的控制之下。担忧更多地集中在一种风险上：即军队的“文化”和利益可能引发军队偶然地或者是肆意地无视约束而使用核武器。而由文职官员控制核武器可以从下到上削弱这种风险。〔65〕不同国家的政治领导人通过不同的方式来降低这种

---

〔62〕 G. 加菲：“拉姆斯菲尔德的关注已经超越伊拉克”，《华尔街时报》2004 年 12 月 9 日，第 4 页；2004 年 2 月 6 日，美国全国广播公司（NBC）晚间新闻。参见网址：URL 〈http://www.msnbc.msn.com/id/4201930〉。

〔63〕 尼扎马尼（H. K. Nizamani）：“这是谁的核弹？巴基斯坦核爆炸后阶段公民关于核武器以及和政策的舆论和知觉”，南亚社会科学和人道主义研究网络。2003 年 6 月 14 日，参见网址：URL〈http://sarn.ssrc.org/publications/〉。

〔64〕 自由之家，“自由—2005 年的世界”，参见网址：URL〈http://www.freedomhouse.org/research/freeworld/2005/Kuwait—PNG.pdf〉。

〔65〕 参阅萨根、沃尔兹（同注释［7］），第 47 页；费弗（同注释［5］）。

风险，其中包括将核弹头与运载系统分开存放（中国和印度依然使用这种方式）或者使用许可性行动链接系统——只有文职领导人才有权启动核按钮。在一些国家（如印度），科技—工业复合体的控制因素形成对军队自主管理权的一项附加制约。然而需要说明的是，与此相反，军队执行总体核政策和特别使用核武器的行动也是必不可少的，在一些情况下，这可以成为制止不负责任的政治决策的有效安全阀。

核武器的行政控制

行政控制是比“指挥与控制”更为广阔的概念，因为它涵盖了核政策和核战略、核采购、开发、部署以及资源利用各方面的决策，并且决定着国家在相关国际问题上和国际组织中的立场。在本章研究的 8 个国家中，这项职能由国家元首或政府首脑正式行使。在实践中，国家元首或政府首脑统领国家的行政机构。从物理上看来，一些时候个人（如总统或总理）的重要性是由于其掌握着藏有核武器发射密码的公文包而体现出来的（比如俄罗斯和美国）。另外，政策规定：一旦最高领导人不能采取行动便赋予继任者在核决策问题上的权力，这项规定也突出了个人的重要性。值得强调的是，核授权的移交程序可能会由于宪法对继任的不同规定而有差异（例如在法国、俄罗斯和美国）。在美国，国会众议院议长之类的人有可能会被错误地置于制定核决策的地位。

在大多数国家，最高领导人的行动自由受到多人释放程序（一般包括一个或更多的军方官员）以及只在核武器或总体国防问题上具有建议权和决策制定权的正式机构的制约。后者的例子如：印度的核指挥局、中国的中央军事委员会以及法国的国防委员会。然而，宪法的这些规定在多大程度上能够保证“文职官员”控制核武器是非常难以确定的（尤其是在一些信息比较封闭的国家）。

议会控制

从理论上说，议会的权力可以在某种程度上通过在立法以及预算问题上的辩论权延伸到共同决策的领域。在一些国家，议会的作用由于总统或行政法令在核武器政策及管理等方面的存在而遭到削弱（例如：法国、巴基斯坦和英国）。美国国会将立法、预算和辩论三方面的权力有力地结合起来。英国和法国的议会可以控制辩论（印度也如此），并可以进行更广义的预算控制；而其他国家的议会（如中国、以色列，可能还有巴基斯坦）则根本无权讨论核武器问题。然而，议会在政策制定结构中的地位不仅仅是由这些正式考虑决定的，而是由议员的专业能力和态度以及其多大程度上作为广泛的国家辩论的代言人和催化剂而发挥作用所决定的。很大程度上，甚至在一般的国防领域，大多数议员缺乏在核武器问题上的独立的专业知识。而许多情况下，秘密法令又妨碍了议员弥补专业知识缺乏的努力。依靠自己的背景及其自身对公众舆论的评估，议会（例如俄罗斯）可能无论如何都不会具有挑战核武器政策的动机（见下文）。

“公众”控制

公民社会，包括非政府组织（NGOs）、独立的学者、媒体以及个人，只要行使他们自身的政治权利，在原则上就可以向官方政策传递意见，激发新的倡议。在实践中，公众控制的重要性有赖于既定体制分配政治权力的方式、公民的自由程度以及对考虑的政策问题有关信息的可公开获取性。即使在发达的民主体制中，也具有一种限制有关核议题信息的趋势；而其他体制则通过秘密法律约束或者树立人物典型，威慑怀疑体制的人。〔66〕达尔认为，这可能会导致公众放弃影响核议题的任何尝试，现在他们正在放弃——不仅仅是被剥夺——进行任何挑战性辩论的努力。〔67〕

然而，自从 1945 年以来，尤其是在拥有核武器的民主国家，已经发生了无数次民众抗议活动。例如，在 20 世纪 70 年代反对部署中子弹（一种增强型放射武器）的国际协调的民主运动以及在 20 世纪 80 年代初期反对北约决定在五个欧洲北约成员国部署巡航导弹和弹道导弹的民主抗议运动。这些抗议活动不仅引起政治政党（特别是中间党派及中—左翼政党）的认真重视，而且也开辟了一个新的领域。研究核问题的独立学者和思想库也可以在这个领域找到基础和支持

---

〔66〕 有关俄罗斯，参阅“俄国人因间谍罪获刑 15 年”（同注释［5］）；有关以色列，同注释［47］。

〔67〕 达尔（同注释［7］），第 3 页。

者。毫无疑问，这些影响推进了军控或通过其他合作方式解决东西方之间问题的努力。

研究机构在塑造核战略的思维方面扮演了重要的角色，特别在美国，兰德公司、布鲁金斯学会和卡内基国际和平基金会都是此类机构，它们发表的研究报告具有重要的影响力。劳伦斯·弗里德曼指出，政府与学术界之间的“分界线”越模糊，独立研究机构发挥的作用就越大，在美国这种情况尤为明显。〔68〕

第四节　结　论

分析表明，核武器的治理是多种因素和多种行为体的结合，在该领域有一种初步的印象和普遍的民主赤字。人们常常认为，出于保密的需要以及考虑到核决策判断的高度紧迫性和艰难性，制定核武器的决策不能以民主预定程序为依据。然而，并不是所有的相关决策都是在时间紧急的压力下制定的，也不一定要求高度专业（包括军事）的核武器知识背景。特别是在冷战结束之后，争论依然未经考验，也未经证明：泄漏核决策或战略思维的前提将会危及国家的安全。因为核选择会在金融、道义和环境——甚至生死问题上——产生重要影响，民主国家的决策不仅应当包括并且要平衡所有的相关利益，还应当保证最起码的民主责任。

分析还显示，把精力集中在将由谁按下发射“按钮”的作法是远远不够的，这是评估核武器控制的一种过分简单化的方式。作为良好的安全部门治理的组成部分，从决定获取核武器到决定使用核武器，核武器生命周期每一阶段的决策都为进行实质、有效的文职监督和民主控制提供机会。议会能够、而且应当在要求公众赞助（特别是在核武器计划的获取阶段）的决策上发挥有意义的作用。由研究机构和非政府组织支持的公民社会也能够在向议会和政府的决策者提供建议方面扮演重要角色——虽然比起冷战期间这种情形发生的机率越来越小。

经过分析得出的关键结论可以总结为以下三点：

---

〔68〕 弗里德曼（同注释［45］），第492页。

1. 如果所有的责任层次都可以发挥有效作用，对核武器的治理就会变得强劲有力。当然，由于不同的政治进程具有各自正式的或非正式的特点，所以不是所有核武器持有国都是这种情况。在多数国家，国家的立法机构只发挥了非常有限的作用，要么是因为它们缺乏有效控制核武器的权力（例如中国、印度、巴基斯坦和俄罗斯），或者就是它们选择不去认真地挑战政府的立场（例如：法国、以色列和英国）。唯有在美国，立法辩论有时才能占据某种优势，从而在实质上改变政府的政策。在美国，公民社会的作用也很强大。这些事例都表明，立法者监督政府责任的意愿与国家的民主性质同样重要。

2. 无论是对于内部因素还是外部因素，透明度都是有效的核武器治理所必不可少的条件。如果没有来自军方指挥与控制系统正确和完整的信息，行政机构的文职官员就无法履行他们的监督职能。而如果行政部门封锁信息，议会控制也就无从发挥自身功能。没有政府的信息，公众以及媒体既无法判断政府自身行为的连续性，也无法评估从非正式或秘密渠道（例如“吹哨者”）收集来的信息。

3. 由于美国社会开放、媒体活跃、专家资源充满活力、监督和平衡体系高度严密，所以美国——即使不是完美无缺的——也是核武器的民主责任和文职控制的真正典范。无论如何，核武器决策的制定依然是一项令人羡慕而又严加防护的行政特权。的确，美国国会在预算控制以及立法问题上扮演着实质性的角色，但是在核学说领域以及核武器的部署和使用问题上，国会无法发挥有效作用。这个例子说明：虽然国家体制中民主的总体程度对于良好的核治理至关重要，但是要保证官方程序的特性和透明度，从本质上来说还是不够的。

总而言之，国家提供的有关核武器的信息以及广泛传播的其他信息依旧是民主治理的关键因素。这一问题已经远远超越了传统的指挥与控制的范畴。只有具备采取行动所必需的准确信息和恰当机会，社会才能对其真正的安全需要做出决定，而不是将如此重要的决策留给一小圈国家的“守护者”和其他既得利益者来控制。是改进核武器的民主的文职控制，还是在核问题上继续保持更大的不透明性、无责任以及不可预知性？未来的选择将介于这二者之间。

（刘俊波 译）

第二部分

2005 年军费开支和军备

第六章　武器寿命周期透明

第七章　军费开支数据：40 年回顾

第八章　军费开支

第九章　军火生产

第十章　国际武器转让

第十一章　欧洲集体空间探索中的安全内涵

第六章　武器寿命周期透明

比约恩·哈格林　马克·布罗姆利　约翰·哈特
香农·N. 基尔　兹希洛·拉霍夫斯基　乌毅·奥米图根
卡塔利娜·佩尔多莫　埃蒙·萨里　西蒙·T. 魏泽曼*

第一节　导　言

本章旨在评估全球范围内“从开发到销毁”的武器寿命周期透明度。透明的基本含义是指由相关信息的所有者——此处主要指各国政府——对信息的公开。然而，信息共享可能只是为加强政府不同部门之间的协调，或是帮助各国开展合作并建立信任，从而保持官方机构内部的信息流动。本章认为，政府内部及政府之间的开放，不足以实现武器寿命周期的透明。跨越政府部门的界限，向有代表性的机构、媒体和公众全面提供信息以及处理并分析信息的机会，透明才有意义。[1] 此种开放被广泛而正确地视为民主管理及在国家和国际层面上政府行为问责制的先决条件。[2] 同样，正如某国际性非政府组织

* 斯德哥尔摩国际和平研究所的各位同仁及波恩军转民国际中心的迈克尔·布尔佐斯卡为本章提供了富有价值的评论。

〔1〕 信息可由信息所有者自愿和主动提供，或按要求的某些条件（例如：根据“信息自由法”或在法定程序内公开公司信息）而获得。国家或国际武器采办程序的透明不是本章主题。

〔2〕 2004 年，美国审计总署（GAO）在历时 80 年后更名为“责任总署”，其理由是“准确、公正、平衡地向民众提供当前政府情况”至关重要。D. M. 沃克：“责任总署更名释疑”，《点名》报，2004 年 7 月，参见网址：URL 〈http：//www. gao. gov/about/namechange. html〉。

所称，“问责系民主，透明即安全”。[3]

为此，信息的价值并不是绝对的、统一的，而是取决于可获取性（易于获取且及时）、可靠性（确保信息准确和有效）、全面性（信息的种类、数量和范围）、可比性（关于时间和国别）以及细分性（信息细节）等特点。[4] 这些定性标准与单纯考虑所提供信息的数量相比，前者可以更好地显示透明程度，而后者将（可能是故意）导致信息超载，并使最重要的数据更加难以发现。[5]

信息也可表现为不同形式，但本章则在全球或至少是国际层面上重点研究数据资料（数字和统计）的可获取性。假如信息按上述理解属于优质，即有可能从时间上探索趋势，对国家和组织行为的规模进行国际比较，测算和跟踪资源动向。因此，军费开支数据反映出军事领域的国民经济负担，有助于跟踪诸如装备采办等费用分项。有关武器转让的数据资料是各国武器出口政策及其履行国际军控协定情况的一项指标，而武器库存显示的是军事能力。不过（如下文所述），提供“干巴巴的”数字——即便有时候是准确的——可能会得出片面的或令人误解的印象。任一时刻公布信息的数量、类别和细节可被视为在公众要求开放与政府要求保密之间取得一种平衡的结果。权力机构提供的信息与信息用户的需求这两者间关系，既不总是正向的，也不是线性的。例如，公布与防务有关的行动情况，并不总能增强国际信任与安全，[6] 而提供方所提供的数据可能已按其意图而被刻意歪曲和筛选。

部分地解决政府透明度低这一难题，出路在于不应仅由政府来控制数据。数据的基本来源有三类：一是包括政府和企业在内的国家来源；二是国际组织；三是民间社团实体，例如学术研究机构、非政府

---

〔3〕 国际妇女争取和平与自由联盟：“核库存范式：问责系民主，透明即安全”（Reaching Critical Will：纽约州，纽约市，2005 年），参见网址：URL〈http：//www.reachingcriticalwill. org/about/pubs/ Inventory. html〉。

〔4〕 S. 鲍尔：“武器出口政策的欧洲化及其对民主责任的影响”，博士学位论文，布鲁塞尔及自由大学学报，柏林，2003 年 5 月。

〔5〕 在某些国家，本章论及的各类信息甚至可能未经汇编。这就表明，透明还取决于数据结构和组织的质量。

〔6〕 A. 弗洛里尼：“秘密之终结”，B. I. 菲奈尔和 K. M. 洛德主编：《透明时代的权力和冲突》（帕尔格雷夫：纽约州，纽约市，2000 年），第 13 页。

组织（无论是学术性的、有特定宗旨的或是游说性的组织）和媒体。有关武器寿命周期的研究，需要来自公司和政府的数据，这在制造业日趋多国化的背景下尤为如此。一些国际组织主要是公布由政府披露的数据——有时则因为某项国际协定所致，而其他组织也通过别的来源主动搜集信息。研究人员、非政府组织和调研性的新闻记者可对“粗糙的”或不令人满意的数据起到补充作用，其价值不容低估。通过对不同公开来源的信息进行比较和分析，系统研究可提供更准确的情况，较之政府本身所提供的情况能更好地服务于政策判断。最初较难获取和理解的信息，在经过专家处理后，也有助于更多民众加以利用。正是基于这一理念，斯德哥尔摩国际和平研究所（SIPRI）首任所长罗伯特·尼尔德于1969年推出了第一卷《SIPRI年鉴》，以期从一个侧面阐述全球军费开支的近期走势、技术性军备竞赛状况以及近年来军备限制或裁军努力的成败得失。〔7〕

本章涉及一个广泛而多面的主题。文中对某些重要的量化环节和主要数据资料来源进行了评估，而未详加叙述。本章在结构安排上围绕武器寿命周期的四个阶段：第二节中论及的包括研究和开发在内的军费开支和武器生产；第三节中的武器转让；第四节中所谈的各国在任何一个设定时间所拥有及使用的武器库存；以及第五节中论述的武器处理。这里涉及到四个问题：定量信息是否公开？其定性特征有哪些？透明度近年来是否已有明显变化？这些变化可在多大程度上归结于政策及公众要求？第六节作出结论。

本章是SIPRI集体努力的一项成果，涵盖了主要常规武器、核生化武器（即大规模杀伤性武器）与小武器和轻武器三部分内容，并对其差异给予恰如其分的关注。目前，小武器和轻武器因在犯罪与国内冲突中的使用及较之主要常规武器更难监控而成为政治议程的优先选项。〔8〕尽管实际使用大规模杀伤性武器的可能性也许并不大，但当前主要常规武

---

〔7〕 R. 奈尔德：“序言”，《SIPRI年鉴：世界军备与裁军1968/1969》（Almqvist&Wiksell：斯德哥尔摩，1969年），第5—7页。

〔8〕 小武器和轻武器连同冲突、严重疾病、恐怖主义以及跨国犯罪，被视为新的重大国际性威胁之一。E. 克拉曼（主编）：《国际安全中的新威胁和新的行为体》（帕尔格雷夫·麦克米兰：纽约市，纽约州，2005年）。

器的政治重要性还是次之于大规模杀伤性武器的现实威胁。[9]

第二节　军费开支和武器生产

当今世界有不少多边军备控制协定，对各国特定类别的武器采办施以自愿限制或法律限制。[10] 正如《联合国宪章》允许各国采购用于国防的武器的权利，上述协定中只有极少数旨在全面消除某类武器。因此，几乎所有国家均拨出财政及其他资源用于武器采办。

军费开支[11]

军费开支是指政府用于创建并维持国家军事（或“防务”）机构的全部财政资源。下述两个问题加大了可靠的、细分的军费开支数据在政治上的重要性及对此类数据的需求。首先，自冷战结束以来，开发援助受援国的军费开支水平已成为经济援助决策的一个标尺，这在经济合作与发展组织的援助国中尤为如此。其次，威胁及武装冲突的性质不断改变化，导致获取有关内部安全开支数据以及确保内外安全开支平衡的要求与日俱增。[12] 然而，由于数据的可靠性差，且不具有细分性，使得基于任何上述目的的军事预算或实际支出难以物尽其

〔9〕 这或许就是当今国际威胁观的典型特征，即，主要常规武器作为一种和平威胁，并未引起更多的关注和忧虑。参见联合国：“一个更加安全的世界：我们的共同责任”，《关于威胁、挑战和变革的高级别名人小组报告》，联合国 2004 年 12 月 4 日第 A/59/565 号文件和 2004 年 12 月 6 日第 A/59/565 号文件的第一次修订版，参见网址：URL〈http：//www. un. org/ga/59/documentation/list5. html〉；以及在本卷序言中有关标准和意图的讨论。

〔10〕 参见本卷第十二章；联合国裁军事务部：“多边裁军与不扩散机制以及联合国的作用：一种评估”，《临时报告》第 8 号，纽约市，纽约州，2004 年 10 月，参见网址：URL〈http：//disarmament. un. org/ddapub－ lications〉。

〔11〕 欲全面了解最近 40 年来有关军费开支数据的可用性及使用情况，可参见本卷第七章。

〔12〕 在这一方面，可以联合国为例，拉丁美洲及加勒比地区经济委员会（ECLAC）：《军费开支比较研究》（ECLAC：圣地亚哥，2005 年 7 月），参见网址：URL〈http：//www. eclac. cl/cgi－bin/getProd. asp？ xml＝/pub－ licaciones/xml/9/22549/P22549. xml〉。另见 E. 申斯：“全球环境下的金融安全”，《SIPRI 年鉴 2005：军备、裁军和国际安全》（牛津大学出版社，牛津，2005 年），第 285—306 页。

用。因多数政府对军事保密之需，大部分军费开支通常被隐含在非军用账目内或从官方账目中完全删除。

政府报告的军费透明也因联合国有关此类费用的定义并不总是适用于国家政府决算而变得错综复杂。每个国家均依据各自标准提交报告，因此，政府支出数据的细分性和全面性也有所差别。即便包括主要武器生产国在内的多数国家都至少公布了他们其军费开支的总额，但只有少数国家提供了细分的数据。由于普遍缺乏此类数据，致使人们难以对报告数据所包含或不包含的信息做出评估。另一个难点则是政府军费开支数据中不包括军工企业本身的军事研发及武器生产费用。

提供国际数据的国家政府资料来源中包括有美国国务院核查、遵守和执行局。该署公开发表《世界军费开支与武器转让》报告。〔13〕与此相仿，澳大利亚国防部防务情报局自 2000 年以来推出了《亚太地区国防经济趋势》报告，试图藉此整合本地区的防务预算资料来源。〔14〕上述两者都存在着一个问题，即，这些数据部分地基于情报信息。由于无法评估数据的有效性，这就限制了其他用户对于数据的使用。

各国军费开支数据由联合国和国际货币基金组织等国际组织公布。国际货币基金组织在《政府财政统计年鉴》中公布包括军费开支总额在内的大多数国家的政府财政统计数字。〔15〕 1981 年，联合国创建了由裁军事务部（DDA）负责实施的报告制度。裁军部通过向各国政府散发调查问卷来采集数据，但所获数字并不与其他来源进行比对。〔16〕 此外，尽管国际社会试图通过举办各地区研讨会及建立一种经过简化的通报制度来加紧落实，但向裁军部通报数据的成员国数量仍相当少。促使各成员国通报军费开支的激励机制较差，倘若某国不通报相关情况，联合国也不能进行制裁。加入此项活动的国家可通过军费透明（未必建立更多或更好的透明）而将其视为得到政治认可的

〔13〕 美国国务院："世界军费开支与武器转让"网站，参见网址：URL〈http：//www.state. gov/t/vci/rls/rpt/ wmeat/〉。

〔14〕 澳大利亚国防部，防务情报局，产品网站，参见网址：URL〈http：//www. defence. gov. au/dio/product html〉。

〔15〕 国际货币基金组织的军费开支数据系统虽经该机构工作人员分析和修正，但仅以汇总形式对外公布。

〔16〕 参见本卷附录 8D。

一种主要方式。各国提交裁军部的报告虽向公众开放，但相关数据未加编辑或分析。〔17〕

为消除缺乏透明的通病，推动各国及国际社会就军费开支展开辩论，以便公众了解有关国家军费支出情况，SIPRI 搜集并提供了前后连贯、自成体系、可资比较的国家数据。〔18〕 SIPRI 关于军费开支的定义涵盖人员、运作和维护、包括研究和开发在内的采购、军事建筑以及准军事部队。国际货币基金组织与 SIPRI 提供的数据之间存在着一大差异：前者扣除了退役军人的养老金，后者却将其包括在内。〔19〕 SIPRI 此举颇有理论价值，其目的是评估军队之于社会的经济负担，而养老金则在军费份额中占有相当大的比重。〔20〕

研究与开发

武器生产的初始阶段就是研究与开发。大多数政府研发经费被分拨用于公司层面的装备开发。各国的政府研发数据的可获取性及数据范围千差万别。相比其他任何一个国家，在美国则可以获得更多的详细数字。基于互联网的 Eurostat 数据库收录了欧洲联盟成员国、日本和美国的军事研发费用总额。〔21〕 由经济合作与开发组织公布的研发费用数据因各国遵守共同的（“弗拉斯卡蒂”，Frascati）原则而具

〔17〕 有关军费开支数据的比较方法是一大难题；参见本卷附录 8E。

〔18〕 如近期 SIPRI 的某项研究所示，仍有可能获得先前未经公开的各国开支数据，尽管这些数据绝大多数仅作为军费开支总额。W. 奥米图根：《非洲军费开支数据调查：喀麦隆、埃塞俄比亚、加纳、肯尼亚、尼日利亚和乌干达》，SIPRI 研究报告第 17 号（牛津大学出版社，牛津，2003 年）。另见 W. 奥米图根和 E. 哈奇弗尔（主编），SIPRI：《非洲军事部门预算：控制程序及机制》（牛津大学出版社，牛津，2006 年）。

〔19〕 欧洲联盟，经济政策委员会：“老龄化人口对于公共财政的冲击：欧盟总体分析及未来工作计划建议”，布鲁塞尔，2003 年 10 月 22 日，参见网址：URL〈http：//europa. eu. int/comm/economy _ finance/epc/epc _ ageing _ en. htm〉。

〔20〕 另一个非政府组织——国际战略研究所（IISS）也在其《军事平衡》年刊中公布军费开支数据。虽然该机构的数据具有较好的全球性，但其所用数据的来源缺乏透明，故与 WMEAT 和 DIO 刊物均存在着数据可靠性问题。国际战略研究所：《军事平衡》（布拉西氏出版社，伦敦，1992—1994 年；牛津大学出版社，牛津，1996—2004 年；Routledge：阿宾登，2005 年）。

〔21〕 参见 Eurostat 网址有关民用和军事研发费用的数据：URL〈http：//epp. eurostat. cec. eu. int/pls/portal/url/ page/ SHARED/PER _ RESDEV〉。

有极高的可靠性和可比性,[22] 但其价值也只是等同于原始的国家数据。即便得到最好的国家数据,通常很难或不可能找到有关政府和公司在军事研发经费方面——武器生产公司很少将其研发费用划入民用和军事分项——系统、可靠的数据。一般而言,它也很难区分基础研究、应用研究和开发之间,小武器和轻武器、主要常规武器或大规模杀伤性武器等特定类别的武器研发之间,以及面向国内和国外(合作与出口)的军事研发之间的差异。

SIPRI 散发给各国政府有关军费开支的调查问卷包含军事研发,主要目的在于判断研发是否已成为各国军费开支定义的组成部分。[23] 然而,由于各国政府对研发数据通报的不正规并使用不同的定义,其可靠性令人生疑。相关出版物中也未包括对已有的最佳军事研发数据进行系统编辑、分析和比较。政府军事研发数据的可靠性因其重心向着——首先是主要武器生产国更多地将科学技术用于军事目的,其次是武器生产的国际化——转移而变得日趋复杂。[24]

武器生产

如前所述,政府军费开支——对于政府和公司而言——并未界定武器生产的成本,但却通过武器生产公司的军品销售价格得到体现。其产品由各国的武装力量采购或向其他国家的武装力量或国外组织进行转让(有关武器转让参见第三节)。因此,各国的武器生产数量并不等于武器采购数量,后者包含国家武装力量购买的本国产品以及武器进口。[25] 明确区分不同类别的装备以及民用和军事生产资源已变

---

〔22〕 经济合作与开发组织(OECD):《主要的科学与技术指标》,2005 年 1 月出版(OECD,巴黎,2005 年)。另见 K. 哈特利:"国防研究与开发:数据问题",《国防与和平经济》(2006 年出版)。

〔23〕 参见本卷附录 8D。

〔24〕 参见 B. 哈格林:"基于科学技术的军事创新:美国和欧洲",《SIPRI 年鉴 2004:军备、裁军和国际安全》(牛津大学出版社,牛津,2004 年),第 300—301 页。

〔25〕 北大西洋公约组织在有关其成员国军费开支的年刊中列入了装备费用开支份额。北大西洋公约组织(NATO):"北约—俄罗斯关于防务的财政和经济数据纲要",通讯稿第 161(2005 年)期,2005 年 12 月 9 日,参见网址:URL〈http://www.nato.int/docu/pr/pr2005e.htm〉。

得日益困难，因而也增大了军火行业自身划分界线的难度。[26] 生产国通常使用“防务装备”一词，与“军事装备”相比，其政治含义更显积极，而且上述两词也可同时使用，以涵盖部分不同类别的装备。在欧洲武器转让数据中，还存在着“作战”与“支援”装备之间的差别。后者包含可用于军事目的的民用装备——“两用”装备。因此，很难对投入武器生产的资源数量做出判断。

常规武器

尽管有些常规武器生产大国（定期或专门）公布某类武器生产数据，[27] 但公众能获得有关国家和公司生产常规武器所需资源的定量、系统、详细信息的情况却并不令人满意。由于国际社会未对有关军火生产的国家数据报告提出协调一致的法律要求，因而难以就数据的可靠性做出评估，也很难进行数据比对。财务数据的可比性始终是一个普遍存在的严重问题；此外，各公司的军品销售很少按产品类别或目的地（无论是国内或国外）加以细分。甚至很难对某政府或公司全时提供的数据进行比较。所有主要的军火生产公司建有公开其信息的网站，但有关军火生产数据的类别、质量和数量千差万别，通常不足以用来详加分析。[28]

大多数军火生产方涉及“军用”和“民用”活动。主要生产国明

---

〔26〕 参见“SIPRI 军火生产计划”网址，资源和方法部分：URL 〈http://www.sipri.org/contents/milex/aprod/siprisources.html〉；以及本卷第九章。有关军火工业的不同区分方法，参见 D. S. C. Chu 和 M. C. Waxman：“美国国防工业结构的发展”，G. I. 苏斯曼和 S. 奥基弗主编：《后冷战时代的国防工业》（佩戈蒙出版社，阿姆斯特丹，1998 年），第 36—39 页。另见 P. 哥姆特和 J. 雷皮（主编）：“防务与民用技术的关系”，北约 ASI 丛书，D 卷，行为与社会科学第 46 卷（Kluwer：多德雷赫特，1988 年）。

〔27〕 SIPRI，军火生产计划：“各国军火生产数据”，参见网址：URL 〈http://www.sipri.org/contents/milap/milex/aprod/nat_data.html〉。

〔28〕 为便于说明相关的数据问题，小武器调查组织因缺少详细信息而着眼于生产部门作为其生产分析的框架。小武器调查：“生产剖析：小武器工业”，《小武器调查 2005：作战武器》（牛津大学出版社，牛津，2005 年），参见网址：URL 〈http://www.smallarmssurvey.org/publications/yb_2005.htm〉，第 39—65 页。2004—2005 年，欧洲委员会为了开放欧洲武器市场，迎接更多的公平竞争，就建立相关程序做出了诸多努力，此举可能会使欧洲防务局在地区武器采办方面的透明度有所增加。欧洲共同市场委员会：“防务采购”，绿皮书，2004 年 9 月 23 日，参见网址：URL 〈http://europa.eu.int/comm/internal_market/publicprocurement/dpp_en.html〉；以及本卷第九章。

显存在着一种私营化趋势，已导致军火生产从受到政府控制的经济部门转移到私营部门。〔29〕由于公开上市公司必须向其股东公布诸如收益和利润等一般性财务数据，因而可通过公司报告或档案的形式确保部分公开透明。〔30〕但是，各国或国际社会并未协调一致地从法律上要求公开上市公司公布有关其军火生产活动的详细信息。〔31〕国有军火生产厂家仅向政府或其所属部门提交报告，而政府也未必对公众公开上述信息。〔32〕

1989 年，SIPRI 设立了“军火生产项目”。〔33〕它建有一个关于军火生产公司的数据库，专门搜集通过各国政府、企业和其他公开渠道获取的数据。该项目虽然收录了 100 家最大的军火生产公司的财务及就业数据，但未对有关生产常规武器的种类及数量信息加以整理。〔34〕这一漏洞部分地由包含许可生产的主要武器的 SIPRI 军火转让数据库来填补。国际战略研究所（IISS）等其他机构则收录各国武器库存情况。通过对不同来源的数据进行汇总，则有可能对各国本国生产的

〔29〕E. 申斯和 R. 魏德赫：“军火生产”，《SIPRI 年鉴 2002：军备、裁军和国际安全》（牛津大学出版社，牛津，2002 年），第 341—346 页。

〔30〕这对于不想向军火生产公司投资的机构则是重要信息。例如，参见“反对军火贸易运动”（CAAT）清白投资运动网址：URL〈http：//www. caat. org. uk/campaigns/clean—investment. php〉。

〔31〕E. 苏瑞：“军火工业的透明度”，《SIPRI 政策文件》第 12 号（SIPRI：斯德哥尔摩，2006 年 1 月），参见网址：URL〈http：//www. sipri. org/〉。

〔32〕缺少透明度这个问题之所以关系重大，并不只是因为军工产品的本质：军火行业被认为是最腐败的工业部门之一。国际透明组织：“国际透明组织公布新的行贿者索引”，新闻稿，柏林，2002 年 5 月 14 日，参见网址：URL〈http：//www. transparency. org/pressreleases _ archive/〉。最大的军火公司也是重要的经济力量。2003 年 SIPRI100 家最大的军火生产公司总收入大致相当于 61 个低收入国家的国民生产值之和。E. 申斯和 E. 苏瑞：“军火生产”，《SIPRI 年鉴 2005》（同注释 [12]），第 388—389 页。

〔33〕参见 SIPRI 军费开支及军火生产计划网址：URL〈http：//www. sipri. org/contents/milap/〉；以及本卷第九章。

〔34〕参见本卷附录 9A；以及苏瑞（同注释 [31]）。关于军火公司的就业数据并不总是将军用和民用生产的就业情况加以区分，其原因在于很多公司均从事上述两种活动。尽管就业情况的差异可反映出军事研发或生产方面的变化，但就业数据本身并不反映军火生产的类别、数量或销量。欲查阅此类数字，可参见波恩军转民国际中心（BICC）：《军转民调查》（牛津大学出版社，牛津，1996—1998 年；NOMOS Verlagsgesellschaft：巴登—巴登，1999 年）。

主要武器种类及数量做出评估。[35]

总部设在日内瓦的小武器调查组织近期也加入到全球范围内系统研究军火生产的行列，它自 1999 年以来每年就有关联合国定义的“小武器和轻武器”生产及其他问题提交报告。[36] 此项工作尽管志存高远，但因各国可靠数据的可获取性有限而举步维艰。直到最近，人们才得出如下结论：与世界其他地区相比，西欧地区的常规武器透明度通常更高，但欲提供该地区现有的小武器和轻武器军火产业规模[37]却几乎不可能（见下文）。

大规模杀伤性武器

众所周知，阿根廷、巴西、南非和瑞典四国已自愿终止其较先进的核武器开发或生产活动。[38] 此类开发和生产之所以很难核查，相当重要的原因是其生产的诸多环节具有两用或双重性质，即采用的装备、技术、材料及工艺适用于军、民两种目的。关于核武器生产设施的现有信息极为有限，而这些设施未被包括在国际原子能机构（IAEA）监督下的民用核工业保障监督体系内。上述活动的敏感性，加之各国政府对于接受视察并不心甘情愿，这些因素就是在全球裂变材料生产和储存领域建立透明未能取得进展的主要障碍。然而，国际原子能机构仍旧保持着庞大的各种与核相关的数据库。[39]

有关化学武器生产和库存的透明度及其质量与日俱增，主要得益于 1993 年《关于禁止发展、生产、储存和使用化学武器及销毁此种武器的公约》（化学武器公约）的执行。截至 2006 年 3 月，缔约国总

---

〔35〕 国际战略研究所（IISS）可提供国内和国外采购武器的数量。国际战略研究所：《军事平衡 2005—2006》（Routledge：阿宾登，2005 年），表 16。

〔36〕 据估计，在 2004 年，约有 90 个国家的 1200 多家公司生产小武器和轻武器。小武器调查：《小武器调查 2004：权利和风险》（牛津大学出版社，牛津，2004 年）。

〔37〕 R. 魏德赫：“神秘面纱的背后：西欧小武器和轻武器军工生产”，小武器调查组织临时文件第 16 号（小武器调查：日内瓦，2005 年），参见网址：URL〈http://www.smallarmssurvey.org/publications/occasional.htm〉，第 77 页。

〔38〕 其他国家或地区，如韩国和中国台湾，也中止了较小规模或较为粗糙的核武器计划。欲查阅当前的核力量拥有者，参见本卷附录 13A。

〔39〕 参见国际原子能机构网址：URL〈http://www.iaea.org/〉。有关核武器库存的内容，参见本章第四节。

数已有 178 个。[40]《化学武器公约》制定了相关条款，允许采取已被成功用于澄清某些缔约国部分（但非全部）关切的非正式磋商、说明和实地调查。[41]

生物武器领域的透明度则较差，可称为每况愈下。其部分原因是 1972 年《禁止细菌（生物）及毒素武器的发展、生产及储存以及销毁此类武器的公约》（生物武器公约）缺少一个常设性的组织机构来执行条约和说明履约关切。[42] 此外，俄罗斯曾于 1992 年承认前苏联违反了《生物武器公约》，但此后即遭到包括俄国防机构成员在内的多位俄官员公开否认。[43] 误用两用性质的科技研究最新成果的可能性也在持续增长。

确定一个国家的生物防务机构所从事的工作性质，其最大难点在于要弄清该项工作是否属于防御性或进攻性计划的一部分。若为进攻性，则被《生物武器公约》所禁止。[44] 然而，即便不是全部，大多数对于不进行大规模生产的研究和试验，可能会以需要评估生物武器的威胁为理由而认为是合法的。这一问题由于以下几种因素而变得更加复杂了，即：情报来源及手段亟需受到保护；包括在多边框架之内如何有效采用此类信息有难度；针对非国家行为体（即恐怖分子），确保国际禁止（生物武器）的有效性。

现在有涉嫌生产所有三类大规模杀伤性武器的生产国，但未经证实。[45] 很多非政府组织也公布了关于所有类别大规模杀伤性武器生

---

〔40〕 公开宣称拥有化学武器的国家有阿尔巴尼亚、印度、韩国、利比亚、俄罗斯和美国。欲查阅《化学武器公约》的签约国及成员国名单，参见本卷附录 A。

〔41〕 此类关切涉及作为《化学武器公约》所允许计划的一部分，由其他成员国国防机构就以往化学武器计划与当前正在实施的活动，向《化学武器公约》的执行机构——禁止化学武器组织（OPCW）做出声明的完整性。

〔42〕 有关《生物及毒素武器公约》的内容，参见本卷附录 A。

〔43〕 1992 年 1 月 29 日，俄罗斯联邦总统 B. N. 叶利钦关于俄军备限制与裁减政策的发言，裁军谈判会议 CD/1123 号文件，1992 年 1 月 31 日。

〔44〕 R. 罗菲："生物武器与进攻性生物武器活动的潜在指标"，《SIPRI 年鉴 2004》（同注释［24］），第 557—571 页。

〔45〕 有关可疑的核、生、化、导弹武器计划，参见美国国务院："遵守并履行军控、不扩散和裁军协议及义务"（美国国务院：华盛顿特区，2005 年 8 月），参见网址：URL 〈http://www.state.gov/t/vci/rls/rpt/c15720.htm〉。

产的信息（如 SIPRI）或其中某一类武器的生产信息（如“核威胁倡议”）。[46] 它们的分析均因透明度问题而颇受限制。

第三节 武器转让

自 20 世纪 60 年代以来，各国政府已建立了众多有关武器转让的信息收集和发布机制。这些机制可大致分为保密或非保密的多国报告机制（如瓦森纳安排[47]）、可公开获取的多国报告机制（如联合国常规武器登记制度）以及可公开获取的单方面报告机制（如有关国家政府最新生产武器出口情况的各种年度报告）。欧盟《武器出口行为准则》年度报告最初是在政府之间秘密交换信息，但在受到欧洲议会、非政府组织以及 1999 年欧盟主席国芬兰施压后，转而对外公开。[48]

上述机制背后的动机与收集和发布数据的种类千差万别。但总的看，可靠、系统、可资比较的武器出口数据，将使分析各国武器出口政策的执行以及各国遵守禁止特定武器和相关技术及部件扩散的国际

---

〔46〕 参见本卷第十三、十四章；以及“核威胁倡议”网址：URL〈http://www.ntiorg〉。

〔47〕 瓦森纳安排成立于 1996 年 7 月，旨在推动“常规武器与两用商品及技术转让的透明及更大责任感，继而防止此类物项的积聚导致局势失衡”。它取代了自愿性质的多边出口控制协调委员会（COCOM），该委员会始建于 20 世纪 50 年代，直接针对社会主义国家。瓦森纳安排参加国可秘密地交换有关对非参加国出口七类主要常规武器的信息。I. 安东尼和 S. 鲍尔：“转让控制与销毁计划”，《SIPRI 年鉴 2004》（同注释［24］），第 744—747 页；以及 J. A. 刘易斯：“控制多边军火转让：合作的局限性”，《今日军备控制》，第 35 期，第 9 号（2005 年 11 月），参见网址：URL〈http://www.armscontrol.org/act/2005_11/〉。欲查阅瓦森纳安排参加国名单，参见第十六章及本卷术语汇编。

〔48〕 S. 鲍尔和 M. 布罗姆利：“欧盟武器出口行为准则：改进年度报告”，SIPRI 政策文件第 8 号（SIPRI：斯德哥尔摩，2004 年 11 月），参见网址：URL〈http://www.sipri.org/〉，第 5 页。另有人建议称，各国武器出口更趋严格控制和透明的政策变化，通常就是公众要求的结果。B. 哈格林：《中立与对外军售》（Westview 出版社，科罗拉多州，玻尔得市，1990 年）；以及 B. 哈格林：“携手向前：瑞典—澳大利亚军事贸易与合作”，和平研究中心专辑第 15 号（和平研究中心，澳大利亚国立大学，堪培拉，1994 年）。

协议情况，并对武器发展做出评估成为可能。[49] 此外，与军费开支数字相似，武器转让数据与评估武器采办对接受国经济造成的影响密切相关。根据 1998 年欧盟行为准则，欧洲供应国将对承认接受国合法的安全和自卫需求与避免接受国的人力和经济资源转移这两者间的平衡进行评估。[50]

由于武装冲突的性质发生改变，导弹可能会被用作运载大规模杀伤性武器的工具，许可生产和交货造成的导弹扩散及其潜在的失衡效应，致使导弹——无论是巡航导弹、弹道导弹，或是反弹道导弹——成了政治关切的焦点。[51] 导弹及其技术控制制度（MTCR）成立于 1986 年，它自 1993 年以来一直致力于限制扩散任何类型的导弹、无人飞行器以及该制度附件所载拟用于投射大规模杀伤性武器的任何物项（“全面清单”条款）。[52] 由于此类导弹多为“常规”武器，很多导弹扩散行为涉及主要常规武器数据，因而可以对各国遵守导弹及其技术控制制度的情况进行监控。

---

〔49〕 全面评述参见 S. A. 斯夸索尼、S. R. 鲍曼和 C. E. 贝伦斯：“防扩散控制机制：背景和现状”，国会图书馆，国会研究部，华盛顿特区，2005 年 2 月 10 日；最新修订版参见网址：URL〈http：//fpc. state. gov/ fpc/42407. htm〉。

〔50〕 欧洲联盟议会：“欧盟武器出口行为准则的用户指南”，布鲁塞尔，2005 年 10 月 14 日，参见网址：URL〈http：//register. consilium. eu. int/pdf/en/05/st13/st13296. en05. pdf〉，第 24—28 页。

〔51〕 国际社会发起了一些倡议，以期研究解决弹道导弹扩散问题的最佳方案。例如：2002 年 11 月，90 多个国家宣布准备签署《海牙防止弹道导弹扩散行为准则》。其目的是通过引入需求方政策管理，弥补导弹及其技术控制制度（MTCR）的某些漏洞。但是，由于一些拥有导弹开发计划的国家并不打算加入该倡议，此举仅被视为取得了部分成功。C. 阿尔斯特罗姆：“防止弹道导弹扩散：2002 年行为准则”，《SIPRI 年鉴 2003：军备、裁军和国际安全》（牛津大学出版社，牛津，2003），第 749—759 页；以及美国国务院不扩散局：“防止弹道导弹扩散国际行为准则”，情况说明书，华盛顿特区，2004 年 1 月 6 日，参见网址：URL〈http：//www. state. gov/t/np/rls/fs/27799. htm〉。欲查阅海牙行为准则参加国名单，参见本卷术语汇编。

〔52〕 参见导弹及其技术控制制度网址：URL〈http：//www. mtcr. info/english/〉；Γ. 阿维德森．“当今及未来的小武器和榴弹发射器”，《瑞典军事技术杂志》，第 1 号，2005 年，第 17—21 页；以及 N. 菲奥伦扎：“北约军火大会聚焦针对飞机的恐怖威胁”，防务新闻，2005 年 3 月 14 日，第 13 页。欲查阅导弹及其技术控制制度参加国名单，参见本卷第十六章和术语汇编。

主要常规武器

在主要常规武器转让方面，各国政府和非政府组织已提供了较多系统化的详细数据。[53] 定期通报本国武器转让情况的国家主要是在北美和欧洲。美国的两个政府组织公开发表有关武器转让的国家及国际数据：国会公布针对发展中国家转让的年度报告，国务院公布《世界军费开支与武器转让》报告。[54] 这些报告虽采用了涉密资料源，但其数据的可靠性已被降低。[55] 此外，由于这些数据是以不同的阶段出现于随后出版的各种刊物中，这就增加了长期系列的难度。尽管欧盟各国每年以统一的标准格式通报其武器出口情况，但迄未就“武器出口”的定义达成共识。欧盟对外公布的武器出口行为准则年度报告即以这些数据为基础。

在向公众开放的有关全球武器转让的国际资料来源中，始创于 1991 年具有自愿性质的联合国常规武器登记制度是公共领域内唯一正式的国际主要武器转让登记制度。虽然欧盟年度报告仅涵盖欧盟成员国的武器出口而未能反映全球武器供应国情况，但它确实包括了除美国和俄罗斯之外的世界主要武器供应国。[56] 这些组织有关数据收集的定义和原则各不相同，部分原因在于其组建数据库的目的千差万别。联合国常规武器登记制度是联合国各

---

〔53〕 有关武器转让的详细信息，此类需求因取决于研究问题而有所不同。鲍尔和布罗姆利（同注释［48］)。另见联合国，裁军事务办公室：“提高常规武器国际转让透明度的方法与手段研究”，《秘书长报告》，研究丛刊第 24 期，联合国文件 A/46/301（联合国：纽约州，纽约市，1992 年）；N. J. 戈德林：“走向透明：联合国常规武器登记制度评估”，英美安全信息委员会（BASIC）第 93.6 号研究报告，BASIC，伦敦，1993 年 10 月；以及联合国，裁军事务部：“军备透明：联合国常规武器登记制度 10 周年纪念”，纽约州，纽约市，2002 年，参见网址：URL〈http：//disarmament2. un. org/cab/Bk1－TransArms. pdf〉。

〔54〕 R. F. 格瑞迈：“针对发展中国家的常规武器转让，1997—2004”，美国国会图书馆，国会研究部，华盛顿特区，2005 年 8 月（每年更新）；以及美国国务院（同注释［13］)。

〔55〕 欲查阅有关美国武器出口机制的客观评价，参见 M. 施罗德：“军火出口机制的透明和责任：美国个案研究”，裁军论坛，第 3 号，2005 年，参见网址：URL〈http：//www. unidir. org/bdd/fiche－article. php? ref_ article＝2393〉，第 29—37 页。

〔56〕 2001—2005 年期间，欧盟现有 25 个成员国的军火出口总额占全球主要常规武器出口总额的 27％，其出口总额居世界第三位。参见本卷第十章。

成员国为避免发生破坏局势平衡的突发事件而形成的一种建立信任措施，并于 1991 年海湾战争之后问世。欧盟年度报告旨在协助欧盟行为准则致力于协调欧盟各成员国的武器出口政策。总的来看，武器转让数据公开性的增加，就是欧盟各成员国报告的质量和数量不断提高的结果，较大程度上得益于欧盟行为准则所施加的压力。

此外，联合国常规武器登记制度并不完整和准确。[57] 联合国裁军问题顾问委员会曾向联合国关于威胁、挑战和变革的高级别名人小组提出建议，主张全体成员国应完整、准确地向该制度报告所有要素。[58] 有一个问题是政治性的：即，对于本国无军火工业的那些国家，至少不只是中东国家，其武器进口的详细、准确数据将会暴露其武器家当。而且，应当要求联合国秘书长（但目前尚未如此）每年就报告机制中的任何不足之处向联大和安理会提交报告。同样地，欧盟报告制度也有待改进。[59] 根据 2001 年《联合国全面防止、打击、根除小武器和轻武器非法贸易的行动计划》，透明度问题是迄今为止得到财政和技术援助最少的一个领域。[60]

SIPRI 军火转让项目系统地分析了有关主要常规武器但不包括多数小武器和轻武器转让的公开信息（官方和非官方）。其结果之一就是得出了“趋势—指标值”，有助于自 1950 年以来在时间上及各国之间进行比较。[61] 国际战略研究所（IISS）也公布了国际武器转让数据。截至 2005 年，该研究所发表的是武器出口财务数据；从 2005 年起，其信息组织方式类似于 SIPRI 武器出口登记，但又与 SIPRI 信

〔57〕 S. T. 魏泽曼：“联合国常规武器登记制度的未来”，SIPRI 政策文件第 4 号（SIPRI：斯德哥尔摩，2003 年 8 月），参见网址：URL〈http：//www. sipri. org/〉。

〔58〕 这一通报要求已被联合国高级别名人小组建议报告所采纳。联合国（同注释［9］），第 97 段第 16 项建议。

〔59〕 参见鲍尔和布罗姆利的建议（同注释［48］），第 32—33 页。

〔60〕 E. 基托玛奇和 V. 扬基—韦恩：“执行摘要”，《落实联合国小武器和轻武器行动计划：2003 年各国提交报告的分析》（联合国裁军研究所：日内瓦，2005 年），第 13—22 页。

〔61〕 参见本卷附录 10C；以及 SIPRI 军火转让计划网址：URL〈http：//www. sipri. org/contents/armstrad/〉。

息有所不同。[62] 至于该研究所的其他数据，也不可能对数据的可靠性做出评估。

取自不同资料来源的武器转让数据的使用，尤其是使之结合相当复杂；联合国常规武器登记制度提供了转让物项的数量，而美国与欧盟报告则计算出财务数值。SIPRI 趋势—指标值不应与上述任何数字进行比较。SIPRI 还通过各国报告估算全球武器出口的财务数值，此项工作因缺乏对“武器出口”的国际定义而面临困境。[63]

小武器和轻武器

与主要武器相比，小武器和轻武器生产商更多，而其隐瞒交易的机会更大。因此，对全球范围内有关小武器和轻武器的系统、可靠数据进行汇编的难度也更大，尤其是因为此类武器以往并未从各国武器转让报告的主要武器中分离出来。然而，由于它们经常被用于犯罪活动，由于国内冲突日趋频繁，加之特有的不同于主要常规武器的监管问题，很多国家目前相互交换有关小武器和轻武器转让的信息，例如欧洲安全与合作组织的全体成员国根据 2000 年《关于小武器和轻武器文件》与该组织其他成员国共享小武器和轻武器的进、出口信息。[64] 大多数成员国之间秘密交换此类信息，而包括捷克共和国、德国和西班牙在内的其他成员国则选择公开其报告。[65]

小武器调查组织是一个专注于有关小武器和轻武器问题系统研究的非政府组织。该组织于 2003 年公开承认，其难度最大的研究任务

---

〔62〕 国际战略研究所（同注释［20］）。

〔63〕 SIPRI 军火转让计划：“军火出口财务数值”，参见网址：URL〈http://www.sipri.org/contents/armstrad/at_gov_ind_data.html〉。另见本卷第十章。

〔64〕 欧洲安全与合作组织（OSCE）：《OSCE 关于小武器和轻武器文件》，FSC.DOC/1/00，2000 年 11 月 24 日，参见网址：URL〈http://www.osce.org/item/16343.html〉。

〔65〕 B. 哈格林等人：“国际军火转让”，《SIPRI 年鉴 2003》（同注释［51］），第 463—464 页。2003 年，瓦森纳成员国也就秘密交换小武器和轻武器以及便携式防空系统（MANPADS）转让信息达成共识。安东尼和鲍尔（同注释［47］）。

涉及国际转让的文件证明，主要原因在于缺少数据及相关报道。[66]有关国家或国际小武器转让的数据系列无从获取，而对于特许贸易的了解依旧很少。所有国际性评估及多数的国家评估极不可靠。为克服上述情况，各国亟需分门别类地定期通报有关小武器、轻武器和主要武器的转让情况。[67]

SIPRI 军火转让数据库包含某些联合国轻武器类别，而小武器调查组织则使用挪威小武器转让倡议（NISAT）从联合国商品贸易统计（联合国商贸）数据库[68]和各国武器出口报告中整理的小武器和轻武器转让信息。[69]但是，由于民用和军用商品以及其他属于公开报关类别的很多商品之间不易区分，导致海关数据的细分性和可靠性问题显得格外突出。NISAT 数据库的建立，也是为了便于对非法交易进行分析。然而，大多数国家仅公开极少量关于其海关缉获非法武器的信息。[70] 2004 年，一份联合国报告建议制定具有法律约束力的有关小武器和轻武器转让（以及登记、追查、中介）协定。[71]

第四节 武器库存

由于量化信息看似如此精确，以致容易被人误用。将各国政府或其他部门所列举的本国军费开支（变化）视为评估该国防务能力、可能构成的威胁甚至其意图的证据，并非少见。尤其容易使人利用预算数据来达成上述目的，特别是在有关透明度的其他标准处于较低水平

〔66〕 小武器调查：《小武器调查 2003：拒绝开发》（牛津大学出版社，牛津，2003 年），第 5 页。

〔67〕 小武器调查（同注释［28］），第 117 页。自 2004 年以来，小武器调查组织已推出了“小武器贸易透明指标”，旨在根据各国官方报告向各国公布相关情况；参见网址：URL〈http：//www. smallarmssurvey. org/ barometer/〉。

〔68〕 参见联合国商品贸易统计数据库网址：URL〈http：//unstats. un. org/unsd/comtrade/〉。这些数据经过小武器调查组织的研究（同注释［28］），第 98—100 页。

〔69〕 参见挪威小武器转让倡议（NISAT）网址：URL〈http：//www. prio. no/nisat/〉。

〔70〕 小武器调查（同注释［28］），第 117 页。

〔71〕 联合国（同注释［9］），第 15 项建议。

时，更是如此。[72] 然而，正如近期的伊拉克问题所示，类似分析将导致出现“最糟糕的情况”并增大错误或虚假信息的风险，可能造成严重后果。各国的军事实力或能力，并不单纯是经费或其他物质投入使然。因此，“清点豌豆”（此处喻指仅重视数量而忽略质量及其他相关因素——译者注），无法回答有关军事能力的重要问题。[73]

能力评估需考虑作战库存的特定部分或全部要素的潜在使用（和用途）的情况，其中包括现代化技术水平、部署能力、机动性能和维护保养、武器使用规则、装备操作人员的培训和使用动机等因素。[74] 而且，军事能力不光因时而变，它还仅与有关潜在军事对手能力的安

---

〔72〕 例如，美国政府对于中国的军力增长及其缺乏相应的国防预算透明极为关切。美国国防部：“中华人民共和国军事实力年度报告，2004 财年致国会有关中国军力的报告”，华盛顿特区，2005 年，参见网址：URL〈http：//www. defenselink. mil/pubs/d20040528PRC. pdf〉；以及“关注中国”，《航空与航天技术周刊》，2005 年 9 月 5 日，第 21 页。另见本卷第八章。

〔73〕 参见此前的 SIPRI 军事技术计划出版物，例如：E. 阿奈特：“伊朗，威胁判断及建立军事互信措施”，SIPRI，斯德哥尔摩，1996 年，参见网址：URL〈http：//projects. sipri. org/technology/Iran _ CBM. html〉；以及 E. 阿奈特（主编），SIPRI：《军事能力与战争风险：中国、印度、巴基斯坦和伊朗》（牛津大学出版社，牛津，1997 年）。还有兰德公司关于能力问题的若干出版物，其中包括 G. F. 特雷弗顿和 S. G. 琼斯：《国力计算》（兰德公司，加利福尼亚州，圣莫尼卡市，2005 年），参见网址：URL〈http：//www. rand. org/ pubs/conf _ proceedings/CF215/〉；以及 A. J. 特里斯等人：《后工业时代的国力计算》（兰德公司，加利福尼亚州，圣莫尼卡市，2000 年），参见网址：URL〈http：//www. rand. org/pubs/monograph _ reports/MR1110/〉。

〔74〕 例如：在 1990 年《欧洲常规武装力量条约》谈判中，来自东、西方两大对立阵营的与会者虽未确定更多有关重型武器的综合参数，但却达成了计算各自武器类别的“一对一”原则。另一个更为复杂的问题，就是如何界定北约和华约两大组织兵力对比的有效性。最终，双方达成了一项具有政治约束力的协定，即由各方确定缔约国地面部队的人员限额。此项有关人员限额的协定于 1992 年签署，并于 1995 年生效。相关的官方数字对外公开。D. 克劳福德：“欧洲常规武装力量（CFE）：条约要素回顾与更新”，美国国务院军备控制署，华盛顿特区，2004 年 12 月；以及国际战略研究所（同注释［20］）。其他国家的员额评估情况则由美国国务院（同注释［13］）、国际战略研究所（同注释［20］）、波恩军转民国际中心（同注释［34］）公布。

全分析密切关联。[75] 客观、准确地对“军事平衡”或“力量平衡”做出评估殊非易事。如今，国际武装冲突更多地交战于国外，而不只是出于保卫国土的需要，各国不再是孤军奋战，而是与盟友合作，故没有必要从地理意义上界定其军事对手。[76] 由于某些国家在国外驻军并储存武器，还拥有海外基地，因而不仅难以对其特定时期的库存规模和部署情况做出可靠的评估，还增大了有关军事作战能力评估的难度。[77]

鉴于小武器和轻武器生产及贸易的量化问题（见上文），本节未将它们列入其中。此外，由于生物武器的库存未经公开证实，有关《化学武器公约》缔约国化学武器库存的详细资料则已公诸于世，[78] 因而本节没有论及化学和生物武器。

常规武器

正如前文提到有些国家因缺少自主生产能力而扩大进口，多数国家严密保护关于其武器库存的准确信息。尽管联合国常规武器登记制度旨在确保各国报告主要武器种类的库存透明度，但目前尚未获取经正式认可或可核查的全球所有常规武器库存规模的数字。不过，波恩军转民国际中心、国际战略研究所、有关武器

〔75〕 非国家实体的军火库存这一特殊问题可以便携式防空系统（MANPADS）为例加以说明，该系统属于较轻型的武器，一旦落入训练有素的用户手中，其构成的风险远大于某些重型武器。C. 波克孔、A. 菲科尔特和 B. 埃利阿斯：“本土安全：保护民用客机免遭恐怖分子导弹袭击”，美国国会图书馆，国会研究部，华盛顿特区，2003 年 11 月；对外公开的最新修订版参见网址：URL〈http：//fpc. state. gov/fpc/38031. htm〉。

〔76〕 M. 扎尼尼和 J. M. 陶：《美军与多国部队的兼容性》（兰德公司，加利福尼亚州，圣莫尼卡市，2000 年），参见网址：URL〈http：//www. rand. org/publications/MR/MR1154/〉。

〔77〕 在海外预先放置武器主要与美军有关。R. E. 哈卡维：“有关设立基地的思考”，《美国海军战争学院评论》，第 58 期，第 3 号（2005 年夏），第 26—27 页；A. 库利：“基地政治学”，《外交》，第 84 期，第 6 号（2005 年 11/12 月），第 79—92 页；波恩军转民国际中心：《军转民调查 2005：全球裁军、解除武装和复员》（Nomos Verlagsgesellschaft：巴登—巴登，2005 年），第 44—46 页；以及 Z. 拉霍夫斯基：《欧亚地区的外国军事基地》，SIPRI 政策文件（SIPRI：斯德哥尔摩，拟于 2006 年出版）。

〔78〕 即便那些未公开宣称拥有化学武器的可疑国家，也都不被认为拥有较大库存。

系统的《简氏》出版物、[79] 小武器调查等组织试图利用公开信息——有些是官方信息——进行量化和分析。此类数据的可靠性在多数情况下存在争议。例如，国际战略研究所声称，其掌握的各国装备拥有量系根据对外公开的最准确数据或最佳评估以及基于公开信息做出的判断。[80]

作为一个特例，欧洲地区根据欧洲安全与合作组织——1995 年前一直被称为“欧洲安全与合作会议”——框架内达成的军备控制协定，谋求对特定类别的主要常规武器库存实现官方透明。具有法律约束力的 1990 年《欧洲常规武装力量条约》是建立在当时北约和华约两大对立阵营的基础之上，它与具有政治约束力的 1999 年《关于建立信任与安全措施的维也纳文件》共同致力于欧洲各国武器库存的对外公开和透明。[81] 1999 年《欧洲常规武装力量条约修改协定》虽然尚未正式生效，但其增加透明的做法现已得到尊重。[82] 涵盖俄、美两国驻欧武器库，但不包括欧洲中立国家在内的 28 个国家有关限制和储存五类受条约限制的常规武器——作战坦克、装甲战斗车、火炮部件、战斗机、攻击直升机——的历史记录现已成为公开信息。SIPRI 公布此类信息的行为，就是表明非政府组织将如何充当国际组织“透明因子”的一个例证。[83]

---

〔79〕《简氏》有关专项军事装备的出版物数量逐年增多；刊物名称可参见网址：URL〈http：//catalog. janes. com/catalog/public/index. cfm? fuseaction=home. ProductIndex〉。

〔80〕国际战略研究所（同注释［35］），第 6 页。

〔81〕欲了解有关 CFE 条约的历史、谈判和现状，参见 1991—2005 年的《SIPRI 年鉴》；Z. 拉霍夫斯基：“新欧洲的建立信任与安全措施”，SIPRI 研究报告第 18 号（牛津大学出版社，牛津，2004 年）；以及 J. E. 彼得斯：《CFE 条约与欧洲军事稳定》（兰德公司，加利福尼亚州，圣莫尼卡市，1997 年），参见网址：URL〈http：//www. rand. org/pubs/monograph _ reports/MR911/〉。关于 1999 年维也纳文件部分，参见本卷附录 A。

〔82〕Z. 拉霍夫斯基：“常规武器控制”，《SIPRI 年鉴 2000：军备、裁军和国际安全》（牛津大学出版社，牛津，2000 年），第 599—600 页。

〔83〕《欧洲常规武装力量条约》武器数额上限和库存，参见 SIPRI 关于国际关系和安全趋势情况（FIRST）网址：URL〈http：//first. sipri. org/〉。SIPRI 发挥着向公众传递欧安组织信息的管道作用。公布欧安组织的信息和数据，不得超出限制，否则，敏感信息及相关国家的安全利益将受到危害。因此，SIPRI 并不公开根据 CFE 条约和维也纳文件机制提供的有关武器驻地或部署细节，即为佐证。另见 Z. 拉霍夫斯基和 M. 舍格伦：“常规武器控制”，《SIPRI 年鉴 2004》（同注释［24］），第 714 页。

核武器

《欧洲常规武装力量条约》所确立的透明机制迥异于世界其他各地或其他武器类别。尽管自 20 世纪 60 年代末以来，在建立更透明的核武库方面取得了一些进展，但有关核武器及武器级裂变材料的全球库存依旧存在着较大不确定因素。[84] 经 1968 年《不扩散核武器条约》确定的五个核武器国家——中国、法国、俄罗斯、英国和美国——在其不同资料中公布了一些有关核力量的官方数据。此外，根据美“信息自由法”的规定，还有相当数量关于美国核力量的官方信息已被解密和公开。[85] 然而，有关《不扩散核武器条约》确认的五个核武器国家实力储备的官方信息在可靠性和全面性上差别较大，至于中国的情况更是有限。可以公开获取的有关三个事实上的核武器国家——印度、以色列和巴基斯坦——的核库存及其包括弹道和巡航导弹、火炮和飞机在内的核武器运载工具的数量及战备状态等信息也非常少。尽管缺少透明，但一些非政府组织——包括 SIPRI——搜集并公布了对核力量库存的估算。[86]

冷战期间达成的限制和削减核武器条约所制定的核查措施，已为俄、美部署的战略核力量引入了一种有限的公开透明。[87] 然然而，有

---

〔84〕 日内瓦裁军谈判会议有关一项拟议中的禁止裂变材料生产条约谈判毫无进展，部分原因即在于核查安排的适用度备受争议。J. 卡尔逊：“《禁产条约》能否有效核查?”，《今日军控》，第 35 期，第 1 号（2005 年 1 月/2 月），第 25—29 页。

〔85〕 例如：参见“核信息项目”网站（URL〈http：//www. nukestrat. com/〉）公布的文件。

〔86〕 参见本卷附录 13A。其他有关全球核武器库存的信息还可在“美国科学家联盟指南”网站（URL〈http：//www. fas. org/nuke/guide/〉）上获得。“俄罗斯核力量项目”网站（URL〈http：//russianforces. org/eng/〉）一直致力于提供有关俄罗斯战略核力量的详尽信息。欲了解非官方性质的专家就全球高浓缩铀和钚库存做出的全面评估，参见 D. 奥尔布赖特、F. 伯尔库特和 W. 沃克尔：“钚和高浓缩铀 1996：全球库存、能力及政策”，SIPRI（牛津大学出版社，牛津，1997 年）。

〔87〕 根据 1991 年《关于削减和限制进攻性战略武器条约》（START I 条约），俄罗斯和美国每隔 6 个月互换按 START I 条约规定的计算双方部署战略性核运载工具及其弹头的涉密级谅解备忘录。上述数据的解密版现已对外公开。例如，参见美国国务院军控司：“START 统计进攻性战略武器数量”，华盛顿特区，2005 年 10 月 1 日，参见网址：URL〈http：//www. state. gov/t/ac/rls/fs/54166. htm 〉。关于 START I 条约，参见本卷附录 A。

关俄、美非战略（或“战术”）核武器数量及战备状态的可靠信息依旧缺乏。这些武器仍未被纳入任何具有法律约束力的军控协议，并对军控核算构成了特殊挑战——它们具有机动性、体积小，难以受到传统的国家技术手段监视——相关运载系统可用于投送传统型弹药和核弹药。〔88〕

众多研究成果主张针对核弹头及其材料建立一种全面的透明机制，以期补充并加强有关从数量上限制核力量的条约。〔89〕这还涉及宣布和核查现有弹头及武器级裂变材料库存、监督拆除单兵武器、核查处理其装填的裂变材料是否安全可靠。埃及和其他国家旨在建立联合国核登记制度并将核武器纳入《联合国常规武器登记册》的努力以失败告终，而有关建立俄—美核透明机制的努力也同样如此。〔90〕

第五节 武器处理

全球主要武器库存（还有武装部队人员以及军火行业雇员）因军事现代化而不断缩减。〔91〕这种现代化可能意味着，伴随各项武器技术日趋复杂、军事能力要求更高，所需武器的数量也会减少，或是以新武器替代旧武器。无论是何种情况，都会出现武器过剩。各国则将销毁它们，或是对小武器和轻武器及主要常规武器则予以出口，以便节省贮存费用。

---

〔88〕 J. 汉德勒：“1991 年 9 月总统核倡议及战术核武器的销毁、贮存和安全问题”，T. 苏斯洛托主编，《战术核武器：适逢管理之时》（联合国裁军研究所：日内瓦，2002 年），第 107—132 页）。

〔89〕 例如，S. 范特和 H. A. 费维森：《核转折点：大幅度削减及降低核武器警戒水平》（布鲁金斯学会出版社，华盛顿特区，1999 年），参见网址：URL〈http://www.brook.edu/press/books/nucturn.htm〉。有关建立核弹头透明机制的政治和技术方面的内容，参见 N. 扎瑞帕斯（主编），SIPRI：《核弹头及材料透明：政治和技术问题》（牛津大学出版社，牛津，2003 年）。

〔90〕 1994—1995 年，保障监督、透明和不可逆问题联合工作小组举办了多次会议，该论坛旨在就建立一种涵盖俄、美核武器及裂变材料的新型军控体制展开谈判。这些会议无果而终。

〔91〕 波恩军转民国际中心（同注释［77］），第 29 页。

此外，武器处理是在多国组织或协议的支持下进行。自20世纪90年代起，尤其是处理前苏联地区各共和国的常规武器和弹药库存，以及其中某些国家或其他国家的大规模杀伤性武器，始终是最紧迫的任务之一。90年代期间，处理欧洲地区的主要常规武器系根据《欧洲常规武装力量条约》。〔92〕如今，正在进行中的包括地雷、弹药在内的小武器和轻武器处理则是根据很多地区的冲突后安排，并通常由联合国领导。〔93〕联合国已将7月9日指定为“国际武器销毁日”，着重针对世界范围内的非法小武器。〔94〕在欧洲，处理小武器和轻武器及弹药是在欧安组织和北约的“和平互信合作基金”资助下进行。〔95〕然而，有关众多小武器和轻武器的生产、转让及库存透明中存在的具体问题，使人们难以了解这些武器当中还有多少仍在民间或军队中流通。

大规模杀伤性武器

冷战的结局使美国与前苏联核武库规模大幅度削减。但外界只能获取有限的关于已被拆除和销毁核弹头的公开信息。在有关条约中并未对监督核弹头的拆除做出强制性安排，其原因在于缔约方担心这一过程可能会泄露敏感的设计信息。很多鼓吹军备控制的人士主张，必

---

〔92〕参见本卷第十五章。

〔93〕小武器调查（同注释[28]），第267—301页。另见“小武器和轻武器”，《安全部门改革良好实践纲要》（全球推进安全部门改革网络：什里弗纳姆，2005年），参见网址：URL〈http://www.gfn－ssr.org/good _ practice.cfm〉。反人员地雷也是一种“小武器”，对此，国际社会在很大程度上因行动需要而基本达成一致。《禁止使用、储存、生产和转让反人员地雷及销毁反人员地雷公约》（《APM公约》）于1997年12月3日开放签署，并于1999年3月1日生效；该公约文本可参见网址：URL〈http://www.un.org/millennium /law/xxvi－22.htm〉。另见本卷附录A；以及加拿大外交事务：“加拿大有关全球反地雷指南”，参见“安全车道”网址：URL〈http://www.mines.gc.ca/〉。

〔94〕参见“国际武器销毁日”，《联邦辩论》，第18卷，第3号（2005年11月），第46页。

〔95〕“和平互信合作基金”成立于2000年9月，其初衷是根据《APM公约》协助销毁库存的反人员地雷。2005年，又制订了一项新计划，其目的是援助乌克兰在12年内销毁库存的剩余弹药、小武器和轻武器以及便携式防空系统。参见“销毁乌克兰剩余武器和弹药互信基金计划”，《北约各国及和平伙伴》，第50卷，第1号（2005年），第118页。另见“北约在阿尔巴尼亚、乌克兰树立非军事化里程碑”，《简氏国际防务评论》，2006年1月，第17页。

须把不可逆转地销毁核弹头作为持久实现条约所规定的力量削减的一种方式。上述观点未被采纳，主要是因为美国的反对，即此举将会限制缔约方在安全环境出现难以预期的变化时“重组”其战略力量的能力。[96]

根据美国能源部提供的数字，在 1989 年以后的十年间，美已退役和拆除核弹头约 1.1 万枚，[97] 其中包括美部署在境外的非战略核弹头。[98] 美国防部和中央情报局评估认为：俄罗斯在 20 世纪 90 年代每年仅拆除了 1000 余枚弹头；换言之，俄在十年间拆除了 1 万余枚弹头。[99] 此外，美、俄两国已销毁包括中程陆基导弹、炮弹和地雷在内的部分类别核武器系统。随着冷战的结束，英国也已大幅度削减核武库，其中包括 1998 年完成了机载核炸弹库存的退役及销毁。尽管法国削减其核武库的幅度相对较小，但也退役了某些型号的核运载工具，其中包括法军的所有陆基弹道导弹。

目前有关生物武器的销毁尚未实现国际透明。《生物武器公

---

〔96〕 关于俄—美削减进攻性战略武器条约（SORT）谈判，参见 S. N. 基尔：“核军控、不扩散及弹道导弹防御”，《SIPRI 年鉴 2003》（同注释［51］），第 600—602 页。关于该条约本身，参见本卷附录 A。

〔97〕 R. S. 诺里斯和 H. M. 克里斯滕森：“核记录：美国核力量削减”，原子科学家公告，第 60 卷，第 5 号（2004 年 9/10 月），第 70—71 页。1945—1990 年期间，美国制造了约 7 万枚核弹头。1967 年，美作战库存达到了顶峰，核弹头约有 3.2 万枚。

〔98〕 2005 年，美国在欧洲的北约成员国部署了约 160 枚机载核炸弹。1985 年，美国在欧洲部署了涵盖不同类别的约 6500 件武器。S. N. 基尔和 H. M. 克里斯滕森：“2005 年世界核力量”，《SIPRI 年鉴 2005》（同注释［12］），第 578—602 页；W. M. 阿金：“核武器”，《世界军备和裁军：SIPRI 年鉴 1986》（牛津大学出版社，牛津，1986 年），第 37—80 页。

〔99〕 H. M. 克里斯滕森：“世界核力量”，《SIPRI 年鉴 2004》（同注释［24］），第 633 页。此外，多项与核武器有关的拆除和安全计划也被作为俄—美合作减少威胁（CTR）项目的一部分付诸实施。该项目由美国政府于 1991 年启动，自 1993 年以来已发展成为除销毁和拆除核武器以外涵盖前苏联全境的核不扩散及非军事化活动。SIPRI 试点项目：《强化欧洲的防止大规模杀伤性武器扩散和裁军行动：欧洲共同体应如何发挥作用》（SIPRI：斯德哥尔摩，2005 年 11 月）；I. 安东尼：“从源头上减少威胁：欧洲对于合作减少威胁的看法”，SIPRI 研究报告第 19 号（牛津大学出版社，牛津，2004 年）。

约》各缔约国在 20 世纪 60、70 年代入约时曾致力于销毁任何此类库存，但如今却没有形成一种机制来要求它们提交具有法律约束力的年度报告或促请某国际机构核查这些报告的内容。再者，非缔约国目前也不愿意公开承认拥有进攻性生物武器计划或库存此类武器。

与之相反，《化学武器公约》缔约国现有化学武器库存的数量和类型登记情况良好。这些武器目前正在进行可核查的销毁，其中还包括陈旧或废弃的武器，其主要成果均对外公开。截至 2005 年 11 月，在已宣布的将近 71373 公吨化学武器战剂中，约有 12332 公吨已被销毁；在已宣布的将近 870 万件物项中，约有 240 万件武器及容器已被销毁。[100] 截至同期，12 个国家已宣布销毁 64 个化学武器生产设施，其中的 37 个已被确认正在销毁，另有 14 个将转用于公约所规定的非禁止目的。[101]

裁军费用

处理或销毁武器（实战除外）以及清除生产场地，并不是无需费用。[102] 这与“以往战争的残余”和“现实和平的残余”相互关联，原因在于武器库存及设施已经不被使用或在当今及未来战争中不被（允许）使用，继而对它们加以销毁。处理或销毁的费用对单个国家而言可能过于高昂。《欧洲常规武装力量条约》销毁进程中的最关键时期是在 1993—1995 年，当时正着手削减兵力。每个国家各负其责，而有些国家还要求援助：白俄罗斯和乌克兰于 1994 年得到了美国国会和平计划提供的近 1000 万美元。[103] 2000 年，有关俄军在格鲁吉亚和摩尔多瓦的装备及其在摩尔多瓦的弹药引发了经费问题。欧洲安全与合作组织曾建立了一笔基金，以便帮助俄罗斯解决上述问题。目

---

〔100〕 禁止化学武器组织：“视察行动”，参见网址：URL〈http://www.opcw.org/ib/html/insp_act.html〉。

〔101〕 上述 12 个国家是波黑、中国、法国、印度、伊朗、日本、韩国、利比亚、俄罗斯、塞黑、英国和美国。

〔102〕 参见联合国裁军研究所（UNDIR）“裁军费用”项目报告，1999—2004 年，网址：URL〈http://www.unidir.ch/bdd/fiche—activite.php?ref_activite=3〉。

〔103〕 《军控通讯》，第 407 期 B 版 507—508 页，1994 年。

前，在欧安组织区域内，展开了多项旨在消除诸如小武器、剩余弹药、未爆军火和有毒的火箭燃料等“未战之战的残余”（冷战遗产）计划。[104] 此外，为援助前苏联各共和国，欧安组织正扮演着交流中心的角色，资金来源则求助于北约、欧盟、联合国开发计划署等国际机构。[105]

消除“和平残余”的费用高昂，但在绝大多数情况下，尤其是在美国及国际援助下，并非令人望而却步。这些费用是否应被视为“防务”开支，正如在军人即便离开现役部队后其退役金仍被算为一笔军费？用于销毁武器的某些费用确实被纳入了俄军费开支。对其他国家而言，在其所报告的军费中，这种开支可能包括也可能未包括进去。

第六节 结 论

本章在第一节明确提出了四个问题：定量信息是否公开？其定性特征有哪些？透明度近年来是否已有明显变化？这些变化可在多大程度上归结于政策及公众要求？答案就是：数据虽已公开，但却难以满足各阶段有关可获取性、可靠性、全面性、可比性和细分性的所有定性测试。[106] 政府信息的质量及有效性普遍缺乏信任基础，而只能在对各种定义、资料来源及汇编和计算方法有所了解的情况下，才能加以评估。如上所述，各国有关其报告

---

[104] 欧安组织于 2000 年通过了一份有关控制小武器和轻武器的文件，其影响极为深远。2004 年，又出台了一份针对诸多遗留问题的特别报告：“处理剩余小武器：欧安组织各国的政策及实践调查”，波恩军转民国际中心（BICC）、英美安全信息委员会（BASIC）、更安全世界和小武器调查组织，2004 年 1 月，参见网址：URL〈http：//www. basicint. org/pubs/Joint/2004OSCE. htm〉。涉及国家包括白俄罗斯、保加利亚、德国、挪威、波兰、罗马尼亚、俄罗斯、瑞士、英国和美国。另见 A. J. K. 贝尔斯、O. 麦尔林克和 I. 安东尼：“冷战遗迹：欧洲的挑战，乌克兰经验”，SIPRI 政策文件第 6 号（SIPRI：斯德哥尔摩，2003 年 11 月），参见网址：URL〈http：//www. sipri. org/〉。

[105] Z. 拉霍夫斯基和 P. 多瑙伊：“常规军备控制与军事信任措施”，《SIPRI 年鉴 2005》（同注释［12］），第 661 页。

[106] 另一个问题就是及时性：由于定量信息的获取仅以溯旧作为主要特征（鉴于很多因素可导致数据不准确，故军费预测除外），其本身无法确保任何实时的公开查阅和控制。

数据所包含或排除内容的定义千差万别。定义问题日趋突出，而武器生产商的活动仍部分地超出了武器接受国公民的控制范围。现有的很多科技创新具备多重价值，这一特性正在日益加大军事研发专项费用界定及比较的重要性和难度。

由于缺少国际认同的定义或墨守成规，这给国际比较造成了明显的困难。SIPRI 多年来在使有关军费开支、武器生产和武器转让数据变得可靠并具备国际可比性方面所付出的努力，说明了这种工作需耗费大量时间和资源。即便做出上述努力并使军事和防务期刊的数量尤其是在 1950—1980 年有所增加（其他众多出版物的情况类似），但还是无法形成有关本章所述主题的一套系统、可靠、有效和全球性的——或在多数情况下甚至是地区性的数据资料。部分原因在于政府始终对保密的偏爱，正如各国在总的武器库存，以及尤其在核和生物武器上的有限透明所体现的那样。尽管自 20 世纪 60 年代末以来旨在增加核武库透明的努力取得了一些进展，但全球核武器和武器级裂变材料库存仍有很大的不确定性。如前所述，生物武器的透明度甚至是每况愈下。

人们注意到：在有关化学武器、军费开支和武器转让数据方面已出现了较为积极的趋势。已销毁的化学武器及剩余库存情况现由禁止化学武器组织提交了详细的报告。正如欧盟武器出口行为准则年度报告所述，武器转让的透明度不断增加，部分原因在于公众要求。透明度的增加也是因为各国政府愿意公布更多、更好的数据。此外，军费开支数据——它在很多国家就是政府财政的重要组成部分——已成为有关开发援助的政策辩论内容之一，威胁及武装冲突性质的演变也增加了对于国内安全费用以及平衡内外安全费用的数据需求。这些需求不仅来自各国政府及其开发援助机构，还来自国外投资方和非政府组织。小武器调查组织阐释了小武器和轻武器领域内所有环节之间日益增长的政治关联性。公开透明还可作为日趋明显的和平行动多边化以及各组织和地区能力增强计划的一个副产品。然而，由于某些国家在国外驻军并储存武器，还拥有海外基地，因而很难在特定时间掌握有关国家库存的确切规模及部署情况，更不用说评估一个特定地区的军事实力。

增加或仅仅维持武器寿命周期的公开透明，需为此展开持久、系统的工作，其任务相当艰巨。增加全寿命周期的透明度还应额外投入大量资源。满足上述要求对于所有将公开透明列入其最高目标的各国政府及其他组织而言，不啻是一大挑战。

（费肖竣 译）

第七章　军费开支数据：40 年回顾

乌毅·奥米图根　伊丽莎白·申斯

第一节　导　　言

相当多的国家自 20 世纪 60 年代末才开始有系统地收集用于军事活动的资源的相关情况和资料。瑞典斯德哥尔摩国际和平研究所（SIPRI）是最早从事这一重要工作的机构之一。编写《SIPRI 年鉴》的目的，正如《年鉴》第一卷所介绍的那样，是将“有关全球军费开支的最新趋势、技术军备竞赛状况以及近期军控或裁军努力的得失成败”汇集到一个文件中。[1] SIPRI 成立的理由及其《军费开支项目》的意义，不言而喻，旨在“实事求是并全面公允地阐述军备竞赛这个争议性议题，并力图制止军备竞赛”。[2] 要想达到这一目的就必须收集到准确、客观的相关资料并定出标准和对这些数据进行分析，这些数据一直都是《军费支出项目》的核心内容。通过定期发布世界各地区许多国家的军费开支情况，SIPRI 不仅帮助指明了冷战期间扩大军费支出的固有危险，而且对于有关发展中国家安全与发展两者关系的各种主张进行广泛对比查验成为可能。[3] 此外，还使对不同地区军费支出趋势做最新全球性研究成为可行，这促进了各国间就满足共同

〔1〕《SIPRI 世界军备及裁军年鉴，1968—1969 年》（斯德哥尔摩 Almqvist & Wiksell 出版社 1969 年出版），“序言”，第 5 页，作者：R. 尼尔德。

〔2〕见注释［1］，作者：R. 尼尔德。

〔3〕《关于军费支出的背景说明：来源及价格转化程序》，作者：R. L. 韦斯特；《军费支出及经济发展：有关研究问题的研讨会，世界银行研讨论文，第 185 期》（世界银行，华盛顿特区，1992 年出版），第 147—151 页，编者：G. 拉姆和 V. 卡拉布。

安全需要的讨论，并使和平及防务经济学研究人员能够明确表达他们的观点。

军费支出是衡量经济投入的工具，因而主要是一个经济指标。它是衡量各国政府对军事活动所投入经济资源的一种手段。正因为如此，军费支出可用于评估政府对军事和非军事领域投入的相对优先次序，以及反映军费所引起的经济负担和军事投资的机会成本。军费支出与产出之间有若干中介可变因素，因此两者之间至多是一种间接联系。经济资源投入与军事实力或军事活动之间没有明显关联。由于安全有赖于更加广义的安全环境，而并非仅仅军费支出、军事实力或军事安全所能决定，因此军费支出与安全之间的联系自然就不是很紧。〔4〕

数据收集机构在收集、分析和发布军费开支情况时所面对的主要挑战之一，就是如何将对军费开支有着不同定义、官僚习惯各异的不同国家所提供的数据进行统一。若干组织为有关军费开支下了定义，其中最常见的包括北大西洋公约组织、〔5〕国际货币基金组织〔6〕和联合国裁军事务部〔7〕的定义。这些定义在许多方面都大同小异，其主要区别在于是否将军援、准军事力量和军队退休金包括在内。〔8〕以上这些大的国际组织有权从其成员国那里索取规定的数据，然而诸如

〔4〕关于军费支出概念及其与军事产出之间的关系请参阅 M. 布佐斯卡的“世界军费支出”一文，文章来源：《防务经济学手册》第一卷（阿姆斯特丹 Elsevier 出版社，1995 年出版），第 46—67 页，编者：K. 哈特利（接上页）和 T. 桑德勒；《SIPRI 年鉴 1998：军备、裁军及国际安全》（牛津大学出版社，1998 年出版）中的“军费支出及军备生产”一文，第 187—188 页，编者：伊丽莎白·申斯等。

〔5〕请参阅 M. 布佐斯卡的相关文章（同注释［4］）；以及 P. 斯塔伦海姆所写的“军费支出数据的来源和方法”一文，出自《SIPRI 年鉴 2005：军备、裁军和国际安全》（牛津大学出版社，2005 年牛津出版），第 373 页。

〔6〕国际货币基金组织（IMF），《2001 年政府财政统计手册》（国际货币基金组织，2001 年华盛顿特区出版），第 82—83 页。

〔7〕联合国，秘书长所作的“军事事务的客观信息，包括军费支出透明度”报告，联合国文件 A/53/218（1998 年 8 月 4 日），网址：URL〈http://disarmament.un.org/cab/milex.html〉。

〔8〕M. 布佐斯卡在其文章（同注释［4］）中给出了一个各种定义涵盖范围的有用列表，第 48—49 页。另参阅“军费支出的报告”，《和平研究学刊》第 3 期第 18 卷，第 261—275 页，作者：M. 布佐斯卡。

SIPRI 研究所、国际战略研究所（IISS）[9] 和世界关注重点研究[10] 这样的组织没有这种权力，它们在很大程度上要依靠公开的信息来源，包括各国政府和国际组织提供的预算和其他官方统计数据。[11] 由于数据固有的不足之处，这些机构很难——且在大多数情况下不可能——针对所有国家使用一个统一的军费开支定义。不仅如此，对于各国在向国际组织报告时能否恰当地使用具体定义仍无法确定。综上所述，军费支出情况不适合用来在各个国家之间做横向、准确比较，而更适合于历史纵向比较，并且作为一种衡量手段，它只能近似地测算用于军事活动的经济资源。[12]

相关文献指出了军费开支数据中的一些普遍问题，其中包括：(1) 由于各国的偏好和预算编制习惯不同，军费支出定义缺乏一致性；(2) 有些国家，特别是发展中国家提供的数据不够详细；[13] (3) 某些国家故意篡改数据（包括预算外支出）；(4) 使用指定成本低于实际价值的资源（如应征士兵）或无需货币成本的资源（如直接调配自然资源），这些都属于预算外资源分配的特例；(5) 为用美元进行比较所做的汇率换算。[14] 这些缺陷涉及数据的各个方面，而在数据收集和制定标准的工作中则尤为明显。

军费开支数据的使用者相当广泛，涵盖诸多专业人士或机构，其中包括：军事计划人员、防务分析家、学者、政策制定者、和平活动

---

〔9〕 国际战略研究所每年都要出版《军事均衡》。国际战略研究所编写的《军事均衡》(Brassey 出版社，1992—1994 年伦敦出版；牛津大学出版社，1996—2004 年出版；Routledge 出版社，2005 年 Abingdong 出版)。

〔10〕 世界关注重点研究出版了 16 期有关军事和社会费用支出的报告。具体请参阅《世界军事和社会费用》(世界关注重点研究，1974—1996 年华盛顿特区出版)，作者：R. L. 西瓦德。

〔11〕 有关材料收集组织在从许多国家那里获取军费支出资料时所面临的问题以及造成可用资料的质量和使用率降低的内在缺陷可参阅本卷的第六章。

〔12〕 “世界军费支出情况的来源和方法”，《世界军备和裁军：SIPRI 年鉴 1979》(Taylor & Francis 出版社，1979 年伦敦出版)，第 58 页。

〔13〕 参阅 M. 布佐斯卡的文章（同注释 [8]）；“衡量军事资源分配：不同方法的比较”，《冲突解决学刊》第 3 期第 30 卷 (1986 年出版)，第 553—581 页，作者：G. 戈尔策和 P. F. 迪尔；参阅 M. 布佐斯卡的文章（同注释 [4]）；《第三世界的安全与经济》(普林斯顿大学出版社，1988 年出版)，作者：N. 鲍尔。

〔14〕 有关汇率换算的问题请参阅本卷的附录 8E。

家以及刚开始使用这些数据的经援机构。这些人和机构使用数据的目的和背景都不尽相同，其中最常见的有：（1）用于进行威胁评估；（2）作为研究裁军问题的一个手段；（3）国际发展合作的大背景；（4）为了增加军费透明度；（5）对这些数据所起的决定作用及其政治经济影响的学术研究；（6）用于制订国家防务计划。其中一些使用者认为，军费开支仅仅是为军事部门提供的一种经济资源投入。其他一些使用者则认为，虽然货币分配与军事产出之间没有紧密联系，但是军费开支数据能够反映出军事能力或实力的产出。

本章将探究军费开支数据在不同政治环境中的运用以及误用和错误的理解这些数据所导致的一些后果。其中的重点是如何将这些数据用于国际比较以及国际社会使用数据的情况，此外还将审查在过去几十年中各国提供数据的情况和质量及其演变过程。本章不涉及军事开支数据在学术研究背景下，以及在制订防务计划和方案中的运用，但是用于国际性事务的部分例外，如权衡责任分担。本章重点探讨已经改变和没有改变的方面，以便评估军费开支数据的相关性，从而对在一个不断变化的安全环境中的和平与安全相关的问题进行分析。

分析分为三个时期进行:冷战时期(第二节)、后冷战时期(第三节)和自 2001 年 9 月 11 日以来的时期(第四节)。结论将在第五节中做出。

第二节　冷战时期的军费开支

冷战时期（1947—1989 年）的突出特征表现为美苏两国的对抗。在此期间世界的军费开支迅速增长，并达到了一个史无前例的水平。[15] 第二次世界大战后，用于军事目的的经济资源让以往任何时候都相形见绌。20 世纪 80 年代全世界的军费支出是 1925—1938 年总和的 11 倍还多。[16]

---

〔15〕 SIPRI 在 1949—1985 年间提供的一系列军费支出数据被收集在 M. 西编写的“军备和裁军：SIPRI 的研究结果”一文中，《和平建议通报特刊》第 3—4 期第 17 卷（1986 年出版），第 229 页。

〔16〕 “军费支出及军备变化趋势”，作者：伊丽莎白·申斯，文章来源：《新千禧年，新观念：联合国、安全与治理》（联合国大学，2000 年东京出版），第 80 页，编者：R. 撒克，R. 纽曼和 E. 纽曼。

世界军费迅速膨胀的主要原因是两个超级大国的军费大幅增长，且在一定程度上，是由于其各自的盟国增加了军费投入。冷战结束前，苏联和美国所占世界军费支出的比例分别为 20%和 36%。[17] 发展中国家军费支出的变化趋势也受到了冷战影响，这表现在各个集团都在支持其他地区的伙伴国家，向它们提供武器。冷战期间发展中国家的武器进口需求多数是受到各种冲突的刺激，同时一些国家谋求成为地区强国的野心和军方的国内地位，也是其中的重要因素。[18] 正是由于以上诸多原因，在冷战期间——尤其是 20 世纪 70 年代——发展中国家的武器进口总量大幅增长。具体来看，在 20 世纪 70 和 80 年代中东地区成为一个庞大且不断扩大的武器市场，其主要成因包括：随着 1973—1974 年后石油收入的增加，许多国家拥有了大量外汇；该地区爆发了一系列激烈冲突；美苏对中东都垂涎三尺，并且更多地涉足该地区的事务。[19] 发展中国家的武器进口在很大程度上要依靠超级大国普遍提供的出口信贷，这加剧了这些国家的债务负担。[20] 尽管有些进口武器是通过大宗的军援获得，但更多部分则需要发展中国家从自己的预算中支出，这也表现在这些国家军事开支的骤增方面。

数据的可获取性

冷战期间，新成立的独立的数据收集机构从发展中国家获得的军费支出数据微乎其微，这并非由于这些数据没有公布，而是很难得到它们。实际上，有关这些国家的军费支出数据大多是从间接来源获得的。随着冷战接近尾声，从发展中国家获得军费支出数据的可行性逐渐有所改善，因为数据收集机构得到更多国家的承认，并且收集与之关系疏远国家的数据的手段有了明显改善。不过，获取原始数据的途径仍然有限。

---

〔17〕 1990 年的数据。“军费支出表”，《SIPRI 1998 年年鉴》(同注释［4］)，第 214、223、226 页，作者：伊丽莎白·申斯等。

〔18〕《SIPRI：对第三世界的军备转移，1971—1985 年》(牛津大学出版社，1987 年出版)，第 36 页，作者：M. 布佐斯卡和 T. 奥尔森。

〔19〕 参阅 M. 布佐斯卡和 T. 奥尔森的文章（同注释［18］)，特别留意第二章。

〔20〕“第三世界国家与军事有关的外债”，《和平研究学刊》第 3 期第 20 卷（1983 年出版)，第 271—277 页，作者：M. 布佐斯卡。

数据的质量

与可获取性相比，数据的质量问题更加严重。相关文献记载，在冷战期间影响数据质量的一些主要问题包括：数据只能依赖各国政府提供；某些国家将军费支出情况政治化；缺乏验证数据的独立渠道。[21] 这些问题都是数据收集机构所不能控制的。

数据的质量问题依国家类型而异，但所有国家都倾向于篡改军费支出数据以使其符合各自的特定需要。苏联提供的数据质量格外受人关注，因为它仅公布一个总体国防预算数，除此之外没有相关预算内容或涵盖项目的任何具体细节。不仅如此，苏联官方公布的国防预算数字非常低，让人难以置信能够代表其真实的总体国防支出水平。华沙条约组织其他成员国提供的数据也存在不实，但程度要小一些。数据可信度的缺乏以及有关苏联国防预算资料的不足，催生了一门估算苏联军费支出方法的虚拟学科（见下文）。

北约国家提供的数据的质量和可比性也并非完美无缺。北约各国的成员国身份要求这些国家履行北约的相关财政义务，但这会导致所提供数据与实情不符的结果，因为各国会向不同对象提交不同的数据。举例说，德意志联邦共和国（西德）曾针对国内、北约和欧洲安全合作会议等不同对象发布几种军费开支数据。[22] 英国则不将主要项目的成本包括在其国防预算中。[23] 尽管这对数据收集机构是一个潜在问题，但可以通过采用北约发布的数据加以解决，因为至少这些数据使用了一个共同定义。

以上例子说明篡改数据不单限于发展中国家，但显然这一情况在发展中国家要比在工业化国家更为普遍。[24] 但是可以认为，篡改数

---

〔21〕 参阅 M. 布佐斯卡（同注释［8］）、戈尔茨和迪尔（同注释［13］）、布佐斯卡（同注释［4］）和鲍尔（同注释［13］）的文章。

〔22〕 参阅布佐斯卡（同注释［8］）的文章。

〔23〕 见“军费支出与军备贸易：数据中的问题”一文，作者：F. 布莱卡比和 T. 奥尔森，文章来源：《军费开支所涉及的经济问题：军费支出、经济增长与波动》（麦克米兰出版社，1987 年出版），第 3—24 页，编者：C. 施密特。

〔24〕 “权衡第三世界国家的安全费用支出：研究札记”，《世界发展》第 2 期第 12 卷（1984 年 2 月号），第 157—164 页，作者：N. 鲍尔。

据很大程度上是由于官僚机构依照各自的偏好对开支项目进行分类[25]以及对妥善保存数据记录缺乏认识导致的，[26] 所以它们并非有意篡改。[27] 冷战期间，两个超级大国曾直接和间接地鼓励其发展中国家中的盟国加大对军事硬件的投入，这一事实意味着超级大国对探究具体军事支出数据的兴趣很小。另外，在此期间发展中国家内部对削减军费支出的压力不够强大，因此没有理由促使其篡改数据。无论何种动机，预算具体内容的缺乏，对数据的使用构成了主要限制。

数据的用途

冷战期间，军费支出数据的一个最常见用途，便是评估两个超级大国及其各自的盟国在军备竞赛中所拥有的军事潜力。此外，数据也是在联合国号召削减军事预算的背景下，有关各方进行裁军谈判的依据，同时还用于监督发展中国家的"军事化"情况。

威胁评估

正如前面所提到的，冷战期间人们对苏联及其他华约国家公布的官方军费支出数据的可靠性一直存在争议。由于苏联的官方数据缺乏可信度，人们于是想方设法对实际军费支出数字进行估算。主要估算数字是由美国中央情报局[28]和国防部情报局提供的，并随后将数据呈报给美国国会[29]及军控和裁军署（ACDA）。[30] 这些估算数字成为美国及其盟国增加军费支出的正当理由，他们认为这是对华约国家军

〔25〕 参阅布佐斯卡（同注释［4］）的文章，第 49—50 页。

〔26〕 参阅鲍尔（同注释［13］）的文章，第 84 页。

〔27〕"第三世界国家军费支出的政治经济学：不同类型政权对防务资源分配程序的影响"，《政治和军事社会学学刊》第 16 卷第一期（1988 年春出版），第 21—39 页，作者：R. E. 鲁尼。

〔28〕"美国和苏联防务活动（1967—1977 年）的成本比较——以美元计算"，中央情报局编撰，文件编号：SR78－10002（中央情报局，1978 年 1 月华盛顿特区出版）；"对苏联防务费用支出的评估：趋势与前景"，中央情报局外国情况评估中心，文件编号：SR78—10121（中央情报局，1979 年 6 月华盛顿特区出版）。

〔29〕"苏联和中国对资源的分配情况——1979 年"，在政府联合经济委员会的重点和经济小组委员会所做的听证，美国国会编撰（政府印刷所，1979 年华盛顿特区出版）。

〔30〕 军控和裁军署将这些内容发布在其年度报告——《世界军费支出与军备转移》（WMEAT）中。自 2000 年以来，美国国务院核查与执行局一直在发布《世界军费支出与军备转让》报告；网址：URL〈http：//www. state. gov/t/vci/rls/wmeat〉。

费开支增长的回应。

估算苏联军费支出的方法就是所谓的“搭积木法”。[31] 该方法的合理性未能得到广泛认可。批评意见认为，该方法是把美国的成本及相对价格，用来对苏联的成本进行估算，而两国的成本条件和相对价格有着根本的区别。因此，他们认为这种方法造成了对苏联军费支出的夸大，而其中的原因则是所谓的“指数”问题。[32] 正如 SIPRI 在那些年所指出的，“毫无疑问，用美国的价格体系来估算苏联军费产出这一做法本身就是站不住脚的，它不可能对美国和苏联的军事活动投入做出合理比较”。然而这种无效做法却成了在西方政治评论家中间流行的一种说法的依据，即苏联军费支出超过美国是“已知事实”。[33]

另一个更为复杂的问题，是对苏联军费支出数字的经济分析被错误用来暗示苏联军费构成的威胁愈加严重，而事实却正好相反。起初，中央情报局推测苏联军事工业的生产力和综合效率要远远高于其民用工业。但在 1976 年，它又否定了这一推测，并认定两个行业的生产力其实并没有较大差异。如此一来，中央情报局对苏联军事工业占据整个国民产出比重的估计，就从原来的 6%—8%上升至 10%—15%。[34] 中央情报局对苏联军事建设规模和军费支出的估算并未改变，纠正后的军工生产力估计数字表明，军费对苏联经济造成的负担要比原来估计的高得多。因此我们可以得出一个清楚的结论：苏联的实力变弱了，它没有以前人们想象的那么强大。正如 SIPRI 一名前

〔31〕 了解有关“搭积木法”的内容，请参阅美国军控和裁军局编辑的“苏联的军费支出”，《1968—1977 年世界军费支出和军备转让》（军控和裁军署 1979 年 10 月华盛顿特区出版），第 13—15 页。

〔32〕 “苏联军费真的超过了美国吗?”，《国际安全》第 4 卷第 4 期（1980 年春出版），第 86—104 页，作者：F. D. 霍尔兹曼；“苏联的军费支出：对数字游戏进行评估”，《国际安全》第 6 卷第 4 期（1982 年春出版），第 78—101 页，作者：F. D. 霍尔兹曼。

〔33〕 “世界军费支出”，《SIPRI 年鉴 1979》（同注释［12］），第 29—30 页。

〔34〕 修改的估计数字由中央情报局的 B 小组提供，该小组是当时的中央情报局局长乔治·布什（保尔·沃尔福威茨时任顾问小组成员）任命的，其任务是重新审查中央情报局对苏联军力（包括军费支出）的评估。“打破缓和：右翼势力攻击中央情报局”（宾夕法尼亚大学出版社，1998 年宾州大学城出版），作者：A. 赫辛。卡恩；“B 小组：一场耗费 30 亿美元的试验”，《原子科学家期刊》第 49 卷第 3 期（1993 年 4 月出版），第 24—27 页，作者：A. 赫辛·卡恩。

任所长所说的："公众和立法者得出的印象与事实恰好相反——这是因为中央情报局把对苏联军费支出的估计数字抬高了一倍。"〔35〕事后的认知很可能是，尽管美国对苏联的军事实力做了过高估计，但同时又低估了军费支出对其经济造成的负担。

当时，西方世界利用这些夸大并被错误解读的数据，作为要求增加军费支出的借口。在 20 世纪 70 年代中期到 80 年代中期，杰拉德·福特、吉米·卡特和罗纳德·里根政府在决定大规模增加美国军费支出时，也是以此作为决策的一部分依据。〔36〕此外，正是基于这些数据，还导致北约在 1977 年决定将成员国的军费开支每年增加 3%，〔37〕这一目标在整个 80 年代都始终未变。〔38〕

从这一段历史时期的军费支出数据的使用中得出了这样一个教训：人们有理由怀疑利用军费支出数据衡量军事实力或威胁产出时所得出的结论。〔39〕

裁军

在整个冷战期间，军费支出数据被用于裁军谈判，但取得的实际效果却微乎其微。从 20 世纪 50 年代起，联合国大会曾经提出削减军事预算的建议，希望以此来推动裁军工作，并为经济和社会发展节省资源。这符合《联合国宪章》第 26 条的精神。依据该条，联合国会员国承诺："促进国际和平与安全之建立及维持，尽量减少世界人力和经济资源之消耗于军费。"

第一届联合国大会关于将削减军事预算作为一项裁军步骤的决

---

〔35〕"SIPRI 是如何开始的"，《1966—1996 年间的 SIPRI：沿袭与变革》（SIPRI 1996 年斯德哥尔摩出版），第 37 页，作者：F. 布莱卡比。

〔36〕"世界军费支出和军备生产"，《世界军备和裁军：SIPRI 年鉴 1982》（泰勒和 弗朗西斯出版社 1982 年伦敦出版），第 103—109 页。

〔37〕"1979 年世界军费支出"，《世界军备和裁军：SIPRI 年鉴 1980》（泰勒和弗朗西斯出版社 1980 年伦敦出版），第 21 页。

〔38〕《军费支出：国际安全中的政治经济学》（牛津大学出版社，1990 年牛津出版），第 8—9 页，作者：SIPRI 研究员 S. 德格和 S. 森。

〔39〕1983 年，中央情报局修改了它对苏联军费支出增长趋势所做的估计，但这并没有对美国和北约在对威胁的认识上产生大的影响。不过，这件事在中央情报局与军控和裁军局之间引起了争论，后者质疑修改后的估计数字。见伊莉莎白·申斯和 R. 图尔伯格的"世界军费支出"一文，《世界军备和裁军：SIPRI 年鉴 1984》（泰勒和弗朗西斯出版社，1984 年伦敦出版），第 88—94 页。

议，于 1973 年获得通过，决议基于苏联的一个提案，即要求联合国安理会常任理事国将其军费支出削减 10%，并将节省军费的 10%用于国际发展项目。[40] 1978 年召开的联合国大会第十次特别会议的全部议题都是有关裁军，会议通过了一个全面行动纲领，目的是落实联合国在过去 30 年中所形成的一系列决议中的裁军原则和目标。[41] 已得到认可的裁军步骤之一就是设法“在双方达成共识的基础上，逐步削减军事预算，……特别针对那些拥有核武器和其他军事实力较强的国家”，以便“帮助遏制军备竞赛并……创造更多机会，将目前投入军事用途的资源分配给经济和社会发展事业，特别是让发展中国家能够获益”。[42]

然而，直到 1980 年 12 月，联合国大会才提出向联合国提交军费支出的标准报告。[43] 上述办法是以一个军事预算专家小组提出的建议为基础的，并且这些建议为军费支出下了具体定义，还设计了一个详尽的标准化模式，即《军费支出报告书》。从那时起，联合国秘书长每年都要求联合国的所有成员国向联合国裁军事务部报告其军费开支情况。但即便如此，冷战期间只有少数一些国家——平均每年 23 个——呈报了其军费开支情况。[44]

国际发展合作

冷战期间，军费支出数据还被用来评估发展中国家花费在武器采

---

〔40〕 联合国大会第 3093（XXVIII）号决议（1973 年 3 月），网址：URL〈http：//www. un. org/documents/ga/res/28/ares28. htm〉。

〔41〕“联合国裁军问题特别会议：分析回顾”，《SIPRI 年鉴 1979》（同注释［12］），第 490—523 页，特别留意“削减军费”部分，第 507—509 页。

〔42〕“联合国大会第十届特别会议最终文件”，联合国文件编号：A/RES/S－10/2（1978 年 6 月 30 日），第三小节，“行动计划”，第 89 段。引用于《SIPRI 年鉴 1979》中（同注释［12］年），第 537 页。

〔43〕 联合国大会第 35/142 号决议，1980 年 12 月，网址：URL〈http：//www. un. org/documents/ga/res/35/ares35. htm〉。

〔44〕 有关军费报告的统计数字可以在联合国裁军事务部的网站上找到，网址：URL〈http：//disarmament. un. org/cab/milex. html〉。另外，也可参阅联合国裁军事务部发表的“裁军工作中的透明度：联合国有关军费汇报的协议、全球和地区的参与和期望（1981—2002 年）”一文，2003 年纽约，网址：URL〈http：//disarmament. un. org/cab/milex. html〉，第 8 页；“军费支出数据的汇报”，《SIPRI 年鉴 2005》（同注释［5］），第 380 页，作者：伊丽莎白·申斯和 N. 纳泽特。

购上的资源数量，这种军购被认为是受到超级大国军备竞赛刺激的结果。[45] 从 20 世纪 60 年代到 70 年代，许多发展中国家都开始建设自己的军事力量，以体现它们作为独立国家的崭新地位。但同时，这些国家又面临巨大的发展挑战，而它们有限的资源无法应付这些挑战。发展中国家的军费支出增长率，远远高出工业化国家。从 1960 年到 1987 年，发展中国家的军费支出平均每年递增 7.5%，而同期工业化国家的军费支出增长率只有 2.8%。[46] 据信，其中大多数军费被用于从发达的大国购买武器。[47]

由于发展中国家的问题被认为是源于现有的国际经济秩序结构，因此发展中国家以及发达国家中抱有善意的个人和机构，都呼吁对这一秩序进行调整，以便将注意力放在满足发展中国家的需要上。[48] 然而，军费支出情况统计表明：尽管发展中国家面临着巨大的发展挑战，它们却在加大军事方面的资源投入，并要求发达国家提供更多的相关资源。早在 1961 年，美国就修订了其《对外援助法案》，修订后的法案规定，总统在批准经济援助前，必须审查受援国的军费开支水平以及用于武器采购的军费数额。而这些相关数据，则由美国国际开发署（USAID）提供。[49] 但是军费支出数据并不能完全客观地反映发展中国家武器进口费用的数额，因为这种费用通常不会包括在军事

〔45〕“非洲国家的军事化”，《世界军备和裁军：SIPRI 年鉴 1985》（泰勒和弗朗西斯出版社，1985 年伦敦出不同情况版），第 295—328 页，作者：R. 勒克姆。

〔46〕联合国发展计划“1994 年人类发展报告：争取和平红利”（牛津大学出版社，1994 年纽约出版），网址：URL〈http：//hdr. undp. org/〉；以及 R. L. 韦斯特所写的“发展中国家军费支出的演变模式和趋势”一文，编者：拉姆和卡拉伯（同注释［3］），第 19—34 页。

〔47〕“债务、金融资本的流动以及国际安全”，《SIPRI 年鉴 1990：世界军控和裁军》（牛津大学出版社，1990 年出版），第 210 页，作者：S. 森。

〔48〕为解决发展中国家的贫困和经济不平衡问题，由西德前总理威利·勃兰特领导的一个独立委员会——勃兰特委员会于 1977 年成立。该委员会的其中一个建议是，号召将用于军备竞赛的资源投入到发展中国家的发展事业中。参阅 W·勃兰特（上述委员会主席）所写的“南北问题：一个共同生存计划”，独立委员会有关国际发展问题的报告（Pan Books 出版社，1980 年伦敦出版）。

〔49〕参阅美国国际开发署（USAID）“1961 年对外援助法案第 620 条的执行工作，修改后草案：1984 年向国会提交的报告”（美国国务院，1985 年 11 月华盛顿特区出版）。

预算中。[50]

另外，在冷战期间，军事援助在几个主要大国（不仅是超级大国）与支持它们的发展中国家的关系中起着关键作用。正如上文中所提到的，很多发展中国家的外债之所以增加，其中很大一部分都是源自于有偿军事援助。[51]

透明度

冷战期间，使用军费支出数据的目的，很少是为了增加透明度，尽管军费支出的透明度当时开始被视为是一种建立信任的措施（CBM）。建立信任措施通常被界定为敌对国家用来缓解紧张局势、避免可能的武装冲突的手段。这些手段包括沟通、各种制约手段、增加透明度和采用核查措施。[52] 在欧洲，有关建立信任措施的谈判，最初把重点放在事前通报军事演习和军事行动以及非经常性地派出观察员上。

建立信任措施最常见的是应用于解决地区和双边事务。冷战期间，欧洲安全与合作会议曾就适用于欧洲的建立信任措施，展开了长期和艰苦的谈判。第一个早期的建立信任措施，被纳入到在 1975 年欧洲安全与合作会议（1995 年更名为欧洲安全与合作组织，即 OSCE）框架内达成的《赫尔辛基最终法案》中；[53] 1986 年《关于欧洲裁军问题的斯德哥尔摩会议文件》，包括了第一个主要的建立信任与安全措施（CSBM）协定，该协定主要对军事力量的各种活动进行了规定。[54] 上述协定都没有涉及到军费支出问题。

---

〔50〕这一问题曾见诸于数个研究报告中，如鲍尔的报告（同注释［13］），第 107—108 页。

〔51〕参阅 M. 布佐斯卡所写的“军事贸易、援助以及发展中国家的债务问题”一文（同注释［3］），第 79—111 页，编者：拉姆和卡拉伯。

〔52〕“建立信任措施用作推动裁军和发展事业的工具”，《非洲安全评论》第 14 卷第一期（2005 年），作者：S. 米克；网址：URL〈http://www.iss.co.za/pubs/ASR/14No1/Cmeek.htm〉。

〔53〕“欧洲常规军备控制的前景——现代双城记：斯德哥尔摩和维也纳”，《世界军备和裁军：SIPRI 年鉴 1987》（牛津大学出版社，1987 年牛津出版），第 340 页，作者：R. E. 达里勒克。

〔54〕参阅达里勒克的文章（同注释［53］），第 341 页。

军费支出作为责任分担的一项显示指标

在军事同盟中，军费支出数据被用于表明各个盟国分担军费的情况。一方面，华约国家的责任分担体制没有透明度；另一方面，责任分担却是北约国家有关资源分配的政治讨论中的一个突出议题。收集统一的军费支出数据，过去是，而且现在仍然是北约防务计划工作中的一个必不可少的组成部分，每年的北约国防部长会议都要对其进行审核。北约自 1963 年就开始发布军费支出数据。当新的防务战略获得通过并导致军费支出增加后，责任分担就成为一个争议性问题，而争论则不可避免地涉及到军费支出数据。北约在 1978 年通过《长期防务计划》后出现的情况便是如此，该计划要求成员国承诺以每年平均增加 3%（实际价格）的幅度增加军费开支。〔55〕

第三节　后冷战时期的军费开支

随着 1989 年冷战的结束，国际安全环境以及人们对国家安全威胁的认识，都发生了根本变化。起初，人们对于苏联和华约解体将促成具有深远意义的裁军行动，并消除西方对苏联潜在军事威胁的忧虑，抱有很高期望。当时，各国的关注重点开始转向削减军备以及如何将军用资源和设施转为民用，从而期望争取到获得丰厚的和平红利。人们就建立一个世界新秩序和将现今世界定义为单极还是多极展开讨论。全球性的体制变革被提到议事日程上来，具体表现为政治上广泛推行民主化，在经济领域普遍实行市场经济。讨论的焦点也从北半球转移到南半球，讨论内容是有关制止或预防发展中国家之间武装冲突的措施，这些措施包括维和行动和以人道主义为目的的军事干预。与此同时，注意到了若干外部威胁。军力日益增强的中国是否会构成威胁，一直是让美国担心的问题。最后，美国为一些国家贴上“流氓国家”的标签，意味着它把若干其他威胁的可能样式排上了日程。

---

〔55〕“北约的‘百分之三’解决方案”，《生存》第 23 卷第 6 期（1981 年 11—12 月出版），第 254—255 页，作者：D. 格林伍德。

在冷战结束后的第一个十年期间（1989—1998 年），全世界的军费支出（按实际价格计算）减少了 1/3 还多。[56] 这一阶段可谓是裁军期，许多国家削减和重组了军队，同时还减少了武器购置。不过，不同地区和国家之间的情况存在很大差异。俄罗斯及其他前华约国家削减军队和军费的幅度最大。截至 1998 年，俄罗斯及其他前苏联加盟共和国的军费支出与苏联在 1989 年的数字相比，减少到了当年的 6%。在后冷战期间的第一个十年中，军费支出大幅度降低的地区还包括非洲（减少了 25%）和美洲（减少了 30%，其中美国占了很大比重）。在西欧，同一时期的军费削减幅度只有 14%，而亚洲和中东地区的军费支出却在继续增长（分别达到 27%和 17%）。[57]

在“军事变革”以及由于军队更多地参与维持和平与强制和平的行动而导致军队转型的背景下，发展军事技术成为必然选择，并又迫使各国逐渐开始增加军费开支。从 1999 年起，全世界的军费开支又开始出现增长。[58]

数据的可获取性

冷战结束后，由于前华约国家能够更加定期地提供军费支出数据，使获得数据的可能性较前更为容易一些。导致这一结果的部分原因是：这些国家实行不同于以往的公开政策，但更多是由于其中一些国家渴望加入西方组织。发展中国家在这方面依然存在较多问题，其原因是数据收集机构获取这些国家的官方出版物（包括预算文件）的途径非常有限。事实上，大多数发展中国家都不通过媒体将公开的数据公布于众，从而使外界无法获得数据。这些数据从未向西方公布——而此时的大多数数据收集机构都集中在西方，研究人员也没有机会到这些国家取得载有这些数据的刊物。但正如下文所说明的，由于愈来愈多地把军费开支情况作为决定某国是否符合受援助的条件，致使收集发展中国家军费开支数据的工作更加复杂化。结果是，尽管

〔56〕“军费支出”，《SIPRI 年鉴 1999：军备、裁军和国际安全》（牛津大学出版社，1999 年牛津出版），第 269 页，作者：伊丽莎白·申斯等。

〔57〕参阅伊丽莎白·申斯等的文章（同注释［56］），第 269—270 页。

〔58〕参阅本卷附录 8A。

很多发展中国家拿出了预算文件，但由于这些文件仅供政府使用，其数据透明度并无明显提高。

数据的质量

冷战期间，世界各国普遍存在数据质量问题，但在后冷战时期，这一问题在发展中国家变得日益突出。造成这一情况的原因之一是：援助国赋予发展中国家所提供的军费开支数据的政治含义，即用其来判断受援国治国状况的好坏。这种做法导致了数据质量的进一步下降并且影响了数据的使用，因为受援国会有意在数据方面做假，特别是将军费支出隐瞒在其他预算项目下（如内政费用）或者干脆不予报告，而是通过预算外支出的办法走账。[59] 一些国家只是在把预算中其他类别的支出开出分门别类的清单时，才将军费开支简短地一带而过。这样一来，尽管资料表面上是公开的，但实际上这些国家对外公布的军费数据却少的可怜。此外，在这段时期，对军费支出数据进行恰当分类的问题仍然异常突出。尽管这并非是在数据问题上蓄意做手脚，但由于无法掌握用于国防的资源的精确数字，数据的有效性还是因此而大打折扣。

在后冷战初期的一段时间内，数据可获取性和质量方面出现了一个更加严重的问题，即在这段时期更多国家爆发了国内冲突。这些国家用于战争的费用，是无法从军费支出数据中获取的。因为这些冲突的直接和间接成本中的相当一部分，都没有被纳入军事预算，其中的部分原因在于战争期间，特别是最近的一些冲突中筹措经费手段的性质，不论这些手段是正统的还是非正统的。[60] 其中多数手段明显属

---

〔59〕 有关隐瞒或不上报军费支出数据的做法请参阅 D. 亨德里克森和 N. 鲍尔所写的“预算外军费支出及税费：相关问题和援助国的政策走向”一文，《有关冲突、安全和发展问题的小组应题论文》第一期，国王学院 2002 年 1 月伦敦出版，网址：URL〈http：//www. grc－exchange. org/info－data/record. cfm? Id＝295〉。

〔60〕 有关筹措战争经费的一些非传统途径请参阅 K. 巴伦坦和 J. 谢尔曼的文章，《军事冲突中的政治经济学：超越贪婪和怨愤》（Lynne Rienner 出版社，2003 年克罗拉多州博尔德市出版）；《贪婪与怨愤：经济议事日程与内战》（Lynne Rienner 出版社，2000 年克罗拉多州博尔德市出版），编者：M. 伯达尔和 D. M. 马隆；《地区背景下的战争经济：转变所带来的挑战》（Lynne Rienner 出版社，2004 年克罗拉多州博尔德市出版），作者：N. 库柏等。

于预算外开支，并且它们有时还被排除在官方经济之外。有些尝试试图通过一种包括以上所有因素的方法来评估冲突成本，〔61〕但在这方面仍需做大量研究工作。此外，由于国内冲突通常会涉及到许多非政府武装组织，因此政府的军费支出数据无法准确反映冲突所消耗资源的总体数量。

发达国家于 20 世纪 90 年代开始采用新的公共采购方法——比如将私营主导融资（PFI）作为一种公私合作手段——并对政府预算财会制度做了改变（从以现金为依据变为以资源为依据），这些新方法和变化也对军费支出数据的质量产生了影响。私营主导融资，就是私营企业承担一项资产的生产费用，并将成品租赁给公共部门，其目的是提高资金利用效率和降低成本。〔62〕然而，虽然在短期内，私营主导融资能使政府以低成本采购新产品，但从长期来看，这种模式只会导致成本的增加。不仅如此，采用私营主导融资，还降低了政府会计工作的透明度，并增加了财会解释的难度，因而导致传统的责任结构被破坏。〔63〕以资源为依据的会计制度的原理，就是对一年当中消耗资源的年度账目进行统计，而不统计现金支出，其结果就是统计数字无法反映出年度费用支出的情况。

不过，数据质量在一个方面也有所改善。由于欧洲一些国家取消

---

〔61〕《冲突的成本：如何在全球舞台预防和解决冲突》（Rowman and Littlefield 出版社，1999 年马里兰州兰厄姆市出版），编者：M. E. 布朗和 R. N. 罗斯克兰斯；“减少全球内战事件的挑战”，在哥本哈根发表的有关一致意见挑战的论文（2004 年 4 月），作者：P. 科利尔和 A. 霍弗利尔，网址：URL〈http：//www.copenhagenconsensus.com/Default.asp? ID=221〉；“为什么说内战代价高昂——有哪些方法可以减少这些代价”（世界市场研究中心，2004 年 11 月伦敦出版），作者：A. 博恩斯特德；伊丽莎白·申斯在其“全球背景下的资金筹措安全”一文中对这些方法做了总结，《SIPRI 年鉴 2005》（同注释[5]），第 294—295 页。

〔62〕军事性私营主导融资项目的案例之一是 2003 年英国国防部给予法国 Thales 公司一项合同，由后者在 10 座皇家空军基地提供为期 13 年的管理和战斗机训练保障服务，其中包括提供 20 台模拟器和 64 名半职教官。参见 Thales 公司“关注点：PFI（私营融资动议）”2005 年，网址：URL〈http：//www.thales—is.com/services/home_market_focus.html〉。

〔63〕“开放问卷调查”，公共政策研究所，2004 年 2 月伦敦出版，作者：T. 戈斯林，网址：URL〈http：//www.ippr.org.uk/uploadedFiles/projects/Opennesssurveyfinal.pdf〉；同时请参阅 D. 彭曼“公共政策研究所：私营主导融资不适合学校和医院”，《卫报》，2002 年 12 月，网址：URL〈http：//politics.guardian.co.uk/thinktanks/story/0，10538，857519，00.html〉。

了原来的义务兵役制，转而建立职业化军队，它们的军费支出数据能够更准确地反映出其军队人员的真实费用。

数据的用途

随着冷战的结束，军费支出数据在威胁评估和裁军工作中的作用已经减弱，但同时它们仍然是提高透明度和建立信任的手段。在安全环境发生变化的情况下，援助国在发展合作过程中向发展中国家提出与军事相关的问题，也逐渐被认为是合乎情理的。对发展中国家军事冲突的更多关注，也促使有关方面制订了冲突早期预警模式，而军费开支数据则是其中一部分。

威胁评估

自冷战结束到现在，美国作为世界唯一超级大国的地位从未受到质疑。尽管这一事实是公认的，并且以美国及其盟国为一方和以中国为另一方，在军事科技和军费支出方面存在巨大差距，但后者仍然受到美国和其他西方大国的严重关切。正因如此，在冷战刚结束时，把军费支出数据用于威胁评估的做法仍然有效，特别是在针对中国时，尤为如此。有一种看法认为，中国官方报告的军费支出数据，低于实际水平，〔64〕所以有些国家的政府和研究人员另外公布了对中国军费支出的估计数字，其中一些要高出中国官方数字的3倍。〔65〕

同时也有人指出，在那些冲突过后的国家，军费支出数据通常被当作是判定中央政府是否有诚意履行已达成的和平协议的一个信号。〔66〕假如军费支出数据出现增长，反叛组织就会认为，这是政府有意利用和平时期或在反叛力量处在弱势的情况下，重新武装的一个

〔64〕“中国的军费支出（1989—1998年）”，《SIPRI年鉴1999》（同注释［56］），第334—350页，作者：S. 王。

〔65〕美国国防部《2005年度中华人民共和国军力报告》，为2000财政年度通过《国防授权法案》向国会提交的报告（国防部，2005年华盛顿出版），网址：URL〈http：//www. defenselink. mil/news/Jul2005/d20050719china. pdf〉，尤其注意阅读第六章“用于武装力量现代化的资源”，第20—25页；另外请参阅本卷第8章，关于军费支出的国际比较，请参阅本卷附录8E。

〔66〕“冲突后国家的军费支出”，工作文件（编号：2004—13），牛津大学非洲经济研究中心，2004年8月，作者：C. 科利尔和A. 霍夫勒，网址：URL〈http：//www. csae. ox. ac. uk/workingpapers/wps—list. html〉。

信号；而较低的军费支出则意味着政府愿意恪守和平协议中的条款。其实，这种用军费开支数据解释政府意图的做法，显得有些过分简单化，因为在冲突过后，该国家需要重新装备军队，重建在战争期间遭到破坏的军事基础设施，并完成部分军人的复员工作。所有这些——至少在短时期内——会导致军费支出的增加。尽管如此，军费支出数据的重要用途，不失为衡量战争中的前主角所构成的威胁的程度。总的来说，在冷战结束后，军费开支用于评估威胁的作用大大削减了。

裁军

人们普遍预期，冷战导致的高额军费支出会随着冷战的结束而减少。实际上，早在冷战结束前，军费开支就已经从历史最高点的1987 年开始下降。节省的军费——即所谓“和平红利”被认为将主要来自于发达国家，因为他们所占世界军费支出的比例超过了 85%。此外，还包括发展中国家节省的军费，尽管这些国家占世界军费支出比例相对较低，但由于他们相对贫困，所以其军费支出负担显得尤为沉重。人们希望能将和平红利用于民生目的，特别是人类发展事业。〔67〕在评估来自发达和发展中国家的和平红利的数额时，军费支出数据派上了用场。〔68〕联合国开发计划署（UNDP）的《1994 年人类发展报告》对获取和平红利的真实价值的早期努力做了描述。该报告估计：在 1987—1994 年这八年期间，工业化国家和发展中国家累计节省的军费，分别达到 8100 亿美元和 1250 亿美元。按照军费支出每年减少 3%来计算，联合国开发计划署估计：1995—2000 年间的和平红利大约可以达到 4600 亿美元，该机构建议将其用于人类发展事业。〔69〕

据估计，从 1987 年到 1994 年的初期，节省的军费均被用来削减

---

〔67〕 联合国发展计划（同注释［46］），尤其注意阅读第三章，“收获和平红利”，第 47—60 页。

〔68〕 参阅 T. 巴克、P. 邓恩和 R. 史密斯编写的“衡量英国获得的和平红利”，《和平研究学刊》（1992 年），第 28 卷第 4 期，第 345—358 页；“为安全买单：美国安全与繁荣的悖论”，《解决冲突学刊》（2005 年 10 月），第 49 卷第 5 期，第 792—817 页，作者：U. 休和 R. J. 埃加。

〔69〕 联合国发展项目（同注释［46］），第 59 页。

大多数工业化国家的预算赤字。[70] 但也有人批评说，将争论的重点突出放在和平红利的财政方面，是将问题过于简单化了，因为在研究军费支出的影响时，还必须要考虑到非军事预算项目以及预算的税收。[71] 削减军费支出并不等于其他预算项目就会相应增加。许多分析人士认为，实际的和平红利要大大低于期望值，这其中的原因是缺乏相关政策，以便将节省出来的军费用于生产性投资或社会福利事业。[72] 和平红利本身也是有其内在成本的，其中包括部分军工企业的职工失业或削减在冷战期间累积的总体预算赤字而产生的成本。[73]

随着超级大国敌对时期的结束，削减军费成了发展中国家的一个问题，[74] 而那些主张减少花费者，则将军费支出数据当成为了一种工具。在许多爆发过武装冲突的国家，高额的人员费用使军费支出成了一种沉重负担。为了削减其军队规模，一些援助机构——特别是多边援助机构，如世界银行和联合国开发计划署——与东道国共同制订了军人复员计划。计划所需的资金由援助机构承担。[75]

国际发展合作

当冷战接近尾声时，军费支出对大多数发展中国家的经济构成的负担显而易见。[76] 虽然当时有关和平红利的讨论焦点集中在发达国家以及如何利用削减的军费方面，但同时要求发展中国家减少军费的

〔70〕 波恩国际转化中心（BICC），“和平红利：丧失还是持续”，《转化研究（1996 年）：全球裁军、非军事化以及遣散工作》（牛津大学出版社，1996 年牛津出版），第 43—73 页。

〔71〕 波恩国际转化中心（同注释［70］），第 61 页。

〔72〕《和平红利》（Elsevier 出版社，1996 年阿姆斯特丹出版），编者：N. P. 格来迪施、A. 卡佩伦、R. 比耶霍尔特、R. 史密斯和 J. P. 邓恩。

〔73〕 波恩国际转化中心（同注释［70］）。

〔74〕 参阅 J. P. 邓恩“发展中国家军费支出对经济的影响：调查报告”，编者：格来迪施等（同注释［72］），第 439—464 页。

〔75〕“有关战争向和平过渡的案例研究：埃塞俄比亚、纳米比亚和乌干达几个前交战国家的前战斗人员的复员遣散和重新安置”，世界银行讨论文件第 331 号（世界银行，1996 年华盛顿特区出版），作者：N. J. 科来塔、M. 科斯特纳和 I. 威德霍弗。网址：URL 〈http: //web. worldbank. org/servlets/ECR? contentMDK=20412470&sitePK=407546〉。

〔76〕 参阅 R. S. 麦克纳马拉“冷战后的世界：发展中国家军费支出的影响”一文，《1991 年世界银行有关发展经济学的年度会议议程》（世界银行，1991 年华盛顿特区出版），第 95—125 页，编者：L. H. 萨莫斯和 S. 沙霍。

呼声也此起彼伏。[77] 主张削减军费支出的组织包括主要的多边及双边援助机构，它们以冷战结束作为契机，在与受援国对话时，提出了军费“过多”的问题。[78] 这一问题表现为军费过度庞大，从而压缩了其他种类的预算——特别是用于社会领域的预算，以及预算内经济援助被加以替换（即提供用于发展的援助，可能会出现某些资金被挪用为军费的风险）。[79] 将提供发展援助与低军费开支挂钩，是促使受援国减少军费的一个主要手段，一些多边及双边机构都提倡这一做法——特别是作为最大双边援助机构的经济合作与发展组织（OECD）。提倡这么做的还有一个专门负责调查流向发展中国家资源问题的独立委员会。[80]

无论对于援助机构还是受援国，以低军费作为提供发展援助先决条件的决定给予了军费支出数据新的意义。援助国在决定是否提供援助时要收集发展中国家的军费支出数据的举措，使受援国（即数据主要提供者）提高了对提供数据重要性的政治警觉。这种情况已经（并且还将继续）对数据质量产生影响（见下文）。结果，当决定某国军费是否“过多”并据此通过有条件援助的手段来加以限制时，与此相关的数据，不是无法得到就是不够准确，因此很难做出这样重要的决定。

自冷战结束以来，军援规模及受援国数量都大幅下降，但凡是对西方大国，特别是对美国有重大利益的国家和地区，如中东、东欧、拉美、南亚和非洲仍继续得到军事援助。相比之下，在冷战期间，反抗组织和叛军通常是军援对象；而在后冷战期间，接受援助的主要是

---

〔77〕 有关其中一些呼吁的评论请参阅 N. 鲍尔“改革安全部门：世界货币基金组织与世界银行的办法”一文，《冲突、安全与发展》第一卷第一期（2001 年 4 月），第 45—66 页；同时参阅“非洲国家军队部门的预算制定过程”，《SIPRI 年鉴 2003：军备、裁军和国际安全》（牛津大学出版社，2003 年牛津出版），第 261—278 页，作者：乌毅·奥米图根。

〔78〕 见鲍尔的文章（同注释［77］）。

〔79〕“用于发展事业的对外援助被替换所造成的影响”，工作文件系列第 2022 号（世界银行，1998 年 10 月华盛顿特区出版），作者：S. 德弗拉让和 V. 斯沃鲁泼，网址：URL 〈http://www.worldbank.org/html/dec/Publications/Workpapers/instnspubsect.html〉。

〔80〕 联合国开发计划（同注释［46］）；并参阅 H. 施密特（主席）所写的“面对一个世界：一个独立团体对流向发展中国家金融资本的报告”（1989 年 6 月汉堡出版）；了解将经济援助与低军费支持挂钩的呼吁请参阅鲍尔的文章（同注释［77］）。

政府。这样一来，军援费用就可以很容易地通过追查受援国的军事预算或外国援助预算而确定。

透明度

在后冷战时期，《联合国军费支出报告书》已经逐渐变为一种改善军费透明度的途径。“削减军费预算”项目自 1990 年以来就已不再列为联合国裁军委员会的议事日程。1992 年，联合国大会批准了一系列指导性政策和建议，以使有关方面能获得军事问题的客观资料。批准这些指导性政策和建议的目的，是为了提高军事问题的公开性和透明度，推动限制、裁减和消除军备的进程，并且帮助核查各国政府在这些方面所承担义务的履行情况。[81]

随着联合国军费支出报告书与其原来的目的（即把削减军费支出作为一种裁军手段并将节省出的军费用于发展事业）脱钩，推动此项工作的政治势头受到了极大削弱。在后冷战期间的第一个十年中，军费支出报告的数量仍旧颇低——在 1990—1999 年这十年间，平均每年只有 32 个国家提供报告。[82] 然而，由于透明度同时也是一种建立信任的手段，因此联合国报告书可以被看作是一种适用于全世界的建立信任或建立信任与安全的措施，而透明度实际上是用以证明应该把该办法纳入联合国大会决议中的因素之一。而后作为建立信任的手段，一些用于交换军费支出情报的类似倡议，在地区范围内被提出来了，其中包括南美洲的阿根廷和智利两国之间。[83] 自 1991 年以来，欧洲安全与合作组织成员国就已经将彼此之间交换军事预算数字作为一种建立信任和安全的措施。[84]

军费开支透明度还被当作是衡量受援国治国工作好坏的一个指

---

〔81〕 联合国大会第 47/54 号决议，1992 年 12 月 9 日，网址：URL〈http：//www.un.org/Depts/dhl/res/resa47.htm〉，B 节。

〔82〕 联合国大会决议（同注释［44］），第 8—10 页。

〔83〕 有关拉美国家建立信任措施的评论请参阅 M. 布朗利和 M. 珀多莫的“拉美国家的建立信任措施以及委内瑞拉军购的影响”，工作文件第 41/2005 号，Real Instituto Elcano 出版社，2005 年 9 月马德里出版，网址：URL〈http：//www.realinstitutoelcano.org/documentos/216.asp〉。

〔84〕 这是 1990 年维也纳文件中的其中一个条款。1999 年维也纳文件仍旧保持该条款。有关 1990 年维也纳条款请参阅本卷附录 A；同时参阅“在新欧洲建立互信与安全的措施”，《SIPRI 研究报告》第 18 期（牛津大学，2004 年牛津出版），作者：Z. 拉霍夫斯基。

标。援助国要求将提供军费支出数据作为政府例行预算工作的一部分，以便于议会和公众行使监督职能。

军费支出作为责任分担的一个显示指标

1999 年华盛顿峰会通过了北约全新战略及与此相关的防务能力计划（DCI），之后，北约内部的责任分担再次被作为问题而提了出来。[85] 尽管防务能力计划所涉及的是物质资源（人员和装备）而并非资金分配，但有关军费支出仍然是个争论的问题。这在评估“跨大西洋”军事实力的差距时表现尤其明显，人们普遍认为：西欧与美国存在军事实力的严重不平衡，而后者在这方面占据优势。

但是在确定一个最佳显示指标用以比较各国对集体防务的贡献大小这一问题上，有关各方仍然各执己见，争执不下，难以达成一致意见，其中可供选择的指标包括：军费支出增长趋势、军费在国内生产总值中的所占比例以及人均消费指数。此外，安全环境的变化也使人们愈加清楚地认识到，评估各国对北约集体防务的贡献时，不能仅仅依据分配给国防的物资和资金数量，同时还要考虑到促进国家安全的其他途径。第三，国家的军费支出是否被当作衡量一个国家履行其对北约这一组织的承诺的尺度，也日益成为一个经常性话题，如美国的战略是全球性的，而其欧洲盟国则不然，因此还必须要考虑各国安全政策所具有的不同性质。[86] 这一点在 2001 年美国国会预算办公室的报告中有所反映，该报告提供了若干责任分担的可选择或相配的指标，其中包括：（1）军费支出在国内生产总值中所占的比例；（2）人均军费支出；（3）军人相对于劳动者的比例；（4）为北约快速反应力量所做的贡献；（5）为维和任务所做的贡献；（6）对中欧及东欧国家

---

〔85〕 北大西洋公约组织，“防务能力倡议”，新闻稿编号 NAC－S（99）69，1999 年 4 月 25 日，网址：URL〈http：//www. nato. int/docu/pr/1999/p99s069e. htm〉。

〔86〕 很多研究对用于评估责任分担情况的量化标准做了批判式评价，其中包括 C. 库珀和 B. 齐御所写的“有关北约责任分担情况的见解”，兰德公司报告第 R－3750－FF/RC（兰德公司 1989 年加利福尼亚州圣塔·莫尼卡出版）；同时参阅 T. 桑德勒和 J. C. 默多克“关于 20 世纪 90 年代及而后北约军费的分担情况”一文，《财政研究》第 21 卷第 3 期（2000 年 9 月），第 297—327 页，网址：URL〈http：//www. ifs. org. uk/publications. php? publication _ id=2205〉。

提供的经济援助。[87] 最终，有关责任分担措施的讨论焦点，已由原来的军费支出转移到“跨大西洋”军事技术和通用性的差距上来。[88]

第四节　2001 年 9 月之后的军费开支

2001 年 9 月 11 日针对美国发动的恐怖袭击，标志着国际安全环境的一个重大转折。一方面，这一事件彻底粉碎了大多数发达国家的安全感，使有关各国更加迫切地要求采取安全措施，以防止这种袭击在美国和其他西方国家再次发生。另一方面，自冷战结束以来，大多数发达国家都缺乏相应的国家安全战略，而新威胁的出现，则迫使各国将注意力集中在这一问题上。[89]

“9・11”事件所导致的最直接后果，就是 2001 年 10 月美国主导的进攻阿富汗的军事行动。2002 年，美国通过了一项新国家安全战略，其设想中包括：如果任何国家被认为对美国国家安全构成“足够威胁”，美国就可以对其实施先发制人的打击——即便是在“敌方攻击时间和地点都不明确”的情况下。[90] 这一战略的目的是，“消除对

〔87〕 美国国会预算办公室（CBO），《北约扩大后的责任分担问题》（国会预算办公室，2001 年 8 月华盛顿特区出版），第 1—2 页，网址：URL〈http：//www. cbo. gov/showdoc. cfm? index=2976〉；根据每个显示指标所得出的比较结果被概括地写入伊丽莎白・申斯等人的“军费支出”一文中，《SIPRI 年鉴 2002：军备、裁军和国际安全》（牛津大学出版社，2002 年牛津出版），第 255—256 页。

〔88〕 1999 年北约东扩也使该组织的军费支出数据成为关注的焦点，因为北约要求加入北约的新成员国从 20 世纪 90 年代中期开始提高军费。不过，这更多是作为这些国家军事投入和现代化的显示指标，而较少用于说明责任分担情况；同时参阅 S. 斯隆的“跨大西洋关系：风暴即将降临北约东扩?”，《北约评论》，第 45 卷第 5 期（1997 年9 月/10 月），第 12—16 页，网址：URL〈http：//www. nato. int/docu/review/〉；同时参阅伊丽莎白・申斯等人的文章（同注释［4］），第 209—213 页。

〔89〕 “美国对外政策朝向一个全新的大战略迈进”，国际关系中心，（IRC）战略对话第 3 期，国际关系中心 2004 年 12 月新墨西哥州锡尔弗市出版，作者：T. 巴里，网址：URL〈http：//www. irc－online. org/content/dialogue/2004/03. php〉。这次讨论所形成的一致意见是，2001 年 9 月以前美国的对外和军事政策缺乏重点。

〔90〕 美国白宫，“美国国家安全战略”（2002 年 9 月华盛顿特区出版），第 15 页，网址：URL〈http：//www. whitehouse. gov/nsc/nss. html〉。

美国或者其盟国和友好国家的具体威胁”。〔91〕新安全战略的措辞正如美国在 2003 年进攻伊拉克时所表达的那样，可以对美国是否以及如何行动加以灵活的解释。

由于阿富汗战争及伊拉克战争的缘故，美国自 2001 以来，军费支出迅速飚升。同时，美国政府还成立了国土安全部，用以防卫未来可能针对美国发动的袭击。欧盟及其他地区的组织和国家也开始关注国内安全问题，但它们强调抵御恐怖主义的最佳方法是非军事手段。〔92〕由于像美国国土安全部这样的机构所担负的任务与军队的职能产生了重叠，因此国内安全工作与对外防务两者之间的界限变得愈加模糊不清，这使得军队在安全事务工作中所扮演的角色更加复杂。〔93〕新的安全概念将经济和环境挑战也包括进来，从而进一步削弱了军队在应对新安全问题时的重要性。

与此同时，“9·11”事件更加强化了出现在发展中国家的某些动向。首先是向发达国家提出：减轻发展中国家、特别是处在冲突中和冲突过后的国家的贫困状况以及解决脆弱国家现象——这些要求在后冷战初期没有引起足够重视，现在则得到了新的动力，因为人们认识到，贫困是国际恐怖主义的根源之一。这一事件，使人们开始重视南北在安全问题上相互依赖的现实。〔94〕其次，为数颇多的援助国已经认识到，假如受援国缺乏安全保障，就会损害援助的有效性。因此，它们承认安全与发展之间的确存在着关联。这样一来，援助国显得更加愿意帮助受国内军事冲突影响的国家重新掌握对军队的绝对控制权。大多数援助国甚至同意，在经济与发展合作组织的发展援助委员会制定的安全体制改革框架下，协助受援国改

---

〔91〕见白宫相关文章（同注释［90］），第 16 页。

〔92〕“需要新的安全观”，《波恩国际转化中心通报》（2002 年 7 月 1 日出版）第 24 期，第 1—2 页，作者：M. 布罗斯卡，网址：URL〈http：//www. bicc. de/publications/bulletin/bulletin. php〉。

〔93〕有关内部和外部安全的界限愈加模糊的问题，请参阅 P. 安德烈斯和 R. 普莱斯所写的“从反对战争到打击犯罪：改变美国的国家安全形势”，《国际研究评论》，第 3 卷第三期（2001 年秋出版），第 31—52 页。

〔94〕“全球安全治理：一个充满变化和挑战的世界”，《SIPRI 年鉴 2005》（同注释［5］），第 1—27 页，作者：A. J. K. 贝勒斯。

造其安全部门。[95] 第三，安全概念的扩大，对发展中国家也产生了影响。最近出现的对人的安全——即摆脱恐惧和摆脱贫困——的重视，使个人而非国家的需要，成为安全问题的核心内容。而保障个人安全的前提，就是把政策重点放在内部安全而不是外部安全上。因此在 2001 年“9·11”事件过后，南半球和北半球国家都制定了内容更加广泛、更加强调内部安全的议事日程，其中要么降低了对军事的重视程度，要么将其重新划归因改革需要进行扩大的安全系统的一部分。

自从 2001 年 9 月以来，全球军费支出的增长幅度很快。2001 年到 2005 年，按实际价格计算军费支出增加了 25%。在全球增加的军费数额中，美国占了绝大部分——在 2005 年全世界军费支出中，美国占 48%。这其中多半是因为，美国迅速增加了追加拨款，以实施“全球反恐战争”。[96]

数据的用途

2001 年“9·11”事件后，军费支出数据的使用范畴与后冷战初期比较类似，即用于威胁评估和裁军的情况较少，在用于发展合作方面时，更多的是作为衡量治国工作的一种手段，而不是用作制定援助条件的依据。此外，军费开支数据仍然还被用作衡量各国军费透明度的工具。

威胁评估

自冷战结束以来，特别是 2001 年“9·11”事件后，军费支出数据用作威胁评估工具的情况已大大减少。由于恐怖分子采用的是非传统军事手段，因此军费支出数据并不能帮助确定他们所构成的威胁程度（事实上，也无法用来衡量某个国家应对恐怖威胁的实际能力）。此外，那些有可能成为恐怖组织温床的国家所提供的国防预算数字极不可靠，因此这些国家提供的军费支出数据，不能用作评估这些威胁

〔95〕 经济合作与发展组织（OECD）发展援助委员会（DAC），《安全体制改革与治国：政策和恰当做法》，发展援助委员会指导原则及参考系列（经济合作与发展组织 2005 年巴黎出版），网址：URL 〈http：//www.oecd.org/dataoecd/8/38/31785288.pdf〉。

〔96〕 参阅本卷第 8 章及附录 8A。

的可信指标。

把军费支出继续用作一种威胁评估工具的例证之一，就是对中国的军费开支的测定，尽管中国官方公布的具体军费支出数据同样也是不可靠的。[97]

裁军

自 2001 年 9 月以来，尽管军事预算额度仍旧构成一个问题，但在国际裁军谈判中，各方却很少再提及把减少军费预算作为一种裁军手段。然而在 2002 年，有人再度提议，恢复削减军费支出与发放资源用于发展事业这两者的联系：联合国大会要求秘书长在一个政府专家小组的帮助下，完成一份有关在当前国际环境下，裁军与发展两者之间关系的评估报告。秘书长于 2004 年提出报告："重申了落实限制军费支出的重要性，以便使人力和金融资源能够用于有关各方为消除贫困和实现《千年发展目标》所做的不懈努力。"[98] 自 1987 年在国际裁军与发展关系会议上通过《最后文件》以来，这还是第一次对该问题进行检讨。2004 年 12 月通过的一项联合国大会决议，要求秘书长采取实际步骤，以落实在 1987 年会议上通过的行动方案。[99]

国际发展与合作

提供经济援助的国家，仍然把军费支出数据当作是一个评估发展中国家政府是否认真对待其重要的发展问题的工具。尽管援助国现在已意识到，发展中国家的确也有安全方面的需要，但它们仍旧把削减军费支出作为提供援助的条件。该做法显然无视了由经济合作与发展组织下属的开发援助委员会成员国通过的、在爆发危机的受援国家进行开发工作的安全体系改革框架的依据，因该框架明确反对援助国对

---

〔97〕 见美国国防部文件（同注释［65］）；同时参阅美中经济和安全审查委员会（USCC）编写的《美中经济关系对国家安全带来的影响——向国会提交的报告》（美中经济和安全审查委员会，2002 年 7 月华盛顿特区出版），网址：URL〈http：//www.uscc.gov/researchpapers/2000_2003/reports/anrp02.htm〉；同时参阅本卷第 8 章。

〔98〕 联合国：《当前国际背景下裁军与发展之间的关系》，政府专家组就有关裁军与发展之间关系问题提交的报告；联合国大会文件编号：A/59/119（2004 年 6 月 23 日纽约出版），第 4 页，网址：URL〈http：//www.un.org/ga/59/documentation/list1.html〉。

〔99〕 联合国大会决议第 59/78 号，2004 年 12 月 17 日；同时参阅秘书长的报告，联合国大会文件《裁军与发展的关系》，文件编号：A/60/94，2005 年 7 月 5 日纽约出版，网址：URL〈http：//www.un.org/ga/60documentation/list.html〉。

受援国的军费水平持有先入为主的态度。[100] 与此相反，正确的做法应该是，鼓励援助国通过增加受援国的军费透明度、责任感和有效监督，来强调后者加强在安全部门的管理工作，这也就是所谓的“程序管理法”。[101] 但与此同时，支持全球反恐战争的压力，促使有关各国增加了对诸如情报和内务部门的费用开支，而美国也向世界不同地区的“反恐堡垒”提供了更多现金或实物形式的军援。[102] 这些因素使军费增长严重失衡的风险又再次出现，并且由于需要编制大量名目繁多而且相对陌生的数据，所以外界很难对开支的去向进行追踪。但是，如果援助国在确定对发展中国家的援助政策时，能坚持采用“程序管理法”，那么军费支出数据的政治意义就会减弱，而数据的可信度则会相应得到提高。

透明度

现在，在每年委托联合国秘书长要求各国提供有关军费开支数据的联合国大会决议中，已经删除了削减军费的目标，决议中只涉及“进一步提高所有军事事务的公开性和透明度”，并且认定这种透明度“是在世界各国之间建立信任气氛和信心的关键因素”，并且“能帮助缓解国际紧张局势，因此不失为防止冲突产生的一个重要贡献”。[103] 现在提供报告的方法仍被多数人认为是衡量透明度的普遍性手段，并且可以帮助建立信任和防止冲突。

自 2001 年以来，联合国裁军事务部一直在致力于促进和帮助成员国对军费支出进行报告。该机构主办了若干地区和次地区一级的研讨会，用以增加有关各方对报告方法的了解，并提高他们对建立透明度程序的认识。[104] 在这一报告方法重新成为一种衡量透明度的手段后，从 2002—2005 年间，每年提供报告的国家的数量增加到了 76—

---

[100] 见经济合作与发展组织的发展援助委员会文件（同注释［95］），第 33 页。

[101] 参阅乌毅·奥米图根和 E. 哈奇富尔等人编写的 SIPRI《非洲国家军事部门的预算编制：控制方法与机制》（牛津大学出版社，2006 年牛津出版）。

[102] 美国国务院编写的《国外业务、出口融资和相关项目（国外业务）》，2007 财年度国际事务（职责 150）预算申请（国务院，2006 年 2 月华盛顿特区出版），网址：URL 〈http：//www. state. gov/s/d/rm/rls/iab/2007/〉；第 45—47 页。

[103] 联合国大会第 60/44 号决议，2006 年 1 月 6 日，网址：URL〈http：//www. un. org/Depts/dhl/resguide/r60. htm〉。

[104] 联合国裁军事务部（同注释［44］），第 3 页。

82 个。[105] 另外还介绍了一种简化的报告方法，但很少国家选择后一种办法。[106]

影响军费支出数据相关性的诸多因素

人们很难确定 2001 年的“9·11”事件是否对军费支出数据的可获取性有直接影响。一般来说，数据的可用性和可获取性随着互联网使用的增加而增加了，而且这一趋势并没有因 2001 年的“9·11”事件而停止。越来越多的发展中国家，在互联网上发布本国的预算数字，这为数据报告组织获取军费开支提供了极大便利。甚至在从前获得数据异常困难的非洲，情况也有明显改善。尽管如此，那些陷入冲突的国家的数据仍然十分匮乏，因为这些数据通常来自于原始文件，因此可能会异常零乱。问题仍然比较突出的地区是中东，此外，中亚国家的数据也存在很大问题。总之，在提高数据可获取性的同时，也必须提高数据的质量，特别是准确性。

自 2001 年“9·11”事件以来，经济合作与发展组织的大多数成员国都宣称，应将发展援助同受援国是否愿意支持全球反恐战争联系起来。[107] 这一情况对军费支出数据的质量有所影响。一方面，它减少了刺激依赖援助的国家对数据造假的因素，因为援助国已不那么强调军费支出水平。另一方面，它使军费支出所涵盖的范围产生了变化，各种非军事性的安全职能部门也被包括进来，从而增加了上文中已提到的数据定义和收集工作的难度。它使缺乏细化和杂乱这一存在于发展中国家军费开支数据中的主要问题更加复杂化。如果不把军费支出数据进行细化和分门别类地开列，数据就没有多少使用价值。

鉴于目前国际安全环境出现变化、各国的首要任务已转为保障国内安全和人的安全、军事手段对解决这些问题所能起的作用逐渐减

[105] 联合国裁军事务部“参与图：1992—2005 年联合国军事费用报告书”，2006 年 1 月 1 日，网址：URL〈http：//disarmament. un. org/cab/milex. html〉。

[106] 简化版本被申斯和纳泽特复制（同注释［44］），有关利用简化版本进行报告的统计数字，请参阅本卷附录 8D。

[107] 经济合作与发展组织（OECD），发展援助委员会（DAC），《从防止恐怖活动角度看发展合作：行动的关键切入点》，发展援助委员会指导原则和参考系列（2003 年经济合作与发展组织，巴黎出版），网址：URL〈http：//www. oecd. org/dataoecd/17/4/16085708. pdf〉。

弱，以及内部和外部安全的界限正变得越来越模糊，那么军费支出数据对于和平与安全问题的讨论还有何关联呢？显而易见，这些资料的相关性受到了安全环境变化的影响，其表现为几个方面。首先，由于军事与国内安全事务之间的界限愈加模糊（特别是在爆发内战和社会动乱威胁国家的情况下），提供军费支出和某些国内安全活动的数据变得同样重要，因为只有这样，才能对安全事务总体支出有一个全面的认识。然而，两种数据必须分开，因为在大多数国家，宪法所赋予这两个安全部门的使命是相互有别的。

更重要的是，军费支出数据，在某种程度上，既失去了作为一种显示安全威胁大小的指标，也失去了作为显示提供安全保障的指标。就安全威胁而言，人的安全概念的出现，及其使用的增加和政治相关性，产生了对一种能指明用于人的安全的费用水平数据系列的需要。作为制定这种显示指标的第一步，需要为人的安全概念定出一个严格定义。迄今为止，已经有两个争执不下的人的安全定义。[108] 有关方面正在做新的努力，以便定出一个包括联合国《千年宣言》两个方面——即摆脱恐惧和摆脱贫困——的统一概念。[109] 由于使用军队与解决当代安全问题的关系越来越小，因此需要制定其他显示指标。而制定这些指标，有赖于有关各方就当代安全环境的主要构成及解决安全问题的合理途径，达成相对广泛的一致意见。在这方面，联合国威胁、挑战和变革问题高级别小组所做的报告，可以提供某些指导作用。[110] 然而，有关方面能否达成一致意见，仍然是个未知数。

综上所述，就分析新的安全环境而言，军费支出数据在某种成程

---

[108] 见K. 克劳斯所写的“人的安全真的并非仅仅是一个好的想法吗?”，以及由M. 布佐斯卡和P. J. 克罗尔编写的《促进安全：如何推动安全和为了谁?》，波恩国际转化中心简报第30期（波恩国际转化中心，2004年10月波恩出版），第43—46页，网址：URL〈http：//www. bicc. de/publications/briefs/brief30/content. php〉。

[109] “全球发展与人的安全：形成一个政策议事日程”，《全球发展研究》第三期（瑞典外交部发展问题专家小组，2006年斯德哥尔摩），作者：R. 皮奇奥托、F. 奥洛尼萨金和M. 克拉科，网址：URL〈http：//www. egdi. gov. se〉。

[110] 联合国：“一个更加安全的世界：我们共同的责任”，威胁、挑战和变化问题高级别小组报告，联合国文件编号：A/59/565，2004年12月4日以及第A/59/565修订本，2004年12月6日，网址：URL〈http：//www. un. org/ga/59/documentation/list5. html〉。

度上已失去用武之地，这时就需要其他数据加以补充。尽管如此，军费支出数据对于这种分析仍然十分重要。此外，由于军队是国家控制暴力的体现，因此继续监视军费支出数据的变化趋势并向公众更广泛地提供这些数据，仍旧是一项重要工作。

第五节　沿袭与变革：过去 40 年中军费开支数据的使用情况

军费开支数据被用于各种政治背景。本章对在过去 40 年中的三种情况各异的国际安全环境下，军费开支数据不同的使用类型以及这些应用与军费开支数据的可获取性、质量和相关性之间的关系做了一番回顾。通过回顾，我们确定军费支出数据的使用有过两个最基本的变化。首先是从冷战期间对北半球军事集团成员国军费的重视，变为后冷战时期对南半球发展中国家军费的关注。之所以产生这一变化，是因为在国际发展合作的背景下，援助国提出军费支出问题变得合情合理。自 2001 年“9·11”事件以来，南北安全关系的转变显然对军费支出数据的使用构成了影响，但这种影响仍未全面显现。

其二，在联合国，使用军费支出数据的目的，已经从裁军和解决发展问题（其中后者的变化程度相对前者要小）转变为促进透明度。这一情况反映出：在国际和平与安全方面出现了更广泛的变化，认为裁军是实现发展的直接途径的观点已经站不住脚，而强调通过建立信任、防止冲突和积极维护地区和平等途径来推动安全的观念，则获得了普遍认同。此外，对安全与发展相互依赖的认识的提高，则催生出了对这两方面同时促进的新理念。这种情况可望在将来导致用更多的非军事资源来提供安全保障。然而，实际情况却喜忧参半，这是因为事与愿违的做法充斥着 21 世纪的头 5 年，即以保卫和推动民主的名义使用大量军事资源的做法屡见不鲜。

总的说来，军费数据的可获取性和可使用性，尤其是从发展中国家获取重要数据来源的可能性，随着时间的推移而趋于增加。这其中部分原因是提高军费透明度成了普遍趋势，其中包括发展中国家更多地使用了互联网，而联合国、国际援助组织和数据收集机构所做的推动工作，也可能是其中的因素之一。然而，尽管获得数据的条件得到了改善，但数据本身的质量却仍然不尽人意。在过去 40 年中，军费支出数据总不是十分精确，数据质量也一直存在问题。在某些领域，情况有所改善，但同时新的问题又在其他方面出现。军费支出的某些组成部分——特别是武器进口项目——经常不被列入官方的军费支出数据之内，这种情况在发展中国家尤其明显，其中也包括中国。由此带来的一个主要挑战，就是鼓励各国政府将所有与军事有关的支出项目，都包括在军费支出数据中。此外，追踪各国与冲突有关的费用情况，也是一个很大的挑战。由于工业化国家采用了利用私人资金进行采购融资的新融资方式，有关机构需要对此做进一步了解，以评估这一新情况会对军费开支数据质量产生哪些影响。

在过去 40 年中，军费支出数据与分析和平安全问题的相关性，始终是一个悬而未决的问题。尽管军费支出数据从本质上说是资源投入的一项措施，但它还是被用于评估军事实力和其他类型的产出，从而造成了种种误解，这种情况已被冷战时期的经验所证明。

在当前的安全环境下，军费支出数据的相关性受到了更多置疑，其中一些基本问题是在各国更加重视国内安全和安全概念发生变化的情况下产生的。人的安全的重点从国家转向个人，内部安全与外部安全之间的界限愈加模糊，这些都意味着在新的安全环境下，军费支出数据作为一项衡量指标所具备的相关度已经下降。由于军费开支数据无法涵盖非政府组织——其资金完全来自于政府以外的渠道——的资源消耗，从而使这方面的统计存在巨大漏洞。其结果，便是军费支出数据在某种程度上不再适合于分析和平与安全问题。但这并不意味着军费支出数据已经没有用武之地，而是说它需要其他类型数据系列的补充，以便能够掌握国内安全与人的安全的全面情况。

（谷景书 译）

第八章 军费开支

彼得·斯塔伦海姆 达米安·弗吕沙尔
乌毅·奥米图根 卡塔利娜·佩尔多莫

第一节 导 言

2005 年的世界军费开支，按美元的不变价格和汇率（2003 年），估计已达到 10010 亿美元，或按现值美元统计为 11180 亿美元。这表明占世界国内生产总值（GDP）的 2.5%[1]和人均 173 美元。[2] 世界军费开支自 2004 年以来实际增长 3.4 个百分点，自 1996 年以来实际增长 34 个百分点，这一趋势主要是由美国军费迅速增长造成的，因为美国的军费开支迄今是世界最大的，占世界军费开支总额的 48%。

2005 年世界军费开支最多的 15 个国家的军费总和占世界军费开支总额的 84%。尽管对国家预算造成了压力，但至少 5 个军费开支最多的国家中的 4 个可能在未来年份中仍将增加它们的军费开支。美国、法国和英国都在国外从事耗资巨大的军事行动，需要在短期和长

〔1〕 这个比例是根据 2005 年全球国内生产总值按市场汇率计算为 438860 亿美元的计划数字得出的。国际货币基金组织（IMF），《世界经济展望》，2005 年 9 月：《建设机构》（Building Institutions）（国际货币基金组织：华盛顿特区，2005 年），URL〈http://www.imf.org/external/pubs/ft/weo/2005/02/〉，统计数据附录，表 1，《全球总产量》，第 205 页。

〔2〕 此人均值是根据 2005 年全球约 64.65 亿总人口得出的。联合国人口基金（UNFPA），《2005 年世界人口状况》（联合国人口基金，纽约，2005 年），URL〈http://www.unfpa.org/swp/〉。

期内消耗资源。此外，法国和英国正处于军事改革的过程之中，并在寻求新的私下资助或推迟主要采购项目消费的办法。中国正在从事一项长期的人民解放军的现代化计划，其军费开支自 1998 年以来快速增长，且无放慢的迹象。

过去几年中的一个明显的趋势是，那些从自然资源比如天然气、石油和金属获得越来越多收入的国家，已经正式或非正式地把这些资金转用于军费，尤其是用于武器采购。这可能就是为什么中东与北美一起成为 2005 年军费开支增长最大地区的原因。东欧在 2005 年也增加了军费开支，而西欧则显出了下降的总趋势。

本章分析了 2005 年的军费开支，并且把它放在过去十年的主要趋势中来考虑。[3] 第二节按组织和收入组来分析军费开支的趋势。第三节分析了军费开支最大的 15 个国家的使用情况，而重点是前 5 位的国家。第四节审视了世界不同地区的最新发展，并把它们的军费开支放在经济和安全的考虑中来加以分析。第五节是一个简短的小结。

附录 8A 提供了 SIPRI 关于 166 个国家在 1996—2005 年这 10 年期间的军费开支数据。表 8A. 1 中开列了按美元不变价格（2003 年）的世界和地区军费开支总额。国家数据则以 3 种形式提供：以当地货币的当前价方式（表 8A. 2）；以不变美元价格（2003 年）方式（表 8A. 3）以及占国内生产总值比例的方式（表 8A. 4）。附录 8B 提供了 2000—2005 年期间北大西洋公约组织（北约）成员国的国家采购和人事费用情况。附录 8C 表明了 SIPRI 的军费开支数据的来源和计算方法，而附录 8D 则汇集了各国政府向 SIPRI、联合国和其他机构提供其军费开支情况的统计数据。附录 8E 探讨了涉及经济数据对美元的转换问题以及购买力平价（PPP）率与这种转换的汇率之间的选择问题，这种选择可能使一个国家（表面的）军费水平出现十倍之多的差别。

---

〔3〕 有关过去 40 多年军费数据的利用和提供情况，参见本卷第七章。

第二节　按地区、组织和收入组分类的军费开支

SIPRI 的军费开支数据以及如附录 8A 和表 8.1 所表明的对世界和地区军费开支的估计，反映了各国政府提供的信息。对世界和地区军费开支的估计是偏低的。有四大理由来说明这一点：首先也许是最具意义的是，并非所有为军事目的而花钱的实体都包含在 SIPRI 的估算中。SIPRI 的军费开支数据并不包括非政府行为体的花费，而某些政府的花费也由于缺乏数据或缺乏连贯性的数据而被遗漏。[4] 其次，一些国家不愿透露它们的军费开支，而是隐藏了其中的一部分，从而造成少报。[5] 政府内部的能力缺乏也可造成不精确性，而这一弱点在发展中国家是司空见惯的事。[6] 第三，某些武装力量有自己十分充足的收入，而这种收入并不总是计入预算，而且有时候还处于政府和议会的控制之外。武装力量的这种预算外收入常常与非法出卖自然资源、毒品贸易和贩毒或者其他形式的非法活动相联系，但有时候它也能反映十分合法的商业收益或农垦收益。第四，所报告的数字至少是最近一年的数字，仅仅反映了预算的开支。实际开支通常要比原先预算的高出许多，但相反的情况有时也有。当已有了实际开支的数据时，SIPRI 的数据便得以更新；因此，总是劝告读者去查阅 SIPRI 年鉴的最新版本。

---

〔4〕 一些国家由于缺乏数据或缺乏连贯性的时序数据而被排除在外。在非洲，安哥拉、贝宁、赤道几内亚和索马里未计算在内；在美洲，古巴、海地以及特立尼达和多巴哥未计算在内；在亚洲，缅甸和越南未计算在内；在中东，伊拉克和卡塔尔未计算在内。世界军费开支总计未包含所有这些国家。

〔5〕 关于武器使用周期，包括军费开支的透明度，请参阅本卷第六章。

〔6〕 W. 奥米图根：“非洲的军费开支数据：喀麦隆、埃塞俄比亚、加纳、肯尼亚、尼日利亚和乌干达概览”，SIPRI 研究报告第 17 号（牛津大学出版社，牛津，2003 年）；W. 奥米图根和 E. 哈奇富尔（两位都是编辑），SIPRI，“非洲军事部门的预算：控制的程序和机制”（牛津大学出版社，牛津，2003 年）。

表 8.1　1996—2005 年世界和地区军费开支的估算

数据单位为 10 亿美元，按（2003 年）不变美元价格与汇率统计。斜体数据为百分比。由于四舍五入，各项数据相加不一定与总数相符。

地区[a]	1996	1997	1998	1999	2000	2001	2002	2003	2004	2005	变化 1996—2005
非洲	**8.6**	**8.7**	**9.4**	**10.5**	**11.1**	**11.1**	**12.1**	**11.9**	**12.6**	**12.7**	***+48***
北非	3.5	3.7	3.8	3.9	4.3	4.4	4.8	5.0	5.6	5.5	*+58*
撒哈拉以南	5.1	5.0	5.6	6.6	6.8	6.6	7.3	5.9	(7.0)	(7.2)	*+42*
美洲	**347**	**349**	**340**	**341**	**353**	**358**	**399**	**447**	**485**	**513**	***+48***
加勒比海	…	…	…	…	…	…	…	…	…	…	…
中美	3.3	3.4	3.3	3.5	3.6	3.7	3.5	3.4	3.2	3.2	*−2*
北美	328	327	319	320	332	335	375	425	463	489	*+49*
南美	15.7	18.1	17.5	17.1	17.8	19.9	20.4	18.3	18.9	20.6	*+31*
亚洲和大洋洲	**116**	**118**	**119**	**122**	**126**	**132**	**138**	**144**	**152**	**157**	***+36***
中亚	0.5	0.5	(0.5)	0.5	…	(0.6)	(0.6)	(0.6)	(0.7)	(0.8)	*(+77)*
东亚	91.0	91.9	92.4	92.9	95.5	101	107	112	116	120	*+32*
大洋洲	8.6	8.8	9.1	9.6	9.5	9.9	10.3	10.6	11.1	11.5	*+32*
南亚	15.5	16.5	17.1	19.2	19.9	20.5	20.6	21.2	23.9	25.0	***+61***
欧洲	**236**	**239**	**234**	**238**	**243**	**243**	**249**	**256**	**260**	**256**	***+8***
中欧	11.6	11.7	11.7	11.4	11.5	12.1	12.3	12.8	12.7	11.7	*+10*

地区[a]	1996	1997	1998	1999	2000	2001	2002	2003	2004	2005	变化 1996—2005
东欧	15.6	17.5	11.5	11.9	15.8	17.3	19.1	20.4	21.4	23.3	+*50*
西欧	209	210	210	214	215	214	218	223	226	220	+*5*
中东	**39.0**	**43.4**	**46.5**	**45.8**	**51.5**	**55.0**	**52.6**	**55.0**	**58.9**	**(63.0)**	**(+*61*)**
世界总计	**747**	**756**	**748**	**757**	**784**	**800**	**851**	**914**	**969**	**1001**	**+*34***
变化（%）	..	1.3	−1.1	1.2	3.6	2.0	6.4	7.5	5.9	3.4	

注：()＝总数是根据少于90%地区总数的国家数据得出的。

..＝现有数据低于地区总数的60%。

a 地区内国家情况见附录8A，表8A.1。由于缺少数据或缺少连贯性的时序数据，有些国家未包括在内。非洲未包括安哥拉、贝宁、赤道几内亚和索马里；美洲未包括古巴、海地及特立尼达和多巴哥；亚洲未包括缅甸和越南；中东未包括伊拉克和卡塔尔。世界总计也不包括以上这些国家。

资料来源：附录8A、表8A.1和表8A.3。

在用2003年的美元价格和汇率折算时，2005年的世界军费开支达到10010亿美元。这个数字比2004年实际增长了3.4%，比1998年以来增长了34%，而1998年则是冷战结束以来军费开支最低的年份。2005年军费开支绝对值增长最多的地区是北美，因为美国的军费开支由于“全球反恐战争”以及在阿富汗和伊拉克的冲突而持续不断地迅速增长。[7] 2005年世界军费开支增长了330亿美元，其中美国占了约80%即260亿美元。在1996—2005年这十年中，美国的军费开支增长了1600亿美元，而世界的总增长额为2540亿美元。在同一时期，中国的军费开支增长了165%，但按不变美元价格（2003年）计算只相当于增加了255亿美元。

2005年军费开支增长相对较快的地区是中东，其主要原因是受沙特阿拉伯国防预算大幅增长的影响。如果伊拉克和卡塔尔的军费开支不是因为缺乏系统的数据而被排除在外的话，中东的军费开支总额还会高出许多。

2005年军费开支减少的唯一地区是欧洲，减少了1.7个百分点。这一减少主要归功于西欧，其军费开支减少了60亿美元或2.8个百分点。中欧军费开支的水平没有变化，而东欧则增加了8.9个百分点；但由于西欧的军费开支占整个欧洲军费开支的大约86%，因此就整个地区而言，其结果仍然是略有减少。其军费开支高得足以使其名列2005年15个世界主要军费开支国行列的所有5个西欧国家（参见下列表8.3），在2005年减少了它们的国防预算。减少幅度最大的是意大利和英国。但是，在1996—2005年的十年中，欧洲的军费开支还是增长了8.2个百分点。在此十年中总军费开支下降的唯一地区是中美洲，下降了2.5个百分点。由于墨西哥的军费开支占中美洲军费开支总额的87%，该国在此期间军费开支下降的2个百分点，给整个趋势留下了深刻的印记，而大部分其他国家也减少了它们的军费开支。

---

〔7〕 史蒂夫·科西亚克认为美国军费开支增长的很大部分是由于采购军事装备，而这与反恐战争毫无相干。S. 科西亚克：“2006财年国防预算要求：国防部预算仍然呈上升趋势”，战略和预算评估中心，华盛顿特区，2005年2月4日，URL 〈http://www.csbaonline.org/〉。

值得注意的是，由于在过去几年中从高油价获取了额外的收益，2005 年，石油输出国组织（OPEC）成员国增加了其军费开支 11.2 个百分点。这种由资源推进的增长趋势在秘鲁和俄罗斯也同样存在，这两个国家国民收入增长的一大部分来自石油和天然气，而智利增加的军费开支几乎全部来自出口铜的收入增长。秘鲁效仿智利的做法，从天然气生产的收入中以法定的形式拨一部分款项用于军费开支（参见下文第四节）。

表 8.2 显示，2005 年，中等收入水平——还可以进一步划分为中高和中低挡收入水平——的国家军费开支相对增长最大，分别增长了 6.7 和 9.1 个百分点。与此同时，低收入和高收入国家的军费开支分别增长了 4.1 和 2.5 个百分点。在 1996—2005 年这十年中，低收入国家增长的比例最大，为 64.2 个百分点。即使这 131 个低收入和中收入国家的军费开支增长相对较快，它们的军费开支总额也只占世界总军费开支的 1/5，而 35 个高收入国家却占了 4/5。同时，大多数武装冲突都发生在发展中国家。[8]

正如表 8.2 中所反映的，高收入国家比低收入国家花费了更多的人均军费开支。由于较富裕的国家与较贫困的国家相比有更多的闲散资源，并且人口通常较少，因而它们使用在军事方面的资源的边缘消耗也随之减少。在人口密度大而经济发展规模小的国家，增加军费开支的边缘消耗可能非常之高，而人均军费开支仍然相当之低。这样一个国家的经济支出被众多人口来分割时，其数字是相当小的。因此，从每个人身上取 1 美元用于军事方面，对于一般经济无论从总体还是从每个个人来说，都是十分昂贵的，因为它挪用了本来可以用于其他社会和个人优先项目的资金。对比之下，美国也人口众多，但其经济产出却大得足以维持高水平的个人平均收入，而同时可在军事方面使用大量的人均投入。

〔8〕 参见本卷第二章。

表 8.2　1996—2005 年军费开支的估算（按组织和收入分组）

数据单位为 10 亿美元，按（2003 年）不变美元价格与汇率统计。斜体数据为百分比。

组织/收入组[a]	2000	2001	2002	2003	2004	2005	变化 1996—2005%	2004 军费开支	
								人均（美元）	占国内生产总值%
组织									
东盟	11.1	11.7	12.4	13.3	13.3	13.1	*+8.2*	32.2	*1.9*
独联体	16.4	17.9	19.7	21.1	22.1	24.1	*+50.4*	89.5	*3.4*
欧盟	196	196	199	206	219	212	*+11.0*	478.5	*1.9*
北约	539	541	585	642	687	706	*+34.5*	794.4	*2.9*
北约欧洲国家	207	207	211	217	224	217	*+10.5*	416.6	*2.0*
经济合作发展组织	622	625	670	727	768	789	*+29.6*	659.9	*2.5*
石油输出国组织	37.1	39.6	36.3	38.0	42.0	46.7	*+72.4*	81.6	*4.0*
收入组（根据 2003 年纯人均国民收入）									

组织/收入组[a]	2000	2001	2002	2003	2004	2005	变化 1996－2005％	2004 军费开支	
								人均（美元）	占国内生产总值％
低	24.3	24.6	25.4	25.6	28.3	29.5	＋64.2	13.2	2.7
中低	90.5	99.0	105	109	114	122	＋59.2	43.4	2.5
中高	42.2	45.2	42.5	43.9	46.7	51.0	＋47.7	137.9	2.3
高	627	631	678	736	780	799	＋29.3	810.7	2.6

a 组织和收入组国家情况见附录 8A，表 8A.1。由于缺乏人口数据，阿富汗、布隆迪、古巴、海地、伊拉克、朝鲜、罗马尼亚、塞黑、索马里、土库曼斯坦和乌兹别克斯坦未包括在人均数字之内。

资料来源：附录 8A、表 8A.1；人口：国际货币基金组织，国际金融统计数据库。

第三节 15个军费开支大国

世界军费开支在各国之间的分配情况极不均衡。表8.3显示了2005年军费开支最多的15个国家，计算标准按2003年的价格并以2003年的市场汇率折算为美元。这15个国家的军费开支占世界军费总开支的84%，其他151个国家仅占16%。美国占世界军费开支的48%，在军费开支大国中显得更为突出。排在美国之后的4个军费开支大国是英国、法国、日本和中国，各占世界开支总额的4%—5%。

从表8.3中可以看出，军费开支大国之间的人均军费开支变化相当明显。中国和印度因人口众多，其人均军费开支分别为31.2美元和18.5美元，美国为1604美元，以色列为1430美元。世界军费开支的模式和世界人口之间存在显著的差别。虽然5个主要军费开支大国占世界军费开支总额的65%，但是他们的人口数量只占世界人口总量的29%。

表8.3 2005年军费开支排名前15位的国家（按市场汇率和购买力平价统计）

开支数据以美元计，以2003年的不变价格和汇率为标准。

按MER美元计算的军费开支						按PPP美元计算的军费开支[a]		
排序	国家	开支（10亿美元）	人均开支（美元）	占世界军费比重（%）		排序	国家	军费开支（10亿美）
				开支	人口			
1	美国	478.2	1604	48	5	1	美国	478.2
2	英国	48.3	809	5	1	2	中国	[188.4]
3	法国	46.2	763	5	1	3	印度	105.8
4	日本	42.1	329	4	2	4	俄罗斯	[64.4]
5	中国	[41.0]	[31.2]	[4]	20	5	法国	45.4
前五名之和		**655.7**		**65**	**29**	**前五名之和**		**882.3**
6	德国	33.2	401	3	1	6	英国	42.3
7	意大利	27.2	468	3	1	7	沙特阿拉伯[b,c]	35.0

按 MER 美元计算的军费开支						按 PPP 美元计算的军费开支[a]		
8	沙特阿拉伯[b,c]	25.2	1025	3	0	8	日本	34.9
9	俄罗斯	[21.0]	[147]	[2]	2	9	德国	32.7
10	印度	20.4	18.5	2	17	10	意大利	30.1
前十名之和		**782.7**		**78**	**51**	**前十名之和**		**1057.2**
11	韩国	16.4	344	2	1	11	巴西	24.3
12	加拿大[c]	10.6	327	1	0	12	伊朗[b]	23.8
13	澳大利亚[c]	10.5	522	1	0	13	韩国	23.4
14	西班牙	9.9	230	1	1	14	土耳其	17.8
15	以色列[c]	9.6	1430	1	0	15	台湾	13.4
前十五名之和		**839.8**		**84**	**53**	**前十五名之和**		**1159.8**
世界总和		**1001**	**155**	**100**	**100**	**世界总和**		**..**

注：MER＝市场汇率；PPP＝购买力平价；〔〕为估算数。

a PPP 美元数是按 2003 年的 PPP 汇率折算，由世界银行根据 GNP 比较后作出的统计。

b 伊朗和沙特阿拉伯的数据中包括在公共秩序和安全方面的开支，估算可能略为偏高。

c 澳大利亚、加拿大、以色列和沙特阿拉伯的人口数均不足世界总人口的 0.5%。

资料来源：军费开支：附录 8A；PPP 汇率：世界银行的《世界发展报告 2005：对每一位都是更好的投资环境》，（世界银行：华盛顿特区，2004 年），参见网址：URL 〈http://econ.worldbank.org/wdr/〉，表 1，“发展的关键指标”，第 256—257 页；以及表 5“对其他经济的关键指标”，第 264 页；2005 年人口：联合国人口基金（UNFPA）发表的《2005 年世界人口情况》（UNFPA：纽约，纽约州，2005 年），参见网址：URL〈http://unfpa.org/swp/〉。

表 8.3 还显示出了一种选择性的排序，这种排序是基于使用国内生产总值（GDP）水平的购买力平价（PPP）折算成美元后的军费开支数据。这种排序作为反映国际经济数据对比中遇到的一个主要问题的例证——折算方法的选择对表中的数据有重大影响。该表显示用两种方法折算出的经济评估之间存在着巨大差异。从拥有巨大的国内经济体或影子经济的中国、印度和俄罗斯三个国家的情况中可以看出这种巨大的差异。然而，即使按照 PPPP 折算的军费开支数据能更好地反映军队给社会带来的经济负担，也不能反映出用各自国家的货币在国际市场上的购买力情况。特别是，按照 PPP 折算后的数据不能反

映出某个国家能够购买的装备技术水平。虽然按照市场汇率折算后的军费开支通常低估了军队对社会构成的经济负担，但是按照 PP 折算后的数据在许多数情况下又高估了军队在国际市场上的购买力，而且现金购买的武器装备转化为作战能力时，其作战能力水平在很大的程度上会被高估。这些差异的理论基础和实际意义都会在附录 8E 中加以讨论。

美国

按照 2003 年的不变价格，2005 年美国的军费开支为 4782 亿美元，增加了 256 亿美元。这一 5.7%的增长率也使得美国的军费开支占世界军费开支的份额由 47%提高到 48%。自从 1998 年美国的军费开支由冷战后的下降趋势转为上升趋势以来，按照 2003 年的不变价格，美国的军费开支增加了 55%，即 1690 亿美元。大部分的军费增长是在 2001 年之后，主要是通过给美国所进行的反恐战争和其他军事行动追加拨款所造成的。

公开讨论美国军费问题出于保密的原因受到了阻碍，但是与不同的政府机构与组织向公众公布的大量各不相同的估算数据相比，这种阻碍就小得多了。如表 8.4 所示，第一行给出的 2006 财政年度的国防预算 4193 亿美元绝非是官方资料所估算出的最高数据。所公布的最高估算数据比最小数据几乎高出 50%。导致这种差异主要有两个原因。第一个原因与数据产生的预算过程有关：首先，总统向国会提交预算需求；尔后，众议院和参议院提出预算授权法案或预算拨款法案；随后，国会通过授权法或拨款法，其中可能会有重大的变动或资金的重新分配；或者出现以往的实际开支，例如在下一个财年预算里所公布的历史数据。

导致差异的第二个主要原因是数据的涵盖面不同，这取决于给出或使用这些数据的有关组织的议程。首先要选择的方案是仅引用国防部的开支还是包括其他机构的军事开支。为了满足所谓的“国防”预算项目，还必须包括其他开支，例如能源部的军事核能计划以及其他各种各样的开支。国防信息中心的温斯洛·惠勒主张美国在“国家安全”项目下的全部开支除了国防开支外，还应该包括在国土安全、退伍军人事务以及国际安全方面的开支。依照这一界定，国防部的开支仅占 2006 财年国家安全预算的 3/4。[9]

在一定程度上，总开支（包括自行支配开支和强制性开支）和强制性开支之间的模糊性也令研究美国军费问题的人感到困惑。由于强制性开支受制于法律而只能进行少许改变，一些分析人员更喜欢只选用自行支配开支。自行支配开支能够体现当局政策所施加的影响并能够从中发现预算的增减。同时选用强制性开支可以更好地反映其给经济带来的实际负担。在 2006 财年预算中，乔治·W·布什总统让国会的有关委员会想办法减少强制性开支。其结果是开支妥协法案的出台。如果该法案颁布实施，预算赤字将降低 5 亿美元。[10]

此外，追加拨款和预算调整可能使原来的配额增加或者减少。在阿富汗和伊拉克进行军事活动的绝大部分开支是由总统提出要求并通过追加拨款的方式获得的。[11] 2006 财年大部分的追加拨款用在了 2005 年卡特里娜和丽塔飓风过后的救灾工作上。[12] 从界定上看，尽管追加拨款并不应该包括在原始的预算计划中，但是参议院和众议院的拨款法案中都包括了用于阿富汗和伊拉克军事行动的全部追加拨

---

〔9〕 参见 W. 惠勒："国防预算指导第一号：2006 年国防预算的实际规模究竟有多大?"，2006 年 1 月 19 日，国防信息中心，参见网址：URL〈http://www.cdi.org/program/document.cfm? DocumentID=3268〉。美国联合安全预算特别小组最近完成的工作也提供了有关美国安全开支的更为详实的看法。M. 科尔宾与 M. 彭伯顿合著："2006 年美国联合安全预算特别小组报告"，国防信息中心与外交政策聚焦，（华盛顿特区，2005 年 5 月），参见网址：URL〈http://www.cdi.org/pdfs/Unified－Security－Budget－2006.pdf〉。

〔10〕 美国国会预算办公室："预算与经济展望：2007—2016 财年"（美国国会：华盛顿特区，2006 年 1 月），参见网址：URL〈http://www.cbo.gov/ftpdoc.cfm? index=7027〉，第 8 页。

〔11〕 E. 申斯及其他人合著："军费开支"，《SIPRI 年鉴 2005：军备、裁军与国际安全》（牛津大学出版社，牛津，2005 年），第 321—324 页。2006 年 2 月，布什总统提出为该财年余下时间的全球反恐战争紧急追加拨款 724 亿美元。其中，653 亿美元拨给国防部。管理与预算办公室："2006 财年紧急追加拨款（给各种机构）："全球反恐战争中进行中的军事、外交和情报活动；在伊拉克和阿富汗的维稳和反颠覆活动；以及其他的人道主义支援活动"，第三号估算，华盛顿特区，2006 年 2 月 16 日，参见网址：URL〈http://www.whitehouse.gov/omb/budget/amendments.htm〉。

〔12〕 美国国会预算办公室（同注释［10］），第 12 页。

款，约500亿美元，这笔追加拨款最初是由总统提出的。〔13〕最后，一些评估认为应该用安全总开支代替军费开支，因此还要包括在国土安全方面的开支，从而增加约20%。〔14〕

为了便于比较，附录8A中有关美国军费开支的数据是依据北约的界定而非美国自己的任何预算界定。在美国的预算术语中，“国防总开支”这种表述可能与SIPRI的军费开支数据依据的界定最为接近。

表8.4　2006财年美国军费开支的不同表示

数字按当前的价格，以10亿美元统计。

	自行支配开支	总开支[a]
原预算授权		
国防部[b]	419.3	421.1
国防[c]	438.8	441.8
开支（中期审议估算）		
国防部[b]	..	492.3
国防[c]	488.8	513.9
备忘录条款		
国家安全[d]	..	616.4

注： a 总开支为自行支配开支与强制性开支之和。

b 国防部开支包括在国防部名下的全部军费开支。

c 国防开支除了包括国防部开支，还包括能源部的美国军事核能项目开支和其他各种各样的开支。

d 国家安全开支包括国土安全、退伍军人事务和国际安全方面的开支。

资料来源： 原始预算授权：管理与预算办公室，美国政府预算，2006财年（白宫：华盛顿

〔13〕 S. 达格特：“国防：2006财年授权与拨款”，国会图书馆，国会研究处，华盛顿特区，2005年7月29日，参见网址：URL〈http：//fpc. state. gov/fpc/c15293. htm〉，第16页；S. 科西亚克：“2006财年众院与SASC的国防授权法案比较”，战略与预算评估中心，（华盛顿特区，2005年5月），参见网址：URL〈http：//www. csbaonlinc. org/〉；以及J. 库塞拉：“国会要求对五角大楼进行更多的监督”，《简氏防务周刊》，2006年1月4日，第8页。

〔14〕 W. 惠勒：（同注释［9］）。

特区，2005 年 2 月 7 日），参见网址：URL〈http：//www. whitehouse. gov/omb/budget/fy2006/budget. html〉；开支：管理与预算办公室，“2006 财年，中期评估，美国政府预算”白宫：华盛顿特区，2005 年 7 月 13 日），参见网址 URL〈http：//www. whitehouse. gov/omb/budget/fy2006/〉；备忘录项目：惠勒，“国防预算指导第一号：2006 年国防预算的实际规模究竟是多大?”2006 年 1 月 19 日，国防信息中心，参见网址：URL〈http：//www. cdi. org/program/document. cfm? DocumentID=3268〉，其中的“国家安全”指的是“国防与安全开支”。

2006 财年的预算和拨款

自从 2001 年 9 月纽约和华盛顿遭受恐怖袭击以及随之发起的全球性反恐战争后，美国的军费开支迅速增长。从 2003 财年预算可以明显看出，政府非但没有集中财力进行反恐战争，反而决定同时投资在应付各种危机的未来武器装备项目上。1999 年美国军费略有增加，为 0.3%，2000 年增加了 3.9%，结束了冷战后 10 年以来军费几乎持续下降共计达 32.1%的状况。2001 年的恐怖袭击只不过加速了这一新的趋势，这导致了无节制的开支，这种情况在三年内几乎无人问津。

在总统提出 2006 财年预算需求之前，泄露的官方文件和一些主要的分析专家们都认为这种增长势头起码会有所减退，美国安全开支会转向应对未来的安全威胁上来。〔15〕当总统最终将预算提交给国会时，期待中的大部分转变并没有出现，他仅表示开支水平将没有原计划增加的那样多。〔16〕

在授权法案中，国会将总统最初提交的军事预算开支削减少了 44 亿美元，即减少了不到 1%。但是，国会也对预算做了一些重大变动，这些变动使国会对美国军费开支拥有更强的控制权。正如阿富汗战争开始以来形成的惯例那样，2006 财年政府预算并不包括为遂行中的军事行动提供的经费；正如上面所提及的，这部分经费是以追加拨款的方式提供的。认同这种做法的两个说辞是：第一，若在更临近

〔15〕对 2006 财年预算的进一步深入分析，请参见 E. 申斯与其他人的合著（同注释[11]），第 320—329 页；并请参见 S. M. 科西亚克的“2006 财年国防预算需求分析”，战略与评估中心，华盛顿特区，2005 年 10 月 5 日，参见网址：URL〈http：//www. csba-online. org/〉。

〔16〕M. 科尔宾及 M. 彭伯顿的合著（同注释［9］），第 10 页。

需要时做出预估，则对实际需要多少军事行动费的估算可能更为准确；第二，经由特殊的程序可以更快地发放资金。持批评态度的人则认为：阿富汗和伊拉克军事行动的每月开支已经完全可以作出预估，因此现在就应该将其列入国防预算。考虑到总开支的上限，参议院和众议院已决定将众所周知的追加拨款包括到法案中。[17] 为了增加对国防预算的管控，国会在法案中增加了向其进行全面报告的要求，其中包括：任何花费超过计划开支50%的项目，以及要求特定项目在获得大部分经费之前需要确认其必要性。[18]

由于正在遂行中的军事行动和反恐战争，美国军事预算在可预知的未来看来将会继续增长。但是，预算赤字的持续增长和人口的老龄化可能意味着这种增长率将比近些年来有所下降。白宫和国会围绕国防部如何使用其开支的较量也将会继续进行下去。

全球反恐战争和伊拉克冲突方面的开支

为全球反恐战争提供经费给美国经济带来沉重负担。根据国会预算办公室2006年1月的报告，美国国会和总统为国防部支撑其反恐战争行动已拨款3230亿美元。其中，国会预算办公室将2001年9月11日以来在阿富汗和伊拉克军事行动的经费也包括在内。[19] 仅2005年一年，与反恐战争有关的军事行动（“伊拉克自由行动”、在阿富汗的“持久自由行动”和在美国的“崇高的鹰”行动）费用估计高达900亿美元。然而，这只是为这些行动拨款总额中的一部分。报告明确表示，这笔经费中不包括为秘密行动和支援联军所要履行的财政义务；报告认为给社会其他方面造成影响的额外费用也应该被计算在内。例如：为退伍军人事务所做的预算修正及随后的紧急追加拨款，这是作为对大量退伍军人寻求医疗补助的一种补偿，而这些寻求医疗补助的退伍军人在很大程度上是当前军事行动所造成的。[20] 在国会预算办公室的估算中没有包括冲突

---

〔17〕 S. 达格特（同注释［13］），第22页；及科西亚克（同注释［13］）。

〔18〕 J. 库塞拉（同注释［13］），第8页。

〔19〕 美国国会预算办公室（同注释［10］）。

〔20〕 管理与预算办公室：“2005财年追加拨款：退伍军人事务部（退役军人卫生局）”，第7号估算，华盛顿特区，2006年6月30日，参见网址：URL〈http://www.whitehouse.gov/omb/budget/05amendments.htm〉。

之后的重建费用，但是据一份来自战略与预算评估中心的报告称，截至 2006 年 1 月，国会为阿富汗和伊拉克的重建提供的非国防部经费约为 320 亿美元。[21]

最大部分的美国军事行动开支是被伊拉克冲突消耗掉的。然而，这场冲突会给美国经济带来多大损失现在仍是个争议的话题。根据国会研究部 2005 年 3 月的一份评估，截至 2005 财年底（2005 年 9 月 30 日），伊拉克冲突的全部开支可能是 1920 亿美元，而 2005—2014 财年军事行动的全部开支可能高达 4580 亿美元。[22]

琳达·比尔梅斯和约瑟夫·斯蒂格利茨在最近的一份研究报告里指出，伊拉克冲突的实际开支将比此前的估计要高出很多。[23] 它们不仅包括行动本身的实际费用，而且还包括当前和今后用于退伍军人的伤亡、康复和养老的费用，更换旧装备的费用，以及诸如募兵费和经济增长受损等间接费用。他们对伊拉克冲突总开支的“保守”估计为至少 1 万亿美元，而他们的“适度”估计则高达 1.8 万亿美元。直接预算开支估计为 7500—12690 亿美元。这种估计与国会预算办公室估计的约 5000 亿美元的总开支形成了极为鲜明的对比。[24]

法国和英国

法国与英国的军费开支共占欧洲军费开支的 37%，并分别占世界军费开支的 5%。尽管两个国家在 2005 年都增加了军费预算，

---

〔21〕 S. 科西亚克：“2006 财年及前几年伊拉克和阿富汗军事行动的开支”，战略与预算评估中心，（华盛顿特区，2006 年 1 月 4 日），参见网址：URL〈http://www.csbaonline.org/〉。

〔22〕 A. 贝拉斯科：“在伊拉克和阿富汗的军事行动及加强安全上面的开支”，国会图书馆，国会研究处，华盛顿特区，2005 年 3 月 14 日，参见网址：URL〈http://fpc.state.gov/fpc/c14409.htm〉。

〔23〕 L. 比尔梅斯与 J. 斯蒂格利茨合著：“伊拉克战争的经济开销：冲突开始三年后的评价”，盟国社会科学学会年会论文，（波士顿，马萨诸塞州，2006 年 1 月），参见网址：URL〈http://www2.gsb.columbia.edu/faculty/jstiglitz/Cost_of_War_in_Iraq.pdf〉。

〔24〕 美国国会预算办公室：“假如继续为在伊拉克和阿富汗的军事行动及支持全球反恐战争花钱，另外一种可供选择的预算方法”，华盛顿特区，2005 年 2 月，参见网址：URL〈http://www.cbo.gov/showdoc.cfm?index=6067〉。

SIPRI 的标准资料来源——北约的法国数据和英国国防部国防分析服务局（DASA）的英国数据——指出，2005 年法国军费开支削减了 2.2%，英国军费开支削减 5.4%。鉴于这两个国家都在进行主要武器装备的现代化，因此这种削减很有可能只是暂时性的，而且可能部分是由于 2005 年军事行动预算的技术性原因以及未将“计划外”开支包括在内所共同造成的。

由于从现金计算向基于资源计算的转换，使之对英国近些年军费开支的走势进行评估或多或少存在一些困难。这种转换意味着进行超越时间的对比较为模糊不明，因为这种转换是分为两步进行的，造成了 2000/2001 财年和 2001/2002 财年之间，以及 2002/2003 财年和 2003/2004 财年之间有中断。近几年难以对英国军费开支进行可靠的评估的另外一个原因是：计划外的行动开支以及用于预防冲突的开支数据在主要预算的最终数据出来时是得不到的，因而不能总计出来。计划外开支包括在阿富汗、波斯尼亚、黑塞哥维那、伊拉克和科索沃的军事行动开支以及进行预防冲突的开支，而且每年都是不相同的。在 2001/2002 财年至 2003/2004 财年中，这笔开支每年维持在 5 亿至 20 亿英镑（8.16 亿至 32.65 亿美元）之间。[25] 若将 2005 年的所有计划外的行动开支计算在内，英国军费开支的削减幅度或许比前面提到的 5.4%要小些。截至 2005 年 3 月 31 日的三年时间里，仅伊拉克冲突一项就花费了 31 亿英镑（约合 48 亿美元）。在 2004/2005 财年，尽管在伊拉克冲突中的开支比 2003/2004 约减少了 4 亿英镑（约合 6.16 亿美元），但仍花费了 9.1 亿英镑（约合 14.02 亿美元）。2004/2005 财年英军在阿富汗花费 6700 万英镑（约合 1.03 亿美元），在巴尔干半岛的花费是 8700 万英镑（约合 1.34 亿美元）。[26] 由于遂行中

〔25〕英国国防部：“政府开支计划 2005/2006 年和 2006/2007 年”，第 6532 号司令部文件，伦敦，2005 年 10 月 27 日，参见网址：URL〈http：//www.mod.uk/DefenceInternet/AboutDefence/CorporatePublications/BusinessPlans/GovernmentExpenditurePlans/〉，第 27 页；国防分析服务局，英国国防统计数据 2005 年（国防部：伦敦，2005 年），参见网址：URL〈http：//www.dasa.mod.uk/natstats/ukds/2005/ukds.html〉，表 1.1 和 1.4，第 13 和第 17 页。

〔26〕“伊拉克冲突，其后果是英国耗资 31 亿英镑”，《国防新闻》，2005 年 10 月 28 日，参见网址：URL〈http：//www.defensenews.com/story.php？F=1209914〉。

的军事行动加快了武器装备的更新换代，2005 年军事行动开支占军费开支的份额也由 20%提高到 22%。

英国资金支出增加的另外一个因素是“未来作战能力计划”，它是 2003 年《国防白皮书》中关于使军队现代化和更新武器装备以应对未来安全威胁的补充。[27] 该计划的代价很大：为了给前线提供高科技完全装备而裁减了机关参谋人员和提前淘汰了有些装备。按照官方的说法，设想中的裁减只涉及对当前和未来的威胁不再需要的人员和装备。然而，这一计划受到一些人的批评，他们担心在新装备交付并投入使用之前可能会导致作战能力上的缺口。英国下议院国防委员会 2005 年 3 月份的一份报告强调，这种缺口将置英国军队于风险之中。[28] 国防部部长约翰·里德通过在国防委员会上的作证回绝了这些批评意见。[29]

为了应对新的威胁并能够全面参与和领导欧洲的对外军事行动，法国自 2002 年以来一直致力于使军队由征兵制向 2008 年全面实现职业化的目标迈进。为了实现这种转变，《2003—2008 年军事纲领法》为每年增加军费开支并增加武器装备采购费占军费开支中的份额提供了保证。[30] 与此同时，《欧盟稳定和发展公约》要求法国把国家预算赤字保持在国内生产总值的 3%以下。[31] 为了在增加军费开支和预

---

〔27〕 英国国防部：“为变化中的世界提供安全：未来的能力”，第 6269 号司令部文件，伦敦，2004 年 7 月，参见网址：URL〈http://www.mod.uk/DefenceInternet/AboutDefence/CorporatePublications/PolicyStrategy/〉。

〔28〕 英国下议院国防委员会：“未来的能力：第四份报告”，报告 HC45－I 和 HC－II，伦敦，2005 年 3 月 17 日，参见网址：URL〈http://www.publications.parliament.uk/pa/cm200405/cmselect/cmdfence/cmdfence.htm〉，第 72 页；T. 斯金纳：“英国军队因未来能力缺口使其处于风险之中”，《简氏防务周刊》，2005 年 3 月 23 日，第 4 页。

〔29〕 英国下议院国防委员会：“证词记录：2005 年 11 月 1 日星期二国防委员会上的口头证词”，伦敦，2006 年 1 月 17 日，参见网址：URL〈http://www.publications.parliament.uk/pa/cm200506/cmselect/cmdfence/556/5110101.htm〉。

〔30〕 2003 年 1 月 27 日《2003—2008 年军事纲领法》的法律文本第 2003—73 号，参见网址：URL〈http://www.legifrance.gouv.fr/WAspad/UnTexteDeJorf?numjo=DEFX0200133L/〉。

〔31〕 参加《经济与货币联盟》的欧盟国家为了确保预算规则，于 1997 年 7 月通过了《稳定与增长公约》。参见网址：URL〈http://europa.eu.int/comm/economy_finance/about/activities/sgp/sgp_en.htm〉。

算赤字上限之间求得平衡，一些解决方法被提了出来。2005 年 6 月法国国防部长米谢勒·阿利奥—马里提出支持采用军事经济作为经济增长的推动力，并辩称在欧洲地区更高额的国防预算将是萧条的欧洲经济所需要的推动力。〔32〕希拉克总统也认为有些开支，特别是用于研究、发展以及国防上面的开支应该得到《稳定和发展公约》的豁免。〔33〕

法国和英国都在积极寻求填补需求和可利用资源之间缺口的办法。两国都在探索传统上应由国家支付采购项目费的替代方法，以将当前军购的经济压力转移到未来。〔34〕这些方法取得了不同程度的成功。法国于 2005 年 1 月取消了公私结合为购买 17 艘护卫舰筹措资金的计划，代之以较为传统的、从军事预算中获得资金的做法。根据阿利奥—马里的说法，采取上述措施的原因是利用私人资金购买武器装备的花费昂贵。〔35〕不过，法国并没有放弃利用私人资金进行军购的想法：作为利用私人资金的候选，目前正在调研一个为时 10—15 年的直升机飞行训练计划。法国政府也日益倾向于与英国在一个私人投资的加油机项目上开展合作。〔36〕

英国政府为筹措军购资金而采取的“私人资金计划”（PFI）是为了降低那些将服役很长时间的武器装备当前花费的一种尝试。这种理念也是出于私人投资者的介入可以提高武器装备采购过程的效率并且使交货及时，因为私人投资者希望确保他们的投资能够赢利。在与

---

〔32〕“在法国和荷兰对《欧盟宪法条约》说‘不’后，法国国防部长米谢勒。阿利奥—马里希望重新掌握主动并加强法国和欧洲的国防工业”，《大西洋新闻》，2005 年 6 月 10 日，第 3 页；K. 本霍尔德：“法国呼吁欧盟增加军费开支”，《国际先驱论坛报》，2005 年 6 月 10 日，参见网址：URL〈http：//www. iht. com/articles/2005/06/09/news/defense. php〉。

〔33〕法新社：“法国总统希拉克希望在《稳定公约》内的一些开支问题上能有所例外”，2005 年 2 月 9 日，译自法文，世界新闻链接，国家技术信息处（NTIS），美国商务部。

〔34〕有关武器装备采购的秘密经费投入，也可参见《SIPRI 年鉴 2006》第 7 和第 9 章。

〔35〕J. K. C. 刘易斯：“法国放弃秘密经费投入”，《简氏防务周刊》，2005 年 2 月 9 日，第 27 页。

〔36〕J. 墨菲：“法国考虑与英国在油船方面联手”，《简氏防务周刊》，2005 年 7 月 6 日，第 20 页。

提供军用装备的私营业主和金融家签订的出租合同中有一些项目计划已经开始运作。[37] 尽管英国的“私人资金计划”体制比法国进展的好，但是仍然遭受到严重抨击，被指责为效率低下并且是在浪费纳税人的钱。2005 年 3 月，国防部成立了一个“私人资金计划”小组以监督计划的运作情况。据说，这种做法提高了“私人资金计划”的运作效率，增加了透明度和提高了纳税人的回报。尽管如此，在 2005 年仍然同时取消了两笔“私人资金计划”项目的交易，取而代之的是更为传统的资金筹措安排。[38]

中国和日本

中国和日本的军费开支在东亚地区高居榜首，两家几乎占了地区军费开支的 70%。日本的军费开支在过去的十年无论是其实际增长额还是其占国内生产总值的份额大体都保持稳定，军费开支自 1996 年以来仅增加 1.9%。开支水平的这种稳定性连同庞大的军费开支数额已成为抵制东亚其他地方军费波动的稳定因素，日本 2005 年的军费开支为 4.9 万亿日元（420 亿美元）。不过，中国军费开支的高速增长正在抵消这种作用，并且使日本占东亚地区全部军费开支中的份额从 1996 年的 45%下降到了 2005 年的 35%。

日本军费开支在过去两年实际上略有减少（2004 年减少 0.8%，2005 年减少 0.7%），这要归因于持续不断的财政困难。军费开支自 1999 年以来一直占国家预算的 6%，这种趋势是与日本的其他预算项目相影相随的。[39] 日本防卫厅（JDF）曾要求为每年的预算增加 1.5%，但被财政部否决。由于财政困难，财政部的做法得到首相小泉纯一郎的支持。[40] 日本政府反而打算把 25.01 万亿日元（约合

---

〔37〕 T. 斯金纳（同注释 [28]）。

〔38〕 K. 沃克：“英国放弃军队训练的私人筹资计划”，《国防新闻》，2005 年 6 月 20 日，第 4 页；T. 斯金纳：“英国军队训练走上正道”，《简氏防务周刊》，2005 年 6 月 29 日，第 14 页。

〔39〕 R. 马修斯与 R. 张合著：“日本因减少国防预算而面临安全挑战”，《亚太防务记者》，2005 年 9 月，第 41 页；日本防卫厅：《日本国防 2005》（日本防卫厅，东京，2005 年），参见网址：URL 〈http：//jda－clearing. jda. go. jp/hakusho _ data/2005/w2005 _ 00. html〉，第 373 页。

〔40〕 R. 马修斯与 R. 张合著（同注释 [39]）。

2160 亿美元）的 2005—2009 年国防建设项目经费削减 9000 亿日元（约合 78 亿美元）。此外，财政部坚持认为军队转型和弹道导弹防御计划的巨额花费应该由防卫厅削减后的军费承担，办法是通过削减部队、战车、军舰和飞机的数量以节省下经费。

与此相对照的是，中国的军费开支在过去的 10 年里持续快速攀升，在大多数的年份里实际增加 10%以上。这种持续的增长使军费开支自 1996 年以来实际增长 165%。〔41〕在 1996—2005 年期间，除两年外，中国军费的年增长幅度都超过了国民生产总值的持续增长幅度（参见表 8.5）。尽管 2005 年 8.8%的军费增长幅度很大，但是与过去的 7 年相比仍不处在同等规模上，不到 2001 年和 2002 年增长额度的一半。军费开支占国内生产总值的比例从 1996 年的 1.8%升至 2004 年的 2.4%，考虑到中国经济的高速发展，其军费开支的增长的确是相当可观的。

中国的官方国防预算并没有进行详细划分。〔42〕关于官方规定项目和开支的公开数据并不包括诸如国防投资、武器装备生产以及从海外购买武器的资金。公开的数据同样不能揭示各级政府的开支。〔43〕诸如军事改装、武器出口和以前的经商活动等使中国的军费开支更加不透明，这些活动为中国人民解放军提供了额外的预算外资金。〔44〕不过，甚至按照中国自己的说法，军费开支的快速增长并没有错。

---

〔41〕 中国于 2005 年 7 月 21 日对人民币汇率进行了调整，将人民币与多种外币挂钩而不再只与美元挂钩。此举使人民币对美元升值 2.1%，从而使按美元计算的军费开支与前几年相比略有增加。世界军费开支对比请参见附录 8E。

〔42〕 有关 SIPRI 是如何估算中国的军费开支及如何评估出预算外项目的开支，请参见 S. 王的文章："中国的军费开支，1988—1998"《SIPRI 年鉴 1999：军备、裁军与国际安全》（牛津大学出版社，牛津，1999 年），第 334—349 页。

〔43〕 沈大伟："中国军队的现代化：进展、问题与前景"（加利福尼亚大学出版社，伯克利，加利福尼亚州，2002 年），第 215—222 页；Y. S. 曹："中国的国防预算：支配与意图"，《中国军队近况》，第二卷，第八号（2005 年 5 月），第 5 页。

〔44〕 S. 孔达帕利："中国特色的透明度：中国 2004 年国防白皮书"，《中国军队近况》，第二卷，第九号（2005 年），第 8 页。

表 8.5 1996—2005 年中国军费开支、国内生产总值及军费占国内生产总值份额的每年变化情况

军费和国内生产总值变化的数据是相对于前一年所变化的百分比；军费占国内生产总值比重变化的数据是当年的百分比。

	1996	1997	1998	1999	2000	2001	2002	2003	2004	2005
军费开支变化	[10.7]	[1.3]	[14.6]	[12.2]	[9.9]	[18.0]	[17.9]	[10.7]	[10.2]	[8.8]
国内生产总值变化	9.6	8.8	7.8	7.1	8.0	7.5	8.3	9.5	9.5	9.0
军费开支占 GDP 的比重变化	[1.8]	[1.7]	[1.9]	[2.0]	[2.0]	[2.2]	[2.3]	[2.3]	[2.4]	..

GDP＝国内生产总值；[] ＝估算数据。

资料来源：附录 8.A，表 8A.3 和 8A.4；GDP：国际货币基金组织，世界经济观察数据库，2005 年 9 月，参见网址：URL〈http://www.imf.org/external/pubs/ft/weo/2005/02/data/〉。

中国在1998—2004年的《国防白皮书》中阐述了其增加军费开支的合理性。根据其中的政策阐述，增加军费开支的目的是为了提高军人的工资以便与国家人均收入的增加同步以及完善军人的社会保险。[45] 2004年的《国防白皮书》里还包括，计划进一步增加经费以支持编制体制改革、加速装备采购和加大人才培训资金的投入。[46] 据报道，许多新近受训过的士兵拥有博士或硕士学位，其中一些人是在海外获得学位的。[47] 中国热衷于"军事变革"，特别是高度信息化技术和作战的变革，这在一些公开的文件里已有表露。在这些文件中，当局要求中国军事能力实现"信息化"。[48] 为了给高技术武器装备提供改进资金，中国人民解放军将部队员额从2003年时的250万人裁减至2005年时的230万人。[49]

军事机构中的政治势力一贯对决定预算支配具有影响力。胡锦涛主席需要中国人民解放军的高层保持忠诚，办法是通过确保军队也能从国家的繁荣中获益。[50] 在过去的10年里，最初中国增加军费开支归因于为军费筹措体制的重大调整，中国人民解放军赢利的商业投资被缩减并最终于1998年停止了经商活动。这些企业最初是为了弥补国防预算的不足，但后来却成为腐败的源头和军队职业化的障碍。[51] 禁止军队经商导致中国人民解放军的收入损失极大；作为因应措施，

---

〔45〕 例如：中华人民共和国中央人民政府发表的《2004年中国的国防》，北京，1998年7月，参见网址：URL〈http: //www. gov. cn/zwgk/2005－05/26/content _ 1107. htm〉，特别是第三部分《国防开支》与《建立国防》。

〔46〕 中华人民共和国中央人民政府发表的《2004年中国的国防》，北京，2004年12月，参见网址：URL〈http: //www. gov. cn/zwgk/2005－05/27/content _ 1540. htm〉，特别是第四部分《国防控制与国防资源》。

〔47〕 Y. S. 曹（同注释[43]）。

〔48〕 中华人民共和国中央人民政府（同注释[46]），特别是第一部分《安全形势》；并请参见第二部分《国防政策》。

〔49〕 "裁减后的中国军队'精干、快反'"，《国际航空信札》，2006年1月10日，第5页；A. 贝兹洛娃："龙与赖斯相互纠缠"，《亚洲时报在线》，2005年3月24日，参见网址：URL〈http: //www. atimes. com/atimes/China/GC24Ad05. html〉；A. 贝兹洛娃："中国的军队更加精干、有效"《亚洲时报在线》，2006年1月25日，参见网址：URL〈http: //www. atimes. com/atimes/China/HA25Ad01. html〉。

〔50〕 T. 胡："中国简介"，《简氏防务周刊》，2005年4月13日，第25页。

〔51〕 T. M. 车："中国的企业化军队"（牛津大学出版社，牛津，2001年），第26—58页。

国家增加的军费开支超出了损失，以提高军人的生活水平。[52]

除了体制规范化外，在值得关注的中国军费开支的走势方面，战略上的考虑起着关键的作用。在这些战略上的考虑中没有比对台湾局势的考虑更为重要的了。在 1996—2005 年的两个五年计划期间，中国人民解放军极大地提高了战斗力，特别是在涉及台湾地区出现紧急事态时的两栖作战、弹道导弹部队以及信息战领域。[53] 此外，中国人民解放军模拟进攻台湾的滩头突击和两栖登陆演练活动，使台湾问题是中国动员军事资源的核心的这种认知得到了加强。[54] 这一趋势自从 2004 年胡锦涛主席就任中央军事委员会主席后更为明显了。[55] 2005 年 3 月通过的《反分裂国家法》，实际上为中国长期威胁台湾一旦宣布独立就采取军事行动提供了法律依据，然而这并不代表中国政策的任何重大的和实质性的转变。[56]

第四节 地区一览

非洲

2005 年非洲军费开支增长不到一个百分点。但是，在 1996—2005 年这十年中，该地区的军费开支实际增长了 48%（参见前列表 8.1）。这一趋势主要是由北非四国——阿尔及利亚、利比亚、摩洛哥和突尼斯——以及撒哈拉以南的一些非洲国家的军费开支决定的，仅

---

〔52〕 T.M. 车（同注释 [51]），第 245 页；中华人民共和国中央人民政府发表的《2000 年的中国国防》，北京，2000 年 10 月 16 日，参见网址：URL〈http：//www. gov. cn/zwgk/2005－05/26/content _ 1224. htm〉，特别是第三部分《建立国防》。

〔53〕 T. 胡（同注释 [50]），第 23 页。

〔54〕 沈大伟（同注释 [43]），第 4 页。

〔55〕 M.C. 菲茨杰拉德："中国计划控制太空并在未来的信息战中制胜"，《武装部队杂志》，2005 年 11 月，第 41 页。

〔56〕 第十届全国人民代表大会第三次会议于 2005 年 3 月 13 日通过了《反分裂国家法》，全文可参见网址：URL〈http：//www. gov. cn/ziliao/flfg/2005－06/21/content _ 8265. htm〉，其英文版本可参见《人民日报》网址：URL〈http：//english. people. com. cn/200503/14/eng20050314 _ 176746. html〉。特别请参见第八条。

北非四国一起就占了增长额的近一半。2005 年，四国——阿尔及利亚、摩洛哥、尼日利亚和南非的军费开支占非洲总额的 62%。安哥拉是另一个军费开支大国：尽管该国的内战已于 2002 年结束，但其军费开支却一直在增长。[57] 但是，其开支数据的不连贯性意味着安哥拉没有被纳入 SIPRI 的世界和地区总额的统计之中，而其增长的比例也难以确定。[58]

虽然该大陆的其他国家在地区军费开支中只占很小的比例，但军费开支对许多其他非洲国家仍然构成很大的负担（参见表 8.6）。受影响最大的是处于战乱中的国家比如布隆迪和刚果民主共和国，[59] 或者战争刚刚结束的国家比如厄立特里亚和埃塞俄比亚。[60] 博茨瓦纳也有相对沉重的军费负担。这是其军事改革和现代化计划造成的，而这种改革和现代化似已接近尾声，2005 年其军费开支下降了 19 个百分点就说明了这一点。

对比之下，该地区最大的军费开支国南非 2004 年在军事方面花费了相对较小的国内生产总值的份额——1.4 个百分点。这能用其经济的规模来加以解释，也就是说它大得足以能提供军费开支。阿尔及利亚和摩洛哥的负担相对较重，但两国政府有其来源去资助各自的军事预算。阿尔及利亚从高油价收入中获得了好处。在尼日利亚，由于政府从中国购买了 12 架作战飞机，因而 2005 年的军费开支实际增长了 14 个百分点。[61] 这一增长也是军方在国内作用增强的结果，尤其

〔57〕《经济学家情报单位》(Economist Intelligence Unit)（EIU），《国家报告：安哥拉》（EIU：伦敦，2004 年 12 月），第 18 页。也见 EIU：《2005 年国家概览：安哥拉》（EIU：伦敦，2005 年）。

〔58〕 安哥拉政府在回答 SIPRI 的调查表时提供的官方数字和媒体的报道数字都表明一种上升的趋势，但这些数字很难与有关安哥拉的经济数字联系起来，因此它们没有被用于 SIPRI 的统计之中。

〔59〕 刚果民主共和国没有包括在表 8.6 中，因为该国大概仅从 2004 年始才有相对可靠的数字。该国 2004 年的军费开支是其国内生产总值的 3.0%。有关刚果民主共和国的冲突，参见本卷第二章；有关在布隆迪、刚果民主共和国和非洲其他地方的维和努力，参见本卷第三章。

〔60〕 厄立特里亚有着世界上最沉重的国防负担。参见附录 8A 中的表 8A.4。

〔61〕 "尼日利亚以石油交易的形式花了 2.51 亿美元购买中国的歼－7 飞机"，《国防工业日报》，2005 年 9 月 30 日，URL〈http：//www.defenseindustrydaily.com/2005/09/Nigeria－spends－251m－for－chinese－f7－fighters－after－oil－deals/〉。

是在尼日尔河三角洲地区军方的作用越来越大，因为在那里武装部队有保护石油工人和设施免受当地持不同政见团伙攻击的任务。[62] 尽管有这一增长，尼日利亚的军费开支在 1996—2004 年中并没有超出国内生产总值的 2%，且通常是接近 1%。

表 8.6 1996—2004 年国防负担最重的非洲国家

数字是军费开支占国内生产总值的百分比。

国家	1996	1997	1998	1999	2000	2001	2002	2003	2004
阿尔及利亚	3.1	3.6	4.0	3.8	3.5	3.5	3.7	3.3	3.4
安哥拉	[9.0]	[10.3]	[5.2]	[9.9]	[2.2]	[1.4]	[1.6]	[2.2]	[4.2]
博茨瓦纳	3.3	3.3	4.0	4.0	3.9	3.7	4.2	4.1	[3.8]
布隆迪	5.8	6.4	6.6	6.3	6.0	8.0	7.6	7.3	6.3
厄立特里亚	22.0	12.8	35.3	37.6	36.4	24.8	24.2	19.6	..
埃塞俄比亚	1.8	3.4	6.7	10.7	9.6	6.2	5.5	4.4	..
莱索托	3.0	2.8	3.1	3.7	3.6	3.0	2.7	2.6	2.3
利比亚	..	4.1	5.3	3.8	3.2	2.9	2.4	2.3	2.0
摩洛哥	4.0	3.9	3.7	4.0	4.1	4.1	4.3	4.2	4.5
纳米比亚	1.9	2.3	2.3	3.2	3.4	2.8	2.9	2.9	3.1
卢旺达	5.3	4.1	4.3	4.3	3.4	3.3	2.9	2.4	2.2
乌干达	2.1	1.9	2.3	2.4	2.2	2.1	2.4	2.4	2.3
津巴布韦	3.1	3.2	2.5	4.5	4.9	2.6	2.3	2.6	..

资料来源：附录 8A、表 8A.4。

军事改革继续成为非洲军费开支增长的主要原因。几年以前开始的武装力量职业化和武器装备现代化的计划仍在继续之中，但在一些国家似已进入尾声。[63] 阿尔及利亚和摩洛哥的军事改革正在进行之

〔62〕“海军需要反恐船只”，《卫报》（拉各斯版），2005 年 6 月 20 日。参见“尼日利亚反叛势力发誓对石油设施发动新的袭击”，BBC 新闻在线，2005 年 1 月 20 日，URL ‹http://news.bbc.co.uk/1/4633644.stm›。

〔63〕关于非洲军事领域正在发生的变化，而尤其是非洲国家为军事拨款的方式，请见两位编辑 W. 奥米图根和 E. 哈奇富尔（同注释〔6〕)。还可参见 R. 威廉姆斯“国防改革与非洲联盟”，《SIPRI 年鉴 2004：军备，裁军与国际安全》（牛津大学出版社，牛津，2004)，第 231—250 页。

中，这也是阿尔及利亚军费开支正在增长的原因。相反，2005 年摩洛哥的军费开支却下降了 4.5 个百分点，也许这表明 1999 年以来的军费增长趋势已告结束。在安哥拉，军费增长可能要持续到所有前反叛士兵要么被复员、要么被纳入国防军，同时军事债务全部还清之后。在南非，1999—2010 年的战略防务采购计划正在按计划进行。冲突仍然是非洲军费开支增长的另一个主要原因，但程度上次之。布隆迪和刚果民主共和国军费开支的增加就是两国国内冲突的结果。

拉美和加勒比海地区

拉美和加勒比海国家的军费开支在 2005 年实际增长了 7.2 个百分点，在 1996—2005 年的十年中增长了 25.6 个百分点，平均每年增长 2.8 个百分点。该地区 2005 年军费开支总额为 240 亿美元（2003 年不变美元价格和汇率），占世界军费开支总额的 2.4％。该地区三个军费开支大国巴西、智利和哥伦比亚都在南美洲，它们的军费开支之和占南美地区总额的 3/4。在中美洲，仅墨西哥一国的军费开支就占本地区总额的 85％以上。在加勒比海国家中，多米尼加共和国是一个军费大国，但包括古巴在内的许多国家没有提供数字。一般说来，拉美和加勒比海地区的军费开支不会构成很大的经济负担（见表 8.7）。2005 年智利的军费开支占国内生产总值的 3.9 个百分点，是该地区军费负担最重的。虽然巴西的军费开支在该地区是最高的，比第二大军费大国要多 2.7 倍，但其经济规模表明它只占国内生产总值的 1.5％。

2005 年中美洲的军费开支下降了 1.3 个百分点，而南美洲则上升了 8.6 个百分点，后者主要是由该地区的四个军费大国巴西、智利、哥伦比亚和委内瑞拉引起的。[64] 在拉美和加勒比海地区，即使智利和委内瑞拉目前不是军费相对增长最快的国家——因为乌拉圭、厄瓜多尔和秘鲁曾经是相对增加最大的国家——它们的实际军费增长也引起了该地区许多国家的注意。记住这一点是值得的，那就是：智

〔64〕 阿根廷的军费预算比委内瑞拉要大，但阿根廷 2005 年的实际军费开支下降了 1.6％。委内瑞拉是阿根廷之后的第五军费大国。

利和委内瑞拉 2005 年的军费增长额比 2004 年的增长额要低，2004 年和 2005 年分别增长了 26 和 24 个百分点。在 2005 年，智利和委内瑞拉都做出了有意义的努力以实现其武装力量的现代化。这两国的情况业已引起了担忧，即是说，它们的武器采购可能导致一种造成不稳定的军备竞赛或造成武器非法流入武装集团手中的后果。但是，这种担心在某种程度上已经由于该地区业已发展起来的正式或非正式的军事透明度措施而得以缓解。[65]

由于智利国家铜公司 10%的出口收入直接用于军事采购，因此智利军费预算增长的大部分是由铜价的提高来支付的。[66] 这些资金一直用于支持一项正在进行之中的军事现代化计划。[67] 智利所采购的大部分是用来更换那些已经或者即将退役的系统。[68] 这些采购标志着实质性的质量提高，尤其是与该地区其他国家的军队相比较而言。[69] 这种现代化过程进展得如此之快，到 2010 年时智利可能成为拉美地区第一个具有“北约标准”军事力量的国家。[70] 智利的武器采购过程几乎完全在武装力量的控制之下，很少或完全不受文职政权

〔65〕 关于委内瑞拉最近的武器采购和该地区信任措施的发展情况，参见 M. 布朗利和 C. 佩尔多莫：“拉美的弹道导弹（CBMs）和委内瑞拉武器采购的影响”，工作文件 41/2005 号，Real Instituto Elcarno，2005 年 9 月 22 日，URL〈http：//www. realinstitutoelcarno. org/documentos/216. asp〉。还可参见 M. 罗莎斯：“拉美和加勒比海地区：冷战后时代的安全和防务”，《SIPRI 年鉴 2005》（同注释 [11]），第 251—282 页。

〔66〕 根据《铜限制法》，1958 年 10 月 29 日第 13196 号法（最近修改时间为 1987 年），铜出口总收入的 10%用于资助军事采购。

〔67〕 “智利的第一架 F—16 起飞”，《防务新闻》，2005 年 4 月 25 日，第 26 页；R. 休森：“智利加强战斗机力量”，《简氏防务周刊》，2004 年 5 月 5 日，第 31 页；J. 海格拉：“智利铜价走俏有利于武器采购”，《简氏防务周刊》，2005 年 5 月 18 日，第 8 页。

〔68〕 比如：斯可平级潜艇将取代两艘 1976 年服役的奥博龙级潜艇，同时计划采购的直升机将置换老化的普马、拉马和 MD—503F 系统。参见海格拉（同注释 [67]）以及 M. 阿古拉：“智利潜艇订单获得首批交付”，《防务新闻网》（DefenseNews. com.），2005 年 6 月 12 日。

〔69〕 I. 奥萨卡：“智利的第二代豹式坦克和该地区的平衡”，《Nueva Mayoria》，2006 年 1 月 17 日，URL〈http：//www. nuevamayoria. com/ES/INVESTIGACIONES/defensa/060117. html〉。

〔70〕 P. 冈萨雷斯·卡布莱拉：“智利军队计划到 2010 年时成为北约标准的部队”，《El Mercurio》，2005 年 7 月 18 日，从西班牙文译出，国家预测公司，市场警惕新闻中心（Forecast International Inc.，Market Alert News Center）。

的干涉；这种程度，与本地区其他国家相比都来得更大。〔71〕因此，智利军方能在铜收入增加的时候采购最先进的装备。

表 8.7 2002—2005 年拉美和加勒比海地区军费开支

军费和人均军费数据单位为美元，按（2003 年）不变美元价格与汇率统计。

	军费（10 亿美元）				军费占 GDP 比重			人均军费		
	2002	**2003**	**2004**	**2005**	**2002**	**2003**	**2004**	**2002**	**2003**	**2004**
加勒比海地区[a]	..	..	..	..	..	..	..	..	..	..
中美	3.5	3.4	3.2	3.2	0.5	0.5	0.4	25.1	24.1	22.4
南美	20.4	18.3	18.9	20.6	2.1	1.9	1.8	56.8	50.3	51.3
总计	**24.2**	**21.9**	**22.3**	**23.9**	**1.5**	**1.3**	**1.2**	**47.2**	**42.2**	**42.3**

a 在计算加勒比海地区总数时资料并不完全。

资料来源： 附录 8A、表 8A.2 和表 8A.4；人口：国际货币基金组织，国际金融统计数据库。

智利军费开支的大规模增长已经引起了该地区，尤其是其邻国秘鲁的关注。〔72〕这正是秘鲁在 2004 年 12 月通过法律为该国的国防装备提供采购、现代化和维修基金的幕后原因。〔73〕这一基金由卡米西亚（Camisea）天然气生产公司提供其收入的 40%和加上自然增长的利息来资助。〔74〕该法与智利的《铜法》有相似之处，但其重要的区别在于：有一个由包括国防部在内的各部门代表和总统组成的委员会来管理这笔基金。即使这一法律不像智利的《铜法》那么保密，但它极大地降低了秘鲁军费预算程序的透明度。总审计长将监督基金的正确使用，而秘鲁的议会在采购方面却毫无发言权。此外，分配给该基金的具体钱额也很难掌握，因为该基金是与国防费用分开存放在账户上的。

〔71〕F. 罗亚斯·阿拉文那：《智利》，R.P. 辛格编辑：SIPRI，“武器采购决策”，第二卷，《智利、希腊、马来西亚、波兰、南非和台湾》，（牛津大学出版社，牛津，2000 年），第 17 页。

〔72〕“秘鲁：政府对智利采购武器感到不快”，《拉丁新闻日报》，2005 年 4 月 18 日；另见奥萨卡（同注释［69］）。

〔73〕“法律为武装力量和国民警察带来资金”，即 2004 年 12 月 16 日第 28455 号法，该法文本可见于 URL〈http://www.minem.gob.pe/hidrocarburos/normas_incio.asp〉。

〔74〕但也有例外的时候，2005 年卡米西亚公司只提供了其收入的 40%。

在委内瑞拉，政府收入的增加也为不断增长的军费开支提供了支持，这种情况是由国际油价的上涨而引起的。如以相对汇率计算，2005 年委内瑞拉是拉美第四大军费增长国，为 12.4 个百分点，而以不变美元汇率计算，是巴西和智利之后的第三大军费增长国。2005 年，委内瑞拉政府宣布了一项新的全国“整体防御”战略计划。此项新防御战略有三个特点：“增强国家的军事机器”，“增强民—军联合”和“加强人民群众对保卫国家的参与”。[75]“增强民—军联合”将涉及军队参与民用技术、学术和社会工程，军事后备役从 5 万扩充到 10 万，以及建立“人民防御部队”等问题。为了增强军事机器，委内瑞拉已经签署了几份武器采购协议。[76] 但是，某些采购也引起了担心，因为它会对地区军事平衡产生不稳定的影响。[77] 此外，采购 AK－103/AK194 式步枪可能使多余武器落入哥伦比亚武装组织手中，也引起了担忧。委内瑞拉政府坚持认为这些枪支将用于支持新扩建的军事预备役。[78]

尽管智利和委内瑞拉有着大规模的武器采购协议，但该地区并没有出现武器采购竞赛的迹象。在某种程度上，这要归功于在拉美和加勒比海地区发展起来的一系列正式或非正式的信任措施。[79]

---

〔75〕“委内瑞拉：查韦斯计划‘联合防御’”，《拉美安全和战略评论》，2005 年 2 月，URL〈http：//www.latinnews.com/Iss/LSS5626.asp〉，第 6—7 页。

〔76〕采购项目包括超级图卡诺轻型攻击飞机，俄国的直升机，运输和侦查的 C－295 飞机，巡逻艇和小型护卫舰，以及一系列 AK－103/AK194 式突击步枪。J. 福勒罗：“委内瑞拉购买武器令美国担忧”，《纽约时报》，2005 年 2 月 15 日，第 14 页；伊塔—塔斯社：“俄罗斯向委内瑞拉提供军用直升机”，2005 年 6 月 11 日，从俄文译出，BBC 监控国际报道；M. 阿古拉：“西班牙向委内瑞拉出售材料引火烧身”，《防务新闻》，2005 年 4 月 25 日，第 13 页；以及 C. 金泰尔：“委内瑞拉与俄国的武器交易正常化”，ISN 安全观察，2005 年 5 月 20 日，URL〈http：//www.isn.ethz.ch/news/sw/details.cfm？id=11325〉。

〔77〕A. 韦布－维达尔：“哥伦比亚紧张地注视查韦斯采购枪炮和米格飞机”，《金融时报》，2004 年 11 月 30 日。

〔78〕J. 麦克德莫特：“委内瑞拉盯住俄国武器”，《简氏防务周刊》，2004 年 12 月 8 日，第 6 页；以及“委内瑞拉：查韦斯计划‘联合防御’”（同注释［75］）。也参见 M. 布朗利和 C. 佩尔多莫，（同注释［65］）。

〔79〕比如：1999 年美洲国家间常规武器采购透明度公约和 1997 年美洲国家间反对非法制造和贩运火器、弹药、爆炸物以及其他有关原料的公约。关于这些公约，请见本卷附件 A。有关地区报道系统，请见附录 8D。

亚洲和大洋洲

2005 年亚洲和大洋洲的军费开支实际增长了 3.5 个百分点，与 2004 年的 5.2 个百分点和 2003 年的 4.1 个百分点相比有一点往下拉平的迹象。在过去十年中，该地区军费开支实际增加了 35.3%，只是在亚洲金融危机的 1997 和 1998 年明显下降，分别增长了 1.8 和 1.2 个百分点（参见上列表 8.1）。亚洲和大洋洲军费开支的趋势深受地区主要大国中国、日本和印度的影响，因为这三国的军费加在一起占该地区 2005 年军费开支的 66%。它们的军费开支总额自 2004 年以来增长了 4.5 个百分点，而自 1996 年以来增长了 50%以上。〔80〕

当东亚的军费开支由于受 1997—1998 年金融危机的影响而停滞不变时，南亚的军费开支却由于印度高额军费数字而增长。1996 年以来，印度的军费开支增长了 82.8 个百分点，2004 年达到增长的高峰，即 16.2 个百分点。2005 年印度的军费开支总额为 10250 亿卢比（折合 204 亿美元），占南亚军费总额的 81.7%。从某种程度上来说，印度军费开支的增长是该国经济繁荣的一种表现。〔81〕 它也反映了加强军方在制定外交政策中的作用和通过使其军火库现代化而确立印度的地区大国地位的努力。〔82〕 但 2005 年的国防预算的增长被制止了，因为印度共产党施加了压力，要求把钱转而用于发展项目。同时，据国防部高级官员称，也是为了对中国和巴基斯坦的和平倡议做出反应。〔83〕 邻国尼泊尔的军费开支虽然相形之下仍然十分少，但在过去十年内，在南亚国家中却显示了最快的增长：自 1996 年以来实际增长了三倍之多。一

〔80〕 鉴于印度的核计划缺少透明度，这意味着其国防费用数字可能瞒报，因此考察其军费开支时应当十分小心。

〔81〕《印度》，《亚洲防务年鉴 2005 年》（赛伊德·侯赛因出版社，吉隆坡，2005 年），第 40 页。

〔82〕“印度的军费开支增长了 7.8%”，《亚洲防务杂志》，2005 年 3 月，第 66 页；V. 拉格胡万石：“印度的预算包含船厂改造资金”，《防务新闻》，2005 年 3 月 21 日，第 24 页；以及 T.C. 莎菲和 P. 米特拉：“印度作为全球大国吗?”，德国银行研究，法兰克福，2005 年 12 月 16 日，URL〈http: //www.dbresearch.com/servlet/reweb2.ReWeb? rwkey＝u1067110〉，第 16 页。

〔83〕 R. 贝迪：“印度的预算‘缓慢’增长”，《简氏防务周刊》，2005 年 3 月 9 日，第 15 页。

个原因是 2001 年以来军队的扩编，以适应围剿毛主义反叛组织的失败。[84] 在 2001—2005 年间，尼泊尔皇家军队的规模几乎扩大了一倍。[85] 2005 年军费开支增长的 6.7 个百分点用于在加德满都进一步加强对叛乱分子的进攻。[86]

东亚地区集中了亚洲和大洋洲军费开支的最大部分，占全区总额的 69.4%。这主要是由中国和日本的军费开支造成的（参见上文第三节）。韩国是亚洲的第四大军费开支国，2005 年的军费开支增长了 7.2 个百分点，因为韩国为适应美国在朝鲜半岛减少驻军而正在加强其军事建设。美国计划到 2008 年时将其在韩国的驻军从 2004 年初的 37500 人减少到 25000 人。[87] 面对这种重新部署，卢武铉总统表示了建立更大程度的自卫能力的雄心壮志，并且极力增加军事预算。[88]

1997 年台湾地区完成主要武器平台的采购之时，台湾地区的军费开支达到了 90 亿美元的高峰，那之后开始全面下降，直到 2003 年又开始攀升。[89] 2004 年军费开支达到新的高峰，比 2002 年低谷时高出 9.9 个百分点，但 2005 年又下跌了 2.3 个百分点。过去十年中经济的不景气影响了台湾的军事预算，因为军事预算不得不与其他经济和社会部门去争夺优先权。[90] 台湾当局一直在推动以特别预算（而不是普通军事预算）从美国采购 160 亿美元先进武器的交易，但是反对党控制的台湾“议会”程序委员会多次拒绝了这一动议。[91] 自从 2001 年美国总

---

〔84〕 A. K. 梅塔和 G. 坎瓦尔：“尼泊尔军方加强围剿不断升级的反叛活动”，《简氏情报评论》，第 17 卷，第 9 号（2005 年 9 月），第 31—33 页。

〔85〕 A. 戴维斯：“尼泊尔从中国、巴基斯坦购买弹药”，《简氏防务周刊》，2005 年 10 月 5 日，第 12 页。

〔86〕 S. 沙尔玛：“尼泊尔国防预算大幅增长”，BBC 新闻在线，2005 年 1 月 14 日，URL 〈http：//news. bbc. co. uk/2/4174269. stm〉。

〔87〕 “首尔增加国防预算”，《亚洲防务杂志》，2005 年 6 月，第 60 页。

〔88〕 R. W. 贝克和 C. E. 莫里森（两位编辑）：“大韩民国”，《2005 年亚太安全前瞻》（日本国际交流中心：东京，2005 年），第 104—111 页，国家防务研究所，“朝鲜半岛：变化中的安全环境”，《东亚战略评论 2005 年》（日本时报：东京 2005 年）第 79—82 页。

〔89〕 澳大利亚国防情报组织：“2000 年亚太地区国防经济趋势”，（国防出版局，堪培拉，2000 年），第 36 页。

〔90〕 M. S. 蔡斯：“台湾的防务改革：问题和前景”，《亚洲概览》，第 45 卷第 3 期（2005 年 5—6 月合刊），第 372 页。

〔91〕 “台湾与美国：还在等待”，《经济学家》，2005 年 10 月 6 日。

统布什批准这一武器交易以来，它一直是台湾和中国大陆之间争论不休的问题，但当中国于2005年3月通过《反国家分裂法》在台湾重新引起了关于是否需要更大的防卫能力的争论之后，这个问题又重新变得突出起来。然而，被人陆看好的各反对党已经警告不要陷入与中国的军备竞赛，他们已经把这场竞赛形容为不战而败。〔92〕

东亚和南亚都曾深受2004年12月印度洋海啸的影响，这场海啸造成23万人死亡。〔93〕除了人员和财产损失之外，这次海啸还摧毁了斯里兰卡的军营，并对泰国皇家海军和尼科巴群岛上的印度关键的空军基地造成了严重的破坏。〔94〕尽管如此，不论是在救灾工作的资金重新分配上，还是在制订旨在防止这种灾难后果的主要防御计划上，此次自然灾害并没有对亚洲的军费开支造成明显的或有实际意义的影响。

大洋洲的军费开支趋势取决于澳大利亚，因为它的军费开支占该地区的92%。澳大利亚政府在其2000年的防务白皮书中承诺：为了保障人员费和维持费，开发新的能力和加强战备，在十年中每年军费将实际增长3个百分点。〔95〕虽然这是实质性的，但计划中的增长还是被澳大利亚对2001年之后新的以恐怖主义为中心的安全日程的反应以及决心支持美国领导的阿富汗和伊拉克战争所打乱。在2002年和2004年的实际军费增长了5个百分点，2001年和2003年增长了近4个百分点，2005年才回到3.1个百分点上来。一些资金已经用于大量增长的情报预算中。〔96〕在“先进水平”的军事装备价格一直

---

〔92〕比如说：“马担心与中国‘对抗’”，《中国邮报》，2006年3月22日，URL〈http://www.chinapost.com.tw/I_latestdetail asp?id=36632〉。

〔93〕“亚洲的海啸：救灾但没有重建”，《经济学家》，2005年12月20日，URL〈http://www.economistt.comdisplaystory.cfm?story_=5327849〉。

〔94〕R. 卡尼奥尔：“印度洋军方视察海啸灾难”，《简氏防务周刊》，2005年1月12日，第4页。

〔95〕澳大利亚国防部：“2000年的防务：我们未来的防务力量”，（澳大利亚共同体，堪培拉，2000年），URL〈http://www.defence.gov.au/whitepaper/〉，第119—121页。

〔96〕M. 汤姆逊：“付钱或者选择：澳大利亚的国防费用选择”，（澳大利亚战略政策研究所，堪培拉，2003年12月），URL〈http://www.aspi.org.au/22845paymoney/〉，第8页；M. 汤姆逊：“你们的国防美元：2004—2005年国防预算”，（澳大利亚战略政策研究所，堪培拉，2004年7月），URL〈http://www.aspi.org.au/17867defence_dollar/〉，第7页。

上涨的时候，澳大利亚国防军持续的部署则贬低了它的硬件，增加了轮换和维持费用。更有甚者，人员费和维持费却继续以超过通货膨胀率的幅度增长。[97]

欧洲

2005 年欧洲的军费开支下降了 1.7 个百分点，回到了 2003 年的水平（参见上列表 8.1）。这是两种鲜明对比的事态发展的结果：一方面是俄罗斯军费开支的稳定增长，而另一方面是其他主要欧洲大国军费开支的大幅下降。除俄罗斯外，所有名列世界 15 个军费开支大国的欧洲国家——法国、德国、意大利、西班牙和英国，在 2005 年都降低了军费开支，其总额达 78.54 亿美元。2004 年的模式再次出现，中欧和西欧减少了军费开支，而东欧则增加了。可以看到在新的和原来的北约成员国之间有一种有趣的对比。在 17 个 2004 年以前的欧洲北约成员国中，有 7 个增加，9 个减少了军费开支，另一个即冰岛根本没有自己的军队。在 2004 年入约的 7 个国家中，有 6 个增加了军费开支。

北约秘书长夏侯雅伯在 2005 年的几次讲话和答问中，小心地提醒欧洲盟国注意它们的国防预算总体下降的趋势，并鼓励它们在使老式的国土防御力量转变为更加机动和更易布防的力量方面多花一点钱。在 2005 年 9 月致北约国防部长的一份声明中，他还建议说：为了更好地分担费用负担各成员国应当增加共同资助的军事活动次数，也不应劝阻任何成员国在自付经费的基础上提供军队。[98]

与法国（参见上述第三节）不同的是，德国和意大利都接受了庞

---

〔97〕 澳大利亚国防部："澳大利亚的国家安全：2005 年的国防现代化进展"，（澳大利亚共同体，堪培拉，2005 年），URL 〈http：//www. defence. gov. au/update2005n/〉，第 25 页。

〔98〕 例如：参见"正在改变的联盟"，北约秘书长夏侯雅伯 2005 年 5 月 31 日在斯洛文尼亚的卢布尔雅那召开的北约议会大会春节会议上的讲话，URL 〈http：//www. nato. int/docu/speech/2005 /s050531b. htm〉；A. 鲍曼："采访北约秘书长夏侯雅伯"，《简氏防务周刊》，2005 年 3 月 30 日，第 34 页；以及"北约秘书长夏侯雅伯和德国国防部长施特鲁克的共同新闻观点"，柏林，2005 年 9 月 13 日，URL 〈http：//www. nato. int/docu/speech/2005 /s050913e. htm〉。

大预算赤字和经济停滞的后果，并坚持《欧盟稳定和增长条约》的原则。因此，令夏侯雅伯及其他人感到沮丧的是：它们减少了2005年的军费开支。意大利2005年实际减少了10.4个百分点，使其军费开支占国内生产总值的比例低于2个百分点。意大利有1万多人员部署在国外，因而减少活动维持费的可能性很小。因此，采购预算成了最大的削减项目，而采购计划的重心则转向了陆军的需要，以满足驻阿富汗和伊拉克部队的需求。[99] 德国由于对经济结构做出大幅调整以解决其巨大预算赤字问题，在过去6年中军费开支一直处于下降趋势。2005年德国的军费开支减少了2.3个百分点，而1996年以来总共减少了10.6个百分点。与此同时，德国的武装力量正在进行改革，并且已经部署到阿富汗，这是它们自第二次世界大战结束以来第一次在国外领土上执行作战任务。

迄今为止，俄罗斯是东欧最大的军费开支国，2005年军费开支实际增长8.8个百分点，继续了从1998年开始的趋势。在提交2005年的预算时，国防部长谢尔盖·伊万诺夫说：自1991年以来，俄罗斯的预算第一次充分反映了军方的需要。[100] 俄罗斯的军费开支于1998年跌到冷战后的低谷，而自1998年以来却增加了一倍多。但这一大幅增长是在长达十年的减少之后出现的，而且2005年开支水平仍然远远低于冷战结束之时。[101] 俄罗斯军费开支迅速增长的主要推动力一直是旨在加强俄罗斯反恐能力的军事改革计划、恢复全球大国形象和巩固其在“近外”（指前苏联各国）的影响力。[102] 采购预算表明，其日益重视的重点放在反叛乱、核威慑以及对中亚和高加索地区

---

〔99〕 P. 瓦尔波里尼：“意大利的预算大幅减少”，《简氏防务周刊》，2005年1月26日，第12页；以及T. 金登：“意大利削减预算：护卫舰资金到位；飞机，车辆推迟”，防务新闻网，2005年10月17日。

〔100〕 D. 特里方诺夫：“简要情况：俄罗斯国防改革”，《简氏防务周刊》，2005年6月8日，第27—33页。

〔101〕 J. 库珀：“俄罗斯联邦2005年的军费开支和2006年的联邦预算”，研究笔记，SIPRI，斯德哥尔摩，2006年1月，URL〈http://www.sipri.org/contents/milap/cooper_Russia_20060130〉。

〔102〕 D. 特里方诺夫（同注释[100]）。

增强并变换存在。[103] 俄罗斯不断增长的石油和天然气收入已经使这种情况成为可能，但如果军费开支要继续增加，军事改革要继续进行的话，这种收入就必须持续下去。

高加索地区三国亚美尼亚、阿塞拜疆和格鲁吉亚在 2005 年都大幅度增加了军费开支。格鲁吉亚增长了 143%，是 2005 年世界上军费开支增长比例最大的国家。阿塞拜疆和亚美尼亚也是军费开支增长相对较多的国家，分别增长了 51.1 和 22.5 个百分点。阿塞拜疆的军事建设是两个因素促成的：一方面，由于石油和天然气的高收入使其有能力负担；而另一方面，同样重要的是由于与亚美尼亚的领土争端而使它要在谈判中寻求更有利的地位。亚美尼亚军费开支的增长可以看作是对阿塞拜疆增加军费开支的直接反应。格鲁吉亚正在土耳其和美国的帮助下建立一支新型的、人数较少但机动性更强的部队，而与此同时，它正在建立一支新型的预备役部队。格鲁吉亚官方对军费大幅增长的解释是该国希望加入北约，因此有必要将其部队提高到北约的标准。而别的国家则认为其最终目标是要夺回对倒戈的阿布哈兹和南奥塞梯地区的控制权，2005 年后期因为这两个地区格鲁吉亚与俄罗斯的关系闹得十分紧张。[104]

中东

2005 年中东军费开支实际增长了 7 个百分点。这是过去十年趋势的延续，期间仅 2002 年一年有所下降（参见上列表 8.1）。在 1996—2005 年的十年中，该地区的军费开支实际增长了 61 个百分点。对一个富有石油的地区而言，在全年油价持续非正常攀高的情况下，2005 年的增长是不算多的。

由于几乎所有中东国家的军费开支水平相对稳定而且在许多情况

---

[103] D. 特里方诺夫（同注释 [100]）；伊塔—塔斯社：《国防部两座山的建筑基础》，2005 年 7 月 15 日，世界新闻连接，NTIS，美国商务部；V. 穆金：“集体安全条约组织的算术：军费开支远远超过政治红利”，《独立杂志》（Nezavisimaya Gazeta），2005 年 4 月 12 日，从俄文译出，世界新闻连接，NTIS，美国商务部。

[104] L. 富勒和 R. 吉拉戈西安：“格鲁吉亚为何需要一支更强大的军队？”，《RFE/RL 高加索报道》，2005 年 7 月 24 日，URL〈http：//www. rferl. org/reports/caucasusreport/archive2005. asp〉。

下还在下降，该地区的增长几乎完全是因为中东最大的军费开支国沙特阿拉伯军费增加的缘故。2005 年沙特阿拉伯的军费开支按不变美元价格计算，增长了 21 个百分点，或 46 亿美元，而整个地区的军费开支增长了 41 亿美元。虽然沙特阿拉伯 2005 年的增长数字很大，但它仍然低于该国 1997 年 36 个百分点的纪录，并且受到需要集中力量解决越来越多的国内社会问题和巨大债务的制约。[105] 在不断增长的沙特阿拉伯青年人口中，失业在增加，而且由于以前的预算赤字而引起的债务在 2000 年达到了国内生产总值的 100%。[106] 因而石油收入的横财主要用于偿还债务，提高社会福利，包括 20 年来首次为全体文职人员加薪，以及为约 20%没有工作的人口创造就业机会。[107] 尽管如此，沙特政府对于遭受恐怖主义袭击之后的国内安全，以及对于建立能为沙特军队和其他安全部队生产零部件的工业计划[108]的进一步重视，确保了防御和安全部门仍然能得到整个预算中的大部分，如果不是最大部分的话。科威特没有像沙特那样遇到那么多的国内问题，因此尽管发了石油横财，其军费开支仍然增长不多，2005 年只增加了 0.5 个百分点。而 2004 年增长了 13 个百分点。

2005 年伊朗的军费开支增长了 3.9 个百分点。[109] 与 2003 年和 2004 年分别增长 17.3 和 14.9 个百分点相比，这个增长还是不过分的。2005 年的增长是在这样的背景下出现的，即该国由于其核计划而承受越来越大的国际压力。[110] 虽然没有情报说明军费开支增长与紧张局势或与核计划本身有关，但有迹象表明，在穆罕默德·艾哈迈

---

〔105〕“沙特阿拉伯期望 2005 年预算剩余翻番”，《海湾新闻网》，2005 年 12 月 13 日，URL〈http：//archives. gulfnews. com/articles/05/12/13/10004468. html〉。

〔106〕“石油生产国的剩余：使石油美元再循环”，《经济学家》，2005 年 11 月 10 日，URL〈http：//www. economist. com/displayStory. cfm？ story _ id=5136281〉。

〔107〕“石油生产国的剩余”（同注释［106］）。

〔108〕中东新闻在线，“沙特阿拉伯寻求发展武器工业”，《独立媒体评论分析》，2006 年 1 月 4 日，URL〈http：//www. imra. org. il/story. php3？ id=28055〉。

〔109〕SIPRI 关于伊朗的军费开支数字包括在公安和安全（国内安全）方面的花费。

〔110〕D. 肯德尔，“对伊朗评论的外交轰动”，BBC 新闻在线，2005 年 10 月 27 日，URL〈http：/news. bbc. co. uk/1/4383856. stm5136281〉。还参见 S. N. 基尔（编辑），“欧洲和伊朗：不扩散的前景”，SIPRI 研究报告，第 21 号（牛津大学出版社，牛津，2005 年）。

迪·内贾德总统对伊朗议会安全和国防委员会保证将增加国防开支之后，这一趋势将继续下去。[111]

与石油生产国军费开支增长相比，以色列官方军费在 2004 年增加 3 个百分点之后，2005 年下降了 5 个百分点。但是，以色列国防费用数字的下降却遭到了国家审计长的质疑，他批评政府向以色列议会提交的是一个缩减了的防务费用预算，而执行的却是一个完全不同的、增加了的开支预算。[112] 比如说，在 2004 年，在官方军费数字与实际花费的总量之间就有 10.3 个百分点的差距。[113] 2005 年的情况也可能同样如此，因为据报道该年的军费开支由于从被占领土撤离的费用以及增修沿与加沙地带相接边境的隔离墙的费用而超出了批准的额度。[114] 迹象表明这两项计划将使 2006 年的军费开支增加。这种情况与可预见的预算其余部分开支总体下降形成对照，除非美国为脱离接触计划提供财政支援，该计划目前估计耗资 80 亿谢克（约合 17 亿美元）。[115] 以色列每年从美国获得大约 22 亿美元的军事援助，这成为该国军费开支总额的一部分。埃及每年从美国获得大约 18 亿美元的军事援助。由于埃及的军费开支缺乏透明度，这一数目在多大的程度上包含在该国正式宣布的军费开支之中，尚不得而知。

第五节　结　论

2005 年世界军费开支又增加了，延续着从 1999 年以来未曾打破的上升趋势。美国占了增长额中可观的比例，其结果是美国 2005 年

---

[111] “伊朗议员说 2006—2007 年的预算不足以完全满足国防部门的需要”，《Aftab—e Yazd》，2005 年 1 月 29 日，从 Farsi 译出，世界新闻连接，NTIS，美国商务部。

[112] A. 奥沙利文：“国家审计长揭露隐瞒的防务资金”，《耶路撒冷邮报》，2005 年 9 月 1 日，第 1 页。

[113] A. 奥沙利文（同注释 [112]）。

[114] Z. 克莱因：“7 月份国防开支上升到政府所有开支的 25%”，《Rishon Leziyyon Globes》（在线），2005 年 8 月 4 日。

[115] Z. 克莱因：“预算缩减将总共达到 NIS 3.6”，《Rishon Leziyyon Globes》（在线），2005 年 8 月 2 日。

的军费开支几乎占了世界总额的一半，比第二大军费开支国——英国高出 10 倍。2005 年也继续了这一军费开支集中的过程，15 个最大的军费开支国占世界军费开支的比例越来越大。它们中的大多数是工业发达国家，但中国和印度随着其经济实力的不断增强而持续增加军费开支，也名列最大军费开支国行列。

促使军费开支增长的一个突出因素是世界矿物和矿石燃料市场高昂和上涨的价格。阿尔及利亚、阿塞拜疆、俄罗斯和沙特阿拉伯的情况尤其如此，这些国家从石油和天然气开采中获得更多的收益使政府增加了收入，从而也增加了用于军费开支的资金。秘鲁和智利军费开支增长就是资源直接使然的结果，因为它们的军费开支由法律将其与关键性自然资源的开发利润挂上钩来。

正如世界军费开支分布不平衡一样，不同国家和地区也对 2005 年世界军费开支总额的增长贡献了不同的份额。在中东，单是沙特阿拉伯一国的军费增长就使一个本来军费开支可以下降的地区，增加了总体军费支出。虽然欧洲是世界舞台上一个主要的军费开支地区，但该地区不仅没有对全球军费开支的增长出力，实际上在 2005 年还降低了军费开支。法国和英国要求私人资助军事采购的尝试性做法，就有遏制军费增长的效果。

展望未来，世界军费开支增长的趋势近期内尚无放慢的迹象。全球军费的明显增长在很大程度上取决于美国在阿富汗和伊拉克代价昂贵的军事行动，而这种行动仍然看不到尽头。除此之外，中国和印度经济的持续快速发展已经在过去十年中维持了其不断上升的军费开支及其军事现代化的努力，而它们的经济持续快速发展至少在短期内将不可阻挡地继续下去。对法国和英国来说，2005 年军费开支的下降是当今潮流的一种变形，因为它们正在从事基于未来军费开支增长的现代化计划。在这种情况之下，2006 年世界军费开支将维持目前的上升趋势是极为可能的。

（周爱群　高俊敏 译）

附录 8A 军费开支表

彼得·斯塔伦海姆　达米安·弗吕沙尔
乌毅·奥米图根　卡塔丽娜·佩尔多莫*

表 8A.1 列出了 1996 年至 2005 年依据地区、国际组织和收入分类的军费开支情况，为 2003 年固定美元价格和汇率数据。此外，表格还列出了 2005 年现值美元价格数据。表 8A.2 列出了 1996 年至 2005 年各国（地区）当地货币、现行价格军费开支数据。表 8A.3 列出了 1996 年至 2005 年各国（地区）美元（2003 年固定美元价格及汇率）军费开支数据，以及 2005 年现值美元价格军费开支数据。表 8A.4 列出了 1996 年至

* 感谢以下人员提供军费开支数据、评估及相关建议：朱利安·库珀（俄罗斯及东欧研究中心，比林汉大学）、大卫·达契亚施维利（军民关系及安全研究中心，第比利斯）、迪米塔·迪米托夫（国际与世界经济大学，索非亚）、保罗·邓恩（西英格兰大学，布利斯托尔）、阿门·库由米德建（国家风险战略家，瓦尔帕莱索）、帕凡·库玛·纳伊尔（印度农业物资联合，普纳）、艾利娜·诺尔（战略与国际研究所，吉隆坡）、塔玛拉·帕塔拉亚（考加和平、民主和发展学会，第比利斯）、杰米·波朗科（国防部，波哥大）、托马斯·希兹（林肯大学学院，布宜诺斯艾利斯）、罗恩·史密斯（伯克贝克学院，伦敦）和奥兹伦·祖内契（萨格勒布大学）。

SIPRI 实习生安娜·里特协助准备本附录。

2004 年各国（地区）军费开支占国内生产总值的比例。附录 8C 说明了数据的来源及估算方法。表 8A.4 后附有说明。

由于数据变动，不同版本 SIPRI 年鉴中的军费开支数据不应混合使用。SIPRI 做出的修改可能十分重要。例如．在更好的时间系列数据可用的情况下，SIPRI 会相应调整所有系列数据。此外，国际货币基金组织相关经济数据的大幅度修改也会导致 SIPRI 修改其固定美元价格系列数据。由于缺少经济数据，有些国家的军费开支仅有当地货币数据，没有美元价格数据或占国内生产总值比例的数据。

表 8A.1　1996—2005 年军费开支情况（按地理分区、国际组织分类和收入组分类）

数据单位为 10 亿美元（2003 年固定美元价格及汇率），最右列标有＊的一列数据为 2005 年现值美元价格（单位 10 亿美元）。由于四舍五入，各项相加不一定与总数相符。

	1996	1997	1998	1999	2000	2001	2002	2003	2004	2005	2005*
世界总额	**747**	**756**	**748**	**757**	**784**	**800**	**851**	**914**	**969**	**1001**	**1118**
地理分区											
非洲	8.6	8.7	9.4	10.5	11.1	11.1	12.1	11.9	12.6	12.7	14.9
北非	3.5	3.7	3.8	3.9	4.3	4.4	4.8	5.0	5.6	5.5	6.1
撒哈拉以南非洲	5.1	5.0	5.6	6.6	6.8	6.6	7.3	6.9	(7.0)	(7.2)	(8.8)
美洲	347	347	340	341	353	358	399	447	485	513	551
加勒比地区	..	..	..	..	..	..	..	..	..	..	..
中美	3.3	3.4	3.3	3.5	3.6	3.7	3.5	3.4	3.2	3.2	3.5
北美	328	326	319	320	332	335	375	425	463	489	520

	1996	1997	1998	1999	2000	2001	2002	2003	2004	2005	2005*
南美	15.7	18.1	17.5	17.1	17.8	19.9	20.4	18.3	18.9	20.6	27.4
亚洲和大洋洲	116	118	119	122	126	132	138	144	152	157	176
中亚	0.5	0.5	(0.5)	0.5	..	(0.6)	(0.6)	(0.7)	(0.7)	(0.8)	(1.0)
东亚	91.0	91.9	92.4	92.9	95.5	101	107	112	116	120	132
大洋洲	8.6	8.8	9.1	9.6	9.5	9.9	10.3	10.6	11.1	11.5	14.4
南亚	15.5	16.5	17.1	19.2	19.9	20.5	20.6	21.2	23.9	25.0	28.8
欧洲	236	239	234	238	243	243	249	256	260	256	308
中欧	11.6	11.7	11.7	11.4	11.5	12.1	12.3	12.8	12.7	11.7	16.2
东欧	15.6	17.5	11.5	11.9	15.8	17.3	19.1	20.4	21.4	23.3	31.8
西欧	209	210	210	214	215	214	218	223	226	220	260
中东	39.0	43.4	46.5	45.8	51.5	55.0	52.6	55.0	58.9	(63.0)	(67.3)
国际组织											
东盟	12.1	12.0	11.0	11.0	11.1	11.7	12.4	13.3	13.3	13.1	14.0
独联体	16.1	18.1	12.0	12.4	16.4	17.9	19.7	21.1	22.1	24.1	32.8
东盟	191	191	191	195	196	196	199	206	219	212	251
北约	525	521	515	527	539	541	585	642	687	706	779
北约欧洲国家	197	196	196	207	207	207	211	217	224	217	259
经合组织	609	608	601	607	622	625	670	727	768	789	873

	1996	1997	1998	1999	2000	2001	2002	2003	2004	2005	2005*
石油输出国组织	27.1	31.9	33.7	32.4	37.1	39.6	36.3	38.0	42.0	46.7	49.6
欧安组织	564	564	552	557	575	579	624	682	724	745	829
收入组 （2003 年人均国民总收入）											
低收入国家 （765 美元以下）	18.0	19.3	20.5	23.8	24.3	24.6	25.4	25.6	28.3	29.5	34.1
中低收入国家 （766 美元至 3035 美元）	76.4	80.8	76.5	79.9	90.5	99.0	105	109	114	122	148
中高收入国家 （3036 美元至 9385 美元）	34.5	39.8	41.6	40.2	42.2	45.2	42.5	43.9	46.7	51.0	55.6
高收入国家 （9386 美元以上）	618	618	610	613	627	631	678	736	780	799	880

( ) 中的数据是在现有数据不足地区数据总和 90%的情况下得出的。.. 表明现有数据不足地区数据总和的 60%。东盟为东南亚国家联盟的简称；独联体为独立国家联合体的简称；北约为北大西洋公约组织的简称；经合组织为经济合作与发展组织的简称；欧安组织为欧洲安全与合作组织的简称。

表 8A.1 中的世界总额以及地区、国际组织和收入组总额数据是依据表 8A.3 得出的估算数据。如果某国连续数年军费开支数据缺失，在假定该国军费变化情况同该地区的军费变化情况相同的前提下，得出该国的军费开支估算数据。无法估算时，该国的军费开支数据将不计入军费开支总额。表 8A.1 中不计入军费开支总额的国家包括：安哥拉、贝宁、古巴、赤道几内亚、海地、伊拉克、缅甸、卡塔尔、索马里、特立尼达和多巴哥以及越南。

各地理分区的军费开支相加得出世界军费开支总额，各次地区军费开支总额相加得出地理分区军费开支总额。地理分区和收入组军费开支总额各年涵盖同样的国家，国际组织军费总额仅涵盖其当年的成员国。

国家收入组的划分依据为世界银行统计的 2003 年人均国民总收入数据。该数据收录于《2005 年世界发展报告：改善投资环境，促使人人受益》（牛津大学出版社，牛津，2004 年）。URL <http：//econ. worldbank. org/wdr/>。

非洲：阿尔及利亚、安哥拉、贝宁、博茨瓦纳、布基纳法索、布隆迪、喀麦隆、佛得角、中非共和国、乍得、刚果共和国、刚果民主共和国、科特迪瓦、吉布提、赤道几内亚、厄立特里亚、埃塞俄比亚、加蓬、冈比亚、加纳、几内亚、几内亚比绍、肯尼亚、莱索托、利比里亚、利比亚、马达加斯加、马拉维、马里、毛里塔尼亚、毛里求斯、摩洛哥、莫桑比克、纳米比亚、尼日尔、尼日利亚、卢旺达、塞内加尔、塞舌尔、塞拉利昂、索马里、南非、苏丹、斯威士兰、坦桑尼亚、多哥、突尼斯、乌干达、赞比亚和津巴布韦。**北非：**阿尔及利亚、利比亚、摩洛哥和突尼斯。**撒哈拉以南非洲：**安哥拉、贝宁、博茨瓦纳、布基纳法索、布隆迪、喀麦隆、佛得角、中非共和国、乍得、刚果共和国、刚果民主共和国 、科特迪瓦、吉布提、赤道几内亚、厄立特里亚、埃塞俄比亚、加蓬、冈比亚、加纳、几内亚、几内亚比绍、肯尼亚、莱索托、利比里亚、马达加斯加、马拉维、马里、毛里塔尼亚、毛里求斯、莫桑比克、纳米比亚、尼日尔、尼日利亚、卢旺达、塞内加尔、塞舌尔、塞拉利昂、索马里、南非、苏丹、斯威士兰、坦桑尼亚、多哥、乌干达、赞比亚和津巴布韦。

美洲：阿根廷、巴哈马、巴巴多斯、伯利兹、玻利维亚、巴西、加拿大、智利、哥伦比亚、哥斯达黎加、古巴、多米尼加共和国、厄瓜多尔、萨尔瓦多、危地马拉、圭亚那、海地、洪都拉斯、牙买加、墨西哥、尼加拉瓜、巴拿马、巴拉圭、秘鲁、特立尼达和多巴哥、乌拉圭、美国和委内瑞拉。**加勒比地区：**巴哈马、巴巴多斯、古巴、多米尼加共和国、海地、牙买加以及特立尼达和多巴哥。**中美：**伯利兹、哥斯达黎加、萨尔瓦多、危地马拉、洪都拉斯、墨西哥、尼加拉瓜和巴拿马。**北美：**加拿大和美国。**南美：**阿根廷、玻利维亚、巴西、智利、哥伦比亚、厄瓜多尔、圭亚那、巴拉圭、秘鲁、乌拉圭和委内瑞拉。

亚洲和大洋洲：阿富汗、澳大利亚、孟加拉、文莱、柬埔寨、中国、斐济、印度、印度尼西亚、日本、哈萨克斯坦、新西兰、朝鲜、韩国、吉尔吉斯斯坦、老挝、马来西亚、蒙古、缅甸、尼泊尔、巴基斯坦、巴布亚新几内亚、菲律宾、新加坡、斯里兰卡、中国台湾、塔吉克斯坦、泰国、土库曼斯坦、乌兹别克斯坦和越南。**中亚（独联体亚洲国家）：**哈萨克斯坦、吉尔吉斯斯坦、塔吉克斯坦、土库曼斯坦和乌兹别克斯坦。**东亚：**文莱、柬埔寨、中国、印度尼西亚、日本、朝鲜、韩国、老挝、马来西亚、蒙古、缅甸、菲律宾、新加坡、中国台湾、泰国和越南。**南亚：**阿富汗、孟加拉、印度、尼泊尔、巴基斯坦和斯里兰卡。**大洋洲：**澳大利亚、斐济、新西兰和巴布亚新几内亚。

欧洲：阿尔巴尼亚、亚美尼亚、奥地利、阿塞拜疆、白俄罗斯、比利时、波黑、保加利亚、克罗地亚、塞浦路斯、捷克共和国、丹麦、爱沙尼亚、芬兰、法国、格鲁吉亚、德国、希腊、匈牙利、冰岛、爱尔兰、意大利、拉脱维亚、立陶宛、卢森堡、前南马其顿共和国、马耳他、摩尔多瓦、荷兰、挪威、波兰、葡萄牙、罗马尼亚、俄罗斯、塞黑、斯洛伐克、斯洛文尼亚、西班牙、瑞典、瑞士、土耳其、联合王国和乌克兰。

中欧：阿尔巴尼亚、波黑、保加利亚、克罗地亚、捷克共和国、爱沙尼亚、匈牙利、拉脱维亚、立陶宛、前南马其顿共和国、波兰、罗马尼亚、塞黑、斯洛伐克和斯洛文尼亚。**东欧**（独联体欧洲国家）：亚美尼亚、阿塞拜疆、白俄罗斯、格鲁吉亚、摩尔多瓦、俄罗斯和乌克兰。**西欧**：奥地利、比利时、塞浦路斯、丹麦、芬兰、法国、德国、希腊、冰岛、爱尔兰、意大利、卢森堡、马耳他、荷兰、挪威、葡萄牙、西班牙、瑞典、瑞士、土耳其和联合王国。

中东：巴林、埃及、伊朗、伊拉克、以色列、约旦、科威特、黎巴嫩、阿曼、沙特、叙利亚、阿联酋和也门。

东盟：文莱、柬埔寨（1999）、印度尼西亚、老挝（1997）、马来西亚、缅甸（1997）、菲律宾、新加坡、泰国和越南。

独联体：亚美尼亚、阿塞拜疆、白俄罗斯、格鲁吉亚、哈萨克斯坦、吉尔吉斯斯坦、摩尔多瓦、俄罗斯、塔吉克斯坦、土库曼斯坦、乌克兰和乌兹别克斯坦。

东盟：奥地利、比利时、塞浦路斯（2004）、捷克共和国（2004）、丹麦、爱沙尼亚（2004）、芬兰、法国、德国、希腊、匈牙利（2004）、爱尔兰、意大利、拉脱维亚（2004）、立陶宛（2004）、卢森堡、马耳他（2004）、荷兰、波兰（2004）、葡萄牙、斯洛伐克（2004）、斯洛文尼亚（2004）、西班牙、瑞典和联合王国。

北约：比利时、保加利亚（2004）、加拿大、捷克共和国（1999）、丹麦、爱沙尼亚（2004）、法国、德国、希腊、匈牙利（1999）、冰岛、意大利、拉脱维亚（2004）、立陶宛（2004）、卢森堡、荷兰、挪威、波兰（1999）、葡萄牙、罗马尼亚（2004）、斯洛伐克（2004）、斯洛文尼亚（2004）、西班牙、土耳其、联合王国和美国。**北约欧洲国家**：比利时、保加利亚（2004）、捷克共和国（1999）、丹麦、爱沙尼亚（2004）、法国、德国、希腊、匈牙利（1999）、冰岛、意大利、拉脱维亚（2004）、立陶宛（2004）、卢森堡、荷兰、挪威、波兰（1999）、葡萄牙、罗马尼亚（2004）、斯洛伐克（2004）、斯洛文尼亚（2004）、西班牙、土耳其和联合王国。

经合组织：澳大利亚、奥地利、比利时、加拿大、捷克共和国、丹麦、芬兰、法国、德国、希腊、匈牙利、冰岛、爱尔兰、意大利、日本、韩国、卢森堡、墨西哥、荷兰、新西兰、挪威、波兰、葡萄牙、斯洛伐克（2000）、西班牙、瑞典、瑞士、土耳其、联合王国和美国。

石油输出国组织：阿尔及利亚、加蓬、印度尼西亚、伊朗、伊拉克、科威特、利比亚、尼日利亚、卡塔尔、沙特、阿联酋和委内瑞拉。

欧安组织：阿尔巴尼亚、亚美尼亚、奥地利、阿塞拜疆、白俄罗斯、比利时、波黑、保加利亚、加拿大、克罗地亚、塞浦路斯、捷克共和国、丹麦、爱沙尼亚、芬兰、法国、格鲁吉亚、德国、希腊、匈牙利、冰岛、爱尔兰、意大利、哈萨克斯坦、吉尔吉斯斯坦、拉脱维亚、立陶宛、卢森堡、前南马其顿共和国、马耳他、摩尔多瓦、荷兰、挪威、波兰、葡萄牙、罗马尼亚、俄罗斯、塞黑（2000）、斯洛伐克、斯洛文尼亚、西班牙、瑞典、瑞士、塔吉克斯坦、土耳其、土库曼斯坦、联合王国、乌克兰、美国和乌兹别克斯坦。

低收入国家（2003 年人均国民总收入低于或等于 765 美元）：阿富汗、安哥拉、孟加拉、贝宁、布基纳法索、布隆迪、柬埔寨、喀麦隆、中非共和国、乍得、刚果共和国、刚果民主共和国、科特迪瓦、赤道几内亚、厄立特里亚、埃塞俄比亚、冈比亚、加纳、几内亚、几内亚比绍、海地、印度、肯尼亚、朝鲜、吉尔吉斯斯坦、老挝、莱索托、利比里亚、马达加斯加、马拉维、马里、毛里塔尼亚、摩尔多瓦、蒙古、莫桑比克、缅甸、尼泊尔、尼加拉瓜、尼日尔、尼日利亚、巴基斯坦、巴布亚新几内亚、卢旺达、塞内加尔、塞拉利昂、索马里、苏丹、塔吉克斯坦、坦桑尼亚、多哥、乌干达、乌兹别克斯坦、越南、也门、赞比亚和津巴布韦。

中低收入国家（2003 年人均国民总收入为 766 美元至 3035 美元）：阿尔巴尼亚、阿尔及利亚、亚美尼亚、阿塞拜疆、白俄罗斯、玻利维亚、波黑、巴西、保加利亚、佛得角、中国、哥伦比亚、古巴、吉布提、多米尼加共和国、厄瓜多尔、埃及、萨尔瓦多、斐济、格鲁吉亚、危地马拉、圭亚那、洪都拉斯、印度尼西亚、伊朗、伊拉克、牙买加、约旦、哈萨克斯坦、前南马其顿共和国、摩洛哥、纳米比亚、巴拉圭、秘鲁、菲律宾、罗马尼亚、俄罗斯、塞黑、南非、斯里兰卡、斯威士兰、叙利亚、泰国、土耳其、土库曼斯坦、突尼斯和乌克兰。

中高收入国家（2003 年人均国民总收入为 3036 美元至 9385 美元）：阿根廷、巴巴多斯、伯利兹、博茨瓦纳、智利、哥斯达黎加、克罗地亚、捷克共和国、爱沙尼亚、加蓬、匈牙利、拉脱维亚、立陶宛、黎巴嫩、利比亚、马来西亚、毛里求斯、墨西哥、阿曼、巴拿马、波兰、沙特、塞舌尔、斯洛伐克、特立尼达和多巴哥、乌拉圭和委内瑞拉。

高收入国家（2003 年人均国民总收入高于或等于 9386 美元）：澳大利亚、奥地利、巴哈马、巴林、比利时、文莱、加拿大、塞浦路斯、丹麦、芬兰、法国、德国、希腊、冰岛、爱尔兰、以色列、意大利、日本、韩国、科威特、卢森堡、马耳他、荷兰、新西兰、挪威、葡萄牙、新加坡、斯洛文尼亚、西班牙、瑞典、瑞士、中国台湾、阿联酋、联合王国和美国。

表 8A. 2　1996—2005 年国家和地区军费开支（当地货币）

数据以当地货币现行价格计算，除特别注明外，年份为公历年。

国家和地区	货币	1996	1997	1998	1999	2000	2001	2002	2003	2004	2005
非洲											
北非											
阿尔及利亚‡	（百万）第纳尔	79 519	101 126	112 248	121 597	141 576	149 468	167 000	170 764	201 929	210 000
利比亚	（百万）第纳尔	..	577	675	535	556	496	575	700	740	..

国家和地区	货币	1996	1997	1998	1999	2000	2001	2002	2003	2004	2005
摩洛哥[1]	（百万）迪拉姆	12 890	12 476	12 666	13 921	14 639	15 643	16 994	17 722	20 134	19 606
突尼斯	（百万）第纳尔	387	396	417	424	456	483	491	525	540	555
撒哈拉以南非洲											
安哥拉[2]	（十亿）宽扎	[0.1]	[0.2]	[0.1]	[1.7]	[2.0]	[2.8]	[7.5]	[22.2]	[66.4]	[144]
贝宁	（百万）非洲法郎	..	..	..	..	..	..	..	..	..	..
博茨瓦纳	（百万）普拉	467	586	808	855	974	1 055	1 325	1 482	[1 504]	[1 310]
布基纳法索	（百万）非洲法郎	19 000	22 500	23 300	25 700	26 100	27 000	33 400	31 960	34 700	40 173
布隆迪	（百万）法郎	15 408	21 800	26 300	28 500	30 500	44 200	44 200	47 000	47 300	51.8
喀麦隆 §	（百万）非洲法郎	59 819	69 288	80 969	89 095	87 598	91 118	101 500	109 556	116 808	117 670
佛得角	（百万）埃斯库多	352	382	443	518	814	572	530	554	586	..
中非共和国[3]	（百万）非洲法郎	6 239	..	..	..	..	..	7 445	8 729	7 979	8 121
乍得	（百万）非洲法郎	12 681	9 700	9 500	12 900	15 200	18 200	19 300	22 700	23 800	26 000
刚果共和国	（百万）非洲法郎	..	..	..	..	..	..	..	28 374	..	..
刚果民主共和国[4]	（百万/十亿）法郎	44.8	110	42.8	600	2 901	..	..	48.0	78.0	71.0
科特迪瓦	（十亿）非洲法郎	52.5	54.6	..	..	..	..	..	124	..	..
吉布提	（百万）法郎	3 712	4 019	4 042	4 053	3 979	4 045	4 500	..	..	..
赤道几内亚	（百万）非洲法郎	..	..	..	..	..	..	..	..	..	..

国家和地区	货币	1996	1997	1998	1999	2000	2001	2002	2003	2004	2005
厄立特里亚[5]	（百万）纳克法	968	634	1 936	2 225	2 220	1 884	2 104	2 020	..	..
埃塞俄比亚[6]	（百万）比尔	803	1 512	3 263	5 589	5 075	3 154	3 000	3 000	3 000	3 000
加蓬	（十亿）非洲法郎	..	..	..	..	..	66. 0	66. 0	63. 0	62. 0	61. 0
冈比亚‡	（百万）达拉西	38. 5	42. 6	43. 1	40. 1	42. 5	44. 6	44. 6	45. 0	45. 1	45. 3
加纳 §	（百万）塞地	72 644	93 148	132 812	158 060	277 269	231 740	297 800	439 200	636 097	726 111
几内亚	（百万）法郎	..	48 600	55 700	76 600	80 300	171 100	185 000	..	..	..
几内亚比绍[7]	（百万）非洲法郎	770	1 061	1 711	..	6 786	4 533	..	..	..	..
肯尼亚	（百万）先令	9 756	10 327	10 381	10 684	12 614	15 349	16 844	18 676	20 158	20 632
莱索托	（百万）马洛蒂	122	132	154	208	212	201	206	221	218	217
利比里亚	（百万）元	..	..	..	..	..	(1 990)	(2 590)	..	..	..
马达加斯加[8]	（十亿）阿里亚里	40. 2	53. 5	54. 9	56. 6	63. 9	85. 7	..	..	..	..
马拉维	（百万）克瓦查	309	434	450	635	698	916	1 136	1 276	..	..
马里	（十亿）非洲法郎	27. 1	31. 3	32. 2	36. 0	41. 4	43. 8	44. 7	47. 3	49. 4	52. 0
毛里塔尼亚‡	（十亿）乌吉亚	3. 7	3. 7	4. 0	4. 1	4. 2	4. 4	4. 9	4. 8	4. 8	4. 8
毛里求斯	（百万）卢比	233	206	203	228	246	262	285	304	319	363
莫桑比克[9]	（十亿）梅蒂卡尔	[407]	[485]	[585]	722	843	1 048	1 267	1 422	1 780	2 073
纳米比亚[10]	（百万）元	286	383	435	660	786	736	880	893	1 036	1 187
尼日尔	（十亿）非洲法郎	8. 9	10. 1	13. 0	14. 5	14. 3	18. 2	14. 4	14. 3	17. 2	..

国家和地区	货币	1996	1997	1998	1999	2000	2001	2002	2003	2004	2005
尼日利亚[11]	（百万）奈拉	15 350	17 920	25 162	45 400	37 490	63 472	108 148	82 413	85 047	111 869
卢旺达[12]	（十亿）法郎	22.6	23.3	27.2	27.0	23.9	25.2	24.3	23.0	24.0	26.0
塞内加尔[13]	（百万）非洲法郎	40 809	41 324	44 300	48 200	44 400	50 500	51 829	56 293	56 819	65 469
塞舌尔	（百万）卢比	52.4	57.3	55.5	59.3	59.0	64.8	64.1	66.1	87.6	69.0
塞拉利昂	（百万）利昂	17 119	(9 315)	..	..	[55 000]	37 868	33 371	40 774	35 243	39 270
索马里	先令	..	..	..	..	..	..	..	..	..	..
南非	（百万）兰特	11 143	11 131	10 716	10 678	13 128	15 516	18 138	19 579	19 516	21 697
苏丹[14]	（十亿）第纳尔	13.3	15.4	52.2	109	151	100	128	104	..	..
斯威士兰	（百万）埃马兰吉尼	[130]	137	163	180	186	184	..	..	..	..
坦桑尼亚[15]	（十亿）先令	52.8	61.2	..	..	97.0	118	138	137	133	146
多哥	（百万）非洲法郎	..	..	..	..	..	..	..	16 757	16 757	17 532
乌干达‡	（十亿）先令	135	139	181	212	203	214	255	297	324	..
赞比亚[16]	（十亿）克瓦查	56.9	90.8	114	73.7	[58.0]	..	..	..	..	..
津巴布韦[17]	（百万）元	2 742	3 441	3 710	10 068	15 361	16 208	34 403	123 100	815 000	..
美洲											
加勒比地区											
巴哈马	（百万）元	21.1	27.1	27.0	43.0	31.9	29.8	30.2	32.8	37.6	39.2
巴巴多斯	（百万）元	30.7	33.0	37.9	40.4	43.6	47.0	47.2	46.9	..	..

国家和地区	货币	1996	1997	1998	1999	2000	2001	2002	2003	2004	2005
古巴	比索	..	..	..	..	..	..	..	..	..	..
多米尼加共和国	（百万）比索	1 149	1 682	1 818	2 005	2 872	3 742	4 440	3 578	4 093	[5 336]
海地	古德	..	..	..	..	..	..	..	..	..	..
牙买加	（百万）元	1 587	1 951	1 741	1 762	1 873	2 133	2 755	3 167	[3 701]	[4 337]
特立尼达和多巴哥	元	..	..	..	..	..	..	..	..	..	..
中美											
伯利兹	（千）元	15 932	18 790	..	..	..	..	..	..	..	..
哥斯达黎加[18]	（百万）科朗	..	..	..	..	..	..	..	..	..	..
萨尔瓦多	（百万）美元	96.4	97.5	96.3	99.8	112	109	109	106	[106]	106
危地马拉	（百万）格查尔	784	801	894	914	1 225	1 546	1 239	1 420	913	1 001
洪都拉斯†[19]	（百万）伦皮拉	..	..	..	..	516	646	898	919	928	1 004
墨西哥†§	（百万）比索	14 637	18 306	20 950	25 825	28 335	31 298	31 224	31 730	31 821	32 638
尼加拉瓜	（百万）科多巴	266	286	278	318	390	389	501	537	505	565
巴拿马[20]	（百万）巴波亚	101	118	104	112	..	..	..	..	..	..
北美											
加拿大	（百万）元	11 748	11 001	11 495	12 199	12 326	12 972	13 332	13 952	14 749	15 379
美国[21]	（百万）美元	271 417	276 324	274 278	280 969	301 697	312 743	356 720	415 223	464 675	507 089

国家和地区	货币	1996	1997	1998	1999	2000	2001	2002	2003	2004	2005
南美											
阿根廷	（百万）比索	3 888	3 769	3 782	3 852	3 739	3 638	3 784	4 433	[4 803]	5 156
玻利维亚	（百万）玻利维亚诺	682	896	1 195	969	933	1 214	1 213	1 373	1 414	1 426
巴西	（百万）雷亚尔	[13 301]	[17 440]	[16 960]	[16 408]	18 617	23 062	28 620	25 590	25 620	30 450
智利[22]	（十亿）比索	[965]	1 114	1 249	1 367	1 502	1 615	1 765	1 743	2 216	2 442
哥伦比亚[23]	（十亿）比索	[2 786]	3 537	4 356	5 372	5 935	7 228	7 405	[8 823]	[9 790]	[10 588]
厄瓜多尔[24]	（百万）美元	419	499	549	249	266	384	558	641	708	881
圭亚那	（百万）元	780	..	..	..	..	..	..	..	..	..
巴拉圭	（十亿）瓜拉尼	[220]	[284]	[294]	[266]	[283]	284	296	345	310	341
秘鲁[25]	（百万）新索尔	2 426	2 224	2 671	2 773	3 228	3 486	2 496	2 695	2 807	3 270
乌拉圭	（百万）比索	[3 220]	[3 812]	[4 114]	4 501	4 246	4 375	4 330	4 755	4 377	5 629
委内瑞拉	（十亿）玻利瓦尔	306	753	716	927	1 030	1 524	1 388	1 706	2 571	3 351
亚洲和大洋洲											
中亚											
哈萨克斯坦[26]	（十亿）坚戈	16.3	17.9	19.0	17.2	20.4	32.5	37.7	47.5	58.0	[80.8]
吉尔吉斯斯坦[26]	（百万）索姆	699	955	912	1 309	1 864	1 733	2 055	2 404	2 688	..
塔吉克斯坦[26]	（千）索莫尼	3 977	10 713	17 562	18 723	21 496	29 577	70 700	106 500	134 000	..

国家和地区	货币	1996	1997	1998	1999	2000	2001	2002	2003	2004	2005
土库曼斯坦[27]	（十亿）马纳特	158	440	436	582	..	..	..	..	..	..
乌兹别克斯坦[26]	（百万）苏姆	(6 900)	[13 700]	..	34 860	..	41 115	..	53 018	..	..
东亚											
文莱[28]	（百万）元	474	555	614	[520]	[485]	[548]	507	..	..	..
柬埔寨[29]	（十亿）瑞尔	434	447	481	474	455	417	407	411	423	452
中国[30]	（十亿）元	[126]	[131]	[149]	[165]	[182]	[216]	[253]	[283]	[324]	[363]
印度尼西亚	（十亿）卢比	[8 400]	8 336	10 349	10 254	13 945	16 416	19 291	21 904	[25 274]	[25 656]
日本†[31]	（十亿）日元	4 815	4 922	4 942	4 934	4 935	4 950	4 956	4 954	4 916	4 868
朝鲜	（十亿）元	..	..	(2.9)	(2.9)	(3.0)	(3.1)	(3.3)	(3.9)	(4.2)	(4.8)
韩国†[33]	（十亿）元	12 243	13 102	13 594	13 337	14 477	15 497	16 672	17 707	18 941	20 823
老挝	（十亿）基普	49.2	53.0	66.5	224	278	325	..	..	..	..
马来西亚	（百万）林吉特	6 091	5 877	4 547	6 321	5 826	7 351	8 504	10 950	10 419	9 399
蒙古	（百万）图格里克	11 850	14 830	16 749	18 416	26 126	25 384	28 071	27 899	33 329	..
缅甸	（十亿）缅币	27.7	29.8	37.3	43.7	58.8	63.9	73.1	..	..	..
菲律宾	（百万）比索	30 978	29 212	31 512	32 959	36 208	35 977	38 907	44 440	43 847	44 193
新加坡	（百万）元	5 782	6 618	7 475	7 616	7 466	7 721	8 108	8 230	8 526	9 100
中国台湾†	（十亿）元	288	302	299	258	243	248	225	228	251	250

国家和地区	货币	1996	1997	1998	1999	2000	2001	2002	2003	2004	2005
泰国	（百万）铢	100 220	98 172	86 133	74 809	71 268	75 413	76 724	77 774	77 067	81 171
越南	盾	..	..	..	..	..	..	..	..	..	..
南亚											
阿富汗	（百万）阿富汗尼	..	..	..	..	..	..	..	29 376	33 958	36 042
孟加拉	（百万）塔卡	23 076	25 863	28 436	31 277	33 377	34 020	34 105	36 150	39 630	42 175
印度[35]	（十亿）卢比	351	416	492	598	642	689	717	761	918	1 025
尼泊尔	（百万）卢比	2 242	2 471	2 789	3 240	3 650	4 837	6 640	7 970	9 321	10 511
巴基斯坦	（百万）卢比	123 550	131 803	139 818	146 931	153 795	169 761	188 426	208 031	218 916	219 922
斯里兰卡[36]	（十亿）卢比	38.1	37.1	42.5	40.1	56.9	54.2	49.2	47.0	[56.3]	62.8
大洋洲											
澳大利亚	（百万）元	10 005	10 207	10 799	11 496	11 975	12 995	14 077	14 965	16 119	17 055
斐济	（百万）元	51.2	47.0	48.0	49.0	73.0	86.0	71.0	[70.0]	[55.0]	..
新西兰	（百万）元	1 356	1 344	1 363	1 380	1 422	1 428	1 411	1 468	1 524	1 563
巴布亚新几内亚	（百万）基那	68.0	92.6	86.0	80.0	85.0	85.5	66.3	68.8	78.7	81.9
欧洲											
阿尔巴尼亚[37]	（百万）列克	4 777	4 442	5 067	5 891	6 519	7 638	8 220	9 279	9 643	11 827
亚美尼亚	（十亿）德拉姆	21.7	31.4	33.7	36.5	36.7	36.8	36.8	44.3	49.6	61.0
奥地利	（百万）欧元	1 576	1 600	1 619	1 662	1 742	1 666	1 664	1 760	1 801	1 810

国家和地区	货币	1996	1997	1998	1999	2000	2001	2002	2003	2004	2005
阿塞拜疆	（十亿）马纳特	305	353	388	436	485	532	605	679	[740]	[1 260]
白俄罗斯† §	（百万）卢布	2 266	6 079	9 834	38 740	115 250	247 012	366 189	475 410	679 168	792 636
比利时	（百万）欧元	3 256	3 267	3 297	3 378	3 463	3 393	3 344	3 434	3 570	3 696
波黑[38]	（百万）马克	..	..	..	..	..	..	501	351	316	274
保加利亚†	（百万）列弗	34.5	372	512	595	677	805	859	895	930	1 006
克罗地亚[39]	（百万）库纳	7 760	7 000	7 500	6 084	4 510	4 336	4 355	4 089	3 585	3 649
塞浦路斯	（百万）镑	141	185	169	106	118	142	100	101	107	91.3
捷克共和国[40]	（百万）克朗	26 817	27 582	33 570	37 210	39 807	44 842	47 308	51 982	50 507	52 794
丹麦	（百万）克朗	17 896	18 521	19 071	19 428	19 339	21 017	21 269	21 110	21 495	21 307
爱沙尼亚 §	（百万）克朗	499	736	843	1 083	1 329	1 640	2 028	2 376	2 585	2 569
芬兰	（百万）欧元	1 644	1 555	1 715	1 494	1 647	1 631	1 674	1 751	1 842	1 887
法国	（百万）欧元	36 188	36 756	36 012	36 510	36 702	37 187	38 681	40 684	42 690	42 502
格鲁吉亚[41]	（百万）拉里	85.5	[57.1]	[57.1]	[52.4]	[37.2]	[49.4]	74.6	91.5	135	365
德国	（百万）欧元	29 998	29 451	29 822	30 603	30 554	30 648	31 168	31 060	30 610	30 435
希腊	（百万）欧元	3 942	4 433	5 061	5 439	5 921	5 986	6 085	6 309	[7 031]	[8 120]
匈牙利	（百万）福林	103 132	146 820	151 215	191 485	226 041	272 426	279 569	314 380	310 731	289 116
冰岛	克朗	0	0	0	0	0	0	0	0	0	0
爱尔兰	（百万）欧元	580	623	644	677	734	835	841	874	914	923

国家和地区	货币	1996	1997	1998	1999	2000	2001	2002	2003	2004	2005
意大利	（百万）欧元	18 680	19 987	21 052	22 240	24 325	24 592	25 887	26 795	27 476	25 107
拉脱维亚[42]	（百万）拉特	21.0	22.1	24.8	33.1	42.4	54.6	91.0	108	124	153
立陶宛	（百万）立特	169	302	553	479	760	805	884	917	1 042	1 280
卢森堡	（百万）欧元	109	119	129	132	139	179	192	205	[222]	[273]
前南马其顿共和国†	（百万）代纳尔	5 223	4 163	4 302	3 769	4 602	15 397	6 841	6 292	6 683	6 265
马耳他†	（千）里拉	12 002	12 020	11 297	11 164	11 109	12 205	12 317	12 874	13 968	14 121
摩尔多瓦†[43]	（百万）列伊	70.7	80.5	57.0	63.0	63.3	76.7	94.7	109	113	115
荷兰	（百万）欧元	5 989	6 056	6 154	6 595	6 482	6 929	7 149	7 404	7 782	7 957
挪威	（百万）克朗	22 813	23 010	25 087	25 809	25 722	26 669	32 461	31 985	32 945	31 346
波兰	（百万）兹罗提	[8 655]	[10 489]	12 133	12 800	13 763	14 864	15 400	16 854	17 689	17 538
葡萄牙	（百万）欧元	2 001	2 089	2 098	2 259	2 393	2 598	2 765	2 792	[3 057]	[3 164]
罗马尼亚[44]	（百万）新列伊	[270]	[770]	[1 113]	1 465	2 031	2 864	3 491	4 151	5 010	6 070
俄罗斯[45]	（百万）卢布	[82 485]	[105 034]	[85 574]	[164 658]	[271 024]	[365 374]	[470 055]	[568 468]	[655 629]	[808 806]
塞黑	（百万）第纳尔	3 950	[5 406]	6 441	8 600	21 292	33 060	43 695	42 070	48 275	47 782
斯洛伐克†	（百万）克朗	19 665	16 792	14 009	13 532	15 760	19 051	19 947	22 965	22 944	25 550
斯洛文尼亚	（百万）托拉尔	44 666	46 434	50 030	49 958	49 518	65 903	78 552	86 346	99 700	110 288
西班牙[46]	（百万）欧元	6 560	6 750	6 756	7 092	7 599	7 972	8 414	8 587	9 132	9 330

国家和地区	货币	1996	1997	1998	1999	2000	2001	2002	2003	2004	2005
瑞典[47]	（百万）克朗	27 015	39 726	40 801	42 541	44 542	42 639	42 401	42 903	40 527	41 614
瑞士†§	（百万）法郎	4 782	4 634	4 532	4 416	4 503	4 476	4 461	4 437	4 381	4 410
土耳其[48]	（百万）新里拉	612	1 183	2 289	4 168	6 248	8 844	12 108	13 553	13 386	15 716
联合王国[49]	（百万）镑	22 107	21 792	22 261	22 548	23 307	24 217	25 718	29 845	32 217	31 358
乌克兰[50]	（百万）格里夫尼亚	2 680	3 851	3 442	3 890	6 184	5 848	6 266	7 615	8 963	[10 400]
中东											
巴林	（百万）第纳尔	109	109	111	123	121	126	126	176	180	..
埃及[51]	（百万）镑	7 573	7 986	8 154	8 312	9 124	9 975	10 717	11 824	13 476	[15 100]
伊朗[52]	（十亿）里亚尔	6 499	8 540	10 624	17 757	31 113	38 310	35 362	48 291	63 684	75 954
伊拉克	（百万）第纳尔	..	..	..	..	..	..	..	..	..	..
以色列[53]	（十亿）新谢克尔	28.4	31.4	34.3	37.4	39.5	40.6	47.4	44.7	45.8	43.9
约旦[54]	（百万）第纳尔	417	445	491	512	531	537	551	649	653	691
科威特	（百万）第纳尔	971	745	696	696	827	824	864	1 126	1 291	1 354
黎巴嫩	（十亿）镑	[1 156]	[1 044]	1 052	1 251	1 327	1 383	1 222	[1 177]	[1 232]	..
阿曼[55]	（百万）里亚尔	737	760	676	687	809	933	958	1 010	1 144	1 148
卡塔尔	（百万）里亚尔	..	..	..	..	..	..	..	..	..	..
沙特[56]	（百万）里亚尔	50 025	67 975	78 231	68 700	74 866	78 8509	69 382	70 303	78 414	95 146
叙利亚	（十亿）镑	40.7	42.8	46.1	45.0	[49.6]	[61.4]	[62.6]	[74.4]	..	..

国家和地区	货币	1996	1997	1998	1999	2000	2001	2002	2003	2004	2005
阿联酋[57]	（百万）迪拉姆	[8 292]	8 629	8 712	8 790	8 688	8 796	9 139	9 236	..	[9 179]
也门	（十亿）里亚尔	39.2	51.3	52.2	61.5	76.6	[91.1]	130	148	[156]	[162]

( ) 为不肯定的数字；〔 〕为 SIPRI 估计数；| 表示多数货币变更；† 表示该国军费中未包括退休、忧恤金；‡ 表示该国数据仅为经常性开支；§ 表示该国的数字仅为预算金额而非实际支出。

注释：

[1] 摩洛哥 1998 年至 2003 年数据为已通过的预算数据，而非实际军费开支数据。

[2] 安哥拉经济受战争影响严重，其经济数据不够准确。因此，在使用本数据时应充分考虑其准确性。本数据为安哥拉防务、公共秩序和安全开支数据。

[3] 中非共和国的数据仅为经常开支。2005 年该国的投资支出为 775 000 非洲法郎。

[4] 1997 年之前，刚果民主共和国为扎伊尔。

[5] 厄立特里亚 1995 年的数据包括复员开支。厄立特里亚曾变更货币，所有数据已换算为现行货币数据。

[6] 埃塞俄比亚 1999 年的数据包括在原有防务预算基础上新增的 10 亿比尔拨款。2002 年至 2005 年数据为已通过的预算数据。

[7] 1998 年，几内亚比绍爆发武装冲突，导致防务开支增长。特别是 2000/2001 年度，该国防务开支涨幅较大。国际货币基金组织认为，开支增长的主要来源是银行的信贷及期票支持。几内亚比绍曾变更货币，所有数据已换算为现行货币数据。

[8] 马达加斯加的数据包括宪兵和国家警察的开支。马达加斯加曾变更货币，所有数据已换算为现行货币数据。

[9] 莫桑比克的数据包括政府军和莫桑比克全国抵抗运动（RENAMO）部队的复员开支，以及建立新型统一军队的开支。部队复员工作至 1998/1999 年度结束。自 1999 年起，该国数据为安全和公共秩序开支费用。

[10] 纳米比亚 1999 年数据仅为国防部预算。此外，该年度财政部还为纳米比亚保持在民主刚果的军事存在提供了 1.04 亿纳元紧急拨款预算。该国 2002 年数据包括 7850 万纳元补充拨款。

[11] 尼日利亚 1999 年以前的数据有所低估，原因是军队采用了特殊的美元兑换优惠利率。

[12] 1998 年卢旺达数据为官方防务预算。国际货币基金组织认为，该国预算内和预算外都有其他资金用于军事活动。另有估算认为卢旺达的实际军事开支为官方数据的两倍。

[13] 塞内加尔数据不包括准军事部队的开支。1998 年，该项开支为 211 亿非洲法郎。

[14] 苏丹曾变更货币，所有数据已换算为现行货币。

[15] 坦桑尼亚 2003 年至 2004 年数据为防务和安全开支。

[16] 赞比亚的数据，特别是固定美元数据和占国内生产总值比例数据不够准确，原因是该国通货膨胀过快，货币变更频繁。

[17] 津巴布韦 1999 年数据包括 18 亿津巴布韦元的补充拨款。

[18] 哥斯达黎加没有武装部队。该国用于准军事部队、边境保卫和海空监视的开支低于国内生产总值的 0.05%。

[19] 洪都拉斯的数据不包括军队抚恤和军购开支。

[20] 1990 年，巴拿马国防军解散，由国民警卫队接替。国民警卫队由国家警察及海空卫队组成。

[21] 美国的数据为财年数据（10 月 1 日至 9 月 30 日），而非公历年数据。

[22] 智利的数据为已通过的预算数据，包括国有智利国家铜业公司（CODELCO）直接支付的军购费用。2004 年至 2005 年，由于铜价上涨，智利国家铜业公司支付的金额增加。2005 年 6 月的铜出口收入较 2004 年 6 月增长了 55%，增至 15.3 亿美元。

[23] 2002 年至 2004 年，哥伦比亚根据 2002 年 8 月 12 日颁布的法令，从战争税中特别拨款 26 亿比索。哥伦比亚 2002 年至 2004 年的数据包括这部分开支。

[24] 2000 年 3 月 13 日，厄瓜多尔货币由苏克雷变更为美元，汇率为 1 美元兑换 2.5 万苏克雷。1996 年至 2000 年现行价格数据反映了当年美元的市场汇率。2002 年至 2004 年数据为已通过的预算数据。

[25] 秘鲁 2005 年数据不包括秘鲁国有 CAMISEA 公司所支出的 20%天然气产品收入。这部分开支用于秘鲁的武装部队和国家警察部队。

[26] 2002 年及以前出版的《SIPRI 年鉴》中，中亚国家的固定美元价格数据都是依据购买力平价（PPP）换算的。

[27] 由于土库曼斯坦的会计系统分类调整，该国的系列数据所涵盖的内容因时间差异而不尽相同。2002 年及以前出版的《SIPRI 年鉴》中，该国数据的固定美元价格都是依据购买力平价（PPP）换算的。

[28] 文莱的数据为文莱皇家部队的经常开支。

[29] 柬埔寨的数据为防务和安全开支，包括日常警察部队的开支。

[30] 中国的数据是估算的总体军事开支。1989 年至 1998 年军费开支（当地货币）及占国内生产总值百分比的估算，参见 S. 王《中国军费开支 1989 年至 1998 年》，《SIPRI 年鉴 1999：军备、裁军和国际安全》（牛津大学出版社，牛津，1999 年），第 334 页至 349 页。1999 年至 2002 年的估算则根据官方军费开支的变化幅度，并假设解放军通过经商获取的经费不断减少。

[31] 日本的数据为已通过的预算数据，不包括军队抚恤费用，包括冲绳特别行动委员会（SACO）的费用。

[33] 韩国的数据不包括军队抚恤、军购及准军事部队的开支。

[35] 印度的数据包括边境保安部队、中央后备警察部队、阿萨姆步枪队和印度—西藏边境警察部队等准军事部队的开支，不包括军事核活动的开支。

[36] 斯里兰卡的数据仅为经常开支。2000 年，该国通过 280 亿斯里兰卡卢比（3.86 亿美元）的战争相关特别拨款。这笔款项没有完全反映在官方数据中。

[37] 阿尔巴尼亚 2001 年至 2003 年数据为已通过的预算数据。2004 年和 2005 年数据为阿尔巴尼亚政府的预计数据。该国数据不包括准军事部队开支。

[38] 波黑的数据包括波黑联邦军队及塞族军队开支。波黑联邦军队又分为波斯尼亚军队和克罗地亚军队。1998 年 1 月以后，波黑的货币为可兑换马克。汇率为 1 可兑换马克=1 德国马克。

[39] 克罗地亚数据不包括军队抚恤开支。2000 年该国军队抚恤开支为 4.48 亿库纳；2001 年为 4.28 亿库纳；2002 年为 4.33 亿库纳；2003 年为 4.3 亿库纳。

[40] 捷克共和国 2000 年前的数据不包括军队抚恤开支。

[41] 格鲁吉亚 2002 年至 2005 年数据为预算开支。1997 年至 2001 年间，防务预算执行率的波动幅度为 56%至 90%。由于政治动乱，格鲁吉亚 2003 年的预算数据很可能低于实际开支数据。

[42] 拉脱维亚的数据不包括军队抚恤开支（由俄罗斯支付）及准军事部队开支。1996 年至 1998 年这三年间，年均军队抚恤开支为 2700 万拉特。1999 年，准军事部队开支为 9850 万拉特。

[43] 摩尔多瓦的数据不包括军队抚恤和准军事部队的开支。2003 年，摩尔多瓦所有军事项目预算总和为 3.61 亿列伊（而非 1.09 亿列伊）；2004 年为 4.32 亿列伊（而非 1.13 亿列伊）。

[44] 罗马尼亚曾变更货币，所有数据已换算为现行货币。

[45] 俄罗斯军费开支数据来源及估算方法，参见 J. 库珀：《1987 年至 1997 年苏联和俄罗斯联邦军费开支》，《SIPRI 年鉴 1998：军备、裁军和国际安全》（牛津大学出版社，牛津，1998），第 243 页至 259 页。2002 年及以前出版的《SIPRI 年鉴》中，俄罗斯的固定美元价格数据都是依据购买力平价（PPP）换算的。

[46] 西班牙的数据不包括工业部提供的政府军事研发经费。

[47] 瑞典 2001 年调整审计系统，因此 2000 年至 2001 年的数据有断档。数据断档造成瑞典 2000 年至 2001 年军费开支下降的幅度多估算了 1.4 个百分点。

[48] 土耳其的数据单位是新里拉。2005 年，土耳其发行新里拉，汇率为 1 土耳其新里拉=100 万土耳其里拉。

[49] 由于联合王国防御开支审计系统 2001 年由现金制该为应记制，2000 年至 2001 年该国数据有断档。审计系统调整对联合王国军费开支趋势的影响目前仍不明了。

[50] 乌克兰的数据为已通过的国防部、军队抚恤和准军事部队的预算数据。1996 年至 1999 年实际军费开支约为预算的 95%至 99%。

[51] 埃及的数据包括每年美国提供的约 13 亿美元军事援助。

[52] 伊朗的数据包括公共秩序和安全开支。

[53] 以色列的数据包括每年美国提供的约 20 亿美元军事援助。

[54] 约旦的数据为防务和安全开支。

[55] 阿曼的数据为防务和安全的经常开支。

[56] 沙特的数据为防御和安全开支。

[57] 阿联酋的数据不包括其 7 个酋长国的地方军费开支。

表 8A.3　1996—2005 年国家和地区军费开支（固定美元）

数字单位为百万美元（2003 年固定美元价格及汇率），最右列标有 * 的一列数据为 2005 年现值美元价格（单位百万美元），年份为公历年。

国家和地区	1996	1997	1998	1999	2000	2001	2002	2003	2004	2005	2005*
非洲											
北非											
阿尔及利亚‡	1 273	1 531	1 620	1 709	1 984	2 009	2 214	2 206	2 519	2 545	2 862
利比亚	..	371	419	323	346	338	435	541	585	..	..
摩洛哥[1]	1 501	1 437	1 420	1 550	1 600	1 699	1 796	1 851	2 072	1 978	2 256

国家和地区	1996	1997	1998	1999	2000	2001	2002	2003	2004	2005	2005*
突尼斯	365	361	368	364	381	396	392	408	404	409	434
撒哈拉以南非洲											
安哥拉[2]	[1 076]	[809]	[288]	[1 054]	[297]	[153]	[195]	[298]	[668]	[1 137]	[1 620]
贝宁	..	..	..	..	..	..	..	..	..	..	..
博茨瓦纳	161	186	240	236	247	251	292	299	[284]	230	[261]
布基纳法索	37.9	43.9	43.3	48.3	49.2	48.4	58.6	55.0	59.9	64.5	78.1
布隆迪	30.8	33.3	35.7	37.4	32.2	42.7	45.6	43.4	38.6	..	..
喀麦隆 §	120	132	150	162	163	162	176	189	200	199	229
佛得角	4.4	4.4	4.9	5.5	8.9	6.0	5.5	5.7	6.1	..	..
中非共和国[3]	12.1	..	..	..	..	..	13.3	15.0	14.0	13.9	15.8
乍得	29.0	21.0	18.4	26.7	30.3	32.3	32.6	39.1	43.2	45.9	50.5
刚果共和国	..	..	..	..	..	..	..	48.8	..	..	..
刚果民主共和国[4]	68.7	56.6	17.0	62.0	46.1	..	..	118	185	136	142
科特迪瓦	113	113	..	..	..	..	..	213	..	..	..
吉布提	23.9	25.2	24.8	24.4	23.4	23.4	25.8	..	..	..	..
赤道几内亚	..	..	..	..	..	..	..	..	..	..	..
厄立特里亚[5]	171	109	328	316	263	195	186	146	..	..	..
埃塞俄比亚[6]	117	215	453	719	648	438	411	349	321	301	345

国家和地区	1996	1997	1998	1999	2000	2001	2002	2003	2004	2005	2005*
加蓬	..	..	..	..	..	116	116	108	106	104	119
冈比亚‡	2.0	2.2	2.1	2.0	2.1	2.0	1.9	1.6	1.4	1.4	1.6
加纳 §	33.4	33.5	41.6	44.1	61.8	38.8	43.5	50.6	65.1	64.1	80.0
几内亚	..	35.2	38.4	50.4	49.5	100	105	..	..	..	..
几内亚比绍[7]	2.3	2.1	3.2	..	12.0	7.8	..	..	..	..	..
肯尼亚	210	200	188	183	197	226	244	246	238	220	271
莱索托	27.9	27.9	30.1	37.5	36.0	32.0	29.3	29.2	27.4	26.2	34.7
利比里亚	..	..	..	..	..	(43.8)	(50.8)	..	..	..	..
马达加斯加[8]	54.3	69.2	66.9	62.7	63.2	79.2	..	..	..	..	..
马拉维	13.0	16.7	13.4	13.0	11.1	11.8	12.8	13.1	..	..	..
马里	51.7	59.9	59.3	67.0	77.6	78.1	75.9	81.4	87.7	89.0	101
毛里塔尼亚‡	19.4	18.5	18.5	18.4	18.3	18.3	19.6	18.2	16.5	14.3	18.1
毛里求斯	12.4	10.3	9.4	9.9	10.3	10.4	10.6	10.9	10.9	11.8	12.4
莫桑比克[9]	[31.2]	[34.7]	[41.2]	49.4	51.2	58.4	60.4	59.8	67.4	68.1	94.5
纳米比亚[10]	67.6	83.3	89.0	124	136	116	125	118	132	143	190
尼日尔	17.4	19.2	23.6	27.0	25.8	31.6	24.4	24.6	29.5	..	..
尼日利亚[11]	247	267	340	585	422	632	954	638	572	653	845
卢旺达[12]	57.4	52.9	58.1	59.1	50.2	51.4	48.4	42.8	39.9	38.6	46.7

国家和地区	1996	1997	1998	1999	2000	2001	2002	2003	2004	2005	2005*
塞内加尔[13]	77.2	77.0	81.5	88.0	80.5	88.8	89.1	96.9	97.3	112	127
塞舌尔	12.4	13.5	12.7	12.8	12.0	12.4	12.3	12.2	15.6	12.3	12.1
塞拉利昂	16.0	(7.6)	..	..	[24.9]	16.8	15.3	17.4	13.1	13.3	13.5
索马里	..	..	..	..	..	..	..	..	..	..	..
南非	2 314	2 128	1 917	1 816	2 120	2 371	2 538	2 588	2 544	2 741	3 469
苏丹[14]	134	106	307	550	724	449	527	398	..	..	..
斯威士兰	[30.2]	29.6	32.6	34.0	31.3	29.2	..	..	..	..	..
坦桑尼亚[15]	83.6	83.5	..	..	103	119	138	132	128	130	132
多哥	..	..	..	..	..	..	..	28.8	28.7	28.1	34.1
乌干达‡	88.3	84.6	110	122	113	117	140	151	159	..	..
赞比亚[16]	53.6	68.7	69.2	35.3	[22.1]	..	..	..	..	..	..
津巴布韦[17]	300	317	259	444	435	259	229	177	260	..	..
美洲											
加勒比地区											
巴哈马	23.9	30.3	29.7	46.6	34.3	31.1	31.3	32.8	37.4	38.3	39.2
巴巴多斯	17.7	17.7	20.6	21.6	22.8	23.9	24.0	23.4	..	..	..
古巴	..	..	..	..	..	..	..	..	..	..	..
多米尼加共和国	70.9	95.8	98.8	102	136	163	184	116	87.7	[108]	[197]

国家和地区	1996	1997	1998	1999	2000	2001	2002	2003	2004	2005	2005*
海地	..	..	..	..	..	..	..	..	..	..	..
牙买加	47.4	53.2	43.7	41.7	41.0	43.6	52.6	54.8	[56.4]	[58.8]	[70.0]
特立尼达和多巴哥	..	..	..	..	..	..	..	..	..	..	..
中美											
伯利兹	8.4	9.8	..	..	..	..	..	..	..	..	..
哥斯达黎加[18]	..	..	..	..	..	..	..	..	..	..	..
萨尔瓦多	115	111	107	110	121	113	111	106	[101]	97.5	105
危地马拉	157	147	153	150	189	222	165	179	107	108	132
洪都拉斯†[19]	..	..	..	..	37.9	43.2	55.7	53.0	49.5	49.1	53.1
墨西哥†§	2 828	2 933	2 895	3 061	3 067	3 186	3 026	2 941	2 817	2 772	3 003
尼加拉瓜	31.7	31.2	26.8	27.6	30.3	28.2	34.9	35.6	30.8	31.6	33.8
巴拿马[20]	109	125	110	116	..	..	..	..	..	..	..
北美											
加拿大	9 687	8 931	9 242	9 642	9 483	9 730	9 781	9 959	10 338	10 568	12 837
美国[21]	318 420	316 789	309 447	310 326	322 309	324 908	364 819	415 223	452 559	478 177	507 089
南美											
阿根廷	1 881	1 813	1 803	1 858	1 821	1 791	1 480	1 528	[1 586]	1 560	1 797
玻利维亚	114	143	177	140	129	165	164	179	177	169	176

国家和地区	1996	1997	1998	1999	2000	2001	2002	2003	2004	2005	2005 *
巴西	[7 116]	[8 726]	[8 223]	[7 587]	8 042	9 323	10 670	8 317	7 811	8 687	12 598
智利[22]	[1 823]	1 984	2 115	2 240	2 371	2 461	2 625	2 521	3 172	3 401	4 399
哥伦比亚[23]	[2 028]	2 173	2 255	2 508	2 537	2 862	2 757	[3 066]	[3 212]	[3 309]	[4 595]
厄瓜多尔[24]	474	542	597	385	444	466	602	641	689	840	881
圭亚那	5.7	..	..	..	..	..	..	..	..	..	..
巴拉圭	[64.4]	[77.7]	[72.1]	[61.1]	[59.6]	55.8	52.6	53.7	46.3	48.4	55.1
秘鲁[25]	911	769	861	864	970	1 027	734	775	778	893	1 011
乌拉圭	[238]	[235]	[229]	237	214	211	183	169	142	175	233
委内瑞拉	1 006	1 650	1 156	1 211	1 158	1 522	1 132	1 062	1 314	1 477	1 604
亚洲和大洋洲											
中亚											
哈萨克斯坦[26]	205	191	190	159	166	245	268	318	363	[469]	[610]
吉尔吉斯斯坦[26]	39.8	44.1	38.1	40.2	48.3	42.0	48.7	55.1	56.7	..	..
塔吉克斯坦[26]	10.7	15.4	17.6	14.7	12.7	12.6	26.9	34.8	40.9	..	..
土库曼斯坦[27]	112	169	143	155	..	..	..	..	..	..	..
乌兹别克斯坦[26]	(98.0)	[114]	..	172	..	91.9	..	71.5	..	..	..
东亚											
文莱[28]	275	316	351	[298]	[274]	[308]	292	..	..	..	..

国家和地区	1996	1997	1998	1999	2000	2001	2002	2003	2004	2005	2005*
柬埔寨[29]	139	138	130	123	119	110	104	103	103	103	111
中国[30]	[15 500]	[15 700]	[18 000]	[20 200]	[22 200]	[26 200]	[30 900]	[34 200]	[37 700]	[41 000]	[44 300]
印度尼西亚	[2 738]	2 558	2 005	1 649	2 162	2 282	2 397	2 554	2 774	[2 607]	[2 663]
日本†[31]	41 298	41 497	41 391	41 468	41 755	42 180	42 627	42 729	42 395	42 081	45 324
朝鲜[32]	..	..	(19.5)	(19.5)	(20.0)	(20.9)	(22.0)	(26.0)	(27.9)	..	..
韩国†[33]	13 175	13 494	13 026	12 672	13 450	13 828	14 487	14 860	15 344	16 448	20 728
老挝	44.6	37.7	24.8	36.6	36.2	39.3	..	..	..	..	..
马来西亚	1 886	1 772	1 302	1 762	1 600	1 991	2 263	2 882	2 703	2 363	2 487
蒙古	20.9	19.1	19.8	20.2	25.7	23.5	25.7	24.3	26.9	..	..
缅甸[34]	..	..	..	..	..	..	..	..	..	..	..
菲律宾	826	738	729	719	760	707	743	820	763	714	795
新加坡	3 461	3 884	4 398	4 481	4 334	4 437	4 678	4 724	4 814	5 132	5 545
中国台湾†	8 679	9 009	8 783	7 565	7 017	7 160	6 525	6 616	7 168	7 003	7 813
泰国	2 924	2 713	2 202	1 907	1 789	1 861	1 883	1 875	1 808	1 823	2 031
越南	..	..	..	..	..	..	..	..	..	..	..
南亚											
阿富汗	..	..	..	..	..	..	..	9.8	11.3	..	..
孟加拉	548	582	591	612	639	639	620	622	661	660	655

国家和地区	1996	1997	1998	1999	2000	2001	2002	2003	2004	2005	2005*
印度[35]	11 182	12 378	12 915	15 009	15 487	16 027	15 977	16 334	18 988	20 443	23 674
尼泊尔	42.0	44.5	45.1	48.8	53.6	69.2	92.2	105	119	127	149
巴基斯坦	3 016	2 889	2 885	2 911	2 920	3 125	3 358	3 602	3 528	3 241	3 682
斯里兰卡[36]	699	621	651	586	784	655	542	487	[543]	539	625
大洋洲											
澳大利亚	7 684	7 820	8 203	8 606	8 581	8 921	9 382	9 705	10 214	10 535	13 258
斐济	33.3	29.6	28.6	28.6	42.1	47.6	39.0	[36.9]	[28.2]	..	..
新西兰	887	869	870	882	885	866	834	853	865	864	1 119
巴布亚新几内亚	42.0	55.0	44.9	36.4	33.4	30.8	21.3	19.3	21.6	22.0	26.4
欧洲											
阿尔巴尼亚[37]	70.6	49.3	46.6	54.0	59.7	67.9	67.8	76.1	77.4	92.6	120
亚美尼亚	50.6	64.4	63.5	68.4	69.3	67.3	66.5	76.6	80.2	98.5	134
奥地利	1 983	1 987	1 993	2 034	2 083	1 940	1 904	1 987	1 992	1 957	2 305
阿塞拜疆	63.4	71.0	78.5	96.5	105	114	126	138	[141]	[213]	[265]
白俄罗斯† §	97.7	160	150	150	166	220	229	232	280	292	367
比利时	4 137	4 085	4 083	4 137	4 136	3 954	3 834	3 876	3 947	3 971	4 708
波黑[38]	..	..	..	..	..	..	291	202	182	156	179
保加利亚†	359	335	388	440	453	502	506	516	505	522	653

国家和地区	1996	1997	1998	1999	2000	2001	2002	2003	2004	2005	2005*
克罗地亚[39]	1 491	1 291	1 299	1 019	718	659	650	610	516	509	626
塞浦路斯	334	423	378	233	249	294	201	195	202	169	202
捷克共和国[40]	1 293	1 225	1 347	1 462	1 505	1 619	1 680	1 843	1 741	1 791	2 259
丹麦	3 192	3 232	3 268	3 248	3 142	3 337	3 297	3 204	3 225	3 140	3 641
爱沙尼亚 §	51.4	68.5	72.6	90.2	106	124	148	171	181	173	209
芬兰	2 092	1 956	2 128	1 832	1 954	1 886	1 906	1 976	2 075	2 107	2 405
法国	44 981	45 145	43 936	44 308	43 796	43 667	44 564	45 917	47 177	46 150	54 143
格鲁吉亚[41]	63.4	[39.6]	[38.2]	[29.4]	[20.1]	[25.5]	36.4	42.6	59.5	146	202
德国	37 124	35 768	35 886	36 612	36 021	35 432	35 546	35 055	33 980	33 187	35 771
希腊	5 776	6 155	6 707	7 022	7 410	7 245	7 111	7 120	[7 712]	[8 600]	[10 344]
匈牙利	903	1 086	980	1 128	1 212	1 338	1 304	1 402	1 297	1 165	1 502
冰岛	0	0	0	0	0	0	0	0	0	0	0
爱尔兰	829	878	886	916	941	1 021	982	986	1 010	997	1 176
意大利	24 727	25 928	26 785	27 833	29 690	29 201	29 998	30 242	30 341	27 196	31 983
拉脱维亚[42]	47.2	45.8	49.1	64.0	79.9	100	164	189	204	238	275
立陶宛	64.5	106	184	159	249	261	285	300	336	403	473
卢森堡	140	151	162	164	168	211	221	231	[245]	[295]	[348]
前南马其顿共和国	112	88.3	90.7	80.5	92.2	293	127	116	123	117	130

国家和地区	1996	1997	1998	1999	2000	2001	2002	2003	2004	2005	2005*
马耳他	37.2	36.2	33.2	32.1	31.2	33.3	32.9	34.1	36.0	35.4	41.7
摩尔多瓦†[43]	14.4	15.6	9.7	7.7	5.9	6.5	7.6	7.9	7.2	6.5	9.1
荷兰	8 148	8 065	8 036	8 426	8 037	8 246	8 239	8 356	8 676	8 732	10 136
挪威	3 812	3 749	3 997	4 018	3 886	3 911	4 699	4 518	4 632	4 332	4 991
波兰	[3 660]	[3 855]	3 991	3 925	3 813	3 925	3 991	4 334	4 391	4 258	5 480
葡萄牙	2 784	2 845	2 782	2 927	3 015	3 135	3 223	3 151	[3 371]	[3 411]	[4 031]
罗马尼亚[44]	[1 328]	[1 489]	[1 353]	1 221	1 162	1 219	1 212	1 250	1 349	1 498	2 166
俄罗斯[45]	[14 100]	[15 700]	[10 000]	[10 400]	[14 100]	[15 700]	[17 400]	[18 500]	[19 300]	[21 000]	[28 814]
塞黑	654	[756]	695	653	952	774	844	730	765	656	717
斯洛伐克†	903	727	568	496	516	581	589	625	580	631	845
斯洛文尼亚	359	344	343	323	294	361	400	417	465	502	586
西班牙[46]	8 949	9 031	8 876	9 108	9 434	9 555	9 784	9 691	10 004	9 898	11 885
瑞典[47]	3 627	5 295	5 456	5 660	5 875	5 490	5 343	5 306	4 993	5 105	5 761
瑞士†§	3 737	3 603	3 523	3 405	3 419	3 365	3 333	3 294	3 226	3 212	3 627
土耳其[48]	10 008	10 427	10 926	12 064	11 675	10 703	10 108	9 030	8 212	8 907	11 762
联合王国[49]	42 877	40 945	40 450	40 344	40 533	41 356	43 212	48 728	51 088	48 305	57 622
乌克兰[50]	1 203	1 490	1 205	1 110	1 377	1 163	1 237	1 429	1 542	[1 567]	[2 030]
中东											

国家和地区	1996	1997	1998	1999	2000	2001	2002	2003	2004	2005	2005*
巴林	298	292	299	334	332	345	340	468	456	..	..
埃及[51]	1 635	1 648	1 620	1 602	1 712	1 830	1 914	2 021	2 070	[2 205]	[2 608]
伊朗[52]	2 234	2 502	2 641	3 676	5 626	6 225	5 026	5 894	6 772	7 035	8 474
伊拉克	..	..	..	..	..	..	..	..	..	..	..
以色列[53]	8 202	8 320	8 620	8 935	9 330	9 489	10 484	9 816	10 098	9 579	9 943
约旦[54]	667	689	739	766	789	784	790	915	891	920	975
科威特	3 576	2 726	2 542	2 470	2 865	2 815	2 928	3 777	4 280	4 300	4 638
黎巴嫩	[885]	[741]	715	848	903	945	821	[781]	[793]	..	..
阿曼[55]	1 835	1 902	1 706	1 727	2 056	2 397	2 477	2 622	2 960	2 966	2 986
卡塔尔	..	..	..	..	..	..	..	..	..	..	..
沙特[56]	12 951	17 588	20 314	18 083	19 930	21 227	18 635	18 772	20 824	25 206	25 393
叙利亚	3 710	3 829	4 150	4 209	[4 826]	[5 800]	[5 857]	[6 628]	[6 626]	..	..
阿联酋[57]	[2 676]	2 705	2 678	2 646	2 580	2 543	2 566	2 517	2 327	[2 254]	[2 499]
也门	366	469	451	488	581	[618]	782	807	[753]	[710]	[844]

( )为不肯定的数字；〔 〕为 SIPRI 估计数；| 表示多数货币变更；†表示该国军费中未包括退休、怃恤金；‡表示该国数据仅为经常性开支；§ 表示该国的数字仅为预算金额而非实际支出。

注释：

[1] 摩洛哥 1998 年至 2003 年数据为已通过的预算数据，而非实际军费开支数据。

[2] 安哥拉经济受战争影响严重，其经济数据不够准确。因此，在使用本数据时应充分考虑其准确性。本数据为安哥拉防务、公共秩序和安全开支数据。

[3] 中非共和国的数据仅为经常开支。2005 年该国的投资支出为 775 000 非洲法郎。

[4] 1997 年之前，刚果民主共和国为扎伊尔。

[5] 厄立特里亚 1995 年的数据包括复员开支。厄立特里亚曾变更货币，所有数据已换算为现行货币数据。

[6] 埃塞俄比亚 1999 年的数据包括在原有防务预算基础上新增 10 亿比尔的拨款。2002 年至 2005 年数据为已通过的预算数据。

[7] 1998 年，几内亚比绍爆发武装冲突，导致防务开支增长。特别是 2000/2001 年度，该国防务开支涨幅较大。国际货币基金组织认为，开支增长的主要来源是银行的信贷及期票支持。几内亚比绍曾变更货币，所有数据已换算为现行货币数据。

[8] 马达加斯加的数据包括宪兵和国家警察的开支。马达加斯加曾变更货币，所有数据已换算为现行货币数据。

[9] 莫桑比克的数据包括政府军和莫桑比克全国抵抗运动（RENAMO）部队的复员开支，以及建立新型统一军队的开支。部队复员工作至 1998/99 年度结束。自 1999 年起，该国数据为安全和公共秩序开支费用。

[10] 纳米比亚 1999 年数据仅为国防部预算。此外，该年度财政部还为纳米比亚保持在民主刚果的军事存在提供了 1.04 亿纳元紧急拨款预算。该国 2002 年数据包括 7850 万纳元补充拨款。

[11] 尼日利亚 1999 年以前的数据有所低估，原因是军队采用了特殊的美元兑换优惠利率。

[12] 1998 年卢旺达数据为官方防务预算。国际货币基金组织认为，该国预算内和预算外都有其他资金用于军事活动。另有估算认为卢旺达的实际军事开支为官方数据的两倍。

[13] 塞内加尔数据不包括准军事部队的开支。1998 年，该项开支为 211 亿非洲法郎。

[14] 苏丹曾变更货币，所有数据已换算为现行货币。

[15] 坦桑尼亚 2003 年至 2004 年数据为防务和安全开支。

[16] 赞比亚的数据，特别是固定美元数据和占国内生产总值比例数据不够准确，原因是该国通货膨胀过快，货币变更频繁。

[17] 津巴布韦 1999 年数据包括 18 亿津巴布韦元的补充拨款。

[18] 哥斯达黎加没有武装部队。该国用于准军事部队、边境保卫和海空监视的开支低于国内生产总值的 0.05%。

[19] 洪都拉斯的数据不包括军队抚恤和军购开支。

[20] 1990 年，巴拿马国防军解散，由国民警卫队接替。国民警卫队由国家警察及海空卫队组成。

[21] 美国的数据为财年数据（10 月 1 日至 9 月 30 日），而非公历年数据。

[22] 智利的数据为已通过的预算数据，包括国有智利国家铜业公司（CODELCO）直接支付的军购费用。2004 年至 2005 年，由于铜价上

涨，智利国家铜业公司支付的金额增加。2005 年 6 月的铜出口收入较 2004 年 6 月增长了 55%，增至 15.3 亿美元。

[23] 2002 年至 2004 年，哥伦比亚根据 2002 年 8 月 12 日颁布的法令，从战争税中特别拨款 26 亿比索。哥伦比亚 2002 年至 2004 年的数据包括这部分开支。

[24] 2000 年 3 月 13 日，厄瓜多尔货币由苏克雷变更为美元，汇率为 1 美元兑换 2.5 万苏克雷。1996 年至 2000 年现行价格数据反映了当年美元的市场汇率。2002 年至 2004 年数据为已通过的预算数据。

[25] 秘鲁 2005 年数据不包括秘鲁国有 CAMISEA 公司所支出的 20%天然气产品收入。这部分开支用于秘鲁的武装部队和国家警察部队。

[26] 2002 年及以前出版的《SIPRI 年鉴》中，中亚国家的固定美元价格数据都是依据购买力平价 (PPP) 换算的。

[27] 由于土库曼斯坦的会计系统分类调整，该国的系列数据所涵盖的内容因时间差异而不尽相同。2002 年及以前出版的《SIPRI 年鉴》中，该国数据的固定美元价格都是依据购买力平价 (PPP) 换算的。

[28] 文莱的数据为文莱皇家部队的经常开支。

[29] 柬埔寨的数据为防务和安全开支，包括日常警察部队的开支。

[30] 中国的数据是估算的总体军事开支。1989 年至 1998 年军费开支（当地货币）及占国内生产总值百分比的估算，参见 S. 王《中国军费开支 1989 年至 1998 年》,《SIPRI 年鉴 1999：军备、裁军和国际安全》（牛津大学出版社，牛津，1999 年），第 334 页至 349 页。1999 年至 2002 年的估算则根据官方军费开支的变化幅度，并假设解放军通过经商获取的经费不断减少。

[31] 日本的数据为已通过的预算数据，不包括军队抚恤费用，包括冲绳特别行动委员会 (SACO) 的费用。

[32] 由于缺少可靠的消费者物价指数数据，朝鲜的美元数据为现值美元数据。

[33] 韩国的数据不包括军队抚恤、军购及准军事部队的开支。

[34] 由于缅币同美元的固定汇率变化过大，缅甸没有固定美元数据。

[35] 印度的数据包括边境保安部队、中央后备警察部队、阿萨姆步枪队和印度—西藏边境警察部队等准军事部队的开支，不包括军事核活动的开支。

[36] 斯里兰卡的数据仅为经常开支。2000 年，该国通过 280 亿斯里兰卡卢比（3.86 亿美元）的战争相关特别拨款。这笔款项没有完全反映在官方数据中。

[37] 阿尔巴尼亚 2001 年至 2003 年数据为已通过的预算数据。2004 年和 2005 年数据为阿尔巴尼亚政府的预计数据。该国数据不包括准军事部队开支。

[38] 波黑的数据包括波黑联邦军队及塞族军队开支。波黑联邦军队又分为波斯尼亚军队和克罗地亚军队。1998 年 1 月以后，波黑的货币为可兑换马克。汇率为 1 可兑换马克＝1 德国马克。

[39] 克罗地亚数据不包括军队抚恤开支。2000 年该国军队抚恤开支为 4.48 亿库纳；2001 年为 4.28 亿库纳；2002 年为 4.33 亿库纳；2003 年为 4.3 亿库纳。

[40] 捷克共和国 2000 年前的数据不包括军队抚恤开支。

[41] 格鲁吉亚 2002 年至 2005 年数据为预算开支。1997 年至 2001 年间，防务预算执行率的波动幅度为 56%至 90%。由于政治动乱，格鲁吉亚 2003 年的预算数据很可能低于实际开支数据。

[42] 拉脱维亚的数据不包括军队抚恤开支（由俄罗斯支付）及准军事部队开支。1996 年至 1998 年这三年间，年均军队抚恤开支为 2700 万拉特。1999 年，准军事部队开支为 9850 万拉特。

[43] 摩尔多瓦的数据不包括军队抚恤和准军事部队的开支。2003 年，摩尔多瓦所有军事项目预算总和为 3.61 亿列伊（而非 1.09 亿列伊）；2004 年为 4.32 亿列伊（而非 1.13 亿列伊）。

[44] 罗马尼亚曾变更货币，所有数据已换算为现行货币。

[45] 俄罗斯军费开支数据来源及估算方法，参见 J. 库珀《1987 年至 1997 年苏联和俄罗斯联邦军费开支》,《SIPRI 年鉴 1998：军备、裁军和国际安全》（牛津大学出版社，牛津，1998），第 243 页至第 259 页。2002 年及以前出版的《SIPRI 年鉴》中，俄罗斯的固定美元价格数据都是依据购买力平价（PPP）换算的。

[46] 西班牙的数据不包括工业部提供的政府军事研发经费。

[47] 瑞典 2001 年调整审计系统，因此 2000 年至 2001 年的数据有断档。数据断档造成瑞典 2000 年至 2001 年军费开支下降的幅度多估算了 1.4 个百分点。

[48] 土耳其的数据单位是新里拉。2005 年，土耳其发行新里拉，汇率为 1 土耳其新里拉＝100 万土耳其里拉。

[49] 由于联合王国防御开支审计系统 2001 年由现金制该为应记制，2000 年至 2001 年该国数据有断档。审计系统调整对联合王国军费开支趋势的影响目前仍不明了。

[50] 乌克兰的数据为已通过的国防部、军队抚恤和准军事部队的预算数据。1996 年至 1999 年实际军费开支约为预算的 95%至 99%。

[51] 埃及的数据包括每年美国提供的约 13 亿美元军事援助。

[52] 伊朗的数据包括公共秩序和安全开支。

[53] 以色列的数据包括每年美国提供的约 20 亿美元军事援助。

[54] 约旦的数据为防务和安全开支。

[55] 阿曼的数据为防务和安全的经常开支。

[56] 沙特的数据为防御和安全开支。

[57] 阿联酋的数据不包括其 7 个酋长国的地方军费开支。

表 8A.4 1996—2004 年国家和地区军费开支占国内生产总值的比例

国家和地区	1996	1997	1998	1999	2000	2001	2002	2003	2004
非洲									
北非									
阿尔及利亚‡	3.1	3.6	4.0	3.8	3.5	3.5	3.7	3.3	3.4
利比亚	..	4.1	5.3	3.8	3.2	2.9	2.4	2.3	2.0
摩洛哥[1]	4.0	3.9	3.7	4.0	4.1	4.1	4.3	4.2	4.5
突尼斯	2.0	1.9	1.8	1.7	1.7	1.7	1.6	1.6	1.5
撒哈拉以南非洲									
安哥拉[2]	[9.0]	[10.3]	[5.2]	[9.9]	[2.2]	[1.4]	[1.6]	[2.2]	[4.2]
贝宁	..	..	..	..	..	..	..	..	..
博茨瓦纳	3.3	3.3	4.0	4.0	3.9	3.7	4.2	4.1	[3.8]
布基纳法索	1.3	1.4	1.3	1.4	1.4	1.3	1.5	1.3	1.3
布隆迪	5.8	6.4	6.6	6.3	6.0	8.0	7.6	7.3	6.3

国家和地区	1996	1997	1998	1999	2000	2001	2002	2003	2004
喀麦隆	1.2	1.3	1.5	1.5	1.3	1.3	1.3	1.4	1.4
佛得角	0.8	0.8	0.9	0.8	1.3	0.8	0.7	0.7	0.7
中非共和国[3]	1.2	..	..	..	..	..	1.0	1.3	1.2
乍得	1.5	1.1	0.9	1.4	1.5	1.5	1.4	1.5	1.0
刚果共和国	..	..	..	..	..	..	..	1.4	..
刚果民主共和国[4]	1.5	1.4	0.4	1.2	1.0	..	..	2.1	3.0
科特迪瓦	0.9	0.8	..	..	..	..	..	1.5	..
吉布提	4.2	4.5	4.4	4.3	4.1	4.0	4.3	..	..
赤道几内亚	..	..	..	..	..	..	..	..	..
厄立特里亚[5]	22.0	12.8	35.3	37.6	36.4	24.8	24.2	19.6	..
埃塞俄比亚[6]	1.8	3.4	6.7	10.7	9.6	6.2	5.5	4.4	..
加蓬	..	..	..	..	..	2.0	2.0	1.8	1.7
冈比亚‡	1.0	1.0	1.0	0.8	0.8	0.7	0.6	0.4	0.4
加纳	0.6	0.7	0.8	0.8	1.0	0.6	0.6	0.7	0.8
几内亚	..	1.2	1.3	1.6	1.5	2.9	2.9	..	..
几内亚比绍[7]	0.6	0.7	1.4	..	4.4	3.1	..	..	..
肯尼亚	1.8	1.7	1.5	1.4	1.3	1.5	1.6	1.6	1.6
莱索托	3.0	2.8	3.1	3.7	3.6	3.0	2.7	2.6	2.3

国家和地区	1996	1997	1998	1999	2000	2001	2002	2003	2004
利比里亚	..	..	..	..	..	(7.7)	(7.5)	..	..
马达加斯加[8]	1.2	1.5	1.3	1.2	1.2	1.4	..	..	..
马拉维	0.9	1.0	0.8	0.8	0.7	0.7	0.8	0.7	..
马里	1.9	2.0	1.9	2.0	2.2	2.0	1.9	1.9	1.9
毛里塔尼亚‡	2.5	2.3	2.2	2.1	1.9	1.9	1.9	1.6	1.4
毛里求斯	0.3	0.2	0.2	0.2	0.2	0.2	0.2	0.2	0.2
莫桑比克[9]	[1.2]	[1.2]	[1.2]	1.4	1.4	1.4	1.3	1.2	1.3
纳米比亚[10]	1.9	2.3	2.3	3.2	3.4	2.8	2.9	2.9	3.1
尼日尔	0.9	0.9	1.1	1.2	1.2	1.4	1.0	1.0	1.1
尼日利亚[11]	0.5	0.6	0.9	1.4	0.8	1.3	1.9	1.1	1.0
卢旺达[12]	5.3	4.1	4.3	4.3	3.4	3.3	2.9	2.4	2.2
塞内加尔[13]	1.6	1.5	1.5	1.5	1.3	1.4	1.4	1.4	1.4
塞舌尔	2.1	2.0	1.7	1.8	1.7	1.8	1.7	1.7	2.3
塞拉利昂	2.0	(1.1)	..	..	[4.1]	2.4	1.7	1.8	1.2
索马里	..	..	..	..	..	..	..	..	..
南非	1.8	1.6	1.4	1.3	1.4	1.5	1.6	1.6	1.4
苏丹[14]	1.3	1.0	2.5	4.3	5.1	3.1	3.4	2.4	..
斯威士兰	[2.3]	2.1	2.2	2.1	1.9	1.7	..	..	..

国家和地区	1996	1997	1998	1999	2000	2001	2002	2003	2004
坦桑尼亚[15]	1.4	1.3	..	..	1.3	1.4	1.5	1.3	1.1
多哥	..	..	..	..	..	..	..	1.6	1.6
乌干达‡	2.1	1.9	2.3	2.4	2.2	2.1	2.4	2.4	2.3
赞比亚[16]	1.4	1.8	1.9	1.0	[0.6]	..	..	..	..
津巴布韦[17]	3.1	3.2	2.5	4.5	4.9	2.6	2.3	2.6	..
美洲									
加勒比地区									
巴哈马	0.7	0.8	0.7	1.0	0.7	0.6	0.6	0.7	0.7
巴巴多斯	0.8	0.7	0.8	0.8	0.8	0.9	0.9	0.8	..
古巴	..	..	..	..	..	..	..	..	..
多米尼加共和国	0.6	0.8	0.8	0.7	0.9	1.0	1.1	0.7	0.5
海地	..	..	..	..	..	..	..	..	..
牙买加	0.7	0.7	0.6	0.6	0.6	0.6	0.7	0.7	[0.7]
特立尼达和多巴哥	..	..	..	..	..	..	..	..	..
中美									
伯利兹	1.2	1.4	..	..	..	..	..	..	..
哥斯达黎加[18]	0.0	0.0	0.0	0.0	0.0	0.0	0.0	0.0	0.0
萨尔瓦多	0.9	0.9	0.8	0.8	0.9	0.8	0.8	0.7	[0.7]

国家和地区	1996	1997	1998	1999	2000	2001	2002	2003	2004
危地马拉	0.8	0.7	0.7	0.7	0.8	0.9	0.7	0.7	0.4
洪都拉斯†[19]	..	..	..	..	0.6	0.7	0.8	0.8	0.7
墨西哥†	0.6	0.6	0.5	0.6	0.5	0.5	0.5	0.5	0.4
尼加拉瓜	0.9	0.9	0.7	0.7	0.8	0.7	0.9	0.9	0.7
巴拿马[20]	1.1	1.2	1.0	1.0	..	..	..	..	..
北美									
加拿大	1.4	1.2	1.3	1.2	1.1	1.2	1.2	1.1	1.1
美国[21]	3.5	3.3	3.1	3.0	3.1	3.1	3.4	3.8	4.0
南美									
阿根廷	1.4	1.3	1.3	1.4	1.3	1.4	1.2	1.2	[1.1]
玻利维亚	1.8	2.2	2.6	2.0	1.8	2.3	2.1	2.2	2.0
巴西	[1.7]	[2.0]	[1.9]	[1.7]	1.7	1.9	2.1	1.6	1.5
智利[22]	[3.1]	3.2	3.4	3.7	3.7	3.7	3.8	3.4	3.9
哥伦比亚[23]	[2.8]	2.9	3.1	3.5	3.4	3.8	3.6	[3.8]	[3.8]
厄瓜多尔[24]	2.0	2.1	2.4	1.5	1.7	1.8	2.3	2.4	2.4
圭亚那	0.8	..	..	..	..	..	..	..	..
巴拉圭	[1.1]	[1.4]	[1.3]	[1.1]	[1.1]	1.0	0.9	0.9	0.7
秘鲁[25]	1.8	1.4	1.6	1.6	1.7	1.9	1.3	1.3	1.2

国家和地区	1996	1997	1998	1999	2000	2001	2002	2003	2004
乌拉圭	[2.0]	[1.9]	[1.8]	1.9	1.7	1.8	1.7	1.5	1.2
委内瑞拉	1.0	1.8	1.4	1.6	1.3	1.7	1.3	1.3	1.2
亚洲和大洋洲									
中亚									
哈萨克斯坦[26]	1.2	1.1	1.1	0.8	0.8	1.0	1.0	1.1	1.0
吉尔吉斯斯坦[26]	3.0	3.1	2.7	2.7	2.9	2.3	2.7	2.9	2.9
塔吉克斯坦[26]	1.3	1.7	1.7	1.4	1.2	1.2	2.1	2.2	2.2
土库曼斯坦[27]	2.0	4.0	3.1	2.9	..	..	..	..	..
乌兹别克斯坦[26]	(1.2)	[1.4]	..	1.6	..	0.8	..	0.5	..
东亚									
文莱[28]	6.4	7.3	9.4	[7.3]	[6.5]	[7.3]	6.6	..	..
柬埔寨[29]	4.7	4.4	4.1	3.5	3.2	2.8	2.5	2.4	2.2
中国[30]	[1.8]	[1.7]	[1.9]	[2.0]	[2.0]	[2.2]	[2.3]	[2.3]	[2.4]
印度尼西亚	[1.6]	1.3	1.1	0.9	1.0	1.0	1.0	1.1	1.1
日本†[31]	0.9	0.9	1.0	1.0	1.0	1.0	1.0	1.0	1.0
朝鲜	..	..	..	..	..	..	..	..	..
韩国†[32]	2.9	2.7	2.8	2.5	2.5	2.5	2.4	2.4	2.4
老挝	2.9	2.4	1.6	2.2	2.0	2.1	..	..	..

国家和地区	1996	1997	1998	1999	2000	2001	2002	2003	2004
马来西亚	2.4	2.1	1.6	2.1	1.7	2.2	2.4	2.8	2.3
蒙古	1.8	1.8	2.0	2.0	2.6	2.3	2.3	2.0	2.0
缅甸	3.5	2.7	2.3	2.0	2.3	1.8	1.3	..	..
菲律宾	1.4	1.2	1.2	1.1	1.1	1.0	1.0	1.1	0.9
新加坡	4.4	4.7	5.4	5.4	4.7	5.0	5.1	5.1	4.7
中国台湾†	3.8	3.6	3.4	2.8	2.5	2.6	2.3	2.3	2.5
泰国	2.2	2.1	1.9	1.6	1.4	1.5	1.4	1.3	1.2
越南	..	..	..	..	..	..	..	..	..
南亚									
阿富汗	..	..	..	..	..	..	..	..	..
孟加拉	1.4	1.4	1.4	1.4	1.4	1.3	1.2	1.2	1.2
印度[35]	2.6	2.7	2.8	3.1	3.1	3.0	2.9	2.8	3.0
尼泊尔	0.8	0.8	0.8	0.9	0.9	1.1	1.5	1.6	1.7
巴基斯坦	5.1	4.9	4.8	3.9	3.7	3.9	3.9	3.8	3.4
斯里兰卡[36]	5.0	4.2	4.2	3.6	4.5	3.9	3.1	2.7	[2.8]
大洋洲									
澳大利亚	1.9	1.9	1.9	1.9	1.8	1.9	1.9	1.9	1.9
斐济	1.7	1.5	1.5	1.3	2.1	2.2	1.8	[1.6]	[1.2]

国家和地区	1996	1997	1998	1999	2000	2001	2002	2003	2004
新西兰	1.4	1.3	1.3	1.3	1.2	1.2	1.1	1.1	1.0
巴布亚新几内亚	1.0	1.3	1.1	0.9	0.9	0.9	0.6	0.6	0.6
欧洲									
阿尔巴尼亚[37]	1.5	1.4	1.2	1.2	1.2	1.3	1.3	1.3	1.2
亚美尼亚	3.3	3.9	3.5	3.7	3.6	3.1	2.7	2.7	2.6
奥地利	0.9	0.9	0.9	0.8	0.8	0.8	0.8	0.8	0.8
阿塞拜疆	2.2	2.2	2.3	2.3	2.1	2.0	2.0	1.9	[1.8]
白俄罗斯†	1.2	1.7	1.4	1.3	1.3	1.4	1.4	1.3	1.4
比利时	1.6	1.5	1.5	1.4	1.4	1.3	1.3	1.3	1.3
波黑[38]	..	..	..	..	..	..	4.3	2.9	2.5
保加利亚†	2.0	2.1	2.3	2.5	2.5	2.7	2.7	2.6	2.4
克罗地亚[39]	7.2	5.7	5.5	4.3	3.0	2.5	2.4	2.1	1.7
塞浦路斯	3.3	4.1	3.5	2.0	2.1	2.3	1.6	1.5	1.5
捷克共和国[40]	1.6	1.5	1.7	1.8	1.9	1.9	2.0	2.0	1.8
丹麦	1.7	1.7	1.7	1.6	1.5	1.6	1.6	1.5	1.5
爱沙尼亚	0.9	1.1	1.1	1.3	1.4	1.6	1.7	1.9	1.8
芬兰	1.7	1.5	1.5	1.2	1.3	1.2	1.2	1.2	1.2
法国	2.9	2.9	2.7	2.7	2.5	2.5	2.5	2.6	2.6

国家和地区	1996	1997	1998	1999	2000	2001	2002	2003	2004
格鲁吉亚[41]	2.2	[1.2]	[1.1]	[0.9]	[0.6]	[0.7]	1.0	1.1	1.4
德国	1.6	1.5	1.5	1.5	1.5	1.5	1.5	1.4	1.4
希腊	4.4	4.5	4.7	4.8	4.8	4.5	4.2	4.1	[4.2]
匈牙利	1.5	1.7	1.5	1.7	1.7	1.8	1.7	1.7	1.5
冰岛	0.0	0.0	0.0	0.0	0.0	0.0	0.0	0.0	0.0
爱尔兰	1.1	1.0	0.9	0.8	0.8	0.8	0.7	0.7	0.7
意大利	1.9	1.9	2.0	2.0	2.1	2.0	2.1	2.1	2.0
拉脱维亚[42]	0.7	0.6	0.6	0.8	0.9	1.1	1.6	1.7	1.7
立陶宛	0.5	0.8	1.2	1.1	1.7	1.7	1.7	1.6	1.7
卢森堡	0.8	0.8	0.8	0.7	0.7	0.8	0.8	0.9	[0.9]
前南马其顿共和国	3.0	2.2	2.2	1.8	1.9	6.6	2.8	2.5	2.6
马耳他	1.0	0.9	0.8	0.8	0.7	0.7	0.7	0.7	0.8
摩尔多瓦†[43]	0.9	0.9	0.6	0.5	0.4	0.4	0.4	0.4	0.4
荷兰	1.9	1.8	1.7	1.8	1.6	1.6	1.6	1.6	1.7
挪威	2.2	2.1	2.2	2.1	1.8	1.7	2.1	2.0	2.0
波兰	[2.1]	[2.1]	2.1	2.0	1.9	2.0	2.0	2.1	2.0
葡萄牙	2.4	2.3	2.2	2.1	2.1	2.1	2.1	2.1	[2.3]
罗马尼亚[44]	[2.5]	[3.0]	[3.0]	2.7	2.5	2.5	2.3	2.2	2.1

国家和地区	1996	1997	1998	1999	2000	2001	2002	2003	2004
俄罗斯[45]	[4.1]	[4.5]	[3.3]	[3.4]	[3.7]	[4.1]	[4.3]	[4.3]	[3.9]
塞黑	..	[4.8]	4.4	4.5	5.6	4.3	4.4	3.5	3.4
斯洛伐克†	3.1	2.4	1.8	1.6	1.7	1.9	1.8	1.9	1.7
斯洛文尼亚	1.6	1.5	1.4	1.3	1.2	1.4	1.5	1.5	1.6
西班牙[46]	1.4	1.4	1.3	1.3	1.2	1.2	1.2	1.1	1.1
瑞典[47]	1.5	2.1	2.1	2.0	2.0	1.9	1.8	1.8	1.6
瑞士†	1.3	1.2	1.2	1.1	1.1	1.1	1.0	1.0	1.0
土耳其[48]	4.1	4.1	4.4	5.4	5.0	5.0	4.4	3.8	3.1
联合王国[49]	2.9	2.7	2.6	2.5	2.4	2.4	2.5	2.7	2.8
乌克兰[50]	3.3	4.1	3.4	3.0	3.6	2.9	2.8	2.9	2.6
中东									
巴林	4.7	4.6	4.8	4.9	4.0	4.2	4.0	4.9	4.4
埃及[51]	3.3	3.1	2.8	2.7	2.7	2.8	2.8	2.8	[2.8]
伊朗[52]	2.6	2.9	3.2	4.1	5.4	5.7	3.8	4.4	4.5
伊拉克	..	..	..	..	..	..	..	..	..
以色列[53]	9.0	8.8	8.7	8.7	8.4	8.5	9.6	8.9	8.7
约旦[54]	8.5	8.7	8.8	8.9	8.9	8.5	8.2	9.2	8.2
科威特	10.3	8.1	8.8	7.6	7.3	7.9	7.5	8.2	7.9

国家和地区	1996	1997	1998	1999	2000	2001	2002	2003	2004
黎巴嫩	[5.7]	[4.3]	4.1	4.9	5.3	5.4	4.4	[3.9]	[3.8]
阿曼[55]	12.5	12.5	12.5	11.4	10.6	12.2	12.3	12.1	12.0
卡塔尔	..	..	..	..	..	..	..	..	..
沙特[56]	8.5	11.0	14.3	11.4	10.6	11.5	9.8	8.7	8.3
叙利亚	5.9	5.7	5.8	5.5	[5.5]	[6.4]	[6.3]	[7.2]	[6.6]
阿联酋[57]	[5.1]	4.8	5.1	4.5	3.5	3.6	3.5	3.0	2.4
也门	5.3	5.8	6.2	5.2	5.0	[5.6]	7.2	7.1	[6.3]

( ) 为不肯定的数字；〔 〕为 SIPRI 估计数；|表示多数货币变更；†表示该国军费中未包括退休、怃恤金；‡表示该国数据仅为经常性开支；§表示该国的数字仅为预算金额而非实际支出。

注释：

[1] 摩洛哥 1998 年至 2003 年数据为已通过的预算数据，而非实际军费开支数据。

[2] 安哥拉经济受战争影响严重，其经济数据不够准确。因此，在使用本数据时应充分考虑其准确性。本数据为安哥拉防务、公共秩序和安全开支数据。

[3] 中非共和国的数据仅为经常开支。2005 年该国的投资支出为 775000 非洲法郎。

[4] 1997 年之前，刚果民主共和国为扎伊尔。

[5] 厄立特里亚 1995 年的数据包括复员开支。厄立特里亚曾变更货币，所有数据已换算为现行货币数据。

[6] 埃塞俄比亚 1999 年的数据包括在原有防务预算基础上新增的 10 亿比尔拨款。2002 年至 2005 年数据为已通过的预算数据。

[7] 1998 年，几内亚比绍爆发武装冲突，导致防务开支增长。特别是 2000/2001 年度，该国防务开支涨幅较大。国际货币基金组织认为，开支增长的主要来源是银行的信贷及期票支持。几内亚比绍曾变更货币，所有数据已换算为现行货币数据。

[8] 马达加斯加的数据包括宪兵和国家警察的开支。马达加斯加曾变更货币，所有数据已换算为现行货币数据。

[9] 莫桑比克的数据包括政府军和莫桑比克全国抵抗运动（RENAMO）部队的复员开支，以及建立新型统一军队的开支。部队复员工作

至 1998/99 年度结束。自 1999 年起，该国数据为安全和公共秩序开支费用。

[10] 纳米比亚 1999 年数据仅为国防部预算。此外，该年度财政部还为纳米比亚保持在民主刚果的军事存在提供了 1.04 亿纳元紧急拨款预算。该国 2002 年数据包括 7850 万纳元补充拨款。

[11] 尼日利亚 1999 年以前的数据有所低估，原因是军队采用了特殊的美元兑换优惠利率。

[12] 1998 年卢旺达数据为官方防务预算。国际货币基金组织认为，该国预算内和预算外都有其他资金用于军事活动。另有估算认为卢旺达的实际军事开支为官方数据的两倍。

[13] 塞内加尔数据不包括准军事部队的开支。1998 年，该项开支为 211 亿非洲法郎。

[14] 苏丹曾变更货币，所有数据已换算为现行货币。

[15] 坦桑尼亚 2003 年至 2004 年数据为防务和安全开支。

[16] 赞比亚的数据，特别是固定美元数据和占国内生产总值比例数据不够准确，原因是该国通货膨胀过快，货币变更频繁。

[17] 津巴布韦 1999 年数据包括 18 亿津巴布韦元的补充拨款。

[18] 哥斯达黎加没有武装部队。该国用于准军事部队、边境保卫和海空监视的开支低于国内生产总值的 0.05%。

[19] 洪都拉斯的数据不包括军队抚恤和军购开支。

[20] 1990 年，巴拿马国防军解散，由国民警卫队接替。国民警卫队由国家警察及海空卫队组成。

[21] 美国的数据为财年数据（10 月 1 日至 9 月 30 日），而非公历年数据。

[22] 智利的数据为已通过的预算数据，包括国有智利国家铜业公司（CODELCO）直接支付的军购费用。2004 年至 2005 年，由于铜价上涨，智利国家铜业公司支付的金额增加。2005 年 6 月的铜出口收入较 2004 年 6 月增长了 55%，增至 15.3 亿美元。

[23] 2002 年至 2004 年，哥伦比亚根据 2002 年 8 月 12 日颁布的法令，从战争税中特别拨款 26 亿比索。哥伦比亚 2002 年至 2004 年的数据包括这部分开支。

[24] 2000 年 3 月 13 日，厄瓜多尔货币由苏克雷变更为美元，汇率为 1 美元兑换 2.5 万苏克雷。1996 年至 2000 年现行价格数据反映了当年美元的市场汇率。2002 年至 2004 年数据为已通过的预算数据。

[25] 秘鲁 2005 年数据不包括秘鲁国有 CAMISEA 公司所支出的 20%天然气产品收入。这部分开支用于秘鲁的武装部队和国家警察部队。

[26] 2002 年及以前出版的《SIPRI 年鉴》中，中亚国家的固定美元价格数据都是依据购买力平价（PPP）换算的。

[27] 由于土库曼斯坦的会计系统分类调整，该国的系列数据所涵盖的内容因时间差异而不尽相同。2002 年及以前出版的《SIPRI 年鉴》

中，该国数据的固定美元价格都是依据购买力平价（PPP）换算的。

[28] 文莱的数据为文莱皇家部队的经常开支。

[29] 柬埔寨的数据为防务和安全开支，包括日常警察部队的开支。

[30] 中国的数据是估算的总体军事开支。1989 年至 1998 年军费开支（当地货币）及占国内生产总值百分比的估算，参见 S. 王：《中国军费开支 1989 年至 1998 年》，《SIPRI 年鉴 1999：军备、裁军和国际安全》（牛津大学出版社，牛津，1999 年），第 334 页至 349 页。1999 年至 2002 年的估算则根据官方军费开支的变化幅度，并假设解放军通过经商获取的经费不断减少。

[31] 日本的数据为已通过的预算数据，不包括军队抚恤费用，包括冲绳特别行动委员会（SACO）的费用。

[33] 韩国的数据不包括军队抚恤、军购及准军事部队的开支。

[35] 印度的数据包括边境保安部队、中央后备警察部队、阿萨姆步枪队和印度—西藏边境警察部队等准军事部队的开支，不包括军事核活动的开支。

[36] 斯里兰卡的数据仅为经常开支。2000 年，该国通过 280 亿斯里兰卡卢比（3.86 亿美元）的战争相关特别拨款。这笔款项没有完全反映在官方数据中。

[37] 阿尔巴尼亚 2001 年至 2003 年数据为已通过的预算数据。2004 年和 2005 年数据为阿尔巴尼亚政府的预计数据。该国数据不包括准军事部队开支。

[38] 波黑的数据包括波黑联邦军队及塞族军队开支。波黑联邦军队又分为波斯尼亚军队和克罗地亚军队。1998 年 1 月以后，波黑的货币为可兑换马克。汇率为 1 可兑换马克=1 德国马克。

[39] 克罗地亚数据不包括军队抚恤开支。2000 年该国军队抚恤开支为 4.48 亿库纳；2001 年为 4.28 亿库纳；2002 年为 4.33 亿库纳；2003 年为 4.3 亿库纳。

[40] 捷克共和国 2000 年前的数据不包括军队抚恤开支。

[41] 格鲁吉亚 2002 年至 2005 年数据为预算开支。1997 年至 2001 年间，防务预算执行率的波动幅度为 56%至 90%。由于政治动乱，格鲁吉亚 2003 年的预算数据很可能低于实际开支数据。

[42] 拉脱维亚的数据不包括军队抚恤开支（由俄罗斯支付）及准军事部队开支。1996 年至 1998 年间，年均军队抚恤开支为 2700 万拉特。1999 年，准军事部队开支为 9850 万拉特。

[43] 摩尔多瓦的数据不包括军队抚恤和准军事部队的开支。2003 年，摩尔多瓦所有军事项目预算总和为 3.61 亿列伊（而非 1.09 亿列

伊）；2004 年为 4.32 亿列伊（而非 1.13 亿列伊）。

[44] 罗马尼亚曾变更货币，所有数据已换算为现行货币。

[45] 俄罗斯军费开支数据来源及估算方法，参见 J. 库珀：《1987 年至 1997 年苏联和俄罗斯联邦军费开支》，《SIPRI 年鉴 1998：军备、裁军和国际安全》（牛津大学出版社，牛津，1998），第 243 页至 259 页。2002 年及以前出版的《SIPRI 年鉴》中，俄罗斯的固定美元价格数据都是依据购买力平价（PPP）换算的。

[46] 西班牙的数据不包括工业部提供的政府军事研发经费。

[47] 瑞典 2001 年调整审计系统，因此 2000 年至 2001 年的数据有断档。数据断档造成瑞典 2000 年至 2001 年军费开支下降的幅度多估算了 1.4 个百分点。

[48] 土耳其的数据单位是新里拉。2005 年，土耳其发行新里拉，汇率为 1 土耳其新里拉＝100 万土耳其里拉。

[49] 由于联合王国防御开支审计系统 2001 年由现金制改为应记制，2000 年至 2001 年该国数据有断档。审计系统调整对联合王国军费开支趋势的影响目前仍不明了。

[50] 乌克兰的数据为已通过的国防部、军队抚恤和准军事部队的预算数据。1996 年至 1999 年实际军费开支约为预算的 95％至 99％。

[51] 埃及的数据包括每年美国提供的约 13 亿美元军事援助。

[52] 伊朗的数据包括公共秩序和安全开支。

[53] 以色列的数据包括每年美国提供的约 20 亿美元军事援助。

[54] 约旦的数据为防务和安全开支。

[55] 阿曼的数据为防务和安全的经常开支。

[56] 沙特的数据为防御和安全开支。

[57] 阿联酋的数据不包括其 7 个酋长国的地方军费开支。

资料来源：SIPRI 军费开支数据库。

（陈　戎译）

附录 8B 北约军费开支表（依类别分类）

彼得·斯塔伦海姆

表 8B.1 2000—2005 年北约人员及装备军费开支

数据单位为百万美元（2003 年固定美元价格及汇率），斜体数据为较上一年的变化百分比。

国家	类别	2000	2001	2002	2003	2004	2005
北美							
加拿大	人员开支	4 155	4 241	4 428	4 533	4 779	4 885
	人员开支变化		*2.1*	*4.4*	*2.4*	*5.4*	*2.2*
	装备开支	1 174	1 097	1 364	1 373	1 436	1 515
	装备开支变化		*-6.5*	*24.4*	*0.6*	*4.6*	*5.5*

国家	类别	2000	2001	2002	2003	2004	2005
美国	人员开支	121 593	117 645	131 525	149 896	155 680	147 844
	人员开支变化		*−3.3*	*11.8*	*14.0*	*3.9*	*−5.0*
	装备开支	70 636	83 408	100 067	101 730	111 330	114 446
	装备开支变化		*18.1*	*20.0*	*1.7*	*9.4*	*2.8*
欧洲							
比利时	人员开支	2 722	2 718	2 741	2 822	2 944	2 982
	人员开支变化		*−0.1*	*0.8*	*3.0*	*4.3*	*1.3*
	装备开支	240	282	272	205	205	254
	装备开支变化		*17.9*	*−3.8*	*−24.4*	*−0.1*	*23.8*
保加利亚	人员开支					299	291
	人员开支变化						*−2.9*
	装备开支					44.5	71.2
	装备开支变化						*60.1*
捷克共和国	人员开支	717	752	783	794	870	901
	人员开支变化		*4.9*	*4.0*	*1.4*	*9.7*	*3.6*
	装备开支	376	333	300	372	320	210
	装备开支变化		*−11.6*	*−9.7*	*23.9*	*−14.1*	*−34.2*

国家	类别	2000	2001	2002	2003	2004	2005
丹麦	人员开支	1 715	1 746	1 715	1 647	1 658	1 639
	人员开支变化		*1.8*	*−1.8*	*−3.9*	*0.7*	*−1.1*
	装备开支	464	560	445	516	616	565
	装备开支变化		*20.6*	*−20.6*	*16.0*	*19.4*	*−8.3*
爱沙尼亚	人员开支					52.8	55.7
	人员开支变化						*5.5*
	装备开支					20.4	23.9
	装备开支变化						*17.4*
法国	人员开支	26 460	26 436	27 057	27 045	27 080	26 813
	人员开支变化		*−0.1*	*2.3*	*−0.0*	*0.1*	*−1.0*
	装备开支	8 262	8 466	8 520	9 413	9 860	9 830
	装备开支变化		*2.5*	*0.6*	*10.5*	*4.7*	*−0.3*
德国	人员开支	21 853	21 371	21 124	21 068	20 150	19 680
	人员开支变化		*−2.2*	*−1.2*	*−0.3*	*−4.4*	*−2.3*
	装备开支	4 867	4 970	4 996	4 838	5 029	5 011
	装备开支变化		*2.1*	*0.5*	*−3.2*	*4.0*	*−0.4*

国家	类别	2000	2001	2002	2003	2004	2005
希腊	人员开支	4 686	4 690	3 827	3 585	4 034	4 429
	人员开支变化		*0.1*	*−18.4*	*−6.3*	*12.5*	*9.8*
	装备开支	1 336	1 114	741	515	396	465
	装备开支变化		*−16.6*	*−33.5*	*−30.5*	*−23.1*	*17.4*
匈牙利	人员开支	592	641	642	684	641	621
	人员开支变化		*8.2*	*0.2*	*6.5*	*−6.3*	*−3.1*
	装备开支	150	141	145	144	154	104
	装备开支变化		*−6.6*	*3.1*	*−0.4*	*6.9*	*−32.8*
意大利	人员开支	21 187	21 125	22 202	21 986	22 846	21 403
	人员开支变化		*−0.3*	*5.1*	*−1.0*	*3.9*	*−6.3*
	装备开支	4 257	3 012	3 716	3 901	3 550	2 910
	装备开支变化		*−29.3*	*23.4*	*5.0*	*−9.0*	*−18.0*
拉脱维亚	人员开支					68.6	86.3
	人员开支变化						*25.7*
	装备开支					11.6	13.4
	装备开支变化						*15.9*

国家	类别	2000	2001	2002	2003	2004	2005
立陶宛	人员开支					142	154
	人员开支变化						*8.2*
	装备开支					34.3	40.0
	装备开支变化						*16.7*
卢森堡	人员开支	128	144	149	157	162	164
	人员开支变化		*12.9*	*3.6*	*4.9*	*3.6*	*1.3*
	装备开支	7.8	25.5	12.8	14.7	17.1	33.2
	装备开支变化		*226.6*	*−49.9*	*15.1*	*16.4*	*94.1*
荷兰	人员开支	4 086	3 960	4 221	4 395	4 321	4 331
	人员开支变化		*−3.1*	*6.6*	*4.1*	*−1.7*	*0.2*
	装备开支	1 370	1 375	1 308	1 245	1 423	1 528
	装备开支变化		*0.4*	*−4.9*	*−4.8*	*14.3*	*7.4*
挪威	人员开支	1 585	1 527	1 781	1 821	1 913	1 806
	人员开支变化		*−3.6*	*16.6*	*2.2*	*5.1*	*−5.6*
	装备开支	755	828	1 114	983	1 061	975
	装备开支变化		*9.7*	*34.5*	*−11.8*	*7.9*	*−8.1*

国家	类别	2000	2001	2002	2003	2004	2005
波兰	人员开支	2 328	2 455	2 453	2 563	2 543	2 559
	人员开支变化		*5.5*	*−0.1*	*4.5*	*−0.8*	*0.6*
	装备开支	327	337	420	492	613	687
	装备开支变化		*3.0*	*24.7*	*17.1*	*24.5*	*12.1*
葡萄牙	人员开支	2 467	2 535	2 042	1 858	1 876	1 880
	人员开支变化		*2.7*	*−19.5*	*−9.0*	*1.0*	*0.2*
	装备开支	193	167	100	175	192	292
	装备开支变化		*−13.8*	*−40.0*	*75.0*	*9.9*	*51.8*
罗马尼亚	人员开支					680	765
	人员开支变化						*12.4*
	装备开支					344	298
	装备开支变化						*−13.3*
斯洛伐克	人员开支					296	315
	人员开支变化						*6.4*
	装备开支					69.1	71.9
	装备开支变化						*4.0*

国家	类别	2000	2001	2002	2003	2004	2005
斯洛文尼亚	人员开支					272	290
	人员开支变化						*6.6*
	装备开支					81.8	85.9
	装备开支变化						*5.0*
西班牙	人员开支	6 031	6 059	6 103	6 021	6 021	6 071
	人员开支变化		*0.5*	*0.7*	*−1.4*	*0.0*	*0.8*
	装备开支	1 221	1 209	2 590	2 400	2 547	2 315
	装备开支变化		*−1.0*	*114.3*	*−7.4*	*6.1*	*−9.1*
土耳其	人员开支	5 264	4 781	4 634	4 118	4 082	4 258
	人员开支变化		*−9.2*	*−3.1*	*−11.1*	*−0.9*	*4.3*
	装备开支	3 303	3 527	3 185	3 459	2 702	3 287
	装备开支变化		*6.8*	*−9.7*	*8.6*	*−21.9*	*21.6*
联合王国	人员开支	15 636	16 461	16 835	17 082	17 081	16 814
	人员开支变化		*5.3*	*2.3*	*1.5*	*−0.0*	*−1.6*
	装备开支	10 530	10 069	10 025	9 835	9 785	10 536
	装备开支变化		*−4.4*	*−0.4*	*−1.9*	*−0.5*	*7.7*

国家	类别	2000	2001	2002	2003	2004	2005
北约欧洲国家	人员开支	117 457	117 401	118 310	117 644	120 034	118 309
	人员开支变化		−0.0	0.8	−0.6	2.0	−1.4
	装备开支	37 662	36 414	37 889	38 507	39 076	39 605
	装备开支变化		−3.3	4.0	1.6	1.5	1.4
2004 年之前加入北约的 16 个欧洲国家	人员开支	117 457	117 401	118 310	117 644	118 222	116 352
	人员开支变化		−0.0	0.8	−0.6	0.5	−1.6
	装备开支	37 662	36 414	37 889	38 507	38 470	39 001
	装备开支变化		−3.3	4.0	1.6	−0.1	1.4
北约总额	人员开支	243 204	239 286	254 263	272 072	280 493	271 039
	人员开支变化		−1.6	6.3	7.0	3.1	−3.4
	装备开支	109 471	120 919	139 320	141 610	151 841	155 566
	装备开支变化		10.5	15.2	1.6	7.2	2.5
2004 年之前加入北约的 18 个国家	人员开支	243 204	239 286	254 263	270 072	278 681	269 082
	人员开支变化		−1.6	6.3	7.0	2.4	−3.4
	装备开支	109 471	120 919	139 320	141 610	151 235	154 961
	装备开支变化		10.5	15.2	1.6	6.3	2.5

注释：

本表格数据依据北约依类别分类的总体军费开支数据计算得出。总体军费开支乘以人员及装备开支所占比例得出相应数据后，再应用《国际金融统计》（国际货币基金组织出版）中提供的消费者价格指数，换算得出 2003 年固定美元价格数据。一国加入北约的当年，其数据便纳入北约欧洲国家及北约开支总额。因此，2004 年的此类数据包括保加利亚、爱沙尼亚、拉脱维亚、立陶宛、斯洛伐克和斯洛文尼亚的数据。此外，增加了 2000 年至 2005 年间一直为北约成员国国家的系列数据，以显示这些国家的开支变化趋势。即：2004 年之前加入北约的 16 个欧洲国家数据和 2004 年之前加入北约的 18 个国家数据。

2004 年，北约成员国同意变更军费开支定义。除法国、意大利、卢森堡和荷兰的数据外，所有国家 2002 年之后的数据都是根据新定义得出的，即不包括“非实际部署的其他部队”开支。法国、意大利和卢森堡仍旧依据原有定义报告军费开支数据，荷兰则依据其通过的 2004 年防务预算进行报告。变更军费开支定义对希腊、匈牙利、葡萄牙和土耳其的数据影响较大。2002 年之前（包括 2002 年）的数据以及 2003 年人员开支的份额数据都依据旧的军费开支定义得出。除仍旧使用旧的军费开支定义的国家之外，所有国家的系列数据都不够连贯，两次断档分别在 2001 年和 2002 年间以及 2002 年和 2003 年间。

资料来源：北约：《北约一俄罗斯防务相关财政和经济数据纲要》，新闻稿（2005）161，2005 年 12 月 9 日，URL〈http：//www.nato.int/docu/pr/2005/p05—161e.htm〉。

（陈　戎译）

附录8C　军费开支数据的来源和统计方法

彼得·斯塔伦海姆

一、导言

本附录介绍第 8 章、附录 8A 和 8B 以及 SIPRI 的国际互联网站（URL〈http：//www. sipri. org/contents/milap/〉）中各表格所提供的 SIPRI 军费开支数据的来源和方法。要对所有成套军费开支数据中涉及的概念性问题和不确定性原因作更为全面的了解，读者可以参照其他资料来源。〔1〕由于数据不断修订和更新，本卷年鉴中的数据不应与前几卷年鉴中的 SIPRI 军费开支系列数据相衔接，最近几年的情况尤其如此，因为预算拨款数据为实际开支数据所取代。在某些情况下，由于可以获得更好的新数据，因此能对整个系列的数据予以修订。〔2〕SIPRI 国际互联网站和 SIPRI 研究所可以应要求提供自 1988 年以来前后一致的系列数据。鉴于 SIPRI 对许多国家自 1988 年起这一阶段的数据进行了重大修订，这些系列数据未必在任何情况下都可以与以前年度，即 1950—1987 年度的 SIPRI 系列数据混合使用。基准年度和货币换算方法的更改也妨碍了在各卷 SIPRI 年鉴之间进

〔1〕此类综述包括：M. 布若斯卡撰写的“世界军费开支”，由 K. 哈特利和 T. 桑德勒编入《国防经济手册》，第 1 卷（埃尔塞维尔出版社，阿姆斯特丹，1995）；以及 N. 鲍尔撰写的“衡量第三世界的安全开支：调查纪要”，《世界发展》，第 12 卷，第 2 号（1984），第 157—164 页。有关非洲国家的情况，请参阅 W. 奥米图根所著的《非洲军费开支数据：喀麦隆、埃塞俄比亚、加纳、肯尼亚、尼日利亚及乌干达调查》，SIPRI 研究报告第 17 号（牛津大学出版社，牛津，2003）。

〔2〕本卷年鉴中介绍的印度军费开支情况就是一个例子。由于可以获得新的信息资料，各项数据已经经过修订以计入在某些准军事部队上的开支。这意味着本卷年鉴中印度的各项数据平均而言比《SIPRI 年鉴 2005》中的数据大约高 11%。

行比较。本年的年鉴中，定值美元系列数据的基准年度为 2003 年。所有国家的数据均采用市场汇率（MER）换算成以定值美元计价的数据（具体情况请参阅本附录的第四部分内容和附录 8E）。

二、数据的用途

有关军费开支的数据资料的主要用途是提供一种简明易懂的量度方法，对军事活动所占用的各种资源规模加以衡量。军费开支是对投入的一种衡量，它同诸如军事能力或军事安全这样的军事活动“产出”没有直接关系。[3] 军费开支的长期趋势和其中的突变可能是军事产出变动的征兆，但是在做出这种诠释的时候必须慎重。

以定值美元计量的军费开支数据（见表 8A. 3）是用于军事活动的各种资源的数量变化趋势的一个指标，由此可以对单个国家不同时期的情况加以比较并进行国家间的对比。军费开支占国内生产总值（GDP）的比重（见表 8A. 4）表明了本国资源用于军事活动的比率，以及因此给国民经济造成的经济负担。

三、数据的覆盖范围

附录 8A 中的军费开支表格涵盖 166 个国家。本卷年鉴的时间跨度为 10 年（1996 年至 2005 年）。

根据地理区域、在国际组织中的隶属关系和人均收入这三个标准给国家分组，并计算军费开支总额。这些分组范围在表 8A. 1 的注释中说明。

军费开支的定义

SIPRI 所采用的军费开支定义被用作指导性准则。在可能的情况下，SIPRI 军费开支数据包括涉及以下各项的所有经常项目支出和资本项目支出：1. 武装部队，包括维和部队；2. 国防部门和从事国防项目的其他政府机构；3. 准军事部队（当判断其为军事行动而接受训练和装备时）；4. 军事性质的空间活动。这些支出应包含：1. 用于

---

〔3〕 请参阅 B. 哈格林与 E. 申斯合作撰写的“环境变化中的军事部门”，《SIPRI 年鉴 2003：军备、裁军和国际安全》（牛津大学出版社，牛津，2003），第 282—300 页。

军事人员和文职人员的开支，包括军事人员的退役养老金和职员的社会福利费用；2. 运作和维护费用；3. 采购费用；4. 军事研发费用；5. 军事援助支出（包含在援助国的军费开支内）。民防开支以及因先前军事活动而发生的当前支出，如退伍军人福利、复员、军转民和销毁武器的费用，不计算在内。

在实践中，不可能将这个定义应用于所有国家，因为那将需要对军事预算和预算外军费开支项目所包含的内容获得比现有信息更为详尽的资料。在很多情况下，SIPRI 受限于使用由各国提供的数据，而不考虑定义。那么，重要的就是为各个国家选定统一的时间序列，以实现不同时段数据的连贯性，而不是依据通用定义调整单个年度的数字。倘若无法对所有年度均使用同样的资料来源和定义，则把非正常资料来源的年度间的百分比变化应用于现有序列，以便尽可能准确地体现变化趋势。此类数据在方括号中列出。考虑到这些困难，军费开支数据不宜用于各个国家之间的严格比较，而更适合用于不同时期的对比。

四、统计方法

估算

SIPRI 数据反映了各国政府提供的官方数据资料。一般而言，SIPRI 以国家统计的数据为准，除非存在与此相反的证据。当官方数据所包含的范围与 SIPRI 的定义不符，或是没有有效的一致时间序列的时候，需要进行估算。在第一种情况下，估算以对官方政府预算和开支账目的分析为基础。这种类型的估算中内容最为广泛的是对中国和俄罗斯进行的估算，这些在以往的年鉴中有详细介绍。[4] 在第二种情况下，不同的时间序列被联系在一起。为了避免在军费开支统计资料中搀进假定成分，估算始终以经验证明为基础，而从不基于假设或推断。因此，对于不发布任何官方数据资料的国家没有进行估

〔4〕 J. 库珀撰写的“1987－1997 年苏联及俄罗斯联邦军费开支”，《SIPRI 年鉴 1998：军备、裁军和国际安全》（牛津大学出版社，牛津，1998），第 243－259 页；以及 S. 王撰写的“1989－1998 年中国军费开支”，《SIPRI 年鉴 1999：军备、裁军和国际安全》（牛津大学出版社，牛津，1999），第 334－349 页。

算，这些国家以不带任何数据的方式列出。SIPRI 的估算数据在表格中加方括号表示（这在两个不同序列连接在一起的时候最常用）。当数据由于资料来源的可靠性或经济环境等其他原因而不能确定的时候则使用圆括号。

最近几年的数据包括两种适用于所有国家的估算。首先，最近一年或几年的数字代表的是正式预算、预算概算或概算修正，所以时常在以后年度加以订正。其次，用于序列中上一年度的减缩指数是根据一年中部分时间的情况加以估算或者由国际货币基金组织（IMF）提供的数值。除非这些估算中包含特殊的不确定性，它们一般不加括号。

由于并非所有年度都能取得所有国家的数据，表 8A.1 中的全球总额和按照地区、组织及收入划分的各个分组的合计额为估算值。这些估算大部分时候是根据这样一种假设：缺失数据的个别国家的变化率与其所属地区的平均值相同。在不能做出任何估算的情况下，那些国家不计入总额中。

计算

除了一个国家以外，SIPRI 的军费开支数据均按照日历年度编制。就美国而言，SIPRI 遵循资料来源按照财政年度的报告方式。为了计算美国按照日历年度统计的数据，必须从有别于北约统计资料的各种来源收集上一财政年度的数据资料。〔5〕其他国家按照日历年度统计的数据以整个财政年度内开支均衡为前提加以计算。各个日历年度军费开支占 GDP 的比率（见表 8A.4）按照现行价格，以本国货币计算。

（表 8A.2 中的）原始数据按照以当地货币计价的现行价格提供。为了能够进行国家间和不同时期间的比较，这些数据换算为以固定价格的美元计价（表 8A.3）。用于从现行价格换算到固定价格的减缩指数为有关国家的消费物价指数。对于减缩指数的这一选择与 SIPRI

〔5〕至《SIPRI 年鉴 2005》为止（含 2005 年），加拿大和英国的各项数据按照财政年度编制。

数据的用途有关——它们应当成为根据机会成本使用资源的指标。[6] 为了便于同通常以现值美元计价表示的其他通用经济计量方法进行比较，表 8A.1 和 8A.3 中最右边的一列数据还提供了以现值美元计算的 2005 年军费开支。

自《SIPRI 年鉴 2003》开始，所有国家的数据均采用年度 MER 平均值完成到美元的换算。过去，转型中国家和朝鲜的数据使用购买力平价（PPP）转换率加以换算。[7] 现在使用 MER 而不是 PPP 的这一变动造成了这些国家所报告军费开支水平的大幅下滑。例如，按照 2003 基准年度标准，采用 PPP 比率换算的俄罗斯军费开支（2005 年为 7170 万美元）比以 MER 美元计价（2005 年为 2100 万美元）高 3.4 倍。在最极端的情况下，采用 PPP 而不是 MER 进行换算，有可能导致一个国家的军费开支以美元计价的价值增大 10 倍。[8]

正如附录 8E 中所证明，PPP 比率是一个在许多方面比 MER 更适于进行国民经济数据的国际间比较的换算系数，尤其是对转型中国家和发展中国家而言。考虑到机会成本，理想的方法是对所有国家均采用 PPP 比率。然而这是行不通的，因为目前可以获得的 PPP 数据不能十分可靠地用于 SIPRI 数据库中的所有国家。因此，为了简明一致起见，在能够获得可靠性和时效性更强的 PPP 数据之前将对所有国家均使用 MER。[9]

定值美元系列数据基准年度的选择也对国家间开支数据的比较具有重要影响，因为不同国家货币与美元的比价以不同方式变动。自《SIPRI 年鉴 2005》开始，基准年度从之前一直使用的 2000 年变更为

---

〔6〕 如果目的在于衡量就军事用途拨款所能取得的军事人员、货物及服务数量而言的购买力，军事专用的减缩指数将是更为恰当的选择。

〔7〕 一国货币的 PPP 美元比率被定义为“在国内市场上购买相当于 1 美元在美国可能购得的货物及服务数量所需的该国货币单位数量”。世界银行编写的《世界银行指标 2003》（世界银行，华盛顿特区，2003），第 285 页。有关军费开支的国际间比较和货币换算问题，可以在附录 8E 中查询。对于这些问题的方法说明，请参阅《SIPRI 年鉴 1999》（同注释 [4]）中第 327－333 页的“军费开支数据的来源和统计方法”。

〔8〕 第八章中的表 8.2 显示了使用 PPP 比率而不是 MER 对 15 个 2005 年军费开支最高国家以美元计价的军费开支水平所产生的影响。

〔9〕 2003 年开始进行用于生成 PPP 比率的新一轮物价水平基准调查。希望这一轮调查将产生更为可靠的 PPP 比率。

2003 年。这也对全世界军费开支总额中各地区所占比重产生了影响。最极端的例子当属欧洲地区，这是由于各种欧洲货币和美元比较起来的相对升值而产生的问题：基准年度从 2000 年变为 2003 年导致该地区在世界军费开支中所占比重增长约 4 个百分点。

五、数据的局限性

有关军费开支的数据资料带有许多局限性。它们主要表现在三个方面：可靠性、有效性和可比性。

可靠性的主要问题是由于军费开支定义的局限和不同而造成的。国与国之间以及同一国家不同时期有关军费开支的官方数据资料所包含的内容有着很大的不同。在很多国家中，官方数据资料仅包含军费开支的一部分。某些重要的经费项目可能被掩藏在非军事预算项下，或者甚至可能完全在政府预算范围外提供资金。实际操作中有众多预算外机制被运用。[10] 此外，某些国家的实际开支可能与预算批准的开支有非常大的不同——最常见的情况是高于预算开支，不过在某些情况下也许会大大低于预算开支。这些因素限制了军费开支数据的实用性。

导致其实用性受到限制的第二个原因在于开支数据的本质。它们不过是对投入多少的衡量，这一事实限制了它们作为军事实力或军事能力指标的效用。正如军费开支对军事能力具有影响一样，军事装备的技术水平、保养与维修状况等诸多其他因素也是如此。因此，即使在可靠地加以衡量并汇报的情况下，军费开支数据最恰当的用途也不过是作为用于军事目的而消耗的各种经济资源的指标。

对于国际间的比较来说，第三个令问题复杂的因素是换算到统一货币（通常为美元）所采用的方法。正如上面所阐述的那样，换算系数的选择对国家间军费开支的比较有很大的影响。这

〔10〕 关于此类机制的综述，请参阅 D. 亨德里克森与 N. 鲍尔合作撰写的“预算外军费开支及收入：捐助国的问题和政策视角”，冲突、安全和发展研究组（CSDG）不定期论文第 1 号，（CSDG，伦敦大学国王学院，2002 年 1 月），参见网址：URL 〈http://www.grc—exchange.org/info_data/record.cfm?Id=295〉。

是在进行经济数据的国际间比较时出现的一个普遍问题，并不是军费开支所特有的。尽管如此，它仍然代表着一个重大的局限性，在使用按照不同类型换算率折算出的军费开支数据时应当牢记这一点。

六、资料来源

军费开支数据的资料来源，按照先后顺序排列为：1. 第一手来源，即由各国政府在其官方出版物或者问卷答复中所提供的官方数据资料；2. 引用原始数据资料的第二手来源；3. 其他第二手来源。

第一种来源包括国家预算文件、国防白皮书和财政统计材料，以及对 SIPRI 调查问卷的答复，这些调查问卷每年发往包含在 SIPRI 数据库中的那些国家的财政部、国防部、中央银行和国家统计部门。它还包括各国政府对联合国发出的有关军费开支的调查问卷所作的答复，以及在由各国自行提供的情况下，它们对欧洲安全与合作组织的调查问卷的答复。

第二种来源包括国际统计资料，如北大西洋公约组织（NATO）和 IMF 的统计资料。16 个 1999 年前加入的北约成员国的数据按照惯例一直取自多个北约资料来源所公布的北约军费开支统计资料。北约采用新的定义使得某些北约国家最近几年的数据必须依靠其他资料来源。许多发展中国家的数据取自 IMF 的《政府财政统计年鉴》，其中含有大部分 IMF 成员国的国防统计资料，以及取自 IMF 职员编写的《国家报告》。这类资料来源还包括准确提供所用原始资料出处的其他组织的出版物，如经济学家情报组织的《国家报告》。

第三种来源包括一些专业期刊和报纸。

经济数据的主要来源是 IMF 的多个出版物：由 IMF 职员编写的《国际金融统计》、《世界经济展望》及《国家报告》。PPP 比率的来源是世界银行的《2006 年世界发展报告》。

（朱肖晶 译）

附录8D 军费开支数据的报告

卡塔利娜·佩尔多莫　奥萨·布洛姆斯特伦

一、导言

联合国在其最近关于军事情况客观情报的大会决议中明确提出，“增进军事情况客观情报的流动有助于缓和国际紧张局势，因而能对预防冲突作出重大贡献”，并指出军事问题的透明化是在各国之间建立信任的关键要素。[11] 决议还鼓励各个国际组织和区域组织推广以定期和标准化的方式实现军费开支透明化的措施。[12]

获取有关官方军费开支的原始可比数据一直是SIPRI和联合国裁军事务部（DDA）的重点工作项目。SIPRI自1969年以来一直收集和出版有关军费开支的官方数据资料，从1993年起向各国政府发函，请他们填写标准化的表格报告其数据资料。[13] 联合国自1981年起每年均要求其会员国（目前有191个国家）使用联合国的“军费开支标准报告书”报告它们的军费开支情况。[14] 联合国和SIPRI还着手促进对军费开支透明化相关性和目的的认识了解，尤其是通过各种

〔11〕 2005年12月8日联合国大会决议A/RES/60/44，参见网址：URL〈http://www.un.org/Depts/dhl/resguide/r60.htm〉。

〔12〕 有关武器使用寿命内的透明化问题，包括军费开支，参见本卷第6章。

〔13〕 起初仅向最难获得数据资料的那些国家发函索取数据。不过，从2002年开始向SIPRI军费开支数据库中包含的大多数国家政府发出请求。

〔14〕 有关联合国和SIPRI报告制度的说明，包括转载其各自用于报告军费开支的标准表格，请参阅E. 申斯与N. 纳泽合作撰写的“军费开支数据的报告”，《SIPRI年鉴2004：军备、裁军和国际安全》（牛津大学出版社，牛津，2004），第376－377页。

地区性专题研讨会。[15] 其他国际机构，如欧洲安全与合作组织(OSCE)，已经把报告军费开支作为建立信任与安全措施（CSBM）的一部分加以推广。这些报告与 SIPRI 调查问卷及联合国标准报告书有所不同，因为报告仅供参与 CSBM 的国家使用，而不是面向公众。本附录第二部分提供了 2005 年各国政府对联合国和 SIPRI 报告制度的回复率，第三部分介绍了某些其他国际机构在 CSBM 框架内的报告举措。

二、2005 年向 SIPRI 和联合国报告军费开支数据情况

2005 年合计有 81 个国家向联合国或 SIPRI 报告有关军费开支的数据资料（见表 8D.1 的第 7 列）。2004 年有同样数量的国家报告了数据资料。此外，有 14 个国家向联合国递交了无任何数据的报告(零报告)（见表 8D.1 的第 5 列），使响应提供军费开支数据要求提交报告的国家总数达到 95 个。以下报表重点说明实际报告数据资料的国家，忽略不计除玻利维亚和汤加之外的那些，没有或仅有最低限度国防力量的国家所提交的零报告。

2005 年 SIPRI 收到的报告数量增至 65 份（见表 8D.1 的第 2 列）。这和 2004 年有 61 个国家报告数据的情况相比是个提高。不过，由于 SIPRI 将其发函索取数据的国家数量从 2004 年的 159 个增加到 2005 年的 167 个，回复率几乎保持不变——2005 年为 39%，而 2004 年为 38%。[16]

向联合国报告数据的国家数量从 2004 年的 68 个减至 2005 年的 62 个（见表 8D.1 的第 6 列）。包括零报告在内，向联合国递交的报告总数从 2004 年的 79 份减至 2005 年的 76 份。2005 年数据报告(不包括零报告）回复率占成员国数量的 32%，比 2004 年的 36%有

〔15〕 2005 年期间，联合国在斐济、肯尼亚和美国举办了多个专题研讨会。SIPRI 在其“非洲军事部门的预算编制”项目的框架范围内，在埃塞俄比亚和尼日利亚举办了专题研讨会。

〔16〕 通过把加勒比地区国家纳入 SIPRI 军费开支数据库，2005 年 SIPRI 将其调查覆盖范围扩大到 170 个国家。然而，由于国家规模较小和缺乏数据资料等原因，附录 8A 的军费开支表格中并未包含所有这些国家。SIPRI 没有向以下 3 个国家发函索取数据：哥斯达黎加是因为其国防力量格外微弱；卢旺达和索马里则是由于缺乏联系方式。

所回落。[17]

按地区划分，表 8D.1 显示有 7 个**非洲**国家——安哥拉、布基纳法索、毛里求斯、纳米比亚、塞舌尔、南非和津巴布韦向 SIPRI 报告数据，然而只有津巴布韦 1 个国家向联合国报告数据。**北美洲**只有美国向 SIPRI 报告数据，同时加拿大和美国均向联合国报告了数据。**中美洲**的 8 个国家中有 4 个——危地马拉、洪都拉斯、墨西哥和萨尔瓦多向 SIPRI 报告数据，而向联合国报告数据的有 3 个国家——危地马拉、洪都拉斯和墨西哥。**南美洲**调查涉及的 11 个国家中有 5 个向 SIPRI 报告数据——阿根廷、玻利维亚、巴西、哥伦比亚和乌拉圭。向联合国报告数据的有阿根廷、巴西和厄瓜多尔这 3 个南美洲国家。

2004 年或 2005 年没有一个**中亚**国家向 SIPRI 报告数据。2005 年向联合国报告数据的中亚国家只有哈萨克斯坦。**东亚**的 16 个国家（地区）中有 5 个向 SIPRI 报告数据——柬埔寨、中国、日本、韩国和台湾地区。向联合国报告数据的东亚国家有 6 个——柬埔寨、印度尼西亚、日本、韩国、马来西亚和泰国。**南亚**有 3 个国家——印度、巴基斯坦和斯里兰卡向 SIPRI 报告数据，而向联合国报告数据的有 2 个国家——孟加拉国和尼泊尔。**大洋洲**的澳大利亚和新西兰向 SIPRI 和联合国均报告了数据。

表 8D.1　2005 年向 SIPRI 和联合国报告军费开支数据的情况（按地区划分）

数字代表国家的数目。

地区/次区域 a	SIPRI 询问国家 (1)	回复 SIPRI 的国家 (2)[b]	联合国询问国家 (3)	回复联合国的有数据报告 (4)[c]	回复联合国的零报告 (5)[d]	回复联合国的国家总数 (6)	回复 SIPRI 和联合国的国家 (7)[e]
非洲	48	7	50	1	(0)	1	7
北美洲	2	1	2	2	(0)	2	2
中美洲	7	4	8	3	(2)	5	4

〔17〕 1992—2005 年期间向联合国报告军费开支情况的发展趋势图表，参见联合国裁军事务部的网站，网址：URL〈http：//disarmament. un. org/cab/milex. html〉。

地区/次区域 a	SIPRI询问国家(1)	回复SIPRI的国家(2)[b]	联合国询问国家(3)	回复联合国的有数据报告(4)[c]	回复联合国的零报告(5)[d]	回复联合国的国家总数(6)	回复 SIPRI 和联合国的国家(7)[e]
南美洲	11	5	11	3	(1)	4	6
加勒比地区	7	1	5	1	(0)	1	2
中亚	5	0	5	1	(0)	1	1
东亚	16	5	17	6	(0)	6	8
南亚	6	3	6	2	(0)	2	5
大洋洲	4	2	4	2	(0)	2	2
西欧	21	17	21	19	(1)	20	20
中欧	15	14	15	14	(0)	14	15
东欧	7	4	7	5	(0)	5	6
中东	14	2	14	2	(0)	2	2
小国[f]	4	0	26	1	(10)	11	1
总计	**167**	**65**	**191**	**62**	**(14)**	**76**	**81**

a 为了使 SIPRI 和联合国的报告制度具有可比性，以上国家依照 SIPRI 军费开支数据库中的地理区域标准分组。参见附录 8A 中表 8A. 1 的注释。

b 向 SIPRI 报告数据的国家或地区有：安哥拉、阿根廷、亚美尼亚、澳大利亚、奥地利、白俄罗斯、比利时、玻利维亚、波斯尼亚和黑塞哥维那、巴西、保加利亚、布基纳法索、柬埔寨、中国、哥伦比亚、克罗地亚、塞浦路斯、捷克共和国、丹麦、多米尼加共和国、萨尔瓦多、爱沙尼亚、芬兰、法国、格鲁吉亚、德国、希腊、危地马拉、洪都拉斯、匈牙利、印度、意大利、日本、约旦、韩国、拉脱维亚、黎巴嫩、立陶宛、卢森堡、前南斯拉夫马其顿共和国、马耳他、毛里求斯、墨西哥、摩尔多瓦、纳米比亚、荷兰、新西兰、挪威、巴基斯坦、波兰、罗马尼亚、塞尔维亚和黑山、塞舌尔、斯洛伐克、斯洛文尼亚、南非、西班牙、斯里兰卡、瑞典、瑞士、中国台湾（地区）、土耳其、乌拉圭、美国和津巴布韦。

c 向联合国报告数据的国家或地区有：阿尔巴尼亚、阿根廷、亚美尼亚、澳大利亚、奥地利、孟加拉国、白俄罗斯、比利时、波斯尼亚和黑塞哥维那、巴西、保加利亚、柬埔寨、加拿大、克罗地亚、塞浦路斯、捷克共和国、丹麦、厄瓜多尔、爱沙尼亚、芬兰、格鲁吉亚、德国、希腊、危地马拉、洪都拉斯、匈牙利、印度尼西亚、爱尔兰、意大利、牙买加、日本、约旦、哈萨克斯坦、韩国、拉脱维亚、黎巴嫩、立陶宛、卢森堡、马来西亚、马耳他、墨西哥、尼泊尔、荷兰、新西兰、挪威、波兰、葡萄牙、罗马尼亚、俄罗斯、圣马力诺、塞尔维亚和黑山、斯洛伐克、斯洛文尼亚、西班牙、瑞典、瑞士、泰国、土耳其、乌克兰、英国、美国和津巴布韦。以下 7 个国家使用简化的联合国调查问卷报告其数据：柬埔寨、韩国、黎巴嫩、马来西亚、尼泊尔、圣马力诺和津巴布韦。

d 有 12 个联合国会员国提交了零报告：安道尔、玻利维亚、哥斯达黎加、冰岛、基里巴斯、列支敦士登、马绍尔群岛、摩纳哥、巴拿马、萨摩亚、所罗门群岛和汤加。此外，有 2 个非联合国会员国提交了零报告：库克群岛和梵蒂冈。

e 第 7 列显示提交含有军费开支数据的报告（不包括零报告）的国家总数。总数可能小于第 2 列和第 4 列的数目之和，因为同一国家可能在这两列中均出现。

f 这些国家为非常小的联合国会员国，没有或仅有最低限度的国防力量。

资料来源： 填好提交的 SIPRI 调查问卷；2005 年 7 月 25 日联合国秘书长报告“军事情况的客观情报，包括军事支出的透明度”；联合国文件 A/60/159 和 2005 年 9 月 20 日及 2005 年 12 月 27 日联合国秘书长报告“军事情况的客观情报，包括军事支出的透明度”；联合国文件 A/60/159/Add. 1 和 A/60/159/Add. 2，参见网址：URL 〈http：//disarmament2. un. org/cab/ milex. html〉。

2005 年，大多数欧洲国家向 SIPRI 和联合国均提交了报告。**西欧**的 21 个国家中有 17 个向 SIPRI 报告数据，向联合国报告的有 20 个国家。〔18〕 **中东欧**地区除阿尔巴尼亚 1 个国家以外，SIPRI 军费开支数据库所包含的所有国家均向 SIPRI 报告了数据，而没有向联合国报告数据的只有前南斯拉夫马其顿共和国。在属于**独立国家联合体**（独联体）的 7 个欧洲成员国中，向 SIPRI 报告数据的有 4 个——亚美尼亚、白俄罗斯、格鲁吉亚和摩尔多瓦，向联合国报告数据的有 5 个——亚美尼亚、白俄罗斯、格鲁吉亚、俄罗斯和乌克兰。

中东地区的情况与前几年一样，回复率非常低。有 2 个国家——约旦和黎巴嫩向 SIPRI 和联合国均报告了数据。不过，多个中东国家已经开始在其政府网站上提供国防预算数据，这是开放程度提高的标志。

2005 年，SIPRI 扩大了其调查覆盖范围，纳入 11 个加勒比地区国家。〔19〕 在这 11 个国家中，向 SIPRI 报告数据的国家有 1 个——多

〔18〕 回复 SIPRI 或联合国这两者中任何一方的西欧国家总数为全部 21 个国家，因为冰岛向联合国递交了一份零报告。

〔19〕 这 11 个国家是安提瓜和巴布达、巴哈马、巴巴多斯、百慕大群岛、古巴、多米尼加共和国、格林纳达、海地、牙买加、苏里南以及特立尼达和多巴哥。

米尼加共和国，而向联合国报告数据的国家也只有 1 个——牙买加。

三、向其他国际机构报告军费开支数据情况

正如联合国大会所确认，共享有关军费开支的信息资料是促进各国间信任的一个途径。在 CSBM 框架下有两种用于向国际机构报告军费开支的国际手段。这两个机构是欧安组织和联合国拉丁美洲及加勒比地区经济委员会（ECLAC）。然而，与向联合国及 SIPRI 报告数据有所不同，这两种机制仅供参与国使用，而不面向公众。

欧安组织成员国在 1990 年的《维也纳议定书》中同意每年一次交流有关军事预算的信息资料。[20] 这一举措增进了谈判协商以及随后批准 1990 年《欧洲常规武装力量条约》所需的信任。[21]《维也纳议定书》选择《联合国军费开支标准报告书》作为报告数据的标准格式。在欧安组织成员国军事预算编制过程的透明度方面存在很大的地区性差异。虽然欧洲国家对于其军费开支的态度较为开放，可是中亚国家还处于使其国防预算更加透明的进程之中。

十年之后，联合国于 1999 年开始通过 ECLAC 在阿根廷和智利之间推行“国防开支通用标准化计量方法”。[22] 这个报告制度 2001 年扩展至包括秘鲁。由于它在降低该地区潜在的武器采购紧张局势方面发挥作用，该制度得到了好评。[23] 安第斯国家共同体已经研究了

〔20〕 在 1999 年的《维也纳议定书》中保留了这项要求，有关情况参见本卷的附件 A。

〔21〕 Z. 拉霍夫斯基撰写的《新欧洲的建立信任与安全措施》，SIPRI 研究报告第 18 号（牛津大学出版社，牛津，2004）。有关《欧洲常规武装力量条约》，参见本卷的附件 A。

〔22〕 联合国拉丁美洲及加勒比地区经济委员会编写的《国防开支通用标准化计量方法》（联合国：圣地亚哥，2001 年 11 月），参见网址：URL 〈http：//www. eclac. cl/cgi－bin/getProd. asp？ xml ＝/publicaciones/xml/1/8771/P8771. xml〉。有关这一方法，参见 T. 希茨撰写的“CEPAL 文件评估：‘国防开支通用标准化计量方法’”，《Revista Fuerzas Armadas y Sociedad》，第 18 卷，第 1－2 号（2004 年 1－6 月），第 107－121 页，参见网址：URL 〈http：//www. fasoc. cl/php/fasoc. php？ seccion＝articulo&id _ articulo＝37〉。

〔23〕《El Comercio》2005 年 8 月 13 日刊登的文章“智利外交部长否认与秘鲁展开‘军备’竞赛，表示要促进厄瓜多尔的局势稳定”，译自西班牙语原文，世界新闻连线网，美国商务部国家技术情报服务处（NTIS）。此外请参见第 8 章。

采纳类似机制的可能性，但是尚未取得任何具体进展。[24] 同样地，ECLAC 所作的一项近期研究已经建议把这一方法扩展至该地区其他国家。[25] 有争议的问题是，参与该方法的三个国家中有两个——智利和秘鲁不具备十分透明的军事拨款程序。

2005 年，55 个欧安组织成员国中有 86%使用标准或简化报告书向联合国报告其军费开支情况，同时有 67%向 SIPRI 作了报告。在向联合国报告数据的欧安组织国家中，有 72%也同样向 SIPRI 做了报告。虽然所有欧洲国家均向 SIPRI 或联合国作了报告，但是 5 个中亚国家既没有向 SIPRI 也没有向联合国报告。在 ECLAC 倡议的三个参与国中，只有阿根廷通过 SIPRI 以及联合国公布其军费开支情况；另外两个国家没有向这两个组织机构中的任何一个披露其军费支出情况。

（朱肖晶 译）

---

〔24〕 美洲国家组织半球安全委员会“关于建立信任与安全措施的迈阿密宣言草案”，建立信任与安全措施专家会议，文件 CP/CSH－528/02 rev. 3，2003 年 1 月 28 日，第 3 页，参见网址：URL 〈http：//www. oas. org/csh/english/csbmreports. asp〉。

〔25〕 联合国拉丁美洲及加勒比地区经济委员会编写的“军费开支比较方法”，圣地亚哥，2005 年 7 月，第 49 页，参见网址：URL 〈http：//www. eclac. cl/cgi － bin/getProd. asp？ xml＝/ publicaciones/xml/9/22549/P22549. xml〉。

附录8E

国际军费比较：使用购买力平价的问题与挑战

迈克尔·沃德

一、导言

在试图对一国以其本国货币支付一组产品的费用与另一国以不同货币支付同样产品的费用进行比较时，分析家们遇到了很大问题。在军事开支方面，由于确定官方在“防务”或“军事”方面支出的总体范围和获得其所含各类项目的有意义的价值方面存在困难，进行比较时遇到的问题就复杂化了。

本节要讨论的是为什么国际比较是有用的和必要的，国际比较是如何进行的以及军事开支的特定性质。[26] 第二节要涉及的是与经济相关的国际比较如何能够进行，并对以历史和理论为背景使用汇率和购买力平价的方法进行了比较和评估。第三节列出了估算有意义的购买力平价需要解决的概念和经验方面的问题。第四和第五节特别关注对军费以及相关的军事负担进行比较的问题，研究了不同比较法的可应用性，并讨论了在确定国家军事开支及其构成时遇到的一些复杂的实际问题，应如何计算其绝对规模和占国内生产总值份额，以及因此耗费各国资源的相对比例等问题。第六节提出了结论。

〔26〕 参见 I. B. Kravis 和 R. E. Lipsey，试析各国价格水平，《普林斯顿国际金融研究》第 52 期（普林斯顿大学国际金融研究部，新泽西普林斯顿，1983 年 11 月）；I. B. Kravis，A. W. Heston 和 R. Summers，实际产值和购买力国际比较（约翰·霍普金斯大学出版社，马里兰巴尔的摩，1978 年）；I. B. Kravis，A. Heston 和 R. Summers，世界产值和收入：实际国内生产总值国际比较（约翰·霍普金斯大学出版社，马里兰巴尔的摩，1982 年）；I. B. Kravis，Z. Kenessey 和 A. W. Heston，生产总值和购买力国际比较体系（约翰·霍普金斯大学出版社，马里兰巴尔的摩，1975 年）。

各国政府和超国家机构想要进行国际比较是有若干理由的。对于跨国贫困分析和与收入相关的研究来说，因为需要考虑相对的经济福利、政策重点和合适的资源分配，理由是最为不辩自明的。在政治性质更浓的国家安全和军事开支方面，由于经济问题需要参照安全关切予以衡量，理由就不那么明朗了。比较的性质取决于主要兴趣究竟放在一个国家的军品生产能力或总体军事实力还是政府每年为军队花多少钱上。防务分析人员想要搞明白对所谓军事潜力的比较评估，是否与一个国家发动战争的能力相联系。其他人则关心军事开支影响经济的方式及更广泛地对生活水平造成的负担。

历史上曾采用过不同的方法来进行军事实力的量化比较。最为传统的方法是直接采用数字：武装人员总数、坦克和某型火炮的数量、空军的飞机架数，等等。防务分析人员用这些数字来评估各国武装部队及其装备的相对优势。另一种方法是使用公布的汇率（定义为相关时期平均主要汇率）将各国军事开支的本国币值转换成美元。然而，汇率容易受到各种需求和供给力包括投机性资本流动的摆布，对各国的币值造成影响。还有一种方法是应用购买力平价（PPP），即使用一种标准的国际计算单位，将以各国货币计算的价值有效地转换到一个共同的价格基础之上。对构成国内生产总值的大多数支出项目来说，购买力平价转换法总体应用效果很好。例如，家庭食品支出（经常作为实际消费数据）的国际比较能以未经扭曲的方式进行。然而，要找到相关的购买力平价，并用它们将诸如军事开支那样更为复杂的类别转换成一个共同的国际价格基础，在实际操作和概念上均构成困难。

军事开支的特定性质

军事开支往往是不明确或被各国政府有意模糊化的。[27] 甚至总体国防预算可能成为受到严密保护的国家机密。武装部队的某些支出可能被帖上“预算外”标签，某些可能潜藏于民兵、临时国土部队、海岸警卫队或海关及反恐活动支出中。某些诸如教育、职业培训和医疗研究等支出也可能隐藏着军事开支。各国计算军事支出的程序和做法是多种多样的。支持武装部队和游击队团体的非政府组织的活动可

〔27〕 有关军事开支数据的透明度和可用来源问题，参见本卷第六章和第七章。

导致低估一个国家军事开支的总体范围。

本附录的重点放在军事开支的比较上。它描述了一个比采用常规汇率比较法更为合适的分析各国开支的基础。它提倡使用购买力平价来比较实际支出，并含蓄地主张对军事支出进行更系统化的定义和分类，以确保比较的范围和方法始终如一。转换成可比较的美元价值的目的是为了能够对所花资金进行比较。此种数据可用来衡量一个政府给予军队的重视程度或估算用于支持军队的国内资源。然而，由于它们是输入测度，这些数据附带很少诸如军事实力或发动战争能力等有关输出结果的信息，因此不能用来估算这些输出结果，更何况各国在军事开支的输入输出关系方面存在巨大差异，而像训练那样的关键输入本身又难以明了。

在国内生产总值（GDP）或国民生产总值（GNP）中报告的开支里，军事开支是独特的，因为它并不直接或立即转化成居民经济福利的任何等值增长。报告体现的任何军事开支的价值是由特定价格决定的，这些价格一般反映了由政府直接产生或偿付给供应商的费用，这些开支用于提供该国领导人认为符合国家安全利益和保护本国公民及其集体资产所必需的东西。与大多数其他开支项目不同的是，作为这些开支的基础价格并不是由市场估算的。费用往往由公认的体制性程序（如订约承包和装备采购规则）和以往先例（军购清单）决定的。按惯例，将附加经协商确定的支付给供应商的利润比例。

二、国际比较的特点

在能够提出可供国际比较的各国军事开支的可靠估算之前，有两个基本问题必须克服：第一个问题是应用于所有国际开支比较的方法问题，它涉及一个合适的统计程序的选择标准，该程序将用来把以各国货币表达的任何被报告的价值转换成某种统一的国际标准计算单位。第二个问题是围绕确定军事开支范围的困难。这不仅是一个数量问题，而且是如何决定官方报告的军事价值所包含的价格问题，尤其是许多特别的和独特的军品和服务缺乏市场价格和等值的市场参照指数。

国际比较方法包括：1. 比较实际开支；2. 比较此种开支占本国

国家基准（通常是国内生产总值或国民生产总值）的份额。[28] 前者是对等值货币价值的单纯衡量。后者显然与价值无关，它是国家资源用于某一规定开支的指示器。这种方法尽管对内部分析来说很有意思，但对资源使用的国际比较来说是无效的。

汇率的使用及其局限性

历史上，一直使用报价汇率来比较各国以货币标价的货物和服务。以本国货币记录的开支被换算成普遍公认的国际币值。美元通常被用作这种基准。

汇率——特指一个国家的主要官方汇率——因其便利而被一直采用。随时可以获得及时的数据，操作过程是清楚的。大多数国家对本国“主要汇率”的每日情况记录要保存一段时间。外汇数据名义上是透明的，保持有效的独立性，因为它们大体上是金融市场力量作用的产物，因而在一定意义上是中性的。然而，将汇率用于实际经济现象的国际比较是不合适的，因为它们是不稳定的。

历史已经显示，在对以货币为基础的变数实施标准化，将其转换成固定汇率计价标准的过程中，汇率是不可靠的转换因素，这一点在 20 世纪后半叶表现得特别明显。第二次世界大战以后，由于资源短缺和政策的不同，汇率及绝对和相对价格经常处于混乱状态。对于公共和私营部门在经济事务中的作用的新观念对价格和汇率产生了重大影响。在许多前参战国之间，发生了重大的（对美元）货币贬值和其他货币下跌。然而，在战后的重建和恢复时期，国际贸易急增，各国经济繁荣。尽管出现了世界范围的“美元短缺”，在欧洲国家还是出现了相当高昂的战后乐观情绪。这些国家中的大多数严重依赖由一个受战争破坏相对较小的美国经济产生的机制，每个国家通过以贸易和出口为主导的增长寻求扩张。汇率并不完全由经济活动决定，至少在短时期内是这样的。它们成为一个关键的政策变数，用于平衡保护国内经济的欲望和获得国际竞争优势的需要。国际货币基金组织试图建立一个固定汇率机制，但在 20 世纪 50 和 60 年代，包括英镑、意大利里拉和法国法郎在内的主

〔28〕 GNP—现更确切地称为国民收入总值（GNI）—GNI 与 GDP 的区别在于增加了本国居民在国外获得的收入部分，减去国内经济中非本国居民获得的收入部分。

导货币经常性地贬值。到了 70 年代早期，固定汇率机制已遭到严重破坏，无能为继。1974 年，在第一次石油危机之后，国际货币基金组织正式放弃了这一机制。

不过，某些国家仍然将自己的货币钉住美元、法郎或英镑。有时，这是出于历史联系和体制上的关系，尤其是在银行网络之内。随着主要货币本身产生急剧的价值波动，某些钉住一种货币的做法后来被放弃了，尤其是在 20 世纪 80 年代初期美元开始强劲升值之时。取而代之的做法是，一些国家根据用来反映其贸易价值的主要贸易伙伴的一篮子货币来确定本国货币的价值。这是许多发展中国家当时在面临剧烈的通货膨胀时所采取的一种策略。由政治动荡和外汇市场的虚弱导致的资本撤离变得更为平常。反映投机和防范心态的货币挤兑现象出现了，成为一个严重问题。在 20 世纪 80 年代，这种情形引发了许多发展中国家货币对美元的大幅贬值。每当这种情况发生的时候，以美元计价的人均国民生产总值（例如，由联合国、世界银行和国际货币基金组织发布）则以一种“新”概念反映出各国的相对发展水平和排名。

论证汇率转换有意义的主要依据是它们描述了长远的经济趋势。然而，经济学家们惯于更加重视决定一个国家汇率水平和运动的经济“基数”和国际因素。汇率并不一致和连贯地反映结构性价格差别，这种差别是每一个国际性的价值比较的核心。甚至对“基线”国家来说，汇率报价也会出现波动，这可以 20 世纪 80 年代至今美元对大多数其他主要货币的大幅价值波动为证。这些波动代表了汇率在将本地货币转换为一个统一的基准的有效性方面的一个重大缺陷。世界银行已经设计出标准汇率转换法的一种变体作为本机构的操作程序，用于确定其出版的人均国民生产总值“地图”的以美元计价的度量标准。[29] 这些数字被广泛使用，但它们并不考虑本国的价格水平，仅用来抹平当年以前三年内观察到的汇率浮动。

在过去的 30 年里，外汇体制的性质发生了相当大的变化。1975 年，87%的发展中国家使用了某种类型的汇率挂钩手段。到 1996 年，

〔29〕 世界银行：《世界银行地图》，第 36 版（世界银行，华盛顿特区，2004 年）。

这一比例降至 50%以下。[30] 1975—1996 年，各国货币汇率在一年内至少下跌 25%的个案有 116 起。这些案例中的几乎一半发生在使用灵活汇率机制的国家。[31] 若干个国家只对官方主要汇率给予形式上的承认。国际货币基金组织经常在其月刊《国际金融统计》中披露，某些国家在某些类型的对外交易（如政府进口或旅游交流）中使用“第二”和“第三”套汇率。鉴于汇率表现仅与理论和国内经济状况发生松散的联系，就几乎不存在将汇率作为国家间或不同时期间实际经济比较的基础的理由。就其大部分作用而言，汇率比较法仅适用于国际证券评估、双边转让、当前金融交易和国际债务结算。因此汇率决定了一个国家在面临任何外部金融债务时必须面对的国内实际机会成本。

购买力平价

购买力平价是“影子”转换率，它表示了假设在一个特定国家获得与在美国用一美元购买的相同的货物和服务（或用任何国家或一组国家作为参考基准）需要支出多少。与汇率不同的是，基于购买力平价的比较具有基准国家不变的优点。它们还具有传递性，即一个国家与另一个国家无论是互相直接比较还是间接通过第三国比较，都是处于同一种关系。支撑购买力平价的核心原则是简单的：国内平均支出除以本国平均价格后直接获得概算数量，然后各国的这些数量以单一的平均国际价格重新确定价值。然而，这种方法的实际应用构成了重大问题。必须搜集与所有种类的私有和公共货物和服务相关的一组有关微型价格和数量的巨大数据才能进行必要的运算，还必须选择一个合适的总合公式。[32]

购买力平价与汇率

购买力平价的计算开启了一个观察相对经济规模和国民福利的全新途径。它在引进之时对长期保持的以对美元汇率为基础对各国经济

---

〔30〕 F. Caramazza 和 J. Aziz：“固定还是灵活?：20 世纪 90 年代的汇率理顺”，《经济问题》第 13 卷（国际货币基金组织，华盛顿特区，1998 年 4 月），URL：〈http：//www.imf.org/external/pubs/ft/issues13/〉，第 2 页。

〔31〕 Caramazza 和 Aziz（同注释 [5]），第 5 页。

〔32〕 M. Ward：《经合组织内的购买力平价与实际开支》（经济合作与发展组织，巴黎，1985 年）。

发展排名的观念构成了挑战。部分地出于这个原因，使用购买力平价的方法仍然遇到相当大的反对，甚至在负有国际使命的机构内也是如此。

国际可比较性仍然是联合国统计系统的一个关键目标。已经制定了像国家账目系统（SNA）那样清楚的编辑数据的概念、惯例和标准及货物和服务的分类法。[33] 购买力平价构成这些标准的组成部分，与汇率相比，它们反映了价格如何通过国内和国际价格水平的差异对所报价值产生影响。

要了解哪些国家总体上可被认为是“便宜的”和哪些是“昂贵的”，只需将各国的国内生产总值的购买力平价除以相应的汇率。例如，如果英国和美国的购买力平价是 1 英镑＝2.15 美元，相应的官方汇率是 1 英镑＝1.85 美元，那么价格水平（即 2.15/1.85＝1.16）显示同样的货物在英国的价格总体上要比美国高出 16%。

在低于国内生产总值购买力平价水平计算时，购买力平价比率还能被认作是不同定义商品组（如食品或军用物品和服务）相对价格水平的量度标准。不同商品组的购买力平价各不相同，而且经常与国民生产总值的总体购买力平价有相当大的差距，这是与单一汇率一般性的一个重要区别。一个定义开支种类的特定购买力平价比率离 1 越远，价格水平偏离国内生产总值或国内生产总值支出相关部分的国际平均值的程度也就越大。

购买力平价与一个特定时间点（一个特定状态）的价格水平差异有关，而价格指数则反映了一段时间内（流动）的价格变化。[34] 购买力平价只提供适用于一段时期（如一年）的相对实际价值尺度。因此，它们反映的是空间层面的国家间价格差异，这些差异是局部和支

〔33〕 联合国经济与社会发展部，《国际比较项目手册》（联合国，纽约，1992 年），URL：〈http：//siteresources. worldbank. org/ICPNT/Resources/icphbeng. pdf〉。SNA 是编制各国账目和衡量市场经济的一个国际统计标准。现行的 1993 版 SNA 将被修订后的 1996 版 SNA 取代。欲了解更多信息，参见联合国统计部网站，URL：〈http：//millenniumindicators. un. org/unsd/nationalaccount/method. htm〉。

〔34〕 S. Ahmad：《消费者价格指数与购买力平价的协调》，欧盟统计局，改善价格指数质量：国际研讨会，佛罗伦萨，1995 年 12 月 18－20 日（欧共体官方出版局，卢森堡，1996 年），第 449—454 页。

出种类层次上的。就购买力平价而言，任何两个观察点（如美国和肯尼亚）之间的经济“距离”不是固定的，而在常规的价格指数中，则是按照固定的报告日期和规定的时间间隔按先后顺序来测量变化的。由于涉及不同篮子的货物和服务，在进行典型的收入比较时要联系巨大而互不相干的经济规模，这一因素能引起购买力平价价格水平估价的扭曲，问题的严重性可能要大于常规的以时间顺序进行的价格指数估量。经济差距的大小有助于解释在用购买力平价替代汇率进行比较时低收入国家的国内生产总值大幅提高的原因。

购买力平价与国民收入

尽管以使用而不是输出为基础，以购买力平价转换的国内生产总值估价提供了当前生产及各类经济实际规模的总量测算。以往调查得到的证据显示，以国际价格水平为基础，较贫穷国家的实际国内生产总值要大大高于以汇率换算的官方报告数字。有时候它们的经济规模要比原先高出 3 倍或 4 倍。[35] 因为这些国家在大多数主要开支种类方面的价格水平通常都非常低，当用“平均”的国际价格来重新估价它们的货物和服务时，国内生产总值的价值就大幅度提升了。这意味着像中国和印度这样的低价格水平国家，实际上经营着比当前官方汇率比较所显示的规模更大的经济。它还意味着这些国家重要的开支领域或组成部分——如政府和（特别是）军队——以购买力平价计算可能要相当程度地大于以汇率换算指示的数据。值得关注的是，各国在国内生产总值和开支种类方面的差异也因使用国际价格而缩小。

这种差别最终对计算“人均实际收入”产生影响。即使顾及人口规模及不同的年龄和性别等因素，某些原先被认为最贫穷的国家（包括中国）的居民，现在从购买力平价的角度看实际上则不仅要比以前富裕得多，而且还要比其他国家富裕很多。[36] 这些发现是与众所周知的较长时期内的增长率相对差别是一致的，也是与所观察到的以脱离价值的社会指数独立衡量社会发展成就相一致的。

〔35〕 例如，世界银行得出的 2003 年中国国民收入总值，按汇率换算是 14168 亿美元，按购买力平价计算是 64100 亿美元。世界银行，2005 年世界发展指数（世界银行，华盛顿特区，2005 年），URL 〈http：//devdata. worldbank. org/wdi2005〉，表 1.1 和 5.7。

〔36〕 世界银行（同注释 [10]）。

三、购买力平价的使用

购买力平价的计算

购买力平价是将国家间近似货物和服务的二元价格比率合并计算后得出的。因为重量对任何项目没有意义，近似项目的开支合计起来构成一个“基本类目”。这就构成了一组类似种类的货物和服务，成为组成国内生产总值的定义明确的一篮子开支。价格比率的合并又与这些基本类目的开支有关。价格比率反映了国家间适用于这批项目的相应平均兑换比率。作为一组项目，它们能够以各自在国内生产总值中的价值来衡量。

按顺序，购买力平价的计算可由以下部分组成：1. 初始项目价格比率；2. 普通组别的货物和服务的价格比率；3. 基本开支类目的价格比率；4. 消费种类的合计比率——如“家庭总消费”、“政府集体消费”和“固定资本总构成”等。这样的话，根据构成国内生产总值的所有独立的种类，就可以建立一个国家之间的价格关系结构，这一结构代表了经特别描述的所有类型的货物和服务之间的实际价格换算比率。每一个开支种类根据其在国内生产总值中的重要性进行衡量，这种重要性是按各自的费用支出得出的。最后，整个经济即国内生产总值的整体购买力平价就可以这种方式生成。计算公式的选择取决于比较的主要目的。〔37〕

上述所指的是二元形式的比较，在实际操作中计算过程是在将所有参与每一项目比较的国家之间的所有可能的直接和间接二元比率作

〔37〕 在军事开支方面，如果需要显示各自占国内生产总值的份额，则应在基本类目之上的总体层面上使用 Geary－Khamis 方法。如果只需对一个特定防务“项目”（如军事人员）进行国际比较，就可以使用 EKS 合计公式。EKS 公式是由 Odon Elteto，Pal Koves 和 Bohdan Szulc 开发的一种多元方法，它计算的是 n 个国家间的所有可能的费希尔（Fisher）价格指数产品的 n 次根。它被用于详细的类目层面以获得类目平价，也被用于国内生产总值层面。对 EKS 方法的改进，始于决定给予直接二元比较和每对国家特色产品的平衡比较更大分量，这些改进已被欧盟统计局和经济合作与发展组织引进。O. Elteto 和 P. Koves：“国际比较中的指数数字计算问题”，《Statisztikai Szemle》，（1964）第 5 期，第 42 卷，第 507—518 页；B. J. Szulc：“基本统计层面以下的价格指数”，R. Turvey 等主编：《消费者价格指数：国际劳工组织手册》（国际劳工组织，日内瓦，1989 年）。

“多元处理”的基础上进行的。

可比性与“代表性”

上述方法偏离了购买力平价最初对每个国家完全相同的一篮子项目的定价概念。有关的“篮子”与各国的国内生产总值和显示的使用偏好及独特的最终用户开支结构有关。这是因为对瑞典和英国相同的一篮子项目进行比较和定价构成了问题。这样的一篮子并不体现两国国内生产总值实际支出所反映的正常支出的特征。很清楚，超出了高收入的欧洲，要对像中国那样的国家的相同的一批消费项目进行定价就会是困难的和不具代表性的。

这并不仅仅是覆盖面和需要全面定价的问题。问题的核心是更为基本的价格与数量的经济关系问题。价格与相应的采购数量通常呈反转关系，无论它涉及的是时间推移或水平差异问题。在一个特定项目比较流行因而被购买数量较多的地方，其价格往往比其他近似的替代物要相对便宜些。例如，规格差不多的冻鳕鱼条都可以在中国和瑞典找得到，但因其在中国既不流行又不被大量购买，而且一般在许多商店里找不到，其价格往往要相对昂贵些。

这个问题还延伸到购买数量的实际单位规格。很清楚，价格必须与相同的可比数量有关，但这不能以简单的平均单位价值来估价。相同质量大米的每公斤价格，要视其习惯上以 10 公斤、25 公斤或 40 公斤一袋（在亚洲通常如此）还是以 1 公斤或 2 公斤一包（在欧洲和美国通常如此）销售，而存在相当大的差异。由于在计算购买力平价时需要确定能代表人们消费选择的项目，在统计人员决定项目的价格时，这些项目的国家间可比性与本国“特色”和“代表性”之间就存在明显的冲突。

在决定每个国家各自的价格时必须对完全相同的数量和质量进行比较，而由此得出的特定数量的单位价值不得受到大宗购买和特种包装的影响。同样重要的是参与比较的各类项目没有明显或固有的质量差别。最终目标是确定构成国内生产总值的不同类别的货物和服务支出的年度平均单位价格（或价值）。

四、军事支出的国际比较

本节考虑的是如何将购买力平价用于国家之间的军事支出比较。

它不考虑整体军事实力或发动战争能力的比较，而且也做不到这一点。对军事支出的考虑所能做的最多的是对各国政府给予军队的优先投入或不同国家军队耗费的国内资源进行比较。

军事支出的分析

军事费用包括两大主要部分，这是适用于所有国家并与其他官方开支账目的标准分类相对应的：1. 用于武装部队及其保障人员的直接开支，加上用于包括维修保养的相关可消费项目的支出；2. 用于装备和营房的开支。正如这些描述指出的那样，这些类别中的每一个还可以再分为两个下属的分类。按惯例，标准的国家会计实践是将所有军事建设和硬件方面的开支（不考虑其性质和耐久力）作为当前支出而不是“投资”（或更精确地称作总固定资本构成）。可用于和平目的的建筑物（如军队医院和军人子女学校）的开支可在国家账目中予以区别对待，尽管相关的开支仍将在年度预算账目的“防务”分项下出现。严格地说来，因为战争主要与征服对手和摧毁其发动战争的能力相关，所有军事装备（如火炮、坦克、飞机、舰艇等）应被视为“消耗品”。在战时，像碉堡、炮台、军用机场和船坞等建筑工事具有战略意义，因而易被摧毁。很少有军事设施和装备在经济上对一个国家的生产潜力的直接提升作出贡献。尽管可以认为用于军事装备和设施的支出帮助保卫一个国家，也就保护了它的生产潜力，但这些项目却不存在任何明显的其他民事用途。

当前军事开支分为两个分类：一个是指发给军事人员和保障人员的报酬；另一个是指军队的日常维持费用。第一个分类指的是个人报酬，如薪水、实发和推算的退休金、福利及发给正规武装部队和保障人员的所有其他实物收入。征募的人力（通常报酬要少很多）也应包括在内。还应加上补助的私人住宿和家庭住房供给以及任何直接以个人名义对武装部队的转让。第二个分类包括重复发生的为驻扎在基地的武装部队提供营房、伙食和服装的费用，加上军事管理和通信、训练和补给等。它包括所有形式的日常修理和维护及水电等供应。这两类支出加起来构成 1993 年国家账目系统所指的“当前政府防务支出”的大部分。

军事开支的第二大类包括在其他地方被认作资本支出的那部分。在当前的国家账目系统中，这些项目是“消费品”，但目前面临很大的压力是要将它们转移到被提议的 2006 国家帐目系统的资本构成类别中。该类别包括：1. 装备，大部分为纯军事性质，但包括计算机和车辆；2. 建筑物，如战略神经中枢、基地和阅兵场、导弹发射井、机场和储存设施。装备与建筑物的区别对于计算相关的购买力平价是很重要的，因为各自的计算方法是不同的，而且需要建立与其他国家的合适的参考比较。在提到当前政府开支项下的军事支出时，前者必须进一步细分为“集体政府支出”和“单个家庭政府支出”。因为各国政府的作用尤其是在官方提供的社会服务方面大不相同，为求一致起见，要求统计人员在进行国际比较时应区分“谁使用”和“谁支付”政府服务。这样，政府花在家庭方面的所有开支被加到家庭总消费项上，而政府的军费开支仅指其公共集体职责。

总体上，并根据其组成结构，军费开支受到不同国家各自的国土大小和战略位置以及它们加入地区协定和防务条约情况的影响。这种联盟可能涉及军事装备的提供或接受、顾问的参与和外国基地的使用。例如，传统上，北大西洋公约组织（NATO）成员国的一部分部队已驻扎在国外。维持和平行动进一步使问题复杂化。这样就会不可避免地出现以下情况，本国部队使用的某些（进口）装备将根据象征性的费用安排或软性的租借采购协议予以提供，而这种协议对防务服务的费用产生影响。

历史以及各国如何看待自身的军事作用也是一个因素。像中国那样与其他 14 国为邻的国家维持着大规模的地面部队，因为它们担心邻国构成的潜在威胁。其着眼点是国内和本地区。还有像美国那样的其他国家则以全球为着眼点看待自己的作用。美国只有两个邻国，但有着悠久的海外作战经验，历经第二次世界大战、欧洲的冷战、朝鲜半岛的敌对状态、越南和中东战争。这样，它就一直集中致力于维持严重依赖军事硬件的远程战略能力和全球机动能力，维持实施远距离打击的能力。

按照目前世界银行国际比较计划（ICP）[38] 采用的方法，政府支

〔38〕 ICP 提供可进行国际比较的价格水平、开支价值和购买力平价估价；如需了解更多信息，参阅 ICP 网址 URL 〈http：//www.worldbank.org/data/icp/〉。

出部分，特指与“集体”支出相关的那部分，被作为一个整体，因而造成军费开支的购买力平价无法从当前的政府总体支出中区分出来。这就为数据扭曲制造了可能，尤其如果防务部分较大而且代表了政府总支出的重要部分，就像中国和美国的情况那样。军费支出中的薪水支出结构与货物和服务支出结构同政府支出的其他部分相比具有相当大的潜在区别，如果用于装备和建筑工事的所有军事开支按“当前消费”处理，这种区别就会更大。如果支付给武装部队成员的平均报酬加上各类人员和级别的报酬结构与政府文职部门的薪水等级差别巨大的话，就会出现复杂的情况。

质量与效率的区别

广义定义的“质量”区别是在试图对不同国家的军事装备或士兵的技能水平进行比较时遇到的最大问题之一。鉴于军事领导人希望保持比潜在敌人高出一筹，军事装备和受训人员的质量改进在持续进行当中。这些改进在富有和技术先进的国家将会更迅速。然而，军队的相对专业化、训练和技能可能是难以量化的。当被民族主义、爱国主义和敬业精神等真实但无法量化的因素所覆盖时，问题就会变得更为复杂。军事效力和战备程度无法简单地像对其他政府职员的程序那样以类似年龄、级别和“阅历”的人员的实际薪水来做比较。在一个不同但类似的情形下，M—16美制标准步枪的价格或成本比率是无法直接与中国当地制造的苏联设计的 AK—47 进行比较的。实际上，一些军事专家指出，尽管 AK—47 构造简单，但它能证明比名义上更优越但更昂贵的美制对手更为可靠和有威力。

该选用哪一种购买力平价

在使用购买力平价对国家间军事开支进行比较时，基本上有三种可用的方法。方法的选择将主要依赖于能否获得数据但也有赖于比较的目的：究竟是估量军队消耗的资源、军事开支的机会成本还是军事购买力。

1. 采用总体国内生产总值水平上的购买力平价。这在直觉上与使用官方汇率覆盖所有货物和服务是相当的。

2. 为政府支出应用一个特别购买力平价。这一方法可能与实际联系更密切，理由是薪金在政府整体开支和军费中都构成当前开支的绝大部分（在有些情况下占 2/3 或更多[39]）。

3. 为军事开支派生一个特别购买力平价。在实际操作中，可以为军事开支的所有主要（和差异很大）的成分独立计算购买力平价，包括使用汇率来计算进口军事硬件的采购。

以上方法中的第三种最适合于特种支出的比较，尤其如果支出能被分解成主要的经济种类：个人报酬、当前货物和服务（军事补给、运输和通信）、资本类货物（如国产和进口的舰艇和飞机）的采购及防务建筑物和工程建设。获取这些细节可能是做不到的——至少对于参与比较的所有国家使用相同的统计和分析框架而言是如此。但仍然有必要使用国内生产总值和政府这一层次的购买力平价来派生出对实际消耗的用于军事目的的资源所占份额的估计。

在缺乏特别的军事购买力平价的情况下，用政府层次的购买力平价作替代来计算实际军事支出可能会不太令人满意，因为政府总体集体开支的模式除劳务部分外并不很好地与军事开支匹配。这种情况在年度军事开支严重倾斜于装备时尤其明显；在很大程度上，这有赖于每个国家的战略观念。如果是为了估量军事开支的机会成本，这第二个方法会是有用的。它估量的是军事开支如果用到另一个领域（比如教育）会买到些什么。

最不令人满意的会是使用国内生产总值层次的购买力平价，除非有某种支持的理由相信，军事开支代表了为保护国家利益而支付的国家保护“保险”金。不过，在几乎所有情况下，这种方式还是比使用汇率更为优越，因为实际价值的差别可高达 4 个甚至 5 个系数。[40]在比较美国和中国的军事开支时，无疑会产生一个巨大的差别。使用国内生产总值层次的购买力平价得出的中国实际军事开支总额，要比以汇率换算得出的数额至少高出 3 倍。这个更高的数字并不意味着中国的军事产出就高出了那么多；而是说，中国付出的实际代价显得更高了。从经济负担角度看，军事支出占国家资源的份额可能与使用汇

〔39〕 参见 W. Omitoogun：《非洲军事开支数据：喀麦隆、埃塞俄比亚、加纳、肯尼亚、尼日利亚和乌干达调查》，SIPRI 研究报告第 17 卷（牛津大学出版社，牛津，2003 年），第 90 页。

〔40〕 世界银行（同注释 [10]）。

率计算得出的结果没有多少差别。[41]

今后进行国际比较的方法似乎是使用相关的购买力平价来比较定义明确的开支，而在军事开支比较方面，则需要探索方法以获取更详细的以国内价格计算的军事开支信息。军事程序复杂性的增加、武器系统使用的增多以及军事装备和人员训练质量的持续提高，使上述问题更加复杂化。然而，在某些方面，这一问题与由高技术产业或特种医疗程序构成的普遍问题可能没有多大差别，因为在比较这些行业的产品时也面临类似的挑战。

支出或产出比较

购买力平价是根据国内生产总值总量中的支出成分计算的。这主要是因为关注的是一个国家货币的“同等购买力”；即，用多少当地“收入”去获得有关的货物和服务。支出方法被采用的原因在于它是可分解的、实用的，在统计上是透明的。很清楚，知道有多少国内生产总值和国家资源的份额被划拨用于每年的军事项目产出也是一个重要的关注点。对这种现象的估测在概念上是清楚的，它要求从以相关国际价格标价的总产出估价中计算出实际净产出，并减去被各个部分用掉的相应的中间输入（以不同的国际价格交易）。然而，进行计算所要求的数据的详细程度是极高的。[42]

用购买力平价进行国际军费比较的局限性

使用购买力平价进行国际比较的局限性，实际应用方面要大于概念方面。[43] 使用购买力平价的问题既带有普遍性，也具体与政府财务报告中的军费的比较有关。这些问题带有普遍性，是因为并不总是容易为任何整套的支出选择定价的项目，尤其是为一个特定的基本类目

---

〔41〕 I. B. Kravis：“中华人民共和国相对实际人均国内生产总值粗略估计”，《比较经济杂志》第 5 卷第 1 册（1981 年 3 月），第 60—78 页。

〔42〕 参见 Angus Maddison 教授领导下的格罗宁根大学增长与发展中心的成果。如，B. van Ark 和 A. Maddison：“实际产出和产能的国际比较”，A. Maddison，D. S. Prasada Rao 和 W. F. Shepherd 编辑：《20 世纪的亚洲经济》（Edward Elgar，切尔滕纳姆，2002 年）。

〔43〕 如需更全面了解该问题，参见 I. Castles：“经合组织—欧盟统计局购买力平价计划：实践和程序回顾”，经济合作与发展组织，巴黎，1997 年；J. Ryten：“国际比较计划评价”，联合国经济与社会理事会统计委员会，1998 年 11 月 16 日，URL〈http：//unstats.un.org/unsd/methods/icp/〉。

对这些项目进行同种出口类型的定价。问题的本质是决定如何最好地达到精确地估测指定的一组国家开支的年度平均单位价值。这意味着找出人们是从何处购买大部分货物和服务的。对于军用品来说，政府拥有或控制的工厂是根据成本定价，而私营公司是在政府规定的方针指导下操作的。将相关价格与这种价值联系起来的程序是远非透明的。

各国需要解决许多取样和选择问题并就一个共同方法达成一致。在涉及向外国政府供给和交付军事物品的案例时，由于交易是秘密的，上述目标就难以实现。再者，在任何以购买力平价进行的国内生产总值比较中，仍然在使用汇率将一个国家的进出口货物和服务的价值进行换算。

为军事开支定义购买力平价的具体问题涉及在确定需要标价的项目和随后为它们找到合适的价格时面临的困难。也许决定一个已知服役年数的步兵的薪水所面临的困难要小一点。但更大的问题是要确定一个士兵的薪水以及谁支付他的服务。然而，定价中的实际困难则牵涉到不同类型军事装备和建筑工事的成本以及如何对照其他国家的情况确定这些支出。装备和设施的精密度和“个性化”越高，问题也就更为复杂。原则上，可以认为不同国家空军使用的米格—29 或 F—16 是相同的，但与许多类型的当代军事硬件一样，它们构成了总体武器投射系统的一部分。甚至在装备从另一国购买的情况下，真实的采购价格是经常被隐瞒的。进口军事装备的国内价格在确定的情况下也是按常规以本国的主要汇率决定的。然而，这是一个可以应用特别汇率使该物品对购买国更为便宜的领域。

军事专家一直在评估各类武器的相对优点——“长弓”与“弩”、“喷火”与“梅塞施密特 109”、“米格—15”与“佩刀”F—86 对比，其实它们是不能直接进行比较的。决定任何被选作代表性产品项目的购买力平价价格比率，依赖于在至少一个其他国家对完全相同的项目进行定价的可能性。这对许多军事硬件项目来说是不可能的，因为出于战略原因，各国军队更愿意使用它们自己的特制装备。

在原则上和实践中，对建筑工事和建筑物进行比较的可能性要更大一些。这是因为可在共同输入和相同“建筑模块”的费用成分的基础上进行比较。薪金以及诸如地基、钢结构和拥壁等标准建筑成分的材料费用方面的信息构成了此类比较的基础。在私营部门，由于建筑物数量多、种类杂，可以为一个标准的建筑原型设定详细的数量清单，要求各国提供定价，以便决定假设以本国货币计价的建筑费用。

在当前的购买力平价实际操作中，军用货物和服务、军用装备及防务结构和建筑物并没有单独区分开来。实际上，军事人员的薪金是与支付给其他政府雇员的薪金一起考虑的。军队的日常维持费用及补给也像任何其他政府当前开支一样予以对待，被转换时好像代表着经济中使用的所有其他货物和服务的小型样板；即：它们被转换成国际价值时使用了国内生产总值或政府层面的购买力平价。进口军用货物的价值是以年度汇率转换的，并显示在本国帐目的世界其他地区余额栏中。然而，最大的悬而未决的问题是如何比较诸如舰艇和飞机等本国制造的具有资本性质的结构和装备的费用。如果它们在账务中被作为政府消费项目考虑，那么就会顺理成章地按国内生产总值层面的购买力平价被转换成国际价值。这并不是一个确切的转换，尽管可能不受任何容易察觉的偏见的影响，但明显地容易造成重大误差。这是一个正在被世界银行国际比较计划和各国财政专家们研究的领域，有关更换现行程序的建议可望在修订后的 2006 年国家账目系统中提出。

五、军事负担的国际比较

货币转换方法的选择影响着国家间以军费为代表的经济负担的比较。在国内生产总值层面上，以购买力平价转换的价值显示的较低收入国家的国家开支水平要高于用汇率转换法指示的水平。一个国家的绝对经济规模和平均收入（人均国内生产总值）越低，这些差异也就成比例地扩大。如果将购买力平价用于国内生产总值的下级组成层次及下级总量，也会看到相同的效果。这意味着，如果一个“附加的”合计程序（如 Geary-Khamis 公式）——用此程序将经购买力平价调整的成分合计得出一个经购买力平价调整的国内生产总值——被用来编辑各种购买力平价，那么得出的以国际价格表示的实际支出模式将脱离按国内价格理解的经济结构。这些差异有时候具有相当重要的战略价值，如在投资和公共管理领域，或许特别在军事开支方面。

在审核开支份额时，使用官方汇率同样地将国民生产总值和一个具体的开支成分进行换算会掩盖产生这一支出所消耗的国内资源的相对数量。此种“货币单位”比率可能以“无单位”的面目出现但它们在国际上并不是“无价值”的。甚至在同一个国家，随着时间的推移，这种比较可能与对实际经济变化的任何分析不相关，因为绝对价格水平和潜藏于各种开支类别的价格变动可能以不同的方法发生变化。在某些情况下，价格水平还可能在最终用户和社会经济阶层之间产生差别。[44]

开支成分的比较

在计算一个国家的购买力平价时，国内生产总值被分成约 150 个定义明确的“基本类目”。[45] 在较富裕和更为复杂的先进经济中，还可能找出更多的商品组类。在基本类目层次以下，一般不能获得关于详细开支数量的可靠信息。为直观起见并获得更大的可靠性，详细的基本类目数据通常被浓缩成约 50 个较高层次的开支“组”。[46] 将基本类目合并成较大的类别有助于减少单个估测中的不稳定性和差错的影响。

分析人员能确定分配到每个开支成分的实际数额。可以计算与任何指定项目或项目组（如政府人员薪金或私人汽车价格）的潜在国际价格水平相关的单个购买力平价。以购买力平价为基础的国内生产总值组成份额的引出，提供了该开支种类的真实机会成本的实际情况。这样，如果军费对国内生产总值的比率以购买力平价计值要高于以本国价格计值，那么就清楚地表明该国用于军事活动的实际资源要多于其他类型的开支（参见表 8E.1，该表列出了有关国家的军事负担，分别用汇率和购买力平价计算）。[47]

---

〔44〕 Y. Biru：“赞比亚穷人的购买力”，向 1999 年 1 月在华盛顿特区举办的世界银行价格与购买力平价研讨会递交的文件；R. Decoster：“关于使用购买力平价对低收入家庭进行贫穷比较评估的建议”，为世界银行发展经济与数据小组准备的文件，1999 年 1 月。

〔45〕 如，国际比较计划（ICP）使用 155 个类目。国际比较计划：“国民生产总值与主要开支总计”，《ICP 200－2006 手册》（世界银行：华盛顿特区，2004 年），URL〈http：//www. worldbank. org/data/icp/〉。

〔46〕 如，国际比较计划在其基本类目层次之上有 61 个组。国际比较计划（同注释[20]）。

〔47〕 R. Summers 和 A. Heston：“佩恩世界表格（Mark 5）：一套扩大的国际比较 1950—1988”，《经济季刊》，第 106 卷，第二期（1991 年 5 月），第 327—368 页。佩恩世界表格由宾夕法尼亚大学国际比较中心定期更新；URL〈http：//pwt. econ. upenn. edu/〉。

表 8E.1 用不同货币转换法计算的 2000 年有关国家军事负担比较

数据表示以市场汇率（MER）和购买力平价（PPP）计算得出的军费占国内生产总值（GDP）的百分比。

	国 家	MER[a]	PPP[b]		国 家	MER[a]	PPP[b]
非洲	阿尔及利亚	3.45	5.77	欧洲	亚美尼亚	3.56	7.92
	布隆迪	5.96	10.69		奥地利	0.83	0.69
	埃塞俄比亚	9.57	17.81		保加利亚	2.53	4.51
	津巴布韦	4.68	4.22		法 国	2.58	2.34
	毛里求斯	0.21	0.19		希 腊	4.87	4.22
美洲	阿根廷	1.32	1.67		意大利	2.09	1.75
	巴 西	1.69	1.84		俄罗斯	3.74	3.56
	加拿大	1.16	0.84		土耳其	5.02	6.12
	美 国	3.07	2.39		英 国	2.48	2.40
亚洲和大洋洲	澳大利亚	1.85	1.64	中东	伊 朗	5.36	6.36
	中 国	2.04	3.76		以色列	8.39	7.48
	印 度	2.35	6.58		约 旦	8.87	18.35
	日 本	0.96	0.94		黎巴嫩	5.37	11.38
	巴基斯坦	4.49	8.44		叙利亚	5.53	12.84
	马来西亚	1.70	4.33		也 门	4.98	16.13
	斯里兰卡	4.52	13.29				

a 这些数字是用市场汇率对军费和国内生产总值数据进行计算得出的，即好像用当地货币计算一样。

b 这些数字的计算方法是，用政府层次的购买力比率换算军费，用国内生产总值层次的购买力比率换算国内生产总值数据。

资料来源： 购买力平价比率和汇率：A. Heston，R. Sumers 和 B. Atrn，佩恩世界表格，6.1 版，宾夕法尼亚大学国际比较中心，宾夕法尼亚费城，2002 年 10 月，URL 〈http：//pwt. econ. upenn. edu/php _ site/pwt _ index. php〉；国内生产总值数据：国际货币基金组织国际金融统计数据库，URL 〈http：//ifs. apdi. net/imf/〉；军费数据：附录 8A。

在购买力平价信息成为可利用的数据之前，当研究人员需要对详细的开支份额进行国际比较时，他们使用本国的价格比率或默认以汇率为基础的度量法。这样，用于国家总体水平的同样的转换系数也被应用于较低层次的开支种类上。然而，对于国内生产总值水平以下层次的种类，每个国家的开支和价格往往是由差异很大的体制和市场条件决定的。因此，在这种情况下只使用一种汇率来决定这些不同类型的支出的相对重要性是不合适的。

政府开支

购买力平价的计算产生重大比较价值差别的最重要领域是政府当前开支和按职能划拨给不同部门的开支。这影响了对公共管理（官僚机构）、防务（军队）和社会服务（社会建设）范围的认知。在上述三个核心领域，使用以本国价格计算的国民收入份额进行直接比较只对内部预算有意义。例如，将各国政府在卫生和教育方面的介入程度与军事方面的介入程度进行比较，国家之间的差别是很大的，因此政府帐目的编制基础需要从公共“开支”调整为私密“使用”，以便提供一个更加标准化的覆盖面。这将允许对以下两方面进行更为有力的估量：1. 政府“本身”占国内生产总值的份额；2. 政府主要成分（如军事开支）占政府总支出的份额。在考虑对中国和美国进行比较时这就显得尤为重要，因为两国政府在国民经济中的作用及介入水平显然是有很大差别的。

并不令人意外的是，已经发现在使用购买力平价时穷国政府开支占国内生产总值的份额要高一些，这是因为服务占据着主导地位，而公共部门支付的薪金水平相对较低。在评估比较军事支出时，国内成本水平极大地影响着对每年产生的防务能力实际总量的估计。需要强调的是，购买力平价计算法只涉及军队的“运转成本”，不包括对军事物资和服务总“库存”的任何比较性评估，即只针对现有军事能力。然而，该“库存”的一个重要成分是武装部队中的现有人数，每年必须对这一成分支付薪水。

总体上，在两个不同的基准阶段使用购买力平价会引起其他一些解释问题，因为针对相同单位的货物和服务的购买能力会随着若干年间相对价格的变化而变化，而在价格估测方面纯粹的时间和空间一致是难以达到的。这种比较也会受到基准研究中所涉及的国家数量和构成的变化的影响。

六、结论

本附录概述了在对各国尤其是其政府每年用于军事物资和服务方面的实际开支试图进行比较时涉及的一些问题。它解释了在评估军事开支的资源使用和经济负担时在购买力平价转换系数和汇率之间选择使用前者进行实际国际比较的重要性。讨论结果认为：尽管购买力平价可用于大多数国家开支的国际比较，鉴于目前各国军事开支数据的范围和覆盖面有限以及因不同的质量因素对这些数据进行调整遇到诸多问题，现有购买力平价作为军事开支比较的基础是存在一些严重弱点的。上述问题因涉及军事开支定义的国家账目系统概念结构中存在某些空白和含糊之处而进一步复杂化。国家账目系统的修订将于2006年内完成，在修订过程中，这些问题正在受到关注。购买力平价的上述缺陷，在涉及中国或印度和没有直接参与上一次1999/2000阶段国际比较（没有参与比较的国家的数据只能按计量经济学原理进行估计）的任何其他国家的任何比较时表现得尤其明显。这种情形有可能在可预见的将来即2006年内本轮国际比较计划结果出版时得以改善。这些结果依据的是对包括中国和印度在内的一大批国家详细的微观数据的仔细收集和选取。自1975年国际比较计划启动以来，它的国家覆盖面和数据编纂方法均得到了显著改善。[48]

与此同时，应该做些什么来对每年的军事开支进行比较呢？在中美比较的特例中，由于名义上自由浮动的中国官方汇率仍然在一个有限的波动范围内与美元有效地挂钩，使用国内生产总值或政府层次的购买力平价，仍然要优于应用一个经济上没有代表意义的美元对人民币固定汇率。这个带有根本性的巨大差别把所有其他问题都淹没了。更好的办法是：为军事开支的每个独立成分单独计算购买力平价，并将其应用于所有相关开支种类。直接的两元比较法要比通过全面的多

〔48〕 要参考更早时期的研究成果，参阅 M. Gilbert 和 I. B. Kravis：《国内产值和货币购买力的国际比较：对美国、英国、法国、德国和意大利的研究》（欧洲经济合作组织，巴黎，1954 年）；M. Gilbert 等：《比较国内产值和价格水平：对西欧和美国的研究》（欧洲经济合作组织：巴黎，1958 年）；Z. Kenessey：“20 世纪 80 年代和 90 年代国际比较计划”，D. S. Prasada Rao 和 J. Salazar—Carrillo 主编：《价格、产出和产能的国际比较》（Elsevier 科学出版社，阿姆斯特丹，1996 年），第 3—29 页。

边购买力运算更好地服务于对两国投入军事建设的相对资源的估计。总的说来，无论使用哪种购买力平价估计数，它们产生明显偏差的机会可能要小于发生重大误差的概率。当然，可比较的军事开支估价的可靠性要低于国家开支中其他经过类似缩水的成分；但它既是一个应用购买力平价的问题，也同样与确定军事开支的固有困难有关。因此，获得更好的军事开支估价显然是当务之急。

尽管购买力平价转换法——至少在原则上——是资源消耗比较中将军事开支数据转换成美元价值的首选方法，它很大程度上却与军事能力或效力的比较不相关。对后者的评估要求更高质量和更为详尽的分析，其中军事开支仅可构成诸多变量之一。

（谢匡余 译）

第九章 军火生产

J. 保罗・邓恩 埃蒙・萨里*

第一节 导 言

100 家最大军火生产公司（SIPRI100 强）的军火销售额在 2004 年再一次增长，尽管比起前一年来这个增长要少得多。美国公司的销售额继续占增长额的绝大部分。尽管 2005 年的合并和收购活动非常多，但是步伐比 2004 年放慢了许多。另一轮合并浪潮可能会到来，其中我们将会看到公司进入其他部门以获得价值日增的技能和服务，并将看到非美国公司继续进入有利可图的、不断增长的，而且现在更易打交道的美国市场。

尽管冷战后国际军火工业的重组已经表现出某些消退的迹象，但还是发生了许多重大的变化。欧洲公司间的合并在继续，并且可能通过以下两种措施得到加强：一是欧盟在政治上加强了统一协调军火采购准则的承诺；二是 2005 年开始采用国防采购行为准则，该准则允许成员国之间在军火采购中进行竞争。[1] 同时，“全球反恐战争”的影响（更多地强调本土安全），以及伊拉克战争的教训，对新的私营

* 作者感谢 E. 申斯对本文的评论和指导，也感谢 J. 布劳尔、R. 史密斯和 H. 乌尔夫对本文初稿的评论。

〔1〕 欧洲防务局，加入欧洲防务局的欧盟成员国的防务采购行为准则，2005 年 11 月 21 日，URL〈http：//www. eda. eu. int/reference/eda/EDA-Code of Conduct-European Defence Equipment Market. htm〉。丹麦没有参加该行为准则，参见“欧盟同意开放防务”，BBC 在线新闻，2005 务年 11 月 21 日，URL〈http：//news. bbc. co. uk/1/4458014. stm〉；和本卷第十六章。

工业服务和产品产生了需求，结果将新型的供应商拉进了国际军火市场。

本章描述了 2004 和 2005 年主要军火生产公司的发展情况，另外还回顾了自冷战结束后军火工业的发展历程。第二节考察了 2004 年世界 100 家最大军火生产公司（不包括中国）的数据。[2] 第三节描述了军火生产的长期趋势，以及 SIPRI 军火生产项目对这些趋势的分析。第四节得出了一些结论。附件 9A 和 9B 包含有 2004 年军火生产公司 100 强的表格以及 2005 年北美和西欧军火工业的采购情况。附件 9C 对俄罗斯军火工业的发展进行了分析。

表 9.1 SIPRI 世界军火生产公司 100 强（不包括中国）在地区/国家所占的军火销售份额（2004 年与 2003 年对比）

军火销售数字单位十亿美元，以当前价格和汇率计。由于四舍五入，表中的数字不总是相契合。

公司数量	地区/国家	军火销售[a]（10 亿美元）		军火销售变化率 2003—2004（%）		占 2004 年军火销售总额的份额（%）
		2003	2004	面额[b]	实际[c]	
41	**北美**	**147.7**	**170.3**	***15***	***12***	***63.5***
40	美国	147.3	169.8	*15*	*12*	*63.3*
1	加拿大	0.5	0.5	*2*	*−7*	*0.2*
40	**欧洲**	**71.0**	**82.1**	***16***	***2***	***30.6***
11	英国	26.3	32.4	*23*	*7*	*12.1*
8	法国	17.6	19.8	*12*	*0*	*7.4*

〔2〕 SIPRI 的重点集中在军火生产公司年度 100 强，目的是为了抓住军火工业发展的全面趋势。100 强公司是在实际可能获得数据的公司中选择销售额最高的公司进行排名。这一组公司在军火工业中是相当有代表性的，1996 年占全球军火生产价值的大约四分之三。由于缺乏数据，中国的公司不包括在内。见 E. 申斯和 R. 魏德赫，"军火生产"，《SIPRI 年鉴 1999：军备、裁军、和国际安全》（牛津大学出版社，牛津，1999），第 389 页、第 409 页；和 E. 申斯和 R. 魏德赫，"军火生产的经济学"，L. Kurtz，编著：《暴力百科全书，和平与冲突》（学院出版社：圣迭哥，加利福尼亚，1999），第 137 页。

公司数量	地区/国家	军火销售[a] (10亿美元)		军火销售变化率 2003—2004（%）		占2004年军火销售总额的份额（%）
		2003	2004	面额[b]	实际[c]	
1	跨欧洲[d]	8.0	9.5	*18*	*6*	*3.5*
3	意大利	5.6	6.6	*19*	*6*	*2.5*
6	德国	5.7	5.2	*−8*	*−18*	*1.9*
4	俄罗斯[e]	3.1	3.1	*2*	*−14*	*1.2*
2	瑞典	2.3	2.3	*11*	*1*	*0.9*
2	西班牙	1.7	1.7	*27*	*12*	*0.6*
1	瑞士	0.7	0.7	*6*	*−3*	*0.2*
1	挪威	0.4	0.4	*−7*	*−12*	*0.1*
1	芬兰	0.4	0.4	*64*	*49*	*0.1*
9	**其他 OECD**	**8.2**	**8.2**	***11***	***3***	***3.1***
6	日本	6.5	6.5	*12*	*5*	*2.4*
2	韩国[e]	1.3	1.3	*3*	*−4*	*0.5*
1	澳大利亚	0.4	0.4	*19*	*2*	*0.2*
10	**其他非 OECD**	**7.8**	**7.8**	***6***	***1***	***2.9***
4	以色列	3.5	3.5	*0*	*−1*	*1.3*
3	印度	2.3	2.7	*15*	*8*	*1.0*
1	新加坡	0.9	0.9	*−3*	*−8*	*0.3*
1	南非	0.5	0.5	*0*	*−16*	*0.2*
1	巴西	0.3	0.4	*38*	*23*	*0.1*
100	**总计**	**233.4**	**268.3**	***15***	***8***	***100.0***

OECD＝经济合作与发展组织。

a 军火销售包括国内采购和出口两部分。

b 此列给出的2003—2004年的军火销售变化率是以当前美元汇率计算的。

c 此列给出的 2003—2004 年的军火销售变化率是以当前不变美元汇率计算的。

d 划为跨欧洲的公司是欧洲航空防务和航天公司（EADS），其基地在法国、德国和西班牙三国，在荷兰登记注册。

e 俄罗斯和韩国公司的数据不确定。

资料来源：附录 9A，表 9A.1。

第二节 近期的趋势

2004 年 SIPRI 军火生产 100 强公司

SIPRI 世界 100 强军火生产公司（不包括中国）2004 年军火销售额的总额为 2680 亿美元（见表 9.1）。[3] 美国和西欧公司占其中大部分。美国公司的优势尤其给人印象深刻。40 家美国公司占了 100 强公司总军火销售额的 63.3％；36 家西欧公司占 29.4％。4 家俄罗斯公司占总数的 1.2％。

与 2003 年相比，2004 年 100 强的军火销售总额有明显增长。然而，这 15％的增长（面额上）并不像前几年那样巨大：2003 年比 2002 年增长 25％。[4] 确实，由于 2004 年美元持续贬值，2004 年比 2003 年的增长实际上甚至更少：仅有 8％。但这仍然是一个较大的增长，尤其考虑到它是随着前一个大的增长年之后出现的，这表明在 20 世纪 90 年代出现的大型军火生产公司军火销售额的下降已经结束。

2004 年 100 强公司的组成没有很大的变化（见表 9.2），但有些公司由于几个值得注意的原因进入和失去了排名。2004 年四家公司失去了其在 100 强中的排名，其中两家是俄罗斯的：Uralvagonzavod 公司，其排名从 98 下降到 136；MMPP Salyut 公司，其排名从 96 小幅下降到 109。尽管 Uralvagonzavod 的军火销售额在 2004 年下降了，但是由于其民品销售的强劲增长使其总销售额在 2001—2004 年间增

〔3〕 可能还有其他明显可以进入 100 强的大公司，但得不到足够的数据。

〔4〕 E. 申斯和 E. 萨里“军火生产”，《SIPRI 年鉴 2005：军备、裁军和国际安全》（牛津大学出版社，牛津，2005），第 383—416 页。

长了60%多。这个增长的大部分是从为俄罗斯铁路生产全部车辆获得，[5] 但是公司也生产出口量不断增长的筑路设备和日用品。[6] 第三家离开2004年SIPRI100强排名的公司是日本的小松公司，它的排名从97下降到106。然而，100强中的日本公司的军火销售数据代表的是新的军事合同而不是军火销售额，因为这些合同的钱可能在几年中支付，这些数据只能提供一个当年军火销售的大概估值。[7] 第四家公司是英国的坦克制造商Alvis公司，它在2004年被BAE系统公司以6.51亿美元收购后失去了其在100强中的独立排名。

表9.2　2004年进入或退出SIPRI100强排名的军火生产公司

排名				排名			
2004	**2003**	**公司**	**国家**	**2004**	**2003**	**公司**	**国家**
进入的公司				出去的公司			
99	106	Embraer	巴西	106	97	小松	日本
68	S	MTU航空发动机	德国	109	96	MMPP Salyut	俄罗斯
100	116	Patria	芬兰	136	98	Uralvagonzavod	俄罗斯
71	142	装甲控股公司	美国	S	65	Alvis	英国

S＝子公司。

资料来源：SIPRI军火工业数据库。

德国MTU航空发动机公司作为一个独立的排名公司“进入”了名单，而先前是作为戴姆勒克莱斯勒的子公司列入排名的。该公司在2003年底公司被出售给了私人股份公司科尔伯格·克拉维斯·罗伯

〔5〕 K. Lantratov，“飞机给潜艇让路”，《Kommersant》，2005年6月9日，URL〈http：//www.kommersant.com/doc.asp? id=584099〉。

〔6〕“乌拉尔坦克的‘钢铁流’”，《外交》，第5卷（133），2005，URL〈http：//www.diplomatrus.ru/200505/uk/02—06.php〉。

〔7〕 日本军火生产数据的透明度很低。E. 萨里，《军火工业的透明度》，SIPRI政策文件第12卷（SIPRI：斯德哥尔摩，2006年1月），URL〈http：//www.sipri.org/〉。

茨公司。[8] 装甲控股公司的排名从 142 猛升到 71，其军火销售额的快速增长表明供应车厢和车辆装甲的公司从伊拉克战争中大发了横财。装甲控股公司总的销售额从 2003 年的 3.65 亿美元增加到 2004 年的 9.8 美元，其从航空航天和防务部门的收入同比上一年增长了 560%。2004 年公司生产了 3945 辆加固的或“顶部装甲”高机动性的、多功能的轮式车辆（HMMWVs），而 2003 年只生产了 873 辆。[9] 芬兰装甲车辆制造商 Patria 公司的军火销售增长了 64%（或实际上增长 49%），从 2003 年的 2.20 亿美元增加到 2004 年的 3.58 亿美元。Patria 公司的国防材料和维护的业务收入 2003 年占总销售额的 75%，2004 年占 83%。巴西的飞机制造商 Embraer 以排名 99 的位置进入了名单。这可能是 2003 年 12 月开始交付轻型攻击机超级 Tucano 给巴西空军的结果。[10] 看来公司的管理层已经决定将其优先重点重新放在防务上。公司的军火销售 2003 年比 2002 年翻了一番多(不管是在价值上还是作为总销售的百分比)。在 20 世纪 90 年代中期，Embraer 的总销售额中军火销售额的百分比曾高达 30%。到 2000 年，下降到仅占总销售额的 3%。2003 年百分比重新增加到 12%，2004 年的份额为 10%。[11] 然而，Embraer 公司军火销售额的增长不能被视为在 20 世纪 80 年代末和 90 年代初崩溃的巴西防务工业广泛复苏的标记。[12]

---

〔8〕 MTU 航空发动机，“MTU 从戴姆勒克莱斯勒 AG 收购 KKR”，新闻稿，2003 年 11 月 21 日，URL〈http://www.mtu.de/en/press/Press_Archive/pressearchiv_2003/〉。

〔9〕 装甲控股公司，“2004 年年度报告”，Fla. Jacksonville，URL〈http://ccbn.mobular.net/ccbn/7/1067/1126/〉，第 6 页。

〔10〕 S. Johan，“飞行训练与教练机”，《亚洲防务期刊》，2005 年 1/2 月，第 17 页。

〔11〕 2004 年一家公司发言人表示，Embraer 打算将其军事收入提高到占总收入的 20%。“ACS win good new for Embraer，analysts say”，《国际航空通讯》，2004 年 8 月 9 日，第 5 页。

〔12〕 巴西两家重要的军火生产商 Engesa 和 Avibras 申请破产，其崩溃的主要因素是 1980—1988 两伊战争的结束。S. Perlo Freeman，“补贴和巴西军火工业的发展”，J. Brauer 和 J. P. Dunne 编写：《军火贸易和经济发展：理论、政策和军火贸易补贴实例》J. P. Dunne 编：《武装地球的南部：发展中国家的军费经济学、军火》（Routledge：伦敦，2004 年），第 187—204 页。参见 J. Brauer，“发展中国家的军火工业：历史及冷战后的评估”，J. Brauer 和生产和贸易》（帕尔格雷夫：汉普郡，2000 年）第 101—27 页。

2005 年的合并与收购

世界军火工业的收购活动在继续进行，尽管速度比 20 世纪 90 年代要慢得多。与那时期不同的一个主要区别是最大的军火生产公司有定购的存货而且目前拥有充沛的现金。[13] 它们可能一直在使用并将继续使用这些空闲资金中的一部分来花费在收购上。[14]

有两个因素促使军火工业继续进一步合并：第一个因素是公司的管理者和投资者急于进入那些他们认为即将扩张的军火工业部门，这些部门主要是为武装部队提供服务和后勤支援的军事服务部门，以及提供产品和服务以支持网络中心项目的信息技术部门(IT)。为了在这些部门取得成功，公司继续寻求收购那些掌握独特技能的小公司。[15] 第二个因素是非美国公司想通过收购（直接或通过当地的子公司）美国的军火生产公司而进入有利可图的美国市场。[16]

2005 年完成了五宗非常大的收购案，每一宗的交易价值都接近或大于 20 亿美元，这使得本年度成为军火工业合并意义尤其重大的一年。[17] 而在 2004 年，只有一宗能比得上如此规模收购案。[18] 2005 年最大的并最有战略影响力的收购案莫过于英国的 BAE 系统公

---

〔13〕 L. Wayne，“兑现使美国军事合同商受约束”，《纽约时报》2005 年 5 月 3 日，URL〈http：//www.iht.com/articles/2005/05/12/business/contract.php〉。

〔14〕 根据一项估计，2004 年世界最大的 8 家防务公司的“空闲资金流量”（公司支付完所有的费用包括投资后，剩余的现金总数）的总数从 89 亿美元增加到 177.5 亿美元。这是由 J. P. Morgan 进行分析的，并报告在 G. Ratnam 的“丰富的工业财力：过剩的资金、紧缩的美国预算可能意味着将出现收购浪潮”，《防务新闻》，2005 年 5 月 16 日，第 16 页。

〔15〕 收购一家有官方安全许可雇员的公司的另一个激励因素是收购公司可以避免为获得官方安全许可而需要的 2 年或更长时间的耽搁。与 L—3 公司的首席执行主席 Frank Lanza 的访谈，在 G. Ratnam“国防部希望让 L—3 购买 Titan”一文中，《防务新闻》，2005 年 6 月 6 日，第 4 页。

〔16〕 A. Chuter 和 P. Tran，“英国公司在美国市场显示力量”，《防务新闻》，2005 年 8 月 22 日，第 16 页。

〔17〕 见附录 9B。

〔18〕 这是被芬麦卡尼卡收购的 GKN 在阿古斯塔韦斯特兰（AgustaWestland）的 50% 的股份。

司以 41.92 亿美元收购了美国的联合防务公司。[19] 这是迄今为止最大的一宗非美国公司收购美国防务公司的案例。它导致了一个非同一般的结果，即一家英国公司现在成为美国国防部（DOD）的第六大合同商。[20] 这宗交易还可能对目前仍然分散的欧洲大陆系统市场带来影响，并导致在欧洲的合并。[21] 2005 年 3 宗大的收购发生在 IT 部门。美国 L—3 通信公司以 26.5 亿美元收购太阳神公司（USA）；[22] 美国通用动力公司宣布了一项协议，将以大约 22 亿美元收购安提恩国际（USA）；DRS 技术公司（USA）以 19.7 亿美元收购工程支援系统公司（USA）。[23] 2005 年的第五宗意义重大的军火工业收购案是瑞典的私人股份集团 EQT 从戴姆勒克莱斯勒公司（德国）买走了的 MTU 弗里的希哈芬公司（德国）。这项曾经在德国引起巨大争议和政治辩论的交易[24]还包括收购了美国底特律柴油机公司的非公路部，价值大约 19 亿美元。戴姆勒克莱斯勒在 2003 年底将 MTU 航空发动机公司卖给了美国私人股份公司，[25] 从而剥离了其所有重要的军火生产业务，而不光是其在 EADS 公司中 30.9% 的股份。[26]

---

〔19〕 BAE 系统，“BAE 系统完全收购联合防务工业；创立全球大陆系统企业”，新闻稿，2005 年 6 月 24 日，URL〈http：//www.uniteddefense.com/pr/pr_20050624b.htm〉。

〔20〕 A. Rothman 和 E. Lococo，“BAE 购买联合防务以获得美国军事销售量”，Bloomberg.com，2005 年 3 月 7 日，URL〈http：//www.bloomberg.com/apps/news? pid=10000102&sid=aBEULP6oGE.Y〉。

〔21〕 一些分析家认为此交易将使较小的欧洲大陆系统公司在竞争大合同的能力方面变得“相对弱”。这将促使它们合并。G. Ratnam 和 A. Chuter，“BAE 将购买联合防务，动摇大陆市场”，《防务新闻》，2005 年 3 月 14 日，第 1 页。

〔22〕 L—3 通信，“L—3 通信完成对 Titan 有限公司的收购，完成了有关的债务出售和招标”，新闻稿，2005 年 7 月 29 日，URL〈http：//www.titan.com/investor/press－releases/press_releases_display_2005.html? id=33&select=5〉。

〔23〕 DRS 技术，“DRS 技术公司购买工程支援系统公司”，新闻稿，2005 年 9 月 22 日，URL〈http：//www.drs.com/press/archivelist.cfm〉。

〔24〕 德国政府威胁要否决该交易，以保护本土防务生产能力。M. Agüera，“德国收紧对外国所有权的控制”，《防务新闻》，2005 年 9 月 19 日，第 20 页；M. Agüera，“战争使 MTU 交易复杂化，《防务新闻》，2005 年 8 月 22 日，第 22 页。

〔25〕 MTU 航空发动机公司（同注释［8］）。

〔26〕 公司还在继续小规模生产重型汽车，包括军用卡车。

BAE 系统公司对联合防务公司的收购凸显了工业界的一个重要发展：不仅仅是 BAE 系统公司在实施通过收购美国的公司的战略来获取进入美国市场。例如：另外一家英国公司—奎奈蒂克在 2004 年也收购了两家美国航空航天和防务公司，2005 年又收购了另外两家。[27] 英国的 VT 集团公司也收购了一家美国公司——丘比有限公司，并宣布它打算到 2008 年将其在美国的业务规模翻一番。[28] 包括泰利斯[29]和芬麦卡尼卡[30]在内的其他几个公开宣称打算增加在美国的销售量的重要的非美国军火生产商，也可能通过收购美国公司来实现。然而，由于美国正在进行关于采购外国军事设备的政治辩论，[31] 非美国公司为获得更多的美国采购预算而以这种方式进行的努力，被描绘成是一场“爬坡战役”。

第三节　冷战结束以来军火工业的发展

冷战结束带来的挑战

冷战时期军火工业反映的是现在看来非常独特的一套国际和国内力量。冷战后的发展改变了全球军事经济，而不光表现在增强美国优势的军费开支和技术趋势方面。与其他大多数国家不同的是，美国的

---

〔27〕 奎奈蒂克的战略是“将重点放在防务和安全市场，特别是美国的市场，它代表公司发展的最大机会”。QinetiQ，“美国发展战略使 QinetiQ 公司获得成功”，新闻稿，2005 年 7 月 6 日，URL〈http：//www.qinetiq.com/home/newsroom/news_releases_homepage/2005/3rd_quarter/QinetiQ_annual_results_summary.html〉。

〔28〕 G. Anderson，“VT 的目标是三年内将在美国的增长翻倍”，《简氏防务工业》，第 22 卷，第 7 期（2005 年 7 月），第 12 页。

〔29〕 P. Tran，“泰利斯公司打算将在美国的销售额翻倍”，《防务新闻》，2005 年 6 月 10 日。

〔30〕 芬麦卡尼卡的首席执行官 Remo Pertica，曾经说公司“尤其对那些能够成为进入美国国防部的桥头堡的公司感兴趣”。B. Vogel，“芬麦卡尼卡瞄准美国市场”，《简氏防务工业》，第 22 卷，第 7 期（2005 年 7 月），第 15 页。

〔31〕 Vogel（同注释［30］）。

军事开支一直在快速地增长。[32] 大多数系统研发（R&D）的固定成本持续增长，不管是研发平台还是研发基础设施（如卫星和战略空中资产）和支持网络中心战所需的信息系统。由于用那些比得上美国的现代化系统去替代其常规军事能力的固定成本高昂，除美国以外的所有国家认识到他们无法负担得起全面生产其所需的武器系统，因此都面临着结构裁减。对于其他那些想具备全球影响力的军事能力的大国（尤其是联合国安理会其他几个常任理事国：中国、法国、俄罗斯和英国）来说，这是一个特殊问题。

目前军火工业的发展，包括了生产国际化程度的提高、IT 公司在防务部门重要性的提高以及原先由军事部门提供的服务的“私有化”。[33] 这些导致了工业组成的重要变化。根据以前编撰的《SIPRI 年鉴》提供的信息，我们能够洞察几年来发生的变化。确实，在《SIPRI 年鉴 1990》中特别提到的非军控因素——预算环境、不断发展的技术、西欧一体化、军事学说的变化以及新生产商的出现[34]——所有这些都能用来讨论当前的形势，尽管这种讨论将会相当地难。

在 20 世纪 80 年代期间，SIPRI 军火生产的研究工作关注发展中国家军火生产的增长，这个增长是引起一些评论家关注的原因。[35] 然而 SIPRI 的研究结论是，这些国家企图建立自给自足军火工业的努力不太可能取得成功。[36] 在冷战结束后，随着国内对军事装备的

---

〔32〕 美国军费在 1996—2005 年期间实际增长 50%。最近几年，中国和俄罗斯的军费也大大地增加了（1996—2005 年期间分别为 165%和 49%）。见本卷附录 8A。

〔33〕 E. 申斯、S. 鲍尔和 E. 萨里，“军火生产”，《SIPRI 年鉴 2004：军备、裁军和国际安全》（牛津大学出版社，牛津，2004 年），第 389 页。

〔34〕 I. Anthony 等人，“军火生产”，《SIPRI 年鉴 1990：世界军备和裁军》（牛津大学出版社，牛津，2004 年），第 319—321 页。

〔35〕 举例来说，1981 年兰德公司的一份报告预测：“如果可以在未来的研究中证实，我们能够预言在经济发展的国家中从事军火生产的国家的数量将不断增加。”A. J. Alexander、W. P. Butz 和 M. Mihalka，“军火生产和军火国际贸易模型：一个分析政策选择方案的经济框架”，兰德注释，兰德有限公司，Santa Monica，加利福尼亚，1981 年，第 17 页。

〔36〕 M. Brzoska 和 T. Ohlson，SIPRI，《第三世界的军火生产》（泰勒 & 弗朗西斯：伦敦，1986 年）；H. Wulf，“发展中国家”，N. Ball 和 M. Leitenberg 编，《防务工业结构：一项国际调查》（Croom Helm：伦敦，1983 年）；以及 Anthony 等人（同注释 [34]）。

需求下降，我们的关注点是军火出口增加带来的危险及其可能对国际安全产生的影响。因此，研究的重点转移到西方主要军火生产公司。

SIPRI 军火生产项目是在冷战结束的环境下设立的：东欧的政治变化、常规军控的谈判（在欧洲安全与合作会议上以及欧洲常规武装力量条约——1990 年 CFE 条约的谈判）、技术的变化、生产能力过剩、生产商数量增加以及北约（NATO）〔37〕内武器系统的互联。〔38〕尽管苏联在 1990 年还没有垮台，《SIPRI 年鉴 1990》的分析就预见到国际军火工业必须进行重组，以及可能遇到的困难，它认为："总体来看，这些趋势很可能导致世界军火工业基础规模的缩减，过分依赖军火生产的私有公司（主要在美国和西欧）及国营工厂（主要在苏联）很可能遇到困难。"〔39〕

转产的问题，即军事资源转用于民用目的是关注的焦点，围绕着如何实现转变，有着相当多的辩论。〔40〕在这种背景下，1990 年鉴各章节的目的是："描述影响军火工业基础的趋势，并提供东西方军火工业规模和特征的数据。"〔41〕作者也指出："由于已经存在生产能力过剩（在第三世界国家和日本是组装能力过剩），西方政府应该严格

〔37〕在 20 世纪 90 年代初，北约计划了一个大型的内部军火转让项目以弥补根据可能的 CFE 协议条款而拆除的装备。二手装备从较发达的成员国转让给更不发达的成员国，后者再将已经计划替换下来的装备销毁。

〔38〕Anthony 等人（同注释［34］）。也可参见 I. Anthony、A. C. Allebeck 和 H. Wulf，SIPRI，《西欧军火生产》（牛津大学出版社，牛津，1990 年）；M. Brzoska 和 P. Lock（编者），SIPRI，《西欧军火生产的结构调整》（牛津大学出版社，牛津，1992 年）；和 H. Wulf（编写），SIPRI，《军火工业的限制》（Arms Industry Limited）（牛津大学出版社，牛津，1993 年）。

〔39〕Anthony 等人。（同注释［34］），第 317 页。

〔40〕例如，M. Brzoska，"在'十多年的裁减'中国防转产的成败"，K. Hartley 和 T. Sandler 编写，《国防经济手册》，第 2 卷（Elsevier：阿姆斯特丹，即将来临的 2007 年）；P. Southwood"裁减军事工业"（Macmillan：伦敦，1991 年）；A. Markusen 和 J. Yudken，《废除冷战经济》（基础书籍：纽约，N. Y.，1992 年）；K. Hartley，《从经济角度看裁军：裁军是一个投资过程》（联合国裁军研究所：日内瓦时 1993 年）；L. J. Dumas（编写），《从战争转化到和平的社会经济学》（ME Sharpe：纽约，N. Y.，1995 年）；J. S. Gansler《国防转产：民主国家武库的转型》（MIT 出版社：剑桥，马塞 Mass.，1995）；以及 P. Dunne，"欧洲的转产：挑战和经验"，B. Moller 和 L. Voronkov 编写，《防御学说和转产》（达特默斯发行有限公司：Aldershot，1996 年），第 56—62 页。

〔41〕Anthony 等人。（同注释［34］），第 317 页。

计划一部分军火工业进行转产；否则，企业可能会真正地认为自己是'和平的受害者'。"[42] 这样的论述表现出作者对在下一个十年主导军火工业部门的首要问题的深刻洞察，尽管作者不能知道变化中的地缘政治、技术和社会驱动因素将在何种程度重组军火工业。

由于缺乏可用的数据及其可靠性，SIPRI 军火生产项目的覆盖范围受到限制。具有当地知识的专家网对 SIPRI 小组提供了帮助，但由于缺乏来自政府方面的报告，在研究苏联及其加盟共和国的情况时遇到了问题。尽管西方国家的国有公司的透明度也有限，不过经济合作与发展组织成员国（OECD）的信息较易获得，并且这些信息占了表中大部分数据。几年来研究的连贯性得到了提高。克服缺乏主要生产商可比较的信息的办法是将该国专家的特别研究包含进来，他们能够利用广泛的信息来评估所发生的变化。[43]

冷战时期的军火工业

冷战时期防务工业具有独特的特征。二战后高水平的军费开支鼓励企业涉足有利可图的防务订单，而高研发开支影响了公司的结构和行为。高研发费用还影响了成本走向，使得它们比民品成本高，并且生产的性质——生产周期短、技术先进以及注重性能而不是成本最小化——限制了实现规模经济和知识经济的可能性。[44] 尽管其他大型公司在结构上相同，但防务公司生产的产品及他们组合的子系统有不同的技术构成和要求。因此，民用和军用产品和生产流程不同，同样的，主要设备的性质也不同，部门的劳动技能和生产组织变得日益独特。

---

〔42〕 Anthony 等人。(同注释［34］)，第 368 页。

〔43〕 俄罗斯用这种处理方法。例如，J. Cooper，"俄罗斯军费和军火生产"，《SIPRI 年鉴 2001：军备、裁军和国际安全》(牛津大学出版社，牛津，2001 年)，第 313—322 页；以及附录 9C。

〔44〕 N. Ball 和 M. Leitenberg，《国防工业的结构：一项国际调查》(Croom Helm：伦敦，1983 年)；S. Melman，《持久的战争经济》（西蒙和 Schuster：纽约，N. Y.，1985 年)；P. Dunne，"军费的政治经济学：概述"，《剑桥经济学期刊》，第 14 卷，第 4 期 (1990 年 12 月)，第 395—404 页；J. Lovering，"军费和资本主义的结构调整：英国的军事工业"，《剑桥经济学期刊》第 14 卷，第 4 期（1990 年 12 月)，第 453—468 页。

买主独家垄断[45]的市场结构及产品的性质导致强调武器装备的高技术性能而不是成本；财政风险由经常拨付研发（R&D）经费及在某些情况下对资本和设施提供投资的政府来承担。这种工业的特点还导致在合同之上附加精心制定的规则和制度，在缺乏竞争的市场中这被认为是必要的，并确保企业的公共责任。[46] 另外，在制定计划时，从最坏的角度考虑军事可能性的做法导致对现代化装备的要求不断提高，而成本仅仅成了次要的考虑方面。在这样一种环境中，承包商、采购部门和军事部门结成了密切的关系，这种关系产生一个“旋转门”，通过这个“门”军人和文职雇员推动他们交往过的防务承包商，而防务承包商则推动官僚主义。[47] 在军事生产中，既定的利益形成了一个强大的利益集团，这并不令人惊奇，在安全威胁没有明显变化的情况下，“军事—工业综合体”有能力推动提高开支。[48]

比起其他潜在的竞争者来说，这些特征对那些专门从事防务工作的公司有利，他们有自己的方法应付官僚机构中繁琐的手续，并在政府内有各种关系和联系。这些公司成为从政府手中获得资金的专家，而不是在商业市场获得成功。公司寻求进入先进技术武器系统的研发项目作为获得连续生产合同最好的手段。在某些情况下，这导致了“买入”，即公司为赢得初始合同故意低估危险和成本，过后再弥补损失。另外，一些项目发生了“镀金”的情况，即合同期间军事部门不断地要求额外的或技术上的改进，这使得合同重新谈判或支付额外的费用，通常会有利于承包商。[49]

---

〔45〕 卖方垄断的情况是有许多消费者，但只有一个供应者；而买方垄断是有许多供应者（在此案例中是国家军火生产商）但只有一个消费者（即一国的政府）。

〔46〕 J. P. Dunne，“国防工业基础”，K. Hartley 和 T. Sandler 编，《国防经济手册》，第 1 卷（Elsevier：阿姆斯特丹，1995 年）第 592—623 页。

〔47〕 G. Adams，《铁三角：国防合同的政治学》（经济选项委员会：纽约，N. Y.，1981 年）；以及 R. Higgs（编著），《军备政治学和经济学：历史的和现代的观点》（福尔摩斯和 Meier：纽约，N. Y.，1990 年）。

〔48〕 J. P. Dunne，“变化中的英国军事工业综合体”，《防务经济》，第 4 卷，第 2 期（1993 年 3 月），第 91—112 页；以及 J. Lovering，“冷战后英国防务工业基础的重组：制度和地理的观点”，《防务经济》第 4 卷，第 2 期（1993 年 3 月），第 123—139 页。

〔49〕 Dunne（同注释〔46〕）。

作为市场结构的结果，存在进出的壁垒（与市场有关的、技术上和程序上的）。这导致冷战防务工业基础在主承包商的组成方面非常地稳定。而且，与大多数其他走向跨国公司的制造工业不同，军火工业保持国有的特征。那些不能承担巨额固定成本的小国家只能进口重要的武器系统。〔50〕

冷战后的军火工业

冷战后，世界军事开支的趋势可以被分为两个主要时期：从 1987 年冷战顶点显著下降，然后在 1998 年左右降至最低点，1998 年至 2005 年是上升期。事实上，世界军事开支在 2005 年超过了冷战时的开支顶峰（以实际货币计）。〔51〕成为重要超级强权的美国是世界军费增长趋势的主要贡献者。在 2005 年，美国军费占世界军费的 48%，接下来的五个最大的军费开支国——英国、法国、日本、中国和德国的军费加起来的总数比美国的一半还要少。2005 年，仅北约（26 个成员国）这一个军事同盟的军费就占世界军费的 70%。〔52〕

冷战结束后，随着需求的下降，即使是重要大国要保持其国内防务工业基础的能力都成了问题，〔53〕政府不得不决定或者允许合并和收购以减少竞争，或者特别是允许包含国外伙伴的合并和收购。在欧洲，英国带头走到了这样一个程度，即政府对国家防务工业基础的定

---

〔50〕 Dunne（同注释［46］），以及 M. Renner，《冷战后的经济调整：转产战略》（达特默斯发行有限公司：Aldershot，1992 年）。

〔51〕 参见本卷第 8 章。

〔52〕 一个日益重要的更深层次的问题是出现在国家账目中的“隐蔽”在非防务标题下的国家防务费用。例如，从应急基金中支付的重要行动费用；在反恐战争的新环境中，本来是防务支出但却出现在别处；更多地利用民间公司承担本将由武装部队承担的工作，但未必承认是防务载运，如冲突后的伊拉克重建。J. Brauer，“美国军费”，未发表的手稿，商业学院，奥古斯塔国立大学，2005 年 2 月，URL〈http：//www. aug. edu/～sba-jmb/paper—US _ milex. pdf〉。

〔53〕 J. P. Dunne、M. Garcia-Alonso、P. Levine 和 R. Smith，“国际军火工业的集中”，讨论文件第 03/01，经济学校，英格兰西部大学，布里斯托尔，2003 年 1 月，URL〈http：//carecon. org. uk/DPs/〉；A. R. Markusen 和 S. S. Costigan，“军事工业挑战”A. R. Markusen 和 S. S. Costigan 编，《武装未来：21 世纪的国防工业》（外交关系委员会出版社：纽约，N. Y.，1999 年），第 3—34 页。

义关注的是生产的场所而不是公司的所属。〔54〕一些小的欧洲生产商，如比利时和挪威，跟随英国的做法。在法国和德国对这个问题的争议非常多，并且一直在争议中。〔55〕安全环境的改变使得它更加难以证明原先对工业的支持程度是正当的，因此许多国家采取了以货币价值为目标的竞争性采购政策。〔56〕

冷战的结束不仅对武器要求的数量产生了变化，而对所要求的武器类型也产生了质量变化。〔57〕在冷战期间，计划很简单——计划者非常清楚，如果发生战争的话，在哪里、如何以及与谁作战。冷战结束后，这些不确定性大多了。由于西方政府考虑新的地缘政治环境，北约武库中的大多数冷战时的武器不太可能是现在所需要的。〔58〕考虑到从订货至交货的时间长及政府部门、研究队伍和公司所承担的义务，仍然存在继续生产这些武器系统并为它们找到用场的压力。然而，由于民用技术对武器系统变得日益重要，因此在技术性质上还是有一个清晰而重要的质量变化。〔59〕由于从二战结束到 20 世纪 80 年代，军事技术一直领先于民用技术，因此这是一个标志性的变化。到

〔54〕英国国防部首次清楚而明确地做出了英国政策转变的声明，“国防工业政策”，国防部政策文件第 5，2002 年 10 月，URL〈http://www.mod.uk/DefenceInternet/AboutDefence/CorporatePublications/PolicyStrategy/〉，第 9 页。

〔55〕C. Serfati 等人编写，《欧洲国防工业的重组：变化的动向》，欧洲委员会，研究总理事会，COST 行动 A10（欧洲共同体官方发行办公室：卢森堡，2001 年），特别是 L. Mampaey 的“国防工业基础的所有权和法规：法国的案例”第 123—144 页；以及“德国收紧对国外所有权的控制”，《防务新闻》，2005 年 9 月 29 日，第 20 页。关于“法国政府对法国国防工业的强烈影响”的讨论，请参见 M. Lundmark 的“是或不是：法国国防工业的一体化和非一体化”，基础数据报告 FOI-R-1291-SE，瑞典国防研究局（FOI），斯德哥尔摩，2004 年 7 月，URL〈http://www.foi.se/FOI/templates/PublicationPage—171.aspx〉，第 16—17 页；D. Mussington，《军火松绑：国防生产的全球化》（Brassey's：华盛顿，DC，1994 年）；以及 E. B. Kapstein 编的《全球军火生产：20 世纪 90 年代的政策两难选择》（哈佛大学出版社：剑桥，马萨诸塞州，1992 年）。

〔56〕关于英国的问题，请参见 J. P. Dunne 和 G. Macdonald 的“冷战后世界的收购：一个英国研究案例”，Serfati 等人编（同注释［55］），第 101—122 页。

〔57〕参见本卷第 15 章。

〔58〕A. J. K. Bailes、O. Melnyk 和 I. Anthony，《冷战的遗物：欧洲的挑战、乌克兰的教训》，SIPRI 政策文件第 6（SIPRI：斯德哥尔摩，2003 年 11 月），URL〈http://www.sipri.org/〉。

〔59〕L. M. Branscomb 等人，《超越剥离：变化中世界的军事和商业技术》（哈佛商学院出版社：剑桥，马萨诸塞州，1992 年 4 月）。

20 世纪 90 年代，在许多领域，尤其是电子、军事技术落后于民用技术，而且军事技术常常在进入服役前就已经过时了。鉴于过去军事技术的副产品进入民用部门往往引起对军事生产价值的重要争论，现在的焦点更多地集中在民用技术转为军用。许多从前只服务于军事和安全的技术领域如密码术，现在主要应用于商业。另外，军火工业越来越多地使用标准的商业部件：重要武器系统中的许多部件是商业现货供应的产品，是由那些不认为自己是属于军火工业一部分的制造商生产的。那些主要承包商则越来越多地成了系统的整合者，以此保持其国防专门公司的特征。[60]

由于政府是主要消费者并实行出口管制，冷战后世界军火工业的规模、结构和贸易仍然是由政府的政策决定。然而，工业的结构和性质还是有明显的变化。需求的减少导致这样一种情形，即由于跨国重组的必然需要，在美国之外的许多公司变成了国家的斗士，在许多情况下形成垄断或接近垄断。[61]

集中

在美国，工业政策发生了最惊人的改变。冷战期间，通过美国国防部来制定工业计划，尽管没有明确说明。1993 年这种情况被改变了，当年副国防部长威廉·J. 佩里在一次国防工业主管参加的晚宴上发表演说，公开鼓励合并，刺激了合并的浪潮——那次晚宴被认为是“最后的晚餐”。[62] 金融家出席这次会议说明金融资本在军火工业

---

〔60〕 J. P. Dunne、M. Garcia-Alonso、P. Levine 和 R. P. Smith，“国际军火工业的演变”，未发表的手稿，经济学院，英格兰西部大学，布里斯托尔，2005 年 8 月，URL 〈http：//carecon. org. uk/Armsproduction/Evolution2forWolfram. pdf〉； A. R. Markusen “冷战后国防专门公司的保持”，G. I. Susman 和 S. O. Keefe 编，《冷战后时代的国防工业》(Elsevier：牛津，1998 年)，第 121—146 页。

〔61〕 这种情形也意味着任何竞争都需要从外国公司引入。通过来自国外的潜在竞争而产生的有争议的市场能够暗示而不是清楚说明这一点，尽管让相信政府任职者这些外来竞争者将进入市场可能会有一些问题。(同注释 [46])。

〔62〕 据报道，佩里曾经说过他希望几个飞机公司、5 个卫星公司中的 3 个，以及 3 个导弹公司中的 1 个将通过合并而消失。Markusen（同注释 [60])，第 138 页。关于会议的描述在 J. A. Turpak 的“国防工业的精简”，《空军杂志》第 81 卷，第 7 期（1998 年 7 月)。URL〈http：//www. afa. org/magazine/July1998/〉。

中的地位不断提高。[63] 为推动合并，国防部允许公司违反军事合同以勾销重组成本，指望节约大量成本，但这从来没有实现过。[64] 当国防部认为它走得够远了，就结束了这项政策，并在 1997 年初阻止了洛克希德·马丁与诺思罗普·格鲁曼的合并。[65] 到 1998 年，美国就剩下四家大的承包商：波音、洛克希德·马丁、诺思罗普·格鲁曼和雷神公司——它们现在是 2004 年 SIPRI100 强中前五家公司的四家。[66]

在欧洲，由于重组需涉及跨国合并，而这会引发政治问题，故冷战后调整的过程变得复杂得多。[67] 欧洲的主要参与者也与美国的参与者有着完全不同的所有权结构。例如：法国、意大利、葡萄牙和西班牙，在冷战结束时公司国家所有的程度都非常高。这使得在美国发生的以金融推动合并热潮的现象更难在欧洲出现。虽然如此，推动力量在欧洲同样存在，并导致了集中程度的提高。近来，出现了整合欧洲防务市场并进一步合并各个部门的行动。[68]

在 BAE 系统公司防务活动的进展中，出现了三次活动高潮（见图 9.1）。第一次是 1977—1987 年英国公司合并组成英国航空航天公司。随之而来的是 20 世纪 90 年代末收购欧洲防务股权和马可尼防务业务。最后，重点转向收购美国公司。在这一阶段公司将名字改为

---

〔63〕 申斯和萨里（同注释［4］），第 387 页。关于 20 世纪 90 年代美国军火工业重组中华尔街的角色的分析，请参见 Markusen（同注释［4］）。

〔64〕 申斯和魏德赫，“军火生产”（同注释［2］），第 397 页。

〔65〕 Markusen 和 Costigan（同注释［53］），第 4 页。

〔66〕 申斯和魏德赫，“军火生产”（同注释［2］），第 394—398 页，特别是图 10.1。英国 BAE 系统公司在 100 强中排名第 4。排名第 6 的通用动力公司采用了剥离国防部门的战略，该战略的做法是剥离那些在其所在领域不占主导地位的国防部门而将重点集中在那些在其所在领域占主导地位的国防部门，在这个过程中通用动力公司变成了一个更小的公司。Markusen（同注释［60］）。

〔67〕 T. Ripley，“西欧工业所有权组合”，《防务系统日报》，2005 年 5 月 31 日，URL〈http：//defence－data. com/ripley/pagerip1. htm〉。《偏离轨道？：欧洲防务工业的未来》一书中将欧洲防务工业目前的结构描述成“意大利式细面条碗”（兰德公司：圣特莫尼卡，加利福尼亚州，2004 年）。

〔68〕 T. Valasek，“欧盟想要更多的竞争，更低的成本”，ISN 安全观察，2005 年 12 月 1 日，URL〈http：//www. isn. ethz. ch/news/sw/details. cfm？ id＝13686〉。

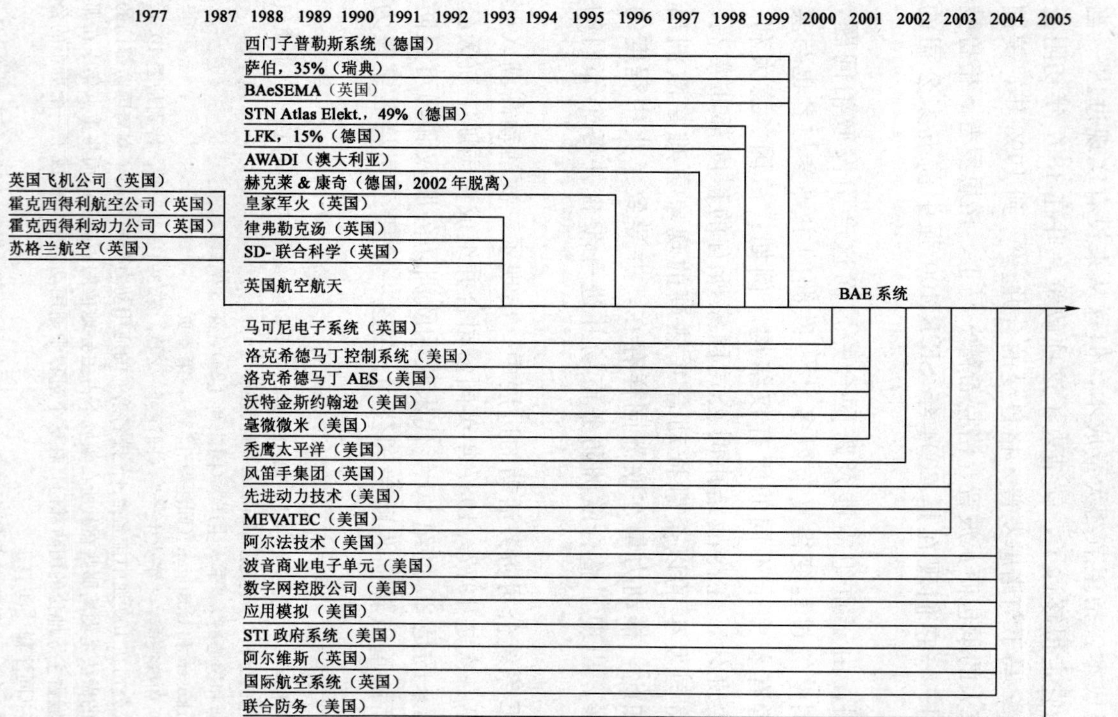

图 9.1　1977—2005 年 BAE 系统的构成和主要收购事件

这个图表忽视了 BAE 系统在 20 世纪 80 年代进行的民用收购，重点在其成为防务专门公司的轨迹。无法描绘这些合并和收购的全面复杂性。如果需要了解更多的详情，请参 SIPRI 军火生产项目网址 URL<http://www.sipri.org/contents/milap/>。

BAE 系统反映了公司的国际化目标及其打算进入美国市场的意图。泰利斯公司的进展反映了欧洲工业不同的经验，即继续保留政府所有权，而且直到最近还在反对跨欧洲合并（见图 9.2）。在 20 世纪 90 年代初公司出现了一次短期的收购高潮，然后在 20 世纪 90 年代末出现了一次重要的跨世界收购高潮。在 2000 年收购了英国 Racal 公司之后，公司的名字就从汤姆森 CSF 改成了泰利斯。随着这次收购，泰利斯变成了英国国防部的第二大合同商（位于 BAE 系统公司之后）。[69] 欧洲政府态度的改变进一步反映在 EADS（欧洲航空、防务和空间公司的简称，见图 9.3）的进展上，它在 2000 年由德国的 DASA（戴姆勒的一个子公司）、法国的 Aérospatiale Matra 和西班牙的 CASA 形成。在 21 世纪初，EADS 通过收购，在防务领域占有了一席之地。

表 9.3 1990—2003 年军火工业的集中

数字是 SIPRI 军火生产公司 100 强销售的百分比份额

	总军火销售的份额				总销售的份额			
	1990	1995	2000	2003	1990	1995	2000	2003
前 5	22	28	41	44	33	34	43	45
前 10	37	42	57	61	51	52	61	61
前 15	48	53	65	69	61	64	71	72
前 20	57	61	70	74	69	72	79	80

资料来源：SIPRI 军火工业数据库。

结构的改变

作为冷战结束后合并和收购活动的结果，工业结构方面发生了明显的变化。表 9.3 显示了 1990—2003 年间军火生产公司 100 强在集中度方面的变化。冷战结束时，国际军火工业不是非常集中，最强

〔69〕 防务制造商协会，“泰利斯英国上市公司”，名录，URL 〈http：//www. the—dma. org. uk/Secure/Groups/NonMemberDets. asp? ID=817〉。

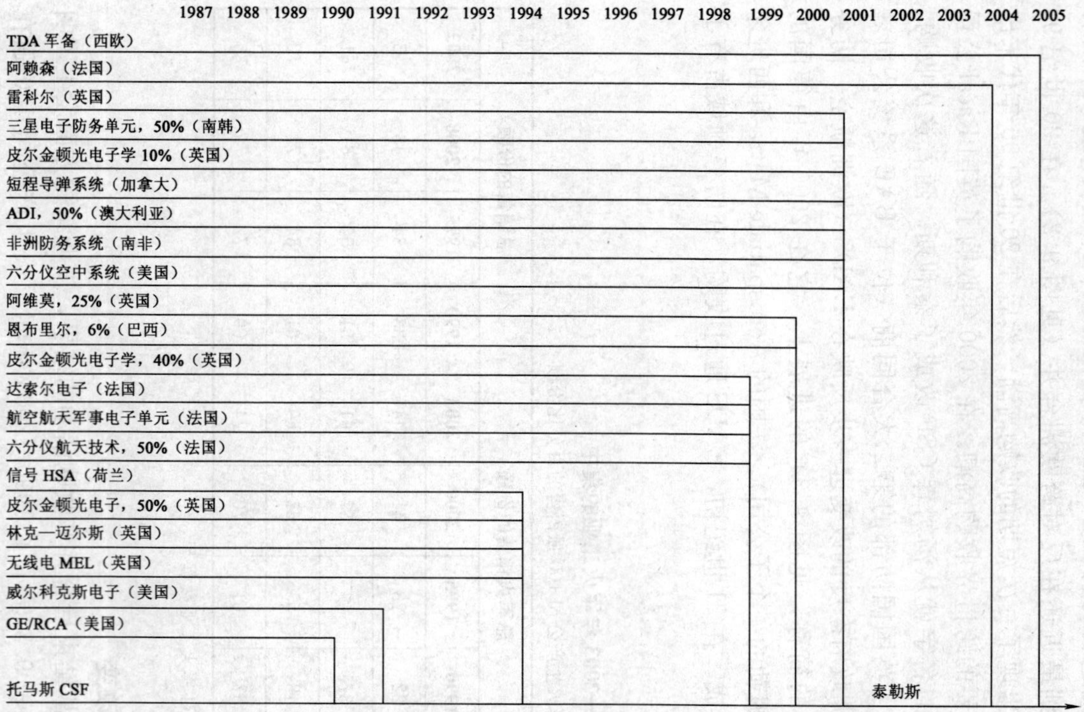

图 9.2　1987—2005 年 THALES 的构成和主要收购事件

无法描绘这些合并和收购的全面复杂性。如果需要了解更多的详情，请参见 SIPRI 军火生产项目网址 URL<http://www.1sipri1org/contents/milap/>。

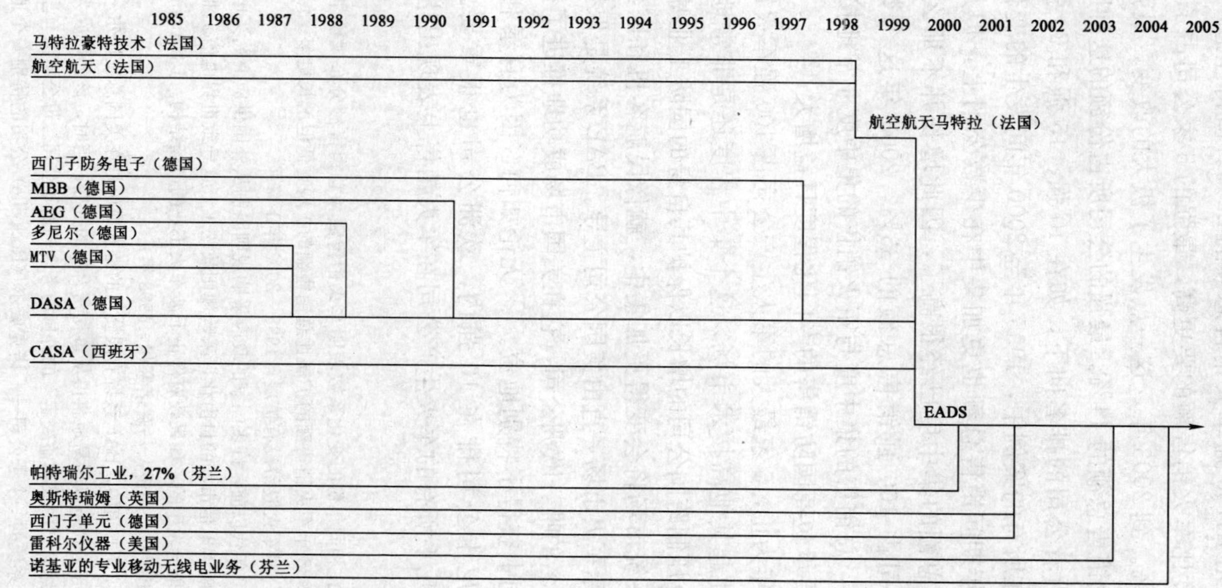

图 9.3　1985—2005 年 EADS 的构成和主要收购事件

无法描绘这些合并和收购的全面复杂性。如果需要了解更多的详情，请参见 SIPRI 军火生产项目网址 URL〈http://www1sipri1org/contents/milap/〉。

的5家公司只占 SIPRI100 强军火销售总额的22%。值得注意的是，销售总额的集中度比军火销售额的要更高，最强的5家公司占了100强销售总额的33%。到2003年，这一点发生了极大的改变，最强的5家公司占了军火销售总额的44%。最强的公司所占份额的这种巨大增长继续进一步沿着公司的排名向下，如在10强、15强和20强中所表示的那样。在所有的案例中，1995年至2000年间发生的变化很大。1990—2003年期间销售总额也更加集中在少数公司上，但是由于在1990年销售总额的集中度已经很高了，因此增长并不那么大。1990年，5强公司占100强销售总额的33%，2003年这个数是45%。到2003年，总销售的集中度与军火销售的集中度非常地接近，这可能反映了主要承包商国防销售的专门化程度日益增大。〔70〕

尽管到2003年为止，5家最大的军火生产公司占100强军火销售总额的44%，但比起其他高技术市场，这个集中程度还是非常地低。如果国家政府没有压制跨国公司的增长以保护其自身的国防工业基础，那么重要的武器系统市场将会变得更加集中，就像民航客机和医药品市场一样。〔71〕国际军火市场一直由美国公司主导。BAE系统是保持在100强中排在前5名的唯一欧洲公司，它在美国市场成功地推进了销售并在竞标美国合同中获得了特别地位。〔72〕无论如何，因为有泰利斯、EADS和芬麦卡尼卡公司排在10强内，欧洲公司也很重要。在1998—2003年，几乎所有的军火生产公司在军火销售上表现出增长，

〔70〕 计算100强在相同年份的变化系数表明军火销售额和总销售额分布规模呈现出日益扩展的态势，在1988年军火销售额的扩展比总销售额的扩展更低但增长更多。结果还表明在1998年前所有公司军火股份没有扩展，1998—2003年下降了。

〔71〕 在20世纪70年代以前，许多国家的政府采购规则限制从外国供应商购买电信设备并决定公司的数量。随着电信市场的自由化，采购规则放松了，这导致世界电信工业的急速集中。这就是预期可能会发生的，如果政府停止干涉军火工业的市场结构。J. Sutton，《技术和市场结构》(MIT出版社：剑桥，马萨诸塞州，1998年)。

〔72〕 正如美国单位所知道的，BAE系统有限公司的特别地位是在美国总统比尔·克林顿政府末期确定的，由于公司可以轻易地获得从事秘密合同的批准，当时，该公司成为唯一一家从美国国防部赢得综合“国家利益决定”的外国防务合同商子公司。母公司没有享受到同等水平的信任。BAE系统的一个子公司——诺克威尔（Rockville）公司的特别安全地位和行为记录使得它比其他的外国单位更容易竞争到合同和购买公司。“Hands－and arms－across the sea”，《商业周刊》2005年11月14日，URL〈http：//www. businessweek. com/magazine/content/05 _ 46/b3959161. htm〉。

并且除了霍利伯顿公司上升之外，20 强公司都相对稳定。

自从冷战结束后，军火工业的重要集中过程呈阶段性发展。1993—1998 年间是最强的集中时期，此后这个过程在持续，但速度减慢了。图 9.4 清楚地表明了这一点，它表示了 100 强公司在 1988 年、1993 年、1998 年和 2003 年的总销售的累积份额。1988 年和 1993 年的曲线几乎是重叠的，表明在销售规模上几乎没有变化，但在 1993 年至 1998 年间集中度有明显的增长，并且 1998 年至 2003 年间有进一步的增长，尽管幅度较小一些。

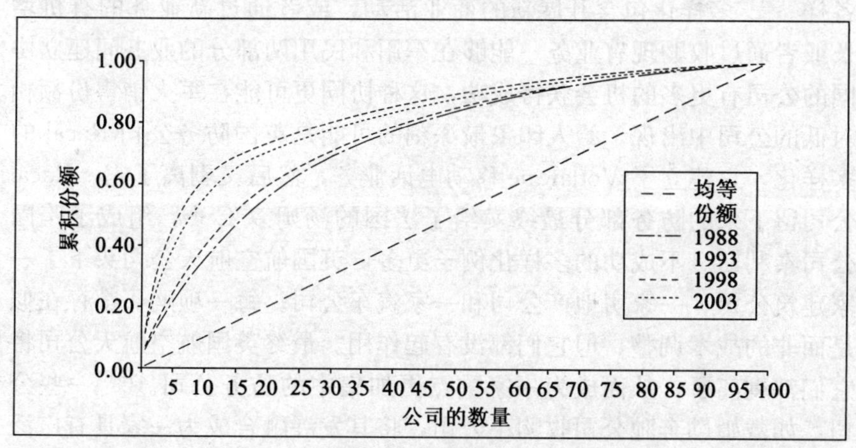

图 9.4　1988、1993、1998 和 2003 年 SIPRI 军火生产公司 100 强的销售规模

每条曲线表示 100 强总军火销售的累积份额：每条曲线的第一个点是最大的公司的份额；第二个点是前两个最大公司的总份额；第三个点是前三个最大公司的总份额，以此类推。如果 100 强中所有的公司在总量中所占的份额是相等的，那么线条就将是一条直线；曲线偏离直线越多集中程度就越大。

公司战略

冷战后，面对军火需求的减少，公司面临着许多战略选择，他们可以将工厂转产民品；生产其他的民用产品或其他的军用产品，使产品多样化；脱离军品生产；与其他公司合作或提高军品的专门化程度。不管是通过新的销售和市场战略还是通过开辟新的市场，他们都还可以选择提高其出口量。无论如何，他们的选择要受到将他们限制在国防工业基础上的政府政策的约束，并受到他们所运行于其中的财政系统特性的约束。原则上，将生产军用产品的工厂转换成生产民用产品是一种选择，但是在这一期间从狭义上看，几乎没有转产战略成功的例子。更多的例子是在公司层面而不是在工厂层面努力尝试转换，以及实行多样化进行民用生产，但成功的例子也还是有限。一些分析家认为，这是公司内部政治斗争的结果而不是转产本身的失败，即是公司内部提倡“压缩规模和集中”或“多样化进一步进入国防领域”的观点战胜了提倡“转产和多样化进入民用领域”的观点的结果。〔73〕

当然，当公司制定应对军火需求减少的政策时，他们的经验各种各样。〔74〕多样化包含开展新的商业活动，或者通过新业务的有机增长或者通过收购现有业务。能够在军用和民用两部分的业务间建立协同的公司有更多的机会获得成功，这种协同更可能在军火销售份额相对低的公司中出现。给人印象最深刻的可能是英国防务公司 Racal 的多样化，它建立了 Vodafone 移动电话业务，然后又剥离了它。Racal 公司留下来的防务部分最终卖给了法国的汤姆森 CSF，组成了跨国公司泰利斯。不成功的多样化例子更多，英国航空航天公司买下了一家建筑公司、一家房地产公司和一家汽车公司。每一项购买都存在似是而非的战术调整，但它们都没有起作用。最终英国航空航天公司将它们都剥离了，从而成为一家重点更加集中的防务公司。〔75〕一些公司，如戴姆勒奔驰公司收购小公司，将其发展融合成为一家具有广泛基础的技术公司，并因此减少了其对军火生产的依赖。〔76〕有一段时间，人们还普遍相信汽车和航空航天（尤其是防务航空航天）企业合

〔73〕 Markusen（同注释［60］）。

〔74〕 Dunne 等人（同注释［60］）；R. Smith 和 D. Smith，“社团战略、社团文化和转化；国防工业的调整”，《商业战略审议》第 3 卷，第 2 期（1992 年夏季），第 45—58 页。还可参见注释［40］。

〔75〕 一些人认为英国航空航天企业——公司的投机资本部分具有成功的潜力，但由于社团战略的改变而从未实现过。J. Feldman，“英国航空航天企业的起落”，油印品，劳动生活国家研究所（National Institute for Working Life），斯德哥尔摩，2000 年。在 R. Evans 和 C. Price 的《垂直起飞》一书中描述了那个变化过程，（Nicolas Brealey 出版社：伦敦，1999 年）。

〔76〕 M. Stephan，“社团多样化的一个进化的观点”，进化经济学研讨会论文，2003 年 5 月 14—17 日，URL〈http：//www. infokom. tu－dresden. de/papiere buchenbach 2003/Corporate-DiversificationPatternsVersion2April2003. pdf〉；以及 Renner（同注释［50］）。

并后可能产生协力优势，有点像 Saab 以其广告业为基础那样。福特、通用动力和戴姆勒汽车公司都收购了防务单元。福特和通用动力随后将它们给卖了，而戴姆勒剥离了其防务单位——DASA，将其与马特勒和 CASA 合并组成跨国公司 EADS。[77]

随着 1993 年“最后的晚餐”掀起的合并风潮后，保留下来的美国军火生产商不再将他们的业务计划建立在广泛的基础上和多样化的产品上，而是专门放在防务产品上。华尔街交易所强化了这一点，它鼓励公司将重点集中在股票市场所谓的“纯交易”和“核心资格”上。[78] 如果竞争规则允许的话，在许多情况下将防务部分卖给竞争者是一个吸引人的主张，因为这些防务部分对竞争者更有价值，竞争者能获得更大的垄断力量。在美国，通用动力公司是这一战略的早期代表，它迅速而有力地收缩了自身。在英国，1999 年通用电气公司（GEC）将其防务部分卖给了英国的航空航天公司，将自己变成了一个纯粹的商业公司，改名为马可尼公司，事实证明这是一个灾难。[79]

航空航天和防务公司之间的合作一直都是很普遍的。他们能够运用协作、联合投资和战略联盟来降低成本——通过共享高额研发（R&D）成本及其他管理费用和共享定单以提高生产运行时间——同时不失去独立性。[80] 联合投资是伙伴关系或联合企业通常为分担风险或共享专门技术而形成，在那种情况下，两个或更多的商行同意在一个特定的企业里共享利润、损失和管理。它们被视为不进行合并而将公司联合在一起的一个好方法。但是，联合投资难以管理，如果能够做

〔77〕 A. D. James，“比较欧洲对防务工业全球化的反应”，《防务 & 安全分析》，第 18 卷，第 2 期（2002 年），第 123—143 页。参见“三大公司不再是美国防务的重要参与者”，《汽车新闻》，2003 年 3 月 31 日，URL〈http：//www. autonews. com/apps/pbcs. dll/article？AID=/20030331/FREE/303310763〉。

〔78〕 A. Markusen（同注释［60］）；Dunne 等人（同注释［60］）；M. Oden，“兑现、出售和转换：20 世纪 90 年代国防工业基础的重组”，Markusen 和 Costigan 编（注释 53），第 74—105。

〔79〕 马可尼公司受到高技术繁荣终结的打击，实际上已经破产。“问与答：马可尼重新募集资金的交易”，BBC 新闻在线，2002 年 8 月 29 日，URL〈http：//news. bbc. co. uk/2/2219039. stm〉。

〔80〕 K. Hartley，“航空航天：工业的政治经济学”，H. W. de Jong 编，《欧洲工业的结构》，第 2 版（Kluwer：Dordrecht，1988），第 329—354 页。

到的话，公司通常还是更喜欢直接控制。在军事航空航天界成功的故事之一是部分国有的法国航空发动机公司 Snecma 和美国通用电气公司之间长时间保持的联系。〔81〕 战略联盟是公司间为了互利互惠而进行的一种安排，在这种安排下，公司间共享、交换或整合所选的商业资源，同时保持各自独立的实体。战略联盟比联合投资更简单。它们采取的形式多样并且在过去的几年中变得更加成熟和灵活。公司可以选择包含简单市场交换或交换使用对方产品权利协议的联盟，或者它们可以形成一个更加复杂的伙伴关系，包括合作制造协议或联合证券投资。在过去的二十年间，所有的这些形式都被军火公司采用过。〔82〕

表 9.4 1990—2003 年和 1990—1998 年期间继续保留的军火生产公司的公司战略和分析

1990 年 SIPRI 军火生产公司 100 强的命运			
2003 年底之前出局的		18	
2003 年底之前合并或被收购的		25	
2003 年没有数据的		4	
2003 年继续保留的		53	
2003 年公司分析[a]	**军火销售占总销售的份额增长或不变**	**军火销售占总销售的份额下降**	**总数**
获胜者	12	13	25
多样化经营者	2[b]	13	15
重整军备者	7	0	7
失败者	4	2	6
总的保留者	**25**	**28**	**53**
1998 年公司[a]	**军火销售占总销售的份额增长或不变**	**军火销售占总销售的份额下降**	**总数**
获胜者	2	9	11
多种经营者	0	33	33
重整军备者	6	0	6
失败者	4	3	7
总的保留者	**12**	**45**	**57**

〔81〕 P. C. Wood 和 D. S. Sorenson 编，《国际军事航空航天协作》（Ashgate 出版社：Aldershot，2000 年）。2005 年 5 月，Snecma 与 Sagem 合并组成 SAFRAN。

〔82〕 P. Dussage 和 B. Garrette “航空航天与国防领域的工业联盟：战略和组织模式的经验研究”，《国防经济》，第 4 卷，第 1 期（1992 年 1 月），第 45—62 页。

a“获胜者”是指那些军火销售和民品销售都增长的公司；“多种经营者”是指那些军火销售下降而民品销售增长的公司；“重整军备者”是指那些军火销售增长而民品销售下降的公司；“失败者”是指那些军火销售和民品销售都下降的公司。

b 对于这两家公司，军火销售作为总销售的一部分保持不变。

资料来源：SIPRI 军火工业数据库。

收购了其他公司剥离的防务部分并通常脱离了民品业务的专门公司，也往往要实行多样化生产其他武器系统，以便能够进入所有的产品市场。这种公司认识到，它们需进行国际化并遵照国际化行事。即使是在当前的重组浪潮之前公司就在国际上扩大供应链，建立国际联合投资公司并在外国公司内购买战略股份，以此作为所有权的一种选择。这种趋势由于得到了政府的支持而明显地加速，并导致在所有权结构方面的显著变化。BAE 系统现在出售给美国国防部的产品比给英国国防部的还更多，法国泰利斯公司是英国的第二大防务合同商。[83]

弥补国内需求不足的另一个方法是提高出口量。政府认识到必须通过保持或提高国内军火生产商的生产规模才能保证成本下降，因此政府支持和鼓励寻求国外定单。通过外交压力、援助、保险规定、带有补偿安排的协助等等，军火出口直接地和间接地变成了大量的补贴。[84] 这导致军火生产者之间的竞争加剧但没能阻止工业内不可避免的合并。

通过考察公司的数据可以辨别各自所采取的不同的战略。[85] 公司可以分为以下几类：（a）获胜者，即那些军火销售和民品销售都增长的公司；（b）“多种经营者”是那些军火销售下降而民品销售增长

---

〔83〕 James（同注释［77］)。现在美国占 BAE 系统年销售额的 40%。“Hands—and arms—across the sea”（同注释［72］)。泰利斯在英国设有 70 个场所雇用了 12000 名员工。武装部队，“泰利斯英国”，防务供应商通讯录，2006 年，URL〈http：//www. armedforces. co. uk/companies/raq400d01d167144〉。

〔84〕 N. Cooper，《死亡的交易》（Taurus Academic Studies：伦敦，1997 年）；B. Jackson，《军火走私者的金币》，（世界发展运动：伦敦，1995 年）；以及 P. Ingram 和 I. Davis，《财政援助的陷阱：英国政府对军火出口和国防工业的财政支援》（牛津研究小组：牛津，2001 年）。

〔85〕 M. Brzoska、P. Wilke 和 H. Wulf，“变化中的西欧民间军事生产联合”，Markusen 和 Costigan 编（同注释［53］）第 371—405 页。

的公司；（c）“重整军备者”是那些军火销售增长而民品销售下降的公司；（d）“失败者”是那些军火销售和民品销售都下降的公司。多种经营者要转换工厂或通过机构增长、收购或剥离进行多样化。在表 9.4 中，民品生产的例子——1990 年军火生产公司 100 强——是估计的，并且区分这四类分布状态是由于考虑到那些军火份额增长的公司和那些军火份额下降的公司。

在 2003 年还剩下的 53 家公司中，数量最多的一组是获胜者，其中约有一半其军火销售所代表的总销售份额下降了，这意味着军火销售对公司变得不怎么重要了。尽管 1990—2003 年期间的结果让人感兴趣，但它们覆盖了一个相对较长的时间段。因为在一段时间内公司的战略和成功都可能会有变化，所以考察短期（1990—1998 年）的结果更有用。在 1998 年，保留下来的公司的数量是相同的，但是这些公司中军火销售增长的公司要少得多（正如在短期内预期的那样）。

表 9.5　1990 年和 2003 年 SIPRI 军火生产公司 100 强的地区分布

地区/国家[a]	总军火销售的份额（%）		公司的数量	
	1990	2003	1990	2003
北美	60.8	63.2	49	39
美国	60.2	63.0	47	38
加拿大	0.6	0.2	2	1
西欧	**33.1**	**29.2**	**40**	**36**
英国	10.4	11.4	13	12
法国	12.0	7.5	11	9
FRG /德国	5.0	2.2	8	5
意大利	3.4	2.7	3	3
瑞士	1.1	0.3	2	1
瑞典	0.3	0.9	2	2
西班牙	0.9	0.6	1	2
挪威		0.2	—	1
跨欧洲	—	3.4	—	1
其他 OECD	**3.2**	**3.3**	**5**	**10**

地区/国家[a]	总军火销售的份额（%）		公司的数量	
	1990	2003	1990	2003
日本	3.2	2.6	5	7
韩国	—	0.5	—	2
澳大利亚		0.2	—	1
其他非 OECD	**3.0**	**4.6**	**6**	**15**
以色列	1.2	1.5	3	4
印度	1.1	1.0	2	3
新加坡	—	0.4	—	1
南非	0.7	0.2	1	1
俄罗斯	—	1.5	—	6

FRG = 德意志联邦共和国；OECD = 经济合作与发展组织。

a 此表仅指母公司：外国子公司的军火销售包含在母公司的销售中，而不是包含在实际进行生产的国家中。1990 年的 100 强仅包括 OECD 成员国和发展中国家（不包括中国和俄罗斯）。到 2003 年，100 强包括世界上大多数国家，但还是不包括中国。

资料来源：I. Anthony、P. Claesson、E. Sköns、和 S. T. Wezeman，“军火生产和军火贸易”，《SIPRI 年鉴 1993：世界军备与裁军》（牛津大学出版社，牛津，1993），表 10.3，第 428 页；E. Sköns 和 E. Surry，“军火生产”，《SIPRI 年鉴 2005：军备、裁军与国际安全》（牛津大学出版社，牛津 ，2005），表 9.1，第 384 页。

并且有较少的获胜者和更多的多种经营者。尽管这些数字表明多样化经营的程度很高，但它们还是没有充分说明全面转产的程度，因为成功地脱离军火生产的公司会变得更不受关注——它们从 100 强排名中出局后就不算做“保留者”——并且政策的渐变可能不会大肆宣扬。另外，根据波恩国际转产中心（BICC）的说法，更不显眼的中小公司比 100 强中的大公司进行多样化经营成功的可能性更大。〔86〕

从军火生产公司 100 强的地区分布状态的变化情况看（见表 9.5），美国公司继续占据主导地位：1990 年占军火销售额的 60%，2003 年占 63%。同期内，欧洲公司所占的份额从 33%下降到 29%。

〔86〕 波恩国际转产中心讨论了这一点，《转产调查 1998：全球裁军、国防工业合并和转产》（牛津大学出版社，牛津，1998 年），第 232 页。

有趣的是，美国公司在 100 强中的数量从 49 减少到 39，而欧洲公司的数量仅从 40 减少到 36 家，反映了美国和欧洲非常不同的工业性质和重组的经历。〔87〕

供应链的国际化程度提高正改变着生产组织。除了成品货物的跨国购买外，公司也正改变其供应链，一个例子是 BAE 系统公司在南非进行购买。〔88〕补偿贸易的增长鼓励了这种发展，并给予进口国通过成为重要国际生产商的供应链的一部分而获得恰当的市场机会。〔89〕军火生产公司将从更大范围的公司中决定自己喜欢的供应商。〔90〕尽管公司因为要依靠采购和出口等来自国内的支持，而不算是真正的"跨国的"，但是他们已经国际化了。政府越来越愿意承认防务高技术研发（R&D）的成本和较小的国家生产运行意味着必须通过国际协作和工业重组才能达到规模经济。这与几十年前完全不一样，那时候政府的目标是保持一个全面的国家防务工业基础。重要的非美国防务公司也在美国购买防务合同商作为进入美国市场的一条途径，如在前面第二节中讨论的那样。

军火工业在 1988—1989 年与在 2005 年的收购活动能够通过考察本卷和《SIPRI 年鉴 1990》中的收购图表进行比较。〔91〕在更早的时候，收购活动要少得多，1988—1989 年记录的是 18 宗交易，而 2005 年是 54 宗。这可以归结于 2005 年的数据收集得更好，但是在收购活动层次的变化和涉及的收购国和收购的范围上是引人注目的。欧洲公

〔87〕 请注意：设在美国的欧洲子公司将他们的军火销售作为欧洲母公司的军火销售登记在表中。

〔88〕 J. P. Dunne 和 G. Lamb，"国防工业的参与：南非的经验"，Brauer 和 Dunne 编，《军火贸易和经济发展》（同注释［12］），第 284—298 页；以及 J. P. Dunne，"在南非的军火制造"，《和平和安全的经济学期刊》，第 1 卷，第 1 期（2006 年 1 月），URL〈http://www.epsjournal.org.uk/Vol1/No1/issue.php〉，第 40—48 页。

〔89〕 对于这种政策的成本和可持续性有一些关切。Dunne（同注释［88］）；以及 J. Brauer，"军火贸易、军火工业和发展中国家"，Hartley 和 Sandler 编写（同注释［40］）。

〔90〕 K. Hartley、P. Dowdall 和 D. Braddon，"国防工业供应链文献和研究审议"，贸易和工业部，伦敦，2000 年 10 月；D. Braddon，"模块重装：防务公司的未来是什么？"《防务与和平的经济学》，第 15 卷，第 6 期（2004 年 12 月），第 499—507 页；以及 P. Dowdall，"供应链网络和变化的范例：英国防务工业供应系统"，《防务与和平的经济学》，第 15 卷，第 6 期（2004 年 12 月），第 535—550 页。

〔91〕 见附录 9B 中表 9B.1；以及 Anthony 等人（同注释［34］），表 8.7，第 336 页。

司努力进入美国市场的意图非常明显，2005 年有 7 宗欧洲收购美国公司的事件。[92]

SIPRI 军火工业数据库所涵盖的时间是军火工业大转变和重组时期。尽管在美国主要军火生产商的集中似乎在 1997 年就已经停止了，但是在较小的公司层面和供应链上的集中还在继续。与早期的合并不一样，早期的合并是为了能在衰退的市场中生存，近期的活动似乎更多的是由获得技术而不是想要的增长所驱动。[93] 尽管在欧洲已经进行了一些活动，但在重组和提高集中程度方面仍然还有一些路要走。重组的一个主要推动力是工业越来越多地具有跨大西洋的性质，表现在以下两个方面：一是欧洲公司渴望成为美国市场的重要参与者；二是美国已接受这样的理念，即："互用性的要求、防务项目合作的好处以及不断增加的全球工业基础设施要求美国国防部做好接受由使用全球最有创新、高效和有竞争力的供应商所提供的好处的准备"。[94]

军火工业不断变化的性质

自从 1990 年以来，国际军火工业的结构发生了显著的变化，将来还可能发生变化。工业的未来前景由许多因素形成，包括以下方面：

1. 战争性质的变化。美国和欧洲（即北约）似乎不可能面临一个能够进行对称反应的敌人，非对称的冲突是最可能的。这将改变战争的性质并导致更多非正规的、游击战类型的冲突，这将影响所需的武器系统。[95]

2. 某些主要武器系统报废的速度，如战斗机。最近，评论家认

---

〔92〕 在 S. G. Jones 的"欧洲防务工业的崛起"一文中也讨论了该问题。美欧分析系列丛书，布鲁金斯协会，华盛顿 DC，2005 年 5 月，URL〈http：//www. brookings. edu/fp/cuse/analysis/〉。

〔93〕 申斯、鲍尔和萨里（同注释［33］）。参见前面第二节。

〔94〕 美国国防部，"对国会的年度军火工业能力的报告"，华盛顿，DC，2004 年 2 月，URL〈http：//www. acq. osd. mil/ip/ip _ products. html〉，第 ii 页。

〔95〕 P. Dunay 和 L. Lachowski，"欧洲—大西洋安全和制度"《 SIPRI 年鉴 2005》（同注释［4］），第 5 页。

为许多战斗机即将达到其服役年限，需要替换下来。〔96〕

3. 新的安全环境及其产生的新型军事任务。对北约和欧盟部队来说，在世界范围内的危机管理和维和任务可能是日益增多的任务。〔97〕这将改变所需武装力量的性质和结构以及他们所需武器系统的类型。

4. 由于反恐战争导致的新技术的引入。对抗不确定敌人的“全球反恐战争”以及美国本土安全刺激了通信和监视技术的需求。没有这些技术的公司正收购这些技术。〔98〕

5. 从军事部门（武装部队和国防部）外购服务的程度。国防部（尤其是美国国防部）正越来越多地利用私人公司来承担过去由军事部门完成的任务。

另一方面，主要武器系统从订货到交货时间较长，以及大量的资金投入带来了巨大的惯性。确实，军方往往相对保守，他们的观点是要用最近战争中的使用过的武器打仗，这导致在采购和计划中极大的惯性。现在依然还有为冷战设计的武器系统即将进入服役，例如“欧洲斗士台风”。〔99〕

另外一个重要的问题是行业性质改变了多少，它依然在很大程度上受到国内和国际的政治压力的影响。政府主导该部门的产品需求量，政府的开支和直接影响不可避免地决定着工业的结构：政府依然决定在哪儿购买、如何购买以及购买什么，尽管他们现在可以做出与

---

〔96〕 根据一份报告，“到 2011 年，全球战斗机市场将达到冷战后一个新的顶点，交付额达到 160 亿美元”。是由水鸭集团（美国的一家咨询公司）报告的，在 M. Fabey 的“美国的 JSF 在战斗机市场中投下了长长的阴影”，《防务新闻》，2005 年 6 月 6 日，第 18 版。参见 Frost & Sullivan，“Future fighter aircraft requirements in emerging economies”，新闻稿，2005 年 3 月 30 日，URL〈http：//www. prnewswire. co. uk/cgi/news/release? id=142913〉。无人机（UAV）的使用也有增加，并且建立起了网络中心战环境。D. Jensen，“航空电子展望 2006：不断上升的期望”，《航空电子杂志》，2006 年 1 月，URL〈http：//www. defensedaily. com/cgi/av/show _ mag. cgi? pub=av&mon=0106〉。

〔97〕 Dunay 和 Lachowski（同注释 [95]），第 6 页。

〔98〕 申斯和萨里（同注释 [4]），第 387 页。

〔99〕 在 B. Dane 的“战斗机的崎岖之路”一文中描述了延迟情况并讨论了其他战斗机的经验。《航空周刊和空间技术》，2005 年 1 月 17 日，URL〈http：//www. aviationnow. com/media/pdf/sb05 _ fighters. pdf〉，第 20—24 页。参见 R. Forsberg，（编），《军火生产的两难选择》（MIT 出版社：剑桥，马萨诸塞州，1994 年）。

过去不一样决定。政府依然能够影响行业的规模和结构、进入或离开该行业、效率和所有权，以及技术水平和出口，尽管政府现在较少控制价格和利润。在大多数国家，国家依然提供基础设施。然而，由于欧洲效仿美国的做法，减少了欧洲的国家所有权和控制，因此压力集团和游说者在行业管理中变得越来越重要。[100] 在欧洲，防务公司私有化程度的提高、外国所有权壁垒的减少和非国内采购的增加，所有这些继续影响着该行业。

主要的防务合同商，或者至少是他们的防务部分，依然与民间公司不一样。尽管政府现在承担的风险较小，并且较少强调成本费用的执行，但是防务合同商依然面临着精心制定的采购标准和规则，政府与采购者密切联系已经被不太正式但效果未必更差的机制所取代（例如，游说）。非防务专家继续面临相当大的进出市场的壁垒——营销上的、程序上的或技术上的。比较而言，高的技术壁垒只针对于特殊领域的专家。

尽管公司在市场及其供应链方面已经国际化了，但他们似乎还是忠于其本土。通过建立合同的方法，在职者依然享有特权，主要合同商仍然擅长从政府那里获得经费。政府已检讨其采购实践，试图对付“镀金”和超成本与超时间的冷战工业。结果，他们使公司过早地陷入了为满足特殊安全需要的装备发展中。欧盟建立欧洲防务局（EDA）帮助欧盟成员国发展防务能力，以便根据欧洲安全和防务政策进行危机管理行动。EDA 打算鼓励欧盟政府将防务预算花在应对未来挑战上，而不是过去（冷战）的威胁上，并且帮助确认共同需要并推进协作。

由于国防预算下降了，公司和政府做出了更大的努力出口武器，尤其是出口到发展中国家。最近，进口国使用补偿的方法来调整军火购买，军火出口国和公司因此被卷入可疑的估价过程中，这可能增加生产商的数量并加剧在某些地区生产能力过剩的问题。[101]

---

〔100〕 参见，例如 F. Slijper，“欧盟军事工业综合体脱颖而出：军火工业游说布鲁塞尔”，跨国协会简报系列第 2005/1 号，阿姆斯特丹，2005 年 5 月，URL〈http: //www. tni. org/pubs－docs/briefings. htm〉。

〔101〕 Brauer 和 Dunne 编，《军火贸易和经济发展》（同注释［12］）。

因此，尽管工业结构发生了很大程度的变化，但老国防工业基础的许多特征似乎还保留着。然而，生产的明显国际化、所有权的改变、民用技术的转用（如 IT 和通信技术）以及民间公司在供应链中数量的增加，所有这些使它看起来像一个非常不同的工业。它也是一个不太容易定义而且很难研究的工业，这意味着对于未来采购和生产过程中的透明问题有些担心。

随着横跨欧洲的私有化的增长，财政部门在军火工业界可能将变得越来越重要，就像它在英国和美国一样。大多数欧洲国家以及英国和美国的金融和法人管理体系的差别，影响着各自工业结构重组的方法。在美国“最后的晚餐”将金融家和公司包含进来，华尔街在随后的重组中扮演了重要的角色。[102] 同样地，在英国，金融部门和股东通过对公司政策施加影响而为重组提供了帮助。在欧洲，更大的政府所有权以及公司政策中“实际”包含制度上的股东和银行家（通过其在董事会上的位置）减少了重组的程度和速度。银行、投资公司和控股公司都参与到欧洲军火工业目前正在进行的重组中，表明欧洲的进程将会加快。[103] 尽管在过去的二十年中大多数英国防务工业都是私营的，但是在欧洲很多其他国家，许多防务工业基础依然被国家拥有，尽管这一点正在改变。主要合同商的私有化正越来越多地发生在欧洲，结合外国所有权和非国内采购的增加，这可能对欧洲的工业有重要的影响。[104] 另外，以前的民间公司依靠涉足通信和 IT 行业，这是一个正从“军事革命”和反恐战争中获得需求并正拓展着国际防务工业基础的行业。

防务服务与维持的私有化是一个更重要的趋势。由于公司承担了过去由武装部队承担的支援角色，甚至在冲突地区，这一趋势在伊拉

---

〔102〕 Markusen（同注释［62］）。

〔103〕 参见前面第二节，以及 Sköns 和 Surry（同注释［62］），第 387 页。参与的金融公司包括卡莱尔集团、TCG 金融伙伴公司和 Veritas 资本公司。

〔104〕 根据英国政府的筹措私人资金的倡议（或公私伙伴关系），公众部门签订合同在长期的基础上购买服务以便利用私营部门的管理技能，而处于危险中的是私有资金。这些服务包括让步和特权，私人部门公司承担提供公共服务责任，包括维持、增强或建造必要的设施。该倡议正对英国的国有工业关系产生重要的影响并正影响政府的海外政策。它也可能导致新的公司进入防务市场。关于筹措私有资金对军费的影响，请参阅本卷第 7 和第 8 章。

克已经变得很明显。一个大的增长领域是提供安全——保护民众和建筑物，现已出现了一个承担着政府合同和“本土安全”业务的私人安全公司的新外围以及一个参与防务生产的民间公司新团体。[105] 传统的军火生产商已经发现了这个新市场并正购买一些刚创办的公司，即所谓的私人军事公司。[106] 不断变化的安全环境可能对这个更广阔的安全工业有更深的影响，但目前很少获得与此相关的公司的发展资料。防务和冲突后重建服务的私有化程度不断提高，能够生产一个有影响的、追逐利润的公司集团，它们在冲突中有既得利益。对此，政府会产生将冲突升级或引发新的冲突的压力。而在过去，军火生产公司在武器生产和增加武器需求方面有既得利益，但他们不一定能从实际的冲突中获利。正如 Herbert Wulf 所认为的，需要一个国际管理体系来处理国家垄断势力的侵蚀。[107]

发展中国家

尽管这些变化发生在发达国家，但是发展中国家也发生了调整。SIPRI 在 20 世纪 80 年代的研究已经正确地评估到：发展中国家在军火生产能力方面可看到的快速增长还不足以允许自足或对发达国家产生竞争。[108] 冷战以及超级大国对抗的结束，消除了对发展中国家的许多压力，也消除了对发展中国家维持高额军事负担的支持。没有超

---

〔105〕 关于新发展的分析，请参见 H. Wulf 的《正在走向国际化和私有化的战争与和平》(Palgrave Macmillan：Basingstoke，2005 年)。Wulf 区分了私有军事公司和私有安全公司，前者是提供咨询和计划、后勤和支援、技术服务和维修、培训、维和和人道主义援助的公司，而后者则是提供财产保护、防止和矫正犯罪服务的公司（第 43—47 页)。对这些部门的规模或价值没有详细的估计，只有总的数量的粗略的近似值。Peter Singer 估计私人军事工业的年收入在 1000 亿美元。P. W. Singer，《法人战士：私有军事工业的崛起》(科内尔大学出版社：伊萨卡，纽约，2003 年)。同样地，经合组织对私人安全部门的年营业额做出了一个粗略的估计，约为 1000—1200 亿美元。经济合作与发展组织（OECD)，《安全经济》（OECD：巴黎，2004 年)，URL〈http：//www. oecdbookshop. org/oecd/display. asp? SF1＝DI&ST1＝5LMQCR2JFHKB〉，第 8 页。如果这些估计是正确的，那些这两类公司的年销售额合起来将有约 2000 亿美元。还可参见 C. Holmqvist 的《私人安全公司：规则的案例》，SIPRI 政策文件第 9（SIPRI：斯德哥尔摩，2005 年 1 月)，URL〈http：//www. sipri. org/〉；和 J. Brauer，“从经济的角度看唯利是图、军事公司和武力的私有化”，《剑桥国际事务评论》，13 卷，第 1 期（2000 年 4 月)，第 130—146 页。

〔106〕 Wulf（同注释［105］)，第 194 页。

〔107〕 Wulf（同注释［105］)，第 207 页。还可参见 Holmqvist（同注释［105］)。

〔108〕 Brzoska 和 Ohlson（同注释［36］)。

级大国的插手，世界各地的紧张局势、军事和军事相关的援助，以及冲突的规模（尽管冲突的数量增加了）都逐渐减少了。

尽管中国和印度的庞大的军火工业在很大程度上与外界的竞争无关，但发展中国家中其他一些相对更先进的军火生产国还是为国内采购及出口而继续保持其军火生产。在 2000—2004 年的五年中，30 家最大的重要武器出口国中有 7 个是发展中国家：中国、以色列、韩国、巴西、印尼、南非和朝鲜。[109]尽管印度拥有庞大的军火工业，但印度在上述出口国名单上排得很靠后。印度强烈依靠进口，其军火采购的自给率只有 30%。[110]

到 20 世纪 90 年代末，其他的发展中国家中有 20—30 个国家从事某种形式的军火生产和军火出口或再出口。[111] 本土军火生产的努力通常被证明在经济上是正当合理的，能为民用工业提供溢出或转用效果并通过出口赚取外汇，尽管这里没有令人信服的经济上的论点或证据证明这种经济利益的存在。[112] 补偿安排和许可证生产常常被看作是推进国内生产和提高所生产系统的技术水平的途径，尽管一些国家现在追求技术诀窍的目的是为了成为聪明的消费者而不是成为生产者。[113] 对于大多数有一些工业基础的发展中经济体来说，生产小武器和相对简单的武器系统是一个可以达到的目标，但是发展成具有生产大型先进武器系统的军火工业能力就不再可行了。[114]

这些趋势反映在 SIPRI 军火生产公司 100 强中：尽管发展中国家中的许多公司表现出一些成为国际参与者的潜力，但是至今还没有一家做到了。确实，军火生产性质的改变和市场结构的调整减少了资质

---

[109] S. T. Wezeman 和 M. Bromley，“主要常规武器的转让数量：接收者和供应者，2000—2004 年”，《SIPRI 年鉴 2005》（同注释［4］），表 10A. 2，第 453—454 页。

[110] A. R. Markusen、S. DiGiovanni 和 M. C. Leary（编辑），《从防务到发展：对实现和平红利的国际观点》（Routledge：伦敦，2003 年），第 191 页。

[111] Brauer（同注释［12］）。

[112] Brauer（同注释［12］）；以及 Brzoska 和 Ohlson（同注释［36］）。Brauer 认为有迹象表明发展中国家的军火工业严重依赖已有的民间能力，并且没有军火出口提供净外汇的证据。

[113] J. Brauer 和 J. P. Dunne，“军火贸易补偿和发展”，*Africanus*，35 卷，第 1 期（2005 年），第 14—24 页。

[114] Markusent 等编写（同注释［110］）。

更浅的公司成为国际参与者的机会，这些公司至多成为主要国际参与者供应链中的一些环节。

第四节 结 论

2004 年军火生产 100 强公司在军火销售方面还是有实质性的增长，尽管这个增长不如 2003 年的显著。美国继续主导这个行业，并且进入排名中的公司变化很少。2005 年进行了一些重要的合并和收购活动，但比起 2004 年来，步伐放慢了。进一步的合并和重组是很可能的，尤其是在欧洲，工业很可能越过行业界线和国界继续扩展其供应链。政府将把重点更多地集中在能力上而不是生产上。非美国公司将继续努力进入美国市场，而且该项工业很可能继续国际化。

自从冷战结束后国际军火工业已经发生了显著的变化，预期还要发生进一步的变化。军火市场继续具有一系列独有的特征，如进出的壁垒巨大。一些公司从传统的冷战军火市场中“幸存”下来，而另一些则设法退出或进入新的市场。一个值得注意的趋势是防务服务和支援的私有化，这种私有化将安全服务行业扩展成围绕核心军火工业的外围结构。这在责任和透明方面来说可能会有影响，并肯定地也会对 SIPRI 军火生产项目产生影响。尽管该项目是一个有着公正的信息、数据和研究的颇有价值的资源，它极大地增强了人们对冷战后军火工业的理解，但是这些变化带来了新的挑战。应对这些挑战将需要进一步的数据收集与研究活动，以便把握国际军火和安全工业变化的实质、程度和可见性。

（余小玲 译）

附录 9A 2004 年 100 家最大的军火生产公司

埃蒙·萨里和 SIPRI 军工网*

一、数据选择的标准和来源

表 9A.1 以 2004 年军火销售额大小为序，列举了全世界 100 家最大的军火生产公司的资料（不包括中国）。表中的信息包括 2003 年和 2004 年公司的军火销售额、2004 年公司总销售额、利润和雇员数量。列举出的公司既包括国有公司也包括私有公司，但是不包括军队的制造和维护企业。只有在军用商品和服务领域从事制造活动的公司被计入，控股和投资公司则被排除在外。中国公司由于缺乏数据而没有包括在内。其他国家的公司如果有足够数据也会被列举在较靠后的末端。

有关世界军火工业的军火销售和其他财务、雇员公开可得的数据资料很有限。表 9A.1 列出的数据取自以下的资料：公司年度报告和国际互联网站、SIPRI 问卷调查，在报纸商业版、军事杂志和国际互联网军事专栏发布的公司新闻。还参考了公司发布的信息、市场报告、政府公布的主承包合同和国家概览。当这些资料中缺乏数据时，SIPRI 就进行估算。资料的范围和涵盖区域很大程度上是由能否获得资料决定的。所有的数据都在不断地被修订、更新，而且在 SIPRI 年鉴的不同版本中可能有所不同。

美元兑换率来自国际货币基金组织（IMF）发布的国际财政报表。

---

* 网上参与者包括：Ken Epps（犁头计划，加拿大安大略滑铁卢），Jean－Paul Hebert (Centre Interdisciplinaire de Recherches sur la Paix et d'Etudes Stratégiques，巴黎），Reuven Pedatzur（特拉维卡大学），Giovanni Gasparini（Istituto Affari Internazionali，罗马），Gülay Günlük－Senesen（伊斯坦布尔大学）and Julian Cooper（伯明翰大学俄罗斯和东欧研究中心）。

二、定义

军火销售：SIPRI 把军火销售定义为军工产品的销售和对军事雇主的相关服务带来的收入，包括国内采办和出口。这里提到的军工产品和服务专指用于军事目的，和与此相关的技术，但不包括一般用途产品的销售（比如石油、电力、办公计算机、清洁保养、制服和皮鞋等）。军火销售额包括与军事装备销售相关的所有收入，即不仅包括制造而且包括研究发展、维护、保养和设备维修的收入。战后重建期间如果某项合同是由国防部授予的，相关的销售就被定义为军火销售。该定义只能作为指导原则，很难应用于实践。由于没有普遍公认的军火销售的标准定义，因此也没有其他更好的选择。表 9A.1 中的军火销售数据通常只反映每个公司军火销售占其总销售额的比例，因此公司之间军火销售额的可比性是有限的。

销售总额、利润和雇员数量：销售总额、利润和雇员数量是整个公司的数据，不单是军工生产部门的。所有数据都是把国内外子公司合并后的数据。利润是公司的税后所得。雇员数量为年终时的人数，除非某些公司公布年均人数。所有数据均为公司年度报告公布的财政年度数据。

三、计算

SIPRI 有时估算军火销售额。某些情况下，SIPRI 使用军工部门的销售总额，虽然该部门可能会有一些未指明的民品销售收入。当某公司未公布军工部门或类似实体的销售数据时，SIPRI 在某些情况下会按照合同中的数据、公司当前的军火生产计划和公司负责人对媒体或在某些报告中给出的数据进行估算。

军火销售额通常被近似地作为军火生产年产值。对大多数公司来说这是可行的，但造船公司例外，因为船舶的生产周期长、生产量少，公司的年度产值和年度销售额有很大差别。如果某些造船公司提供年产值的估算值，SIPRI 就使用这些数据。

收集到的所有数据都是按当地货币和当前价格表现的。对于当地货币与美元之间的兑换，SIPRI 使用 IMF 的市场汇率年度平均值来完成。表 9A.1 和第 9 章的大多数表中都按美元的当时价值给出。对于不同年度这些数据的差异难以做出解释，因为按美元价值表现的差异由几个因素决定：军火销售额的差异、通货膨胀率、按当地货币进行的销售、汇率的波动等。国际军火市场的销售通常以美元来进行。汇率波动对美元价值没有影响，但会影响当地货币的价值。如果美元贬值，以当地货币表现的公司税收就会减少，而且大多数情况下公司原材料供应以当地货币支付，对公司利润产生消极影响。在不知道国内采购和出口产生的军火销售额相对比例的情况下，想说明军火销售数据的实际含义是不可能的。在使用这类数据时须持谨慎态度。这对分析汇率波动幅度大的国家来说尤其重要。〔1〕

〔1〕 在对军事开支的币值进行换算时，使用购买力平价而不使用市场汇率，其优点请见本卷附录 8E。

附表 9A.1　2004 年 100 家最大的军火生产公司（不包括中国）

第 6、7、8、10 栏的数据按当时的汇率和价格以 100 万美元为单位，9 栏中斜体数字为百分比。

1	2	3	4	5	6	7	8	9	10	11
排名[a]		公司（母公司）	国家/地区	军火销售部门[b]	军火销售额		2004 总销额	栏 6 占栏 8 的百分比	2004 利润	2004 雇员
2004	2003				2004	2003				
1	2	波音[c]	美国	Ac El Mi Sp	27500	24370	52457	*52*	1872	159000
2	1	洛克希德·马丁[d]	美国	Ac El Mi Sp	26400	24910	35526	*74*	1266	130000
3	3	诺思罗普·格鲁曼	美国	Ac El Mi SA/A Sh Sp	25970	22720	29853	*87*	1084	125400
4	4	BAE 系统[e]	英国	A Ac El Mi SA/A Sh	19840	15760	24687	*80*	−855	90000
5	5	雷声公司	美国	El Mi	17150	15450	20245	*85*	417	79400
6	6	通用动力	美国	A El MV Sh	15150	13100	19178	*79*	1227	70200
7	8	EADS[f]	欧洲	Ac El Mi Sp	9470	8010	39455	*24*	1280	110660
8	7	泰利斯	法国	El Mi SA/A	8950	8350	12780	*70*	246	55480
9	9	联合技术，UTC	美国	El Eng	6740	6210	37445	*18*	2788	209700
10	11	L—3 通信	美国	El	5970	4480	6897	*87*	382	44200
11	10	芬麦卡尼卡集团	意大利	A Ac El MV Mi SA/A	5640	4550	10764	*52*	681	51030
12	13	SAIC[g]	美国	Comp（Oth）	4670	3700	7187	*65*	409	42400
13	12	计算机科学公司，CSC[h]	美国	Comp（Oth）	4330	3780	14059	*31*	810	79000

1	2	3	4	5	6	7	8	9	10	11
排名[a]		公司（母公司）	国家/地区	军火销售部门[b]	军火销售额		2004 总销额	栏 6 占栏 8 的百分比	2004 利润	2004 雇员
2004	2003				2004	2003				
S	S	MBDA（BAE 系统公司，英国/ EADS，欧洲/芬麦卡尼卡集团，意大利）	欧洲	Mi	3850	2710	3851	*100*	..	10000
14	14	劳斯莱斯[i]	英国	Eng	3310	3020	10877	*30*	375	35400
15	18	海军造船公司[j]	法国	Sh	3240	2150	3240	*100*	260	12280
16	23	哈利伯顿[k]	美国	Comp (Oth)	3100	1790	20466	*15*	−979	97000
S	S	KBR（哈利伯顿）	美国	Comp (Oth)	3100	1790	12468	*25*	..	..
17	17	通用电力	美国	Eng	3000	2400	152866	*2*	16819	307000
S	S	普拉特—惠特尼（UTC）	美国	Eng	2990	3030	8300	*36*	..	34180
18	15	霍尼韦尔国际	美国	El	2810	2560	25601	*11*	1281	109000
19	16	三菱重工[l]	日本	Ac MV Mi Sh	2500	2 430	23945	*10*	37	34310
20	24	ITT 工业	美国	El	2410	1790	6764	*36*	432	44000
21	20	GKN	英国	Ac	2400	2020	8145	*29*	1020	36600
22	19	联合防务，UD	美国	MV	2290	2050	2292	*100*	166	7700
23	25	斯奈克玛集团	法国	Eng	1950	1750	8462	*23*	291	39490
24	26	Saab	瑞典	Ac El Mi	1930	1700	2429	*79*	148	11940
25	28	阿连特技术系统公司	美国	SA/A	1740	1460	2801	*62*	154	14000

1	2	3	4	5	6	7	8	9	10	11
排名[a]		公司（母公司）	国家/地区	军火销售部门[b]	军火销售额		2004 总销额	栏 6 占栏 8 的百分比	2004 利润	2004 雇员
2004	2003				2004	2003				
26	21	莱茵金属	德国	A El MV SA/A	1720	1810	4240	*41*	125	18280
27	27	原子能委员会	法国	Oth	1720	1540	3878	*44*	333	14940
S	S	莱茵金属防务技术（莱茵金属）	德国	A El MV SA/A	1720	1810	1719	*100*	..	6799
S	S	赛考斯基（UTC）	美国	Ac	1690	1520	2500	*68*	..	8980
28	22	达索航空集团	法国	Ac	1670	1810	4297	*39*	383	12040
S	S	欧洲直升机集团（EADS）	法国	Ac	1620	1440	3453	*47*	..	..
29	36	哈里斯	美国	El	1550	1170	2519	*62*	133	10900
30	34	罗克韦尔—柯灵斯	美国	El	1540	1270	2930	*52*	301	15800
S	S	达因公司（CSC）[m]	美国	Comp（Oth）	1430	1660	..	..	..	..
31	32	佳富	美国	Comp（Ac）	1420	1320	4725	*30*	172	21300
32	38	奎奈蒂克	英国	Comp（Oth）	1390	1110	1598	*87*	129	10400
33	33	以色列飞机工业	以色列	Ac El Mi	1370	1310	2050	*67*	82	14570
34	30	川崎重工[l]	日本	Ac Eng Mi Sh	1320	1370	11476	*12*	106	28680
35	29	达信	美国	Ac El Eng MV	1300	1400	10242	*13*	365	44000
36	40	太阳神公司	美国	Comp（Oth）	1290	1010	2047	*63*	—38	12000

1	2	3	4	5	6	7	8	9	10	11
排名[a]		公司（母公司）	国家/地区	军火销售部门[b]	军火销售额		2004 总销额	栏 6 占栏 8 的百分比	2004 利润	2004 雇员
2004	2003				2004	2003				
37	41	DRS 技术	美国	El	1280	940	1309	*98*	61	5660
38	39	史密斯[n]	英国	El	1240	1100	4852	*26*	390	26730
39	31	苏霍伊[o]	俄罗斯	Ac	1200	1370	1262	*95*	42	32810
40	35	军火工业	印度	A SA/A	1150	1190	1357	*85*	..	..
41	43	安提恩	美国	Comp (Oth)	1130	920	1268	*89*	62	8800
42	47	萨吉姆集团	法国	El	1090	830	4435	*25*	166	15370
43	48	新伊萨[p]	西班牙	Sh	1090	830	1366	*80*	..	5560
44	46	VT 集团	英国	Sh	1040	840	1362	*76*	49	11000
45	37	蒂森克虏伯，TK	德国	Sh	1030	1110	48872	*2*	1123	184360
S	S	阿莱尼亚航空航天公司（芬麦卡尼卡集团）	意大利	Ac	1030	620	1333	*77*	2	6950
46	55	EDS	美国	Comp (Oth)	990	690	20669	*5*	158	117000
47	50	三菱电气[l]	日本	El Mi	950	820	31524	*3*	658	97660
48	44	埃尔比特系统	以色列	El	940	900	940	*100*	53	5500
49	52	阿尔马兹—安泰[o]	俄罗斯	Mi	930	750	1327	*70*	55	93000
50	56	科巴姆	英国	Comp (Ac El)	900	680	1800	*50*	155	9860

1	2	3	4	5	6	7	8	9	10	11
排名[a]		公司（母公司）	国家/地区	军火销售部门[b]	军火销售额		2004 总销额	栏 6 占栏 8 的百分比	2004 利润	2004 雇员
2004	2003				2004	2003				
51	59	印度斯坦航空	印度	Ac Mi	880	650	976	*90*	95	..
52	53	URS 公司	美国	El	880	720	3382	*26*	62	27500
S	S	EG&G（URS 公司）	美国	Comp (Oth)	880	720	1130	*78*	..	11600
53	45	新科工程[q]	新加坡	Ac El MV SA/A Sh	860	890	1744	*49*	212	11620
54	73	NECl	日本	El	840	490	43395	*2*	−227	145810
55	69	工程援助系统公司	美国	El	840	540	884	*95*	76	3280
56	57	三星[r]	韩国	A El MV Mi Sh	800	670	121700	*1*	11800	222000
57	75	AM 通用公司[s]	美国	MV	800	490	..	..	..	..
58	68	CACI 国际公司	美国	Comp (Oth)	770	540	1146	*67*	64	9300
59	60	美泰科技国际公司	美国	Comp (Oth)	770	640	842	*92*	25	5500
60	58	奥斯科什卡车	美国	MV	770	660	2262	34	113	7800
61	51	拉法尔	以色列	Ac Mi SA/A Oth	760	790	801	*95*	45	5170
62	54	克劳斯—马菲威克曼	德国	MV	750	710	752	*100*	..	2500
63	49	地面武器工业集团	法国	A MV SA/A	730	820	733	*100*	−100	5000
64	66	达文波特管理[t]	英国	Sh	720	570	745	*96*	42	4950
65	70	巴布考克国际集团	英国	Sh	700	520	1392	*50*	38	9090

1	2	3	4	5	6	7	8	9	10	11
排名[a]		公司（母公司）	国家/地区	军火销售部门[b]	军火销售额		2004 总销额	栏 6 占栏 8 的百分比	2004 利润	2004 雇员
2004	2003				2004	2003				
66	62	RUAG	瑞士	A Ac Eng SA/A	660	620	1003	*66*	23	5560
67	61	迪尔	德国	Mi SA/A	650	630	1975	*33*	..	10730
68	S	MTU 航空发动机公司	德国	Eng	620	500	2383	*26*	16	7680
69	77	巴拉特电子	印度	El	620	460	709	*87*	98	12390
S	S	三星技术（三星）	韩国	A El Eng MV	620	520	1729	*36*	23	4140
70	71	安德拉	西班牙	El	610	510	1347	*45*	106	6520
71	—	装甲控股公司	美国	Comp (MV Oth)	610	90	980	*62*	81	4310
72	76	伊尔库特公司[o]	俄罗斯	Ac	570	480	622	*92*	68	14020
S	65	阿尔维斯（BAE 系统公司）[u]	英国	MV Oth	570	570	..	..	..	..
73	64	芬康提耶里集团[v]	意大利	Sh	560	570	2704	*21*	124	9270
74	82	斯特沃特 & 斯蒂文森	美国	MV	550	450	1157	*48*	5	3000
75	93	ARINC	美国	Comp (El)	530	350	734	*72*	9	3000
S	S	美国船舶修理（UD）	美国	Comp (Sh)	530	510	573	93	..	..
76	63	韩国航空工业[w]	韩国	Ac	510	600	571	*89*	6	2920
77	72	航空工业公司[x]	美国	Comp (Oth)	510	510	..	..	..	..

1	2	3	4	5	6	7	8	9	10	11
排名[a]		公司（母公司）	国家/地区	军火销售部门[b]	军火销售额		2004 总销额	栏 6 占栏 8 的百分比	2004 利润	2004 雇员
2004	2003				2004	2003				
78	94	柯蒂斯—赖特公司	美国	Comp（Ac）	480	350	955	50	65	5600
79	85	EDO	美国	El	480	410	536	89	29	2550
80	79	CAE[y]	加拿大	El	460	450	758	61	..	4800
81	99	石川岛播磨重工业公司[l]	日本	Eng Sh	460	310	10066	5	20	7390
82	84	米特[z]	美国	Oth	460	430	871	553	..	5900
83	81	丹尼公司	南非	A Ac El MV Mi SA/A	450	450	586	76	−248	9940
84	89	超级电子	英国	El	450	370	586	77	43	2680
85	90	丘比克公司	美国	Comp（El Oth）	450	370	722	63	37	5950
86	88	特尼克斯	澳大利亚	El SA/A Sh	440	370	646	68	..	3000
87	42	戴姆勒—克莱斯勒，DC[aa]	德国	Eng	440	920	176471	..	3063	384720
88	80	Avio	意大利	Eng	440	450	1516	29	−47	4770
89	74	航空设备公司[o]	俄罗斯	El	440	490	583	76	36	42400
S	S	ADI（跨区域集团/泰利斯）	澳大利亚	El SA/A Sh	440	380	1677	26	..	5850
S	S	MTU 弗里的希哈芬（DC）	德国	Eng	440	380	1677	26	..	5850
90	92	穆格	美国	Comp（El Mi）	430	360	939	46	57	5780
91	86	爱立信	瑞典	El	410	400	17958	2	2589	50530

1	2	3	4	5	6	7	8	9	10	11
排名[a]		公司（母公司）	国家/地区	军火销售部门[b]	军火销售额		2004 总销额	栏 6 占栏 8 的百分比	2004 利润	2004 雇员
2004	2003				2004	2003				
S	S	爱立信微波（爱立信）	瑞典	El	410	400	418	*99*	..	1660
S	S	哈格兰茨登陆系统公司（BAE 系统公司）[bb]	瑞典	MV	410	290	410	*100*	..	1030
92	91	SMA	法国	Comp（Ac）	400	360	401	*100*	—1	3310
93	78	以色列军事工业	以色列	A MV SA/A	400	460	450	*90*	..	2400
94	83	康斯堡·格鲁彭	挪威	El Mi SA/A	400	430	955	*42*	5	4020
95	—	美捷特集团	英国	Oth	390	290	878	*45*	63	4420
96	67	雅可布工程集团[cc]	美国	Comp（Oth）	390	560	4594	*9*	129	24400
97	95	东芝[1]	日本	El Mi	380	340	53942	*1*	426	165000
98	100	轨道科学公司	美国	Sp	370	300	676	*54*	200	2450
99	—	Embraer	巴西	Ac	360	260	3505	*10*	429	14650
100	—	帕提亚工业	芬兰	Ac MV SA/A	360	220	430	83	32	1880

注：

a 根据 2004 年军火销售额对公司进行排名。在第 1、2 栏中用 S 表示子公司。第 2 栏破折号（——）表示该公司 2003 年没有销售军火或不在 2003 年最大的 100 家公司之内。公司名称和组织结构以 2004 年 12 月 31 日时为准。后续变化的有关信息标注在这些脚注内。由于不断更新数据，2003 年排名可能有别于《SIPRI 年鉴 2005》中公布的排名。多数情况下这是因为公司自己提供的数据有变化，有时是因为改进了估算值。主要修订将在以下脚注中说明。

b 缩略语索引：A＝火炮，Ac＝飞机，El＝电子设备，Eng＝发动机，Mi＝导弹，MV＝军用车辆，SA/A＝轻武器/弹药，Sh＝舰船，Sp＝航空，Cth＝其他。Comp（...）＝部件、服务或任何小于括号内标明的最终系统的产品，只适用于不生产任何最终系统的公司。

c 波音军火销售额是整个一体化国防体系部门的销售额，不包括大型民用发射和在轨系统部门。从 2003 年开始，波音改变了其报告市场份额的做法。

d 洛克希德·马丁公司军火销售额包括美国能源部给予的核武器项目管理费。

e BAE 系统公司的军火销售额是非商业销售总额。公司公布的“商业航空”集团的销售额主要来源于其在空客公司所持有的 20%的股份。除此以外，BAE 系统公司军火销售额包括这一年头 7 个月阿尔维斯公司的军火销售额，估计是 3.3 亿美元。阿尔维斯公司于 2004 年 8 月被 BAE 系统公司收购。

f EADS（欧洲航空防务和航天公司）30.09%的股份归戴姆勒—克莱斯勒公司（德国）所有，30.09% 归拉加代尔公司（法国）、法国金融研究所和法国航空股份管理公司（法国的一家国有公司）共同所有，5.5% 归西班牙国家工业参股公司（Sociedad Estatal de Participacions Industriales 西班牙一家国有公司）所有。EADS 在荷兰注册。

g SAIC 的销售总额不包括 Telcordia 公司的 8.74 亿美元，该通信子公司于 2005 年 3 月 15 日被卖出。在 2005 财政年度报告中，SAIC 提供的重新分类的数据显示 Telcordia 公司不再是其业务伙伴。

h CSC 公司的总销售额不包括达因国际公司的收入，达因公司在 CSC 公司 2005 年度报告中已不再是其业务伙伴。CSC 于 2005 年 2 月解除与达因国际的关系。CSC 公司 2004 军火销售额既包括其报告的向美国国防部销售的数额，也包括美国国防部 2004 财政年度与达因国际签订的合同金额。

i 劳斯莱斯的军火销售额是指该公司“国防”业务部的销售额，以及其“船舶”业务部估计为 45%的销售额。

j 海军造船公司的数据是销售收入而不是产值。

k 哈利伯顿公司的军火销售额是基于“政府和基础设施部门”三分之一的销售额估算出来的。《SIPRI 年鉴 2005》对 2003 年 100 强企业排名中，美国国防部赋予的大宗合同被视为该公司军火销售的主要内容。

l 日本公司军火销售一栏的数据表示军方授予的新合同，而不是军火销售额。

m 达因公司的数据代表美国国防部授予的大宗合同，而不是军火销售额。

n 史密斯公司军火销售额为“航空部”销售额的 60%，加之“特种工程部”进行的一些有限的军工生产额的估算值。

o 这是第三年把俄罗斯公司列入 SIPRI 军火生产 100 强公司的名单中。也许还有其他公司应该被列入，但是没有获得足够的数据。俄罗斯军事工业的情形仍然是非常不固定的，公司名称可能会随着重组而变化。苏霍伊和伊尔库特公司在各自的网站上提供了具体的信息，所有的数据来源于他们自身统一的财政报告书。对于表中的其他俄罗斯公司，总销售额和利润数据都来自 Expert RA，俄罗斯评估局，而军火销售估算值和使用的数据来自战略和技术研究中心。阿尔马兹—安泰公司的军火销售估算值来源于《国防新闻》中 100 强公司的排名。

p 军用船舶制造企业伊萨公司于 2004 年 12 月 31 日改为“新伊萨”公司。公司于 2005 年 3 月以 Navantia 的名称上市。西班牙国有公司 SEPI 是其唯一的股东。

q 新科工程公司原先为新加坡技术私人有限公司的分公司。2004 年 12 月 31 日，新加坡技术私人有限公司解散，其下属的所有公司，包括新科工程公司，于 2005 年 1 月 1 日归属新加坡政府控股的淡马锡控股公司。

r 三星军火销售数据是对三星航空销售额的估算值，以及三星泰利斯 50%的销售额。

s 可公开获得的 AM 通用公司的金融数据有限。SIPRI 对军火销售数据的估算基于三年内美国国防部授予的主要合同的平均值和对公司出口额的粗略估算。

t 达文波特管理有限公司隶属于哈利伯顿 KBR（51%），保富比迪（24.5%）和伟尔集团（24.5%）。

u 阿尔维斯公司 2004 年军火销售额是基于 2003 年获得的销售数据产生的。阿尔维斯于 2004 年 8 月被 BAE 系统公司收购，并与其陆上系统业务相合并。

v 芬康提耶里集团隶属于 Fintecna 公司，Fintecna 公司成立于 2002 年 11 月，其前身是工业重组研究院，该研究院是意大利国有控股公司，从 2000 年起开始进行资产清算。

w 韩国航空工业是在三星航空公司、大宇重工业公司、现代空间和飞机公司合并的基础上于 1999 年成立的。

x 航空工业公司为美国国防部管理着一个联邦政府资金支持的研究与发展中心。公司数据是 2003 年的，因为该公司没有发布 2004 年度报告。

y CAE 军火销售数据包括估计 1.01 亿美元的其海军部门销售额。

z 米特公司为美国国防部代管三个由联邦政府资金支持的研究和发展中心。

aa 戴姆勒—克莱斯勒的军火销售数据是指 MTU 腓德烈斯哈芬公司进行的军火生产活动，不包括戴姆勒—克莱斯勒拥有的 EADS 30.1%的股份相关的销售额。

bb 哈格兰茨车辆公司在 2004 年头 7 个月是 Alvis 的子公司。Alvis 于 2004 年 8 月被 BAE 系统公司并购。

cc 雅可布工程集团的军火销售数据代表美国国防部授予的大宗合同。

（何毅丹 译）

附录 9B　2005 年并购表

埃蒙·萨里

表 9B.1 列出了 2005 年 1 月 1 日至 12 月 31 日间北美和西欧军火工业主要并购情况。虽然它没给出所有并购情况，但是给出了具有重要战略意义和经济上值得注意的并购情况的总体概览。

表 9B.1　2005 年北美和西欧军火工业主要并购情况

（数字按当前价格计算，单位为百万美元）

买主公司（国家/地区）	被并购的公司（国家）	卖主公司（国家/地区）[a]	价格（百万美元）[b]
北美（除特别指明外全为美国公司）			
CAE（加拿大）	地形专家公司	..	10
CACI 国际公司	国家安全研究公司	雇员所有	..
DRS 技术	Codem 系统	..	29
DRS 技术	工程援助系统	..	1970

买主公司（国家/地区）	被并购的公司（国家）	卖主公司（国家/地区）[a]	价格（百万美元）[b]
EDO 公司	EVI 技术 LLC	私有	..
工程援助系统	动员系统	..	17
通用动力	安提恩	..	2200
通用动力	Itronix 公司	私有	..
通用动力	MAYA Viz	..	..
通用动力	蝌蚪电脑公司	私有	..
佳富公司	传感器无限公司	..	60
L—3 通信	BAI 航空系统公司	..	..
L—3 通信	光电技术公司	..	49
L—3 通信	约瑟夫·谢里斯协会	..	..
L—3 通信	索诺马设计集团	..	..
L—3 通信	太阳神公司	..	2650
洛克希德·马丁	连贯技术公司	..	..
洛克希德·马丁	SYTEX 集团	..	440
美泰科技国际公司	老鹰系统公司	..	100
诺斯罗普·格鲁门	Integic 公司	..	..
SAIC	目标科学公司	..	..
SAIC	国际微电子与封装协会	..	..

买主公司（国家/地区）	被并购的公司（国家）	卖主公司（国家/地区）[a]	价格（百万美元）[b]
泰利达技术	本索斯公司	..	41
泰利达技术	微软技术解决投资公司	安富利公司	..
太阳神公司	情报数据系统	雇员所有	43
联合防务	工程塑料设计	..	8
美国船舶修理	腐蚀工程服务	..	..
联合技术	洛克达因推进与动力公司	波音	..
维尔资产	MZM 公司	私有	..
西欧			
Avio 集团（意大利）	飞利浦航空电子（荷兰）	飞利浦（荷兰）	..
欧洲航空防务与空间公司（西欧）	专业无线移动通信	诺基亚（芬兰）	..
EQT（瑞典）[c]	MTU 弗里的希哈芬（德国）和底特律柴油机公司（美国）的非公路部	戴姆勒—克莱斯勒（德国）	1900
芬麦卡尼卡集团（意大利）[d]	达特马特工程与系统有限公司（意大利）	..	171
克劳斯—玛菲·威格曼公司（德国）	MAN 移动架桥（德国）	MAN 技术（德国）	..
MBDA（西欧）	LFK（德国）	欧洲航空防务与空间公司（西欧）	..
莱茵金属（德国）	阿杰斯（奥地利）	..	..

买主公司（国家/地区）	被并购的公司（国家）	卖主公司（国家/地区）[a]	价格（百万美元）[b]
史密斯集团（英国）	Farran 技术（爱尔兰）	..	31
斯奈克玛（法国）[e]	萨基姆（法国）	..	..
泰利斯（法国）[f]	TDA 武器装备公司（西欧）	欧洲航空防务与空间公司（西欧）	..
蒂森克虏伯工业技术公司（德国）和欧洲航空防务与空间公司（西欧）[g]	阿特拉斯电子（德国）	BAE 系统	172
跨大西洋：西欧采购美国和加拿大地区的公司			
BAE 系统（英国）	联合防务（美国）	..	4192
Chelton 微波公司（英国）[h]	防务和空间部	瑞美公司	260
欧洲航空防务与空间公司（西欧）[i]	Talon 仪器	..	..
康斯堡公司（挪威）	镓软件（加拿大）	..	26
奎奈蒂克（英国）	Apogen 技术（美国）	..	288
奎奈蒂克（英国）[j]	规划系统公司（美国）	..	42
超级电子（英国）	声音数据包（美国）	私有	60
VT 集团[k]	丘比公司（美国）	..	26
跨大西洋：美国和加拿大采购西欧地区的公司			
卡莱尔集团（美国）	NP 航空（英国）	莱因霍尔德工业（英国）	54

买主公司（国家/地区）	被并购的公司（国家）	卖主公司（国家/地区）[a]	价格（百万美元）[b]
伊顿公司（美国）	航空流体和空气部	科巴姆（英国）	270
L—3 通信（美国）	SAM 电子（德国）	..	150
洛克希德·马丁（美国）[l]	INSYS 集团有限公司（英国）	..	..
罗克韦尔—柯灵斯（美国）	Teldix（德国）	诺斯罗普·格鲁门（美国）	22
斯图尔特与史蒂文服务（美国）	汽车技术（英国）	..	47

a 在“卖主公司”一栏中的“..”表示被并购公司的所有权在公司新闻发布中没有详细说明。公司可能私有，也可能已公开上市。

b 如果交易价格不是以美元计算，那么货币汇率采用交易当月国际货币基金的平均汇率。公司通常不公开交易额。

c EQT 是一个私人股权集团。

d 芬麦卡尼卡集团同意认购达特马特公司具有控制权的 52.7%的股份，该认购需经竞争性机构的认可。

e 斯奈克玛公司和萨基姆公司于 2005 年 5 月合并为 SAFRAN 公司。

f 欧洲航空防务与空间公司将所持的 TDA 武器装备公司 50%的股份卖给了泰利斯公司，这样泰利斯控制了 TDA 公司所有的股份。

g 蒂森克虏伯工业技术公司持有阿特拉斯电子公司 60%的股份，欧洲航空防务与空间公司持有 40%。

h Chelton 微波公司是 Chelton 集团的成员，Chelton 集团是英国航空与国防公司科巴姆的一部分。

i 欧洲航空防务与空间公司通过其北美的子公司 EADS 北美，收购了 Talon 仪器公司。

j 奎奈蒂克通过由其全面控股的北美子公司福斯特—米勒公司，收购了规划系统公司。

k VT 集团通过其美国子公司 VT 格里芬服务，收购了丘比公司。

l 洛克希德·马丁公司（美国）的子公司洛克希德·马丁英国控股有限公司，收购了 INSYS 集团有限公司。

资料来源：SIPRI 关于军火工业合并和收购文档。

（何毅丹 译）

附录 9C 俄罗斯军火工业的发展情况

朱丽安·库珀

一、导言

十五年前，苏联庞大军火工业的规模开始收缩，先是产量和职工人数的缩减，然后是生产企业和科研设施数目的减少。自从 1991 年苏联解体后，俄罗斯负责管理和监督军火工业部门的行政机构发生了不断的有时是深刻的变化。一段时间以来，俄罗斯军工生产越来越依赖出口定单，因为满足俄国武装部队需求的国内采购量仅是很小的一部分。自 2000 年弗拉基米尔·普京当选俄罗斯总统以来，军工生产有了一定程度的恢复，用于军购、研究和开发的资金也快速增加。然而，这种资金拨款的增加并不能使武装部队获得的新式武器数量同步增加。此等事态发展的主要因素还在于经济的状态。尽管石油和天然气的出口获得巨大收入，而且普京执政以来国内生产总值（GDP）年平均增长率达到约 7%，[1] 但俄经济一直虚弱。过去十年间，俄政府并不想通过增加国防费占 GDP 的比例而使经济增长处于危险状态。俄罗斯军火工业近 15 年的资源匮乏，使之现在正面临一些极为严重的结构性问题，因而进一步的紧缩目前几乎是不可避免的。

表 9C.1 展现了俄罗斯军火工业在苏联最后几年至 2004 年期间的总体发展趋势。从该表中可以看出，该工业经历了非常巨大的萎缩，在经济整体中的作用，无论以工业就业人数还是产品总量来衡量，都缩减了相当的程度。自 20 世纪 90 年代，工业方面的劳工总数

〔1〕 俄罗斯国家统计局，“国内生产总值真正生产量的作用”，URL〈http://www.gks.ru/bgd/free/b01—19/IssWWW.exe/Stg/d000/i000040r.htm〉。

一直处于无可奈何的缩减过程中，而留岗人员的平均年龄继续增高，现在是 54 岁。研究机构中人员的平均年龄甚至更高，达 57 岁，而且 90%的人员年龄超过 50 岁〔2〕。军火工业无能力雇佣新工人的一个主要原因是对技术要求高和负责任的工作没有足够的报酬。在苏联时代，军事部门提供了最好的就业机会和优厚待遇。今天，尽管工资额已经从 90 年代中期极低的工资中有所恢复，但还是远低于整个工业部门的平均工资。

表 9C.1 1990—2004 年间苏联和俄罗斯的军事经济

	苏 联	俄罗斯联邦		
	1990	**1990—1992**	**90 年代中期**	**2004**
军火工业雇员：[a]	7840000[b]	4889000[b]	2663000[b]	1800000
工业部门人员	6425000	3990000	2107000	1340000
研发部门人员	1415000	880000	550000	452000
军工就业人员占经济领域就业人员总数中的比例（%）	*6.7*	*6.8*	*4.0*	*2.7*
军工就业人员占工业就业人员总数中的比例（%）	*17.8*	*18.7*	*12.9*	*9.5*
军工就业人员平均年龄（岁数）	..	39[c]	..	54
军工就业人员平均月薪占工业平均月薪比例（%）	97[d]	85[e]	59[f]	78
对军工的投资指数（1992 = 100）	..	100[g]	7.5[g]	15.5[g]
对国防工业投资占预算的比例(%)	..	55.5	20.0	14.2
军工产量指数（1991 = 100）：	..	100[e]	20.1[h]	52.5
军用	..	100	13.9	40.5
民用	..	100	28.5	65.7
军工产量占工业总产量比例（%）	12[i]	8.4[i]	7.7[i]	5.8[i]

〔2〕 V. 苏洛维耶夫，与 V. 伊凡诺夫合写："2002 年至 2006 年的国家的武器装备规划失败了"，《独立报军事观察》，2005 年 7 月 29 日，URL 〈http: //nvo. ng. ru/wars/2005—07—29/〉。俄罗斯的退休年龄：男人 60 岁，女人 55 岁。

	苏 联	俄罗斯联邦		
	1990	1990—1992	90 年代中期	2004
军用产品占工业总产品比例（%）	6[i]	3.2[i]	2.2[i]	3.4[i]
生产设备比例：				
使用 10 年之内（%）	63	..	..	25[j]
使用超过 15/20 年（%）	16[k]	..	..	30[j l]
生产能力的利用（%）	..	64[m]	15.7[m]	31.2[m]
军火出口[n]（百万美元）	16000	4800	3050	5770
占出口总额的比例（%）	17.6	9.4	3.0	3.2
占军用产品出口总额的比例（%）	..	～20[o]	35—40[o]	74.6[o]
军事代表人数	130000[p]	..	..	24000

注：

这张表是根据不同资料来源绘制的，有关数据往往不可靠。这里提供该表是为了显示 1990 年以来发展的总体趋势。

a 俄罗斯联邦就业总人数是指除了核工业外的军火工业就业人数。在某些情况下，总人数包括几千名“其他”就业人员。

b 这些数字分别是 1988 年、1992 年和 1996 年 9 月的数字。

c 这个数字是 1990 年的。

d 1985 年所占的比例是 105%。

e 这个数字是 1991 年的。

f 这个数字是 1995 年 6 月的，那时达到最低点。

g 这些数字分别是 1992 年、1997 年和 2002 年的。

h 这个数字是 1997 年的。

i 这些数字分别是 1990 年、1991 年、1993 年和 2003 年的。

j 这个数字是 2001 年的。

k 这个数字是使用 15 年以上的设备。

l 这个数字是使用 20 年以上的设备。

m 这些数字分别是 1993 年、1997 年和 2003 的。

n 这些数字是苏联/俄罗斯的官方数字。

o 这些数字分别是 1993—1994 年、1995—1996 年和 2003 年的。

p 这个数字的年份不详。这是苏联时期达到的最大数字。

资料来源：1988 的就业情况：V. E. 格宁（编辑），俄罗斯防务转轨剖析［Vega 出版社：Walnut Creek（核桃溪），加利福尼亚，2001 年］，第 58 页；国际劳工办公室，“裁军与就业计划”，工作文件第 16 号，日内瓦，1990 年 3 月，第 12 页；利用《莫斯科新闻》1992 年第 7 号第 7 页提供的 1991 年份额比例计算出的工业、研

究与开发情况；1992 年：1994 年 2 月 1 日《今天》；1996 年：军事—工业综合体电讯信息网络（TS－VPK），1997 年 11 月，URL〈http：//server. vpk. ru/www－vpk/reports/〉；2004 年：利用 2000 年估计数据与 2000—2004 年间已知的衰退数字计算；通过军事—工业综合体电讯信息网络计算的 2000 年数字，URL〈http：//ia. vpk. ru/vpkrus/kadri/〉，以及通过使用 2000 年公布的航空与造船工业就业数字，军事—工业综合体电讯信息网络，URL〈http：//i. vpk. ru/vpkrus/otrasli〉，和 2002 年 1 月 12 日《红星报》，URL〈http：//www. redstar. ru/2002/01/12 _ 01/〉，2003 年《问题预测》第 6 号第 72 页表述的 2000—2004 年间的衰减情况，以及俄罗斯联邦政府经济联合中心，2005 第 1 号，第 63 页；工业、研究与开发状况，使用 2003 年资料，军事—工业综合体电讯信息网络，俄罗斯军事工业综合体 2003 年的机构指标（军事—工业综合体电讯信息网络：莫斯科，2005 年），URL〈http：//ia. vpk. ru/localfonds/vpk struct _ demo/2003/〉；1988 年就业总人数与工业就业总人数的比例份额：苏联国家统计局，1990 年的苏联国民经济，（财政与统计：莫斯科，1991 年），第 100 页；1992，2004 年：俄罗斯联邦统计局，URL〈http：//www. gks. ru/bgd/regl/brus05/IswPrx. dll/Stg/06－03. htm〉；1996：俄罗斯联邦统计局，《2000 年俄罗斯统计年鉴》（俄罗斯联邦统计局：莫斯科，2001 年），第 112 页；1990 年的平均年龄：军事—工业综合体电讯信息网络，《2000 年军事工业综合体的干部潜力》，URL〈http：//ia. vpk. ru/sbornik _ 2000/kadri/kadri. htm〉；2004 年：B. 索洛维耶夫和 B. 伊凡诺夫，[2002—2006 年间国家军备计划失败了]，《独立军事观察》，2005 年 7 月 29 日，URL〈http：//nvo. ng. ru/wars/2005－07－29/〉；1985 年、1990 年平均月薪占工业部门平均工资的百分比：《经济与兑换问题》，1991 年第 4 号，第 95 页；1991 年：《共青团真理报》1993 年 4 月 14 日；1995 年：《红星报》，1995 年 9 月 23 日；2004 年：俄罗斯联邦政府经济联合中心，2005 年第 1 号，第 63 页；投资指数：军事—工业综合体电讯信息网络，《俄罗斯军事工业综合体：2002 年机构指数》（如上）；1992 年、1997 年预算支持的投资所占份额：军事—工业综合体电讯信息网络，2003 年 1 月 25 日，URL〈http：//i. vpk. ru/fin/〉；2002 年：军事—工业综合体电讯信息网络，《俄罗斯军事工业综合体：2002 年机构指数》（如上）；1991 年、1997 年的产出指数：过渡时期经济研究所，2001 年俄罗斯的经济：趋势与前景（过渡时期经济研究所：莫斯科，2002 年 3 月），第 2.7 节；2004 年：俄罗斯联邦政府经济联合中心：俄罗斯：经济走势中的各种问题（俄罗斯联邦政府经济联合中心：莫斯科，2000—2005 年）；1990 年军火工业产出占工业产出的比例与军事份额：《独立报》，1991 年 10 月 9 日，第 4 页和苏联国家统计局，1990 年的苏联国民经济．（如上），第 5 页；以及《消息报》，1991 年 10 月 17 日，第 2 页；1991 年：从 2001 年公布的比例份额计算，军事—工业综合体电讯信息网络，《俄罗斯军事工业综合体：2001 年的机构指数》（如上）；1993 年：英国广播公司（BBC），世界广播总结，SU/2154 S1/6，1994 年 11 月 16 日；2003 年：

军事—工业综合体电讯信息网络，《军事—工业综合体：2003 年的机构指数》（如上）；1990 年生产设备的年龄：格宁编辑（如上），第 60 页；2001 年：军事—工业综合体电讯信息网络，2001 年俄罗斯军事工业综合体的生产潜力，URL 〈http：//ia. vpk. ru/sbornik _ 2001/proizvodst/page _ 5 _ 3. htm〉；1993 年生产能力的利用：俄罗斯联邦政府经济联合中心，1998 年第 1 号，第 134 页 ；1997 年、2003 年：军事—工业综合体电讯信息网络，《俄罗斯军事工业综合体：2002 年的机构指数》（如上）1990 年的武器出口：《实业家》，1999 年第 3 号，第 32 页；1991 年：军事—工业综合体电讯信息网络，2004 年 4 月 6 日，URL 〈http：//www. vpk—news. ru/〉；1995 年：《侧影》，2004 年第 4 号，第 82—88 页（CAST 资料）；2004 年：塔斯新闻社，2005 年 6 月 15 日；1990 年出口总量的份额：《俄罗斯经济杂志》，1993 年第 1 号，第 58 页；1991 年：俄罗斯国家统计局，《1994 年俄罗斯统计年鉴》（俄罗斯国家统计局：莫斯科，1995 年），第 421 页；1995 年、2004 年：俄罗斯国家统计局，URL 〈http：/www. gks. ru/bgd/regl/brus05/IswPrx. dll/Stg/25－03. htm〉；1993—1994 年、1995—1996 年间军工产品出口总额的份额比例：《金融，1999 年第 9 号，第 4 页；2003 年：军事—工业综合体电讯信息网络，URL 〈http：//ts. vpk. ru/〉，2004 年 1 月 23 日；军事代表的数量，顶峰：A. 巴布金，军方接货泄露天机，《独立军事观察》，2005 年 7 月 29 日，URL 〈http：//nvo. ng. ru/armaments/2005－07－29/1 _ secret. html〉；2004 年：地区间信息技术基金会（MFIT），实体观察，军事工业综合体，第 23 号（2004 年 6 月 4—11 日），URLhttp：//www. mfit. ru/defensive/obzor/ob11－06－04－1. html/。

尽管过去五年由于出口赚汇的支持在很大程度上使得生产设备利用率的恢复有所回升，但机器确实老化陈旧了，很难达到今日的质量标准。根据俄罗斯工业与能源部国防工业综合体局的信息来源表明，军火工业 70％的基础资产是破损的。[3] 过去军火工业的投资来自国家预算，但今日预算资源仅占全部投资的 15％。关于苏联时期生产能力利用率的数据现在没有，但毫无疑问，那会比现在高很多，因为当前的水平只是 1993 年的一半。由于企业的大量能力没能被充分利用，企业经常性开支很高，用于武器生产的资源受到限制，因此单位产品的成本急剧上升。军火工业部门的许多企业经历了严重的财政困难。2003 年，军火工业 35％的企业和超过 10％的武器研发机构亏

〔3〕 信息技术跨地区基金会：“军事工业综合体：现状与前景”大众传媒资料第 32 号（2005 年 8 月 20—26 日）URL 〈http：//www. mfit. ru/defensive/obzor/ob26－08－05－1. html＃03〉。

损，而90%的企业被列入官方的破产程序。〔4〕军火工业的产出自1999年开始回升，但还是远低于1991年的水平，更低于苏联1987—1988年的高峰生产期。然而，军品出口迄今显示可观的增长，因此也就使俄罗斯军火工业中将来起重要作用的关键设施保留了下来。〔5〕

表 9C.2 1991—2004 年间俄罗斯军火工业行政管理机构

年 份	机 构
1991	苏联 9 个军火工业部，包括核力量与工业部（核武器）
1991—1992	工业部（各国防工业局）；Minatom[a]
1992—1993	俄罗斯国防工业委员会 Roskomoboronprom[b]；Minatom[a]
1993—1996	国家国防工业委员会 Goskomoboronprom[c]；Minatom[a]
1996—1997	国防工业部 Minoboronprom[d]；Minatom[a]
1997—1998	经济部 Minekonomiki[e]；Minatom[a]
1999—2004	两级制度：经济部 Minekonomiki[e]；后来为工业与科学部 Minpromnauki[f] 加 5 个署（航空，常规武器，弹药，造船与控制系统）；Minatom[a]
2004—	两级制度：工业与能源部 Minpromenergo[g] 加两个联邦署，联邦工业署 Rosprom[h] 和联帮航天署 Roskosmos[i]；Rosatom[j]

a Minatom 是原子能部。

b Roskomoboronprom 是俄罗斯国防工业委员会。

c Goskomoboronprom 是国家国防工业委员会。

d Minoboronprom 是国防工业部

e Minekonomiki 是经营部。

f Minpromnauki 是工业与科学部。

g Minpromenergo 是工业与能源部。

h Rosprom 是联邦工业署。

i Poskosmos 是联邦航天署。

j Rosatom 是联邦原子能署。

资料来源：V. M. 布林诺克，G. V. 巴布金和 A. A. 科森科，“国防工业综合林：发展现状与前景”，《军事思想》，2005 年，第 6 号，第 36 页。

〔4〕 俄罗斯军事工业综合体电讯信息网，俄罗斯军事工业综合体：2003 年的结构指标（俄罗斯军事工业综合体电讯信息网：莫斯科，2005 年），URL 〈http: //ia. vpk. ru/localfonds/vpk _ struct _ demo/2003/〉，第 8.1 节。

〔5〕 参见本文第 10 章。

武装部队国内的军备采购量呈现了相当大的削减。显示这一削减的一个非直接指标就是国防部派驻企业监督执行定货合同的军代表的数量。俄罗斯 1991 年军代表的确切数字并不清楚，但至少应该是 90000 名，也就是说，苏联军代表总数 130000 名的 75%。而目前军代表的数量却只保留了那时的四分之一多一点。[6]

导致俄罗斯军火工业缩减的主要因素可以很容易地确定。最重要的是与严重经济衰退相联系的后共产党时期的经济转轨，这对政府的开支造成了巨大压力。还有就是由于 20 世纪 90 年代初期大规模私有化的快速进程，导致机构的巨大变动。由于俄罗斯武装部队的规模缩小以及对安全重点的重新评估，因而军事需求发生了变化。俄罗斯政府虽曾多次力图实施旨在重新构建军火工业的政策，以满足新的需要，但这些创意收效甚微。资金不足起到了相当大的影响，另外由于负责军火工业的管理机构经常性的变动，政府的行政管理能力更加受到限制。行政管理能力的削弱导致中央控制不断弱化。

自 1991 年以来，政府管理军火工业的行政管理机构进行了不断的改革。主要改革内容在表 9C.2 中显示。几乎每次改变机构的结果都会是涉及军事部门的政府官员数目的减少，而这种不断的重新改组行动使得实行一项连贯一致的国家政策变得更为复杂化了。政府中有一个重要的部进行的改变相对较少，它可能是决定俄罗斯军火工业命运唯一最重要的角色，那就是财政部。由于历届总统和总理的支持，财政部十几年来对防务和武器订购方面的开支一直进行非常严格的限制。

二、今日俄罗斯军火工业及其管理

2004 年 3 月任命米卡伊尔·伏拉德克夫为总理后，俄罗斯政府进行了重新改组，军火工业的行政管理机构经历了又一次改变。1999 年以来负责监督管理军火工业的五个署被取消，大部分的国有企业则

〔6〕 参见表 10C.1。俄罗斯相当于苏联军火工业产出的 70%，军事研究与发展的 90%。《工程报》，第 51 期（1992 年 4 月）。

转入一个新的联邦工业署。这个在鲍利斯·阿里奥欣领导之下新成立的署，负责监管俄罗斯几乎所有工业部门，军事部门仅是其庞大范围的一部分。具有 495 名工作人员的署内各部门，是军火工业的主要分支机构。它们来自原来的五个署，有些职工也往往是同一些人。联邦工业署附属于工业与能源部，领导人是维克特·克利斯腾克，其防务工业综合体部由原航空航天署署长尤里·科普特夫领导。工业与能源部有职工 920 名，负责军火工业的政策制定，实施则由联邦工业署负责。[7] 另外，有一个分立的联邦航天署，有职工 210 名，由具有军事背景的阿纳托里·佩尔米诺夫领导，负责航天和导弹工业的企业与研发机构。[8] 原来的原子能部，现已经改变为低一级的联邦原子能署，由阿列克桑德尔·茹米扬切夫领导，有职工 500 名。联邦原子能署继续负责开发和生产核弹头和各种装置。[9] 与核武器工业有关的有两个司由联邦原子能署副署长伊凡·卡门斯基科负责管理。[10] 联邦航天署和联邦原子能署都直接对总理负责。

这些变化意味着负责军火工业的政府官员人数处于新低。在苏联时期，九个军火工业部可能拥有 10000 人，今天相对应的人数仅仅是 500 稍多一点。自从采用了这些新的行政管理安排，就不断有人抱怨说国家有效地失掉了对军火工业的控制；据说各署的人员编制都不足，工业与能源部和联邦工业署对各自的职责都不清楚。[11]

另外，在格尔曼·格列夫领导下的经济发展与贸易部保留了数项重要军事经济活动的职能，包括战争爆发后进行动员的系统，以及制

〔7〕 工业与能源部，新闻项目，2005 年 10 月 10 日，URL〈http://www.minprom.gov.ru/〉。

〔8〕 联邦航天署，新闻项目，2005 年 10 月 10 日，URL〈http://www.roscosmos.ru/〉。

〔9〕 核工业界许多人对这种降级极为不满。俄罗斯主要核武器中心萨洛夫实验物理研究所的一位领导人谢尔盖·波列日昆呼吁尽快恢复部级地位。持此观点者并非他一人。他还要求继续进行核试验。波列日昆："俄罗斯独立的基石"，军事工业综合体，2005 年 8 月 24—30 日，URL：〈http://www.vpk—news.ru/article.asp?pr_sign=archive.2005.98.articles.weapon_02〉 2005 年 11 月，茹米扬切夫被谢尔盖·基里延科所取代，他在 1998 年担任了几个月的总理。

〔10〕 联邦原子能署，新闻项目，2005 年 10 月 10 日，URL〈http://www.minatom.ru/〉。

〔11〕 当 2004 年行政管理机构改革导致军火工业管理瘫痪，阿里奥欣受到质问时，他否认了。但他确实承认改革制造了困难。他认为，困难之所以产生主要是参与的人员太少。A. 尼科尔斯基，人物专栏。采访：联邦工业署领导人鲍利斯·阿里奥欣，《新闻报》，2005 年 7 月 19 日。

订与实施年度国家防务定货以便进行武器的开发与订购。在经济发展与贸易部内有防务安全规划经济局，职工 194 人，由现役军官伏拉基米尔·普提林领导，他直接对格列夫负责。〔12〕国防部下设有联邦军事技术合作署，由米哈伊尔·基米特里耶夫领导；负责国家防务订购的联邦机构由前军火出口公司负责人安德列·贝利亚尼诺夫领导；还有联邦技术与出口管制署。负责国家防务订购的联邦机构从事常规武器及其他军事器材的订购，监督竞标者，对质量管理与控制起着越来越大的作用。

联邦工业署和联邦航天署现在负责监督管理军火工业所有企业和研发机构，此项任务以前是由五个署负责的；尽管缺少详细的资料，这两个署负责的设施数目似乎差不多。〔13〕然而，并非所有设施都用于军工生产，时间一长就逐渐出现向民用生产转型现象。联邦工业署和联邦航天署现在更注重一批直接从事与武器工作有关的军工企业和机构。这些直接从事武器开发、生产、试验、维修的企业和机构已经列入总的设施登记表中，该表的最新版本是 2004 年 9 月得到批准的。其细节参见表 9C.3。

表 9C.3　2005 年俄罗斯军事工业综合体登记注册的企业和组织机构的数目

部门	全体	财产形式		活动类型		
		国有	合股公司[a]	生产	研发	其他[b]
国防工业[c]：	933	404	529	492	412	29
航空	191	38	153	104	77	10
航天和导弹	97	72	25	34	58	5
装备	101	44	57	48	49	4
弹药	104	83	21	63	34	7

〔12〕经济发展与贸易部，新闻项目，2005 年 10 月 10 日，URL〈http://www.economy.gov.ru/〉。

〔13〕2003 年，在 5 个署下有 1487 个企业和组织机构，还有 24 个被认为是军火工业的一部分，归属于工业、科学和技术部。军事工业综合体电讯信息网（同注释［4］），第 1.1 节。

部门	全体	财产形式		活动类型		
		国有	合股公司[a]	生产	研发	其他[b]
造船	112	49	63	72	39	1
无线电[d]	135	41	94	63	71	1
通讯	92	45	47	44	47	1
电子	96	27	69	62	34	0
"特殊用途"[e]	5	5	0	2	3	0
核工业[f]	63	53	10	27	27	9
国防部[g]	190	190	0	141	30	19
民用工业[ch]	55	24	31	33	16	6
总计	**1241**	**671**	**570**	**693**	**485**	**63**

a 一些合股公司由国家控股。

b"其他"活动是指测试设施、训练中心、信息机构和工业设备设计中心。

c"国防工业"和"民用工业"部门包括附属于或被联邦工业署与联邦航天署这两个联邦署监管的企业和组织机构。

d"无线电"部门包括防空与雷达系统。

e 一些跨分支企业和研究单位被定名为"特殊用途"。

f"核工业部门"包括附属于或者受到联邦原子能署监管的企业和组织机构。

g 这一部分包括如果不是全部也是大部分国防部所属的企业和组织机构，包括与武器没有直接关系的企业和机构，例如制图、食品供应和基建。

h"民用工业"部分主要包括军用车辆、电器设备、仪表、化学用品和材料。

资料来源：军事工业综合体电讯信息网，"俄罗斯军事工业综合体企业注册'展示版'"，2005年6月29日，1. S式，URL〈http：//ia. vpk. ru/localfonds/reestr _ demo/enterprises/forms/form _ 1 _ s. htm〉。2004年9月俄罗斯联邦工业与能源部批准该注册。到2005年10月，该注册包含1279家组织。

2005年11月，军火工业的行政管理机构安排出现了出人预料的变化：谢尔盖·伊凡诺夫在保留国防部长职务的同时，被任命为副总理，负责监管军火工业及其与武装部队的关系。有传说认为伊凡诺夫将取代伏拉德科夫，担任政府军事与工业问题委员会主席。该委员会负责考虑武器工业面临的政策问题，但极少开会。然而，这一传说的事情没有发生。[14] 2006 年 3 月，事情有了实质性进展：普京批准了组建俄罗斯政府的军事—工业委员会，伊凡诺夫被任命为主席同时还保留其他职务，但该委员会的日常领导工作则由第一副主席伏拉基斯拉夫·普提林负责。如前所述，普提林此前一直负责经济发展和贸易部的军事经济活动。军事—工业委员会将是一个常设机构，监管武器工业的全面发展、动员系统和为出口定单生产武器。[15] 在本文撰写之际，政府还没有批准军事—工业委员会的职权范围与人员编制，但看起来该委员会将具有超过政府部门的权威，类似苏联时期相对应、同名称的部门。

2001 年，俄罗斯政府通过了 2002 年至 2006 年国防工业综合体的改革与发展规划。[16] 在称之为以纵向综合控股公司为形式的“综合机构”的基础上，重组军火工业雄心勃勃的计划这就开始了。按照原来的计划，需要创建 70 多个这样的机构，但实施过程非常缓慢。实际已创建的机构数目说法不一，仅有 3—5 个。[17] 障碍是很多的，包括私有公司与国有公司的冲突，与地区当局的争议，原来监管军火工业各署的弱点，对所需要设立机构的类型不明确，等等。联邦工业署领导人阿里奥欣是主张创建法人团体机构的主要人物。他说，当 2002 年开始实施该计划时，曾同意设立纵向联合机构，但即使在那个时候，他和其他人认为横向联合控股公司是更可取的。[18] 现在阿里奥欣是至今主张建立最雄心勃勃的法人团体机构——联合飞机公司

---

〔14〕 N. 彼得洛夫，“军事—工业委员会有超级院外游说家”，国家网，2005 年 11 月 16 日，URL〈http：//www. strana. ru/stories/02/11/14/3206/265199. html〉。

〔15〕 俄罗斯联邦，总统令第 231 号，2006 年 3 月 20 日，URL〈http：//document. kremlin. ru/doc. asp? ID=032784〉。

〔16〕 联邦特别目标规划，“‘改革与发展国防工业综合体’规划（2002—2006 年）”，2001 年，URL〈http：//www. programs-gov. ru/cgi-bin/index. cgi? prg=125〉。

〔17〕 根据工业与能源部的伊格尔·加利瓦德斯基提供的信息，在 2002—2004 年期间待创建的 75 个综合机构，只有 3 个是创建的“完整形式”的机构。A. 巴巴金，“国防—工业综合体：危机还是康复”，《独立军事观察》，2005 年 7 月 22 日，URL〈http：//nvo. ng. ru/armament/2005-07-22/〉。另据报道，需要在 2002—2004 年期间创建的 40 个机构，2005 年仅存在 5 个。E. 萨玛洛娃，“急行军：国防工业综合体的发展战略需要快速度”，俄罗斯工业能源部，2005 年 10 月 25 日，URL〈http：//www. minprom. gov. ru/activity/defence/pub/0/〉。

〔18〕 尼科尔斯基（同注释［11］）。

的主要倡导者，计划将全国建造军用和民用固定翼飞机的各主要公司与主要设计局集中到一起。预计国家将在初始阶段掌握控股公司股份的 75%，但这一比例以后会减少到 51%。[19] 这个项目由于面对的是强大的既得利益，现在证明实现起来是困难的。这还会给一些准备要吸纳的私有公司造成困难。其中，至少伊尔库特公司是如此，该公司是全俄罗斯飞机制造业者最为成功的一个，欧洲航空防务和航天公司对其有着积极的参与并在 2005 年末获得了 10%的所有权股份。[20] 另外一个正在创建的合股公司是由国有军火出口公司的合股投资公司领导的直升机的生产项目。据国有军火出口公司总经理谢尔盖·切莫佐夫称，国家出口公司现计划在军火工业所有新建的合股公司中掌控所有权股份。[21] 他认为，为了保证从时间和质量上成功完成出口定货任务，这种参与是必要的。[22]

创建新的合股公司的意图是保持至少 51%的国家所有权股份。[23] 这似乎反映出国家必须保持对军火工业各公司的控制这样一种日渐增长的决心，因为军火工业被认为是国家安全的关键部门。2004 年，组成军火工业的 1462 个公司中，594 个是完全国有的，74 个是国家控股 50%—99%，177 个由国家控股 25%—49%，其余 617 个公司中国家股份少于 25%。[24] 根据位于莫斯科的战略和技术分析中心分析，2004 年销售量最大的 20 家军火公司总收入为 85.29 亿美元，其中不少于 71%（60.70 亿美元）的份额被纯国有公司所赚得，

〔19〕 军事工业综合体电讯信息网，2005 年 10 月 18 日，URL〈http：//ia. vpk. ru/〉。

〔20〕 欧洲航空防务和外空公司支付 6500 多万美元获取伊尔库特 10%的控股权。“欧洲航空航天公司已经获取伊尔库特 10%控股权，将对俄罗斯民用航空公司施加压力”。开放经济，2005 年 12 月 19 日，URL〈http：//www. opec. ru/news _ doc. asp? d _ no=59099〉。

〔21〕 军事工业综合体电讯信息网，2005 年 8 月 19 日，URL〈http：//ia. vpk. ru/〉。

〔22〕 O. 格尔采夫，“国家出口公司的五年：成就与前景”，军事工业综合体电讯信息网 2005 年 10 月 26 日—11 月 1 日，URL〈ttp：//www. vpk－news. ru/article. asp? pr _ sign=archive. 2005. 107. articles. company _ 01〉。

〔23〕 A. 勒伊斯，俄罗斯工业与能源部副部长，由军事工业综合体电讯信息网援引他的话，2005 年 11 月 14 日，URL〈http：//ia. vpk. ru/〉。

〔24〕 这 1462 个企业是原来在五个署和工业、科学与技术部领导下的企业，战略和技术分析中心，“俄罗斯国防工业的所有制结构”，《莫斯科防务简讯》，第 2 期，2005 年，URL〈http：//mdb. cast. ru/mdb/2－2005/facts/owner/〉。

而 2002 年相应的比例份额是 59％。[25]

表 9C.4　1991—2004 年间俄罗斯军火工业的产出、就业和投资

提供的数字是指数，产出和就业以 1991 年为 100，投资以 1992 年为 100，所有数据均以不变价格计算。

	1991	1992	1993	1994	1995	1996	1997	1998	1999	2000	2001	2002	2003	2004	2005
产出	**100**	**78.7**	**63.6**	**39.1**	**31.4**	**23.1**	**20.1**	**21.7**	**28.8**	**36.1**	**37.8**	**43.8**	**50.9**	**52.2**	**54.1**
军用	100	62.6	49.3	30.3	25.1	18.8	13.9	16.6	22.7	29.4	29.1	35.8	42.4	40.5	43.1
民用	100	96.4	82.9	51.0	39.9	28.9	28.5	28.3	36.4	43.8	49.0	51.7	58.6	65.7	64.2
就业	100	90.3	77.1	64.9	54.5	46.9	41.0	36.0	33.4	34.1	33.5	31.8	30.7	29.4	..
投资	—	100	53.1	28.3	16.2	11.3	7.5	7.0	8.9	11.7	15.3	15.5	..	..	..

资料来源： 1991—2000 年间全部、军用和民用的产出：军事工业综合体电讯信息网（TS—VPK）资料，登载在过渡时期经济研究所《2001 年俄罗斯的经济：趋势与前景》（过渡时期经济研究所：莫斯科，2002 年 3 月），第 2.7 节；2005 年：《关于俄罗斯联邦 2005 年社会经济发展的结果与俄罗斯联邦政府 2006 年经济政策的任务》，（经济发展与贸易部：莫斯科，2006 年 2 月 22 日）URL〈http：//www.economy.gov.ru/wps/portal/law/docmert〉，第 149 页；2001—2004 年间全部和民用产出：俄罗斯联邦政府经济联合中心（TsEK）：各种问题（俄罗斯联邦政府经济联合中心：莫斯科，2000—2005 年）；2001—2004 年间军用产出：根据全部和民用产出资料，每年使用的民用与军用之比为 40：60 计算出（基于俄罗斯联邦政府经济联合中心和俄罗斯经济发展与贸易部资料，显示民用产出在全部产出中波动于 37％—42％之间）；1992—2002 年间的就业："俄罗斯军事工业综合体：2002 年机制性指标"（军事工业综合体电讯信息网：莫斯科，2005 年），URL〈http：//ia.vpk.ru/localfonds/vpk _ struct _ demo/2002/〉，第 5.1 节；2002—2004 年间的就业：俄罗斯联邦政府经济联合中心，俄语资料，2005 年第 1 期，第 63 页；1992—2002 年间的投资："俄罗斯军事工业综合体：2002 年机制性指标"（军事工业综合体电讯信息网：莫斯科，2005 年）URL〈http：//ia.vpk.ru/localfonds/vpk _ struct _ demo/2002/〉，第 8.1 节。

三、军火工业的产出

自 20 世纪 90 年代初期，关于俄罗斯武器工业的产出情况有两个主要的信息来源：军事工业综合体电讯信息网，即军火工业的信息局

〔25〕 战略和技术分析中心（同注释［24］）。

(TS—VPK)；和俄罗斯联邦政府经济联合中心（TsEK)。这两个信息系列一直是比较稳定的，但哪一个机构也没有提供使用固定价格数据的方法所显示的信息。使用何种计价的通货紧缩比率，尚不得而知。然而，鉴于联邦国家统计局公布的民用工业个体部门生产价格的信息，军火工业每一分支很可能也产生类似的价格系列。近几年，接触军事工业电讯信息网的信息受到限制；这些信息只提供给信息订户，这种变化看来是有意设计的，即限制外国人接近，至少部分原因是如此。至于俄罗斯联邦政府经济联合中心的资料，自 2001 年以来只提供了全部和民用生产的信息。要想估计军事产出的趋势，必须使用零碎的和经常不一致的军、民控股比例的资料进行。表 9C.4 中所列的数据，可以认为是从这些资料中得出的相对连贯和准确的信息。

自 1998 年俄罗斯金融危机以来，俄经济已经得到恢复，而且从 2000 年之后以大约 7%的年平均增长率增长。[26] 军火工业的产出也得到恢复，但各部门之间还有相当的差异。1999—2004 年间军火工业（军、民）总产出增加了 80%多。最快速的增长表现在造船工业，因受到中国和印度定货的刺激而增长了 150%，还有无线电工业增长了 140%。1999—2004 年间增长最少的是弹药工业，增长了 20%，现在正处于严重的危机之中。而航空工业增长 70%，航天和导弹工业增长 60%。[27] 然而，正如前面所说，就业率在持续下降，而投资比产出和就业跌落的更厉害，2002 年才略有恢复，这极大地限制了严重受损的军火工业生产基础复苏的可能性。

四、俄罗斯的武器采购

俄罗斯军方领导已经习惯于看到军火工业最新产品大量销售到国外，而同样的武器很少交给国内部队使用，如果有的话也很少。相反，俄罗斯军方只好依靠苏联时期日渐缩小的库存装备。如前所述，自普京成为总统以来，采购武器的资金迅速增加，但实际到达部队的新式武器的数量仅略有增加。这种事态已经成为人们热烈争论的问题。

〔26〕 俄罗斯联邦统计局（同注释［1］)。

〔27〕 俄罗斯联邦政府经济联合中心，“俄罗斯：经济的关键，各种问题”（俄罗斯联邦政府经济联合中心：莫斯科，2000—2005 年间)。

国内武器采购、与军事相关的研究与开发、武器及其他军事装备的维修与现代化，都是在每年一度的国家防务定货的框架内进行的。在每年联邦预算通过后不久，这要由政府和总统批准。国家防务定货单的制订是在国家武器装备规划的基础上进行的。国家武器装备规划是一份涵盖十年期的文件，只是前五年的规划是详细制订的。国家武器装备规划由国防部同国防部之外的其他武装力量协商之后，并在军事—工业委员会提供的经济预报的基础上，再加以具体细化。国家武器装备规划制定年度采购规模和研发的目标，制定武装部队每一分支的相应政策和装备计划。第一个规划是苏联 1984 年通过的，涵盖了 1986—1995 年的这一阶段。其后，1991—2000 年期间的规划只是草案，从未实施。在俄罗斯，第一个规划（GPV—2005）涵盖了 1996—2005 年这个阶段由叶利钦总统 1996 年 11 月批准。[28] 这个规划从一开始就存在致命的缺陷：它基于太过于乐观的宏观经济预报，计划支出的防务费用超过国内生产总值的 5%以上。年度国家防务定货几乎立即就背离了规划，不久就放弃了。国防部估计，1996—2000 年间实际采购和研发的开支占“GPV—2005”所计划开支的 23%。[29]

接下来的一个武器装备规划（GPV—2010）是普京总统 2002 年 1 月批准的，显然是基于更为现实的设想。[30] 开支的水平远低于国防部的期望。鉴此，该武器装备规划的重点是研制和开发新式武器、对现有库存武器进行维修和现代化改造，以期在 2006 年之后可以进行批量生产和采购新式武器。[31] 第一个年度的国家防务定货与该武器装备规划（GPV—2010）比较吻合，但国防部现在宣称，大量资

---

〔28〕 A. 莫斯科夫斯基，“对明天的信心”，军火工业信息局，2004 年 3 月 10—16 日，URL 〈http：//www. vpk—news. ru/article. asp? pr _ sign=archive. 2004. 26. articles. weapon _ 01〉。

〔29〕 I. 克罗坚科，“财政部正在计划暂停国防预算”，《独立军事观察》，2003 年 7 月 11 日，URL 〈http：//nvo. ng. ru/armament/2003—07—11/〉；V. M. 布仁诺克，G. V. 巴布金和 A. A. 科森科，“国防工业综合体：发展现状与前景”，《军事思想》，第 6 号，2005 年，第 37—38 页；I. 布拉维诺夫和 I. 萨伏罗诺夫，“新闻：总统规划将装备费定为 21 亿卢布”，《商务日报》，2002 年 1 月 24 日，第 2 页。

〔30〕 布拉维诺夫和萨伏罗诺夫（同注释［29］）。

〔31〕 M. 图尔耶夫“国家防务订购的前景”，武器工业的信息局，2004 年 2 月 12—24 日，URL 〈http：//www. vpk—news. ru/article. asp? pr _ sign=archive. 2004. 23. articles. defence _ 01〉。

金短缺已开始出现。[32] 草拟下一个武器装备规划（GPV—2015）的工作正在进行中，但由于缺少意见一致的长期经济预报而使该项工作的进展受到拖延。新的武器装备规划可望在 2006 年上半年得到批准。[33]

年度国家防务订购的资金与较长期的国家武器装备规划的开支不相适应，这还不是唯一的问题。财政部在设定采购和研发开支水平，以及设定整体防务预算开支时，必须将其计算置于经济发展与贸易部预报的通货膨胀率的基础之上。在设定防务总开支和购置武器的开支时没有特定的计价通货紧缩比率，相反，却使用消费价格指数。现实是，年复一年，国家防务年度定货活动的价格增长率远远超过预报的水平。这显然是不能确保武器购买量大幅增长的一个主要原因。但也还有其他原因。正如联邦工业署前副署长、曾一度负责监管军火工业的伊格尔·加利瓦德斯基所承认的，成本增加还因为是“企业自然地竭力把维持“非工作能力”的费用计入成品价中”。[34] 几乎肯定，这一点不仅适用于军火工业的企业和研发机构，因为那里具有大量未被充分利用的能力，而且国防部下属的维修工厂也是如此，每年国家的防务定货将相当可观一批款项拨给那些工厂。还有迹象说明，为了保留研发机构的人员，一大批毫无价值的研究项目也得到资金赞助。[35] 就这样，原本计划用于武器采购和研发的资金却被部分地用于维持设施，而这些设施规模庞大，超过了国家的维持能力。

20 世纪 90 年代初，资金急剧紧缩，研制和开发单位最为深刻地体验到了削减资金的影响。根据国家武器装备规划“GPV—2010”的优先选项，从 2001 年开始，对研制和开发单位增加了资源的份额。但是现在，如表 9C.5 所显示的趋势是又一次向采购、维修和现代化

〔32〕 地区间信息技术基金会（MFIT），“军事—工业综合体：现状与前景”，根据媒体提供材料的评论，第 23 号（2005 年 6 月 18—24 日），URL〈http://www.mfit.ru/defensive/obzor/ob24－06－05－1.html#o3〉。根据国防部负责装备的领导人阿列克塞·莫斯科伏斯基提供的消息，过去 5 年中资金短缺达到 1600—1700 亿卢布（55—59 亿美元）。

〔33〕 地区间信息技术基金会（同注释［32］）；和军事—工业综合体电讯信息网，2005 年 8 月 12 日，URL〈http://ia.vpk.ru/〉。

〔34〕 巴巴金（同注释［17］）（作者的译文）。

〔35〕 N. 颇罗斯科普，“在俄罗斯现在没有进行真正的军事建设”，《新闻时报》，2005 年 8 月 9 日。

的方向倾斜。[36] 这一趋势可能会威胁到发展规划中当前某些最为优先的项目。已经有迹象表明，由苏霍伊合股公司牵头的第五代战斗机项目因为资金问题将要拖延，使完整的苏霍伊战斗机在 2005 年的出口，如果有的话也很少，这反过来又加剧了资金的紧张。[37] 另一个优先项目是新式潜艇发射的 R—30 "圆锤" 弹道导弹，[38] 该导弹由莫斯科热力技术研究所开发。这个研究所还负责研制陆基白杨—M 洲际弹道导弹。这种导弹现在正以每年 6—7 枚的稳定速度进入现役，也是采购预算的主要部分。[39] 俄罗斯海军计划在 2007 年年底采用这种导弹，但是安装这种导弹的第一艘潜艇还没有建造完毕。[40] 其他优先发展项目包括阿尔马兹—安特伊开发的，预计 2008 年可以使各种型号导弹都可采购的 S—400 凯旋式（Triumf）防空导弹系统；[41] 以及由制造 Tu—160 轰炸机的战术导弹装备公司开发，并于 2005 年试射成功的 X—555 远程非核的巡航导弹。[42]

---

〔36〕 1999—2002 年间年度国家防务订购机构的资料是完整的，但根据国防部的资料来源，2000 年的研发份额仅超过 25%，2001 年则上升到 41%。经济计划和管理科学研究所，1999 年 12 月 28 日，URL 〈http：//www. avias. com/news/〉；和《红星报》，2002 年 2 月 19 日，URL 〈http：//www. redstar. ru/2002/02/19 _ 02/〉，第 1 页。

〔37〕 L. 普罗妮娜，"今年不能提供苏霍伊战机"，《莫斯科时报》，2005 年 10 月 18 日，URL 〈http：//moscowtimes. ru/stories/2005/08/18/051. html〉。斯德哥尔摩国际和平研究所武器转让项目估计，2005 年有 5 架苏—27 战斗机提供给了厄立特里亚。

〔38〕 R—30 的美国编号是 SS－N－30 或 SS－NX－30，这里 X 代表"试验阶段"，因为该导弹还没有进行生产。"圆锤" 的俄罗斯工业代号也称作 3M14。

〔39〕 美国给白杨—M 的代号是 SS—27。R—30 是潜艇发射的白杨—M 版本。2006 年，计划购买 7 枚新式可机动的白杨—M。报导说白杨—M 导弹的价格自 2000 年以来增加了 250%。军事工业综合体电讯信息网，2005 年 9 月 2 日，URLhttp：//ia. vpk. ru/cgi－bin/ia/chronicle/。莫斯科热力技术研究所现在是俄罗斯洲际弹道导弹唯一开发者；而苏联曾有 4 个这样的组织机构。

〔40〕 I. 科得罗夫，"'圆锤'的第一次打击"，军事工业综合体电讯信息网，2005 年 10 月 5—11 日，URL〈http://www. vpk － news. ru/article. asp? pr _ sign ＝ archive. 2005. 104. articles. army _ 01〉。

〔41〕 美国给 S－400 Triumf 的代号是 SA－21 或 SA－X－21。西方的材料有时也称作 SA－20。

〔42〕 地区间信息技术基金会（MFIT），"发展、现代化与装备和武器的测试"，根据媒体提供材料的评论，第 28 号（2005 年 7 月 23—29 日），URL 〈http：//www. mfit. ru/defensive/obzor/ob29－07－05－3. html＃o4〉；和《消息报》，2005 年 10 月 4 日，第 5 页。

表 9C.5 1992—1998 年间和 2003—2006 年间[a] 俄罗斯国防部国家防务定货的计划开支

数字单位是卢布，以当前的价格计。美元数字为 2003 年的不变价格

年份	总支出		采购[b]		研制与开发	
	百万卢布	百万美元	百万卢布	比例（%）	百万卢布	比例（%）
1992[c]	1991	1571	115	60.2	76	39.8
1993[c]	795	1841	570	71.7	225	28.3
1994	10875	10637	8442	77.6	2433	22.4
1995	15211	11250	10275	67.5	4936	32.5
1996	19688	10489	13213	67.1	6475	32.9
1997	35538	7431	20963	59.0	11575	41.0
1998	27848	3660	17048	61.2	10800	38.8
2003	109817.	3578	64331	58.6	45486	41.4
2004	137677	4010	85777	62.3	51900	37.7
2005	187783	5013	127646	66.4	63137	33.6
2006	236700	..	164000	69.3	72700	30.7

a 尚无 1999—2002 年间的相应资料。

b 采购包括修理和现代化。2005 年这些达到 421.15 亿卢布，占总开支的 22.4%。

c 1992 年和 1993 年的通货膨胀率非常高，通过预算时却未计入。

资料来源： 1992—1993："人民代表大会和俄罗斯联邦最高苏维埃的程序"，1993 年第 22 号，第 794 条；和 1992 年第 34 号，第 197942 号；1994—1998，2003："俄罗斯联邦立法法案汇编" 2002 年第 52 号，第 5132 条，附录 32；1998 年第 13 号，第 1464 条；1997 年第 9 号，第 1012 条；1996 年，第 1 号，第 21 条；1995 年，第 14 号，第 1213 条；和 1994 年第 10 号，第 1108 条；2004—2005 年：俄罗斯财政部，联邦预算，URL〈http://www.minfin.ru/budjet/budjet.htm〉；2006：《消息报》，2006 年 1 月 17 日，第 5 页。

五、质量及对外依赖的问题

国防部装备部门的领导和最近才为国家装备定货建立的联邦机构

(Rosoboronzakaz) 已经显示了越来越多的担心：俄罗斯的军火工业越来越不能提供高质量的武器，开发的新式武器系统使用了越来越多的进口部件。大部分企业明显缺乏质量管理系统：只有1％的官方注册企业具有国际质量标准认证书 ISO 9001，如果要想取得出口定货，这种认证越来越必要。〔43〕要获得 ISO 9001 证书需要通过独立的审计，有些企业出于安全原因，就可能不愿意进行这种认证。许多企业宁愿通过国内自愿的机制，特别是通过自 2000 年国防部开办的军事注册系统、1994 年前国防工业国家委员会设立的 Oboronsertifika 系统，以及通过俄罗斯注册认证协会获取质量管理证书。〔44〕许多企业自 20 世纪 90 年代产出下降以来，似乎已经停止质量管理系统。质量问题曾于 2005 年 2 月在顿河城市罗斯托夫举行的军火工业和国防部的大会上讨论过。据俄罗斯武装部队装备部副部长阿列克桑德尔·拉科马诺夫称，军火工业企业产品的 21％被拒绝接受：9％系被企业自己的质量管理系统所拒，另 12％是被国防部的军代表拒绝的。〔45〕国防部的不满是国防部长伊凡诺夫表达的。用他的话说，军火工业的一些企业吹嘘说他们的产品相当于国际水平，但这往往是个谜。他接着说，国防部与军事工业综合体的关系“远不是和平的”。〔46〕伊凡诺夫作为副总理将有望改善这种关系。

有情况证明俄罗斯正在越来越大的程度上依靠用外国产的部件来发展和生产新式装备。军事单位对此强烈反对，他们历来总是坚持完全依靠国内提供的装备，或者，由于苏联解体，由被认为完全可靠的国家，特别是白俄罗斯来提供。2003 年，拉科马诺夫提到，从独立

---

〔43〕萨玛罗娃（同注释〔17〕）。一般讲，俄罗斯的公司和组织机构采用 ISO 9001 认证都比较缓慢：到 2004 年 12 月，与英国 50884 份和中国 132926 份相比较，俄罗斯才有 3816 份认证。国际标准化组织（ISO），国际标准化组织检查 2004 年认证情况（国际标准化组织：日内瓦，2005 年），第 9—10 页；总结见下述网页 URL〈http：//www. iso. org/iso/en/commcentre/pressreleases/2005/Ref967. html〉。

〔44〕见军事注册网站 URL〈http：//www. voenreg. ru/〉俄语；国防认证（Oboronsetifika）URL〈http：//www. center－qualitet. ru/〉（俄语）；和俄罗斯注册 URL〈http：//www. rusregister. ru/eng/〉。

〔45〕Lenta. ru（联塔宽带网），2005 年 2 月 15 日，URL〈http：//www. lenta. ru/〉。

〔46〕S. 科努亚孜科夫，“国家的‘圆锤’”，《红星报》，2005 年 8 月 27 日，URL〈http：//www. redstar. ru/2005/08/27 _ 08/1 _ 03. html〉(author's translation)。

国家联合体其他成员国进口了 22000 件不同部件。[47] 他欢迎这种积极的关系，他还认为，俄罗斯军火工业在生产基本的装备方面保持最大的独立性是必要的。[48] 越来越大的依赖性首先表现在电子元件。国防部看到了这种现实，于是建立了自己的中心，对国内制造的武器上使用外国生产的元件和材料进行认证。这个中心坐落在莫斯科附近梅季希市的国防部第 22 中央科学研究和测试研究所。[49] 2004—2005 年乌克兰发生的事件看来促使人们重新考虑，对依赖一个已意识到不可靠的邻国供应关键部件是否明智。举例说：2005 年 6 月决定，以前由乌克兰垄断生产的舰船上用的气轮机改为在俄罗斯生产，由雷宾斯克市的土星工厂财团负责，该工厂被认为是飞机发动机的首要提供者。[50] 值得注意的是，受人尊重的宏观经济分析和短期预报中心在最近一次预报到 2020 年俄罗斯经济的发展情况时承认了一种严重危险：在 2010 年之后经济领域的高技术部门，特别是军火工业部门将会使所继承的技术潜力枯竭，俄罗斯将会发现被排除出传统军火市场，而又不能进入新的市场。该中心补充说："俄罗斯的武器装备生产将严重依赖进口主要部件"。[51]

在过去的 10 年，俄罗斯当局和公众对外国产品进入俄军火工业的态度看来变的强硬了。2005 年 7 月进行的全国民意测验显示，80%的受调查者表示，军火工业任何公司都不应该有外国所有权，只有 2%的人认为不限制所有权是可以接受的。[52]

2005 年 5 月，普京总统呼吁要有新的立法，限制外国投资者接近包括军火工业的经济战略部门。该法将由工业与能源部在 2005 年

---

〔47〕 独立国家联合体的成员国名单见本卷术语汇编。

〔48〕 "为制造俄罗斯武器装备，从独联体国家进口了 2 万多件机件——一名专家"，《国防快报》，2003 年 4 月 4 日，URL 〈http://www.defense—ua.com/rus/news/?id=5976〉。

〔49〕 A. A. 博利索夫，"俄罗斯联邦国防部第 22 中央科学研究和测试研究所：50 年"，《军事思想》，第 6 期，2005 年，第 79 页。

〔50〕 "在天空和海上的'土星'"，《红星报》，2005 年 7 月 9 日，URL 〈http://www.redstar.ru/2005/07/09_07/4_02.html〉。

〔51〕 A. R. 白罗索夫，"俄罗斯经济的长期趋势：俄罗斯 2020 年前经济发展的各种情况"（宏观分析与短期预报中心：莫斯科，2005 年 10 月），第 104 页（作者的译文）。

〔52〕 E. 巴拉茨基，"我们自己—外国：让我们自己管理"，《新闻报》，2005 年 8 月 29 日，URL 〈http://www.vedomosti.ru/newspaper/article.shtml?2005/08/29/96336〉。

11 月 1 日前准备好，但因与经济发展与贸易部意见分歧而拖延，经贸部主张采取更为自由的态度。[53] 然而，结果很可能是严格限制外国公司在俄罗斯军火工业公司中的所有权。

六、关于军事经济的透明度

只是在米哈伊尔·戈尔巴乔夫统治下苏联的最后几年里，蒙在军事经济上这张几乎不可穿透的神秘面纱才开始谨慎地揭开。自 1991 年以来，对军火工业、军火出口和军费开支才有了较大的透明度，但进展是不平衡的，有时还有逆转。今天，形势有了很大改善，但还有限制，俄罗斯要想达到发达民主国家典型的透明标准，还有一些路要走。特别是军费开支中与采购和研发有关的费用仍然还是秘密的，其详细情况只提供给俄罗斯联邦议会的那些议员们，他们有安全许可。关于出口的官方信息仍然受到严格控制，军火工业的数据对于外界观察员来说仍然还是比较难以接触的。对商业机密新的保密考虑在一定程度上加强了限制获取信息的传统倾向。[54] 俄罗斯持续向联合国提供关于常规武器出口和军费开支数据报告，但关于武器出口的详细情况非常少，关于军费开支的数据也没有解释其含义和范围，这就很难与其他资料来源公布的信息吻合起来。[55]

---

〔53〕 K. 斯米尔诺夫，“无处投资”，生意人政权，2005 年 10 月 31 日，URL 〈http：//www. kommersant. com/doc. asp? idr=528&id=622328〉。

〔54〕 例如，伊尔库特公司在 2002 年和 2003 年财经报告中称，该公司的涉及建造与销售军用飞机的运作都遵守俄罗斯联邦总统 1993 年 7 月 21 日签署的俄罗斯联邦国家机密法，伊尔库特，“整理过的 2003 年 12 月 31 日和 2002 年资产负债表”，2004 年 8 月 27 日，URL 〈http：//www. irkut. com/en/for _ investors/reports/〉，第 8 页。

〔55〕 联合国常规武器登记（UNROCA），俄罗斯出口供货的数据特别是对中国的数据是缺失的，提供的武器类型的细节也很少。但是，俄罗斯在这方面并非是唯一的国家。这还可以认为：能向这个自愿登记处递交报告是俄罗斯的信誉，而中国和伊朗这些国家却不提交。在报告的开支部分，那些数据是实际开支还是计划开支都没有说清楚；开发和购买核弹头及装置被省略了；有些开支，特别是研制和开发的开支，很明显既不是实际开支也不是预算开支，只是在百分比的基础上简单地分配给各兵种，多少年的份额也没有改变。关于当前俄罗斯军事经济事务的透明度问题，见朱丽安·库珀，“社会军事关系：经济的范围”，由 S. L. 威博和 J. G. 马瑟斯主编，“后苏联俄罗斯的军事与社会”（曼彻斯特大学出版社：曼彻斯特，2006 年即将出版）。还参见本卷第七章，附录 9D 和第十一章。

向前迈出的实质性一步是，俄罗斯所有政府机关现在都有望在各自的网站上提供信息。经济发展与贸易部（Minekonomrazvitiya）、工业与能源部（Minpromenergo）、联邦航天署（Roskosmos）和联邦工业署（Rosprom）的网站提供关于军事工业问题的非常有用的材料，但其他政府机构在提供材料方面还不是很积极。〔56〕2005 年 10 月，圣彼得堡的一个地方法庭做出了一项标志性的法律裁决，支持信息自由发展研究所提出的诉讼：一些联邦执行机构违反 2003 年 2 月政府令，该政府令要求各单位建立官方网站并在网上提供根据特别清单列出的活动信息。〔57〕在军事经济领域，被认定为只搞纯粹形式的网站而未达到政府令条件的单位包括联邦武器装备定货机构和联邦军事技术合作署。〔58〕信息自由发展研究所在涉及与其他政府机构的关系上已经在法庭取得成功，因此法庭最近这次裁决会导致更高的透明度。最后，在透明度方面不应该忽视的一个重要的进展是：俄罗斯军火工业许多重要的公司现在已经有了自己的信息网站：好的榜样包括阿尔马兹—安特伊、伊尔库特、土星 和 TVR 公司。〔59〕

七、结论：进一步改革

虽然俄罗斯军费开支近年来持续增加，俄罗斯军火工业也显示快速增长，恢复了 20 世纪 90 年代丢失的阵地，但对其现状及前景仍有很多担心。2001 年创建大量社会法人机构的雄心勃勃的计划没有实

〔56〕 见经济发展与贸易部网站，URL〈http：//www.economy.gov.ru/〉；工业与能源部，URL〈http：//www.minprom.gov.ru/〉；联邦航天署，URL〈http：//www.roscosmos.ru/〉；和联邦工业署，URL〈http：//www.rosprom.gov.ru/〉。

〔57〕 联合国教科文组织信息共享计划俄罗斯委员会新闻处，“法庭判决，权力机关的网站并非是为例行公事而开放的。”2005 年 10 月 18 日，URL〈http：//www.nacbez.ru//article.php?id=1390〉。

〔58〕 在写本文时，国家武器装备订购机构（Rosoboronzakaz）的网站 URL〈http：//www.fsoz.gov.ru/〉，是纯粹一个“黑暗中的村庄”场地，实际上没有任何有价值的内容。联邦军事技术合作署网站，URL〈http：//www.fsvts.gov.ru/〉，仅提供有限的信息，但正在改进。

〔59〕 见阿儿马兹—安特伊网站，URL〈http：//www.almaz－antey.ru/〉（俄语）；伊尔库特，URL〈http：//www.irkut.com/en/〉；土星，URL〈http：//www.nposaturn.ru/default/〉；和 TVR 公司，URL〈http：//www.ktrv.ru/〉。

现。人们越来越认识到，即使条件最后允许在国内采购大量武器装备重新武装部队，由于劳动力日渐老化和设备相当过时，将很难保持生产大量高技术水平的新式武器。人们承认，2001 年制订的 2002—2006 年间改革和发展国防工业综合体规划只取得了一点点成果，[60] 工业与能源部现正制订到 2010 年新的联邦国家规划（FGP2010），该规划将有部分内容涉及核工业。新的规划将会完全与新的武器装备规划（GPV2015）相适应。FGP—2010 的主要目标是：1. 完成将军火工业核心部分改组成 40—45 个合股公司，约占军事工业综合体登记的一半企业和组织机构；2. 以技术重新装备军火工业，创建为制作新式武器的生产能力；3. 保留和发展对于完成 GPV—2015 规划极为重要的关键技术。新规划的实施，预计可为 2011 年开始大量生产新式武器装备创造条件。工业和能源部的国防工业综合体部部长科普特夫认为，FGP—2010 和 GPV—2015 这两项规划应该在 2006 年第二季度获得通过。然而，现已有人担心，资金不足将会把军火工业规划的开始时间拖延到 2007 年。[61]

15 年前，戈尔巴乔夫总统开始了停止苏联军事经济增长的进程，然后，又谨慎地开始缩小它的规模。这个进程的势头在后共产主义俄罗斯的新形势下不断增大，但何时终结现在还看不到。现在可以做出结论：虽然苏联有高度军事化的经济，但不能说当代的俄罗斯也同样如此。然而，苏联的遗产在一些方面依然明显：俄罗斯的军火工业仍然比较孤立于世界其他地方，在官方层面明显不愿意为开发和生产武器而建立跨国伙伴关系，更不要说允许在其国内工业中存在任何较大规模的外国所有权份额。尽管军火工业和军事经济问题总体上比过去较为开放，但透明度的水平仍然落后于在民主国家中被认为是正常的水平。

（翟德泉 译）

---

〔60〕 联邦特别目标规划（同注释［16］）。

〔61〕 V. 米哈伊洛夫，“国防工业的五年计划”，军事工业综合体，2005 年 8 月 23 日，URL 〈http：//www. vpk－news. ru/article. asp? pr _ sign＝archive. 2005. 98. articles. weapon _ 01〉；萨玛洛娃（同注释［17］）；和军事工业综合体电讯信息网（同注释［33］）。

第十章　国际武器转让

比约恩·哈格林　马克·布罗姆利
西蒙·T.魏泽曼

第一节　导　言

SIPRI研究所的武器转让项目以SIPRI趋势指示值（TIV）[1]来描述主要常规武器转让（即交付）的趋势。这就有可能对1950年以来有关主要常规武器的国际市场进行描述。从五年期的动态平均值看，由于2002年以来每年的交货量均在增长，2005年转为全球下降的趋势（图10.1）。[2]这种趋势的变化从国家报告中的全球军火出口额上也可以看出（表10.2）。

长期以来，主要常规武器转让最显著的方面就是主要供应国的构成稳定，而苏联（俄罗斯）和美国各自独成一类。武器转让在1982年达到顶峰。当时苏联、美国、法国和英国占全球总量的82%（见图10.1）。2005年，五个最大的供应国——美国、苏联、法国、德国

〔1〕SIPRI的武器转让数据系实际交付的主要常规武器。为了便于在此类交付之间进行比较并对总的趋势进行判断，SIPRI引入了“趋势指示值”这一术语。该术语仅仅是国际武器转让量的一个指标，并不代表此类转让的实际金额。计算趋势指示值的方法在附录10C中和该项目的网站上有所描述，网址：URL〈http://www.sipri.org/contents/armstrad/atmethods.html〉。因武器转让数据库在不停的更新之中，本章的数据与往年的SIPRI年鉴中的数字有所不同。

〔2〕鉴于已交付的装备类型和数量以及交付计划总在变动，一年时间太短，尚不足以作出可信的结论或进行比较。为了减少短期的波动，SIPRI计算的是全球5年平均的趋势指示值。

和荷兰——仍然占总转让量的大约 82%，尽管全球转让总量仅是 1982 年的 51%。这种情况反映出冷战后的主要武器转让的萎缩。主要供应国和接受国在第二节予以讨论。

相比之下，主要的接受国多年来则有较大的变化。由于存在许许多多小量的接受国，相对于主要供应国，主要接受国只占市场总份额的一小部分。1982 年，五个最大的接受国——伊拉克、利比亚、埃及、沙特阿拉伯和印度——占总进口的 30%，而到了 2005 年，中国、阿联酋、印度、以色列和希腊则占总进口量的 41%。出现这种情况的部分原因是由于进口市场从中东向亚洲转移。

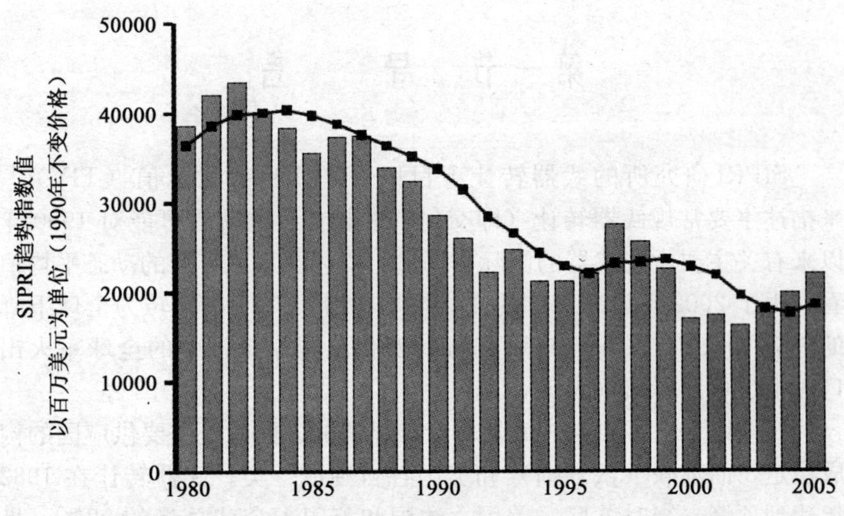

图 10.1　1980—2005 年主要常规武器国际转让的趋势

注： 柱状图形表示每年转让的总量，曲线表示五年中武器转让的变动平均值。五年的平均值标注在每五年时段的最后一年。

一些供应国呈现出低的趋势指示值，原因在于它们的出口物品（如：几乎所有类型的部件）未被 SIPRI 数据库所涵盖。然而，它们的武器出口在金额方面可能具有重要的意义，特别是对于某接受国来说。第二节还要讨论一些较小的供应国，并对伊拉克进行了个案分析。第三节考察了 2005 年正在执行当中的国际武器禁运。第四节介绍了若干国家和国际间武器转让透明的新发展。[3] 第五节是一个概括性的结论。

需要注意的是，SIPRI 的武器转让研究项目在研究方法上有所改变。首先，对于按照外国许可证生产的军事装备，趋势指示值的计算做了修正，这导致了趋势指示值的增大。第二，为了将多边合作下的武器生产的一个方面——即许多武器包含一些从生产国和接受国进口的主要部件——纳入其中，数据库中添加了某些发动机的转让。研究方法及其变化在附录 10C 中有详细解释。附录 10A 是一些表格，这些表格按转让国和接受国分类，列出了 2001—2005 年间主要常规武器的转让量。附录 10B 列出了交付和接收的装备的详情。

第二节 国际武器转让

主要供应国和接受国

2001—2005 年间五个最大供应国的座次分别是俄罗斯、美国、法国、德国和英国。**俄罗斯**占全球总转让量的 31%。俄罗斯的这一地位，部分取决于趋势指示值的计算方法，因为俄罗斯出售的武器要比其他供应国价格低廉。尽管俄罗斯的军事开支在增长，其军火工业仍然依赖出口。[4] 2001—2005 年间，对中国和印度的出口分别占俄罗斯转让量的 43% 和 25%（见表 10.1）。这两个国家预计仍将是俄罗斯的主要军火市场，许可证生产是相当重要的原因，[5] 尽管实际转让情况显示，俄罗斯的武器转让总体上转向海军装备。[6]

---

〔3〕 另见本卷第 6 章。

〔4〕 P. Butowski："俄罗斯飞机出口下降严重打击军工企业"，《简氏防务周刊》，2005 年 7 月 13 日，第 21 页。另见本卷附录 9C。

〔5〕 S. Chemezov，俄罗斯国防出口公司总裁，引自"俄罗斯官员称中国和印度仍是最大的买家"，*Agentstvo Voyennykh Novostey*，2005 年 2 月 9 日，译自俄文，载于美国商务部国家信息服务处《世界新闻连线》。

〔6〕 "俄罗斯国防出口公司：2005 年俄罗斯武器出口与 2004 年持平"，*Agentstvo Voyennykh Novostey*，2005 年 8 月 18 日，译自俄文，载于美国商务部国家信息服务处《世界新闻连线》；N. Novichkov："中国战机将安装俄罗斯引擎"，《简氏防务周刊》，2005 年 5 月 18 日，第 6 页；R. Hewson："中国空军装备靠伊留申飞机快速提升"，《简氏防务周刊》，2005 年 9 月 21 日，第 16 页。

2005 年，俄罗斯对于中国和印度的策略可以被看作是俄罗斯武器的“有效市场营销”。[7] 然而在过去几年，印度越来越转向西方供应国。[8] 国大党领导的新政府取消了若干笔与其他国家先前达成的合同（为鼓励国际竞争，这些合同涉及多个国家），宣布了新的采办政策，自 2005 年 7 月实施。新政策更加强调获得军事补偿。[9] 俄罗斯与印度防务合作的继续，得益于印度与俄罗斯正式知识产权保护协定的签署，[10] 该协定的文本于 2005 年 12 月最终敲定。[11] 这反映出另一个趋势，即俄罗斯武器转让越来越倾向于有控制的技术转让，并参与到售后服务之中。而售后服务是俄罗斯国防出口服务（印度）公司的主业。该公司成立于 2005 年，是俄罗斯武器出口机构——“俄罗斯国防出口公司”的附属公司。[12] 尽管存在着管理和其他方面的问题，[13] 但据报道，俄罗斯装备零部件的出售在近几年仍然取得了实质性的增长。[14]

---

〔7〕“俄罗斯/中国：谋求提升与中国的军事合作”，《大西洋新闻》，2005 年 9 月 8 日，第 2 页；“俄罗斯在与印度的定点跳伞演习中展示伞降部队”，伊塔尔—塔斯社，2005 年 10 月 11 日，译自俄文，载于美国商务部国家信息服务处《世界新闻连线》。

〔8〕 V. Raghuvanshi：“印度以忠诚响应俄罗斯的需求”，《防务新闻》，2005 年 5 月 9 日，第 22 页。

〔9〕 V. Raghuvanshi：“新政策旨在推动印度的出口”，《防务新闻》，2005 年 6 月 20 日，第 19 页；K. Makienko：“俄罗斯 2004 年对外武器贸易金额情况”，《莫斯科防务简报》，2005 年第 1 期，第 11 页。

〔10〕 T. S. Sahay：“俄罗斯加强与印度的防务联系”《亚洲时报》（网络版），2005 年 10 月 26 日，网址：URL 〈http://www. atimes. com/atimes/South _ Asia/GJ26Df02. html〉。

〔11〕 J. Murphy：“俄罗斯与印度签署知识产权协定”，《简氏防务工业》，第 23 卷第 1 期（2006 年 1 月），第 1 页；“签署知识产权保护协定，印度推动俄罗斯技术转让”，《印度在线速递》，2005 年 12 月 22 日。

〔12〕 N. Mathews：“货比三家，讨价还价”《航空航天技术周刊》，2005 年 9 月 19 日，第 45 页；V. Raghuvanshi：“俄罗斯公司重点满足印度需求”，《防务新闻》，2005 年 9 月 26 日，第 14 页。在马来西亚建立飞机服务中心反映了同样的趋势。“大使称，俄—马战机合同取得重要进展”，伊塔尔—塔斯社，2005 年 11 月 28 日，译自俄文，载于美国商务部国家信息服务处《世界新闻连线》。

〔13〕“俄罗斯应该以一个贸易商对外”，《国际传真》，2005 年 10 月 24 日，译自俄文，载于美国商务部国家信息服务处《世界新闻连线》。

〔14〕“海军装备目前占俄罗斯全部武器出口的一半”，RIA Novosti，2005 年 11 月 4 日，译自俄文，载于美国商务部国家信息服务处《世界新闻连线》。

表 10.1　2001—2005 年 10 个最大供应方向 38 个最大接受方转让主要常规武器的情况

表中数字系趋势指示值，一百万美元为单位，按照 1990 年不变价格计算。

	供应方											
接受方	**俄罗斯**	**美国**	**法国**	**德国**	**英国**	**乌克兰**	**加拿大**	**荷兰**	**意大利**	**瑞典**	**其他**	**合计**
非洲	**2551**	**209**	**244**	**569**	**152**	**524**	**4**	**15**	**62**	-	**948**	**5278**
阿尔及利亚	941	119	16	-	-	88	4	-	-	-	213	1381
南非	-	7	50	407	143	-	-	3	26	-	-	636
苏丹	549	-	-	-	-	-	-	-	-	-	26	575
其它	1061	83	178	162	9	436	-	12	36	-	709	2686
美洲	**215**	**1512**	**716**	**197**	**1363**	**50**	**1464**	**227**	**613**	**127**	**1145**	**7629**
巴西	-	307	409	-	4	-	46	-	111	80	67	1024
加拿大	-	277	1	31	960	-	..	-	98	-	12	1379
智利												
哥伦比亚	41	454	-	-	-	-	-	-	11	-	46	552
秘鲁	157	100	-	-	-	-	-	-	343	-	3	603
美国	-	..	-	-	181	50	1409	-	18	12	533	2213
其它	17	349	51	165	12	-	9	23	6	35	399	1066
亚洲	**22333**	**6933**	**1355**	**833**	**505**	**912**	**60**	**190**	**395**	**139**	**3164**	**36819**

	供应方											
接受方	俄罗斯	美国	法国	德国	英国	乌克兰	加拿大	荷兰	意大利	瑞典	其他	合计
中国	12535	-	62	79	82	489	-	-	3	-	93	13343
印度	7339	56	289	48	94	299	-	75	36	-	1119	9355
印度尼西亚	272	24	109	72	-	-	4	14	-	-	115	610
日本	-	1432	11	-	70	-	-	-	16	10	-	1539
马来西亚	67	45	18	312	147	-	5	-	62	-	172	828
巴基斯坦	180	189	459	-	-	14	-	-	254	19	950	2065
新加坡	9	1165	-	-	-	-	-	-	-	102	106	1382
韩国	164	1639	340	195	43	-	51	66	-	-	63	2561
中国台湾地区	-	1927	55	-	-	-	-	-	-	-	-	1982
泰国	-	335	-	103	23	-	-	16	10	8	109	604
越南	724	-	-	16	-	-	-	-	-	-	36	776
其他	1043	121	12	8	46	110	-	19	14	-	401	1774
欧洲	**932**	**11283**	**1808**	**3188**	**879**	**247**	**112**	**1239**	**664**	**1318**	**1848**	**23590**
捷克共和国	251	134	-	-	7	-	36	-	105	387	-	883
德国	-	392	-	. .	38	-	-	197	-	16	38	681

接受方	供应方											
	俄罗斯	美国	法国	德国	英国	乌克兰	加拿大	荷兰	意大利	瑞典	其他	合计
希腊	455	2857	1146	276	45	60	40	609	239	184	169	6105
意大利	-	1369	30	125	75	-	-	-	..	7	1	1606
荷兰	-	635	-	201	40	-	-	..	12	-	-	890
波兰	2	220	-	505	-	-	-	5	6	99	218	1121
罗马尼亚	-	67	12	125	415	-	21	227	-	-	61	907
西班牙	-	576	93	213	-	-	18	-	91	4	37	1032
土耳其	-	1318	347	573	33	-	-	39	63	-	427	2800
英国	-	2374	-	425	..	-	-	30	-	73	25	2927
其他	224	1341	180	745	226	187	85	132	148	548	622	4638
中东	**2956**	**7233**	**4279**	**524**	**546**	**496**	**105**	**157**	**77**	-	**1247**	**17620**
埃及	-	2274	-	151	-	45	-	155	-	-	276	2901
伊朗	1707	-	-	5	-	162	-	-	-	-	269	2143
以色列	-	2565	-	309	-	-	-	-	-	..	-	2873
约旦	-	227	-	12	415	-	4	-	-	-	106	764
沙特阿拉伯	-	369	1185	5	-	-	98	-	68	-	3	1728

接受方	供应方											
	俄罗斯	美国	法国	德国	英国	乌克兰	加拿大	荷兰	意大利	瑞典	其他	合计
阿拉伯联合酋长国	-	1516	3034	38	4	226	-	2	-	-	47	4867
也门	1117	-	-	-	-	63	-	-	-	-	196	1376
其他	132	282	60	4	127	-	3	-	9	-	351	968
大洋洲	-	**1070**	**176**	**295**	**493**	-	**155**	**44**	**49**	**160**	**114**	**2556**
澳大利亚	-	991	176	295	485	-	75	-	49	160	112	2343
其他	-	79	-	-	8	-	80	44	-	-	2	97
其他[a]	-	-	-	**2**	-	-	-	-	-	**18**	**4**	**24**
合计	**28982**	**28236**	**8573**	**5603**	**3933**	**2226**	**1971**	**1868**	**1858**	**1760**	**8506**	**93516**

注:

SIPRI 的武器转让数据系实际交付的主要常规武器。为了便于在此类交付之间进行比较并对总的趋势进行判断,SIPRI 引入了"趋势指示值"这一术语。该术语仅仅是国际武器转让量的一个指标,并不代表此类转让的实际金额。"趋势指示值"与诸如国内生产总值的经济统计或出口数据之间没有可比性。

a 其他接受方包括联合国和北约(系组织本身而非其所有成员国的总量)以及国名不详的接受方。

资料来源:SIPRI 武器转让数据库。

中国购买俄罗斯武器的兴趣依然很高。它通过俄罗斯定购了 38 架伊尔—76 远程运输机和伊尔—78 加油/运输机（飞机在乌兹别克斯坦生产，安装俄罗斯的引擎）。而报道说，中国与俄罗斯正在进行谈判，以延长苏霍伊的苏—33 战机的生产许可证。[15] 俄罗斯已经答应向中国提供苏—33 和苏—35 作为航空母舰的舰载机。[16] 该项交易意义重大，因为该机尚在开发之中，这意味着俄罗斯愿意与中国分享其最新的技术。

中国和印度对武器出口国来说都更加重要，因为两国均为成长中的经济大国并在技术应用方面居于领先地位。从长远来看，俄罗斯在中国和印度的市场将达到饱和状态，[17] 而俄罗斯的其他市场如伊朗、越南和也门相对较小。2006 年 3 月，有报道说俄罗斯与阿尔及利亚签署了一批合同，金额达 75 亿美元；这批交易据称包括了战斗机、坦克和地对空导弹（SAMs）。根据具体的发展情况，这笔交易将对俄罗斯的武器出口额产生重要影响。[18]

俄罗斯国防出口公司在布鲁塞尔设立了新的机构，试图改善其欧洲市场的销售。[19] 俄罗斯还努力在南美洲[20]以及“集体安全条约组织”和“上海合作组织”的成员国[21]开拓武器市场。俄罗斯还雄心

---

〔15〕“给中国的伊尔—76”，《航空与航天》，2005 年 9 月 16 日，第 18 页。

〔16〕P. Butowski：“中国对苏—33 舰载机感兴趣”，2005 年 9 月 16 日，第 18 页。

〔17〕俄罗斯国防出口公司代表 A. Brindikov 访谈：“俄罗斯的武器出口调整方向”，Izvestiya，2005 年 6 月 19 日，译自俄文，载于美国商务部国家信息服务处《世界新闻连线》。

〔18〕“与阿尔及利亚的交易给俄带来 75 亿美元收入，天然气供应成为杠杆”，《军工日报》，2006 年 3 月 3 日，网址：URL 〈http：//www. defenseindustrydaily. com/2006/03/algerian－arms－deal－brings－russia－75－billion－gas－market－leverage/index. php〉。

〔19〕俄罗斯国防出口公司总裁 S. V. Chemezov：“这就是俄罗斯国防出口公司”，《北约国家与和平伙伴》，第 50 卷第 2 期（2005），第 73 页。

〔20〕根据俄罗斯国防出口公司的资料，对拉丁美洲一年的军事装备出口为 300—4000 万美元。该公司希望在未来几年中将出口额增至 1 亿美元。参见“委内瑞拉与秘鲁在俄罗斯采购武器”，《拉美安全与战略评论》，2004 年 12 月，第 11 页。

〔21〕D. Trefinov：“逆转放缓”，《简氏防务周刊》，2005 年 6 月 8 日，第 27 页；“谢尔盖·伊万诺夫将与吉尔吉斯斯坦讨论军事合同问题”伊塔尔—塔斯社，2005 年 9 月 19 日，译自俄文，载于美国商务部国家信息服务处《世界新闻连线》，“俄总统普京希望加强与独联体国家武器贸易”，《国际传真》，2005 年 10 月 17 日，译自俄文，载于美国商务部国家信息服务处《世界新闻连线》。集体安全条约组织和上海合作组织的成员国列入本卷术语汇编中。

勃勃地要成为伊拉克的主要武器供应国（参见第三节）。〔22〕

许多俄罗斯的军工业者对俄罗斯武器工业所面临的问题均直言不讳。除非有质量上的改进，比如依靠国际合作，俄罗斯的武器工业将让位于西方。这一危险已经引起注意。〔23〕 2005 年，俄罗斯颁布了武器贸易法令，旨在让有关公司在俄罗斯自己所界定的“军事技术合作”方面具有更大的灵活性和自主权。〔24〕 然而，在所谓具有战略重要性的领域对外国投资的限制将对上述努力产生相反效果。〔25〕

亚历山大·丹尼索夫是俄联邦主管军事技术合作事务机构的第一副主任，他以“商业实用主义”的方式描述俄罗斯的武器出口政策：一个国家，只要不是在联合国的禁运之下，俄罗斯将从国家利益出发，允许对该国出口武器。〔26〕 2005 年 1 月，俄罗斯决定免除叙利亚大部分债务，这被看成是未来两国展开武器交易的前奏，他是在对这一决定发表看法时作出上述表示的。〔27〕 2005

---

〔22〕“普京允许俄罗斯公司向伊拉克出售武器”，《航空航天防务》，美国之音，2004 年 8 月 30 日发布。网址：URL〈http：//www.newdefenceagenda.org/news_detail.asp? ID=238〉；“400 专家：国防工业”，《俄罗斯入门》，2004 年 11 月 17 日，网址：URL〈http：//www.gateway2russia.com/st/art_257174.php〉。

〔23〕引述阿尔法集团（Alfa－Integrator）总裁 B. Rapoport，“公司老总称俄罗斯武器出口商面临失去世界市场份额的危险”，*Agentstvo Voyennykh Novostey*，2005 年 3 月 16 日，译自俄文，载于美国商务部国家信息服务处《世界新闻连线》。

〔24〕该法令系 2000 年 12 月的新版本。见“俄罗斯贸易法令即将出台”，《国际传真》，2005 年 9 月 7 日，译自俄文，载于美国商务部国家信息服务处《世界新闻连线》。俄罗斯国防出口公司也许会保持主要武器出口者的地位，因为其他公司所提供的只是零部件和分系统。V. Ivanov：“可以出口武器，但仅限于零件”，*Nezavisimaya Gazeta*，2005 年 9 月 9 日，译自俄文，载于美国商务部国家信息服务处，《世界新闻连线》；俄罗斯国防出口公司总裁 S. Chemezov 访谈：“武器贸易，非外行人所能为”，《军事技术》，2005 年第 4 期，第 46—48 页。

〔25〕B. Vogel：“俄罗斯起草法律限制外国投资本国国防工业”，《国防工业》，2005 年 11 月，第 5 页。另见本卷第 9 章 。

〔26〕“俄罗斯不打算削减对叙利亚和伊朗的武器出口”，《国际传真》，2005 年 11 月 30 日，译自俄文，载于美国商务部国家信息服务处《世界新闻连线》。

〔27〕R. Kahwaji：“俄罗斯叙利亚就债务减免重开对话”，《防务新闻》，2005 年 1 月 31 日，第 10 页。据报道，关于向叙利亚出售地空导弹系统、反坦克武器和地地导弹事宜的谈判正在进行，并面临来自中国、白俄罗斯、伊朗、朝鲜和捷克共和国的竞争；R. Hughes：“叙利亚的困境”，《简氏防务周刊》，2005 年 1 月 31 日，第 34—36 页。

年 4 月，普京总统在访问以色列期间，亲自为向叙利亚出售车载地对空导弹一事辩护。[28] 尽管存在相互矛盾的报道，这笔交易似乎进展顺利。[29] 如果该交易被取消，那就表明，影响俄罗斯政策的因素不只是来自国际武器禁运。[30] 然而，2005 年末，俄罗斯不顾来自美国和欧盟的批评，仍与伊朗达成金额高达 10 亿美元的地对空导弹交易。[31]

2001—2005 年间，**美国**占全球武器转让量的 30%。与俄罗斯相比，美国的海外市场较大，其四个最大的接受国——希腊、以色列、英国和埃及——占 2001—2005 年间美国转让量的 36%。2005 年，美国与印度、以色列和日本三个国家的双边武器转让关系尤其具有重要意义。

美国与印度的关系如今被贴上了“战略”的标签。美国对印度的政策旨在保持印度和日本的强大，以抵消中国日益增长的地区影响。[32] 鉴于当前美国对印度的主要武器转让量偏低，美国准备向印度提供先进的武器装备，如 F/A—18E 和 F—16 的改进型，以满足

〔28〕 2005 年 4 月，俄罗斯与新加坡讨论未来武器出售问题。“俄罗斯：新加坡大使拟讨论军事—技术合作问题”，《国际传真》，2005 年 4 月 5 日，译自俄文，载于美国商务部国家信息服务处《世界新闻连线》。

〔29〕 根据俄罗斯国防出口公司负责人的说法，该交易已被取消，原因是它与 2005 年 2 月签署的《美俄关于共享便携式防空导弹出售信息并进行控制的协定》相抵触。见“俄罗斯国防出口公司负责人否认向叙利亚出售伊戈拉（Igla）防御系统”，俄罗斯电视报道稿，BBC“国际监视报道”栏目从俄文翻译，2005 年 11 月 2 日；“俄美就肩扛式导弹达成协议”，《空中信函》，2005 年 2 月 26 日，第 5 页。不过，其他情报来源显示，导弹已交付。见 V. Myasnikov：“俄罗斯国防出口公司销售翻番”，“媒体监视局”（网络版），2006 年 2 月 10 日。

〔30〕 一份 2005 年的报告对美国 2001 年以来武器转让提出了严厉批评。见 F. Berrigan，W. D. Hartung，L. Heffel：“2005 年战争中的美国武器：促进自由还是加剧冲突?”（世界政策研究所，纽约，2005 年 6 月），网址：URL〈http：//www. worldpolicy. org/projects/arms/reports/wawjune 2005. html〉。

〔31〕 G. Jahn：“欧盟谴责俄罗斯和伊朗的导弹交易”，《费城调查》，2005 年 12 月 16 日。

〔32〕 G. Ratnam：“美国誓要印度成为‘世界大国’”，《防务新闻》，2005 年 4 月 4 日，第 1 页；M. Sirak：“美国与印度签署防务协定”，《简氏防务周刊》，2005 年 7 月 13 日，第 15 页。关于美印民用核能合作参见本卷附录 13B。

印度 126 架的战机需求以及爱国者—3 型地对空导弹。[33] 美国对印度的武器政策可能还包含技术转让，如可能与印度共同开发印度定购的武器。[34] 美国直升机生产商贝尔（Bell）公司已经提出，如果在竞争中赢得 197 架轻型直升机的订单，将进行技术转让。无论选定的是 F—16 还是 F/A—18E，美国似乎愿意合作，[35] 而印度已经对新型 P—8A 反潜战与海上巡逻机（ASW/MP）表示了兴趣，美国有意就上述装备寻找合作伙伴联合开发。[36]

然而，印度一直在美国的武器禁运之下。自 1998 年开始，美国拒绝向印度转让武器，或为非美国制造的武器提供美国零部件。印度对此的应对办法是，要求其他供应国不使用美国零件。美国必须让印度相信，未来禁运的可能性很低甚至不存在。[37] 此外，美国有意向巴基斯坦提供先进装备可能会进一步降低从印度获得大额订单的机会。[38]

由于以色列在 2000 年向中国出售“贪婪女妖无人机”以及在 2002 年向中国后续转让零部件，美国和以色列之间多年来围绕后者向中国转让武器装备的争端在 2005 年达到了高潮。美国政府声称，它对上述后续转让不知情，担心以色列已经对无人机实施现代化改

〔33〕“给印度的爱国者导弹”，《航空与航天》，2005 年 9 月 16 日，第 18 页；《航空与航天》，2005 年 11 月 25 日，第 9 页；J. Murphy：“印度与俄罗斯着手解决知识产权争端”，《简氏防务周刊》，2005 年 10 月 26 日，第 21 页。

〔34〕“竞争对手答应提供技术转让，许可证生产甚至市场营销权利”；例如法国就答应提供技术转让，并愿就市场营销权进行谈判，以此作为向计划采购 126 架战机的印度出售幻影 2000—5 的条件。参见 G. S. Kaura：“法国准备授予印度幻影战机‘市场营销权’”，《论坛》，2005 年 5 月 5 日，网址：URL〈http：//www. tribuneindia. com/2005/20050505/main8. htm〉。

〔35〕J. Johnson：“印度人对美印战略关系宣言表示冷漠”，《金融时报》（美国版），2005 年 4 月 5 日，第 2 页。

〔36〕R. Bedi：“新德里谈判购买美国海军海上巡逻艇”，《简氏防务周刊》，2005 年 8 月 17 日，第 17 页。

〔37〕N. Mathews：“逐步靠近”，《航空航天技术周刊》，2005 年 8 月 8 日，第 37 页；R. Nayan：“即将形成的美国两用品出口控制法的底线”，《战略分析》，第 29 卷第 1 期（2005），第 143—145 页。

〔38〕巴基斯坦在 2005 年 3 月被给予“主要非北约盟国”地位，参见 G. Ratnam 和 V. Raghuvanshi：“次大陆的紧张形势”，《防务新闻》，2005 年 3 月 29 日，第 1 页。

造，而不只是检修。〔39〕这反过来将使中国有能力对在该地区活动的其他现代化军队构成实实在在的威胁。〔40〕2005 年初，美国对以色列军工企业实施了制裁，撤销了对几个项目（包括联合攻击机）的技术援助和信息共享。

随着两国于 2005 年 8 月达成协定，双方的合作部分得以恢复。根据该协定，以色列同意向美国通报未来所有的武器出口计划，在拟定这些计划时考虑美国的立场。〔41〕特别是，以色列同意遵守 1996 年瓦森纳安排控制清单并就军售问题加入与美国政府的“协商程序”中来。〔42〕以色列有顾及美国政策的义务，但并不限于对中国的转让。〔43〕2005 年 10 月，在美国的压力下，以色列冻结了与委内瑞拉达成的价值 1 亿美元的合同，内容涉及对从美国购买的 F—16 战机

---

〔39〕 A. Ben－David：“美国对以中贸易进行施压和威胁”，《简氏防务周刊》，2005 年 1 月 12 日，第 22 页。

〔40〕 美国国防部：“中国军力报告（2005）：2004 财年就中国军事力量向国会提交的报告”，华盛顿特区，2005 年。网址：URL〈http：// www. defenselink. mil/pubs/d20040528PRC. pdf〉。

〔41〕 B. Opall－Rome：“以色列加强出口控制”，《防务新闻》，2005 年 9 月 12 日，第 6 页。另见 M. A. Pomper：“美以就向中国出口武器问题达成安排”，《今日军控》，2005 年 9 月第 34 页。

〔42〕 美国国防部：助理国防部长（公共事务）办公室：“美国国防部与以色列国防部的联合声明”，防务链接，《新闻简报》，第 846—05 期，2005 年 8 月 16 日。网址：URL〈http：//www. defenselink. mil/releases/2005/nr20050816 － 4442. html〉；B. Gertz：“美国重新开始向以色列转让武器技术”，《华盛顿时报》（网络版），2005 年 8 月 17 日，网址：URL〈http：//www. washingtontimes. com/national/20050817－121710－1862r. htm〉；I. Anthony 和 S. Bauer：“转让控制”，《SIPRI 年鉴 2005：军备，裁军和国际安全》（牛津大学出版社，2005）第 705—707 页。关于瓦森纳安排，参见本卷第 16 章。

〔43〕“美—以协定可能影响土耳其的武器采购”，《土耳其每日新闻》（网络版），2005 年 8 月 23 日，网址：URL〈http：//www. turkishdailynews. com. tr/article. php? enewsid＝21450〉。反映了美国对于帮助中国军备发展强烈的政治反对态度，美国众议院国际关系委员会曾通过“2005 东亚安全法案”，含有对任何向中国出售武器的国家和公司实施制裁的内容。参见 C. Snyder：“美国国会针对中国军售问题采取行动”，《台北时报》（网络版），2005 年 7 月 2 日，网址：URL〈http：//www. taipeitimes. com/News/front/archives/2005/07/02/2003261859〉。

进行现代化改造。[44]（关于以色列武器转让，还可参看后面的介绍。）

美国与日本的军事关系正处于变化之中，这涉及美国的军事存在和前沿部署，也是日本政策变化的结果。[45] 2004 年 12 月，日本做出决定，允许向美国出口军事部件，以支持开发美国的导弹防御系统。这种情况源于日本对现行防务政策的修正。自第二次世界大战结束以来，日本的防务政策强调和平，并有效禁止所有武器出口。对防务政策的审议始于 20 世纪 90 年代，原因是因为日本日益参与到国际事务中来，也因为中国和朝鲜的政策和行动使其存在不安全感。[46]

结果是，日本的武器进出口政策发生了变化。日本继续与美国保持独特的关系。鉴于日本允许对除美国以外的其他国家提供有限的军事装备，它也有可能与印度进行军事合作。[47] 日本从美国以外的武器供应国进口主战装备有可能增加，因为日本取消本国产 F—2 战机的计划，意味着它可能从欧洲购买战机作为替代。[48]

最近**欧盟**的扩大增加了其在武器出口方面的地位。2001—2005 年间，欧盟国家的出口总额占全球出口额的 27%，使之成为第三大

〔44〕“美国绊脚石：委内瑞拉—以色列 F—16 升级：政治问题还是贸易保护主义?”《军工日报》，2005 年 10 月 26 日，网址：URL〈http：//www. defenseindustrydaily. com/2005/10/us－roadblocks－re－the－venezuelaisrael－f16－upgrade－politics－or－protectionism/index. php〉。以色列国方官员声称，美国对以色列武器出口控制的部分原因是出于对美国市场的保护。参见：“以色列官员谴责美国试图‘保住’自己的军售市场”，“以色列之声”，2005 年 10 月 21 日，由 BBC“中东监控”栏目译自希伯来文。

〔45〕“太阳仍然升起”，《武装力量月刊》，2005 年 12 月，第 14—23 页。另见本卷第 6 章；Z. Lachowski：“欧亚地区的外国军事基地”，“SIPRI 政策报告”（SIPRI：斯德哥尔摩，将于 2006 年出版）。

〔46〕可参见：R. Deming：“日本宪法与防务政策：进入新时代?”《战略论坛》，第 213 期（2004 年 11 月）；R. Karniol：“换档加速”，《简氏防务周刊》，2005 年 3 月 23 日，第 27—29 页；K. Cooney：“日本安全的另一种图景”，《亚洲视角》，第 29 卷第 3 期（2005），第 127—54 页。

〔47〕“在印度的日本将军”，《防务新闻》，2005 年 9 月 19 日，第 3 页；J. Gregory：“日本谋求出售导弹”，《金融时报》（网络版），2005 年 7 月 16 日。对日本所谓不出售“武器”政策的批评，参见 R. Ballantyne：“日本掩盖武器贸易”，《日本聚焦》，网址：URL〈http：//www. japanfocus. org/article. asp? id＝459〉。

〔48〕“JASDF F—4EJ 替代品”，《空军月刊》，2005 年 10 月，第 22 页。

主要常规武器出口方。[49] 同期，**法国**、**德国**、**英国**和**荷兰**成为欧洲最大的主要常规武器出口国，分别占全球市场的 9%、6% 、4%和 2%。意大利和瑞典紧随其后。

在当今激烈竞争的武器市场上赢得订单不仅仅靠价格，也越来越需要提供一揽子的平台、装备和技术的能力。法国将其飞鱼反舰导弹与鲉皮级潜艇相捆绑出售，是促成印度在 2005 年决定订购 6 艘潜艇的重要因素之一。竞争对手德国由于相应的导弹不在德国生产而无法提供这种舰—弹—揽子方案。[50]

对于欧洲战机制造商来说，2006 年可能是决定性的一年。2005 年，法国和英国实现了一笔远期交易，向沙特阿拉伯出口 100 架战机。英国提供的是“台风欧洲战机”，法国提供的是达索阵风战机。[51] 法国最近在韩国、新加坡和印度尼西亚丢掉了战机合同，表明法国需要进一步加强内部协调以支持其武器转让。[52] 然而，2005 年年底，沙特阿拉伯选择了“台风”战机，而法国似乎与沙特就“边境监视项目”(Miksa 计划）在“原则上”达成协定，价值 70 亿欧元。[53] 法国还面对其他主要竞争。瑞典、俄罗斯和美国是前述印度 126 架战机的潜在供应方。市场分析人士似乎认为，欧洲的战机计划具有一定的竞争优势，

---

〔49〕 该数字包括了 2001 年 1 月 1 日至 2005 年 12 月 31 日之间 25 个欧盟成员国总的转让情况。欧盟成员国相互之间的交易市场可能会变化，因为欧盟成员国在欧洲防务局（EDA）的框架内达成了一个自愿性质的有关国防采购的行为准则，以减少欧盟条约第 296 条的不利影响。该条允许成员国不按照欧盟欧盟开放市场的规则购买军事装备。参见欧洲防务局“参加欧洲防务局的欧盟成员国防务采购行为准则”，2005 年 11 月 21 日，网址：URL〈http：//www. eda. eu. int/reference/eda/EDA－Code of Conduct－European Defence Equipment Market. htm〉。

〔50〕 B. Bombeau：“给印度的 SM－39‘飞鱼’”，《航空与航天》，2005 年 10 月 14 日，第 45 页；J. A. C. Lewis：“印度承认了‘鲉皮级’交易”，《简氏防务周刊》，2005 年 9 月 14 日，第 32 页。德国厂商与俄罗斯导弹融为一体的方案被印度拒绝。

〔51〕 ‘Arabie Saoudite’(沙特阿拉伯)，《航空与航天》，2005 年 10 月 14 日，第 6 页。

〔52〕 “更多的出口支持？”《航空与航天技术周刊》，2005 年 10 月 17 日，第 13 页；N. Mathews： “印度市场”，《航空与航天技术周刊》，2005 年 10 月 17 日，第 62 页；V. Raghuvanshi：“法印领导人讨论合作事宜”，《防务新闻》，2005 年 9 月 12 日，第 72 页。

〔53〕 “沙特阿拉伯：Al Yamamah III”，《防务新闻分析》，2006 年 1 月 2 日，第 1 页；“沙特阿拉伯关于欧洲战机‘台风’的承诺”，《空中信函》（Air Letter），2005 年 12 月 23 日，第 4 页。

因为它们不像美国的计划那样存在不确定性。[54]

2005 年，技术转让领域的争议也困扰着欧美关系，美国国会继续阻止美国政府对国际武器贸易实行豁免政策。豁免政策旨在加快和简化他国购买美国非控性军事装备的程序。[55] 还有迹象表明，如果欧盟取消对中国的军售禁令，联合攻击机项目（JSF project）的技术转让将面临复杂问题，从而引起了对政治和军工利益的关切，而且不只是在英国。[56] 2005 年，美国声称它打算禁止 C—295 运输机技术的再转让，西班牙准备将其出售给委内瑞拉。[57] 这些决定和威胁的存在加剧了欧洲关于在武器采购地区政策上进行协调和合作的争论，包括在欧洲防务局框架下共同研究与开发。这样做部分是出于规避美国出口控制政策的考虑，作为对应措施，一些欧洲的采购决定与美国的装备正好相撞。

小供应国

中国一直向那些在欧盟国家和美国看来都是有争议的国家出口主要武器。以色列作为出口国，其地位并不主要是因为转让主要武器，而是出口武器部件，协助外国武器现代化。印度、巴西和南非长期以来强烈希望增强其出口能力。最近几年，它们开始通过合作以提高各自在国际军火市场中的份额。

中国

1987 年，中国是主要常规武器的第三大出口国，占全球交货量

---

〔54〕 J. Dupont：“美国的鹰爪之下”，《航空与航天》，2005 年 10 月 18 日，第 18—31 页。

〔55〕 P. Spiegel：“英国否认放弃美国武器技术”，《金融时报》（网络版），2005 年 11 月 22 日；采访美国负责政治军事事务的前助理国务卿 Lincoln Bloomfield，《航空与航天技术周刊》，2005 年 1 月 31 日，第 22 页。

〔56〕 D. Mulholland：“取消欧盟军售禁令可能危及 JSF 项目”，《简氏防务周刊》，2005 年 3 月 2 日，第 20 页；D. Barrie：“别了，取消禁令”，《航空与航天技术周刊》，2005 年 6 月 20 日，第 42 页；G. Anderson：“英国被限制获得 JSF 技术是一个‘非常严重的问题’”，《防务工业》，2005 年 8 月，第 10 页；A. Sharman：“采访英国军工生产商协会主任”，《防务工业》，2005 年 9 月 28 日，第 29 页。

〔57〕 “美国阻挠对委内瑞拉的军售——报告”，路透社，2005 年 10 月 20 日，网址：URL 〈 http：//www. alertnet. org/thenews/newsdesk/L20659759. htm 〉； W. Matthews：“美国中止向委内瑞拉出售 C－295s”，《防务新闻》（网络版），2005 年 10 月 24 日。

的 9%。20 世纪 80 年代末期，它主要是因为向 1980—1988 年间两伊战争的双方出售武器，使武器转让量有了增加。与发展中国家中的其他供应国（如巴西）在两伊战争期间从武器出售中获利的情况一样，中国努力在战后保持其市场份额。但由于 1991 年的海湾战争展示了西方武器的优越性，同时 20 世纪 90 年代便宜且更加先进的俄罗斯武器越来越易于获得，对中国武器的需求则成了问题。[58] 2001—2005 年间，中国在全球主要武器转让中的份额不到 2%。

然而，由于加强了与俄罗斯、各个欧洲国家以及以色列的合作，中国的军事技术能力获得了提高。[59] 2005 年 4 月，巴基斯坦签署了一项护卫舰合同，价值 6 亿—7.5 亿美元；[60] 2005 年 9 月，尼日利亚购买 15 架 F—7 战机，价值 2.51 亿美元。[61] 不过俄罗斯明确表示，不会允许中国出售装有俄罗斯引擎的飞机，这导致了向巴基斯坦出口约 150 架 JF—17/FC—1 战机的计划无限期推迟。的确，许多中国先进武器都含有俄罗斯的主要部件，最主要的是引擎和电子设备。观察中国开发本国先进的武器系统及其市场营销的进展，歼—10 战机的列装是一个关键指标。一旦该系统具备出口条件，在向中等收入国家出售先进战机方面，中国将与俄罗斯面临直接竞争。[62]

---

〔58〕 D. Byman 和 R. Cliff R：“对华军售：动机与影响”（ RAND Corporation：Santa Monica，1999），网址：URL〈http：//rand. org/publications/MR/MR1119〉，第 vii 页。

〔59〕 E. Kogan：“俄中航天合作”，“国际关系与安全网：安全观察，安全研究中心，苏黎世，2004 年 10 月 6 日，网址：URL〈http：//www. isn. ethz. ch/news/sw/details. cfm? ID=9869〉。关于中国军事系统的最新发展，参见 S. Wezeman 和 M. Bromley：“国际武器转让”，《 SIPRI 年鉴 2005》（同注释［42］），第 422—425 页。

〔60〕“巴中在确定贷款方式后达成护卫舰交易：CNS”《新闻》（卡拉奇），2004 年 9 月 16 日，网址：URL〈http：//jang. com. pk/thenews/sep2004－daily/16－09－2004/main/main12. htm〉；S. Shaikh：“巴基斯坦将从中国购买四艘战舰”，《新闻》（卡拉奇），2005 年 4 月 5 日，网址：URL〈http：//www. jang. com. pk/thenews/apr2005－daily/05－04－2005/main/main4. htm〉；“巴将于 2013 年获得中国护卫舰”，《国家》，2005 年 7 月 8 日，网址：URL〈http：//nation. com. pk/daily/july－2005/8/index9. php〉。

〔61〕“达成石油交易后，尼日利亚花费 2.51 亿美元购买中国 F—7 战机”，《军工日报》，2005 年 9 月 30 日，网址：URL〈http：//www. defenseindustrydaily. com/2005/09/nigeria－spends－251m－for－chinese－f7－fighters－after－oil－deals〉。

〔62〕 S. Donnan 和 M. Dickie：“雅加达与北京酝酿导弹交易”，《金融时报》（网络版），2005 年 7 月 31 日；中等收入国家列于本卷附录 8A。

中国的军售政策在冷战时期至少部分是为了支持革命运动，现在则是与一些国家如巴基斯坦、伊朗和埃及等国加强战略关系的工具。这三个国家是 2001—2005 年间中国武器出口的最大客户。中国经济的增长导致对进口原材料，特别是石油和天然气依赖的增加。最近中国对柬埔寨、尼日利亚和苏丹的军售被看成是确保其获得必需资源的政策的一部分。[63]

中国未来作为武器供应国的角色，如同包括俄罗斯[64]在内的其他供应国一样，都有内在矛盾。中国增加其武器出口的最佳机会有赖于那些被西方供应国排除的国家。同时，为了发展与西方和俄罗斯装备相匹敌的武器系统，有赖于获得西方技术。如果中国所出口的目的国正是国际禁运的目标，或者是西方供应国国家出口政策限制的对象，中国要获得技术就可能被拒绝。[65]

自 2000 年以来，津巴布韦一直遭受欧盟和美国的武器禁运，无法得到 5 架鹰式教练机/轻型战机的零部件，这些飞机是早在 20 世纪 90 年代从英国购买的。[66] 2005 年 4 月，津巴布韦宣布购买 6 架 K—8 飞机，这是一种中国制造的飞机，类似于鹰式飞机。[67] 2005 年 12 月，美国对 9 家外国公司实施制裁，其中 6 家为中国公司，他们被控向伊朗出售了军事装备。[68]

以色列

尽管以色列的军事出口在国际上颇有名气，但具体情况很难确定。2001—2005 年间，在主要武器出口方面，以色列比中国的

---

〔63〕 Byman and Cliff（同注释 [58]），第 2—6 页。

〔64〕 俄罗斯装备使用国外部件的情况在增加。见本卷附录 9C。

〔65〕 S. Jones："中国改革其战略出口控制制度"，《简氏情报评论》，2005 年 4 月，第 30—34 页；另见 R. F. Grimmett：国会图书馆，国会研究部（CRS），"1997—2004 期间对发展中国家的常规武器转让"，CRS 国会研究报告 RL33051（美国政府印刷办公室：华盛顿特区，2005 年 8 月 29 日），第 9 页。

〔66〕 "从中国购买喷气战机系明智之举"，《非洲新闻》，2005 年 7 月 1 日。

〔67〕 M. Hartnack："穆加贝购买喷气战机"，*Mail and Guardian*（网络版），2005 年 4 月 13 日，网址：URL 〈http：//www. mg. co. za/articledirect. aspx? articleid=215053〉。

〔68〕 J. Murphy："美国对涉嫌向伊朗出售装备的公司实施制裁"，《简氏防务工业》，2006 年 2 月，第 7 页。援引伊朗一位不透露姓名的伊朗外交官的话称，伊朗打算依靠中国及其他友好国家满足对其军事航空的需求。见 B. Vogel："伊朗/中国讨论购买飞机问题"，《简氏防务工业》，2006 年 2 月，第 7 页。

规模小。以色列的大部分出口物项包括：小武器、弹药、电子装备和现代化武器，这方面尚无可靠的数据。[69] 对其出口同样难以定位。原因是，非以色列公司在市场上购买以色列生产的物品，或根据许可证进行生产。以色列的公司与欧洲国家的公司建立了伙伴关系，部分原因是为了打破市场保护，另一部分原因是从以色列购买武器在政治上是有争议的。据“长钉”（斯派克）反坦克导弹的生产商拉菲尔（Rafael）公司说，欧洲客户更适合于从欧洲斯派克公司而不是从以色列的拉菲尔公司购买。欧洲斯派克公司由拉菲尔公司和德国的迪尔公司和林梅特尔公司组建。芬兰、荷兰、波兰和罗马尼亚从欧洲斯派克公司订购了“长钉”（斯派克）导弹。[70] 拉菲尔公司还通过德国的蔡斯公司（Zeiss）出售其 Litening 瞄准系统。[71]

鉴于以色列长期面临着与联军在伊拉克所面临的相似的安全威胁，伊拉克持续的冲突给以色列带来了多笔出口生意。装甲车以及其他车辆保护装备被证明是有利可图的：2004—2005 年，美国下了价值 8400 万美元的订单，以保护其步兵战车（IFVs）。[72] 20 世纪 90 年代，以色列与土耳其建立了密切的军事合作关系，部分原因是因为土耳其感到它面临叛乱的威胁。2005 年，土耳其给以色列好几笔装备订单，其中关于无人驾驶飞机的一笔价值达 1.83 亿美元。[73]

印度是以色列的主要市场之一，特别是在以色列对华军售受阻

〔69〕 例如：AMI 与美国签署 3 亿美元军火订单。A. Ben－David：“以色列决定 IMI 的前途”，《简氏防务周刊》，2005 年 9 月 7 日，第 22 页。

〔70〕 A. Ben－David：“合作伙伴的力量”，《简氏防务周刊》，2005 年 11 月 23 日，第 22—23 页。

〔71〕 L. Sariibrahimoglu：“土耳其准备购买 Litening III 瞄准系统”，《简氏防务周刊》，2005 年 7 月 13 日，第 13 页。

〔72〕 A. Ben－David：“以色列准备提供额外的成套设备”，《简氏防务周刊》，2005 年 8 月 3 日，第 20 页。

〔73〕 土耳其对几宗大订单表现出新兴趣，包括对土耳其战机和坦克等进行现代化改造，空对地导弹和箭—2 反导系统等。参见 A. Ben－David：“以色列军工企业重新与土耳其做生意”，《简氏防务周刊》，2005 年 5 月 18 日，第 15 页。

之后（见前述）。〔74〕据印度国防部长普拉纳布·慕克吉（Pranab Mukherjee）称：过去三年间，印度和以色列签订了价值27.6亿美元的合同。〔75〕有消息人士称：一年内仅导弹出售及其现代化改造一揽子方案一项的价值就高达9亿美元。〔76〕包括正在谈判的以色列“箭”式反导导弹、“苍鹭”（Heron）无人机、激光目标指示器、反坦克导弹、联合开发的印度用增程巴拉克地对空导弹（Barak SAM）以及印度造得鲁夫（Dhruv）直升机。〔77〕得鲁夫直升机目前正由印度和以色列共同进行市场开发。〔78〕以色列还与国外公司特别是俄罗斯和乌克兰的公司进行合作，向印度出售武器或进行现代化改进。〔79〕

印度的采办政策在购买国内军品与增加从国外进口之间徘徊。许多国内项目因技术困难而推迟。印度政府声称：可能要增加直接进口以加快军事部署，虽然这有悖于其立足于国内的政策。〔80〕假如以色列越来越成为印度的武器供应国和军工合作伙伴——而实际上也很有可能，就像美国那样——俄罗斯与它这个主要军火市场之一的贸易就

〔74〕 M. A. Pomper：“美国和以色列试图削减与中国的武器交易”，《今日军控》，2005年7/8月，第31—32页；以色列也有几个较小的市场。越南在2005年秋与以色列签署了电子战装备买卖，同时进行着购买可发射含集束子弹药炮弹的火炮生产技术。参见R. Karniol：“以色列扩大与越南的电子战装备买卖”，《简氏防务周刊》，2005年10月5日，第7页。无人飞机（USV）是以色列出口的拳头产品，2004年以色列向新加坡出售了数架“保护者”USV，《简氏防务周刊》，2005年5月25日，第5页。

〔75〕 这将使以色列成为仅次于俄罗斯的印度第二大武器供应国。R. Bedi：“印度常规防务采购激增”，《简氏防务周刊》，2005年9月14日，第42页。

〔76〕 俄罗斯对印度的军售每年约15亿美元。Bedi（同注释［75］）。

〔77〕 A. Ben－David和A. Bedi：“装备买卖加强以色列与印度的关系”，《简氏防务周刊》，2005年1月19日，第7页。

〔78〕 A. Ben－David ：“IAI和HAL推销美国直升飞机”，《简氏防务周刊》，2005年6月1日，第19页。

〔79〕 例如，以色列Elbit公司与乌克兰Aviant公司联手对印度大批安—12运输机进行现代化改造，价值约7000万美元。N. Novichkov：“Aviant将升级印度安—12运输机”，《简氏防务周刊》，2005年5月4日，第15页。

〔80〕 与该表态相对应，印度工商联合会呼吁削减进口以创造更多的就业岗位。G. Anderson：“印度可能在全球范围内进行采购以‘应对安全威胁’”，《简氏防务工业》，2005年7月，第5页；G. Anderson：“印度面临减少军事进口的呼声”，《简氏防务工业》，2005年8月，第11页。

将萎缩。[81]

巴西、南非和印度：竞争还是合作?

巴西是20世纪80年代的主要出口国，据报道每年出口额达15亿美元，[82] 如今萎缩至约4亿美元。2005年，巴西政府声称要将增加出口置于优先位置，这既是出于资金的考虑，也是为了扩大在国际事务的影响。巴西武装力量和私营工业部门制定了一个国防工业计划，目的在于通过税收、信贷、私营企业与大学合作研究等方式推动国防工业发展，促进出口。[83]

南非本国的军火工业是在国际社会对种族隔离政策实施禁运的时期发展起来的，[84] 到20世纪80年代和90年代初，其武器转让能力已经达到一定的水平。从90年代中期开始，南非的主要出口产品一直是轻型和中型装甲车以及新的或经过现代化改进的剩余设备，提供给参与维和行动的国家和组织。

与南非不同，**印度**对国际军火市场的开拓并不成功。印度军火工业规模庞大，但其军事装备的进口比例却在70%以上。印度新政府于2004年5月成立了一个独立委员会，该委员会在2005年发表了一份报告，建议改进印度军火工业的表现，包括实行国家补助政策，扩大私营化以及增加出口等。[85]

作为更广范围政策的一部分，巴西、印度和以色列曾试图相互协调，甚至将各自的军工资源整合在一起，以扩大各自的能力和军火出口。2003年6月，印度、巴西和南非三国外长签署“巴西利亚宣

---

〔81〕 S. Blank：“军售与技术转让在印度与以色列关系中的地位”，《东亚事务月刊》，第19卷第1期（2005），第200—241页；R. Menon 和 S. Pandey：“一个民主的轴心?”《国际利益》（The National Interest），第80期（2005），第29—36页。

〔82〕 S. Lehman：“巴西计划恢复其曾经盈利的防务工业”，美联社，2005年3月7日。不过，根据SIPRI的数据，巴西在20世纪80年代每年的转让额从未超过2.5亿美元，而且几乎都是卖给两伊战争中的交战双方。

〔83〕 “巴西寻求武器出口收益”，《简氏防务周刊》，2005年5月4日，第10页。2005年3月，巴西国防部后勤部长空军将军查维斯称，“一个没有强大国防工业的国家是一个没有声音的国家”。Lehman（同注释〔82〕）。

〔84〕 P. Batchelor 和 S. Willett：《南非的裁军与防务工业调整》（SIPRI，牛津出版社，1988）。

〔85〕 Bedi：“报告敦促印度军工企业崛起”，《简氏防务周刊》，2005年4月20日，第21页。

言”，创立了印度—巴西—南非对话论坛（IBSA）。该项举措旨在促进就地区和国际问题交换看法，推动相互间的合作。[86] 三国承诺“在军工生产，共同开发，贸易和联合市场开拓方面展开合作”，“探讨三国研究机构以及各自军工企业之间相互协调的途径，以便确定具体的合作项目”。[87]其中一个例子是，巴西的军工企业参与了南非A—Darter 空对空导弹的开发，这是巴西空军于 2006 年初选定的一个项目。[88]

2005 年 10 月，上述合作倡议遭到严重挫折。印度在经过长达 5 个月的调查之后，撤销了所有与南非 Denel 公司之间的合同。有指控说，该公司在赢得印度合同的过程中有行贿行为。[89] 而同时，三国国内对三边合作原则的支持似乎也比较有限。在合作项目的天然支持者左翼政治阵营内，支持态度出现了分化。支持意见主要是基于南南合作的精神，反对意见主要是因为该项目是对经济自由化的鼓励。在巴西右翼势力当中，外交部内的自由派、学院派以及商业和农业领域的代言人声称，重点发展与发达国家的关系更符合国家的利益。[90] 事实上，进一步合作的前景并不看好，主要是因为三国的军工部门，特别是南非的军工部门，均与主要的武器生产国进行着合作，并向这些国家出售军事装备。例如：南非就于 2005 年向瑞典、意大利和美国出售了大批轻型装甲车。其中一些交易是根据协定而进行的，目的在于补偿南非大量的武器进口。还有一些交易属于南非以及欧洲公司

〔86〕 C. Alden 和 M. Antonio Vieira：“南非新外交：南非、巴西、印度和三边主义”，《世界季刊》第 26 卷，第 7 期（2005），第 1077—1095 页。

〔87〕 印度—巴西—南非（IBSA）对话论坛三边委员会会议：《合作与行动计划新德里议程》，网址：URL〈http：//www. southcentre. org/info/southbulletin/bulletin75/bulletin75—05. htm〉。

〔88〕 “巴西选择 A—Darter”，《国际飞行》（网络版），2006 年 2 月 14 日。

〔89〕 K. Phasiwe：“Denel 贿赂案打击南非武器贸易”，《商务日》（网络版），2005 年 10 月 4 日，网址：URL〈http：//www. businessday. co. za/PrintFriendly. aspx？ ID＝BD4A98377〉。该决定废除了 3 年之久的 400 支步枪订单以及 155 毫米自行火炮（Denel 公司提供支持，印度产）交易。该决定还影响到 Denel 公司参与 180 门牵引火炮的竞争。参见 H. Helmoed—Römer：“印度撤销与 Denel 的合同”，《简氏防务周刊》，2005 年 10 月 12 日，第 20 页。

〔90〕 Alden 和 Antonio Vieira（同注释［86］），第 1091 页。

参与的联合对外投标或跨境并购。[91]

作为武器进口国的伊拉克

在 1990 年 8 月入侵科威特之前，伊拉克是最重要的主要武器进口国之一。1970—1990 年间，苏联、法国、中国、捷克和波兰是 5 个最大的供应国。伊拉克入侵科威特之后，联合国安理会对其施以严厉制裁，禁止各国向伊拉克提供军事装备。2004 年 6 月，武器禁运作了修改，伊拉克政府重新变成合法的武器进口国。根据 SIPRI 的数据，2005 年，伊拉克成为第 23 大主要武器的进口国，占全球总量的 1%。尽管这一数字不高，但是仍需简要考察一下订单与交付情况，主要有两个原因：第一，伊拉克很有可能再次成为本地区最大的军事装备进口国。伊拉克的部队如今几乎完全依赖武器进口，因此简要了解哪些公司或国家自 2004 年以来向伊拉克出口的武器装备，可以得知谁将成为未来主要的供应者。第二，美国能否履行其承诺，从作战第一线撤出，将安全责任转交给伊拉克部队，取决于伊拉克部队的训练和装备水平。[92]

最近的采购

除了 2003 年以前武库中残留的一些装备外，2004 年 6 月以后伊拉克主要从三个渠道获得军事装备：通过联军司令部代买；接受其他国家捐赠；通过伊拉克政府签订合同购买。[93] 在 2004 年 6 月 28 日主权移交前，联军临时管理当局负责管理为伊拉克部队购买军事装备的合同。主权移交后，美国使馆内部设置的“项目与合同组织（PCO）为伊拉克政府机构筹集了 180 亿美元援助款”。[94]“驻伊多国安全过渡司令部”（MNSTC—I）负责伊拉克安全部队的训练与装备

---

〔91〕 H－R. Heitman：“叩击机会”，《简氏防务周刊》，2005 年 8 月 3 日，第 24—29 页。

〔92〕 关于伊拉克境内的冲突以及训练伊拉克安全部队问题，见本卷第 2 章。

〔93〕 B. Mroue：“伊拉克军方调查存在问题的采购案：官员公开贪腐调查”，《华盛顿时报》，2005 年 8 月 10 日，第 12 版。

〔94〕 J. Pappalardo：“美国准备重新武装伊拉克”，《国防》，2004 年 10 月，网址：URL〈http：//www.nationaldefensemagazine.org/issues/2004/oct/US _ Moves.htm〉，第 14 页。

工作。[95]

2004 年 5 月，美国的最大一份合同授予了位于弗吉尼亚的 Anham合资公司，总金额 2.59 亿美元，用于装备和训练伊拉克新的军队。该合同包括提供各种地面车辆、手枪以及轻重机枪等。[96] 2005 年 4 月，美国陆军授予一家财团价值 1.744 亿美元的合同，内容是向伊拉克部队提供通信装备。经美国批准，其中一项价值 2900 万美元的分合同授予了一家中国国有公司。1996 年，该公司在加利福尼亚被控向美国偷运了 2000 支 AK—47 步枪。[97]

此外，伊拉克政府还从许多国家接受军援。阿联酋向伊拉克部队捐赠了 44 辆 M—3 装甲运兵车，约旦政府提供了 16 架 UH—1H 直升飞机。[98] 联军军事援助训练团（CMATT）同意支付维修飞机的费用。2005 年 2 月，欧洲提供了最大的一笔捐助，内容包括匈牙利的 77 辆二手 T—72 坦克，由北约伊拉克训练团（NTM—I）主持移交。美国的 Defense Solutions 公司与伊拉克政府达成了价值 340 万美元的维修合同。该费用可能包含在美国的军援之中。[99]

2004 年 6 月主权移交后，伊拉克政府开始自行为其军事装备授予合同，波兰似乎再次成为最大的供应国。据报道，到 2005 年 7 月，伊拉克国防部授予波兰 Bumar 公司 35 份合同，价值 4 亿美元。[100] 这

---

〔95〕 MNSTC－I，网址：〈http：//www. mnstci. iraq. centcom. mil/mission. htm〉。

〔96〕 M. Scully："美国公司赢得 2.59 亿美元合同武装伊拉克"，《防务新闻》，2004 年 5 月 31 日，第 22 页。根据新闻报道，"乌克兰公司将提供合同约定装备的 65%，包括约 1500 辆 16 座运兵车和 2000 辆 6 座运兵车"。参见 T. Warner："乌克兰将成为主要的陆军装备供应国"，《金融时报》，2004 年 6 月 18 日，第 8 版；"乌克兰将向伊拉克提供 2000 辆卡车"，《基辅国际传真》，2004 年 7 月 14 日，对外广播信息处（FBIS），FBIS－SOV－2004－0714，2004 年 6 月 14 日。

〔97〕 J. S. Landay："美国指控中国公司涉嫌向伊拉克走私武器"，《匹兹堡邮报》，2005 年 4 月 28 日，第 A4 版。

〔98〕 T. Baranauskas："德国和阿联酋帮助装备新的伊拉克军队"，《国际政府与军工集团预测，2004 年 12 月 20 日，网址：URL〈http：//www. forecast1. com〉；"在约旦组建空军部队以支持伊拉克陆军"，《简氏防务周刊》，2004 年 3 月 24 日，第 14 页。

〔99〕 D. Lockwood："Defense Solutions LLC 准备改造匈牙利多余的 T—72 坦克给伊拉克"，国际《军用车辆预测》，2005 年 5 月 10 日；"英国向伊拉克提供更多的装备"，《简氏防务周刊》，2005 年 6 月 8 日，第 18 页。

〔100〕 D. Lockwood："伊拉克向波兰定购装甲车"，《国际军用车辆预测》，2005 年 7 月 25 日。

些合同包括 20 架 W—3 直升飞机，价值 1.2 亿—1.3 亿美元；24 架二手 Mi—8MTV 直升飞机，价值 1.05 亿美元。[101] 不过，当得知 W—3 直升飞机将推迟数年方能交货后，伊拉克政府将订单削减为 2 架，并通过 Bumar 公司从俄罗斯订购了 10 架 Mi—17 直升飞机。[102] 2005 年，波兰还批准了向伊拉克部队出售装甲运兵车的许可证。

波兰能与伊拉克政府之间有这些合同，部分原因似乎与波兰向伊拉克派驻部队有关。[103] 波兰在试图获得由美国提供资金的军事装备合同方面大多不成功，因为这些合同主要授予了美国公司。然而，与 2004 年的情况相比，在伊拉克驻军以及在投标方面的经历都成了波兰的有利条件。另有报道说，波兰还得益于主权移交后伊拉克负责装备的部长扎伊德·卡坦（Ziad Cattan）曾在波兰学习过。[104]

主要问题

美国通过对三种采购方式的深度参与，主导着未来伊拉克安全部队的规模和构成。[105] 这一控制在军事装备、他国捐赠装备的现代化改造与运输的合同授予方面表现尤为明显。甚至在伊拉克政府所发售的合同中也能明显看到美国的影响，因为很多此类合同都曾由过渡当局签署，其授予哪些国家大部分由美国圈定。[106]

自萨达姆政权被推翻后，重新装备伊拉克部队步履缓慢，一直备

---

[101] “伊拉克在波兰的‘疯狂购物’”，《简氏防务周刊》，2004 年 12 月 22 日，第 7 页。

[102] A. Nikolsky：“俄罗斯将从伊拉克战争中小赚一笔”，*Vedomosti*（网络版），2005 年 8 月 2 日。

[103] “限制与伊拉克签约惹怒美国盟国”，《国际先驱论坛报》，2003 年 12 月 11 日，第 1 版。

[104] N. R. Baczynski 和 Bumar CEO：“波兰军火商害怕在伊拉克作生意，一家军火企业例外”，Polityka（华沙），2004 年 11 月 13 日，BBC“监视”栏目译自波兰文。

[105] J. Pappalardo：“美国准备重新武装伊拉克”，《国防》，2004 年 10 月，网址：URL〈http：//www. nationaldefensemagazine. org/issues/2004/oct/US _ Moves. htm〉，第 14 页。

[106] Cockburn，P.，“伊拉克的 10 亿美元到哪里去了？”《独立报》（网络版），2005 年 9 月 19 日，网址：URL〈http：//news. independent. co. uk/world/middle _ east/article313538. ece〉.

遭批评。[107] 按照美国陆军战争学院安德鲁·特里尔教授的看法，美国最初不愿将重型装备转交给伊拉克部队。美国计划是保持一支“极其弱小”的伊拉克军队，使之不能对其邻国造成威胁，或对美国支持的政府发动政变。[108] 然而，很多伊拉克内部问题影响着伊拉克部队的组建。到 2005 年，这种担心被另一种认识所取代，这就是，需要组建一支伊拉克部队，其强大程度足以在美国撤出后继续得以维持。明显的证据是，美国出资组建了两个伊拉克重型装备师，包括两个 T—72 坦克营，两辆 T—52 坦克和 5 辆部兵战车。大部分此类装备来自伊拉克的武库。[109]

即使现在，仍然缺乏装备，特别是缺乏装甲车，具体原因不明。也许是因为美国一直拒绝提供某些类型的装备，[110] 也许是因为伊拉克国防部内部的麻烦。2005 年年中，伊拉克的采购过程一直受到腐败的困扰，导致资金流失。所购买的装备过时、不当或不能正常使用。[111] 大部分腐败涉及向波兰和巴基斯坦购买武器的资金分配。[112]

2005 年 8 月，瑞士政府冻结一笔向阿联酋出售 180 辆二手 M—

---

[107] A. H. Cordesman：“伊拉克军事、安全和警察力量的关键作用：必要性、问题和进展”（战略与国际问题研究中心，华盛顿特区，2004 年 10 月），网址：URL〈http://www.csis.org/component/option，com _ csis _ pubs/task，view/id，1241〉，第 13 页。

[108] G. Grant：“T—72 坦克将加强伊拉克军力”，《防务新闻》（网络版），2005 年 10 月 24 日。

[109] Grant（同注释［108］）。

[110] 2005 年 8 月，据报道伊拉克地面部队司令加希姆（Abdul Qader Mohammed Jassim）将军称他的军队需要直升飞机和火炮，美国占领当局则声称不需要这些武器。参见 C. S. Smith：“美国对于向伊拉克提供重型武器持谨慎态度”，《纽约时报》，2005 年 8 月 29 日，第 5 页。

[111] Cockburn（同注释［106］）：“伊拉克武器采购普遍存在腐败”，Knight Ridder，2005 年 7 月 15 日；H. Allam：“对伊拉克武器交易的审计发现普遍存在欺诈现象”，《费城调查》，2005 年 8 月 14 日。

[112] 2005 年 10 月，伊拉克政府对前国防部部长以及其他 22 名现任官员发布逮捕令，指控他们涉嫌盗用资金。一名遭到指控的人声称应该起诉的人只有 4 到 5 人，这使得情况更为扑朔迷离。按照国防部人力资源负责人奥贝迪（Mumtaz al－Obeidi）的说法，剩余的逮捕令是 2 个主要什叶派政党从独立派人士和逊尼派政党手中攫取国防部关键职位的筹码。参见 P. Martin：“伊拉克以在国防采购中贪污为由对 23 人提出指控”，《华盛顿时报》，2005 年 10 月 12 日，第 1 版。

113 步兵战车的交易，这些装备原本是要捐赠给伊拉克的。瑞士当局声称：这笔交易不能进行，除非伊拉克政府保证不将此批战车用于作战行动。[113] 2005 年 10 月，阿联酋取消了这笔交易，声称不能再等了。[114] 有迹象显示，其他西欧国家对于向伊拉克出口武器存在同样的疑虑，即伊拉克是一个存在武装冲突且不断遭到侵犯人权指控的国家。只要西欧国家受到其武器出口政策的约束，中东欧国家（如波兰）就有可能成为对伊拉克的最大武器供应国。

第三节 国际武器禁运

2005 年，执行当中的国际禁运有 21 项，其中 9 项为联合国强制性禁运，[115] 12 项为少数国家集团实施的禁运。在后 12 项当中，有 9 项为欧盟实施，1 项为欧洲安全与合作组织实施，1 项为非洲联盟实施，1 项为西非国家经济共同体（ECOWAS，西共体）实施。1996 年联合国对阿富汗实施的非强制性禁运仍未取消，但自 2001 年开始就不再执行。[116]

2005 年，西共体和非洲联盟首次制定禁运措施。2 月 19 日，西共体宣布对**多哥**采取“全面武器禁运”，原因是，福雷·纳辛贝（Faure Gnassingbé）在其父亲去世后，在军队支持下非法地成为多哥总统。[117] 非盟委员会于 2005 年 2 月 20 日首次要求其成员国支持

[113] “瑞士冻结与伊拉克的装甲车交易”，《防务新闻》（网络版），2005 年 8 月 15 日，网址：URL〈http：//www. defensenews. com〉。

[114] “向伊拉克出售坦克的交易被取消”，《瑞士信息报》，2005 年 10 月 6 日，网址：URL〈http：//www. defense－aerospace. com〉。

[115] 这里将国际武器禁运定义为由国际组织或国家集团实施的武器禁运。单个国家实施的禁运在本章不予讨论。

[116] 关于国际武器禁运的清单见 SIPRI 武器转让项目网页，网址：URL〈http：//www. sipri. org/contents/armstrad/embargoes. html〉。

[117] “西共体对多哥实施制裁”，新华社，2005 年 2 月 19 日，网址：URL〈http：//news. xinhuanet. com/english/2005－02/20/content_2595727. htm〉。

西共体的制裁措施。2 月 25 日，非盟通过了自己的制裁措施。[118] 2 月 26 日，西共体的制裁因纳辛贝下台而取消。[119] 不过，非盟的制裁一直维持到 5 月 28 日纳辛贝赢得总统选举。[120] 由于制裁持续的时间较短，西共体以及非盟的非成员国是否也遵守了上述制裁难以断定。

联合国的禁运

2005 年，联合国既没有实施新的禁运，也没有取消旧有的禁运。7 月，联合国安理会拒绝了非盟和东非政府间发展组织（IGAD）关于取消对**索马里**武器禁运的要求。非盟和东非政府间发展组织希望取消禁运，以便能够在那里部署维和部队。然而，安理会希望，先由根据 2004 年和平协定建立的索马里过渡联邦政府提交有关该国安全的详细计划，然后再考虑取消禁运问题。[121] 就在此时，出现了向索马里偷运武器的现象，过渡联邦政府首脑索马里总统称，他在为其部队采购武器，而联合国认定，反对派也获得了武器，包括大型系统，如防空高射炮。[122]

根据联合国专家组的结论，联合国对**刚果民主共和国**（DRC，民主刚果）的禁运不断遭到违反。该专家组 2005 年 1 月发表的报告

---

[118] “多哥为选举作准备，Gnassingbé 把持权力”，《阿弗罗尔新闻》，2005 年 2 月 21 日，网址：URL〈http：// www. afrol. com/articles/15678〉；“非盟呼吁扩大对多哥的制裁”，BBC 新闻在线，2005 年 2 月 25 日，网址：URL〈http：//news. bbc. co. uk/2/4297183. stm〉；“非盟以制裁教训多哥”，IOL（网络版），2005 年 2 月 25 日，网址：URL〈http：//www. iol. co. za〉；“非洲联盟要求多哥总统辞职，并进行公平选举”，美联社 2005 年 2 月 26 日，网址：URL〈http：//www. signonsandiego. com/news/world/20050226－1030－togo. html〉。不过非盟在其网站上没有 任何关于实施武器禁运的正式宣告。

[119] “西共体取消多哥制裁”，News24. com，2005 年 2 月 26 日，网址：URL〈http：// www. news24. com/News24/0,，2－11－1447 _ 1668384，00. html〉。

[120] E. Blunt：“非洲联盟解除对刚果的禁运”，《BBC 新闻在线》，2005 年 5 月 27 日，网址：URL〈http：// news. bbc. co. uk/2/4588281. stm〉。但是，非洲联盟 5 月 27 日的公报没有明确提及取消非洲联盟的制裁问题，非州联盟第 30 次和平与安全理事会会议公报，亚的斯亚贝巴，2005 年 5 月 27 日，网址：URL〈http：//www. africa－union. org/psc/30th/30th Communiqué _ Eng. pdf 〉。

[121] E. Blanch：“外界担心索马里重燃内战”，《简氏情报评论》，第 17 卷第 8 期，第 4 页；J. Kucera “在索马里的维和部队有可能减少”，《简氏防务周刊》，2005 年 10 月 5 日，第 6 页。

[122] Blanch（同注释［121］）。

指责乌干达在2004年靠出口武器换取矿产。乌干达否认向民主刚果任何一方提供武器。[123] 还有证据表明，对**科特迪瓦**的禁运也遭到了违反。一家在丹麦注册的货船为科特迪瓦部队运送了22辆“军用车辆”。联合国维和部队没收了这批车辆，但车辆来源并不清楚。[124]

欧盟的禁运

2005年欧盟在执行中的禁运有9项。[125] 11月14日，**乌兹别克斯坦**成为欧盟的禁运对象，因为乌政府拒绝就镇压2005年5月和平示威一事进行独立的国际调查。[126]

欧盟成员国之间，以及欧盟与美国之间关于可能取消对**中国**武器禁运的激烈讨论在2005年有所冷却。激烈的争论出现在上半年。美国主张维持禁运，并威胁对任何向中国出口武器的国家实施武器和敏感技术出口限制，还规定美国政府机构5年内不得跟任何向中国出售武器的公司做生意。[127] 然而，2005年中期，英国和德国国内政治的发展，或多或少使这一问题在欧盟的日程上被边缘化了。

第四节　武器转让报告与透明

国际武器贸易金额

SIPRI趋势指示值的引入，并非为了评估某个国家或全球的军火市场的经济规模。[128] 不过，有了供应国政府发布的金额数据，就可

[123] “基桑加行动”，《非洲机要》，2005年2月4日，第5页。

[124] “违反武器禁运威胁象牙海岸停战”，《星期日电讯》，2005年7月17日，第27页。

[125] 欧盟对波斯尼亚和黑塞哥维那的禁运于2006年1月取消。

[126] 欧盟理事会：“2005年11月14日欧盟理事会关于对乌兹别克斯坦采取限制措施的共同立场”，《欧盟官方议事录》，L299（2005年11月16日），网址：URL〈http://europa.eu.int/eur-lex/lex/JOIndex.do〉。

[127] 例如，美国国防部《中国军力报告》提出的保持对中国武器禁运的若干理由都与军事力量有关，而非人权问题。美国国防部（同注释［42］）；J. Murphy：“美国警告欧盟解除对华军售禁令所面临的风险”，《简氏防务周刊》，2005年7月27日，第19页。

[128] 见注释［1］。

能对全球军火贸易作出粗略的估计。现有数据的最近的年份是 2004 年估计在 440 亿—530 亿美元之间，占世界总贸易额的 0.5%—0.6%。[129] 这些有关单个国家的数据的可比性有限，因为数据的搜集方法以及对“武器”和“军事装备”的定义都不同。

多少年以来，本章首次提供了一份关于各国武器出口额的政府和军工企业数据的列表（表 10.2）。

国际透明

武器转让公开透明的两个主要机制包括 1992 年的《联合国常规武器登记》（UNROCA）以及根据 1998 年《欧盟武器出口行为准》操作条款第八条于 1999 年开始实施的年度报告制度。

联合国常规武器登记

2005 年对《联合国常规武器登记》制度作出响应的国家总数约为 120 个，与上一年持平。[130] 响应最少的地区近几年来没有变化，它们是中东（没有一个国家响应）、非洲和东北亚。自 1998 年以来，中国未提交报告，朝鲜从未提交过报告，而联合国不要求台湾地区提交报告。

《联合国常规武器登记》制度显示，所报告的出口数据和进口数据有很大的差异，而且各国用以确定报告何种武器以及如何界定“转让”的标准也有不同。有些国家，如澳大利亚和瑞典，继续拒绝报告进口数量和/或出口类别第 7 类中的项目（包括导弹和导弹发射器，2003 年后增加了便携式防空系统）或本国武库中的上述项目。其他国家如英国，只是报告了《联合国常规武器登记》界定的某些导弹和发射器，而且并非全部也不总是具体说明所报告的究竟是导弹数量还是发射器数量。[131]

---

[129] 2004 年全球出口总额为 90450 亿美元。国际货币基金组织，国际金融统计在线，网址：URL〈http：//ifs. apdi. net/imf〉。

[130] 1992 年以来向《联合国常规武器登记》制度提交的数据可从网上获得，网址：URL〈http：//disarmament. un. org/cab/register. html〉。

[131] 英国报告了若干种导弹的数据。从其他来源得知，英国所报告的空射导弹用于英国皇家空军。所报告的地空导弹的数量只是发射架而非导弹本身。英国未报告现役的舰射导弹（如鱼叉反舰导弹或 BGM—109 对地攻击导弹）。

表 10.2　1998—2004 年武器出口额(根据国家政府和工业界来源统计)

表中数字以百万美元为单位,以 2003 年不变价格计算。

国家[a]	1998	1999	2000	2001	2002	2003	2004	涵盖内容
澳大利亚	10	368	23	53	..	..	..	军品交运额(头年 7 月 1 日至次年 6 月 30 日)
奥地利	262	465	554	359	226	278	19	武器出口许可额
比利时	815	732	767	789	1106	752	658	武器出口许可额
巴西	79	441	191	301	171	49	278	军品出口额
加拿大	320	323	344	397	442	..	..	军品交运额(不包括向美国的出口)
捷克共和国	115	106	86	56	74	94	109	武器出口额
丹麦	..	..	..	71	109	90	123	武器出口许可签发额
芬兰	39	47	23	37	52	55	51	武器出口额
法国	7422	4457	2671	2947	4265	4854	8667	武器及相关服务交付额
德国	858	1711	670	341	307	1505	1366	“战争武器”出口额
希腊	..	51	21	47	50	126	18	武器出口许可额
印度	38	19	..	..	48	94	66	军品出口利润(头年 4 月 1 日至次年 3 月 31 日)
爱尔兰	25	71	31	50	35	40	33	武器出口许可额
以色列	2120	1774	1885	2078	2045	2350	2532	军品出口交付额
意大利	131	1043	595	515	470	711	581	军事装备交付额
韩国	166	218	59	208	..	240	409	武器出口额
立陶宛	0	0	0	0	13	..	4	武器出口许可额

国家[a]	1998	1999	2000	2001	2002	2003	2004	涵盖内容
荷兰	542	431	411	605	434	1299	755	军品出口许可额
挪威	155	174	129	185	294	427	291	国防物资实际交付额
巴基斯坦	. .	33	43	83	102	100	97	武器出口额
葡萄牙	19	13	13	10	6	28	18	武器出口额
罗马尼亚	63	74	41	26	45	70	41	武器出口额
俄罗斯	2933	3744	3931	3849	4929	5400	5629	军事装备出口额
斯洛伐克	41	61	47	97	32	42	75	军事物资出口许可批准额
斯洛文尼亚	7	1	3	4	2	2	1	武器出口许可额
南非	132	198	213	210	249	410	. .	出口许可签发额
西班牙	206	166	136	215	265	432	491	国防物资出口额
瑞典	499	488	510	308	361	801	966	军事装备实际交付额
	629	521	666	503	690	1182	1371	对军事用户的军品、其他物品、服务以及软件出口额
瑞士	166	171	135	159	182	281	315	战争物资出口额
中国台湾地区	0	0	<1	<1	2	<1	<1	武器出口额
土耳其	90	93	131	139	254	331	191	武器出口额
英国	3676	1753	2781	2292	1444	1621	2481	军事装备出口额
	11264	7515	7121	6302	6317	7427	9208	国防物资及其他航空设备与服务的实际交付额
乌克兰	338	. .	534	519	511	500	. .	武器出口额

国家[a]	1998	1999	2000	2001	2002	2003	2004	涵盖内容
美国	19428	19947	13855	10049	10528	13327	18071	武器交付额
	14869	19375	11657	13321	10821	12043	17822	对外军售交付额加上许可的商业出口额(头年 10 月 1 日至次年 9 月 30 日)
世界总计[b]	**37720—48789**	**37025—45202**	**32785—35589**	**27001—33897**	**29290—38407**	**37207—43041**	**44219—53271**	

. . =没有数据

注:按照报告年份的市场兑换率和美国消费者价格指示(CPI)转换为 2003 年美元不变价格。国别武器出口数据不能完全获得或具备可比性。收集的数据使用了不同的标准:在某些情况下,有关数据是基于工业部门提供的自己的武器出口值。另有一些情况是基于特定年份被确定为军事装备通关的货值。其次,数据收集机制所涵盖的货物清单差异巨大。例如:德国有关“战争武器”介值的数据值包含德国发放出许可的军事装备。

a 表中仅列出 7 年间至少有 4 年官方数据的国家。

b 根据 SIPRI 武器转让数据库,本表中所列国家仅占主要常规武器交付总量的 90%。加上武器出口的金额,有可能估计出全球武器贸易的总金额。由于一些国家所发布武器出口数据不止一个版本,此类估计只是一个大致范围,包括报告的最低值和最高值。有些国家在某些年份没有官方数据,则假定该缺失数据的国家的变化率等同于平均值。在计算全球总量之前,所有国家的数据转化为日历年,假定相关年份之间数据是等分的。

资料来源:数据基于报告,通过从直接引用相关政府或工业企业的数据或直接与之联系获得。某些国家用的是发放许可的武器出口值,因为只有这些数据。所罗列的资料以及所有可获得的武器出口数据,见 URL〈http://www.sipri.org/contents/armstrad/at_gov_ind_data.html〉。

即使是一些强烈支持武器转让透明原则的国家，也对《联合国常规武器登记》制度表现出了政治上的敷衍态度。例如：英国的报告在若干方面出现倒退，倾向于较少的透明。[132] 作者与有些欧洲国家的一些官员进行私下讨论时发现，很多人认为像《联合国常规武器登记》这样的透明机制价值有限。

欧盟武器出口行为准则

2005 年 12 月，欧盟公布了第七份关于执行欧盟武器出口行为准则的年度报告。[133] 2004 年，其成员国同意，如果可能的话，应将违反欧盟军品清单类目的许可和实际出口情况列入报告之中。[134] 按照目的地以及欧盟共同军事清单中 22 个类目提交包括已批准的许可和实际出口额数据的成员国数量从第六份年度报告的 11 个上升到第七份年度报告的 20 个。这 20 个国家中，13 个按照分解细目提交了已批准的许可和实际出口的数据，其余仅提交了两大类中的一类数据。

2004 年 5 月加入欧盟的 10 个国家均按照目的国和欧盟军事清单类目提交了已批准的许可出口以及实际出口额的数据。考虑到这仅要求这些国家向欧盟年度报告自愿提交数据的第二年，要求强制提交数据的第一年，这是一个重要的成就。[135] 欧盟年度报告中各国提交数据的综合性和可比性也有很大改进。即便如此，要对有关物品进行描述，或评价各国对欧盟行为准则的解释和适用情况，提交的金额数据的可用性仍然存在问题。[136]

---

[132] 进口数据缺，出口数据部分有误（注明含有交付印度的 24 架“鹰”Mk—132 飞机，虽然这些飞机到 2005 年年底尚未生产），注明含有国内采购的数据，但实际上没有。

[133] 欧盟理事会：“根据欧盟武器出口行为准则第 8 条提交的第七份年度报告”，《欧盟官方通报》C328（2005 年 12 月 23 日），网址：URL〈http：//europa. eu. int/eur－lex/lex/JOIndex. do〉。

[134] 常规武器出口工作组（COARM），2004 年 6 月 22 日会议结论。

[135] 第六份年度报告，2004 年发布，涵盖发布的出口许可证和 2003 年的实际出口。塞浦路斯、捷克共和国、爱沙尼亚、匈牙利、拉脱维亚、立陶宛、马耳他、波兰、斯洛伐克和斯洛文尼亚于 2004 年 5 月 1 日加入欧盟，因此没有提交数据的义务，不过，希望它们在可能的情况下提交 2003 年的数据，其中有 8 个国家提交。

[136] 参见 S. Bauer 和 M. Bromley：“欧盟武器出口行为准则：改进年度报告”，SIPRI 政策报告第 8 期（SIPRI：斯德哥尔摩，2004 年 11 月），网址：URL〈http：//www. sipri. org〉。

国家透明

2005 年 2 月，**爱沙尼亚**公布了首份武器出口年度报告，对 2004 年的活动作了详细描述。该报告以爱沙尼亚文和英文发表，提供了业已批准许可的军事装备和两用物品的进出口和转口信息。报告详细列举了有关物品的种类、价值及其目的地。[137] 2005 年 2 月，**波斯尼亚和黑塞哥维那**发布首份武器出口报告。该报告以波斯尼亚文附英文概要，提供了已经批准许可的军事装备和两用物品的进出口和转口信息。报告列出了物品的种类，附有简要说明及目的地。[138] 2005 年 6 月，**斯洛伐克**通过了新的武器出口控制法。该法授权经济部发布年度武器出口报告。第一份报告涵盖了 2004 年的活动，2006 年 1 月公开发布。[139]

乌克兰 2006 年 1 月发布了首份武器出口报告。该报告涵盖了 2004 年的活动，只有乌克兰文版本，照搬了乌克兰向《联合国常规武器登记》制度提交的报告。该报告详细说明了向全球出口的小武器和轻武器（SALW）数量的具体细节，按照类目和目的地作了分类，并提供了已经批准许可的军品和两用物品的进出口和转口的数量。

如同前述英国的情况所表明的那样，有迹象显示，2005 年一年内在国家透明度方面所取得的进展有可能逆转，保持现有的公开水平需要各国政府继续做出承诺。[140] 2003 年 9 月，**比利时**政府将批准军事装备出口的权力从联邦政府转移给三个地区政府（瓦隆尼亚、弗朗

---

〔137〕 爱沙尼亚外交部："战略物品委员会关于 2004 年活动的报告"，2005 年 2 月 10 日，网址：URL〈http：//www. vm. ee/eng/kat _ 153〉。关于该报告和其他武器转让的国家数据参见 SIPRI 网页：URL〈http：//www. sipri. org/contents/armstrad/atlinks _ gov. html〉。

〔138〕 波斯尼亚和黑塞哥维那外贸与经济关系部。Informacija o ozdatim dozvolama za izvoz/uvoz naoru? anja i vojne opreme u 2004. godini（2004 年武器出口控制报告）。关于该报告以及其他国家、地区和国际机制，见 URL〈http：//www. sipri. org/contents/armstrad/atlinks _ gov. html〉。

〔139〕 J. Dlhopolcekova，斯洛伐克经济部与作者的通信，2006 年 1 月 26 日，载于 URL〈http：//www. sipri. org/contents/armstrad/atlinks _ gov. html〉。

〔140〕 参见本卷第 6 章。

德斯和布鲁塞尔),[141] 同时也将提交军品出口报告的责任转移给这些政府。因此，现在分别有 3 个武器出口报告。在某些地区，这一改变带来了透明程度的增加。例如在弗朗德斯，武器出口报告比比利时政府的报告更为及时，也更详细。然而，三个政府的报告所涵盖的时间段和使用的方法都不同。此外，瓦隆尼亚和布鲁塞尔的报告与比利时的某些国家报告相比还不够完全，信息量也不足。由于没有上网，也难以获得。因此可以认为：比利时武器报告的透明程度在总体上有所下降。

为了增加与其他欧洲国家的可比性，**瑞典**的年度报告开始按照“欧盟共同军事清单”对其武器出口数据进行分类。[142] 然而，欧盟清单只有 22 类，远比瑞典的前次报告所采用的 36 类军事装备清单要粗略，因此难于判定到底哪些是批准的武器出口许可，哪些是实际的武器出口。

加拿大自 2003 年 12 月以来一直未公布年度出口报告，而 2002 年则详细报告了出口情况。[143] 同样，**澳大利亚**自 2003 年 2 月以来也未发布年度报告。[144] 上述两种情况，都不是政策限制的原因，而是具体工作环节上的问题。预计新的报告将于 2006 年发布。然而，2005 年 8 月，**南非**武器 2003 年和 2004 年年度武器出口报告被定为机密，只对南非议会国防委员会成员公开，原因是“一些合同签约国不愿将其武器采购情况公开”。[145]

---

〔141〕 I. Anthony 和 S. Bauer：“转让控制和销毁计划”，《 SIPRI 年鉴 2004：军备，裁军和国际安全》(牛津大学出版社，2004)，第 750 页。

〔142〕 瑞典外交部：“2004 年瑞典出口控制政策”，《政府通信》，2004/05：114，2005 年 3 月 17 日，网址：URL〈http：//www. isp. se/sa/node. asp? node=528〉，第 42 页。

〔143〕 加拿大外交与国际贸易部进出口控制局出口控制处：《加拿大的军品出口：2002 年年度报告》，2003 年 12 月，网址：URL〈http：//www. dfait－maeci. gc. ca/trade/eicb/military/milit _ tech－en. asp〉。

〔144〕 澳大利亚国防部贸易控制与履约处：《2001/2002 年度报告：澳大利亚的防务与战略物品出口》，2003 年 2 月，网址：URL〈http：// www. defence. gov. au/strategy/dtcc/reports. htm〉。

〔145〕 P. Honey 援引常规武器控制委员会执行主任 Dumisani Dladla 在“军售处于‘保密’状态”一文中的言论，《星期日时报》(约翰内斯堡，网络版)，2005 年 8 月 11 日，网址：URL〈http：//www. suntimes. co. za/zones/sundaytimesNEW/business/business1123753234. aspx〉。

第五节　结　论

过去三年来，主要武器转让总量有了增长，SIPRI 的趋势指示值以及各国的累积统计都显示了这一点。俄罗斯和美国在 2001—2005 年间各占全球主要武器转让量的 30％左右。

巴西、印度和南非的情况表明，较小供应国之间为加强在国际市场上的地位而进行合作说着容易做起来难。对伊拉克的主要武器出口表明，欧洲和北美以外的小供应国在这个武器市场的表现并不成功，这种情况可能会继续。不过波兰可能仍将是伊拉克的重要欧洲供应国。

寻求新市场以及维持现有市场的努力加剧了国际竞争。某些情况表明，一些国家在推行其出口政策时存在着“商业实用主义”，即国际禁运以外的市场就是开放的市场。在美国，实用主义的态度可能同样有所加强，它试图使其他供应国接受美国的出口控制政策。欧洲、以色列和中国等供应国 2005 年均面临美国对再出口的控制和制裁。

有证据表明：一些国家对于有关透明和联合国常规武器登记机制在政治上采取了敷衍的态度。而且，欧盟成员国国家报告中对军备清单目录的使用显示，评价一个国家如何解释和适用行为规则的标准仍将是困难的。如果国家出口政策中商业实用主义的倾向继续扩展，报告本国武器出口的政治意愿继续下降，对于透明的发展将是有害的。还有一个危险是，如果要对报告模式实现更大的多国一致，将会无意间造成对报告数据的模糊理解。

（翟玉成 译）

附录10A、2001—2005 年主要常规武器转让总额（按接受方和供应方排列）

比约恩·哈格林　马克·布罗姆利
西蒙·T·魏泽曼

表 10A.1　2001—2005 年主要常规武器接受方

本表包括所有在 2001—2005 年间进口主要常规武器的国家和非国家实体，以 2001—2005 年间累计进口额为序排列。表中数字为 SIPRI 趋势指示值，以百万美元为单位，按 1990 年不变价格计算。因四舍五入关系，表中数字相加可能存在无法契合的情况。

排名								
2001—2005	2000—2004[a]	接受方	2001	2002	2003	2004	2005	2001—2005
1	1	中国	3142	2647	2096	2761	2697	13343
2	2	印度	875	1655	2883	2471	1471	9355
3	3	希腊	709	495	2131	1656	1114	6105
4	8	阿联酋	178	194	791	1323	2381	4867
5	4	英国	1263	675	698	197	94	2927
6	5	埃及	819	598	520	368	596	2901
7	13	以色列	147	239	333	732	1422	2873
8	6	土耳其	389	871	570	224	746	2800
9	7	韩国	508	336	401	772	544	2561
10	9	澳大利亚	657	459	471	360	396	2343
11	12	美国	232	432	654	508	387	2213
12	10	伊朗	491	455	473	321	403	2143
13	11	巴基斯坦	364	574	615	351	161	2065
14	14	中国台湾地区	434	314	116	341	777	1982

排名		接受方	2001	2002	2003	2004	2005	2001—2005
2001—2005	2000—2004[a]							
15	20	沙特阿拉伯	56	538	120	544	470	1728
16	17	意大利	262	165	516	439	224	1606
17	18	日本	333	307	351	298	250	1539
18	19	新加坡	184	227	61	487	423	1382
19	16	阿尔及利亚	531	221	188	292	149	1381
20	15	加拿大	455	369	129	314	112	1379
21	21	也门	92	603	40	352	289	1376
22	22	波兰	71	276	427	251	96	1121
23	23	西班牙	183	249	113	206	281	1032
24	24	巴西	522	165	74	121	142	1024
25	52	罗马尼亚	19	16	18	275	579	907
26	25	荷兰	159	279	172	151	129	890
27	54	捷克共和国	71	58	115	9	630	883
28	46	马来西亚	23	135	122	81	467	828
29	37	智利	44	73	176	43	456	792
30	40	越南	71	123	32	259	291	776
31	26	约旦	155	122	290	174	23	764
32	30	德国	146	68	44	207	216	681
33	89	南非	22	4	2	2	606	636
34	28	印度尼西亚	24	61	356	150	19	610
35	32	泰国	121	149	133	103	98	604
36	56	秘鲁	161	5	22	47	368	603
37	33	苏丹	146	57	102	270	—	575
38	31	哥伦比亚	254	161	115	11	11	552
39	55	厄立特里亚	60	2	—	202	276	540
40	35	丹麦	125	57	71	206	78	537
41	68	葡萄牙	15	—	60	44	406	525
42	48	瑞士	53	53	98	172	144	520

排名								
2001—2005	2000—2004[a]	接受方	2001	2002	2003	2004	2005	2001—2005
43	42	缅甸	170	238	62	—	20	490
44	29	墨西哥	144	42	30	224	35	475
45	34	瑞典	163	74	63	48	104	452
46	27	芬兰	10	16	222	78	77	403
47	41	安哥拉	322	29	2	8	22	383
48	39	埃塞俄比亚	—	20	193	162	—	375
49	50	利比亚	145	—	145	74	—	364
50	83	伊拉克	—	—	—	53	290	343
51	49	哈萨克斯坦	31	83	62	46	68	290
52	43	孟加拉国	164	39	9	26	27	265
53	36	挪威	148	90	4	6	9	257
54	45	阿根廷	2	16	12	160	67	257
55	59	阿曼	16	62	21	41	98	238
56	79	突尼斯	11	49	—	—	156	216
57	61	新西兰	45	17	100	42	8	212
58	53	摩洛哥	5	168	—	—	32	205
59	60	阿富汗/NA[b]	203	—	—	—	—	203
60	57	法国	16	38	53	89	3	199
61	62	奥地利	15	66	42	55	21	199
62	111	保加利亚	—	—	2	12	158	172
63	58	委内瑞拉	86	50	13	14	7	170
64	51	科威特	48	18	49	—	55	170
65	47	斯里兰卡	117	11	12	16	8	164
66	63	亚美尼亚	—	—	—	151	—	151
67	67	塞浦路斯	121	11	8	—	—	140
68	66	阿塞拜疆	—	140	—	—	—	140
69	65	马其顿	133	—	—	—	—	133
70	64	比利时	33	35	27	17	—	112

排名		接受方	2001	2002	2003	2004	2005	2001—2005
2001—2005	2000—2004[a]							
71	70	科特迪瓦	—	29	66	14	—	109
72	44	巴林	31	58	6	10	—	105
73	72	克罗地亚	70	2	24	8	—	104
74	74	爱尔兰	42	23	—	28	4	97
75	81	菲律宾	7	5	8	37	38	95
76	73	格鲁吉亚	80	—	2	12	—	94
77	75	斯洛文尼亚	56	2	15	15	2	90
78	71	刚果民主共和国	39	14	15	—	14	82
79	76	立陶宛	15	7	1	48	9	80
80	38	叙利亚	13	13	40	13	—	79
81	69	尼日利亚	7	6	52	10	—	75
82	78	拉脱维亚	13	8	28	15	7	71
83	87	阿富汗	—	31	17	—	22	70
84	77	乌干达	—	22	19	26	—	67
85	80	尼泊尔	11	8	9	32	—	60
86	103	厄瓜多尔	—	1	—	19	33	53
87	92	纳米比亚	18	11	—	13	—	42
88	94	加纳	8	1	4	27	—	40
89	86	卡塔尔	12	12	10	—	—	34
90	93	老挝	34	—	—	—	—	34
91	90	朝鲜	23	3	3	3	2	34
92	130	阿尔巴尼亚	—	—	2	—	31	33
93	95	津巴布韦	8	—	23	—	—	31
94	88	爱沙尼亚	—	1	15	5	10	31
95	91	多米尼加共和国	1	—	3	27	—	31
96	97	土库曼斯坦	—	—	20	10	—	30
97	107	乌拉圭	—	11	—	—	18	29
98	96	匈牙利	14	—	—	3	12	29

排名								
2001—2005	2000—2004[a]	接受方	2001	2002	2003	2004	2005	2001—2005
99	84	博茨瓦纳	12	1	7	9	—	29
100	100	塞尔维亚和黑山	27	—	—	—	—	27
101	98	斯洛伐克	—	27	—	—	—	27
102	101	萨尔瓦多	—	16	9	—	—	25
103	141	肯尼亚	—	—	—	—	25	25
104	104	国名不详[c]	20	—	—	3	—	23
105	144	布基纳法索	—	—	—	—	19	19
106	140	马耳他	—	—	—	—	18	18
107	110	吉尔吉斯斯坦	—	—	9	5	3	17
108	105	赤道几内亚	8	—	—	8	—	16
109	108	乍得	15	—	—	—	—	15
110	114	巴拉圭	6	—	—	4	1	11
111	113	乌兹别克斯坦	5	5	—	—	—	10
112	106	玻利维亚	—	—	—	1	9	10
113	118	莱索托	6	—	—	1	—	7
114	119	冈比亚	—	—	—	7	—	7
115	120	喀麦隆	1	6	—	—	—	7
116	121	圭亚那	6	—	—	—	—	6
117	102	几内亚	5	—	1	—	—	6
118	122	贝宁	—	6	—	—	—	6
119	123	坦桑尼亚	—	—	5	—	—	5
120	124	加蓬	—	—	—	5	—	5
121	125	布隆迪	1	4	—	—	—	5
122	127	文莱	4	—	—	—	—	4
123	128	吉布提	—	2	—	—	—	2
124	131	黎巴嫩/真主党[b]	—	—	—	1	—	1
125	99	赞比亚	—	1	—	—	—	1
126	112	特立尼达和多巴哥	1	—	—	—	—	1

排名		接受方	2001	2002	2003	2004	2005	2001—2005
2001—2005	2000—2004[a]							
127	129	瑞士	1	—	—	—	—	1
128	132	莫桑比克	—	—	1	—	—	1
129	116	马里	—	1	—	—	—	1
130	133	卢森堡	—	—	1	—	—	1
131	126	黎巴嫩	—	—	—	—	1	1
132	136	不明叛乱团体[c]	—	—	—	—	—	—
133	137	乌干达/LRA[b]	—	—	—	—	—	—
134	138	马其顿/NLA[b]	—	—	—	—	—	—
135	85	联合国[d]	—	—	—	—	—	—
136	109	卢旺达	—	—	—	—	—	—
137	139	巴拿马	—	—	—	—	—	—
138	115	毛里塔尼亚	—	—	—	—	—	—
139	117	利比里亚	—	—	—	—	—	—
140	142	刚果	—	—	—	—	—	—
141	134	佛得角	—	—	—	—	—	—
142	135	伯利兹	—	—	—	—	—	—
143	143	不丹	—	—	—	—	—	—
144	82	巴哈马	—	—	—	—	—	—
		合计	**17334**	**16136**	**18245**	**19836**	**21965**	**93516**

“—”表示在 0 和 0.5 之间。

a 2000—2004 年间接受方的排名次序因这些年来对数字不断的修改而与已出版的 2005 年 SIPRI 年鉴（第 449—452 页）中的内容有所差异。

b 非国家实体/叛乱团体：NA 表示北方联盟（UFSA，拯救阿富汗伊斯兰联合阵线）；LTTE 表示泰米尔伊拉姆猛虎组织；NLA 表示国民解放军。

c 一个或多个不详的接受方。

d 非国家实体/国际组织。

注： SIPRI 的武器转让数据系指实际交付的主要常规武器。为便于在交付的不同武器之间进行比较，并得出总体的趋势，SIPRI 引入趋势指示值的概念。该数值仅表示国际武器转让量，而非此类转让的发生金额。因此，该数值与经济统计中的国内生产总值或进出口值之间并无可比性。趋势指示值的计算方法在附录 10C 和 SIPRI 的武器转让项目网站上有所描述，网址：URL 〈http：//www. sipri. org/contents/armstrad/atmethods. html〉。

资料来源：SIPRI 武器转让数据库。

表 10A.2 2001—2005 年主要常规武器的供应方

本表包括所有在 2001—2005 年间出口主要常规武器的国家和非国家实体，以 2001—2005 年间累计进口额为序排列。表中数字为 SIPRI 趋势指示值，以百万美元为单位，按 1990 年不变价格计算。因四舍五入关系，表中数字相加可能存在无法契合的情况。

排序		供应方	2001	2002	2003	2004	2005	2001—2005
2001—2005	2000—2004[a]							
1	2	俄罗斯	5548	5656	5567	6440	5771	28982
2	1	美国	5516	4662	5139	5818	7101	28236
3	3	法国	1133	1259	1268	2514	2399	8573
4	4	德国	640	632	1639	837	1855	5603
5	5	英国	1070	708	567	797	791	3933
6	6	乌克兰	702	281	536	519	188	2226
7	7	加拿大	110	351	568	577	365	1971
8	11	荷兰	190	249	339	250	840	1868
9	12	意大利	185	332	310	204	827	1858
10	10	瑞典	459	114	271	324	592	1760
11	8	中国	408	472	428	146	129	1583
12	9	以色列	264	354	292	401	160	1471
13	14	乌兹别克斯坦	—	73	340	170	—	583
14	13	白俄罗斯	299	53	80	50	—	482
15	15	西班牙	7	120	158	73	113	471
16	20	波兰	70	36	70	55	124	355
17	16	韩国	165	—	114	20	38	337
18	19	挪威	45	91	83	64	13	296
19	21	瑞士	29	15	39	119	74	276
20	17	捷克共和国	89	58	65	—	10	222
21	35	比利时	21	20	—	—	173	214
22	18	斯洛伐克	73	44	—	79	—	196
23	26	澳大利亚	43	30	40	2	50	165

排序		供应方	2001	2002	2003	2004	2005	2001—2005
2001—2005	2000—2004[a]							
24	22	格鲁吉亚	22	120	—	7	—	149
25	31	巴西	—	31	—	56	62	149
26	23	朝鲜	77	45	13	13	—	148
27	25	南非	25	13	30	37	39	144
28	27	土耳其	2	23	38	28	28	119
29	24	奥地利	23	81	3	3	3	113
30	30	印度尼西亚	16	49	—	25	8	98
31	33	芬兰	12	18	23	23	22	98
32	29	吉尔吉斯斯坦	—	—	92	—	—	92
33	32	保加利亚	4	32	48	—	—	84
34	28	国别不详[b]	19	28	—	4	20	71
35	34	新加坡	—	2	—	66	3	71
36	66	匈牙利	—	—	—	—	70	70
37	37	约旦	—	—	—	47	15	62
38	36	利比亚	—	11	38	—	—	49
39	38	黎巴嫩	—	45	—	—	—	45
40	43	罗马尼亚	—	—	22	—	17	39
41	65	沙特阿拉伯	—	—	—	—	36	36
42	42	巴基斯坦	—	9	9	8	9	35
43	39	印度	2	—	4	22	—	28
44	44	埃及	25	—	—	—	—	25
45	40	丹麦	—	6	2	6	2	16
46	45	秘鲁	4	5	—	5	—	14
47	41	哈萨克斯坦	9	—	—	5	—	14
48	57	阿联酋	—	—	—	2	10	12
49	46	泰国	—	—	5	5	—	10
50	47	马耳他	—	—	—	10	—	10
51	48	希腊	2	—	8	—	—	10

排序								
2001—2005	2000—2004[a]	供应方	2001	2002	2003	2004	2005	2001—2005
52	49	摩尔多瓦	5	—	—	—	4	9
53	50	塞尔维亚和黑山	7	—	—	—	—	7
54	51	中国台湾地区	6	—	—	—	—	6
55	53	波斯尼亚和黑塞哥维纳	—	4	—	—	—	4
56	52	阿根廷	4	—	—	—	—	4
57	55	立陶宛	—	3	—	—	—	3
58	54	新西兰	—	1	—	1	—	2
59	56	智利	—	2	—	—	—	2
60	59	巴林	2	—	—	—	—	2
61	60	委内瑞拉	—	—	—	1	—	1
62	63	伊朗	—	—	—	1	—	1
63	64	安哥拉	—	1	—	—	—	1
64	61	乌拉圭	—	—	—	—	—	—
65	62	马拉维	—	—	—	—	—	—
66	58	克罗地亚	—	—	—	—	—	—
		合计	17332	16139	18248	19834	21961	93514

“—”表示在 0 和 0.5 之间。

a 2000—2004 年间供应方的排名次序因这些年来对数字不断的修改而与已出版的 2005 年 SIPRI 年鉴（453—454 页）中的内容有所差异。

b 一个或多个不详的供应方。

注：SIPRI 的武器转让数据系指实际交付的主要常规武器。为便于在交付的不同武器之间进行比较，并得出总体的趋势，SIPRI 引入趋势指示值的概念。该数值仅表示国际武器转让量，而非此类转让的发生金额。因此，该数值与经济统计中的国内生产总值或进出口值之间并无可比性。趋势指示值的计算方法在附录 10C 和 SIPRI 的武器转让项目网站上有所描述，网址：URL〈http：//www. sipri. org/contents/armstrad/atmethods. html〉。

资料来源：SIPRI 武器转让数据库。

（翟玉成 译）

附录 10B 2005 年主要常规武器的转让登记情况

比约恩·哈格林 马克·布罗姆利 西蒙·T. 魏泽曼

表 10B. 1 列出了 2005 年交货的或订购中的主要武器，包括许可的武器生产。对于接受方直接参与所接受或订购武器的生产（通过生产部件或通过本地组装或许可生产）的情况，则供应方在接受方列表中被单独列为许可方。资料来源和数据收集的方法以及所用到的备注、缩写和缩略语在下表和附录 10C 中说明。表中的实体依据接受方、供货方和许可方按照字母顺序排列。“交货时间”包括从合同生效后到所有交货和许可生产完成时的总时间。备注中的“交易额”系指资料来源中所报的真实货币价，而非 SIPRI 的趋势指示值。提供的数据截止到 2006 年 2 月。关于当前和过去年份的数据以及登记的供货方的情况，请咨询 SIPRI 军备转让项目网站：URL〈http：//www. sipri. org/contents/armstrad/at _ data. html〉。

表 10B. 1 2005 年主要常规武器转让登记（按接受方排列）

接受方/供货方(S)或许可方(L)	定购数量	武器代号	武器类型	订购/许可时间	交货时间	交付/生产数量	备 注
阿富汗							

接受方/供货方(S)或许可方(L)	定购数量	武器代号	武器类型	订购/许可时间	交货时间	交付/生产数量	备注
S:俄罗斯	(4)	米—8/米—17/河马—H	直升机	(2005)	2005	(4)	可能是原俄罗斯的;3000 万美元援助的一部分;代号不详
	6	TV—3	涡轮轴发动机	2004	2005	6	米—24 作战直升机的备件
美国	(79)	M—113	装甲运兵车	(2004)	2005	(79)	原美国的;援助;M—113A2 型;包括 M—577A2 指挥车型
阿尔巴尼亚							
S:德国	12	Bo—105C	轻型直升机	2005	2005	(12)	原德国的;援助
意大利	7	贝尔—205/UH—1H	直升机	2003	2005	(7)	原意大利的;AB—205A1 型;援助
土耳其	2	MRTP—33	巡逻机	2004	2005	(2)	
阿尔及利亚							
S:加拿大	12	PW—100	涡轮螺旋桨发动机	2004	2005	(4)	用于 6 架从西班牙获得的 C—295 运输机;PW—127 型
法国	(12)	AS—355/555	轻型直升机	(2003)	2005	(12)	AS—355N 型;可能包括警方的 4 架

接受方/供货方(S)或许可方(L)	定购数量	武器代号	武器类型	订购/许可时间	交货时间	交付/生产数量	备注
俄罗斯	(36)	米格－29SMT/支点	战斗机/对地攻击机	(2005)		..	40 亿美元交易的一部分；可能包括米格－29UBT；合同可能还没有签署
	22	苏－24MK/剑术师－D	轰炸机	2000	2001—2005	(22)	原俄罗斯的；1.2 亿美元的交易；交货前可能进行现代化改进
	(28)	苏－30MK/侧卫	战斗机/对地攻击机	(2005)		..	40 亿美元交易的一部分；合同可能还没有签署
	3	歪鼓	火控雷达	(1997)	2000	1	用于 3 艘科尼级(莫拉德角)护卫舰的现代化改装
	3	平板刨	空中侦察雷达	(1997)	2000	1	用于 3 艘奴契卡(Hamidou)级小型护卫舰的现代化改装
	6	Pozitiv－ME1.2	空中/海上侦查雷达	(1997)	2000	2	用于 3 艘科尼级(莫拉德角)护卫舰和 3 艘奴契卡(Hamidou)级小型护卫舰的现代化改装
	(96)	Kh－35 巨蜥/SS－N－25	反舰导弹	1998	2000－2005	(36)	用于奴契卡(Hamidou)级小型护卫舰的现代化改装

接受方/供货方(S)或许可方(L)	定购数量	武器代号	武器类型	订购/许可时间	交货时间	交付/生产数量	备注
	. .	R—77/AA—12 蝮蛇	超视距空对空导弹	(2005)		. .	用于米格—29SMT 和苏—30MK 战斗机;状态不详
	(24)	TEST—71	反舰/反潜战鱼雷	(1997)	2000	(8)	用于科尼级(莫拉德角)护卫舰的现代化改装;代号不详
西班牙	6	C—295	运输机	2004	2005	(2)	交易额 1.3 亿欧元(1.7 亿美元)
安哥拉							
S:以色列	(6)	贝尔—212/UH—1N	直升机	(2004)	2004—2005	(6)	原以色列的
摩尔多瓦	1	An—32/斜坡	运输机	(2004)	2005	1	二手货
荷兰	1	C—130H—30 大力神	运输机	2005	2005	1	二手的(来自荷兰安的列斯群岛);L—100—30 型;安哥拉民航租借(至少从 1993 年)多年后空军买下
阿根廷							
S:法国	1	暴风	两栖攻击登陆舰	2004	2005	1	原法国的
	1	暴风	两栖攻击登陆舰	2005		. .	原法国的;2007 年交货
美国	12	TFE—731	涡轮风扇	(2001)		. .	用于在阿根廷生产的 12 架 AT—63 教练机;TFE—731—2C—2N 型

接受方/供货方(S)或许可方(L)	定购数量	武器代号	武器类型	订购/许可时间	交货时间	交付/生产数量	备注
L:	20	贝尔－205/UH－1 休伊－2	直升机	2004	2005	(10)	阿根廷的 UN－1H 重新制造成休伊－2;在阿根廷的工厂装配了 19 架
澳大利亚							
S:法国	12	TSM－2633 斯柏林－B	反潜可变深度声纳	1989	1996—2005	8	用于现代化改造从德国获得的 4 艘佩里(阿德莱德)级和用于 8 艘梅科－200(Anzac)级护卫舰;斯菲隆－B Mod－5 型
	17	Vampyr	空中侦查系统	2005		. .	用于现代化改造 8 艘梅科－200(Anzac)级护卫舰
以色列	18	EL/M－2022	海上巡逻飞机雷达	1995	2002—2005	(18)	3.72 亿—4.95 亿美元的“空中－5276 项目”由美国公司将 18 架 P－3C 反潜战/海上巡逻飞机现代化改造成 AP－3C 海上哨兵型
	37	Litening	机载光电/作战系统	2005		. .	Litening－AT 型;用于 F/A－18 战斗机;通过美国订购;从美国的生产线生产;2006—2007 年交货

接受方/供货方(S)或许可方(L)	定购数量	武器代号	武器类型	订购/许可时间	交货时间	交付/生产数量	备注
瑞典	8	9LV	火控雷达	(1991)	1996—2005	7	用于从德国获得的8艘梅科—200(Anzac)级护卫舰;9LV453型;包括与海麻雀地对空导弹一起使用
	8	海上长颈鹿—150	空中/海上侦查雷达	1991	1996—2005	7	用于从德国获得的8艘梅科—200(Anzac)级护卫舰
	(170)	RBS—70 Mk—2	便携式地对空导弹	2003	2003—2005	(130)	1.5亿瑞典元(0.18亿美元)的交易(6亿瑞典元的“陆地—19项目第6阶段”的一部分);火流星型;2003—2006年交货
美国	3	空中大王—350/C—12S	轻型运输机	2005	2005	(1)	租借10年(澳大利亚公司购买并拥有);包括用于监视
	11	SH—2G超级海妖	反潜战直升机	1997	2001—2003	(10)	原美国的SH—2F型直升机重新制造为SH—2G(A)型直升机;4.21亿—7.69亿美元的“海上—1411项目”(包括用于维护10年的0.67亿美元);交货多年后装配任务系统

接受方/供货方(S)或许可方(L)	定购数量	武器代号	武器类型	订购/许可时间	交货时间	交付/生产数量	备注
	8	Mk—45 127mm	海炮	(1989)	1996—2005	7	用于从德国获得的 8 艘梅科—200(Anzac)级护卫舰；Mk—45 Mod—2 型
	59	M—1A1 艾布拉姆	坦克	2004		. .	4.2 亿—4.75 亿美元的“陆地—907 项目”的一部分；原美国的 M—1A1 重新制造为 M—1A1AIM(D)型；2006 年交货
	7	M—88A2 大力神	装甲抢救车	2004		. .	原美国的；4.2 亿—4.75 亿美元的“陆地—907 项目”的一部分；从 2007 年开始交货
	150	6V—53	柴油发动机(AV)	1998	2002—2005	(150)	用于从加拿大获得的 150 辆锯脂鲤/LAV—25(ASLAV)装甲运兵车和步兵战车；6V—53T 型
	299	CAT—3126	柴油发动机(AV)	(1999)	2004—2005	(210)	用于 299 辆在澳大利亚生产的“布什教员”装甲运兵车
	8	LM—2500	汽轮机(SH)	(1989)	1996—2005	7	用于从德国获得的 8 艘梅科—200(Anzac)级护卫舰

接受方/供货方(S)或许可方(L)	定购数量	武器代号	武器类型	订购/许可时间	交货时间	交付/生产数量	备　注
	8	AN/SPS—49	对空侦察雷达	1993	1996—2005	7	AN/SPS—49V(8)型;用于从德国获得的8艘梅科—200(Anzac)级护卫舰
	5	PSTAR—ER	对空侦察雷达	2003	2004—2005	(4)	1.1亿澳大利亚元(0.73亿美元)的"陆地—19项目第6阶段"的一部分;与RBS—70地空导弹一起使用
	. .	AGM—114K狱火	反坦克导弹	(2004)	2005	(10)	AGM—114K型和AG—114M型;用于AS—665虎式直升机
	(260)	AGM—158 JASSM	空对地导弹	(2005)		. .	3.5亿—4.5亿澳大利亚元(2.7亿—3.5亿美元)的"空中—5418项目"的一部分;用于F/A—18战斗机;2009年底前交货
	(400)	AIM—120B阿姆拉姆	超视距空对空导弹	(2000)	2001—2005	(375)	"空中—5400项目";用于F/A—18A战斗机
	(676)	长标枪	反坦克导弹	2003	2005	(200)	0.6亿—1.1亿美元的"陆地—40—1项目";2005—2007年交货

接受方/供货方(S)或许可方(L)	定购数量	武器代号	武器类型	订购/许可时间	交货时间	交付/生产数量	备　注
	..	Mk－48 Mod－5 ADCAP	反舰/反潜战鱼雷	(2003)		..	4.65 亿澳大利亚元(2.8 亿美元)的"海上－1429 项目";用于柯林斯级潜艇;从 2006 年开始交货
	64	RGM－84L 鱼叉	反舰导弹	2002	2004—2005	(20)	1.7 亿澳大利亚元(0.96 亿美元)的"海上－1348 项目";RGM－84L 鱼叉 Block－2 型;用于梅科－200(Anzac)护卫舰
	(576)	RIM－162 ESSM	地对空导弹	2002	2003—2005	(300)	用于梅科－200(Anzac)和现代化改造后的佩里(阿德莱德)级护卫舰
	(175)	RIM－66M 标准－2	地对空导弹	(2005)		..	"海上 1390－4b 项目";用于现代化改造后的佩里(阿德莱德)级护卫舰;合同可能还没有签署
L:加拿大	(69)	锯脂鲤	装甲运兵车	1998	2002—2005	(69)	1.8 亿—2.1 亿美元的"陆地－112 项目第 3 阶段"或"ASLAV 计划第 3 阶段";包括 7 辆救护车型、11 辆装甲抢救型、14 辆指挥型、15 辆雷达侦查型和 11 辆维修型;澳大利亚的代号为 ASLAV

接受方/供货方(S)或许可方(L)	定购数量	武器代号	武器类型	订购/许可时间	交货时间	交付/生产数量	备　注
	(81)	锯脂鲤/LAV—25	步兵战车	1998	2003—2005	(81)	1.8—2.1亿美元的"陆地—112项目第3阶段"或"ASLAV计划第3阶段"的一部分;澳大利亚的代号为ASLAV—25
法国	22	AS—665虎式	作战直升机	2001	2004—2005	(7)	13亿澳元(6.7亿—9.81亿美元)的"空中—87项目"(补偿包括生产部件和在澳大利亚组装18架EC—120直升机并为亚洲市场生产该机型);澳大利亚虎式;2004—2008年交货
	. .	MU—90冲击	反潜鱼雷	2003	2005	(10)	1.5亿欧元的"联合项目—2070 Djimindi第3阶段"(包括在澳大利亚生产多达35%的部件)
德国	259	沃伦	装甲运兵车	2002		. .	5亿澳元(2.8亿美元)的"陆地—106项目第2阶段"的一部分;澳大利亚的M—113A1装甲运兵车重新制造为沃伦;在澳大利亚的工厂组装;在澳大利亚的代号为M—113AS4;交货日期从2004—2009年推迟到2006—2011年

接受方/供货方(S)或许可方(L)	定购数量	武器代号	武器类型	订购/许可时间	交货时间	交付/生产数量	备注
	8	梅科－200ANZ	护卫舰	1989	1996—2005	7	27 亿美元的交易；澳大利亚的代号为 Anzac；1996—2006 年交货
韩国	1	得洛斯	油轮	2004		. .	0.5 亿澳元(0.35 亿美元)的交易；在澳大利亚对油轮/支援船进行 0.6 亿澳元的现代化改造后于 2006 年交货；澳大利亚的代号为 Sirius
多国供应商	5	A－330 MRTT	加油机/运输机	2004		. .	14 亿澳元(11 亿美元)的“空中－5402 项目”；在澳大利亚组装 4 架；从 2008/2009 年开始交货
	12	NH－90 TTH	直升机	2005		. .	10 亿澳元(7.6 亿美元)的“空中－9000 项目第二阶段”(补偿至少 2.33 亿美元，包括在澳大利亚组装 8 架)；MRH－90 型；2007—2009 年交货
英国	61	MSTAR	地面监视雷达	1999	2002—2005	(61)	0.32 亿美元的“NINOX 项目”；在澳大利亚组装 55 部；澳大利亚的代号为 AMSTAR

接受方/供货方(S)或许可方(L)	定购数量	武器代号	武器类型	订购/许可时间	交货时间	交付/生产数量	备注
美国	4	波音－737－7ES	预警与控制飞机	2000		..	16—18 亿美元的“楔尾”计划；澳大利亚的代号为 A－30；在澳大利亚组装 2 架；2006—2007 年交货
	2	波音－737－7ES	预警与控制飞机	2004		..	3.26 亿澳元(2.24 亿美元)的“楔尾”计划；澳大利亚的代号为 A－30；在澳大利亚组装；2008 年交货
	4	AN/TPS－77	空中监视雷达	1998	2004—2005	(4)	1.25 亿—1.5 亿澳元的(0.68 亿—0.9 亿美元)的“空中－5375 项目”
	3	伯克	驱逐舰	(2005)		..	60 亿澳元(45.6 亿美元)的“海上－4000 项目”，用于“空战驱逐舰”(包括 4.55 亿澳元用于设计和建造造船厂)；改良型；2013—2015 年交货；合同还没有签署
奥地利							

接受方/供货方(S)或许可方(L)	定购数量	武器代号	武器类型	订购/许可时间	交货时间	交付/生产数量	备注
S:德国	18	欧洲战斗机/台风	战斗机/对地攻击机	2003		. .	19.5 亿欧元(24 亿美元)的交易(补偿 47 亿美元包括英国订购澳大利亚的卡车);2007—2009 年交货
	20	澳洲野狗—2	装甲运兵车/步兵战车	2004	2004—2005	(20)	主要用于维和行动
	(112)	MTU—199	柴油发动机(AV)	1999	2001—2005	(112)	用于西班牙生产的 112 辆"枪骑士"(ASCOD)步兵战车
意大利	2	RAT—31S/L	空中监视雷达	(2005)		. .	0.5 亿欧元(0.6 亿美元)的交易;RAT—31DL 型
瑞士	12	F—5E 虎式—2	战斗机/对地攻击机	2004	2004—2005	(12)	原瑞士的;租赁 4 年 0.52 亿欧元;在新的欧洲战斗机交付前作为过渡
巴林							
S:阿曼	6	尼姆—1	装甲运兵车/步兵战车	2005		. .	接受者不详
英国	6	鹰—100	教练机/战斗机	2003		. .	鹰—129 型;可能选择 6 架或者更多;2006 年交货

接受方/供货方(S)或许可方(L)	定购数量	武器代号	武器类型	订购/许可时间	交货时间	交付/生产数量	备注
美国	1	AN/TPS—59	空中监视雷达	2004		..	0.44 亿美元的交易；AN/TPS—59(V)3 型；2008 年交货
孟加拉国							
S:巴基斯坦	19	T—37B	教练机	2003	2004—2005	(19)	原巴基斯坦的；T—37C 型
俄罗斯	3	米—8/米—17/河马—H	直升机	2004	2005	(3)	米—171 武装型
白俄罗斯							
S:俄罗斯	(2)	S—300PM/SA—10B	地对空导弹系统	2005		..	原俄罗斯的；俄罗斯提供部分经费；2006 年交货
比利时							
S:多国供应商	10	NH—90 TTH	直升机	(2005)		..	3 亿欧元的交易；包括搜索与救援型；合同还未签署
荷兰	2	看门人/M	护卫舰	2005		..	原荷兰的；2 亿欧元的“MPEV”计划；2007—2008 年交货
瑞士	170	锯脂鲤—3	装甲运兵车	(2005)		..	8 亿欧元交易的一部分；包括 24 辆指挥车型，12 辆救护车型，17 辆装甲救援车型和 18 辆装甲工程车型；2007—2015 年交货；合同还没有签署

接受方/供货方(S)或许可方(L)	定购数量	武器代号	武器类型	订购/许可时间	交货时间	交付/生产数量	备 注
	72	锯脂鲤—3	步兵战车	(2005)		. .	8 亿欧元交易的一部分；包括 32 辆步兵战车(30 毫米)和 40 辆装甲运兵车(90 毫米)型；2007—2015 年交货；合同还没有签署
美国	242	C—9	柴油发动机(AV)	(2005)		. .	用于从瑞士获得的 242 辆“锯脂鲤”装甲运兵车/步兵战车
L:德国	220	澳洲野狗—2	装甲运兵车/步兵战车	2005	2005	1	1.7 亿欧元(2.22 亿美元)的“MPPV”计划(补偿包括在比利时生产部件)；可多选购 132 辆；2005—2011 年交货
玻利维亚							
S:巴西	8	MB—326GB	教练机/作战飞机	2004	2005	(8)	原巴西的；EMB—326 Xavante 型；援助
	6	通用—1	教练机	2005	2005	(6)	原巴西的；馈赠
巴西							

接受方/供货方(S)或许可方(L)	定购数量	武器代号	武器类型	订购/许可时间	交货时间	交付/生产数量	备　注
S:加拿大	76	PT—6	涡轮螺旋桨发动机	(2001)	2003—2005	(52)	用于在巴西生产的76架EMB—314(ALX或A—29/AT—29)教练机/作战飞机;PT—6A—68B型
	24	PW—100	涡轮螺旋桨发动机	2005		. .	用于从西班牙获得的12架C—295运输机;PW—127型
法国	12	幻影—2000	战斗机/对地攻击机	2005		. .	原法国的;0.8亿欧元(0.96亿美元)的交易(包括0.6亿欧元用于飞机,0.2亿欧元用于备件);交货前进行现代化改装;用于新作战飞机的"F—X"计划被推迟后的过渡方案;幻影—2000C型;包括一些幻影—2000B型;2006—2008年交货
	8	大洋教员	海上巡逻飞机雷达	(2005)		. .	3.2亿欧元(4.15亿美元)的用于将8架P—3A反潜/海上巡逻飞机现代化改造成P—3AM(P—3BR)型的"P—X"计划的一部分;代号不详;2008—2010年交货

接受方/供货方(S)或许可方(L)	定购数量	武器代号	武器类型	订购/许可时间	交货时间	交付/生产数量	备　注
	(8)	MM－40 飞鱼	反舰导弹	(1995)	2002	(1)	用于巴罗索级护卫舰
德国	2	MTU－1163	柴油发动机(SH)	1994		. .	用于 1 艘在巴西生产的巴罗索级护卫舰
意大利	46	猪嘴	作战飞机雷达	2000	2005	(12)	用于 2.85 亿美元的将 F－5E 战斗机改造成 F－5EM/FM 型的“F－5BR”现代化改造计划;猪嘴－F 型
	7	RAN－20S	空中/海上监视雷达	1995	2001—2005	(6)	1.12 亿美元交易的一部分;用于 1 艘在巴西生产的巴罗索级护卫舰和对 6 艘尼泰罗伊级护卫舰的现代化改造
	13	RTN－30X	火控雷达	1995	2001—2005	(12)	1.12 亿美元交易的一部分;用于 1 艘在巴西生产的巴罗索级护卫舰和对 6 艘尼泰罗伊级护卫舰的现代化改造
	(53)	SCP－01 Scipio	飞机雷达	2004		. .	价值 4 亿美元的对 53 架 AMX 作战飞机现代化改造计划的一部分

接受方/ 供货方(S) 或许可方(L)	定购 数量	武器代号	武器类型	订购/许可 时间	交货时间	交付/生产 数量	备　注
沙特阿拉伯	9	F—5E 虎式—2	战斗机/对地攻击机	2005	2005	(9)	原沙特阿拉伯的;通过美国公司购得;巴西的 F—5E 计划推延后的过渡方案;包括 4 架 F—5F
西班牙	12	C—295	运输机	2005		. .	2.38 亿欧元(约 3.03 亿美元)的"CL—X"计划("菲尼克斯"计划的一部分;补偿 10%或 100%);2006—2009 年交货
美国	24	贝尔—205/UH—1 休伊—2	直升机	2003	2004—2005	(24)	巴西 UH—1H 重新制造为休伊—2
	. .	Cessna—208 大篷车	轻型运输机	(2005)		. .	
	8	P—3A 猎户座	反潜/海上巡逻飞机	2002		. .	原美国的;0.1 亿美元的交易(包括另外 4 架用作备份;4.25 亿美元"P—X"计划的一部分,包括在西班牙将其现代化改造为 P—3AM 型);2008—2010 年交货
	10	S—70A/UH—60L	直升机	(2005)		. .	2.5 亿美元的交易;合同可能还没有签署

接受方/供货方(S)或许可方(L)	定购数量	武器代号	武器类型	订购/许可时间	交货时间	交付/生产数量	备　注
	1	LM—2500	汽油涡轮发动机(SH)	(1994)		. .	用于1艘在巴西生产的巴罗索级护卫舰
	7	EDO—997	声呐	(1995)	2001—2005	(6)	用于1艘在巴西生产的巴罗索级护卫舰和对6艘尼泰罗伊级护卫舰的现代化改造；EDO—997F型
L:德国	1	209/1400型	潜艇	1995		. .	巴西代号为迪科纳级；原计划多购1艘但取消了；可能2006年交货
文莱							
S:法国	(36)	MM—40飞鱼	反舰导弹	2000		. .	用于文莱级护卫舰；MM—40 Block—2型
印度尼西亚	3	CN—235MP	反潜/海上巡逻飞机	(1995)		. .	CN—235MPA型；状态不详
英国	(96)	海狼	地对空导弹	(2001)		. .	用于文莱级护卫舰
	3	文莱级	护卫舰	1998		. .	由于合同分歧，交货延迟

接受方/供货方(S)或许可方(L)	定购数量	武器代号	武器类型	订购/许可时间	交货时间	交付/生产数量	备　注
美国	8	CT－7	涡轮螺旋桨发动机	(1995)	1997	2	用于从印度尼西亚获得的1架CN－235运输机和3架CN－235MPA海上巡逻飞机；CT－7－9C3型
保加利亚							
S:比利时	1	维林根级	护卫舰	2004	2005	1	原比利时的；0.23亿欧元(0.28亿美元)的交易；为比利时现代化改造完成后直接转让给保加利亚的
法国	6	AS－365/AS－565黑豹	直升机	2004		..	3.58亿欧元交易(补偿额3.54亿欧元，包括间接的1.05亿欧元)的一部分；AS－565MB黑豹型；从2007年开始交货
	(12)	AS－532美洲狮/AS－332	直升机	2004		..	3.58亿欧元交易(补偿额3.54亿欧元，包括间接的1.05亿欧元)的一部分；AS－532AL型；包括用于作战搜索与救援的部分；可多选购7架；2006—2007年交货

接受方/供货方(S)或许可方(L)	定购数量	武器代号	武器类型	订购/许可时间	交货时间	交付/生产数量	备　注
意大利	5	C—27J 斯巴达人	运输机	(2005)		..	0.91 亿欧元(1.09 亿美元)的交易;可多选购 3 架;2007—2011 年交货
美国	10	AE—2100	涡轮螺旋桨发动机	(2005)		..	用于从意大利获得的 5 架 C—27J 运输机
布基纳法索							
S:俄罗斯	2	米—24P/米—35P/雌鹿—F	作战直升机	2005	2005	2	米—35 型
加拿大							
S:南非	50	RG—31 林龄	装甲运兵车/步兵战车	(2005)		..	
英国	6	UFH/M—777 155mm	牵引式火炮	2005	2005	6	通过美国订购;从美国的生产线生产;M—777 型
美国	66	LPT 105mm	AV 炮塔	(2005)		..	6 亿—7 亿加元交易的一部分;用于 66 辆从瑞士获得的锯脂鲤—3 LPTAG
	66	CAT—3126	柴油发动机(AV)	(2005)		..	用于 66 辆从瑞士获得的锯脂鲤—3 LPTAG;代号不详

接受方/供货方(S)或许可方(L)	定购数量	武器代号	武器类型	订购/许可时间	交货时间	交付/生产数量	备　注
	80	AN/APG—73	机载雷达	2001	2003—2005	(58)	用于将 80 架 CF—18(F/A—18)战斗机现代化改造成 CF—18IMP;2003—2006 年交货
	16	AN/APS—143(V)	海上巡逻飞机雷达	(2003)		. .	用于“AIMP”现代化改造计划:将 16 架 P—3(CP—140A)反潜/海上巡逻飞机现代化改造成 CP—140M 型;2008 年交货
	(97)	AIM—120C 阿姆拉姆	超视距空空导弹	2004	2005	(10)	1.46 亿加元的交易;AIM—120C5 型
	(3000)	BGM—71F 陶—2B	反坦克导弹	2004		. .	1.36 亿美元的交易;2000 枚陶—2A、600 枚陶—2B 和 400 枚打击地堡型;状态不明
	(288)	RIM—162 ESSM	地空导弹	2001	2004—2005	(75)	用于现代化改造后的哈里法克斯级护卫舰;2004—2010 年交货
	12	RIM—66M 标准—2	地空导弹	2002		. .	0.19 亿美元的交易
L:法国	5	Sperwer	无人机	(2005)		. .	0.15 亿加元的交易;加拿大工厂组装;2006 年交货

接受方/供货方(S)或许可方(L)	定购数量	武器代号	武器类型	订购/许可时间	交货时间	交付/生产数量	备　注
瑞士	66	锯脂鲤—3 LPTAG	FSV	(2005)		. .	6—7 亿加元交易的一部分；从 2008 年交货；合同还没有签署
美国	28	H—92 超级雄鹰	反潜战直升机	2004		. .	42 亿加元（30 亿美元）的“MHP”计划（包括 27 亿加元用于 20 年的维护和训练；补偿包括在加拿大生产部件和组装）；加拿大代号为“飓风”从 2008 年开始交货
	152	M—113A3	装甲运兵车	2000	2002—2005	(92)	2.15 亿加元的“M—113A3/MTVL 延寿”计划的一部分；加拿大的 M—113 装甲运兵车重新改造为 M—113A3；2002—2007 年交货
	147	MTVL	装甲运兵车	2000	2003—2005	(87)	2.15 亿加元的“M—113A3/MTVL 延寿”计划的一部分；加拿大的 M—113 装甲运兵车重新改造为 MTVL；2003—2007 年交货

接受方/供货方(S)或许可方(L)	定购数量	武器代号	武器类型	订购/许可时间	交货时间	交付/生产数量	备注
智利							
S:法国	(8)	AS－355/555	轻型直升机	(2004)		. .	二手货;交货前进行现代化改装
	1	鲉鱼级	潜艇	1997	2005	1	4.0 亿—4.6 亿美元的“海王星”计划(包括从西班牙获得的 1 艘)的一部分;智利的代号为“奥希金斯”级
德国	8	MTU－396	柴油发动机(AV)	1997	2005	4	用于从法国和西班牙获得的 2 艘鲉鱼级潜艇
以色列	. .	德比	超视距空空导弹	2003		. .	用于 F－16C 战斗机
	. .	蟒蛇－4	超视距空空导弹	2003		. .	用于 F－16C 战斗机
意大利	. .	黑鲨	反舰鱼雷	(2003)	2005	(10)	用于鲉鱼级(Hyatt)潜艇和现代化改造后的 209 型(汤姆森)潜艇
荷兰	18	F－16C	战斗机/对地攻击机	2005		. .	原荷兰的;1 亿美元的交易;F－16AM 型;包括 7 架 F－16BM (F－16D);2006—2007 年交货

接受方/供货方(S)或许可方(L)	定购数量	武器代号	武器类型	订购/许可时间	交货时间	交付/生产数量	备　注
	(72)	AIM—7M 麻雀	超视距空空导弹	(2004)	2005	(36)	用于赫姆斯科克级护卫舰；RIM—7M 海麻雀(地空导弹)型；状态不详
	200	RIM—66B 标准—1MR	地空导弹	2004	2005	(100)	原荷兰的；用于赫姆斯科克级护卫舰
	2	看门人级/M	护卫舰	2004		. .	原荷兰的 3.5 亿—3.8 亿美元交易的一部分；2006—2007 年交货
	2	范·赫姆斯科克级/L	护卫舰	2004	2005	1	原荷兰的 3.5 亿—3.8 亿美元交易的一部分；2005—2006 年交货
西班牙	1	鲉鱼级	潜艇	1997		. .	4.0 亿—4.6 亿美元的“海王星”计划(包括从法国获得的 1 艘)的一部分；智利的代号为“奥希金斯”级
瑞士	24	M—109A1 155mm	自行火炮	2004	2005	(24)	原瑞士的；M—109A1 型；交货前进行现代化改装

接受方/供货方(S)或许可方(L)	定购数量	武器代号	武器类型	订购/许可时间	交货时间	交付/生产数量	备注
英国	1	Mk－8 114mm	海军炮	2005		. .	用于现代化改造“拳师”级(Almirante Williams)护卫舰
	3	公爵级/23 型	护卫舰	2005		. .	原英国的；交易额 3.5 亿美元(包括 2.25 亿美元用于舰艇和 1.25 亿美元用于后勤)；2006—2008 年交货
美国	10	F－16C	战斗机/对地攻击机	2003		. .	6.6 亿美元的“和平美洲狮”、“卡扎－2000”或“F－2000”计划(不包括发动机；补偿 100%)；F－16C Block－50/52 型；包括 4 架 F－16D；2006 年交货
	(20)	RGM－84L 鱼叉	反舰导弹	(2005)		. .	0.5 亿美元的交易；合同还没有签署
L：德国	2	Fassmer OPV	近海巡逻艇	2005		. .	0.5 亿美元的“Proyecto Danubio－4”交易
多国供应商	(3)	A－400M	运输机	(2005)		. .	2.5 亿美元的交易(补偿包括在智利生产所有 A－400M 的部件)；2018—2022 年交货；合同还没有签署

接受方/供货方(S)或许可方(L)	定购数量	武器代号	武器类型	订购/许可时间	交货时间	交付/生产数量	备　注
中国							
S:德国	14	MTU－1163	柴油发动机(SH)	(1987)	1994—2005	14	用于在中国生产的 4 艘鲁洋级、1 艘鲁海级和 2 艘鲁湖级驱逐舰
	(44)	MTU－396	柴油发动机(AV)	(2000)	2001—2005	(40)	用于在中国生产的 11 艘 039G 型(宋级)潜艇;可能在中国生产
	. .	MTU－883	柴油发动机(AV)	(1989)	1998—2005	(160)	用于中国生产的 98 式(ZTZ－98)和 99 式(ZTZ－99)坦克;包括 150 台 HB883 型
俄罗斯	(3)	A－50U/中坚	空中预警与控制飞机	(2003)		. .	数量可能多达 6 架(可能包括租借的 2 架);在以色列(在美国的压力下)拒绝交付已订购的空中预警与控制飞机后向俄订购的;可能从 2006 年起交货
	24	米－8/米 i－17/河马－H	直升机	2005		. .	2 亿美元的交易;米－17 型;2006 年起交货
	54	AL－31FN	涡轮扇	2000	2001—2005	(54)	用于 J－10 战斗机(包括用于原型机)

接受方/供货方(S)或许可方(L)	定购数量	武器代号	武器类型	订购/许可时间	交货时间	交付/生产数量	备注
	100	AL—31FN	涡轮扇	2005	2005	(20)	3 亿美元的交易;用于 J—10 战斗机;2005—2006 年交货
	200	D—30	涡轮螺旋桨发动机	2005		..	3 亿美元的交易;用于从乌兹别克斯坦获得的 30 架 Il—76 运输机和 8 架 Il—78 加油机/运输机;D—30KP 型
	100	RD—33/RD—93	涡轮扇	2005		..	2.67 亿美元的交易;RD—93 型;用于在中国生产的 FC—1/JF—17 战斗机;出售的条件是中国不再转出口
	1	64N6/墓碑	空中监视雷达	2004		..	9.8 亿美元交易的一部分;64N6E2 型;与 S—300PMU2 (SA—10)低空导弹系统一起使用;2006 年交货
	(4)	军舰鸟/顶盘	空中监视雷达	(2001)	2004	2	用于在中国生产的 2 艘 051C 型和 2 艘 052B 型(鲁洋—1)驱逐舰

接受方/供货方(S)或许可方(L)	定购数量	武器代号	武器类型	订购/许可时间	交货时间	交付/生产数量	备注
	..	MR—90/前罩	火控雷达	(2001)	2004	8	在中国生产的 2 艘 052B 型(鲁洋—1)驱逐舰配合 SA—N—12 地空导弹一起使用,以及在 2 艘 051C 型驱逐舰上与 SA—N—6 地对空导弹一起使用
	8	S—300PMU—2/SA—10E	地空导弹系统	2004		..	9.8 亿美元交易的一部分;2006 年交付
	..	Zhuk	飞机雷达	(2005)		..	用于在中国生产的 FC—1/JF—17 战斗机
	..	3M—54E1 Klub/SS—N—27	反舰导弹	2002		..	用于现代化改造后的及新型的基洛级潜艇;可能包括 3M14E 对地攻击型
	(144)	48N6/SA—10 轰鸣	地对空导弹	(2002)		..	用于在中国生产的 2 艘 051C 型驱逐舰
	(297)	48N6E2/SA—10	地对空导弹	2004		..	9.8 亿美元交易的一部分;用于 S—300PMU2(SA—10)地对空导弹系统;2006 年交货

接受方/供货方(S)或许可方(L)	定购数量	武器代号	武器类型	订购/许可时间	交货时间	交付/生产数量	备注
	(212)	9M311/SA—19 灰鼬	地对空导弹	(2002)	2005	(106)	用于现代级驱逐舰上的卡什坦火炮防御系统
	(264)	9M317/SA—17 灰熊	地对空导弹	(2001)	2005	(66)	SA—N—12/9M317 型用于052B 型和现代级驱逐舰;代号不详
	..	Kh—31A1/AS—17	反舰导弹	(1997)	2003—2005	(125)	用于苏—30MKK、J—8MIIM和/或 JH—7 战斗机;可能在中国装配/生产
	..	Kh—31P1/AS—17	反雷达导弹	(1998)	2001—2005	(189)	包括用于苏—30MKK 和 JH—7A 战斗机,可能在中国生产,代号 KR—1 或 YJ—91
	..	Kh—59M/AS—18 芦笛	空对地导弹	(1999)	2004—2005	(100)	包括用于苏—30MKK 战斗机
	..	Kh—59M2/AS—18	反舰导弹	(2005)		..	用于苏—30MK2 战斗机;为中国开发
	(32)	晒干/SS—N—22	反舰导弹	(2001)	2005	(16)	P—270 晒干(3M80MBE)型;用于现代级驱逐舰
	..	R—73/AA—11 弓箭手	近程空对空导弹	(1995)	1996—2004	(1800)	用于苏—27SK 和苏—30MKK 战斗机

接受方/供货方(S)或许可方(L)	定购数量	武器代号	武器类型	订购/许可时间	交货时间	交付/生产数量	备注
	..	R－77/AA－12 蝰蛇	超视距空对空导弹	(2000)	2002—2004	(300)	用于苏－27SK 和苏－30MKK 战斗机
	8	基洛级/636E 型	潜艇	2002	2005	(2)	15 亿—16 亿美元的交易；2005—2007 年交货
	2	现代级	驱逐舰	2002	2005	1	10 亿—14 亿美元的交易；956EM 型；可多选购 2 艘；2005—2006 年交货
英国	140	斯佩里	涡轮扇	(1988)	1997—2005	(66)	用于中国生产的 JH—7 战斗机；包括 80 个英国原装的；更多的可能在中国生产，代号 WS—9
	(6)	水面搜索	机载预警雷达	1996	1999—2001	(2)	0.62—0.66 亿美元的交易；用于 Y－8 预警和海上巡逻飞机，数量可能达到 8 套；目前还不清楚是否已全部交货或用于现役的预警机上
乌克兰	(8)	DT—59	汽轮机(SH)	(2001)	2004—2005	8	用于在中国生产的 4 艘鲁洋级(052B/C 型)驱逐舰上；DA—80 型

接受方/供货方(S)或许可方(L)	定购数量	武器代号	武器类型	订购/许可时间	交货时间	交付/生产数量	备注
	(1260)	R—27/AA—10 阿拉莫	超视距空对空导弹	(1995)	1996—2005	(1000)	用于苏—27SK 和苏—30MKK 战斗机;其中一些可能来自于俄罗斯
	(1260)	R—27E/AA—10 阿拉莫	超视距空对空导弹	(1995)	1996—2005	(1000)	用于苏—27SK 和苏—30MKK 战斗机;其中一些可能来自于俄罗斯
乌兹别克斯坦	30	Il—76M/耿直—B	运输机	2005		. .	8.5 亿—15 亿美元的交易;通过俄罗斯订购;Il—76TD 型;2006—2010 年交货
	8	Il—78M/迈达斯王	加油机	2005		. .	8.5 亿—15 亿美元的交易;通过俄罗斯订购;2006—2010 年交货
L:法国	. .	AS—350/550 非洲小狐	轻型直升机	(1992)	1995—2005	(22)	中国代号 Z—11;包括 Z—11W 武装型
	. .	AS—365/AS—565	直升机	1988	1992—2005	(14)	中国代号 Z—9A 或 Z—9A—100 海豚和 Z—9B/G;包括 WZ—9 反坦克型
	. .	AS—365F/565SA 黑豹	反潜战直升机	(1980)	1989—2005	(25)	中国代号 Z—9C 海豚

接受方/供货方(S)或许可方(L)	定购数量	武器代号	武器类型	订购/许可时间	交货时间	交付/生产数量	备注
	12	PA—6	柴油发动机(SH)	(2001)	2004—2005	8	用于在中国生产的 3 艘江凯级护卫舰;代号不详
德国	(4000)	BF—8L	柴油发动机(AV)	(1981)	1982—2005	(3900)	用于 YW—531/63 型、YW—531H/85 型、YW—534/89 型、YW—535/90 型、WZ—551 和 WMZ—551 装甲运兵车(包括步兵战车和其他型)和中国生产的 85 型自行火炮;BF8L413 和 BF8L513 型
俄罗斯	(95)	苏—27SK/侧卫—B	战斗机/对地攻击机	1996	1998—2005	(95)	15 亿—25 亿美元购买 200 架交易的一部分,其余的取消了;在中国工厂组装的代号为 J—11
哥伦比亚							
S:巴西	25	EMB—314 超级巨嘴鸟	教练机	2005		..	2.35 亿美元的交易(从巴西银行借款);主要用于作战(用于打击哥伦比亚革命武装部队(FARC)和民族解放军(ELN)叛乱部队);2006—2008 年交货

接受方/供货方(S)或许可方(L)	定购数量	武器代号	武器类型	订购/许可时间	交货时间	交付/生产数量	备注
加拿大	22	PT－6	涡轮螺桨发动机	2005		..	用于从巴西获得的 22 架 EMB－314(ALX)教练机/战斗机;PT－6A－68A 型
西班牙	(2)	C－212 航空汽车	运输机	2004	2005	2	原西班牙的;援助(象征性的支付了 200 欧元);C－212－100 型;医疗运送型
	1	C－212 航空汽车	运输机	2005	2005	1	原西班牙的;援助(象征性的支付了 100 欧元);医疗运送型
美国	3	BT－67	运输机	2004	2005	(2)	援助;用于警察的缉毒行动;可能是哥伦比亚的 C－47 运输机在美国改装为 BT－67 型
	8	S－70A/UH－60L	直升机	(2005)		..	1 亿美元的交易;包括用于打击"贩毒恐怖分子"
刚果民主主义共和国							
S:比利时	1	米－26/光轮	直升机	2003	2005	1	二手货
捷克共和国							

接受方/供货方(S)或许可方(L)	定购数量	武器代号	武器类型	订购/许可时间	交货时间	交付/生产数量	备 注
S:奥地利	199	Pandur—2	步兵战车	(2005)		. .	8.28 亿欧元的交易;可再选购 35 架;2007—2012 年交货;合同可能还没签署
意大利	2	RAT—31S/L	空中监视雷达	2002	2005	(1)	"北约 ACCS"计划的一部分;用于 NADGE(北约防空地面环境)空中监视网的一部分;RAT—31DL 型
俄罗斯	10	米—24V/米—35/雌鹿—E	作战直升机	2004	2005	(8)	1.84 亿—2.5 亿美元的交易(偿还债务);2005—2006 年交货
	16	米—8/米—17/河马—H	直升机	2004	2005	(16)	1.84 亿—2.5 亿美元交易(偿还债务)的一部分;米—171S/米—171Sh 型
瑞典	14	JAS—39 鹰狮	对地攻击机	2004	2005	14	最初为瑞典生产但后来宣布过剩;197 亿捷克克朗(约 7.75 亿美元)租借 10 年(租借完毕后可选择购买;补偿 130%);JAS—39C 型;包括 2 架 JAS—39D 型

接受方/供货方(S)或许可方(L)	定购数量	武器代号	武器类型	订购/许可时间	交货时间	交付/生产数量	备　注
	3	阿瑟	火炮定位雷达	2004		..	18 亿捷克克朗(0.78 亿美元)的交易；阿瑟 Mod－B 型；2006—2007 年交货
	(200)	RBS－70	便携式地对空导弹	2004	2005	(15)	2.04 亿瑞典克朗(0.29 亿美元)的交易(包括 15—16 个发射架；补偿 100%)；2005—2007 年交货
英国	36	秃鹰 CV－12	柴油发动机(AV)	2002	2003—2005	(35)	用于把 30 辆 T－72M1 坦克现代化改造为 T－72CZ－M4 型
美国	14	F－404	涡轮扇	2004	2005	14	用于从瑞典获得的 14 架 JAS－39C 战斗机；RM－12 型(从瑞典的生产线生产)
	199	ISC－350	柴油发动机(AV)	(2005)		..	用于从奥地利获得的 199 辆劫掠者－2 装甲运兵车/步兵战车
	(24)	AIM－120C 阿姆拉姆	超视距空对空导弹	2005		..	7 亿捷克克朗的交易；AIM－120C－5 型；用于 JAS－39 战斗机；2006 年交货

接受方/供货方(S)或许可方(L)	定购数量	武器代号	武器类型	订购/许可时间	交货时间	交付/生产数量	备　注
	100	AIM—9M 响尾蛇	近程空对空导弹	2002	2002—2005	100	0.15 亿—0.2 亿美元的交易(包括“对外军事基金(美国)”援助 0.02 亿美元用于第一批 20 枚);用于 L—159 教练机/战斗机和 JAS—39 战斗机
丹麦							
S:德国	4	MTU—8000	柴油发动机(SH)	(2001)	2004—2005	4	用于在丹麦生产的 2 艘阿巴萨轮级(FSS)护卫舰/支援舰
荷兰	5	机警	对空监视雷达	2004	2004—2005	2	用于在丹麦生产的 3 艘 PS 级护卫舰和 2 艘阿巴萨轮级(FSS)护卫舰/支援舰;机警—SMk—2 型
瑞典	36	箭手 155mm	自行火炮	2005		. .	从 2008 年交货
	(2)	马鲛 200	火控雷达	(2004)	2004—2005	(2)	用于 2 艘阿巴萨轮级(FSS)护卫舰/支援舰;包括与 RIM—162 ESSM 地对空导弹和“千年”近战武器系统一起使用的雷达

接受方/供货方(S)或许可方(L)	定购数量	武器代号	武器类型	订购/许可时间	交货时间	交付/生产数量	备注
瑞士	85	鹰	侦察车	2005		..	鹰—4 型
美国	1	C—130J—30 大力神	运输机	2004		..	5.25 亿丹麦克朗(0.88 亿美元)的交易;2007 年交货
	2	Mk—45 127mm	海炮	2002	2004—2005	2	原美国的;0.3 亿美元的交易;在交货前现代化改造成 Mk—45 Mod—4 型;用于在丹麦生产的 2 艘阿巴萨轮级(FSS)护卫舰/支援舰
	2	AN/TPS—77	空中侦察雷达	2005		..	0.4 亿美元的交易
	(60)	AIM—9X 响尾蛇	近程空对空导弹	2004		..	
	40	AIM—9X 响尾蛇	近程空对空导弹	2005		..	0.07 亿美元交易
	(442)	RIM—162 ESSM	地对空导弹	2002	2004—2005	(72)	用于 2 艘阿巴萨伦级(FSS)护卫舰/支援舰,3 艘 PS 级护卫舰和 2 艘近海巡逻艇
	(72)	RIM—66M 标准—2	地对空导弹	(2005)		..	SM—2 Block—3A 型;用于 3 艘 PS 级护卫舰;合同还没有签署

接受方/供货方(S)或许可方(L)	定购数量	武器代号	武器类型	订购/许可时间	交货时间	交付/生产数量	备　注
L:瑞典	45	CV－9035	步兵战车	2005		..	17 亿瑞典克朗的交易(包括生产炮塔和在丹麦组装);CV－9035DK(CV－9035 Mk－3)型;2007—2009 年交货
	6	SF－Mk－2	巡逻机	(2005)		..	通过丹麦公司订购并在丹麦准备好;2006—2007 年交货
瑞士	22	锯脂鲤－3	装甲运兵车	2003	2005	(22)	0.3 亿美元的交易;锯脂鲤－3C 型;包括 11 辆救护型;从丹麦工厂组装
	69	锯脂鲤－3	装甲运兵车	2004	2005	(10)	6.5 亿丹麦克朗(1.08 亿美元)交易(包括 2003 年订购的 22 辆;包括在丹麦生产 1.5 亿丹麦克朗的部件)的一部分;锯脂鲤－3C 型,包括指挥型、救护型和侦察型;2005—2007 年交货
英国	14	EH－101－400	直升机	2001	2005	(3)	3.29 亿美元的交易(补偿包括在丹麦生产丹麦和其他国家的 EH－101 直升机用的部件);包括用于搜索与救援;2005—2006 年交货

接受方/供货方(S)或许可方(L)	定购数量	武器代号	武器类型	订购/许可时间	交货时间	交付/生产数量	备注
多米尼加共和国							
S:巴西	10	EMB—314 超级图卡诺人	教练机	(2005)		. .	包括用于作战用途(打击贩毒行动);状态不详
加拿大	10	PT—6	涡轮螺旋桨发动机	(2005)		. .	用于从巴西获得的 10 架 EMB—314(ALX)教练机/战斗机;PT—6A—68A 型
厄瓜多尔							
S:巴西	5	HS—748	运输机	2004	2005	(5)	原巴西的;可能是捐赠
西班牙	2	C—212 航空汽车	运输机	2004	2005	2	0.3 亿美元交易的一部分;C—212—400 型
	1	CN—235	运输机	2004	2005	1	0.3 亿美元交易的一部分;CN—235—300M 型
	3	警戒	巡逻机	2004		. .	0.32 亿美元的交易(部分由西班牙资助);在英国设计;用于海岸警卫队

接受方/供货方(S)或许可方(L)	定购数量	武器代号	武器类型	订购/许可时间	交货时间	交付/生产数量	备注
美国	4	CT—7	涡轮螺旋桨发动机	2003	2004—2005	4	用于从西班牙获得的 1 架 CN—235 海上巡逻机和 1 架 CN—235 运输机;CT—7—9C3 型
埃及							
S:荷兰	431	AIFV	步兵战车	2004	2005	(431)	原荷兰的;包括装甲运兵车和其他车型
乌克兰	3	An—74/运煤船—B	运输机	2004	2005	(3)	0.34 亿美元的交易;An—74TK—200A 型;包括用于运输重要人物;可多选购 6 架
美国	201	M—109A1 155mm	自行火炮	(2003)	2004—2005	(201)	原美国的;0.44 亿美元的交易;M—109A2 型和 M—109A3 型
	200	M—109A1 155mm	自行火炮	(2005)		..	原美国的;1.81 亿美元的交易;M—109A5 型;合同可能还没有签署
	(80)	TFE—731	涡轮扇	1999	2001—2005	(80)	用于从中国获得的 80 架 K—8E 教练机

接受方/供货方(S)或许可方(L)	定购数量	武器代号	武器类型	订购/许可时间	交货时间	交付/生产数量	备注
	5	AN/APS−145	空中预警飞机雷达	1999	2005	(2)	1.38 亿美元交易的一部分(不包括用于安装的 0.36 亿美元);用于 5 架 E−2C 机载预警和控制飞机现代化改造成鹰眼−2000;2005—2007 年交货
	6	AN/SPS−48	空中侦察雷达	2001	2005	(3)	1.43 亿美元的交易;AN/SPS−48E 型;2006 年交货
	4	Mk−15 密集阵	近战武器系统	2001	2004—2005	(3)	原美国的;0.32 亿美元的交易;交货前现代化改造成密集阵 Block−1B;2004—2006 年交货
	414	AIM−9M 响尾蛇	近程空对空导弹	2003	2005	(207)	0.38 亿美元或 0.5 亿美元的交易;AIM−9M−2 型;2006 年交货
	25	RGM−84L 鱼叉	反舰导弹	2003		. .	RGM−84L−4 型;由于以色列施压,在交货前取消了对地攻击能力

接受方/供货方(S)或许可方(L)	定购数量	武器代号	武器类型	订购/许可时间	交货时间	交付/生产数量	备　注
	. .	RIM—116A RAM	地对空导弹	2005		. .	5.65 亿美元交易的一部分;用于 3 艘大使级快速攻击艇
	(3)	大使	快速攻击艇(M)	(2005)		. .	4.5 亿—5.65 亿美元的交易;大使级 Mk—3 或眼睛王蛇型;合同还没有签署
L:中国	80	K—8 哈拉和林—8	教练机/作战飞机	1999	2001—2005	(80)	3.45 亿美元的交易;K－8E 型;70 架在埃及的工厂组装
美国	100	M—1A1 艾布拉姆	坦克	2001	2004—2005	(100)	5.9 亿美元的交易;在埃及的工厂组装
	125	M—1A1 艾布拉姆	坦克	2003	2005	(5)	2.67 亿—9.2 亿美元的交易;在埃及的工厂组装;2005—2008 年交货
	21	M—88A2 大力神	装甲抢救车	2004		. .	在埃及的工厂组装
萨尔瓦多							
S:美国	. .	贝尔—205/UH—1 休伊—2	直升机	(2004)		. .	萨尔瓦多的 UH－1H 型改造为休伊—2 型

接受方/供货方(S)或许可方(L)	定购数量	武器代号	武器类型	订购/许可时间	交货时间	交付/生产数量	备注
厄立特里亚							
S:俄罗斯	(6)	米格－29SMT/支点	对地攻击机	(2002)	2005	2	
	(10)	苏－27SK/侧卫－B	对地攻击机	2003	2004—2005	(10)	包括苏－27UB型
	80	9M133 科奈特/AT－14	反坦克导弹	2005	2005	(80)	17万美元的交易；科奈特－E型
爱沙尼亚							
S:捷克共和国	1	VERA－E	空中侦查系统	2005	2005	1	1亿捷克克朗(0.04亿美元)的交易
芬兰	60	XA－180	装甲运兵车	2004		..	原芬兰的；1.73亿爱沙尼亚克朗(0.14亿美元)的交易(不包括用于大修的0.62亿爱克朗和用于武器的0.25亿爱克朗)；2006年交货
芬兰							
S:德国	4	TRS－3D	空中/海上侦查雷达	(2004)		..	用于4艘芬兰生产的哈米纳级快速攻击艇

接受方/供货方(S)或许可方(L)	定购数量	武器代号	武器类型	订购/许可时间	交货时间	交付/生产数量	备注
以色列	6	巡骑兵	无人飞行器	2003	2005	(6)	0.2 亿美元的交易；通过瑞士公司订购；巡骑兵—2 型
	..	长钉—ER	反坦克导弹	2002		..	0.22 亿美元的交易；用于海岸防御；从德国的“欧洲长钉”生产线生产
	..	长钉—MR/LR	反坦克导弹	2000	2005	(50)	0.3 亿美元的交易；从德国的“欧洲长钉”生产线生产；长钉—2.5 或长钉—MR 型
荷兰	4	侦察兵	海上侦察雷达	1998	1998—2003	2	用于 4 艘芬兰生产的哈米纳级快速攻击艇
南非	..	Umkhonto—1R	地对空导弹	2002	2004—2005	(15)	0.17 亿美元的交易；用于哈米纳级快速攻击艇
瑞典	4	马鲛 200	火控雷达	2003	2004—2005	(2)	0.85 亿瑞典克朗(0.1 亿美元)的交易；用于在芬兰生产的 4 艘哈米纳级快速攻击艇
	(16)	HARD	空中侦察雷达	2002		..	1.2 亿美元交易的一部分；用于从德国获得的 ASRAD—R 地对空导弹系统

接受方/供货方(S)或许可方(L)	定购数量	武器代号	武器类型	订购/许可时间	交货时间	交付/生产数量	备　注
	..	RBS—15 Mk—3	反舰导弹	2001	2003—2005	(15)	0.5亿美元的交易(包括芬兰的RBS—15导弹现代化改造成RBS—15 Mk—3型);芬兰代号RBS—15SF—3
	(128)	RBS—70 Mk—2	便携式地对空导弹	2002	2005	(42)	0.3亿美元的交易(用于ASRAD—R地对空导弹系统的1.2亿美元交易的一部分)
L:法国	(10)	NH—90 TTH	直升机	2001	2004—2005	(2)	3.5亿美元交易的一部分(用于从法国和意大利获得的20架NH—90;包括维持费5.2亿美元;补偿包括在芬兰组装18架用于芬兰和28架用于挪威和瑞典);2004—2008年交货
德国	2	TRML—CS	空中/海上侦查雷达	2002	2004—2005	(2)	用于2艘芬兰生产的哈米纳级快速攻击艇

接受方/供货方(S)或许可方(L)	定购数量	武器代号	武器类型	订购/许可时间	交货时间	交付/生产数量	备注
意大利	(10)	NH—90 TTH	直升机	2001	2005	(2)	3.5 亿美元交易(用于从法国和意大利获得的 20 架 NH—90;包括维持费共 5.2 亿美元;补偿包括在芬兰组装 18 架用于芬兰和 28 架用于挪威和瑞典)的一部分;2005—2008 年交货
瑞典	57	CV—9030	步兵战车	2000	2003—2005	(57)	1.76 亿美元的“TA—2000”项目(补偿包括在芬兰生产部件);CV—9030FIN 型
	45	CV—9030	步兵战车	2004		..	1.2 亿欧元(1.45 亿美元)的交易(补偿 50%包括在芬兰生产部件);CV—9030FIN 型;2006—2007 年交货
法国							
S:奥地利	2	A—340	运输机	2005		..	二手货;“TLRA”计划;通过法国和葡萄牙的公司租借 5—9 年(可选择购买);A—340—211 型;2006—2007 年交货

接受方/供货方(S)或许可方(L)	定购数量	武器代号	武器类型	订购/许可时间	交货时间	交付/生产数量	备　注
以色列	3	鹰	无人飞行器	2001	2005	(2)	“SIDM”计划，2006 年交货
意大利	2	NA—25XM	火控雷达	(2000)		. .	用于 2 艘在法国生产的佛宾(地平线)级驱逐舰；与 76mm 炮一起使用
荷兰	2	机警—L	空中/海上侦查雷达	(2001)		. .	S—1850M 型；用于在法国生产的 2 艘佛宾(地平线)级驱逐舰；法国代号 DRBV—27 阿斯特拉
美国	(4)	LM—2500	汽轮机(SH)	(2000)		. .	用于 2 艘在法国生产的佛宾(地平线)级驱逐舰；从意大利的生产线生产
德国							
S:奥地利	112	M—16	柴油发动机(AV)	2002	2003—2004	31	用于从瑞典获得的 112 辆 Bv—206S 装甲运兵车
法国	(30)	大洋教员	海上巡逻飞机雷达	2000		. .	用于在德国生产的 30 架 NH—90 NFH 反潜战直升机
意大利	2	RAT—31S/L	空中侦察雷达	2005		. .	RAT — 31DL/M 型；2007 年交货

接受方/供货方(S)或许可方(L)	定购数量	武器代号	武器类型	订购/许可时间	交货时间	交付/生产数量	备　注
荷兰	8	P—3CUP 猎户座	反潜/海上巡逻飞机	2004	2005	(1)	原荷兰的;3.24 亿欧元(2.5 亿美元)的“MP—2000”或“MPA—R”计划(包括用于训练的 0.24 亿欧元(0.18 亿美元)和用于备件的 0.29 亿欧元(0.22 亿美元));在美国为荷兰现代化改造完成后直接转让给德国;2005—2006 年交货
	3	APAR	多功能雷达	(1997)	2004—2005	3	用于在德国生产的 3 艘萨克森级(F—124/124 型)护卫舰
	3	机警—L	空中/侦查雷达	(1997)	2004—2005	3	用于在德国生产的 3 艘萨克森级(F—124/124 型)护卫舰
	3	天狼星	舰艇电子战系统	(1999)	2004—2005	3	用于在德国生产的 3 艘萨克森级(F—124/124 型)护卫舰
瑞典	81	Bv—206S	装甲运兵车	2005		..	0.67 亿欧元(0.45 亿美元)的交易;包括指挥型;2006—2009 年交货

接受方/供货方(S)或许可方(L)	定购数量	武器代号	武器类型	订购/许可时间	交货时间	交付/生产数量	备注
	5	爱立信 SAR	卫星雷达	(2000)		. .	用于在德国生产的 SAR－Lupe 侦察卫星
美国	4	LM－2500	汽轮机(SH)	(1999)	2002—2005	3	用于在德国生产的 4 艘萨克森级(F－124/124 型)护卫舰
	(200)	MIM－104 PAC－3	地对空导弹	(2005)		. .	合同可能还没有签署(补偿 100%)
	(144)	RIM－162 ESSM	地对空导弹	(2002)	2004—2005	(144)	用于萨克森级(F－124/124 型)护卫舰
	108	RIM－66M 标准－2	地对空导弹	2001	2003—2005	(108)	用于萨克森级(F－124/124 型)护卫舰;SM－2 Block－3A 型
L:以色列	. .	Litening	飞机光电系统	(2000)	2003—2005	(15)	用于旋风战斗机
瑞典	30	RBS－15 Mk－3	反舰导弹	2005		. .	0.68 亿欧元的交易(补偿 0.37 亿欧元,包括在德国生产部件和/或组装);用于 K－130 轻型巡洋舰;2007—2009 年交货

接受方/供货方(S)或许可方(L)	定购数量	武器代号	武器类型	订购/许可时间	交货时间	交付/生产数量	备　注
美国	(4)	RQ—4A 全球鹰	无人飞行器	(2005)		. .	可能 6 亿欧元的交易(包括德国的和其他欧洲公司的传感器);用于电子情报;“欧洲鹰”型;2007 年交货;合同还没有签署
	(30)	HELRAS	深水声纳	2000		. .	用于在德国生产的 30 架 NH—90 NFH 反潜战直升机
希腊							
S:巴西	4	EMB—145AEW&C	空中预警与控制飞机	1999	2004—2005	(4)	4.76 亿—6.76 亿美元的交易(包括在瑞典生产装配的 PS—890 爱立眼雷达)的一部分;EMB—145H 型;可多选购两架
加拿大	2	CL—415 海上巡逻	海上巡逻飞机	1999	2004—2005	2	3.8 亿美元交易的一部分;CL—415GR 作战搜索与救援型;多交付 8 架 CL—415GR 型用于灭火
法国	2	AS—532 美洲狮/AS—332	直升机	2003		. .	AS—532A2 作战搜索与救援型

接受方/供货方(S)或许可方(L)	定购数量	武器代号	武器类型	订购/许可时间	交货时间	交付/生产数量	备　注
	25	幻影－2000－5	对地攻击机	2000	2004—2005	(25)	16 亿欧元交易的一部分；幻影－2000－5 Mk－2 型；包括 10 架希腊的幻影－2000EG 改造成幻影－2000－5 Mk－2；可多选购 8 架
	20	NH－90 TTH	直升机	2003	2005	(1)	6.57 亿欧元（7.16 亿—7.55 亿美元）的交易（补偿 120%）；可能包括一些从德国和/或意大利交付的；可多选购 14 架；2005—2009 年交货
	(70)	VBL	侦察车	(2002)	2004—2005	(70)	
	(100)	MICA	超视距空对空导弹	2004		. .	可能是 MICA－IR 型
	27	MM－40 飞鱼	反舰导弹	2000	2004—2005	(27)	0.55 亿美元的交易（补偿 160%）；用于超级威塔型（Rousen）快速攻击艇；MM－40 Block－2 型
	. .	MM－40 飞鱼	反舰导弹	(2003)		. .	用于超级威塔型（Rousen）快速攻击艇；MM－40 Block－2 型

接受方/供货方(S)或许可方(L)	定购数量	武器代号	武器类型	订购/许可时间	交货时间	交付/生产数量	备注
	(34)	暴风影/SCALP	空对地导弹	2004		..	
德国	(4)	伯格潘泽－1	装甲抢救车	2005		..	原德国的;2.7 亿欧元(3.33 亿美元)交易的一部分
	10	BrPz－1 海狸	装甲架桥机	2005		..	原德国的;2.7 亿欧元(3.33 亿美元)交易的一部分
	150	美洲虎－1A5	坦克	2005		..	原德国的;赠品;作为订购新型和原德国的美洲虎－2 坦克的一部分
	183	美洲虎－2A4	坦克	2005		..	原德国的;4.2 亿欧元交易的一部分(包括用于在德国对 130 辆和在希腊对 53 辆进行现代化改造的 1.5 亿欧元)
	415	黄鼠狼	步兵战车	(2005)		..	原德国的;2.47 亿欧元的交易(包括多采购 30 辆用于备份)黄鼠狼－1A3 型
	35	AN/APG－65	飞机雷达	1997	2003—2005	(35)	3.15 亿—3.36 亿美元的对 35 架 F－4E 战斗机进行现代化改造的“和平伊卡洛斯－2000”计划的一部分

接受方/供货方(S)或许可方(L)	定购数量	武器代号	武器类型	订购/许可时间	交货时间	交付/生产数量	备注
	(95)	RIM—116A RAM	地对空导弹	(2003)	2004—2005	(95)	0.25 亿美元交易的一部分；用于超级威塔型(Rousen)快速攻击艇
	(63)	RIM—116A RAM	地对空导弹	(2003)		..	用于超级威塔型(Rousen)快速攻击艇
意大利	1	RAT—31S/L	空中侦察雷达	(2002)	2005	1	“北约 ACCS”计划的一部分；用于‘NADGE’空中侦察网；RAT—31DL 型
	(6)	X—TAR	监视雷达	(2003)		..	与“空中哨兵”(Velos)地对空导弹系统一起使用
荷兰	(7)	LIROD	火控雷达	2000	2003—2005	(7)	用于从英国获得的 3 艘超级威塔型(Rousen)和从丹麦获得的 4 艘鱼鹰—55 型(Pyrpolitis)快速攻击艇
	11	MIRADOR	空中侦查系统	2000	2004—2005	3	用于从英国获得的 5 艘超级威塔型(Rousen)快速攻击艇和用于现代化改造 6 艘“科顿埃尔”级(Elli)护卫舰

接受方/供货方(S)或许可方(L)	定购数量	武器代号	武器类型	订购/许可时间	交货时间	交付/生产数量	备　注
	3	MW—08	空中侦察雷达	2000	2004—2005	3	用于从英国获得的 3 艘超级威塔型(Rousen)快速攻击艇
	2	MW—08	空中侦察雷达	2003		. .	用于从英国获得的 2 艘超级威塔型(Rousen)快速攻击艇
	3	STING	火控雷达	2000	2004—2005	3	用于从英国获得的 3 艘超级威塔型(Rousen)快速攻击艇
	6	STING	火控雷达	2003		. .	用于从英国获得的 2 艘超级威塔型(Rousen)快速攻击艇和现代化改造 4 艘战士—3(Laskos)快速攻击艇
	3	侦察兵	海上侦察雷达	2000	2004—2005	3	用于从英国获得的 3 艘超级威塔型(Rousen)快速攻击艇；侦察兵 Mk—2 型
	6	侦察兵	海上侦察雷达	2003		. .	侦察兵 Mk—2 型；用于现代化改造 6 艘“科顿埃尔”级(Elli)护卫舰的 3.53 亿美元交易的一部分

接受方/供货方(S)或许可方(L)	定购数量	武器代号	武器类型	订购/许可时间	交货时间	交付/生产数量	备注
	6	侦察兵	海上侦察雷达	2003		. .	用于从英国获得的 2 艘超级威塔型(Rousen)快速攻击艇和现代化改造 4 艘战士—3(Laskos)快速攻击艇;侦察兵 Mk—2 型
	(10)	瓦恩里特	空中/海上侦查雷达	2000	2003—2005	(10)	用于从英国获得的 3 艘超级威塔型(Rousen)快速攻击艇,从丹麦获得的 4 艘鱼鹰—55 型(Pyrpolitis)快速攻击艇和 3 架从以色列获得的 Saar—4 巡逻机
俄罗斯	19	Tor—M1/SA—15	机动地对空导弹系统	(2002)	2005	(10)	4 亿美元或 7 亿美元的交易(补偿 13 亿美元)
	(323)	9M338/SA—15 长手套	地对空导弹	(2002)	2005	(323)	用于 Tor—M1 地对空导弹系统
	1	贼鸥/1232.2 型	气垫船(气垫艇)/登陆艇	2002		1	0.64 亿美元的交易;希腊代号凯法利尼亚
瑞典	2	爱立信 SLAR	机载对地监视雷达	(1998)	2004—2005	2	用于 2 架从加拿大获得的 CL—415GR(CL—415CSAR)海上巡逻机

接受方/供货方(S)或许可方(L)	定购数量	武器代号	武器类型	订购/许可时间	交货时间	交付/生产数量	备注
	4	PS—890 爱立眼	空中预警飞机雷达	1999	2004—2005	(4)	4.76 亿—6.76 亿美元交易(包括 4 架从巴西获得的 EMB—145H 预警机;雷达在瑞典装配)的一部分;可多选购两套
美国	4	AH—64D 阿帕奇	作战直升机	2003		. .	6.75 亿—7.03 亿美元交易(补偿 8.45 亿美元)的一部分;可多选购 4 架;2007 年交货
	8	AH—64D 阿帕奇	作战直升机	2003		. .	6.75 亿—7.03 亿美元交易(补偿 8.45 亿美元)的一部分;可多选购 4 架;2007 年交货
	30	F—16C	对地攻击机	2005		. .	20 亿美元的“和平 Xenia—4”交易(补偿 132%);F—16 Block—52+型;可多选购 10 架;2009—2010 年交货
	2	S—70B/SH—60F 海鹰	反潜战直升机	(2003)		. .	1.07 亿美元的交易;S—70B—6 爱琴海鹰型
	24	AE—2100	涡轮螺旋桨发动机	2003	2005	(16)	用于从意大利获得的 12 架 C—27J 运输机;AE—2100D—3 型

接受方/供货方(S)或许可方(L)	定购数量	武器代号	武器类型	订购/许可时间	交货时间	交付/生产数量	备　注
	8	AE—3007	涡轮扇	1999	2004—2005	(8)	用于从巴西获得的 4 架 EMB—145 预警机
	(53)	AIM—120C 阿姆拉姆	超视距空对空导弹	2004	2005	(53)	0.53 亿美元的交易的一部分；AIM—120C—5 型
	432	FIM—92C 毒刺	便携式地对空导弹	2000	2005	(216)	0.48 亿美元的交易；用于从德国获得的 ASRAD 地对空导弹系统
	. .	MIM—104 PAC—3	地对空导弹	(1999)		. .	用于爱国者地对空导弹系统
	. .	RIM—162 ESSM	地对空导弹	(2003)		. .	用于现代化改造后的“科顿埃尔”级(Elli)护卫舰
L:德国	12	水牛	装甲抢救车	2003		. .	17 亿欧元(19 亿美元)交易(补偿包括在希腊生产 40%的部件)的一部分；水牛—2 型；2005/2006—2009 年交货
	170	美洲虎—2A5	坦克	2003		. .	17 亿欧元(19 亿美元)交易(补偿包括在希腊生产 40%的部件并组装 140 辆)的一部分；美洲虎—2HEL 型(美洲虎—2A6EX 型)；2006—2009 年交货

接受方/供货方(S)或许可方(L)	定购数量	武器代号	武器类型	订购/许可时间	交货时间	交付/生产数量	备注
	(350)	IRIS—T	近程空对空导弹	(2004)		..	希腊提供 8%资金的 IRIS—T 计划,包括在希腊生产部件;可多选购 100 套;从 2006 年开始交货
	3	214 型	潜艇	2000		..	9 亿—13 亿美元的交易(补偿 115%包括在希腊建立潜艇生产能力以及 2.24 亿美元从希腊的工厂组装 2 艘潜艇);希腊代号 Katsonis;2005—2009 年交货
	1	214 型	潜艇	2002		..	7 亿欧元(7 亿美元)交易(包括现代化改造 3 艘 209 型潜艇)的一部分;在希腊的工厂组装;2009—2010 年交货
意大利	12	C—27J 斯巴达人	运输机	2003	2005	(8)	2.97 亿欧元(约 3.5 亿美元)的交易(补偿 360%包括在希腊生产部件);2005—2006 年交货

接受方/供货方(S)或许可方(L)	定购数量	武器代号	武器类型	订购/许可时间	交货时间	交付/生产数量	备注
英国	2	超级威塔型	快速攻击艇(M)	2003		..	2亿—2.7亿欧元(2.27亿—3.25亿美元)的交易;希腊代号Rousen;2006—2007年交货
	3	超级威塔型	快速攻击艇(M)	2000	2004—2005	3	4.4亿—5.8亿欧元(4.97亿—5.8亿美元)的交易;希腊代号Rousen
匈牙利							
S:意大利	3	RAT—31S/L	空中侦察雷达	2002	2005	(1)	“北约ACCS”计划的一部分;用于“NADGE”空中侦察网;RAT—31DL型
瑞典	14	JAS—39鹰狮	对地攻击机	2001		..	9.24亿美元租借10年(租借结束后购买;补偿110%);原瑞典的飞机重新制造成JAS—39EBS HU型;包括2架JAS—39D;2006—2007年交货
美国	40	AIM—120C阿姆拉姆	超视距空对空导弹	(2004)		..	0.25亿—0.38亿美元的交易;AIM—120C—5型;用于JAS—39战斗机;2006—2007年交货

接受方/供货方(S)或许可方(L)	定购数量	武器代号	武器类型	订购/许可时间	交货时间	交付/生产数量	备　注
印度							
S:法国	6	PA—6	柴油发动机(SH)	(1999)	2005	(2)	用于 3 艘在印度生产的 Shivalik(项目—17)级护卫舰;PA—6—STC 型
	4	ATAS	声纳	(1992)	2000—2005	4	用于 1 艘在印度生产的德里(项目—15)级驱逐舰和 3 艘布拉马普特拉(项目—16A)级护卫舰
	(36)	SM—39 飞鱼	反舰导弹	2005		. .	可能 1.5 亿美元的交易;SM—39 Block—2 型;用于天蝎座型潜艇
德国	(24)	MTU—396	柴油发动机(AV)	2005		. .	用于 6 艘从法国获得的天蝎座型潜艇
	155	MTU—838	柴油发动机(AV)	(1990)	2004—2005	(40)	用于 124 辆在印度生产的 Arjun 坦克
以色列	(30)	苍鹭—2	无人飞行器	(2005)		. .	2 亿—2.66 亿美元的交易;鹰型;数量可能达到 50 架;合同可能还没有签署

接受方/供货方(S)或许可方(L)	定购数量	武器代号	武器类型	订购/许可时间	交货时间	交付/生产数量	备　注
	(4)	苍鹭－2	海上巡逻无人飞行器	(2003)	2005	(4)	
	28	EL/M－2022	海上巡逻飞机雷达	(2000)	2001—2005	(17)	用于从德国获得的28架Do－228MP海上巡逻机;飞机交货后4年内安装雷达
	(2)	EL/M－2032	飞机雷达	(1999)	2004—2005	(2)	用于2架从英国获得的美洲虎－IM(海上美洲虎)战斗机
	10	EL/M－2032	飞机雷达	1999	1999—2005	(10)	0.16亿美元的交易;用于10架美洲虎－M战斗机的现代化改造
	(14)	EL/M－2032	飞机雷达	2005		..	47.6亿印度卢比交易的一部分;用于14架海军鹞式战斗机的现代化改造
	3	EL/M－2075费尔康	预警飞机雷达	2004		..	11亿美元交易(包括预先支付3.5亿美元)的一部分;用于从乌兹别克斯坦获得的3架A－50EhI预警和控制飞机(通过俄罗斯订购并在以色列安装雷达);2007—2009年交货

接受方/供货方(S)或许可方(L)	定购数量	武器代号	武器类型	订购/许可时间	交货时间	交付/生产数量	备注
	6	EL/M—2221	火控雷达	(2002)	2003—2005	(4)	用于在印度生产的 3 艘德里级和 3 艘班加罗尔级驱逐舰；与驼毛地对空导弹一起使用
	5	EL/M—2221	火控雷达	(2003)	2004—2005	(4)	用于在印度生产的 3 艘布拉马普特拉级护卫舰以及对 2 艘哥达瓦里级护卫舰的现代化改造；与驼毛地对空导弹一起使用
	2	绿松	空中侦察雷达	2002		. .	状况不详
	(144)	驼毛	地对空导弹	(2002)	2003—2005	(72)	用于德里级和班加罗尔级驱逐舰
	(60)	驼毛	地对空导弹	(2003)	2004—2005	(60)	用于布拉马普特拉级和现代化改造后的哥达瓦里级护卫舰
	20	德贝	超视距空对空导弹	2005		. .	0.25 亿美元的交易；用于现代化改造后的海军鹞式战斗机
	30	凸眼—1	空对地导弹	2001	2004—2005	(4)	27 亿印度卢比(0.63 亿美元)的交易；用于幻影—2000 战斗机；印度代号为水晶宫

接受方/供货方(S)或许可方(L)	定购数量	武器代号	武器类型	订购/许可时间	交货时间	交付/生产数量	备注
意大利	3	RAN—30X	空中侦察雷达	(1993)	2000—2005	3	用于在印度生产的3艘布拉马普特拉级(项目—16A)护卫舰
	6	海上警卫TMX	火控雷达	1993	2000—2005	6	用于在印度生产的3艘布拉马普特拉级(项目—16A)护卫舰;在印度组装/生产的代号为猎人
	6	海上警卫TMX	火控雷达	(2001)	2005	(2)	用于在印度生产的3艘Shivalik(项目—17)护卫舰;在印度组装/生产的代号为Shikari
	(72)	A—244/S	反潜战鱼雷	(1993)	2000—2005	(48)	用于布拉马普特拉级(项目—16A)和Shivalik级(项目—17)护卫舰;可能在印度生产代号为NST—58
俄罗斯	2	Il—38/五月	反潜/海上巡逻飞机	2005		..	原俄罗斯的;交货前现代化改造成Il—38SD型;2006—2007年交货
	(3)	卡—27PL/蜗牛—A	反潜战直升机	2004		..	卡—28型

接受方/供货方(S)或许可方(L)	定购数量	武器代号	武器类型	订购/许可时间	交货时间	交付/生产数量	备　注
	(5)	卡－31/蜗牛	预警直升机	2004		. .	
	16	米格－29K/支点－D	对地攻击机	2005		. .	7 亿—7.4 亿美元的交易；在戈尔什科夫号航空母舰上使用；包括 4 架米格－29KUB；可多选购 30 架；2007—2009 年交货
	(4)	140mm RL	海军多管火箭发射器	(1992)	1997	(2)	用于在印度生产的 2 艘 Magar 登陆舰；代号不详
	3	AK－100 100mm	海炮	(2003)		. .	用于在印度生产的 3 艘班加罗尔级(项目－15A)驱逐舰
	(28)	BM－9A52 史梅契	多管火箭系统	2005		. .	4.5 亿—5 亿美元的交易；原计划订购更多但俄罗斯拒绝技术转让后减少定购量；从 2006—2007/2008 年开始交货
	12	PS－90A	涡轮扇	2004		. .	用于 3 架从乌兹别克斯坦获得的 A－50EhI 预警和控制飞机
	250	V－46	柴油发动机(AV)	(2002)	2004—2005	(100)	用于 250 辆 T－72M1 坦克的现代化改造

接受方/供货方(S)或许可方(L)	定购数量	武器代号	武器类型	订购/许可时间	交货时间	交付/生产数量	备注
	308	V—46	柴油发动机(AV)	2002	2002—2005	(160)	用于从波兰获得的 308 辆 WZT—3 装甲抢救车;可能从波兰的生产线生产
	6	军舰鸟/顶盘	空中侦察雷达	(1999)	2005	(1)	用于在印度生产的 3 艘班加罗尔级(项目—15A)驱逐舰和 3 艘 Shivalik 级(项目—17)护卫舰
	6	卡什坦/CADS—N—1	近战武器系统/地对空导弹系统	(1999)	2005	(2)	用于在印度生产的 3 艘 Shivalik 级(项目—17)护卫舰
	3	鸢声	火控雷达	(2003)		..	用于在印度生产的 3 艘班加罗尔级(项目—15A)驱逐舰
	(125)	长矛	飞机雷达	1996	2001—2005	(125)	用于将 125 架米格—21bis 战斗机现代化改造成米格—21UPG 野牛(米格—21I 或米格—21—93)战斗机的 4.28—6.3 亿美元交易的一部分;可多选购 50 架没有使用过的

接受方/供货方(S)或许可方(L)	定购数量	武器代号	武器类型	订购/许可时间	交货时间	交付/生产数量	备　注
	6	MR－123/锻木榧	火控雷达	(2003)		. .	用于在印度生产的 3 艘班加罗尔级(项目－15A)驱逐舰
	30	MR－90/前罩	火控雷达	(1999)	2005	(4)	用于在印度生产的 3 艘班加罗尔级(项目－15A)驱逐舰和 3 艘 Shivalik 级(项目－17)护卫舰
	(19)	Zmei/海龙	海上巡逻飞机雷达	2000	2005	1	2.05 亿美元交易的一部分;用于将 5 架 Il－38 反潜战/海上巡逻飞机现代化改造成 Il－38SD 型以及 14 架卡－28 反潜战直升机
	(168)	3M－54E1 Klub/SS－N－27	反舰导弹	(1998)	2001—2005	(108)	用于 Talwar 和 Shivalik(项目－17)护卫舰,班加罗尔级(项目－15A)驱逐舰和基洛级潜艇;可能包括 3M14 对地攻击型
	(288)	9M311/SA－19 灰鼬	地对空导弹	(2005)		. .	9M311(SA－N－11)型;用于 1 艘戈尔什科夫级航空母舰上的卡什坦近战武器系统

接受方/供货方(S)或许可方(L)	定购数量	武器代号	武器类型	订购/许可时间	交货时间	交付/生产数量	备注
	(288)	9M311/SA—19 灰鼬	地对空导弹	(1999)	2005	(96)	9M311(SA—N—11)型,用于3艘Shivalik级(项目—17)护卫舰上的卡什坦近战武器系统
	(3000)	9M133 科奈特/AT—14	反坦克导弹	(2003)		. .	15亿印度卢比的交易(包括超过250部发射架);科奈特—E型;状态不详
	(216)	9M317/SA—17 灰熊	地对空导弹	(2002)		. .	9M317ME(SA—N—12)型;用于班加罗尔级(项目—15A)驱逐舰
	(108)	9M38/SA—11 牛虻	地对空导弹	(2000)	2005	(36)	9M38M1(SA—N—7)型;用于Shivalik(项目—17)级护卫舰
	(1140)	R—27E/AA—10 阿拉莫	超视距空对空导弹	1996	1997—2005	(450)	用于苏—30MKI 战斗机
	(3900)	R—73/AA—11 箭手	近程空对空导弹	(1996)	1997—2005	(1400)	用于苏—30MKI 战斗机,米格—21UPG(现代化改造后的米格—21bis 战斗机),可能还用于米格—29 和现代化改造后的米格—27ML 战斗机

接受方/供货方(S)或许可方(L)	定购数量	武器代号	武器类型	订购/许可时间	交货时间	交付/生产数量	备　注
	(750)	R—77/AA—12 蝮蛇	超视距空对空导弹	(2000)	2002—2005	(425)	用于苏—30MKI 战斗机、米格—21UPG(现代化改造后的米格—21bis 战斗机)，可能还用于米格—29 和现代化改造后的米格—27ML 战斗机
	2	阿库拉—2	核潜艇	(2005)		. .	7 亿美元或 14 亿美元的交易(可能租借)；可多选购一艘；可能装备印度的核武器；可能在 2006/2007—2008/2009 年交货；合同可能还没有签署
	1	戈尔什科夫	航空母舰	2004		. .	原俄罗斯的；6.25 亿—6.75 亿美元的交易(包括现代化改造以及现代化改造成常规起飞/着陆(CTOL)航空母舰)；印度代号 Vikramaditya；2008 年交货
乌克兰	12	DT—59	汽轮机(SH)	(2003)		. .	用于在印度生产的 3 班加罗尔级(项目—15A)驱逐舰
	(1140)	R—27/AA—10 阿拉莫	超视距空对空导弹	(1996)	1997—2005	(686)	用于苏—30MKI 战斗机；代号不详

接受方/供货方(S)或许可方(L)	定购数量	武器代号	武器类型	订购/许可时间	交货时间	交付/生产数量	备　注
美国	17	F—404	涡轮扇	2004		. .	1.05 亿美元的交易;用于在印度生产的 Tejas(LCA)战斗机;F404—GE—IN20 型;印度的 Kaveri 发动机延迟交货后订购的
	40	F—404	涡轮扇	2001		. .	用于在印度生产的 Tejas(LCA)战斗机,F—404—GE—F2J3 型
	(6)	LM—2500	汽轮机(SH)	(1999)	2005	(2)	用于在印度生产的 3 艘 Shivalik(项目—17)级护卫舰;可能从意大利的生产线生产
	4	LM—2500	汽轮机(SH)	(2004)		. .	用于 1 艘在印度生产的 ADS 航空母舰;可能从意大利的生产线生产
	122	TPE—331	涡轮螺旋桨发动机	1983	1986—2005	(98)	用于 61 架从德国获得的 Do—228 海上巡逻飞机
	8	AN/TPQ—37 瞄准器	火炮定位雷达	2002	2005	(6)	1.42 亿—1.9 亿美元的交易的一部分;原计划 1998 年交货,但 1998 年印度核试验后美国对印度实施禁运;AN/TPQ—37(V)3 型

接受方/供货方(S)或许可方(L)	定购数量	武器代号	武器类型	订购/许可时间	交货时间	交付/生产数量	备　注
	4	AN/TPQ－37 瞄准器	火炮定位雷达	2003		..	1.42 亿—1.9 亿美元的交易的一部分；AN/TPQ－37(V)3 型；可能 2006 年交货
	1	奥斯汀	两栖攻击登陆舰	(2005)		..	原美国的；状态不详
乌兹别克斯坦	3	A－50EhI	空中预警与控制飞机	2004		..	11 亿美元交易(包括预先支付 3.5 亿美元)的一部分；与从以色列订购的费尔康机载预警系统一起；通过以色列和俄罗斯订购；2006—2009 年通过以色列交货
L:法国	(230)	SA－315B 美洲驼	轻型直升机	1971	1977—2005	(230)	在印度生产的代号“猎豹”
	..	TM－333 阿蒂丹	涡轮轴发动机	(2001)		..	TM－333－2C2 阿蒂丹－1H 型；用于在印度生产的 Dhruv LCH 作战直升机；在印度组装的代号 Shakti
	..	米兰	反坦克导弹	(1981)	1984—2005	(54000)	米兰－2 型；包括用于 BMP－2 步兵战车

接受方/供货方(S)或许可方(L)	定购数量	武器代号	武器类型	订购/许可时间	交货时间	交付/生产数量	备　注
	6	天蝎座型	潜艇	2005		. .	24亿欧元“项目－75”(包括法国的设计公司9亿欧元)；2012—2017年交货
德国	61	Do—228海上巡逻	海上巡逻飞机	1983	1986—2005	(49)	包括2000年订购7架的0.72亿美元和2005年订购11架的76.2亿印度卢比；在印度生产57架；包括用于海岸警卫队的36架；
荷兰	4	DA—05	空中侦察雷达	(1989)	1995—2005	(4)	用于现代化改造1艘Viraat级航空母舰和用于在印度生产的3艘布拉马普特拉(项目－16A)级护卫舰；印度代号RAWS、RAWS－03或PFN—513
	3	DA—08	空中侦察雷达	1999	2000—2005	3	用于在印度生产的3艘布拉马普特拉(项目－16A)级护卫舰；印度代号RAWS—03

接受方/供货方(S)或许可方(L)	定购数量	武器代号	武器类型	订购/许可时间	交货时间	交付/生产数量	备注
	7	LW—08	对空侦察雷达	(1989)	1997—2005	(7)	用于现代化改造 1 艘 Viraat 级航空母舰和用于 3 艘德里级(项目—15)驱逐舰以及 3 艘布拉马普特拉(项目—16A)级护卫舰;印度代号 RALW、RAWL—2 或 PLN—517
	6	LW—08	对空侦察雷达	(2003)	2005	(1)	用于在印度生产的 3 艘加罗尔级(项目—15A)驱逐舰和 3 艘 Shivalik 级(项目—17)护卫舰;印度代号 RAWL 或 RAWL—02
	(12)	ZW—06	海上侦察雷达	(1989)	1997—2005	(11)	用于现代化改造 1 艘 Viraat 级航空母舰和用于在印度生产的 3 艘德里级(项目—15)驱逐舰以及 3 艘布拉马普特拉(项目—16A)级护卫舰和 3 艘 Shivalik 级(项目—17)护卫舰;印度代号 Rashmi

接受方/供货方(S)或许可方(L)	定购数量	武器代号	武器类型	订购/许可时间	交货时间	交付/生产数量	备　注
波兰	228	WZT—3	装甲抢救车	2004	2004—2005	(80)	2.02 亿美元交易(18%—40%的部件在印度生产);2004—2007 年交货
俄罗斯	140	苏—30MK/侧卫	对地攻击机	2000	2004—2005	(9)	30 亿—50 亿美元的交易;苏—30MKI 型;2004—2017/2018 年交货
	310	T—90S	坦克	2001	2001—2005	(310)	6 亿—7 亿美元的交易(包括预先支付 55%);应对巴基斯坦采购 320 辆 T—80UB 坦克;在印度工厂组装 124 辆
	(300)	T—90S	坦克	(2005)		. .	可能从 2007/2008 年交货;合同还没有签署
	250	AL—55	涡轮扇	2005		. .	3.5 亿美元的交易;大部分在印度组装/生产;可多选购 1000 套;用于在印度生产的 HJT—36 教练机和 HJT—39 教练机/战斗机

接受方/供货方(S)或许可方(L)	定购数量	武器代号	武器类型	订购/许可时间	交货时间	交付/生产数量	备注
	9	平板刨	对空侦察雷达	(1998)	2000—2005	(4)	用于在印度生产的 3 艘班加罗尔级(项目—15A)驱逐舰和 3 艘布拉马普特拉级(项目—16A)和 3艘 Shivalik 级(项目—17)护卫舰;与 SS—N—25 导弹一起使用;在印度组装的代号 Aparna
	. .	9M113/AT—5 拱肩	反坦克导弹	(1988)	1992—2005	(6300)	用于 BMP—2 步兵战车;在苏联时期订购的,苏联解体后俄罗斯许可生产;包括从 2003 年获得的 9M113M 型
英国	66	鹰—100	教练机/战斗机	2004		. .	11 亿英镑(17 亿美元)的"先进的喷气教练机"(AJT)计划(包括 8 亿英镑用于购买飞机);在印度组装/生产 50 架;鹰—132 型;从 2007 年开始交货
	17	国际"美洲虎"	对地攻击机	1999	2003—2005	(17)	"美洲虎"—B 型;用于夜间攻击;可能包括 2 架"美洲虎"—IM(海上"美洲虎");印度代号 Shamsher

接受方/供货方(S)或许可方(L)	定购数量	武器代号	武器类型	订购/许可时间	交货时间	交付/生产数量	备注
	20	国际“美洲虎”	对地攻击机	(2000)	2005	(1)	国际“美洲虎”—IS型;印度代号Shamsher;2005—2007年交货
印度尼西亚							
S:加拿大	5	PT—6	涡轮螺旋桨发动机	2005		. .	用于从韩国获得的5架KT—1B教练机;PT—6A—62A型
法国	5	TB—9坦皮科	轻型飞机	2004	2004—2005	5	250万美元的交易;TB—10多巴哥—GT型;用于训练
	(6)	马基拉	涡轮轴发动机	(2000)	2004—2005	(6)	用于将3架印度尼西亚的SA—330L(NSA—330L)直升机现代化改造成NSA—330SM型;马基拉—1A1型
	1	教员—T	空中侦察雷达	2004		. .	
	(2)	教员—T	空中侦察雷达	2005		. .	
	(9)	大洋教员	海上巡逻飞机雷达	1996	2000—2005	(6)	用于从西班牙获得的6架C—212MP(NC—212MP)海上巡逻机和3架从德国获得的Bo—105(NBo—105)直升机

接受方/供货方(S)或许可方(L)	定购数量	武器代号	武器类型	订购/许可时间	交货时间	交付/生产数量	备　注
德国	12	MTU－4000	柴油发动机(SH)	(2000)	2000—2005	(12)	用于现代化改造 6 艘 Parchim (Patimura)级轻型巡洋舰
	12	TBD－620	柴油发动机(SH)	(1999)	2000—2005	(12)	用于现代化改造 6 艘 Parchim (Patimura)级轻型巡洋舰
韩国	5	KT－1 Woong－Bee	教练机	2005		. .	从 2007 年开始交货；可多选购 8 架
荷兰	2	西格马－90	护卫舰	2004		. .	3.4 亿美元的交易(付款期为 3 年)；2007 年交货
	2	西格马－90	护卫舰	2005		. .	2008 年交货
波兰	3	M－28 空中卡车	轻型运输机	2005		. .	0.75 亿美元交易(由波兰贷款支付)的一部分；2006 年交货
	7	M－28B 布雷扎－1R	海上巡逻飞机	2005		. .	0.75 亿美元交易(由波兰贷款支付)的一部分；2006 年交货
	1	眼镜蛇	地对空导弹系统	2005		. .	0.35 亿美元交易(包括直接支付 15%，0.3 亿美元由波兰贷款支付)的一部分；2007 年交货

接受方/供货方(S)或许可方(L)	定购数量	武器代号	武器类型	订购/许可时间	交货时间	交付/生产数量	备注
美国	..	GROM－2	便携式地对空导弹	2005		..	0.35 亿美元交易(包括直接支付 15%,0.3 亿美元由波兰贷款支付)的一部分;用于眼镜蛇地对空导弹系统;2007 年交货
	5	NS－935	巡逻机	2005		..	1.45 亿美元交易的一部分;警用
	8	CAT－3516	柴油发动机(SH)	(2000)	2002—2005	(8)	用于现代化改造 4 艘 Parchim (Patimura)级轻型巡洋舰
	16	AN/APG－66	飞机雷达	1996	1999	10	用于从英国获得的 16 架鹰－200战斗机;美国对印度尼西亚实施武器禁运后最后 6 架,状况不详
L:韩国	4	LPD－122m	两栖攻击登陆舰	2004		..	1.5 亿美元的交易;包括 2 艘在印度尼西亚组装/生产;包括 1 艘用于指挥舰;从 2007 年交货
西班牙	(6)	C－212MP 航空汽车	海上巡逻飞机	1996	2005	(3)	0.5 亿美元的"On Top－2"计划的一部分;NC－212－200MP 型;在印度尼西亚的工厂组装

接受方/供货方(S)或许可方(L)	定购数量	武器代号	武器类型	订购/许可时间	交货时间	交付/生产数量	备　注
伊朗							
S:德国	. .	BF－8L	柴油发动机(AV)	(1996)	1997—2005	(150)	用于在伊朗生产的 Boraq 装甲运兵车;可能从中国的生产线生产
俄罗斯	(29)	Tor－M1/SA－15	机动地对空导弹系统	2005	2005	(4)	7 亿美元的交易(10 亿美元交易的一部分);包括保护伊朗的核设施;2005—2007/2008 年交货
	35	Zhuk	飞机雷达	2005	2005	(12)	用于将 35 架米格－29 战斗机现代化改造成米格－29SMT 型
	(493)	9M338/SA－15 长手套	地对空导弹	2005	2005	(75)	用于 Tor－M1(SA－15)地对空导弹系统
L:中国	. .	C－802/CSS－N－8 Saccade	反舰导弹	1992	1994—2005	(240)	包括用于沪东(Thondor)级和现代化改造后的 Combattante－2(Kaman)级快速攻击艇以及可能包括空射型;伊朗代号 Tondar 或 Noor

接受方/供货方(S)或许可方(L)	定购数量	武器代号	武器类型	订购/许可时间	交货时间	交付/生产数量	备注
	..	FL−6	反舰导弹	(2000)	2002—2005	(85)	中国开发或根据伊朗提供给中国的意大利海上杀手反舰导弹仿造;伊朗代号 Fajr−eDarya;包括用于 SH−3D 直升机
	..	TL−10/FL−8	反舰导弹	(2002)	2004—2005	(20)	TL−10A 型以及可能 TL−10B 型
	..	TL−6/FL−9	反舰导弹	(2003)	2005	(10)	伊朗代号可能是 Nasr
俄罗斯	1500	BMP−2	步兵战车	(1991)	1993—2005	(725)	22 亿美元交易的一部分;伊朗代号可能是 BMT−2
	(1000)	T−72M1	坦克	(1991)	1993—2005	(756)	22 亿美元交易的一部分;T−72S1 型
	(15000)	9M111/AT−4 塞子	反坦克导弹	(1991)	1993—2005	(9000)	用于 BMP−2 和 Boraq 步兵战车
	..	9M113/AT−5 拱肩	反坦克导弹	(1998)	1999—2005	(1200)	伊朗代号可能是 Towsan−1
	..	9M14M/AT−3 耐火箱	反坦克导弹	(1995)	1996—2005	(2500)	伊朗代号是 RAAD;包括 I−RAAD 型

接受方/供货方(S)或许可方(L)	定购数量	武器代号	武器类型	订购/许可时间	交货时间	交付/生产数量	备注
伊拉克							
S:加拿大	8	CH—2000	轻型飞机	2004	2004—2005	(8)	58 亿美元的交易;SAMA CH—2000 型;通过美国订购;在约旦组装;用于监视
	8	CH—2000	轻型飞机	(2005)	2005	(8)	620 万美元的交易;SAMA CH—2000 型;通过美国订购;在约旦组装;用于监视;状态不详
德国	8	MTU—956	柴油发动机(SH)	1981		. .	用于从意大利获得的 2 艘阿萨德护卫舰
匈牙利	66	BTR—80	装甲运兵车	2005	2005	(33)	原匈牙利的;0.3 亿美元交易的一部分;通过波兰的公司订购;交货前进行现代化改装(可能在乌克兰);2005—2006 年交货
	77	T—72	坦克	(2005)	2005	77	原匈牙利的;援助(由美国提供 340 万美元的大修费用)
	(4)	VT—55	装甲抢救车	(2005)	2005	(4)	二手货;供应者不详;援助

接受方/供货方(S)或许可方(L)	定购数量	武器代号	武器类型	订购/许可时间	交货时间	交付/生产数量	备注
意大利	2	阿萨德	轻型护卫舰	1981		. .	1986 年没有完成向伊拉克交货，1990 伊拉克入侵科威特后实施禁运直到 2004 年；订购的另外 4 艘 1990 年后被意大利没收并卖给马来西亚；2006 年交货
约旦	16	贝尔－205/UH－1H	直升机	2004	2005	(4)	原约旦的；援助
	2	C－130B 大力神	运输机	2004		. .	原约旦的；援助
	100	M－113	装甲运兵车	2004	2005	(100)	原约旦的；M－113A1 型；援助
	100	斯巴达人	装甲运兵车	2004	2004—2005	(100)	原约旦的；援助
波兰	2	W－3 猎鹰	直升机	2004		. .	最初订购 20 架，但后改为 2 架
	600	野猪	装甲运兵车/ISV	2005	2005	(22)	0.8 亿美元的交易；野猪－3 型；2005—2008 年交货
俄罗斯	24	米－8/米－17/河马－H	直升机	2004	2005	24	原俄罗斯的；0.5 亿—1.05 亿美元的交易；通过波兰的公司订购；米－17V－1 型

接受方/供货方(S)或许可方(L)	定购数量	武器代号	武器类型	订购/许可时间	交货时间	交付/生产数量	备注
	10	米—8/米—17/河马—H	直升机	2005	2005	10	通过波兰的公司订购；米—17V—5 型；包括 1 架用于运送重要人物
土耳其	(573)	Akrep/蝎子	侦察车	(2005)	2005	(100)	0.88 亿美元交易的一部分；代号不详；2005—2006 年交货
阿联酋	4	贝尔—206/OH—58	轻型直升机	2004	2005	(4)	阿联酋的；援助；贝尔—206B 型
英国	72	肖兰	装甲运兵车/ISV	2004	2005	72	原英国的；交货前进行现代化改装；援助
国家不详	100	BMP—1	步兵战车	2005	2005	(50)	二手货；援助；最初计划援助 500 辆，但只接受了 100 辆
	(49)	BTR—80	装甲运兵车	2005	2005	(25)	二手货；0.3 亿美元交易的一部分；通过波兰的公司从前苏联共和国订购；交货前可能进行现代化改造（可能在乌克兰）；2005—2006 年交货
美国	16	贝尔—205/UH—1 休伊—2	直升机	2005		..	伊拉克的 UH—1H 型直升机改造为休伊—2 型

接受方/供货方(S)或许可方(L)	定购数量	武器代号	武器类型	订购/许可时间	交货时间	交付/生产数量	备注
	3	C—130E 大力神	运输机	(2004)	2005	3	原美国的;援助
	43	ASV—150/M—1117	装甲运兵车	2004	2004—2005	(43)	0.5 亿美元的交易;包括 2 辆指挥车型
爱尔兰							
S:德国	2	EC—135/EC—635	直升机	2005	2005	2	包括用于训练的;EC—135P—2 型
意大利	4	AB—139	直升机	2004		. .	0.49 亿欧元(0.64 亿美元)的交易;可多选购 2 架;2006—2007 年交货
美国	36	长标枪	反坦克导弹	2003		. .	0.125 亿美元的交易
以色列							
S:德国	. .	MTU—883	柴油发动机(AV)	(2000)	2002—2005	(115)	用于在以色列生产的 Merkava—4 坦克;可能从美国的生产线生产
	2	海豚/800 型	潜艇	(2005)		. .	7 亿—12 亿美元的交易(德国提供 33% 的资金);合同还没有签署

接受方/供货方(S)或许可方(L)	定购数量	武器代号	武器类型	订购/许可时间	交货时间	交付/生产数量	备注
美国	12	AH—64D 阿帕奇	作战直升机	2001	2005	(11)	5.09 亿美元的交易(美国的"对外军事基金"提供资金援助);包括将 3 架以色列的 AH—64A 型武装直升机改造成 AH—64D 型;以色列代号 Sharaf
	6	AH—64D 阿帕奇	作战直升机	2004		..	交易额 2 亿美元;以色列代号 Sharaf
	18	幸运	轻型飞机	2004	2004—2005	(18)	0.11 亿美元的交易;可多选购 6 架
	50	F—16I	对地攻击机	1999	2004—2005	(50)	25 亿美元的"和平弹子—5 第一阶段"交易(美国的"对外军事基金"提供资金援助;补偿 25%);以色列代号 Suefa
	52	F—16I	对地攻击机	2001		..	20 亿美元的"和平弹子—5 第 2 阶段"交易(包括 13 亿美元用于飞机和 3 亿美元用于发动机;补偿 8 亿美元);以色列代号 Suefa;2006—2008 年交货

接受方/供货方(S)或许可方(L)	定购数量	武器代号	武器类型	订购/许可时间	交货时间	交付/生产数量	备　注
	(200)	AGM—114K 狱火	反坦克导弹	(2004)	.	. .	0.5 亿美元交易的一部分;AGM—114K 型和 AGM—114M 型
	(480)	AGM—114L 狱火	反坦克导弹	(2000)	2005	(240)	AGM—114L3 型;用于 AH—64D 直升机
L:	(4)	湾流—5	运输机	2003		. .	4.73 亿美元交易(美国的"对外军事基金"提供部分资金援助)的一部分;G—550 型;在以色列现代化改造成 Nahshon/Etam 预警机;可多选购 2 架;从 2007 年开始交货
	3	湾流—5	运输机	2001	2005	1	1.74 亿—2.06 亿美元的交易(美国的"对外军事基金"提供部分资金援助);G—550 型;在以色列现代化改造成 G—550 SEMA Nahshon/Shavit 电子情报战飞机;从 2005 年开始交货
意大利							

接受方/供货方(S)或许可方(L)	定购数量	武器代号	武器类型	订购/许可时间	交货时间	交付/生产数量	备注
S:奥地利	148	M—16	柴油发动机(AV)	2000	2001—2005	(42)	用于 148 辆从瑞典获得的 Bv—206S 装甲运兵车
法国	4	PA—6	柴油发动机(SH)	(2000)		. .	用于在意大利生产的 2 艘 Doria(地平线)级驱逐舰
	. .	大洋教员	海上巡逻飞机雷达	2000		. .	用于在意大利生产的 46 架 NH—90NFH 反潜战直升机
	. .	Vampyr	对空侦察系统	(2000)		. .	用于在意大利生产的 2 艘 Doria(地平线)级驱逐舰
荷兰	2	机警—L	对空/海上侦察雷达	(2001)		. .	S—1850M 型;用于在意大利生产的 2 艘 Doria(地平线)级驱逐舰
瑞典	112	Bv—206S	装甲运兵车	2003	2004—2005	(40)	0.57 亿欧元(0.68 亿美元)的交易(作为订购瑞典的 NH—90 直升机的补偿);2004—2007 年交货
	34	Bv—206S	装甲运兵车	2003		. .	0.24 亿欧元(0.29 亿美元)交易(作为订购瑞典的 NH—90 直升机的补偿)的一部分;从 2007 年开始交货

接受方/供货方(S)或许可方(L)	定购数量	武器代号	武器类型	订购/许可时间	交货时间	交付/生产数量	备　注
英国	120	Gem	涡轮轴发动机	(1979)	1990—2005	(120)	用于 60 架在意大利生产的 A—129 作战直升机；GemMk—1004 型
	200	暴风影/SCALP	空对地导弹	1999	2004—2005	(25)	2.75 亿美元的交易
美国	4	C—130J—30 大力神	运输机	2000	2004—2005	(4)	
	24	AE—2100	涡轮螺旋桨发动机	2002	2004—2005	(8)	用于 12 架在意大利生产的 C—27J 运输机
	. .	T—800	涡轮轴发动机	(2005)		. .	用于现代化改造 A—129 作战直升机
	2	AN/TPS—77	空中侦察雷达	2002		. .	AN/TPS—117 型
	46	HELRAS	深水声纳	(2000)		. .	用于 46 架在意大利生产的 NH—90NFH 反潜战直升机；可能从德国生产线生产
L:德国	70	PzH—2000 155mm	自行火炮	2002	2003—2005	(19)	4.55 亿—5.1 亿美元的交易；68 套在意大利组装；2003—2008 年交货

接受方/供货方(S)或许可方(L)	定购数量	武器代号	武器类型	订购/许可时间	交货时间	交付/生产数量	备注
	(444)	IRIS－T	近程空对空导弹	(2003)		. .	意大利资助 19% 的 IRIS－T 计划，包括在意大利生产部件；可能从 2006 年交货
	2	212 型	潜艇	1997	2005	1	意大利的代号 Todaro；可多选购 2 艘；2005—2006 年交货
美国	4	KC－767	加油机/运输机	2002		. .	6.19 亿美元的交易(补偿最高可到 11 亿美元，包括在意大利组装 3 架)；可多选购 2 架；2006—2008 年交货
	(8)	LM－2500	汽轮机(SH)	(2000)		. .	用于 1 艘 Cavour 级航空母舰和 2 艘在意大利生产的 Doria(地平线)级驱逐舰
	232	T－700	涡轮轴发动机	(2003)		. .	用于在意大利生产的 70 架 NH－90TTH 运输直升机和 46 架 NH－90NFH 反潜战直升机；T－700－T－6E1 型
	60	T－700	涡轮轴发动机	1997	2001—2005	(60)	用于在意大利生产的 20 架 EH－101 直升机；T－700－T－6A/3 型

接受方/供货方(S)或许可方(L)	定购数量	武器代号	武器类型	订购/许可时间	交货时间	交付/生产数量	备注
日本							
S:法国	2	EC—225/EC—725	直升机	2005		..	用于海岸警卫队搜索与救援
	(14)	大洋教员	海上巡逻飞机雷达	1996	2004	(2)	用于14架在日本生产的US—2(US—1AKai)海上巡逻机
意大利	5	紧凑127mm	海炮	(1999)	2003—2004	3	用于在日本生产的5艘Takanami级护卫舰
荷兰	(2)	利罗德	火控雷达	(2004)		..	用于在日本生产的2艘FD航空母舰
瑞典	2	萨伯340B SAR—200	海上巡逻飞机	2005		..	二手货,萨伯—340B型重新制造为SAR—200型;用于海岸警卫队搜索与救援;2006年交货
	(8)	斯特灵AIP	AIP发动机	2005		..	用于2艘在日本生产的改进型Oyashio级潜艇
美国	4	KC—767	加油机/运输机	2003		..	"KC—X"计划;2006—2010年交货
	(20)	空中大王—350/C—12S	轻型运输机	1997	1999—2005	(9)	包括用于侦察;日本代号LR—2

接受方/供货方(S)或许可方(L)	定购数量	武器代号	武器类型	订购/许可时间	交货时间	交付/生产数量	备注
	(56)	AE—2100	涡轮螺旋桨发动机	(1996)	2004	(8)	用于 14 架在日本生产的 US—2(US—1AKai)海上巡逻飞机;AE—2100J 型
	. .	F—110	涡轮扇	(1987)	2000—2005	(63)	用于在日本生产的 F—2 战斗机;F—110—GE—129 型
	(13)	AN/APS—145	预警飞机雷达	2000	2004—2005	(5)	用于 13 架 E—2C 预警和控制飞机现代化改造成鹰眼—2000 型
	6	AN/SPG—62	火控雷达	(2002)		. .	用于在日本生产的 2 艘改进型 Kongou 级驱逐舰;与“标准”型地对空导弹一起使用
	2	AN/SPY—1D	空中侦察雷达	2002		. .	用于在日本生产的 2 艘改进型 Kongou 级驱逐舰
	(38)	Mk—15 密集阵	近战武器系统	(1993)	1996—2005	32	用于在日本生产的 2 艘改进型 Kongou 级驱逐舰、9 艘 Murasame 级和 5 艘 Takanami 级护卫舰以及 3 艘 Oosumi 两栖攻击登陆舰;包括一些 Block—1B 型

接受方/供货方(S)或许可方(L)	定购数量	武器代号	武器类型	订购/许可时间	交货时间	交付/生产数量	备注
	16	MIM—104 PAC—3	地对空导弹	2005		. .	65亿—93亿美元的反弹道导弹防御系统的一部分;2006年或2010年交货
	. .	RIM—162 ESSM	地对空导弹	2004		. .	用于 Takanami 级和 Murasame 级护卫舰
	40	RIM—66M 标准—2	地对空导弹	(2005)		. .	1.04亿美元交易的一部分;SM—2 Block—3B型;合同可能还没有签署
	18	RIM—66M 标准—2	地对空导弹	(2003)		. .	4.82亿美元交易的一部分;SM—2 Block—3B型
L:法国	. .	MO—120—RT—6 1120mm	迫击炮	1992	1993—2005	(354)	包括用于在日本生产的96型迫击炮运载器
英国	14	EH—101—400	直升机	2003		. .	5.18亿美元的"MCH—X"计划;在日本的工厂组装13架;包括用于扫雷;从2006年开始交货
	(30)	斯佩	汽轮机(SH)	(1991)	1995—2005	28	用于在日本生产的5艘 Takanami 级和9艘 Murasame 级护卫舰以及1艘 Kashima 训练艇

接受方/供货方(S)或许可方(L)	定购数量	武器代号	武器类型	订购/许可时间	交货时间	交付/生产数量	备　注
美国	(60)	AH−64D 阿帕奇	作战直升机	2001		..	“AH−X”计划；AH−64DJP型；从 2006 年开始交货
	(21)	BAe−125−800	轻型运输机	1995	1998—2005	(17)	“H−X”计划；RH−800 或猎鹰者−800 型；在日本现代化改造成用于搜索与救援；日本代号 U−125A
	86	CH−47D 切努克	直升机	1984	1986—2005	(76)	CH−47J 型和 CH−47JA 型；在日本组装/生产 84 架
	(67)	S−70A/UH−60L	直升机	1988	1990—2005	(52)	S−70A−12/UH−60J 型
	(80)	S−70A/UH−60L	直升机	1995	1998—2005	(30)	27 亿美元的交易；UH−60JA 型
	(126)	S−70B/SH−60J 海鹰	反潜战直升机	1988	1991—2005	(113)	包括 SH−60K 型
	(90)	M−270 MLRS	多管火箭发射器	1993	1995—2005	(87)	
	2	Mk−45−4 127mm	海炮	2003		..	用于 2 艘在日本生产的改进型 Kongou 级驱逐舰

接受方/供货方(S)或许可方(L)	定购数量	武器代号	武器类型	订购/许可时间	交货时间	交付/生产数量	备注
	(62)	LM—2500	汽轮机(SH)	(1988)	1993—2005	44	用于在日本生产的2艘FD航空母舰、4艘Kongou级和2艘改进的Kongou级驱逐舰、5艘Takanami和9艘Murasame级护卫舰以及1艘Asuka调查船
	(80)	T—64	涡轮螺旋桨发动机	(1970)	1975—2005	(80)	用于在日本生产的20架US—1A海上巡逻飞机，T—64—IHI—10J型
	(27)	Sea Vue	海上巡逻飞机雷达	1992	1995—2005	(23)	用于27架从英国和美国获得的BAe—125—800/RH—800(U—125A)搜索与救援飞机
	(336)	AIM—7M麻雀	超视距空对空导弹	1993	1996—2005	(303)	用于Murasame级和Takanami级护卫舰；RIM—7M海麻雀(SAM)型；包括在日本生产部件和组装

接受方/供货方(S)或许可方(L)	定购数量	武器代号	武器类型	订购/许可时间	交货时间	交付/生产数量	备　注
	(9)	RIM—66/SM—3	地对空导弹	(2005)		. .	65 亿—93 亿美的反弹道导弹防御系统的一部分；SM－3 Block－1 型；用于 Kongou 级驱逐舰；包括在日本生产部件；合同可能还没有签署
约旦							
S:德国	4	EC—135/EC—635	直升机	(2005)		. .	EC—635T—1 型；用于边境巡逻和运送重要人物；2006—2007 年交货
荷兰	3	F—16C	对地攻击机	(2005)		. .	原荷兰的；2006 年交货；合同可能还没有签署
俄罗斯	8	PS—90A	涡轮扇	2005		. .	用于 2 架从乌兹别克斯坦获得的 Il—76MF 运输机；PS—90A—76 型
南非	(200)	非洲獾－20	步兵战车	2004	2004—2005	(150)	原南非的；2004—2006 年交货
阿联酋	(10)	AS—350/550 非洲小狐	轻型直升机	2005	2005	(10)	原阿联酋的(但只用了几年)；AS—350B—3 型；用于训练

接受方/供货方(S)或许可方(L)	定购数量	武器代号	武器类型	订购/许可时间	交货时间	交付/生产数量	备　注
美国	8	S—70A/UH—60L	直升机	2004		..	2.2 亿美元的交易；UH—60L 型；2006 年交货
	232	6V—53	柴油发动机(AV)	(2000)	2004—2005	(132)	用于从土耳其获得的 100 辆 AIFV(ACV—300)装甲运兵车以及将 132 辆 M—113A1 装甲运兵车现代化改造成 M—113A2 Mk—1J 型
	17	AN/APG—66	飞机雷达	2004		..	0.87 亿美元交易的一部分；用于在土耳其将 17 架约旦的 F—16ADF 战斗机现代化改造成 F—16AM 型；2006—2009 年交货
	50	AIM—120C 阿姆拉姆	超视距空对空导弹	(2004)		..	0.39 亿美元的交易；合同还没有签署
乌兹别克斯坦	2	Il—76MF/耿直	运输机	2005		..	通过俄罗斯订购；可多选购 2 架；2006 年交货
L:土耳其	100	AIFV—APC	装甲运兵车	(2004)		..	0.42 亿美元的交易；在约旦的工厂组装；合同可能还没有签署

接受方/供货方(S)或许可方(L)	定购数量	武器代号	武器类型	订购/许可时间	交货时间	交付/生产数量	备　注
哈萨克斯坦							
S:韩国	3	海豚	巡逻机	2005		..	原韩国的;援助;2006 年交货
俄罗斯	20	米－8/米－17/河马－H	直升机	2004	2004—2005	(14)	1 亿美元的交易;米－17 型;用于用于反恐和打击贩毒行动;2004—2006 年交货
	(38)	苏－27S/侧卫－B	战斗机	(1995)	1996—2003	(26)	原俄罗斯的;用于偿还债务;状态不详
肯尼亚							
S:西班牙	1	Gondan OPV	近海巡逻艇	2003	2005	1	41 亿肯尼亚先令(0.54 亿美元)的交易(不包括 20 亿肯尼亚元用于武器装备);作为民用船只订购和交货但在肯尼亚装备武器;由于腐败调查交货延迟
朝鲜							
L:俄罗斯	..	9M111/AT－4 塞子	反坦克导弹	(1987)	1992—2005	(3350)	从苏联订购,苏联解体后由俄罗斯许可生产

接受方/供货方(S)或许可方(L)	定购数量	武器代号	武器类型	订购/许可时间	交货时间	交付/生产数量	备注
	. .	针—1/SA—16 手钻	便携式地对空导弹	(1989)	1992—2005	(1300)	可能从苏联订购，苏联解体后由俄罗斯许可生产
韩国							
S:加拿大	(105)	PT—6	涡轮螺旋桨发动机	(1995)	2000—2005	(90)	用于在韩国生产的 85 架 KT—1 教练机和 20—40 架 KO—1 战斗机/侦察机；PT—6A—62A 型
法国	4	PC—2.5	柴油发动机(SH)	(2002)		. .	用于 1 艘在韩国生产的 Dodko (LPX)两栖攻击登陆舰；可能在韩国生产
德国	(750)	MTU—881	柴油发动机(AV)	(1998)	1999—2005	(220)	用于在韩国生产的 K—9 自行火炮
	6	MTU—956	柴油发动机(SH)	(1999)	2003—2005	6	用于在韩国生产的 3 艘 KDX—2 护卫舰
	3	DSQS—23	声纳	(1999)	2003—2005	3	用于在韩国生产的 3 艘 KDX—2 护卫舰
荷兰	3	守门员	近战武器系统	1999	2003—2005	3	用于在韩国生产的 3 艘 KDX—2 护卫舰

接受方/供货方(S)或许可方(L)	定购数量	武器代号	武器类型	订购/许可时间	交货时间	交付/生产数量	备　注
	5	守门员	近战武器系统	2003		. .	0.54 亿美元的交易；用于在韩国生产的 1 艘 LPX 两栖攻击登陆舰和 3 艘 KDX－3 驱逐舰
俄罗斯	(23)	Il－103	轻型飞机	2002	2005	(3)	0.09 亿美元的交易(包括偿还债务的 0.045 亿美元)；5.34 亿美元的“Bul－Gom”或“红熊－2”交易(包括偿还债务的 2.67 亿美元)的一部分；用于训练；2005——2006 年交货
	(37)	BMP－3	步兵战车	2002	2005	(37)	5.34 亿美元的“Bul－Gom”或“红熊－2”交易(包括偿还债务的 2.67 亿美元)的一部分
	(10)	T－80U	坦克	2002	2005	(2)	5.34 亿美元的“Bul－Gom”或“红熊－2”交易(包括偿还债务的 2.67 亿美元)的一部分；2006 年交货

接受方/供货方(S)或许可方(L)	定购数量	武器代号	武器类型	订购/许可时间	交货时间	交付/生产数量	备注
	(2000)	9M131/AT—13 萨克斯号	反坦克导弹	2002	2003—2005	(1500)	5.34 亿美元的“Bul—Gom”或“红熊—2”交易(包括偿还债务的 2.67 亿美元)的一部分;2003—2006 年交货
	3	穆莱拉/Type 型	登陆艇	2002	2005	(1)	5.34 亿美元的“Bul—Gom”或“红熊—2”交易(包括偿还债务的 2.67 亿美元)的一部分;2005—2007 年交货
美国	8	P—3B 猎户座	反潜/海上巡逻飞机	2005		. .	原美国的;4.93 亿美元的交易(包括 0.66 亿美元用于飞机和 4.27 亿美元用于交货后进行现代化改造);多选购 1 架用于备份;2007—2009 年交货
	27	F—404	涡轮扇	(2003)		. .	0.8 亿美元的交易;用于 25 架在韩国生产的 T—50 教练机;F—404—GE—102 型
	6	LM—2500	汽轮机(SH)	(1999)	2003—2005	6	用于 3 艘在韩国生产的 KDX—2 护卫舰

接受方/供货方(S)或许可方(L)	定购数量	武器代号	武器类型	订购/许可时间	交货时间	交付/生产数量	备注
	(44)	AN/APG－67	飞机雷达	(2003)		. .	AN/APG－67(V)4 型;用于在韩国生产的 44 架 T－50 LIFT/A－50 教练机/战斗机;合同可能还没有签署
	3	AN/SPS－49	对空侦察雷达	(1999)	2003—2005	3	用于 3 艘在韩国生产的 KDX－2 护卫舰;AN/SPS－49(V)5 型
	3	AN/SPY－1D	对空侦察雷达	(2002)		. .	用于 3 艘在韩国生产的 KDX－2 护卫舰
	(40)	虎眼	飞机雷达	2002	2005	(4)	1.64 亿美元的交易;用于 F－15K 战斗机
	(45)	AGM－84H SLAM－ER	空对地导弹	(2003)	2005	(5)	0.7 亿美元的交易;用于 F－15K 战斗机
	. .	AIM－9X 响尾蛇	近程空对空导弹	2002		. .	1.1 亿美元交易的一部分;用于 F－15K 战斗机
	(150)	Mk－46 Mod－5 NEARTIP	反潜战鱼雷	(1995)	1998—2005	(150)	用于 KDX－1(Kwanggaeto the Great)护卫舰和用于 KDX－2 护卫舰上的阿斯罗克 C 反潜战导弹

接受方/供货方(S)或许可方(L)	定购数量	武器代号	武器类型	订购/许可时间	交货时间	交付/生产数量	备注
	64	RIM－116A RAM	地对空导弹	2001	2003—2005	(64)	用于KDX－2护卫舰
	(125)	RIM－116A RAM	地对空导弹	(2004)		. .	用于KDX－3驱逐舰和LPX两栖攻击登陆舰
	. .	RIM－66/SM－3	地对空导弹	(2004)		. .	用于KDX－3级驱逐舰;合同还没有签署
	110	RIM－66M标准－2	地对空导弹	2000	2003—2005	(110)	1.59亿美元的交易;用于KDX－2护卫舰;SM－2MR Block－3A型
L:法国	(48)	海响尾蛇－NG	地对空导弹系统	(1997)	1999—2005	(48)	在韩国生产的Chun Ma(神马)地对空导弹系统(和韩国的导弹一起使用)的一部分;在韩国组装
德国	3	214型	潜艇	2000		. .	11亿美元的"KSS－2"计划(包括7.11亿美元从德国进口);在韩国的工厂组装;2007—2009年交货
荷兰	3	MW－08	对空侦察雷达	1999	2003—2005	3	用于在韩国生产的3艘KDX－2护卫舰

接受方/供货方(S)或许可方(L)	定购数量	武器代号	武器类型	订购/许可时间	交货时间	交付/生产数量	备　注
	(41)	MW－08	对空侦察雷达	(2003)		. .	用于在韩国生产的 40 艘 PKM－X 快速攻击艇和 1 艘 LPX 两栖攻击登陆舰
	6	STIR	火控雷达	1999	2003—2005	6	用于 3 艘在韩国生产的 KDX－2 护卫舰;STIR－240 型
瑞典	(9)	马鲛 200	火控雷达	2003		. .	1.14 亿瑞典克朗(0.14 亿美元)的交易;用于在韩国生产的 9 艘 PKX 快速攻击艇;从 2006/2007 年开始交货
美国	40	F－15E 攻击鹰	攻击机/轰炸机	2002	2005	4	42 亿美元的“F－X”计划(补偿 65%—83%包括在韩国生产用于 32 架 F－15K 战斗机的部件以及生产所有 AH－64 作战直升机的机身);F－15K 斯拉姆鹰型;可多选购 40 架;2005—2008 年交货

接受方/供货方(S)或许可方(L)	定购数量	武器代号	武器类型	订购/许可时间	交货时间	交付/生产数量	备　注
	3	Mk－45 127mm	海炮	1999	2003—2005	3	0.22 亿美元的交易；用于在韩国生产的 3 艘 KDX－2 护卫舰；Mk－45 Mod－4 型
	67	LVTP－7A1/AAV－7A1	装甲运兵车	2000	2001—2005	(58)	0.99 亿—1.2 亿美元的交易；在韩国的工厂组装，代号 KAAV（韩国两栖装甲车）；2001—2006 年交货
科威特							
S：法国	2	AS－365/AS－565 黑豹	直升机	(2002)	2005	2	警用
德国	8	秃鹰	装甲运兵车	(2003)	2005	(8)	用于国家警卫队；秃鹰－2 型
美国	8	AH－64D 阿帕奇	作战直升机	2002	2005	(1)	8.68 亿美元交易（包括 2.13 亿美元用于机身和 0.46 亿美元用于长弓雷达；21 亿美元交易的一部分）的一部分；出售条件：只能用于防御行动；2005—2008 年交货

接受方/供货方(S)或许可方(L)	定购数量	武器代号	武器类型	订购/许可时间	交货时间	交付/生产数量	备 注
	8	AH－64D 阿帕奇	作战直升机	2002	2005	(1)	8.68 亿美元交易(包括 2.13 亿美元用于机身和 0.46 亿美元用于长弓雷达;21 亿美元交易的一部分)的一部分;出售条件:只能用于防御行动;2005—2008 年交货
	1	L－88 LASS	空中侦察雷达	2003	2005	1	0.85 亿美元的交易
	(188)	AGM－114K 狱火	反坦克导弹	2002	2005	(10)	8.68 亿美元交易(更大笔的 21 亿美元交易的一部分)的一部分;AGM－114K3 型;用于 AH－64D 直升机;2005—2008 年交货
	(96)	AGM－114L 狱火	反坦克导弹	2002	2005	(10)	8.68 亿美元交易(更大笔的 21 亿美元交易的一部分)的一部分;AGM－114K3 型;用于 AH－64D 直升机;2005—2008 年交货
吉尔吉斯斯坦							

接受方/供货方(S)或许可方(L)	定购数量	武器代号	武器类型	订购/许可时间	交货时间	交付/生产数量	备注
S:俄罗斯	1	米—8/米—17/河马—H	直升机	(2005)	2005	1	可能原俄罗斯的;300 万美元援助(作为俄罗斯使用吉尔吉斯空军基地的报答)的一部分
拉脱维亚							
S:荷兰	5	Tripartite	扫雷舰	2005		. .	原荷兰的;0.57 亿欧元(0.71 亿美元)交易;2006—2008 年交货
俄罗斯	2	米—8/米—17/河马—H	直升机	(2003)	2004—2005	2	米—8MTV—1 型;包括用于搜索与救援
瑞典	(2)	长颈鹿—40	对空侦察雷达	2004		. .	原瑞典的;与 RBS—70 地对空导弹系统一起使用;2006—2007 年交货
	. .	RBS—70	便携式地对空导弹	2004		. .	1.85 亿瑞典克朗(0.28 亿美元)的交易(包括援助的原瑞典的发射器);2006—2007 年交货
黎巴嫩							
S:美国	(2)	R44	直升机	(2003)	2005	(2)	R44 Raven—2 型;用于训练

接受方/供货方(S)或许可方(L)	定购数量	武器代号	武器类型	订购/许可时间	交货时间	交付/生产数量	备注
利比亚							
S:意大利	10	A—109K	轻型直升机	(2005)		. .	0.8 亿欧元(0.97 亿美元)的交易;用于边境巡逻;从 2006 年开始交货
美国	8	C—130H 大力神	运输机	1973		. .	0.7 亿美元的交易;1973 年订购但 1974—2005 年禁运(利比亚支付并拥有所有权,储存在美国)
立陶宛							
S:挪威	(5)	长颈鹿—40	空中侦察雷达	2004	2004—2005	(5)	原挪威的;1.35 亿立陶宛立特(约 0.5 亿美元)援助的一部分
	(260)	RBS—70	便携式地对空导弹	2004	2004—2005	(260)	原挪威的;1.35 亿立陶宛立特(约 0.5 亿美元)援助的一部分;交易还包括 21 套发射架
美国	2	AN/MPQ—64	空中侦察雷达	2002		. .	0.31 亿美元交易的一部分;与 FIM—92 地对空导弹系统一起使用;2006 年交货

接受方/供货方(S)或许可方(L)	定购数量	武器代号	武器类型	订购/许可时间	交货时间	交付/生产数量	备　注
	54	FIM－92A 毒刺	便携式地对空导弹	2002		. .	0.31 亿美元交易的一部分;交易还包括 8 套发射架;2006 年交货
马来西亚							
S:加拿大	10	PT－6	涡轮螺旋桨发动机	(2005)		. .	用于从瑞士获得的 10 架 PC－7Mk－2 教练机;PT－6A－25C 型
法国	40	SM－39 飞鱼	反舰导弹	2002		. .	用于天蝎座型潜艇;2007—2008 年交货
	1	阿格斯塔	潜艇	2002		. .	原法国的;包括用于马来西亚人在法国进行 4 年训练;状态不详
	1	天蝎座型	潜艇	2002		. .	12 亿欧元(约 10.5 亿美元)交易(包括从西班牙多选购 1 艘;包括超过 50%的实物交换)的一部分;2009 年交货

接受方/供货方(S)或许可方(L)	定购数量	武器代号	武器类型	订购/许可时间	交货时间	交付/生产数量	备　注
德国	32	D－2848	柴油发动机(AV)	2004	2004—2005	(32)	0.1 亿美元交易的一部分，用于将 32 辆 K－200 KIFV 装甲运兵车现代化改造成 K－200A1 型；从韩国的生产线生产
	2	TRML－CS	空中/海上侦查雷达	2005		. .	0.2 亿欧元的交易；可多选购 1 套；TRML－3D 型；2008 年交货
印度尼西亚	2	CN－235	运输机	2002	2005	(1)	0.34 亿美元的交易；可能是原印度尼西亚的；包括用运送重要人物
意大利	6	海上警卫 TMX	火控雷达	(2000)	2005	(2)	用于从德国获得的 6 艘梅科－A100(Kedah)护卫舰；代号不详
	(30)	黑鲨	反舰鱼雷	2002		. .	用于天蝎座型潜艇
多国供应商	4	A－400M	运输机	2005		. .	28 亿马来林吉特(约 6 亿欧元/6.3 亿美元)的交易(补偿至少 10 亿马来林吉特)；2013—2014 年交货

接受方/ 供货方(S) 或许可方(L)	定购 数量	武器代号	武器类型	订购/许可 时间	交货时间	交付/生产 数量	备　注
波兰	3	MID—M	装甲工程车	2003	2005	(1)	3.68 亿—4.0 亿美元交易(补偿 1.11 亿美元)的一部分;2005—2006 年交货
	5	PMC—90	装甲架桥机	2003	2005	(1)	3.68 亿—4.0 亿美元交易(补偿 1.11 亿美元)的一部分;PMC 大蜥蜴型;2005—2006 年交货
	48	PT—91	坦克	2003	2005	(5)	3.68 亿—4.0 亿美元交易(补偿 1.11 亿美元)的一部分;PT—91M 型;2005—2006/2007 年交货
	6	WZT—4	装甲抢救车	2003	2005	(1)	3.68 亿—4.0 亿美元交易(补偿 1.11 亿美元)的一部分;PT—91M 型;2005—2006 年交货
俄罗斯	10	米—8/米—17/河马—H	直升机	2003		..	0.7 亿—1.2 亿美元的交易;米—171Sh武装型;用于作战搜索与救援;从 2006 年开始交货

接受方/供货方(S)或许可方(L)	定购数量	武器代号	武器类型	订购/许可时间	交货时间	交付/生产数量	备注
	18	苏－30MK/侧卫	对地攻击机	2003		. .	9 亿美元的交易(补偿超过33%包括 2.7 亿美元的实物交换并包括空间技术转让和训练马来西亚航天员);苏－30MKM型;2006/2007—2008 年交货
	. .	R－77/AA－12 蝮蛇	超视距空对空导弹	(1997)		. .	用于米格－29N 和苏－30MKM 战斗机;状态不详
西班牙	1	天蝎座型	潜艇	2002		. .	12 亿欧元(约 10.5 亿美元)交易(包括从法国获得的另一艘;包括超过 50%的实物交换)的一部分;2009 年交货
瑞士	10	PC－7 涡轮教练员	教练机	(2005)		. .	0.7 亿 CHF 的交易;PC－7 Mk－2 型;2007 年交货
英国	(15)	贾纳斯	地对空导弹系统	2002	2005	(5)	2.2 亿英镑(4 亿美元)交易(补偿包括在马来西亚生产部件)的一部分;从 2005 年开始交货

接受方/供货方(S)或许可方(L)	定购数量	武器代号	武器类型	订购/许可时间	交货时间	交付/生产数量	备　注
	. .	轻剑 Mk－2	地对空导弹	2002	2005	(50)	2.2 亿英镑(4 亿美元)交易(补偿包括在马来西亚生产部件)的一部分;用于贾纳斯地对空导弹系统
美国	. .	CT－7	涡轮螺旋桨发动机	2002	2005	(2)	用于 2 架从印度尼西亚获得的 CN－235 运输机;CT－7－9C3 型
	12	毛虫－3616	柴油发动机(SH)	2000	2005	(4)	用于从德国获得的 6 艘梅科－A100(Kedah)护卫舰
L:德国	6	梅科－A100	护卫舰	1999	2005	(2)	14 亿美元的"新一代巡逻舰"(NGPV)计划(补偿包括在马来西亚生产至少 30%的部件并且组装 4 艘);梅科－100RMN 型;马来西亚代号 Kedah; 2005—2008/2009 年交货
意大利	11	A－109K	轻型直升机	2003	2005	(2)	0.7 亿—0.75 亿美元的交易(补偿包括在马来西亚组装一些和技术转让);A－109LOH 武装型

接受方/供货方(S)或许可方(L)	定购数量	武器代号	武器类型	订购/许可时间	交货时间	交付/生产数量	备　注
马耳他							
S:意大利	1	Diciotti	巡逻机	2004	2005	1	0.17 亿欧元(0.2 亿美元)交易(主要由意大利提供资金)
毛里求斯							
S:印度	1	Druhv/ALH	直升机	2005		. .	
	1	SDBMk－2	巡逻机	2005		. .	代号不详;可能原印度的
墨西哥							
S:丹麦	4	SCANTER－2001	海上侦察雷达	(2003)	2004—2005	(4)	用于在墨西哥生产的 4 艘 Oaxaca 近海巡逻艇艇
法国	2	AS－365/AS－565 黑豹	直升机	2003	2005	2	AS－565SB 型;可多选购 8 架
以色列	(2)	S－65/Yasur－2000	直升机	(2005)	2005	2	原以色列的
美国	24	毛虫－3616	柴油发动机(SH)	(1997)	1998—2005	24	用于在墨西哥生产的 4 艘马鲛,4 艘 Durango 和 4 艘 Oaxaca 近海巡逻艇
	8	Sea Vue	海上巡逻飞机雷达	2002	2003—2005	(6)	用于现代化改造 8 架 C－212 海上巡逻飞机

接受方/供货方(S)或许可方(L)	定购数量	武器代号	武器类型	订购/许可时间	交货时间	交付/生产数量	备注
摩洛哥							
S:法国	(27)	RDY	飞机雷达	2005		..	用于现代化改造27架摩洛哥幻影F-1战斗机的3.5亿欧元(4.2亿美元)交易的一部分;RC-400型
	..	MICA	超视距空对空导弹	2005		..	3.5亿欧元(4.2亿美元)交易的一部分;用于现代化改造后的幻影F-1战斗机
俄罗斯	(6)	2S6M通古斯卡	防空车辆(G/M)	2005	2005	(2)	数量可能为12辆
	(96)	9M311/SA-19灰鼬	地对空导弹	2005	2005	(32)	用于2S6防空车辆(G/M)
西班牙	..	M-60A3巴顿-2	坦克	2005		..	原西班牙的;援助
缅甸							
S:印度	1	BN-2岛民	轻型运输机	2005		..	二手货;捐赠;英国警告印度这一交货将会影响英国对印度的武器销售,之后状态不详
乌克兰	..	BTR-3U守护者	步兵战车	(2003)	2003	10	定购数量可能达1000辆;可能在缅甸的工厂组装;状态不详

接受方/供货方(S)或许可方(L)	定购数量	武器代号	武器类型	订购/许可时间	交货时间	交付/生产数量	备注
	(60)	R—27E/AA—10 阿拉莫	超视距空对空导弹	(2002)	2003—2005	(60)	用于米格—29 战斗机
纳米比亚							
S:巴西	1	Grajau	巡逻机	2004		..	0.35 亿美元交易的一部分
北约							
S:多国供应商	(5)	A—321	运输机	(2005)		..	31.5 亿—48 亿美元的“北约对地监视”计划的一部分;用于对地监视飞机的现代化改造;合同还没有签署;交货可能从 2010 年开始
美国	(7)	RQ—4A 全球鹰	无人飞行器	(2005)		..	31.5 亿—48 亿美元的“北约对地监视”计划的一部分;用于对地监视飞机的现代化改造;合同还没有签署;交货可能从 2010 年开始
尼泊尔							
S:印度	1	Druhv/ALH	直升机		2004	..	援助;可能是武装型

接受方/供货方(S)或许可方(L)	定购数量	武器代号	武器类型	订购/许可时间	交货时间	交付/生产数量	备注
荷兰							
S:法国	12	大洋教员	海上巡逻飞机雷达	2000		..	用于 12 架 NH—90NFH 反潜战直升机
德国	57	PzH—2000 155mm	自行火炮	2002	2004—2005	(10)	4.2 亿美元的交易(补偿 100%);其中 18 门交付荷兰后立即被转卖;2004—2009 年交货
	4	DSQS—24	声纳	(1993)	2002—2005	4	用于 4 艘在荷兰生产的 De Zeven Provincien 护卫舰;DSQS—24C 型
	3	TRS—3D	空中/海上侦查雷达	2004		..	"FGBADS 第一阶段"计划价值 0.35 亿欧元(0.44 亿美元);TRS—3D/32 型;2007 年交货
意大利	4	紧凑 127mm	海炮	1996	2002—2005	4	原加拿大的炮重新卖给生产商,并且在交货前进行现代化改装;用于在荷兰生产的 4 艘 De Zeven Provincien 级护卫舰

接受方/供货方(S)或许可方(L)	定购数量	武器代号	武器类型	订购/许可时间	交货时间	交付/生产数量	备注
瑞典	74	BvS—10	装甲运兵车	2005		..	5.70 亿瑞典克朗(0.77 亿美元)的交易;包括指挥型、装甲抢救型和救护型;2006—2007 年交货
英国	8	斯佩	汽轮机(SH)	(1993)	2002—2005	8	用于在荷兰生产的 4 艘 De Zeven Provincien 级护卫舰;斯佩 SM—1C 型
美国	2	C—130H 大力神	运输机	2005		..	原美国的;0.54 亿欧元的交易;EC—130Q 型;交货前进行现代化改装;2007 年交货
	5	CH—47D 契努克	直升机	(2005)		..	2.5 亿—2.9 亿欧元(3 亿—3.4 亿美元)交易的一部分;CH—47F 型;合同还没有签署;2007—2011 年交货
	74	BTA—5.9	柴油发动机(AV)	2005		..	用于 74 辆从瑞典获得的 BvS—10 装甲运兵车
	24	AN/APG—78 长弓	飞机雷达	(2004)		..	用于现代化改造 24 架 AH—64D 直升机;合同还没有签署

接受方/供货方(S)或许可方(L)	定购数量	武器代号	武器类型	订购/许可时间	交货时间	交付/生产数量	备　注
	12	HELRAS	深水声纳	2000		. .	用于 12 架 NH－90NFH 反潜战直升机；可能从德国的生产线生产
	32	MIM－104 PAC－3	地对空导弹	2005		. .	2006 年交货
	(240)	RIM－162 ESSM	地对空导弹	2002	2003—2005	(150)	用于 De Zeven Provincien 级护卫舰
	(164)	RIM－66M 标准－2	地对空导弹	(2002)	2003—2005	(164)	用于 De Zeven Provincien 级护卫舰
L:以色列	2400	长钉－MR/LR	反坦克导弹	2001	2005	(10)	1.5 亿—2.25 亿美元的交易（补偿包括在荷兰生产部件）；从德国的欧洲“长钉”生产线生产；长钉－MR 型
多国供应商	12	NH－90 NFH	反潜战直升机	2000		. .	最初订购 20 架 NFH 型但后改为 12 架 NFH 型和 8 架 TTH 型；在荷兰生产 5%的部件
	8	NH－90 TTH	直升机	(2004)		. .	在荷兰生产 5%的部件

接受方/ 供货方(S) 或许可方(L)	定购 数量	武器代号	武器类型	订购/许可 时间	交货时间	交付/生产 数量	备　注
瑞典	184	CV－9035	步兵战车	2004		..	7.49 亿—8.91 亿欧元(9.39 亿—9.92 亿美元)的交易(补偿 100%包括在荷兰生产部件并组装);CV－9035NL(CV－9035 Mk－3)型;包括 34 辆指挥型;2007—2010 年交货
新西兰							
S:以色列	6	EL/M－2022	海上巡逻飞机雷达	2005		..	3.52 亿新西兰元的现代化改造 6 架 P－3K 反潜战/海上巡逻飞机计划的一部分;EL/M－2022(V)3 型;2008—2010 年交货
多国供应商	(8)	NH－90 TTH	直升机	(2005)		..	“勇士项目”;合同还没有签署;从 2009 年开始交货
荷兰	2	PAGE	对空侦察雷达	2004		..	0.1 亿—0.15 亿新西兰元交易的一部分;与米斯特拉尔地对空导弹一起使用;2006 年交货

接受方/供货方(S)或许可方(L)	定购数量	武器代号	武器类型	订购/许可时间	交货时间	交付/生产数量	备注
	1	MRV	两栖攻击登陆舰	2004		. .	5 亿新西兰元(3.17 亿美元)的"保护者项目"的一部分;通过澳大利亚的公司订购;2006 年交货
英国	60	平茨高厄 6x6	装甲运兵车/ISV	2004	2005	60	0.93 亿新西兰元的"LOV"计划(包括 261 非装甲型)的一部分;包括指挥车型
美国	(164)	长标枪	反坦克导弹	2003		. .	0.27 亿新西兰元(0.18 亿美元)的"弩项目"(包括 24 套发射架)的一部分;2006 年交货
L:澳大利亚	2	Tenix—1600	近海巡逻艇	2004		. .	5 亿新西兰元(3.17 亿美元)的"保护者项目"的一部分;在英国设计;部分在新西兰生产并在澳大利亚组装;2007 年交货
	4	Tenix—340	巡逻机	2004		. .	5 亿新西兰元(3.17 亿美元)的"保护者项目"的一部分;2007—2008 年交货
尼日利亚							

接受方/供货方(S)或许可方(L)	定购数量	武器代号	武器类型	订购/许可时间	交货时间	交付/生产数量	备　注
S:中国	12	F—7M 空中卫士	战斗机	2005		..	2.2 亿美元的交易；F—7NI 型；包括 3 架 FT—7NI 型；从 2006 年开始交货
	20	PL—9	近程空对空导弹	2005		..	0.32 亿美元交易的一部分；PL—9C 型；用于 F—7NI 战斗机；从 2006 年开始交货
意大利	1	G—222	运输机	2005		..	原意大利的；0.6 亿欧元(0.75 亿美元)交易的一部分；交货前进行现代化改装；2006—2008 年交货
挪威							
S:法国	6	FLASH	深水声纳	(2001)		..	用于 6 架 NH—90NFH 反潜战直升机
	6	MRR—3D	对空侦察雷达	2003		..	MRR—3D(NG)型；用于 6 艘在挪威生产的 Skjold 快速攻击艇；2006—2009 年交货
	6	大洋教员	海上巡逻飞机雷达	2001		..	用于 6 架 NH—90 NFH 反潜战直升机

接受方/供货方(S)或许可方(L)	定购数量	武器代号	武器类型	订购/许可时间	交货时间	交付/生产数量	备　注
	5	TSM—2633 斯菲隆	反潜战声纳	(2000)		. .	用于5艘从西班牙获得的南森级护卫舰；TSM—4131S(MRS—2000)型
德国	10	MTU—183	柴油发动机(AV)	2003		. .	用于在挪威生产的5艘 Skjold 快速攻击艇
	4	TRS—3D	空中/海上侦查雷达	2005		. .	1220万美元或2500万美元的交易；用于现代化改造4艘海岸警卫队的 Svalbard 近海巡逻艇
瑞典	6	马鲛 200	火控雷达	2004		. .	1.55亿瑞典克朗(0.16亿美元)的交易；用于在挪威生产的6艘 Skjold 快速攻击艇；2006—2009年交货
美国	5	LM—2500	汽轮机(SH)	(2000)		. .	用于5艘从西班牙获得的南森级护卫舰
	10	ST—18	汽轮机(SH)	2003		. .	用于在挪威生产的5艘 Skjold 快速攻击艇

接受方/供货方(S)或许可方(L)	定购数量	武器代号	武器类型	订购/许可时间	交货时间	交付/生产数量	备注
	10	ST−40	汽轮机(SH)	2003		. .	用于在挪威生产的 5 艘 Skjold 快速攻击艇
	5	AN/SPY−1F	对空侦察雷达	2000		. .	5 亿美元交易的一部分;AEGIS 战斗系统的一部分;用于 5 艘从西班牙获得的南森级护卫舰
	6	PANTERA	飞机光电系统	2004		. .	用于 F−16 战斗机
	(240)	RIM−162 ESSM	地对空导弹	(2000)		. .	用于南森级护卫舰
L:德国	150	IRIS−T	近程空对空导弹	(2003)	2005	(50)	挪威资助 4% 的 IRIS−T 计划,包括在挪威生产部件;2005—2007 年交货
多国供应商	6	NH−90 NFH	反潜战直升机	2001		. .	4.25 亿美元的交易(在芬兰组装;补偿包括在挪威生产部件的一部分);从法国、德国和意大利订购;2005—2008 年交货

接受方/供货方(S)或许可方(L)	定购数量	武器代号	武器类型	订购/许可时间	交货时间	交付/生产数量	备注
	8	NH－90 TTH	直升机	2001		..	4.25亿美元的交易(在芬兰组装;补偿包括在挪威生产部件)的一部分;用于海岸警卫队;用于搜索与救援;从法国、德国和意大利订购;可多选购10架;2005—2008/2009年交货
西班牙	5	南森/F－100	护卫舰	2000		..	15亿美元交易(在10年中补偿100%包括在挪威生产部件和在挪威生产2艘以及西班牙订购NASAMS地对空导弹系统和企鹅导弹)的一部分;2006—2009年交货
美国	526	长标枪	反坦克导弹	2004		..	0.86亿美元的交易(包括90套发射架;补偿包括在挪威生产部件);2006—2007年交货
阿曼							
S:多国供应商	20	NH－90 TTH	直升机	2004		..	6亿—8亿欧元(7.2亿—9.6亿美元)的交易;包括用于搜索与救援的;从2008年交货

接受方/供货方(S)或许可方(L)	定购数量	武器代号	武器类型	订购/许可时间	交货时间	交付/生产数量	备注
阿联酋	1	Mahmal	登陆艇	2005		..	“项目 Mahmal”
英国	16	超级山猫—300	直升机	2002	2004—2005	(16)	超级山猫—300/Lynx Mk—120型
美国	12	F—16C	对地攻击机	2002	2005	2	2.24亿美元的交易(11亿美元交易的一部分);F—16C Block—50型;2005—2006年交货
	32	T—800	涡轮轴发动机	2000	2004—2005	(32)	用于16架从英国获得的超级山猫—300直升机
	7	PANTERA	飞机光电系统	2003		..	用于F—16战斗机
	80	AGM—65D小牛	空对地导弹	(2002)		..	11亿美元交易的一部分;AGM—65D/E型;用于F—16C战斗机
	50	AIM—120C阿姆拉姆	超视距空对空导弹	2002		..	11亿美元交易的一部分;用于F—16C战斗机
	(100)	AIM—9M响尾蛇	近程空对空导弹	2002		..	11亿美元交易的一部分;AIM—9M—8/9型;用于F—16C战斗机

接受方/供货方(S)或许可方(L)	定购数量	武器代号	武器类型	订购/许可时间	交货时间	交付/生产数量	备注
	(100)	长标枪	反坦克导弹	2005		..	0.15 亿—0.2 亿美元的交易
	20	RGM—84 鱼叉	反舰导弹	2003		..	0.22 亿美元的交易(交易额 11 亿美元的一部分);AGM—84D 型;用于 F—16C 战斗机
巴基斯坦							
S:中国	(4)	Z—9C/AS—565	反潜战直升机	(2005)		..	合同可能还没有签署
	2	Type—347G	火控雷达	(2003)	2004	1	用于在巴基斯坦生产的 2 艘 Jalalat 快速攻击艇
	(16)	C—802/CSS—N—8 Saccade	反舰导弹	(2003)	2004	(8)	用于 Jalalat 快速攻击艇
	(32)	C—803	反舰导弹	(2005)		..	用于江卫(F—22P)级护卫舰
	(64)	FM—80/HQ—7	地对空导弹	(2005)		..	用于江卫(F—22P)级护卫舰
	..	PL—12/SD—10	超视距空对空导弹	(2004)		..	用于 JF—17 以及可能现代化改造后的幻影—3/5 战斗机;合同还没有签署
法国	8	SA—316B 云雀—3	轻型直升机	2005		..	原法国的;SA—319B 型

接受方/供货方(S)或许可方(L)	定购数量	武器代号	武器类型	订购/许可时间	交货时间	交付/生产数量	备注
	(96)	F—17P	反舰鱼雷	(1996)	1999—2005	(84)	F—17 PMod—2 型;用于阿格斯塔—90B(Khalid)级潜艇
	(24)	SM—39 飞鱼	反舰导弹	1994	1999—2005	(23)	1 亿美元的交易;用于阿格斯塔—90B(Khalid)级潜艇
德国	59	DM—2A4 533mm	反舰鱼雷	2005		..	0.59 亿美元的交易;用于阿格斯塔—90B(Khalid)级潜艇
印度尼西亚	4	CN—235	运输机	2005		..	
瑞典	(7)	萨伯—2000 AEW	预警与控制飞机	(2005)		..	83 亿瑞典克朗(11 亿美元)的交易;合同还没有签署;可能从 2009 年开始交货
乌克兰	(80)	5TDF	柴油发动机(AV)	(2000)	2004—2005	(80)	用于将 59 型坦克现代化改造成 Al Zarrar 型
	315	6TD	柴油发动机(AV)	2002		..	1.5 亿美元的交易;用于在巴基斯坦生产的 MBT—2000 Al Khalid 坦克
美国	40	贝尔—205/UH—1H	直升机	(2004)		..	原美国的;状态不详

接受方/供货方(S)或许可方(L)	定购数量	武器代号	武器类型	订购/许可时间	交货时间	交付/生产数量	备注
	(40)	贝尔－209/AH－1F	作战直升机	(2004)		..	原美国的;可能所有的或部分只用于备份;状态不详
	26	贝尔－412	直升机	2004	2004—2005	(26)	2.3 亿美元的交易(可能是美国的"对外军事基金(美国)"提供援助);从加拿大的生产线生产;用于反恐战争;包括一些警用;贝尔－412EP 型
	6	C－130E 大力神	运输机	2004	2005	1	原澳大利亚的飞机转卖给美国生产商并再卖给巴基斯坦;0.64 亿美元的交易;交货前进行现代化改装;多交付 1 架只用于备份
	2	F－16A	对地攻击机	2005	2005	(2)	原美国的(但只是用了 2 年);最初为巴基斯坦生产但对巴基斯坦实施武器禁运后交给美国;援助

接受方/供货方(S)或许可方(L)	定购数量	武器代号	武器类型	订购/许可时间	交货时间	交付/生产数量	备　注
	8	P－3C 猎户座	反潜/海上巡逻飞机	2005		. .	原美国的;捐赠;交货前后进行现代化改造(利用美国的价值 9.7 亿美元的援助);从 2006 年开始交货
	2	SA－316B 云雀－3	轻型直升机	2005		. .	二手货;SA－319B 型
	115	M－109A5 155mm	自行火炮	(2005)		. .	原美国的;0.56 亿美元的交易;合同还没有签署
	. .	CT－7	涡轮螺旋桨发动机	2005		. .	用于 4 架从印度尼西亚获得的 CN－235 运输机;CT－7－9C3 型
	6	AN/TPS－77	空中侦察雷达	(2005)		. .	0.89 亿美元的交易
	(6)	L－88 LASS	空中侦察雷达	(2003)		. .	1.55 亿美元的交易;用于监视与阿富汗连接的边境地区;状态不详
	6	Mk－15 密集阵	近战武器系统	(2004)		. .	1.55 亿美元的交易(包括对巴基斯坦的 6 套架密集阵系统进行现代化改造)的一部分;状态不详

接受方/供货方(S)或许可方(L)	定购数量	武器代号	武器类型	订购/许可时间	交货时间	交付/生产数量	备注
	(300)	AIM－9M 响尾蛇	近程空对空导弹	(2005)		..	0.29 亿美元或 0.46 亿美元的交易；AIM－9M1 型和 AIM－9M2 型
	2014	BGM－71 陶	反坦克导弹	(2004)		..	0.82 亿美元的交易；陶－2A 型；用于 AH－1 直升机；合同可能还没有签署
	50	RGM－84L 鱼叉	反舰导弹	2005		..	0.61 亿美元的交易；包括 40 枚 AGM－84 型；合同可能还没有签署
L：中国	(150)	JF－17	对地攻击机	1999		..	为巴基斯坦开发；包括在巴基斯坦生产部件和组装；可能从 2006/2007 年交货
	(22)	K－8 哈拉和林－8	教练机/战斗机	2005		..	包括在巴基斯坦生产部件和组装
	..	QW－1 先锋	便携式地对空导弹	(1993)	1994—2005	(950)	巴基斯坦代号 Anza－2
	..	红箭－8	反坦克导弹	1989	1990—2005	(13600)	巴基斯坦代号 Baktar Shikan

接受方/供货方(S)或许可方(L)	定购数量	武器代号	武器类型	订购/许可时间	交货时间	交付/生产数量	备注
	4	江卫	护卫舰	2005		..	5 亿—7.5 亿美元的交易；F—22P 型；包括在巴基斯坦组装/生产；2008—2013 年交货
法国	3	阿格斯塔—90B	潜艇	1994	1999—2003	2	7.5 亿美元的交易(另有 2 亿美元用于对巴基斯坦的海军造船厂进行现代化改造以建造潜艇)；从巴基斯坦的工厂组装 2 艘；包括 1 艘拥有无空气推进系统；巴基斯坦代号 Khalid；1999—2006 交货
意大利	(57)	Grifo	飞机雷达	(2002)	2004—2005	(35)	Grifo—7PG 型；用于从中国获得的 57 架 F—7MG(F—7PG)战斗机
瑞典	(150)	MFI—17 支持者	教练机	(2001)	2001—2005	(56)	超级 Mushshak 型
	..	RBS—70	便携式地对空导弹	(1985)	1988—2005	(450)	从巴基斯坦的工厂组装
巴勒斯坦权力机构							

接受方/供货方(S)或许可方(L)	定购数量	武器代号	武器类型	订购/许可时间	交货时间	交付/生产数量	备　注
S:俄罗斯	2	米—8/米—17/河马—H	直升机	2005		..	米—17 型;可能原俄罗斯的;援助;状态不详
	50	BTR—70	装甲运兵车	2005		..	可能原俄罗斯的;援助;代号不详;状态不详
巴拉圭							
S:巴西	6	通用—1	教练机	2005	2005	(6)	原巴西的;捐赠
秘鲁							
S:德国	24	MTU—595	柴油发动机(SH)	(1999)	2000	12	用于现代化改造 6 艘 PR—72P (Velarde)快速攻击艇
意大利	2	Lupo	护卫舰	(2004)	2005	2	原意大利的;0.3 亿美元的交易;交货前进行现代化改装
	2	Lupo	护卫舰	2005		..	原意大利的;交货前进行现代化改装;2006 年交货
俄罗斯	5	An—32/斜坡	运输机	(2005)		..	1.4 亿美元交易的一部分
	5	米—24V/米—35/雌鹿—E	作战直升机	(2005)		..	1.4 亿美元交易的一部分

接受方/供货方(S)或许可方(L)	定购数量	武器代号	武器类型	订购/许可时间	交货时间	交付/生产数量	备　注
美国	16	贝尔－205/UH－1 休伊－2	直升机	(2003)	2004—2005	(16)	原美国的 UH－1H 交货前改造为休伊－2 型；援助，用于警察的缉毒行动
菲律宾							
S：韩国	2	海豚	巡逻机	(2002)		. .	代号不详；可能原韩国的；2006 年交货
新加坡	(7)	贝尔－205/UH－1H	直升机	2003	2004—2005	(7)	原新加坡的；0.12 亿美元交易的一部分；交货前进行现代化改装
不明国家	(6)	贝尔－205/UH－1H	直升机	2003	2004—2005	(6)	二手货；0.12 亿美元交易的一部分；通过新加坡订购和交货；交货前在新加坡进行现代化改装
美国	20	贝尔－205/UH－1H	直升机	2003	2005	(20)	原美国的；0.3 亿美元援助(包括多交或 10 架用于备份)的一部分
	(7)	贝尔－205/UH－1H	直升机	2003	2004—2005	(7)	二手货；0.12 亿美元交易的一部分；通过新加坡订购和交货；交货前在新加坡进行现代化改装

接受方/供货方(S)或许可方(L)	定购数量	武器代号	武器类型	订购/许可时间	交货时间	交付/生产数量	备注
	6	贝尔－205/UH－1H	直升机	2003	2005	(3)	820 万美元的交易;2005/2006 交货
	4	C－130H 大力神	运输机	(2002)		. .	原英国的 C－130K 型飞机重新卖给美国的生产商;0.41 亿美元的交易;交货前进行现代化改装;包括用于海上巡逻的
	48	M－113	装甲运兵车	(2003)		. .	原美国的;援助
L:美国	2	贝尔－205/UH－1 休伊－2	直升机	1997	2005	(2)	菲律宾的 UH－1H 型直升机重新改造成休伊－2 型;从菲律宾的工厂组装
波兰							
S:加拿大	16	PW－100	涡轮螺旋桨发动机	2001	2003—2005	16	用于从西班牙获得的 8 架 C－295 运输机;PW－127 型
意大利	3	RAT－31S/L	空中侦察雷达	(2002)		. .	0.38 亿美元或 0.9 亿美元的交易;“北约 ACCS”计划的一部分;用于“NADGE”空中监视网络;RAT － 31DL 型;2006—2007 年交货

接受方/供货方(S)或许可方(L)	定购数量	武器代号	武器类型	订购/许可时间	交货时间	交付/生产数量	备　注
多国供应商	. .	MU－90 紧凑	反潜战鱼雷	(2002)		. .	0.3 亿欧元的交易；包括用于米－14PL 和 SH－2G 直升机以及梅科－A100 和佩里(Pulaski)级护卫舰的；从德国、意大利或法国订购
荷兰	3	STING	火控雷达	2001	2003	1	用于现代化改造 3 艘 Orkan 级轻型巡洋舰；2003—2006 年交货
俄罗斯	(200)	9M120 Vikhr/AT－9	反坦克导弹	(2004)		. .	用于现代化改造后的米－24PL 直升机
西班牙	8	C－295	运输机	2001	2003—2005	8	2.12 亿美元的交易（补偿 100%）；可多选购 4 架
瑞典	(128)	鹰－1	火控雷达	(2001)	2004	(1)	用于在波兰生产的装备火炮的 Loara 防空车辆；状态不详
	3	长颈鹿 AMB－3D	空中侦察雷达	2001	2003	1	海上长颈鹿 AMB 型；用于现代化改造的 3 艘 Orkan 级轻型巡洋舰；2003—2006 年交货

接受方/供货方(S)或许可方(L)	定购数量	武器代号	武器类型	订购/许可时间	交货时间	交付/生产数量	备注
	(60)	RBS—15 Mk—3	反舰导弹	(2001)	2003—2005	(24)	用于3艘Orkan级轻型巡洋舰以及可能用于2艘梅科—A100级护卫舰
美国	5	C—130H大力神	运输机	(2004)		..	原英国的飞机返回美国的生产商并转卖给波兰；“对外军事基金(美国)”援助，额度最初为0.72亿美元但后来增加到1.2亿美元(包括在交货前进行现代化改造)；C—130K型；包括1架C—130K大力神C—3型；由于现代化改造计划拓展交货时间从2006—2007年延迟到2011—2012年
	48	F—16C	对地攻击机	2003		..	35亿美元的“和平天空—1”交易(包括利润在内47亿美元；补偿60亿美元或125亿美元)；2007—2008年交货
	11	MSTAR	对地监视雷达	2004	2005	11	270万美元的交易

接受方/供货方(S)或许可方(L)	定购数量	武器代号	武器类型	订购/许可时间	交货时间	交付/生产数量	备注
	22	PANTERA	飞机光电系统	2003		. .	用于 F—16 战斗机
	360	AGM—65G 小牛	空对地导弹	2004		. .	0.78 亿美元的交易；AGM—64G2 型；2007 年交货
	(126)	AIM—120C 阿姆拉姆	超视距空对空导弹	2004		. .	AIM—120C—5 型
	178	AIM—9X 响尾蛇	近程空对空导弹	2004		. .	用于 F—16C 战斗机
	. .	RIM—162 ESSM	地对空导弹	(2003)		. .	用于梅科—A100 护卫舰；合同还没有签署
L:芬兰	313	XC—360 AMV	步兵战车	2003	2004—2005	(13)	49 亿波兰兹罗提(约 14.5 亿美元)的“Suhak”计划(包括 3.08 亿美元用于从意大利获得炮塔；补偿 133%)的一部分；XC—360P 型；波兰代号 Rosomak；2004—2013 年交货
	377	XC—360 AMV	装甲运兵车	2003	2004—2005	(46)	49 亿波兰兹罗提(约 14.5 亿美元)的“Suhak”计划(补偿 133%)的一部分；XC—360P 型；包括 32 辆侦察型；波兰代号 Rosomak；2004—2013 年交货

接受方/供货方(S)或许可方(L)	定购数量	武器代号	武器类型	订购/许可时间	交货时间	交付/生产数量	备注
德国	2	梅科－A100	护卫舰	2001		..	波兰代号“项目－621”Gawron－2;可多选购 2—5 艘;从 2006 年开始交货
以色列	(2675)	长钉－MR/LR	反坦克导弹	2003	2004—2005	(270)	14.9 以波兰兹罗提(约 4.25 亿美元)的交易(包括 2.5 亿—2.6 亿美元给以色列生产商;补偿 8.26 亿美元包括在波兰生产部件和组装;包括 264 套发射架);长钉－LR 型;2004—2013 年交货
英国	(78)	AS—90 塔楼	炮塔	(2004)		..	安装在波兰的底盘上组装成 Chrobry 或 Krab 自行火炮;包括在波兰组装/生产;合同还没有签署
葡萄牙							
S:加拿大	24	PW—100	涡轮螺旋桨发动机	2005		..	用于从西班牙获得的 12 架 C—295 运输机;PW—127 型

接受方/供货方(S)或许可方(L)	定购数量	武器代号	武器类型	订购/许可时间	交货时间	交付/生产数量	备　注
法国	12	EC—120B 蜂鸟	轻型直升机	2003	2004—2005	(12)	
德国	2	214 型	潜艇	2004		..	8.46 亿欧元(9.7 亿美元)的交易(补偿 100%);Type—209PN 型;可多选购 1 艘;2009—2010 年交货
意大利	12	EH—101—400	直升机	2002	2004—2005	(11)	2.87 亿—3.15 亿美元的交易(包括欧盟资助购买 2 艘用于鱼类保护);包括用于搜索与救援和作战搜索与救援的;2004—2006 年交货
	..	黑鲨	反舰鱼雷	2005		..	0.47 亿欧元(0.62 亿美元)的交易;用于 214 型(Type—209PN)潜艇
荷兰	3	P—3C 猎户座升级型—2.5	反潜/海上巡逻飞机	2004		..	原荷兰的;0.7 亿欧元或 2.23 亿欧元(0.85 亿美元或 2.65 亿美元)交易的一部分

接受方/供货方(S)或许可方(L)	定购数量	武器代号	武器类型	订购/许可时间	交货时间	交付/生产数量	备注
	2	P—3CUP 猎户座	反潜/海上巡逻飞机	2004		..	原荷兰的 P—3C 飞机在美国为荷兰将其现代化改装成 P—3CUP 型时卖给了葡萄牙;0.7 亿欧元或 2.23 亿欧元(0.85 亿美元或 2.65 亿美元)交易的一部分
西班牙	12	C—295	运输机	2005		..	2.78 亿欧元的交易
	1	S763—LANZA	空中侦察雷达	2004		..	0.18 亿欧元(0.22 亿美元)的交易;可多选购 3 套
英国	260	ISC—350	柴油发动机(AV)	2005		..	用于从奥地利获得的 260 辆劫掠者—2 装甲运兵车/步兵战车
	36	RTM—322	涡轮轴发动机	2002	2004—2005	(33)	用于从意大利获得的 12 架 EH—101 型直升机
美国	12	AIM—120C 阿姆拉姆	超视距空对空导弹	(2002)	2005	(6)	
	(96)	MIM—72F 丛林	地对空导弹	(2004)		..	原美国的;援助;MIM—72G 型;状态不详

接受方/供货方(S)或许可方(L)	定购数量	武器代号	武器类型	订购/许可时间	交货时间	交付/生产数量	备　注
L:奥地利	30	劫掠者—2	步兵战车	2005		..	3.65 亿欧元(约 4.8 亿美元)交易(包括 0.21 亿欧元用于备件;9 年间补偿 150%包括在葡萄牙组装大部分)的一部分;2006—2009 年交货
	230	劫掠者—2	装甲运兵车	2005		..	3.65 亿欧元(约 4.8 亿美元)交易(包括 0.21 亿欧元用于备件;9 年间补偿 150%包括在葡萄牙组装大部分)的一部分;包括救护型、装甲抢救型、指挥型和反坦克型;2006—2009 年交货
美国	20	F—16C	对地攻击机	1998	2003—2005	(13)	2.68 亿美元的“和平亚特兰蒂斯—2”交易(包括援助的飞机;多购 5 架用于备份);原美国的 F—16OCU 型在葡萄牙利用美国的配件现代化改造成 F—16AM(F—16C);包括 4 架 F—16B;2003—2006 年交货

接受方/供货方(S)或许可方(L)	定购数量	武器代号	武器类型	订购/许可时间	交货时间	交付/生产数量	备注
罗马尼亚							
S:德国	36	猎豹	防空车辆(G)	1998	2004—2005	(21)	原德国的;援助(价值 0.37 亿美元);交货前进行现代化改装(多交付 7 辆仅用于备份)
以色列	(1000)	长钉—ER	反坦克导弹	(1998)	1999—2005	(1000)	用于将 SA—330(IAR—330)直升机现代化改造成 IAR—330 SOCAT 型
	..	长钉—MR/LR	反坦克导弹	(2005)	2005	(50)	用于现代化改造的 MLI—84 步兵战车;从德国的“欧洲长钉”生产线生产
荷兰	8	I—HAWK	地对空导弹系统	2004	2005	8	原荷兰的;0.24 亿欧元(0.32 亿美元)的交易;交货后可能是“鹰”PIP—3 型现代化改造后的 PIP—3 型
	(288)	MIM—23B HAWK	地对空导弹	2004	2005	(288)	原荷兰的
英国	2	拳师/Type—22	护卫舰	2003	2004—2005	2	原英国的;1.16 亿英镑(1.87 亿美元)的交易(补偿 80%—90%);交货前进行现代化改装;罗马尼亚代号 Regele Ferdinand

接受方/供货方(S)或许可方(L)	定购数量	武器代号	武器类型	订购/许可时间	交货时间	交付/生产数量	备　注
美国	1	C—130H 大力神	运输机	2004	2005	1	原意大利的飞机重新卖给美国的生产商；780 万美元的交易(0.55 亿美元交易的一部分包括现代化改造 4 架罗马尼亚的 C—130B 飞机和 0.16 亿美元的“对外军事基金(美国)”援助)；交货前进行现代化改装
	21	AN/TPS—73 MMSR	空中侦察雷达	2003	2004—2005	(8)	2004—2008 年交货
L:英国	9	毒蛇	涡轮喷气飞机	2000	2002—2005	(9)	用于 9 架在罗马尼亚生产的 IAR—99C 教练机；毒蛇—632—41M 型
沙特阿拉伯							
S:法国	3	拉菲特/F—3000S	护卫舰	1994	2002—2005	3	34 亿美元的“Sawari—2”交易(补偿 35%)的一部分；而且设计成改进的拉菲特级；沙特阿拉伯代号 Al Riyadh

接受方/供货方(S)或许可方(L)	定购数量	武器代号	武器类型	订购/许可时间	交货时间	交付/生产数量	备注
德国	100	DeutzV—10	柴油发动机(AV)	(1995)	1998—2005	(100)	用于100辆在沙特阿拉伯生产的AF—40—8—1装甲运兵车
巴基斯坦	20	MFI—17支持者	教练机	(2003)	2005	(20)	0.34亿美元的交易;超级Mushshak型
英国	(72)	欧洲战斗机/台风	对地攻击机	(2005)		. .	高达160亿美元的“Al Yamamah—3”交易的一部分;合同还没有签署
美国	4	锡斯纳—550赛泰欣—2	轻型运输机	(2005)	2005	2	2005—2006年交货
	523	6V—53	柴油发动机(AV)	1997	2003—2005	(300)	4.13亿美元的将523辆M—113装甲运兵车现代化改造成M—113A3型的交易的一部分;6V—53T型
	. .	AN/AAQ—13 LANTIRN	飞机光电系统	(2005)		. .	用于龙卷风战斗机;合同可能还没有签署
	. .	AN/AAQ—14 LANTIRN	飞机雷达	(2005)		. .	用于龙卷风战斗机;合同可能还没有签署

接受方/供货方(S)或许可方(L)	定购数量	武器代号	武器类型	订购/许可时间	交货时间	交付/生产数量	备　注
	500	AIM—120C 阿姆拉姆	超视距空对空导弹	2000	2003—2005	(331)	4.75 亿美元的交易；用于 F—15 战斗机
	150	AIM—9M 响尾蛇	近程空对空导弹	2005		. .	0.17 亿美元的交易；2006/2007 年交货
新加坡							
S:丹麦	12	SCANTER—2001	海上侦察雷达	(2002)		. .	用于从法国获得的 6 艘拉菲特(无畏)级护卫舰
法国	5	EC—120B 蜂鸟	轻型直升机	2005		. .	1.2 亿新加坡元(0.6 亿欧元)交易(新加坡公司拥有，从其租借 20 年)的一部分；用于训练
	(288)	ASTER—15 SAAM	地对空导弹	(2001)		. .	16 亿美元的“德尔塔项目”的一部分；用于拉菲特(Formidable)级护卫舰
德国	24	MTU—8000	柴油发动机(SH)	(2000)		. .	用于从法国获得的 6 艘拉菲特(无畏)级护卫舰；MTU—8000—M90 型

接受方/供货方(S)或许可方(L)	定购数量	武器代号	武器类型	订购/许可时间	交货时间	交付/生产数量	备　注
俄罗斯	. .	针/SA－18 松鸡	便携式地对空导弹	(2001)	2005	(100)	可能包括在新加坡组装/生产；包括用于在新加坡生产的针M－113 地对空导弹系统
瑞典	2	Västergötland/A－17	潜艇	2005		. .	原瑞典的；10 亿瑞典克朗(1.28 亿美元)的交易；交货前进行现代化改造(包括使用AIP 发动机)；2010 年交货
美国	12	AH－64D 阿帕奇	作战直升机	2001	2005	(12)	6.17 亿美元的“和平先锋”交易；驻留在美国直到 2006 年
	12	F－15E 攻击鹰	攻击机/轰炸机	2005		. .	10 亿美元的“NFRP”计划；F－15SG 型；可多选购 8 架；2008—2009 年交货
	20	F－16C	对地攻击机	(2000)	2004—2005	(20)	“和平 Carvin－42”交易；F－16D Block－52 型
	6	S－70B/SH－60B 海鹰	反潜战直升机	2005		. .	SH－70(N)型；2008—2010 年交货

接受方/供货方(S)或许可方(L)	定购数量	武器代号	武器类型	订购/许可时间	交货时间	交付/生产数量	备　注
	54	M—109 底盘	火炮底盘	(2001)	2001—2005	(54)	用作在新加坡生产的普里莫斯自行火炮(使用新加坡的 155mm 火炮炮塔)的底盘
	18	AN/AAQ—14 LANTIRN	飞机雷达	2001	2004—2005	(18)	用于 F—16 战斗机
	(192)	AGM—114K 狱火	反坦克导弹	(2001)	2005	(192)	用于 AH—64D 直升机
	(60)	AGM—154 JSOW	空对地导弹	(2005)		. .	用于 F—15SG 战斗机;合同还没有签署
	50	AIM—120C 阿姆拉姆	超视距空对空导弹	2004		. .	0.25 亿美元的交易;AIM—120C5 型
	(200)	AIM—120C 阿姆拉姆	超视距空对空导弹	(2005)		. .	用于 F—15SG 战斗机;合同还没有签署
	(200)	AIM—9X 响尾蛇	近程空对空导弹	(2005)		. .	用于 F—15SG 战斗机;合同还没有签署

接受方/供货方(S)或许可方(L)	定购数量	武器代号	武器类型	订购/许可时间	交货时间	交付/生产数量	备　注
L:法国	6	拉菲特/F—3000	护卫舰	2000		..	7.5 亿美元的交易(16 亿美元的"德尔塔项目"的一部分);在新加坡组装/生产 5 艘;新加坡代号无畏级;2007—2009 年交货
以色列	..	长钉—MR/LR	反坦克导弹	1999	2001—2005	(900)	可能是长钉—LR 型
斯洛文尼亚							
L:奥地利	36	劫掠者	装甲运兵车	2003	2004—2005	(18)	斯洛文尼亚代号 Valuk
南非							
S:法国	4	MRR—3D	对空侦察雷达	(2000)	2005	(1)	用于 4 艘从德国获得的梅科—A200(Valour)护卫舰
	4	TSM—2633 斯菲隆—B	反潜战 VDS 声纳	(1999)	2005	(1)	用于 4 艘从德国获得的梅科—A200(Valour)护卫舰;TSM—4132 岬羽鼬型
	17	MM—40 飞鱼	反舰导弹	2000	2005	17	用于梅科—A200(Valour)护卫舰;最初计划购买 32 套,但后来预算削减后减少到 17 套

接受方/供货方(S)或许可方(L)	定购数量	武器代号	武器类型	订购/许可时间	交货时间	交付/生产数量	备注
德国	3	209/1400型	潜艇	2000	2005	1	7.48亿欧元(约8.75亿美元)的交易(补偿375%—430%);Type－209/1400 MOD型;2005—2007年交货
荷兰	2	PAGE	对空侦察雷达	2003	2005	(1)	1.17亿美元的"地基防空系统(GBADS)第一阶段"计划的一部分
瑞典	19	JAS—39鹰狮	对地攻击机	(2000)		..	12亿美元的交易(补偿87亿美元包括15亿美元用于兵器工业)的一部分;JAS－39C型;2009—2011/2012交货
	9	JAS—39鹰狮	对地攻击机	1999		..	12亿美元的交易(补偿87亿美元包括15亿美元用于兵器工业)的一部分;JAS－39C型;2009—2011/2012交货
英国	4	超级山猫－300	直升机	2003		..	1.07亿美元的交易(补偿1.73亿美元包括0.88亿美元用于兵器工业);可多选购2架;2007年交货

接受方/供货方(S)或许可方(L)	定购数量	武器代号	武器类型	订购/许可时间	交货时间	交付/生产数量	备注
	(72)	星光	便携式地对空导弹	2003	2005	(36)	0.13 亿美元的交易(1.17 亿美元的"地基防空系统(GBADS)第一阶段"计划的一部分)
美国	9	F—404	涡轮扇	1999		. .	用于从瑞典获得的 9 架 JAS—39D 战斗机;RM—12 型从瑞典的生产线生产
	19	F—404	涡轮扇	(2000)		. .	用于 19 架从瑞典获得的 JAS—39C 战斗机;RM—12 型从瑞典的生产线生产
	4	LM—2500	汽轮机(SH)	(1999)	2005	(1)	用于从德国获得的 4 艘梅科—A200(Valour)护卫舰
	8	T—800	涡轮轴发动机	2003		. .	用于 4 架从英国获得的超级山猫—300 直升机
	4	AN/APS—143(V)	海上巡逻飞机雷达	2003		. .	用于 4 架从英国获得的超级山猫—300 直升机

接受方/供货方(S)或许可方(L)	定购数量	武器代号	武器类型	订购/许可时间	交货时间	交付/生产数量	备　注
L:德国	4	梅科－A200	护卫舰	(2000)	2005	(1)	8 亿—11.2 亿美元的交易(补偿 32 亿美元包括 4.03 亿美元用于兵器工业包括在南非安装南非的武器和装备);南非代号 Amatola;2005—2006 年交货
意大利	30	A－109K	轻型直升机	1999	2005	(10)	2.4 亿—2.54 亿美元的交易(补偿 9.77 亿美元包括 1.91 亿美元用于兵器工业;包括在南非组装 25 架,在南非生产 A－109型和 A－119 型用于出口);A－109LUH 型;可多选购 10 架;2005—2006 年交货
多国供应商	8	A－400M	运输机	2005		..	8.3 亿欧元的交易(补偿 4 亿—4.3 亿欧元包括在南非生产部件用于南非和其他国家的 A－400 型);2010—2014 年交货
英国	12	鹰－100	教练机/战斗机	2002		..	6.2 亿美元交易(补偿包括在南非组装)的一部分;鹰－100LIFT/鹰－120 型;2006 年交货

接受方/供货方(S)或许可方(L)	定购数量	武器代号	武器类型	订购/许可时间	交货时间	交付/生产数量	备注
	12	鹰—100	教练机/战斗机	1999	2005	(12)	12 亿美元交易(补偿 87 亿美元包括 15 亿美元用于军火工业,包括在南非组装 11 架)的一部分;鹰—100LIFT/鹰—120 型
西班牙							
S:加拿大	18	PW—100	涡轮螺旋桨发动机	1999	2001—2005	(18)	用于 9 在西班牙生产的 C—295 运输机;PW—127 型
法国	. .	米斯特拉尔	便携式地对空导弹	(2003)		. .	用于 AS—665 虎式直升机
德国	(212)	MTU—183	柴油发动机(AV)	2003	2005	(35)	用于 212 辆在西班牙生产的 Pizarro(ASCOD)步兵战车
	1	爱国者	地对空导弹系统	2004	2005	1	原德国的;0.4 亿—0.5 亿欧元的交易
	40	DM—2A4 533mm	反舰鱼雷	2005		. .	0.76 亿欧元的交易;用于天蝎座型(S—80)潜艇
	43	金牛座 KEPD—350	空对地导弹	2005		. .	0.57 亿欧元的交易

接受方/供货方(S)或许可方(L)	定购数量	武器代号	武器类型	订购/许可时间	交货时间	交付/生产数量	备注
以色列	2600	长钉—MR/LR	反坦克导弹	(2005)		. .	2.5 亿欧元的交易(包括 260 套发射器);合同还没有签署
意大利	5	RAN—12L/X	空中/海上侦察雷达	(1996)	2002—2005	4	用于在西班牙生产的 5 艘 D eBazán(F—100)级护卫舰
挪威	(20)	企鹅—2	反舰导弹	(2000)	2005	(5)	0.26 亿美元的交易(作为挪威定购 5 艘护卫舰的补偿);企鹅—2Mod—7 型;用于 S—70/SH—60B 直升机;可多选购
美国	5	Mk—45 127mm	海炮	1999	2002—2005	4	原美国的;交货前进行现代化改装;用于 5 艘在西班牙生产的 De Bazán(F—100)驱逐舰;Mk—45 Mod—2 型
	8	CT—7	涡轮螺旋桨发动机	(2005)		. .	用于在西班牙生产的 4 架 CN—235MP 海上巡逻飞机;CT—7—9C3 型
	10	LM—2500	汽轮机(SH)	1996	2002—2005	8	用于在西班牙生产的 5 艘 De Bazán(F—100)驱逐舰

接受方/供货方(S)或许可方(L)	定购数量	武器代号	武器类型	订购/许可时间	交货时间	交付/生产数量	备注
	4	AN/海上巡逻 Q—64	空中侦察雷达	(2000)	2004	(1)	通过挪威订购，作为 4 套 NASAMS地对空导弹系统的一部分
	10	AN/SPG—62	火控雷达	(1996)	2002—2005	8	AN/SPG—62 Mk—99 型；与 5 艘在西班牙生产的 De Bazán (F—100)驱逐舰上的标准型和 ESSM 地对空导弹一起使用
	4	AN/SPY—1F	对空侦察雷达	1996	2002—2005	4	7.5 亿美元的交易；用于在西班牙生产的 4 艘 De Bazán(F—100)护卫舰
	1	AN/SPY—1F	对空侦察雷达	2005		. .	5.5 亿美元交易的一部分；用于 1 艘在西班牙生产的 De Bazán (F—100)级护卫舰
	5	DE—1160	反潜战声纳	1996	2002—2005	4	用于 5 艘在西班牙生产的 De Bazán(F—100)级护卫舰；DE—1160LF 型(可能将西班牙较老型的 DE—1160B 型现代化改造成 DE—1160F)

接受方/供货方(S)或许可方(L)	定购数量	武器代号	武器类型	订购/许可时间	交货时间	交付/生产数量	备　注
	..	AGM－114K 狱火	反坦克导弹	(2003)		..	用于 SH－60B 直升机；用作反舰用途；合同还没有签署
	..	AIM－120A 阿姆拉姆	超视距空对空导弹	(2000)	2004—2005	(50)	用于从挪威获得的 NASAMS 地对空导弹系统
	226	长标枪	反坦克导弹	(2001)		..	0.25 亿美元的交易（包括 12 套发射器）；状态不详
	(384)	RIM－162 ESSM	地对空导弹	(2003)		..	用于 De Bazán（F－100）级护卫舰；合同可能还没有签署
	(94)	RIM－66B 标准－1MR	地对空导弹	(2005)		..	0.41 亿美元的交易；用于佩里(Santa Maria)级护卫舰；状态不详
L:法国	24	AS－665 虎式	作战直升机	2003		..	14 亿欧元的交易；包括 6 架 HAP 型（后现代化改造成 HAD 型）和 18 架 HAD 型；包括在西班牙组装/生产 18 架 HAD 型；2006/2007—2011 年交货

接受方/供货方(S)或许可方(L)	定购数量	武器代号	武器类型	订购/许可时间	交货时间	交付/生产数量	备注
德国	16	水牛	装甲抢救车	1998	2003—2005	(7)	19亿欧元(22亿美元)交易(补偿80%包括在西班牙生产12辆)的一部分
	219	美洲虎—2A5＋	坦克	1998	2003—2005	(40)	19亿欧元(22亿美元)的交易(补偿80%包括在西班牙生产189辆)的一部分;美洲虎—2A5E型;2005—2008年交货
	(700)	IRIS—T	近程空对空导弹	(2004)		. .	西班牙资助5%的IRIS—T计划,包括在西班牙生产部件;可能从2006年交货
意大利	62	B—1半人马座	装甲车	2002	2004—2005	(38)	2.19亿欧元(1.85亿美元)的交易(补偿包括在西班牙生产部件);西班牙代号VRC—105;2004—2006年交货
多国供应商	45	NH—90 TTH	直升机	2005		. .	13亿欧元的交易;合同还没有签署;从2010年开始交货

接受方/供货方(S)或许可方(L)	定购数量	武器代号	武器类型	订购/许可时间	交货时间	交付/生产数量	备注
美国	10	毛虫－3616	柴油发动机(SH)	(1996)	2002—2005	8	用于在西班牙生产的 5 艘 De Bazán(F－100)护卫舰;可能在西班牙组装
斯里兰卡							
S:中国	(3)	CEIEC－408C	空中侦察雷达	2004		. .	代号不详
以色列	1	Kfir C－7	对地攻击机	(2004)	2005	1	原以色列的;0.25 亿美元交易的一部分;可能交货前进行现代化改装
瑞典							
S:加拿大	(11)	九头蛇	声纳	(1995)	2004—2005	(3)	用于在瑞典生产的 5 艘维斯比级轻型巡洋舰和用于现代化改造 4 艘 Göteborg 级和 2 艘斯德哥尔摩级快速攻击艇
法国	5	FLASH	深水声纳	(2001)		. .	用于 5 架 NH－90NFH 反潜战直升机
德国	10	MTU－N－90	柴油发动机(SH)	(1995)	2005	(4)	用于在瑞典生产的 5 艘维斯比级轻型巡洋舰

接受方/供货方(S)或许可方(L)	定购数量	武器代号	武器类型	订购/许可时间	交货时间	交付/生产数量	备注
意大利	20	A−109K	轻型直升机	2001	2005	(2)	1.3 亿欧元(1.13 亿美元)的交易(包括在南非制造部件以作为南非订购 JAS−39 战斗机的补偿);A−109LUH(A−109M)型;瑞典的代号 Hkp−15;从 2002 年再多租借 2 架用于训练;2005—2007 年交货
南非	200	RG−32 侦察兵	装甲运兵车/ISV	2005	2005	(10)	补偿南非订购 JAS−39 战斗机的一部分
美国	20	TF−50	汽轮机(SH)	(1995)	2005	(8)	用于在瑞典生产的 5 艘维斯比级轻型巡洋舰;TF−50A 型
	5	AN/APS−143(V)	海上巡逻飞机雷达	2002		. .	760 万美元的交易;用于 5 架 NH−90 NFH 反潜战
	(53)	AIM−120C 阿姆拉姆	超视距空对空导弹	2004	2005	(53)	0.53 亿美元交易的一部分;AIM−120C−5 型
L:德国	(250)	IRIS−T	近程空对空导弹	(2004)		. .	瑞典资助 18%的 IRIS−T 计划,包括在瑞典生产部件;从 2009 年交货

接受方/供货方(S)或许可方(L)	定购数量	武器代号	武器类型	订购/许可时间	交货时间	交付/生产数量	备注
多国供应商	5	NH−90 NFH	反潜战直升机	2001		. .	6.6 亿美元交易(大部分在芬兰组装;补偿 100%包括 2.2 亿美元在瑞典生产用于 200 架 NH−90 直升机的部件)的一部分;瑞典的代号 Hkp−14;2007—2009 年交货
	13	NH−90 TTH	直升机	2001		. .	6.6 亿美元交易(大部分在芬兰组装;补偿 100%包括 2.2 亿美元在瑞典生产用于 200 架 NH−90 直升机的部件)的一部分;NH−90TTT 型;包括 3 架用于搜索与救援;瑞典的代号 Hkp−14;可多选购 7 架;2007—2009 年交货
美国	(190)	F−404	涡轮扇	(1982)	1993—2005	(168)	用于在瑞典生产的 JAS−39 鹰狮战斗机;F−404−GE−400/RM−12 型
瑞士							

接受方/供货方(S)或许可方(L)	定购数量	武器代号	武器类型	订购/许可时间	交货时间	交付/生产数量	备　注
S:德国	(18)	EC—135/EC—635	直升机	(2005)		..	3.1 亿瑞士法郎的“HTLF”计划的一部分;EC—635 型(多订购 2 架 EC—135 用于运送非常重要人物);包括用于训练的;合同可能还没有签署
	(15)	PiPz—3 科迪亚克	装甲工程车	(2002)		..	从 2007 年开始交货;状态不详
美国	(222)	AIM—9X 响尾蛇	近程空对空导弹	2002		..	1.04 亿瑞士法郎(0.8 亿美元)的交易(补偿 100%);用于 F/A—18C 战斗机;可能从 2006/2007 年开始交货
L:德国	25	水牛	装甲抢救车	2001	2004—2005	(25)	0.63 亿—0.7 亿美元的交易(在瑞士生产 10.5%的部件)
瑞典	186	CV—9030	步兵战车	2000	2001—2005	(186)	40 亿瑞典克朗(4.24 亿美元)的“Schutzenpanzer—2000”计划(补偿 100%包括在瑞士生产 40%的部件并在瑞士组装);CH—9030CH(CH—9030Mk—2)型;包括 32 辆指挥车型;可多选购 124 架

接受方/供货方(S)或许可方(L)	定购数量	武器代号	武器类型	订购/许可时间	交货时间	交付/生产数量	备注
英国	(2000)	轻剑 Mk—2	地对空导弹	(2002)	2004—2005	(750)	2004—2007 年交货
叙利亚							
S:俄罗斯	(14)	苏—27SK/侧卫—B	对地攻击机	(1999)		. .	状况不详
	. .	针/SA—18 松鸡	便携式地对空导弹	2005		. .	用在车辆/直升机/舰船(以色列和美国施压后不包括便携式发射器);状态不详
台湾地区							
S:法国	1	ROCSAT—2	光学侦察卫星	1999	2005	1	0.7 亿美元的交易;中国施压后限定禁止监视中国版图
美国	2	E—2C 鹰眼—2000	预警与控制飞机	1999	2005	2	4 亿美元的交易;E—2T/鹰眼—2000 型
	3	S—92/H—92 超级鹰	直升机	(2005)		. .	用于搜索与救援;合同还没有签署
	54	LVTP—7A1/AAV—7A1	装甲运兵车	2003	2005	(15)	0.64 亿—1.56 亿美元的交易;原美国的 AAV—7A1 重新制造为 AAV—7A1RAM/RS;包括 4 辆指挥车型和 2 辆装甲抢救车型;从 2005 年开始交货

接受方/供货方(S)或许可方(L)	定购数量	武器代号	武器类型	订购/许可时间	交货时间	交付/生产数量	备注
	(1400)	C—9	柴油发动机(AV)	(2005)		..	用于 1400 辆在台湾生产的 CM—32 装甲运兵车/步兵战车
	1	AN/BOND	空中侦察雷达	2005		..	7.52 亿美元交易的一部分；2009 年交货
	11	AN/TPS—77	空中侦察雷达	2002	2004—2005	(6)	包括 4 套 AN/TPS—117 型
	(449)	AGM—114K 狱火	反坦克导弹	(2004)		..	0.5 亿美元交易的一部分；AGM—114M3 型
	5	AIM—7M 麻雀	超视距空对空导弹	2005		..	2.8 亿美元交易的一部分；用于在美国训练
	182	AIM—9M 响尾蛇	近程空对空导弹	2003		..	0.17 亿美元的交易；AIM—9M—2 型；2006 年交货
	10	AIM—9M 响尾蛇	近程空对空导弹	2005		..	2.8 亿美元交易的一部分；用于在美国训练
	360	长标枪	反坦克导弹	(2002)	2005	(360)	0.51 亿美元的交易(包括 40 个发射架)

接受方/供货方(S)或许可方(L)	定购数量	武器代号	武器类型	订购/许可时间	交货时间	交付/生产数量	备注
	(22)	RGM—84L 鱼叉	反舰导弹	(2003)	2005	(8)	RGM—84L Block—2 型；用于基德(基隆)级驱逐舰
	(148)	RIM—66M 标准—2	地对空导弹	(2003)	2005	(74)	SM—2 Block—3A 型；用于基德(基隆)级驱逐舰
	4	基德级	驱逐舰	(2003)	2005	2	原美国的；7.4 亿美元的交易；台湾代号基隆级；2005—2007 年交货
泰国							
S:中国	(97)	WZ—551	装甲运兵车	2005		. .	19—20 亿泰铢的交易(使用泰国水果交换)；数量可能达到 133 辆；包括警用车；WZ—551B 型
	2	OPV—95	护卫舰	2002	2005	1	0.75 亿—0.8 亿欧元(0.66 亿—0.95 亿美元)的交易
德国	(97)	BF—8L	柴油发动机(AV)	2005		. .	用于从中国获得的大约 97 辆 WZ—551B 装甲运兵车的一部分；可能从中国的生产线生产

接受方/供货方(S)或许可方(L)	定购数量	武器代号	武器类型	订购/许可时间	交货时间	交付/生产数量	备　注
意大利	2	RAN—30X	空中侦察雷达	(2002)	2005	1	用于从中国获得的2艘OPV—95护卫舰
	2	海上警卫TMX	火控雷达	(2002)	2005	1	用于从中国获得的2艘OPV—95护卫舰
荷兰	8	蝇虎	火控雷达	2004	2005	(8)	原荷兰的;与40毫米的AA炮一起使用
英国	22	L—118 105mm	牵引火炮	2004	2005	(11)	L—119型
	4	20RK—270	柴油发动机(SH)	(2002)	2005	2	用于从中国获得的2艘OPV—95护卫舰
不明国家	. .	贝尔—212/UH—1N	直升机	(2005)		. .	二手货;合同可能还没有签署
美国	7	贝尔—209/AH—1F	作战直升机	2005		. .	原美国的;援助(泰国支付7亿泰铢(0.071亿美元)用于检修和运输)
	(4)	S—70A/UH—60L	直升机	2003	2004—2005	(4)	30亿泰铢的交易

接受方/供货方(S)或许可方(L)	定购数量	武器代号	武器类型	订购/许可时间	交货时间	交付/生产数量	备　注
	2	S−70A/UH−60L	直升机	(2005)		. .	0.46 亿美元的交易;2004 年自然灾害后由于缺乏用于搜索与救援的直升机而购买;合同可能还没有签署
	3	Sea Vue	海上巡逻飞机雷达	(2005)	2005	(1)	用于现代化改造 3 架 P−3T 反潜战/海上巡逻飞机
突尼斯							
S:德国	6	信天翁/143 型	快速攻击艇(M)	2004	2005	6	原德国的;0.34 亿欧元(约 0.43 亿美元)的交易;143TypeB 型
美国	(15)	贝尔−205/UH−1H	直升机	(2004)		. .	原美国的,援助;状态不详
	(30)	M−106 107mm	装甲运兵车/迫击炮车	(2003)		. .	原美国的;援助;M−106A2 型;状态不详
	(92)	M−113	装甲运兵车	(2003)		. .	原美国的;援助;M−113A2 型;M−577A2 指挥车型;状态不详
土耳其							

接受方/供货方(S)或许可方(L)	定购数量	武器代号	武器类型	订购/许可时间	交货时间	交付/生产数量	备注
S:加拿大	20	PW—100	涡轮螺旋桨发动机	2005		..	用于10架从意大利获得的ATR—72MP反潜战/海上巡逻飞机;PW—127型
法国	19	大洋教员	海上巡逻飞机雷达	2002		..	4亿美元交易的一部分;“Meltem”计划的一部分;用于从西班牙和意大利获得的9架CN—235MPA和10架ATR—70海上巡逻飞机
德国	298	美洲虎—2A4	坦克	2005		..	原德国的;3.65亿欧元(4.3亿美元)的交易(包括0.7亿欧元给德国,2.95亿欧元给德国的工厂用于技术转让);2006—2007年交货
	470	MTU—881	柴油发动机(AV)	(2001)	2003—2005	(55)	用于170辆从以色列获得的沙布拉—3(现代化改造后的M—60)坦克和300辆架从韩国获得的K—9自行火炮

接受方/供货方(S)或许可方(L)	定购数量	武器代号	武器类型	订购/许可时间	交货时间	交付/生产数量	备　注
	40	DM—2A4 533mm	AS 鱼雷	(1999)	2004—2005	(40)	0.4 亿美元的交易；用于 209/1400 型(Preveze)潜艇
以色列	10	鹭巢—2	无人飞行器	2005		. .	1.83 亿美元的交易(补偿 30%)；2007 年交货
	170	沙布拉—3	坦克	(2002)	2005	1	6.88 亿美元的交易；土耳其 M—60A3 坦克重新制造成沙布拉—3 型
意大利	10	ATR—72MP	反潜/海上巡逻飞机	2005		. .	价值 1.8 亿欧元的“Meltem”或“Uzun Ufuk”计划(约 2.2 亿美元；补偿 7.52 亿—7.75 亿美元，包括在土耳其生产部件并组装)；ATR—70 或 ATR—72 反潜型；2009/2010—2012 年交货
	5	贝尔—412	直升机	2005		. .	AB—412EP 型；用于海岸警卫队；2006 年或 2007—2008 年交货
	4	RAT—31S/L	空中侦察雷达	2002	2005	(2)	“北约 ACCS”计划的一部分；用于“NADGE”空中侦察网；RAT—31DL 型

接受方/供货方(S)或许可方(L)	定购数量	武器代号	武器类型	订购/许可时间	交货时间	交付/生产数量	备　注
荷兰	6	LIROD	火控雷达	2001	2004—2005	(3)	用于从德国获得的 6 艘 Kilic 快速攻击艇
	6	MW—08	空中侦察雷达	2001	2004—2005	(3)	用于从德国获得的 6 艘 Kilic 快速攻击艇
	6	STING	火控雷达	2001	2004—2005	(3)	用于从德国获得的 6 艘 Kilic 快速攻击艇
美国	4	波音—737—7ES	空中预警与控制飞机	2003		. .	15 亿美元的"和平鹰"计划(补偿 5 亿美元);可多选购 2 架;2007—2008 年交货
	12	S—70B/SH—60B 海鹰	反潜战直升机	2005		. .	3.4 亿—3.89 亿美元交易(主要由美国贷款资助)的一部分;可多选购 5 架;从 2008 年开始交货
	(117)	AN/APG—68	飞机雷达	(2005)		. .	11 亿美元的对 117 架土耳其的 F—16C 战斗机进行现代化改造的"和平玛瑙—3"计划的一部分;AN/APG—68(V)9 型;2012 年交货

接受方/供货方(S)或许可方(L)	定购数量	武器代号	武器类型	订购/许可时间	交货时间	交付/生产数量	备注
	8	AN/MPQ—64	空中侦察雷达	2002	2005	(8)	与 8 套现代化改造后的 I—“鹰”地对空导弹系统一起使用
	8	I—HAWK	地对空导弹系统	2002	2005	(8)	原美国的;1 亿美元的交易;交货前现代化改造成(部分在挪威进行)I—“鹰”PIP—3 型
	127	AIM—9X 响尾蛇	近程空对空导弹	(2005)		..	0.36 亿美元的交易;到 2008 年交货
	(175)	MIM—23B HAWK	地对空导弹	(2002)	2005	(175)	原美国的;援助
L:德国	6	弗兰肯塔尔/332 型	扫雷舰	1999	2005	1	6.25 亿美元的交易;在土耳其生产 5 艘;土耳其的代号 Alanya;2005—2008 年交货
	6	军刀	快速攻击艇(M)	2000	2004—2005	(3)	在土耳其生产 5 艘;2004—2007 年交货
	4	209/1400 型	潜艇	1998	2003—2005	2	5.56 亿美元的交易;从土耳其的工厂组装;土耳其的代号 Gur;2003—2007 年交货

接受方/供货方(S)或许可方(L)	定购数量	武器代号	武器类型	订购/许可时间	交货时间	交付/生产数量	备　注
韩国	(300)	K－9 雷鸣 155mm	自行火炮	2001	2003—2005	(54)	10 亿—12 亿美元的交易(包括 0.6—0.7 亿美元用于第一批 8—20 套)；土耳其的代号 Firtina/TUSpH 暴风雪；2003—2013 年交货
英国	840	轻剑 Mk－2	地对空导弹	1999	2002—2005	(325)	1.3 亿—1.5 亿美元的交易；用于轻剑地对空导弹系统现代化改造成轻剑 B1X；2002—2010 年交货
土库曼斯坦							
S:格鲁吉亚	. .	苏－25T/蛙足	对地攻击机	(2003)		. .	用于偿还债务；苏－25KM 型；状态不详(可能在格鲁吉亚现代化改造土库曼斯坦的飞机)
阿拉伯联合酋长国							
S:加拿大	8	PW－100	涡轮螺旋桨发动机	(2001)		. .	用于从西班牙获得的 4 架 C－295MPA 反潜/海上巡逻飞机；PW－127 型

接受方/供货方(S)或许可方(L)	定购数量	武器代号	武器类型	订购/许可时间	交货时间	交付/生产数量	备注
丹麦	6	SCANTER—2001	海上侦察雷达	2004		..	用于4艘从法国获得的拜努纳级轻型巡洋舰
法国	(62)	幻影—2000—5 Mk—2	对地攻击机	1998	2003—2005	(44)	34亿美元的交易；美国拒绝出售具有远程空对地导弹能力的F—16战斗机后订购；幻影—2000—9型；包括将30架阿联酋的幻影—2000型重新制造为幻影—2000—9；2003—2007年交货
	46	勒克莱尔 DNG	装甲抢救车	1993	1997—2004	(28)	34亿美元交易(补偿60%)的一部分；最后的18辆在交货前可能改装成装甲工程车
	4	大洋教员	海上巡逻飞机雷达	(2001)		..	用于4架从西班牙获得的CN—295MPA海上巡逻飞机
	(1134)	MICA	超视距空对空导弹	1998	2003—2005	(700)	用于幻影—2000—9战斗机
	(96)	MM—40—3 飞鱼	反舰导弹	(2004)		..	用于拜努纳级轻型巡洋舰
	500	R—550 魔法—2	近程空对空导弹	(1998)	2003—2005	(300)	用于幻影—2000—9战斗机

接受方/供货方(S)或许可方(L)	定购数量	武器代号	武器类型	订购/许可时间	交货时间	交付/生产数量	备注
	(600)	暴风影/SCALP	空对地导弹	1998	2003—2005	(260)	布莱克·萨赫恩型(为满足《导弹技术控制制度》小于 300 千米的限制而减小射程);用于幻影—2000—9 战斗机
德国	32	Tpz—1 Fuchs	装甲运兵车	2005		. .	1.6 亿欧元的(2.05 亿美元)交易;Fuchs—2 型;包括 16 辆用于核生化作战勘测 8 辆用于生物战勘测,以及 8 辆指挥车型;2007—2010 年交货
	85	BF—6M	柴油发动机(AV)	2003	2004—2005	(85)	用于现代化改造 85 台 M—109L—47 自行火炮;BF—6M—1015CP 型
	(24)	MTU—595	柴油发动机(SH)	(2003)		. .	用于 6 艘从法国获得的拜努纳级轻型巡洋舰
	436	MTU—883	柴油发动机(AV)	1993	1994—2004	(418)	用于从法国获得的 390 辆勒克莱尔坦克和 46 辆勒克莱尔装甲抢救车

接受方/供货方(S)或许可方(L)	定购数量	武器代号	武器类型	订购/许可时间	交货时间	交付/生产数量	备注
意大利	8	AB－139	直升机	2005		..	0.83—0.84 亿美元的交易;包括 6 架用于搜索与救援以及 2 架用于运送重要人物
	12	NA－25XM	火控雷达	2004		..	用于从法国获得的 6 艘拜努纳级轻型巡洋舰
利比亚	(12)	CH－47C 切努克	直升机	2003		..	原利比亚的;2006 年交货前在意大利进行现代化改造
罗马尼亚	10	SA－330 美洲狮	直升机	2001	2005	(3)	1.25 美元交易(包括现代化改造 15 架阿联酋的 SA－330 直升机)的一部分;IAR－330SM 型;在阿布扎比使用;2005—2007 年交货
俄罗斯	50	96K9 Pantzyr－S1	机动地对空导弹系统	2000		..	8 亿美元的交易(包括部分由阿联酋提供资金开发);包括 26 辆轮式和 24 辆履带式;交货时间从 2003—2005 年推迟到 2006—2008 年

接受方/供货方(S)或许可方(L)	定购数量	武器代号	武器类型	订购/许可时间	交货时间	交付/生产数量	备注
	(1008)	9M311/SA—19 灰鼬	地对空导弹	2000		..	用于 96K9 Pantzyr—S1 地对空导弹系统
南非	28	RG—31 林羚	装甲运兵车/ISV	2005		..	0.11 亿美元的交易;RG—31 Mk—3A 型;2006 年交货
西班牙	4	C—295MPA	反潜/海上巡逻飞机	(2001)		..	1.14 亿—1.4 亿美元的"Shaheen—1"计划;在阿布扎比使用
瑞典	6	长颈鹿 AMB—3D	空中侦察雷达	2004		..	用于 6 艘从法国获得的拜努纳级轻型巡洋舰
美国	80	F—16E	对地攻击机	2000	2004—2005	(39)	50 亿美元的交易(包括 4 亿美元用于发动机;预先支付 30 亿美元,用于开发电子设备和雷达;68 亿美元交易的一部分);包括 25 架 F—16F;2004—2007 年交货
	49	AGM—114K 狱火	反坦克导弹	(2002)	2005	(49)	AGM—114M3 型;用于 AH—64D 直升机

接受方/供货方(S)或许可方(L)	定购数量	武器代号	武器类型	订购/许可时间	交货时间	交付/生产数量	备注
	240	AGM—114L 狱火	反坦克导弹	(2002)	2005	(240)	AGM—114L3 型;用于 AH—64D 直升机
	(1163)	AGM—65D 小牛	空对地导弹	(2003)		. .	用于 F—16E 战斗机;包括 AGM—65G 型;合同还没有签署
	159	AGM—88HARM	反雷达导弹	2001	2004—2005	(60)	用于 F—16E 战斗机;AGM—88C 型
	. .	AIM—120B 阿姆拉姆	超视距空对空导弹	(2003)		. .	用于 F—16E 战斗机;合同可能还没有签署
	(267)	AIM—9M 响尾蛇	近程空对空导弹	2002	2004—2005	(125)	用于 F—16E 战斗机
	1000	长标枪	反坦克导弹	(2005)		. .	1.35 亿美元的交易(包括 100 个发射器);合同还没有签署
	52	RGM—84 鱼叉	反舰导弹	(2003)		. .	0.4 亿美元的交易;AGM—84 型,用于 F—16E 战斗机;合同可能还没有签署
	(237)	RIM—162 ESSM	地对空导弹	(2004)		. .	2.45 亿美元的交易;用于拜努纳级轻型巡洋舰而且可能用于现代化改造后的 Kortenear 级护卫舰

接受方/供货方(S)或许可方(L)	定购数量	武器代号	武器类型	订购/许可时间	交货时间	交付/生产数量	备注
L:法国	4	拜努纳级	轻型巡洋舰	2003		..	5 亿—5.45 亿美元的“拜努纳项目”(包括 2.05 亿美元给法国舰船生产商);3 艘在阿联酋组装;在阿布扎比使用;从 2008 年开始交货
	2	拜努纳级	轻型巡洋舰	2005		..	“拜努纳项目”的一部分;在阿联酋组装
英国							
S:加拿大	5	BD—700 全球快车	运输机	1999		..	13 亿美元交易(补偿 100%)的一部分;用于在美国和英国现代化改造成携带美国的 AS-TOR 雷达的哨兵 R—1 对地监视飞机;从 2006 年开始交货
丹麦	1	SCANTER—2001	海上侦察雷达	(2005)		..	斯坎特尔—4001 型;用于 1 艘在英国生产的“大江”近海巡逻艇;2007 年交货
德国	10	BR—710	涡轮扇	1999		..	用于 5 架从加拿大和美国获得的 BD—700/哨兵对地监视飞机

接受方/供货方(S)或许可方(L)	定购数量	武器代号	武器类型	订购/许可时间	交货时间	交付/生产数量	备注
以色列	20	Litening	飞机光电系统	2005		..	0.15 亿英镑的交易；Litening—3 型；通过英国公司购买；用于“欧洲战斗机”
荷兰	6	机警—L	空中/侦察雷达	(2002)		..	S1850M 型；用于在英国生产的 6 艘 D(Type—45)型驱逐舰
美国	1	C—17A 环球霸王—3	运输机	(2004)		..	合同还没有签署
	(1717)	BTA—5.9	柴油发动机(AV)	1997	1999—2005	(1217)	用于 110 辆从瑞典获得的 BvS—10 装甲运兵车以及现代化改造 1607 辆“斯米特”和“佩刀”侦察车以及斯巴达人和 FV—432 装甲运兵车的一部分
	(150)	AIM—120B 阿姆拉姆	超视距空对空导弹	2004		..	1.44 亿美元的交易
	64	BGM—109 战斧	潜射巡航导弹	2004	2005	(32)	0.7 亿英镑(1.26 亿—1.29 亿美元)的交易；BGM—109 战斧 Block—IV(战术式战斧)型；用于 Swiftsure and Trafalgar 级潜艇；

接受方/供货方(S)或许可方(L)	定购数量	武器代号	武器类型	订购/许可时间	交货时间	交付/生产数量	备注
L:以色列	. .	赫耳墨斯—450	无人飞行器	2005		. .	7 亿英镑(12 亿美元)的“守望者”计划(包括 3 亿英镑给赫耳墨斯—450 的生产商)的一部分;大部分在英国生产;英国代号 WK—450;从 2010 年开始交货
意大利	401	MLV	装甲运兵车/ISV	2003	2004—2005	(7)	1.66 亿英镑(2.82 亿美元)的“未来指挥联络车”(FCLV)计划;装甲及其他部件在英国生产;英国代号黑豹;可多选购 400 辆;2004—2009 年交货
荷兰	2	执行者	两栖攻击登陆舰	2000	2005	(1)	2.24 亿英镑的“LSD(A)”计划(最初 1.4 亿英镑,2005 年给英国生产商增加了 0.84 亿英镑用于支付由于延迟而产生的另外花费);UK 代号“海湾”;2005—2006 年交货

接受方/供货方(S)或许可方(L)	定购数量	武器代号	武器类型	订购/许可时间	交货时间	交付/生产数量	备注
	2	执行者	两栖攻击登陆舰	2001	2005	(1)	1.4 亿英镑的“LSD(A)”计划(最初 1.2 亿英镑,2005 年给英国生产商增加了 0.2 亿英镑用于支付由于延迟而产生的另外花费);UK 代号“海湾”;2005—2006 年交货
瑞典	110	BvS－10	装甲运兵车	2000	2001—2005	(110)	7 亿瑞典克朗(约 0.95 亿美元)的交易;装甲在英国生产;包括 31 辆指挥型和 6 辆装甲抢救型;英国代号“海盗”
美国	5	ASTOR	机载对地监视雷达	1999		. .	13 亿美元交易(补偿 100%)的一部分;用于将从加拿大获得的 5 架 BD－700 运输机现代化改造成对地监视飞机;在英国生产 4 套;从 2006 年开始交货

接受方/供货方(S)或许可方(L)	定购数量	武器代号	武器类型	订购/许可时间	交货时间	交付/生产数量	备注
	..	GMLRS	地对地导弹	2005		..	0.31 亿英镑的交易(0.55 亿美元);英国资助 12.5%的开发费用;弹头和其他部件在英国生产;与 MLRS 和 LIMAWS(R)MRL 一起使用;2007 年交货
	3871	长标枪	反坦克导弹	2003	2005	(500)	3 亿英镑(4.59 亿—4.9 亿美元)的“LFATGWS”计划(补偿 100%包括在英国生产部件)
	..	长标枪	反坦克导弹	2004		..	1 亿英镑(1.79 亿美元)的交易(补偿 100%包括在英国生产部件);从 2007 年开始交货
美国							
S:加拿大	(782)	PT－6	涡轮螺旋桨发动机	1996	1999—2005	(269)	用于从瑞士获得的 782 架 PC－9(T－6A)教练机(“JPATS”计划);PT－6A－62 型
法国	(69)	MO－120－RT－61 120mm	迫击炮	2004		..	“EFSS”计划

接受方/供货方(S)或许可方(L)	定购数量	武器代号	武器类型	订购/许可时间	交货时间	交付/生产数量	备注
德国	(1013)	MTU—883	柴油发动机(AV)	(2003)	2005	(1)	用于 1013 辆在美国生产的 EFV 步兵战车;MTU—883 卡—523 型;可能在美国生产
	5	TRS—3D	空中/海上侦察雷达	2004		. .	用于 2 艘 LCS Flight—0 护卫舰,1 艘 WMSL(MSCL 或 NSC)近海巡逻艇和 1 陆基雷达场;TRS—3D/16 型;可多选购 3 套
以色列	. .	CARDOM 120mm	迫击炮	(2003)	2004—2005	(75)	用于锯脂鲤—3(斯瑞克)火炮系统
新西兰	17	A—4K 天鹰—2	对地攻击机	2005		. .	原新西兰的;1.55 亿新西兰元(1.1 亿美元)交易的一部分;用于美国公司训练美国的武装部队
	17	MB—339C	教练机/战斗机	2005		. .	原新西兰的;1.55 亿新西兰元(1.1 亿美元)交易的一部分;用于美国公司训练美国的武装部队

接受方/供货方(S)或许可方(L)	定购数量	武器代号	武器类型	订购/许可时间	交货时间	交付/生产数量	备注
南非	148	RG—31 林羚	装甲运兵车/ISV	2005	2005	(148)	0.78 亿美元的交易；主要用于伊拉克
西班牙	2	CN—235MP	反潜/海上巡逻飞机	2004		..	0.87 亿美元的交易；海岸警卫队“深海－2000”计划的一部分；CN－235M－300M/C－235ER 型；可多选购 6 架；在美国组装/生产；2006 年交货
瑞士	32	F—5E 虎式—2	对地攻击机	2003	2003—2005	(19)	原瑞士的；0.19 亿美元的交易；在训练中用作“敌人”飞机；美国代号 F－5N；2003—2007 交货
英国	27	海浪花	海上巡逻飞机雷达	2005		..	海浪花－7500E 型；用于现代化改造 27 架海岸警卫队的 HC—130H 海上巡逻飞机；到 2012 年交货
L:澳大利亚	1	LCS	护卫舰	2005		..	1—1.35 亿美元的交易；“LCS”计划的一部分；LCS Flight－0(原型)型

接受方/供货方(S)或许可方(L)	定购数量	武器代号	武器类型	订购/许可时间	交货时间	交付/生产数量	备　注
加拿大	(204)	锯脂鲤－3LPTAG	FSV	2000	2002—2005	(33)	40 亿美元的“IAV”计划的一部分；斯瑞克机动火炮系统
	(1837)	锯脂鲤/LAV－25	步兵战车	2000	2002—2005	(1406)	40 亿美元的“IAV”计划的一部分；LAV－3（LAV－25/斯瑞克）型；包括装甲运兵车和火炮系统型；2002—2008 年交货
法国	(200)	FLASH	深水声纳	(2005)		. .	用于在美国生产的 200 架 SH－60R 反潜战直升机
以色列	. .	Litening	飞机光电系统	(2001)	2002—2005	(40)	Litening－2 和 Litening－ER 型；用于 F－16 和 AV－8B 战斗机；美国代号 AN/AAQ－28
	(24)	Litening	飞机光电系统	2005		. .	Litening－AT 型；用于 F/A－18 战斗机；美国代号 AN/AAQ－28
	(250)	凸眼－1/AGM－142	空对地导弹	1998	2000—2005	(250)	美国代号 AGM－142 猛禽或哈夫纳普

接受方/供货方(S)或许可方(L)	定购数量	武器代号	武器类型	订购/许可时间	交货时间	交付/生产数量	备　注
瑞士	(782)	PC－9/T－6A 德克萨斯－2	教练机	1996	1999—2005	(269)	70 亿美元的“JPATS”计划(包括 47 亿美元只用于购买飞机);1999—2017 年交货
英国	187	鹰/T－45A 苍鹰	教练机	1981	1990—2005	(181)	“VTXTS”或“T－45TS”计划;T－45A 和 T－45C 苍鹰型;1990—2006 年交货
	(591)	UFH/M－777 155mm	牵引火炮	(2000)	2002—2005	(62)	9.7 亿美元的交易(包括 1.35 亿美元用于第一批 94 门和 8.34 亿美元用于其余的 495 门);美国代号 M－777;2002—2009 年交货
不明国家							
S:以色列	3	SPYDER	机动地对空导弹系统	(2005)		..	接受国为亚洲国家(可能是新加坡)
乌拉圭							
S:巴西	1	AS－355/555	轻型直升机	2005	2005	1	原巴西的;AS－355F2 型
德国	1	卢内堡/701 型	支援舰	2005	2005	1	原德国的;100 万亿美元的交易;乌拉圭代号“阿迪加斯将军”

接受方/供货方(S)或许可方(L)	定购数量	武器代号	武器类型	订购/许可时间	交货时间	交付/生产数量	备　注
西班牙	2	侦察/F—30	护卫舰	(2005)		. .	原西班牙的；0.2 亿美元的交易；合同还没有签署
委内瑞拉							
S:巴西	12	AMX	对地攻击机	(2002)		. .	AMX－ATA 型；包括 4 架 AMX—E 电子战型；状态不详
中国	3	JYL—1	空中侦察雷达	2005		. .	1.5 亿美元的军民两用空中监视系统计划的一部分
法国	8	AS—350/550 非洲小狐	轻型直升机	2003	2004—2005	(8)	0.5 亿美元的交易；AS—550C2 非洲小狐型
以色列	12	EL/M—2032	飞机雷达	(2002)		. .	用于 12 架从巴西获得的 AMX—ATA 教练机/战斗机
俄罗斯	5	米—24P/米—35P/雌鹿—F	作战直升机	2005		. .	0.81 亿美元的交易；米—35M 型；2006 年交货
	1	米—26/光轮	直升机	2005		. .	1.2 亿美元交易的一部分；可能(还)用于民用；2006 年交货
	(9)	米—8/米—17/河马—H	直升机	2005		. .	1.2 亿美元交易的一部分；米—17—1V 武装型；2006 年交货

接受方/供货方(S)或许可方(L)	定购数量	武器代号	武器类型	订购/许可时间	交货时间	交付/生产数量	备　注
西班牙	10	C—295	运输机	2005		..	13 亿—16 亿欧元交易的一部分;从 2006 年开始交货
	2	CN—235MP	反潜/海上巡逻飞机	2005		..	13 亿—16 亿欧元交易的一部分;到 2010 年交货
	20	PW—100	涡轮螺旋桨发动机	2005		..	用于 10 架从西班牙获得的 C—295运输机;PW—127 型
	4	纳文提亚—1700t	近海巡逻艇	2005		..	13 亿—16 亿欧元交易的一部分;到 2010 年交货
	4	Serviola	近海巡逻艇	2005		..	13 亿—16 亿欧元交易的一部分;到 2010 年交货
英国	2	肖特—360	运输机	(2005)	2005	2	二手货
	..	斯佩	涡轮扇	2000		..	用于从巴西获得的 AMX 战斗机;斯佩—807 型;可能从意大利的生产线生产
美国	4	CT—7	涡轮螺旋桨发动机	(2005)		..	用于 2 架从西班牙获得的 CN—235 海上巡逻飞机;CT—7—9C3 型

接受方/供货方(S)或许可方(L)	定购数量	武器代号	武器类型	订购/许可时间	交货时间	交付/生产数量	备注
越南							
S:捷克共和国	10	苏—22/装配匠—H/J/K	对地攻击机	(2004)		. .	原捷克的;交货前在乌克兰进行现代化改造(用于反舰作战)
德国	4	MTU—8000	柴油发动机(SH)	(1996)	2001—2005	4	用于 2 艘从俄罗斯获得的 BPS—500 快速攻击艇;代号不详
波兰	2	M—28B 布雷扎—1R	海上巡逻飞机	2003	2005	2	用于海岸警卫队;交货时不带海上巡逻系统(仍需订购);可多选购 8 架
	4	W—3 猎鹰	直升机	2005		. .	W—3RM Anakonda 搜索与救援型;到 2007 年交货
俄罗斯	2	S—300PMU—1/SA—10D	地对空导弹系统	2003	2005	(2)	2 亿—3.8 亿美元交易的一部分
	(72)	48N6/SA—10 雷声	地对空导弹	2003	2005	(72)	2 亿—3.8 亿美元交易的一部分;用于 S—300PMU—1(SA—10)地对空导弹系统
	. .	针—1/SA—16 手钻	便携式地对空导弹	(1996)	2001—2005	(50)	SA—N—10 型,用于 BPS—500(Ho—A)和 Svetlyak 快速攻击艇

接受方/供货方(S)或许可方(L)	定购数量	武器代号	武器类型	订购/许可时间	交货时间	交付/生产数量	备　注
	(32)	Kh－35 巨蜥/SS－N－25	反舰导弹	(1996)	2001—2005	(32)	用于 BPS－500(Ho－A)快速攻击艇
	(2)	Svetlyak/Type－1041Z	巡逻机	(2003)		. .	
乌克兰	24	DR－76	汽轮机(SH)	(2003)		. .	用于从俄罗斯获得的 12 艘狼蛛快速攻击艇
	24	DR－77	汽轮机(SH)	(2003)		. .	用于从俄罗斯获得的 12 艘狼蛛快速攻击艇
L:俄罗斯	(2)	BPS－500/124 1A 型	快速攻击艇(M)	1996	2001—2005	(2)	从越南的工厂组装;越南的代号 Ho－A
	(12)	狼蛛－1/1241 型	快速攻击艇(M)	(2003)		. .	可能是狼蛛－4 型;从越南的工厂组装 10 艘;状态不详
也门							
S:澳大利亚	10	骅骝	巡逻机	2003	2005	10	0.9 亿澳大利亚元(0.55 亿—0.7 亿美元)的交易
俄罗斯	12	卡－52/虚伪－B	作战直升机	2005		. .	交易额 1.5 亿美元;状态不详
	8	米格－29SMT/支点	对地攻击机	2003	2004—2005	(8)	包括 2 架米格－29UBT 型

接受方/供货方(S)或许可方(L)	定购数量	武器代号	武器类型	订购/许可时间	交货时间	交付/生产数量	备注
	180	BMP－2	步兵战车	2004	2004—2005	(180)	BMP－2D 型
	(50)	Kh－29/AS－14 抛锚	空对地导弹	(2003)	2004—2005	(50)	用于米格－29SMT 战斗机
	(176)	R－73/AA－11 箭手	近程空对空导弹	(2001)	2002—2005	(176)	用于米格－29SMT 战斗机
	(88)	R－77/AA－12 蝮蛇	超视距空对空导弹	(2003)	2004—2005	(38)	用于米格－29SMT 战斗机
津巴布韦							
S:中国	6	K－8 哈拉和林－8	教练机/战斗机	2005		..	1.2 亿美元的交易；英国拒绝为在津巴布韦服役的鹰式教练机/战斗机出售配备件后购买
乌克兰	(6)	AI－25/DV－2	涡轮扇	2005		..	用于从中国获得的 6 架 K－8 教练机

缩写词和缩略语

AALS	两栖攻击登陆舰	AAV	防空车辆
ABL	装甲架桥机	ac	飞机
ACV	气垫船(气垫艇)	AEV	装甲工程车
AEW	机载预警	AEW&C	机载预警与控制
AGS	机载对地监视	ALV	装甲后勤车
AMV	反雷车辆(扫雷车)	APC	装甲运兵车

arty	火炮	ARV	装甲抢救车
AS	反舰	ASM	空对地导弹
ASW	反潜战	BVRAAM	超视距空对空导弹
CIWS	近战武器系统	CP	指挥位
CSAR	作战搜索与救援	desig	代号
ELINT	电子情报	EU	欧盟
FAC	快速攻击艇	FGA	战斗机/对地攻击机
FMF	对外军事基金(美国)	(G)	装备火炮的
IFV	步兵战车	incl	包括
(M)	装备导弹的	MCM	水雷对抗措施(扫雷措施)
MP	海上巡逻	MRL	多管火箭发射器
NBC	核生化	no.	数量
OPV	近海巡逻艇	SAM	地对空导弹
SAR	搜索与救援	SLCM	潜射巡航导弹
SRAAM	近程空对空导弹	SSM	地对地导弹
surv	监视	UAE	阿拉伯联合酋长国
UAV	无人飞行器	VIP	重要人物

注释

. .　无数据或无适用数据

( )　不确定数据或斯德哥尔摩国际和平研究所的估计数据

m　百万(10^6)

b　十亿(10^9)

三个字母货币缩写(除了美元$、欧元€和英镑£外)系遵从国际惯例。

备注中“合同还没有签署”是指资料来源中说初步协议已经签署,但最后合同尚未签署。

备注中"状态不详"是指资料来源与(继续形成的)现有报道的交易相矛盾。

"不明国家"用于不可能有把握地确定供货方或接受方的情况。

"多国供应商"是用在由两个或更多国家合作生产武器的情况以及不可能确定最后的供货方的情况;合作生产的国家列在备注栏中,在实际交货时将会知道最终的供货方。

(王连成　锁开明 译)

附录 10C 武器转让数据的资料来源与统计方法

比约恩·哈格林 马克·布罗姆利
西蒙·T. 魏泽曼

SIPRI 武器转让项目介绍了常规武器国际转让情况。由于缺乏足够的信息来跟踪所有的武器和其他军事装备，SIPRI 只涵盖所定义的所谓“主要常规武器”。SIPRI 武器转让数据库中的数据取自公开信息来源，按照供应方、接受方和交付的武器进行分类登记，并以表格的形式表现主要常规武器的转让趋势及地域分布状况。SIPRI 建立了独特的“趋势指示值”（TIV）体系。该数值与经济统计中的国内生产总值或进出口值之间并无可比性。

该数据库涵盖的时段自 1950 年始。数据收集与分析是一个连续的过程。随着新数据的获得，数据库中各年的数据均作了更新。[1]

一、2005 年对资料来源和统计方法的修订

新公布的武器转让资料经常包括了新的交付数据，有关单个系统的数据也是这样，这使得有必要对趋势指示值进行新的计算。不过，数据库经常有重要的和一般性的修改，以反映武器转让的现实，或采用新的资料来源。例如，20 世纪 80 年代，数据库就增加了关于雷达系统的数据。2005 年，对数据库的涵盖范围做了若干一般性的修改，

〔1〕 所以，各版 SIPRI 年鉴或其他 SIPRI 出版物的数据不能合在一起或进行比较。读者如要了解本卷涵盖时段以前时间序列的趋势指示值数据，或需要做更新的登记，最好通过登录网站 URL〈http：//www. sipri. org/contents/armstrad/〉与 SIPRI 联系。

同时对 SIPRI 有关许可证生产的计算进行了修改。这些变化涉及整个数据库，以便使自 1950 年以来的时间序列具有意义。

对涵盖范围的修订

2005 年的数据库涵盖范围扩展至包括：(1) 军用飞机引擎，例如可作战的飞机、大型军用运输机和支援飞机，包括直升飞机；(2) 军舰发动机，如攻击艇、轻型巡洋舰、护卫舰、驱逐舰、巡洋舰；(3) 大多数装甲车发动机——输出功率一般在 200 匹马力以上的发动机；(4) 舰用反潜战 (ASW) 声纳系统。所有这些系统都不是孤立的，而是属于 SIPRI 所划分的“主要武器”平台的部件。这些与添加到 SIPRI20 世纪 80 年代涵盖范围内的雷达系统相似。

只有在次系统的供应方不同时也是该系统所属平台的供应方的情况下，该系统才予以列入；例如，中国向埃及转让 K—8 教练机，就需要将埃及从美国进口 TPE—731 发动机列入其中。然而，如果美国向阿曼转让 F—16 战机，就不需要将发动机的转让列入，因为发动机也来自美国。上述系统如用于对现有武器平台的现代化改造，则予以列入。一般来说，项目的数量取决于武器平台的数量，但是，如果可能，则使用定购和交付的准确数字。将这些次系统包含其中是因为它们提供了一个关于供应方和接受方武器转让关系的更为全面的图景，而且它们大部分技术先进，比较重要（经常是出口控制的对象），还有就是主要的武器平台越来越依赖于其他国家提供的这些部件。它也有利于掌握至少是部分“合作性”武器的趋势。之所以将次系统列入其中，还因为它们是分散的，可以从公开的来源得到，并被确定为具体的部件。

关于登记表，这意味着可以获得某些常规武器主要部件更多的信息。而在趋势指示值表中，如果部件的供应方不是平台的供应方，武器平台的指示值可能因部件的指示值而减少，而部件的趋势指示值则可能上升。或者，如果为本国平台进口部件，该部件的趋势指示值将列入其中，而此前没有列入任何内容。

对 SIPRI 趋势指示值的修订

2005 年，对于按许可证生产的武器的 SIPRI 趋势指示值进行了重新审查，许多以前作为“许可证生产”列入的系统，现改为“直接交付”。只有那些从许可方输入率低（低于 50%）的武器，现在方把它们作为许可生产列入并以此统计。那些从许可方输入率高的系统，现在方把它们作为“组装的”并全部纳入趋势指示值。作出这种改变是因为以前对从许可方输入百分比的计算总是产生问题，而且误差大，在从许可方输入的百分比高的情况下尤其如此。

二、选择标准与涵盖范围

选择标准

SIPRI 采用“武器转让”一词，而不是武器贸易，是因为后者通常与“销售”相关。SIPRI 不仅涵盖武器销售，包括许可证生产，还涵盖其他形式的武器供应，包括援助和捐赠。

转让的武器必须是指定给另一国武装力量、准军事力量或情报机构的。向武装冲突中的叛军提供武器，或叛军向外转让武器，分别按“供应方”和“接受方”列入。向国际组织提供武器，或国际组织向外转让武器也以同样的方式列入。如果交付获得确认，但无法以足够的肯定性确认供应方或接受方，该转让就登记为供应方“不详”或接受方“不详”。两个或更多合作国家达成武器转让协定，而且不清楚将由哪一国交付的情况下，供应方标为“多国”。

武器必须是供应方自愿转让。这包括武器的非法转让——没有得到供应方或接受方政府特别授权——但是不包括从非法者手中查获的武器。最后，武器必须用于军事目的。那些主要用于政府的其他部门，但由武装力量登记并操作的系统，如飞机，则不列入。为技术或武器采办评估目的供应的武器也不予列入。

主要常规武器：涵盖范围

SIPRI 仅涵盖它所认定的**“主要常规武器”**，界定如下：

1. **飞机**：所有固定翼飞机和直升飞机，包括无人侦察/监视飞机，不包括微型飞机，有动力、无动力滑翔机和靶机。

2. **装甲车**：所有具备整体装甲保护的车辆，包括所有类型的坦克、反坦克装甲车 、装甲车、装甲运兵车、装甲支援车和步兵战车。

3. **火炮**：口径等于或大于 100 毫米的舰炮、固定机关炮、自行火炮、牵引火炮、榴弹炮、多管火箭筒和迫击炮。

4. **雷达系统**：预警范围至少在 25 公里以上的所有陆基、空基和舰载的主动（无线电波探测）和被动（如光电）监视系统及火控雷达，不包括导航、气象和测距雷达。如果雷达安装于作战平台（车辆、飞机或舰船），登记表仅标明与平台来自不同供应方的雷达。

5. **导弹**：所有带动力的携带常规弹头的制导导弹和鱼雷，不包括无制导火箭、制导但无动力的炮弹和炸弹、自由落体航空炸弹、反潜火箭和靶机。

6. **舰船**：所有标准吨位等于或大于 100 吨的舰船，以及所有装备了口径大于或等于 100 毫米的火炮、鱼雷或制导导弹的舰船，不包括大部分观测船、拖船和某些运输船。

7. **发动机**：（1）军用飞机引擎，例如可以作战的飞机、大型军用运输机和支援飞机，包括直升飞机；（2）军舰发动机，如攻击艇、轻型巡洋舰、护卫舰、驱逐舰、巡洋舰；（3）大多数装甲车发动机——输出功率一般在 200 匹马力以上的发动机；（4）舰用反潜战（ASW）声纳系统。所有这些系统都不是孤立的，而是属于 SIPRI 所划分的“主要武器”平台的部件。

所列出的统计数据仅指上述 6 类（疑为 7 类——译者注）武器的转让。其他武器装备的转让——如小武器/轻武器、卡车、口径小于 100 毫米的火炮、弹药、支援装备及部件，以及服务与技术转让——不在此列。

三、SIPRI 趋势指示指数

SIPRI 的武器转让评估系统是作为一个“**趋势衡量机制**”设计的，它可以衡量主要武器总的流动及地域分布的变化情况。SIPRI 趋势指示值图表所显示的趋势只是基于相关图表所涵盖年份的“**实际交付量**”，而不是基于特定年份的订货量。

趋势指示值表达系统（其中类似的武器具有类似的值）既反映转让武器的数量，也反映其质量。该值反映了“**军事资源**”的转让。SIPRI 趋势指示值不反映转让武器的资金额（或支付的金额）。这里有三方面的原因：一是在很多情况下无法获得转让金额的可靠数据；二是即使知道转让金额，几乎所有都是总的交易额，不仅包括已纳入 SIPRI 数据库的武器，也包括与这些武器相关的物项（如备件、装备或弹药)，和支持系统（如特殊车辆)，以及与武装力量集成武器相关的项目（如现有系统的软件修改或训练)；三是即使知道转让的金额，仍有问题存在，即通常不知道武器转让财务安排的重要细节（如信用与贷款条件和折扣)。[2]

衡量转让武器的军事含义则集中于作为军事资源的武器的价值。同样，假定这些价值大致反映武器的军事能力，也可以通过考察武器转让的实际货币金额来实现。不过，上述问题仍然存在（例如，一件非常昂贵的武器可能作为援助免费转让，因此不能在财务统计中得到反映，但是却是重要的军事资源转让)。SIPRI 的解决办法是建立一套体系，在这一体系中，对军事资源的衡量，包括了对转让武器技术参数的评估。对武器所承担的任务及其性能进行评估依靠的是价值指数。这些价值反映了这种武器相对于其他相武器的军事资源价值。这一点，可以通过给予某些武器一个固定的指数来建立一些基准或参考点加以实现。这些是该指数的核心，所有其他武器都与这些**“核心武器”**进行比较。

简言之，计算单个武器 SIPRI 趋势指示值的过程是这样的：对有些武器类型（在登记表中注明为“武器名称”)，可以在通过公开资源找到其实际平均采购单价。这种实际价格被假定为大致反映一个武器系统的军事资源价值。例如，一架以 1000 万美元购买的飞机，其军事资源价值可以被认为是以 500 万美元购买的战机的军事资源价值的两倍；1 亿美元购买的潜艇，其军事资源价值是 1000 万美元购买的战机的 10 倍。那些具有真实价值的武器被用作进行评估的核心武器。

价格不详的武器要与核心武器进行比较。这一比较按如下步骤进行：

1. 把某种价格不详的武器与所确定的核心武器进行比较。如果找不到与这种种武器相当的核心武器，则通过与最相近的核心武器进行比较确定其价格。

2. 衡量武器大小和性能的标准指标（重量、速度、射程和载荷）与同类核心武器相比较。例如，15000 公斤重量的战机与重量相当的战机进行比较。

---

〔2〕 根据目前可以从大部分武器出口国得到的财务统计，有可能提供一个有关经济因素的非常粗略的看法，但大部分统计都缺乏细节。

3. 其他特性，如电子器件的类型、加载与卸载方式、发动机、履带或车轮、装备和材料，均进行比较。

4. 与同期的核心武器相比较。

对于转让的“二手武器”，其标准价格按照新武器价格的 40%确定；二手武器如在交付前，供应方对其作了重要翻修或改造（其军事资源价值因之增大），其标准价格按照新武器价格的 66%确定。事实上，由于使用后的状态以及使用期间的改造情况不同，二手武器的军事资源价值差别很大。

SIPRI 趋势指数不对武器的军事价值或有效性进行衡量，不考虑武器使用的条件（如一架 F—16 战机由一支各方面协调的、训练有素和高度集成的武装部队使用，其军事价值要比由某个发展中国家使用要高得多；一样的资源，两样的效果）。趋势指数还假定核心武器的价值是实价，而不反映其费用开支，即使是官方计划的一部分，但实际上与武器本身没有必然关联的费用。例如，表面上属于某一计划的资金实际上可能与被选的附加装置和装备或其他计划中的基础技术开发（不计入成本）有关。再如，政府实际上可能拿这笔钱以高于武器的价值进行支付的方式，对军工产业进行暗补，对军工产业实施保护。

四、资料来源

武器转让登记表中列出的数据来源广泛——报纸、期刊、著作、专题与年度参考书以及国家和国际官方文件等。这些来源的共同标准是：公开资料，即已出版的，而且公众可以得到的。

不过，这类公开资料无法反映世界武器转让的全貌。出版的报告往往只能提供部分信息，它们之间经常存在实质性的差异。订购和交付的武器在日期、确切数量，甚至连供应方和接受方的确定等方面并不总是明白清晰的。所以在编纂 SIPRI 数据过程中，进行判断和评估就成为重要内容。估计是保守的，保持在低水平（而且可能大大地低估了）。

所有数据的来源和估算的方法，SIPRI 虽未公布，但载于 SIPRI 数据库中。

（翟玉成 译）

第十一章 欧洲集体空间探索中的安全内涵

德雷莎·希钦斯　托马斯·瓦拉塞克

第一节　导　言

长久以来，欧洲不管是作为一个整体还是各个国家，一直是外空领域中的一支重要力量，拥有一大批卫星发射、卫星制造和研究的设施。但是，正如欧洲力量的很多其他方面一样，欧洲的空间能力并不是一个完全统一的项目，而是通过国家和跨国间各个实体和各种努力混杂积累而成的。不难想像，欧洲在空间领域起主导作用的是四个经济最强的国家：法国、德国、意大利和英国。在欧洲集体层面，有两个重要的组织，即有 25 个成员国的欧盟（EU）和 17 个成员国的欧洲太空署（ESA）。此外，其他欧洲联合项目的参与者包括一系列不同的国家政府和多国组织。

欧洲空间活动的重点一直是民事和商业应用，但最近几年，欧洲各国和欧洲作为一个整体已经认识到，还需要在其空间计划中考虑安全因素。这是个缓慢且踌躇的过程。即使现在，欧洲各国仍在警惕地维护自己的空间军事能力。它们往往对欧洲各国间合作有戒心，对欧洲集体努力更是如此。但这一心态正在发生变化，主要是受到美国太空军事能力变革的刺激。美国为了战术和战略目的加紧利用空间资产，使其在战场上获得了无可争议的优势。

就空间军事活动加强合作的压力也来自于欧洲军事思想的总体演变：主要是在外交事务和防务政策方面趋向于集体主义。这一趋势始于 1992 年，那时制订了欧盟共同外交和安全政策（CFSP），1997 年扩展、1999 年在其名下又确立的欧洲安全和防务政策（ESDP）。欧洲各国军方在地面、海上和空中合作更加紧密。联合作战部队的创立，比如欧盟快速反应战斗分队〔1〕，反过来促使各成员国融合其空间政策和资产。舍此，现代战争很大程度上是无法进行的。

另外一个同等重要的驱动力是，欧洲希望建立独立于美国的能力——这一趋势来源于冷战的结束，而且近几年来，随着欧洲对美国单边主义的认识更加深刻和美国收紧对欧太空技术的转让，这一趋势加快了。2005 年 3 月，一个空间专家小组提交欧洲委员会的报告指出："欧洲不能再想当然认为欧美利益完全一致。"〔2〕欧洲国家一方面越来越多地需要从美国以外来源得到关于众多问题的相关信息，又没有任何一个欧洲国家能够独自为提供这些信息的空间计划提供经费。所以，欧盟越来越成为新的空间活动的平台。

综上所述，某些重要因素限制了当今欧洲的集体太空宏愿。首先，在空间合作方面，尤其是空间安全领域，欧洲国家与美国有各种不同的合作方式和安排。第二，尽管北约（NATO）仍在讨论是否建立欧洲战区导弹防御体系的问题，但是欧洲的决策者们从来都没有想过建立一个欧洲集体导弹防御计划，类似于刺激了美国军事技术计划中开发一些部署在太空和利用太空的美国导弹防御系统。〔3〕与此相关的问题是，随着反卫星（ASAT）系统和技术的发展，欧盟成员国关于利用太空的政策一般来说是反对太空"军事化"的。最后，更广义上讲，欧盟为其共同军事目的开发空间资产的政策也受到下述这方面现有的重要机制规范的限制：根据欧洲安全和防务政策采取的军事行动仍然只限于各种危机管理任务（和为民事需要提供的军事支持，比如紧急反应），而不是完全用于保卫欧洲领土和相关的高强度军事行动。

本章第二节从潜在安全影响的角度审视正在形成的欧洲空间政

---

〔1〕 参见本卷第一章。

〔2〕 欧洲委员会，"空间与安全问题专家组报告"，布鲁塞尔，2005 年 3 月，URL 〈http：//europa. eu. int/comm/space/news/article _ 2262. pdf〉，第 38 页。

〔3〕 欧洲涉及空间资产纯国家导弹防御计划以及英国、挪威和丹麦（格林兰岛）参加美国的弹道导弹防御计划的少量情况，参见本章第四节。

策。第三节概述参与空间政策的主要集体组织。第四节概述了具有安全内涵的各国空间计划[4]。第五节是结论。

第二节 欧盟空间政策中日益凸显的安全因素

虽然欧洲国家在空间计划方面的集体参与早在欧盟成立之前就已存在，但欧盟现在越来越成为快速演变的欧洲安全政策的焦点，而太空设施和相关地面附属设施已在其中起到实质性作用[5]。

鉴于欧洲安全的多层面性，区分仅用于传统军事目的、完全军用的空间设施和更广义上与安全相关的空间设施和系统，变得越来越困难。正如欧洲委员会指出："欧盟理事会已经认识到，空间资产既可以使欧盟更有能力进行危机管理，也可以应对其他安全威胁。所以，欧盟确认了这一观点，即各国一致认同的欧洲安全和防务政策的各项要求应该在欧盟全球空间政策和欧洲太空计划得到反映。"[6]

欧洲空间计划"军事化"的进程缓慢。但过去几年中，欧盟已经通过完全接受为安全目的利用太空而悄悄地打破了一些戒律。但这种变化与其说是实质性的不如说是心理上的，因为从画图纸设计到把现有空间资产送上轨道往往需要数十年时间，所以很自然这种变化极小。然而，欧洲新一轮的讨论指向了潜在的未来巨大变化。欧盟成员国现在已经公开谈论为军事目的使用共有的民用资产，并且将要在全欧洲层面而不是国家层面管理下一代军事空间资产。2004 年 11 月欧盟理事会一份关于欧洲空间政策的文件，研究了远期欧洲建立"由

〔4〕 关于全面、最新的欧洲和全球空间计划发展情况，参见 GlobalSecurity. org 的"世界空间指南"，URL〈http：//www. globalsecurity. org/space/world〉。

〔5〕 关于卫星术语、技术和应用的全面介绍，参见《SIPRI 年鉴 1997》"军用卫星"一章（Almqvist & Wessell 出版社，斯德哥尔摩，1997 年）；以及 B·佳萨尼（编辑）的《外太空：军备竞赛的新领域》（Taylor & Francis 出版社，伦敦，1982 年）。军事空间技术发展的完全历史，参见 1973—1992 年的《SIPRI 年鉴》相关章节。

〔6〕 欧洲委员会，"欧洲空间政策"，布鲁塞尔，2005 年，URL〈http：//europa. eu. int/comm/space/themes/intro _ space _ en. html〉。

[欧洲防务署（EDA）] 代表各成员国支持或管理”军事空间计划的可能性。[7] 鉴于现在已把重点放在为了探索安全使用欧盟空间资产，已经在欧洲能力行动计划（ECAP）进程框架内成立了空间资产集团，[8] 目的是找出并消除军用软件和硬件计划之间的差距。

推动欧盟在空间领域的作用日益上升既有军事原因，也有政治原因。关于前者，太空本身对于现代安全和军事行动已越来越变得不可或缺。欧盟成员国不断将其各层面的军事资产整合，从而逐步走向空间合作。例如：在欧盟部署新的战斗群过程中几乎每一个步骤里，太空实际上在信息的及时获取和传递方面都将发挥作用：从识别威胁（侦察/预警）到作战计划（监视/侦察）到部署（通讯/卫星导航）到军事行动（卫星导航/通讯/监视）。与此相关的欧盟军事委员会和欧洲防务署主管的关于鉴别军事需求和协调军事能力的部署工作，自然也包括更仔细地研究现有和未来的空间资产如何配合欧盟军事活动。[9]

卫星技术用于民用，如地球成像、气象和通讯，也用于支持军事行动。空间数据的诸如此类的应用，也涉及欧盟制订相关非军事政策，如应对公共突发事件、边境管理以及运输与通讯安全。同时，也不能完全从技术角度来看欧盟增强军用空间资产的行动。虽然太空对现代战争很重要，但还不是欧盟能力建设的首要目标，当前的重点主要是空运、海运和运输直升机等近期急需。列入欧盟理事会 2005 年 5 月通过的《能力建设计划》的 64 项中，[10] 只有五项直接涉及太空；甚至那五项中（如成像和预警），也有非空间技术。

欧盟想为军事目的利用太空同样也是出于各成员国的政治需要。共同技术项目（太空仅系其中一例）已经成为欧洲集体成就的象征，

---

〔7〕 欧盟理事会，“欧洲空间政策：欧洲安全和防务政策和太空”，11616/3/04 REV3 文件，布鲁塞尔，2004 年 11 月 16 日。

〔8〕 欧洲委员会（同注释 [2]）。

〔9〕 欧洲委员会（同注释 [2]）。

〔10〕《能力建设计划》是欧盟理事会制订的一年两次定期报告，目的是跟踪成员国应达到欧盟军事准备状态目标的进度。欧盟理事会，《欧洲安全和防务政策—能力建设计划—/2005 年》，2005 年 5 月 23 日，URL〈http：//www.eu2005.lu/en/actualites/documents_travail/2005/05/23pesd〉。

同时也可以推动政策的进一步完善。像伽利略计划和全球环境与安全监视计划这样的项目继承了欧洲技术项目传统，如欧洲核子研究组织（CERN）的粒子加速器项目。[11] 这些项目有助于使成员国之间的进一步深化合作得到人们的支持。当太空和安全体现一体化象征时，对项目采取一致做法与项目本身的实质内涵同等重要。同时，军事上对太空日益增长的需要也要求欧盟加大参与力度。所以，政治和军事需要两方面不可分割。

最后，但也很重要的是，欧盟为了自身安全利用太空深受欧洲寻求战略自主的影响。如今，欧盟不管是在对外政策还是安全政策方面都更积极，更有可能摆脱美国独立行事。欧盟的民用和军用规划活动以及范围越来越大的行动，都需要广泛使用从太空得到的信息。然而，如今需要参与北约和美国日常合作的欧盟境外行动比例在逐渐下降，过去欧盟所需的情报和其他空间支持大部分是由北约和美国提供的。当前欧盟的需要为欧洲各国和非欧洲国家的资产所满足，但其局限性与欧盟的外交政策雄心日益矛盾。这一认识也促使欧盟为了安全目的而更多承担利用太空的责任。

跨大西洋关系

欧盟空间计划的演变对欧美关系既有益处，也带来困难。例如，由于对包括成像在内的空间能力的需求巨大，更多的欧洲空间资产可以提供更多的选择，美国可直接或通过北约在一定程度上得到这些图像选择。然而，欧洲独立验证美国卫星情报的能力今后可能会降低美国对欧洲外交政策选择的影响。鉴于关于伊拉克拥有大规模杀伤性武器错误情报的后果，无论对欧洲还是美国来说，这都不是次要考虑。

更为迫切的是，欧洲的伽利略卫星导航系统（见下文论述）计划已经引起了争论。美国特别提出了两个问题：第一，最初为伽利略卫星设定的最高质信号频率，即公共管理站台（PRS），与美国军方全球定位系统（GPS）的新 M 信号重合。这就使美国国防部遇到一个难题：如果在未来的冲突中用伽利略卫星来对付美国，信号的重合就

---

〔11〕 X. Pasco，提交威尔顿公园研讨会“太空：欧洲安全和防务能力的关键?”的论文，题为“太空对安全的作用：欧洲视角”，2005 年 9 月 7 日。

会妨碍美国干扰除自己加密的 GPS 码以外所有信号的能力。[12] 经过数年有时相当紧张的谈判，2004 年 6 月，欧盟同意把加密的 PRS 信号从最初的频率波段中转移。

美国关切的第二个问题主要是防止伽利略技术落入黑手。最大的非欧洲国家中国加入伽利略项目，引起美国的特别关注。欧盟保证最仔细地审查伽利略合作对安全的影响。欧盟现在两个层面采取行动：一是限制非欧盟成员国得到伽利略卫星最敏感的信号；二是建立如信号使用时违背欧盟利益即可对其加以阻断的机制。2004 年 7 月，欧盟理事会决定建立一个监管机构，包括关于安全和保安的特例委员会，其授权为“确保系统的安全可靠免受（恶意或非恶意）攻击，并防止其用于违背欧盟及其成员国利益的目的”。[13] 该管理机构要仔细审查伽利略卫星的每一项性能（如其信号的覆盖范围），并就对安全的影响与欧盟以外国家进行了沟通。欧盟官员一再表示，中国不会获得 PRS 技术。

另一项“欧洲理事会共同行动决定”授权理事会秘书长索拉纳“在形势紧急到必须立即采取行动的特别情况下”可使伽利略卫星停止工作。[14] 虽然该规定明确表明威胁系针对欧盟成员国而非盟国，但该立法确实还是确立了一个机制，可以阻止未经授权使用伽利略卫星损害美国利益。

第三节　欧洲组织

欧洲太空署

1975 年建立的有 17 个成员国组成的政府间组织欧洲太空署，负

---

〔12〕 C. Biever，“美欧将联合卫星导航”，《新科学家》，2004 年 6 月 24 日，URL〈http：//www. newscientist. com/article. ns? id=dn6068〉。

〔13〕 欧盟理事会第 1321/2004 年号决定，《欧盟官方杂志》，L246（2004 年 7 月 12 日），URL〈http：//europa. eu. int/eur－lex/en/archive〉。

〔14〕 理事会共同行动决定第 2004/552/CFSP 号，《欧盟官方杂志》，L246（2004 年 7 月 20 日），URL〈http：//europa. eu. int/eur－lex/en/archive〉。

责协调欧洲官方空间项目。[15] 尽管该署和欧盟签署了合作框架协议（见下文），但该署独立于欧盟。太空署的工作包括从事地球科学、近空间环境、太阳系和深太空的研究；开发卫星载技术和服务；以及提高欧洲空间业。该署也是最重要的欧洲空间发射服务集团：它建造的阿里亚娜火箭系列用来发射商业和民用卫星，是欧洲宇航防务集团（EADS）和俄罗斯航天局的合作伙伴，发射（由俄罗斯制造、共同拥有的）联盟火箭。太空署负责管理欧洲最重要的发射设施，即位于法属圭亚那库鲁基地的圭亚那太空中心。

欧洲太空署的财政支持来自于成员国，2006 年的预算为 29 亿欧元，工作人员约 1900 人。[16] 该署附属有四个中心，各有其不同职责：（1）欧洲空间研究和技术中心（ESTEC），是欧洲太空署大多数太空飞船和技术开发的设计中枢，位于荷兰的诺德韦克；（2）欧洲航天控制中心（ESOC），负责控制欧洲太空署的在轨卫星，位于德国的达姆施塔特；（3）欧洲宇航员中心（EAC），负责培训执行未来任务的宇航员，位于德国的科隆；（4）欧洲太空署的欧洲空间研究所（ESRIN），位于意大利的弗拉斯卡蒂。该所的职责包括收集、存储并向欧洲太空署协作伙伴提供地球观测卫星数据，是太空署的信息技术中心。[17]

欧洲太空署的活动涵盖了从发射技术研究到参与国际空间站（ISS）活动以及星球探索等系列活动。太空署的现有发射主要由三种火箭组成：（1）大推力的“阿里亚娜 5 ECA”，阿里亚娜太空公司（太空署的空间发射合同商）于 2005 年 2 月首次成功发射，可以将重达 6—10 吨的物体送至地球同步轨道（GEO）或 21 吨物体至近地轨

---

〔15〕 欧洲太空署有 17 个成员国：奥地利、比利时、丹麦、芬兰、法国、德国、希腊、爱尔兰、意大利、卢森堡、荷兰、挪威、葡萄牙、西班牙、瑞典、瑞士和英国。加拿大、捷克共和国和匈牙利根据合作协议也参与一些项目，而且后两国在准备申请成为正式成员国。欧洲太空署还与俄罗斯航天局签署了合作框架协议，参与中国国家航天局的合作项目也越来越多。欧洲太空署 1975 年成立，是 1964 年成立的欧洲空间研究组织（ESRO）和欧洲发射器发展组织（ELDO）后继机构。

〔16〕 欧洲太空署，“欧洲太空署：情况事实和数据”，URL〈http：//www.esa.int/esaCP/GGG4SXG3AEC_index_0.html〉。

〔17〕 欧洲太空署（同注释［16］）。

道（LEO）。[18]（2）共同拥有的联盟中程发射装置，可以将 3 吨物体发射至地球同步轨道。该卫星将于 2007 年完全为欧洲太空署服务。（3）小型发射装置“织女星”，可将 1.5 吨物体送至近地轨道，计划 2007 年首次发射。[19]

2005 年 12 月，欧洲太空署执行理事会批准了一项金额为 82.6 亿欧元的预算，这个数目几乎是欧洲太空署提出的 2006 至 2010 年计划项目 88 亿欧元预算的全部。[20] 参加理事会的各国部长还通过了一项决议，要求欧洲太空署的空间发射应优先考虑欧洲建造的发射器，但也不排除选择欧洲以外国家的发射器。[21]

欧盟

欧洲太空署无法成为制订欧盟空间政策的平台，因为两者成员国组成不同。欧洲太空署的两个成员国，挪威和瑞士不是欧盟成员，而最近加入欧盟的 10 国又都不是欧洲太空署成员（尽管捷克共和国和匈牙利参与了某些欧洲太空署项目的合作，并以后会加入欧洲太空署）。2004 年 11 月，所有 27 个欧盟国家和欧洲太空署成员国齐聚布鲁塞尔首届“欧洲空间理事大会”。在那次会上，空间探索被确定为欧盟共同权限。尽管在 2005 年曾经对欧盟轮值主席国英国提出的一项磋商文件的依据进行过辩论，[22] 但正式的欧洲空间政策尚待制订。

2003 年 11 月，欧洲委员会提交了首份《欧洲空间政策的白皮书》，意在为制订欧盟空间政策提供参考意见。白皮书中有一项行动

---

〔18〕 地球同步轨道大约在海拔 36000 公里的高空，是大多数通讯卫星的运行轨道。近地轨道一般在 1000 公里以下，是很多对地观察卫星的运行轨道。

〔19〕 欧洲太空署，“欧洲空间站‘织女星’的第一块基石”，2005 年 11 月 4 日，URL〈http：//www. esa. int/SPECIALS/Launchers _ Home/SEM4AU0A90E _ 0. html〉；“欧洲太空署开始使用‘织女星’发射装置”，《空间和技术》，2001 年 1 月 8 日，URL〈http：//www. spaceandtech. com/digest/sd2001－01/sd2001－01－005. shtml〉。

〔20〕 P. B. De Selding，“部长们批准了 82.6 亿欧元欧洲太空署一揽子计划经费”，《空间新闻》，2005 年 12 月 12 日，第 6 页。

〔21〕 K. Strohecker，“欧洲增加对空间研究经费”，MSNBC 新闻频道，URL〈http：//www. msnbc. msn. com/id/10352128/from/RL. 2〉；和德塞丁（同注释［20］）。

〔22〕 欧洲委员会：“第三空间理事会关注全球环境安全监视”，《新闻公报》，2005 年 11 月 28 日，URL〈http：//europa. eu. int/comm/space/news/article _ 2291 _ en. html〉。

计划，列出了建议采取的各项行动。白皮书首次明确阐明了太空与欧盟共同安全和防务政策的关系，也概述了确保欧洲安全所需与太空相关的要求。文中写道：

> 空间技术、基础设施和服务是对演变最快的欧盟政策之一——包括欧洲安全和防务政策在内的共同外交和安全政策的必要支撑。大多数空间系统内在都有多用途性，如果能更好利用空间，上述政策的可信度将得到大大加强。欧洲安全和防务政策需要得到合适的天基系统和服务，既因为它们本身具有战略能力，也因为它们授予一种自主决策的能力。〔23〕

2003 年 11 月 11 日白皮书发表之后，欧盟委员会和欧洲太空署就欧盟和欧洲太空署各自的作用以及两者计划将来的合作达成一致意见。这种分工把欧盟作为政治驱动力，以确定整个欧洲范围的重点项目、促进和促成合作、提供研究经费和确保建立一个能够规范空间活动的在欧盟范围内的良好管理机制。欧洲太空署的职责则是开发空间技术，以满足全欧盟的要求，成为创新研究的先锋，并就确保得到空间服务的必要条件向欧盟提出建议。

白皮书还建议成立一个关于空间、安全和防务问题的专家组来研究欧洲的能力。该小组于 2004 年 6 月成立，2005 年 3 月发表了其最后报告。报告明确指出：欧洲在制订出为安全和军事目的利用空间的共同立场之前还有很长一段路要走。报告指出，在能力方面主要存在三个差距：（1）就地球观测系统的用户地面站没有共同协商一致的结构和界面标准；〔24〕（2）欧洲缺少太空监视能力；（3）缺少超高或高数据速率移动通讯。〔25〕

专家组强调欧盟要求的空间能力在若干方面应作出改进，包括：提高地球观测系统的性能和兼用性；改进地球观测系统、通讯卫星、

---

〔23〕“白皮书，太空：为欧盟扩大提供了一片欧洲新疆界；实施欧洲空间政策的行动方案”，欧洲委员会文件 COM（2003）673 号，布鲁塞尔，2003 年 11 月 11 日，URL〈http：//europa. eu. int/comm/space/whitepaper/pdf/whitepaper _ en. pdf〉。

〔24〕用户地面站是为卫星系统用户提供信息的地基技术设施。

〔25〕欧洲委员会（同注释［2］），第 35、38—39 页。

信号情报卫星、天基预警卫星和定位导航系统的关键信息收集能力；改进对来自空间监视系统的信息的使用和传播；以及使所有卫星系统的运行标准相匹配。〔26〕专家组建议：建立一个新的论坛来处理这些问题，其主要任务是：（1）建立一个用户间网络；〔27〕（2）决定现有的能力如何在多用途系统中满足这些需要；（3）细化能力差距；（4）把用户需要转化为对系统的要求；（5）评估空间能力如何符合对其的要求。〔28〕

欧洲的集体空间雄心在民用和军用两个方面都继续受到预算的困扰，因为欧盟成员国在 2007—2013 中期计划中的联合研究的重点方面产生了分歧。〔29〕2005 年春季，欧洲委员会公布的第七个框架规划，概述了该时段欧盟建议要做的研究工作和一揽子预算。委员会建议要求为安全和空间项目拨款 39.6 亿欧元。这是委员会提出的安全和空间项目合在一起首次纳入单项经费。但是，有官员表示，这笔经费仍将分割成大体相等的两部分。这就表明，委员会的空间预算 2006 年起确定增加 2.35 亿欧元。〔30〕由于各欧盟成员国关于委员会的重点一直存在严重分歧，直至 2005 年 11 月也没有最终敲定。根据第七框架规划的预算分配方案。〔31〕因此委员会迄今未能履行共同项目的预算承诺。

不过，欧洲委员会至少根据其“2004 年至 2006 年的安全研究领域预备行动”（PASR）至少为一个新项目拨了经费。“为支持安全行动开发先进空间技术项目的经费”（ASTRO+）主要来自欧盟预算，但也有一些企业合作伙伴的投入。该计划是要研究地球观察卫星、侦察卫星

---

〔26〕 欧洲委员会（同注释［2］），第 38—39 页。

〔27〕 为安全目的使用卫星系统的用户包括关键基础设施服务部门，比如交通部门、负责公众保护搜救部门、警察和情报部门、边境监视部门、危机管理部门以及人道援助组织和政府部门。见欧洲委员会（同注释［2］），第 18—19 页。

〔28〕 欧洲委员会（同注释［2］），第 41—42 页。

〔29〕 欧洲委员会，“关于欧洲议会和欧洲理事会关于欧共体研究、技术开发和论证活动第七个框架规划决定的建议（2007—2013 年）”，COM（2005）119 最终稿，2005 年 4 月 6 日，URL〈http：//europa. eu. int/comm/research/future/basic _ research/brp _ era _ en. htm〉。

〔30〕 P. B. De Selding，“欧洲委员会公布空间开支计划”，《C^4 *ISR*》，2005 年 4 月 25 日，URL〈http：//isr. dnmediagroup. com/story. php？ F=807586〉。

〔31〕 P. B. De Selding，“欧洲太空署寻求地球观察卫星”，《空间新闻》，2005 年 10 月 17 日，第 12 页。

和导航通讯卫星如何改进欧洲的军事行动，尤其是海外行动。该项目的部分目标是要让欧盟安全官员认识到，空间能力能在军事行动中起积极作用。[32] 搞 ASTRO+项目也是为了为与安全相关的空间能力制订一个研究和技术创新路线图。该项目估计耗资 290 万欧元。[33] 审议 ASTRO+项目首次全体会议于 2005 年 8 月 31 日在巴黎召开。[34]

欧洲的相关机构、计划和项目

如今还没有一个单独的机构来指导欧洲的空间政策，但有一些集体的机构、计划和项目，大多数或所有欧盟成员国都参加了。

欧洲气象卫星组织

有 18 个成员国的欧洲气象卫星组织（EUMETSAT）是一个政府间组织，即欧洲气象卫星署，[35] 成立于 1986 年。该组织的气象卫星向各成员国和合作伙伴国的气象机构提供天气预报信息和图像，各国则需提供经费。气象卫星组织和欧洲太空署一起工作，两机构经常共同出资搞项目。气象卫星组织也是太空署—欧洲委员会全球环境安全监视计划的主要参与者。

欧盟卫星中心

欧盟卫星中心（EUSC）作为欧盟理事会的一个机构，是根据 2001 年 7 月理事会联合行动文件于 2002 年 1 月成立的。[36] 中心位于西班牙德托雷洪德阿多滋，是作为西欧联盟卫星中心（WEU）而成立的，但 2001 年重新定位后移交给了欧盟，成为欧洲安全和防务政

[32] 国际事务研究所，"为支持安全行动开发先进空间技术：ASTRO+项目"，罗马，2005 年 2 月 3 日，URL〈http://www.iai.it/sections_en/ricerca/difesa_sicurezza/ASTRO/ASTRO+.asp〉。

[33] "为支持安全行动开发先进空间技术"，《拨款协议》第 SEC4－PR－00960 号，URL〈http://europa.eu.int/comm/enterprise/security/doc/astro_en.pdf〉。

[34] 欧洲委员会，"空间与欧洲安全"，布鲁塞尔，2005 年，URL〈http://europa.eu.int/comm/space/themes/security_en.html〉。

[35] 欧洲气象卫星组织成员国是：奥地利、比利时、丹麦、芬兰、法国、德国、希腊、爱尔兰、意大利、卢森堡、荷兰、挪威、葡萄牙、西班牙、瑞典、瑞士、土耳其和英国。另有 11 个国家与其签署了合作协议，它们是：保加利亚、克罗地亚、捷克、匈牙利、拉脱维亚、立陶宛、波兰、罗马尼亚、塞黑、斯洛伐克和斯洛文尼亚。

[36] 欧盟卫星中心，"中心简介"，URL〈http://www.eusc.org/centre.html〉。

策空间发射安排的一个部门。中心的主要任务是向欧盟提供从欧洲地球观察卫星得到的成像分析和信息，以支持共同外交和安全政策与欧洲安全和防务政策。各种欧盟机构、欧盟成员国、第三方国家和国际组织都可以使用中心提供的信息，以支持：（1）监视总体安全形势；（2）人道主义和救援活动、维和、危机管理和缔造和平（即所谓"彼德斯堡任务"）；〔37〕（3）条约核查；（4）军控和防扩散努力；（5）海上监视；（6）环境监测。〔38〕

在实际运作中，中心的工作受欧盟共同外交和安全政策高级代表索拉纳的指导。使用卫星中心图像的欧盟用户包括欧盟委员会对外关系司司长办公室和理事会附属机构欧盟军事参谋部与情况处理中心。虽然对在欧洲集体安全中的作用有其明确授权，卫星中心在执行全球环境安全监视计划，以及协调各国军事设施取得的图像方面的作用，仍然有些模糊。中心年度预算仅有1000万欧元，工作人员仅20人，而当今对成像分析的需求却在不断增加。〔39〕卫星中心大多数情况下被迫购买民用和商业卫星图像。〔40〕卫星中心2003年与法国签署了关于与法国军用成像卫星"太阳神Ⅰ"信息共享协定，但尚待生效。同时，以法国为首的联盟就出资建造后继"太阳神Ⅱ"系统已达成内部协议，将与卫星中心分享有限数量的该系统数据。但最终签协议可能很难。〔41〕欧洲卫星中心还在探索如何为欧盟军事委员会提供分析服务。〔42〕

伽利略计划

伽利略计划是否是涉及欧洲安全最雄心勃勃的集体空间项目，是

---

〔37〕"彼德斯堡任务"是指一系列危机管理使命，最初于1992年在德国波恩附近的彼德斯堡饭店西欧联盟会议上达成一致，后来被纳入欧盟条约和欧洲安全和防务政策筹资文件。

〔38〕欧盟卫星中心，"使命"，URL〈http：//www. eusc. org/html/centre _ mission. html〉。

〔39〕B. Tigner，"欧盟试图评估用户协调问题：纠正互不沟通状况"，《防务新闻》，2005年10月31日，URL〈http：//www. defensenews. com〉。

〔40〕N. Fiorenza，"法、德卫星拓宽情报能力"，C⁴ISR，2005年12页6日，URL〈http：//isr. dnmediagroup. com/story. php? F=328012〉。

〔41〕P. B. De Selding，"官僚主义妨碍了欧盟军事空间合作"，C⁴ISR，2005年5月12日，URL〈http：//isr. dnmediagroup. com/story. php? F=844999〉。

〔42〕B. Tigner，"欧盟试图评估用户协调问题：纠正互不沟通情况"，《防务新闻》，2005年10月31日。

有争议的。针对美国的全球定位系统（GPS）与俄罗斯卫星导航和定位系统（GLONASS），欧洲想另辟蹊径，于是欧盟和欧洲太空署于2003年5月26日正式启动了该计划，尽管关于这一系统的研究早在1998年就开始了。伽利略系统主要是为了民用，GPS则不同，虽然其民用部分在过去的十年里大幅增加，但其始终为美国军方所拥有和掌管。然而，伽利略系统的信号确实具有广泛的安全应用价值，至少有一些国家政府始终认为它是军事工具。其实，美国和英国担心，伽利略计划说明欧洲的军事资源分配不当，使该计划的实施阻滞了好几年。实际上，伽利略计划成了欧洲是否有必要提高其军事能力这一更大范围的大西洋两岸争论的一部分。

伽利略计划旨在向用户提供：比现在GPS或GLONASS更高的卫星定位精度；改善北纬卫星信号覆盖情况；即使在战时也能保证客户的使用和可靠性。[43] 此外，伽利略卫星的信号将与GLONASS和GPS兼容，从而为特定应用提供更好的服务。

欧盟和欧洲太空署官员称，伽利略卫星完全是民用系统，但正如上文所述，它可应用在军事上（尽管欧洲各国军方不愿明说），也可以应用于国土安全和公共安全，如消防工作。例如：GPS现在被欧美各国军方广泛用于使精确制导武器打击预定目标和导航用途。

该系统由30颗卫星（27颗在轨运行，3颗备用）组成，预计耗资11亿欧元，由欧洲太空署和欧洲委员会共同出资。私人企业答应提供总共约25亿欧元，占部署该系统所需费用的三分之二，收回这笔投资的办法是，除免费核心服务（指为社会公众应用，如汽车导航系统）之外收取各种服务费；其余资金将由欧洲太空署和欧盟提供。研制计划由伽利略计划联合管理机构负责，欧洲委员会和欧洲太空署派代表参加，且最终吸收私人企业和欧洲投资银行加入。[44] 此外，一些国际合作伙伴——中国、印度、以色列、摩洛哥、沙特阿拉伯和

〔43〕 欧洲太空署，“什么是伽利略计划?”，2005年3月17日，URL〈http://www.esa.int/esaNA/GGGMX650NDC_index_0.html〉。

〔44〕 欧盟能源和运输署，“伽利略欧洲卫星导航系统”，URL〈http://europa.eu.int/comm/dgs/energy_transport/galileo/programme/index_en.htm〉。

乌克兰——均以投资换取将来的数据信息使用。与阿根廷、澳大利亚、巴西、加拿大、智利、韩国、马来西亚、墨西哥和挪威的合作谈判正在进行。[45]

该系统将可提供不同精度水平的系列服务。[46] 除了开放性服务和商业付费服务之外，与安全最密切相关的功能有：为欧盟各国政府和诸如警察、情报部门和军队等公共安全部门保留的加密公共规范服务；为确保生命安全提供服务，旨在保护诸如空中交通管制和海洋运输等在内的公共安全；搜救服务，可以通过国际卫星搜救追踪系统——即全球卫星搜救系统在全球范围内探测和播发信号，[47] 从而成为全球海上遇险与安全系统（GMDSS）的组成部分。

伽利略卫星系统本来计划 2008 年之前全面部署和投入使用，但是由于欧洲伙伴国之间对资金投入、工作分工和地面设施位置等方面有争议，进度大幅推后。首颗伽利略测试卫星 GIOVE—A（伽利略在轨校验器）于 2005 年 12 月 28 日发射升空；第二颗 GIOVE—B 计划于 2006 年春季发射。发射这两颗卫星的目的是验证基本技术，包括原子钟和两个信号传输频道同时使用。[48] 计划在 2008 年再发射 4 颗卫星，已完成测试阶段。这一过程本应 2006 年前完成，[49] 至于整个卫星系统何时能够部署完毕并投入使用，现在还不清楚。

全球环境与安全监视计划

庞大且极其复杂的全球环境与安全监视地球观察计划由 1998 年

---

〔45〕 H. Spongenberg，“欧盟公开首颗伽利略卫星情况”，美联社，2005 年 11 月 9 日，URL〈http：//abcnews. go. com/Technology/wireStory? id=1296543〉。

〔46〕 欧洲太空署，“伽利略系统的服务，伽利略系统的详细说明”，URL〈http：//www. esa. int/esaNA/SEMTHVXEM4E _ galileo _ 0. html〉。

〔47〕 全球卫星搜救系统于 1988 年由加拿大、法国、苏联和美国所建。参见 URL〈http：//www. cospas－sarsat. org/MainPages/indexEnglish. htm〉。

〔48〕 P. B. De Selding，“欧洲太空署的伽利略系统在未来 12 个月中面临关键进展阶段”，《空间新闻》，2005 年 11 月 28 日，第 10 页；欧洲太空署，“GIOVE—A 传送第一批伽利略卫星信号”，新闻公报，2006 年 1 月 12 日，URL〈http：//www. esa. int/SPECIALS/Galileo _ Launch/SEMQ36MZCIE _ 0. html〉。

〔49〕 欧洲太空署，“欧洲的第一颗伽利略卫星取名为 Giove”，新闻公报，2005 年 11 月 11 日，URL〈http：//www. spaceflightnow. com/news/n0511/11giove〉；欧洲太空署（同注释［46］）。

欧洲太空署和欧盟制订的一项计划演变而来，旨在提高欧洲对环境监测的能力。[50] 该计划也可直接应用于安全和军事上，具体的目标是支持共同外交和安全政策以及欧洲安全和防务政策。全球环境与安全监视计划可以显著提高欧洲各国军方独立绘制地图、天气预测和获取目标瞄准数据的能力。根据 2004 年 2 月欧盟和欧洲太空署的一项联合报告，全球环境安全监视计划将用于“支持冲突预防和危机管理：监视国际条约的实施，防止核生化武器的扩散；监视人口变化状况；评估敏感地区以作出预警；以及危机管理过程中快速绘制地图”。[51]

虽然欧盟已决定支持全球环境与安全监视计划和起草好的实施计划，但是该项目仍为许多不确定因素所困扰。一个关键问题就是各国的卫星，如法国的 SPOT 卫星，将起到什么作用；更麻烦的问题是军事卫星，如法国的“太阳神”或德国的 SAR—Lupe 卫星发回的数据哪些可以分享，如何分享。由于到 2005 年底欧盟委员会还未确定预算，经费尚未落实。但是在 2005 年 12 月部长会议期间，太空署得到有力支持：太空署提出 2006 年至 2010 年期间该项目预算为两亿欧元，但部长们承诺的总数达到 2.35 亿欧元。[52]

现在的全球环境与安全监视行动计划是 2001 年 11 月批准的，[53] 分成两个阶段：2001 年至 2003 年为“初始阶段”，2004 年至 2008 年为“实施阶段”。与此同时，2004 年 5 月 28 日生效的欧洲太空署和欧盟高层框架协议，把全球环境与安全监视计划确定为短期关键的首

---

〔50〕 呼吁建立一个欧洲集体地球观察系统的倡议，最初出现在意大利巴韦诺 1998 年 5 月举行的欧洲太空署一次高层会议上：“全球环境与安全监视计划：新欧洲倡议宣言”，又称“巴韦诺宣言”。参见《全球环境与安全监视计划论坛》，URL〈http：//www.gmesforum.com/workingfor.htm〉。全球环境与安全监视计划旨在欧洲对全球地球观察系统做出贡献。全球地球观察系统是美国于 2003 年在地球观察峰会上提出的，旨在提高气候研究成像和数据的分享，以及监测和抗击自然灾害。

〔51〕 欧盟和欧洲太空署，“全球环境与安全监视计划：GMES 初始阶段（2001 年至 2003 年）最后报告”，布鲁塞尔，2004 年 2 月 10 日，URL〈http：//www.gmes.info/115.0.html〉，第 18 页。

〔52〕 P. B. De Selding，（同注释［20］），第 6 页。

〔53〕 全球环境与安全监视计划由两个独立机构管理：全球环境与安全监视计划顾问委员会和全球环境与安全监视计划项目办公室。顾问委员会是协调机构，成员来自各国政府和用户单位。项目办公室由来自包括欧洲委员会和欧洲太空署在内的参加该计划的国际组织专家和官员组成。参见 URL〈http：//www.gmes.info〉。

要任务之一。[54] 实施阶段的第一个目标是，2008 年前要发射三颗所谓“快速跟踪”卫星，2005 年 11 月 28 日举行的空间理事会部长级会议再次重申了这一目标。[55] 这三颗卫星是：旨在加强欧洲对灾害的预测和反应能力的紧急事态处理卫星；提供土地使用和覆盖信息的土地监视卫星；提供海域环境信息的海事卫星。[56]

2009 年至 2013 年期间还将增加更多卫星。通过欧洲太空署人士获悉，实施全球环境与安全监视计划的预算为 27 亿欧元，用于空间组件及其相关地面设施。用于服务部门的费用预计每年 1.5 亿欧元。[57] 10 年预计耗资总共 50 亿欧元。[58] 现在，各方一道同意，欧洲太空署将为该计划的第一部分提供经费，从 2006 年至 2012 年。这期间“可能加进届时欧洲委员会可以得到的一笔钱”；2008 年至 2013 年，计划的第二部分可望共同出资。[59]

“共同行动规则”

2002 年，比利时、法国、德国、意大利和西班牙打算为欧洲全球卫星观测系统制订一套共同行动规则（BOCs）。希腊于 2003 年也参与进来。制定该规则的进程意在建立专用欧洲独立军用地球观察系统的要素，以支持未来的维和使命和联合行动。发起国称，欧盟将来

〔54〕“地球和空间——欧洲放眼全球环境与安全监视计划，《RTDinfo》，第 44 期（2005 年 2 月），URL〈http：//europa. eu. int/comm/research/rtdinfo/44/01/print _ article _ 2027 _ en. html〉。

〔55〕空间理事会系欧洲太空署理事会和欧盟竞争力理事会相伴联席部长级会议。2005 年 11 月 28 日会议是其第三次年会，重点讨论全球环境与安全监视计划相关问题。会议报告，参见欧洲委员会（同注释［22］）。

〔56〕“全球监控环境与安全：第一批具体措施”，《SpaceRef》，2005 年 11 月 16 日，URL〈http：//www. spaceref. com/news/viewsr. html? pid=18704〉。

〔57〕欧洲委员会，“Volker Liebeg，欧洲太空署的地球观察项目负责人，谈论全球环境与安全监视计划”，欧洲空间政策，2005 年 2 月 3 日，URL〈http：//europa. eu. int/comm/space/news/article _ 2048 _ en. html〉。

〔58〕“地球和空间——欧洲放眼全球环境与安全监视计划，《RTDinfo》，第 44 期（2005 年 2 月），URL〈http：//europa. eu. int/comm/research/rtdinfo/44/01/print _ article _ 2027 _ en. html〉。

〔59〕欧洲太空署，“发现和竞争力：欧洲空间政策和计划的关键词”，2005 年 11 月 28 日，URL〈http：//www. esa. int/esaCP/Pr _ 2 _ 2005 _ i _ EN. html〉。

可以使用该系统。[60] 然而，制订共同行动规则的主要障碍是，如何协议研制可使参加国卫星网互相连接的地面系统，以及制定哪些数据可以进行交换的相关议定书。[61] 一位法国军事专家指出："欧盟将不会拥有该系统，因为战略情报只能交换，不能分享。"[62] 他的看法反映了这最后一个问题的敏感性。

拟议中的欧洲空间侦察系统

虽然几个欧洲国家有可发现和跟踪空间轨道物体的雷达和光学望远镜，但仍基本依赖美国获取探测和例行跟踪所需的信息。美国空军空间侦察网是能提供大体全面的卫星和空间碎片跟踪数据的仅有全球系统，这些数据可用来"优化"欧洲目前的侦察手段。欧洲越来越想具备独立空间侦察能力，既出于安全和军事目的，也为了更好预测和防止与危险空间碎片相撞。最近，空间与安全专家组在其 2005 年 3 月最后报告中指出："欧洲空间侦察能力的缺失是一种严重的能力差距，是未来欧洲空间计划必须解决的一个主要问题。除了欧洲空间资产的安全，该系统还必须有利于国际空间条约的实施，以及对拥有空间能力的国家或组织的行动进行评估。"[63]

欧洲空间控制中心在 2002 年制订了一个未来欧洲独立空间侦察系统的设计方案报告，并后来把合同交给了法国国家宇航研究中心（ONERA）领导的一个小组，要求其拿出建成那样一套系统的各种方案。[64] 2004 年公布的这项研究显示，2015 年前研制出与美国侦察系统能力大体相当的一套探测和跟踪系统要耗资 3.3 亿欧元。[65] 该系统尽管可能需要若干新传感器，但主要还是要连接现有欧洲空间资产。虽然该项目得到了欧洲太空署、欧洲委员会和法国的支持，但还

---

〔60〕 P. B. De Selding，"欧洲合力加强空间侦察"，《防务新闻》，2002 年 7 月 1—7 日，第 18 页。

〔61〕 欧洲委员会（同注释［2］），第 33 页。

〔62〕 引自 P. B. De Selding 撰文，题为"可见将来无望建成统一的欧洲空间系统"，《空间新闻》，2004 年 10 月 11 日，URL 〈http：//www.space.com/spacenews/archive04/futurearch_101804.html〉。

〔63〕 欧洲委员会（同注释［2］），第 36 页。

〔64〕 T. Donath 等，"欧洲空间侦察系统研究—最后报告"，文档第 DPRS/N/158/04/CC 号，ESOC，2004 年 10 月 12 日，第 6 页。

〔65〕 Donath 等（同注释［64］），第 2、18、23 页。

没有提出具体的研制计划，而且这个问题政治上非常敏感。

第四节 欧洲各大国的空间计划

法国、德国、意大利和英国是欧洲在空间领域中占主导地位的四个国家，但法国是无可争议的领导。法国国家空间研究中心(CNES) 虽然是民间机构，但也承担与法国国防部合作的军事空间项目。法国的空间预算，包括给欧洲太空署的经费，2005 年约 17 亿欧元，是所有欧洲国家中最多的。〔66〕所有欧洲国家中，只有法国有专项军事空间预算。

(双边或多边) 联合项目正越来越普遍，主要是出于费用分摊的需要，但是还没有一种机制来确定共同军事空间需求，也没有一个全欧洲机构来决定如何分享现有军事能力。不过，确实有一些零零碎碎的欧洲集体、各国、双边和多边项目，但往往不能有效地互相配合，致使欧洲在军事空间能力方面存在很大差距。

欧洲在军事空间领域的总开支估计每年 10 亿欧元，而民用空间项目则每年投入约 55 亿欧元。〔67〕美国空间领域的投入是欧洲的六倍，空间军事利用方面则是欧洲的 30 倍。〔68〕

安全和防务相关的欧洲国家空间项目包括：地球观察系统、卫星通讯网和非常有限的空间侦察资产。至于具备强大军事空间能力所需的其他重要资产，如信号情报和导弹预警，当前只有法国计划进行相关试验。

地球观察卫星

当前只有法国有专门军用地球观察卫星：“太阳神”系列卫星(当前使用的第二代太阳神 II 型卫星的设计能昼夜工作，最高分辨率

〔66〕 防扩散研究中心，“当前和未来的空间安全：法国”，加利福尼亚州蒙特雷市，2006，URL〈http：//cns. miis. edu/research/space/france〉。

〔67〕 新防务议程，“跟踪欧洲空间政策—我们是否做到了军/民平衡?”，URL〈http：//www. forum－europe. com/publication/NDA _ SOD _ 18Oct2005. pdf〉。

〔68〕 新防务议程，(同注释［67］)，第 7 页。

估计为 0.5 米），[69] 今后几年内必须更换。英国国防部把一种低耗费小型试验卫星 TopSat 送入轨道，正在考虑启动后续项目。2006 年，德国发射 SAR—Lupe 卫星，这是一个由 5 颗卫星组成的合成孔径雷达（SAR）星群，最高分辨率希望达到 0.5 米。[70] 此外，意大利正计划与法国进行一项两用合作项目，以替代脆弱的 SPOT 民用系统。该合作项目隶属于称为“光学和雷达联合地球观察项目（ORFEO）。法国将会提供 Pleiades 系统——由两颗卫星组成的军事光学侦察系统；[71] 意大利将为地中海海域观察卫星系统提供由四颗高分辨率雷达卫星组成的两用小卫星群（COSMO—SkyMed）。[72]

欧洲在逐步开发军用地球观察卫星的过程中，也可以将这种卫星系统用于战术性战场行动。军方使用地球观察卫星系统制作详细地图、监视战场的地面部队（包括友军和敌军）、侦察可疑行动（如建造核设施），并为导弹和其他武器系统提供目标瞄准等所需的地理数据。高分辨率图像要在冲突或危机中发挥作用，必须在尽可能短的时间间隔内不断刷新，数据传递和分析的速度也要尽可能快。计划中的欧洲项目要求达到所有这些能力。

如上所述，尚未解决的关键政治问题是，包括全球环境与安全监视计划的这些空间资产将是否以及如何整合到欧洲集体行动中去。欧洲各国军方领导人仍极不愿意分享图像和分析。

---

〔69〕 P. B. De Selding，“法国启用太阳神 IIA 侦察卫星图像”，《C4 ISR》，2005 年 3 月 29 日，URL 〈http：//isr. dnmediagroup. com/story. php? F=750641〉。

〔70〕 D. Sell，OHB－System AG 公司，和作者通信，2005 年 11 月 28 日，法国驻美国大使馆，“第 5 次法德部长理事会，法德防务和安全理事会声明”，2005 年 4 月 26 日，URL 〈http：//www. ambafrance-us. org/news/statmnts/2005/franco _ germany _ defense042605. asp〉；P. B. 德塞丁，“德国军方为部署 2005 SAR－Lupe 卫星做准备”《*C4 ISR*》，URL 〈http：//isr. dnmediagroup. com/story. php? F=327973〉；和 OHB－System AG 公司，“SAR－Lupe” 卫星，URL 〈http：//www. ohb－system. de/Security/sarlupe. html〉。

〔71〕 法国和意大利于 2001 年 1 月签署了一份谅解备忘录。备忘录规定，法、意各自支付自己的空间系统费用，但分摊地面卫星接收系统的费用。参见 “Pleiades（国家空间研究中心高分辨率光学成像卫星群）”，eoPortal，URL http：//directory. eoportal. org/pres _ PleiadesHRHighResolutionOpticalImagingConstellationofCNES. html〉。

〔72〕 Alenia Spazio，“Cosmo－Skymed 卫星”，URL 〈http：//www. alespazio. it/earth _ observation _ page. aspx? IdProg=23〉。

卫星通讯

通讯卫星对世界各国军方在全球通讯和数据传输方面越来越重要，使军队和指挥官的网络化达到前所未有的程度。近期，包括北约在内的欧洲各国政府和组织，将至少可以使用 20 颗不同的商业、军用和两用通讯卫星系统。[73]

世界大多数国家的军方都依赖商用卫星系统来满足其大量通讯需要。然而，商用卫星（通过加密信号、组件加固、防干扰技术等手段）都不能提供与军用卫星相同等级的安全；所以，一些欧洲国家选择使用专用军事卫星。英国现在有 5 颗 Skynet IV 卫星，2006/2007 年将发射 2 颗 Skynet V 卫星。[74] 意大利有 1 颗升了级的 SICRAL 卫星，并将于 2007 年初发射 SICRAL 1B 卫星，2009 年前发射性能更好的 SICRAL 2 卫星。[75] 法国 2005 年 10 月发射了 Syracuse IIIA 卫星，2006 年要把 Syracuse IIIB 卫星送入轨道。[76] 西班牙也计划 2006 年发射 SPAINSAT 卫星，而且美国—西班牙共有的 XTAR—EUR 卫星已于 2005 年 2 月发射升空。[77] 德国计划 2008 年前发射 2 颗 SATCOMBw Stufe 2 卫星。[78] 北约的 NATO SATCOM Post 2000 卫星即将替换 2 颗正在使用的 NATO IV 卫星，在与法国、意大利和英国三方达成的协议中，包含使用 3 颗 Skynet 卫星、1 颗 Syracuse

---

〔73〕 Donath 等，（同注释［64］），第 30 页。

〔74〕 Donath 等，（同注释［64］），第 30 页。

〔75〕 Donath 等，（同注释［64］），第 30 页；Dutch Space，“Sicral”，URL〈http：//www. dutchspace. nl/pages/business/content. asp? id＝200&LangType＝1033〉，第 31 页；欧洲委员会（同注释［2］）。

〔76〕 Donath 等，（同注释 64），第 30 页；和“Syracuse III”，Alcatel Space，2003 年 5 月，URL〈http：//www. alcatel. com/space/pdf/telecom/Syracusegb. pdf〉。此外，老的 Syracuse II 仍在工作。

〔77〕 Donath 等，（同注释［64］），第 30 页；Loral Space and Communications，“XTAR－EUR 卫星进入充分商业服务阶段，开启了军事卫星通讯的新纪元”，新闻公报，2005 年 4 月 4 日，URL〈http：//www. loral. com/inthenews/050404. html〉。

〔78〕 P. B. De Selding，“两公司赢得德国军事试验通讯卫星合同”，《C^4 *ISR*》，2005 年 5 月 11 日，URL〈http：//isr. dnmediagroup. com/story. php? F＝842556〉。

卫星和 1 颗 SICRAL 卫星。[79]

电子情报

电子情报（ELINT）卫星是用来截获电磁信号，如无线电通讯。据了解，法国是当前拥有一个自成一体的电子情报系统“Essaim”（意为“群集”）的唯一欧洲国家。该系统本身仅是个论证项目。法国政府希望论证后将使其他欧洲国家政府相信建立独立欧洲电子情报系统的意义。[80] Essaim 系统由 4 颗卫星组成，2004 年 12 月发射，2005 年 5 月起开始运行，[81] 能“分析军事通讯专用的若干频率波段中的地面电磁环境”[82]。暂定名为 Elint 的后继卫星计划于 2008 或 2009 年发射。这个系统将由 3 颗低轨小卫星组成，用来监视雷达信号和无线通讯。

导弹预警

法国国防部正资助 Spirale 系统，该系统是用来论证测试导弹在助推阶段的初始能力。[83] 试验包括两颗载有先进高分辨率红外装置的微型卫星。[84] 两颗卫星将于 2008 年发射。

空间侦察

大约有十几处欧洲雷达设施具备空间侦察潜在能力，还有少数几

---

〔79〕 R. R. N. Howell，“各国领导人呼吁出台加强北约的战略和变革”，《Signal》，URL〈http：//www. afcea. org/signal/articles/anmviewer. asp? a=1010&z=8〉。

〔80〕 P. B. De Selding，“国家空间研究中心和法国武器装备总署出资论证卫星项目”，C4ISR，URL〈http：//isr. dnmediagroup. com/story. php? F=842558〉。

〔81〕 T. Malik，“阿里亚娜 5 型火箭成功将法国‘太阳神 2A’卫星送入轨道”，《空间》杂志，2004 年 12 月 18 日，URL〈http：//space. com/missionlaunches/ariane5 _ helios _ launch _ 041218. html〉。

〔82〕 欧洲宇航防务集团，“ESSAIM，微型卫星正在成形”，2005 年 6 月 6 日，URL〈http：//eads. net〉。

〔83〕 欧洲宇航防务集团，“Astrium 公司选择阿里亚娜空间公司发射 Spirale 卫星”，新闻公报 2005 年 10 月 17 日，URL〈http：//www. space. eads. net/press－center/press－releases/eads－astrium－selects－arianespace－to－launch－spirale〉。

〔84〕 “法国 Spirale 卫星将由阿里亚娜 5 型火箭发射”，《空间新闻》，2005 年 10 月 24 日，第 8 页。

座光学望远镜。

这里值得指出的是："欧洲不连贯散射科学协会"的不连贯散射雷达网，虽然这是一个多国项目。该项目主要设施位于挪威的特罗姆瑟。那里正在进行一个项目，把日常对低轨道物体的监测与该多国项目的主要任务结合在一起。

法国国防部的 GRAVES 卫星是一个雷达"篱笆"，可以探测穿过其波束的物体。这是欧洲仅有的一个可独立探测和跟踪海拔高达 1000 公里、直径小约 1 米空间物体的系统。〔85〕

英国拥有欧洲最大功率的空间侦察雷达，位于法林达里斯空军基地，根据与美国国防部和美国空军的协议由英国国防部管理。法林达里斯雷达设施一贯用于弹道导弹发射预警，还有一个次要作用，即所谓附属传感器，是美国空间监测网（SSN）的组成部分。〔86〕根据 2003 年 2 月与美国达成的协议，〔87〕法林达里斯雷达设施正在升级，以跟踪和探测弹道导弹；英国不想将其纳入未来欧洲空间侦察网、或向其提供数据。鉴于法林达里斯与美国国防部关系的特殊性，这样做即使不是完全不可能，也会极其复杂。当前，其他欧洲空间机构无法从法林达里斯得到任何数据。〔88〕

另外一个设施也是美国空间监测网的组成部分，即位于挪威瓦尔德的 Globus II 雷达站。该雷达站根据 1997 年与美国达成的协议、由挪威情报局管理，2002 年开始运行，分辨率小于 1 米。〔89〕此外，丹麦政府控制的位于格林兰岛图勒空军基地的雷达站，也是美国空间监测网的一部分。和 Globus 雷达站一样，该雷达也将升级，以在计划

---

〔85〕"法国空间侦察系统即将发射"，《France ST》，第 75 期（2005 年 8 月 24 日），URL〈http：//www. fitscience. org/media/upload/FranceST _ 075. pdf〉。

〔86〕"法林代尔斯基地：建在泥炭沼地上的雷达"，BBC 在线新闻，2002 年 12 月 14 日，URL〈http：//news. bbc. co. uk/2/2575759. stm〉。

〔87〕B. Spring，"国会应要求英国进行导弹防御升级"，传统基金会，"行政备忘录"，第 861 号，2003 年 2 月 21 日，URL〈http：//www. heritage. org/Research/NationalSecurity/em861. cfm〉。

〔88〕H. Klinkrad，"欧洲国家加强空间监视"，提交给"欧洲和空间碎片"国际研讨会的论文，Académie Nationale de l'Air et de l'Espace，图卢慈，2002 年 11 月 27—28 日，URL〈http：//www. fas. org/spp/military/program/track/klinkrad. pdf〉。

〔89〕Klinkrád（同注释［88］）。

中的美国导弹防御发射预警网中发挥作用。[90] 德国应用科学研究院在瓦特赫堡的跟踪和成像雷达（TIRA）一直用来为欧洲太空署卫星提供将来可能发生碰撞风险的数据。[91]

用于地球同步轨道跟踪的光学系统包括位于加那利群岛泰德天文台的欧洲太空署空间碎片望远镜、英国国防部三个被动成象计量传感器望远镜，和法国 ROSACE 和 TAROT 望远镜。

第五节 结 论

对欧洲来说，授权欧盟为军事目的利用太空的举动有重要意义，至少从对未来期望来看。除了伽利略计划、全球环境与安全监视计划和欧盟卫星中心之外，绝大多数具有明显军事意义和安全应用的空间资产都为少数欧洲国家和美国所控制。然而，不可否认，在欧盟范围内有趋于一致的迹象。欧洲空间军事资产的整合，早期只在一些项目，如组建欧盟战斗群，比较明显，在朝这一方向发展，因为很多成员国日益希望使欧盟拥有真正的、独立于美国的外交和安全政策手段。很多欧盟国家明显有一点共同认识，即如果单独行动，它们的外交政策影响力具有内在局限性，未来需要把所有的外交政策和安全手段更多地汇合到一起。美国对欧洲各国空间侦察网的巨大影响力，也是推动欧盟在这方面加强共同行动的一个因素。

由于发射新的空间资产的准备时间不是以年而是以 10 年计算，所以今天作出决策不可能在近期就转化为共同项目。但这一趋势的现实表现已显而易见。欧洲太空署和欧盟之间的框架协议使欧洲空间项目的技术层面更靠近欧盟的政治中心了。欧盟各国的军事机关和军事人员正在纷纷献计献策，探索如何使空间计划提高未来集体军事行动效率。欧盟各机构内的辩论已经从原来的淡化过去称之为纯粹民用项目，如伽利略计划的安全含义，发展到讨论欧盟将实际掌握下一代军

---

〔90〕 W. Boese，“批准格林兰雷达用于美国导弹防御系统”，《今日军控》，2004 年 7/8 月号，URL 〈http：//www. armscontrol. org/act/2004 _ 07—08/GreenlandRadar. asp〉。

〔91〕 Klinkrad（同注释［88］）。

事卫星的可能性。

如果说这种趋势不可避免，那也不正确。太空是最终高地，利用好太空有助于在地球上展开大多数安全和军事行动，这也是为使用武力营造政治环境，以及计划和实施任何现代军事行动的关键。因此，军事利用空间就其国际影响力而言可能更像核武器，超过常规武器。欧盟成员国将可能继续根据本国空间能力和有选择的伙伴关系作出独立判断。然而，欧盟越是成为成员国选择采取军事和安全行动的工具，越是显示自己是一个全球性角色，越会促使其为了安全和军事目的利用空间。如果这种趋势保持下去，欧盟非常可能从管理两用空间资产和分发从各国卫星系统得到的数据，向为安全目的利用空间部署集体拥有技术的方向发展。

（刘孝明 译）

第三部分

2005 年不扩散、军控与裁军

第十二章　对军控连续性与变化的思考

伊恩·安东尼

第一节　导　　言

由于断言法律与外交能够在安全构建上发挥作用，现代军控的开拓者们在20世纪50年代进行了自觉的努力，来克服这种苦涩（尤其是最近）的感受，即安全依靠以优势技术为主的军事能力。

在冷战时期，两极政治对立可能会演变成战争，而由于核武器的存在，这种战争与过去相比更具有灾难性。鉴于这种风险（尽管非常小），军控是非常必要的。今天，军控能否在处理安全问题上发挥有效的作用再次成为一个热门话题。与其他国家相比，美国变得如此强大，以至于它很想建立一种符合其国家利益的国际政治对话方式来寻求国家安全。美国的这种国家利益（由单方面决定的）是以建立在以压倒性优势的军事技术之上的主导性军事力量为基础的。然而尽管在冷战时期预防战争是美国最为优先考虑的事情，但是在冷战结束后它总是把使用武力作为影响国际政治的工具。

本章认为军控的目标在冷战时期通常是根据大国利益来决定的，现在已经发生了很大的变化，而且这种变化总的来说反映了美国国际安全思想的趋向。相比而言，这种趋向的一个例子就是更为强调在没有适当核查措施和不可逆削减核武器的相应义务的情况下，加强控制以防止出现新的核武器能力。但是也有一些并非由美国领导而提出的军控倡议例子，其中突出的是关于某些类型杀伤人员地雷的问题。

在冷战时期，苏美双边军控有助于控制两国关系。这种关系是全球安全环境中唯一最重要的因素。冷战结束后，以前在军控中占主导地位的战略目标，增添了强调实现人道主义的目标，并试图研究制定各种手段以消除来自非国家行为体威胁所造成的日益增加的忧虑。关于什么是军控目的的思想变化将在本章的第二节中进行研究。

过去多边军控的努力导致了许多条约的出台，包括 1968 年《不扩散核武器条约》（NPT）[1] 以及 1972 年的《禁止生物武器公约》(BTWC)。[2] 但是军控条约中的合作、对等以及非歧视方式最近发生了变化。第三节论述军控应具有适当法律形式的思想方式已经发生了变化。在其冷战的变体中，军控被认为是相关各方具有约束力的契约。这种方法不仅要强调有关各方应履行诺言，遵守各种条约，而且表明如果证明没有履行义务将导致制裁（虽未具体指那种制裁）。

与探讨法律形式密切相关的是，较为强调对各缔约方是否真正履行义务进行核查。核查条款有时是（但不总是）军控条约的特征。严厉的核查条款往往成为那些条约一个主要组成部分，因为主要大国认为这触及到了其最关键的安全问题。核查与遵守问题同样要在第三节中继续阐述。

军控的一个关键方面是决定通过协议要控制的范围。这种看法通常是根据协议的目标得出的，其基础要么是战略评估，要么是人道主义理由。最近，各个国家考察了军控如何才能有助于反恐，尤其是有助于减少大范围震动性恐怖主义危险的努力。第四节论述了这种变化对哪些技术需加以控制的思考的影响。第五节是从以上各节中得出的结论。

---

〔1〕 对《不扩散核武器条约》主要条款的描述以及当事方名单见本卷附件 A。《不扩散核武器条约》的全文可见 URL〈http: //disarmament. un. org/wmd/npt/npttext. html〉。也可见本卷第 13 章。

〔2〕《禁止细菌及毒素武器的发展、生产与储存以及销毁这类武器的公约》被复制到 SIPRI 化学与生物战项目的网址，见 URL〈http: //www. sipri. org/contents/cbwarfare/〉。网址包括公约缔约国、签署国以及非签署国的全部名单。也见本卷的附件 A。关于《生物武器公约》(BTWC) 见本卷的第 14 章。

第二节　军控的目标

现代军控肇始于 20 世纪 50 年代中期，当时两个意识形态相互对立的集团关系非常紧张。它们刚开始的军备竞赛后来变得旷日持久。鉴于双方对全面和详细的裁军进行了多次讨论，美国认为军控作为一种机制能增加一些预见性，（有希望）节制战略竞争，并使这种在苏联 1949 年进行第一次核武器试验后出现的新而更危险的战略竞争变得较为稳定些。

托马斯·谢林与莫顿·阿尔佩兰对军控的具体目标界定为：有助于防止战争，一旦预防失败则使战争具有较少毁灭性，以及减少有效威慑的财政代价。〔3〕但也有人相信，苏美军控的主要益处并不是首先为了限制军事力量，而是在两个对手之间提供一种沟通的渠道与“安全阀”。〔4〕这两个对手相互之间在其他方面很少有非对抗性的联系。总的来说，军控是一种机制，能减少由于意外或误判和误解所引起战争的风险。在更为直接的操作层面上，1963 年，两个冷战集团领导人之间建立的在危机时用于紧急沟通的“热线”具有同样的目的。

就欧洲地区层面而言，在 1973 年以后的军控谈判中，战略目标占据了主导地位，当时开启谈判的目的是要削减常规武装力量。这些讨论和谈判是在两大武装集团北大西洋公约组织和华沙条约组织之间进行的。在这里，沟通的机会本身，至少与建立武装力量各方面平衡的努力一样重要。鉴于两大集团在地理、技术以及在测量能力上的固有困难，建立力量平衡的目标在谈判初期被认为是无法实现的。〔5〕

冷战结束后多边军控的新目标，最初似乎是为了减缓随意使用武器所造成的严重的人道主义关切，而与任何特定地点或者任何特定国

---

〔3〕 T. 谢林，M. 霍尔铂林：《战略与军控》，20 世纪基金出版社：纽约，1996 年，第 2 页。

〔4〕 这一结论出自 A. 卡特：《军控谈判的成功与失败》，牛津大学出版社，牛津，1989 年，第 6—7 页。

〔5〕 J. 爱泼斯坦：《衡量军事力量：苏联对欧洲的空中威胁》，普林斯顿大学出版社：普林斯顿，新泽西，1984 年。

家群体的战略平衡无关。

这种做法可能影响了禁止化学武器的决定。尽管自从 20 世纪 60 年代以来就开始讨论禁止化学武器问题，但是 1972 年《化学武器公约》[6] 的文本直到 1992 年才达成国际一致——当时主要大国已经不再把这些武器在欧洲用作战场武器了。20 世纪 90 年代初期，发生在伊拉克的事件触发了人道主义的推动力。尽管早在 1984 年伊拉克就在战场上使用化学武器，但是在 1980—1988 年两伊战争的背景下，国际上的反应是有限的。在 1988 年后，当萨达姆·侯赛因命令使用化学武器攻击哈拉巴加—— 一个主要由库尔德居民组成，大约有 8000 人的小镇——国际上的反应就强烈地多了。对哈拉巴加的一连串袭击，长达好几个小时，并使用了很多不同的化学制剂。鉴于这个小镇的人口没有防卫能力并处于被囚禁状态，使用常规武器也可以达到同样甚至更大的毁灭性效果。可论证的是，正是这种攻击令人憎恶的性质——它事实上是在把平民用作大规模杀伤性武器的试验——而不是它的毁灭性，提供了一种导致成功缔结《化学武器公约》的政治动力。在这种情况下，一些大国不再有保留化学武器的任何战略必要性。

杀伤人员地雷是需达成全球军控协议的另一类武器，这既有人道主义的推动力，也因为其本身军事用途的有效性在下降。[7] 1981 年达成的国际人道主义法律的条款——《禁止或限制使用某些可被认为具有过分杀伤力或滥杀滥伤作用的常规武器公约》(特定常规武器公约，CCW)[8]，在 20 世纪 90 年代中期进行了审议，旨在使它进一步加强。但是，1996 年参与谈判的各方同意对公约中涉及地雷的部分(第二议定书）只进行有限的修订。随后，希望进一步往前走的一批国家对完全禁止某一类地雷进行了谈判，这导致 1997 年出台了《禁止使用、储存、生产和转让杀伤人员地雷及销毁此种地雷的公约》[9]

---

〔6〕《生物武器公约》（修订版），1994 年 8 月 8 日，见 SIPRI 化学与生物战项目 (CBW Project）网址（同注释［2］)。这个网址包括公约缔约国、签署国和非签署国的全部名单。也可见本卷附件 A。关于《化学武器公约》见本卷第 14 章。

〔7〕与杀伤人员地雷相关的军控活动见本卷第 15 章。

〔8〕关于 CCW 公约和草案各当事方及基本信息见本卷附件 A。

〔9〕关于 APM 公约的各缔约国及基本信息见本卷附件 A。

这项完全禁止所强调的是，对有关国家来说，使用这类地雷所造成的消极的人道主义影响超过了它的任何潜在的军事用途。

对许多军控进程进行重新考察，看它们是否并且如何能促成剥夺那些可能正策划实施大范围震动性恐怖主义活动的非国家集团的能力。《生物武器公约》、《化学武器公约》或者《不扩散核武器条约》已被证明对它们是不可能适用的。然而，参与出口管制的各个国家已经在讨论如何修改管制措施，把应对大范围震动性恐怖主义的风险考虑进去。[10] 防止大范围震动性恐怖主义活动的需要导致了联合国内部对军控的新做法。好几项联合国安理会决议已对各国赋予义务，要求各国在对付恐怖主义威胁的努力中，把执行这些决议的国家法律和程序制定到位。[11]

军控中的合作、对称与对等

冷战时期，在全球、地区和双边层面的军控活动具有某些共同的特征。一定程度上，这些特征明显不同于目前的做法。非常突出的是，在冷战时期，军控被认为是各国应进行合作的事情，即便他们是高度武装的对手，有时处在激烈的意识形态斗争之中。

美国分析家罗伯特·杰维斯把这种情况表述为“安全困境下的合作”[12] 也许是最好的提法。杰维斯认为，如果一项旨在增强自己国家安全的单方面政策被其他国家看作是削弱了他们的安全，则这些国家会努力去挫败这项政策。因此，这成了各国的共同利益，就是要使其他国家明白自己国家计划背后的非威胁性和防御性意图，即便这些计划从表面上看起来具有进攻性。

---

〔10〕 关于出口管制体制见本卷第 16 章。

〔11〕 2000 年 12 月 19 日联合国安理会 1333 号决议，规定对本·拉登及其助手进行武器禁运。2001 年 9 月 28 日，联合国安理会 1373 号决议要求各国制止对卷入恐怖行为的实体和个人提供任何形式的支持，无论是积极还是消极的支持。2004 年 4 月 28 日联合国安理会 1540 号决议条款将在下面进一步讨论。联合国决议见 URL〈http://www.un.org/Docs/sc/index.html〉。关于 1540 号决议也可参见 I. 安东尼：《军控与不扩散：国际组织的作用》，《SIPRI 年鉴 2005：军备、裁军与国际安全》，牛津大学出版社，牛津，2005 年，第 542—547 页。

〔12〕 罗伯特·杰维斯：《安全困境下的合作》，《世界政治》，第 30 卷，第 2 期（1978 年），第 167—214 页。

尽管如此，双边军控被认为是冷战冲突的一部分，并没有孤立于冷战之外，而且这种方式并不是建立在必须要妥协的基础之上的。但是，合作从不意味着达成协议是最重要的。美国国务卿詹姆斯·贝克在 1989 年 12 月对这种基本的思想以美国的观点进行了概括，称："我们的使命必须是坚持寻求共同的利益。在我们发现与苏联一致的时候，大家的日子都会好过起来。在我们遇到苏联反对的时候，我们知道自己不得不加倍努力。这样莫斯科对这种新思想不只是说说而已，而是将其付诸实践。"〔13〕

多边军控在冷战时期也进行过，但鉴于苏联与美国进行的双边军控谈判和欧洲相互对立的两大军事集团之间进行的常规武器谈判，所涉及的是谈判各方全部武库中有限的次类别武器，多边军控所涉及的则是一个特定类别中的所有武器，而这个类别的武器根据技术参数是可以区别和确定的。

《不扩散核武器条约》规定的义务适用于核武器或者核爆炸装置。同样，《禁止生物武器公约》也适用于"微生物或者其他生物制剂，或者毒素，而不论其生产的源头和方法、类别和数量，而不能以预防、防护或者出于其他和平目的作为辩护的理由"。〔14〕《禁止生物武器公约》规定的义务同样也适用于为敌意目的或在武装冲突中使用这类制剂或毒素而设计的武器、装备和运载工具。相比之下，苏美双边军控条约只适用于有些，而不是所有核武器运载系统。20 世纪 90 年代《欧洲常规武装力量公约》〔15〕的义务适用于常规武器有限的几个类别，并不是签署国武库中那些类别的所有运载系统属于条约限制的物项。

过去军控方式的一个特征是，设想各方谈判的结果是要建立对等的义务，而且这种义务将以一种对称的方式应用于军控协定各签署国

---

〔13〕 詹姆斯·贝克：《美苏关系：对政治与经济改革的讨论》，美国国务院公报，第 89 卷（1989 年第 12 月），见 URL〈http：//www. findarticles. com/p/articles/mi _ m1079/is _ n2153 _ v89/ai _ 8528187〉。

〔14〕《禁止生物武器公约》（同注释［2］），第 1 条。

〔15〕《常规武装力量公约》的文本和草案见，S. 库利克、S. 克斯克基：《SIPRI 常规军控：对于核查的若干观点》，牛津大学出版社，牛津，1994 年，第 211—76 页；以及 OSCE 网址，见 URL〈http：//www. osce. org/docs/english/1990－1999/cfe/cfetreate. htm〉。参加 CFE 条约的各参加方表列在本卷附件 A。也可见本卷第 15 章。

的军事能力。[16] 此外，普遍遵守多边条约也定为军控的一个目标。在冷战结束后，这些设想受到挑战，而且越来越多的证据表明，对称和对等并不普遍被认为是军控的先决条件。

在关于俄美军控问题上，美国总统布什表达了抛弃对称的倾向。在 2001 年，布什总统说：

> “我认为指出这一点是非常有趣的：一种基于信任与合作的新关系不再需要无休止地进行军控讨论……我已经宣布我们将要达到的水平，而且是我们将会信守这一点。对我来说，这就是一个人如何处理已经发生了变化的、不再相同的关系……我坦然地直视着这个人并与他握手，如果我们需要写在纸上的话，我将很乐意这样做。但这就是未来 10 年我们政府将要做的事情。我们不再需要一个军控协定……以一种具有重要意义的方式来削减我们的武器。”[17]

即便在这种情况下，俄罗斯总统普京仍表示偏向于赋予协定以法律地位，随后在 2002 年 5 月 24 日签署了《削减进攻性战略武器条约》(SORT)。[18] 虽然这是一个条约，但是有分析家却认为其特点是“总统赋予法律形式的单方面声明”。[19] 与过去的战略军控协定不同的是，条约并没有对以不可逆、可核查的削减武库方式做出规定。每一方都可以决定如何进行削减，而且在没有违犯条约期限的情况下，运载系统与材料这些弹头的主要部件都可以储存起来。因此，武库被“削减”的部分可以很快重新建立起来。

---

〔16〕 这种特点的一个例外是接受了《不扩散核武器条约》中五个所谓“公认的”核国家。该条约并没有赋予这五个国家永久的核武器国家地位，而从实用的角度给予承认需要一段时间。但在这段时间里，这五个国家只能就削减、进而销毁核武器的条件进行谈判。

〔17〕 白宫：《总统宣布削减核武库》，布什总统与俄罗斯总统普京举行的记者招待会，新闻发布，华盛顿特区，2001 年 11 月 13 日。见 URL〈http：//www. whitehouse. gov/news/releases/2001/11/20011113－3. html〉。

〔18〕《削减进攻性战略武器条约》，由俄罗斯和美国签署，在 2003 年 6 月 1 日开始生效，条约见 URL〈http：//www. state. gov/t/ac/trt/18016. htm〉。也可见本卷附件 A。

〔19〕 E. 米亚斯尼克科夫：《美俄削减战略武器谈判的地位》，2002 年 8 月 9 日，见 URL〈http：//www. armscontrol. ru/start/nuc－cuts. htm〉。

所以，《削减进攻性战略武器条约》维持了条约法律形式，却放弃了对称的观念，然而该条约至少以宽泛的形式仍保留了对等的思想。条约要求每一方将其战略核武器弹头数量消减到 1700—2200 枚。最近提出的其他若干倡议，被看作是现代军控一部分，但是并没有对等的思想。

与当前一些强调各国如何能控制第三方军事能力的军控思想相比，这种对等模式是截然不同的。而且由国家群体提出的许多政治倡议，是想探索如何能携手创立一些手段以更为有效地限制他人的能力——尽管每一种限制措施都只能单方面实施。这种趋势的一个事例是，在 1990 年后对多边合作方式进行了改革并重新注入活力，以把总体规则和指导原则有效地通过国家管制加以应用：没有得到事先授权，出口特别物项有罪。各国政府越来越把出口管制看作是与扩散斗争总体努力的一个宝贵组成部分，部分原因是出口管制的预防性特点。各国当局在准许或者拒绝特定物项出口之前，要对这一特定物项将被用于相关的核、生、化武器项目或者用于运载这些武器的导弹可能产生的风险进行评估。此外，出口管制为商业、科学团体与军控之间提供了很少几种联系中的一种。有效的出口管制当局通常提出各种方法，与涉及信息对等交换的行业进行系统对话。这些信息对反扩散斗争是非常宝贵的。最近，另外一个对等原则不复存在的事例是 2003 年的《防扩散安全倡议》(PSI)。这个倡议旨在促进国家之间的合作，防止运输某些武器、运载系统或者相关材料事件的发生。〔20〕

对称与对等方式的改变也可以在下面情况中看到，即全面禁止核试验将生效，要求大多数相关国家都参加。这个关于核试验的“停顿协定”系由印度总理贾瓦哈拉尔·尼赫鲁在 1954 年提出，但是直到 1958 年才得到苏联、英国和美国的支持。在 1959 年日内瓦建立了永久性的军控谈判论坛后，其第一份议程中的一项就是就全面停止核武器试验进行谈判。在全球范围禁止核试验，反映了有核国家的利益，

---

〔20〕 美国国务院不扩散局：《防扩散倡议：反复被问到的问题》，《情况简报》，2005 年 5 月 26 日，见 URL 〈http：//www.state.gov/t/isn/rls/fs/32725.htm〉。关于《防扩散安全倡议》也可见 C. 阿尔斯特姆：《防扩散安全倡议：封锁原则声明的国际法概况》，《SIPRI 年鉴 2005》(同注释［1］)，第 743—748 页。

他们已经完成了自己的试验，其目的是要限制出现新的核国家。然而，《全面禁止核试验条约》[21] 直到 1996 年才达成协议，此时中国和法国完成了他们认为需要的核试验。该条约的生效约定特别指出，尽管条约对任何国家都是开放的，但是在 44 个特定的在其领土上进行核研究或者拥有核动力反应堆的国家批准之前，条约不能生效。这 44 个国家中的 3 个——印度、朝鲜和巴基斯坦——都没有签署这项条约，而且其中 8 个国家包括中国、埃及、伊朗、以色列、俄罗斯和美国尽管签署了这个条约，但尚未批准。

非国家行为体参与军控

军控传统上是专由国家来完成的，但是对军控的参与正开始扩大到国家以外，包括各种不同的非政府行为体。

《杀伤人员地雷公约》的通过，部分是依靠非政府组织有效的政治行为来完成的。这些非政府组织在其国际网络中相互协调行动，传播信息并对政府施加政治压力。这个联盟极为熟练地使用了来自私营部门的现代传媒和运动技巧（主要是借鉴于广告领域）。在运用这一创新的同时，宽带计算机网络的发展也起到了促进作用，尤其是因特网的成长，在塑造开放和民主社会的舆论中证明非常有效，但是在封闭和专制政府的情况下其效率则很难估量。

一个相同的国际非政府组织网络试图在另外一场运动中创造一种动力，以建立一种全球性的法律手段来控制小武器和轻武器。在 2001 年，联合国正式通过了《全面防止、反对和消除小武器和轻武器非法贸易的行动计划》。这个计划并不是一个法律工具，只能应对非法贸易，而不是限制生产、获取以及使用这些小武器和轻武器。然而，可以有把握地说，非政府组织在制定和正式通过这个计划中发挥了作用。

传统的军控仅限于国家的武装力量在国际冲突中所使用的武器。冷战结束后，则开始考虑是否也可把军控应用于限制一个国家的武装力量用于国内冲突的能力。这种讨论在欧洲最为活跃。欧洲安全与合作会议——欧洲安全与合作组织的前身在 1994 年 12 月批准通过了

---

〔21〕《全面禁止核试验条约》在 1996 年公开签署，到 2006 年 3 月 1 日有 132 个国家批准。对这个条约的详细阐述与缔约国名单见本卷附件 A。

《安全领域政治—军事方面行为准则》。[22] 这个准则是一个政治约束措施（尽管它也提到了与政治军事事务相关的国际法协定），糅合了民主管理和使用武装力量的现存模式。这个准则也规定了武装力量中个体成员的个人任务和责任的指导方针。

欧洲安全与合作组织的准则并不适用于介入国内冲突的非国家行为体，而这在很大程度上是军控的空白，例外的情况是在通过非政府程序达成的协定下，一些非国家武装团体接受了某些自愿措施。[23] 一种较为积极的情况是，一些不同类别的非国家行为体——私营部门——正逐渐参与制定和执行出口管制。在更大的范围里，有证据表明私营部门意识到需要在构建安全中成为积极的伙伴。[24]

地区、次地区和特定国家的军控

最近的历史表明，目前各国很难同意把多边军控的目标运用到其武装力量和军事能力上。事实上，裁军谈判会议（裁谈会）现在出现连续 9 年没有能就工作计划达成一致，也同样说明了这一点。在缺乏战略的或人道主义目标上的政治趋同性的情况下，不应该指望会出现进一步的多边军控倡议。

在地区层面上，同样的难题也限制了军控的更多进展。在欧洲，就《修改协议》进行了谈判，以使《欧洲常规武装力量条约》适应欧洲两大军事集团不复存在的情况。[25] 但是这个修改了的条约机制并没有生效。在欧洲之外，已提出过许多军控建议，尤其是在中东地区，各国政府对限制地区军备协定的必要性已经进行了一些讨论。有

---

〔22〕 欧洲安全与合作组织，《安全领域的政治：军事方面行为准则》，欧洲安全与合作组织文件 DOC.FSC/1/95，1994 年 12 月 3 日，见 URL〈http://www.osce.org/item/883.html〉。这个文件是在 1994 年 12 月 3 日欧洲安全合作大会特别委员会第 91 次全会中通过批准的。

〔23〕 在一个瑞士非政府组织——“日内瓦召唤”促成的进程中，许多非政府团体同意遵守《杀伤人员地雷公约》的若干条款，见“日内瓦召唤”网址 URL〈http://www.genevacall.org〉。

〔24〕 A. 贝勒斯、I. 弗罗梅尔特（主编）：《商业与安全：新安全环境中公私部门的关系》，牛津大学出版社，牛津，2004 年。

〔25〕《修改协议》文本见《SIPRI 年鉴 2000：军备、裁军和国际安全》，牛津大学出版社，牛津，2000 年，第 627—642 页；OSCE 网址见 URL〈http://www.osce.org〉。也可见本卷第 15 章。

5 个条约规定在非洲、南极洲、拉丁美洲、东南亚和南太平洋地区建立无核区。[26] 自从冷战结束以来，这些区域中的三个条约已经被批准。此外，蒙古已经宣布其领土要成为无核区，而且除了制定这方面的国家法律以外，还努力争取获得国际社会对这种地位的承认。在中亚建立无核区的条约文本已于 2002 年起草。

另外一个趋势就是用适合于特定次区域的方法或者确定具体国家的措施来补充全球性控制军备的做法。例如，朝鲜违犯与国际原子能机构达成的保障监督协议所引起的问题——根据《核不扩散条约》第三条第一款的规定，此问题直接与该条约相连——尚未由联合国安理会来处理，尽管国际原子能机构规约第 12 条[27]中有此设想。相反，朝鲜核武器计划问题是通过一系列针对朝鲜半岛特定情况的倡议来处理的。其中最近的一个倡议就就是六方会谈，由中国、日本、北朝鲜、南朝鲜、俄罗斯和美国参加，其讨论的主题只是朝鲜的核计划。这个会谈的目标是使朝鲜这个唯一退出《核不扩散条约》的国家作为一个无核国家回到条约来，并确保这个决定是不可逆的。

国际原子能机构一直试图确保伊朗核计划的和平性质，但就该计划的范围和性质而言，仍有很大的不确定性。在国际原子能机构对伊朗核计划进行深入检查的同时，2003 年 10 月之后，欧洲联盟三个国家（法国、德国和英国）与伊朗进行谈判，试图说服伊朗修改其核计划。[28] 欧盟三国的目标就是劝说伊朗永久终止铀浓缩并取消建立重水反应堆的计划。[29] 欧洲三国与伊朗之间的谈判是在这样一种情况下进行的，即伊朗（尚未发现其不遵守《核不扩散条约》）没有被发现不遵守保障监督协议——这种情况只是在 2005 年 9 月发生过。

在每一个这样的事例中，有针对性倡议所寻求的目标系通过分别采取适合于伊朗和朝鲜各自特定情况的一套措施来设法实现。

---

〔26〕 关于 1959 年《南极条约》、1967 年《拉丁美洲和加勒比地区禁止核武器条约》、1985 年《南太平洋无核区条约》以及 1996 年《非洲无核区条约》见本卷附件 A。《非洲无核区条约》没有生效。

〔27〕 国际原子能机构规约见 URL〈http：//www.iaea.org/About/statute_text.html〉。

〔28〕 S. 基尔（主编）：《欧洲与伊朗：关于不扩散的若干观点》，SIPRI 研究报告，第 21 期，牛津大学出版社，牛津，2005 年。也可见本卷第 13 章。

〔29〕 见本卷第 13 章的论述。

第三节 军控形式与过程：超越法律手段

由于军控目标已经发生变化，国际法与军控之间的关系也被重新界定。尤其是就合作的目的而言，限制第三方能力的倾向已经改变了军控应具有适当法律形式的思想。在过去，军控一直被看作是国际法的一个方面，但是根据现代的理解，法律手段被看作是构成军备控制的几个要素中的一个，而且需把这些要素集合在一起来看。

正常情况下，当对手之间谈判一项协议，或者在不太相信其他当事方会认真遵守条约规定的任何义务时，这些与法律制订密切相关的特点是非常重要的。法律规定了当事方之间的权利和义务，要么条约本身有明确规定，要么是建立在公认的和共同接受的国际法惯例和原则之上。这些法律手段的一个重要特点是有关各方都明白，违犯这些协定会被纠正，要么根据协定中的规定，要么根据公认的一般条约规则。这些要采取的可能补救办法，使各国更强调在协议文本中要把被发现违规的风险减少到最小化。例如，通过寻求精确的语言以使各国能对条约所包含的义务有一个共同理解。

假如协议是在一些有着长期合作的历史、其思想倾向十分类似，或许还是政治军事联盟伙伴这样的国家之间达成的，设想会有欺骗风险或不守约可能招致制裁，这可能被认为并不妥当。协定要求的精确语言仍是有价值的，但这是为了避免误解，而不是为了避免制裁。

上文提到，一些国家群体之间，为使其国家出口管制更为有效而进行的合作，采取了非正式政治安排的形式，而不是以法律协定规定参与国的义务。这就是冷战时期的情况。当时美国与其盟国使用《多边出口管制协调委员会》(COCOM，简称“巴黎统筹委员会”)对很多核物项、军需品和可能被用于军事的工业商品对苏联及其盟国实施禁运。当 1993 年决定废除“巴统会”时，多边出口管制合作转变成在规则上采取一致立场，即各参与国通过其国内法律将这些规则运用到所有（发货的）目的地。

这种由国家实施的高度统一的出口管制国际合作体系在 20 世纪 90

年代有了新的活力并得以扩展。现在更多的国家参加了这种主要合作安排的活动——澳大利亚集团（AG）、导弹技术控制制度（MTCR）、核供应国集团（NSG）、以及关于对常规武器和两用物品及技术的瓦森纳安排（WA），而且参加国仍继续增加。澳大利亚集团有 40 个参加国（39 个国家和欧盟委员会）；核供应国集团的参加国有 45 个；导弹技术控制制度的参加国为 34 个；瓦森纳安排则有 40 个国家加入。〔30〕

尽管有这些进展，但已在广泛讨论的问题是究竟哪些国家需参与这些合作安排，以便能更有效地发挥其作用。随着这些团体的扩大，以及在缺少一个特别明确目标的情况下，人们感到，“巴黎统筹委员会”的那种“相同思想”感已经丢失。同时，扩散性的敏感材料、技术、设备和知识的供应渠道数量却不断增加。这种供应渠道数量的不断增加，正在削弱那些参加国有限的团体所做工作的有效性。在这种情况下，许多有影响的行为体已经表明，在出口管制领域可能需要运用法律协议，而且要摆脱那种更多地基于工作层面官员与专家之间所达成谅解的非正式方法。

国际原子能机构总干事穆罕默德·巴拉迪已经注意到这样的事实，即如果出口管制是建立在各方都同意的一项法律协议之上的话，则将更加富有成效。在这个法律协议之下，对各项既定规则的遵守将能保障各国获得甚至是扩散性的敏感材料和设备的权利。如果这些国家认为，无论他们在合法的协议中地位如何，他们都将无法获得特定的物项，这将削弱他们遵守协议的承诺。巴拉迪认为：

> 核出口管制体系应该具有约束力而不是自愿性质的，并且应该更广泛地应用于，包括具有生产敏感的核相关物项能力的所有国家。这个体系应该在确保有效管制和维护和平利用核技术权利之间达成平衡。其目标应该是更容易获得非敏感技术和更严格控制最敏感的。〔31〕

---

〔30〕 I. 安东尼、S. 鲍尔：《转让控制》，《SIPRI 年鉴 2005》（同注释［11］），第 699—719 页；也可见本卷第 16 章。

〔31〕 M. 巴拉迪：《核不扩散：快速变化世界中的全球安全》，在卡内基国际不扩散会议上的发言，华盛顿特区，2004 年 6 月 21—22 日，见 URL〈http：//www.ceip.org/files/projects/npp/resources/2004conference/home.htm〉。

2004 年 9 月，杰克·斯特劳公开支持签订一项武器贸易条约的理念。尽管斯特劳是英国的外交大臣，但是他的这种支持是在工党的一个政治集会上，而不是在政府平台上做出的。然而，2005 年 9 月，斯特劳把英国和芬兰提出达成一项包括小、轻武器国际武器贸易条约的建议列入了欧盟外长会议的议程中。这些外交部长的讨论在欧盟内部达成了共识，并可能作为 2006 年在联合国提出建议的基础。〔32〕

尽管这些建议可能引起对出口管制应具有适当法律形式新的讨论，但是其他倡议已经表明非正式的和政治上的做法在某种情况下可以极为有效。欧盟在 1998 年就《武器出口行为准则》发表过一项政治声明。〔33〕这个准则有两个主要的组成部分。第一部分是规范性成分，由若干指导原则组成。这些指导原则是以 1991 年联合国安理会五常会议上就武器出口管制达成的 8 项准则为基础的。第二部分由具有可操作性的规定组成，包括交流关于因准则有关的原因而拒发出口许可证的信息；就潜在的可能发生的“低价竞争”进行磋商——如果一个欧盟成员国出口一项本质相同的物项到一个最终用户，而另外一个成员国曾对该用户拒发过许可证；以及一个报告欧盟准则执行情况的机制。

尽管《行为准则》是建立在政治宣言之上的，但是它已经成为欧盟常规武器出口管制的基石。欧盟成员国的官员已精心搞出了一份《用户守则》，并成为颁发许可证的官员工作中每天都要使用的一本手册。〔34〕报告机制现已发展到了为欧盟的武器出口提供前所未有透明度的程度。〔35〕

---

〔32〕这个建议并没有附有条约的任何细节或者目标。但是非政府团体至少从 1993 年以来一直在倡导这个条约，当时一个学者与律师的联盟提出了《监控、减少武器生产、储存以及转让公约》草案。1993 年建议的本质是强制性的登记并汇报武器生产、储存和转让非登记物项负有刑事责任。

〔33〕欧盟委员：《欧盟武器出口行为准则》，布鲁塞尔，1998 年 6 月 5 日，见 URL〈http://ue.eu.int/uedocs/cmsUpload/08675r2en8.pdf〉。

〔34〕欧盟委员：《欧盟武器出口行为准则用户手册》，文件 5179/05，布鲁塞尔，2006 年 1 月 11 日，见 URL〈http://ue.eu.int/cms3_fo/showPage.asp?id=408&lang=en&mode=g〉。

〔35〕“根据欧盟出口行为准则第 8 款操作规格的第 7 年年度报告”，2005 年 12 月 14 日，《欧盟官方杂志》，C328（2005 年 12 月 23 日），第 1 页。

自从冷战结束以来，出现了很多为帮助那些缺少手段实现共同裁军、不扩散和反控目标的国家提供金融、经济和技术援助的计划（第一个事例是俄罗斯联邦）。美国的《合作减少威胁》（CTR）项目可能是这类项目中最为人所知的。《合作减少威胁》项目由国防部所管理，最初是一个应对苏联迅速崩溃的紧急项目。随后该项目帮助它履行其包含在军控协定中的义务——1991 年第一个双边的《关于削减和限制进攻性战略武器条约》（START I）[36] 以及《化学武器公约》。而且，这个设立《合作减少威胁》项目的 1991 年立法（通常称为“纳恩——卢格法案”）于 1997 年和 2003 年得到修订，使这笔资金能花在更广范围的活动上。在 2005 年又进行了进一步修订，把《合作减少威胁》项目扩大到更为宽泛的活动范围，使所有对资金使用的地理范围和用途的限制实际上都消除了。

国际不扩散与裁军援助（INDA）不同于传统的军控方式。如同上文所指出的那样，传统方式依赖条约或协定的每一个参签国真诚、主动并自己负担费用去履行义务。国际不扩散与裁军援助由各种实际的援助措施组成，由一个多方联合体在一个国家的国土上共同实施。这个联合体可以包括若干国家、国际组织、地方和地区政府、非政府组织和私营部门。通过像八个主要工业国家组成的“八国集团”（G8）2002 年达成的《反对大规模杀伤性武器和材料的全球伙伴关系》简称“全球伙伴关系”这样的倡议，更多国家或者作为援助的捐助国或者作为接受国正开始参与。[37] 随着地区与用途范围的扩大，国际不扩散与裁军援助正成为现代军控的一个重要部分。

---

〔36〕《第一阶段削减战略核武器条约》由美国和苏联签署，在 1994 年 12 月 5 日对俄罗斯和美国生效（根据 1994 年 12 月 5 日生效的 1992 年《里斯本协议》，白俄罗斯、哈萨克斯坦、乌克兰也在该协议下承担了前苏联的义务。）该条约见 URL〈http：//www.state. gov/www/global/arms/starthtm/start/toc. html〉。

〔37〕同样见 I. 安东尼：《新安全环境中的军控》，《SIPRI 年鉴 2003：军备、裁军和国际安全》，牛津大学出版社，牛津，2003 年，第 567—570 页；I. 安东尼和 S. 鲍尔：《转让控制和毁灭计划》，《SIPRI 年鉴 2004：军备、裁军和国际安全》，牛津大学出版社，牛津，2004 年，758—761 页；关于全球合作伙伴，见 I. 安东尼和 S. 鲍尔（同注释［30］），第 699—719 页。也可见 I. 安东尼与 V. 费琴科：《国际不扩散与裁军援助》，《SIPRI 年鉴 2005：军备、裁军和国际安全》（同注释［11］），第 675—698 页。

在最近的创新中，2004 年 4 月联合国安理会通过 1540 号决议。[38] 这个决议要求各国在国内采取各种措施，以减少各个筹划大范围震动性恐怖主义的集团可能获得核生化武器或导弹运载系统的风险。这个决议的批准并不是针对特定的事件，而是被看作是一项预防性措施。该决议讨论时间尽管很短，而且在批准前只有数量有限的国家参与讨论，但是对所有联合国会员国都赋予了有约束力的义务，要求各国修改其国内法律、法规或者建立新的法规。因此，从很多角度来看，这个决议代表了军控的一种创新性法律手段。

核查、保障监督与透明

在军控协议的各当事方并无太多理由相互信任的情况下，很少有条约是可以“自动执行”的。所有当事方在遵守条约上都有这样不言自明的自身利益，即在多大程度上能排除欺骗。因此，如何查证条约当事方遵守其履行义务的问题一直是军控的一个重要特征。

阿伦·克拉斯把核查界定为“在现行军事和政治背景下，基于监控的结果和其重要性的判断，确定条约合作伙伴遵守情况的过程”。[39] 保拉·萨特指出：“核查、履约评估和强制执行是一个政策过程（根据一个国家行动的有关信息来衡量其履行义务和承诺情况的过程）中的三个组成部分，如果被断定这个国家没有履行其义务和承诺的话，那将予以确定和采取相应措施来引导或强制其履约。”[40] 这个结论通常必须由条约各缔约方单独做出，因为大多数军控条约在履约方面并没有整体判断的机制。

在冷战的大部分时间里，执行核查的机会是有限的，因为各个对手并没有可能强制对方履约。对核查条款所进行的谈判，证明这既是双边军控，也是多边军控的绊脚石。

国际原子能机构保障监督条款的发展说明，即便核查措施用于冷

〔38〕 联合国安理会 1540 号决议（同注释 [11]）。

〔39〕 阿伦·克拉斯：《美国与军控：领导地位的挑战》，普雷泽出版社：韦斯特，康涅狄格，1997 年，第 68 页，也可见阿伦·克拉斯：《核查：多少才能够?》，泰勒与佛朗西斯出版社：伦敦，1985 年。

〔40〕 P. 萨特，美国国务院主管核查与遵守的助理国务卿：《核查、遵守与遵守执行》，在联合国大会上的讲话，纽约，2004 年 10 月 22 日。

战时期的军控，其核查范围也是有限的。尽管这些保障监督有时被引证为是《核不扩散条约》的核查机制，但这并不是确切的描述。保障监督的概念早于《核不扩散条约》，并在欧洲第一次应用于 1957 年《建立欧洲原子能联营条约》的框架之中。《核不扩散条约》第三条包含了以下要求：

> 为了防止用于和平目的的核能转用于制造核武器或者其他核爆炸装置，出于核查履行条约规定义务的唯一目的，根据国际原子能机构规约和机构的保障监督制度的规定，每个无核武器缔约国保证接受监督保障，要在同国际原子能机构谈判并缔结的协定中予以阐明。[41]

据此，有三点看法。第一，全面保障监督是国际原子能机构独立核查各国做出的有关核材料和活动申报的手段。因此，保障监督所能提供的信息是有限的。这些信息只适用于缔约国所申报的要置于保障监督的材料。保障监督无法提供未申报材料的信息。第二，根据《核不扩散条约》，核武器国家根本没有义务实施保障监督，包括对其民用核活动实施保障监督。第三，《核不扩散条约》通常说建立在三个“支柱”之上，而其中两个支柱并没有设立核查标准——在第四条中和平利用核技术的权利，以及在第六条中核武器国家积极进行裁军的承诺。

当冷战结束时，有关核查的情况看起来可能发生变化。当时谈判的许多条约——1987 年《销毁中短程导弹条约》（INF，又称《中程核力量条约》）、[42]《第一阶段削减战略武器条约》（START I）、《欧洲常规武装力量条约》（CFE）以及《化学武器公约》都有明确的核查机构，以及评价履约和对违规问题进行讨论的机制。在其中每一个事例中，核查机制都部分地建立在高度侵入性视察机制之上的。

一个新的保障监督机制在 1993 年之后也进行了谈判。这体现在双边保障监督协定的《附加议定书》的范本里。达里尔·金伯尔和保罗·克尔认为《附加议定书》的要素重新塑造了保障监督体制：

---

〔41〕《核不扩散条约》（同注释 [1]）。

〔42〕关于《销毁中短程导弹条约》的基本信息见本卷附件 A。

> “从一个着重解释已知材料数量，监视所申报活动的定量系统，到一个集中收集某个国家与核相关活动的详细情况，包括所有与核相关的进出口活动的定性系统。《附加议定书》还极大地扩民了国际原子能机构核查秘密核设施的能力，即通过授权这个机构可以参观任何设施（申报和未通报的）以详细调查该国家核申报中的各种问题或者不一致之处。”〔43〕

三个核武器国家（法国、英国和美国）已与国际原子能机构签署并批准了《附加议定书》。

在冷战时期，各个国家都不遗余力地试图查明现实和潜在对手的军事能力，使用各种可利用的方法收集情报。各个国家同样还进行了类似的努力，以防止自己军事能力的信息泄露。这意味着，在进行军备控制的绝大多数时间里，保密是各国对安全问题态度的一个重要特点。

核查的新方法看起来是由于苏联变革引起的。在苏联，总统戈尔巴乔夫改变了保密的模式。这种新方法最重要的方面之一是，强调透明是一个过去把保密作为其重点问题之一的政府的单方面自愿行动。这种“官方的公开性”与官方的保密正相反，它对国际上对苏联问题的看法产生重要影响。〔44〕

这种公开的新做法证明为时不长。在执行《化学武器公约》核查条款时，视察人员并不能使用可以获得的最为先进的仪器。在核军控中，用于对核材料非侵入性监视的现代技术和仪器在核查中无法得到应用。为《生物武器公约》设立一种核查制度的努力的失败，以及尚不确定是否需要在禁止为军事目的生产裂变材料的条约中列入核查条款，也是标志着各个国家在接受视察的意愿上仍然有严格的限度。

---

〔43〕 达里尔·金伯尔和保罗·克尔，军控协会：《1997 年国际原子能机构附加议定书一瞥》，简报，2005 年 1 月，URL〈http：//www.armscontrol.org/factsheets/IAEAProtocol.asp〉。

〔44〕 安尼·弗洛里尼已经指出：“保密就是有意掩盖你的行动，但是透明则意味着有意暴露这些行动。这种选择的因素使透明越来越多地为人所接受，而不是屈从于信息时代由技术推动的侵入性。通过改变什么才是恰当行为思想的鼓励，透明是一种选择。”A. 弗洛里尼：《保密的终结》，《外交政策》，1998 年 6 月 22 日，见本卷第 6 章。

应对违规

对核查态度上的改变势必会引申出军控履约评估和强制执行的各种问题。在缺乏核查标准的情况下，对不遵守条约的集体判断只能依赖于通过国家手段获得的情报质量和各国对这种情报共同评估的程度。这更加强调这个国家与那些国家之间的“相同思想”。前者是核查的目标，因而这使核查从本质上来说反映了政治关系。

最近，伊拉克的事例表明，在一个国家涉嫌制造核生化武器的情况下，设法作出以规则为基础的国际反应困难重重。在与核武器相关的领域，前国际原子能机构副总干事皮艾尔·戈德施米特描述了消除怀疑的困难，即使把发展更为有效的保障监督措施中取得的巨大进展也考虑进去。[45] 在一个国家被发现不遵守保障监督协定时，这些疑虑将会强化，而且未来核雄心的任何不透明都会带来风险。这个风险就是相关国家将寻求在以规则为基础的国际框架之外来解决这个难题。为了减少这种风险的发生，戈德施米特敦促联合国安理会通过一项通用的、具有约束力的决议，即当国际原子能机构发现一个国家不遵守其保障监督义务时，建立遏制危机的和平措施。[46]

第四节　技术的影响

军控就是努力减少由国家控制的有组织的武装力量之间发生冲突的危险，这些力量是由研制用于战场的武器武装起来的。在这种参照标准的框架中，要确认一种武器，对于某种特别的物项来说，只是具有致命性或者具有毁灭性是不够的。为了更能吸引军事使用者，一种材料需要具有稳定性，足以在搬运和储存过程中保持效应，因为在生

---

〔45〕 国际原子能机构副总干事，保障监督部主任，皮艾尔·戈德施米特：《国际保障监督目前的地位与未来》，和平利用核能国际论坛，东京，2003 年 2 月 2 日，见 URL〈http：//www. iaea. org/NewsCenter/Statements/DDGs/2003/goldschmidt12022003. html〉。

〔46〕 P·戈德施米特：《迫切需要加强核不扩散体制》，卡内基国际和平基金会，《政策展望》，2006 年 1 月，见 URL〈http：//www. carnegieendowment. org/files/PO25. Goldschmidt. FINAL2. pdf〉。

产后可能不会立即使用。在不同气候和地理条件下以及针对不同种类目标的情况下，使用这种武器的结果应该是可以预测的。一旦应用在这种武器中的材料被确定下来，就必须有可能生产、加工并制造成为各种军需品或者其他运载系统，或者成为现成充填物的各种形态。在实施充填、储存这些武器，以及而后在运输、使用这些武器过程中，对拥有者来说必须是不会造成太大风险的。

这些要素也影响到决定哪些物项应在军控之列。例如：就放射性散布装置（RDDs 或称“脏弹”）而言，因为在冷战的军事规划中没有在战场使用过，而且与此相关的协定多不大相干，因此直到 20 世纪 70 年代才确定这个装置。然而现在，为使军控能适应不同类别的威胁，包括大范围震动性恐怖主义的威胁，控制可用来制造脏弹的高强度放射性原料的需要和可行性已经引起了更为强烈的关注。放射性恐怖主义并不要求有很多的技术知识，但可以找到范围很广又相对容易获得的各种材料。〔47〕而核恐怖主义获得或者建造一个能进行核爆炸的装置，则需要较为深的技术专长，并需获得那些不是轻易能到手的专门种类的材料（高浓缩铀或者某种类型钚），这些因素在一定程度上决定着需重点控制的材料选择。

当界定旨在与恐怖主义进行斗争的这些措施范围时，当考虑到哪些材料需要管制时，上面的要素都可能不适用。在考虑大范围震动性恐怖主义攻击时，选择作为“武器”使用的物项可能与上面提到的某些技术特点联系并不密切，而更多地取决于获取这种物项的行为者（他的身份可能在发动攻击前并不为人所知）的意图。

罗杰·罗菲评论道：由于其特点所决定，对来自生物制剂的威胁

〔47〕莫里兹奥·马尔泰利尼与凯瑟林·麦克劳克林解释道：“目前在世界范围内，从核医学和药物到各种地理活动，用于科学和商业活动中的放射性材料有成千上万种。根据其放射级别和相应的数量多少，这些材料形成不同程度的扩散风险。”在一些情况下，多余的放射性材料被简单地放置而没有进一步管制，而且这些材料有可能被心怀不轨的团体重新获得。莫里兹奥·马尔泰利尼与凯瑟林·麦克劳克林：《放射性材料的安全》，出席欧洲增强防止大规模杀伤性武器扩散与裁军会议——“团体方式如何能做出贡献”所提交的背景论文 3，布鲁塞尔，2005 年 12 月 7—8 日，见 URL 〈http: //www. sipri. org/contents/expcon/euppconfmaterials. html〉。

应当视为需要应对的风险，而不是要解决的难题。[48] 他还指出由于微生物可以自我复制，养护和更新一些制剂是一种可怕的挑战。在适当的生长环境中，只要极小数量的制剂就可以大规模的生产，而且处理生物材料的方法与处理人类、动物和植物病原体经常有所不同，也与毒素有所不同。因此，如果把有预谋地使用这种威胁扩大到对人类以外的攻击，包括对植物和生物的攻击，则任务的强度就更大了。

生物制剂与其使用的特征意味着不会有一个生物制剂在被分离、生产、拥有和使用的场所目录。罗菲指出，危险的病原体散布在全球范围内，为成千上万的实验室、门诊机构或者商业公司所拥有。如果这些生物制剂和毒素被使用或者正被研究的话，则可在一个设施的许多地方出现。此外，在很多地方，这些生物制剂和毒素的培养物都是储存在冷藏箱之类的东西中。尽管是一项巨大的任务，这些存货在理论上是可以进行编目分类的，但是在很多情况下，生物制剂可以从自然状态中分离开来。

在世界上广泛使用的许多普通工业化学剂现在也已认定具有恐怖主义使用的危险性，这些化学剂包括氨、氯、氮氧化物和硫氧化物等。这些化学剂在许多地方生产，并且数量巨大，如要对其严格限制使用，则会严重妨碍民用化工，并将大幅增加许多普通产品的成本。

最近，实施许多倡议的目的，是要冲击那些对非国家行为体计划实施大范围震动性恐怖主义行动有吸引力的能力。在 2002 年 3 月，国际原子能机构批准了一个《免遭核恐怖主义活动的保护计划》。从此，国际原子能机构对其安全计划进行了审议。在 2005 年 9 月国际原子能机构的大会上，国际原子能机构理事会批准了一项新的《核安全计划》，时间跨度为从 2006 年到 2009 年。[49] 这个新计划设想了三个领域的活动：评定、分析和评估；预防；监测与反应。在计划中可以利用的手段是提供核安全指导，协助运用这些指导原则，提供评估

---

〔48〕 R·罗菲：《从削减生物威胁到在防止生物扩散上进行合作》，出席欧洲增强防止大规模杀伤性武器扩散与裁军会议——“团体方式如何能做出贡献”所提交的背景论文 4（同注释［47］）。关于探讨生物安全全球性方法的需要见本卷附录 14 A。

〔49〕 国际原子能机构：《核安全：预防核恐怖主义的措施、进展报告与 2006—2009 年年度核安全计划》，国际原子能机构总干事文件，GC（49）/1，2005 年 9 月 23 日，见 URL 〈http：//www.iaea.org/About/Policy/GC/GC49/Documents/gc49－17.pdf〉。

服务、人力资源发展上获得帮助，以及在提高安全技术上进行研究与开发。然而，国际原子能机构总干事强调，新计划将更强调执行新的和现行的手段，例如 1980 年修订的《核材料实物保护公约》以及 2001 年《放射性材料安全与安保行为准则》。此外，国际原子能机构的分析强调在实行现行核安全措施上仍有很大差距。这个新核安全计划的另外一个重点领域，将更加突出“协调行动努力朝着以国际文书为基础的一致标准的普遍应用”。[50]

联合国安理会 1540 号决议的若干要素同样致力于控制扩散性敏感性物项的需要。1540 号决议要求各个国家建立国内管制措施，防止核生化武器和运载工具的扩散，包括通过建立“适当有效的措施以搞清并确保在生产、使用和储存或运输中的这类物项”以及“适当有效的实物保护措施”。[51]

第五节　结　论

本章强调，尽管军控思想已经发生了一些重大变化，但军控的发展演变一直在持续不断，法律和外交手段仍然被认为是建构安全的基本要素。军控的一个主要目标——促进安全领域的国际政治、军事方面的对话，仍是十分正确并且非常必要的。冷战时期军控的其他特点，在目前对各国来说看起来不再具有同样的重要性。冷战时军控的三个方面——对称、对等和普遍参与，在最近的许多军控进程中已不复存在。但是，联合国安理会 1540 号决议仍具有这些特点。

虽然如此，一些新的军控进程对于各国的政策和实践产生重要的影响。这些进程相互结合在一起，可能标志着一种新的国际军控机制。多边军控条约是这一正在形成的机制的一个组成部分，但这些条约越来越需要得到许多其他措施的补充和支持。

---

〔50〕 M. 巴拉迪：《核恐怖主义：确认并与这些风险战斗》，在国际核安全大会上的声明：未来的全球方向，伦敦，2005 年 3 月 16 日，见 URL〈http: //www. iaea. org/NewsCenter/Statements/2005/ebsp2005n003. html〉。

〔51〕 联合国安理会决议 1540 号（同注释［11］）。

在冷战后的一个短暂时期里，在核查上取得的进展和趋于更加透明的趋势促成了一些军控条约，但是这些进展现在已经丧失了。关于核查可取性和可行性的观点在不断变化，这使军控履约评估和执行更加复杂化，并且在未来将继续如此。

军控在传统上把重点放在为军事目的而专门谋划和研制的物项上。最近的一些倡议则把注意力集中在既可以民用也可以军用的物项上。然而，建立在根除或者完全剥夺获得两用物项权利之上的战略，既不可行也不可取。两用技术本身并不是威胁，与两用技术相关的物项也不是威胁，但是当相关技术将被滥用时，或者在可能被滥用的风险达到无法接受的高度时，则只能寻找剥夺获得两用技术的权利。

军控传统上是仅限于国家的一种行动，但是最近观念已经集中到如何才能控制非国家行为体获得这些能力上。这些非国家行为体可能计划实施大范围震动性恐怖主义活动，并且在一个可选择的基础上获得这些被拒绝给予的能力。一种较为积极的情况是，非国家行为体包括私营部门，变得更愿意参与到安全建设中来。

（孙晋忠 译）

第十三章 核军备控制与不扩散

香农·N·基尔

第一节 导言

2005 年，国际核不扩散机制内外都继续面临一系列严重挑战。由于在 1968 年签署的《不扩散核武器条约》（NPT）每隔五年举行一次的第七次审议大会上缔约国僵持不下，其主要法律与法规基础的有效性与生存力受到了质疑。[1] 大会未能就条约执行中出现的种种问题产生一个含有任何实质性决定的最后报告。2005 年期间，国际社会继续对伊朗核燃料循环计划的规模和性质表示关切。国际原子能机构（IAEA）提供了伊朗未申报重要核活动的更多详情，指出这些活动违反了伊方根据 NPT 条约与机构签署的核保障监督协定。在东亚，就朝鲜民主主义人民共和国（简称 DPRK 或朝鲜）的核计划问题的多边谈判进展甚微。朝方于 2005 年 2 月首次宣布拥有核武器。除了这些争端之外，以巴基斯坦科学家卡迪尔·汗为中心的科学家与私营企业走私网络活动以及涉及核武器相关材料和设备非法转让的详细情况进一步曝光。这种情况导致国际上越来越支持在 NPT 条约机制框架外采取自愿、临时性措施，以应对非国

---

〔1〕 关于《不扩散核武器条约》主要条款的内容和缔约国名单，见本卷附件 A。条约全文可查网址〈http：//disarmament. un. org/wmd/npt/npttext. html〉。关于第七次审议大会情况，见本章第二节。

家行为体造成的扩散危险和挑战。

本章回顾了 2005 年在核军备控制和不扩散领域的主要动向。第二节概述 NPT 条约 2005 年审议大会成果廖廖的一些原因。第三节介绍有关伊朗核计划的动向，并概述了 IAEA 对伊朗过去和现在核活动的调查情况。第四节概述六方会谈和朝鲜核计划问题陷于外交僵局的情况。第五节叙述了国际社会为提高核材料和核设施的安全与安全保护及防止核恐怖主义而采取的行动。第六节是结论。

附录 13A 提供世界核力量的数据表以及美国、俄罗斯、英国、法国、中国、印度、巴基斯坦和以色列的核力量的数据表。附录 13B 叙述了美国和印度 2005 年宣布的关于双边民用核合作协议。该附录评估了协议是否符合美国根据 NPT 条约应承担的各项义务以及核供应国集团的《指导原则》。附录 13C 论述了国际上重新提出要求制订多边安排，以控制核燃料循环，并介绍了目前正在酝酿的主要举措。

第二节　《不扩散核武器条约》2005 年审议大会

NPT 条约 2005 年审议大会（简称七审会）于 2005 年 5 月 2—27 日在纽约联合国总部举行，188 个缔约国中有 153 国派代表团参加。巴西大使杜阿尔特担任大会主席。〔2〕七审会开幕的背景是：缔约国之间，主要是以条约确认的五个核武器国家为一方、以 183 个无核武器国为另一方之间存在深刻分歧。〔3〕这些分歧在缔约国 2004 年筹备委员会（简称筹委会）会议上已经极其明显地表露出来。那是 2005 年七审会召开之前按时举行的第三次也是最后一次

〔2〕 联合国，“《不扩散核武器条约》审议大会在总部开幕，秘书长说条约机制一直行之有效，但是目前陷于‘很大困境’”，见新闻发布稿 DC/2955，2005 年 5 月 2 日，URL〈http：//www. un. org/News/Prees/docs/2005/dc2955. doc. htm〉。

〔3〕 NPT 条约第 9 条规定：只承认 1967 年 1 月 1 日之前生产并引爆了核装置的国家是核武器国。根据这一界定，中国、法国、俄罗斯、英国和美国是条约的核武器缔约国。

筹委会会议。[4] 根据 2000 年审议大会通过的“大力加强审议进程”的要求，召开第三次筹委会的主要目的是：对前两次会议的讨论情况和结果进行研究后，就一系列条约相关问题为下一届审议大会提出建议。[5] 但是 2004 年筹委会会议未能提出有任何实质性建议的报告，[6] 也没有通过 2005 年审议大会的议程。这种结局使主张“大力”、更有效地加强审议进程的国家很失望。这些国家本来希望这次筹委会会议会使缔约国在条约执行中加强责任性。会议之后还纷纷听到人们警诫：缔约国在履行其义务时采取有选择的态度，破坏了条约机制的完整性。[7]

问题与关切

5 月 2 日，2005 年审议大会的开幕式由联合国秘书长安南主持。会议头七天就 NPT 条约的执行和推动条约的原则和宗旨进行一般性辩论。90 多个缔约国代表，或代表本国或代表一批国家作了有准备的发言，提出了一些长期未解决的问题。其中包括：如何使 1996 年的《全面禁止核试验条约》（CTBT）生效；[8] 启动谈判禁止生产军事用途裂变材料的全球条约；提高核武器库存和生产综合体的透明度；建立中东无核武器区，以及缔结消极安全保证全球条约——即核

---

〔4〕 NPT 条约 1995 年审议与延期大会曾经想加强审议进程，即要求五年一次的审议大会召开前的三年内每年召开筹委会会议，其目的是“为了推动条约的充分执行及条约的普遍性，并为审议大会提出建议，审议各项原则、目标和途径”。“加强条约审议进程”，NPT/CONF. 1995/32（part I），纽约，1995 年 5 月 11 日，URL〈http：//disarmament 2. un. org/wmd/npt/1995 dec1. htm〉。

〔5〕 “提高加强条约审议进程的有效性”，NPT/CONF. 2000/28（Part I）纽约，2000 年 5 月 19 日，URL〈http：//disarmament 2. un. org/wmd/npt/finaldoc. html〉。

〔6〕 Johnson，R.，“2004 年 NPT 筹委会会议报道”，*Disarmament Diplomacy*，No77（2004 年 5/6 月），URL〈http：//www. acronym. org. uk/dd/dd 77/77npt. htm〉；和 Boese，W，“NPT 会议分歧突出”，*Arms Control Today*，vol 34，no. 5（2004 年 6 月），第 28—29 页。

〔7〕 R. Timerbaev，“NPT 条约何去何从?”，*IAEA Bulletin*，vol. 46，no. 2（2005 年 3 月），第 4—7 页；和“中等强国创议”，*Atlanta Consultation II*：*The Futuree of the NPT*（全球安全问题研究所：加利福尼亚，旧金山，2005 年 2 月），第 3—8 页。

〔8〕 CTBT 条约于 1996 年开放签署，到 2006 年 1 月 1 日为止已有 127 个国家批约。该条约的简要介绍和已批约的国家名单，见本卷附件 A。

武器国家作出有法律约束力的承诺，不对NPT条约无核武器缔约国使用或威胁使用核武器。〔9〕

一般性辩论的情况表明，缔约国对条约机制在执行和履约方面面临的主要挑战明显存在不同看法。许多无核武器国强调，在履行条约有关裁军和不扩散两方面的义务需要更合理地“平衡”。它们认为这两方面的义务是NPT条约相互关联、相互加强的支柱。〔10〕这是一般性辩论中贯穿许多无核国代表发言的基调。不结盟运动成员〔11〕缔约国尤其强烈批评核武器国家没有在按照条约第六条要求其履行核裁军承诺方面取得足够进展。〔12〕它们认为这种状况对NPT条约机制的活力构成了威胁，其严重程度至少与所谓无核国家的横向扩散一样大。〔13〕

在核武器国家中，美国带头企图淡化条约第六条的履约问题，声称在其部署的核力量和武器用裂变材料的库存方面进行了相当大幅度的削减。〔14〕美国官员则想把矛头指向那些据说或被认定正在研制核武器的无核缔约国，认为这些国家违反了NPT条约第一条和第二条。〔15〕他们提出，过去十年，内伊拉克、利比亚、伊朗和朝鲜四个无核武器国家严重不履约。他们指称，虽然解决了前两个

---

〔9〕关于消极安全保障的辩论更详尽情况，见du Preeze，J.，“不使用或威胁使用核武器的安全保证：在NPT筹委会会议上能取得进展吗?”蒙特雷国际问题学院防扩散中心(CNS)，2003年4月28日，URL〈http：//cns.miis. edu/research/npt/nptsec. htm〉。

〔10〕见瑞典外交大臣Laila Freivalds女士阁下在“不扩散核武器条约缔约国2005年审议大会上的发言”，2005年5月3日，URL〈http：//www. un. org/events/npt 2005/statements/npt03 sweden. pdf〉。

〔11〕不结盟运动成员国名单，见本卷术语汇编。

〔12〕第六条规定，缔约国承诺“就为早日停止核备竞赛和进行核裁军采取有效措施进行认真谈判”。

〔13〕马来西亚外交部长Syed Hamid Albar阁下代表不结盟运动NPT条约缔约国在NPT条约2005年审议大会上的发言，2005年5月2日，URL〈http：//www. un. org/events/npt 2005/statements/npt 02 malaysia. pdf〉。

〔14〕“美国履行第六条与核裁军前景”，参加《不扩散核武器条约》2005年审议大会的负责防止核武器扩散的总统特别代表Jackie W. Sanders大使的发言，2005年5月20日，URL〈http：//www. state. gov/t/np/rls/rm/46603. htm〉。

〔15〕“负责军控事务的美国助理国务卿Stephen G. Rademaker在《不扩散核武器条约》2005年审议大会上的发言”，2005年5月2日，URL〈http：//www. un. org/events/npt2005/statements/npt02usa. pdf〉。

国家的问题，[16] 但是伊朗和朝鲜都在长期进行核武器计划，对条约机制构成了直接威胁。此外，美国官员还警告说，包括跨国恐怖主义组织在内的非国家行为体的扩散威胁日益严重，需要在 NPT 条约框架之外采取新的应对措施，如防扩散安全倡议（PSI）和联合国安理会第 1540 号决议。[17] 他们说，以巴基斯坦核工程师卡迪尔·汗为中心的核技术、设备和专业知识全球黑市网的发现尤其令人担忧，因为其活动绕过了许多旨在制止大规模杀伤性武器扩散的现有法律、条例和技术措施。[18]

其他许多缔约国也对上次审议大会以来条约机制内外出现的新挑战表示关切。2003 年朝鲜退出 NPT 条约促使国际上提出了一些建议，要求重新考虑一个缔约国退出 NPT 条约的权利与义务。[19] 其中包括：欧盟建议禁止一个正要退出条约的缔约国“在退约前”使用“从第三国得到的核材料、设施、设备和技术”；这些物项必须予以“冻结，以便根据国际原子能机构的管制要求将其拆除并/或交还供应国”。[20] 有的主张对核材料、敏感设备和技术加强出口管制。若干国家建议把接受 NPT《附加议定书》作为与无核武器

〔16〕 关于利比亚核武计划问题，参见 J. Hart 和 S. N. Kile，“利比亚放弃核生化武器和弹道导弹”，《SIPRI 年鉴 2005：军备、裁军和国际安全》（牛津大学出版社，牛津，2005 年），第 629—648 页。关于伊拉克核武计划问题，参见本卷第十四章。

〔17〕 Rademaker（同注释 [15]），关于 PSI，见 C. Ahlstrom，“防扩散安全倡议：从国际法视角看‘拦截原则声明’”，《SIPRI 年鉴 2005：军备、裁军和国际安全》（同注释 [16]），第 741—765 页。参加 PSI 的国家名单，见本卷术语汇编。联合国安全会第 1540 号决议，2004 年 4 月 28 日，见 URL〈http：//www. un. org/Docs/sc/unsc_ resolutions04. html〉。关于该决议的论述，另见本卷第十二章。

〔18〕 关于汗核走私网的活动，参见 S. N. Kile，“核军备控制与不扩散”。《SIPRI 年鉴 2005》（同注释 [16]），第 552—555 页。

〔19〕 NPT 条约第十条规定，如果缔约国“认定发生涉及本条约内涵的非常事件已危及本国的最高利益，就有权退出条约”。缔约国退约必须提前三个月通知所有其他缔约国和联合国安理会。

〔20〕 “退出《不扩散核武器条约》：卢森堡代表欧盟提出的工作文件”，NPT/CONF. 2005/WP. 32，2005 年 5 月 10 日，URL〈http：//www. un. org/events/npt2005/working%20 papers. html〉，第 2—3 页。

接受国签订任何新供应合同的条件。[21] 此外，汗走私网活动披露后，国际上纷纷呼吁缔约国收紧各自对核材料和敏感技术的管制。

在伊朗和朝鲜核计划问题上发生的种种争执在很大程度上归咎于2005年审议大会上再次盛行一个“老”主张：一些与会国建议，为控制引起最严重扩散关切的核燃料循环活动——铀浓缩和钚后处理以及乏燃料管理与废料处理，应制订相关多边安排。[22] 这种措施主要着眼于把这些活动限于少量完全透明的设施，并置于国际或多边控制之下。对这种主张感兴趣反映了某些缔约国对NPT条约中存在一个被大家看到的结构性弱点的关切。这就是：条约第六条给予无核武器缔约国一项“不可剥夺的权利”，可以进口和开发用于核能计划的材料和技术，将允许这些国家建成在民用核计划掩盖下生产核武器所需的敏感燃料循环设施。[23]

然而，有些无核武器国家强烈反对任何被认为违反第六条文字或精神的主张。伊朗强调自己有权利和意愿“得到一切合法的核技术，包括完全为了和平目的的（铀）浓缩技术”。[24] 伊朗还谴责其称之某些国家旨在限制向发展中国家转让核技术的歧视性双重标准——这种

---

〔21〕“条约第三条和序言第四段与第五段，尤其是它们与第四条和序言第六段与第七段［出口控制条款］：澳大利亚、奥地利、加拿大、丹麦、匈牙利、爱尔兰、荷兰、新西兰、挪威和瑞典十国向大会第二主要委员会提交的工作文件”，NPT/CONF. 2005/WP. 14，2005年4月26日，URL〈http://www.un.org/events/npt2005/working%20papers.html〉。与国际原子能机构签订NPT保障监督协定和《保障监督附加议定书》已生效的国家名单，见本卷附件A。

〔22〕国际原子能机构提出的一份专家组报告评估了为控制核燃料循环的各种多边安排方案。“提交国际原子能机构总干事的专家组关于多边途径处理核燃料循环问题的报告：由国际原子能机构提交”，NPT/CONF. 2005/18，2005年5月9日，URL〈http://www.un.org/events/npt 2005/reports.html〉。关于报告的内容和正在考虑的多边对策，见第十三章附录C。

〔23〕“第三条（3）和（第四条），序言第六段和第七段，尤其与这两段相关的第三条（1），（2）和（4）及序言第四段和第五段（处理核燃料循环的各种对策）：澳大利亚、奥地利、加拿大、丹麦、匈牙利、爱尔兰、荷兰、新西兰、挪威和瑞典十国向第三主要委员会提交的工作文件”，2005年4月26日，NPT/CONF. 2005/WP. 12，URL〈http://www.un.org/events/npt 2005/working% 20 papers.html〉。

〔24〕“伊朗伊斯兰共和国外交部长Kamnl Kharrazi博士阁下在第七次NPT审议大会上的讲话”，2005年5月3日，URL〈http://www.un.org/events/npt 2005/statements/npt 03 iran.pdf〉第4页。

不满情绪在其他不结盟运动国家中得到相当大的支持。南非提出一条类似的反对意见。南非说它不能支持对根据 NPT 条约有权获取……为和平目的的核能力作出毫无理由的限制，因为把“附加的限制性措施”强加于“某些 NPT 缔约国而同时又允许其他一些缔约国得到这种能力”，加大了 NPT 条约固有的“不平等规定”。[25]

程序问题上的分歧

议事日程的通过

由于缔约国无法在程序问题上达成一致，大会的实质性工作从一开始就陷于停顿状态。主要争执在于条约是否应明确根据以往几次审议大会一致通过的各项协议进行审议，包括 1995 年通过的《核不扩散和裁军原则与目标》和 2000 年通过的 13 项《核裁军行动计划》。许多无核武器国家特别强调重申《行动计划》的重要性。这包括缔约国以下各项承诺：致力于条约的普世性（即，使所有联合国承认的国家加入 NPT 条约）；批准 CTBT 条约并使其早日生效；遵守暂停一切核爆炸；在五年内缔结禁止生产军用裂变材料条约；裁军谈判会议建立一个附属机构来处理核裁军问题；谈判更大幅度裁减现有的核武库。[26] 作为 13 项行动之一，核武器国家重申其致力于核裁军义务，将采取具体措施降低其核武器的作用并最终销毁核武器。[27]

议事日程上的争执主要在以美国为首的核武器国家和站在前列的埃及、印尼和马来西亚等不结盟运动国家之间。后者坚持议事日程必

---

〔25〕“南非共和国在《不扩散核武器条约》缔约国 2005 年审议大会上的发言”，2005 年 5 月 3 日，URL 〈http：//www. un. org/events/npt 2005/statements 03 may. html〉，第 4 页。

〔26〕《不扩散核武器条约》缔约国 2000 年审议大会，“最后文件：审议条约的运作，考虑到 1995 年的审议和延期大会通过的各项决定和相关决议”，2000 年 5 月 19 日，NPT/CONF2000. 28，URL 〈http：//disarmament2. un. org/wmd/npt/finaldoc. html〉，vol. I，part I，第 13—15 页。1995 年审议与延期大会通过的原则与目标及其他文件，参见《SIPRI 年鉴 1996：军备、裁军和国际安全》（牛津大学出版社，牛津，1996），第 590—593 页。

〔27〕核武器国家承诺：增加其核武库的透明度；进一步裁减其非战略核武器库存和部署；降低核力量的作战态势；减小核武器在其安全政策中的作用；致力于全面销毁核武器。NPT/CONF2000. 28，vol. I，part I（同注释［26］），第 15 页。

须提到前几次审议大会通过的各项具体协议。[28] 这包括 1995 年大会通过要求建立中东无核武器区的关于中东问题的决议[29]和 13 项《核裁军行动计划》。这一主张得到“新议程联盟”（NAC）七国的大力支持。2000 年审议大会期间，“新议程联盟”在制订《行动计划》并使其得以通过中发挥了关键作用。[30] 相形之下，美国则抵制根据贯彻 13 项行动中已取得的进展进行 2005 年的条约审议工作。美国坚持认为，只要提到过去的协议都必须与 2000 年审议大会之后关于形势发展的明确案文挂钩，这使这一分歧更加复杂了，反过来又招致伊朗的反对。伊朗认为，美国企图利用目前在伊是否遵守其 NPT 规定的保障监督协定问题上的分歧，不公正地在伊朗脸上抹黑。[31]

当大会开到第一周周末，会议主席提出的折中声明看来解决了各方在议事日程上的争执。杜阿尔特的声明涉及议事日程第 16 项，题为“审议条约的运作”。案文是这样提的：2005 年的审议工作“将根据以往几次审议大会的决定和决议进行，并可讨论缔约国提出的任何问题”。[32] 美国表示，这样措辞是可以接受的，因为没有提以往几次审议大会的具体日期。但是，埃及在 5 月 6 日拒绝接受杜阿尔特的声明，坚持应作修改，使之指出 2005 年的审议工作“将考虑”以往几次审议大会的具体“结果”以及其所作出的各项决议和决议。[33] 这

---

〔28〕“不结盟运动缔约国集团成员国向《不扩散核武器条约》提交的工作文件”，NPT/CONF. 2005/WP. 8，2005 年 4 月 26 日，URL〈http://www. un. org/events/npt2005/working %20 papers. html〉，第 1 页。

〔29〕“关于中东问题的决议”，NPT/CONF. 1995/32（Part I），附件，1995 年 5 月 11 日，URL〈http：//disarmament. un. org/wmd/npt/1995RESME htm〉。

〔30〕“新西兰代表巴西、埃及、爱尔兰、墨西哥、南非和瑞典作为‘新议程联盟’成员国向第一主要委员会提交的关于核裁军的工作文件”，NPT/CONF. 2005/WP. 27，2005 年 5 月 4 日，URL〈http：//www. un. org/events/npt2005/working %20 papers. html〉，第 1—2 页。

〔31〕 R. Johnson，“决定、决议与结果：议事日程未通过令人失望”，*Acronym Report*（Acronym Institute），2005 年 5 月 7 日，URL〈http：//www. acronym. org/uk/npt/05rep03. htm〉。

〔32〕 C. Applegarth，“各方分歧使 NPT 审议大会受挫”，*Arms Control Today*，vol. 35，no. 5（2005 年 6 月），第 39 页。

〔33〕 Johnson（同注释［31］）。埃及称坚持这样措辞的部分原因是，埃及希望回顾 1995 年审议大会关于支持建立中东无核区的决议（参见注释［29］）。

使会议再次陷入外交僵局，人们担心杜阿尔特可能被迫中断会议。

经过紧张谈判后，与会缔约国终于在 5 月 11 日通过了大会议事日程。杜阿尔特的声明虽然未修改，但仍通过标加星号与第 16 项议程挂钩。[34] 埃及与其他不结盟运动缔约国声明，星号也使议事日程与马来西亚代表该集团发表的声明挂钩。该声明重申，不结盟国家有义务落实 1995 年和 2000 年两次审议大会通过的各项义务和决议，并敦促所有缔约国也这样做。[35] 由于这两个声明挂钩才使大会通过了议事日程，但是会议结束前几天英国代表团提出异议。大会秘书处最终把不结盟运动集团的声明从大会技术性报告中剔除，但保留了主席声明。[36]

通过工作计划

此后，各国代表团的注意力转向另一个有争议的程序性问题，即通过审议大会的工作计划。根据前几次审议大会一贯做法，秘书处成立了三个主要委员会（简称主委会，MCs），负责大会的实质性工作：第一主委会负责核裁军问题，第二主委会负责保障监督和地区性问题；第三主委会负责核安全与和平利用核能问题。[37] 主要争议点是如何把这三个委员会分成若干附属机构，然后由这些机构去考虑更细的具体问题。

通过工作计划的主要障碍是在消极安全保证问题上的分歧。美国和其他若干西方国家为一方同不结盟运动国家为另一方之间争执不下。后者强烈支持要求缔结关于消极安全保证的全球条约，以使核武

---

〔34〕“议事日程”，NPT/CONF. 2005/30，2005 年 5 月 11 日；和“关于通过议事日程的主席声明（第 16 项日程）”，NPT/CONF. 2005/31 *，2005 年 5 月 11 日，URL〈http://www. un. org/events/npt2005/reports. html〉。

〔35〕“马来西亚代表团代表不结盟运动缔约国集团向《不扩散核武器条约》2005 年 NPT 条约审议大会全体会议提交关于通过议事日程的声明”，纽约，2005 年 5 月 12 日，NPT/CONF. 2005/32，URL〈http：//www. un. org/events/npt 2005/reports. html〉。

〔36〕 R. Johnson，“第 25 天，‘我的反对比你的反对更有分量’”，*Acronym Report*，2005 年 5 月 26 日，URL〈http：//www. acronym. org. uk/npt/05 rep11. htm〉。

〔37〕 三个主要委员会的主席分别是：第一委员会是 Sudjadnan Parnohadinigrat（印尼）；第二委员会是 Laszlo Molnar（匈牙利）；第三委员会是 Elisabet Borsin－Bonnier（瑞典）。

器国家 1995 年作出的单方面宣布具有法律约束力。[38] 不结盟运动国家主张建立关于安全保证的附属机构/（SB），并另建立一个讨论实际裁军措施的机构。这个建议对大多数国家代表团来说似可接受，但遭到美国的拒绝。美国强烈反对另建安全保证附属机构。[39]

5 月 18 日，当不结盟运动国家勉强撤回其提案时才打破了僵局，为各方在工作计划问题上达成一致铺平了道路。按照协商一致的工作计划，每个主要委员会名下设立一个单一的附属机构，把有关问题放在那里讨论。[40] 第一委员会名下的附属机构处理实际裁军措施，包括安全保证问题；第二委员名下的附属机构负责地区问题，包括落实 1995 年通过的关于中东问题的决议；第三委员会名下的附属机构审议“条约的其他条款”，包括 NPT 条约的退约问题。[41]

三个主要委员会及其附属机构的工作

大会开了十七天才通过工作计划，这使三个主要委员会只剩不到六天时间研究各国代表团就大量实质性问题提交的工作文件。讨论核裁军问题的第一主要委员会及其讨论实际裁军措施的附属机构完成了唯一报告，准备交给大会主席。[42] 报告列入的附件中有第一主要委员会主席提交的工作文件及其附属机构提交的工作文件。前一个工作文件研究了 NPT 条约第一条和第二条的执行情况；[43] 后一个工作文

---

〔38〕 1995 年，联合国安理会认可了 NPT 条约所有五个核武器国家作出向无核武器缔约国提供消极保证的单方面政治宣示。“安全保证”，UN Doc S/RES/984（1995），URL〈http：//www. 1. umn. edu/humanrts/resolutions/SC 95/984 SC 95. html〉。

〔39〕 历届美国政府以拒不排除使用核武器来应对无核武器国家的生化武器袭击为由一直采取“战略模糊”政策。参见 du Preez（同注释［9］）。

〔40〕 “把有关问题交给大会主要委员会讨论”，NPT/CONF. 2005/DEC. 1，2005 年 5 月 18 日，URL〈http：//www. un. org/events/npt 2005/decisions. html〉。

〔41〕 “关于成立附属机构的决定”，NPT/CONF. 2005/DEC. 2，2005 年 5 月 18 日，URL〈http：//www. un. org/events/npt 2005/decisions. html〉。

〔42〕 “第一主要委员会报告”，NPT/CONF. 2005/MC. I/1，2005 年 5 月 25 日，URL〈http：//www. un. org/events/npt 2005/main%20 committee%20 documents. html〉。

〔43〕 条约第一条要求核武器国家不得向任何接受国转让核武器或其他核爆炸装置的拥有或控制权，也不得帮助、鼓励或诱使任何无核武器国家获取核武器。第二条规定：无核武器国家承诺不“制造或以其他方式获取”核武器或“寻求或获取用于制造”核武器的“任何援助”。

件重点研究条约第六条和核裁军的实际措施。但是报告指出，本委员会无法就两个工作文件的案文取得一致意见，因为其中的有关提案没有“充分反映所有缔约国的意见”。〔44〕因此，大会主席决定不将该报告文本提交起草委员会。

其他两个主要委员会未能向大会主席提交报告。关于核保障监督的第二主要委会的报告，由于其处理包括中东地区在内的地区问题的附属机构（SBⅡ）陷于分歧而受阻。伊朗反对写进要求其尊重国际原子能机构理事会通过的各项决议并继续遵守其自愿作出的暂停铀转化和浓缩活动承诺的一段案文，理由是：这种提法等于无理指责其和平核活动。〔45〕美国反对写进要求核武器国家采取进一步措施劝以色列以无核武器国身份加入条约。〔46〕关于核能和机制问题的第三主要委员会的报告，在埃及拒不接受把第三附属机构的报告文本作为附件后，因美国的阻挠未通过。第三附属机构的报告案文想澄清根据 NPT 条约第十条缔约国的权利与义务。〔47〕

除了第二、第三主要委员会及其附属机构陷于僵局之外，一些关键非正式或正式缔约国集团的成员国之间也存在种种分歧。联合国安理会五个常任理事国，也是五个依法认定的核武器国家，不能就联合声明取得一致，主要原因是，俄罗斯坚持声明应支持要求使《全面禁核试条约》早日生效的呼吁，而美国表示反对。〔48〕不结盟运动国家之间也未能就最后声明取得一致。与 2000 年相比，不结

---

〔44〕 其他的分歧包括：美国反对附属机构提交的主席工作文件中关于消极安全保证部分的大部分内容，尤其是文件要求“通过多边谈判缔结向所有无核武器缔约国提供有法律约束力的安全保证条约”，NPT/CONF. 2005/MCI/1（同注释［42］），第 13 页。

〔45〕 R. Johnson，“第 23 天：秘密会议与带括号的案文”，*Acronym Report*，2005 年 5 月 24 日，URL〈http：//www. acronym. org. uk/npt/05 rep09. htm〉。

〔46〕 Johnson，（同注释［45］）提议的措施包括承诺“不向以色列转让核相关材料、技术和信息，尽管过去与其有往来”。附属机构的报告案文草案，可查 URL〈http：//www. acronym. org. uk/npt/MCII _ SB _ may 24. pdf〉。

〔47〕 Johnson（同注释［45］）。埃及提出的关于普世性非正式文件遭到第三委员会拒绝后，埃及拒不同意第三附属机构文本作为第三主要委员会报告的附件。

〔48〕《全面核禁试条约》第十四条规定，只有点名的 44 个国家批约，条约才能生效。美国总统克林顿 1996 年签署了该条约，但是 1999 年美国参议院投票拒不批约。虽然布什政府继续遵守美国于 1992 年宣布的暂停核试验，但是布什政府明确反对该条约。条约的现状和 44 国名单，见本卷附件 A。

盟运动国家对 2005 年审议大会的实质性贡献很少，有迹象表明埃及与其他几个不结盟运动成员国之间的关系十分紧张。[49] 欧盟虽然在大会召开前通过了对 NPT 条约的《共同立场》文件，但是内部矛盾也不少。[50] 欧盟向三个主要委员会提交了若干工作文件，并为各方在议事日程和工作计划问题上达成程序性折中方案出了力。但是由于长期以来欧盟核武器成员国和非核武器成员国的利益相悖，成效有限。有些观察家批评英国据说利用其西方集团协调员的身份支持美国的搅局立场。[51]

会议结果与评估

2005 年审议大会于 5 月 27 日结束，勉强一致通过了《最后文件》。该文件完全是程序性内容，没有任何建立在以往几次审议大会所达成一致协议的基础上继往开来的实质性决定，包括推进履约和改进条约的运作工作建议。[52]

虽然会议成果廖廖本为各方所料，但咎其原因则众说纷纭。一些与会代表部分归咎于议事规则不起作用，致使极少数国家在某些问题上固执己见，无视多数国家的意愿。这包括一些长期形成的习惯做法，例如所有决定必须协商一致作出，把大会分成若干核心团组等。[53] 加拿大大使鲍尔·迈耶说，在 2005 年审议大会上“极少数国家”可以利用“协商一致规则不仅阻挠谈判取得成果，甚至阻挠仅仅

---

〔49〕 H. Muller，“NPT 条约 2005 年审议大会：失败的原因和后果与补救对策”，第 31 期《工作文件》，大规模杀伤性武器问题委员会，斯德哥尔摩，URL〈http://www.wmdcommission.org/files/no 31.pdf〉，第 12 页。

〔50〕《欧盟理事会关于不扩散核武器条约缔约国 2005 年审议大会防止核武器扩散的共同立场》，2005/329/PESC，布鲁塞尔，2005 年 4 月 25 日，URL〈http://europa.eu.int/eur-lex/LexUriServ/site/en/oj/2005/1_106/1_10620050427en00320035.pdf〉。

〔51〕 Muller（同注释［49］），第 4 页。

〔52〕“《最后文件》：《不扩散核武器条约》缔约国防止核武器扩散 2005 年审议大会（大会的组织与工作）”，NPT/CONF.2005/57（Part I），2005 年 5 月 27 日，URL〈http://www.un.org/events/npt 2005/reports.html〉。

〔53〕 对历届 NPT 审议大会程序问题上不足之处的评估与可行的补救办法，参见 Muller（同注释［49］），第 3—4 页。

启动讨论符合大多数国家政策目标的问题”。[54] 在这方面，据说埃及阻挠三个主要委员会及其附属机构的工作广遭批评。

许多不结盟运动国家把审议大会不尽人意的结果主要归咎于美国。它们不满地说，美国带头在程序问题上采取的做法，有的情况下得到其他核武器国家的支持，阻挠了大会审议一些重要裁军措施，并使核武器国家回避了对其履行条约义务的审查。它们还对美国政府表示不满，指出：美方公然否定 2000 年一致通过的 13 项核裁军措施中的某些措施，破坏了大会的审议进程。在这些国家看来，美国的行动使人对前几次审议大会协商一致达成的协议之地位产生了怀疑。

在大会闭幕会上，与会代表纷纷表示遗憾，指出缔约国“丧失了应对 NPT 条约面临紧迫挑战取得实际进展的机遇”。[55] 不过有的观察家猜想，从大会上出现深刻分歧看，一些国家代表团可能对通过的《最后文件》仅限于程序性问题反而感到满意。核武器国家避免了承担新的裁军义务，而不结盟运动及其他无核武器缔约国则防止了 1995 年和 2000 年两次审议大会达成的多项协议被一系列新的更弱的最低共同标准义务所替代。[56]

与此同时，会议的结果显然使许多缔约国感到失望，尤其是无核武器国家。这些国家本来就对核裁军没有进展有思想准备，明确表示：只要美国和其他核武器国家不认真履行其有法律约束力的裁军义务，它们就不准备接受旨在加强所谓“NPT 对等义务”中不扩散方面的一些建议，例如要求重新解释条约第 4 条的建议。审议大会上一个值得注意的动向是：某些以往最积极支持条约机制的国家，如埃及和南非，表达了对 NPT 条约的公开疑虑。这表明，NPT 条约不仅面

〔54〕 援引自“中等强国倡议”，“28 个国家参加首次‘第六条论坛’会议”，《中等强国倡议报告与概述》，2005 年 11 月，URL〈http：//www. middlepowers. org/mpi/pubs/ArticleVI _ Report. pdf〉。

〔55〕 “南非在 NPT 条约 2005 年审议大会闭幕会上的发言：发言人是 Abdul Samad Minty 先生”，2005 年 5 月 27 日，URL〈http：//www. reachingcriticalwill. org/legal/npt/Rev/Con05/GD statements/SAfrica 27. pdf〉。

〔56〕 W. Boese，“不扩散核武器条约审议会上的唇枪舌战”，《今日军控》（*Arms Consol Today*）vol. 35，no. 6（2005 年 7/8 月合刊），第 23 页。

临美国官员所说的“履约危机”，而且面临更大的合法性危机。这种状况反过来使人们对那种严重依赖缔约国自愿遵守条约基本准则的条约机制的有效性和生存能力产生了怀疑。

第三节 伊朗与核扩散关切

2005 年，国际社会围绕伊朗核计划的规模和性质的争论加剧了。〔57〕争论的核心是，据国际原子能机构透露，伊朗在很长时期内没有申报一些重要核活动，违反了伊与国际原子能机构签署的 NPT 条约规定的全面保障监督协定。〔58〕伊朗认定其核计划完全是为了和平目的，并称任何违反保障监督协定的情况都是无意的。但是在欧洲、美国和其他一些地方，人们都担心伊朗企图在核能计划的掩盖下为秘密核武器计划建立生产裂变材料——钚和浓缩铀——所需要的燃料循环设施。〔59〕2003 年年底以来，欧盟三个成员国——法国、德国和英国（简称欧盟三国）出面想通过与伊朗谈判解决这一争端。欧盟共同外交与安全政策高级代表索拉纳也参加了谈判。〔60〕

2005 年，伊朗重申它计划开发一套完整的核燃料循环系统，其中包括自行开发铀浓缩能力作为其长远能源政策的一部分，以弥补将来矿物燃料储量采完后的需要。5 月，伊朗议会批准了一项新计划，使今后20年内建造的核发电厂的发电总量达到20000兆

〔57〕有关核问题争执的渊源，参见 S. N. Kile，“核军备控制与不扩散”，《SIPRI 年鉴 2004：军备、裁军和国际安全》（牛津大学出版社，牛津，2004），第 604—607 页。并参见 S. N. Kile（主编），《欧洲与伊朗：从各自角度看不扩散问题》，SIPRI 研究报告第 21 期（牛津大学出版社，牛津，2005 年）。

〔58〕伊朗于 1970 年 2 月 2 日加入 NPT 条约。它与 IAEA 签署的全面保障监督协定（INFCIRC/214）是 1974 年 5 月 15 日起生效的。该协定全文可查网址 URL〈http://www.iaea.org/Publications/Documents/Infcircs/Others/infcirc 214.pdf〉。

〔59〕核燃料循环包括各前端步骤（铀矿石的采矿与冶炼、铀转化和浓缩、燃料生产），最后准备把铀用作反应堆运转的燃料和后端步骤。后端步骤必须安全地管理、准备与处置高强辐射乏核燃料。参见附录 13C。

〔60〕Kile 主编的 SIPRI 研究报告中阐述了欧盟和伊朗对核问题的争执和相关问题的观点，（同注释〔57〕）。

瓦。[61] 外界专家称，从目前全球浓缩铀过剩的情况看，伊朗计划建立自己的核燃料循环系统在经济上意义很小。[62] 伊朗则强调，其长远目标是要在燃料生产方面实现自给自足，并指出美国过去一直企图破坏伊与外国供应商每笔大买卖，侵犯了伊朗根据 NPT 条约第四条享有的合法权利。想做到不依赖外部援助，始终是伊朗不断提出的要取得敏感燃料循环技术的理由。[63]

伊朗与欧盟三国的谈判情况

2005 年，伊朗与欧盟三国就伊朗的敏感核燃料循环活动的谈判在未取得多大进展的情况下破裂。谈判是由 2004 年 11 月达成的巴黎协定确定的，[64] 宗旨是寻找“就长期安排达成一项相互都能接受的协定”。协定要“客观地确保”伊朗的核计划完全用于和平目的，“确保”欧洲与伊朗之间在核能、技术、经济以及安全问题上的合作。[65] 根据巴黎协定，伊朗保证谈判期间暂停一切与铀浓缩相关的活动和后处理活动，作为一项自愿的增加信任措施。[66]

---

〔61〕 伊朗伊斯兰共和通讯社（IRNA），“伊朗议会批准关于获取和平核技术的法案”，2005 年 5 月 15 日，URL〈http://www. irna. ir/en/news/view/line 22/0505150260114226. htm〉。2002 年伊朗宣布：除了在建的 1000 兆瓦的布什尔核电站外，将建造核电厂的总发电能力为 6000 兆瓦。

〔62〕 此外，美国国务院在一次吹风会上曾说，伊朗的已知铀贮量所能提供的燃料只够一座 1000 兆瓦核电反应堆运行 6—7 年。美国国务院，“质疑伊朗寻求核燃料循环——伊朗的核燃料循环设施：是和平利用模式吗？”为驻维也纳的美国和外国外交官放映的幻灯片，2005 年 9 月，URL〈http://www. global security. org/wmd/library/report/2005/iran－fuel－cycle－brief _ dos _ 2005. pdf〉。

〔63〕 “2005 年 8 月 1 日收到伊朗伊斯兰共和国常驻国际原子能机构代表团发来的信”，国际原子能机构复制，文件号是 INFCIRC7648，2005 年 8 月 1 日，URL〈http://www. iaea. org/publications/documents/infcircs/2005/infcirc648. pdf〉。

〔64〕 2004 年 11 月 15 日，伊朗与法国、德国和英国在巴黎签署该协议；全文见 IAEA 文件 INFCIRC/637，2004 年 11 月 26 日，URL〈http://www. iaea. org/Publications/documents/Infcircs/2004/infcirc637. pdf〉。巴黎协议规定，谈判将在一个高级指导委员会名下举行。该委员会还负责协调关于政治与安全问题、技术与经济合作和核问题的三个工作组。

〔65〕 INFCIRC/637（同注释 [64]）。

〔66〕 协定中具体列出了这些活动，即：生产与进口气体离心机及其部件；气体离心机的组装、安装测试或运行；可以进行任何钚分离工作，或建造或运行任何钚分离设施；在任何铀转换设施进行一切测试或生产。INFCIRC/736（同注释 [64]）。

2005年春季，谈判中的主要争执点仍然是伊朗铀浓缩计划的前景。欧盟三国坚持伊朗必须接受全面而永久地停止该计划。三国称，这是唯一有意义的“客观保证”，使伊朗的核活动完全用于和平目的。[67] 与此同时，三国承认伊有开发核能的权利，并保证允许伊获取核技术和核燃料。这包括三国答应支持伊朗获取一座轻水研究堆，以取代正在阿拉克建造的重水堆。[68]

伊朗官员断然拒绝欧盟要求其永久停止铀浓缩计划。他们说，巴黎协定里欧盟三国已经接受伊朗暂停铀浓缩活动是临时性措施。[69] 他们还强调指出，伊朗作为NPT条约无核武器缔约国，依法享有开发敏感核燃料循环设施的权利，包括作为其民用核计划一部分的铀浓缩。伊朗官员一再强调，一旦遗留的保障监督问题得到解决，伊将在适当保证其用于和平目的的情况下重新启动浓缩活动。[70]

当谈判面临严重困难时，欧盟三国和美国为了进一步鼓励伊放弃铀浓缩计划，相互协调了政策。2005年3月11日，美国国务卿赖斯说，如果伊朗同意永久放弃铀浓缩计划，美将不反对伊申请加入世贸组织（WTO）；美还将在“按个案”考虑批准向伊出售民用飞机零件。[71] 为换取美国作出对伊政策这一调整，欧盟三国同意，如果伊恢复铀浓缩活动，就积极支持美国把伊朗问题提交安理会。[72] 过去，欧洲官员曾反对美国要求迅速提到安理会，说采取这一行动为时尚早，而且有可能适得其反，因为那样做可能促使伊朗完全中止与国际原子能机构的合作。

---

〔67〕 欧盟理事会。“Barnier，Fisher，Shaw 和 Solana 四人就伊朗问题致信理事会主席全文”，7222/05，2005年3月11日，URL〈http：//register. consilium. eu. int/pdf/en/05/st07/st07222. en05. pdf〉，第4页。

〔68〕 欧盟理事会（同注释[67]），第3页。重水堆适合于生产武器级钚。

〔69〕 Mehr 通讯社，“如果欧盟正式要求伊朗停止铀浓缩活动，伊朗将不受制于已作出的承诺：政府”，《德黑兰时报》，2005年3月5日，第1、15页。

〔70〕 路透社，“伊朗说决意恢复铀浓缩活动”，2005年4月24日，URL〈http：//www. iranvajahan. net/cgi－bin/news. pl？ 1＝en&y＝2005&m＝04&d＝24&a＝1〉。

〔71〕 美国国务院公共事务局，“美国支持欧盟三国”，国务卿赖斯的讲话，华盛顿特区，2005年3月11日，URL〈http：//www. state. gov/secretary/rm/2005/43276. htm〉。

〔72〕 D. Sanger 和 S. Weisman，“美国与欧洲盟国同意在伊朗问题上采取共同行动”，《纽约时报》（网络版），2005年3月11日，URL〈http：//www. nytimes. com/2005/03/11/politics/11 iran. html〉。

美欧立场趋同没有对德黑兰产生多大影响。伊朗官员拒绝了美国的建议，称那是不够的，并强调指出在伊与欧盟三国的谈判中没有美国需发挥作用的地方。[73] 他们表示，伊将重新启动铀转化工厂的运行，以后一定会继续推进铀浓缩计划，虽然他们还说，只要有意义的对话进行下去，伊就不会恢复铀浓缩活动。[74]

伊朗关于总体框架协定的方案

2005 年 5 月 3 日，伊朗提出分四个阶段解决核争端的总体框架协定。[75] 协定规定：允许伊朗在伊斯法罕的铀转化设施恢复运行，并开始在纳坦兹组装、安装和测试 3000 台气体离心机。[76] 与此同时，为了对其铀浓缩活动的和平性质提供“客观保证”，伊将采取比《附加监督保障协定书》更多的透明措施和增加信任措施。伊朗保证立即将所有浓缩铀转化为燃料棒，从技术上排除进一步浓缩的可能性；批准《附加议定书》，同时在议定书生效前继续遵守议定书的各项条款；允许国际原子能机构核查人员在伊斯法罕和纳坦兹设施进行持续现场核查；伊方主动承诺保持开放性核燃料循环系统（即，不涉及钚后处理）。

作为交换，欧盟三国则同意向伊出售轻水核能反应堆（这种反应堆防扩散性能较强）；给予“坚决保证”供应核反应堆燃料，以补充伊国内生产的燃料；放松向伊朗出售高技术的有关出口控制条例；使伊朗商品更多进入欧洲市场。此外，伊朗还提出要求成立双边联合工作小组，分别磋商战略合作、防务需求以及“共同遵守”处理伊与欧盟关系的“各项原则”。

欧洲谈判代表立即拒绝了伊方提出的框架协定核心内容，即：允

---

〔73〕 伊斯兰共和通讯社（IRNA），“Asefi 说激烈措施不会说服伊朗放弃权利”，2005 年 3 月 12 日，URL 〈http：//www. irna. ir/en/news/view/line－22/053120791143125. htm〉。

〔74〕 IRNA，“如果发现欧洲不诚实，伊朗将退出谈判：Rowhani”，2005 年 4 月 20 日，URL 〈http：//www. irna. ir/en/news/view/line－22/0504200895153401. htm〉。

〔75〕 “提供客观保证、坚定保证和坚定承诺的总体框架”，2005 年 5 月 3 日，URL 〈http：//abcnews. go. com/images/international/iran _ eu _ objectives. pdf〉。

〔76〕 关于伊朗核燃料循环基础设施的情况，见伦敦国际战略研究所（IISS），《伊朗的战略武器计划：基本评估》（*Iran's Strategic Weapons Programme：A Net Assessment*）（Routledge ：Abingdon，2005），第 33—51 页。

许伊朗保持有限的铀浓缩能力，作为交换伊采取新的侵入性透明措施。[77] 欧盟的立场是，伊朗必须永久停止包括铀转化在内的一切铀浓缩相关活动。欧盟谈判代表拒绝偏离这一立场。但是，据报道，欧盟三国尽力想拟订一个一揽子诱励方案，主要着眼于“赎买”伊朗的燃料循环计划，又不在既定立场上作出让步。[78] 欧方对伊的提议拖而不复，使德黑兰很不满，伊指责欧盟三国拖延谈判是为了要伊朗长期暂停铀浓缩，使永久停止成为既成事实。[79]

欧盟三国关于长期框架协定的方案

2005 年 8 月 5 日，欧盟三国提出长期协定框架，内容包括核能、技术合作和政治安全问题三个揽了相互关联的鼓励措施。[80] 这一框架协定的核心内容是向伊朗保证，伊可以市场价格获取国际核燃料服务。这些保证包括以下方面：如果某合同供应方因非商业原因不能向伊朗提供核燃料，欧盟三国就启动“临时机制”；在双方都接受的某第三国建立缓冲燃料贮备，其贮量足以在五年内按合同规定的额度保证供应；与国际原子能机构合作探索多边渠道处理核燃料循环问题。此外，欧盟三国还保证支持伊朗得到一座研究堆，并在核安全与保安领域与伊朗合作。[81]

欧盟三国的建议要求伊朗回应采取一系列措施，其中包括：作出

---

〔77〕 E. Sciolino，“欧洲要伊朗继续冻结核活动”，《纽约时报》（网络版），2005 年 5 月 26 日，URL〈http：//www.nytimes.com/2005/05/26 international/europe/26iran.html〉；和 I. Traynor，“欧盟警告伊朗：如果终止冻结就不谈判”，《卫报》（网络版），2005 年 8 月 3 日，URL〈http：//www.guardian.co.uk/iran/story/0.12858.1541351.00.html〉。

〔78〕 D. Dombey，G. Smyth 和 S. Fidler，“美国对伊朗核问题谈判发出警告”，《金融时报》2005 年 5 月 25 日，第 9 页；“削减核武器行动计划（Nuclear Threat Initiative），“希拉克敦促欧盟在伊朗核问题上软化立场”，Global Security Newswire，2005 年 4 月 14 日，URL〈http：//www.nti.org/d_newswire/issues/2005/4/14/3 af87c7e_dees_46be_98ca_e768ff55 dac5.html〉。

〔79〕 IAEA，“2005 年 8 月 1 日收到伊朗伊斯兰共和国常驻代表团的信”，INFCIRC/648，维也纳，2005 年 8 月 1 日，第 5 页，URL〈http：//www.iaea.org/Publications/Documents/Infcircs/2005/infcirc 648.pdf〉。

〔80〕 IAEΛ，“2005 年 8 月 8 日收到法国、德国和英国驻在机构的常驻代表的信”，INFCIRC/651，维也纳，2005 年 8 月 8 日，URL〈http：//www.iaea.org/Publications/documents/Infcircs/2005/infeirc 651/pdf〉。

〔81〕 INFCIRC/651（同注释［80］）。

"有约束力的承诺不进行核燃料循环活动，只能建造和运行轻水核能反应堆和研究堆"；承诺与 IAEA 充分合作做到完全透明，以解决所有遗留的监督保障问题，并在 2005 年年底之前批准《附加议定书》；作出具有法律约束力的承诺不退出 NPT 条约，并将所有核设施置于 IAEA 的监督保障之下；允许经过为安全运输起见最低限度必要的冷却阶段之后把所有乏燃料交回原供应方；停止计划在阿拉克建造重水堆的修建工作。〔82〕

关于政治与安全问题，欧盟三国方案要求双方加强反恐合作；制订打击非法毒品生产和贩运的联合计划；建立欧盟—伊朗地区安全对话机制。在技术和经济合作方面，方案确认欧盟支持伊朗加入世贸组织，希望在包括科研、民航、铁路运输和海运，石化与通信等诸多领域开展合作。〔83〕

伊朗新任总统内贾德立即拒绝了欧盟三国方案，称其是"对伊朗的侮辱"。〔84〕伊朗谈判代表不满地说，该方案旨在"确立一套主观的、歧视性、无理的标准"，最终导致大部分伊朗核基础设施被拆除。〔85〕该方案没有任何与伊朗开展经济和技术合作的"有力承诺"，只是"泛泛、有条件、部分重申以前的提议"。伊朗言正词严地拒绝该方案表明，内贾德组建的新核谈判班子想摆出一付比其前任与欧盟三国核谈判更加强硬的态势。内贾德和伊最高国家安全会议新任秘书拉里加尼，在 2005 年总统选举前的竞选期间都曾痛斥核谈判。从更广义上说，一些分析家说，伊朗领导人越来越相信基于实力地位与美国及其盟国谈判，可以使其更有利于实现自己的目标。〔86〕

〔82〕 INFCIRC/651（同注释［80］）。

〔83〕 INFCIRC/651（同注释［80］）。该方案还要求双方在许多领域开展合作，包括科学研究、民航、铁路运输与海运，石化和通信。

〔84〕 Mehr 通讯社，"内贾德对安南说：欧盟方案是对伊朗民族的侮辱"，2005 年 8 月 9 日，URL〈http：//www. mehrnews. com/en/News Detail. aspx? newsid=216526〉。

〔85〕 "伊朗伊斯兰共和国答复欧盟三国/欧盟提出的框架协定"（未标日期），可查网页 URL〈http：//www. basicint. org/countries/iran/Iranresponse. pdf〉。

〔86〕 C. Giacomo，"美国对伊朗政策无效"，路透社 2005 年 12 月 4 日电，URL〈http：//www. iiss. org/news—more. php? item ID=1834〉。

伊朗恢复铀转化活动

2005 年 8 月 8 日，伊朗宣布已开始在伊斯法罕设施恢复在 IAEA 监督下的铀转化活动准备工作。[87] 虽然伊朗强调这个决定是不能谈判的，但又说伊将按其 2005 年 5 月提出的框架协定第一阶段规定，在重新启动伊斯法罕的铀转化活动后继续遵守暂停其铀浓缩的承诺。

伊朗恢复铀转化活动促使欧盟三国取消原定 8 月底举行的下一轮谈判。[88] 伊朗还受到来自三国首都的严重警告：如德黑兰不立即重新冻结一切铀浓缩相关活动，它们准备支持美国要求把伊朗核问题提交安理会。在 2005 年 8 月 9 日举行的 IAEA 理事会紧急会议上，欧盟谴责伊此举“悍然无视理事会一再要求伊作为一项信任措施暂停一切铀浓缩相关活动和钚后处理活动”。[89] 会议结束时，IAEA 理事会一致通过决议，敦促伊朗恢复全面暂停一切铀浓缩相关活动。[90]

伊朗不管要付出什么外交代价决定恢复铀转化活动，部分原因是：据说伊原子能组织想解决在铀转化设施（UCF）出现的严重技术问题。据一些核工业贸易杂志报道，伊斯法罕生产的六氟化铀受到金属粒子的污染后不适合用作气体离心机装料。[91] 这已成为一个长期的技术难题，是伊朗自主发展铀浓缩能力的一大障碍。

---

〔87〕 Mehr 通讯社，“伊斯法罕设施重新启动铀转化活动”，2005 年 8 月 8 日，URL 〈http：//www. rnehrnews. com/en/newsdetail. aspx? News ID=216032〉；IAEA，“伊朗在铀转化设施开始充填高纯度铀矿石”，《新闻公报》，PR2005/09，维也纳，2005 年 8 月 8 日，URL〈http：//www. iaea. org/News Center/Pressreleases/2005/prn200509. html〉。

〔88〕 K. Bennhold，“欧洲人取消与伊朗的下一轮核谈判”，《国际先驱论坛报》2005 年 8 月 24 日，第 3 版。

〔89〕 英国代表欧盟 2005 年 8 月 9 日在 IAEA 理事会会议上的发言，维也纳，2005 年 8 月 9 日，URL〈http：//www. iaea. org/NewsCenter/Focus/IaeaIran/bog092005－statement _ eu. pdf〉。

〔90〕 IAEA，“在伊朗伊斯兰共和国执行 NPT 条约监督保障协定和理事会相关决议的情况：2005 年 8 月 11 日通过的决议”，维也纳，2005 年 8 月 11 日，URL〈http：//www. iaea. org/Publications/documents/Board/2005/gov2005－64. pdf〉，第 2 页。

〔91〕 M. Hibbs，“对伊朗纯化 UF6 进度的情报估计差别很大”，*Nuclear Fuel*，vol. 30，no. 18（2005 年 8 月 29 日），第 1 页；M. Hibbs，“伊朗有能力生产不纯的 UF6，想解决上游加工过程中的问题”，Nuclear Fuel，vol. 30，no. 17（2005 年 8 月 15 日），第 1 页。

国际原子能机构总干事对伊朗核计划的评估

2005 年 9 月 2 日，国际原子能机构总干事巴拉迪就核查伊朗执行监督保障协定的情况向机构理事国提交了第七个书面报告。[92] 这也是 2004 年 11 月之后，总干事向理事会提交的第一个报告。当时他公布一项全面评估，详细综述了 IAEA 的调查结果，认为伊朗没有报告或申报根据其监督保障协定所要求的许多核活动，包括铀转化和铀浓缩试验。[93]

巴拉迪的新报告明确了机构一直与伊朗共同要解决的履行监督保障条款中的两个主要问题。[94] 第一个问题是关于核查人员在伊朗各地通过环境取样发现的低浓铀和高浓铀粒子的来源。[95] 有人猜测，低浓铀粒子是在伊朗境内未申报浓缩试验中产生的。[96] 根据巴拉迪的报告，2005 年夏季在巴基斯坦环境取样的结果“总体上倾向于支持伊朗的说法”，即出现浓缩铀粒子是从“外国中间商”（即卡迪尔·汗核走私网）进口的离心机部件造成的污染所致。[97] 但是，关于受污染的全面情况，尤其是低浓铀的污染，IAEA 尚需作出定论。[98]

第二个主要问题涉及伊朗先进离心机设计的进展情况。IAEA 在继续调查伊朗所称的关于其先进离心机，即 P—2 离心机的研发工作。伊朗向 IAEA 承认，它是 1995 年通过外国中间商得到巴基斯坦的 P—2 离心机设计图纸的，但是伊直到 2002 年才开始制造离心机的

---

〔92〕 IAEA，总干事向机构理事会提交的“关于在伊朗伊斯兰共和国执行 NPT 条约监督保障协定情况”的报告，GOV/2005/67，维也纳，2005 年 9 月 2 日，URL〈http://www.iaea.org/Publications/Documents/Board/2005/gov2005－67.pdf〉。

〔93〕 IAEA，总干事向 IAEA 理事会提交的“关于在伊朗伊斯兰共和国执行 NPT 条约监督保障协定情况”的报告，GOV/2004/83，维也纳，2004 年 11 月 15 日，URL〈http://www.iaea.org/Publicafions/Documents/Board/2004/gov2004－83.pdf〉。

〔94〕 有关更多详细内容，见 Kile 与 Hart（同注释［16］），第 558—560 页。

〔95〕 高浓铀是指把同位素铀 235 中的铀浓缩到 20％以上；低浓铀是把铀 235 浓缩到 0.72％—20％。武器级铀是 U—235 浓缩到 90％以上。

〔96〕 D. Albright 和 C. Hinderstein，“离心机的来源”，*Bulletin of Atomic Scientists*（《原子科学家公报》），vol. 60，no. 2（2004 年 3/4 月号），第 62—63 页。

〔97〕 GOV/2005/67（同注释［92］），第 11 页。

〔98〕 环境取样表明，国内制造的部件主要受低浓铀染污，而进口的部件都有低浓铀和高浓铀污染；有些进口的部件及其相关组装设备和施工现场受到 c. 36％铀 235 粒子和其他 c. 54％铀 235 粒子的污染。GOV/2004/83（同注释［94］），第 9 页。

复合转子部件并进行机械测验。IAEA 核查人员从伊朗为获取设计图纸所投入的资金和该国的技术能力来看，对这一说法存有疑问。他们还对伊所称的在不到一年的时间里进行了根据 P—2 图纸的离心机测试的可行性表示怀疑，因为——这样做需要从国外采购磁铁、轴承和其他部件并制造出外套筒和离心机部件。核查人员想方设法找出更多文件，以证明伊方关于它在 1995—2002 年期间没有 P—2 离心机设计工作的说法。[99]

巴拉迪的报告还提供了关于伊朗和汗走私网之间的其他交易的更多详细情况。2005 年 1 月伊朗交给 IAEA 核查人员的文件中，包括一份一页长的手写文件副本，从中看出 1987 年据说 ·个外国中间商向伊朗表示愿意出售离心机部件和设备。[100] 伊朗说，该中间商只交付了一、两台拆卸的离心机部件及配套图纸和说明书。核查人员再三要求得到有关 1987 年那次交易的原件，但伊朗方面说，反映那次交易的唯一现有文件就只有这一页文档。[101]

除了这些问题之外，巴拉迪还说，IAEA 仍在评估伊朗核划计的其他方面，包括钚分离试验的时间、进行同位素钚—210 试验的目的，以及在 Gchine 铀矿的某些活动。IAEA 还继续要求进入德黑兰郊外另外两个地方核查，未申报的核武器相关活动可能就是在那里进行的。第一个地方是研制和生产弹药和高爆炸药的 Parchin 军事综合体。[102] 按惯例，IAEA 核查人员不得进入军事区域，因为他们的职权是监督民用核设施。2005 年 11 月，经过 双方长期磋商，伊朗允许 IAEA 核查人员进入后者选定的军事设施中一片地方的楼房，并允许其在那里做环境取样。至于第二个地点，即在 Lavisan－Shian，巴拉迪说 IAEA 仍在等待允许其进一步核查附属于以前设在那里的物理研

---

〔99〕 GOV/2005/67（同注释［92］)，第 11 页。

〔100〕 GOV/2005/67（同注释［92］)，第 5 页。该文件中有离心机生产的图纸和说明书；一家“成套”离心机工厂的图纸、说明书和计算数据；和制造 2000 台离心机构所需材料的清单。这份文件还提到，伊朗说它没有从外国中间商要求得到铀转化和铸造能力。

〔101〕 GOV/2005/67（同注释［92］)，第 11 页。

〔102〕 有些报道认为，在综合体内用于试验高爆炸药一个另行保安的场所是研制常规炸药用于核弹头计划的一部分。见 D. Albright 和 C. Hinderstein，“Pardain：伊朗境内可能与核武器有关的一个地方”，科学与国际安全研究所（ISIS)，*ISIS ISSUE BRIEF*，2004 年 6 月 17 日，URL：〈http：//www. isis－online. org/publications/iran/parchin. html〉。

究中心的相关军方所属车间和两用设备。[103]

伊朗是一个特殊核查案例

巴拉迪向理事会提交的报告对 IAEA 监督保障特别核查作出了正反两面的描绘。报告一方面说，核查人员能够证实伊朗境内所申报的核材料完全没有转用于被禁活动，但是又说 IAEA 仍无法认定伊朗境内没有未申报的核材料或活动。巴拉迪对理事会说，根据伊朗“以往多年隐瞒行为”，伊朗做到完全透明“是必不可少的，也早该如此”。[104] 他敦促伊朗采取更多透明措施，应超过全面监督保障协定和《附加议定书》正式要求做到的程度。这种措施应包括允许 IAEA 核查人员无阻拦地接触关键人士、车间和研发场所，并能获取关于购买两用设备和敏感技术所有原始文件。包括 IAEA 负责监督保障工作的副主任皮埃尔·戈尔德斯密特在内的其他专家 2005 年 7 月之前一直认为，如果安理会不授予更大调查权限，机构就无法完全了解伊朗核计划的历史真相，也无法评估伊目前的核能力。[105]

国际原子能机构理事会决议

2005 年 9 月 24 日，国际原子能机构理事会通过一项决议称：“正如巴拉迪总干事在前几次报告中描述的，伊朗多次不遵守并违背其履行”监督保障协定的义务，“根据机构章程第七条 C 款构成了不遵守行为”。[106] 决议是由欧盟三国与美国磋商后起草的。但是在中、俄两国的压力下，欧盟三国放弃了先前草案文本中理事会必

---

[103] GOV/2005/67（同注释［92］），第 10 页。

[104] GOV/2005/67（同注释［92］），第 11 页。

[105] P. Goldschmidt，“该对伊朗作出决断的时候了”，《纽约时报》，2005 年 9 月 14 日，URL〈http：//www. iranfocus. com/modules/news/article. php? storyid＝3708〉。

[106] IAEA，“在伊朗伊斯共和国执行 NPT 条约监督保障协定的情况”，IAEA 理事会通过的决议，GOV/2005/77，维也纳，2005 年 9 月 24 日，URL〈http：//www. iaea. org/Publications/Documents/Board/2005/gov2005－77. pdf〉，第 1 页。IAEA 章程第七章规定：“当理事会发现某接受国或一些接受国不遵守［监督保障协定条款］时，应要求其立即纠正。理事会应将不遵守情况向联合国安理会和联大的所有成员国通报。”

须立即就伊朗问题向安理会报告的要求。[107] 不过后来理事会通过的文本的提法是：18 年来伊朗的隐瞒行为导致人们"不相信"其核计划完全用于和平目的，"产生了属于安理会职权范围内的一些问题"。[108] 决议责成理事会就伊朗问题向安理会报告，但未提何时报告安理会。

伊朗对该决议表示气愤，伊外长谴责该决议是"非法、不合常理的"。[109] 德黑兰官员说，既然伊朗已经接受入侵性空前的核查，并与 IAEA 充分合作纠正了过去违反监督保障协议的行为，伊目前是履行其 NPT 条约义务的。他们还说，理事会表决时分歧很大，22 个成员国投赞成票、12 票弃权（包括俄罗斯和中国）、一票反对（委内瑞拉），而不是通常那样一致通过，这说明决议只得到西方国家的支持，而且是出于政治目的。[110] 他们警告说，伊朗对理事会决议作出的回应是：重新启动铀浓缩活动、暂停遵守尚未批准的《附加议定书》。后来，伊朗议会通过立法：如果 IAEA 理事会向安理会报告伊朗问题，就要求政府不许机构对伊核设施进行国际核查。[111]

国际原子能机构理事会决定推迟提交安理会

鉴于理事会通过决议称伊朗不遵守监督保障协定，人们预料美国和欧盟三国将在 2005 年 11 月举行的下一次理事会上推动把伊朗问题提交联合国安理会。但是美国和欧洲官员会前表示，为了给伊朗更多时间考虑俄罗斯早先提出的关于摆脱外交僵局的折中方案，

---

[107] M. Landler，"原子能机构看来将支持对伊朗较轻的指责"，《纽约时报》（网络版），2005 年 9 月 24 日，URL〈http：//nytimes. com/2005/09/24/international/middleeast/24 iran. html〉。

[108] GOV/2005/77（同注释［106］），第 2 页。

[109] 美联社 2005 年 9 月 25 日电，"伊朗拒绝联合国决议"，URL〈http：//www. cbsnews. com/stories/2005/09/25/world/main882946. shtml〉。

[110] Mehr 通讯社，"国际社会未能取得一致对付伊朗"，Mehr News. com，2005 年 9 月 24 日，URL〈http：www. mehrnews. com/en/News Detail. aspx? newsid＝233325〉。

[111] Dareini，A.，"伊朗议会表决阻止核核查"，美联社 2005 年 11 月 20 日电，URL〈http：//www. breitbart. com/news/2005/11/20/D8EOB9100. html〉。

美欧将推迟把问题提交安理会。[112] 据说，美欧的决定表明，它们承认此举在理事会得不到广泛支持，其中包括中国和俄罗斯这样的关键性国家。[113]

巴拉迪总干事在 2005 年 11 月 18 日发表一份关于在伊朗执行监督保障协定的新报告，使得理事会的审议工作复杂化了。除了其他调查结论之外，报告指出，IAEA 核查人员发现了时间标为 1987 年的一份文件，内容是关于“把浓缩铀、天然铀和贫铀三种铀金属铸造加工成半球型的工艺”。[114] 这一发现引得媒体颇为注意，因为铀金属半球体可用于制造内爆型核武器的弹蕊。[115] 根据巴拉迪的报告，伊朗称从未要求得到这一技术信息，而是一家外国中间商给它的。德黑兰官员还声称，他们把文件交回表明其对充分透明的承诺。

虽然该文件中没有详细图纸或工程操作信息，但它的发现使国际社会更加关切伊朗的核活动。英国驻 IAEA 大使代表欧盟发言时告诫说，该文件是“武器化的征兆”，表明伊朗至少在 18 年前就有意获取有关生产核武器的各项技术和专门知识。[116] 在发出此警告之前，美国在 2005 年早些时候就公开声称，伊朗拥有秘密计划，研制配备能

---

〔112〕“在核争吵中给伊朗更多时间”BBC News Online，2005 年 11 月 21 日，URL 〈http：//news. bbc. co. UK/1/4457772. stm〉；G. Iahn，“美国和欧洲不会推动在伊朗问题上采取行动”，美联社 2005 年 11 月 21 日电，URL 〈http：//www. apnews. myway. com/article/20051121/D8E 13P400. html〉。

〔113〕 G. Dinmore 和 N. Bozorgmehr，“赖斯未能得到支持将伊朗问题提交安理会”，《金融时报》，2005 年 10 月 17 日，第 4 页。

〔114〕 IAEA，总干事向 IAEA 理事会提交的“关于在伊朗伊斯兰共和国执行 NPT 条约监督保障协定的情况”报告，GOV/2005/87，维也纳，2005 年 11 月 18 日，URL 〈http：//www. iaea. org/Publications/Documents/Board/2005/gov 2005－87. pdf〉，第 3 页。

〔115〕 M. Heinrich 和 F. Murphy，“伊朗向联合国发出了炸弹部件的信息”，路透社 2005 年 11 月 18 日电，URL 〈http：//www. iranfocus. com/modules/news/article. php? storyid＝4475〉。

〔116〕“英国大使 Peter Jenkins 在 IAEA 理事会上的发言”，2005 年 11 月 24 日，URL 〈http：//www. iranwatch. org/IAEA govdocs/uk－fco－statement－iaea－board－112405. html。

携带核弹头的“流星”中远程弹道导弹的一种小型再入大气层运载工具。[117] 该文件的发现还引起人们怀疑伊朗是否还拥有与 IAEA 调查有关而伊朗因疏漏未交出的其他文件。[118]

恢复伊朗—欧盟三国谈判

IAEA 理事会会议结束之后不久，欧盟外长们同意伊朗要求恢复关于伊核计划的谈判。[119] 后来，2005 年 12 月 21 日在维也纳举行了“关于举行谈判的谈判”，会议结束时双方同意 2006 年 1 月再次会晤。据报道，双方谈判代表将对伊朗铀浓缩计划的任何实质性磋商延至下次会议进行。当时有迹象表明，双方在这个问题上的立场仍南辕北辙。[120] 内贾德总统发表了一系列尖刻的反以色列言论后，恢复谈判的政治气氛已经恶化了。他的讲话受到许多国家政府的严厉谴责，2005 年 12 月 15 日在布鲁塞尔举行的欧盟理事会首脑会议上受到正式谴责。[121]

伊朗和欧洲谈判代表要讨论的一个主要议题是：俄罗斯非正式提议与伊朗联合生产核燃料。[122] 总的来说，俄建议要求伊将其铀浓缩计划中最敏感的部分外包到俄。伊将被允许继续在伊斯法罕设施把铀矿石转化为四氟铀（生产六氟铀的一道中间工序），但必须在 IAEA

---

[117] 据说 2004 年美国获取了 1，000 页有关一枚导弹头的一些波斯文文件，其中包括计算机模拟和试验情况。美国官员认为，该导弹头设计为能携带核武器。W. Broad 和 D. Sanger，“美国依靠计算机就能证实伊朗的核意图”，《纽约时报》，2005 年 11 月 13 日，URL 〈http：//www. mezomorf. com/technology/news－11854. html〉。

[118] “英国大使 Peter Jenkins 在 IAEA 理事会的发言”（同注释［116］）。

[119] 美联社和法新社，“欧盟提出恢复与伊朗的核谈判”，《国际先驱论坛报》（网络版），2005 年 11 月 28 日，URL 〈http：//www. iht. com/articles/2005/11/28/news/iran. php〉。

[120] “削减核武器计划”，“伊朗核计划问题上没有取得任何进展”，Global Security Newswire，2005 年 12 月 22 日，URL 〈http：//www. nti. org/d _ newswire/issues/2005－12－22. html＃8C17BDDF〉。

[121] “削减核武器计划”，“欧盟谴责伊朗总统反以言论，在核计划问题上警告德黑兰”，Global Security Newswire，2005 年 12 月 16 日，URL 〈http：//www. nti. org/d _ newswire/issues/2005 _ 12 _ 16. html＃54C8DF8A〉。

[122] “削减核武器计划”，“俄罗斯想与伊朗做核燃料买卖”，Global Security Newswire，2005 年 11 月 3 日，URL 〈http：//www. nti. org/d % 5Fnewswire/issues/2005/11/3/683 cea 4e% 2 Dfcea %2D4882% 2D902e%2D40ad8cb344f7. html〉。

的监督保障下，并采取透明措施。然后把四氟铀运到俄罗斯境内的一个设施将其转化为六氟铀，此后再浓缩为核电厂使用的低浓铀燃料；该设施可以在伊俄联合拥有名下运行。伊朗将反应堆乏燃料运回俄长期贮存和处置，如同伊过去已同意处置俄为布什尔核电厂提供的燃料一样。

伊朗官员最初对俄建议作出的反应是否定的。伊外交部发言人斩钉截铁地说，任何燃料供应买卖必须保证核燃料循环仍在伊境内进行。[123] 2005 年 12 月初，拉里加尼在一次记者招待会上说，他认为“没有必要”按此建议与俄罗斯进行其提出的燃料供应买卖，并重申伊打算在国内生产核燃料。[124] 他没有具体说可能何时生产，但他强调伊宁可等到谈判结束后，也就是说可能要等几个月。伊朗高级官员后来对俄建议作出较为积极的公开评估，但是仍强调伊朗关于在国内拥有铀浓缩能力的政策没有改变。[125]

2006 年 1 月 3 日，伊朗通知 IAEA：伊“决定从 2006 年 1 月 9 日起恢复和平核能计划的研发活动。停止这种活动是伊过去扩大自愿的、无法律约束力的暂停内涵一部分”。[126] 伊方没有立即明确表示它打算恢复哪些浓缩研发活动。这一宣布受到巴拉迪的批评，似乎马上要在伊朗与欧盟三国和美国之间引发一场冲突。[127] 此前，欧盟曾说过，伊朗只要决定恢复其铀浓缩计划，就是欧盟不愿再与伊朗谈判解决分歧的“红线”。[128] 但是，俄罗斯、中国和其他一些国家

---

〔123〕“欧盟提议恢复与伊朗的核谈判”（同注释［119］）。

〔124〕法新社，“拉里加尼说伊朗不会放弃铀浓缩计划”，Space War，2005 年 12 月 5 日，URL〈http：//www. space war. com/news/iran－05zzzzzzf. html〉。

〔125〕“削减核武器计划”，“伊朗答应研究核问题折衷建议”，Global Security Newswire，2006 年 1 月 3 日，URL〈http：//www. nti. org/d _ newswire/issues/2006 _ 1 _ 3. html＃1E575FA9〉；伊朗通讯社，“Asefi 说与俄罗斯的核问题磋商是积极的”，2006 年 1 月 8 日，URL〈http：//www. irna. ir/en/news/view/line－22/0601081605141451. htm〉。

〔126〕IAEA，“伊朗将恢复暂停的核研发活动”，新闻公报 2006/01 号，维也纳，2006 年 1 月 3 日，URL〈http：//www. iaea. org/NewsCenter/PressReleases/2006/prn200601. html〉。

〔127〕G. Jahn，“伊朗反驳 IAEA 领导人”，美联社 2006 年 1 月 5 日电，URL〈http：//www. washingtonpost. com/wp－dyn/content/article/2006/01/05 AR 2006010500877. html〉。

〔128〕A. Dareini，“伊朗打算恢复核研究”，美联社 2006 年 1 月 3 日电，URL〈http：//www. washingtonpost. com/wp－dyn/content/article/2006/01/03/AR 200601030030 3. html〉。

是否会接受比较强硬的态度来处理对伊朗核燃料循环活动的关切，包括把问题提交安理会可能采取制裁，到 2006 年初这一点尚不明朗。[129]

第四节　朝鲜核计划与六方会谈

2005 年间，没有迹象表明在朝鲜核计划问题上的持续对峙有任何缓解。这个问题在 2002 年进入了一个新的更危险的阶段。当时，平壤和华盛顿采取了一系列针锋相对的举措，导致 1994 年的《框架协议》告吹。[130] 2003 年 4 月，朝正式退出 NPT 条约使危机进一步加剧。[131] 人们普遍认为，朝已用在宁边的 5 兆瓦研究反应堆的乏燃料生产并分离出足以制造少量核弹头的钚。[132]

2005 年，中国、日本、朝鲜、韩国、俄罗斯和美国又进行了两轮六方会谈，目标是消除朝核问题上的外交僵局。此前，由中国做东道主的这一谈判在 2004 年 6 月第三轮结束后已停了一年多。朝方在第三轮谈判中拒绝美方提出的解决朝核问题建议，并宣布将不会参加以后几轮会谈。[133] 2005 年 2 月 10 日，朝首次宣布它已研制出可用于

---

〔129〕 2005 年 12 月初，俄罗斯宣布俄将向伊朗出售新的防空导弹遭致欧美严厉批评。G. Jahn，“欧盟对俄伊导弹交易提出抗议”，美联社 2005 年 12 月 15 日电，URL〈http：//www. forbes. com/business/services/feeds/ap/2005/12/15/ap 2395314. html〉。

〔130〕 有关 1994 年《朝美框架协议》的内容及导致协议告吹的事态发展，见 S. N. Kile “核军控、不扩散与弹道导弹防御”，《SIPRI 年鉴 2003：军备、裁军和国际安全》（牛津大学出版社，牛津，2003），第 578—592 页。《框架协议》全文，见网址 URL〈http：//www. kedo. org/pdfs/Agreed Framework. pdf〉。

〔131〕 朝鲜 2003 年 1 月 10 日宣布，出于“最高国家利益”朝退出该条约于 2003 年 4 月 10 日生效。朝鲜签署的监督保障协定（INFCIRC/403）也被视为从那天起失效。

〔132〕 据某非政府组织估计，到 2005 年年中，朝鲜拥有 15—38 公斤分离钚，足以制造 3—9 枚核武器。科学与国际安全研究所（ISIS），“2005 年年中，朝鲜的钚储量”，*ISIS Issue Brief*，2005 年 9 月 7 日，URL〈http：//www. isis－online. org/publications/dprk/dprk plutoniumstockmid05. pdf〉。

〔133〕 首轮六方会谈是 2003 年 8 月 27—29 日举行的，第二轮是 2004 年 2 月 25—28 日，第三轮是 2004 年 6 月 23—26 日。

实战的核武器，这使恢复会谈的前景复杂化了。[134] 此外，2005 年 4 月，美国情报部门推测，朝准备在其东北沿海的 Kilju 附近进行一次核爆炸试验。[135]

与此同时，朝方在 2005 年春季表示，如果美国同意停止推行对朝“敌视政策”，以礼相待，朝方准备重返谈判。[136] 从美方来看，美国政府在回应平壤作出的姿态时显示了较大的外交灵活性，包括愿与朝鲜官员在纽约进行非正式磋商。[137] 美国作出政策调整部分是出于安抚某些地区盟国的考虑，因为这些国家担心，美国政府出于意识形态原因不想与朝鲜进行认真谈判。[138]

2005 年 7 月 10 日，朝鲜宣布将重返六方会谈。据朝外交部发言人说，是美国作出保证将承认朝鲜北方是主权国家、无意入侵朝鲜和在多边谈判框架内举行双边会谈之后，才作出这一决定的。[139] 此外，据报导，中韩两国也力促朝方停止抵制六方会谈。朝方作出这一宣布后，韩国说如果朝重返谈判并承诺取消其核武器计划，韩方愿意向朝方供应 2000 兆瓦的电力。[140]

---

[134] 朝鲜中央通讯社（KCNA），“朝鲜民主主义人民共和国外交部关于无限期中止参加六方会谈的立场”，2005 年 2 月 10 日，URL〈http://www.kcna.co.jp/item/2005/200502/news02/11.htm#1〉。

[135] D. Sanger，“朝鲜人究竟想干什么？美国各政府部门不能取得一致意见”，《纽约时报》（网络版），2005 年 5 月 12 日，URL〈http://www.nytimps.com/2005/12/politics/12 intel.html〉。

[136] 朝鲜中央通讯社，“朝鲜人民主主义人民共和国外交部发言人谈朝无核化问题”，2005 年 3 月 31 日，URL〈http://www.kcna.co.jp/item/2005/200504/news 04/01.htm#17〉。

[137] D. Sanger 和 T. Shanker，“有报道说朝鲜暗示将参加核谈判”，《纽约时报》（网络版），2005 年 6 月 6 日，URL〈http://www.nytimes.com/2005/06/06/international/asia/06Korea.html〉。

[138] P. Eckert，“分析家指出，美国应重新把重点放在与朝鲜谈判上”，路透社 2005 年 1 月 25 日电，URL〈http://www.reuters.ch/news Article.jhtml? type = reuters Edge&storyID=7429557〉。

[139] 朝鲜中央通讯社，“朝鲜民主主义人民共和国外交部发言人谈朝美代表团团长接触”，2005 年 7 月 10 日，URL〈http://www.kcna.co.jp/item/2005/200507/news07/11.html#〉。

[140] J. Brinkley，“如果朝鲜放弃武器计划，韩国愿意提供电力”，《纽约时报》（网络版），2005 年 7 月 13 日，URL〈http://www.nytimes.com/2005/07/13/international/asia/13 diplo.html〉。韩方愿意提供的能源相当于根据《框架协议》答应为朝鲜建造的两座轻水核电反应堆发电量的总和。

朝美联合声明

第四轮六方会谈在中国北京举行，第一阶段会议是从 2005 年 7 月 26 日到 8 月 7 日，休会后又从 2005 年 9 月 13 日开到 9 月 19 日。这轮谈判结束时，与会各方发表了一项关于指导今后谈判原则的联合声明，提出谈判的宗旨是“以和平方式实现可核查的朝鲜半岛无核化”。[141] 在联合声明中，朝美双方作出了若干具体承诺。朝方承诺“放弃一切核武器和现有核计划”，并早日重返 NPT 条约和 IAEA 监督保障协定。美国确认在朝鲜半岛没有核武器，也“无意”用核武器或常规武器“攻击或入侵朝鲜”。两国还保证“相互尊重主权”，并“采取措施根据各自对对方的政策使两国关系正常化”。除了上述承诺，中国、日本、韩国、俄罗斯和美国表示愿意向朝鲜提供能源援助。[142] 五国还“表示尊重”朝方关于它有和平利用核能的权利，并“同意在适当时候讨论向朝鲜提供轻水反应堆问题”。[143]

虽然一些外交观察家高度评价联合声明的签署是一个突破，但是在六方会谈中出现的一些关键问题和争执点并没有解决。朝方承诺“放弃”其核武器和现有核计划以换取援助和安全保证，似乎没有满足美方在谈判中坚持的平壤必须同意以可核查方式拆除一切核设施的要求。朝方也不愿承认它有一项秘密的铀浓缩计划——美国情报部门怀疑，这是除了朝已宣布的钚后处理设施以外的正在开发的另一项计划。与此同时，联合声明没有提到朝方长期坚持的下列要求：美国向朝鲜作出正式安全保证，包括签订互不侵犯条约。

联合声明发表后，两个主要对手立即对什么是确实达成一致的内容发表了相互矛盾的观点。朝美之间的根本分歧仍是可能达成协议的时机和先后顺序。美国谈判代表强调，他们始终坚持必须“全面、可核查、不可逆转”地终止朝鲜一切核活动的立场。在他们看来，讨论

[141] 美国国务院发言人办公室，“第四轮六方会谈联合声明”，2005 年 9 月 19 日，URL〈http：//www. state. gov/r/pa/prs/ps/2005/53490. htm〉。

[142] 韩国重申其 2005 年 7 月提出的向北方提供 200 万兆瓦电力的承诺。

[143] 美国国务院（同注释［141］）。

向朝鲜提供一座核电反应堆的“适当时间”只能在朝方满足了下面两个条件之后：一是立即取消一切核武器和核计划，并由国际核查人员检查；二是朝全面遵守作为 NPT 条约无核武器国家的各项义务，其中包括与 IAEA 签订的监督保障协定。[144] 朝鲜方面则警告美国，在向朝方提供轻水堆作为“建立信任的实在保证”之前，“不要指望甚至梦想朝鲜民主主义人民共和国会拆除核遏制力的问题”。[145] 朝鲜官员后来澄清说，交付反应堆是朝作为无核武器国家重返 NPT 条约和重新接受 IAEA 核查人员的先决条件。[146]

后来平壤和华盛顿的立场都日趋强硬，在这种情况下，突破外交僵局没有取得什么进展。[147] 2005 年 11 月 9—11 日，第五轮六方会谈在北京举行，但无果而终。12 月 11 日，朝方宣称无限期中止参加六方会谈。[148] 朝方宣布不会重返谈判，除非华盛顿先取消因朝涉嫌进行洗钱、伪造假币和武器走私等一系列非法活动而对其采取的金融制裁。此外，平壤还继续坚持原有立场，即：由于根据《框架协议》拟在朝建造的两座轻水核电反堆被取消，朝方应得到政治、经济补偿。[149] 2005 年 11 月 23 日，美国及其朝鲜半岛能源开发组织的伙伴成员决定取消自 2002 年以来已停

---

[144] 助理国务卿克·希尔在第四轮六方会谈闭幕全体会议上的讲话，美国国务院发言人办公室，2005 年 9 月 19 日，URL〈http://www.state.gov/r/pa/prs/ps/2005/53499.htm〉。

[145] 朝鲜中央通讯社，“朝鲜民主主义人民共和国外交部发言人谈六方会谈”，URL〈http://www.kcna.co.jp/item/2005/200509/news09/21.htm#1〉。

[146] “减小核威胁计划”，“朝鲜把要求得到核能反应堆作为恢复国际核查的先决条件”，Global Security Newswire，2005 年 10 月 7 日，URL〈http://www.nti.org/d_newswire/issues/2005_10_7.html#BEDD96F5〉。

[147] D. Sanger，“US widens campaign on North Korea”，《纽约时报》（网络版），2005 年 10 月 24 日，URL〈http://www.nytimes.com/2005/10/24/international/asia/24korea.html〉。

[148] 法新社，“核谈判无限期中止：朝鲜”，SpaceWar，2005 年 12 月 11 日，URL〈http://www.spacewar.com/news/korea-05zzzzze.html〉。

[149] 朝鲜中央通讯社，“朝鲜民主主义人民共和国外交部发言人要求美国补偿其政治、经济损失”，2005 年 11 月 28 日，URL〈http://www.kcna.co.jp/item/2005/200511/news11/29.html〉。

下来的该项目。[150]

第五节 开展国际合作，确保核材料和核设施的安全

国际社会担心核材料有落入非国家行为体之手用于恐怖活动的危险，同时还日益认识到，各国为保护核材料和核设施而采取的措施在内涵和实施方面是不平衡的。因此，为了裂变材料和其他危险放射性材料的安保和衡算、减小其被窃的可能性，近年来提出了一系列国际防扩散与裁军援助计划（INDA）。[151] 2005 年期间，欧盟就如何使共同体机制有助于确保全球核材料贮存的安全进行了磋商，把它作为欧盟《防止大规模杀伤性武器扩散战略》的一部分。[152] 在美国，布什政府要求大幅度增加能源部 2006 财年的材料保护控制和衡算项目的经费，以提高在前苏联和世界其他地方的核材料的安全。[153] 要求增拨经费反映了国会越来越关切俄罗斯的核保安和恐怖分子获取核武器

〔150〕“削减核武器计划”，“朝鲜反应堆项目已取消”，Global Security Newswire，2005 年 11 月 23 日，URL〈http：//www. nti. org/d _ newswire/issues/2005 _ 11 _ 23. html〉；Kim，K—T，“朝鲜要求美国取消制裁”，《卫报》（网络版），2005 年 12 月 6 日，URL〈http：//www. guardian. co. uk/worldlatest/story/0，1280，—5460734，00. html〉。

〔151〕目前 INDA 活动概述，参见 Y. Fedchenko，M. Maerli 和 I. Anthony，“核安全：加强欧盟合作减小威胁计划”，《中间报告背景文件 2》，Strengthening European Action on WMD Non—proliferation and Disarmament：*How Can Community Instruments Contribute*?（斯德哥尔摩：SIPRI，2005 年 12 月），URL〈http：//www. sipri. org/contents/expcon/BP2. pdf〉，第 22—39 页。

〔152〕2005 年，启动了一项试点计划，就 2007—2013 年预算期内如何利用欧盟 WMD 战略框架内共同体的资源提出独立建议。参见 SIPRI “欧盟试验项目会议材料”，URL〈http：//www. sipri. org/contents/expcon/euppconfmaterials. html〉。

〔153〕D. Ruppe，“白宫减小核威胁预算使能源部活动经费紧张”，Global Security Newswire，2005 年 2 月 8 日，URL〈http：//www. nti. org/d _ newswire/issues/2005 _ 2 _ 8html＃1FA28A1A〉。政府的 2006 财年预算要求把能源部全面减少核威胁活动经费从 4. 39 亿美元增至 5. 26 亿美元。

或放射性武器的危险。[154]

美俄在核保安方面的合作

2005 年 2 月 24 日，美国总统布什和俄罗斯总统普京在出席斯洛伐克布拉迪斯拉伐首脑会议期间同意为打击核恐怖主义扩大和深化双边合作。[155] 两国总统保证要加快有关项目，以提高俄罗斯核设施的安全性，并制订一项至 2008 年及此后的工作计划。为推动这项工作，两国总统责成建立美俄高级部际小组开展核保安合作，其中包括处置不再需要用于防务的裂变材料。两国总统还保证共同致力于发展低浓铀燃料，用于目前使用高浓铀的任何美、俄设计的在第三国的研究反应堆，并从这些反应堆回收鲜乏高浓铀。[156] 布拉迪斯拉伐计划要求加强美俄双边合作的背景是，两国的核保安部门当时在一些灵敏的 INDA 活动问题上严重对立。有些观察家指出，该计划没有触及几个重要的未决问题，例如：在是否允许美方人员进入核材料和核弹头贮存地问题上有争议，也没有规定国际援助到期停止后如何使用俄自己的资源改进核保安。[157]

2005 年 7 月，美俄两国政府就解决妨碍 2000 年《美俄钚材料管理与处理协定》执行中责任问题上的长期法律争执达成原则协议。[158] 这一争执的核心是：美国官员和承包商对于在俄罗斯，特别是钚处理场所从事实施援助项目工作时引起的法律诉讼，应得到多大程度的保

---

[154] W. Pincus 和 P. Baker，“美俄打击恐怖主义协议”，《华盛顿邮报》（网络版），2005 年 2 月 24 日，URL〈http：//www. washingtonpost. com/wp－dyn/artieles/A48465－2005Feb23. html〉。

[155] 白宫，“美俄联合发布稿：布拉迪斯拉伐倡议”，News release，2005 年 2 月 24 日，URL〈http：//www. whitehouse. gov/news/releases/2005/02/20050224－7. html〉。

[156] 白宫（同注释［155］）。

[157] 参见 M. Bunn 和 A. Weir，《2005 年原子弹的安全保护：新的全球责任》“管理原子弹项目”，哈佛大学肯尼迪学院 2005 年 5 月，URL〈http：//www. nti. org/e _ research/report _ cnwm update2005. pdf〉，第 22 页。

[158] 根据协定规定，每一方必须至少处理 34 吨宣布超出防务需要的武器级钚，通过辐照使之成为反应堆燃料或使之与高级放射性废料固化，从而使其适合地质处理。协定全文可查网页 URL〈http：//www. nnsa. doe. gov/na－20/docs/2000 _ Agreement. pdf〉。

护。[159] 双方还希望这一争端的解决有利于延长 1992 年签订的《合作减小核威胁计划》中的“总体协定”。该协定是大多数由美方出资在俄罗斯进行核保安项目的基础，将于 2006 年 6 月到期。[160] 然而，同时又没有就建造一座俄罗斯混合氧化物（MOX）燃料厂项目的资金问题最后取得一致，该厂建成后将把过剩的武器用钚转化为民用核反应堆燃料。[161]

2005 年，在落实美国出资的“全球减小核威胁倡议”（GTRI）计划方面取得了进展。这项计划是 2004 年 5 月美国能源部国家核安全管理局发起的，其宗旨是：“巩固、加速与扩大当前的工作，把将来可能用于核武器的材料从不安全的地方搬走”，并“鉴别出目前减小核威胁倡议没有顾及扩散关切的核材料和设备，并确定轻重缓急”。制订该计划反映了美国和其他国家对大量民用核材料的不安全存放地点造成的扩散危险越来越担心。[162] 作为全球“核大扫除”的一部分，美国正与俄罗斯、国际原子能机构和其他伙伴合作，使主要民用研究反应堆从使用高浓铀燃料转为使用低浓铀燃料，并把原来由俄罗斯或美国提供的所有鲜乏高浓铀燃料从世界各地运回原地。[163] 2005 年 9 月 27 日，美国国家核安全管理局（NNSA）宣布：14 公斤高浓铀已从捷克科技大学的 VR—1 Sparrow 研究反应堆运出，运回俄罗斯季米特洛夫格勒的一个安全设施，这些材料将在那里稀释为低浓铀。这是根据 GTRI 计划把俄生

[159] S. Saradzhyan，“主要核争端解决了”，《莫斯科时报》，2005 年 7 月 20 日，第 2 版，URL〈http：//the moscowtimes. com/stories/2005/07/20/010 . html〉。

[160] Pincus 和 Baker（同注释［154］）；Antonov，A.，在俄罗斯政策研究中心（PIR Centre）顾问委员会会议上的讲话［俄语］，2005 年 7 月 13 日，URL〈http：//www. pircenter. org/cgi－bin/pirnews/getinfo. cgi? ID＝1954〉。

[161] D. Francis，“华盛顿和莫斯科就在俄罗斯开展美国资助的核项目的法律责任问题达成协议”，Global Security Newswire，2005 年 11 月 9 日，URL〈http：//www. nti. org/d _ newswire/issues/2005 _ 11 _ 9. html〉。

[162] 关于这些关切的综述，参见 P. Bleak，《全球大扫除：应对民用核材料威胁的新方法》，哈佛大学肯尼迪学院贝尔法科学与国际问题研究中心《管理原子弹项目》，2004 年 9 月，URL〈http：//www. bcsia. . ksg. harvard. edu/publication. cfm? program＝STPP&ctype＝paper&item _ id＝464〉。

[163] IAEA，“IAEA 欢迎美国提出的新全球减小核威胁计划”，2004 年 5 月 27 日，URL〈http：//www. iaea. org/News Center/News/2004/GTRI _ initiative. html〉。

产的高浓铀燃料第八批运回俄。[164] 2005 年 11 月，NNSA 宣布，这个捷克研究反应堆是成功地将高浓铀燃料转化为低浓铀燃料的第一个俄罗斯提供的反应堆。[165]

国际原子能机构采取的举措

2005 年，国际社会由于担心核材料落入恐怖分子手里的危险，通过了一项修正案要求加强 1980 年的《核材料实物保护公约》。[166] 公约是关于实物保护问题唯一生效的多边条约。缔约国有义务在保护国际运输或运输中储存的核材料作出特殊安排，并要符合规定的标准。2005 年 7 月 8 日，89 个缔约国代表团投票赞成修改公约，使缔约国在国内使用、运输和贮存中保护核设施和核材料受到法律约束。[167] 这项修正案要求缔约国根据一系列基本原则制订并保持一个规范实物保护的法律与管理框架。此外，修正案还要求各国在迅速找出和追回被窃或走私核材料工作中扩大合作。[168]

2005 年 9 月，IAEA 理事会通过了一项 2005—2009 年《核保安

---

[164] 美国能源部国家核安全管理局，“从捷克科技大学回收高浓铀”，新闻发布稿第 NA—05—22 号，2005 年 9 月 27 日，URL〈http: //www. nnsa. doe. gov/docs/newsreleases/2005/PR _ 2005 _ 09 _ 27 _ NA－05－22. htm〉。到 2005 年 9 月为止，俄罗斯提供的高浓铀燃料也从保加利亚、捷克共和国、拉脱维亚、利比亚、罗马尼亚、塞尔维亚与黑山及乌别克斯坦运回了俄罗斯。

[165] 美国能源部国家核安全管理局，“NNSA 完成了捷克研究反应堆的铀转化工作”，新闻发布稿第 NA—05—28 号，2005 年 11 月 4 日，URL〈http: //www. nnsa. doc. gov/docs/newsreleases/2005/PR _ 2005 _ 11 _ 04 _ NA－05－28. htm〉。

[166] 公约全文可查网页 URL〈http: //www. iaea. org/Pablications/Docnments/Infcircs/Others/inf 274r1. shtml〉。

[167] IAEA，“各国就加强实物保护机制达成协议”，新闻发布搞第 2005/03 号，2005 年 7 月 8 日，URL〈http: //www. iaea. org/NewsCenter/PressRelecses/2005/prn200503. html〉。只要现有 112 个缔约国有三分之二多数批约，公约修正案即生效。

[168] 修正案全文，见“防止核恐怖主义的核保安措施：《核材料实物保护公约》修正案”，总干事向理事会大会提交的报告，GOV/INF/2005/10—GC（49）INF/6，维也纳，2005 年 9 月 6 日，URL〈http: //www. iaea. org/About/Policy/GC/GC49/Documents/gc49inf－6. pdf〉。

计划》。[169] 这项新计划是在理事会 2002 年 3 月通过的《防止核恐怖主义行动计划》基础上的完善。[170] 该计划旨在通过帮助各国在国家一级提升其对核材料和核设施实物保护水平、侦破跨境核走私和改进对放射源的管制，从而在全球范围加强防止恐怖主义涉足裂变材料和其他放射性核材料的活动。

全球性措施

2005 年 4 月 13 日，联合国大会一致通过了针对非国家行为体非法拥有或使用核装置或核材料的《打击核恐怖主义活动国际公约》。[171] 公约的宗旨是补充现有的打击恐怖主义其他表现形式的联合国文书，为在调查、检举和引渡涉及放射性材料或核装置进行恐怖活动的人的工作中开展国际合作提供法律依据。《核反恐公约》要求各国制订对核恐怖相关犯罪活动量刑定罪的适当法律框架。公约的重点是调查和检举犯罪分子，同时也在一定程度上涉及对拘押犯的处置和引渡政策。公约于 2005 年 9 月 14 日开放签署，22 个签约国批约 30 天后即生效。

第六节 结 论

2005 年的特点是，为解决来自核不扩散体制内外的某些紧迫挑战的努力遭到种种失败，或者说错过了诸多机会。最引人瞩目的是，NPT 条约 2005 年审议大会结束时没有就条约执行中的问题通过含有任何实质性决定的最后报告。会上各方僵持不下，凸显了“有”核武

[169] IAEA，“核安全：为防止核恐怖主义采取的措施”，第 49 次 IAEA 全会通过的决议，GC（49）/res/10，2005 年 9 月 30 日，URL〈http：//www.iaea.org/Abouf/Policy/GC/GC49/documents/gc49res10.pdf〉。

[170] IAEA，“IAEA 理事会批准打击核恐怖主义的行动计划”，新闻发布稿第 PR2002/04 号，2002 年 3 月 19 日，URL〈http：//www.iaea.org/NewsCenter/PressReleases/2002/prn0204.shtml〉。

[171] 《打击核恐怖活动国际公约》，联合国大会文件 A/59/766，2005 年 4 月 13 日，URL〈http：//www.un.int/usa/a－59－766.pdf〉。截至 2005 年 12 月 31 日，99 个国家签署了公约，但没有任何一个国家批约。

器国家和“无”核武器国家之间对条约的性质和宗旨长期存在的、深刻的分歧，也使人们对条约机制未来的活力产生了怀疑。虽然在会上缔约国大体一致认为，这一体制日益削弱很危险，但是又对其根源和解决办法未达成共识。正如一位与会者伤感地说，大会没有取得成果反映了“多边裁军外交在当前纷繁变化的形势下陷于更加虚弱和瘫痪状态”。[172]

2005 年的形势发展表明，近来通过多边途径防止武器用核材料和核技术扩散的新举措，可能在今后一段时间内会有争议。许多国家在这一年里采取了行动，落实联合国安理会第 1540 号决议要求采取的各项法律与管理措施。更多国家在美国组建的“防扩散安全倡议”框架内相互合作。还有的主张把民用铀浓缩和钚后处理计划限于少数在多国或国际管制下运行的充分透明的核燃料循环设施，从而弥补所谓 NPT 条约的不足和漏洞。现在有这种想法的人越来越多。

但与此同时，美国带头从基于条约的裁军行动示范性地转向通过自主选择的志愿者联盟刻意采取的反扩散行动。一些国家对这种做法可能产生的后果相当担忧。有的抨击这种政策转向侵犯了一些国家的主权，破坏国际社会防止大规模杀伤性武器努力的现有法律与规章的基础。不结盟运动国家和其他许多无核武器国家一方面承认国际社会迫切需要努力重振和加强防扩散体制，同时也指出：要实现这一目标，首先需要所有国家重新作出承诺，在现有的多边条约框架内充分履行自己的军控与裁军义务。

（叶如安 译）

---

[172] 新西兰裁军大使 Tim Caughley 在《核不扩散条约》2005 年审议大会闭幕会上的发言，2005 年 5 月 27 日，URL〈http://www.reaching criticalwill.org/legal/npt/RevCon05/GDstatements/index.html〉。

附录 13A

2006 年世界核力量

香农·N·基尔　维塔利·费琴科
汉斯·M·克里斯滕森

一、导言

当世界的注意力集中在伊朗和朝鲜的核计划时，八个国家拥有大约 12100 枚实战部署的核武器（见表 13A.1）。[1] 几千枚核武器处于高度警戒状态，在几分钟之内就能发射。如果把所有的弹头——实战部署的弹头、备用的弹头、现役和非现役库存的弹头——都计算在内的话，美国、俄罗斯、英国、法国、中国、印度、巴基斯坦和以色列共有 27000 多个核弹头。

按照 1968 年的《不扩散核武器条约》的界定，五个法律上认可的核武器国家在可预见的将来似乎没有一个打算消除其核武库。[2]

俄罗斯和美国正在按照 1991 年的《削减和限制进攻性战略武器条约》（START I）和 2002 年的《削减进攻性战略武器条约》（SORT）

〔1〕 关于世界核力量的发展，参见香农·N·基尔和汉斯·M·克里斯滕森，“世界核力量，2005”，《SIPRI 年鉴 2005：军备、裁军和国际安全》（牛津大学出版社，牛津，2005 年），第 578—602 页，和以前的 SIPRI 年鉴。关于八个国家核武器管理的阐述，参见本卷第 5 章。

〔2〕 根据《不扩散核武器条约》，只有在 1967 年 1 月 1 日之前生产或爆炸核装置的国家才被承认是核武器国家。按照这个界定，中国、法国、俄罗斯、英国和美国是《不扩散核武器条约》核武器缔约国。

削减其实战部署的核力量。[3] 在美国，2001 年《核态势评估报告》(NPR)[4] 的所有方面都已开始付诸实施。这包括到 2012 年削减几乎一半的核武库和发展新的弹道导弹、战略潜艇、远程轰炸机、新的或改进的核武器、核武器生产设施、核指挥与控制系统和修改的核战计划。同样地，俄罗斯已宣布了削减陆基战略导弹的计划，但却将分导式多弹头洲际弹道导弹再保留 10 年，而不是拆除它们。俄罗斯正在引进新的洲际弹道导弹、新的战略潜艇和新的巡航导弹。表 13A. 2 和 13A. 3 分别说明美国和俄罗斯部署的核力量的构成。

中国、英国和法国的核武库远远小于美国和俄罗斯的核武库。有关三国发射工具与核弹头库的数据见表 13A. 4—13A. 6。中国将部署新一代战略导弹，但它是打算部署更大的战略核力量呢，还是部署与目前相比同样规模的更加现代化的战略核力量仍然不清楚。法国正在发展和部署新一代核动力弹道导弹潜艇、潜射弹道导弹和空射核武器，尽管到 2010 年前后当它采用新的潜射弹道导弹时其实战部署的弹头数量可能有所减少。与其他任何核武器国家不同，法国在和平时期继续在水面舰艇上部署核武器。英国的核武库已削减到大约 200 个弹头的水平：英国是五个核武器国家中唯一没被认为正在发展新型核武器的国家。然而，英国似乎已开始了一项多年计划，即延长“三叉戟—Ⅱ”（D—5）潜射弹道导弹上弹头的寿命，不久将面临在三叉戟系统的服役寿命到期后对其核威慑前景进行抉择。

---

〔3〕《削减和限制进攻性战略武器条约》（START I）是美国和苏联在 1991 年签署，并于 1994 年 12 月 5 日在俄罗斯和美国生效（根据 1992 年的里斯本议定书，白俄罗斯、哈萨克斯坦和乌克兰也承担了前苏联的条约义务，该议定书于 1994 年 12 月 5 日生效）。《条约》可在下面网址上查到 URL〈http：//www. state. gov/www/global/arms/starthtm/start/toc. html〉。《削减进攻性战略武器条约》是俄罗斯和美国在 2002 年签署，并在 2003 年 6 月 1 日生效，可在下面网址上查到，URL〈http：//www. state. gov/t/ac/trt/18016. htm〉；关于该《条约》的意义，参见“专栏”，《今日军备控制》，第 32 卷，第 5 期（2002 年 6 月），第 3—23 页。

〔4〕参见“‘核态势评估报告’摘录，2001 年 12 月 31 日提交国会”，2002 年 1 月 8 日，URL〈http：//www. globalsecurity. org/wmd/library/policy/dod/npr. htm〉。

表 13A.1　2006 年 1 月世界核力量（部署弹头的数量）

国家[a]	战略弹头	非战略弹头	弹头总数
美国	5021	500	**5521**[b]
俄罗斯	3352	2330	**5682**[c]
英国	185[d]	—	**185**
法国	348	—	**348**
中国	～130	?[e]	**～130**
印度	—	—	**～50**[f]
巴基斯坦	—	—	**～60**[f]
以色列	—	—	**100—200**[f]
总计			**～12100**

a 朝鲜在 2005 年宣布它已发展核武器，尽管没有任何公开资料得以证实。

b 美国整个核武库，包括储备的，约有 10000 个弹头。而且，储存了 5000 个钚芯（弹芯）作为战略储备。另外，还有 7000 个钚芯是用 34 吨武器级钚的大部分钚制造的，这些钚都是超过其军事需要的。

c 俄罗斯整个核武库共有约 16000 个弹头，其中约 10100 个弹头储存起来或等待拆除。

d 英国战略潜艇上的一些弹头担负次级战略任务。

e 中国是否具有实战部署的非战略弹头尚不肯定。

f 印度、巴基斯坦和以色列的核武库被认为只部署了一部分。

获得有关印度、巴基斯坦和以色列三个《不扩散核武器条约》非缔约国的核武库的公开资料是极其困难的。所能得到的资料是有限的，而且常常是相互矛盾的。印度和巴基斯坦都在扩大其核实战打击能力，以色列似乎正在观望伊朗的局势如何发展。表 13A.7—13A.9 提供了有关印度、巴基斯坦和以色列核武库状况的信息。

表中的数字是根据公开资料进行估计的，具有某些不确定性，如同注释中所反映的那样。

二、美国核力量

截至 2006 年 1 月，美国的核武库据估计有约 5500 个现役或实战部署的核弹头，[5] 其中战略弹头有5000多个，非战略弹头有500多个。另外，有215个弹头是备用的，4200多个非现役弹头储存起来。美国整个核武库约有10000个弹头。

在现在的美国武库中，随着2004年的核武器库计划的执行，4000多个弹头预计到2012年退役和被拆除。根据《削减进攻性战略武器条约》，这些被削减的弹头绝大多数将来自巨大的非现役弹头储备库，只有少量的弹头将来自退出实战部署的弹头。这将留下一个近6000个弹头的武库。

由于《削减进攻性战略武器条约》没有包括核查措施，也由于《第一阶段削减战略武器条约》在2009年期满，监视俄罗斯和美国战略核力量的发展将愈加困难。近似于冷战时期那样，卫星监测和人力情报将再次成为世界上两个最大的核武器国家监视——并可能误解——彼此核力量发展的主要手段。

与调整核力量并行，美国国防部修改了核打击计划以反映新的总统指令和战争计划的转变，即从冷战时期的统一联合作战计划变为旨在击败当前敌人的一套较小和较灵活的打击计划。新的核心战略战争计划被称作8044作战计划。前参谋长联席会议主席理查德·迈尔斯在2005年2月国会听证会上阐述了战争计划的变化："美国战略司令部已修改我们的战略威慑和反应计划，它们在2004年秋已生效。这份修改的和详细的计划为在突发事件中确保盟国，劝阻、慑止和必要时打败敌手提供了更加灵活的选择。"[6]

这项调整的一个范例是"8022概念计划"，该计划旨在快速使用核、常规或信息战能力，必要时采取先发制人，摧毁世界任何地方的"需迅速打击的目标"。国防部长唐纳德·拉姆斯菲尔德在2004年初发布了"警戒命令"，指示军方实施"8022概念计划"。因此，布什政府的先发制人政策现可由远程轰炸机、战略潜艇、可能还有洲际弹道导弹来执行。

---

〔5〕 由于有关现役和非现役武库结构的新信息，这次对实战部署的弹头的估计与2005年的估计相比高出600个。参见基尔和克里斯滕森（同注释[1]），第580页。

〔6〕 R.B. 迈尔斯上将，美国空军，参谋长联席会议主席，在参议院军事委员会上的态势陈述，2005年2月17日，第32页，URL〈http://www.senate.gov/～armed_services/statemnt/2005/February/Myers%2002－17－05.pdf〉。

陆基弹道导弹

根据对 2006 年 1 月实力的估计，由于“和平卫士”洲际弹道导弹的退役，美国洲际弹道导弹力量在 2005 年减少了 10 枚。从 50 枚退役的“和平卫士”导弹上拆卸下来的 500 个 W87 弹头将被改装，以替代装在“民兵”洲际弹道导弹上的 W62 弹头，这项计划始于 2006 财年。W87 弹头的当量是 310 千吨，其爆炸威力是 W62 弹头的两倍。这将扩大“民兵”导弹力量打击硬目标的范围。W62 弹头将在 2009 年退役。在 2005 年期间，“民兵”洲际弹道导弹力量的制导和推进系统的现代化仍在进行。

美国在 2002 年放弃了《美俄第二阶段削减战略武器条约》(START Ⅱ)，现在打算保留洲际弹道导弹的多弹头能力。部署在洲际弹道导弹上的弹头数量将减少到 500 个，以遵守《削减进攻性战略武器条约》规定的到 2012 年不超过 2200 个实战部署的战略弹头的最高限额。然而，另外的几百个洲际弹道导弹的弹头将被储存起来作为“灵活反应力量”，可能装载在“民兵”导弹上。

四枚“民兵—Ⅲ”导弹在 2005 年从加利福尼亚的范登堡空军基地进行了试射：三枚携带单个再入飞行器，一枚携带三个再入飞行器。携带单个再入飞行器的导弹进行的其中一次试验（从 Malmstrom 空军基地试射）是一个演示试验，目的是验证来自退役的“和平卫士”导弹上的 W87 弹头是否适合部署在“民兵—Ⅲ”导弹上。〔7〕

设计新型洲际弹道导弹以便从 2018 年开始替换“民兵—Ⅲ”导弹的工作仍在继续进行。要求发展新型洲际弹道导弹的《任务需求声明》声称，核武器“在美国安全政策中将继续发挥独一无二和不可或缺的作用”，通过保持美国在 2020—2040 年核实战能力的质量优势，2020 年以后可靠和有效的陆基核威慑力将使美国为不可确定的未来做好准备。〔8〕

---

〔7〕 2006 年的《四年防务评估》决定削减 50 枚洲际弹道导弹，将洲际弹道导弹力量减少到 450 枚，这将从 2007 财年开始。美国国防部，国防部长办公室，《四年防务评估》，2006 年 2 月 6 日，URL〈http：//www. defenselink. mil/qdr/report/Report20060203. pdf〉。

〔8〕 美国空军部，总部，空军空间指挥和数据记录管理，“最后任务需求声明(MNS)，AFSPC 001—00：陆基战略核威慑”，购置种类 1（ACAT I），2002 年 1 月 18 日，第 2 页。

弹道导弹潜艇

“三叉戟—Ⅰ”（C—4）潜射弹道导弹在 2005 年 10 月当美国“阿拉巴马”号潜艇卸下最后 24 枚实战部署的 C—4 导弹时退役，它已服役 26 年。“阿拉巴马”号潜艇，连同以前的其他三艘装配 C—4 导弹的核动力弹道导弹潜艇一起，将被改进以携带射程更远和更加精确的 D—5 潜射弹道导弹。美国的“阿拉斯加”和“内华达”号军舰已被改进，而“亨利·M·杰克逊”和“阿拉巴马”号军舰将分别在 2006 年和 2007 年被改进。

2005 年，由于又有两艘潜艇从佐治亚州的金斯湾转移到华盛顿州的班戈，核动力弹道导弹潜艇力量在太平洋继续扩大。美国“路易斯安那”号军舰在 10 月抵达新的基地港——班戈，尾随其后，“缅因”号军舰在 11 月达到。这种转移使太平洋核动力弹道导弹潜艇舰队的潜艇数量增加到 9 艘，在大西洋只留有 5 艘核动力弹道导弹潜艇，这是自 1961 年美国首次部署弹道导弹潜艇以来在那里部署潜艇数量最少的。核动力弹道导弹潜艇的转移主要是针对中国，尽管在太平洋的核动力弹道导弹潜艇也针对俄罗斯和朝鲜。

美国海军在 2006 财年预算中又采购了 5 枚 D—5 潜射弹道导弹，导弹的生产已被延长到 2013 年，以达总共 561 枚。108 枚旧的 D—5 导弹的延寿计划将使它们与三叉戟核动力弹道导弹潜艇的服役寿命相匹配，后者寿命已被延长至 2042 年。

5 枚 D—5 导弹在 2005 年进行了飞行试验，4 枚从美国的核动力弹道导弹潜艇上发射，1 枚从英国的核动力弹道导弹潜艇上发射。第一枚导弹试射是三月在靠近佛罗里达州的“田纳西”号军舰上进行的，发射了一枚美国潜射弹道导弹飞行以来最短弹道的导弹：1200 海里（2222 公里）。再入飞行器装备了一个“精确的附件”，它使用了由洛克希德·马丁公司研制的三轴襟翼系统。这使再入飞行器的操纵达到了像全球定位系统那样的精确（10 米以内）。核和常规弹头打击都是模拟的。

W76 弹头的现代化仍在继续进行三个特别方面的努力。第一个努力是低爆速炸药计划，尤其是替换 W76/Mk4 再入飞行器的装弹、点火和引信系统以便增加一种地面爆炸的能力，这将大大提高这种武器打击坚硬目标的毁坏性。改进的弹头将被称为 W76—1，它能减少爆炸当量。第二个努力是给 Mk4 再入飞行器添加“精确附件”以便提高 W76—1/Mk4 的效率和在“三叉戟—Ⅱ”（D—5）潜射弹道导弹上部署常规弹头。第三个努力是把 W76—1 合并到较大的 Mk5 再入飞行器上的设计，该飞行器通常使用 W88 弹头。这个努力的目的是减少当使用较小的 Mk4 再入飞行器时所要求的设计限制。[9]

远程轰炸机

美国轰炸机力量的规模在 2005 年仍然没有变化，但轰炸机及其核武器却在继续升级。

美国空军正在用新型通讯系统替换轰炸机上的超高频和强高频无线电通讯和卫星通讯系统以便接收视线外（BLOS）的声音和数据。这将使全体机务人员在到达目标的途中评估全部任务计划。极高频卫星通讯系统也将被加载到飞机上，以确保轰炸机在执行核任务时具有安全和可靠的 BLOS 通讯。

在 B—52H 轰炸机上安装航空电子中年改进设备（AMI）在 2005 年已经开始，以改进飞机的导航和核武器发射能力。B—52H 轰炸机是唯一能够携带空射巡航导弹和先进巡航导弹的飞机。安装工作预计在 2008 年 9 月完成。现有的空军卫星通讯无线电接收装置也将被极高频无线电接收装置替代，以提高在核打击情况下的通讯。

美国空军正在为新型远程攻击机研究选择方案，以便最终取代目前的轰炸机力量。它还在为下一代核巡航导弹研究选择方案。根据空军文件，一种可能性是多种用途的增强型巡航导弹。它可携带核武器并具有更远射程，以便支持打击那些未来具有抗接触保护层的危险和高度危险目标的全球打击任务。美国空军正在设想从轰炸机或各种地基或海基平台上发射这种巡航导弹。

非战略核武器

截至 2006 年 1 月，美国仍保留约 500 个现役非战略核弹头。这些弹头由 400 个 B61 重力炸弹和 100 个用于战斧式地面攻击巡航导弹

[9] 2006 年的《四年防务评估》决定用常规弹头替换 24 枚“三叉戟—Ⅱ”（D—5）导弹上的核弹头，在 2008 年部署。目的是要把整个核动力弹道导弹潜艇舰队的常规和核导弹混合在一起。如果常规装备的 D—5 潜射弹道导弹的发射被核敌手误判为先发制人的核打击，那么这项计划如果被国会批准，则可能会对危机稳定性产生重大的影响。美国国防部（同注释［7］）。

上的 W80—0 弹头组成。另外，790 个非战略弹头处于非现役储备状态。尽管美国拥有大量的弹头，但是 2001 年的《核态势评估报告》和 2002 年的《削减进攻性战略武器条约》都未触及非战略核武器。

2005 年的最重大变化是，所有的 B61—10 炸弹被认为是非现役库存的一部分。这些武器中的某些仍与 B61—3/4 炸弹一起被部署在欧洲。440 个 B61 非战略核炸弹被前沿部署在六个欧洲北约成员国（比利时、德国、意大利、荷兰、土耳其和英国）的八个空军基地。携带美国的核武器担负核打击任务的北约无核武器国家的飞机有比利时和荷兰的 F—16 飞机、德国和意大利的“旋风式”轰炸机。〔10〕

只有 100 个用于战斧式地面攻击巡航导弹上的 W80—0 弹头是现役的，另外的 200 个是非现役储备的。战斧式地面攻击巡航导弹被指定部署在“洛杉矶”、“改进的洛杉矶”和“弗吉尼亚”级核动力攻击型潜艇上。这种武器在正常情况下不部署在海上，但在做出决定后的 30 天内可被重新部署。

核弹头库存管理和现代化

美国约 10000 个弹头的武器库由两种类型的弹头组成：现役和非现役弹头。现役种类包括安装了所有部件的完整弹头，它们或者被部署在现役发射系统上或者是能在较短时间内被部署在现役发射系统上的储备弹头中的“灵活反应力量”部分。非现役种类包括长期储存起来作为储备的弹头，弹头里的有限寿命部件（氚）被取出。由于《削减进攻性战略武器条约》和 2004 年核武库计划的实施期还有六年，这期间“灵活反应力量”将是实战部署弹头的大约三倍。除了 10000 个现役和非现役弹头外，美国还保留大约 5000 个钚芯，储藏在得克萨斯州的潘特克斯工厂作为战略储备。大约同样数量的罐装装置（热核次级）储藏在田纳西州的橡树岭 Y—12 工厂。另外，储藏在潘特克斯工厂的 7000 个钚芯是用 34 吨武器级钚的绝大部分钚制成的，这些钚已被克林顿政府宣布超过了军事需要。所有的 12000 个钚芯都来自退役的核弹头。

---

〔10〕 关于美国在欧洲的核武器的历史和现状，参见汉斯·M·克里斯滕森，“美国在欧洲的核武器”，自然资源保护委员会，华盛顿，2005 年，URL 〈http: //www. nrdc. org/nuclear/euro. contents. asp〉。

表 13A. 2　2006 年 1 月美国核力量

型号	名称	部署数量	首次部署年份	射程（公里）[a]	弹头×当量	弹头数
战略力量						
轰炸机[b]						
B—52H	Stratofortress	85/56	1961	16000	空射巡航导弹 5—150 千吨	1000 c
					先进巡航导弹 5—150 千吨	400
B—2	Spirit	21/16	1994	11000	炸弹	555[d]
小计		**106/72**				**1955**
洲际弹道导弹[e]						
LGM—30G	民兵Ⅲ					
	MK—12	50	1970	13000	3×170 千吨	150
		150			1×170 千吨[f]	150
	MK—12A	300	1979	13000	2—3×335 千吨	750
小计		**500**				**1050**
核动力弹道导弹潜艇和潜射弹道导弹[g]						
UGM—133A	三叉戟Ⅱ（D—5）					
	MK—4	n. a.	1992	〉7400	6×100 千吨	1632
	MK—5	n. a.	1990	〉7400	6×475 千吨	384
小计		**336**				**2016**
战略力量小计						**5021**
非战略力量						

型号	名称	部署数量	首次部署年份	射程(公里)[a]	弹头×当量	弹头数
B61—3，—4，—10 炸弹		n. a.	1979	n. a.	0. 3—170 千吨	400[h]
战斧式潜射巡航导弹		320	1984	2500	1×5—150 千吨	100[i]
非战略力量小计						**500**
总计						**5521**[j]

a 飞机的航程只是一种说明而已；真正的作战航程根据飞行轨迹和武器载重将有所不同。

b 在“部署数量”栏中第一个数字是 B—52H 轰炸机的总数，包括那些训练、试验和备用的飞机。第二个数字是执行主要任务的飞机的数量，即执行核和常规战时任务的作战飞机的数量。

c 另外的 360 个空射巡航导弹弹头是备用的。

d 可供 B—52H 和 B—2A 轰炸机使用。

e“和平卫士”洲际弹道导弹在 2005 年 9 月退役。为满足《削减进攻性战略武器条约》所要求的力量最高限额，所有的“民兵”洲际弹道导弹减到单弹头的计划也许已经进行。W62（Mk—12）将到 2009 年退役。

f 沃伦空军基地第 90 航空大队拥有 150 枚“民兵Ⅲ”导弹，每枚导弹所携带的 W62 弹头在 2001 年从 3 个减到 1 个。

g 14 艘核动力弹道导弹潜艇中的两艘正在进行从携带 C—4 导弹向携带 D—5 导弹的改造，C—4 导弹在 2005 年 10 月退役。尽管按照 START I 条约 D—5 导弹每枚可以携带 8 个弹头，但是美国海军在 2005 年已完成初步卸载工作（每枚导弹平均携带 6 个弹头），以后将进行另外的卸载以便在 2012 年满足《削减进攻性战略武器条约》所要求的力量最高限额。

h 大约 440 个炸弹（包括非现役武器）现在部署在欧洲。

i 另外的 200 个 W80—0 弹头处于非现役储备状态。战斧式潜射巡航导弹不再部署在海上，而是储存在陆地上。

j 另外的 215 个弹头是备用的，4220 多个弹头保存在非现役储备库里。整个武库有大约 10000 个弹头。此外，12000 多个钚芯储藏在得克萨斯州的潘特克斯工厂。

资料来源： 美国国防部，各种预算报告；美国能源部，各种预算报告；美国国务院，START I 条约的各个谅解备忘录，从 1990 年到 2005 年 7 月；美国国防部，根据信息自由法案所得到的各种档案文件；美国海军，个人通信；“自然资源保护委员会的核笔记本”，《原子科学家杂志》，各期；美国海军研究所，《会议录》，各期；作者的评估。

三、俄罗斯核力量

陆基弹道导弹

分配给战略火箭军的洲际弹道导弹传统上已成为苏联/俄罗斯战略核力量的最大组成部分。截至2006年1月，战略火箭军由三个导弹集团军组成，共有13个导弹师：第27导弹防卫集团军（总部在弗拉基米尔，5个师）、第31导弹集团军（总部在奥伦堡，3个师）和第33导弹防卫集团军（总部在鄂木斯克，5个师）。[11] 2005年，战略火箭军撤销了两个导弹师，退役了36枚SS—18、14枚SS—19、36枚SS—25和所有剩下的15枚SS—24导弹。[12] 根据2004年底公布的俄罗斯战略力量长远规划，战略火箭军最终将只部署SS—27“白杨—M”导弹，所有其他的洲际弹道导弹将逐渐退役。[13]

SS—27“白杨—M”导弹是固体推进剂、三级的洲际弹道导弹，俄罗斯一直生产公路机动（RS—12M1）和井基（RS—12M2）两种导弹。井基导弹在1997年开始被驻扎在萨拉托夫州塔杰谢沃的第60导弹师部署，替代那里的SS—19导弹。截至2005年初，这个师有4个团，每个团配备10枚RS—12M2导弹。2005年12月，这些团又增加了两枚“白杨—M”导弹。[14] 俄罗斯需要平均每年部署4或5枚导弹才能完成其计划，这个计划就是到2010年俄罗斯要有64枚RS—12M2导弹处于值班状态。[15]

根据2006年的国防采购计划，俄罗斯在2006年将生产6枚“白杨—M”导弹，而在2005年生产了4枚。[16] 其中的3枚将是公路机动

〔11〕“战略火箭军”，俄罗斯核力量计划，2005年12月17日，URL〈http://www.russianforces.org/eng/missiles/〉。

〔12〕基尔和克里斯滕森（同注释［1］），第586—587页。

〔13〕N. Poroskov，“我们一年将撤销一个或两个导弹师”，《新闻时报》，2005年5月6日，URL〈http://www.vremya.ru/2005/78/4/124290.html〉。

〔14〕A. Dolinin，“国家的守卫者”，《红星报》，2006年1月31日，URL〈http://www.redstar.ru/2006/01/31_01/1_01.html〉。

〔15〕I. Safronov，“俄罗斯导弹将死于老化”，《生意人报》，2005年4月1日，URL〈http://www.kommersant.com/page.asp?id=559554〉。

〔16〕“弗兰德科夫发布国防命令”，《生意人报》，2005年12月1日，URL〈http://www.kommersant.com/doc.asp?idr=527&id=631438〉；基尔和克里斯滕森（同注释［1］），第587页。

RS—12M1 导弹，计划到 2006 年 12 月部署于驻扎在伊凡诺沃地区 Teikovo 的第 54 导弹师。[17] 俄罗斯计划到 2010 年拥有 15 枚这类导弹。[18]

2005 年 11 月 1 日，战略火箭军成功地试射了一枚 RS—12M1“白杨—M”导弹，导弹从阿斯特拉罕地区的卡普斯京亚尔试验场发射，落到哈萨克斯坦的巴尔喀什试验场。据报道，试射测试了能在飞行中操纵以便穿透导弹防御系统的高超音速再入飞行器。[19] 普京总统在多种场合宣称，俄罗斯正在发展一种世界上独一无二的新型核导弹系统，能战胜任何战略导弹防御系统。许多观察家认为，普京指的是用于“白杨—M”导弹上的操纵灵活的再入飞行器。战略火箭军司令尼古拉·索洛夫佐夫上将宣布，新的再入飞行器将在 2006 年开始部署在“白杨—M”导弹上，稍后将部署在新的 SS—NX—30“布拉瓦”（R—30）潜射弹道导弹上。[20] 他还指出，如果政治领导人做出决定，“白杨—M”导弹可能安装多弹头。[21]

战略火箭军计划继续部署 SS—18“撒旦”（R—36M）重型洲际弹道导弹 10—15 年，而且可能会更长。按照废弃的 START Ⅱ条约，俄罗斯承诺拆毁所有的 SS—18 导弹，这种导弹每枚能携带 10 个弹头。截至 2006 年 1 月，俄罗斯有 74 枚两种型号的 SS—18 导弹（R—36MUTTKh 和 R—36M2 Voevoda）处于战斗值班状态。[22] 前一种在 1979—1983 年首次部署，而后一种则在 1988—1992 年首次部署。它们都是井基、两级、液体推进剂的洲际弹道导弹，产自乌克兰第聂伯罗彼得罗夫斯克的 Yuzhnoe 机械制造厂。[23]

2004 年 12 月，俄罗斯成功地试射了一枚 16 年来一直处于战斗

---

〔17〕 I. Safronov，“莫斯科已试验不对称反应”，《生意人报》，2005 年 11 月 2 日。

〔18〕 Safronov（同注释〔15〕）。

〔19〕 D. Richardson，“俄罗斯进行了机动弹头的飞行试验”，《简氏导弹和火箭》，第 10 卷，第 1 期（2006 年 1 月），第 11 页。

〔20〕 Safronov（同注释〔15〕）。关于“圆锤”潜射弹道导弹也可参见“弹道导弹潜艇”下面部分。

〔21〕 A. Dolinin，“国家安全警戒”，《红星报》，2005 年 12 月 16 日，URL〈http: //www. redstar. ru/2005/12/16 _ 12/1 _ 01. html〉。

〔22〕 Dolinin（同注释〔14〕）。

〔23〕 D. Lennox 编辑，《简氏战略武器系统》（简氏信息集团有限公司：Coulsdon，2005），第 127—128 页。

警戒状态的R—36M2导弹，作为延长R—36M2导弹服役寿命计划的一部分。2005年夏，战略火箭军执行了另外的维修保养行动，将大约40枚R—36M2导弹的服役寿命至少延长到2016年。〔24〕2005年12月26日，战略火箭军司令索洛夫佐夫宣布，俄罗斯和乌克兰将签署一项有关翻新许多R—36M2导弹的联合工作协议。〔25〕

2005年夏，R—36MUTTKH导弹的服役寿命延长到2007—2009年，那以后剩下的导弹将退役，退役正在进行。2005年初，弹头从驻扎在车里雅宾斯克地区卡尔塔里的第59导弹师的导弹上拆卸下来，运往国防部第12 Main Directorate的储存库。导弹被运到下诺夫哥罗德地区的苏罗瓦季哈进行拆卸。〔26〕2005年10月，驻扎在卡尔塔里的导弹师的解散工作据说已经完成。〔27〕

2006年初，战略火箭军在科泽利斯克和塔季谢沃部署了126枚SS—19"匕首"（UR—100NUTTH）导弹。SS—19是一种井基、两级、液体推进剂的洲际弹道导弹，能携带6个弹头。现在部署的这类导弹在1980年开始服役。2005年10月20日，战略火箭军试射了一枚SS—19导弹，作为导弹服役寿命再延长20年计划的一部分。虚拟弹头成功地击中了堪察加半岛库拉试验场的目标。〔28〕到目前为止，SS—19导弹已进行了150次试射，据说只有三次失败。〔29〕Rokot卫星发射器是SS—19导弹的衍生物，自2000年以来已进行了7次发射，6次获得了成功。〔30〕发射失败的那一次发生在2005年10月8日，当时Rokot卫星发射器没有将欧洲卫星Cryosat送入轨道。〔31〕

---

〔24〕Poroskov（同注释［13］）。

〔25〕"俄罗斯司令把希望寄托在与乌克兰的导弹合作上"，国际文传，2005年12月26日。

〔26〕Safronov（同注释［15］）。

〔27〕俄通社—塔斯社，"俄罗斯解散了战略导弹团，重新部署军队"，2005年10月19日。

〔28〕Zapusk，"'匕首'导弹的发射再次证实了俄罗斯最精确的洲际弹道导弹之一的可靠性"，《消息报》，2005年10月20日，URL〈http：//news. izvestia. ru/community/news99862〉。

〔29〕"俄罗斯在10月20日试射洲际弹道导弹"，俄通社—塔斯社，2005年10月17日。

〔30〕Zapusk（同注释［28］）。

〔31〕"俄罗斯因发射Cryosa空间探测器失败向欧洲航天局道歉"，《真理报》，2005年10月10日，URL〈http：//english. pravda. ru/main/18/88/354/16280 _ Cryosat. html〉。

截至 2006 年 1 月，战略火箭军部署了 270 枚 SS—25“镰刀”洲际弹道导弹。SS—25 导弹是公路机动、三级、固体推进剂的洲际弹道导弹，携带单弹头。这种导弹在 1985 年被首次部署，在 1994 年停产。[32] 根据俄罗斯消息灵通人士称，144 枚 SS—25 导弹预计在 2010 年开始服役。[33] 这种导弹最初设计 10 年的服役寿命据说已延长到 19 年。[34] 11 月 29 日，战略火箭军成功地试射了一枚在 1985 年开始服役的 SS—25 导弹。基于试射的结果，战略火箭军宣布这种导弹的服役寿命可能延长到 23 年，在这种情况下它们可能继续服役到 2016—2018 年。[35]

弹道导弹潜艇

2005 年，俄罗斯海军部署给北方舰队和太平洋舰队 13 艘核动力弹道导弹潜艇，其中 6 艘是“Delta Ⅲ”级（卡尔马 667BDR 计划）潜艇。[36] 一些专家认为，这种级别的潜艇在 1982 年首次服役，可能在今后几年退役。[37] 海军继续使用 7 艘“Delta Ⅳ”级（德尔芬 667BDR 计划）潜艇。一艘核动力弹道导弹潜艇已退役，现正被改造为特殊用途的潜艇。剩下的 6 艘核动力弹道导弹潜艇——韦尔霍图里耶号、叶卡捷琳堡号、新莫斯科斯克号、图拉号、布良斯克号和卡累利亚号——归属北方舰队。截至 2006 年 1 月，“布良斯克号”和“卡累利亚”号潜艇正在进行服役寿命延长的整修，并改装携带新生产的

---

〔32〕 Lennox（同注释［23］），第 138 页。

〔33〕 Safronov（同注释［15］）。

〔34〕 “20 年的导弹从 Plesetsk 航天中心发射”，Strana. ru，2005 年 11 月 29 日，URL〈http：//www. strana. ru/news/266308. html〉。

〔35〕 “‘白杨’导弹的服役寿命可能被延长”，俄新社新闻，2005 年 11 月 29 日，URL〈http：//en. rian. ru/russia/20051129/42252655. html〉。

〔36〕 “Petropavlovsk－Kamchatskii”，“Svyatoi Georgii Pobedonosets”，“Zelenograd”和“Podol'sk”号潜艇被部署给太平洋舰队，“Ryazan”和“Borisoglebsk”号潜艇被部署给北方舰队。海军把第七艘非现役的“Delta Ⅲ级”潜艇用作发射平台。

〔37〕 R. Norris 和 H. Kristensen，“俄罗斯核力量，2005”，《原子科学家杂志》，第 61 卷，第 2 期（2005 年 3 月/4 月），第 70—72 页，URL〈http：//www. thebulletin. org/article _ nn. php? art _ ofn＝ma05norris〉；M. Barabanov，“21 世纪核潜艇建造的前景”，*Yadernyi Kontrol'*，第 10 卷，第 2 期（2004 年夏），第 133—154 页，URL〈http：//www. pircenter. org/data/publications/yk2－2004. pdf〉。

SS—N—23“小船”导弹，其他的潜艇最近都已完成。[38] 六艘“Delta Ⅳ级”潜艇可能继续服役到 2015—2020 年。

除了这些潜艇以外，俄罗斯海军拥有一艘“台风”级潜艇，在 2002 年 6 月整修和下水后改名为“德米特里·顿斯科伊”号潜艇，作为试射新型的 SS—NX—30“圆锤”导弹的平台。[39]“德米特里·顿斯科伊”号潜艇在 2004 年 12 月 6 日成功地完成了海上试航。[40] 俄罗斯军官在 2005 年指出，“德米特里·顿斯科伊”号潜艇和剩下的两艘“台风级”潜艇——阿尔汉格尔斯克号和塞维斯塔尔号（由于资金原因在 2004 年暂停使用）——将被改进，用新型的 SS—NX—30“圆锤”导弹替换过时的 SS—N—20“鲟鱼”潜射弹道导弹。[41]

俄罗斯正在建造新级别的核动力弹道导弹潜艇，即“955 北风之神”计划，到目前为止，北约尚未给新级别的潜艇起名。三艘这种级别的潜艇计划到 2010 年服役，随后还有三艘潜艇服役。第一艘潜艇尤里·多尔戈鲁基号在 1996 年 11 月被弃在俄罗斯北部的北德文斯克的谢韦尔诺耶造船厂（Sevmash）。[42] 这艘潜艇由于资金问题和决定用 SS—NX—30“圆锤”潜射弹道导弹而不是先前计划的 SS—NX—28“Bark”导弹装备，其服役被推迟了几次。[43] 2005 年 11 月，俄罗斯海军司令弗拉基米尔·马索林上将声称，尤里·多尔戈鲁基号潜

〔38〕 Norris 和 Kristensen（同注释［37］）；S. Saunders 编辑），《简氏战舰 2005—2006》（简氏信息集团有限公司：Coulsdon，英国，2005 年，第 602 页）；A. Bondarenko 和 A. Emel'yanenkov，“‘Tula’号潜艇带有新‘茶壶’”，《俄国报》，2006 年 1 月 12 日。

〔39〕 苏联在 1976 年—1989 年总共建造六艘“台风”级（941 Akula 计划）核动力弹道导弹潜艇。俄罗斯在 1996 年退役了三艘“台风”级核动力弹道导弹潜艇。

〔40〕 “核动力弹道导弹潜艇‘Dmitry Donskoy’已完成海上试航”，俄通社—塔斯社，2004 年 12 月 6 日，URL〈http：//www. a－submarine. ru/news/main/viewPrintVersion? id= 10113&idChannel=418〉。

〔41〕 M. Tul’ev，“为了三位一体”，*Voenno－Promyshlennyi Kur’ier*，2005 年 5 月 11 日；“俄罗斯国防部长关于在新潜艇上装备‘圆锤’导弹的计划”，Agentstvo Voennykh Novostei，2005 年 9 月 28 日。

〔42〕 I. Plugatarev，“‘白杨—M’导弹替代‘Molodets’和‘Voevoda’”，《独立军事评论》，2005 年 1 月 28 日，URL〈http：//nvo. ng. ru/printed/forces/ 2005－01－28/1_topol. html〉。

〔43〕 基尔和克里斯滕森（同注释［1］），第 587—588 页；V. Litovkin，“‘圆锤’导弹的模型”，《莫斯科新闻》，2004 年 10 月 15 日，URL〈http：//www. mn. ru/issue. php? 2004－39－16〉。

艇将在 2007 年服役。[44] 第二艘潜艇亚历山大·涅夫斯基号在 2004 年 3 月 19 日被弃置在"Sevmash"造船厂。第三艘潜艇，暂时被称为弗拉基米尔·莫诺马赫号，计划在 2006 年 3 月开始建造。[45] 每艘潜艇都将装备 12 枚 SS—NX—30"圆锤"导弹。[46]

俄罗斯的潜射弹道导弹力量由两种类型的导弹构成。SS—N—18"黄貂鱼"（RSM—50）导弹在 1977 年首次服役，现在部署在"Delta Ⅲ级"潜艇上。SS—N—18 M1 导弹是两级液体燃料的导弹，携带三个弹头。[47] 除了商业发射以外，俄罗斯海军在 2005 年对这种导弹进行了两次发射。9 月 30 日，斯维亚托伊·格奥尔基·波别多诺塞茨号潜艇从鄂霍次克海水下发射了一枚 SS—N—18 导弹。所有的三枚虚拟弹头成功地击中了俄罗斯西北部的奇扎试验场的目标。10 月 8 日，一枚 SS—N—18 导弹从巴伦支海的"Delta Ⅲ级"鲍里索格列布斯克号潜艇上成功地发射。[48] 这艘潜艇据说曾在普京总统观看的 2004 年战略力量演习中发射失败。

三级的 SS—N—23"小船"（RSM—54）导弹是从 SS—N—18 导弹发展来的，在 1983 年进行了首次试射。这种导弹的现在型携带四个弹头，部署在"Delta Ⅳ级"核动力弹道导弹潜艇上。[49] 正如 2005 年 9 月报道的那样，这种导弹在 1996—2002 年进行了现代化改造，包括研发一种改进的弹头。[50] 现代化改造的 SS—N—23 导弹在

---

〔44〕 E. Ustinov 和 R. Fomishenko，"'Astrakhani'的新质量"，《红星报》，2005 年 11 月 17 日，URL〈http：//www. redstar. ru/2005/11/17 _ 11/1 _ 02. html〉。

〔45〕 "俄罗斯将建造新潜艇"，《生意人报》，2006 年 1 月 25 日，URL〈http：//www. kommersant. ru/index－news－y. html？id＝93941〉。

〔46〕 I. Safronov，"'Alexander Nevsky'的战略意图"，《生意人报》，2004 年 3 月 19 日。

〔47〕 Lennox（同注释［23］），第 147 页。

〔48〕 I. Safronov，"'Svyatoi Georgii Pobedonosets'号潜艇恢复使用'Volna'导弹"，《生意人报》，2005 年 10 月 1 日；"'Volna'潜射弹道导弹击中堪察加半岛的目标"，俄新社新闻，2005 年 10 月 8 日。

〔49〕 Lennox（同注释［23］），第 153 页；美国国务院，START I 条约谅解备忘录，2005 年 7 月。

〔50〕 E. Kontareva，"据官方说，国家高度赞赏南乌拉尔人对俄罗斯海军最好的战略导弹综合体之一的现代化的贡献"，Ural－Press－Inform News Agency，2005 年 9 月 23 日，URL〈http：//uralpress. ru/show _ article _ print. php？id＝82055〉。

2004 年 6 月 29 日、2004 年 9 月 8 日和 2005 年 8 月 17 日从巴伦支海的“Delta Ⅳ级”叶卡捷琳堡号潜艇上成功地进行了三次试射。在所有的试射中，弹头据说击中了堪察加半岛库拉试验场的目标。[51]

如上所述，俄罗斯正在研制新型的三级、固体推进剂的潜射弹道导弹，即 SS—NX—30“圆锤”（R—30）导弹。这种导弹据说具有 8300 公里的最大射程。俄罗斯宣布，根据 START Ⅰ条约，“圆锤”导弹由于携带 6 个弹头将被计算在内。[52]“圆锤”导弹的首批试射——无动力的突然发射——是在 2003 年 12 月和 2004 年 9 月从“台风级”德米特里·顿斯科伊号潜艇上进行的。[53] 2005 年，俄罗斯海军对“圆锤”导弹进行了两次飞行试验。9 月 27 日，德米特里·顿斯科伊号潜艇从白海水下发射了一枚“圆锤”导弹。[54] 这枚导弹携带单弹头，击中了堪察加半岛库拉试验场的指定目标。[55] 12 月 21 日，德米特里·顿斯科伊号潜艇在进入水下时成功地发射了另外一枚“圆锤”导弹。随后，国防部长谢尔盖·伊万诺夫宣布，“圆锤”导弹的试射在 2006 年仍将继续进行，并将于 2008 年部署。[56]

表 13A.3　2006 年 1 月俄罗斯核力量

型号	北约名称	部署数量	首次部署年份	飞行距离（公里）[a]	弹头×当量	弹头数
战略进攻力量						

〔51〕“弹道导弹成功地从俄罗斯北方舰队的核动力潜艇上发射”，俄通社—塔斯社，2004 年 6 月 29 日；“俄罗斯潜艇发射弹道导弹”，俄新社新闻，2004 年 9 月 8 日；E. Gordeeva，“目标的实现”，《新闻时报》，2005 年 8 月 18 日，URL 〈http：//www. vremya. ru/2005/150/4/132369. html〉。

〔52〕美国国务院，START Ⅰ条约谅解备忘录，2006 年 1 月。

〔53〕“圆锤导弹今年底进行第一次试射”，俄通社—塔斯社，2005 年 3 月 28 日。

〔54〕“国防部长赞扬圆锤导弹系统试射”，俄新社新闻，2005 年 9 月 28 日，URL 〈http：//en. rian. ru/russia/20050928/41538033. html〉。

〔55〕“更新的信息：战略弹道导弹在白海发射——国防部”，俄新社新闻，2005 年 9 月 27 日，URL 〈http：//en. rian. ru/russia/20050927/41525719. html〉。

〔56〕“圆锤导弹成功地发射——国防部长”，2005 年 12 月 21 日，URL 〈http：//en. rian. ru/russia/20051221/42609288. html〉。

型号	北约名称	部署数量	首次部署年份	飞行距离（公里）[a]	弹头×当量	弹头数
轰炸机						
图—95MS6	熊式—H6	32	1981	6500—10500	6×AS—15A 空射巡航导弹，炸弹	192
图—95MS16	熊式—H16	32	1981	6500—10500	16×AS—15A 空射巡航导弹，炸弹	512
图—160	海盗旗	14	1987	10500—13200	12×AS—15B 空射巡航导弹或 AS—16 短程空射导弹，炸弹	168
小计		**78**				**872**
洲际弹道导弹[b]						
SS—18	撒旦	74	1979	11000—15000	10×500—750 千吨	740
SS—19	匕首	126	1980	10000	6×500—750 千吨	756
SS—25	镰刀	270	1985	10500	1×550 千吨	270
SS—27	白杨—M	42	1997	10500	1×550 千吨	42
小计		**512**				**1808**
潜射弹道导弹[b]						
SS—N—18 M1	黄貂鱼	96	1978	6500	3×200 千吨（分导式多弹头再入飞行器）	288
SS—N—23	小船	96	1986	9000	4×100 千吨（分导式多弹头再入飞行器）	384
小计		**192**				**672**
战略进攻力量小计		**782**				**3352**
战略防御力量						

型号	北约名称	部署数量	首次部署年份	飞行距离(公里)[a]	弹头×当量	弹头数
反弹道导弹						
SH－11/SH－08	Gorgon/Gazelle	100	1989/1986		1×1000/10千吨	100
SA－10	Grumble[c]	1900	1980		1×low 千吨	600c
非战略力量						
陆基非战略力量						
轰炸机						
图－22M 逆火式		116	1974		2×AS－4 空对地导弹，炸弹	
苏－24 Fencer		371	1974		2×炸弹	
小计		**487**				**974**[d]
海军非战略力量						
攻击型飞机						
图－22M 逆火式		58	1974		2×AS－4 空对地导弹，炸弹	
苏－24 Fencer		58	1974		2×炸弹	
小计		**116**				**232**[d]
潜射巡航导弹						
SS－N－12，SS－N－19，SS－N－21，SS－N－22						266
ASW 和 SAM 武器						
SS－N－15/16，鱼雷，SA－N－3/6						158
防御和非战略力量小计						**2330**
总计						**5682**

a 飞机航程只是为了说明；真正的作战航程根据飞行轨迹和武器载重将有所不同。

b 美国的名称被用于俄罗斯洲际弹道导弹和潜射弹道导弹这一栏里。

c SA—10 “Grumble” 导弹可能具有对抗某些弹道导弹的能力。部署的 1900 枚 SA—10 导弹的三分之一被认为是核导弹。

d 此数字包括所有的用于陆基和海军飞机的弹头。

资料来源：美国国务院，START Ⅰ条约的各个谅解备忘录，从 1990 年到 2006 年 1 月；美国空军，国家空间情报中心，《弹道和巡航导弹威胁》（国家空间情报中心：赖特—帕特森空军基地，俄亥俄州，2003 年 8 月），URL〈http：//www. nukestrat. com/us/afn/NAIC2003rev. pdf〉；美国中央情报局，国家情报委员会，“到 2015 年外国导弹发展和弹道导弹威胁（非密摘要）”，2001 年 12 月，URL〈http：//www. cia. gov/nic/pubs/other _ products/Unclassifiedballisticmissilefinal. pdf〉；美国国防部，《扩散：威胁与反应》，2001 年 1 月；美国对外广播信息机构，各期；“俄罗斯：核武器总体发展”，核威胁计划/蒙特雷研究所的不扩散研究中心，URL〈http：//www. nti. org/db/nisprofs/russia/weapons/gendevs. htm〉；Russianforces. org；国际战略研究所，《2004—2005 年的军事力量对比》（Routledge：伦敦，2004）；T. B. Cochran 等人，《核武器手册》第四卷：“苏联的核武器”（Harper & Row：纽约，纽约州，1989 年）；美国海军研究所，《会议录》，各期；“自然资源保护委员会的核笔记本”，《原子科学家杂志》，各期；作者的评估。

战略空军

俄罗斯战略空军部队组成了俄罗斯空军最高（战略）司令部的第 37 空军集团军，它配有“图—160”和“图—95MS”两个重型轰炸机师。第 22 护卫重型轰炸机师驻扎在萨拉托夫州的恩格斯，第 326 重型轰炸机师驻扎在哈巴罗夫斯克边区的乌克兰卡。第 37 空军集团军还有四个“图—22M3 逆火式 C”轰炸机师。[57] 俄罗斯国防部在 2004 年 11 月宣布，计划到 2010 年将有 75 架“图—160 海盗旗”和“图—95MS 熊式”轰炸机服役。[58]

俄罗斯战略轰炸机编队的构成在 2005 年没有发生变化，尽管计

〔57〕“战略空军”，俄罗斯核力量计划，2005 年 11 月 2 日，URL〈http：//www. russianforces. org/eng/aviation/〉；V. Khudoleev，“第 37 空军集团军正在上路”，《红星报》，2005 年 12 月 23 日，URL〈http：//www. redstar. ru/2005/12/23 _ 12/1 _ 02. html〉。

〔58〕“国防部长远规划”，《生意人报》，2004 年 11 月 18 日，第 3 页。

划在这一年交付两架“图—160 海盗旗”远程轰炸机。[59] 2005 年 12 月 30 日，空军接受了第 15 架“图—160”轰炸机的交付，这架飞机在现代化改造之后重新服役。[60] 飞机将在 2006 年 3 月部署。[61] 其他 14 架已部署的“图—160”轰炸机将在今后进行同样的现代化改造。[62] 2006 年的国防采购分配的资金可以支付一架新的“图—160”轰炸机。[63] 根据第 37 空军集团军司令员伊戈尔·赫沃罗夫少将所说，这将是一架带有新型武器系统和无线电设备的现代化轰炸机。这架飞机计划到 2006 年底开始服役。

2005 年，俄罗斯战略空军部队参加了多次军事演习。这些演习包括在 4 月与八个独联体国家的演习、在 8 月与中国的演习（“和平使命 2005”）和在 8 月“图—160 海盗旗”轰炸机的实战演习。[64] 在最近的演习中，4 枚空射巡航导弹在普京总统面前进行了试射，并击中俄罗斯北部沃尔库塔附近的 Pemboy 试验场的目标。试射的导弹的类型没有透露，但是它们被认为是具有核能力的 AS—15B Kent—B 和 Raduga Kh—555 远程常规巡航导弹。[65] 俄罗斯计划在 2006 年试射至少 10 枚空射巡航导弹。[66]

---

〔59〕 克里斯滕森和基尔（同注释［1］），第 586 和 588 页。

〔60〕 Khudoleev（同注释［57］）。

〔61〕 “俄罗斯空军在 12 月底增添了现代化的战略轰炸机 Tu－160”，ARMS－TASS，2006 年 1 月 17 日，URL〈http：//armstass. su/? page＝article&aid＝22369&cid＝25〉；“三年两架飞机”，《消息报》，2006 年 1 月 17 日，URL〈http：//izvestia. ru/armia2/article3054737〉。

〔62〕 G. Pulin，“我们在先发制人的政策中被赋予发挥主要作用”，*Voenno－Promyshlennyi Kur'ier*，2006 年 2 月 15 日，URL〈http：//www. vpk－news. ru/article. asp? pr_sign＝archive. 2006. 122. articles. names_01〉。

〔63〕 “Fradkov 发布国防命令”，《生意人报》，2005 年 12 月 1 日，URL〈http：//www. kommersant. com/doc. asp? idr＝527&id＝631438〉。

〔64〕 “独联体空中防御以俄罗斯导弹运载飞机作为实验对象”，《生意人报》，2005 年 4 月 6 日，URL〈http：//www. kommersant. com/doc. asp? id＝560866〉；“中俄第一次军事演习开始”，《卫报》，2005 年 8 月 18 日，URL〈http：//www. guardian. co. uk/russia/article/0，，1551833，00. html〉；“普京像在梦中一样走向天空”，俄新社新闻，2005 年 8 月 17 日，URL〈http：//en. rian. ru/russia/20050817/ 41169637. html〉。

〔65〕 “普京总统飞了一次巡航导弹”，*Jane's Missiles & Rockets*，vol. 9，no. 10 (Oct. 2005)，第 11 页。

〔66〕 Khudoleev（同注释［57］）。

四、英国核力量

英国拥有一个大约 185 个核弹头的核武库，这些弹头由四艘“先锋”级三叉戟核动力弹道导弹潜艇组成的舰队使用。它租用了美国海军 58 枚（包括备用的）“三叉戟—Ⅱ”（D—5）潜射弹道导弹。在正常情况下，由一艘英国核动力弹道导弹潜艇执行巡逻任务，携带 48 个装在 16 枚 D—5 导弹上的弹头，第二和第三艘核动力弹道导弹潜艇能够很快下海巡逻，它们携带同样数量的弹头，而第四艘则由于检修和维护周期的缘故可能需要较长时间。随着冷战的结束，执行巡逻任务的核动力弹道导弹潜艇保持在一个缩短准备时间的水平上，即从接到“开火通知”起几天内即可出海执勤。导弹没有瞄准目标。有报道说，英国和法国在巡逻方面进行配合。

第一艘英国三叉戟潜艇——英国皇家海军“先锋”号潜艇，在 1994 年服役。2004 年 12 月，在经过三年的长期检修后它从德文波特海军基地出现。2005 年 10 月，“先锋”号潜艇在“演示和试航军事演习”的最后阶段成功地发射了一枚 D—5 潜射弹道导弹。[67] 国防部没有详细说明这艘潜艇什么时候恢复实战巡逻。2005 年 1 月，英国皇家海军“胜利”号潜艇到达德文波特海军基地进行大修，包括给核反应堆添加燃料。这意味着在 2005 年的绝大部分时间里只有两艘潜艇“警惕”号和“复仇”号用于实战部署。

四艘“先锋”级核动力弹道导弹潜艇在退役之前将服役几乎 20 年。然而，由于综合武器系统所需的冗长采购程序（以三叉戟系统为例需要 15 年），国防大臣约翰·里德在 2005 年 7 月告诉下议院，“关于英国综合武器系统的任何替换决定可能有必要在这届议会任期内做出，这当然将持续若干年。”[68] 里德后来告诉下议院国防委员会，政府打算在一段不予明确规定的时期里保持英国的最低核威慑。他指

〔67〕“先锋号潜艇准备再次加入英国皇家海军三叉戟舰队”，《简氏导弹和火箭》，第 19 卷，第 12 期（2005 年 12 月），第 1—2 页。

〔68〕 J. Reid 里德，国防大臣，口头回答，2005 年 7 月 4 日，下议院，《英国议会议事录》C5， URL 〈 http：//www. publications. parliament. uk/pa/cm200506/cmhansrd/cm050704/debtext/50704－02. htm＃50704－02 _ sbhd0〉。

出，英国“一贯主张只要某个对英国构成潜在威胁的核国家拥有核武器，我们也将保留我们的核武器”。[69] 批评政府的批评家们，包括一些工党议员，声称用新一代核武器替代三叉戟的决定早已做出，估计花费多达 200 亿英镑（350 亿美元），这是在没有对英国是否仍需核威慑进行公开辩论的情况下进行的。[70]

国防部证实，它正在考虑替代三叉戟的一套选择。这些选择包括陆基和空基发射系统以及潜艇。[71] 2005 年 7 月，国防部宣布了一个新的、为期三年的、耗资 10.5 亿英镑（15 亿欧元）的计划，该计划旨在改进在奥尔德玛斯顿和巴勒菲尔德的原子武器研究机构的三叉戟导弹弹头设施。投资的目的是确保“现有的三叉戟弹头库是可靠和安全的”，并能“维持整个服役期”。[72] 国防部官员否认了有关这些设施可能被用来发展新型核武器的报道。

表 13A.4　2006 年 1 月英国核力量

型号	名称	部署数量	首次部署年份	射程（公里）[a]	弹头×当量	库存的弹头
潜射弹道导弹						
D－5	三叉戟Ⅱ	48	1994	＞7400	1－3×100 千吨	185[b]

a 飞机航程只是为了说明；真正的作战航程根据飞行轨迹和武器载重将有所不同。

〔69〕 J. Reid 里德，国防大臣，在国防特别委员会上的口头证词，2005 年 11 月 1 日；复制于下议院文件 556—i（2005—06 会期），2006 年 1 月 17 日，URL〈http://www.publications.parliament.uk/pa/cm200506/cmselect/cmdfence/556/5110101.htm〉。

〔70〕 A. McSmith，“据透露：布莱尔的核炸弹”，《独立报》（电子版），2005 年 10 月 18 日，URL〈http://news.independent.co.uk/uk/politics/article320124.ece〉；“工党下院议员辩论三叉戟计划”，英国广播公司新闻在线，2005 年 10 月 31 日，URL〈http://news.bbc.co.uk/1/4392050.stm〉。

〔71〕 J. Kirkup，“英国的核防御悬而未决”，《苏格兰人报》（电子版），2005 年 10 月 29 日，URL〈http://news.scotsman.com/uk.cfm?id＝2164822005〉。要了解未来核威慑选择的概述见 L. Willet，“有关英国战略威慑前景争论的问题”，《英国皇家联合防务研究所期刊》，第 150 卷，第 6 期（2005 年 12 月），第 50—57 页。

〔72〕 J. Reid 里德，国防大臣，口头回答，2005 年 7 月 19 日，下议院，《英国议会议事录》C60WS，URL〈http://www.publications.parliament.uk/pa/cm200506/cmhansrd/cm050719/wmstext/50719m03.htm〉。

b 不足 200 个弹头是现役的，144 个弹头装在 48 枚导弹上，这些导弹装载在四艘核动力弹道导弹潜艇中的三艘上。现役武库可能由 185 个弹头组成。只有一艘潜艇在任何时候进行巡逻，携带不超过 48 个弹头。

资料来源：英国国防部，新闻稿和国防部网址，URL 〈http：//www. mod. uk/issues/sdr/index. htm〉；英国国防部，《战略防御评估》（国防部：伦敦，1998 年 7 月）；英国下议院，《议会辩论》（英国议会议事录）；Ormond，D.，“在变化了的世界中的核威慑：英国的观点”，《RUSI 杂志》，1996 年 6 月，第 15—22 页；Norris. R. S 主编，《核武器手册》第 5 卷：“英国、法国和中国的核武器”（Westview：科罗拉多州的博尔德，1994 年），第 9 页；“自然资源保护委员会的核笔记本”，《原子科学家杂志》，各期；作者的评估。

五、法国核力量

法国继续对其核力量进行现代化改进。它保持一个大约 348 个核弹头的现役核武库，这些弹头由战略潜艇、航母攻击机和陆基飞机发射。2005 年，法国给核力量拨款约 30 亿欧元，占整个国防预算的 7%。

法国核威慑力量的核心是海上战略力量，由四艘两个级别的现役核动力弹道导弹潜艇组成：三艘新的“凯旋”级核动力弹道导弹潜艇；一艘“刚毅”级核动力弹道导弹潜艇。当第四艘也是最后一艘“凯旋”级“可怖”号潜艇在 2010 年服役时，剩下的“刚毅”级核动力弹道导弹潜艇将退役。法国海军的四艘现役核动力弹道导弹潜艇每艘装备 16 枚宇航 M45 导弹，导弹携带 6 个 TN—75 弹头。在 2010—2015 年，三艘“凯旋”级核动力弹道导弹潜艇，从“可怖”号潜艇开始，将被改造携带 M51. 1 潜射弹道导弹。这种新型导弹将携带 6 个弹头和具有 8000 公里的最大射程。〔73〕与 M45 导弹相比，这种导弹射程的增加将使法国的核动力弹道导弹潜艇大大地扩大其巡逻区域。法国海军计划从 2015 年起交付改进的 M51. 2 导弹，这种导弹将携带新的潜射核弹头。

法国核力量的空基部分由两种类型的飞机组成：大约 60 架“幻影 2000N”飞机，装备三个目前担负核打击任务的法国空军中

〔73〕“法国核动力‘警惕’号潜艇准备巡逻”，《简氏导弹与火箭》，第 19 卷，第 2 期（2005 年 2 月），第 5 页。

队；大约 24 架“超军旗”飞机，部署在“戴高乐”号航空母舰上。这两类飞机都携带空对地（ASMP）巡航导弹。据估计，法国拥有大约 60 枚现役的空对地导弹，另外的导弹可能处于非现役储备状态。新的相关巡航导弹 ASMP—A 正在开发，将在 2007 年替代装载在“幻影 2000 N”飞机上的 ASMP 导弹。2008 年初，这种导弹还将与空军和海军的“阵风”飞机相结合，飞机的数量没有详细说明。

自冷战结束后，法国的核政策一直在逐步的发生变化。尽管法国官员继续拒绝不首先使用政策，但是他们始终强调在满足日益扩大的一系列看似可信的威慑方面需要更大的灵活性。2003 年的几个报告表明，希拉克总统支持修改国家的核政策，允许打击拥有核、生物、化学武器和威胁法国生死攸关利益的“流氓国家”，这与美国的核政策相似。〔74〕然而，希拉克否认法国的核政策发生了任何变化。

2006 年 1 月 19 日，希拉克在长岛核潜艇基地发表了演说，为法国核威慑力量提出了新的理由。〔75〕在演讲中，希拉克提到地区不稳定、日益增加的极端主义和大规模杀伤性武器扩散的威胁，并说国家的核威慑仍是国家安全的基本保障。他威胁用核武器报复任何支持恐怖分子对抗法国或考虑使用大规模杀伤性武器的国家。希拉克透露，法国的核力量已进行重新的设计，使它能摧毁任何帮助恐怖分子袭击法国的国家权力中心。〔76〕这包括削减潜射弹道导弹的核弹头的数量，以达到更加精确地打击目标。他没有说法国是否准备对被认为是一个威胁的国家采取先发制人的核打击。

---

〔74〕 B. Tertrais，“核政策：法国孤立”，《原子科学家杂志》，第 60 卷，第 4 期（2004 年 7 月/8 月），第 48—55 页。

〔75〕 “法国总统雅克·希拉克在访问朗迪维肖/长岛的战略空军和海军期间所发表的演讲”，2006 年 1 月 19 日，URL〈http：//www. elysee. fr/elysee/elysee. fr/anglais/speeches _ and _ documents/2006/speech _ by _ jacques _ chirac _ president _ of _ the _ french _ republic _ during _ his _ visit _ to _ the _ stategic _ forces. 38447. html〉。

〔76〕 “雅克·希拉克的演讲”（同注释［75］）。

表 13A.5　2006 年 1 月法国核力量

型号	部署数量	首次部署年份	射程（公里）[a]	弹头×当量	武库的弹头数
地基飞机					
幻影 2000N	60	1988	2750	1×300 千吨 空对地导弹	50
航母飞机					
超军旗	24	1978	650	1×300 千吨 空对地导弹	10
潜射弹道导弹[b]					
M45	48	1996	6000c	6×100 千吨	288
总计					**348**

a 飞机航程只是为了说明；真正的作战航程根据飞行轨迹和武器载重将有所不同。

b 第四艘也是最后一艘“凯旋”级“可怖”号核动力弹道导弹潜艇在 2010 年将替代“刚毅”号潜艇，装载 M51 潜射弹道导弹。

c M45 导弹的射程在 2001 年国民议会国防委员会报告中说成仅为 4000 公里。

资料来源：法国国民议会，“2003—2008 年军事计划法案”，2002；法国国防部，“核裁军与不扩散”，《军控、裁军与不扩散：法国的政策》（La Documentation francaise：巴黎，2000 年），第 3 章，第 36—56 页；R. S. Norris 等，《核武器手册》第 5 卷：“英国、法国和中国的核武器”（Westview：科罗拉多州的博尔德，1994 年），第 10 页；《Air Actualités》，各期；《航空周与空间技术》，各期；“自然资源保护委员会的核笔记本”，《原子科学家杂志》，各期；作者的评估。

希拉克宣布的政策变化与 2002 年英国已进行的政策改变是相似的。1998 年的英国战略防御评估的附录将核武器的作用扩大到威慑“受关注国家的领导人和恐怖主义组织”。[77]

六、中国核力量

2005 年 7 月，美国国防部关于中国军力的年度报告包含有对中

〔77〕 英国国防部，《战略防御评估：一个新时期》，CM 5566，第 1 卷，2002 年 7 月，第 12 页，URL〈http：//www. mod. uk/linked _ files/SDR _ New _ Chapter. pdf〉。

国弹道导弹力量构成的评估。[78] 这份评估和其他最近的信息——最重要的是 2004 年中国外交部宣布在所有的核武器国家中中国拥有最小的核武库[79]——必然导致对中国核力量规模的估计减少。这里的估计是，中国部署了大约 130 个核弹头，由陆基导弹、海基导弹和轰炸机发射。[80] 另外的弹头被认为是储备的。

尽管对中国核力量的估计发生了变化，但是中国弹头库的规模被认为多年来没有发生重大的变化。然而，随着旧的 DF—3A（CSS—2）导弹的逐渐退役和一些新的 DF—21 导弹改为执行常规任务，这些弹头的发射系统发生了变化。此外，根据美国政府的估计，中国不久将开始用新的、生存能力更强的远程导弹替换力量较小的中程弹道导弹。[81] 这包括 DF—31 导弹，一种新的、固体推进剂和公路机动的洲际弹道导弹。美国国防部多年来预测这种导弹将要服役，但 2005 年的报告说这种导弹仍在开发。DF—31 导弹的两种改进型，更远射程的 DF—31A 和潜艇发射的巨浪—2，也在开发。这些更远射程和机动的系统的部署由于使武器在更大区域作战，预料将加强中国导弹力量的生存能力。尽管美国国防部担心新的导弹将增加能打到美国的弹头的数量，但是中国政府强调这种发展将遵循中国长期信守的不首先使用核武器的政策。[82]

2005 年 7 月的美国国防部报告预测，中国未来的陆基导弹力量最终将由现代化的井基 DF—5A（CSS—4 Mod 2）和公路机动的 DF—31 和 DF—31A 洲际弹道导弹组成。此外，中国将保留一些具有核能力的 DF—21A 中程弹道导弹以用于地区突发事件。[83] 美国情

〔78〕 美国国防部，《提交国会的年度报告：2005 年的中国军力》，2005 年 7 月 19 日，第 45 页，URL〈http：//www. defenselink. mil/news/Jul2005/d20050719china. pdf〉。

〔79〕 中华人民共和国外交部，“立场文件：中国：核裁军”，北京，2004 年 4 月 27 日，第 1 页，URL〈http：//www. fmprc. gov. cn/eng/wjb/zzjg/jks/cjjk/2622/t93539. htm〉。

〔80〕 一些分析家认为，只有陆基导弹力量是实战部署的，在这种情况下，中国现役核武库将低至 80 个弹头。J. Lewis，“模糊的武库”，《原子科学家杂志》，第 61 卷，第 3 期（2005 年 5 月/6 月），第 52—59 页。

〔81〕 美国国防部（同注释 [78]）。

〔82〕 中华人民共和国国务院新闻办公室，《中国的军控、裁军与防扩散努力》，北京，2005 年 9 月，URL〈http：//www. china. com. cn/english/features/book/140320. htm〉。

〔83〕 美国国防部（同注释 [78]），第 28 页。

报机构宣称，中国可能在 DF—5A（CSS—4）导弹上部署了多弹头以确保在导弹防御系统下的威慑力量的有效性，但是，DF—31 及其两种改进型都没有被认为计划携带多弹头。[84]

中国在开发海基核威慑力量方面遇到了很大的困难。唯一的"092 型"（"夏"级）核动力弹道导弹潜艇据认为尚未完全达到实战能力，它装载"巨浪—1"潜射弹道导弹。根据美国海军的情报，它从未进行过一次威慑巡逻。一艘新的"094"型核动力弹道导弹潜艇正在建造。有关这艘潜艇已在 2004 年 7 月下水的新闻报道似乎有些不成熟。[85] 这艘潜艇可能是"093"型潜艇的第一个装置，替代了"汉"级核动力攻击型潜艇。"094"型潜艇预计最早在这一个十年末才能服役。

计划用于"094"型核动力弹道导弹潜艇的导弹"巨浪—2"在 2005 年 6 月 16 日从山东半岛附近的太平洋水下潜艇上成功地进行了试射，它是 DF—31 的改进型。[86] 这艘潜艇被认为是"高尔夫"级潜艇的改进型。先前在 2004 年中进行的试射失败了。美国国防部估计，"巨浪—2"导弹具有大约 7500—8000 公里的洲际射程，携带单弹头。[87]

中国被认为拥有少量由飞机投掷的核炸弹。在 1965 年和 1976 年间，中国的"轰—5"、"轰—6"和"歼—5"飞机在罗布泊试验场投下了 11 枚核炸弹。美国国防情报局在 1984 年估计，"少数具有核能力的

---

〔84〕 一个带有多个再入飞行器的系统沿着导弹线性飞行轨道向一个单一目标发射两个或更多的飞行器，并几乎同时在一个相对有限的区域里落地。更加尖端和灵活的分导式多弹头再入飞行器系统能够使用针对几个不同发射点的多个再入飞行器以在更大的区域和更长的时间里提供打击几个独立目标的灵活性。

〔85〕 参见，例如，B. Gertz，"中国试验弹道导弹潜艇"，《华盛顿时报》（电子版），2004 年 12 月 3 日，URL 〈 http：//www. washingtontimes. com/functions/print. php? StoryID=20041202－115302－2338r〉。

〔86〕 "中国试射新的潜射导弹"，《读卖新闻》（电子版），2005 年 6 月 18 日，URL 〈http：//www. yomiuri. co. jp/newse/20050618wo42. htm〉；"中国从潜艇试射远程导弹"，《简氏导弹与火箭》，第 9 卷，第 8 期（2005 年 8 月），第 4 页。

〔87〕 R. Norris 和 H. Kristensen，"2003 年的中国核力量"，《原子科学家杂志》，第 59 卷，第 6 期（2003 年 11 月/12 月），第 77—80 页，URL 〈http：//www. thebulletin. org/print. php? art _ ofn=nd03norris〉。

飞机可能有核炸弹，即使我们不能确定飞机场储藏地。"[88] 美国国家安全委员会在 1993 年告诉国会，中国拥有少量的核炸弹。尽管中国空军被认为没有这样一种单位其主要任务是投掷这些炸弹，但是美国国家安全委员会估计，"有些单位也许会赋予核投掷的任务，作为应急任务。"[89] 今天担负核应急任务的候选飞机包括"轰—6"轰炸机，也许还包括战斗轰炸机。中国也在开发攻击地面的巡航导弹，这些导弹可能由"轰—6"飞机投射。2005 年的美国国防部报告说，一旦开发成功，中国把核弹头放到巡航导弹上将没有任何技术障碍。[90]

表 13A. 6　2006 年 1 月中国核力量

型号	美国或北约名称	部署数量	首次部署年份	射程（公里）[a]	弹头×当量	武库的弹头数
陆基导弹[b]						
东风－3A	CSS－2	16	1971	3100c	1×3. 3 百万吨	16
东风－4	CSS－3	22	1980	＞5500	1×3. 3 百万吨	22
东风－5A	CSS－4	20	1981	13000	1×4－5 百万吨	20
东风－21A	CSS－5	21	1991	2100 c	1×200－300 千吨	21
东风－31	CSS－X－10	0	(2006)	～8000	1×?	0
东风－31A	?	0	(2007－09)	～12000	1×?	0
潜射弹道导弹						
巨浪－1[c]	CSS－NX－3	12	1986	＞1000	1×200－300 千吨	12
巨浪－2	?	0	(2008－10)	～8000	1×?	0

〔88〕 美国国防情报局，"中国的核武器系统"，DEB—49—84，1984 年 4 月 24 日，第 3—4 页，根据美国情报自由法案部分被解密和发表。

〔89〕 美国国家安全委员会，"提交国会的有关中国、印度和巴基斯坦核与弹道导弹计划的报告"，(1993 年 7 月 28 日)，第 2 页，根据美国情报自由法案由美国科学家联合会获得。

〔90〕 美国国防部（同注释［78］），第 29 页。

型号	美国或北约名称	部署数量	首次部署年份	射程（公里）[a]	弹头×当量	武库的弹头数
飞机[d]						
轰—6	B—6	20	1965	3100	1×炸弹	～20
攻击机	歼—5，其他?	?	1972—?	?	1×炸弹	～20
战略武器						～130
非战略武器[e]						
短程弹道导弹（DF—15和DF—11）						?
总计						**～130**[f]

a 飞机航程只是为了说明；真正的作战航程根据飞行轨迹和武器载重将有所不同。

b 中国把导弹射程界定为：短程是小于1000公里；中程是1000—3000公里；远程是3000—8000公里；洲际射程是大于8000公里。DF—3A和DF—21A导弹的射程也许比通常报道的远。

c“巨浪—1”从未完全地服役，唯一的“夏”级核动力弹道导弹潜艇从未进行过威慑巡逻。

d 具有1万吨和3百万吨当量的小炸弹库被认为是存在的，它们据认为由飞机投掷。中国的飞机据认为投掷核武器不是其主要任务，而是应急任务。飞机的数字仅指具有核能力的飞机。表格假定用于飞机的炸弹不超过40个。

e 中国是否具有战术弹头极不确定，但是20世纪70年代的几次低当量核试验和80、90年代美国政府的报告表明，一些战术弹头也许已被开发。

f 另外的弹头也许储备起来。

资料来源： 美国国防部，国防部长办公室，“中华人民共和国的军事力量”，2005年7月；美国空军，国家空间情报中心，各种文件；美国中央情报局，“到2015年外国导弹发展和弹道导弹威胁（非密摘要）”，2001年12月，URL〈http://www.cia.gov/nic/pubs/other_products/Unclassifiedballisticmissilefinal.pdf〉；美国国防部，国防部长办公室，“扩散：威胁与反应”，华盛顿特区，2001年1月，URL〈http://www.defenselink.mil/pubs/ptr20010110.pdf〉；R. S. Norris等人，《核武器手册》第5卷：“英国、法国和中国的核武器”（Westview：科罗拉多州的博尔德，1994年）；“自然资源保护委员会的核笔记本”，《原子科学家杂志》，各期；作者的评估。

七、印度核力量

普遍认为，印度正在扩大其核武库的规模，尽管有关这种扩大的速度和规模的公开信息很少。这里提出的保守估计是，印度拥有大约 50 枚核武器。这个数字以印度 360—530 公斤军用钚的估计量[91]和美国情报机构的估计为基础。美国国防情报局在 1999 年 7 月估计，印度拥有 10—15 枚核武器。[92]

对印度已生产的武器级钚总量的公开估计存在相当大的不确定性，因此，对印度可能已制造核武器的数量的估计也是如此。这主要由以下几个因素造成：首先，对专门生产军用钚的 100 兆瓦的 Dhruva 反应堆和老旧的 40 兆瓦的 CIRUS 反应堆的连续运转能力（即它们的可靠性和有效性）存在不同的评估。[93] 其次，就像一些分析家认为的那样，印度是否已使用所有武器级钚制造了核武器尚不清楚。最后，关于如何计算在生产、处理和试验过程中的核材料损耗问题存在着不同的看法。

除了上述因素之外，关于非武器级钚（反应堆级钚或与武器级钚接近的同位素混合物）是否在印度 1998 年 5 月进行的一次核爆炸试验中被使用仍存在争论。[94] 如果这项试验使印度相信这种材料能够用于核武器的话，那么印度也许把包含在未受保障监督的动力反应堆中的乏燃料里的大量钚，视为其军事核计划的潜在部分。

印度也许在努力增加其生产武器级钚的能力。[95] 一些对 2005 年 7 月美印民用核合作倡议持有异议的批评家认为，通过允许出售用于指定的印度民用设备的核燃料，这项交易将使印度国内有限的铀节省

〔91〕 D. Albright，“2004 年底印度军用钚总量”，2005 年 5 月 7 日，科学与国际安全研究所，《全球核爆炸材料的库存》，URL〈http：//www. isis－online. org/global _ stocks/end2003/India： _ military _ plutonium. pdf〉。50 个弹头的估计是假定每个弹头需要 5 公斤钚，到目前为止只有 250 公斤军用钚被用于装配好的核弹头。

〔92〕 美国国防情报局，“关于未来威胁的导读：今后几十年——1999—2020 年”，1999 年 7 月，第 38 页，复制于 R. Scarborough 的《拉姆斯菲尔德的战争》（Regnery：华盛顿特区，2004 年），第 194—223 页。

〔93〕 根据世界核协会，在 20 世纪 90 年代印度的核动力反应堆存在世界最低运转能力因素的一些因素。世界核协会，“印度和巴基斯坦”，信息和问题概要，2002 年 11 月，URL〈http：//www. world－nuclear. org/info/inf53. htm〉。

〔94〕 G. Perkovich，《印度的核炸弹：对全球扩散的影响》（加利福尼亚大学出版社：伯克利，加利福尼亚州，1999 年），第 428—431 页。

〔95〕 Albright（同注释［91］）。

下来以用于军事目的。[96] 这项交易的批评者也表达了对印度原子能部不愿将其快速增殖反应堆计划置于国际原子能机构保障监督之下的担忧，因而引起了对这项计划只用于和平目的的怀疑。[97]

印度是否已生产了用于核武器的高浓铀不得而知。印度开动两个气体离心厂：在巴巴拉原子研究中心综合体的小规模离心厂；在卡纳塔克邦 Rattehalli 的大规模离心厂，据说自 1990 年以来一直在运转。后一个厂的主要目的似乎是为正在开发的国产核动力潜艇生产高浓铀。

印度的核理论建立在可靠最低威慑和不首先使用基础之上，该理论作为文献草案在 1999 年公布。[98] 另外，2003 年 1 月公布的指导方针宣称，印度将会使用核武器威慑或报复化学或生物武器的使用。[99] 关于可靠最低威慑所需的核武库的规模，没有任何官方文件予以说明。然而，根据印度国防部，它包括陆基、海上和空中能力的混合。[100] 绝大多数观察家相信，印度保持隐藏式的核姿态，那就是核弹头不与发射工具装配在一起，一些核弹头可能以未组装的形式储存起来，钚芯与非核点火部件分开存放，这与印度不首先使用政策是一致的。

攻击机

飞机目前构成了印度核打击能力的核心。印度空军据说已验收了用来投掷核重力炸弹的“幻影 2000H Vajra”战斗机。印度空军在印

---

〔96〕 Z. Mian 和 M. Ramana，“为核火力添料”，《经济政治周刊》（孟买），2005 年 8 月 27 日，URL〈http：//www.geocities.com/m_v_ramana/nucleararticles/indo－us－deal.html〉. For further detail on the Indo－US CNCI see appendix 13B in this volume.

〔97〕 D. Albright 和 S. Basu，“印度军用与民用核设施分开”，科学与国际安全研究所，《科学与国际安全研究所报告》，2005 年 12 月 16 日，URL〈http：//www.isis－online.org/publications/southasia/indiannuclearfacilities.pdf〉；“原子的无生气”，《印度快报》（电子版），2006 年 1 月 23 日，URL〈http：//www.indianexpress.com/full_story.php?content_id=86424〉。

〔98〕 印度外交部，《国家安全咨询委员会关于印度核学说的报告草案》，1999 年 8 月 17 日，URL〈http：//meaindia.nic.in//disarmament/dm17Aug99.htm〉。

〔99〕 印度外交部，“内阁安全委员会评估印度核理论的可操作性”，新闻稿，2003 年 1 月 4 日，URL〈http：//meaindia.nic.in/pressrelease/2003/01/04pr01.htm〉。

〔100〕 印度国防部，《2004—2005 年度报告》，第 14 页，URL〈http：//mod.nic.in/reports/report05.htm〉。

度中北部的瓜廖尔空军基地部署了两个“幻影2000H”飞机中队。2005年8月，印度和卡塔尔暂停了有关印度购买12架卡塔尔的“幻影2000—5”飞机的谈判，如买下这些飞机将会增加印度空军的核打击能力。印度空军的四个“美洲虎”战斗机中队的某些中队可能担负核打击任务。[101] 可能适合担负核任务的其他飞机有“米格—27”和“苏—30MKI”。

陆基弹道导弹

“普里特维”（“大地”）导弹被认为是第一个具有核能力的导弹，多年来一直是印度唯一实战部署的弹道导弹。“普里特维—Ⅰ”（SS—150）是单级、公路机动的弹道导弹，能将1000公斤的弹头发射150公里。这种导弹在1988年进行了第一次试射，在1994年交付印度陆军开始服役。它目前被部署给陆军333、444和555导弹团。2005年3月19日和5月12日，印度在奥里萨邦东部沿海的孟加拉湾的坚德布尔海上的综合试验场进行了“普里特维—Ⅰ”导弹的试射。许多“普里特维—Ⅰ”导弹被广泛认为已予改进，可发射核弹头，尽管这从未得到印官方证实。

“普里特维”导弹有两种新的类型，其特点是提高了射程、精度和操作性。“普里特维—Ⅱ”导弹（SS—250）已提交印度空军开始服役，能携带500—700公斤的弹头和具有250公里的射程。印空军据认为并不担负核任务。“普里特维—Ⅲ”（SS—350）导弹正在开发，它是两级、固体燃料的导弹，能将1000公斤的弹头发射350公里。这种导弹的最近飞行试验是在2004年1月和10月进行的。

印度国防部消息灵通人士指出，更远射程的“烈火”弹道导弹系列旨在提供短时反应的核能力，在很大程度上接替了“普里特维”导弹的核发射任务。[102] 最初的“烈火”导弹是一枚技术演示弹，在1989年—1994年进行了几次飞行试验，达到1500公里的射程，但从

---

[101] R. Norris和H. Kristensen，“印度的核力量”，《原子科学家杂志》，第61卷，第5期（2005年9月/10月），第73—75页。

[102] “普里特维短程弹道导弹”，Bharat Rakshak：印度军事网站联盟，2005年4月15日被更新，UR〈Lhttp：//www. bharat－rakshak. com/MISSILES/Prithvi. html〉。

未实战部署。短程的“烈火—Ⅰ”导弹是单级、固体燃料的导弹，能将1000公斤的弹头发射700—800公里。两级的“烈火—Ⅱ”导弹能将同样重量的弹头发射2500公里。这些导弹都是公路和铁路机动的，既能携带核弹头又能携带常规弹头。在2004年几次成功的飞行试验后，“烈火—Ⅰ”和“烈火—Ⅱ”导弹被分别交给印度陆军334和335导弹团开始服役。2005年5月，这些导弹被并入印度三军战略力量司令部。国防研究和发展机构据说正在计划改进“烈火—Ⅱ”导弹的发动机和在弹头上安装诱饵以对抗防御系统。〔103〕

国防研究和发展机构正在开发更远射程的“烈火—Ⅲ”中程弹道导弹，其射程达到3500公里。“烈火—Ⅲ”导弹仍然面临工程和系统结合的问题，其首次飞行试验按计划是在2003年进行，但在2005年再次被推迟。〔104〕印度媒体的报道指出，由于目前出现的技术问题，国防研究和发展机构已决定增加“烈火—Ⅱ”导弹的射程（最初300公里）作为一个中间措施。〔105〕

2005年，印度新闻报道，国防部想要越过“烈火—Ⅲ”导弹继续进行洲际弹道导弹的开发。拟议中的导弹据说将是三级的，前两级使用固体推进剂，第三级则使用液体推进剂，将具有9000—12000公里的射程。它可能携带两个或三个15—20千吨当量的核弹头。〔106〕它预计到2015年以后才能服役。西方分析家一段时间以来推测，印度正在开发一种被称为“苏里亚”的洲际弹道导弹，它以国产的空间发射器为基础。〔107〕

---

〔103〕“国防研究和发展机构计划给烈火中程弹道导弹添加诱饵”，《简氏导弹与火箭》，第9卷，第12期（2005年12月），第4页。

〔104〕R. Pandit，“故障延迟了烈火—Ⅲ的试验”，《印度时报》（电子版），2005年3月3日，URL〈http://timesofindia.indiatimes.com/articleshow/1038860.cms〉；“烈火—Ⅲ导弹到年底将进行试射”，《印度人报》（电子版），2005年3月30日，URL〈http://www.thehindu.com/2005/03/30/stories/2005033011851200.htm〉。

〔105〕S. Dikshit，“计划提高烈火—Ⅱ导弹的射程”，《印度人报》（电子版），2005年2月13日，URL〈http://www.hindu.com/2005/02/13/stories/2005021303540900.htm〉。

〔106〕Madhuprasad，“印度‘不久’发展洲际弹道导弹”，《德干先驱报》（电子版），2005年8月25日，URL〈http://www.deccanherald.com/deccanherald/aug252005/index2032552005824.asp〉。

〔107〕“印度媒体报道洲际弹道导弹发展的潜能”，《简氏导弹与火箭》，第9卷，第10期（2005年10月），第10—11页。

印度在继续开发计划中的三位一体核力量中的海基力量。印度海军正在获得初步的核能力——“特努什”潜射系统。这种系统利用了“普里特维—Ⅱ”导弹的改进型。印度国防部声称，它将既能携带常规弹头又能携带核弹头。[108] 国防研究和发展机构在 2005 年 4 月 16 日和 12 月 28 日使用安放在距离奥里萨邦海岸不远的水面舰船上的“特努什”发射系统成功地试射了两枚导弹。

表 13A.7 2006 年 1 月印度核力量

型号	射程（公里）[a]	有效载荷（公斤）	状况
弹道导弹			
普里特维－Ⅰ（P—1）	150	800	1994 年开始服役，普遍认为担负核发射任务。最近的试射是在 2005 年 3 月 19 日和 12 月 12 日进行的
烈火－I[b]	800	1000	2004 年交给印度陆军服役
烈火－Ⅱ	2000－2500c	1000	2004 年交给印度陆军服役
飞机[d]			
幻影 2000H Vajra	1850	6300	飞机据说已经过投掷核重力炸弹的验证
美洲虎 IS Shamsher	1400	4760	四个空军中队的一些可能担负核发射任务

a 导弹的有效载荷为达到最大射程可能不得不减小。飞机的航程只是一种说明而已；真正的作战航程根据飞行轨迹和武器载重将有所不同。

b 最初的“烈火—Ⅰ”导弹现在被称为“烈火”导弹，是一个在 1996 年结束的技术演示弹计划。

c 目前正在开发的 一个改进型（“烈火—Ⅲ”）可能具有 3500 公里的射程，有效载荷可能减

---

〔108〕 印度国防部，“特努什导弹成功地试射”，新闻稿，新德里，2004 年 11 月 8 日，URL 〈http：//mod. nic. in/pressreleases/content. asp? id＝853〉。

少。

d 在印度空军力量中可能适合执行核任务的其他飞机有米格—27 和苏—30MKI。Su—30MKI 具有在飞行中用 IL—78 空中加油机添加燃料的能力。

资料来源： 印度国防部，年度报告和新闻稿；国际战略研究所，《2004—2005 年的军事力量对比》（国际战略研究所：伦敦，2004 年）；美国空军，国家空间情报中心，《弹道和巡航导弹威胁》（美国空间情报中心：赖特—帕特森空军基地，俄亥俄州，2003 年 8 月），URL〈http：//www. nukestrat. com/us/afn/NAIC2003rev. pdf〉；美国中央情报局，“关于获取与大规模杀伤性武器和先进常规武器有关的技术提交国会的非密报告”（2002 年 1 月 1 日到 6 月 30 日），2003 年 4 月，URL〈http：//www. cia. gov/cia/publications/bian/bian _ apr _ 2003. htm〉；美国国家情报委员会，“到 2015 年外国导弹发展和弹道导弹威胁（非密摘要）”，2001 年 12 月，URL〈http：//www. cia. gov/nic/pubs/other _ products/Unclassifiedballisticmissilefinal. pdf〉；D. Lennox，《简氏战略武器系统》（简氏信息集团有限公司：Coulsdon，2004 年）；Bharat Rakshak，印度军事网站联盟，URL〈http：//www. bharatrakshak. com〉；Vivek Raghuvanshi，《国防新闻》，各种文章；作者的评估。

印度似乎正在开发更加先进的海基核打击能力——“萨加里卡”潜射弹道导弹，这种导弹有时被说成是潜射巡航导弹。[109] 根据美国国防情报局的情报，印度在 2005 年春第一次试射了潜射弹道导弹。[110] 一些新闻报道指出，印度可能打算在先进技术舰艇（ATV）上部署核导弹，先进技术舰艇是一个始于 1983 年但被大大拖延的核动力潜艇计划。[111]

八、巴基斯坦核力量

这里提出的估计——巴基斯坦拥有约 60 枚核武器——是一个保

〔109〕 Norris 和 Kristensen（同注释［101］）。

〔110〕 M. D. Maples，美国陆军中将，国防情报局局长，“现在和预计的美国国家安全威胁”，给参议院军事委员会的报告声明，2006 年 2 月 28 日，第 11 页，URL〈http：//www. senate. gov/～ armed _ services/statemnt/2006/February/Maples％ 2002 — 28 — 06. pdf〉。

〔111〕 Pandit，R.，“核潜艇计划高涨”，《印度时报》（电子版），2005 年 7 月 20 日，URL〈http：//timesofindia. indiatimes. com/articleshow/msid－1178241. prtpage－1. cms〉。

守的估计，基于对巴基斯坦军用裂变材料估计的数量[112]和美国情报机构的估计。美国国防情报局在 1999 年 7 月估计，巴基斯坦拥有 25 枚核武器。[113]

巴基斯坦被认为正在努力扩大其核力量和使其核力量多样化。巴基斯坦的核力量受控于由军政府在 2000 年成立的国家指挥机构。2005 年 3 月，穆沙拉夫总统发誓提高国家的核能力。他说，核能力还将保持下去，仍是国家最优先考虑的事项。[114] 巴基斯坦官员声称，国家“赞成可靠最低威慑的原则，反对核扩散和地区军备竞赛”。[115] 然而，由于担心在军事冲突中被印度强大的常规力量超过，巴基斯坦一贯反对不首先使用的核政策。

弹道导弹

巴基斯坦对其中程弹道导弹计划就短期和中期来看最有可能仍将依靠外国的供应。[116] 国家国防综合体（国家工程和科学委员会的一个附属机构）和格胡达研究实验室的中程弹道导弹研究、发展和采购计划正在积极地进行，这项计划是以进口的导弹和生产技术为基础的。巴基斯坦在过去得到了中国和朝鲜相当大的技术帮助。前总理贝·布托在 2004 年 7 月承认，巴基斯坦从朝鲜购买了导弹技术，但她否认巴基斯坦向朝鲜提供了核技术帮助。[117]

---

[112] 假设巴基斯坦的核武器是固体弹芯、内爆式设计，每个核武器需要 15—20 公斤高浓铀。但是，巴基斯坦可能只把其军用裂变材料的一部分用于组装的弹头。2003 年底，巴基斯坦用于军事计划的高浓铀总量估计是 1000—1250 公斤。D. Albright，“科学与国际安全研究所对事实上的核武器国家的核武器计划生产的未辐照裂变材料的估计”，2005 年 6 月 30 日被修改，科学与国际安全研究所，《全球核爆炸材料的库存》，URL〈http：//www. isis－online. org/global _ stocks/end2003/de _ facto _ nws. pdf〉。

[113] 美国国防情报局（同注释［92］）。

[114] M. Gilani，“巴基斯坦发誓加强核计划”，法新社，2005 年 3 月 21 日，URL〈http：//www. defensenews. com/story. php？ F＝735622&C＝asiapac&P＝true〉。

[115] 肖卡特·阿齐兹，巴基斯坦总理，在“总理警告南亚军备竞赛”中被引用，《黎明报》（电子版），2006 年 1 月 25 日，URL〈http：//www. dawn. com/2006/01/25/top3. htm〉。

[116] 关于巴基斯坦导弹设计和生产能力的描述参见 G. Kampani，“巴基斯坦简介：导弹纵览”，核威胁倡议，国家纵览，2005 年 2 月被更新，URL〈http：//www. nti. org/e _ research/profiles/Pakistan/Missile/index _ 3066. html〉。

[117] E. Takeishi，“贝·布托：我们购买了导弹技术”，《朝日新闻》（电子版），2004 年 7 月 19 日，URL〈http：//www. asahi. com/english/world/TKY200407190155. html〉。

巴基斯坦已部署三种可能担负核发射任务的弹道导弹，并将继续发展更加先进的型号。“Ghaznavi”（Hatf—3）弹道导弹在 2004 年正式交付巴基斯坦陆军开始服役。它能将 500 公斤的弹头发射 290 公里。导弹的单级和固体推进设计被认为是中国“M—11”导弹的国内翻版。它被放在改进的“飞毛腿—B”轮式运输升降发射器上通过公路运送。

“沙欣—Ⅰ”（Hatf—4）导弹据称具有核能力，在 2003 年交付巴基斯坦陆军开始服役。分析家对单级、固体燃料的“沙欣—Ⅰ”导弹是否是中国“M—9”导弹或改进的中国“M—11”导弹的翻版仍然存在分歧。它使用了与“Ghaznavi”导弹一样的轮式运输升降发射器，具有 600—800 公里的射程，这取决于导弹的有效载荷。两级的“沙欣—Ⅱ”（Hatf—6）导弹被认为使用了“沙欣—Ⅰ”导弹作为第二级，可能携带多弹头。它据说具有 2000—3000 公里的射程，这意味着它能打到横跨印度的目标。2005 年 3 月 19 日，巴基斯坦宣布它已成功地试射了“沙欣—Ⅱ”弹道导弹。巴基斯坦说，根据它与印度在 1999 年达成的非正式准则，它在试射前已通知了印度。飞行试验预计在 2006 年继续进行。

巴基斯坦国防部官员宣称，中程“高里”导弹担负核发射任务。1500 公里射程的“高里—Ⅰ”（Hatf—5）导弹和射程更远的“高里—Ⅱ”导弹都是基于朝鲜的“劳动—1/2”导弹技术。由于据报道朝鲜在设计和工程方面的广泛帮助，它们得到了发展。“高里—Ⅰ”导弹在 1998 年 4 月成功地进行了第一次试射。巴基斯坦国防部消息灵通人士指出，“高里”导弹在 2002 年底开始有限地生产，在 2003 年 1 月开始服役，尽管研制工作仍在继续进行。“高里—Ⅱ”（Hatf—5A）导弹正在由国家国防综合体和格胡达研究实验室研制，具有改进的推进剂和新的发动机。这项计划的状况尚不清楚。巴基斯坦据说还在开发具有 3500 公里射程的“高里—Ⅲ”导弹，这将使它成为巴基斯坦导弹库里射程最远的弹道导弹。2004 年 5 月，巴基斯坦官员表示，“高里—Ⅲ”导弹的第一次试射将在最近的将来进行，然而，试射直到 2005 年底还未进行。一些分析家推测，“高里—Ⅲ”导弹可能是朝鲜的“大浦洞”导弹或广泛地利用了“大浦洞”导弹的部件和技术。[118]

2005 年 8 月 11 日，巴基斯坦在俾路支省的新的试验场首次进行了地面发射的巡航导弹的飞行试验，被称为“Babur”（Hatf—7）。[119] 巴基斯坦官员指出，500 公里射程的巡航导弹能携带核弹头，尽管“Babur”导弹是否将担负核任务尚未得到证实。

表 13A. 8 2006 年 1 月巴基斯坦核力量

型号	射程（公里）[a]	有效载荷（公斤）	状况
飞机			
F－16A/B	1600	4500	32 架，部署在 3 个空军中队；是最有可能担负核任务的飞机弹道导弹
弹道导弹			
Ghaznavi（Hatf－3）	290	500	在 2004 年交付巴基斯坦陆军开始服役。据认为是在 20 世纪 90 年代从中国获得的 M－11 导弹的翻版
沙欣－Ⅰ（Hatf－4）	600－800	750－1000	在 2003 年交付巴基斯坦陆军开始服役
高里－Ⅰ（Hatf－5）	1200	700－1000	在 2003 年交付巴基斯坦陆军开始服役

a 导弹的有效载荷为达到最大射程可能不得不减小。飞机的航程只是一种说明而已；真正的作战航程根据飞行轨迹和武器载重将有所不同。

资料来源： 国际战略研究所，《2004—2005 年的军事力量对比》（国际战略研究所：伦敦，2004 年）；美国空军，国家空间情报中心，《弹道和巡航导弹威胁》（国家空间情报中心：赖特—帕特森空军基地，俄亥俄州，2003 年 8 月），〈http：//www.nukestrat. com/us/afn/NAIC2003rev. pdf〉；美国中央情报局，“关于获取与大规模杀伤性武器和先进常规武器有关的技术提交国会的非密报告”（2002 年 1 月 1 日到 6 月 30 日），2003 年 4 月，URL〈http：//www. cia. gov/cia/publica-

---

[118] Kampani（同注释［116］）。

[119] A. Sharif，“巴基斯坦试射第一枚巡航导弹”，《黎明报》（电子版），2005 年 8 月 12 日，URL〈 http：//www. dawn. com/2005/08/12/top2. htm〉。

tions/bian/bian _ apr _ 2003. htm〉；美国中央情报局，国家情报委员会，“到 2015 年外国导弹发展和弹道导弹威胁（非密摘要）”，2001 年 12 月，URL〈http：//www. cia. gov/nic/pubs/other _ products/Unclassifiedballisticmissilefinal. pdf〉；“自然资源保护委员会的核笔记本”，《原子科学家杂志》，各期；作者的评估。

攻击机

在巴基斯坦空军的飞机中最有可能用来执行核发射任务的是“F—16”。其他的飞机，例如“幻影 V”或中国生产的“A—5”飞机，也能用来执行核任务。

巴基斯坦目前保持 32 架“F—16”飞机处于服役状态，它们部署在三个空军中队。在 1988 年—1989 年，巴基斯坦与美国签订了购买 71 架“F—16”飞机的合同以加强其现有的 40 架“F—16A/B”飞机的力量。然而，美国政府在 1990 年 10 月宣布，根据普雷斯勒修正案，它已禁止向巴基斯坦进行任何交货。[120] 结果，71 架飞机中只生产了 28 架，但一架飞机也没有交货。

2005 年 3 月 26 日，布什政府宣布它正通知国会计划向巴基斯坦出售 75 架“F—16”飞机。[121] 美国官员说，这项交易旨在奖励巴基斯坦在反恐战争中的合作，不会影响该地区的军力平衡，部分原因是印度可能从美国或另一个供应国购买先进的飞机。[122] 2005 年 8 月，巴基斯坦空军副总参谋长 Shehzad Aslam Chaudary 少将说，美国已向巴基斯坦提交了两架“F—16”飞机作为一个友好的姿态，它们已在年初运抵巴基斯坦。他还补充说，这不是从美国购买 75 架“F—16”飞机交易的一部分。[123] 2005 年 11 月，巴基斯坦宣布，它将推迟这项购买以便获得更多的财力向上

---

〔120〕 普雷斯勒修正案在 1984 年被美国国会批准，禁止向外国进行军事贸易，除非总统能够证明该国不谋求核武器。

〔121〕 P. Baker，“布什：美国向巴基斯坦出售 F—16 飞机”，《华盛顿邮报》（电子版），2005 年 3 月 25 日，URL〈http：//www. washingtonpost. com/wp－dyn/articles/A800－2005Mar25. html〉。

〔122〕 关于国际武器转让，参见本卷第 10 章。

〔123〕 “F—16 飞机交易更新”，巴基斯坦国防部网站，2005 年 8 月，URL〈http：//www. pakistanidefence. com/news/MonthlyNewsArchive/2005/August2005. htm〉。

个月地震受害者提供救济。[124]

九、以色列核力量

以色列核武库的规模不得而知，但被广泛认为有 100—200 个弹头。科学和国际安全研究所在 2004 年估计，以色列拥有大约 0.56 吨军用钚，[125] 或相当于约 110 个弹头，每个弹头需要 5 公斤钚，但只有部分钚可能已被使用。据美国国防情报局在 1999 年估计，以色列已组装了 60—80 个核弹头。[126] 许多分析家认为，以色列拥有一个隐藏式的核武库（也就是核武库被储备起来但没有被武装起来，在使用前需要一些准备）；如果是真的，那么所传的所谓安装在以色列核武器发射系统上的弹头事实上可能并未被部署。这些发射系统据认为是攻击机和陆基弹道导弹，可能还有潜射巡航导弹。还有传言说，以色列可能已发展了用于“海豚”级潜艇的具有核能力的潜射巡航导弹和非战略核武器，例如核炮弹和原子爆破弹药或核地雷。

表 13A.9 2006 年 1 月以色列核力量

型号	射程（公里）[a]	有效载荷（公斤）	状况
飞机[b]			
F—16A/B/C/D/I Falcon	1600	5400	总共 205 架；据认为有些将确定为用来发射核武器
弹道导弹[c]			
杰里科—Ⅱ	1500—1800	750—1000	约 50 枚导弹；在 1990 年首次部署；在 2001 年 6 月 27 日试射

[124] “穆沙拉夫推迟 F—16 飞机的购买以提供更多的地震救济”，美国之音新闻（电子版），2005 年 11 月 4 日，URL〈http://www.voanews.com/english/archive/2005—11/2005—11—04—voa10.cfm? CFID=27784474&CFTOKEN=85289695〉。

[125] D. Albright 和 K. Kramer，“钚监视：跟踪钚库存量”，科学与国际安全研究所，2004 年 6 月，第 5 页，URL〈http://www.isis—online.org/global_stocks/plutonium_watch2004.html〉。

[126] 美国国防情报局（同注释［92］）。国防部预测，以色列的武库在 2020 年将由 65—85 枚核武器构成，表明武库在规模上没有增加。

型号	射程（公里）[a]	有效载荷（公斤）	状况
潜艇			
“海豚”级			据传将装载具有核能力的巡航导弹；被以色列官员否认

a 导弹的有效载荷为达到最大射程可能不得不减小。飞机的航程只是一种说明而已；真正的作战航程根据飞行轨迹和武器载重将有所不同。

b 以色列 25 架 F—15I 飞机中的一些也可能具有远程核发射任务。

c Shavit 空间发射器，如果变为弹道导弹，能将 775 公斤的弹头发射 4000 公里。“杰里科—I”导弹在 1973 年首次部署，不再被认为是实战部署的。

资料来源：A. Cohen，《以色列和炸弹》（哥伦比亚大学出版社：纽约，1998 年）；D. Albright，F. Berkhout 和 W. Walker，SIPRI，《钚和高浓铀 1996：世界总量、能力和政策》（牛津大学出版社，牛津，1997 年）；D. Lennox 编辑，《简氏战略武器系统》（简氏信息集团有限公司：科尔斯登，2003 年）；S. Fetter，“以色列弹道导弹能力”，《物理学与社会》，第 19 卷，第 3 期（1990 年 7 月），第 3—4 页（为最新的分析，参见“弹道导弹入门”（未出版发行），URL〈http://www.puaf.umd.edu/Fetter/1990—MissilePrimer.pdf〉；“自然资源保护委员会的核笔记本”，《原子科学家杂志》，各期；作者的评估。

（田景梅 译）

附录 13B

印美《民用核合作倡议》的法律问题

克里斯特·阿尔斯特伦

一、导言

2005 年 7 月 18 日，美国总统乔治·W·布什和印度总理曼莫汉·辛格启动了《民用核合作倡议》（以下简称 CNCI）。[1]对美国来说，该倡议旨在允许美国向印度出口民用核技术，而印度实际上承诺将防止向无核国家扩散核武器。CNCI 推出之前，美印两国国防部长于 2005 年 6 月 28 日签署协议，其中一项内容就是“两国将在导弹防御问题上扩大合作”。[2] 为建立战略伙伴关系，2004 年印美两国正式提出了“战略伙伴关系下一步举措”（以下简称 NSSP）的协议。[3] 这两个协议是印美建立战略伙伴关系进程中的重大举措。NSSP 是美国逐步认识到与印度建立密切关系将带来地缘政治利益后提出的。对印度来说，NSSP 的主要好处是：印度不仅可使美国承认其“负责任

〔1〕 白宫新闻公报，《乔治·W·布什总统和曼莫汉·辛格总理联合声明》，2005 年 7 月 18 日于华盛顿，URL〈http：//www.whitehouse.gov/news/releases/2005/07/20050718－6.html〉。

〔2〕 印度驻美大使馆新闻公报，《美印防务关系新框架》第 4H 段，2005 年 6 月 28 日，华盛顿，URL〈http：//www.indianembassy.org/press_release/2005/June/31。关于导弹技术转让和根据《导弹及其技术控制制度》作出的承诺，参见 C. Ahlström，‘Arrows for India? －technology transfers for ballistic missile defence and the Missile Technology Control Regime’，*Journal of Conflict and Security Law*，vol. 9，no. 1（spring 2004），第 103—125 页。

〔3〕 参见 K. A. Kronstadt，*US－India Bilateral Agreements in 2005*（美国国会图书馆研究部，华盛顿，2005 年 9 月 8 日），URL〈http：//fpc.state.gov/documents/organization/53616.pdf〉。

核大国”地位，还有望从技术上得到美国的帮助，从而增加核能发电来满足其经济快速发展对能源的需求。〔4〕

美国表示愿在民用核技术和导弹防御领域同印度开展合作，引起了各方关注。人们担忧，此举会影响核不扩散机制的完整性。有评论家认为，CNCI 是对核不扩散机制的现实制约，或者说表明美国的政策发生了重大变化。〔5〕如果印美核协议得到落实，如果其他国家也效法签订这种协议，这将标志着不扩散机制成员国同非成员国交往的方式发生了重大变化。迄今为止，各国扩散政策一直旨在阻止或限制极少数一直不加入各项核不扩散协定，特别是未签署 1968 年《不扩散核武器条约》(NPT) 的国家转让核物项和技术。〔6〕此外，各国对印度政策的一个显著特点，就是避免采取任何可能被理解为承认印度是核武器国家合法地位的行动。

本附录主要分析：如果美国国会和印度批准 CNCI，该协议实施过程中会涉及的一些法律问题。第二节主要介绍 7 月 18 日印美核合作联合声明涉及核领域合作的主要内容。第三节论述印美核合作对美国根据 NPT 条约所承担的各项义务会有哪些影响。多数评论家是从《核供应国集团 (NSG) 核转让指导原则》的政策角度而不是从 NPT 条约的角度分析印美核合作协议的。第四节论述该协议如何影响美国作为 NSG 成员国做出的承诺。该协议的实施，不仅会影响美国的国际义务和承诺，而且对其国内立法和政策都将产生影响。第五节论述

〔4〕关于印美双边关系的最新发展，参见 A. J. Tellis, *India as a New Global Power: An Action Agenda for the United States* (Carnegie Endowment for International Peace: Washington, DC, 2005), URL 〈http://www.carnegieendowment.org/publications/index.cfm?fa=view&id=17079&prog=zgp&proj=zsa〉。

〔5〕参见 D. G. Kimball, ‘US-India nuclear cooperation: a reality check’, *Arms Control Today*, vol. 35, no. 7 (Sep. 2005), p. 3; and D. M. Gormley and L. Scheinman, ‘Implications of proposed India-US civil nuclear cooperation’, Nuclear Threat Initiative (NTI) Issue Brief, July 2005, URL 〈http://www.nti.org/e_research/e3_67b.html〉。另参见 W. C. Potter, ‘India and the new look of US nonproliferation policy’, CNS Research Story, Monterey Institute of International Studies, Center for Nonproliferation Studies (CNS), 2005 年 8 月 25 日, URL 〈http://cns.miis.edu/pubs/week/050825.htm〉。

〔6〕《不扩散核武器条约》1968 年 7 月 1 日开放签署，1970 年 3 月 5 日生效。条约全文见《联合国条约集》，vol. 729 (1970)，第 161 页，可查网页 URL 〈http://www.un.org/Depts/dda/WMD/treaty/〉。

印美两国与该倡议相关的核技术出口的国内立法问题。第六节是结论。

二、2005 年的《民用核合作倡议》

20 世纪 50 年代，美国就根据“和平利用核能”（Atoms for Peace）计划积极同印度在核技术领域开展合作。美国向由加拿大提供的“加印美”研究反应堆出口重水，并帮助印度建造塔拉普尔核电站。[7] 1974 年印度进行“和平核装置”爆炸后，美国改变了政策，开始阻止其他国家与印度开展核合作。1998 年印巴核试验后，美国对印度进行了制裁。1998 年联合国安理会通过的第 1172 号决议规定，应敦促联合国所有成员国“不向印巴出口可能帮助其发展核武器和运载这种武器的弹道导弹计划的设备、材料或技术”。[8]

近年来，印美关系不断改善。早在 2001 年“9·11”事件以前，美国就开始调整对印度政策，把印度看作其在南亚的重要盟友。由于印度支持反恐战争，美国于 2001 年取消了 1998 年核试验后对其实行的各项制裁。当前印美关系改善的一个更重要原因是，美国逐渐认识到，印度是“一个正在崛起的全球性大国”，可以制衡日益强大的中国。[9] 相对于这一战略考虑，印度成为事实上的核武器国家的含义似乎是第二位的。

2001 年，印美两国在其他若干政策领域也加快了双边谈判，并最终于 2004 年 1 月达成了 NSSP 协议。[10] 根据该协议，印美两国政府同意在民用核能、民用空间项目、高科技贸易和导弹防御四个领域加强合作。2005 年 7 月，布什总统和辛格总理发表联合声明称，协

〔7〕 关于美国帮助印度发展核设施的详情，参见 G. Perkovich，*India's Nuclear Bomb：The Impact on Global Proliferation*（University of California Press：Berkley，Calif.，1999）；and I. Abraham，*The Making of the Indian Atomic Bomb：Science，Secrecy and the Postcolonial State*（Zed Books Ltd：London，1998）。

〔8〕 参见联合国 1998 年 6 月 6 日通过的第 1172 号决议第 8 条，URL〈http：//www.un.org/documents/scres.htm〉。

〔9〕 参见美国负责政治事务的副国务卿伯恩斯和负责军控和国际安全事务的副国务卿约瑟夫（R.G.Joseph）在美国会外交关系委员会的谈话，2005 年 9 月 8 日，华盛顿，URL〈http：//www.state.gov/p/us/rm/2005/52753.htm〉。

〔10〕 参见美国务院网站布什总统关于《与印度的战略伙伴关系下一步骤声明》，2004 年 1 月 12 年，华盛顿，URL〈http：//www.state.gov/p/sa/rls//pr/28109.htm〉。

议为扩大两国在空间技术、民用核能和两用技术方面的合作打下了基础。[11] 因此，今后两国的民用核合作将按各自在 CNCI 中做出的承诺进行。

CNCI 联合声明列举了印美双方各自做出的承诺。布什总统在声明中称，“印度作为掌握先进核技术的负责任国家，应该像其他这类国家一样获得同样的权益。”布什表示，美国政府愿“同印度开展全面的民用核合作，并推动国会修改法律和调整相关政策。美国还将与盟友一起推动修改国际机制，以便同印度开展全面民用核能合作和贸易，包括但不限于及时考虑如接受核保障监督的塔拉普尔核反应堆提供燃料供应。”布什政府还承诺，美将与其他合作伙伴磋商，让印度参加“国际热核实验反应堆”集团，并支持印度参与研制先进核反应堆。[12]

印度则将同其他拥有先进核技术的国家一样，“对应”同意，承担相同的“责任”，采取同样的“做法”，因而印度将享有相同的“权益”。联合声明对这些“责任和做法”作了如下规定：

分阶段确定并分离民用和军事核设施与项目，并向国际原子能机构（IAEA）申报民用核设施；同意自愿将民用核设施置于保障监督之下；就民用核设施同该机构签署并遵守《附加议定书》；印度继续承诺单方面暂停核试验；同美国一起推动缔结多边裂变材料禁产条约；不向不掌握浓缩与再处理技术的国家转让这些技术，并支持限制这种技术扩散的国际努力；通过制订全面的出口管制法律、协调并遵守《导弹及其技术控制制度》与核供应国集团（NSG）各项必要措施确保核材料和核技术的安全。[13]

布什总统在联合声明中“欢迎”辛格总理的“保证”。两国领导人决定成立一个工作组，“在未来几个月中逐步采取上述行动，履行这些承诺”。他们还同意，在 2006 年初布什总统访印时回顾双方履行

---

〔11〕 美国务院《美印成功完成战略伙伴下一步骤计划》，2005 年 7 月 18 日于华盛顿，URL〈http：//www.state.gov/p/sa/rls/fs/2005/49721.htm〉。

〔12〕 美国务院发言人办公室《美印民用核合作》情况通报，2005 年 7 月 22 日，华盛顿，URL〈http：//www.state.gov/r/pa/prs/ps/2005/49969.htm〉。关于国际热核实验反应堆，参见 URL〈http：//www.iter.org〉。及本书附录 13C。

〔13〕 白宫新闻公报（同注释［1］），第 2 页。

承诺的进展情况。

印美《民用核合作倡议》是以两国在民用核能领域进行全面合作的方式换取双方在核不扩散机制某些相关问题上的一系列承诺。印度的主要承诺是，首先要确定和区分其民用与军用核设施与计划，这本来就应是同美国开展民用核能合作的先决条件。印度拥有相当庞大的核设施，其中 15 个核反应堆正在运行之中，8 个在建，另有 24 个准备修建。[14] 印度还有很多进行核燃料前端（front－end）和后端（back－end）循环设施。[15] 印度的核设施并没有明确区分军用和民用计划。有评论家指出，对两者做出区分涉及许多问题：

长期以来一直难以区分《不扩散核武器条约》确定的五个国际公认的核武器国家的军民核计划。美印核协议实际上几乎未提做出有效区分所必需采取的其他措施……印度庞大的军用和民用核计划常常是关联的，人员和设施是共享的。此外，目前有些设施具有军民双重用途。[16]

有人担心，印度核管理部门可能会减少申报民用核设施与计划的数量，因为其军用核计划至少部分需要依靠民用计划提供裂变材料："印度核管理部门可能会尽量减少国际保障监督和避免必须绝然区分其军民两方面的活动（其中包括必须修建专用军用核设施的费用考虑）。"如果出现这种情况，将很难做出双方都能接受的安排。[17] 印度如何区分军民核设施一直是与美国进行双边磋商的议题：双方意在 2006 年 3 月布什总统访印时最后敲定。磋商后双方达成的谅解是：可信地区分军民核设施至关重要，有助于取得 NSG 成员国和美国国会议员对美国这一政策调整的认可。2006 年初的情况表明，美印两国在做出这种区分的范围，即接受保障监督的反应堆的数量和期限方

〔14〕 参见本书附录 13C 和表 13C. 1。

〔15〕 参见 J. Cirincione、J. B. Wolfsthal 和 M. Rajkumar 三人合著的 *Deadly Arsenals*: *Tracking Weapons of Mass Destruction* 一书（Carnegie Endowment for International Peace: Washington，DC，2002），第 191—205 页。关于核燃料循环，参见本书附录 13C。

〔16〕 参见 D. Albright，（在美国众议院国际关系委员会关于美印"全球伙伴关系合作"及其对防扩散的影响听证会上的证词），Institute for Science and International Security，Washington，DC，26 Oct. 2005，URL〈http：//www. isis－online. org/publications/southasia/abrighttestimonyoctober262005usindiadeal. pdf〉。

〔17〕 Gormley 和 Scheinman（同注释［5］）。

面存在分歧。[18]

印度在确定其民用核设施后，应做出决定自愿把这些设施置于IAEA的保障监督之下。印度已经签署了五个INFCIRC/66文件类型的保障监督协议书，但这些保障措施只涉及个案内容，而不是全面的保障监督。[19] 这些协议书明确规定了纳入保障监督的材料、设施及设备。根据协议，IAEA必须确认该物项未用于任何军事用途。印度在CNCI中承诺，将“签署并恪守关于其民用核设施的《附加议定书》”。[20] 简言之，1997年的《附加议定书》规定的保障监督措施，包含了强化IAEA获取信息的各项措施，特别是扩大了机构核查人员保障监督的权限，包括有权到秘密地点进行检查。该议定书是对INFCIRC/153文件（参见第三节）[21] 协议规定的NPT条约样式的全面保障监督条款的附加，其中许多条款都是以这一保障监督协议为前提的。印度不是NPT条约缔约国，因此未签署符合上述条件的任何保障监督协议。而且，既然CNCI允许印度保留其核武器计划，INFCIRC/153与INFCIRC/540两个文件规定的保障监督条款在这种情况下并不能达到预期目的，即确认某NPT条约缔约国未违反其不研制或获取核武器的条约义务。因此，今后要做的是必须坚持执行INFCIRC/66样式的保障监督，即确保某些标明的核部件与技术不用于军事目的。

---

〔18〕 参见“美国称美印核协议仍有障碍”，Nuclear Threat Initiative，Global Security Newswire，23 Jan. 2006，URL〈http：//www. nti. org/d _ newswire/issues/2006 _ 1 _ 23. html〉。

〔19〕 IAEA，机构的保障监督制度（1965年制定，1966和1968年临时延长）INFCIRC/66/Rev. 2，1968年9月16日。关于本附录提到的其他IAEA《情况通报》，见网页URL〈http：//www. iaea. org/Publications/Documents/Infcircs/index. html〉。

〔20〕 IAEA于1997年在INFCIRC/540协议中提出了一个《附加议定书范本》，目的是为强化现行的核不扩散保障监督协议。参见IAEA，Model Protocol Additional to the Agreement（s）Between State（s）and the International Atomic Energy Agency for the Application of Safeguards，INFCIRC/540（Corrected），Sep. 1997。

〔21〕《IAEA与相关国家就〈核不扩散条约〉INFCIRC/153文件框架与内容的协议》，1972年6月。全面保障监督监督指“对该国家域内并受其管辖或在其他地方受其控制的一切用于和平核活动的资源型或特殊性的可裂变物项的保障监督”。这些保障监督的目的是为了及时发现把和平用途的大量核材料转向制造核武器或核爆炸装置或其他未知目的，以及因可能被及早察觉而阻止这种转移。

应该在此指出，IAEA 理事会已要求总干事同那些愿出于加强保障监督的有效性和效率而同意接受《附加议定书范本》所规定措施的 NPT 条约非缔约国，就《附加议定书》进行谈判。〔22〕但是，根据 IAEA 章程，任何一项附加议定书或其他有法律约束力的协议，都需得到理事会批准。考虑到印度希望享有美国及其他拥有先进核技术国家同样的权益，印度可能不愿接受 NPT 条约适用于无核国家的全面保障监督措施。印度可能要求像公认的有核国家现在那样“自愿”接受样式的保障监督做法。根据“自愿接受”型保障条款规定，核国家自愿把其部分或全部的民用核材料与核设施置于自己认可的保障监督之下。这些“自愿接受”保障监督协议一般符合 INFCIRC/153 文件协议要求，但其范围有所不同。IAEA 与印度关于签署《附加议定书》的谈判可能会有困难，因为很难设想机构怎么能不考虑按照《核不扩散条约》规定印度是无核国家而与其谈判这样的协议（见第三节）。而且，同印度达成“自愿接受”型的协议可能会被视作从法律上承认其目前事实上核国家地位。因此，不能想当然地认为这种协议会在 IAEA 理事会上得到必要的支持。而且，美国已表示依照 CNCI 规定不会接受“自愿接受”型保障监督安排。〔23〕CNCI 实施的一个关键是与印度一起找到一种为各方接受的保障监督安排。由于各方利益取向各异，如何制订一项为各方接受的保障监督安排，有一定的难度。

根据 CNCI 规定，印度保证将继续单方面暂停核试验。但鉴于布什政府坚持不愿批准 1996 年的《全面禁止核试验条约》（CTBT），CNCI 没有要求印度批准 CTBT 也就不足为奇了。〔24〕这似乎表明印度未来可能撤回暂停核试验的承诺。此外，CNCI 仅要求印度同美国合作，推动缔结一项多边核裂变材料禁产公约，并未要求印度停止生

〔22〕 参见 INFCIRC/540 文件（corrected）前言部分（同注释［20］）。

〔23〕 美国务院负责军控与国际事务副国务卿约瑟夫在美国参议院外交关系委员会关于美印民用核合作协议听证会上证词，2005 年 11 月 2 日，URL〈http://www.state.gov/t/us/rm/55968.htm〉，第 9 页。

〔24〕 根据《全面禁止核试验条约》第 16 条规定，条约将在其附录二所列的 44 个国家交存批准书 180 天后生效。印度是这 44 个国家之一，条约的生效必须得到其批准。这 44 个国家的名单见本书附录 A。

产军用裂变材料。有观察家指出，CNCI 并没有要求印度像 NPT 条约承认的五个核武器国家那样，单方面遵守暂停生产裂变材料。而这些国家现在没有一个在从事军用裂变材料生产。[25] 因此，CNCI 使印度可以增加裂变材料的贮存，将来扩大其核武库。这也是有些专家认为印度正想做的事。[26]

印度还承诺，支持 2004 年 2 月美国向 NSG（出口管制多边组织，印度不是成员国）提出的该组织成员国应限制转让核浓缩再处理技术的建议。不过该建议在 NSG 中并没有得到必要的支持。[27] 不管怎样，即使美国指控两名印度科学家向伊朗提供核情报而对其制裁（禁止其访问美国或与美国公司交往），许多国家仍认为，印度在不扩散可用于制造核武器的核物项和技术方面的记录是好的。[28]

最后，很有意思的是，CNCI 没有要求印度承诺遵守 2002 年签署的《海牙反对弹道导弹扩散行为准则》（HCOC）。HCOC 是要求在防止弹道导弹扩散领域采取负责任政策的唯一多边条约文书。[29] 而且，CNCI 对印度美国近来提出的防止大规模杀伤性武器扩散倡议，即 2003 年的《防扩散安全倡议》（PSI）的立场也只字未提。[30]

---

〔25〕 J. Fiorill，'Experts call for conditions on US－India agreement'，Global Security Newswire，Nuclear Threat Initiative，2005 年 10 月 13 日，URL〈http：//www.nti.org/d_newswire/issues/2005_10_13.html〉。

〔26〕 S. N. Kile and H. M. Kristensen，《2005 年世界核力量》，《SIPRI 年鉴 2005：军备、裁军和国际安全》，牛津大学出版社，牛津，2005)，第 594 页。

〔27〕 W. Boese，'No consensus on nuclear supply rules'，Arms Control Today，vol. 35，no. 7 (Sep. 2005)，第 41 页，URL〈http：//www.armscontrol.org/act/2005_09/NoConsensusNukeSupply.asp〉。

〔28〕 参见美国参议员卢格（Lugar，R. G）在美国参议院外交委员会"关于美印核协议听证会上的开幕词"，2005 年 11 月 2 日，URL〈http：//lugar.senate.gov/pressapp/record.cfm? id＝248133〉。另见英国国际广播电台《BBC 新闻在线》，2004 年 10 月 1 日"新德里要求美国不要制裁"，URL〈http：// news.bbc.co.uk/2/3708250.stm〉。

〔29〕 关于印度在 HCOC 谈判期间的立场，参见 C. Ahlström，《防止弹道导弹扩散：2002 年准则》，《SIPRI 年鉴 2003：军备、裁军和国际安全》，（牛津大学出版社，牛津，2003 年），第 749 页。关于 HCOC 成员国名单，见本卷术语汇编，以及 A. Mallik，《从需求国角度看 21 世纪的技术与安全》，SIPRI Research Report no. 20，（牛津大学出版社，牛津，2004 年）。

〔30〕 参见 C. Ahlström，"防扩散安全倡议：从国际法视角看'拦截原则声明'，《SIPRI 年鉴 2005》，（同注释［26］），第 741 页。关于 PSI 成员国名单，参见本卷术语汇编。

三、《不扩散核武器条约》

《不扩散核武器条约》于 1970 年 3 月 5 日生效，截至到 2006 年 3 月 1 日，共有 189 个缔约国，几乎全世界所有国家都参加了。[31] 美国是 NPT 条约谈判的推动者，美国政府也是该条约三个保存国之一。美国很早就加入了这一条约，但印度至今未加入。因此，NPT 条约的权利或义务都不适用于印度，但 CNCI 涉及美国对该条约承担的某些义务。

印度拒不加入 NPT 条约的主要理由是因为该条约“歧视性”地把缔约国分为“核国家”与“无核国家”两大类。该条约原来的“大交易”可概括为：无核国家放弃研制发展核武器选择，换取确保获得民用核技术、有核国家原则承诺停止冷战核军备竞赛以及更原则性地承诺致力于裁军。根据条约第九条第三款规定，“核国家是指 1967 年 1 月 1 日前已制造和爆炸核武器或其他核爆炸装置的国家”。这一时间性划分的含义是，NPT 条约规定只有五个国家——中国、法国、俄罗斯（苏联的主要继承国）、英国和美国享有正式的核武器国家地位。因为印度在 1967 年 1 月 1 日前未引爆核爆炸装置，除非修改 NPT 条约第九条款，否则印度只能以无核国家身份加入。

NPT 条约第一条规定，核国家承担明确义务，不帮助、不鼓励、不诱使“任何无核国家”制造或通过其他手段获取核武器或核爆炸装置。这里问题的关键是“帮助”与“任何”两词的涵义。“任何”是否仅包含 NPT 条约的无核国**缔约方**，还是具有更宽泛的实际适用范畴，从而涵盖**任何**无核国家（即任何不符合第九条要求，不论该国是否已加入条约）？如果是指后者，那么 CNCI 是否能视为第一条允许“帮助”的内涵？

NPT 条约谈判的历史表明，“任何无核国家”的涵义不仅指条约缔约国，还包括非缔约国。NPT 条约起草者当时最关注的问题之一，

〔31〕 NPT 条约缔约国及签署保障监督协议和《附加议定书》国家名单，见本卷附件 A。

就是要建立一个其主要条款中没有任何漏洞的法律机制。[32] 条约早期的几个草案不仅界定了什么是“核武器国家”，而且也有“无核武器国家”的定义。1966 年 3 月 21 日，美国提议，把“无核国家”认定为“不是核武器国家的任何国家”。[33] 这样界定并未把加入条约本身作为任何必要条件。而且，这一解释也是与第三条（见下文）条款如何应相符的。应该指出的是，这一法律原则是一致的。它规定“任何国家”并非仅仅包含条约缔约国：“核武器国家有义务不帮助无核武器国家的义务适用于所有后一类国家，不论其是否为条约缔约国……任何其他情况都可能诱使无核国家不加入该条约。”[34] 因此，赞成对条约第一条适用范围作广义理解，该定义规定不限于指缔约国，这在法律上是站得住的。

下一个问题是 CNCI 规定双方要进行的核合作可否视为“以任何方式帮助”了无核武器国家，因而属 NPT 条约第一条禁止之列。NPT 条约与起草记录表明，该条款旨在广义范围适应。[35] 曼森·威尔里奇指出：“无核国家接受的任何核帮助主观上都可视为在禁止活动范围之内。”[36] 根据 NPT 条约第三条的保障监督条款就是为了进行这样的鉴定，并据此“确定和澄清大多数国际援助是否用于和平目的”。[37] 除了“急于想为受保障监督的塔拉普尔核反应堆

---

〔32〕 参见 M. I. Shaker, *The Nuclear Non－Proliferation Treaty: Origin and Implementation 1959—1979*, vol. 1 (Oceana Publications, Inc.: New York, N. Y., 1980)，第 191 页。另外，1965 年 11 月 19 日通过的联合国大会关于该条约草案主要内容的第 2028 号（XX）决议强调，“条约必须避免任何可能会允许有核或无核国家直接或间接地扩散任何形式的核武器”。

〔33〕 参见 1966 年 3 月 21 日美国对 1965 年 8 月 17 日条约草案提出的修改案文第四条 B 款，美国军控与裁军署 *International Negotiations on the Treaty on the Nonproliferation of Nuclear Weapons* (US Government Printing Office: Washington, DC, 1969)，第 140 页。

〔34〕 Shaker（同注释［32］）。参与 NPT 谈判的美国军控与裁军署律师曼森·威尔里奇指出，“核国家根据条约第一条做出的不帮助无核国家的承诺具有普遍性，并同等效力适用于所有这类国家，不论这些国家是否是缔约国。实际上，任何其他结果就构成诱使无核国家不成为缔约国”。参见 M. Willrich, *Non－Proliferation Treaty: Framework for Nuclear Arms Control* (Michie Co.: Charlottesville, Va., 1969)，第 95 页。

〔35〕 Shaker，（同注释［32］），第 259 页。

〔36〕 Willrich，（同注释［34］），第 94 页。

〔37〕 Willrich，（同注释［34］），第 94 页。

提供核燃料”外，人们对美国按照 CNCI 设想与印度开展什么样合作的细节几乎一无所知。[38] 这是否可视为 NPT 条约第一条所指的帮助？一些评论家认为确实如此，因为向塔拉普尔原子能电站出口核燃料，可能使印度腾出国内部分浓缩铀储存，用于生产军用裂变材料。[39]

对此说法，美国是完全清楚的。几年前，俄罗斯准备向该发电厂提供核燃料时，美国就是这么说的。因此，根据印美核合作的性质，实施 CNCI 可能违背美国根据 NPT 条约第一条承担的承诺。这也涉及条约第三条第二款规定，即“每个缔约国承诺不将（a）原料或特殊裂变物质，或（b）特别为处理，使用或生产特殊裂变物质而设计或配备的设备或材料，提供给任何无核武器国家，以用于和平的目的，除非这种原料或特殊裂变物质受本条所要求的各种保障监督措施的约束”。这一条款的规定并不特别明确，“原料或特殊裂变物质”以及“为处理，使用或生产特殊裂变物质而设计或配备的设备或材料”究竟指什么？而且，“本条所要求的各种保障监督”这一措辞可以理解为第三条要求的根据 NPT 条约对无核国家进行的保障监督。1971 年成立的另一个出口控制组织桑戈委员会已把第三条的要求解释为向 NPT 条约无核缔约国的出口。该委员会指导原则规定，出口国应要求对相关“原料或特殊裂变物质”实施保障监督。[40] 换句话说，此条款要求的保障监督已解释为 INFCIRC/66 文件式的保障监督措施，涵盖了出口的明确原料或特殊裂变物质。

但是，这种解释多年来也有了相当大的变化。上世纪 70 年代和 80 年代，NPT 条约核供应签约国在对核出口进行国内立法时，普遍要求以接受国签署全面保障监督协议作为供应的前提条件。这种保障监督立法措施与 NPT 条约五核缔约国保障监督要求（参见

---

〔38〕 白宫，（同注释 [1]），第 2 页。

〔39〕 D. Ruppe，“专家说，美印协议将有助于印度发展核武器”，Global Security Newswire，Nuclear Threat Initiative，13 Oct. 2005，URL 〈http://www.nti.org/d_newswire/issues/2005/10/13/5b4a539b−1a2a−44f4−b53e−a193fde69f6f.html〉。

〔40〕 国际原子能机构 1999 年 11 月 15 日收到成员国关于核材料与某些设备及其他材料的函件，INFCIRC/209/Rev. 2，2000 年 3 月 9 日。

第三条第一款和 INFCIRC/153 文件）是一致的[41]。其目的是及时查出是否存在大量用于和平目的的核材料转用于制造核武器或其他核爆炸装置或未知用途，并通过有早期查出的风险来吓阻这种转用。

1992 年，NSG 成员国要求把接受全面保障监督作为提供核材料的条件（见下文）。更重要的是，在 NPT 条约 1995 年审议和延期大会上，缔约国一致通过了关于《不扩散核武器与核裁军宗旨目标》文件。该文件第 12 条“保障监督”称：“向无核国家转让原料或特殊裂变物质或专门设计或准备用于加工、使用或生产特殊裂变物质的新供应安排，必须以把接受 IAEA 全面保障监督，并做出不获取核武器或其他核爆炸装置具有国际法律约束力承诺为前提条件。”[42] 文件明确规定，任何新的供应安排必须接受全面保障监督，并做出不获取核武器具有国际法律约束力的承诺。NPT 条约 2000 年审议大会与会国“忆及和重申”了 1995 年的《宗旨和目标》文件。[43]

既然印美过去的供应安排协议已经失效，CNCI 应该被正式视为新的供应安排。[44] 但是，印度没有也不会根据 CNCI 接受全面保障监督或承担有法律约束力不获得核武器的义务。这是否意味着，美国若决定在没有满足有关条件的情况下提供核材料，就违背其 NPT 条约义务？这个问题的答案归结为 1995 年《宗旨与目标》文件的法律性质。是否把该文件视作一项政治声明而没有实际规约作用，还是将其视作一个 NPT 条约缔约国对该条约第三条第二款相关要求做出的权威性解释的文件？比较而言，桑戈委员会和 NSG 原则相反，1995

〔41〕 关于根据 NPT 条约保障监督协定制度的法律分析，参见 D. M. Edwards，‘International legal aspects of safeguards and the non－proliferation of nuclear weapons’，*International and Comparative Law Quarterly*，vol. 33（1984），第 1—21 页。

〔42〕 关于 1995 年 5 月 11 日通过的《宗旨与目标》文件，参见“关于核军备控制和防扩散文件”，《SIPRI 年鉴 1996：军备、裁军和国际安全》，牛津大学出版社，牛津，1996，第 591—93 页。

〔43〕 参见核不扩散条约 2000 年审议大会通过的《最后文件》，vol. I，NPT/CONF. 2000/28（Parts I and Ⅱ），第 3 页。

〔44〕 参见 F. McGoldrick，H. Bengelsdorf and L. Scheinman，‘The US－India nuclear deal：taking stock’，*Arms Control Today*，vol. 35，no. 8（Oct. 2005），第 6—12 页。

年《宗旨和目标》文件及 2000 年《最后文件》是为所有 NPT 签约国接受的。

按照一条公认的国际法原则，条约条款可以通过随后缔约方达成协议或实际执行情况进行修改，并非一定要通过正式修改途径。[45] 安思纳·奥斯特认为，缔约国后来可以接受对该条约的权威性解释，这实际上等于是对条约的修改。[46] 1969 年通过的《维也纳条约法公约》第 31 条第三款规定，条约的解释应考虑下列因素："（1）当事国嗣后所订关于条约之解释或其规定之适用之任何协定；（2）嗣后在条约适用方面确定各当事国对条约解释之协定之任何惯例；（3）适用于当事国间关系之任何有关国际法规则"。[47] 1995 年通过的《宗旨与目标》文件当然可以作为"嗣后协议"。而且，该文件显然也影响了缔约方的实践：缔约方过去十年来一直支持把全面保障监督要求作为供应的条件。[48] 因此，可以说 NPT 条约第三条目前可以解释为要求进行全面而不是对某特定物项的保障监督。这也意味着 CNCI 的实施将违背美国根据第三条承担的义务。

---

〔45〕 I. M. Sinclair，*The Vienna Convention on the Law of Treaties*，2nd edn（Manchester University Press：Manchester，1984），第 106 页 ff。

〔46〕 A. Aust，*Modern Treaty Law and Practice*（Cambridge University Press：Cambridge，2000），第 191 页。另参见 R. Jennings and A. Watts（eds），*Oppenheim's International Law*，vol. 1，*Peace*，9th edn（Longman：London，1996），第 1254 页，（同注释［5］）和 I. Brownlie，*Principles of Public International Law*，4th edn（Clarendon Press：Oxford，1990），第 625 页。

〔47〕《维也纳条约法公约》1969 年 5 月 23 日开放签署，1980 年 1 月 27 日生效。参见《联合国条约集》，vol. 1155（1980），第 331 页和 URL〈http：//www. un. org/law/ilc/texts/treaties. htm〉。该公约不具追溯力，不适用于其生效前签署的条约（参见第四条）。但国际法院一般认为，该公约是关于解释条约的习惯国际法评估的出发点。参见 *Territorial Dispute*（Libyan Arab Jamahiriya/Chad），Judgment，*ICJ Reports 1994*，第 21—22 页，§ 41；*Maritime Delimitation and Territorial Questions between Qatar and Bahrain*（Qatar v Bahrain），Jurisdiction and Admissibility，Judgment，*ICJ Reports 1995*，第 18 页，§ 33；*Oil Platforms*（Islamic Republic of Iran v United States of America），Preliminary Objection，Judgment，*ICJ Reports 1996*（Ⅱ），第 812 页，§ 23。

〔48〕 另一例是在 NSG 中反复提到该文件，大意是该组织的外向性活动按 1995 年文件进行。关于俄罗斯 2001 年向印度提供核燃料问题，参见下文第四节。

四、核供应国集团和作为供应条件的全面保障监督

核供应国集团（NSG）成立于 1974 年，其宗旨是通过对更多物项和使更多国家参加这两个方面扩大多边出口控制范围，加强核不扩散机制。[49] 应该指出的是，触发组建 NSG 的起因是，印度 1974 年核试验爆炸事件暴露了声称“和平”利用核技术可能带来的风险。截至到 2006 年 1 月 1 日，45 个国家（欧盟委员会系常任观察员）参加了该组织，并以协商一致方式开展活动。NSG 中的合作不是基于有法律约束力的国际协议，[50] 而是通过把该组织的政策建议纳入成员国立法，从而使其各项规定具有规约。

1978 年《NSG 核转让指导方针》提交国际原子能机构，并随后在 INFCIRC/253 文件中公布。[51] 该指导方针表示，供应国“应该仅对接受机构保障监督的情况下才转让触发清单物项”。NSG 并未提出实施全面保障监督的要求，而仅要求对转让物项实施保障监督。1991 年伊拉克秘密核武器计划的曝光，对核不扩散机制是个“叫醒电话”，使 NSG 重新活跃起来。在 1992 年召开的全体会议上成员国做出决定，把全面保障监督作为供应的条件。[52] 指导方针的第四条（a）款列出了全面保障监督的要求：“供应国只有接受国与 IAEA 签署协议，对其目前和未来的和平活动中所有的原料和特殊裂变材料实施保障监督并在协议生效后，才能向无核国家转让触发清单物项或相关技术。”如果在接受国没有实施全面保障监督，只有在以下两种情况下才能进

〔49〕关于 NSG 的历史，参见 2005 年 5 月 10 日瑞典政府代表成员国致 IAEA 的函件，INFCIRC/539/Rev. 3，2005 年 5 月 30 日。NSG 成员国名单和本附录谈到的其他出口控制机制，参见本卷术语汇编和第 16 章。

〔50〕参见 C. Ahlström，*The Status of Multilateral Export Control Regimes：An Examination of Legal and Non－legal Agreements in International Cooperation*（Iustus Förlag：Uppsala，1999）；和 Gualtieri，D. S.，‘The system of non—proliferation export controls’，ed. D. Shelton，*Commitment and Compliance：The Role of Non－binding Norms in the International Legal System*（Oxford University Press：Oxford，2003），第 467 页。

〔51〕IAEA，从部分成员国收到的关于核材料、设备和技术出口指导方针原则的函件，INFCIRC/254，1978 年 2 月，reprinted in *International Legal Materials*，vol. 17（1978），第 220 页。最新《NSG 指导方针》全文 INFCIRC/254/Rev. 7/Part 1，2005 年 2 月 23 日。

〔52〕国际原子能机构关于全面保障监督声明，INFCIRC/405，1992 年 5 月，见 *International Legal Materials*，vol. 31（1992），第 1253 页。

行在控物项的转让：一是当该触发清单物项被视为对受保障监督的设施的安全运营至关重要时作为特例；二是如果转让是根据 1992 年 4 月 3 日或该日以前签署的协议进行的（所谓“不追溯条款”）。

1997 年《附加议定书范本》缔结后，有人提出应提高全面保障监督的要求，以便实施该文书。如上文所述，布什总统 2004 年 2 月提出，只有签署了《附加议定书》的国家才能进口核设备。NSG 一直在审议该建议，但并非所有成员国都已接受。〔53〕

显然，印美将根据 CNCI 协议进行的民用核合作与美作为 NSG 成员国坚持以全面保障监督作为供应条件的立场可能是不相符的。还应指出，迄今各方确认的豁免情况也不适用于现状：印美两国间没有签订任何关于“不追溯”既往情况使之能豁免全面保障监督要求的双边协议。考虑到 NSG 成员国特别是美国自己对俄罗斯不久前向印度转让核燃料的反应，援引安全豁免条款也会带来严重问题。2000 年秋，俄罗斯宣布，将向塔拉普尔核电厂提供核燃料。应该指出，俄罗斯没有对必须以实施全面保障监督作为前提这一规定提出异议。俄罗斯认为，其核转让应属安全豁免条款范畴，因为向核电厂运送核燃料对其安全运行是必要的。但是其他 NSG 成员国并不同意俄国的说法。它们认为，俄罗斯提出的转让不符合俄作为 NSG 成员国应承担的义务。但是，俄罗斯还是于 2001 年 2 月向印度出口了 50 吨低浓铀，受到其他 NSG 成员国的强烈批评。〔54〕鉴此，俄罗斯后来不再向印度出口核燃料和核电厂，转而率先在 NSG 内提出研究可否免于对印度必须以实施全面保障监督作为核燃料供应的条件。

《NSG 核转让指导方针》第 10 条中的“不扩散原则”强调：“尽管有指导方针其他条款规定，只有供应国确信转让不会导致核武器或其他核爆炸装置的扩散或转用于核恐怖行为时，才可批准转让触发清单上标明的物项或相关技术”。人们认为，美国与印度开展核合作（即使印度将其军民核设施做出区分）会有助于印度核武器计划。因

〔53〕 Boese，（同注释［27］）。

〔54〕 美国宣称，“对俄联邦违背其不扩散承诺，向印度塔拉普尔核电反应堆出口核燃料深表遗憾”。‘US deeply regrets Russian shipment of uranium fuel to India’，2001 年 2 月 16 日，URL 〈http：//www.usembassy.it/file2001_02/alia/a1021910.htm〉。

此，很难预见美国怎么能根据 CNCI 条款信守这一承诺。

因此，实施 CNCI 将有违于美国在 NSG 第四条的承诺，也可能违反了第十条中有关“不扩散”原则。在 2005 年印美联合声明中，美方称，为开展与印度的全面民用核合作，美将推动“国际机制调整”。这似乎表明，美国将推动修改 NSG 指导方针条文，但完全没有把握会得到各方支持。不过最近有情况表明，美国并未寻求对该方针进行修改。美负责军控和国际安全事务副国务卿罗·约瑟夫 2005 年 11 月在参议院外交关系委员会作证中就美如何使 CNCI 符合其在 NSG 的承诺做出如下澄清：

> 我们强调美希望 NSG 维持其有效性，并强调我们不想损害这一重要防扩散政策手段。因此，**美国倡议既不寻求改变 NSG 的决策程序，也不修改 NSG 指导方针中现有的全面保障监督要求**。美国建议，考虑到印度的能源需求、核不扩散记录及其现已做出的不扩散承诺，**NSG 应该做出决策，把印度作为特例对待。我们不主张对其他 NPT 机制外的国家也同等相待**。〔55〕

美国希望到 2006 年召开 NSG 全会时，NSG 按此意做出协商一致决定。

2005 年 10 月，NSG 磋商小组开会时讨论了美国的建议，显然得到法国、英国和俄罗斯的一定支持。奥地利、瑞典、瑞士等许多成员国表示了强烈保留，〔56〕其他许多成员国则持观望态度。〔57〕

这种不修改《NSG 指导方针》而做出决策把印度作为特例的做法，其好处是能很快解决问题。这样做仍需 NSG 成员国协商一致。正如上文所言，至少有若干国家仍不信服美国的建议。〔58〕而且，该建议未充分考虑到 NSG 机制的特性，即：《NSG 指导方针》虽不具

---

〔55〕 罗·约瑟夫讲话，（同注释［23］），第 9 页（为了醒目，黑体为作者所标）。

〔56〕 W. Boese，‘Suppliers weigh Indian nuclear cooperation’，*Arms Control Today*，vol. 35，no. 9（2005 年 11 月）。

〔57〕 罗·约瑟夫讲话，（同注释［23］），第 6 页。

〔58〕 例如，2005 年秋末中国官方媒体的报道中抨击说，CNCI 将对全球核秩序和防扩散努力带来负面影响。参见 C. R. Mohan，‘Delhi's comrades slam India，Beijing's slam US for n－deal’，Indian Express，2005 年 11 月 4 日，URL〈http：//www. indianexpress. com/print. php? content _ id＝81265〉。

有国际法约束力，但已纳入成员国的国内立法，因而在国家层面具有正式法律效力。这意味着各国颁发许可证的部门（美国或其他国家）在决定向印度转让核技术申请时仍必须考虑指导方针的规定。由于实施全面保障监督的要求仍将保留，难以想象如果不修改指导方针，成员国怎么可能同意进行这种转让。

NSG 成员国宣称，成员国间的合作符合 NPT 条约规定，也是对条约的补充。如果 NPT 条约成员国在全面保障监督问题上对印度的核供应网开一面，而同时又采取行动把这一原则作为该条约第三条要求的一部分，就会出现微妙的局面。这里需要指出的是，所有 NSG 成员国同时也是 NPT 条约成员国，显然不能违背其条约规定的国际义务。如果这样做，很可能会被视为损害条约的完整性，特别是该条约目前正陷于严重困境之时。[59]

五、关于核出口的国家立法

在 2005 年 7 月美印联合声明中，美国总统表示美方“将争取国会同意修改有关法律和政策”，印度总理则承诺印度实施全面的国内出口管制立法。[60]

美国的立法

1954 年通过并已修订的《原子能法》是美国关于核合作与出口的主要法律。[61] 1978 年《不扩散核武器法》通过后，对《原子能法》进行了修订，增加了美国出口核设备防扩散的标准。[62]

《原子能法》第 123 节（a）（2）款规定，开展国际合作前必须签

---

〔59〕关于 NPT 条约 2005 年审议大会的情况，参见本卷第 13 章第 2 节。

〔60〕白宫新闻公报，（同注释［1］），第 2 页。Public Law 83－703（68 Stat. 919），reprinted in *Nuclear Regulatory Legislation*，NUREG－0980，vol. 1，no. 6（US Nuclear Regulatory Commission，Office of the General Counsel：Washington，DC，June 2002），第 1—9 页。

〔61〕参见《1954 年原子能法》，1954 年 8 月 30 日，Public Law 83－703（68 Stat. 919），参见 *Nuclear Regulatory Legislation*，NUREG－0980，vol. 1，no. 6（US Nuclear Regulatory Commission，Office of the General Counsel：Washington，DC，June 2002），第 1—9 页。

〔62〕《1978 年不扩散核武器法》，1978 年 3 月 10 日。Public Law 95－242（92 Stat. 120），reprinted in *Nuclear Regulatory Legislation*，*NUREG*－0980（同注释［61］），第 15. 1—3 页。

署符合某些条件的"合作协议"。在同无核武器国家开展合作时，要求"美国按照合作协议继续核供应的条件是，该国境内、在其管辖范围下或其他地方受其控制用于和平目的所有核活动的核材料仍必须接受 IAEA 的保障监督"。因此，根据美国国内法也必须把全面保障监督作为合作的条件。但如果确认把这样的要求列入合作协议会"严重影响美国实现防扩散目标或共同防务与安全"，那么美国总统可以决定在合作协议中不写入"123 条款"中任何这类要求。根据《1985 年出口管理修订法》，豁免协议只有在国会参众两院批准后才能生效。[63]

《原子能法》第 128 节对美国向无核国家出口用于和平用途的核原料、特殊核物质、生产设备和任何敏感核技术的条件作了规定。该节第（a）（1）款强调："出口时，所有该国管辖或控制下进行的和平目的核活动，都必须接受 IAEA 的保障监督。"这一条款还规定，若美国总统认定不批准出口会严重影响美防扩散目标或损害共同防务或安全，可决定不把全面保障监督作为核供应的必要条件。最后，"129 条款"也与 CNCI 有关该款规定："如果总统发现任何无核国家在本节条款生效后任何无核国家引爆了核装置，就不得向其出口任何核材料、核设备或敏感核技术。"如果总统认定"停止这种出口会严重影响美防扩散目标或损害共同防务与安全"，他也可根据该条款对停止出口予以豁免。

CNCI 签署后，布什政府已经提出了几处修正案文。《出口管制条例修正案》于 2005 年 8 月 30 日生效。出于防止核扩散的原因，该条例取消了向印度出口与转口美国单方面控制物项的若干许可证要求，并把六家印度实体从该条例的实体名单上删除。[64] 但正如前文所述，全面落实 CNCI 必须由国会的参与及批准。

美国国会对 CNCI 的最初反应并不积极。国会议员对政府在做出就这一重大政策调整之前没有与他们磋商表示不满。[65] 2005 年 9 月

---

〔63〕 参见 S. Squassoni, *US Nuclear Cooperation With India: Issues for Congress*（美国国会图书馆，国会研究部，华盛顿，2005 年 7 月 29 日），第 5 页。

〔64〕 Federal Register, vol. 70, no. 167（2005 年 8 月 30 日），第 51251 页。

〔65〕 D. Robinson,"美印核协定不会损害防扩散努力"，美国之音 2005 年 9 月 8 日，URL 〈http://www.globalsecurity.org/wmd/library/news/india/2005/india－050908－voa01.htm〉。

8 日举行的众议院国际关系委员会一次听证会的情况表明，许多众议员担心 CNCI 可能会给防扩散机制产生负面影响。[66] 到 2005 年秋末美国政府还未开始与国会正式磋商，虽然政府为同印度开展民用核合作准备在 2006 年初提交对国内立法的修改案文。尽管目前具体情况尚不明朗，但政府已经表示要提议修改《原子能法》第 129 节和《不扩散核武器法》的相关条款。[67]

美国政府能否让国会明白 CNCI 对不扩散核武器基本上是有利的，国会议员是否会接受目前样式的 CNCI，尚待观察。不能排除国会可能会附加批准 CNCI 的新条件，如印度加入裂变材料禁产条约。但印美两国代表都明确表示，增加任何新的诸如此类的条件会被视为"搅黄协议之举"。[68]

印度的立法

印度在 CNCI 中承诺采取必要措施，制订全面的国内出口管制法规，协调各有关部门，遵守《导弹及其技术控制制度》和 NSG 指导方针。印度过去曾经对两用物项采取过国家出口管制，但相关法规被认为是"繁琐的修修补补"。[69] 2005 年 5 月，印度政府颁布了《大规模杀伤性武器及其运载系统（禁止非法活动）法》，其中规定个人和实体未经许可拥有和转让大规模杀伤性武器系犯罪行为。但该法律的制定主要还是基于联合国安理会第 1540 号决议，[70] 因为该决议要求所有国家必须承担义务，制订刑法，并采取"有效措施加强国内控制"，以防止大规模杀伤性武器扩散。[71] 印度的出口管制体系涉及七

〔66〕 D. Ruppe，"美印核协议的障碍浮出水面"，Global Security Newswire，Nuclear Threat Initiative，9 Sep. 2005，URL〈http：//www. nti. org/d _ newswire/issues/2005 _ 9 _ 9. html〉。

〔67〕 "为实施美印核协议必须修改立法工作开始了"，Global Security Newswire，Nuclear Threat Initiative，17 Aug. 2005，URL〈http：//www. nti. org/d _ newswire/ issues/2005 _ 8 _ 17. html〉。

〔68〕 'India envoy warns on changes to US nuclear deal'，《纽约时报》，2005 年 11 月 25 日。

〔69〕 I. Anthony and S. Bauer，'Transfer controls'，《SIPRI 年鉴 2005》（同注释[26]），第 708 页。

〔70〕 2005 年 8 月 8 日印度常驻联合国代表致联合国安理会主席信，参见联合国文件第 S/2005/521，2005 年 8 月 11 日（此信附有该法全文）。

〔71〕 2005 年 4 月 28 日联合国安理会通过第 1540 号决议。

个不同的初级法律，但还是相当全面的。一些评论家认为，印度需要制订统一、全面的出口管制立法，[72] 但这似乎超出了印度在 CNCI 中做出的承诺。根据 CNCI 规定，印度有责任"遵守"NSG 与 MTCR 指导方针。[73] 过去印度坚决反对多边出口管制制度，但近来其态度似乎发生了变化。

应该指出，CNCI 在印度并非没有争议。某些评论家批评这一协议会使印度放弃其核领域的独立政策。人们同时也把 CNCI 视为印度在 IAEA 理事会 2005 年 9 月会议上投赞成票认定伊朗不遵守保障监督义务决议的一个重要原因。印度的立场在国内受到了一些批评。[74] 2006 年 1 月，美国代表暗示 CNCI 协议的达成与印度在把伊朗核问题提交联合国安理会问题上的态度有关，但印度予以否认，称这是两码事。[75]

六、结论

2005 年夏季，印美宣布的《民用核合作倡议》不仅引起了各国和学术界的广泛兴趣，也引发了担忧。在核不扩散领域，传统理念一直是不与"拒不参加"NPT 条约的国家打交道，而该协议完全偏离了这一理念。迄今为止，美国的核不扩散政策一直是以阻止其他国家获得核武器能力为主导的。自印度获得核能力以来，美国一直对印度采取不转让核技术和冷落政策。但是，美国现政府似乎不再在乎哪怕牺牲更大的地缘政治或经济利益也要一贯坚持美核不扩散政策了。

当前的形势凸显了核不扩散问题上的两大对立观点：务实派和法规派。前者强调，印度已经废弃了多边核不扩散体系的宗旨，成为

〔72〕 S. Gahlaut and A. Srivastava，《印度防扩散出口管制法—实施至 2005 年》，(Center for International Trade and Security：Athens，Ga.，2005)，第 11 页。

〔73〕 "遵守"一字在这里主要表示，一个国家虽非各项出口控制机制的正式成员，但其行为符合这些机制指导方针。

〔74〕 "专家说：印度外交政策受到损害"，The Hindu，2005 年 10 月 29 日，URL 〈http：//www. hinduonnet. com/thehindu/thscrip/print. pl? file=2005102918391200. htm〉。

〔75〕 "大使说：如果印度不支持美国对伊朗的立场，核协议可能夭折"，Global Security Newswire，Nuclear Threat Initiative，2006 年 1 月 26 日，URL 〈http：//www. nti. org/d_newswire/ issues/2006_1_26. html〉。

“核技术的拥有者”，必须以此对待印度。那么主要不应着眼于惩罚印度，而应通过确保印度不扩散核技术来限制印度核问题的潜在负面影响。继续坚持印度必须以无核国家身份加入 NPT 条约是毫无意义的，因为印度一再声称它不会这样做。后者则坚持正规的核不扩散机制，认为印度既然“游离在 NPT 条约之外”获得了核武器能力，就必须为此付出政治和经济代价。其主要目标是维护核不扩散机制的完整性。在核领域同印度打交道只会向潜在扩散者表明，废弃《不扩散核武器条约》的宗旨是可能的。这会有刺激其他国家也要获取核能力的危险。

归根结底可以说，CNCI 使印度得了大便宜。印度用微不足道的承诺，又不会影响其保持和扩大其核武库，却可获得全面民用核合作的好处。正如本附录所述，CNCI 提出了一系列国际和国内的法律问题。如何对待 CNCI，不仅是 NSG 成员国与美国国会议员面临的问题，可能也是 NPT 所有缔约国遇到的难题。

（荣　鹰译）

附录 13C 核燃料循环的多边控制

维塔利·费琴科*

一、导言

国际社会早先时候已认识到核技术本质上是“两用”的：既可民用也可军用。如何使核能开发与不扩散核武器目标协调一致是 2005 年国际议程上的一个突出问题。这一点在 10 月份表现得最显著，其时国际原子能机构和机构总干事穆罕默德·巴拉迪共同分享了 2005 年度诺贝尔和平奖，“由于他们在防止核能被军用和在确保核能以尽可能最安全的方式被和平利用方面所取得的成就。”[1]

从 40 年代初开始，国际社会共提出三类关于敏感核材料和技术扩散控制方法的提案。[2] 一是共同使用、开发和拥有敏感核燃料循

---

* 作者感谢 F. 冯·希佩尔、A. 弗罗洛夫、S. N. 基尔、M. 米勒和 L. H. 韦德肯对本附录初稿所作的有益评论。

〔1〕 挪威诺贝尔委员会，“2005 年诺贝尔和平奖”，新闻发布，奥斯陆，2005 年 10 月 7 日，URL ⟨http: //nobelprize. org/peace/laureates/2005/press. html⟩。

〔2〕 L. Scheinman，“控制扩散与敏感核技术带来的挑战”，《核材料管理杂志》，第 33 卷第 4 期（2005 年夏季），第 34—35 页；T. Rauf，“关于核燃料循环多边方案专家组的背景和报告”，在为加强不扩散制度举办的核燃料循环多边、技术和组织方案国际会议上的演说，莫斯科，2005 年 7 月 13—15 日，URL ⟨http: //www. iaea. org/NewsCenter/News/PDF/rauf _ report220605. pdf⟩。

环设施的多边安排。[3] 按照这一安排，任一成员国都不能单独控制任何核设施，因而不可能把核设施秘密转用于军事。这类多边安排也许在政治和商业上是可行的。

第二类提案涉及敏感材料和技术转让的规则和法律壁垒。这类提案形成了今天已实行的不扩散机制：虽然由国家拥有和运行核设施，但其中大多数接受国际条约和协定中有关条款的限制、规范和保障监督。这种不扩散机制的法律和政治基础是 1968 年达成的《不扩散核武器条约》（NPT）。[4] NPT 条约依靠国际原子能机构（IAEA）及其保障监督系统来核查缔约国是否遵守条约义务。IAEA 多年来一直实践和改进其核查制度。[5] 此外，对国家间敏感材料和技术转让的控制还通过各种出口控制机制来实现，比如核供应国集团（NSG）。[6] 美国和其他一些国家在 2003 年提出“防扩散安全倡议”（PSI），目的是拦截大规模杀伤性武器（包括核武器和材料）、导弹和部件的非法转让。[7] 联合国安理会 1540 号决议把核不扩散机制与国际犯罪联系起来，目的是限制非国家行为体接触敏感材料和技术。[8] 2004 年 6 月，八国集团（G8）通过了防扩散行动计划，其中特别认可了 NSG 的运作，呼吁各国普遍接受 IAEA 的保障监督，重申 G8 对 PSI

〔3〕 IAEA 把“核燃料循环”定义为“核材料转换相关的核设施和活动组成的系统”。它是指与产生核动力和制造核材料相关的所有核设施和活动组成的整体。国际原子能机构（IAEA），IAEA 保障监督术语表：2001 年版，国际核核查系列丛书（International Nuclear Verification Series），第 3 期（2001），URL〈http：//www－pub. iaea. org/MTCD/publications/PDF/nvs－3－cd/PDF/NVS3 _ prn. pdf〉，第 37 页。也参见本附录第 5 段。

〔4〕 关于 NPT 见本卷第 13 章和附件 A。条约原文见 URL〈http：//www. un. org/Depts/dda/WMD/treaty/〉。

〔5〕 关于对发展 IAEA 保障监督体制的讨论，见 N. Zarimpas，“核核查：已加强的 IAEA 保障监督系统”，《SIPRI 年鉴 2000：军备、裁军和国际安全》（牛津大学出版社，牛津，2000），第 496－508 页。IAEA 保障监督安排已生效的国家清单见本卷附件 A。

〔6〕 关于出口控制制度和成员国清单见本卷术语汇编和第 16 章。关于 NSG 也参见附录 13B。

〔7〕 关于 PSI，见 C. Ahlström，“防扩散安全倡议：宣布实施禁运法则的国际法方面的问题”，《SIPRI 年鉴 2005：军备、裁军和国际安全》（牛津大学出版社，牛津，2005），第 741－765 页；也参见本卷术语汇编。

〔8〕 联合国安理会 1540 号决议，2005 年 4 月 28 日，URL〈http：//www. un. org/documents/scres. htm〉；I. Anthony，“军备控制和不扩散：国际组织的作用”，《SIPRI 年鉴 2005 》（同注释 [7]），第 542－547 页。

的承诺。[9]

第三类提案使用纯技术方法。目前已知类型的核燃料循环都具有一定的扩散风险，因为它们都涉及核爆炸使用的同位素：铀 235、钚 239 和铀 233。许多专家声称采用新技术可以降低风险。据说正在研发的创新型工艺流程本质上是防扩散的，经济上具有吸引力并对环境安全。

第二节将讨论 NPT 机制和核能技术的新进展。第三节介绍研究和谈判敏感核燃料循环设施多边安排的历史过程。这种多边安排在 2005 年取得相当大的进展，第四节将对此予以阐述。第五节讨论研发防扩散技术的有关建议。第六节提出结论。

二、核不扩散条约与核能

从 2003 年起，国际形势的变化使国际社会开始关注 NPT 机制显现出的弱点。首先，2003 年初，IAEA 视察员发现伊朗已经有若干年没有公布其重要的核活动，违反了它与原子能机构签署的 NPT 条约规定的保障监督协定。就此，某些外部观察员得出结论，伊朗在其民用核能计划的掩护下，正在设法使生产核武器所必需的基础设施就位。[10] 其次，也是在 2003 年，朝鲜成为第一个退出 NPT 条约的国家。其后朝鲜宣布它用按照条约所获的用于和平目的的基础设施研制出了核武器。[11] 还是在那年 10 月，一个国际非法核技术转让网络存在的证据开始向公众曝光，当时伊朗向 IAEA 承认，他从巴基斯坦秘密进口了敏感部件。利比亚在 12 月宣布放弃大规模杀伤性武器（WMD）能力和大部分先进导弹计划，导致巴基斯坦最著名的核科学家阿卜杜尔·卡迪尔·汗领导的这一非法网络被官方公开披露。[12]

〔9〕 国集团（G8），G8 关于不扩散的行动计划，海岛，格鲁吉亚，2004 年 6 月 9 日，URL 〈http：//www. g8. utoronto. ca/summit/2004seaisland/nonproliferation. html〉。

〔10〕 S. N. Kile，“核军备控制和不扩散”，《SIPRI 年鉴 2004：军备、裁军和国际安全》（牛津大学出版社，牛津，2004），第 604－611 页。

〔11〕 S. N. Kile，“核军备控制，不扩散和弹道导弹防御”，《SIPRI 年鉴 2003：军备、裁军和国际安全》（牛津大学出版社，牛津，2003），第 578－591 页。

〔12〕 S. N. Kile，“核军备控制和不扩散”，J. Hart 和 S. N. Kile，“利比亚放弃核、生物、化学武器和弹道导弹”，《SIPRI 年鉴 2005》（同注释［7］），第 551－555 页和 629－648 页。关于 2005 年的进展见本卷第 13 章。

2003 年 10 月，IAEA 总干事巴拉迪指出，仅仅依靠 NPT 条约还不是最理想的，由于防扩散的技术壁垒逐步受到侵蚀，市场上许多硬件具有两用特征，而且技术的多样性使得难以对采购和销售进行监管，因此对接触敏感技术的控制变得越来越难。〔13〕此外，一些观察家认为 NPT 存在固有的结构上的弱点，因为按照条约第四条，一个国家有权开发敏感的核燃料循环能力“以便为和平目的开发研究、生产和使用核能的能力”，然后这个国家可以退出条约而不承担法律后果，即使是为了获得核武器而退出条约。〔14〕在 2004 年 6 月召开的 IAEA 理事会上，巴拉迪宣布他已授权成立一个国际专家组去研究安全可靠地开发核能的创新型多边方案。〔15〕该专家组于 2005 年 2 月提交了工作建议，在 5 月召开的 NPT 审议大会上发表了研究结论和提案。〔16〕部分工作建议已从 2005 年 9 月开始执行（见下面第四段）。

与上述“四分五裂的”核不扩散体制情况不同，各国对核动力产生新的兴趣，这一现象越来越明显。这里引用三个影响国家兴趣的因素。首先，2005 年化石燃料价格高涨，促使能源消费者研究发电的各种方案。其次，许多国家把越来越多的注意力放在 1997 年东京议定书和温室气体排放上。化石燃料被认为是导致全球变暖的因素，因为它产生温室气体。而核能排放的温室气体要比化石燃料低两个量级。〔17〕最后，某些国家把核动力作为增强能源独立性和保障供应的措施。正如巴拉迪所说，核动力被认为是相对独立于国际政治形势的电力来源，归因于“全球有多个稳定的铀生产商和长期供应核燃料只

〔13〕 E. L. 巴拉迪，“走向更安全的世界”，《经济学家》，2003 年 10 月 18 日，第 43 页。

〔14〕 Kile（同注释 [12]），第 573 页。

〔15〕 国际原子能机构总干事穆罕默德·巴拉迪博士在机构理事会上作的介绍性声明，DG/14062004，维也纳，2004 年 6 月 14 日，URL〈http：//www. iaea. org/NewsCenter/Statements/ 2004/ebsp2004n003. html〉。

〔16〕 IAEA，核燃料循环多边方案：专家组向国际原子能机构总干事提交的报告（IAEA：维也纳，2005），URL〈http：//www－pub. iaea. org/MTCD/publications/PDF/mna－2005 _ web. pdf〉。关于 2005 年 NPT 审议大会见本卷第 13 章。

〔17〕 经济合作和发展组织（OECD），“今日核能”，OECD 政策摘要，2005 年 2 月，URL〈http：//www. oecd. org/dataoecd/32/62/34537360. pdf〉，第 1－3 页。按照 1992 年联合国关于气候改变的框架协定提交的东京议定书见 URL〈http：//unfccc. int/resource/docs/convkp/kpeng. html〉。

需较小的存储空间”。[18] 这一论点在俄罗斯与乌克兰关于天然气价格发生争辩时得以增强，俄、乌争议使俄罗斯天然气向欧洲供应量在2006 年 1 月临时性缩减。[19] 其时有报道称俄罗斯天然气向欧洲供应量的临时性减少是由于天气过度寒冷，经过乌克兰向格鲁吉亚发送天然气的管道发生爆裂所致。[20] 上述事件增强了核动力倡导者认为核动力是最可靠能源的依据。

对未来全球核动力反应堆数量和输出的有关数据分析表明，亚洲是，或可能是未来核工业保持增长的主要地区，中国、印度、日本和韩国已列入计划和拟议中的反应堆项目数量最多（见表 13C.1）。第二大增长区是欧洲，其中俄罗斯有最庞大的建造计划。2006 年 1 月，俄罗斯联邦原子能署署长谢尔盖·基连科提出将在今后 25 年内建造 40 座新核动力反应堆的计划。[21] 美国可能成为未来第三大增长区：2005 年能源政策法案中包含了相当数量的激励美国建造新核电厂的因素。[22] 布什总统承诺“这个十年底之前，将重新开始建造核电厂”。[23] 2005 年西欧的政策也呈现出向有利于核电转变的迹象。[24]

---

〔18〕 M. 巴拉迪，“核动力：审视未来”，核动力 50 周年：下一个 50 年国际会议，2004 年 6 月 27 日，URL 〈http：//www. iaea. org/NewsCenter/Statements/2004/ebsp2004n005. html〉。

〔19〕 A. White，“欧洲寻求源自本土的电力解决方案”，商业周刊在线，2006 年 1 月 5 日，URL 〈http：//www. businessweek. com/ap/financialnews/D8EUKIRG4. htm〉。

〔20〕 T. Warner，“Gazprom 谴责乌克兰限制供应”，《金融时报》，2006 年 1 月 23 日，URL 〈http：//news. ft. com/cms/s/d5800b62－8b52－11da－91a1－0000779e2340. html〉；C. J. Chivers，“俄罗斯南部向格鲁吉亚发送天然气的管道发生爆裂”，《纽约时报》，2006 年 1 月 23 日，URL 〈http：//www. nytimes. com/2006/01/23/international/Europe/23georgia. html〉。

〔21〕 A. Nikol'skii，“600 亿美元用于核动力厂”，*Vedomosti*，2006 年 1 月 23 日。

〔22〕 “美国能源法案有利于新建反应堆、新技术”，《国际核工程》，2005 年 8 月 12 日，URL 〈http：//www. neimagazine. com/storyprint. asp? sc＝2030325〉。

〔23〕 白宫，新闻秘书办公室，“总统签署能源政策法案”，2005 年 8 月 8 日，URL 〈http：//www. whitehouse. gov/news/releases/2005/08/20050808－6. html〉。

〔24〕 A. MacLachlan，“法国提出的欧盟公共能源政策将包含核动力”，《原子核物理学周刊》，2006 年 1 月 26 日；T. Shaikh，“布莱尔把对核反应堆的祝福作为避免反应堆喷发的唯一方法”，《独立报》，2005 年 11 月 22 日，URL 〈http：//news. independent. co. uk/uk/politics/article328586. ece〉；T. Krägenow，“欧盟和 SPD 想推迟终止核动力”，《德国金融时报》，2005 年 10 月 20 日，URL 〈http：//www. ftd. de/pw/de/26975. html〉。

如表 13C.1，目前正在建造和计划建造的 168 座反应堆的总发电能力大约是 135 吉瓦〔(GW (e)，10 亿瓦单位)〕。在不远的将来可能还会宣布建造其他反应堆。现有的 443 座运行中的反应堆总发电能力大约是 370 吉瓦〔GW (e)〕。运行中的反应堆普遍在老化，更早期的反应堆正在退役。有一个未决问题是未来建设新反应堆的速度能否跟上早期反应堆退役的速度。

表 13C.1　全世界核动力反应堆的数量和能力[a]　截至 2006 年 1 月

地区/国家	运行中的		在建的		计划中的		拟议中的	
	数量	MW (e)	数量	MW (e)	数量	MW (e)	数量	MW (e)
亚洲	**108**	**79 590**	**16**	**11 318**	**28**	**31 932**	**47**	**32 160**
中国	9	6 572	3	3 000	7	7 000	19	15 000
台湾地区	6	4 904	2	2 600	—	—	—	—
印度	15	3 040	8	3 602	—	—	24	13 160
印度尼西亚	0	—	—	—	—	—	2	2 000
日本	56	47 839	1	866	12	14 782	—	—
朝鲜	—	—	1	950	1	950	—	—
韩国	20	16 810	—	—	8	9 200	—	—
巴基斯坦	2	425	1	300	—	—	—	—
越南	—	—	—	—	—	—	2	2 000
欧洲	**205**	**172 215**	**8**	**7 930**	**1**	**925**	**20**	**21 210**
亚美尼亚	1	376	—	—	—	—	—	—
比利时	7	5 801	—	—	—	—	—	—
保加利亚	4	2 722	—	—	—	—	1	1 000
捷克	6	3 368	—	—	—	—	2	1 900
芬兰	4	2 676	1	1 600	—	—	—	—
法国	59	63 363	—	—	—	—	1	1 600
德国	17	20 339	—	—	—	—	—	—
匈牙利	4	1 755	—	—	—	—	—	—
立陶宛	1	1 185	—	—	—	—	—	—
荷兰	1	449	—	—	—	—	—	—

地区/国家	运行中的		在建的		计划中的		拟议中的	
	数量	MW (e)	数量	MW (e)	数量	MW (e)	数量	MW (e)
罗马尼亚	1	655	1	655	—	—	3	1 995
俄罗斯	31	21 743	4	3 775	1	925	8	9 375
斯洛伐克	6	2 442	—	—	—	—	2	840
斯洛文尼亚	1	656	—	—	—	—	—	—
西班牙	9	7 588	—	—	—	—	—	—
瑞典	10	8 918	—	—	—	—	—	—
瑞士	5	3 220	—	—	—	—	—	—
土耳其	—	—	—	—	—	—	3	4 500
英国	23	11 852	—	—	—	—	—	—
乌克兰	15	13 107	2	1 900	—	—	—	—
中东 t	**—**	**—**	**1**	**915**	**2**	**1 900**	**5**	**4 650**
埃及	—	—	—	—	—	—	1	600
伊朗	—	—	1	915	2	1 900	3	2 850
以色列	—	—	—	—	—	—	1	1 200
北美	**124**	**113 119**	**—**	**—**	**2**	**1 540**	**11**	**14 000**
加拿大	18	12 599	—	—	2	1 540	—	—
墨西哥	2	1 310	—	—	—	—	—	—
美国	104	99 210	—	—	—	—	11	14 000
南美	**4**	**2 836**	**1**	**692**	**1**	**1 245**	**—**	**—**
阿根廷	2	935	1	692	—	—	—	—
巴西	2	1 901	—	—	1	1 245	—	—
非洲：南非	**2**	**1 820**	**—**	**—**	**1**	**165**	**24**	**4 000**
世界总数	**443**	**369 560**	**26**	**20 855**	**35**	**37 625**	**107**	**76 020**

资料来源：世界核协会，“2004—06 年世界核动力反应堆和铀需求量”，2006 年 1 月 4 日，URL〈http://www.world－nuclear.org/info/reactors.htm〉；IAEA 动力堆信息系统（PRIS），2006 年 3 月 2 日，URL〈http://www.iaea.org/programmes/a2/index.html〉；世界核协会，“中国的核动力”，信息和问题摘要，2005 年 12 月，URL〈http://www.world－nuclear.org/info/inf63.htm〉。

三、多边合作战略

把核动力置于国际控制之下的想法由美国在 1946 年提交的一份被称为巴鲁克计划的正式提案中首次提出。巴鲁克计划设想“建立一个国际原子能发展权力机构，委托其监管原子能开发和利用的各个阶段”，包括所有权和对被认为可能有损世界安全的核燃料循环活动的管理控制，以及对所有其他核活动进行控制、视察和认证的权利。〔25〕该计划被否决，主要是苏联反对，因为太难实现且入侵性太强。

美国总统德怀特·D·艾森豪威尔 1953 年在联合国大会上提出了原子能和平计划，其中心思想是建立国际原子能机构，以便“相关主要国家能利用各自的库存裂变材料和天然铀共同做贡献”。〔26〕1956 年的国际原子能机构规约规定建立国际核燃料银行，保证核燃料向有需求的国家供应，从而消除这些国家自主拥有核设施的需求。〔27〕国际原子能机构规约第十二条 A. 5 款授予机构暂时“保管任何为和平目的生产的过量特种易裂变材料”的权利，“以防止这些材料被积蓄”。规约要求 IAEA 建立钚和乏燃料银行，并接受国际视察和控制，直到把这些材料用于民用核动力领域。自那时起，国际社会开始讨论以上两种设想的种种可能方案。

1956 年，与建立 IAEA 同步，欧洲经济合作组织部长理事会批准建立欧洲后处理厂——“欧洲化工”（Eurochemic）——作为联合企业。〔28〕50 年代末，正值欧洲国家核能发展初期，国际合作似乎是无核武器国家获得尖端反应堆技术的风险最小的方式。在最终建立核不扩散体制之前，美国也可能会支持这种解决办法。〔29〕“欧洲化工”

〔25〕“巴鲁克计划，提交给联合国原子能委员会，1946 年 6 月 14 日”，NuclearFiles. org，URL〈http：//www. nuclearfiles. org/menu/key－issues/nuclear－weapons/issues/arms－control－disarmament/baruch－plan _ 1946－06－14. htm〉。

〔26〕D. Fischer，“国际原子能机构的历史：第一个四十年”，IAEA，维也纳，1997，URL〈http：//www－pub. iaea. org/MTCD/publications/PDF/Pub1032 _ web. pdf〉，第 9 页。

〔27〕IAEA，IAEA 规约，URL〈http：//www. iaea. org/About/statute _ text. html〉，第Ⅲ. A. 2 条、第 D. 3，Ⅸ，Ⅺ，Ⅻ，Ⅷ，Ⅶ. B. 2 条和第 E—G 条。

〔28〕Fischer（同注释［26］），第 61－62 页。

〔29〕F. Berkhout，放射性废料：政治和技术（Routledge：伦敦，1991），第 55 页。

由欧洲核能机构的 13 个成员国共同建立（1972 年，该机构成为欧洲经济合作和发展组织的核能机构），是开放供商业参与的国际股份制公司，其目标是成为欧洲后处理工业的中心。该企业实施创新型研究计划，培训了大量专家，1966 年在比利时 Mol 启动运行了一座工业界先行的后处理厂。[30] 由于该厂规模小，市场竞争境遇不佳，1975 年被迫关闭。欧洲化工公司运行到 1990 年，比利时政府逐步接管了其控股权。

建立欧洲原子能联营的条约（Euratom 条约）于 1957 年签署。Euratom 的基本目标是推动欧洲在核能领域取得进展：按照条约成立的欧洲原子能联营供应局（ESA）从 1960 年开始运作，其目的是确保矿石、原材料和特种裂变材料的供应按照在平等获取原则基础上制定的公共供应政策来进行。在欧洲如果没有得到 ESA 批准，任何有关核的供应，包括购买、销售、交换和浓缩等合同都不允许签署。ESA 对于欧洲成员国管辖区域内生产的上述材料有“相应的特权”。Euratom 另一个基本目标是在欧盟区内实施保障监督，防止核材料从和平目的转用于军用。[31]

1970 年，联邦德国、荷兰和英国签署了《阿尔默洛条约》，建立了铀浓缩公司（Urenco）。[32] 该条约是上述三个国家合作研究和工业化开发铀浓缩离心机技术的基础。到 1993 年 9 月，各国都有一家运营浓缩厂的国有公司，这些公司随后被合并成集中共管的国际集团公司。Urenco 公司 2004 年占有世界浓缩市场 19％的份额，营业额达 7.07 亿欧元。[33] 然而，像 Urenco 公司这样的多边安排可能被恶意

〔30〕 经济合作和发展组织（OECD），核能局，EUROCHEMIC 公司 1956 年—1990 年的历史（OECD：巴黎，1996），由 OECD 核能局审定，communiqué 出版发行，巴黎，1996 年 11 月 26 日，URL 〈http：//www.nea.fr/html/general/press/1996/1996－17.html〉。

〔31〕 成立欧洲原子能联营条约（Euratom 条约），1957 年 3 月 25 日生效；见 URL 〈http：//europa.eu.int/scadplus/treaties/euratom_en.htm〉，第 1，2，52－76，80，86－91，171，195 和 197 条。

〔32〕 A. S. Krass 等，SIPRI，铀浓缩和核武器扩散（Taylor & Francis：伦敦，1983），第 31 页，全文可从 SIPRI 网站下载 URL〈http：//www.sipri.org〉。

〔33〕 Urenco，Urenco 年度报告和账目，2004，URL〈http：//www.urenco.com/im/uploaded/1125054354.pdf〉。

利用，例如，卡迪尔·汗把 Urenco 公司的离心机技术转用于巴基斯坦的核武器计划。[34]

1973 年，法国、比利时、西班牙和瑞典共同组建了联合证券公司（EURODIF）。1974 年，联合证券公司决定在法国 Rhône 山谷中 Pierrelatte 镇的 Tricastin 核场地建立一座大型气体扩散浓缩厂。瑞典于 1974 年撤出该项目。1975 年，瑞典依照法国和伊朗达成的协定，把在联合证券公司中的 10%的股权转让给伊朗。法国政府下属的 Cogema 公司与伊朗政府共同成立了 Sofidif 企业（气体扩散浓缩厂），双方分别占有 60%和 40%的股权。Sofidif 获得联合证券公司 25%的股权，随后把其中 10%转让给伊朗。[35] 伊朗与联合证券公司的协定在 1979 年伊朗伊斯兰革命后中止。目前，联合证券制造公司是 Areva 集团的子公司。2004 年，联合证券公司占有铀浓缩市场大约 25%的份额。[36]

1974 年 5 月印度进行了核装置爆炸试验，促使当年召开国际原子能机构全会。会议讨论了建立核电厂乏燃料后处理国际设施，以此替代单个国家发展钚后处理设施的可能性。[37] 同年，IAEA 启动了地区核燃料循环中心（RNFC）项目研究工作，评定这类设施的可行性和优点。[38] 这引发 1975 年 NPT 审议大会对 RNFC 的讨论，RNFC 得到各国的支持，会议鼓励 IAEA 继续此项研究。[39] RNFC 项目于 1977 年结束，提交了涉及燃料循环全部后端的地区合作项目的审议报告。上述研究基于一种假设，即世界核动力堆中的大部分不久将

〔34〕 C. Smith 和 S. Bhatia，“汗博士怎样为伊斯兰世界偷窃了炸弹”，《观察家》，1979 年 12 月 9 日。

〔35〕 Krass 等（同注释 [32]），第 200，215 页。

〔36〕 Areva 集团，2004 年度报告（Areva：巴黎，2005 年 4 月），第 44 页。

〔37〕 Scheinman（同注释 [2]），第 34 页。

〔38〕 B. W. Lee，“地区燃料循环中心的可行方案：问题和战略”，关于乏燃料和高放废物储存与处理的核合作会议，拉斯维加斯，内华达，2000 年 3 月 7—9 日，URL 〈http：//eed. llnl. gov/ncm/session4/Lee _ Byong _ Whi. pdf〉。

〔39〕 “NPT 审议大会最后宣言”，《SIPRI 年鉴 1976：世界军备和裁军》（Taylor & Francis：伦敦，1976），第 408 页。

以快堆为主，但是这一情况没有发生。[40] 部分由于上述原因，也由于普遍缺乏政治意愿，后续行动没有继续进行下去。

1977 年 4 月 7 日，美国建议国际核燃料循环评估机构（INFCE）研究增强核不扩散体制技术基础的方式方法。10 月 19 日，INFCE 召开了会议，来自 40 个国家的代表参加了会议。INFCE 讨论了与核能两用问题相关的所有三种方案（见第一段）。[41] 各方一致认为多国化有可能限制敏感设施的数量，并将对不扩散和生产厂的运行效益产生积极影响。不过，仍然存在相当多的障碍，比如泄漏敏感技术诀窍的风险较为突出。到 1980 年最终作决定的时候，INFCE 在一些重要问题上不能达成一致，包括主办国和外国股东之间的责任分配，以及对外国投资者的供应保障等。这项综合研究没有产生任何实质性行动计划，但是其成果对辩论产生相当大的影响。

在 INFCE 框架下讨论的许多其他概念中，还包括建立一座钚国际储存设施的设想。为了继续讨论这一问题，1978 年 IAEA 成立了国际钚储存委员会（IPS），探讨在 IAEA 规约第十二条 A. 5 款的规定下执行 INFCE 提出的上述设想的可能性。该方案与 RNFC 方案的不同之处在于由国家集团而不是 IAEA 对材料和技术进行控制。委员会对该问题的审议一直持续到 1982 年，在其最终报告中概述了 IPS 方案的基础依据，但是各方对“过量钚”的定义、储存设施的特性和位置，以及 IAEA 对外提供钚的决策机制存在不同意见而使这项工作无果而终。[42] 同一时期还召集成立了乏燃料储存专家组，最终也没有结果。

美国 1978 年的核不扩散法案（NNPA）要求对成立国际核燃料权力机构（INFA）进行谈判，INFA 的职责是确保核燃料按照合理

---

〔40〕 快堆是用能级在 0.1 MeV 以上的中子（快中子）来工作的反应堆，不需要减速剂。快堆一般使用钚燃料，通过铀 238 嬗变，能产生比自身消耗更多地钚。IAEA（同注释[3]）。关于核燃料循环上游和下游，见本附录第 5 节。

〔41〕 “核燃料循环和核扩散”，《SIPRI 年鉴 1978：世界军备和裁军》（Taylor & Francis：伦敦，1978），第 26 页；M. Stein 等，“核燃料循环的多边或国际化：重新探讨这一问题”，《核材料管理杂志》，第 32 卷，第 4 期（2004 年夏），第 54 页。

〔42〕 T. Rauf，“核燃料循环多边方案的前景”，在 2004 年卡内基不扩散会议上的演说，华盛顿，2004 年，URL 〈http：//www.ceip.org/files/projects/npp/resources/2004conference/speeches/rauf.ppt〉。

的原则进行供应，由此可能导致成立燃料储备银行。不过该倡议没有进行下去。[43]

1980 年 6 月，IAEA 成立了供应保障委员会（CAS），探讨如何确保承担不扩散核武器义务的国家能够获得核材料、设备和技术供应，确定 IAEA 在这一事务中的作用。[44] CAS 讨论了各种紧急情况和供应储备机制，包括成立多国燃料循环中心的设想，但是该委员会在 1987 年解散之前，对上述议题都未能达成一致。

1980 年 12 月 5 日召开的联合国大会成立了联合国促进和平利用核能国际合作会议（UNCPICPUNE）。[45] 大会专门讨论了发展中国家关注的核安全、防止转用的安保措施、不扩散与保障供应相关性等问题。UNCPICPUNE 重申和平利用核能国际合作的必要性，但是未能产生任何实质性成果。

1997 年 6 月 3 日至 6 日，作为 1980 年 INFCE 研究项目的一项后续行动，IAEA 召开了核燃料循环与反应堆战略国际研讨会。会上，IAEA 总干事汉斯·布利克斯表示有证据表明到 2000 年已开发的核能力要比 1980 年预期的低，快增值技术也不会被商业化，闭合的核燃料循环也不会就绪。[46] 不过，研讨会的结论认为：建立全球核系统，在其框架下，把敏感燃料循环活动集中在少数几个地点仍然是可行的；这类多边中心能够带来经济上和不扩散方面的利益；核燃料循环后端设施的国际合作，包括集中处理核乏燃料应受到鼓励。2003 年和 2005 年，IAEA 再次确认地区乏燃料储存设施在技术上是可行的，经济上有潜在的可行性，对不扩散和核安全有利，发展这类

---

〔43〕 NNPA 也设法限制后处理技术的转让，阻止美国早期燃料后处理技术流向国外。1978 年核不扩散法案，URL 〈http：//www. nti. org/db/china/engdocs/nnpa1978. htm〉。

〔44〕 E. Bailey 等，《PPNN 简报手册》，第 1 卷，“核能的和平利用”，核不扩散体制的进化，第 6 版（蒙巴顿国际研究中心，推动核不扩散的项目（PPNN）：南安普敦，2000），URL 〈http：//www. mcis. soton. ac. uk/Bb1Chap8. pdf〉，第 48 页。

〔45〕 Bailey 等（同注释 [44]），第 48 页。

〔46〕 IAEA，“核燃料循环与反应堆战略：根据新的现实情况进行调整，自赠论文，IAEA 国际研讨会，维也纳，1997 年 6 月 3—6 日”，IAEA－TECDOC－990，1997 年 12 月 18 日，URL 〈http：//www－pub. iaea. org/MTCD/publications/PDF/te _ 990 _ prn. pdf〉。

设施的真正挑战在于政治、社会和公众的接受程度。[47] 2001 年和 2002 年，IAEA 扩大了燃料循环多边化工作重点，除后处理和浓缩外，还包括乏燃料和核废料储存库。2004 年，机构发布了对开发多国放射性废料储存库得出的结论。[48]

四、核燃料循环多边方案

2003 年和 2004 年，IAEA 总干事穆罕默德·巴拉迪为核能开发中的安全问题研究注入了新的活力。巴拉迪在 2003 年 9 月召开的 IAEA 大会上首次提出解决安全问题的新方案，2003 年 10 月进一步重申这一方案。方案由三部分组成：1. 涉及高浓铀（HEU）和钚的工作应限定在多国控制下的设施中进行；2. 向新型核系统转变，该系统设计时避免使用可直接用于核武器的相关材料；3. 制定解决乏燃料和放射性废料管理与处理问题的多国方案。[49]

巴拉迪在 2004 年 6 月成立了专家组，赋予其三项任务：1. 分析核燃料循环多边方案（MNAs）相关问题和可选的解决办法；2. 对多边安排中的国际合作存在的动力和障碍提出总体看法；3. 概要评述相关的历史和当前经验及成果。该专家组将针对每个问题提出各种解决方案，但不是要选定或表明哪一方案最佳。提出的所有解决方案都应全面具体，且不针对 NPT 条约下的特定国家。

专家组得出结论，认为以往的多边核合作倡议之所以没有产生任何真实可见的成果，有着若干原因。首先，以往对扩散的关注不够强。其次，以往的倡议中大多数缺乏足够的经济激励因素。第三，各国对供应保障的关注超过一切。最后，类似国家荣誉和对技术、经济转让的期望等因素在 MNAs 谈判中产生了影响。专家组认为“要使各国赞成 MNAs 不会完全一帆风顺的”，但它通过鉴别五种可能被逐

〔47〕 Rauf（同注释［42］）；IAEA，“地区乏燃料储存设施的技术、经济和制度问题”，IAEA－TECDOC－1482，2005 年 11 月，URL〈http：//www－pub.iaea.org/MTCD/publications/PDF/te_1482_web.pdf〉。

〔48〕 IAEA，“发展中的多国放射性废料储存库：基础结构框架和合作景象”，IAEA－TECDOC－1413，2004 年 10 月 15 日，URL〈http：//www－pub.iaea.org/MTCD/publications/PDF/te_1413_web.pdf〉。

〔49〕 巴拉迪（同注释［13］），第 43－44 页。

步实施的具体方案来致力于开拓 MNAs，并指出每种方案存在的若干正反面因素。所有这些方案的目的都是同时增强不扩散保障以及与核燃料循环相关的供应和服务保障。[50]

1. 第一种方案是由供应商提供保障，通过长期合同和透明性安排，在可能情况下获得政府支持，增强现有商业市场机制。例如，对于燃料循环前端，这可能意味着可以为某个决定放弃核燃料生产能力的国家制定某种安排，在这种安排下，该国可以租用核燃料然后退还，或者为该国提供浓缩能力保障。可以考虑建立商业化的或政府间的“燃料银行”。对于燃料循环后端，由商业市场储存和处理乏燃料是可行的。这一方案的主要优点是易于实现，不要求建立新设施或培训操作技能，不给 IAEA 增加额外经济负担。缺点可能来源于其市场特性，因为按要求闲置的储备能力的费用可能比较高。此外，有些私营公司甚至是国家的企业集团提供保障的可信度可能不是很够。

2. 第二种方案是制定有 IAEA 参与的国际供应保障机制。这是上一方案的变形，将由 IAEA 提供保障。例如，对于燃料循环前端，IAEA 要么具备储存核材料的资格，要么制定出一种机制，确保某供应方来取代另一个供应方，如果后者未能履行其义务。对于燃料循环后端，利用 IAEA 规约第十二条 A. 5 款，可能实质性复苏先前提出的国际钚储存（IPS）的设想。专家组指出先前的这一设想之所以失败是由于各国不愿放弃对已分离的钚的国家主权。然而，国际储存乏燃料能带来更多利益，因为与已分离的钚相比，乏燃料被及时使用的可能性更小，更难以储备且敏感度更低。在这一框架下，也可以设想国际储存混合氧化物（MOX）燃料。上述方案的利弊与前一方案相似；此外，IAEA 的介入给整项工作带来更高可信度和灵活性。就 IPS 的情况来说，还会产生其他各种与复杂结构和较高的管理要求相关的困难，并将带来财政上的影响。

3. 这一方案将把国家设施置于多国控制之下，任何国家都能参与，不管这些国家与 NPT 的关系如何。这意味着市场上将出现新角色。对于燃料循环前端，EURODIF 是这种转化最可能的范例。对于后端，Eurochemic 和日本在英国的核燃料后处理设施是现成的例子。

---

〔50〕 IAEA（同注释［16］）。

这一方案的优点是，不要求建立新设施和传播知识技能、在没有保障监督的地方可以实施额外保障、各国的专业知识可被共享等。缺点，尤其是关于燃料循环后端的缺点是，包括国际管理的难度、政治和公众接受程度较低、对运输要求的提高以及为了提供可靠的供应保障，不得不在一个以上国家建造若干多国化设施。然而，关于核工业国际化的辩论在核科学的毗连领域也能见到，其趋势是要加强少数几个“优化中心”的未来研究工作。[51]

4. 第四种方案以共同所有、权利分摊和联合管理为原则，按自愿协定和合同的方式为新设施建立多国和地区 MNAs。对于核燃料循环前端，按照不同模式来运行多国铀浓缩设施。Urenco 开始时要求有关各方必须共享技术。其后，Urenco 发展成复杂的“黑匣子”模式，按照这种模式，离心机的设计和安装在荷兰进行，离心机整体出口到各成员国的浓缩厂。另一种是 EURODIF 模式：各成员国的投资水平与其占有的产品分额的百分比对应，但是浓缩只在一个国家——法国进行。IAEA 的 RNFC 项目对共同建造一座燃料循环后端新设施进行了研究。多国后处理设施的一个范例是“欧洲化工”。也有关于“燃料循环中心”的方案，即把燃料循环的各个单元集中到同一地区。据信地区燃料循环中心具有其他 MNAs 拥有的大部分优点，尤其在材料安全和运输方面。现有的证据和研究结果表明第四种方案是可行的，虽然由临时组成的团队建设一座新设施需要大量人力和财力资源，而且必须解决附带的不扩散和市场运作问题。在这一方案下，也会出现政治和公众接受程度等相关问题。

5. 第五种方案离现实更遥远。在全世界进一步普及核能的情况下，只有在达成更强有力的多边安排和更广泛合作的基础上，并且有 IAEA 和国际社会的参与，核燃料循环才有发展的机会。例如，各个地区燃料循环中心组成的世界网络将最大程度减小运输量，并给予客户相当大的灵活度。

上述专家组的报告促进了辩论和政府行动。在 2005 年 9 月召开

〔51〕 IAEA，“研究反应堆新的生命力？前途光明但立项太少”，IAEA 工作人员报告，2004 年 3 月 8 日，URL 〈http：//www. iaea. org/NewsCenter/Features/ResearchReactors/reactors20040308. html〉。

的 IAEA 全会上，美国政府宣布为了支持“IAEA 可核查的保障供应安排”，美国能源部将从先前宣布的超出国家安全需要的材料中拿出 17 吨高浓铀（HEU）用于满足不再进行铀浓缩活动的国家的需求。[52] 俄罗斯也发布相似的提案。[53] 2005 年 10 月，“核威胁倡议”（NTI）认可了在 IAEA 控制下，把库存铀用作“核燃料供应后备保障”的设想，评估认定完善的库存最佳规模应该是每年民用需求的 10%。NTI 宣布有意为足以向一座 1000 兆瓦标准动力堆提供燃料的低浓铀库存作三年贡献。NTI 还给 IAEA 捐款 5000 万美元，用于购买超出军用需求的过量 HEU，以及把 HEU 稀释为 LEU 和运输、储存的费用。[54]

2005 年 11 月，俄罗斯试图在俄境内与伊朗共同建立核燃料联合生产企业，从而把伊朗铀浓缩计划有效地引到境外，以解决国际上对伊朗核计划的范围和目的的争议。[55] 2006 年 1 月，俄总统普京扩大了这一建议的范围，要求“在无歧视原则的基础上，在 IAEA 控制下建立包括浓缩在内的核燃料循环服务国际中心系统”，实际上这认可了 IAEA 专家组的有关结论。[56] 2006 年 2 月，美国能源部发布其全球核能伙伴关系计划（GNEP），其中一部分内容是关于制定“允许发展中国家为经济利益获取和使用核能，同时最大程度减小核扩散风险的燃料服务计划”的提议。[57]

因此，多边保障供应的思想正在 IAEA 的框架内开始实现，虽然

[52] IAEA，“2005 年 9 月 28 日，美国常驻 IAEA 代表团通报”，IAEA 信函 INFCIRC/659，2005 年 9 月 29 日，URL ‹http：//www.iaea.org/Publications/Documents/Infcircs/2005/infcirc659.pdf›。

[53] “俄罗斯建议建立 IAEA 控制下的核燃料储备库”，RIA Novosti，2005 年 7 月 13 日。

[54] “催生 IAEA 核材料库存”，NTI 管理理事会会议材料，莫斯科，2005 年 10 月，Rolf Ekéus 提供。

[55] 见第 13 章。

[56] 俄罗斯总统官方网址，“对和平利用核能的声明”，2006 年 1 月 25 日，URL ‹http：//president.kremlin.ru/eng/text/speeches/2006/01/25/1741_type82912type82914_100665.shtml›。

[57] 美国能源部，公共事务办公室，“能源部宣布新的核倡议”，新闻发布，，华盛顿，2006 年 2 月 6 日，URL ‹http：//www.gnep.energy.gov/pdfs/gnepPressRelease020606.pdf›。

还有许多实质性方案有待安排。然而，某些国家由于认为这类保障只有在所有各方对获得燃料和服务有信心且不受政治形势变化影响的情况下才能成功，而对此缺乏热情。IAEA 燃料银行对于某些国家在很大程度上是难以接受的，因为它们没有看到足够可靠的保证，即除了个别国家与 NPT 遵约问题相关的原因外，IAEA 不会以其他理由停止供应，比如，由于政治原因得不到必要的出口许可证。2005 年各方提出了保障供应的各种模式。〔58〕

五、防扩散的核燃料循环技术

核燃料循环由性质不同的两部分组成。第一部分，或“前端”，是指为反应堆准备燃料的一系列过程。虽然某些反应堆不使用浓缩铀，也可以用钍代替铀，但是大多数情况下，前端由铀矿勘探、开采、研磨、铀转换、浓缩和燃料加工组成。〔59〕燃料经反应堆照射和卸出后，就进入核燃料循环第二部分——“后端”。这一部分由三个阶段组成：燃料过渡期储存阶段；从乏燃料中分离钚 239 和铀 235 等有用同位素的燃料后处理阶段；核废料处置阶段。〔60〕燃料后处理阶段可以跳过，在这种情况下，所有乏燃料都按照废料来处理。目前一致认为核燃料循环中的两个步骤—浓缩和后处理—特别易于扩散。一旦拥有足够的直接可用材料，制造出一枚粗糙的核爆炸装置相对来说是比较容易的。浓缩和后处理用于生产形态合适的高浓铀和钚材料。

接受 IAEA 保障监督的铀浓缩设施目前主要分布在阿根廷、巴西、中国、德国、伊朗、日本、荷兰和英国等国。法国、印度、巴基斯坦、俄罗斯和美国拥有不接受保障监督的浓缩设施。澳大利亚、以

〔58〕 P. Goldschmidt，“增强核燃料供应保障的机制”，卡内基国际不扩散会议，华盛顿，2005 年 11 月 7—8 日，URL 〈http://www.carnegieendowment.org/static/npp/2005conference/presentations/Goldschmidt_fuel_supply.pdf〉；R. Gottemoeller，“燃料供应协定的一个范本”，国家燃料服务研讨会上的报告，核动力和不扩散，斯德哥尔摩，2005 年 12 月 12 日；也参见本卷第 13 章。

〔59〕 “浓缩”是“一种同位素分离过程，通过这一方法，某种元素的特定同位素的丰度得以提高”，例如，高浓铀或重水的生产。IAEA（同注释［3］），第 33，41 页。

〔60〕 核燃料“后处理”是“用化学方法把核材料从裂变产品中分离的过程”。IAEA（同注释［3］），第 33，41 页。

色列和南非研发的铀浓缩技术和工艺流程据说已达到可实用化的水平。[61] 工业级的铀浓缩设施列于表 13C. 2 中。

目前相信所有核武器国家都已停止为军事目的进行乏燃料后处理，虽然印度、以色列、朝鲜和巴基斯坦可能还在进行。法国、俄罗斯和英国正在运行着大型商业化钚分离厂。印度运行着三座规模较小的钚分离设施，一座钍分离设施。日本运行着一座钚分离设施，正在计划在不久的将来开始商业化运行另一座设施。[62] 表 13C. 3 给出了世界民用后处理厂的有关细节。曾经努力实施但随后又放弃军用核计划的其他许多国家也在对后处理技术和工艺流程进行研究和开发。

目前核燃料循环使用的许多技术最初都是为军用目的研发的。例如，铀浓缩气体扩散技术“就是在高度紧急的氛围下开发出来的，实质上当时已不考虑费用、效率和收益等因素的正常限制”，更不考虑环境、不扩散和可持续能力等因素。[63] 其后果是使浓缩工业和核燃料循环技术的后续发展高度扭曲。由于在军事应用上已经投入巨大资源，世界各国政府更倾向于采用已开发的技术和工艺流程，而不是去研究更适合于安全地发展民用核动力的新技术和工艺。解决核能两用问题的一种方案是采用防扩散新技术。虽然新技术不能使核设施绝对防扩散，但能使非法使用核设施变得更困难。[64] 这一方案也许可以在两个不同层次上应用。

在第一个层次上，有如下建议：一是用防扩散技术替代单项敏感技术。目前最成功的方案是用高密度低浓铀燃料替代研究堆和同位素生产堆中的高浓铀燃料。美国能源部在 1978 年首次提出减少研究反应堆和试验堆中的浓缩铀计划（RERTR），该计划目前仍在成功地实

〔61〕 IAEA（同注释［16］），第 133—136 页；A. Makhijani，L. Chalmers 和 B. Smith，“铀浓缩”，能源和环境研究院，Takoma 公园，Md.，2004 年 10 月 15 日，URL〈http：//www. ieer. org/reports/uranium/enrichment. pdf〉。

〔62〕 “汇总表：至 2003 年底，军用裂变材料库存生产与现状”，URL〈http：//www. isis—online. org/mapproject/supplements. html〉；世界核协会，“乏核燃料的处理”，信息和问题摘要（Information and Issue Brief），伦敦，2005 年 3 月，URL〈http：//www. world—nuclear. org/info/inf69. htm〉；IAEA（同注释［16］），第 79—81 页。

〔63〕 Krass 等（同注释［32］），第 14　16 页。

〔64〕 H. A. Feiveson 在其“防扩散的核燃料循环”一文中对“防扩散”的概念进行了较好的评论，《能源年度评论》，第 3 卷（1978 年 11 月），第 357—394 页。

施着。俄罗斯也有一个与此平行的计划。沿着这一思路，还为其他使用高浓铀的反应堆，特别是海军推进堆提出相关建议。〔65〕

表 13C.2 对全世界工业化级铀浓缩能力的估计（截至 2005 年 4 月）

运行商	技术	名义上的能力（百万 kgSWU/年）[a]
中国		
和平铀浓缩厂	气体扩散	0.2—0.3[b]
兰州核燃料综合企业	离心分离	0.5
陕西铀浓缩厂[c]	离心分离	0.5
法国		
EURODIF 制造	气体扩散	10.8
德国		
Urenco 德国 GmbH	离心分离	1.8
日本		
日本核燃料有限公司	离心分离	1.05
荷兰		
Urenco 荷兰 BV	离心分离	2.6
俄罗斯		
Angarsk 电解化学综合企业	离心分离	1.6
乌拉尔电化学综合厂	离心分离	9.8
Zelenogorsk 电化学厂	离心分离	5.8
西伯利亚化学联合企业	离心分离	2.8
英国		
Urenco（克本赫斯）有限公司	离心分离	3.0
美国		
美国浓缩有限公司	气体扩散	11.3

〔65〕 F. von Hippel，“从所有核反应堆燃料循环中去除高浓铀的综合方案”，《科学和全球安全》，第 12 期（2004），第 147 页。俄罗斯也提议建造移动式核动力厂，该厂将使用低浓铀燃料，可被租用。O. B. Samoilov，“俄罗斯反应堆进展：工作在波动状态”，《国际核工程》，2006 年 1 月。

a 分离功（SWU）是浓缩设施把给定铀 235 含量的混合材料按照铀 235 浓度的高低分离成两部分所需工作量的度量单位。分离功的单位是千克分离功单位（kgSWU，或 SWU）。

b 非官方估计。J. Cirincione，J. B. Wolfsthal 和 M. Rajkumar，"'中国'，致命性武库：核、生物和化学威胁"（卡内基国际和平基金会：华盛顿，DC，2005），第 162 页。某些专家相信这一设施已经关闭。

c 该厂有两座设施。

资料来源：IAEA，核燃料循环多边方案：专家组向国际原子能机构总干事提交的报告（IAEA：维也纳，2005），第 62—66 页；O. Bukharin，"掌握俄罗斯的铀浓缩综合设施"，《科学和全球安全》，第 12 期（2004），第 195 页；Urenco 年度报告和帐目，2004，URL〈http：//www. urenco. com/im/uploaded/1125054354〉，第 8 页；P. J. C. Harding，Urenco，"英国商业在反应堆核能供应安全保障中的作用：BEA 研讨会，伦敦，2005 年 4 月 14 日"，URL〈http：//www. worldenergy. org/wec－geis/global/downloads/bea/BEA _ WS _ 0405Harding. pdf〉，第 9 页；国际核工程，《世界核工业手册 2005》（Wilmington 出版社：Sidcup，2005），第 216 页；世界核协会，"中国的核动力"，信息和问题摘要，2005 年 12 月，URL〈http：//www. world－nuclear. org/info/inf63. htm〉。

二是采用化学浓缩铀的防扩散技术，该技术在经济成本效益上可与其他生产低浓铀的工艺流程媲美，但是如果想达到适合核爆炸装置使用的浓缩铀水平，技术上不具可行性。法国和日本各自对这一技术的各种方案进行了研究。一方面，法国和日本的流程都具有两个主要的基本特性：缓慢的反应动力学过程和临界限制，这两个特性使反应过程达不到高浓铀的水平，因而这一技术是防扩散的。[66] 另一方面，伊拉克的秘密核计划一直设法获得法国的化学浓缩技术，如果做更多努力，可能生产出低浓铀，再用另一流程进一步浓缩。[67] 据报道化学浓缩方法经济上具有竞争力、相对简单、与石化工业中的工艺流程非常相似，可用于小型或中等规模的场

〔66〕 Krass 等（同注释［32］），第 17－21 页。"水平"是指浓缩的程度；见，例如，IAEA，"用于和平目的的高浓铀的管理：现状和趋势"，IAEA－TECDOC－1452，2005 年 6 月，第 1 页。

〔67〕 A. H. Cordesman，伊拉克和制裁的战争：常规威胁和大规模杀伤性武器（Praeger：Westport，Conn.，1999），第 614 页。

合，还具有能耗小的特点。〔68〕气体扩散浓缩技术也可以是防扩散的，如果使用该技术的工厂被设计为只生产低浓铀。〔69〕

其他建议还包括在燃料循环后端使用防扩散技术。这里的想法是研发乏燃料后处理新型工艺流程，该流程产生钚和其他经过选择的元素的混合物。例如，2005 年 11 月，美国能源部长塞缪尔·W·博德曼提出研发“不生产分离的钚的再循环技术”。〔70〕这一思想被美国能源部全球核能伙伴（GNEP）计划采纳。〔71〕某些专家对这种再循环技术在防扩散方面的价值提出质疑。〔72〕

在第二个层次上，有若干更雄心勃勃的计划。按照这些计划，将研发出安全、可维持、经济上具有吸引力、防扩散的创新型核能系统。

表 13C. 3 世界民用乏燃料后处理能力（截至 2005 年 4 月）

运营商（工厂）	名义上的能力（MTHM/年）	后处理的燃料类型
法国		
COGEMA（海牙地区 UP2 800）	1 000[a]	轻水反应堆
COGEMA（海牙地区 UP3）	1 000[a]	轻水反应堆
印度		
印度甘地原子研究中心（Kalpakkam 原子后处理厂）	125	压力重水堆

〔68〕J. H. Coates 和 B. Barré，“在浓缩铀燃料循环过程中增强防扩散的实用性建议”，F. Barnaby 等人编辑，SIPRI，《核能和核武器扩散》（Taylor & Francis：伦敦，1979），第 49—53 页；R. Kokoski，SIPRI，《技术和核武器扩散》（牛津大学出版社，牛津，1995），第 64 页。

〔69〕Kokoski（同注释［68］），第 65—66 页。

〔70〕“2005 年卡内基不扩散会议：为能源部长 Sam Bodman 准备的评论”，华盛顿，2005 年 11 月 7 日，URL〈http：//www.doe.gov/engine/content.do? PUBLIC _ ID＝19141&TT _ CODE＝PRESSSPEECH〉。

〔71〕美国能源部（同注释［57］）。

〔72〕J. Kang 和 F. von Hippel，“从轻水反应堆乏燃料中再循环提取未分离的超铀元素和镧系元素只能带来有限的防扩散利益”，《科学和全球安全》，第 13 期（2005），第 169—181页。

运营商（工厂）	名义上的能力（MTHM/年）	后处理的燃料类型
印度核动力有限公司（Tarapur 动力反应堆燃料后处理厂）	100	压力重水堆
巴巴原子研究中心（Trombay 钚后处理厂）	50	压力重水堆
日本		
日本核燃料循环发展研究所（Tokaimura 后处理厂）	200	轻水反应堆
俄罗斯		
Mayak 生产联合企业（RT－1 后处理厂）	400	VVER－440 和 RBMK 动力堆；研究，海军，快堆，同位素生产反应堆
英国		
英国核集团（Sellafield 混合氧化物厂）	1 500	Magnox 反应堆
英国核集团（热氧化物后处理厂）	900	先进气冷和轻水反应堆

MTHM＝重金属的公吨

a 海牙地区所有生产厂最大的实际总生产能力不超过 1700 MTHM/年。为了保持“工业上的灵活度，以便把工作量更平均分配给两个单位，且不增加总生产量”，保留了额外的生产能力。COGEMA，“新闻发布：审议公众对海牙地区工厂的关注的调查结果”，2000 年 6 月 7 日，URL〈http://www. cogemalahague. fr/servlet/ContentServer? pagename＝cogema_en/communique/communiqué_full_template&c＝communique&cid＝1039473237061&p＝1039482707003〉.

资料来源：IAEA，核燃料循环多边方案：专家组向国际原子能机构总干事提交的报告（IAEA：维也纳，2005），第 79—81 页；V. Korotkevich 和 E. Kudryavtsev，“俄联邦对核乏燃料的管理：技术与安全”，《原子能公报》（莫斯科），第 12 期（2002 年 12 月），第 26 页，URL〈http://www. minatom. ru/filereader? id＝18150〉；“处理使用过的核燃料以用于再循环”，世界核协会问题摘要，2005 年 12 月，URL〈http://www. world－nuclear. org/info/inf69. htm〉；国际核工程，《世界核工业手册》2005（Wilmington 出版社：Sidcup，2005），第 218 页；IAEA 核燃料循环信息系统（NFCIS），URL〈http://www－nfcis. iaea. org/NFCIS/NFCISMain. asp〉。

某些研究结论声称发展可持续和防扩散的钍燃料循环是可能的（因为只涉及特定数量的同位素），尽管需要解决重大技术难题。[73] 虽然并不期望钍燃料循环原理上是完全防扩散的，但是实现它所使用的技术使裂变材料的转用非常困难。[74] 印度带头研发钍燃料循环技术，加拿大、德国、俄罗斯、美国和其他国家也在进行有关的研究工作。印度铀储量属中等，但钍储量居世界第二位。[75] 1958 年，印度政府正式实施闭合钍燃料循环和无限制供应钍—铀 233 燃料的未来长期计划。[76] 该计划规定印度将分阶段连续建造三种不同类型的核反应堆。目前，印度正处在该计划的第二阶段，并正在继续实施该计划，仍然不能确定的是印度钍燃料循环的防扩散程度有多高。

2000 年 1 月，美国能源部开始与其他国家讨论国际合作研发所谓“第四代”核能系统的相关问题，该系统由核燃料循环涉及到的所有核动力厂和设施组成。2001 年，拥有重要核专业知识和经验的国家代表组成工作组，正式受命成立第四代国际论坛（GIF）。GIF 的目标是研究和开发创新型反应堆和燃料循环技术，这类技术应在可持续、经济、安全、可靠和防扩散等方面具有先进性；应在 2030 年前达到商业化。为实现这一目标，GIF 成员国选择出六项最有前途的反

〔73〕 钍的储量被认为是铀的三倍，与铅相当。钍唯一的天然同位素——钍 232，能象铀 238 一样能产生裂变物质（能转化成某种易裂变材料），在反应堆中吸收慢中子能产生铀 233，铀 233 与铀 235 一样是易裂变材料（可以由各种能量的中子引发裂变）。铀 233 可以从乏燃料中分离出来，然后重新放入反应堆，形成闭合燃料循环中的部分流程。洛斯阿拉莫斯国家实验室，化学系，“钍”，2003 年 12 月 15 日，URL〈http://periodic. lanl. gov/elements/90. html〉。

〔74〕 A. Galperin，P. Reichert 和 A. Fischer，“用于轻水反应堆的钍燃料：减小核动力燃料循环造成扩散的可能性”，《科学和全球安全》，第 6 卷（1997），第 265—290 页。

〔75〕 世界核协会，“钍”，信息和问题摘要（Information and Issue Brief），2004 年 11 月，URL〈http://www. world－nuclear. org/info/inf62. htm〉；“钍：统计和信息”，美国内政部，美国地质调查局，矿物信息（Minerals Information），2005 年 6 月，URL〈http://minerals. usgs. gov/minerals/pubs/commodity/thorium/index. html〉。

〔76〕 G. Perkovich，印度的核炸弹：对全球扩散的影响，（加州大学出版社：伯克力，加州，1999），第 26—27 页。

应堆技术。[77] 2005 年 2 月，美国、加拿大、法国、日本和英国签署了共同开发这类技术的协议，[78] 同年晚些时候，瑞士和韩国也加入该协议。美国能源部还正在实施先进燃料循环倡议，特别是“为第四代核能系统研发反应堆燃料和燃料循环技术”。[79]

2001 年，IAEA 启动创新型核反应堆和燃料循环（INPRO）国际研究课题。该课题的目的是让 IAEA 成员国共同开发具有特定基本特征，包括有效的不受限制的燃料资源、核和环境安全、防扩散以及具有经济竞争力的创新型核反应堆和燃料循环技术。[80] 截至 2005 年底，INPRO 已开发出创新型核能系统的评估方法体系，现已生效，目前正在对 IAEA 成员国开发中的单个系统进行评估，以便将来能继续进行建设。INPRO 评估的内容包括对多边核燃料循环可选方案的审议。[81] 特别是对俄罗斯提出的快堆闭合核燃料循环的有关建议进行审议。[82] 在 2005 年 9 月召开的 IAEA 全会上，美国宣布将加入 INPRO。[83] 这一行动增强了 INPRO 与 GIF 之间的合作，二者做着非常相似的工作。

---

〔77〕 GIF 的成员国有阿根廷、巴西、加拿大、法国、日本、韩国、南非、瑞士、英国、美国和欧盟。美国能源部核能研究顾问委员会和第四代国际论坛，“第四代核能系统的技术路线图”，2002 年 12 月，URL〈http：//gif. inel. gov/roadmap/pdfs/gen _ iv _ roadmap. pdf〉；世界核协会，“第四代核反应堆”，信息和问题摘要，2005 年 4 月，URL〈http：//www. world－nuclear. org/info/inf77. htm〉。

〔78〕 研究和发展第四代核能系统的国际合作框架协定可以从第四代国际论坛网站下载，URL〈http：//www. gen－4. org/PDFs/Framework－agreement. pdf〉。

〔79〕 美国能源部，核能、科学和技术办公室，“先进燃料循环倡议”，华盛顿，2005 年 11 月，URL〈http：//www. ne. doe. gov/infosheets/afci. pdf〉；“先进燃料循环计划：指出国家优先权和需求”，先进燃料循环倡议网站，URL〈http：//afci. lanl. gov/aboutaaa. html〉。

〔80〕 创新型核反应堆和燃料循环国际项目（INPRO），INPRO 手册，2004 年 9 月，IAEA 网站，URL〈http：//www. iaea. org/img/assets/3836/inpro _ 2004. pdf〉，第 1－2 页。

〔81〕 IAEA，“创新型核反应堆和燃料循环国际项目（INPRO）阶段 1B（第二部分）和阶段 II 的参考术语草案”，URL〈http：//www. iaea. org/OurWork/ST/NE/NENP/NPTDS/Downloads/INPRO/tor _ phase _ 1b _ 2 _ rev _ ys _ final. pdf〉。

〔82〕 J. Perrera，“明天的创新”，《国际核工程》，2005 年 9 月 29 日，URL〈http：//www. neimagazine. com/story. asp? sectioncode＝76&storyCode＝2031487〉。

〔83〕 IAEA 信息通报 INFCIRC/659（同注释［52］）。

六、结论

避免民用核材料被转用于军事目的唯一可靠的方法是停止使用核动力。利用核技术产生能量最明显的应用领域是发电。目前可能替代核裂变发电的资源有化石燃料、可再生资源和核聚变。〔84〕如果限制温室气体排放并考虑成本价格，就得对化石燃料电厂强加限制。可再生资源将逐步被选用。然而，这类资源在今后几十年作为核动力可靠替代物的前景值得怀疑。核电在未来整个发电领域占有的份额可能发生变化，但是在可预见的将来，所有上述三种资源同时被利用最具可能性，至少直到（或除非）核聚变技术取得突破。这意味着确保核动力安全和发展核动力在以后若干年都是非常重要的。虽然本附录中讨论的三种方案都能很好地服务于这一目标，但是单独实施其中任何一种都是不够的。多边安排可能被误用，就像防扩散技术那样。国际控制可能被拒绝，因为 NPT 条约并未规定无核武器国家在以和平目的获得核材料和燃料循环技术后退出条约应承担的后果。

把三种方案结合起来似乎最有前景：一起实施，能增强力度并抵消彼此的缺陷。IAEA 已经在工作中把三种方案结合起来，对核燃料循环国际化、发展 INPRO 和加强保障监督制度同时进行研究。2005 年俄罗斯和美国表示也将按照三种方案平行开展工作。然而，在 2005 年，三种方案中的各种措施怎样才能成为准确的和最优化的组合并未确定下来。

（张玉龙 译）

〔84〕 聚变能是核聚变反应产生的有用能源，聚变反应是指 2 个轻原子核合并成一个较重的原子核同时释放能量的过程。最可能的反应发生在氢的两个同位素—氘和氚之间。氘天然存在于海水中（每立方米 30 克），这意味着如果能实现聚变反应，将提供无限的可用能源。目前欧盟、日本、俄罗斯和美国处于聚变研究工作的领先位置，巴西、加拿大、中国、印度和韩国也正在开展实质性的工作计划。虽然有大量的建造聚变能发生器的实验工作正在进行中，但是还没有一次实验产生出的能量多于消耗的能量。正如 2005 年 6 月宣布的那样，试图达到这一目标的第一个实验堆 ITER 将在法国 Cadarache 建造，耗资 100 亿欧元。现有开发聚变能的计划中，没有计划打算在 2050 年前甚至更晚些的时候把该项技术用于商用发电。“法国获得核聚变厂”，BBC 新闻，2005 年 6 月 28 日，URL 〈http：//news. bbc. co. uk/1/4629239. stm〉；ITER，“快步走向聚变”，2004 年 10 月 21 日，URL 〈http：//www. iter. org/fast _ track. htm〉。

第十四章　生化战的发展与军备控制

理查德·格思里　约翰·哈特
弗丽达·库劳

第一节　导　言

2005 年，1972 年《禁止生物武器公约》(下称《禁生武公约》)[1] 的缔约国举行了第三次年度专家与政治会议。会议考虑了“科学家行为准则的内容、颁布和采用”，开始为定于 2006 年举行的第六次审议大会做准备。1993 年《禁止化学武器公约》(下称《禁化武公约》)[2] 的缔约国决定延长国家履约与普遍性行动计划。以美国为首的伊拉克调查小组结束在伊拉克的调查之后发表了关于伊拉克先前武器计划的结论；关于战前情报的来源和处理这些情报的方法，有进一步的信息得到公开。与恐怖分子获取生化材料用于邪恶目的的指称有关的信息，因为若干受到从事这种活动指控的个人无罪获释而更

〔1〕《关于禁止发展、生产和储存细菌（生物）及毒素武器和销毁此种武器的公约》1972 年 4 月 10 日签署，1975 年 3 月 26 日生效。公约可在斯德哥尔摩国际和平研究所的生化战项目网站 URL〈http：//www. sipri. org/contents/cbwarfare/〉上找到。该网站包括有公约缔约国、签约国和非签约国的完整名单。亦参见本卷附件 A。

〔2〕《关于禁止发展、生产、储存和使用化学武器及销毁此种武器的公约》（1994 年 8 月 8 日修订）1993 年 1 月 13 日签署，1997 年 4 月 29 日生效。公约可在斯德哥尔摩国际和平研究所的生化战项目网站上找到（同注释［1］)。该网站包括有公约缔约国、签约国和非签约国的完整名单。亦参见本卷附件 A。

多地透露出来。

本章第二节讨论与生物武器控制有关的问题。第三节描述化学武器与裁军的发展。第四节讨论与伊拉克有关的发展和相关的情报问题。第五节涉及其他的指称、活动和起诉。第六节给出结论。附录14A 探讨增强生物安全的手段和制定一个全球战略的必要性。

第二节　生物武器问题

2005 年，摩尔多瓦加入了《禁生武公约》。这意味着，截至 2005 年 12 月 31 日，该公约有 155 个缔约国。另有 16 个国家已经签署但尚未批准《禁生武公约》。[3] 2005 年期间，在《禁生武公约》缔约国正式会议之外，举行了若干外部活动，如 2 月份由澳大利亚与印度尼西亚共同举办的一次《禁生武公约》缔约国地区会议。[4]

《禁生武公约》是禁止拥有一整类无正式核查与遵约机制的大规模杀伤性武器的唯一全球性公约。旨在提供这样一种机制的议定书，其谈判工作于 2001 年突然停止。[5]

2005 年《禁生武公约》会议：行为准则

2005 年，《禁生武公约》缔约国举行了一次专家会议和一次缔约

〔3〕“缔约国名单”，《禁生武公约》缔约国会议文件 BWC/MSP/2005/MX/INF. 5，2005 年 6 月 21 日。虽然据报道在当年的后来时间里没有国家加入，但哈萨克斯坦 2005 年在一份递交 3 月份裁军谈判会议（下称“裁谈会”）的声明中表明，加入《禁生武公约》的“适当内部程序当前正在进行中”。该声明见裁谈会文件 CD/PV. 980，2005 年 3 月 17 日。除非另有说明，否则本章引用的所有联合国、裁谈会和《禁生武公约》会议文件均可在联合国文件网站 URL〈http：//documents. un. org〉上找到。

〔4〕 R. J. 马修斯编：《〈禁生武公约〉地区讨论会会议记录：2005 年 2 月 21—25 日澳大利亚与印度尼西亚政府共同举办》（墨尔本大学：墨尔本，2005 年）。

〔5〕 J. P. 桑德斯、J. 哈特与 F. 库劳：“生化武器的发展与军备控制”，载《SIPRI 年鉴 2002：军备、裁军与国际安全》（牛津大学出版社，牛津，2002 年），第 665—708 页。

国会议，2003 年[6]和 2004 年[7]曾召开过类似的会议。2005 年会议的授权是考虑“科学家行为准则的内容、颁布和采用”。[8] 这些会议是根据 2002 年复会的《禁生武公约》缔约国第五次审议大会作出的一项决定召开的。[9]

《禁生武公约》**专家会议**于 2005 年 6 月 13—24 日在日内瓦举行。[10] 除了通常的缔约国发言之外，一个新的特点是：若干作为“主席客人”受到邀请的外部组织，如专业协会，作了正式发言。像在 2004 年一样，主席准备了一份会议上提出的问题的非正式清单，并将其附加在会议报告中。[11] 这份问题清单在 12 月 5—9 日于日内瓦举行的**缔约国会议**[12]之前，由主席提炼

---

〔6〕 R. 格思里等：“生化战的发展与军备控制”，载《SIPRI 年鉴 2004：军备、裁军与国际安全》(牛津大学出版社，牛津，2004 年)，第 661—667 页。2003 年会议的议题是“采取必要的国家措施以执行公约提出的禁令，包括通过刑事立法”和“用以建立和保持病原体微生物与毒素的安全及监管的国家机制”。

〔7〕 R. 格思里、J. 哈特与 F. 库劳：“生化战的发展与军备控制”，载《SIPRI 年鉴 2005：军备、裁军与国际安全》（牛津大学出版社，牛津，2005 年），第 604—607 页。2004 年会议的议题是“增强应对、调查和减轻指称的生物或毒素武器使用或疑似疾病暴发的影响的国际能力”和“加强和扩大用以监测、发现、诊断和抗击影响人类、动物和植物的传染病的国家与国际性制度工作及现有机制”。

〔8〕《禁生武公约》缔约国第五次审议大会最后文件，《禁生武公约》审议大会文件 BWC/CONF. V/17，第 18（a）段，URL〈http：//www. opbw. org〉，第 3 页。

〔9〕 J. 哈特、F. 库劳与 J. 西蒙：“生化武器的发展与军备控制”，载《SIPRI 年鉴 2003：军备、裁军与国际安全》(牛津大学出版社，牛津，2003 年)，第 646—650 页。

〔10〕 G. S. 皮尔逊：“来自日内瓦的报道：《禁生武公约》的新进程”，载《生化武器公约公报》（*CBW Conventions Bulletin*），第 68 期（2005 年 6 月），URL〈http：//www. sussex. ac. uk/spru/hsp/cbwcb68. pdf〉，第 12—19 页。82 个缔约国、3 个签约国、1 个观察员国、8 个专门机构和政府间组织、16 个非政府组织派员与会。“与会者名单”，《禁生武公约》缔约国会议文件 BWC/MSP/2005/MX/INF. 6，2005 年 6 月 24 日。

〔11〕《专家会议报告》，《禁生武公约》缔约国会议文件 BWC/MSP/2005/MX/3，2005 年 8 月 5 日。该报告包括会议工作文件及其他文件的完整清单。

〔12〕 G. S. 皮尔逊：“来自日内瓦的报道：《禁生武公约》缔约国会议，2005 年”，载《生化武器公约公报》，第 69/70 期（2005 年 9—12 月），URL〈http：//www. sussex. ac. uk/Units/spru/hsp/CBWCB%2069－70. pdf〉。87 个缔约国、7 个签约国、2 个观察员国、6 个专门机构和政府间组织、18 个非政府组织派员与会。“与会者名单”，《禁生武公约》缔约国会议文件 BWC/MSP/2005/INF. 2，2005 年 12 月 9 日。

成一份综合文件。[13] 会议认识到：虽然执行公约的主要责任在缔约国，但自愿采取的行为准则可对抗击生物与毒素武器在现在及未来构成的威胁做出重要和有效的贡献，而且在制定这种准则方面存在一系列不同的方法。会议还认识到：所有对行为准则负有责任或怀有正当兴趣者，都应该参与它们的制定、颁布和采用。[14]

这两次政府间会议讨论的问题具有挑战性，不仅需要各国政府的注意，也需要科学界的注意。[15] 科学研究过程涉及科学家之间的交流，并依赖于个人之间和机构之间信息的自由交换，因此包括有关行为准则的框架应该扩展为整个制度。这些行为准则应该涉及任何可能促进恶意使用生物科学的活动。准则中包含的指导虽然可能阻止不了怀有造成伤害之意的个人，但是，会加强规范并使科学家在有人从事可疑活动的情况下能较容易地去提醒他人。

有人已经表示担心行为准则难以精确地制定。然而，就其本质而言，准则主要涉及那类无法清楚界定的问题。如果在可接受的与不可接受的做法之间存在清楚的分界线，那么传统的法规形式即可有效地发挥作用。但是，不少生命科学学科是关于两用材料与技术的，没有那么清楚的分界线。这些情况下的每一项研究活动，其背景和环境必须得到仔细的评估和审查，这也正是行为准则具有最大附加值的地方。

行为准则创建一套基准，为评估活动提供依据。在《禁生武公约》的背景下，可在准则中采用的最重要的基准是公约里包含的通用标准。这条标准禁止公约管辖范围内的任何活动，除非该活动，包括活动的规模，有正当的理由。有人将上述情况与医生取得行医资格时传统上发出的希波克拉底誓言进行了一些比较。然而，几乎没有什么医学院采用原本的誓言；该誓言有若干个现代版本，有人做了一些尝

〔13〕“从围绕专家会议议题之发言、声明、工作文件和插话中提取的意见、经验教训、观点、建议、结论及提议”，《禁生武公约》缔约国会议文件 BWC/MSP/2005/L.1，2005 年 11 月 16 日。

〔14〕《缔约国会议报告》，《禁生武公约》缔约国会议文件 BWC/MSP/2005/3，2005 年 12 月 14 日。

〔15〕亦参见附录 14A。

试，想把这些较新的版本统一起来。[16] 专业科学协会中只有很小的比例拥有约束其成员的行为准则。

辩论的其他问题包括：(1) 是应在国家的基础上确立道德标准，并希望最终制定出国际标准，还是应先达成一套国际准则，然后再在国家的基础上采用；(2) 准则应由政府或是专业科学协会还是由两者共同颁布。

准则不能孤立地存在，必须成为一整套更广泛的教育措施的组成部分。人们已达成广泛的共识：科学家应接受更多的培训，以帮助他们考查其研究可能产生的广泛影响，以及其研究可能被他人如何滥用。在科学家合作下制定的准则会比政府强加的准则效果好。后者的约束性可能过大，其结果可能是既妨碍合法的研究，又阻止科学家从事某些合法领域的研究。

2006 年《禁生武公约》审议大会及会间进程

第六次 5 年一度的《禁生武公约》审议大会，将在 2006 年 11 月 20 日至 12 月 8 日期间举行。[17] 审议大会筹备委员会会议将于 2006 年 4 月 26—28 日举行，将就审议大会的具体日期作出正式决定。来自巴基斯坦的马苏德汗大使将担任筹备委员会和审议大会的主席。构成会间进程的一系列年会的结果，在 2006 年审议大会期间将如何处理？对此仍然没有明确的共识。

2003 年以来的会间进程取得了若干成果。它使聚焦于特定的实际问题成为可能；它鼓励缔约国通过一系列国家措施更加有效地执行公约，这些措施基于共同经验和其他缔约国吸取的经验教训；它通过政府间进程确保各国对生物武器问题保持政治上的关注，并继续聘用专注于此问题的官员；而且，在某种程度上，它缓和了议定书谈判停止时存在的消极氛围。[18]

会间进程带来了若干经验教训。让所有缔约国在国家履行《禁生

〔16〕 例如，英国医学协会 1997 年向世界医学协会提交了一份其建议的“修订版希波克拉底誓言”。

〔17〕 缔约国会议作出这一决定时，对于审议大会应持续 2 个星期还是 3 个星期，未达成一致意见。参见《缔约国会议报告》(同注释 [14])。

〔18〕 参见桑德斯、哈特与库劳 (同注释 [5])，第 669—673 页。

武公约》义务上达到一个基本水平需要多大规模的努力，这在年会期间变得明显起来。许多国家曾认为国家履约仅仅需要通过一些法规，但在离开年会时则对于国家立法、病原体安全及疾病监测所面临的挑战有了更深的认识。

程序问题

建立会间进程的同一个决定还确定："第六次审议大会将考虑这些年会所做的工作，并就任何进一步的行动作出决定。"[19] 衡量会间进程价值的一个标准将是它在审议大会的议项中得到如何的反映。建立会间进程时曾认为，有各种各样的方法可使其得到反映。

1. 像在以前的审议大会上所做的那样，来自会间进程的想法可在通常的公约逐条审议期间提出。

2. 可以向审议大会的一个特别部分作出陈述，或作为按主题审议方法的一部分。

3. 在筹备委员会工作期间，可以向审议大会进行某种形式的汇报。

这 3 种选择的替代方案是不要来自会间进程的任何形式的信息输入。[20]

吸取的经验教训

随着审议大会筹备工作的进行，许多国家认识到如果没有 2002 年至 2006 年的会间进程将会存在的真空。若干国家，包括欧盟成员国，已明确要求继 2006 年审议大会之后实施一项类似的工作计划。[21]

从其他军备控制制度的历程中也许可以吸取更多的经验教训。这些制度包括在《禁化武公约》框架下实施的国家履约与普遍性行动计

---

〔19〕 BWC/CONF. V/17，第 18（e）段（同注释［8］）。

〔20〕 可能出现这样的情况：会间进程会议的几位主席将无人出席审议大会，因为 3 个人均已调到与公约无关的其他职位。早期曾有一个建议，让每个会间进程会议的主席介绍所讨论的有关问题。

〔21〕 在缔约国会议上英国代表欧盟所作的声明和德国所作的国家声明，明确要求有一个后续的工作计划。

划。[22] 然而，我们不能作直接的类比，因为《禁生武公约》没有相当于《禁化武公约》之禁止化学武器组织（下称“禁化武组织”）的中心机构。对于建立任何形式的《禁生武公约》机构或秘书处存在坚决的反对——来自美国的最为显著，因此可能需要新颖的思路：也许可以创建一个“行动计划联络处”，而该联络处在形式上既不能被视为上述机构的原型，又能够作为一个提供帮助的有用中心。

准备与反应问题

2005 年，疾病对经济和国家安全的影响受到前所未有的关注。其原因包括：对恐怖分子可能故意传播疾病的持续担心；H5N1 型禽流感自亚洲向外传播，而且人们担心该型禽流感可能发展成在人类中流行的类型；从卡特里娜飓风对新奥尔良及周围地区的影响中吸取的经验教训——表明美国在保护平民人口方面所做的准备不够充分。若干国家更新或推出了流感反应计划，[23] 而且各种国际论坛讨论了合作反应措施。[24]

世界卫生大会 5 月份通过了新的《国际卫生条例》，其中包括对世界卫生组织成员国具有法律约束力的条款，这些条款涉及传染病跨境传播的流行病学信息共享，以便管理引起国际关注的公共卫生紧急情况。新的规定将“对疾病的国际传播进行预防、防护、控制和提供公共卫生反应”。1969 年达成的最初条例旨在帮助监测 6 种严重的传染病——霍乱、瘟疫、回归热、天花、斑疹伤寒和黄热病。新的规定将适用于一系列更广泛的引起国际关注的公共卫生紧急情况，包括新发疾病，并定于 2007 年生效。[25] 新的条例使世界卫生组织总干事可以形成“关于引起国际关注的公共卫生紧急情况的结论”，即使所涉及国家

---

〔22〕 这些行动计划在下面的第三节有所讨论。

〔23〕 例如，美国总统乔治 W. 布什 2005 年 11 月宣布了一项国家战略。白宫：《应对流感大流行的国家战略》，新闻稿，华盛顿，2005 年 11 月 1 日，URL〈http：//www.whitehouse. gov/homeland/pandemic－influenza. html〉。

〔24〕 例如，2005 年 12 月 14 日在吉隆坡举行的东盟峰会通过了《预防、控制和应对禽流感东亚峰会宣言》，URL〈http：//www. aseansec. org/18101. htm〉。

〔25〕 世界卫生组织：“世界卫生大会通过新的国际卫生条例”，新闻稿，2005 年 5 月 23 日，URL〈http：//www. who. int/mediacentre/news/releases/2005/pr _ wha03/en/〉。该条例收入世界卫生组织文件 A58/55，2005 年 5 月 23 日。关于新发疾病，参见附录 14A。

的政府不同意这种结论。新的条例还使提高对疾病暴发反应的灵活性成为可能，因为国际卫生组织也可以查阅非官方报告，并要求有关国家在核实这些报告上给予合作。如果一个国家没有对世界卫生组织核实疾病暴发的要求及时答复，世界卫生组织有权将这种情况公之于众。

2005 年 7 月 1 日，**欧洲疾病预防与控制中心**成为一个独立的法律实体，在斯德哥尔摩开始运作。〔26〕 该中心的作用是“识别、评估和通告当前存在的和正在出现的由传染病造成的人类健康威胁”。〔27〕中心是作为对以下评估的反应而建立的：现有的安排“效率低下，根本不足以为欧盟国家的公民提供充分的保护，使其免于传染病对其健康构成的威胁，包括故意释放致病因子（‘生物恐怖主义’）的可能性”。〔28〕

第三节　化学武器与裁军

截至 2005 年 12 月，175 个国家已经批准或加入《禁化武公约》，还有 11 个国家已经签署但未批准公约，〔29〕 而有 8 个国家既未签署也未批准公约。〔30〕

《禁化武公约》缔约国大会

《禁化武公约》缔约国大会第十次会议于 2005 年 11 月 7—11 日

〔26〕 欧洲疾病预防与控制中心网站，URL〈http：//www. ecdc. eu. int〉。

〔27〕 “欧洲议会与理事会 2004 年 4 月 21 日关于建立欧洲疾病预防与控制中心的第 851/2004 号条例（EC)”，载《欧盟官方杂志》，L142（2004 年 4 月 30 日），第 1—11 页。

〔28〕 欧洲委员会健康与消费者保护总署：“设立欧洲疾病预防与控制中心的筹备行动：移交文件”，布鲁塞尔，2005 年 7 月 15 日，URL〈http：//www. eu. int/comm/health/ph _ overview/strategy/ecdc/ecdc _ handover1 _ en. pdf〉。

〔29〕 2005 年，安提瓜和巴布达、不丹、柬埔寨、刚果民主共和国、格林纳达、洪都拉斯、纽埃和瓦努阿图成为《禁化武公约》缔约国。已经签署但未批准《禁化武公约》的国家是巴哈马、中非共和国、科摩罗、刚果、吉布提、多米尼加共和国、几内亚比绍、海地、以色列、利比里亚和缅甸。

〔30〕 截至 2005 年 12 月，既未签署也未加入《禁化武公约》的国家是安哥拉、巴巴多斯、埃及、伊拉克、朝鲜、黎巴嫩、索马里和叙利亚。

召开。会议批准了禁化武组织数额为 7560 万欧元（约 8860 万美元）的 2006 年预算，比 2005 年预算减少了 0.1%左右。[31] 缔约国大会着重于就国家履约措施（《禁化武公约》第七条）及普遍性（即争取各国普遍加入公约）问题达成禁化武组织行动计划的后续措施。缔约国大会还审议了与化学工业设施宣布及视察有关的《禁化武公约》条款的执行情况，以及与经济和技术发展有关的《禁化武公约》条款的执行情况（第 11 条）。[32]

《禁化武公约》非洲缔约国集团在其官方声明中敦促禁化武组织在非洲开设一个地区办事处。[33] 该提案的支持者们指出并非所有的《禁化武公约》非洲缔约国在海牙都有常驻外交代表，辩称建立一个地区办事处将会促进该地区国家对《禁化武公约》的普遍遵守及有效执行。[34] 这项数年来至少得到非正式考虑的提案，遭到一些国家的抵制，原因部分在于它在开支方面有难以预料的影响，而且《禁化武公约》制度涉及的其他地理区域因此也有可能坚持要求建立它们自己的地区办事处。缔约国大会向执行理事会建议，成立一个不限成员名额的特设工作组对提案进行研究分析。[35]

缔约国大会还授权执行理事会成立一个工作组，筹备不迟于 2008 年举行的缔约国大会审议《禁化武公约》实施情况的第二次特

---

〔31〕 实现了开支节省的一个方面是在 2004—2005 年试验性地执行了应召视察员制度，据此视察员驻扎在本国而不是禁化武组织设在海牙的总部。参见“技术秘书处的说明：应召视察员制度的试验阶段”，禁化武组织文件 S/523/2005，2005 年 9 月 29 日。随着可用化学武器销毁设施数量的增加，禁化武组织的开支将趋于上升。从 2004 年开始，由于执行禁化武组织涉及到该组织秘书处多数工作人员的 7 年任期政策，产生了额外费用。由此导致了额外的培训与招聘费用。由于第四条和第五条视察费用补偿率的提高，缔约国分担的年费可望降低几乎 1.3%。

〔32〕 参见 J. 哈特（核查研究、培训与信息中心）：《根据〈禁化武公约〉进行的化学工业视察》，核查问题研究报告第 1 号（核查研究、培训与信息中心：伦敦，2001 年）。

〔33〕 “《禁化武公约》非洲缔约国集团在缔约国大会第十次会议上的声明，2005 年 11 月 7—11 日”，《禁化武公约》缔约国大会第十次会议，海牙，2005 年 11 月 7—11 日。

〔34〕 在多数情况下，离得最近的常驻外交代表在布鲁塞尔。

〔35〕 禁化武组织：“关于在非洲成立禁化武组织办事处的决定”，禁化武组织文件 C—10/DEC. 13，2005 年 11 月 10 日。

别会议（第二次审议大会）。[36] 此外，缔约国大会经口头表决再次选举禁化武组织总干事，阿根廷的罗赫略·菲尔特大使，连任第二个、也是最后一个任期，时间从 2006 年 7 月 25 日开始，到 2010 年 7 月 24 日结束。[37] 缔约国大会还通过了一项关于执行在“受控制的使用”诠释上达成的共识的决定，这是一个化学工业履约问题，事关《禁化武公约》“关于化学品的附件”所列化学品是否应该以及应该如何宣布的问题。[38] 最后，缔约国大会批准了一项提案，将 4 月 29 日，即《禁化武公约》生效之日，定为化学战受害者纪念日，并在海牙建立一座化学战受害者纪念碑。[39]

行动计划

2003 年，禁化武组织开始执行一项为期两年的“行动计划”，以确保《禁化武公约》缔约国在国家履约措施方面为其义务进行有效的立法。这包括通过有关的刑事立法，禁止一个缔约国管辖或控制下的个人与组织从事《禁化武公约》所禁止的活动。[40] 同年，禁化武组织还开始执行一项旨在促进《禁化武公约》普遍性的行动计划。这两项计划在《禁化武公约》缔约国大会第十次会议召开时已期满结束。

关于**国家履约措施行动计划**，截至 2005 年 10 月 17 日，147 个缔约国（占 84%）设立或指定了国家主管部门；105 个缔约国（占 60%）向禁化武组织秘书处报告已采取一般性国内立法或行政措施；59 个缔约国（占 34%）通过并报告了涵盖《禁化武公约》要

〔36〕 禁化武组织：《缔约国大会第十次会议报告，2005 年 11 月 7—11 日》，禁化武组织文件 C—10/5，2005 年 11 月 11 日，第 23.1 段。

〔37〕 禁化武组织：“关于总干事续任的决定”，禁化武组织文件 C—10/DEC.7，2005 年 11 月 10 日。

〔38〕 禁化武组织：“关于根据公约‘核查附件’第六部分进行生产与消费宣布情况下如何理解‘受控制的使用’概念的决定”，禁化武组织文件 C—10/DEC.12，2005 年 11 月 10 日。关于“受控制的使用”的背景情况及禁化武组织 2004 年有关该问题的决定，参见格思里、哈特与库劳（同注释 [7]），第 610—611 页。

〔39〕 禁化武组织（同注释 [36]），第 23.3 段。

〔40〕 禁化武组织：“关于履行第七条义务行动计划的决定”，禁化武组织文件 C—8/DEC.16，2003 年 10 月 24 日。

求的所有关键方面的国家立法。[41]

对第七条之国家履约措施行动计划的讨论，主要关注点是：在何种程度上后续措施应是合作性的，而非强制性的。这些讨论着重于三个方面：（1）就实现具体目标的适当时间范围达成一致意见；（2）在何种程度上应根据第 12 条采取任何后续措施（纠正某一情况和确保遵守的措施，包括制裁）；（3）在何种程度上应由联合国操作任何后续措施。有些缔约国极不情愿将第 12 条和联合国牵扯进来。[42] 这些讨论还凸显了在何时应将技术性或行政性违反视为根本性违反问题上缔约国之间存在理解分歧。关于可能将不遵守行动计划的行为提交联合国仲裁的问题，讨论的焦点是不履行第七条义务的行为应根据联合国安理会第 1540 号决议处理，还是根据 2000 年达成的禁化武组织与联合国关系协定来处理。[43]

缔约国大会达成一致的语言表述，强烈敦促缔约国与技术秘书处之间实施一个集中接触的过程，以确定和解决具体的困难。采取的方法包括进一步的信息交流以及执行理事会的持续参与。缔约国大会决定在 2006 年举行缔约国大会第 11 次会议期间审议第七条行动计划的执行情况，"以考虑和决定如有必要应采取的任何适当措施，从而确保缔约国履行"其第七条义务。[44]

---

〔41〕 禁化武组织："总干事的说明：关于履行第七条义务行动计划的报告"，禁化武组织文件 C－10/DG. 4/rev. 1，2005 年 11 月 2 日，第 5、11 页。汇编这些数字之时，《禁化武公约》共有 174 个缔约国。

〔42〕 例如，非洲集团声明："非洲集团承认，它的一些成员在公约对其生效之时将其国家主管部门告知禁化武组织一事上有所延迟。然而，我们认为，这个问题不在公约禁止的问题之列。因此，在我们看来，这个问题既不具有严重的性质，也不需要援用公约第 12 条之条款"。"《禁化武公约》非洲缔约国集团在缔约国大会第十次会议上的声明，2005 年 11 月 7—11 日"，（同注释 [33]）。

〔43〕《联合国与禁化武组织关系协定》，纽约，2000 年 10 月 17 日，URL〈http：//www. opcw. org/html/db/legal/rel _ agree. html〉。关系协定的达成拖延了几年，这在很大程度上是由于以下问题造成的：是否以及如何能在不违反禁化武组织保密政策的情况下向联合国转交信息。原则上讲，在解释关系协定上有相当大的灵活度，因此可能出现实质上没有结论的磋商。关于第 1540 号决议的执行，参见本卷第 12 章。联合国安理会第 1540 号决议，2004 年 4 月 28 日，URL〈http：//www. un. org/Docs/sc/unsc _ resolutions04. html〉。

〔44〕 禁化武组织："关于履行第七条义务行动计划的后续措施的决定"，禁化武组织文件 C－10/DEC. 16，第 14 段。

关于**普遍性行动计划**，缔约国大会呼吁尚未成为《禁化武公约》缔约国的所有国家“毫不拖延地”加入公约，特别是在国家“不遵守”《禁化武公约》“引起关注”的情况下。缔约国大会敦促缔约国和禁化武组织秘书处加强努力，争取所有国家普遍加入《禁化武公约》：首先设法确保 2006 年底公约至少有 180 个成员国，然后到缔约国大会第 12 次会议于 2007 年召开时，即公约生效 10 年后，所有国家普遍加入公约。[45]

帮助伊拉克成为《禁化武公约》缔约国

2005 年 7 月 6—9 日，禁化武组织在海牙为伊拉克政府的 9 名代表举办了一次《禁化武公约》履约培训班。虽然伊拉克官方没有表明伊拉克何时加入《禁化武公约》，但伊拉克代表团重申其国家有意加入《禁化武公约》，而且来自伊拉克的一名观察员出席了缔约国大会第 10 次会议。[46] 培训班所需经费来自日本的自愿捐款。培训班的目的是确保伊拉克加入《禁化武公约》后，公约得到有效的执行。有关成员国，包括日本、荷兰、英国和美国，也派代表参加了培训班。培训班的议题包括宣言的起草、国家主管部门的建立及高效运作、为国家履约进行的立法。[47]

与伊拉克加入《禁化武公约》相关的因素包括当前及未来的伊拉克政府无法全面接触与先前计划和活动有关的信息和记录。[48] 此外，对于参与以前的联合国禁止武器研制计划的科学家和技术

---

〔45〕禁化武组织：“关于《禁化武公约》普遍性和执行普遍性行动计划的决定”，禁化武组织文件 C—10/DEC. 11，2005 年 11 月 10 日，第 1、4 段。

〔46〕关于背景情况，参见 J. P. 桑德斯等：《〈禁化武公约〉对不遵守事例的重要意义：从伊拉克吸取的经验教训及伊拉克可以吸取的经验教训?》，斯德哥尔摩国际和平研究所政策文件第 5 号（斯德哥尔摩国际和平研究所：斯德哥尔摩，2003 年 10 月），URL〈http：//www. sipri. org/〉。

〔47〕禁化武组织：“禁化武组织对伊拉克官员进行《禁化武公约》履约培训”，禁化武组织第 32 号新闻稿，2005 年 7 月 11 日，URL〈http：//www. opcw. org〉。

〔48〕《禁化武公约》要求，自 1946 年 1 月 1 日以来在任何时候生产过化学武器的设施都要予以宣布，并得到可核查的销毁或转用于和平目的。由于不少研制活动似乎没有记录，并且不少记录被过去的政府有意销毁或者因军事行动而被销毁，因此过去之任何记录的全面性如何并不清楚。

员，伊拉克政府只能做到有限的接触或控制，甚至根本无法接触或控制。[49] 在伊拉克受联合国制裁期间，联合国伊拉克问题特别委员会和国际原子能机构曾为伊拉克提供示范立法，帮助伊拉克执行有关的联合国安理会决议，包括通过和执行相关法律，禁止伊拉克管辖或控制之下的任何法人或法律实体发展、生产或储存联合国禁止的武器。[50] 伊拉克的新宪法明确提到对这些类型武器的类似禁止。[51]

提供援助演习

执行《禁化武公约》的一个重要方面，涉及禁化武组织根据公约第十条为受到化学武器攻击或威胁的缔约国提供援助和防护。2005 年 10 月 9—13 日，禁化武组织在乌克兰举行了第二次提供援助野外演习（“联合援助 2005”），目的是为该组织形成并保持执行第十条之条款的常备状态提供帮助（第一次演习于 2002 年在克罗地亚举行）。2005 年的演习是与乌克兰政府和北约欧洲—大西洋灾难反应协调中心联合举行的，其中包括应对一次模拟的恐怖分子化学袭击。[52] 参加演习的人员评估可能造成的沾染的性质与类型，并执行对受影响地区和个人进行洗消、向公众分发信息和撤离当地

〔49〕 澳大利亚四面八方广播公司（Four Corners Australian Broadcasting Corporation）：“秘密与谎言”，录音资料的文字本，2005 年 2 月 15 日，URL〈http://www.abc.net.au/4corners/content/2005/s1302767.htm〉；全球安全新闻专线（Global Security Newswire）：“前视察员希望释放伊拉克科学家”，2005 年 7 月 18 日，URL〈http://www.nti.org/d_newswire/issues/2005_7_18.html#DB36F26F〉。曾参与前伊拉克生化武器计划、现仍被联军拘押的科学家和技术专家的人数不详。

〔50〕 H. 布利克斯：“2002 年 12 月 19 日向安理会提供的情况简介：在伊拉克进行的视察以及对伊拉克武器宣布的初步评估”，联合国监核会执行主席向联合国安理会的陈述，2002 年 12 月 19 日，URL〈http:/www.unmovic.org〉。

〔51〕 宪法草案的有关部分写道：“伊拉克政府将遵守并履行伊拉克与不扩散、不发展、不生产和不使用核生化武器有关的国际义务，将禁止用于发展、制造、生产和使用此类武器的相关设备、材料、技术和通信系统。”引自伊拉克派至联合国大会第一委员会的大使马吉德·H. 阿勒安巴基的发言，2005 年 10 月 17 日，见联合国文件 A/C.1/60/PV.13，2005 年 10 月 17 日。

〔52〕 禁化武组织：“技术秘书处的说明：‘联合援助 2005’演习的最后说明”，禁化武组织文件 S/511/2005/Rev.1，2005 年 10 月 6 日。

居民的程序。[53] 禁化武组织还演练了对指称的化学武器使用进行调查的程序。[54] 如果禁化武组织在这方面不能作出可信的反应，对《禁化武公约》制度的信心可能受到重大削弱。

协商、合作和事实调查

《禁化武公约》在执行上得到的理解最少却又是最重要的方面之一，是第九条相关条款的执行。该条款涉及围绕引起关注的不遵约情况进行的协商、合作和事实调查。自《禁化武公约》1997 年生效以来，尽管进行质疑性视察的要求不曾提出过，[55] 但第九条的其他规定经常得到执行。2005 年，美国国务院的一份报告提到：美国曾利用第九条的双边协商规定“解决许多引起关注的遵约问题”，而且最近美国与其他《禁化武公约》缔约国根据第九条举行的双边讨论“受到好评”，并“有助于为判断遵约情况打下基础”。[56]

化学武器销毁

在《禁化武公约》对其生效之时宣布拥有化学武器的国家有：阿尔巴尼亚、印度、利比亚、俄罗斯、美国和“另外一个缔约国”（应其要求未指名，但广泛认为是韩国）。截至 2005 年 12 月 31 日，在约 7.1373 万物剂吨已宣布的化学武器中，约 1.2434 万物剂吨已经以可核查的方式销毁；在约 868 万件已宣布的项目中，约 240 万件弹药及容器已经销毁。[57] 截至同一时间，有 12

〔53〕 北约欧洲—大西洋灾难反应协调中心：“‘联合援助 2005’演习”，2005 年 10 月 17 日，URL〈http：//www. nato. int/eadrcc/2005/ukraine/index. html〉。

〔54〕 禁化武组织：“应对化学恐怖主义的防护与援助演习‘联合援助 2005’在乌克兰结束”，第 60 号新闻稿，2005 年 10 月 13 日，URL〈http：//www. opcw. org/html/global/press _ releases/2005/PR60 _ 2005. html〉。

〔55〕 参见 J. 哈特：“根据《禁化武公约》进行质疑性视察的政治与技术方面”，提交欧盟 2004 年 6 月 24—25 日在维也纳举行的“《禁化武公约》框架下的‘质疑性视察’”研讨会的论文，URL〈http：//www. sipri. org/contents/cbwarfare/Publications/Publications/cbw—papersfactsheets. html〉。

〔56〕 美国国务院：《军备控制、不扩散及裁军协议和承诺的遵守及执行情况》，华盛顿，2005 年 8 月，URL〈http：//www. state. gov/t/vci/rls/rpt/51977. htm〉，第 5 页。

〔57〕 禁化武组织：“视察活动”，URL〈http：//www. opcw. org〉。

个国家〔58〕宣布拥有 64 处化学武器生产设施。〔59〕经禁化武组织核实，其中 37 处已经销毁，14 处已经转用于《禁化武公约》不加禁止的用途。关于印度和那个未指名缔约国的化学武器储存，信息有限，但两个国家据说都会在《禁化武公约》为其规定的最后期限前及时销毁。

阿尔巴尼亚的化学武器储存包括约 16 吨物剂，主要是硫芥气，但据报道也有亚当氏剂、路易氏剂以及硫芥气与路易氏剂的混合剂，散装储存在靠近地拉那的一个地点。〔60〕该储存的销毁定于 2006 年开始，使用的是美国“合作减少威胁计划”提供的轻便焚化炉。〔61〕该储存是 2003 年在一座闲置的军事掩体中发现的。〔62〕据报道，关于其来历，在阿尔巴尼亚尚未发现文字材料，也未发现愿意述说的见证人。还有另外的报道称，估计容器数量为 600 个，其中许多上面有汉字标记，说明里面的内容。〔63〕

缔约国大会原则上同意**利比亚**进一步延长销毁其一类化学武器储存的中期期限。〔64〕执行理事会将决定具体日期，然后向将于 2006 年举行的缔约国大会第 11 次会议提交一份关于这个问题的

〔58〕这 12 个国家是波斯尼亚和黑塞哥维那、中国、法国、印度、伊朗、日本、韩国、利比亚、俄罗斯、塞尔维亚和黑山、英国以及美国。

〔59〕《禁化武公约》第二条第 8 段将化学武器生产设施定义为：在 1946 年 1 月 1 日以来的任何时间设计、建造或使用的、目的在于生产化学武器的任何设施。

〔60〕格思里、哈特与库劳（同注释［7］），第 611—612 页。

〔61〕关于“合作减少威胁计划”，参见本卷第 12 章。

〔62〕第二次世界大战后的阿尔巴尼亚共产党政权在全国各地修建了许多掩体，现在已大多闲置不用。

〔63〕J. 沃里克：“阿尔巴尼亚的化学储存引起对存在其他储存的担心”，载《华盛顿邮报》，2005 年 1 月 10 日，URL〈http://www.washingtonpost.com/wp－dyn/articles/A61698－2005Jan9.html〉，第 A01 版。

〔64〕《禁化武公约》“关于化学品的附件”包括 3 个“附表”。附表一包括被断定少有或毫无和平用途的化学品及其前体。附表二、三所列化学品有较广泛的和平用途，包括商业用途。《禁化武公约》“核查附件”第四（A）部分第 16 段对化学武器类型进行了界定。该界定部分基于一种化学品可以列在哪个附表中。

报告。〔65〕

俄罗斯的化学武器储存包括约 4 万物剂吨，储存在 7 个地点。〔66〕截至 2005 年 12 月，俄罗斯已经销毁了该储存的 4%左右。2005 年，在戈尔内伊开展了销毁行动；这些行动定于 2005 年年底之前完成。卡姆巴尔卡的销毁设施预计于 2005 年年底之前即可使用（参见表 14.1）。〔67〕

表 14.1 俄罗斯化学战剂销毁时间表（2004—2012 年）

年 份	数 量
2004	692
2005	304
2006	5202
2007	3000
2008	5970
2009	7787
2010	7720
2011	6047
2012	3244

〔65〕 禁化武组织："关于阿拉伯利比亚民众国要求延长其销毁一类化学武器储存中期期限的决定"，禁化武组织文件 C－10/DEC. 10，2005 年 11 月 10 日。关于背景情况，参见 J. 哈特与 S. 基尔："利比亚放弃核生化武器和弹道导弹"，载《SIPRI 年鉴 2005》（同注释 [7]），第 643—645 页；以及"化学炸弹被解除危害：军事化学家已经销毁首批 1000 吨军用毒物"，对联邦化学武器安全、储存与销毁局局长瓦列里·彼得罗维奇·卡帕钦的采访，载《俄罗斯报》，2005 年 9 月 26 日，URL〈http：//www.rg. ru/2005/09/26/kapashin. html〉。

〔66〕 这 7 个地点是：乌德穆尔特共和国的卡姆巴尔卡（计划销毁能力为 2500 吨/年）；萨拉托夫州的戈尔内伊（390 吨/年）；乌德穆尔特共和国的基兹涅尔（1900 吨/年）；基洛夫州的马拉德科夫斯基（1200 吨/年）；布良斯克州的波切普（2000 吨/年）；奔萨州的列昂尼多夫卡（2000 吨/年）；以及库尔干州的休奇耶（1900 吨/年）。关于俄罗斯化学武器销毁的背景情况，参见 J. 哈特与 C. D. 米勒编：《俄罗斯的化学武器销毁：政治、法律与技术方面》，斯德哥尔摩国际和平研究所第 17 号生化战研究报告（牛津大学出版社，牛津，1998 年）；以及"化学裁军"，URL〈http：//www. chemicaldisarmament. ru/〉。

〔67〕 关于背景情况，参见 J. 哈特："为俄罗斯联邦销毁化学武器提供的援助：政治与技术方面"，提交"加强欧洲大规模杀伤性武器不扩散与裁军行动：共同体工具可以如何做出贡献?"大会的论文，布鲁塞尔，2005 年 12 月 7—8 日。

资料来源："销毁俄罗斯联邦化学武器之特别联邦计划中将包括的变更（由第 305 号决议为俄罗斯联邦批准，注明日期为 1996 年 3 月 21 日）"，俄罗斯联邦政府第 639 号决议，2005 年 10 月 24 日（俄语文本）。

2005 年 10 月，俄罗斯公布了一份经过修订的化学武器销毁计划，将销毁计划的总费用估定为 1640 亿卢布（约 56 亿美元），并且说明所需的国际财政和技术援助总计将达 342 亿卢布（约 12 亿美元）。〔68〕该计划还估计，通过再次利用纯砷和已消毒废金属等化学武器销毁产生的副产品，可收回多达 6 亿卢布（约 2100 万美元）。〔69〕到 2005 年年中，与捐助国已经签署了总值约为 105 亿卢布（约 3.64 亿美元）的合同。〔70〕

美国的化学武器储存在 8 个地点。〔71〕截至 2005 年 12 月，在美国的 3.128 万吨化学武器储存中，约有 36%已经销毁。〔72〕2005 年，在阿伯丁、安尼斯顿、埃奇伍德、派恩布拉夫、图埃勒和尤马蒂拉等设施开展了销毁行动。2005 年 2 月，储存在阿伯丁试验场的最后一批硫芥气战剂被销毁；一旦完成散装容器的消毒工作和储

〔68〕关于援助，参见哈特（同注释［67］）；美国全球绿色组织（Global Green USA）、国际绿十字会瑞士分会（Green Cross Switzerland）和城市经济研究所（Institute for Urban Economics）："致命武器与迫切需要：探讨休奇耶这个步履维艰的化学武器储存城镇在社会基础设施与武器非军事化上的结合点"，苏黎世，2005 年 9 月，URL〈http：//www.globalgreen.org/〉；以及 L. R. 恩伯："休奇耶的困境：内乱可能损害俄罗斯化学武器处理设施的建设"，载《化学与工程新闻》，第 83 卷第 45 期（2005 年 11 月 7 日），第 19—24 页。亦参见 I. 安东尼与 V. 费琴科："国际不扩散与裁军援助"，载《SIPRI 年鉴 2005》（同注释［7］），第 675—698 页。

〔69〕"销毁俄罗斯联邦化学武器之特别联邦计划，中将包括的变更（由第 305 号决议为俄罗斯联邦批准，注明日期为 1996 年 3 月 21 日）"，俄罗斯联邦政府第 639 号决议，2005 年 10 月 24 日（俄语文本）。

〔70〕"不遵守化学武器销毁计划将使俄罗斯付出昂贵代价"，俄新社，2005 年 7 月 21 日，URL〈http：//en.ria.ru/russian/20050721/40945404.html〉。

〔71〕美国的化学武器储存在马里兰州的阿伯丁试验场、阿拉巴马州的安尼斯顿陆军仓库、肯塔基州的列克星敦—布卢格拉斯陆军仓库、印第安纳州的纽波特化学仓库、阿肯色州的派恩布拉夫军火库、科罗拉多州的普韦布洛化学仓库、犹他州的德瑟雷特化学仓库和俄勒冈州的尤马蒂拉化学仓库。

〔72〕关于美国化学武器储存的种类和数量，可参见 J. P. 桑德斯、S. 埃克斯坦与 J. 哈特："生化武器的发展"，载《SIPRI 年鉴 1997：军备、裁军和国际安全》（牛津大学出版社，牛津，1997 年），第 449—451 页。

存容器里任何残余含硫胶化沉淀物（“残余物”）的销毁工作，那里的销毁设施将被关闭。[73] 2005 年，由于运行问题，纽波特、尤马蒂拉和派恩布拉夫三处设施的销毁行动暂时停止。[74] 截至 2005 年 12 月，尚不清楚在布卢格拉斯和普韦布洛设施何时可以开始销毁行动。[75] 造成延迟的部分原因在于，对这些设施内的焚化行动长期存在的反对带来政治和技术困难。包括设施所在地区的国会议员在内，表示了这种反对。美国陆军提供经费开展的一项研究也引起了关注。这项研究旨在考虑将布卢格拉斯和普韦布洛设施储存的化学武器运到图埃勒销毁设施处理的可行性。[76] 根据美国的现行法律，化学武器必须在储存现场销毁。此外，还有一点引起了关注，即：被认为专门拨给这两个设施使用的经费正在被不适当地挪到其他设施，用以支持那里的销毁行动。

遵守《禁化武公约》规定的最后销毁期限

在化学武器销毁方面存在的持续不断的困难意味着，让所有国

〔73〕 美国陆军化学材料局：“最后一个芥子剂容器从阿伯丁试验场的化学战剂储存场移走销毁”，第 05—02 号新闻稿，2005 年 2 月 4 日。

〔74〕 当试验表明水解产物由于二异丙胺的存在而变得易燃之后，纽波特设施的 VX 中和行动于 6 月份停止。在对中和过程进行了调整、将二异丙胺的数量降至可以接受的水平之后，销毁行动重新开始。对于将 VX 水解产物运离现场的做法，美国国会及其他地方也有表示反对的。疾病控制与预防中心以及卫生与公众服务部被要求研究该问题。在一个密封区由于阀门故障而积累了约 114 升之后，纽波特的销毁行动又暂停了。在一个防爆密封室（装满沙林的 M—55 火箭在里面被切碎）发生火灾后，销毁行动在尤马蒂拉和派因布拉夫设施也暂时停止了。1990 年以来，在进行销毁期间偶尔会发生火灾。然而，为了进一步研究尽量降低火灾发生频率的方法，还是暂停了销毁行动。“陆军研究化学武器火灾”，载《化学与工程新闻》，第 83 卷第 24 期（2005 年 6 月 13 日），第 22 页；“销毁设施的 VX 溢出”，载《化学与工程新闻》，第 83 卷第 25 期（2005 年 6 月 20 日），第 22 页；L. 恩贝尔：“陆军停止 VX 销毁”，载《化学与工程新闻》，第 83 卷第 28 期（2005 年 7 月 11 日），第 13 页；以及 L. 恩贝尔：“陆军重新开始销毁 VX 神经毒气”，载《化学与工程新闻》，第 83 卷第 39 期（2005 年 9 月 26 日），第 13 页。亦参见卫生与公众服务部和疾病控制与预防中心：“对美国陆军关于离开纽波特化学战剂销毁设施现场处理和销毁苛性 VX 水解产物的建议的审查”，2005 年 4 月，URL〈http：//www. cdc. gov/nceh/demil/reports/VX/vxreporttoc. htm〉。

〔75〕 参见美国陆军化学材料局网站，URL〈http：//www. cma. army. mil/〉；以及已组装化学武器可选方案项目主管网站，URL〈http：//www. pmacwa. army. mil/〉。

〔76〕 “陆军考虑将化学武器运到犹他州处理”，载《化学与工程新闻》，第 83 卷第 4 期（2005 年 1 月 24 日），第 24 页。

家遵守《禁化武公约》规定的销毁期限（2012年4月29日），变得越来越不可能。如果一个或几个国家在销毁工作中表现出良好的诚意但需要额外时间完成销毁，这似乎并没有太大问题。然而，这却可能开创了先例，表明根据国际条约设定的武器销毁期限可以是灵活的。〔77〕

美国一位高级官员在参议院就化学武器拥有者不遵守《禁化武公约》规定的最后销毁期限的影响作证时，强调了这其中的一些问题。〔78〕这名官员说："如果当前的假设成立"，并且美国因没有在最后期限之前完成其化学武器储存的销毁而未遵约，那么一些国家就会辩称，美国在其他国家的化学武器相关活动上已经"失去发表意见的权利"。此外，俄罗斯可能利用美国超过2012年期限的任何销毁延迟，"作为借口，将其自己的销毁计划在彼此争夺预算优先权的项目中进一步往后挪，并为其自己不遵守条约规定的期限进行辩护"。

这位官员强烈建议：美国不要作任何尝试，去修改《禁化武公约》的条款，以允许进一步的延期。因为：（1）这样做会导致化学武器销毁义务变得"实质上可调整"，并且拥有化学武器的国家给予化学武器销毁的政治优先权也会因此而降低；（2）其他《禁化武公约》缔约国可能提出对其自己的销毁期限进行修改的建议，从而带来难以预料的后果；（3）任何非"行政性或技术性"修改都可一票否决。〔79〕他说这种情况下的美国未遵约，不应视为美国试图规

〔77〕期限存在灵活性，会减小确保赶上期限的压力。除了会减小遵守化学武器销毁时间表的压力之外，这还可能增加未来谈判其他类型武器销毁协定的难度。

〔78〕美国国务院负责实施军备控制的助理国务卿帮办D. A. 马利："化学武器非军事化"，在参议院武装部队委员会新兴威胁与能力小组委员会听证会上的陈述，2005年4月11日，URL〈http: //www. state. gov/t/ac/rls/rm/44633. htm〉。《禁化武公约》要求，所有储存应至迟于公约生效后10年销毁，但这一期限经各缔约国同意可延长至15年。关于"销毁顺序"及销毁化学武器的中期与最后期限的有关规定，参见《禁化武公约》"核查附件"第四（A）部分第15—28段。

〔79〕可能出现两种修改。行政性或技术性修改可由出席缔约国大会的缔约国以多数票通过。非行政性或技术性修改，一个《禁化武公约》缔约国即可否决。所建议的一项修改是否属于行政性或技术性修改，这个问题也可通过多数票来决定。参见《禁化武公约》第15条。

避其销毁化学武器储存的法律义务和其法治承诺带来的法律义务，不应自动导致在执行理事会失去投票权或席位。然而，他说不能排除以下可能性：那些有“特定政治议程”的国家在禁化武组织或别处“设法利用这种情况”。〔80〕

拥有化学武器的缔约国应保持积极的接触，以确保与其销毁计划相关的政治与技术困难得到解决，这一点很重要。在适当的场合，还应积极考虑利用国际专门知识和援助的可能性。

老化武和遗弃化武

截至 2005 年 12 月，有 3 个国家宣布在其领土上存在遗弃化武，有 11 个国家宣布它们拥有老化武。〔81〕

据报道，**中国**与**日本**于 2005 年达成协议，开始在中国修建一处造价估计为 973 亿日元（约 8.15 亿美元）的化学武器销毁设施，用于消除日本在 20 世纪三、四十年代遗弃在中国的化学武器。〔82〕

在**俄罗斯**，据报道：在巴拉科沃城（萨拉托夫州）附近发现第二次世界大战遗留下来的 7 发化学炮弹，装在一个混凝土与铁制的容器中；在伊万诺夫卡村（巴拉科夫区）附近发现若干相同的炮弹。俄罗斯官员拒绝证实炮弹中含有的化学武器战剂的类型，但是那篇报道指出，它们含有硫芥气、光气或一种有机磷类神经毒剂。据推测，这些武器原来可能存放在该地区的一处秘密弹药储存设施，因为第二次世界大战期间该地区显然未发生过作

---

〔80〕 马利（同注释［78］）。

〔81〕 向禁化武组织宣布存在遗弃化武的国家是中国、意大利和巴拿马。向禁化武组织宣布拥有老化武的国家是澳大利亚、比利时、加拿大、法国、德国、意大利、日本、俄罗斯、斯洛文尼亚、英国和美国。遗弃化学武器是指 1925 年 1 月 1 日以后一国未经另一国同意而遗留在另一国领土上的化学武器。《禁化武公约》第二条第 6 段。老化武是指 1925 年以前生产的化学武器，或者 1925 年至 1946 年期间生产的已老化到不再能用作化武的化学武器。《禁化武公约》第二条第 5 段。关于本章未讨论国家的信息，参见 SIPRI 年鉴以前版本中与《禁化武公约》有关的章节。

〔82〕 “化学武器处理设施估计造价几近 10 亿美元”，载《产经新闻》，2005 年 10 月 17 日，自日语翻译而来，美国商务部国家技术信息服务局世界新闻数据库；以及“日本与中国就化学武器处理设施达成协议”，“今日日本”网站，2005 年 4 月 29 日。

战行动。[83]

在美国，哥伦比亚特区的斯普林瓦利有第一次世界大战时期遗留下来的化学弹药。关于这些弹药的可能不良影响，卫生与公众服务部又发表了一份报告。[84] 报告的结论是，当地人口的健康状况与居住在周边地区的人们没有可察觉的差异，要证明化学武器相关材料造成的任何可能不良健康影响很成问题。2005 年，补救工作聚焦于一个区域，在这个区域寻回了至少 15 个密封的玻璃瓶，里面发现装有疑似的硫芥气降解产物。[85] 清除行动预计将花费约 1.65 亿美元，时间持续到 2010 年。[86]

行为准则

2005 年，禁化武组织和国际纯粹与应用化学联合会的联合化学武器宣传教育项目两次举行会议。会议与《禁生武公约》缔约国 2005 年对行为准则的考虑相辅相成。[87] 与会者一致认为化学家有必要制定他们自己的行为准则，并建议编写介绍《禁化武公约》及其规定义务的教育材料。这个项目预定于 2006 年发表一份最后报告。项目参与者认为：有一点很重要，那就是将《禁化武公约》放在化学品的有益使用和滥用的背景下来理解，并提高对同一种物质具有的多种用途的认识。因为如果不这样的话，《禁化武公约》被认为对化学家

---

〔83〕 S. 博恰罗娃："化学炸弹保护得很差"，载《独立报》，2005 年 10 月 4 日，第 9 页。

〔84〕 毒物与疾病登记署卫生评估与咨询处联邦设施评估科：《卫生咨询：华盛顿哥伦比亚特区斯普林瓦利的化学弹药，对斯普林瓦利社区的公共卫生评价》（美国卫生与公众服务部：华盛顿，2005 年 9 月 7 日），URL〈http：//www. atsdr. cdc. gov/〉。这个位于华盛顿哥伦比亚特区西北部面积为 268 公顷的区域，在第一次世界大战期间及结束后不久曾用于对武器进行野战试验（该区域当时称为"美国大学试验站"）。自 1993 年在该区域首次发现化学武器以来，清除行动及取样分析行动一直在那里进行着。参见哈特、库劳与西蒙（同注释 [9]），第 658—659 页。

〔85〕 美国陆军工兵部队："华盛顿哥伦比亚特区斯普林瓦利项目概览"，URL〈http：//www. nab. usace. army. mil/projects/WashingtonDC/springvalley/overview. htm〉。

〔86〕 S. 莱文："斯普林瓦利毒素报告听起来几乎是说危险已过"，载《华盛顿邮报》，2005 年 3 月 20 日，第 C03 版。

〔87〕 参见上面的第二节。

和化学研究者所具有的重要意义就会降低。〔88〕

第四节 有关伊拉克的调查和情报

2005 年，以美国为首的伊拉克调查小组结束了对伊拉克过去生化武器计划的调查。联合国监督、核查和视察委员会（简称“监核会”）仍然被排斥在伊拉克之外，但继续根据联合国安理会决议给予的授权监督和分析过去和当前的问题。〔89〕关于“石油换食品计划”管理不当的调查结果，不仅对联合国的整个组织结构造成冲击，对经费一直来自该计划的监核会继续工作也造成了冲击。〔90〕

有关伊拉克的战前情报问题，最后一次主要官方调查于 2005 年公布了结果。〔91〕美国大规模杀伤性武器情报能力委员会于 2004 年 2

〔88〕 国际纯粹与应用化学联合会：“禁化武组织和国际纯粹与应用化学联合会的联合化学武器宣传教育项目”，项目编号 2004－048－1－020，URL〈http：//www.iupac.org/projects/2004/2004－048－1－020.html〉。

〔89〕 特别参见联合国安理会 1999 年 12 月 17 日通过的第 1284 号决议。根据该决议成立了监核会。亦参见此前通过的描述视察任务的决议（现在仍有效）。

〔90〕 “石油换食品计划”是根据联合国安理会 1995 年 4 月 14 日通过的第 986 号决议设立的，目的是让伊拉克出售石油以换取人道主义物资以及联合国批准的其他物资。该计划的意图是在满足伊拉克人道主义需求的同时，继续使其处于国际制裁之下，原因是伊拉克未能完全遵守联合国安理会于 1991 年 4 月 3 日通过的第 687 号决议。第 687 号决议具体说明了伊拉克与联合国联军之间因伊拉克 1990 年入侵科威特而爆发的战事的停战条件。“石油换食品计划”2004 年 5 月 31 日停止。2005 年 10 月，由保罗 A. 沃尔克任主席的联合国安理会独立调查委员会，发表了关于“石油换食品计划”行政管理的最后调查报告，其中包括对联合国内部腐败和欺骗的指称。报告断定，伊拉克通过操纵“石油换食品计划”取得了 2.288 亿美元的非法收入，而被滥用的则总共有 18 亿美元。参见独立调查委员会报告：《联合国石油换食品计划的管理》，第 1 卷，第 60 页，2005 年 9 月 7 日，URL〈http：//www.iic－offp.org/Mgmt_Report.htm〉；以及独立调查委员会：《关于计划操纵的报告：关于计划操纵的报告摘要》，2005 年 10 月 27 日，URL〈http：//www.iic－offp.org/story27oct05.htm〉。

〔91〕 关于 2004 年期间公布的情报报告的背景情况，参见格思里、哈特与库劳（同注释［7］），第 622—626 页。亦参见本卷第一章。

月成立，委员会于 2005 年 3 月 31 日向美国政府提交了最后报告。[92] 报告断定："情报界对伊拉克的评估……错误百出。"[93]

伊拉克调查小组最后报告及未解决的关切

2005 年 3 月，伊拉克调查小组公布了对小组 2004 年伊拉克生化武器搜查报告的一系列补遗。[94] 这些补遗正式结束了伊拉克调查小组的调查，并断言调查"达到了可能达到的深度"。[95] 2005 年，一小批视察员继续在伊拉克活动，经过伊拉克调查小组 18 个多月的视察，没有发现伊拉克存在实施中的化学或生物战计划的证据，表明这样的计划在 2003 年的军事行动进行时已经不复存在。报告断定：虽然伊拉克的生化基础设施不至于引起扩散担忧，但一些失踪的两用装备可能有助于叛乱分子或恐怖分子生产生化武器。[96] 补遗还警告要警惕武器专门知识扩散到受关切国家、恐怖分子和叛乱集团的危险，并提醒人们伊拉克可能仍然存在少量降解化学武器。[97] 伊拉克调查小组认为："伊拉克官方不大可能向叙利亚进行过大规模杀伤性武器材料转让。"[98]

监核会：目前及未来的活动

虽然其视察员没有参与对武器与计划的地面搜查工作，但监核会一直在使用卫星图像收集伊拉克的信息。据监核会称：从 2002 年 11 月到 2003 年 3 月视察过的 411 处设施，有 378 处已经作过图像分析，

---

〔92〕 美国：《美国大规模杀伤性武器情报能力委员会最后报告》，2005 年 3 月 31 日，URL〈http：//www. wmd. gov/report/〉。

〔93〕 美国（同注释［92］），第 9 页。

〔94〕 伊拉克调查小组：《对中央情报局局长伊拉克大规模杀伤性武器特别顾问综合报告的补遗》，2005 年 3 月，URL〈http：//www. cia. gov/cia/reports/iraq _ wmd _ 2004/addenda. pdf〉。关于伊拉克调查小组 2004 年 10 月最后报告所含调查结果的背景情况，参见格思里、哈特与库劳（同注释［7］），第 617 页。

〔95〕 伊拉克调查小组（同注释［94］）："被拘押的伊拉克人：对调查伊拉克大规模杀伤性武器的价值及现状"，第 3 页。

〔96〕 伊拉克调查小组（同注释［94］）："残余的扩散威胁：装备与材料"，第 1 页。

〔97〕 伊拉克调查小组（同注释［94］）："伊拉克残余的 1991 年前生化战武器储存"，第 1 页。

〔98〕 伊拉克调查小组（同注释［94］）："战前调动"，第 1 页。

包括那些被认为非常重要的设施。在此基础上，分析人员断定，120处设施已经得到“清除”（即：装备或材料被不同程度地移走）。[99] 监核会还在伊拉克违禁武器与计划汇编[100]的编写上取得进展。汇编的第一稿于 2005 年 3 月编写。第一稿包含从联合国视察员核查过程中吸取的经验教训。涉及的问题包括 VX 神经毒剂、导弹监测以及生物战剂生产设施最终状态的确定。[101] 因为汇编包含与研究和生产的技术细节有关的机密信息，因此又在编写并将公布一份摘要，用以提供对违禁计划和经验教训的一般描述。[102]

2005 年，关于监核会未来的辩论仍在继续。[103] 伊拉克要求监核会终结其使命，联合国安理会内对这一立场的支持一直在增长。[104] 一个尚未解决的问题是，要根据已有的联合国安理会相关决议，对伊拉克是否履行了裁军义务作出最终判断。这个决定将需要通过一项新的安理会决议。[105] 要完成这项工作和取消长期存在的决议，需要确立有关的标准。[106] 也有迹象表明，伊拉克未来不

---

〔99〕 联合国安理会：《监核会的第 22 次季度报告》，S/2005/545，2005 年 8 月 30 日，第 2 页；以及联合国安理会：《监核会的第 23 次季度报告》，S/2005/742，2005 年 11 月 29 日，URL〈http：//www. unmovic. org〉，第 3 页。

〔100〕 关于背景情况，参见格思里、哈特与库劳（同注释［7］），第 619—620 页。

〔101〕 联合国安理会：《监核会的第 21 次季度报告》，S/2005/351，2005 年 5 月 27 日，URL〈http：//www. unmovic. org〉，第 13—18 页。

〔102〕 监核会的第 21 次（同注释［101］）、22 次和 23 次（同注释［99］）季度报告提供了摘要及经验教训的选段，URL〈http：//www. unmovic. org〉。最终定稿的汇编摘要将在监核会网站上发表。

〔103〕 格思里等（同注释［6］），第 689—691 页；以及格思里、哈特与库劳（同注释［7］），第 620—621 页。

〔104〕 路透社：“联合国考虑关闭伊拉克武器视察机构”，2005 年 6 月 8 日，URL〈http：//www. nti. org/e _ research/profiles/Iraq/Nuclear/2121 _ 4595. html〉。

〔105〕 伊拉克负有根据各种安理会决议递交报告和通告的持续义务。伊拉克有一个与监核会对应的机构，即伊拉克国家监督局。2005 年 9 月，该机构被要求解释清楚其职能与权限，以及与其有关的联系机构。监核会反复表示，已准备好随时帮助伊拉克履行其义务，特别是发展一个适当的国家监督系统。迄今，尚未收到答复。参见联合国安理会：《监核会的第 23 次季度报告》（同注释［99］）。

〔106〕 P. 克尔：“新的报告指称伊拉克设施发生抢劫；监核会的未来得到讨论”，载《今日军备控制》，第 35 卷第 3 期（2005 年 4 月），第 36—37 页。

会接受监核会受权对其实施的特别制约或不间断侵入式监督。[107] 有一个建议提出，监核会应该与国际原子能机构一起评价已经开发的技术信息和方法供将来参考，监核会在完成这项工作之后应该解散。[108]

有几个国家已经提议，监核会的能力和专门知识应该用于永久性地加强联合国的核查能力。有些国家认为，这是在缺乏国际核查的生物武器和导弹方面获取此种能力的一个机会。有些分析家进一步建议，将所有的监核会能力吸收进国际体系。[109] 监核会特有的专门知识是否能以及如何用于加强联合国秘书长对违反 1925 年《日内瓦议定书》[110] 的指称开展调查的机制，这个问题在 2005 年也继续得到考虑。到 2005 年底，关于监核会的未来尚未作出正式决定。

监核会的经费来源

监核会目前的年度预算约为 1200 万美元。[111] 虽然“石油换食品计划”于 2003 年终止，[112] 但监核会继续从伊拉克石油收入中获得经费。监核会有一个根据联合国安理会第 1284 号决议创建的“第三方保管账户”，2004 年 12 月 31 日账户上有 3.459 亿美元。联合国秘书长致信安理会主席，申请从账户中发放 2.2 亿美元。[113] 安理会同意

---

[107] J. 巴里：“伊拉克：加强了的监督”，载《新闻周刊》，2005 年 8 月 22 日，URL 〈http：//msnbc. msn. com/id/8940843/site/newsweek/〉。

[108] 美国和平研究所：“慑止造成死亡与毁灭的行动：灾难性恐怖主义与核生化武器扩散”，载《美国利益与联合国改革：联合国特别工作组报告》（美国和平研究所：华盛顿，2005 年），URL 〈http：//www. usip. org/un/report/〉，第 79 页。

[109] T. 芬德利：“回顾：联合国监核会”，载《今日军备控制》，第 35 卷第 7 期（2005 年 9 月），URL 〈http：//www. armscontrol. org/act/2005 _ 09/LookingBack－UNMOVIC. asp〉，第 45—48 页。

[110] 关于《日内瓦议定书》，参见本卷附件 A。

[111] 自由欧洲电台/自由电台记者 K. 里多尔福，：“伊拉克：在一片针对‘石油换食品计划’前负责人的腐败指称中，联合国秘书长寻求延长任务”，2005 年 8 月 8 日，URL 〈http：//www. rferl. org/featuresarticle/2005/08/77a012bb － 6da8 － 4597 － 9e73 － 2dc3b3cc0b30. html〉。

[112] 联合国安理会第 1483 号决议，2003 年 5 月 22 日，URL 〈http：//www. un. org/Docs/sc/unsc _ resolutions03. html〉，第 16 段。

[113] 这封注明日期为 2005 年 6 月 20 日的信函见联合国文件 S/2005/406，2005 年 6 月 24 日。

了这一申请，允许将 2 亿美元转移到伊拉克管理的伊拉克发展基金，但规定申请额的剩余部分“根据公布的有关评估付给，这些评估涉及伊拉克政府的日常预算、维和以及法庭审理活动支出，以及〔联合国〕基本建设总计划”。[114]

第五节 对生化战活动的其他指称及相关起诉

与生化战领域内指称的和确认的过去及目前活动有关的重要信息，2005 年得到公开。

美国国务院公布了题为《军备控制、不扩散及裁军协议与承诺的遵守及执行情况》的评估报告，报告涵盖 2002 和 2003 两年。[115] 报告高度细致入微，展示了分析家之间的分歧。例如，关于**古巴**，报告说：“情报界一致认为，不能确定古巴现在是否有实施中的进攻性生物战计划，甚至不能确定古巴过去是否有过。”然而，“根据同一报道，政策研究界认为，〔前一份报告〕关于古巴‘至少有一项有限的、发展中的进攻性〔生物战〕研发计划’的遵约情况判断依然是正确的”。

根据报告，**中国**“违反其《禁生武公约》义务”，保持有进攻性生物战能力的“某些要素”；“尚未承认过去进行的化学武器转让”；以及可能尚未宣布所有的相关化学设施。根据报告，**伊朗**“违反《禁生武公约》”，拥有“进攻性生物武器计划”，而且“在设法保留”关键基础设施要素，包括进攻性化学战研发能力，并使之“现代化”。**朝鲜**据称“违反《禁生武公约》”，拥有“发展〔生物战〕能力的国家级专门计划，而且已经研制、生产了〔生物战〕战剂，并可能已经使之可作为武器使用”。报告称，**俄罗斯**“违反《禁生武公约》，继续保

〔114〕 联合国安理会：“第 5214 次会议临时性逐字记录（provisional verbatim records)”，2005 年 6 月 24 日，联合国文件 S/PV. 5214。这项决定通过信函通告了秘书长，该信函见联合国文件 S/2005/407，2005 年 6 月 24 日。

〔115〕 美国国务院（同注释［56］)。该系列报告的前一份发表于 2003 年 6 月。

持有进攻性〔生物战〕计划”，而且“违反了其《禁化武公约》义务，因为它根据《禁化武公约》进行的宣布不完全，包括生产与研制设施的宣布和化学战剂与武器储存的宣布”。报告还称，**叙利亚**在“发展进攻性生物战能力；如果叙利亚是缔约国的话，这将构成违反《禁生武公约》的行为”。与以前的政策有所变化的是，报告说：“美国缺乏足够的证据来确定**苏丹**是否违反了其《禁化武公约》义务。”

参议院对外关系委员会主席理查德·卢格发表了一份扩散威胁与回应调查报告，概括了85位国际安全专家的回答。[116] 调查中有一项要求对今后5年发生造成大量伤亡的生物恐怖袭击事件的概率作出评估，结果所有回答的平均值为19.7%，中位值为10%。当时间延长到10年时，平均值为32.6%，中位值为20%。对于类似的问题，即发生大规模化学武器恐怖袭击事件的概率，今后5年发生的平均值为20.1%（中位值为15%），今后10年发生的平均值为30.5%（中位值为15%）。

与国家活动有关的指称及起诉

在**荷兰**，弗朗斯·范安拉特被判犯有在20世纪80年代为**伊拉克**化学战计划提供化学品的罪行。据指称，在1984年10月25日至1989年1月12日，经被告安排，有36批材料运往伊拉克，总共有2360吨化学品。[117] 范安拉特是荷兰公民，他因串谋从事战争罪被判处15年监禁（这项指控的最高徒刑），但在与20世纪80年代末袭击库尔德村庄有关的种族灭绝指控上却被宣判无罪。荷兰的法庭称：根据1948年《防止及惩治灭绝种族罪公约》[118]，它认为库尔德人是一个族群，并称“法庭的结论只能是，这些袭击的意图是消灭伊拉克的库尔德人”。法官们裁定，范安拉特出售化学品时，不清楚伊拉克政

---

〔116〕 R. 卢格：《卢格扩散威胁与回应调查报告》，2005年6月22日，URL〈http://www.lugar.senate.gov/reports/NPSurvey.pdf〉。

〔117〕 A. 卡尔斯肯斯：“荷兰最大战犯的灭亡”，载 Nieuwe Revu，第51期（2004年12月），第20—24页。范安拉特最初于1989年在意大利被捕。他在保释后逃到伊拉克，在那里生活到2003年。2004年12月，他在荷兰被捕。

〔118〕《防止及惩治灭绝种族罪公约》，可在 URL〈http://www.icrc.org/〉上找到。

权的“种族灭绝意图”。[119]

南非宪法法院对一起上诉作出了裁定，这起上诉与早些时候对沃特·巴松的起诉有关，巴松参与了南非过去的化学战计划。[120] 在早些时候的案子审理过程中，承审法官认为某些指称超出了法庭的审判权限，因为它们涉及南非境外的活动，即密谋使用毒物实施谋杀。宪法法院裁决这种指控在下级法院的审判权限之内，因此应该恢复这些指控，但未裁决这是否构成“双重危境”，而是说这个问题“得由初审法院考虑”。检察机关后来以“双重危境”为由决定不再提出指控，因此这个问题将不由法院裁决。[121]

在**英国**，关于 20 世纪 50 年代在人体上进行的麦角酸酰二乙胺（LSD）试验，有更多的信息透露了出来，表明情报部门和军方都曾支持试验政策。[122] 另外，国防部 4 月 19 日赢得向高等法院提出的上诉，使其得以对罗纳德·麦迪逊案子中死因调查陪审团作出的“非法杀害”[123] 裁定提出质疑；罗纳德·麦迪逊曾是英国皇家空军军人，1953 年死于神经毒剂暴露试验。[124]

美国在 2004 年 11 月的伊拉克费卢杰军事行动中使用了毒物，这种指称 2005 年再次出现，着重指出美国特别是对平民目标使用了白磷装置。[125] 主要指称都表达了一个意思：使用白磷弹的目的是导致

---

[119] “屠杀伊拉克库尔德人的‘种族灭绝’”，英国广播公司在线新闻，2005 年 12 月 23 日，URL〈http：//news. bbc. co. uk/2/hi/europe/4555000. stm〉。

[120] 南非，宪法法院，案件编号 CCT 30/03，国家对巴松，2005 年 9 月 9 日，URL〈http：//www. constitutionalcourt. org. za/site/basson. htm〉。关于最初审理的详情，可参见 J. P. 桑德斯等：“生化武器的发展与军备控制”，载《SIPRI 年鉴 2000：军备、裁军与国际安全》（牛津大学出版社，牛津，2000 年），第 536—537 页。

[121] W. 门杰斯：“‘死神博士’在南非脱离困境”，载《纳米比亚人报》，2005 年 10 月 24 日。

[122] R. 埃文斯：“MI6（军情六处）下令在军人身上进行麦角酸酰二乙胺试验”，载《卫报》，2005 年 1 月 22 日，URL〈http：//www. guardian. co. uk/print/0，3858，5109714—111400，00. html〉。

[123] 格思里、哈特与库劳（同注释 [7]），第 627 页。

[124] 《卫报》据英国国家通讯社报道：“国防部要质疑关于波顿唐（Porton Down）研究机构的裁定”，2005 年 4 月 19 日，URL〈http：//politics. guardian. co. uk/print/0，3858，5174609—110247，00. html〉。

[125] 格思里、哈特与库劳（同注释 [7]），第 627 页。

人体皮肤烧伤，而不是为了产生遮蔽烟幕。虽然这种烧伤可能是由化学反应引起的，但这样的作用方式不在化学武器的定义范围内。一些较晚的指称表示，使用白磷的目的实际上是利用它产生的烟幕效果，而这种烟对于吸进去的人具有刺激作用。如果白磷是用于替代控暴剂，用作一种战争手段，那么这种行动就是与《禁化武公约》的条款背道而驰的。[126]

与非国家活动有关的指称及起诉

恐怖分子可能获取生物武器，这种指称 2005 年再次出现。在国际刑警组织 3 月份召开的一次关于生物恐怖主义的会议上，法国内政部长多米尼克·德维尔潘说：在阿富汗塔利班政权垮台后，有“基地”组织的分支力量转移到**格鲁吉亚**的潘基西峡谷地区生产生物战剂。[127] 他没有为这一声称提供支持证据。俄罗斯当局说，他们非常认真地对待这些指称。[128] 格鲁吉亚当局反驳说，潘基西峡谷的问题

---

[126] 《禁化武公约》中的“化学武器”定义有意下得比较宽泛。除了合法工业用途的问题之外，根据公约可包括在化学武器定义范围内的物品与材料，可认为分属与人类暴露有关的 4 类：(a) 有关的物品或材料，它们除了用作化学武器别无他用，因此拥有它们明显违禁，除非用于某些得到明确界定的活动，如防御性研究（例如，专门的投射系统和 VX 或沙林等化学品）；(b) 有关的材料，它们可以用作化学武器，但也有其他用途，而这些用途很少会与作为化学武器的用途相混淆（例如，以 mustine 和 chlormethine 的别名用作抗癌药的氮芥气 (nitrogen mustard)）；(c) 有关的化学品，它们通过有意产生的毒性影响发挥作用，但也有不为《禁化武公约》禁止的特定用途，如用于国内执法（例如，催泪瓦斯）；以及 (d) 有关的材料，它们不依赖其毒性发挥主要作用（例如，遮蔽烟幕），在作此用途期间不会造成“化学伤亡”，但是，如果有意以人为目标，会通过其毒性造成伤害，因此，如果以这种方式使用，将包括在《禁化武公约》之“化学武器”定义的范围内。

[127] 《卫报》据英国国家通讯社记者 J. Gecker 报道：“官员说：美国准备好同炭疽作斗争”，2005 年 3 月 1 日。这种指称基本上源自美国国务卿科林·鲍威尔 2003 年 2 月 5 日向联合国安理会所作的陈述。鲍威尔说：“我们还知道，扎卡维的同伙一直活跃在格鲁吉亚潘基西峡谷和俄罗斯车臣。与他们相联系的密谋不是说说而已的：扎卡维网络组织的成员称他们的目标是用毒素杀俄罗斯人。”鲍威尔的陈述见联合国文件 S/PV. 4701，2003 年 2 月 5 日。

[128] 俄罗斯外交部：“俄罗斯外交部发言人亚历山大·雅科文科回答媒体提问，问题涉及法国内政部长多米尼克·德维尔潘关于恐怖分子在格鲁吉亚潘基西峡谷制造生化武器的说法”，2005 年 3 月 1 日，URL〈http: //www. ln. mid. ru/brp _ 4. nsf/sps/DAAB52A44925D929C3256FB8003C8160〉。

已经解决，该地区当前不存在恐怖主义威胁。[129] 为了缓解争论，法国驻格鲁吉亚大使表示，德维尔潘的说法“涉及峡谷几年前存在的情况”。[130]

在**英国**，法院受理的一起控诉恐怖分子密谋策划蓖麻毒素生产的案子 4 月 8 日结案，裁决一名被告卡迈勒·布尔加斯有罪，8 名共同被告无罪，从而导致另一宗阴谋罪审理被放弃。[131] 引出该案的逮捕行动 2003 年 1 月发生于伦敦的一套公寓。虽然该行动多次被引用为恐怖分子实际上在获取生物材料用于邪恶目的的证据，但向法庭提交的起诉证据表明，没有发现生产蓖麻毒素的证据。证人在法庭上作证说，虽然起初的测试表明探员进入公寓时，那里有可能存在蓖麻毒素，但后来的仔细化学分析表明，该地点不存在蓖麻毒素。[132] 用一份分析的话来说，“英国不存在与‘基地’组织或〔阿布·穆萨卜·扎卡维〕有联系的毒物组织，也没有用于毒害伦敦的蓖麻毒素，只有一些笔记和 22 粒蓖麻子。知道如何提纯蓖麻毒素的人甚至都没有”。[133] 布尔加斯被裁决犯有的罪行是“密谋通过使用毒物和/或炸

〔129〕 2002 年和 2003 年期间，格鲁吉亚当局在其他国家的帮助下，采取了从潘基西峡谷清除恐怖组织的广泛行动。2003 年，格鲁吉亚宣布，该峡谷已不存在恐怖组织。如果发现生物或化学活动，这样的发现不公之于众，令人难以置信。

〔130〕 “格鲁吉亚当局对潘基西峡谷存在发展生物武器活动的可能性表示怀疑”，俄新社，2005 年 3 月 1 日，URL〈http：//en. rian. ru/onlinenews/20050301/39698523. html〉。

〔131〕 D. 坎贝尔：“从来不存在的蓖麻毒素集团”，载《卫报》，2005 年 4 月 14 日，URL〈http：//politics. guardian. co. uk/print/0，3858，5170380－108933，00. html〉。这篇报道先是从《卫报》网站上删除，后来又重新登出来，但去掉了某些细节，这些细节涉及进行蓖麻毒素分析的政府科学家。亦参见 I. 梅斯：“敞开的门：读者编辑（Readers' Editor）关于……一篇报道在网站上受到欢迎的恢复”，载《卫报》，2005 年 10 月 24 日，〈http：//www. guardian. co. uk/Columnists/Column/0，5673，1599273，0. html〉。亦参见 C. 萨默斯：“关于蓖麻毒素阴谋的问题”，英国广播公司在线新闻，2005 年 4 月 13 日，URL〈http：//news. bbc. co. uk/2/4433499. stm〉。

〔132〕 “蓖麻毒素结果未告诉警方”，英国广播公司在线新闻，2005 年 9 月 15 日，URL〈http：//news. bbc. co. uk/2/4249516. stm〉。

〔133〕 G. 史密斯：“英国的恐怖审理没有发现恐怖：判决没有犯使用蓖麻毒素毒害伦敦的阴谋罪”，载《国家安全笔记》（*National Security Notes*），2005 年 4 月 11 日，URL〈http：//www. globalsecurity. org/org/nsn/nsn－050411. htm〉。

药造成混乱、恐惧或伤害来妨害公共利益”，[134] 但没有被裁决犯有密谋使用同样方法进行谋杀的罪行。

第六节　结　　论

尽管对于《禁生武公约》会间进程的用处最初存在不少怀疑，但现在广泛的共识是这一系列会议富有成效。2006 年《禁生武公约》审议大会对此予以发扬光大将非常重要，而这样做最明显的方式是再通过一项计划，用以指导 2011 年下一次审议大会之前的工作。根据《禁化武公约》执行的行动计划所取得的成功，以及根据联合国安理会第 1540 号决议所做的工作，可以从中总结出许多经验。《禁生武公约》缺乏这样一种制度或机制，限制了缔约国开展类似活动的能力，也构成了一种持续不断的挑战。

恐怖分子在生化领域构成的威胁有多大，依然不清楚。与恐怖分子获取生化材料用于邪恶目的有关的案例，最常提到的其中两起是伦敦“蓖麻毒素阴谋”和潘基西峡谷指称。在这两起案例中，最初的声称和最后的结果大相径庭。另一起惹人注目的“生物恐怖主义”案例是 2001 年末发生在美国的炭疽信事件。自那时以来，这样的事件再未发生，只出现过相关的骗局。不发生这种事件的时间越长，越不能确定有多少人有能力或有意图采取类似的行动。

然而，这不应引起沾沾自喜。仍然有必要预防生化材料的不当使用。虽然这种不当使用既可能是有意的也可能是意外的行动，但许多预防或应对机制在两种情况下却是类似的。[135] 生化危险的大小可能难以量化，但大小将不可避免地随着时间的推移发生变化，有时变小，有时变大。慎重的做法是，确保尽快采取有效的生物安保措施。

（王春生 译）

---

〔134〕 英国皇家检控署（British Crown Prosecution Service）：“皇家检控署关于卡迈勒·布尔加斯被判罪的声明”，2005 年 4 月 13 日，URL 〈http：//www.cps.gov.uk/news/pressreleases/121_05.html〉。布尔加斯早些时候曾因被捕时持刀杀害一名警察而受审并被宣判有罪。

〔135〕 参见附录 14A。

附录 14A

加强生物安保：制定全球战略的必要性

罗杰·罗菲　弗丽达·库劳

一、导言

为了防止生物武器计划从原所在国向外扩散和防止恐怖分子获取生物制剂、材料及技术，名为“减少威胁计划”的各项工作正在进行当中。其中包括销毁与生物武器有关的设备和设施，以及安排原武器专家从事和平工作。〔1〕上述工作的主要目的之一是加强与病原体打交道的工作的安全（属生物安保），另外改善从事上述工作的设施的安保，防止未经授权获取制剂、材料和知识（属生物安保）。新发和重发疾病对人类构成威胁。〔2〕全球生物安保措施是减少生物制剂被用于恐怖活动危险的重要组成部分。

〔1〕约10年以来，包括生物领域和主要针对俄罗斯和前苏联国家的减少威胁计划的资金主要由美国提供。最近，其他西方国家也在该领域启动了新项目。然而，这种帮助主要用于生物研究和通过分别位于莫斯科和基辅的国际科技中心的援助渠道安排原武器专家从事和平工作。见莫斯科国际科技中心，网址：URL〈http：//www. istc. ru/〉和基辅科技中心，网址：URL〈http：//www. stcu. int/〉。关于减少威胁计划，见 R. 洛菲，“从减少生物威胁到合作防止生物扩散”和 F. 库劳，“从减少生物威胁到合作防止生物扩散：对正在进行的旨在防止生物技术、材料和专业知识被用于敌对目的国际计划的看法”。加强欧洲在大规模杀伤性武器、防扩散和裁军等问题上的行动：欧洲如何有所作为大会论文，布鲁塞尔，2005 年 12 月 7—8 日，网址：URL〈 http：//sipri. org/contents/expcon/euppconf-materials. html〉。

〔2〕“一种传染病的蔓延是指某种新发并具有明显临床症状的传染病的出现，或指在过去 20 年中已有报道病例的已知疾病在某一特定地区或特定人群中蔓延”。英国卫生保护局，CDR 周刊：传染病报告周刊，第 15 卷，第 6 号（2005 年 2 月 10 日），网址：URL〈ht-tp：/www. hpa. org. uk/cdr/archives/2005/cdr0605. pdf〉。传染病重新蔓延是指某些传染病在病例明显减少后再次出现。

本附录第二节讨论的是已加剧了的和已被察觉的生物恐怖主义威胁。这种威胁已使国际社会意识到有必要强化与危险病原体打交道的机构的安全。本节还涉及为制定生物安全国际标准和指导原则而提出的建议。第三节提出了生物安保的概念和为实现理想的实验室生物安保需采取的措施。第四节描述的是全球自然或人为引发的传染病暴发的危险及采取全球协调战略加以预防的必要性，如加强生物安全和生物安保。第五节阐述了由于生物武器和相关材料及技术的扩散而出现的挑战，以及减少威胁计划中出现的向地理范围涵盖更广的方式和向采取措施防止生物恐怖主义的转变。本节还讨论了公共卫生和环境方面的生物安保问题。结论放在第六节。

二、被察觉的生物恐怖主义危险的增加和国际生物安保意识的加强

20 世纪 90 年代，生物武器扩散和生物恐怖主义威胁等问题成为国际关注的焦点，其原因包括在伊拉克发现了生物武器计划，〔3〕前苏联大规模进攻性生物武器计划被曝光，〔4〕以及察觉到生物恐怖主义的威胁在增加。最近的事件证明，恐怖主义对世界和平与安全构成威胁。〔5〕生物技术的飞速发展是这一现状的另一重要因素。生物技术一旦被错误地用于发展威力强大的生物武器，便可能成为为开发未来潜在的军事应用中新用途而发展生物武器计划的推动力。〔6〕一份对从现在到 2020 年的潜在威胁的分析认为：大多数恐怖分子仍将继

〔3〕 G. S. 皮尔逊，“寻找伊拉克的大规模杀伤性武器：核查与不扩散”，（帕尔格拉夫·麦克米兰：贝星斯多克，2005 年）。

〔4〕 K. 阿里贝克，“生物危险：一个从内部运作世界上最大的公开的生物武器计划的人讲述的令人毛骨悚然的故事”（Random 出版社，纽约，1999 年）；I. V. Domaradskij 与 W. 奥伦特，“生物斗士：苏联/俄罗斯生物战机器内幕”（普罗米休斯出版社，纽约，2003 年）。

〔5〕 这些事件包括 2001 年 9 月 11 日针对美国的恐怖袭击和其他导致重大人员伤亡的事件（如 2002 年 10 月的巴厘岛事件、2004 年 3 月的马德里事件、2004 年 9 月的俄罗斯别斯兰事件和 2005 年 7 月的伦敦事件等）。

〔6〕 罗杰·洛菲，“生物武器和进攻性生物武器潜在活动迹象”，《SIPRI 年鉴 2004：军备、裁军及国际安全》（牛津大学出版社，牛津，2004 年），第 557—571 页。另见美国国家研究理事会和研究新技术与防止这些技术用于新一代生物战威胁委员会，全球化、生物安保与生命科学的未来（国家学术出版社，华盛顿特区，2006 年）。

续以使用传统方式为主，但是人们担心，一些小规模和信息灵通的恐怖组织可能为制造重大伤亡而使用生物制剂。〔7〕生物恐怖主义威胁不容忽视，尽管确定哪些组织可能和将会发动生物恐怖袭击以及哪些国家可能是他们的袭击目标是一件很难的事。〔8〕

世界卫生组织对包括对食品进行污染在内的故意使用生物、化学和放射性制剂对平民造成的威胁表示了严重关切。该组织要求总干事向组织成员国，特别是发展中国家，提供援助和支持，以加强成员国的国家反应系统。〔9〕

2004 年联合国关于威胁、挑战和变革的高级别小组报告强调，未来的生物威胁和生物安保将成为主要安全关切。〔10〕加强全球疾病监控能力可能是应对新发流行性传染病、防范生物恐怖主义威胁及创建高效率负责任国家的手段之一。报告呼吁 1972 年达成的《禁生武公约》缔约国恢复关于制定一项有效的核查议定书的谈判并启动关于制定新的生物安全议定书的谈判。〔11〕报告还提请对全球总体卫生体系的恶化给予关注，并强调了生物技术发展带来的机会和危险。〔12〕

2003 年，《禁生武公约》专家组会议讨论了生物安全和生物安保问题。缔约国认为有必要在制定适当和平衡的立法过程中运用危险评估

---

〔7〕 国家情报理事会，“勾画世界的未来”，国家情报理事会 2020 年项目报告，2004 年 12 月，网址：URL 〈http：//www. cia. gov/nic/NIC _ 2020 _ project. html〉。

〔8〕 国际刑警组织，“生物恐怖主义大会在重大威胁警示中开幕：组织成员国寻求步调一致的全球反应”，新闻稿，2005 年 3 月 1 日，网址：URL 〈http：//www. interpol. int/Public/ICPO/PressReleases/PR2005/PR200510. asp〉。

〔9〕 世界卫生组织，“对自然发生、意外泄漏和有意使用危害健康的生物和化学制剂及放射性核物质的全球公共卫生反应措施”，第 55 届世界卫生大会第 55. 16 号决议，2002 年 5 月 18 日，网址：URL 〈http：//www. who. int/gb/ebwha/pdf _ files/WHA55/ewha5516. psd〉；和世界卫生组织食品安全司，“建立和强化食品安全防范与反应体系指导原则所面临的恐怖主义威胁”，2002 年，网址：URL 〈http：//www. who. int/foodsafety/publications/general/en/terrorist. pdf〉。

〔10〕 联合国，“一个更安全的世界：我们的共同责任”，关于威胁、挑战和变化的高级别小组报告，联合国文件 A/59/565，2004 年 12 月 4 日，和 A/59/565/Corr. 1，2004 年 12 月 6 日，网址：URL 〈http：//www. un. org/ga/59/documentation/list5. html〉。

〔11〕 联合国（同注释［10］)，第 27 段，第 102 页和第 137 段，第 45—46 页。关于《禁生武公约》见该卷第 14 章和附录 A。

〔12〕 联合国（同注释［10］)，第 8 页。

作为工具。[13] 它们还指出，让包括用于研究和生产在内的设施自订生物安保规章似显不足且不够正规，政府可能需要通过包括立法等手段进行监管。讨论提出了国家生物安保计划中的关键要素。会议承认，由于缺乏适当的立法和安全措施，未经授权进入存有危险病原体的设施的情况在有些国家较容易发生。[14] 会议指出，仅少数国家制定了专门针对生物安保的法律。因此，由于目前对如何采取具体措施来加强公约尚未在政治上达成一致，因此对该问题如何推进还未取得共识或提出建议。

制定生物安保标准

有人也建议制定国际生物安保标准或达成一项法律议定书，以防止扩散者和恐怖分子获取生物战剂和技术，并使追踪生物恐怖袭击中使用的制剂简便易行。上述思路可包括各国作出法律承诺、制定一系列国际标准和建立一个监管机制，还可包括制定在出现违反生物安保的情况下的应急反应计划；建立病原体在贮存、使用或转让过程中的问责和管理制度；对存有危险病原体的设施和与它们打交道的人员进行登记和实行许可证制度；以及采取物理安全措施。通过谈判达成的全球生物安保标准在减少威胁的同时还可使《禁生武公约》的法律约束力得以强化。有人建议，这一机制应包括国家生物防御计划和为加强发展中国家生物安全和生物安保水平而向它们进行技术转让的透明措施。[15] 该机制应纳入《禁生武公约》框

---

〔13〕 缔约国在《禁生武公约》2002 年第五次审议会最后文件中同意于 2006 年第六次审议会前每年举行三次会议就各种问题进行讨论并推动采取共同有效的行动。每次缔约国会议前召开一次为期两周的专家组会议，准备关于专家组工作的事实报告。《禁生武公约》，网址：URL〈http://www.opbw.org/new.htm〉，另见第 14 章。

〔14〕 M.赫什，"《禁生武公约》2006 年审议会展望：关注危险"，向面对生物恐怖主义的挑战：危险评估和制定生防战略大会提交的论文草稿，福林根，瑞士，2005 年 4 月 22—23 日；和 G·皮尔逊，"强化安全和完善对致病性微生物及毒素的监管"，加强《禁生武公约》，情况介绍第 5 号（第 2 套），布拉德福德大学和平研究系，2003 年 7 月，网址：URL〈http://www.brad.ac.uk/acad/sbtwc/briefing/BP_5_2ndseries.pdf〉。

〔15〕 R. 阿特拉斯与 J. 瑞皮，"生物安保的全球化"，生物安保与生物恐怖主义：生防战略、实践及科学，第 3 卷，第 3 号（2005 年 3 月），第 51—60 页；J. B. 塔克，"防止恐怖分子获取危险病原体：建立国际生物安保标准的必要性"，《裁军外交》杂志，第 66 期（2002 年 9 月），网址：URL〈http://www.acronym.org.uk/dd/dd66/66op2.htm〉；和 J. 塔克，"根据安理会 1540 号决议协调国际生物安保标准的战略"，涉及生物武器的联合国安理会 1540 号决议研讨会，日内瓦，2004 年 12 月 3 日。

架内，并有世界卫生组织、联合国粮农组织和世界动物卫生组织等科研和公共卫生机构的积极参与。

三、生物安保的概念

行之有效的生物安保战略在很大程度上有别于减少化学和核武器扩散的战略。生物安保不仅仅是物理上的安保，还包括为增强安全意识和为防止知识、技术和危险病原体及毒素落入试图将其用于生物恐怖主义和生物战的人手里而采取的必要措施。由于生物安保是一个相对较新的概念，因此还没有一个能被普遍接受的定义。[16]

一个生物安保体系应包括对一旦出现的违反生物安全和生物安保的情况有所防范并做出反应等内容。行之有效、反应迅速并在各国当地、地区和国家各级均得以实施的流行病监控计划是生物安保体系的重要组成部分。这对能够尽早发现可能出现的生物制剂外流至关重要。与上述要求直接相关联的是具备运用迅速、可靠和标准化的并在国际上普遍被接受的方法快速确定潜在的致病病原体的能力，这些方法能够确诊传染病暴发中的疑似病例，认定违反生物安全和生物安保的情况以及相关制剂的特性。在相关领域制定可强制执行的国家法规也很重要。“生物安保”一词有时被不恰当地用于较宽泛的针对可能的生物攻击的防范和应对措施（如生物防御、公共卫生和执法等）。有些生物安保措施与生物安全、食品安全、农业安全、生物多样化和反恐等领域的政策相重叠。如在美国，生物安保被用来筹措更多的生防研究资金，因而导致公共卫生研究资源的枯竭。这种对生物安保的宽泛定义是不合适的，应加以避免。

生物安保不仅关系到国际社会、各国政府、企业和实验室，也关系到每一个人。制定指导原则十分必要。世界卫生组织和其他有关国际组织已经开始了对生物安保概念的定义工作，并为实验室和生产企业制定标准和指导原则。根据世界卫生组织的定义草案，实验室生物安保是指实验室制定机构和个人安全措施，防止未经许可接触珍贵的

[16] 各国对“生物安保”一词有不同的解释，这使确定统一术语的努力复杂化。如在澳大利亚和新西兰，“生物安保”是指为防止其农业免受外来昆虫的威胁而采取的措施。俄罗斯没有与之相对应的词汇，而只有“生物安保”，而且其含义需视上下文而定。

生物材料，防止这些材料的丢失、被盗、误用、转移和故意外泄，从而使防卫和责任制得以加强。[17]

实验室生物安保主要靠“行政和程序性要求进行保障，这些要求确定需要注意的威胁、需要保护的材料、工作人员的责任和对未经授权人员接触这些材料的限制措施”。[18] 生物安保工作应是健全的实验室生物安全程序和完善的管理制度的逻辑延伸。实验室生物安保和生物安全对实验室的良好运作均至关重要。世界卫生组织对实验室生物安全的定义是：制定控制原则，采用控制技术和进行控制操作，防止不经意接触病原体或病原体意外泄露，以及将病原体控制在有限的空间和区域内。通过落实各种强化控制的实验室措施，才能实现实验室高水平的生物安全，从而为人员、生物材料和环境提供保障。[19] 世界卫生组织敦促成员国加强实验室生物安全。[20]

生物安全措施应作为总体改进中的防扩散措施的组成部分与生物安保融为一体。世界上数以千计的生产企业和实验室从事与危险病原体和毒素有关的工作。希望拥有生物武器能力的国家和非国家行为体（即恐怖分子）将对多少和哪些企业和实验室产生潜在兴趣尚不得而知。在许多情况下，这些企业和研究中心知道，为保护其人员和防止意外泄露，有必要采取生物安全措施。然而，他们往往对于考虑在现场加强安保措施的必要性感到不习惯。科学家们常常认为，这些措施未必有效，具有干扰性，过于昂贵甚至阻碍了他们的自由研究，认为

---

〔17〕 据珍贵生物材料的所有者、使用者和保管者称，珍贵生物材料是指那些需要行政监管和对其采取具体保护、监测和跟踪措施的生物材料。珍贵生物材料可包括病原体和毒剂，也包括培养采样、疫苗菌株、食品和转基因有机体、细胞组元、遗传基因，等等。世界卫生组织传染病监测和反应司“实验室生物安保：世界卫生组织指南”，世界卫生组织文件。WHO/CDS/CRS/LYO，草案 9，2005 年，和世界卫生组织致洛菲的正式函，2005 年 12 月 15 日。

〔18〕 C.F. 契巴，“实现生物安保”，《外交事务》杂志，第 81 卷，第 3 号，（2002 年 5/6 月），第 122 页。

〔19〕 世界卫生组织，实验室生物安全手册，第三版，（世界卫生组织：日内瓦，2004 年），网址：URL〈http：//www. who. int/csr/resources/publications/biosafety/WHO_CDS_CSR_LYO_2004_11/en/〉。

〔20〕 世界卫生组织，“加强实验室生物安保”，第 58 届世界卫生组织大会，2003 年 5 月 25 日，网址：URL〈http：//www. who. int/csr/labepidemiology/WHA58_29—en. pdf〉。

这是对他们价值的怀疑。

加强实验室和设施生物安保的必要性

生物安保概念的关键所在是建立实验室安保系统，其中包括危险评估、物理安全、人员管理与控制、危险病原体和毒素的处理、企业之间传染性材料的转移、境内和跨境责任、信息安全、许可和信用制度、项目管理、科学监管，以及切实可行的操作标准和规程。[21] 在管理、使用、运输和监督危险病原体和珍贵生物材料的人员中实行责任制和义务制也可使生物安保得到加强。

危险评估

处理生物材料时，对人类、动物和植物病原体及病毒的处理方式不尽相同。各机构应针对贮存、转运、操作和处理危险病原体各环节制定安全防范标准和程序。根据可能出现的危险，确定危险因素并列出安保系统应保护的设施将有助于促进该项工作。[22] 对危险等级的分类应视需要保护的设施的种类而定。那些一旦误用便会造成全国或国际安全后果的材料应被列入最高危险等级。进行安全分类时，恐怖分子可能使用等安全因素应与上述因误用可能造成的后果一并考虑。[23] 一种制剂所代表的某种危险等级未必与其生物安全的危险级别相一致。经测定，大多数微生物制剂的安全危险均微乎其微。

管理与控制

加强物理安保的最佳方法是安装监控摄像头和在设施周边安装护栏，仅允许经授权人员进入整个或部分设施，一旦发现未经

---

〔21〕 桑地亚国家实验室，“实验室生物安保实施指导原则”，桑地亚报告 SAND2005年—2348P，2005 年 4 月，网址：URL〈http://www.biosecurity.sandia.gov/documents/LBIG.pdf〉，和契巴，(同注释 [18])，第 122 页。

〔22〕 R.M. 萨勒诺与 D.P. 埃斯特斯，“生物安保：防止高危病原体和毒素被盗和挪用”，桑地亚报告，2003 年—4274P，2003 年 10 月，网址：URL〈http://www.biosecurity.sandia.gov/documents/sand2003—4274p.pdf〉，第 8 页。

〔23〕 G. 科威克等，“生物安保：在恐怖主义猖獗的年代对生物科学实施负责任的管理”，生物安保和生物恐怖主义：生防战略、实践与科学，第一卷，第一号，(2003 年)，网址：URL〈http://www.liebertonline.com/doi/pdfplus/10.1089/15387130360514805〉，第 27—36 页；和 J. 斯坦布鲁内等人，“控制危险病原体：一个防范监管体系的典范”，马里兰国际与安全研究中心工作文件，2005 年 9 月 1 日，网址：URL〈http://www.cissm.umd.edu/documents/pathogensmonograph.pdf〉。

授权人员的进入和对违反安保规定的行为即可做出反应。企业管理层对人员的认真挑选和营造一种建立在安全共识和对已采取的和建议采取的安保措施的必要性有认同感之上的安全氛围十分重要。〔24〕在对病原体或毒素的接触和操作中，安全尤为重要。因此，应极为重视对设施和与病原体或毒素打交道的人员的管理、登记和许可证制度。〔25〕

许多国家对人类、动物或植物病原体的进出口和境内转运实行控制。为了减少危险，有些国家只允许在经同意或经许可的设施之间进行危险病原体或毒素的转运。有几项在国际上取得一致的标准对危险病原体和毒素的运输加以规范，包括对运输使用的容器和包装提出了要求。《联合国示范规定》对根据危险等级确保安全水平的合适包装作出了定义。〔26〕

行为准则与操作规程

结合其他安保措施，科研和技术人员的行为准则和操作规程也影响到对因使用生物材料而出现的现实和潜在威胁的处置。飞速发展的生物技术，包括遗传工程，所带来的进步和实惠不胜枚举。然而，一旦出现错误或误用，它们也可能构成威胁。〔27〕因此，加强个人责任和对研究可能被误用以及通过科学监管、相互监督、公示前检查及鸣

---

〔24〕 I. 科里普诺夫和J. 霍尔姆斯，核安全文化：俄罗斯案例，（佐治亚大学国际贸易与安全中心，亚特兰大，佐治亚，2004年12月），网址：URL〈http://www.uga.edu/cits/home/index.htm〉。

〔25〕 J. 塔克，“防止病原体的误用：制定国际生物安保标准的必要性”，《今日军控》杂志，2003年6月，网址：URL〈http://www.armscontrol.org/act/2003_06/tucker_june03.asp〉。

〔26〕 世界卫生组织，“传染性物质的运输：指导传染性物质运输的《联合国示范规定》第13次修正案的背景介绍”，世界卫生组织文件，WHO/CDS/CSR/LYO/2004.9，2004年，网址：URL〈http://www.who.int/csr/resources/publications/WHO_CDS_LYO_2004_9/en/〉；和联合国，“联合国对危险物品运输的建议：示范规定”，第13次修订稿，2003年，网址：URL〈http://www.unece.org/trans/danger/publi/unrec/unrec/rev13/13files_e.html〉。

〔27〕 例证包括西班牙流感病毒的重构、脊髓灰质炎病毒的合成和一种致命鼠疫病毒的偶然生成，等等。J. 哈特与F. 库劳，“生物领域科学家的行为准则”，向面对生物恐怖主义挑战：威胁评估及生防战略的制定大会提交的论文（同注释［14］）；和F. 契巴与A. L. 戈列宁格，“生物技术与生物恐怖主义：前所未有的世界”，《生存》杂志，第46卷，第2号（2004年），第143—144页。

笛等方式建立诚信有责的氛围的认识十分重要。[28] 国际问题联合会会议 2005 年就生物安保发表一份声明，提出在为科研人员制定行为准则时应考虑的五个基本问题，即意识、生物安全与安保、教育与信息、问责制和监督管理。[29]“行为准则”往往被认为是忠告性的且仅适用于个人，而“操作规程”则是指为达到一定标准而制定的实际指导和告示，这些被认为是带有强制性的。[30] 例如，制药企业已实行了优质生产操作规程。[31]

四、传染病：对健康与安全的威胁

尽管医学在发展，但传染性疾病在技术发达和发展中地区仍然是对人类健康的主要威胁。传染病的不断暴发对公共卫生、农业和世界经济造成严重后果。[32] 为减少偶发和人为造成的传染病暴发对世界的威胁，需要制定全球协调战略。众所周知，在传染病暴发初期要区分出是偶

---

〔28〕《禁生武公约》缔约国大会，专家组议题讨论时的演讲、声明、工作文件及发言中的考虑、教训、观点、建议、结论和提案汇编，BWC/MSP/2005/L。1，日内瓦，2005 年 11 月 16 日。

〔29〕哈特与库劳（同注释 [27]）；M. A. 索马维尔与 R. 阿特拉斯，“职业道德：应对生物恐怖主义的武器”，《科学》杂志，2005 年 3 月 25 日，第 1881—1882 页；和全球科学院网络国际问题联合会会议，“关于生物安保的声明”，2005 年 6 月 30 日，网址：URL〈http：//www. knaw. nl/nieuws/pers _ pdf/IAP _ Biosecurity _ statement. pdf。经全球 68 个国家科学院同意的上述声明于 2005 年 12 月 7 日在日内瓦提交《禁生物公约》缔约国大会。参见国际问题联合会会议，“IAP 关于生物安保的声明”，2005 年 11 月 7 日，网址：URL〈http：//www4. nationalacademies. org/iap/iaphome. nsf〉。

〔30〕伊格赛特大学和布拉德福德大学，“生物武器和行为准则”，网址：URL〈http：//www. ex. ac. uk/codesofconduct/Examples/〉；和哈特与库劳（同注释 [27]），第 8 页。

〔31〕世界卫生组织，“优质生产操作规程与监督”，“制药企业的质量保证：指导原则和相关材料总目”，第 2 卷，更新版（世界卫生组织：日内瓦，2004 年），网址：URL〈http：//www. who. int/medicines/areas/quality _ safety/quality _ assurance/inspections/en/〉。

〔32〕2001 年英国暴发口蹄疫造成 110 亿欧元的经济损失。2003 年暴发非典致 8，000 多人感染，约 800 人死亡，并对环太平洋地区和加拿大经济造成严重影响。2004 年暴发禽流感估计给亚洲造成 4 亿欧元的损失。世界卫生组织，（同注释 [17]）；和 J. T. 恩朱古纳，“非典：传染性疾病控制和生物武器威胁”，《SIPRI 年鉴 2004》（同注释 [6]），第 697—712 页。

发还是人为的尤为困难。[33] 许多疾病控制战略的核心是如何对疾病暴发做出反应，而生物安全和生物安保措施则是预防性的，是在疾病暴发之前对威胁加以防范的措施。传染病的新发和重发是世界性问题，因此应制定全球战略加以解决。目前需关注的是流行病形势、流行病监控体系的不健全及诊断、预防和反应能力的不足。加强预防和努力全面提高全球公共卫生水平十分重要。一个国家出现的疾病暴发几小时或几天之内便可能向全球蔓延。许多专家认为，一种可能导致数百万人死亡的传染性感冒暴发的危险依然存在。[34] 人为使用病原体微生物导致传染病暴发所造成的后果至少和自然出现的传染病的后果具有同样的严重性，甚至可能更甚。2001 年美国出现的利用装满干燥炭疽孢子的邮件实施攻击的事件对健康的影响相对较小。22 名接触邮件的人中 5 人死亡。但攻击却对社会造成巨大混乱和对经济造成巨大破坏。[35]

泄漏和事故引发的疾病：缺乏监管

近些年来，人们越发感到生物科学设施可能是恐怖分子获取病原体和毒素并用于武器制造的潜在来源。因此，从防盗角度出发，生物安保是一个较新的问题。但这一问题仅引起包括几个欧盟成员国在内的少数欧洲国家的认真关注。2005 年 12 月，欧盟确定优先考虑向乌克兰及其他国家提供资金，加强其实验室的物理安全。[36] 世界上有许多实验室存有危险病原体和毒素，或在工作中使用它们，但因国际

---

〔33〕 M. 丹多、B. 克里兹和 G. 皮尔逊，布拉德福德大学，“区别疾病自然暴发与其他原因暴发的科学技术手段：北约高级研讨会论文汇编”，捷克共和国布拉格市，1998 年 10 月 18—20 日（克鲁厄：多德雷希特，2001 年）。

〔34〕 M. 恩瑟里因克，“关注传染病”，《科学》杂志，第 306 卷，第 5695 号（2004 年 10 月 15 日），第 392—394 页；和“世界卫生组织发出禽流感警告”，BBC 在线新闻，2005 年 2 月 23 日，网址：URL〈http：//news. bbc. co. uk/2/4289637. stm〉。

〔35〕 J. P. 桑德斯、J. 哈特和 F. 库劳，“化学和生物战的发展与军备控制”，《SIPRI 年鉴 2002：军备、裁军与国际安全》（牛津大学出版社，牛津，2002 年），第 699 页；J. P. 桑德斯，“制造大规模动乱的武器”，《SIPRI 年鉴 2003：军备、裁军与国际安全》（牛津大学出版社，牛津，2003 年，第 683—690 页；和 C. M. 格林等人，“对与生物恐怖主义有关的炭疽的传染病调查，新泽西，2001 年”，“流行性传染病”，第 8 卷，第 10 期（2002 年 10 月）。

〔36〕 欧盟理事会，“落实欧盟防止大规模杀伤性武器扩散战略：落实该战略半年进展报告和更新优先内容以保持该战略实施的连贯性”，文件 14520/05 号，布鲁塞尔，2005 年 12 月 5 日，网址：URL〈http：//tradeinfo. cec. eu. int/doclib/docs/2005/december/tradoc_126701. en05. pdf〉。

上从未进行过统计，这些实验室的具体数字不得而知，甚至没有哪国有国内统计数字。然而，全世界已知的国有和商业培养机构约为 1500 家，这还不包括从不进行制剂交换的大学、医院、实验室和商业公司所属的各类培养机构。〔37〕例如，一份实验室统计表明，152 个国家的 16 万所实验室存有脊髓灰质炎病毒。〔38〕

实验室泄漏和事故导致病原体外流事件已有发生。2004 年，在马萨诸塞州的波士顿市，科研人员在工作中误将活性兔热病菌株当成一种无害的疫苗菌株。这一错误直到这些科研人员出现类似流感症状时才被首次发现。〔39〕另外人们还知道，在北京、新加坡和中国台北，非典（SARS）病毒四次从实验室泄漏，〔40〕俄罗斯科尔察沃国家病毒与生物技术研究中心因出现事故导致埃博拉出血热感染。〔41〕2004 年，美国的一个实验室意外向世界 3750 家实验室发出含有传染性流感病毒的样品速效试剂，并在其后不得不立即通知它们销毁这些样品。这证明，对样品进行跟踪很困难，有些样品似乎不知所踪。这一错误直到样品被分发一个月后一名患者由于受到速效试剂样品的感染而被误诊为流感时才发现。〔42〕

全球危险病原体的转让规模，或者说这些病原体的转让数量，以及有多少未纳入现有规定尚不得而知。根据公开获取的信息，能确定危险病原体被盗或非法转让的情况也不多。由于病原体有效需要量很

〔37〕 塔克（同注释［25］）。

〔38〕 R. 沃尔盖特，“世界卫生组织称非典实验室并非安全：科学顾问呼吁建立国际机制规范病原体生物管理”，《科学家》杂志，2004 年 6 月 3 日，网址：URL〈http：//www. the－scientist. com/article/display/22139/〉。

〔39〕 S. 谢恩，“生物实验室真相再次引发公众卫生大辩论”，纽约时报，2005 年 1 月 2 日。

〔40〕 R. 沃尔盖特，“非典两次从北京实验室溜出：中国病毒研究所实验室安全受到密切注意”，《科学家》杂志，2004 年 4 月 26 日，网址：URL〈http：//www. the－scientist. com/article/display/22139/〉。

〔41〕 沃尔盖特（同注释［40］）。

〔42〕 世界卫生组织，“对分发 H2N2 流感病毒用于实验室试验的国际反应：认为对实验室工作人员和公众威胁不大”，2005 年 4 月 12 日，网址：URL〈http：//www. who. int/csr/disease/influenza/h2n2 _ 2005 _ 04 _ 12/en/index. html〉；“试剂错误出现后各实验室竟相销毁流感病毒”，《金融时报》，2005 年 4 月 14 日；和“病毒恐慌表明有必要采取更有效疾病控制方法”，《温哥华太阳报》，2005 年 4 月 15 日。

小且容易隐藏，因此，查获跨境非法转运的手段很有限也很困难。

自然流行的传染病：禽流感

2003 年非典之后，〔43〕焦点转向禽流感和传染性流感的威胁。对禽流感病毒（H5N1）〔44〕的迅速蔓延，世界卫生组织曾多次发出警告。欧盟通过了新的监测指导原则并呼吁加强生物安保和其他疾病防控措施。〔45〕首次有记载的禽流感 1997 年发生在香港。〔46〕据世界卫生组织称，禽流感病毒由家禽传染给野鸭，最后传染给中国大陆的候鸟。〔47〕从 2003 年开始，病毒向西蔓延，直至土耳其。〔48〕截至 2006 年 3 月 23 日，所报告的 184 例人感染病例中，103 人因病毒感染死亡。该病毒还导致约 1.4 亿只鸟类死亡。〔49〕已在 8 个国家发现并报告经核实的人感染病例，它们是：阿塞拜疆、柬埔寨、中国、印度尼西亚、伊拉克、泰国、土耳其和越南。〔50〕欧盟已禁止从 14 个国家进

〔43〕 见恩朱谷纳（同注释［32］）。

〔44〕 被普遍称为“禽流感”（bird flu）的“Avian influenza”是一种由流感病毒 A 类菌株引发的鸟类传染性疾病。这种疾病在全球出现，所有鸟类均被怀疑或多或少会造成传染。除 H5N1（致病性最强）外，H9N2 和 H7N7 等其他禽类病毒菌株也导致人类出现轻微症状。见世界卫生组织，“禽流感”，情况通报，网址：URL〈http://www. who. int/mediacentre/factsheets/avian_influenza/en/〉。

〔45〕 欧盟，“食品链和动物卫生常设委员会对禽流感工作组会议的结论”，新闻稿，布鲁塞尔，2005 年 8 月 25 日，网址：URL〈http://www. europa. euint/raid/pressReleasesAction. do? reference＝MRMo/05/285&format＝HTM〉&aged＝0&language＝EN&guiLanguage＝en〉。

〔46〕 J. 刘等，“高致病性 H5N1 流感病毒在候鸟中的传染”，《科学》杂志，第 309 卷，第 5738 期（2005 年 8 月 19 日），第 1206 页，网址：URL〈http://www. sciencemag. org/cgi/contrnt/abstract/1115273〉。

〔47〕 东南亚国家传染病暴发监控网络，“世界卫生组织对禽流感迅速蔓延发出警告”，2005 年 9 月 7 日，网址：URL〈http://www. asean－disease－surveillance. net/ASNnews_Detail. asp? ID＝3340〉。

〔48〕 欧洲委员会，“土耳其的禽流感：欧盟采取进一步重要措施，联合专家组启动工作”，新闻稿，2006 年 1 月 9 日，网址：URL〈http://www. europa. eu. iint/conmm/dgs/health_consumer/dyna/influencza/index. cfm〉。

〔49〕 美国卫生与公众服务部，“麦克·利维特部长在联合国大会上的声明：建立防止禽流感和传染性流感的国际伙伴关系”，新闻稿，华盛顿特区，2005 年 9 月 15 日，网址：URL〈http://www. hhs. gov/news/press/2005pres/2005915. html〉。

〔50〕 世界卫生组织，“已确诊的人类 H5N1 型禽流感病例”，网址：URL〈http://www. who. int/csr/disease/avian_influenza/country/en/index. html〉。

口鸡和其他禽鸟类产品[51]并要求其成员国加强监控。[52] 专家们认为，即便在全球彻底禁止禽类产品的进出口也只能延缓病毒的蔓延，而无法使其停止。[53]

有迹象表明，禽流感病毒目前还不太容易由鸟类传染给人类。到目前为止，尚无病毒在人类间相互传染的病例。[54] 然而，卫生官员担心的是一旦禽流感病毒与人类流感病毒结合，将可能具有很高的传染性，并导致全球性流感蔓延。[55] 最近公布的 1918 年西班牙流感病毒的完整序列表明，该病毒是一种禽流感病毒菌株变体后传染给人类的。[56] 对公布危险病原体完整序列的潜在危险不应掉以轻心。通过该序列，科研人员已对病毒实施再造，并研究其对老鼠的作用。已证实，聚合酶蛋白中的氨基酸仅变化十次便连续从禽流感病毒序列中分裂出 1918 年及其后的人类禽流感病毒序列。值得注意的是，已在

---

〔51〕 禁止出口的国家有：柬埔寨、中国、克罗地亚、印度尼西亚、哈萨克斯坦、朝鲜、老挝、马来西亚、巴基斯坦、罗马尼亚、俄罗斯、泰国、土耳其和越南。

〔52〕 欧洲委员会，“禽流感：调整进口禁令和生物安保要求获得通过”，新闻稿，布鲁塞尔，2005 年 11 月 23 日，网址：URL 〈http://www.europa.eu.int/rapid/pressReleasesAction.do?reference=IP/05/1460&format=HTML&aged=0&language=EN〉；欧洲委员会，“罗马尼亚和土耳其的禽流感：委员会采取进一步行动”，新闻稿，布鲁塞尔，2005 年 8 月 8 日，网址：URL 〈http://www.eubusiness.com/Health/050808102229.zi87uoei〉；和欧洲委员会，“禽流感：委员会要求成员国加强监控”，新闻稿，布鲁塞尔，2005 年 8 月 25 日，网址：URL 〈http://www.europa.eu.int/rapid/pressReleaseesAction.do?refernce=IP/05/1068&format=HTML&aged=0&language=EN&guiLanguage=en〉。

〔53〕 S. 多尔，“官员称流感疫情无法停止：即便‘全球封锁’也只能赢得时间”，国家邮报，2005 年 8 月 24 日。

〔54〕 世界卫生组织，“禽流感：常见问题”，网址：URL 〈http://www.who.int/csr/desease/avian_influenza/avian_faqs/en/index.html〉。

〔55〕 M. T. 奥斯特霍尔姆，“为应对下次传染病做好准备”，“外交事务”，第 84 卷，第 4 号（2005 年 7/8 月），网址：URL 〈http://www.foreignaffairs.or/20050701 faessay84402－p0/michael－t－osterholm/prparing－fo－the－nextpandemic.html〉；和“印度尼西亚禽流感死亡人数增加”，BBC 在线新闻，2005 年 9 月 26 日，网址：URL 〈http://www.bbc.co.uk/2/4281794.stm〉。

〔56〕 全球约 2000 万至 5000 万人死于 1918—1919 年“西班牙流感”。T. M. 坦佩等人，“重构的 1918 年西班牙流感病毒的特症”，《科学》杂志，第 310 卷（2005 年 10 月 7 日），第 77 页。

H5N1 病毒中多次发现同样的变化。[57]

据估计，一旦传染性流感病在欧盟暴发，便可能导致 200 万至 300 万人死亡。4000 多万人在 1918 年、1957 年和 1968 年三次全球传染病大流行中死亡。截至 2005 年 11 月，世界卫生组织 194 个成员国中的 120 个（占成员总数 62%）已制定或正在制定传染病预防计划，国家数量比同年 5 月增加了 70 个。[58] 对传染性流感的预防的反应是 2005 年 11 月召开的第六次全球卫生安全倡议部长级会议的重要议题。[59] 欧盟已对其预防计划进行了更新和修订，[60] 世界卫生组织也提交了战略方案。[61] 欧盟委员会和中国 2006 年在北京举办了防治禽流感和人类流感的国际誓师大会。[62] 国际社会决定为此投资 19 亿美元，其中 2.6 亿来自欧盟。[63] 全球流感流行将会造成严重经济损

〔57〕 坦佩等，（同注释［56］），第 77—80 页；和 J. K. 道本伯格等，"1918 年流感病毒聚合酶基因特症"，《自然》杂志，第 437 卷（2005 年 10 月 6 日），网址：URL〈http：//www. nature. com/nature/journal/v437/n7060/full/nature04230. html〉，第 889—893 页。

〔58〕 世界卫生组织（WHO），"世卫组织的看法：人类卫生防范与反应之现状"，传染病与流行病预警司（CDS/EPR）司长麦克·瑞恩博士在禽流感与人流感大会上的发言，日内瓦，2005 年 11 月 7—9 日，网址：URL〈http：//www. who. int/mediacentre/events/2005/avian _ influencza _ meeting _ presentations/en/index. html〉。

〔59〕 美国国务院，"全球卫生安全倡议第六次部长级会议"，罗马，2005 年 11 月 18 日，网址：URL〈http：//www. state. gov/g/oes/rls/or/57804. htm〉。

〔60〕 欧盟委员会，"委员会关于欧盟流感防疫和应对计划致欧洲理事会、欧洲议会、欧洲经社委员会和地区委员会的函"，布鲁塞尔，COM（2005 年）607 最终稿，2005 年 11 月 28 日，网址：URL〈http：//www. europa. eu. int/comm/health/ph _ threats/com/Influenza/keydo _ influenza _ en. htm〉。

〔61〕 联合国发展小组，"禽流感与人流感：联合国系统的贡献与要求，一项战略方案"，2006 年 1 月 13 日，网址：URL〈http：//siteresources. worldbank. org/PROJECTS/Resources/40940－1136754783560/UNSIC－Strategy. pdf〉。

〔62〕 欧盟委员会，"委员会将在北京与中国共同举办禽流感与人流感国际誓师大会"，新闻稿，布鲁塞尔，2005 年 12 月 22 日，网址：URL〈http：//www. europa. eu. int/rapid/pressReleasesAction. do？ reference＝IP/05/1686〉；和世界银行，"关于建议提供相当 5 亿美元贷款/信用/补助用于全球禽流感防控和人类流行病的防范与应对的纲领框架文件"，报告第 34386 号，2005 年 12 月 5 日，网址：URL〈http：//siteresources. worldbank. org/PROJECTS/Resources/40940－1136754783560/Avian－Flu－PAD. pdf〉。

〔63〕 欧盟委员会，委员会负责卫生与消费安全的委员马库斯·基普里阿诺，"在禽流感与人流感国际誓师大会结束记者招待会上的发言"，新闻稿，北京，2006 年 1 月 18 日，网址：URL〈http：//europa. eu. int/rapid/pressReleasesAction. do？ reference＝SPEECH/06/14〉。

失。据估计，仅高收入国家的损失就将达到 5500 亿美元。[64] 由于担心流感的暴发，国际社会纷纷提出倡议，如八国集团（G8）提出的制定全球流感免疫计划和美国总统乔治·W·布什提出的建立一项新的禽流感和传染性流感国际伙伴计划。[65] 27 个国家拥有抗病毒药品，其数量足以覆盖世界人口的 2%。[66] 世界上大部分疫苗在 9 个国家生产。[67] 世界疫苗总量的 70%产自欧洲。有人十分担心，一旦出现紧急情况，那些拥有疫苗生产设施的国家会限制或禁止向其他国家的出口。[68]

其他主要传染病：需要国际合作

另一个威胁全球的传染病是艾滋病（HIV/AIDS)。这种疾病自 1981 年至今已导致 2500 多万人死亡。[69] 非洲的撒哈拉以南地区受艾滋病的影响比世界其他任何地区都严重。联合国报告称，在这一占世界人口 10%和世界艾滋病感染者三分之二的地区里 2580 万成人和儿童感染了艾滋病。[70] 艾滋病已超过疟疾，成为非洲的第一杀手。因艾滋病死亡的人数超过因冲突死亡的人数。[71] 另外，因艾滋病的流行，已确诊约 850 万人患有肺结核，每年 200 万人死于肺结核。艾

---

〔64〕 M. 布拉姆霍尔特，“禽流感：对经济和社会的影响”，世界银行，2005 年 9 月 23 日，网址：URL 〈http：//web. worldbank. org/WBSITE/EXTERNAL/NEWS/0,，contentMDK：20663668－pagePK：34370－iPK：42770～theSitePK：4607，00. html〉。

〔65〕 “专家称需制定传染病计划：作者警告流感将导致世界经济衰退并引发全球恐慌”，《温哥华太阳报》，2005 年 5 月 5 日。其后将讨论八国集团计划。另见白宫，“总统在联合国高级别全会的发言”，联合国总部，新闻稿，纽约，2005 年 9 月 14 日，网址：URL 〈http：//www. whitehouse. gov/news/releases/2005/09/20050914. html〉。

〔66〕 A. 科万克姆和 N. Tangwisutijit，“没有足够药品应对新的传染病”，国家杂志，2005 年 8 月 23 日。

〔67〕 这些国家是：澳大利亚、加拿大、法国、德国、意大利、日本、荷兰、英国和美国。

〔68〕 奥斯特霍尔姆（同注释［55］)；和“传染病预防：世界需要更多疫苗预防流感疫情”，《经济学家》杂志，2005 年 9 月 22 日，第 95 页。

〔69〕 联合国艾滋病联合计划和世界卫生组织，“艾滋病最新情况”，2005 年 12 月，网址：URL 〈http：//www. unaids. org〉，第 1—3 页。另见本卷引言。

〔70〕 联合国艾滋病联合计划和世界卫生组织（同注释［69］)，第 1—3 页。

〔71〕 R. W. 柯普森，“非洲的艾滋病”，“国会研究部”向国会的问题通报，2003 年 10 月 3 日，网址：URL 〈http：//www. law. umaryland. edu/marshall/crsreports/crsdocuments/IB10050a. pdf〉。

滋病在世界其他地区也呈现上升趋势，尤其在东欧和中亚，艾滋病感染人数已达 160 万，自 2003 年以来上升了四分之一，死亡人数几乎翻倍至 62000 人。东亚是另一个受影响的地区，2003 年至 2005 年间，那里的艾滋病感染人数为 87 万，增加了五分之一。到 2005 年，艾滋病感染者总人数已达 4030 万。〔72〕

由于资金和资源的匮乏，出现了新的更难治愈的肺结核菌种。最近暴发的非典表明，国家间和与国际机构密切合作能对疾病的蔓延加以遏制。〔73〕联合国机构估计，抗击艾滋病、疟疾和肺结核这些可预防性疾病约需资金 350 亿美元，这些疾病每年夺去 300 万儿童的生命。〔74〕另外，畜牧业是非洲撒哈拉以南地区的支柱产业，各种疫病是影响该产业发展的最大制约因素。农作物病虫害对非洲食品安全构成主要威胁。〔75〕

五、防止生物武器扩散的国际努力

在疾病自然出现和突然暴发的同时，其他重大挑战和威胁也随之产生，如生物武器扩散或恐怖分子故意利用疾病的威胁。在采取针对这些威胁的安保措施时应考虑到如下因素：生物材料和生物设备的两用特性；在初期只需要小剂量制剂即可造成疾病暴发；这些制剂的生产相对较容易；在疾病自然暴发时这些制剂容易获取；以及生物技术的动态性等等。

国际社会曾试图防止生物武器、相关材料及技术的扩散，但收效甚微。与其他类型大规模杀伤性武器相比，生物领域中的军控与裁军行动证明更加困难。这不仅仅是由于政治原因，也由于存在诸如获取两用材料和技术相对容易等现实因素。阻碍取得进展的因素包括：与生物武器相关领域的工作处于高度保密状态；甄别违禁活动特别是非国家行为体的违禁活动存在难度；以及对材料或活动是否用于敌对目

---

〔72〕 联合国艾滋病联合计划和世界卫生组织（同注释［69］）。

〔73〕 联合国（同注释［10］），第 8 页。

〔74〕 法新社，“专家敦促八国集团协助消除可预防性疾病”，2005 年 6 月 9 日。

〔75〕 英国贸易产业部，“非洲的传染病，运用科学抗击出现的威胁”，远景报告，科技办公室，2005 年 2 月，网址：URL〈http：//www.foresight.gov.uk〉。

的进行核查时面临的技术和政治挑战。[76] 威险评估和情报对监测生物武器能力至关重要。最近在伊拉克的情报失误再次证明生物领域情报信息存在先天不足。[77]

加强生物安保的国家贡献

迄今为止，国际上大部分与生物安保有关的活动都是在美国在俄罗斯和前苏联国家实施的减少威胁计划框架下进行的。随着国际安全环境的变化，有必要在更大范围内采取防扩散和裁军行动，目的是解决生物恐怖主义和传染病暴发等威胁带来的全球性问题。行动的重点已从减少威胁转向防止恐怖主义、与公共卫生有关的问题和环境保护等。[78] 这些变化提出一个问题，即是否需要对目前减少威胁的做法做进一步修订。援助的重点应从核领域转向生物领域，并扩大到前苏联以外的地区。

例如，与核领域援助预算相比，对加强生物安保的援助显得微乎其微。[79] 美国是生物领域中的最大捐资国，估计每年提供资金约为 9000 万至 1 亿美元，尽管大部分资金并非拨给生物安保的。[80] 其他国家的捐资主要通过八国集团防止大规模杀伤性武器扩散全球伙伴关系计划，或者如欧盟，通过对独联体国家技术援助计划。[81] 上述资金主要用于俄罗斯和乌克兰的科学中心，这些中心的建立是为了安排前苏联武器专家从事和平研究。[82] 在前苏联国家，用于加强生物安保的资金很有限。然而，加拿大、法国和英国等国家正加大在上述国家开展加强与生物安保有关工作的力度。

---

〔76〕 洛菲（同注释 [6]）。

〔77〕 R. 古特里埃、J. 哈特和 F. 库劳，“化学与生物战的发展及军备控制”，《SIPRI 年鉴 2005：军备、裁军和国际安全》（牛津大学出版社，牛津，2005 年），第 622—626 页。

〔78〕 美国国家研究理事会，俄罗斯的生物科学与生物技术：控制疾病与加强安全（国家科学院出版社，华盛顿特区，2005 年）。

〔79〕 I. 安东尼，“从源头减少威胁：欧洲对合作减少威胁的看法”，SIPRI 研究报告第 19 号（牛津大学出版社，牛津，2004 年）。

〔80〕 洛菲（同注释 [1]）；和库劳（同注释 [1]）。

〔81〕 积极参与重要生物安保援助活动的国家有：加拿大、芬兰、法国、瑞典、英国和美国。

〔82〕 国际科学技术中心（同注释 [1]）；和科学技术中心（同注释 [1]）。

防止生物扩散的新的国际措施

《禁生武公约》是在多边框架内对生物安全问题进行研究并达成一致的现成机制，但是自 2001 年关于公约核查议定书谈判破裂以来，未取得任何进展。[83] 公约框架下的讨论无任何具体成果，这促使经济合作发展组织和世界卫生组织等机构以及一些非政府组织开展了一系列旨在加强生物安保的工作。这些组织在确定生物安保概念、提高全世界对相关问题的认识和强调有必要为防止扩散而调动各种因素等方面都起到了重要作用。但是，由于这些倡议缺乏协调，很难对生物安保措施进行统一，倡议的影响至今很有限。

位于莫斯科的国际科技中心（ISTC）和位于基辅的科技中心（STCU）在加强前苏联国家科学家与西方国家的合作以促进前苏联国家防扩散工作方面发挥了核心作用。[84] 其他国际组织，如粮农组织、经济合作与发展组织、世界动物卫生组织和世界卫生组织等，从各自不同的角度通过制定指导原则、标准及政策来加强生物安保工作。[85] 世界卫生组织还采取行动帮助成员国加强对生物恐怖主义的防范。[86] 世界银行继续为完善传染病监测系统和制定疾病暴发的医疗应对措施和方法提供支持。[87] 经济合作与发展组织也正积极致力于建立一个全球生物资源中心网络系统（BRCs），该系统将以各点为中心，同时作为集散地，允许成员国之间进行微生物培养菌的安全交换。[88] 各国家中心将对保护生命科学和生物技术企业的珍贵培养菌采样起到关键作用，在系统内进行全球协调以

---

〔83〕 桑德斯、哈特和库劳（同注释［35］），第 666—677 页；和 J. 哈特、F. 库劳与 J. 西蒙，“化学与生物战的发展及军备控制”，《SIPRI 年鉴 2003》（同注释［35］），第 646—650 页。

〔84〕 国际科技中心（同注释［1］）；和科技中心（同注释［1］）。

〔85〕 洛菲（同注释［1］）；和库劳（同注释［1］）。

〔86〕 世界卫生组织，“对生化武器的公共卫生反应：世界卫生组织准则”，（世界卫生组织：日内瓦，2004 年）。

〔87〕 有关项目参见世界银行数据库“项日与实施”，网址：URL〈http：//www. worldbank. org/〉。

〔88〕 经济合作与发展组织，“生物资源中心：支持生命科学和生物科学的未来”，2001 年 3 月，第 41—47 页。另见塔克（同注释［25］）。

提高效率和增加透明度，并促进这些培养菌的安全国际交换。[89]

人们注意到，八国集团的全球伙伴计划以前苏联地区为核心，在防扩散、裁军和打击恐怖主义等问题上发挥了重要作用。[90] 然而，已承诺和已用于生物领域的资金微乎其微，一些国家在八国集团框架内承诺的捐资仍未兑现。[91] 另一个伙伴计划——全球卫生安全倡议——包括七国集团和欧盟与墨西哥。[92] 该计划的目标是加强全球卫生安全和应对化学、生物、放射和核恐怖主义以及传染性流感的威胁。[93] 在生物领域，其目标是建立联合监测网络，做好应对疾病暴发的准备以及加强对公共卫生紧急情况的反应和监测能力。[94] 该计划的目标还包括制定共同标准和促进实验室之间的合作。[95] 为加强实验室之间的联系，已成立了全球卫生安全行动小组。[96]

当前防扩散措施面临的挑战

迄今，防扩散措施仅集中在减少威胁工作上。但总体而言，针对生物问题特别是生物安保的工作十分有限。对俄罗斯和其他前苏联国家进行 10 年援助之后，还应优先考虑非洲和部分亚洲国家等一些新的地区。这些地区存在高度的扩散危险，人们对那里具有恐怖分子试

---

〔89〕 经济合作与发展组织（同注释［88］）；和塔克（同注释［25］）。

〔90〕 八国集团峰会报告见网址：URL〈http：//www. g8. gov. uk/〉。八国集团成员见本卷术语汇编。

〔91〕 除八国集团外，13 个国家于 2003—2004 年加入全球伙伴计划，它们是：澳大利亚、比利时、捷克共和国、丹麦、芬兰、爱尔兰、韩国、荷兰、新西兰、挪威、波兰、瑞典和瑞士。欧盟也是该计划成员。

〔92〕 七国集团包括加拿大、法国、德国、意大利、日本、英国和美国。欧盟和墨西哥参加了全球卫生安全倡议。

〔93〕 加拿大的外交事务和加拿大的国际贸易，“加拿大与美国：全球安全伙伴计划”，外交部副部长彼得·哈德的主旨发言，加拿大国际问题研究所年会，哈利法克斯，2005 年 3 月 11 日，网址：URL〈http：//www. fac－aec. gc. ca/department/deputy－minister－speeches－2005－03－11－en. asp〉。

〔94〕 全球卫生安全倡议（七国集团及墨西哥卫生部长），“第六次卫生安全与生物恐怖主义部长级会议”，罗马，2005 年 11 月 18 日，网址：URL〈http：//www. g8. utoronto. ca/health/rome. 2005. html〉。

〔95〕 七国集团卫生部长，“七国集团卫生部长会议声明”，伦敦，2002 年 3 月 14 日，网址：URL〈http：//www. g8. utoronto. ca/health/london2002. html〉。

〔96〕 七国集团卫生部长，“七国集团卫生部长会议声明”，渥太华，2001 年 11 月 7 日，网址：URL〈http：//www. g8. utoronto. ca/health/ottawa2001. html〉。

图获取生物制剂和发展生物武器能力的潜在合适环境表示关切。为防止这些地区出现扩散和加强那里的生物安保，有必要重新考虑防扩散措施。在大多数非洲国家，生物安保抑或生物安全被认为可望而不可及，而且对其重视程度低于对食品和水的安全以及抗击传染病等基本需求的重视程度。在那里需要创建一种新的方式防止扩散和提高生物安保水平。公共卫生基础设施建设迫切需要加强，同样，为抗击疾病，生物安全和生物安保也迫切需要加强。有必要在非洲以及部分亚洲地区实施一项经过充分协调和成熟的国际战略，通过建立行之有效的传染病监测系统，提高诊断能力和在处理危险病原体和毒素的实验室和设施中制定关键的生物安保措施来帮助它们。该战略还有助于加强对病原体的控制和对现存病原体的认识，同时加强对自然发生的疾病和人为引发的疾病的防范及应对能力。作为起点，上述公共卫生措施对世界其他地区而言也是有用的。

2005 年 9 月，针对非洲撒哈拉以南地区的生物恐怖主义和生物安保问题，在乌干达坎帕拉市召开了首次会议。会议对提出制定全球生物安保和生物科学协定的非洲倡议的想法进行了讨论，并决定在得到足够支持的情况下提交非洲联盟（AU）。为促进人的安全和防止生物科学被错误利用，换取在公共卫生基础设施及能力建设、免疫发展计划及预防艾滋病、疟疾和肺结核等疾病的其他能力、疾病监控、通报和监视系统以及加强非洲大学建设等领域的援助，非洲国家将在某些方面做出承诺，包括加强生物安保。非盟还确定将反恐作为其优先任务之一，并在阿尔及尔建立了恐怖主义研究中心。[97] 生物制剂一旦在非洲使用可能比在世界其他地区使用造成更为严重的后果，因为艾滋病感染使非洲许多人免疫功能低下。此外，那里公共卫生基础设施薄弱，药品和其他必要设备匮乏。

六、结论：生物安保总体趋势

在过去十年里，由于传染病的新发和重发、生物技术的高速发展

〔97〕“非盟反恐中心成立”，非洲恐怖主义公报，第一期（2004 年 12 月），网址：URL〈http：//www. issorg. za/pubs/Newsletters/Terrorism/0104. htm〉。

和可预见的生物恐怖主义威胁的增加等因素相互交织，世界面临新的生物挑战。人们现在普遍认为，在生物领域有必要加强防止扩散和生物恐怖主义的安全措施。目前，国际上有限的在减少威胁计划框架下发展起来的生物安全和生物安保强化措施在过去十年内对前苏联国家的援助计划中占主导地位。在针对新的全球威胁制定更广泛的措施时，应认真考虑生物安保问题。随着国际安全环境的变化和其他地区关切程度的提高，需要对现在援助计划实施的方式方法加以改进。

近期出现的传染病暴发凸显了全球面临的挑战。传染病的暴发和重新流行已不仅仅是公共卫生和国外援助问题，而成为国际安全日程中优先考虑的议题。一段时间以来，由于艾滋病、疟疾和肺结核等疾病不仅对非洲也对世界许多地区造成严重的社会、经济、卫生和安全后果，因此疾病对安全的影响已成为关注的焦点。

考虑到有必要防止出现未经授权接触危险病原体和毒素的情况，应制定一项经过充分协调的国际战略以应对无论是自然流行还是人为引发的疾病暴发所造成的威胁。国际社会需要对这些问题进行讨论，制定平衡务实的解决方案。该方案的制定应与粮农组织、经济合作与发展组织、世界动物卫生组织和世界卫生组织等国际机构密切合作，并在《禁生武公约》这一多边框架下进行。国际社会需就该问题对世界的影响取得共识，并在需要什么样的援助和哪里需要援助等问题上达成一致，否则，防范措施的实际作用将十分有限。像非洲这样的地区明显需要大量援助，应立即采取行动，通过有针对性的援助计划加强那里的公共卫生基础设施。接下来要做的将是加强使用病原体或毒素的机构的生物安保防范和监管能力，并全面提高生物安保水平。上述工作应集中在全世界少数几个机构进行。通过加强防范和控制以及提高透明度，特别是在受关切地区，全世界防止生物领域扩散的能力和防止及限制未来传染病蔓延的能力均将得以提高。

（刘永胜 译）

第十五章　常规军备控制

兹希洛·拉霍夫斯基

第一节　导　　言

2005 年是 1990 年《欧洲常规武装力量条约》（简称“欧常裁条约”）签订 15 周年。由于俄罗斯与西方国家就 1999 年欧洲安全与合作组织伊斯坦布尔首脑会议上通过的案文不能取得一致，致使常规军备控制的“硬”机制更新一直处于僵持局面，因而使要对这一事件庆祝一下的任何想法都无法提出。[1] 其结果是欧常裁条约的 1999 年《修改协议》的生效与俄罗斯完成其从格鲁吉亚和摩尔多瓦撤军的承诺互为人质。2005 年 5 月，俄、格两国达成的关闭俄在格的军事基地及其设施是值得欢迎的、充满希望的“前进一步”，[2] 但在摩尔多

〔1〕 关于 1999 年以前的欧洲常规军备控制参见前几年出版的《SIPRI 年鉴》的有关章节。关于欧常裁条约及议定书参见 S. Koulik 和 R. Kokoski 所著“常规军备：核查的前景”SIPRI（牛津大学出版社，牛津，1994），第 211—76 页；以及欧安组织互联网址 URL 〈http：//www. osce. org/documents/chronological. php〉。关于《修改协议》案文参见《SIPRI 年鉴 2000：军备、裁军和国际安全》（牛津大学出版社，牛津，2000），第 627—642 页；以及欧安组织互联网地址。欧洲常规武装力量条约缔约国和《修改协议》的签字国载入本卷附件 A。关于欧洲常规武装力量条约对各缔约国的限额及拥有量见国际关系与安全趋势数据（FIRST）的数据库，另载 URL〈http：//first. sipri. org/〉。

〔2〕 俄罗斯外交部，“俄罗斯联邦与格鲁吉亚外交部部长联合声明”，2005 年 5 月 30 日，另载 URL〈http：//www. ln. mid. ru/brp_4. nsf/sps/BF502C80081D8AC5C32570120056B2D2〉。另见下面第三节的讨论。

瓦，由于俄军事人员和装备依然存在，僵局仍未打开。

2005 年，欧洲安全与合作组织参加国继续努力评估、调整、开发一些与军控有关的措施，包括信任与安全措施和其他安排，以便更好地应对欧洲面临的风险与挑战。就全球而言，“非人道武器”问题仍列入国际社会的议事日程。

本章将全面分析与常规军备控制有关的主要问题及其发展动向。第二节介绍冷战结束以来这一进程在欧洲和其他地区遇到的挑战。第三节论述 2005 年在执行《欧洲常规武装力量条约》中需要关注的几个重要问题。第四节讨论在信任与安全措施范围内与军备控制有关的加强信任、提供援助与促进稳定的努力。开放天空机制放在第五节介绍。〔3〕地雷与未爆炸物在第六节叙述。第七节就常规军备控制的进一步发展提出建议。

第二节　常规军备控制：1990—2005 年的总体形势

尽管全球范围内的各个地区都为常规武器领域的军备控制作出了努力，但军备控制始终未能在欧洲以外地区扎根。欧洲仍在这方面发挥着模范作用，但由于 1989 年以来安全形势的变化，欧洲也面临着严峻的挑战。

目前，常规军备控制正在从欧洲安全政策的重要日程上消失。这部分是由于常规军备控制本身已取得成功，还有部分原因是由于冷战后军控机制走向消亡或其重心发生了变化。〔4〕军备控制在军事冷战政治中曾处于中心地位，但是当两大集团的对立结束，突然的、大规模的武装进攻急剧减少的情况下，军备控制已经丧失了其作为一个强

〔3〕 1992 年《开放天空条约》的缔约国和签署国载入本卷附件 A。关于 2005 年条约的状况见 Z. 拉霍夫斯基与帕尔·多瑙伊所著“常规军备控制”，《SIPRI 年鉴 2005：军备、裁军和国际安全》(牛津大学出版社，牛津，2005)，第 665—668 页；并见本章第 5 节。

〔4〕 这并不排除欧洲在对所谓的军备控制和信任与安全措施仍是加强欧洲安全的重要工具所发挥的作用，如欧洲安全与合作组织常设理事会，2005 年安全审议会，主席报告，第 2 工作组：综合安全。欧洲安全与合作组织文件 PC. DEL/814/05，2005 年 8 月 1 日，第 22 页。

有力的安全工具的地位。不过在冷战后不久，人们仍对遏制军事对抗和消除互不信任抱有兴趣，为达成正式的关于军备削减条约和建立信任做出了努力。1992—1995 年，《欧洲常规武装力量条约》缔约国将 5 万多件条约所限制的装备拆除或转为非军事用途。此后，他们实行进一步削减，使官方的削减达到 6.35 万件重型武器。[5] 实际上，许多国家已将其武器装备削减到大大低于条约所限制的水平。（见表 15.1）。与此同时，两大军事集团在 1989 年拥有的军队人数为 600 万至 760 万人，到 2005 年已减为 300 万人。同样重要的是那些虽不太被人注意，也无法量化的成果，即在欧洲安全与合作组织所涵盖的全部地区内出现了以建立信任与安全措施为主、与一系列维也纳文件有关的军备控制进程。[6] 20 世纪 90 年代下半叶，在前南斯拉夫地区单独建立了国际监督的军备控制机制，使其进一步削减了 6600 件重型武器，并对军事人员进行了严格限制。[7] 此外，还为修改现行欧常裁条约机制作出了努力，使其从冷战时期的武装力量对等转到保持安全利益平衡，以能够适应新的安全形势需要。

1999 年在欧洲的军备控制活动中出现了最后一次高峰，当年签订了两个主要条约：具有法律约束力的欧常裁条约《修改协议》和具有政治约束力的关于建立信任与安全措施的 1999 年《维也纳文件》。2002 年 1 月，人们期盼已久的 1992《开放天空条约》正式生效。

关于欧洲军备控制

21 世纪头几年，欧洲和世界的安全版图发生了急剧变化，面临着一些重大挑战：具有深刻影响的恐怖主义的出现、大规模杀伤性武

〔5〕 斯洛伐克共和国常驻欧洲安全与合作组织代表团："关于执行欧洲常规武装力量条约义务的有关数据"，维也纳，1995 年 12 月 19 日。1989—1990 年间，苏联将其数万吨条约限制的弹药转移到乌拉尔以东地区。在其 1991 年的政治声明中称，苏又将 1.45 万件重型武器销毁或转为民用。

〔6〕 1990 年，1992 年，1994 年和 1999 年的维也纳文件都是建立在前一时期取得的成绩基础上，每个文件都以此前的文件为基础。这些文件另载于 URL〈http：//www.osce.org/documents/chronological.php〉。维也纳文件摘要在本卷附件 A 中。

〔7〕 1996 年《次区域军备控制协议》（佛罗伦萨协议，也称第四条协议）由波黑及其两个实体，克罗地亚及南斯拉夫联邦共和国（FRY，现为塞尔维亚与黑山）签署。关于佛罗伦萨协议的案文另载 URL〈http：//www.sipri.org/contents/worldsec/eurosec.html〉。

器的扩散、无能国家和失败国家的增加、欧洲联盟和北约的扩大、西方国家之间在一些重要的安全问题上的分歧加大，包括美国从作为维持欧洲现状的一个重要支柱转向更加单边主义和在欧洲地区以外的干预姿态等等。这都不可避免地对军备控制在整体上产生影响，特别是对欧洲常规军备控制带来影响。〔8〕如上所述，冷战后出现的变化几乎消除了利用军备控制作为遏制风险扩大和突然袭击的动力。打击恐怖主义的共同目标使得北约与美国为一方，俄罗斯为另一方的关系维持在冷静与现实的基础上。但是由于种种原因，这种状态并没有变成在“硬”军控（结构性的）方面的合作取得进展。当前，修改后的欧常裁条约机制（即欧洲常规武装力量条约及修改协议）仍处于不稳定状态。

然而，欧洲地区出现了一些威胁和挑战，如地区或次地区的安全危机，冲突（包括“冻结”的冲突）和地方战争，正以与军备控制所不同的目标而得以加强。这可以从巴尔干地区的军备控制协议，即1995 年波黑和平框架总协议（代顿协议）得到证明。〔9〕目前，欧洲的政治关系正总体上朝着“共同与合作的广泛安全”方向演变。而且这一进程正向中亚地区扩展，使用“软”（可以执行的）军备控制手段的新措施和解决方法来解决安全与稳定中出现的新问题。

表 15.1　1990—2005 年欧洲常规武装力量条约的限额与实际拥有量

拥有量（1990. 11）	限额：《欧常裁条约》（1990. 11）与《欧常裁条约 1—A》（1992. 7）	实际拥有量（1995. 11）	《修改协议》限额（1999）	拥有量（2005. 11）
条约限制装备				
210005 件	154712 件	130813 件	145653 件	108516 件
条约限制人员				
600 万至 760 万人	5789181 人	5470695 人	——	2993652 人

〔8〕本节概述 SIPRI 研究报告。见 Z. Lachowski,，P. Dunay，和 J. der Haan，文章：“欧洲常规军备的相关作用”，2005，URL〈http：//www. sipri. org/contents/worldsec/Relevance. of. armscontrol. pdf〉。

〔9〕《波黑和平框架总协议》（代顿协议），代顿，俄亥俄，1995 年 12 月 14 日，另载 URL〈http：//www. oscebih. org/overview/gfap/eng/〉。

注：《欧常裁条约》（CFE）为欧洲常规武装力量条约；《欧常裁条约 1—A》为谈判欧洲常规武装力量条约关于人员限额的结束性文件。

资料来源： 人员数据取自“华约与北约在欧洲及其相关水域人员与装备比较”，《真理报》，1989 年 1 月 30 日第 5 版；伦敦国际战略研究所（IISS）：《军事力量对比 1989/90》（IISS：London，1989）；J. P. Harahan and J. C. Kuhn 文章“欧洲常规武装力量条约的现场核查”（美国国防部现场核查局：Washington，DC，1996）；《今日军备控制》，1993 年 3 月，第 28 页；以及《欧洲常规武装力量条约》联合咨询小组，条约运行与执行小组，联合咨询小组文件 JCG. TO1/56/05，2005 年 11 月 29 日。

尽管取得了这些令人难忘的成就，但是影响在这一领域作出进一步努力的主要问题仍未解决。在 20 世纪 90 年代上半叶曾试图将欧洲的各个单独的军备控制机制进行协调，甚至予以合并的努力并没有取得任何成果，短期内也没有恢复的迹象。修改后的《欧常裁条约》虽然在政治上已具有效力，但由于外来的障碍而使之被推迟正式生效。由于俄罗斯对其前苏联邻国的行为以及在《欧洲常规武装力量条约》南翼地区存在着广泛的战略竞争，因此自 1999 年以来，虽然一直努力修改（更新）维也纳信任与安全措施文件以使其前进一步以适应新的形势，但至今仍裹足不前。《开放天空条约》在 2005 年初的第一次审议会上也未能取得新的进展。总之，现在的军备控制条约由于其不被重视而面临被削弱，至少是处于困境的危险。它再也不能像前一个十年那样不断地为下一个新的目标确定方向。欧洲安全与合作组织，这个曾为以往的军备控制成就提供过纲领文件的组织，如今正面临着广泛而深刻的共识与可信度危机，阻碍其运用新的政治活力去克服老的障碍和开辟新的途径。

尽管如此，现有军备控制仍然没有面临夭折。其冷战时期的一些传统功能如强调缓和敌对国家的关系，减少战争的可能性，或者在战略冲突发生后能够限制损害等等，客观地说在今天已不那么紧迫，至少当前在欧洲是如此。然而，在欧洲进行军备控制和建立信任措施的整体框架仍具有独特的影响。首先，这是迄今世界上最先进的、切实可行的机制，正在被其他地区的那些试图建立安全机制的国家所羡慕，有时还至少被部分仿效。第二，它继续对建立在公开、透明和相互信任的欧洲国家之间的关系具有促进稳定、建立安全的作用。第三，它仍是对最坏的设想——在将来一旦历史出现倒退的一个政策保障。

加强欧洲安全的方法是独特的，即多边合作、说服、保证和信任，不像在其他地区流行的单边主义行动、先发制人和强制行动（包括使用武力）。在军事能力和军事理论为准备更加积极介入（包括和平行动和远征行动）而不断更新的今天，军备控制仍是欧洲议事日程的一个组成部分。只要在总体上，军事力量能在国际和国内政治中继续发挥作用，只要传统的或新的威胁仍需要对获取和使用武器及军事战法进行限制，军备控制就能发挥作用。向欧安组织地区和那些公认的不喜好战争的国家传播民主，军事政治的透明、克制、沟通和可预见性等这些手段仍具有其价值，关键是它们要定位准确，切实有效和能够及时实施。只要欧洲国家一方面认为安全并不可分，规则普遍适用；一方面，在欧洲安全与合作组织区域内的许多地区还没有享受到稳定和安全，常规军备控制在欧洲的工作就不能结束。

新的风险和挑战将对现状形成制约。欧洲安全经受了地区和当地危机和冲突的考验。这些危机和冲突多数发生在周边地区。一些行动性和结构性的军备控制措施可以在这里应用，只要对其运用得当，使之能够应对新的国际上和全球性挑战，包括恐怖主义的挑战。欧洲国家作为安全共同体应表现出其团结一致（及共同认知），并从他们过去辛勤建立起来的军备控制中获取新的价值。

常规军备控制也应该不断前进，必须从一个独立的、军事占支配地位的工具中解脱出来。各种信任与安全措施正日益融合成一个相互协同的整体，或正呈现出多元特性，能更好地完成新的任务和使命。在欧洲的周边地区出现了对欧洲安全的威胁，因此欧洲更需要与非欧安组织成员国分享其丰富经验，以此作为建立“朋友圈”的一种方法。

也许不容易看到，但确实存在的是武装力量及其作战方式的变化对军备控制带来的影响。如果安全关系具有的包容性、透明度和合作模式能够继续维持的话，军事人员（及有关人员）新的使命以及他们使用的新一代武器和技术早晚都要被涉及到，并可能对现有的军事条令进行修改。

欧安组织新的成员国对处理复杂的军备控制和信任与安全措施问题拥有的经验十分有限，而且应对履约的资源不足。除了对他们施加压力和鼓励外，还需要从外界，特别是从参加这一机制的拥有更多经验和富裕的国家得到特别援助。

冷战后的形势发展逐步地将各种参加国对于修改后的《欧洲常规武装力量条约》、1992 年《欧洲常规武装力量兵力谈判的结束性文件》(CFE—1A Agreement)[10] 以及《维也纳文件》所做出的各种承诺和承担的义务变得更接近相似了。《开放天空条约》也正为适应新任务和新要求处于修改过程中。这一演变过程使人们对把全部军备控制予以扩展，使对其能涵盖整个欧安组织区域充满希望。最理想的是，每个综合机制都能显示其义务清晰、操作简便、保证所有参加国平等的优点。由于历史的原因，多样性和实际处于分离的原因，“欧洲安全与合作组织的欧洲”距这一机制的目标还有很长距离。现在需要作出的选择是要么继续小步慢走，要么将现有的承诺进一步扩大，使其产生“和谐”，甚至采取更加大胆的步骤，设计出一个全新的系统。与此同时，必须使军备控制作为一个灵活多变的工具在充满变化的环境中继续得以保持。[11]

世界其他地区的经验 [12]

欧洲地区以外的常规军备控制也在等待着突破。将欧洲模式用于其他政治军事范围的各种努力取得的结果好坏参半。多数地区没有超越自愿建立信任措施这一基本步骤，只相当于 20 世纪 70 年代和 80 年代欧洲所进行的第一代试验。寻找最小公分母仍然是其主要模式。这只有在共同进行较高层次的安全对话，享有一个共同目标（即脱离军事接触），没有军备竞赛强烈刺激的地区才有可能取得成功。而在那些被国家间冲突或紧张形势所分割，缺乏解决的政治意愿的地区，这些手段要么短命，要么就根本无法实施。

在东南亚国家联盟（ASEAN）的地区论坛和拉丁美洲，军事信任措施包含在松散而广泛的协议中，协议中包括军事和非军事步骤，

---

〔10〕 关于《欧洲常规武装力量条约—1A 协议》的摘要见本卷附件 A。

〔11〕 欧洲安全与合作组织 2005 年安全审议会再一次表现出无法制定出欧洲军备控制战略，尽管由于最近的安全政策改革和军事理论的变化有可能允许修改相关文件而出现了希望 。欧洲安全与合作组织常设委员会（同注释［4］)，第 22 页。

〔12〕 关于地区安全合作见本卷第四章。

并需要政治军事当局逐步努力对其进行试验。在中亚地区，上海五国于 1996—1997 年达成了信任与安全措施和军备控制协议。[13] 这些是由于受到了《欧洲常规武装力量条约》和 1994 年《维也纳文件》的鼓舞，当然他们也增加了本地特色。[14] 在东北亚、南亚和中东这些受冲突影响的地区，军备控制还停留在理论家和分析人员的讨论和建议，以及有关国家政府做出的无力安排和濒于流产的倡议这一阶段。[15]

尽管民主国家对军备控制的运行和发展提供了便利，但军备控制这一现象不能只限于民主国家。[16] 共产主义国家的领袖常常怀疑在欧洲军备控制努力背后是否藏有对其颠覆的动机。无论这一观点是对或是错，这些集团垮台的教训对其他地区的集权国家和专制政府对军备控制的态度起到了消极影响。在欧洲地区以外，武装部队一般都被看作是加强国家安全，增强竞争与对抗的最重要的工具。更不用说仇恨使得冲突各方更加看重武装部队在摧毁敌方信心中的重要作用。放弃暴力，防止边界出现暴力和不干涉等政治原则在许多非欧洲地区并没认真实行，这在他们的战略筹划中也常常被看作是克制因素而不是保证因素。推行军备控制的另一个障碍是一些非欧洲国家内外政策的不负责任和与之相连的不稳定性，从而引起相互误会和误解。最后一个但却是重要的一个原因，也许这还不是一个主要障碍：现行的军备控制协议缺少透明度（这是民主国家常常讨论的一个问题），从而大

---

〔13〕 上海五国成员为：中国、俄罗斯、哈萨克斯坦、吉尔吉斯斯坦和塔吉克斯坦。上海合作组织（SCO）于 2001 年 6 月 5 日由上海五国和乌兹别克斯坦建立。关于 SCO 见本卷术语汇编。

〔14〕 关于中亚地区的军备控制与信任与安全措施的应用见 D. Trofimov 文章“中亚的军备控制”，及 A. J. K. Bailes 等人的文章“高加索和中亚的军备与裁军”，《SIPRI 政策文件》第 3 期（SIPRI：Stockholm，July 2003），另载 URL〈http：//www. sipri. org/〉，第 46—56 页。

〔15〕 最新的信任措施协议是由南北朝鲜军事代表团于 2004 年 6 月 4 日达成的，其中提出了关于防止在黄海（西海）出现突发事事件和停止在军事分界线进行宣传活动的措施。见“第二次南北将军级军事会谈举行”，朝鲜人民民主共和国朝鲜中央通讯社，另载 URL〈http：//www. kcna. co. jp/item/2004/200406/news06/05. htm＃9〉。据报道该协议已有部分执行。

〔16〕 另见本卷第五章。

大降低了这一手段的效用。[17]

由于"人的安全"取得了更加重要的地位，军备控制的人道主义方面得到更多的关注和发展。限制、拆除、销毁和禁止非人道主义武器得到世界范围的广泛支持，而且将继续要求各国政府给予关注。涉及这一问题的有 1981 年的《禁止或限制使用某些可被认为具有过分杀伤能力或滥杀滥伤作用的常规武器公约》（简称"特定常规武器公约"或"非人道武器"公约）和 1997 年的《禁止使用、储存、生产和转让杀伤人员地雷及销毁此种地雷的公约》（简称"禁雷公约"），[18] 此外还有地区的、双边的或单边协议，甚至一些非国家行为体的有关保证。

第三节　欧洲常规武装力量条约

1990 年的《欧洲常规武装力量条约》至今仍是世界范围内最完备的常规军备控制机制。这一机制被称为"欧洲安全的基石"，它对在欧洲消除大规模军事进攻的威胁、增强信任、增加透明和促进相互信任发挥了重要作用。

条约现状

《欧洲常规武装力量条约》为从大西洋到乌拉尔（ATTU）的实施区内的两大军事集团的重型常规武器及装备制定了平等的上限份额。[19] 1999 年的《修改协议》抛弃了原来的北约和当时的华约两大军事集团力量平衡的概念，引入了以国家和领土规定上限份额为基础的新的军备控制机制。这在协议议定书中作出了具体规定，并向尚未成为条约缔约国的其他欧洲国家开放。但是，如前所述，由于俄罗斯未能履行其在 1999 年欧安组织伊斯坦布尔峰会上所做出的承诺，北

〔17〕《在边界地区减少武装力量协议》，由中国为一方，俄罗斯、哈萨克斯坦、吉尔吉斯斯坦和塔吉克斯坦为另一方签署。该协议未能达到欧洲的公开、透明标准，对非缔约国和其他国际监督组织保密。关于透明问题的更多情况见本卷第六章。

〔18〕关于这些公约的签署国和批准国见本卷附件 A。

〔19〕欧洲常规武装力量条约（同注释［1］）。

约和其他国家拒绝批准，因而这一协议尚未生效。[20] 在《欧洲常规武装力量条约》30 个签字国中，只有白俄罗斯、哈萨克斯坦和俄罗斯三国批准了《修改协议》并交由保存。乌克兰已经批准但尚未提交批准书。因此，原来的《欧洲常规武装力量条约》及其有关文件和决议至今仍对所有缔约国具有约束力。

条约的修改、运行和遵守问题

2005 年，俄罗斯与北约在批准欧常裁条约《修改协议》问题上仍坚持各自立场。这一年，俄罗斯与格鲁吉亚达成协议，但未能与摩尔多瓦就从分离的外德涅斯特地区撤出部队及装备问题消除障碍（见下文）。德国与北约其他一些国家试图就此在外交上取得突破，但在 2005 年年底，北约国家仍坚持其原来立场。[21] 2005 年俄罗斯拒绝这种“人为联系”，声称它已经完成《欧洲常规武装力量条约》规定的义务[22]，在伊斯布尔所做的政治承诺拖延执行是由于这两个前苏联共和国内部出现了复杂的形势。俄罗斯还劝说其在集体安全条约组织的盟国参加《修改协议》，以促进西方国家“尽快执行其在 1999 年伊斯坦布尔会议上的政治承诺”，即促进协议的批准。[23]

8 月，美国国务院核查与遵约局发表了关于 2002—2003 年遵

---

〔20〕 欧洲安全与合作组织（OSCE），伊斯坦布尔首脑会议宣言，伊斯坦布尔，1999 年 11 月 17 日，第 19 段；欧洲安全与合作组织，欧洲常规武装力量条约缔约国会议最后文件，伊斯坦布尔，1999 年 11 月 17 日。这些文件案文重新载入《SIPRI 年鉴 2000》附录 10B，第 642—643 页，第 645—646 页。

〔21〕 北大西洋公约组织，“北大西洋理事会部长理事会最后公报”，新闻公报 158 期（2005），布鲁塞尔，2005 年 12 月 8 日。另载 URL〈http://www.nato.int/docu/pr/2005/p05－158e.htm〉。

〔22〕 俄罗斯的官方观点实际上由俄外交部发言人 A.Yakovenko 于 2005 年春季在 Rossiyskaya Gazetah 报纸上的一篇文章“伊斯坦布尔的神话与现实”中予以重申，2005 年 4 月 6 日。非正式译文载入俄外交部新闻局出版物，2005 年 4 月 7 日，另载 URL〈http://www.ln.mid.ru/brp_4.nsf/english?OpenView&Start=1.1131〉。俄译文有明显倾向性，比如说俄在侧翼地区的拥有量低于《修改协议》的分类限额，但实际上超过了正在执行的欧洲常规武装力量条约的总限额。

〔23〕 集体安全条约组织成员国关于批准欧洲常规武装力量条约修改协议的声明，莫斯科，2005 年 6 月 22 日。另载 URL〈http://www.mid.ru/ns－rsng.nsf/3a813e35eb116963432569ee0048fdbe/432569d800221466c3257028005bbe34?OpenDocument〉。集体安全条约组织成员国有：亚美尼亚、白俄罗斯、哈萨克斯坦、吉尔吉斯斯坦、俄罗斯和塔吉克斯坦。关于 CSTO 见本卷术语汇编。

守军备控制协议和履行承诺的报告，并对其材料进行了一些更新。该报告也审议了《欧洲常规武装力量条约》的执行情况。〔24〕报告在承认条约的多数条款已得到遵守的同时，也列举了亚美尼亚、阿塞拜疆、白俄罗斯、俄罗斯与乌克兰未能遵约的具体情况。清单包括未报告条约限制的装备，中止欧常裁条约条款的执行，驻扎外国部队，不适当地确定或豁免装备，拒绝进入现场，未能履行集体义务（在苏联解体后），以及其他一些问题。在清单中显示违约次数最多的俄罗斯拒绝这一批评，反称《欧洲常规武装力量条约》已失去活力，应立即进行修改，并威胁要在 2006 年第三次审议会上作出“强硬讲话”。〔25〕

许多问题要等待审议会解决。更新 1990 年《欧洲常规武装力量条约》关于现有常规武器及装备类型议定书的问题由于装甲战车问题而继续搁置。〔26〕美国决定在东巴尔干（侧翼地区）建立军事基地。〔27〕这明显地要涉及可能部署条约限制的装备问题。2005 年没有讨论未计入和未控制的条约限制装备问题。尽管这一问题没有对欧洲安全全局产生消极影响，它只是发生在前苏联地区棘手冲突的一种症状，而不是根本原因，但这一问题在次地区范围内仍是一个重要因素。前苏联/俄罗斯的条约所限制的装备早就应该销毁或运回俄罗斯，但至今在这一地区仍存在着自称为外德涅斯特当局（摩尔多瓦）、阿布哈兹和南奥塞梯当局（格鲁吉亚）。在纳戈尔诺—卡拉巴赫（处于亚美尼亚与阿塞拜疆的冲突中）的未计入和未控制的条约限制装备继

---

〔24〕美国国务院核查与履约局：“遵守与履行军备控制，不扩散与裁军协议与义务”，华盛顿，DC，2005 年 8 月 30 日，载于全球安全组织，另载 URL〈http：//www.globalsecurity. org/wmd/library/report/2005/ac－acnpdac－report _ bvc－dos _ 050830.htm〉。

〔25〕俄罗斯外交部新闻出版局“关于美国国务院的报告”，《新闻公报》，正式译文，莫斯科，2005 年 8 月 21 日，另载 URL〈http：//www. ln. mid. ru/brp _ 4. nsf/english?OpenView&Start=1. 522〉。

〔26〕《欧洲常规武装力量条约》规定现有常规武器及装备类型议定书应定期更换。虽然在 1996 年和 2001 年的审议会上都讨论过这一问题，但这一任务并未完成。

〔27〕美国国务院：“东南欧国家部长们通过为阿富汗派出一个旅的部队的决议，拉姆斯菲尔德欢迎罗马尼亚的基地协议；与保加利亚的谈判正进行。”2005 年 12 月 7 日，另载 URL〈http：//usinfo. state. gov/eur/Archive/2005/Dec/07－334213. html〉。

续对欧常裁条约的执行产生消极影响。3 月，格鲁吉亚和摩尔多瓦总统要求对欧洲的“黑洞”引起的危险给予注意，特别提出要加速从这两国撤出外国军队。[28]

俄罗斯与格鲁吉亚关于撤出军事基地的协议

在经过 2001—2004 年的僵持之后，从格鲁吉亚撤出俄军队一事在 2005 年进入关键时刻。俄罗斯已经将其部署在格鲁吉亚的重型地面装备减少到伊斯坦布尔峰会同意的水平，但是部队撤出的进度很不平衡。[29] 自 2003 年以来，俄罗斯以种种借口中止或停止撤出军队的谈判。在欧安组织马斯特里赫特和索非亚部长理事会上，俄罗斯拒绝同意政治宣言和地区声明（包括关于格鲁吉亚的一个声明），这就更加表现出其未能执行伊斯坦布尔义务。

种种政治和其他因素，包括 2004 年格鲁吉亚完成了美国的为期三年的“训练与装备”计划，明显地缓解了俄罗斯的关注，有助于 2005 年的解决。这一年年初，俄罗斯重申其给予财政赔偿的要求，[30] 并提出最终与“反恐中心”共同使用基地的建议。在同年二月，俄外长谢尔盖·拉夫罗夫访问第比里斯期间，格鲁吉亚对建立俄罗斯——格鲁吉亚联合反恐中心兴趣不大，但他们组成了一个工作组开始充分讨论这一建议。[31] 2005 年 3 月 10 日，格鲁吉亚议会通过一个不具约束力的决议，要求俄罗斯同意一个关闭基地的时间表，并于 5 月 15 日前撤出其军事存在。不然，格鲁吉亚将宣布自 2006 年 1 月 1 日起俄军事存在为非法。[32] 2005 年 4 月 25 日举行的格鲁吉亚与俄

---

〔28〕 联合国，格鲁吉亚和摩尔多瓦共和国常驻代表致函秘书长，大会，第 59 届，议事日程 56（n）和 105 项，联合国文件 A/59/725，2005 年 3 月 7 日。

〔29〕 见拉霍夫斯基文章：“常规军备控制”《SIPRI 年鉴 2002：军备、裁军和国家安全》（牛津大学出版社，牛津，2002），第 709—735 页；又见拉霍夫斯基文章：“欧洲常规军备控制”，《SIPRI 年鉴 2003：军备、裁军和国家安全》（牛津大学出版社，牛津，2003），第 691—711 页。

〔30〕 俄罗斯明确表示西方国家要为俄军队撤出和在俄重新部署支付费用。2005 年 4 月俄国防部长谢尔盖·伊万诺夫估计整个费用为 2.5 亿至 3 亿美元，不过他又讲俄罗斯承担得起这一财政负担。

〔31〕 俄罗斯坚持该中心应在撤退协议达成前开始工作，但这一努力并没有成功。

〔32〕 V. Mite 文章：“格鲁吉亚：俄罗斯称议会就基地问题所做出的决议具有“反作用”，自由欧洲电台/自由电台，2005 年 3 月 11 日。另载 URL〈http：//www.rferl.org/featuresarticle/2005/03/6b905aa5－e339－446a－86b1－99326b1c8ca6.html〉。

罗斯外长会议使双方立场更加靠近。尽管在准备协议时出现紧张，如俄对撤军的最后期限提出先决条件，格鲁吉亚威胁 5 月 15 日后将对俄军进行限制，俄提出财政对等的要求，此后格鲁吉亚又抵制俄为欧洲结束二次世界大战的庆祝活动等。但是双方外交官仍然继续他们的工作。为促进谈判，格总统米哈尔·萨卡什维利于 5 月 26 日宣布，在俄罗斯基地关闭后，不会允许在格鲁吉亚领土设立任何外国基地，这暂时使俄感到满意。

5 月 30 日，格鲁吉亚和俄罗斯外长就关闭俄军事基地和其他军事设施，以及从格鲁吉亚撤出俄军队发表共同声明。〔33〕这一协议没有法律约束力。撤军从 2005 年 6 月开始一直到 2008 年分期进行，具体时间没有确定。最后阶段为关闭巴图米基地和俄军在外高加索集团军司令部。关于欧常裁条约限制的装备，从阿哈尔卡拉基基地撤出的条约限制装备将于 2006 年年底撤完，在格鲁吉亚领土的其余重型装备将于 2007 年 10 月 1 日前撤出。如气候条件不允许，撤出行动可推至 2007 年年底。

双方还同意为取得与撤军有关的运输费用的更多财政支持而“进行合作招标”。〔34〕格鲁吉亚以各种方式为组织撤军提供援助。俄罗斯承诺不再为撤出的武器和装备进行替换和补充。双方将尽快达成三个补充协议：1. 巴图米和阿哈尔卡拉基基地的运作及关闭；2. 反恐中心的建立与运作；3. 通过格鲁吉亚领土的转运。〔35〕有关俄继续其军事存在的协议将与 1999 年伊斯坦布尔的俄——格联合声明相联系，声明为俄在《欧洲常规武装力量条约》限制内的装备提供“临时部署”。〔36〕并为确定俄是否完全从古道塔基地撤出另外采取“必要的措施”。〔37〕

---

〔33〕 俄罗斯外交部（同注释 [2]）。

〔34〕 这就是说寻求外来援助只解决从格鲁吉亚撤军问题，并不涉及军队在俄的重新部署。

〔35〕 为此，亚美尼亚对俄将在格鲁吉亚的基地的条约限制装备转往亚美尼亚表示关注。俄罗斯向亚美尼亚保证，转往亚美尼亚的装备不会超过修改协议的上限，并仍在俄的控制之下。

〔36〕 即不超过 153 辆坦克、241 辆装甲车和 140 门火炮。

〔37〕 有关的语义模糊条款与将要派往古道塔基地的多国代表团有关。这一代表团的任务是确定要俄罗斯完成其撤军义务。德国是这一行动的主导国。

北约国家欢迎联合声明，称这是朝向履行伊斯坦布尔义务和《欧洲常规武装力量条约》第四条第五款所要求的解决办法的“令人鼓舞的一步”。[38] 他们还要求俄罗斯签署相关协议，并尽快解决其他突出存在的问题（包括在摩尔多瓦的军事存在）。8 月 15 日，俄罗斯完成第一轮 40 个单位重武器的撤出，包括欧常裁条约限制的 20 辆 T—72 作战坦克。欧安全组织卢布尔雅那部长理事会关于格鲁吉亚的声明中欢迎俄——格联合声明，以及关于巴图米和阿哈尔卡拉基基地协议的谈判，俄撤出部分重型装备，并鼓励双方在古道塔基地问题上取得更大进展。[39]

格鲁吉亚与俄罗斯的协议明显地没有涉及格鲁吉亚分裂地区的《欧洲常规武装力量条约》未计入和未控制的条约限制装备问题。9 月，格鲁吉亚政府对在南奥塞梯地区特什瓦利的军事阅兵中出现有《欧洲常规武装力量条约》限制的坦克、装甲运兵车和火炮进行了谴责。

俄罗斯在摩尔多瓦的军队与装备

与格鲁吉亚不同，2005 年摩尔多瓦与俄罗斯的军事关系没有取得进展。摩尔多瓦永远中立，拒绝在其领土驻扎任何外国军队。俄罗斯有关条约限制的装备的撤出已于 2003 年完成，但由于分裂的外德涅斯特地区没取得政治解决，因而使俄的 700 人部队推迟撤出，同时推迟了对约 2000 吨储存弹药和欧常裁条约没有限制的装备的处理。由于摩对俄的分化削弱战略感到失望，自 2003 年以来，摩尔多瓦在其与俄进行的解决谈判中一直寻求强大的国际支持。[40] 他同时还指出，在外德涅斯特地区的企业制造了《欧洲常规武装力量条约》限制的装备，但并未报告。2005 年 9 月，在庆祝所谓的“德涅斯特摩尔多瓦共和国”（外德涅斯特地区）的纪念活动中，举行了军事检阅。检阅中有 6 辆坦克、多辆装甲运兵车、20 枚导弹发射架、50 门火炮和榴弹炮、5 架直升机。其中有些明显是属于《欧洲常规武装力量条约》所限制的装备。

---

〔38〕 条约规定属于同一集团的缔约国可以将其地面装备部署在条约实施区内任何地方，“只要一国部署在其他国家的武器装备征得了所在国家的同意”。

〔39〕 欧洲安全与合作组织部长理事会关于格鲁吉亚声明，欧洲安全与合作组织文件 MC. DOC/4/05，2005 年 12 月 6 日。

〔40〕 拉霍夫斯基和多瑙伊文章（同注释［3］），第 656—658 页

2005 年也有不少试图推动与俄陷于停顿的谈判的努力。除了包括摩尔多瓦、欧洲安全与合作组织、俄罗斯、外德涅斯特实体和乌克兰的五边会谈外，欧洲安全与合作组织和乌克兰还单独作出了努力。6 月 10 日在格鲁吉亚议会采取行动后，摩尔多瓦也发表了非军事化的呼吁，呼吁国际社会鼓励俄军队与装备在 2005 年年底前撤出，并于 2006 年削减俄的“维持和平”部队，拆除俄罗斯在外德涅斯特地区的军事单位等等。〔41〕但是此后发生的事件表明，“格鲁吉亚设想”并不适用摩尔多瓦。在欧安组织的讨论中只提出了一个与军备控制和建立信任措施条款有关的建议（见下文）。

2005 年 10 月，扩大了的“5＋2”模式（欧盟与美国作为观察员）同意为打破 15 个月的僵局再进行一次尝试。然而，其后数月显示出俄罗斯还没有在缺乏政治解决冲突的情况下作好履行伊斯坦布尔义务的准备。俄罗斯的“维持和平”部队将在外德涅斯特地区无限期地驻扎下去。〔42〕此外，2005 年在撤出弹药问题上也没有取得任何进展。

俄罗斯的伊斯坦布尔承诺，包括与摩尔多瓦有关的义务成为卢布尔雅那部长理事会的一个主要分歧点，使得为达成一个政治宣言的努力遭受挫折。〔43〕

---

〔41〕欧洲安全与合作组织驻摩尔多瓦代表团：行动报告，2005 年 6 月，欧洲安全与合作组织文件 SEC. FR/301/05，2005 年 7 月 13 日。关于维持和平行动见本卷附录 3A。

〔42〕俄罗斯声称它不能推翻外德涅斯特当局反对撤出武器弹药的意见，而且它的部队必须驻守在那里，以保护弹药库的安全。俄罗斯还声称，俄与独联体的“维持和平行动”部队在政治解决前必须驻守在那里。很明显，俄罗斯的军事存在就是要扶持外德涅斯特政权。

〔43〕据报道，在卢布尔雅那的外交官声称俄罗斯的否决是由下面一段案文引起的：“我们还注意到关于俄罗斯从摩尔多瓦撤军缺乏进展。重申我们决心共同推动尽早完成这一任务，以使欧洲常规武装力量条约修改协议生效。”欧洲安全与合作组织部长理事会，卢布尔雅那部长声明草案，卢布尔雅那，2005 年，欧洲安全与合作组织文件 MC. DD/14/05/Rev. 7，2005 年 12 月 6 日。另见 R. Eggleston 文章“欧洲安全与合作组织：最后案文由于在俄罗斯从摩尔多瓦撤军问题上出现分歧而作罢”。自由欧洲电台/自由电台，2005 年 12 月 6 日，另载 URL〈http://www.rferl.org/featuresarticle/2005/12/0aace2d9－9ffd－4384－bb4a－54788321404b.html〉。关于对卢布尔雅那会议的分析见 V. Socor 文章“欧洲安全与合作组织年底会议未能通过关于安全问题的重要文件”，Eurasian Daily Monitor，第二卷第 227 期（2005 年 12 月 7 日）。

第四节 在欧洲建立信任与稳定

欧洲的信任与安全措施将合作措施、规则和机制汇集为一个巨大的整体。信任与安全措施起初是用来帮助防止一个国家或军事集团准备对另一个国家或军事集团发起无法预料的大规模进攻，但是这种形势在欧洲已不复存在。当前，还没有认真思考如何使建立信任与稳定措施这一形式适应国际社会当今面临的现实威胁：国内暴力与国家间或全球性威胁的结合。

在为信任与安全措施制定框架的《维也纳文件》仍在发挥作用的同时，欧安组织已试图采取灵活自愿的方式来处理更加紧迫的问题，包括只涉及欧安组织地区的很小一部分，或者超出其能力限制的措施。信任与安全措施不再被看作是通向“真正裁军”之前的附属品。后者也不再被看作是唯一的大事。冷战后 15 年一直被冲突控制所困扰，因而更多的是鼓励“友好国家”重建而不是克制其防务能力。在前苏联领土和其他华约国家领土上发生深刻变化后，对冷战的军事遗产也需要重新进行评估。其结果是在欧洲建立信任与稳定的模式需根据以下总的发展趋势来确定：1. 转向“软”机制而不是数量的限制；2. 涵盖规则和标准的行动范围扩大；3. 增加区域“补充机制”；4. 信任与安全措施可能被“全天候”应用，包括防止冲突和冲突后重建；〔44〕 5. 将信任与安全措施纳入合作的篮子里；6. 多方面交叉的新措施；7. 对新威胁、新变化、新发展的反应；8. 分享“欧安组织欧洲”以外地区军备控制的经验。〔45〕欧安组织的“安全合作论坛”为执行和协调所有关于常规军备控制的欧安组织协议，保证他们的连续性和为未来军备控制谈判制订新的重点问题提供了机构性框架。

2005 年为扩大建立信任努力的政治条件并不有利。美国驻欧安

---

〔44〕 拉霍夫斯基文章：“在欧洲建立安全与信任措施”，《SIPRI 年鉴 2000：军备、裁军和国际安全》（同注释 [1]）第 615—616 页。

〔45〕 关于信任与安全措施的新趋势，见 Lachowski，Dunay and der Haan 文章（同注释 [8]）。

组织首席代表朱莉·芬利说："这一方面的主要问题应该是执行义务。……我们反对再谈判传统方式的军备控制或信任与安全措施，尽管我们愿意考虑新的具体建议，如果确有安全需要这样处理的话。"〔46〕尽管如此，在2005年仍采取了两个具有长远意义的步骤。经过长达两年的谈判，安全合作论坛同意了土耳其提议的一个声明，即要求对低于1999年《维也纳文件》的通报门槛的主要军事活动事先通报。〔47〕制定这一措施所消耗的大量时间与其结果很不相称，只是达成了一个没有约束力、自愿遵守的信任与安全措施。这显示出全欧军备控制所处的困境。但是一些与会者仍希望这一最终到来的成功能有助于克服更大的僵局。在其年度通报中，白俄罗斯、捷克共和国、芬兰、匈牙利、拉脱维亚、立陶宛、俄罗斯、塞尔维亚和黑山、瑞典、瑞士和土耳其对他们将于2006年进行的低于门槛的主要军事活动进行了通报。另外一个重要的决定是同意于2006年2月就军事理论举行高级的欧安组织研讨会。这是自2001年举办第四次研讨会以来的第一次，也是2001年美国遭受"9·11"恐怖主义袭击以来第一次举行这样的会议。〔48〕会议评估和讨论了在急剧变化的安全形势下，军事理论和技术的变化以及对国防机构和武装部队的影响。

2005年在安全合作论坛议程上的值得一提的还有大规模杀伤性武器的不扩散和1994年安全的政治军事层面行为准则的研讨会。〔49〕

---

〔46〕 芬利大使还指出："我们应该更好地利用其政治军事层面以支持战场行动，解决冻结的冲突，减缓地区紧张局势，支持欧洲安全与合作组织在其他方面的工作。"美国常驻代表J. 芬利大使的讲话，高级别磋商上午会议，维也纳，2005年9月13日，另载URL〈http://osce.usmission.gov/archive/2005/09/septindex.html〉。

〔47〕 欧洲安全与合作组织，安全合作论坛主席关于重要军事活动事先通报的声明，欧洲安全与合作组织文件FSC.JOUR/467，2005年10月5日。白俄罗斯和俄罗斯准备支持这些措施。

〔48〕 欧洲安全与合作组织，欧洲安全与合作组织决定第3/95号，2005年6月29日。

〔49〕 欧洲安全与合作组织，关于安全的政治军事层面的行为准则，欧洲安全与合作组织文件DOC.FSC/1/95，1994年12月3日。另载URL〈http://www.osce.org/item/883.html〉。安全合作论坛于6月15日举行了不扩散大规模杀伤性武器特别会议，并就支持执行联合国安理会第1540号决议开展对话，该决议要求各国通过立法措施，以减少恐怖主义分子获取大规模杀伤性武器可能带来的风险。联合国安理会第1540号决议于2004年4月28日通过，另见本卷第十二章。安全合作论坛通过决议，支持有效执行第1540号决议。欧洲安全与合作组织第7/05号决议，欧洲安全与合作组织文件FSC.DEC/7/05。

不过，更多的精力仍投入到小武器、多余弹药和危险品的处理问题上（见下文）。

建立地区性信任措施

欧洲已有 20 多个建立信任的协议安排，[50] 其目的在于解决一些特别的安全关切，缓解一国国内、双边和地区范围内的紧张关系。北约的连续扩大将会导致更多这样的安排。与此同时，由于有些国家现已成为北约成员国，现有的国家间信任与安全措施在未来几年内将会被淘汰。2005 年 1 月 19 日，由于匈牙利与斯洛文尼亚已经成为北约成员国，因而他们之间于 1998 年达成的信任与安全措施协议随之终止。[51] 2005 年 3 月，匈牙利与塞尔维亚和黑山签署了信任与安全措施协议，就通过预先通报，邀请观察员参观陆军的一些军事活动，扩大信息交换的范围、军事合作与接触，增加评估访问与视察的限额达成协议。这一协议基本仿照这一类型其他双边协议的条款。[52]

对信任与安全措施的考验之一是它们是否适用于一国内部出现的“恶劣气候”条件，即处于危机、冲突、战争等恶劣状态，比如摩尔多瓦的冻结冲突。2005 年 7 月 12 日，解决外德涅斯特问题进程的三个调解方——欧安组织及“未来的担保国”俄罗斯和乌克兰——向摩尔多瓦政府和外德涅斯特地区分裂实体提出了削减部队和信任与安全措施一揽子计划建议。[53] 这一计划的内容吸收了欧洲军备控制和信任与安全措施的经验：《欧洲常规武装力量条约》、1996 年的代顿军备控制协议和 1999 年的《维也纳文件》。

---

[50] 关于 1991—2004 年达成的地区信任与安全措施协议的清单和摘要见拉霍夫斯基文章：“在新欧洲的信任与安全措施”，《 SIPRI 研究报告》第 18 期（牛津大学出版社，牛津，2004），第 138—146 页。

[51] 另一方面，1991 年匈牙利与罗马尼亚的开放天空协议将为试验与训练目的而继续运行。

[52] 欧洲安全与合作组织，关于完善 1999 年维也纳文件的信任与安全措施协议及匈牙利共和国与塞黑部长理事会发展军事关系的协议，2005 年 3 月 24 日，欧洲安全与合作组织文件 FSC. DEL/133/05，2005 年 4 月 20 日。

[53] 欧洲安全与合作组织，在摩尔多瓦的军备控制与建立信任与安全措施，欧洲安全与合作组织文件 SEC. GAL/178/05，2005 年 7 月 28 日。这一建议最初由美国领导的欧洲安全与合作组织驻摩尔多瓦代表团提出，与俄罗斯和乌克兰军事专家共同制定。

"非军事化"和建立信任的两个计划在政治和军事层面都是有争议的。外德涅斯特地区当局并没有参加关于审议和评论建议措施的军事专家组会议。信任与安全措施一揽子计划反而却由欧安组织驻摩尔多瓦特派团分别于11月向新闻记者，12月向欧安组织外交官和专家提出。这两个计划都被认为将对政治解决摩尔多瓦冲突有着负面影响，因为它们：把政治解决同军事计划割裂；认可俄罗斯在摩的无限期军事存在，这违背伊斯坦布尔承诺的精神和摩尔多瓦的中立地位；赋予了俄罗斯相对于其他国家的特权地位及对摩尔多瓦政府的歧视；使外德涅斯特分裂主义实体及其军事力量合法化；对俄"维和部队"和"内部安全部队"实施豁免，使其免受削减和视察；只处理对地区造成损害的小武器，等等。〔54〕

2005年12月1日，摩尔多瓦根据军备控制信任与安全措施一揽子关于信息交换议定书（A—1）的要求提交了有关军事单位与装备的情况。外德涅斯特当局就有关其军事部队和军事装备的情况也提交了一封信件，对有关情况作了简略介绍。事实上，俄罗斯被要求协助外德涅斯特根据一揽子交易的议定书A—1草拟其部队和装备的信息。

小武器和轻武器

2000年欧安组织《关于小武器和轻武器文件》及其他有关文件〔55〕仍为处理小武器和轻武器、在缔约国中促进透明和建立信任，

---

〔54〕关于对这一计划缺陷的分析见V. Socor文章："俄罗斯与欧洲安全与合作组织关于摩尔多瓦的军事计划：回到'后苏联的安全空间'"及"欧洲安全与合作组织核查程序提供了充足的欺骗机会"，*Eurasian Daily Monitor*，第二卷第171期（2005年9月15日）；V. Socor文章："摩尔多瓦专家抨击俄罗斯与欧洲安全与合作组织军事计划。"*Eurasian Daily Monitor*，第二卷第226期（2005年12月6日）；以及V. Socor文章："欧洲安全与合作组织与俄罗斯关于摩尔多瓦的军事计划在维也纳受到批评。"*Eurasian Daily Monitor*，第二卷232期（2005年12月14日）。

〔55〕这些欧洲安全与合作组织文件包括：关于小武器和轻武器最佳实践指南手册，对便携式防空系统（MANPADS）出口控制原则，关于小武器和轻武器的最终使用许可和核查程序标准内容，以及关于控制小武器和轻武器中间商的准则。见Z. Lachowski和M. Sjögren文章："常规军备控制"，《SIPRI年鉴2004：军备、裁军和国际安全》（牛津大学出版社，牛津，2004），第726—730页；I. Anthony和S. Bauer文章："转让控制与销毁计划"，《SIPRI年鉴2004》（同注释[55]），第751—756页；及拉霍夫斯基与多瑙伊文章（同注释[3]），另见本卷第十章。

以及帮助打击恐怖主义和有组织犯罪的有效文件。2001—2004 年期间，欧安组织参加国销毁了 430 多万件被视为多余武器或非法拥有和走私的武器。在信息交换方面，近年来执行情况有所改善，尽管对小武器质量方面的影响尚不清楚。对小武器销毁的援助也扩大到高加索地区、中亚地区和东南欧地区。当前的重点是有必要完全执行出口控制，特别是便携式防空系统的控制，因为它对民用航空造成了威胁。有待解决的问题还包括：小武器和轻武器进程的方向；如何处理执行问题；欧安组织对 2006 年联合国关于小武器和轻武器的非法交易行动计划的第一次审议会如何采取地区行动。[56]

"安全合作论坛"就与小武器和轻武器有关的问题接到了三个请求。2003 年，白俄罗斯提出援助其销毁多余的小武器和轻武器，改善其储存管理及安全的请求，但这一请求于 2005 年 11 月被出人意料地撤回。[57] 在塔吉克斯坦的小武器和轻武器和常规弹药项目，由于在 2005 年 1 月 1 日签署小武器和轻武器谅解备忘录而达成了一致。欧安组织和有关参加国家对其提供了资助或作出了保证。为了回应哈萨克斯坦 2004 年 12 月要求援助的请求，2005 年 6 月专门组织了关于小武器和轻武器和常规弹药的销毁技术和储存安全与管理的研讨会，对两个储存点进行了初步评估访问。由于南奥塞梯的安全形势，在格鲁吉亚的小武器和轻武器项目仍处于搁置状态。

自 1999 年以来，欧盟在世界各地采取了具体的裁军行动以处理小武器和轻武器的威胁。[58] 但其联合行动多为被动式的，只确立了

---

〔56〕 见欧洲安全与合作组织，安全合作论坛主席向部长理事会提交的关于执行欧洲安全与合作组织小武器和轻武器文件的进展报告，欧洲安全与合作组织文件 MC. GAL/5/05，2005 年 11 月 30 日。

〔57〕 2005 年 5 月，应白俄罗斯的请求，对 14 枚便携式防空系统进行销毁。2005 年 10 月 5 日，在安全合作论坛上提出了项目计划。白俄罗斯提出它可以自己处理销毁事宜。

〔58〕 "1998 年 12 月 17 日理事会通过的联合行动是基于欧盟条约第 J. 3 款，关于欧盟对打击不稳定因素和小武器及轻武器的扩散所做的贡献"，文件 1999/34/CFSP，1998 年 12 月 17 日，*Official Journal of the European Communities*，L9，1999 年 1 月 15 日，第 1—5 页；以及"理事会 2002 年 7 月 12 日关于欧盟对打击不稳定因素及小武器及轻武器扩散的共同行动并重申 1999/34/CFSP 文件所指出的联合行动"，文件 2002/589/CFSP，2002 年 7 月 12 日，*Official Journal of the European Communities*，L191，2002 年 7 月 19 日，第 1—4 页。

解决武装冲突的原则。2005 年，为了建立全面一致的模式，欧盟扩大了这些努力，通过发起预防行动阻止造成局势不稳的小武器和轻武器的进一步积累，减少现有小武器、轻武器及其弹药的积累。2005 年 12 月的“欧盟打击小武器、轻武器及其弹药的非法积累和走私战略”，设计出了一个行动计划，为打击小武器、轻武器及其弹药的供应和扩散提供了全球性、地区性（特别是撒哈拉以南）和国家的机制；提供了对于积累及现有储存所带来问题的应对办法；提供了对小武器和轻武器非法扩散给人类发展所引起的不良后果的处理措施；以及提供了欧盟内部的必要结构。〔59〕

储存弹药和毒剂的销毁

常规弹药和液态火箭燃料（混合物）的不安全和非控制储存为安全、人道主义、经济和环境方面造成了多种风险。根据 2003 年欧安组织常规弹药储存文件（SCA 文件），〔60〕任何欧安组织成员国只要确定其多余弹药库存对其安全带来危害，而处理这些危害需要援助，即可通过欧安组织向国际社会请求援助。

白俄罗斯、哈萨克斯坦、俄罗斯 、塔吉克斯坦和乌克兰提交了这样的申请。另有阿富汗、亚美尼亚、哈萨克斯坦、乌克兰和乌兹别克斯坦五国提出了请求援助销毁混合物（共有 3500 多吨）的申请。2005 年前已有 10 个参加国提供了捐助或保证捐助。〔61〕在常规弹药储存文件范围以外，在外德涅斯特地区有 2.1 万多吨弹药被拆除和处理，还有其他过期和多余的弹药需要销毁，以及在外德涅斯特地区的弹药储存设施需要更新。格鲁吉亚也提出对 10 多吨凝固汽油弹进行中和或转为民用的请求。

---

〔59〕 欧盟理事会，欧盟打击非法囤积和贩运小武器和轻武器及其弹药，由欧盟理事会通过，文件 5319/06，布鲁塞尔，2006 年 1 月 13 日，另载 URL 〈http：//register. consilium. eu. int/pdf/en/06/st05/st05319. en06. pdf〉。

〔60〕 欧洲安全与合作组织，关于常规弹药储存的文件，安全合作论坛文件 FSC. DOC/1/03，2003 年 11 月 19 日，另载，URL 〈http：//www. osce. org/documents/fsc/2003/11/1379_en. pdf〉。

〔61〕 欧洲安全与合作组织，安全合作论坛主席就执行欧洲安全与合作组织关于储存常规弹药文件向部长理事会提出进度报告，欧洲安全与合作组织文件 MC. GAL/4/05，2005 年 11 月 30 日。

一些国家开始着手拟定最佳实践指南。安全合作论坛评估团对国家和国际的经验都进行了审议，包括储存管理、运输、项目管理，以及标示、登记与记录保存等各个方面。他们还计划在其他方面讨论补充指南。除了欧安组织实施的大范围活动外，它还发展了与北约、联合国，以及其他提高公众意识运动组织的合作。2005 年 5 月，在乌克兰基辅举办了北约与欧安组织关于混合物技术的研讨会。在同年 9 月的一次安全合作论坛研讨会上，北约代表建议"安全合作论坛"与北约开展合作。

东南欧地区的防务转型

东南欧地区面临的一个主要挑战是军事力量的调整和减少，以适应这一地区新的安全和经济形势，包括一些国家参加欧盟和北约的心愿。这样，作为安全方面改革的一个组成部分，其努力的重点就从传统的军备控制转向防务的转型。〔62〕 防务转型只是范围更为广泛的全面转型的一个重要方面。全面转型要求审议全面的社会经济形势，包括重建社会发展政策。总的看来，防务转型包括以下内容：1. 对超出的军事人员重新培训；2. 军事基地和设施的转型；3. 处理多余的军事储存，包括出售或销毁多余的军事装备和武器；4. 调整和减少军事工业和改变军事研究与开发的方向。

北约作为稳定公约防务转型倡议的工作小组牵头方，负责监督在东南欧地区重新培训超编人员和军事设施转型计划。多个北约成员国已开始启动这一地区的双边项目，包括培训国防部门的超编人员和销毁弹药及小武器和轻武器。一些其他国际组织（欧洲安全与合作组织，联合国开发署，以及国际和当地的非政府组织等）在复员和培训超编人员方面尤为积极。在这方面，设在扎格里布的地区军备控制核查与执行援助中心作为地区防务转型中心的地位得到了加强。〔63〕

〔62〕 关于欧盟和北约扩大及在西巴尔干地区的安全方面的改革见 M. Caparini，文章"安全方面的改革及北约与欧盟的扩大"，《SIPRI 年鉴 2003：军备、裁军和国际安全》（同注释〔29〕），第 . 237—260 页；以及 M. Caparini 文章"西巴尔干地区的安全改革"，《SIPRI 年鉴 2004》（同注释〔55〕），第 251—282 页。

〔63〕 见东南欧稳定条约，"工作时间表Ⅲ：安全问题"，另载 URL 〈http://www.stabilitypact.org/wt3/default.asp〉。与会国列入本卷术语汇编。

第五节 开放天空条约

2005 年 2 月 14—16 日，在维也纳举行了《开放天空条约》执行情况第一次审议大会，对条约 2002 年生效以来的运行情况作出了积极评价。会议支持那种认为尽管政治和其他环境已发生变化，条约仍然对欧洲安全有着重要作用的观点。〔64〕 由于立陶宛和爱沙尼亚的加入，《开放天空条约》缔约国的数目增加到 34 个。〔65〕

审议大会没有讨论最敏感的一个问题，即将传感器清单现代化。由于这一问题纯属于技术问题，开放天空协商委员会交由于 2005 年 12 月召开的传感器非正式工作小组处理。传感器非正式工作小组就记录格式和数据交换格式改用电子媒介而不用膠卷，就缔约国之间使用逻辑格式进行数字化数据交换做出了决定。〔66〕

2005 年期间，各国进行了大约 100 次观察飞行。此间缔约国共享了各次观察飞行的成果。此外，缔约国还继续在双边基础上进行观察飞行训练。〔67〕 2005 年，规则与程序非正式工作小组就越境飞行和到达入境点与离开出境点的飞行作出了重要决定。〔68〕 在自 2006 年开

〔64〕 关于第一次审议会的讨论情况，见 Lachowski 与 Dunay 文章（同注释［3］)，第 665—668 页。

〔65〕 长期悬而未决的塞浦路斯申请加入条约的问题在 2005 年仍被封杀。

〔66〕 开放天空协商委员会（OSCC)，第 13/05 号决定，关于对《开放天空条约》第 17 号决定中的一个修改：记录数据的格式和交换使用电了子媒介而不是摄影胶卷。开放天空协商委员会文件 OSCC. DEC/0013/05，维也纳 2005 年 12 月 12 日；以及开放天空协商委员会第 12/05 号决定：关于在缔约国之间交换数码数据的逻辑格式的标准化，开放天空协商委员会文件 OSCC. DEC/12/05，维也纳，2005 年 12 月 12 日。关于对另外两个已过时的决定（第 14 和 15 号决定 ）未包括在内。见 Lachowski and Dunay 文章（同注释［3］)，第 666 页，fn 77。

〔67〕 欧洲安全与合作组织，开放天空协商委员会主席致斯洛文尼亚外长、欧洲安全与合作组织部长理事会第 13 届部长理事会主席的函，欧洲安全与合作组织文件 MC. GAL/2/05，维也纳，2005 年 11 月 21 日。

〔68〕 开放天空协商委员会，决定第 2/05K 号：关于越境飞行、到达入境地点与离开出境地点飞行的规定 ，开放天空协商委员会文件 OSCC. DEC/2/05，维也纳，2005 年 1 月 31 日。

始的准备条约执行情况的第二阶段期间，[69]，开放天空协商委员会成功地完成了分配给各缔约国在 2006 年的主动观察限额的任务。

第六节　地雷与未爆炸弹药

禁止“非人道武器”一直是国际社会，公众和各国政府的关切。1981 年《特定常规武器公约》采取了“伞状条约”的形式，即一些具体条约可以以议定书的形式进行补充。公约禁止或限制一些类型的非人道武器，包括地雷、诡雷和其他一些装置（第二号议定书）。[70] 自 20 世纪 90 年代初期始，非政府组织和有关国家的努力主导了反杀伤人员地雷的国际舆论。这就使 90 年代中期国际社会在态度上出现了重大变化，趋向禁止这一类武器。修改的第二号议定书加强了对地雷的限制，议定书于 1996 年得以通过。1997 年，所谓的“渥太华进程”促成了禁止杀伤人员地雷公约，其目的在于消除一切杀伤人员地雷。[71] 2001 年召开的《特定常规武器公约》审议会将所有四个议定书的适用范围扩大到国内武装冲突。2003 年关于战争遗留爆炸物的第五号议定书也已签署。[72]

杀伤人员地雷

《杀伤人员地雷公约》在世界范围的常规军备控制中仍是最成功的一项工作。由于得到多数国家的支持和基层组织的推动，这一公约被认为是对“人的安全”与传统的“硬”安全的一个有价值的贡献。

该公约于 1997 年开放供签署不久，就有 121 个签署国和 3 个加入国。当它于 1999 年生效时，就增加到 133 个签署国，其中 65 国已经批准。到 2005 年年底，缔约国增加到 147 个，另有 7 个国家签署

〔69〕 开放天空条约（同注释［3］），第 18 条第 2 部分第 6 段。

〔70〕 关于特定常规武器公约及其议定书的缔约国和有关基本材料见本卷附件 A。

〔71〕 关于《杀伤人员地雷公约》的缔约国及其基本材料见本卷附件 A。

〔72〕 2003 年 11 月 28 日，《特定常规武器公约》缔约国通过了关于战争遗留爆炸物的第五号议定书，见 Lachowski 与 Sjögren 文章（同注释［55］），第 734—735 页。

但还没有批准。[73] 近年来，加入公约的速度有些放慢，现仍有 40 个国家没有加入。未加入公约的国家多数在冲突可能发生或正在发生的地区，如亚洲、中东地区和前苏联地区。

在指出国际社会对地雷日益排斥的同时，非政府组织出版的《2005 年地雷监控报告》[74]将消除地雷的成就归纳如下：1. 公约缔约国和签署国没有使用地雷；[75] 2. 减少了地雷的生产；3. 全球事实上禁止了杀伤人员地雷交易；4. 继续销毁上百万个储存的地雷；5. 增加了报告的透明度；6. 扩大了地雷行动计划；7. 增加了国际禁雷行动资金；[76] 8. “雷患国家”得到更多国家的政府资助。

目前只有 13 个国家被确定为仍在生产或保留生产杀伤人员地雷的权利。更为重要的是，全球性地雷贸易自 2003 年以来实际上已经停止。由于地雷使用的减少，地雷造成的伤亡也在减少。当前，每年只有 1.5 万至 2 万人遭受雷害，而在“渥太华进程时”每年则有 2.6 万人。自《杀伤人员地雷公约》生效以来共有 3830 万枚地雷被销毁。

另一方面，禁止杀伤人员地雷公约以外的国家（40 个）还是太多，包括中国（持有 1.1 亿枚地雷），俄罗斯（持有 2650 万枚地雷）[77] 和美国（持有 1040 万枚地雷）。据估计，没有签署公约的国家总共储存了约有 1.6 亿枚杀伤人员地雷。另有已经签署公约的国家持有 700 万枚杀伤人员地雷，其中乌克兰持有 600 万枚，波兰持有

---

〔73〕 不丹、拉脱维亚与瓦努阿图于 2005 年加入了杀伤人员地雷公约。2004 年有 3 个国家加入，2003 年有 11 个国家加入，2002 年有 8 个国家加入。据报道有更多的政府准备批准或加入《杀伤人员地雷公约》，其中包括印度尼西亚，波兰和乌克兰。详见本卷附件 A。

〔74〕 加拿大禁雷行动：“重要报告”，*Landmine Monitor Report 2005* 文章：“迈向无雷世界”，2005 年 10 月，另载 URL〈http：//www. icbl. org/lm/2005/〉。

〔75〕 有将近 25 万 枚地雷被近一半的《杀伤人员地雷公约》缔约国保留，供其进行训练和研究。其中 5 个缔约国占总保有数量的近三分之一。这些国家是巴西、阿尔及利亚、孟加拉、瑞典与土耳其。*Landmine Monitor Report 2005*（同注释［74］）。

〔76〕 虽然不是杀伤人员地雷缔约国的美国是最大的捐助国，自 1993 年以来，美国向近 50 个国家提供了 10 亿美元为人道主义拆除地雷的援助。其他主要捐助国有：欧盟、日本和挪威。

〔77〕 2005 年，俄罗斯第一次公布其储存地雷的数目：2650 万枚，其中 2350 万枚计划在 2015 年前销毁。

100 万枚。[78] 更令人不安的是，一些国家在原来没有布雷的地区重新部设了地雷。[79] 近年来的另一个消极倾向是一些非国家武装组织使用了地雷。不过，这些组织中也有越来越多的组织接受了禁雷公约。[80]

现在世界上有 80 多个国家和 8 个没有被国际上承认的独立国家的地区仍存在雷患。据此看来，要在公约生效十年后（2009 年 10 月）实现“无雷世界”的目标是无法实现的。

未爆炸弹药和反车辆地雷

尽管“杀伤人员地雷以外的地雷”，或反车辆地雷造成人员伤亡的数目大大低于使用杀伤人员地雷造成的伤亡，但这一情况的出现具有非人道主义的影响，因为它阻碍了冲突后重建。根据 2004 年 11 月《特定常规武器公约》政府专家组同意的授权，2005 年关于禁止杀伤人员地雷以外的地雷的工作在继续。按要求，其任务主要是处理战争遗留爆炸物和杀伤人员地雷以外的地雷，探索促进遵守公约及其议定书的办法，为缔约国将于 2006 年召开的第三次审议大会做准备。

2005 年“战争遗留爆炸物与杀伤人员地雷以外的地雷工作组”召开了三次会议，战争遗留爆炸物工作组研究了可能的预防措施，改进一些弹药型号的设计，包括集束炸弹等，以减少这些未爆炸弹药对人类的伤害。[81] 3 月，一份关于战争遗留爆炸物和国际人权法的调查表送给了缔约国，以便为那些有可能成为战争遗留爆炸物的准弹药

---

〔78〕 乌克兰议会于 2005 年 5 月批准了禁止杀伤人员地雷公约，但未向联大交存其批准书。波兰已开始进入公约的国家批准程序。

〔79〕 2005 年，这些发生在缅甸、尼泊尔和俄罗斯，见 *Landmine Monitor Report 2005*（同注释 [74]）。

〔80〕 一个称为“日内瓦呼吁”（Geneva Call）的非政府组织，自 2001 年起就采取行动，鼓励“武装的非政府行为体”作出不使用地雷的承诺。缅甸、布隆迪、印度、伊拉克、菲律宾、索马里、苏丹和西撒哈拉的 28 个武装组织同意利用这一机制来禁止杀伤人员地雷。见“日内瓦呼吁”，网址：URL〈http://www.genevacall.org/home.htm〉。

〔81〕 战争遗留爆炸物和杀伤人员地雷以外的地雷的情况材料存于联合国日内瓦办事处，新闻媒体网址：URL〈http://www.unog.ch/〉。

制订原则，以及为缔约国可能执行这些原则制定办法。[82] 同年年底，有报告说三个主要国家—中国、俄罗斯和美国向批准与战争遗留爆炸物有关的第五个议定书迈出了积极的一步。[83]

关于杀伤人员地雷以外的地雷，丹麦和美国在 2001 年所作出的努力[84]在 2005 年取得了有限的进展。杀伤人员地雷以外的地雷工作组审议了监测事项、反车辆地雷的使用限制、杀伤人员地雷以外的地雷的引信和传感器设计、平民保护、包括早期预警和地雷风险教育、转让、透明与其他建立信任的措施、与不负责任使用杀伤人员地雷以外的地雷有关的问题、国际合作与援助的可能性，以及有关建议（即限制转让杀伤人员地雷以外的地雷，限制出口的先进经验，人道主义援助信托基金等）。[85] 据报道对三项原则达成了共识：1. 所有杀伤人员地雷以外的地雷都应可以侦测，以有利于人道主义扫雷；2. 有些反车辆地雷应规定生存年限；3. 对杀伤人员地雷以外的地雷的转让应有所限制。[86]

为了解决一些国家的关切，一个以美国为首的国家集团发起了“30 国建议”，提议作出一些让步，包括允许使用一些无法探测的反车辆地雷，只要这些地雷在具有明显标识范围的地方使用。但是，反对限制使用杀伤人员地雷以外的地雷的国家继续阻止这一问题取得进展，他们对杀伤人员地雷以外的地雷对平民造成的风险表示怀疑（俄罗斯），声称在技术上和财政上会带来挑战（中国）。[87] 美国鼓励缔约国对《特定常规武器公约》第二号议定书进行如下修改：1. 禁止

---

〔82〕 关于对调查表的回应的分析见“战争遗留爆炸物：缔约国对国际人道主义法和战争遗留爆炸物调查表的回应”。

〔83〕 W. Boese 文章“反车辆地雷建议受挫”，Arms Control Today，2006 年 1—2 月号。

〔84〕 关于建议案文见 URL〈http://www.ccwtreaty.com/usdanishproposal.html〉；另见 Lachowski 文章，《SIPRI 年鉴 2002》(同注释 [29])，第 733 页。

〔85〕 由协调员提出的“政府专家组就杀伤人员地雷以外的地雷问题提出了建议和意见，以为进一步开展工作奠定基础，特定常规武器公约政府专家组第 10 次会议文件 CCW/GGE/X/WG.2/1，日内瓦，2005 年 3 月 7—11 日。

〔86〕 由美国出席第 11 次《特定常规武器公约》政府专家组代表团团长 Edward Cummings 在开幕式上的发言，2005 年 8 月 2 日，另载 URL〈http://www.ccwtreaty.com/Aug05Cummings.htm〉。

〔87〕 Boese 文章 (同注释 [83])。

使用所有不可探测的地雷；2. 修改他们关于继续使用长期有效的反车辆地雷政策；3. 谈判禁止销售和出口所有长效地雷，包括杀伤人员地雷以外的地雷；4. 增加对扫雷行动的资金。目前，其主要挑战仍是要找到将这些和其他问题变成条约案文的政治意愿。〔88〕

第七节 展望未来，提出建议

2005 年末和 2006 年初，《欧洲常规武装力量条约》的前景尚不明朗，这是因为俄罗斯的立场要到 2006 年的第三次审议会上才会明确。如果在 2006 年 2 月举行的军事理论研讨会能有成功的后续行动，阻碍《欧洲常规武装力量条约修改协议》生效的最后一道障碍将被清除。这将会给对欧洲和世界其他地区的常规军备控制带来新的推动力，虽这种推动十分有限。不过，任何能够取得成果的措施都必须经过深入、足够和及时的思考，而且要有适当的后续行动。关于军备控制和信任与安全措施的理念以及在建立安全中的地位都需要认真讨论，一些传统的军备控制标准也应在其进程中重新评估。当前，欧洲军备控制的主要论坛仍是欧洲安全与合作组织，尽管这并不是唯一的论坛。如果欧盟能更深入地介入这一问题，其取得进展的前景将会加大。欧盟尽管涉足了军备控制的一些领域，如小武器和轻武器、控制出口和国际军火贸易，但其还没有制订出一个常规军备控制的战略。然而，在欧洲安全与防务政策范围内新近提到了“裁军”的可能以及安全方面改革的任务。2003 年欧洲安全战略明显体现在建立“朋友圈”中，欧洲的邻国政策也可在此领域进行推动。俄罗斯的合法关切及其不安全感在策略上是一个推动，一方面为继续在欧洲推动军备控制提供了动因和机会，另一方面也为减缓俄罗斯及其邻近小国的忧虑作出了努力。

应该在制定现有的和未来军备控制中寻求多边合作和机构间的合

---

〔88〕 美国国务院国际新闻局项目，国际安全、军备控制“美国赞同保护平民不受地雷之患的国际目标。”Washington File，2005 年 11 月 28 日，另载 URL〈http: //usinfo. state. gov/is/Archive/2005/Nov/28－711927. html〉。

作。北约和欧安组织在销毁多余弹药方面可进一步合作；欧盟和北约在与边境巡逻相关的地区应该开展合作而不是相互竞争；欧盟和北约都应该对其将来的加入国使用影响力，促使其实现在当地和总的军备控制目标。

当前，出现了对制订新的维也纳文件和全欧进一步变更的想法的抵制声音。使用“软”的、自愿的信任措施安排（也许这可以从次地区一级开始），或者引入信任与安全措施这一类的方式作为具体功能性战略的组成部分，就可能找到一个较为容易的途径，并为更高层次的努力铺平道路。

如果要客观评价欧安组织在解决冻结冲突，以及其后的和平建设中能够发挥的作用，就要特别强调其在军备控制和建立信任措施中所能发挥的作用（尽管不是排他性的作用）。解决这些冲突的政治障碍，如在车臣地区明显是非常巨大的。但如果在不断变化的环境中听之任之将会造成更大的危险。现有地区信任与安全措施的经验，如《代顿协议》只集中于边境安全管理及邻近地区的军事活动，需要进一步发展。其他一些非军事措施也能够用于处于僵持局面的冲突，既可以与信任与安全措施一起应用，也可以单独应用。

政治气候恶劣的地区，特别是对于在一个地区范围内出现的冲突，减少风险和稳定措施值得在预防外交和早期预警机制的范围内给予深入的考虑。最近在中亚地区出现的和正在进行的动荡，可以为进行这些行动提供一个“实验场”。

《开放天空条约》的预防冲突和危机管理功能需要进一步修订和应用，特别是在地区和非军事层面。开放天空机制缔约国数目的增多以及向可能发生冲突的巴尔干地区和欧安组织东部地区国家的扩展将有助于促进这一目标的实现。

值得考虑的还有在世界其他地区支援和平行动取得的经验，其中包括在实施解除武装、军队复员和重新安置以及安全领域改革中的经验教训。这将有助于增强欧洲地区在军备控制、防务转型、信任与安全措施和危机管理方面的协同。另外要培植跨层面的信任与安全措施，以更好地应对当前在全欧洲及其他地区安全威胁挑战的多样性。

当前欧洲周围的形势证明，欧安组织不能无限期地将这一问题拖下去。欧洲的军备控制成果应主动地推进到欧安组织以外地区，无论是在其周边或在全球范围，如综合机制和对小武器和轻武器、便携式防空系统的相互支援项目。在与非欧洲、非欧安组织国家接壤的邻近地区，实施信任与安全措施仍然是一个突出的问题。由于欧洲面临跨国威胁，这样将信任与安全措施的条款扩大到实施区以外就变成了不仅是帮助他国，而是变成了加强对欧洲自身的保护。应鼓励欧安组织合作伙伴〔89〕跟随并介入信任与安全措施和军备控制进程。由欧安组织发起的欧安组织成员国与其非欧安全组织的邻国建立信任与安全措施可以作为起点，也可以由欧安组织与其在远东、地中海和大中东地区的伙伴，共同就取得的整体政治军事成果与常规军备控制的相关性进行新的讨论。

（蒋振西 译）

〔89〕 关于亚洲与地中海合作伙伴详见 URL〈http：//www.osce.org/ec/〉。

第十六章　转让控制

伊恩·安东尼　西比勒·鲍尔

第一节　导　言

本章概述2005年各个非正式组织和欧盟内部的正式机构加强多边出口控制合作措施的主要情况。参与多边出口控制合作的国家越来越强调需要建立为尽可能多国家接受并执行的有力且有效的出口控制机制，以加强国际社会的防扩散努力。2004年4月联合国安理会通过第1540号决议[1]（详见下文介绍），表明各国对建立现代且有效的出口控制制度问题予以高度重视。

2005年，澳大利亚集团（以下简称AG）、核供应国集团（以下简称NSG）和关于常规武器及其两用物项和技术出口控制的瓦森纳安排（以下简称WA）都有新成员国加入。这表明更多国家欲通过参与多边合作加强国家出口控制的趋势仍在继续。2003年，只有11个国家参加了防扩散安全倡议（以下简称PSI）的首次会议，而到2005年却有100多个国家参加了第二次年会。对于一个最初有争议的机构而言，这样的扩展速度是惊人的。

第二节重点叙述通过AG、导弹技术控制制度（以下简称MT-CR）、NSG及WA进行的出口控制合作。这些组织及桑戈委员会的

〔1〕 联合国安理会第1540号决议，2004年4月28日，参见网址：URL〈http://www.un.org/Docs/sc/unsc_resolutions04.html〉。

成员国在表 16.1 中列出。〔2〕第三节论述欧盟内部供应方采取的措施，包括两用及防务物项。这一节还论述了 2005 年 6 月通过的一项新规章。该规章涉及某些可能用于死刑、酷刑或以其他残忍、不人道或污辱性对待或惩戒犯人的设备及产品。国际社会在加强控制高放射性源方面所做的努力在第四节论述。第五节为结论。

表 16.1 多边武器与技术转让控制机制成员国一览表（截至 2006 年 1 月 1 日）

国家	桑戈委员会[a] 1974 年	NSG[b] 1978 年	澳大利亚集团[a] 1985 年	MTCR 1987 年	瓦森纳安排 1996 年
阿根廷	X	X	X	X	X
澳大利亚	X	X	X	X	X
奥地利	X	X	X	X	X
白俄罗斯		X			
比利时	X	X	X	X	X
巴西		X		X	
保加利亚	X	X	X	X	X
加拿大	X	X	X	X	X
中国	X	X			
克罗地亚		X[c]			X[c]
塞浦路斯		X	X		
捷克共和国	X	X	X	X	X
丹麦	X	X	X	X	X
爱沙尼亚		X	X		X[c]
芬兰	X	X	X	X	X
法国	X	X	X	X	X
德国	X	X	X	X	X
希腊	X	X	X	X	X

〔2〕 桑戈委员会不是 1968 年的《核不扩散条约》的正式组成部分，但其成员国积极考虑安全形势的不断演变对《核不扩散条约》的影响，并据此调整自己的出口控制条规及标准。

国家	桑戈委员会[a] 1974 年	NSG[b] 1978 年	澳大利亚集团[a] 1985 年	MTCR 1987 年	瓦森纳安排 1996 年
匈牙利	X	X	X	X	X
冰岛			X	X	
爱尔兰	X	X	X	X	X
意大利	X	X	X	X	X
日本	X	X	X	X	X
哈萨克斯坦		X			
韩国	X	X	X	X	X
拉脱维亚		X	X		X[c]
立陶宛		X	X		
卢森堡	X	X	X	X	X
马耳他			X		X[c]
荷兰	X	X	X	X	X
新西兰		X	X	X	X
挪威	X	X	X	X	X
波兰	X	X	X	X	X
葡萄牙	X	X	X	X	X
罗马尼亚	X	X	X		X
俄罗斯	X	X		X	X
斯洛伐克	X	X	X		X
斯洛文尼亚	X	X	X		X
南非	X	X		X	X[c]
西班牙	X	X	X	X	X
瑞典	X	X	X	X	X
瑞士	X	X	X	X	X
土耳其	X	X	X	X	X
英国	X	X	X	X	X
乌克兰	X	X	X[c]	X	X
美国	X	X	X	X	X
总计	**35**	**45**	**39**	**34**	**40**

NSG 为核供应国集团；MTCR 为导弹技术控制制度

注：表列年份系该出口控制机制正式成立之年，虽然各集团此前可能举行过非正式会议。

a 欧盟委员参加该机制。

b 欧盟委员会是该机制的观察员。

c 2005 年加入的国家。

第二节 2005 年的国际转让控制合作

1990 年之前，出口控制方面的国际合作由冷战决定。多边出口控制统筹委员会（以下简称 COCOM 或巴统）是美国及其盟国为阻止苏联、其盟国以及想法相同的国家得到战略性物项而成立的禁运制度。苏联则建立了一套计划体制，以此来指导其他华沙条约组织成员国开发、生产及转让战略物资的工业能力。苏联的计划体制（其中经济互助委员会，简称 COMECON 或经互会，是其重要组成部分）于 1991 年解体，而解散 COCOM 的决定是 1994 年 3 月做出的。

20 世纪 90 年代上半期，冷战已结束。约 30—35 个有意在此领域开展合作的国家（其中一些国家曾是 COCOM 的禁运对象），就如何修改出口控制条规进行了广泛磋商。在当时形势已经改变的情况下，没有任何一种简单的方法可使各国联手，不让周边敌国得到技术。

有人主张保留巴统机制，但转变其目标国。最初提出这种设想的时机是需要应对 1990 年 8 月伊拉克对科威特的入侵，人人对此记忆犹新。伊拉克通过购买外国武器建立了世界第四大武装部队。此外，战后派出的核查小组发现，伊拉克居然轻易从西方国家得到了可用于非法武器计划的大量工业设备。这使人们深感不安。美国总统老布什采取了两项举措来应对这些问题：一是争取联合国安理会五个常任理事国就限制向中东地区转让武器达成一致；二是寻求七国集团[3]各成员国达成一致，限制向伊朗、伊拉克、利比亚和朝鲜出口敏感的工业及民用物资。从初步磋商的情况来看，若联合国框架内不作出决

〔3〕 七国集团国家是加拿大、法国、德国、意大利、日本、英国及美国。

定，各方就拒绝向限制对象国提供技术达成一致是不可能的。后来很快就发现每个供应国都有自己的对策列出哪些国家应受限制，哪些可豁免，并且这些名单并不一致。[4] 此外，联合国名下的对伊拉克实施的广泛制裁表明，在全球框架内讨论出口控制问题要比在自行组成的国家集团中讨论该问题更有效。

当时各方达成的共识仅有两点：一是出口控制的目标应是制止核武器、生物武器及化学武器及其导弹运载系统的扩散；二是基于技术禁运体系应由对要出口的物项是否违反共同协议的标准作出评估取而代之，由评估的结果决定是否批准或禁止出口。以上各个多边出口控制机制都认为很难超越 20 世纪 90 年代的这一共识。因此，只能通过其他形式的合作安排（尤其是欧盟）采取例如实施单一法令控制 25 个国家的两用物项出口，以及将武器出口政策的共识写进《行为准则》的办法。

各方认识到，核生化武器及其导弹运载系统的扩散只发生在少数几个地区，并非普遍现象。出于政治原因，重回巴统机制，对这些少数地区实施技术禁运，同时又允许向其他国家转让这类武器，这是做不到的，尽管这样做有助于使实施及执行变得更加清晰。在实践中，由于国际社会对出口控制的实施和执行标准订得不高也不一致，出现中间供应方未经许可向被禁国家转口或转让的风险也很大。然而，虽然核供应国集团仍强调其指导方针对所有受控出口物项都适用，但已开始指两个国家（伊朗及朝鲜）的名，认为这两国的核计划是“扩散挑战”。这也许是该机制的思路转变的一个迹象。

本卷第十二章中提到，由于有扩散敏感性的原料、技术、设备及知识的供应源越来越多，参与出口控制磋商的国家也有必要增加。近年来，在国际出口控制机制的工作中，与非成员国接触的扩展活动日渐突出。然而，相对供应源数目的增长速度来说，机制的扩员进程可能显得过于缓慢，以致很难确保成员有限的国家集团能有效地采取各种应对措施。

---

〔4〕 联合国安理会五常（中国、法国、俄罗斯、英国及美国）从 1991 年开始就武器扩散对国际安全的影响进行磋商，特别关注中东地区形势。对适用于常规武器转让的原则及方针做了详尽阐述。最初设想五常磋商不定时限，但 1992 年由于中国和美国在对台湾如何适用协商一致的方针问题上出现分歧而中断。由五常发布的有关文件可参见网址：URL〈http：//www. sipri. org/contents/expcon/un _ d1. html〉。

在这种情况下，一些有影响力的参与者指出，有必要在出口控制领域实施有法律效力的协定，并摒弃基于目前这种官员和专家在工作层达成谅解的临时应对做法。因此，创建一个符合最高标准的全球出口控制体系，现已成为各方公认的一大优先任务。[5] 在这方面所做的努力，如联合国安理会第 1540 号决议及 PSI 的发展，使这项任务成为军控领域中的创新之源，也成为促进未来合作的舞台。[6]

第 1540 号决议及 PSI 都是由美国率先倡议的，作为更广范的一系列措施中的一部分，旨在巴基斯坦核科学家卡迪尔·汗（Abdul Qadeer Khan）的非法核走私网公之于众后减缓核武器的扩散。[7] 过去，美国一直被认为在保持国际出口控制合作的凝聚力方面起着至关重要的作用。尽管美国十分重视加强此类合作，但有时也觉得难以将国家的外交和安全政策与之相协调。美国目前在这方面面临的困境主要表现在印度问题上。虽然与印度的民用核合作计划和美国在 NSG 中所做的承诺不符，但这却被作为更广范地推动改善双边合作及伙伴关系，包括战略问题的一部分。[8] 这引发了对出口控制合作机制规定的对象区别对待原则的方向讨论，即给予某些国家优惠待遇。

四十年前，这类讨论集中于如何对待中国。当时，美国出于外交和安全政策的利益改善对华关系，与其根据巴统作出的全面技术限制承诺相冲突。美国称，中国应该被视为由该委员会实施的禁运的一个例外。1972 年，巴统内部一致同意中国具有这一特殊身份。对可以

---

〔5〕 佐治亚大学国际贸易与安全研究中心，“加强多边出口控制：防扩散的优先任务”，Ga. Athens 2002 年 9 月，参见网址：URL〈http：//www. uga. edu/cits/〉。

〔6〕 通过各自的主席国，出口控制机制在 2004 年致安理会执行第 1540 号决议委员会的信中表示，愿意响应其要求帮助的呼吁。关于 PSI，见阿尔斯特朗伦的“防扩散安全倡议”：从国际法视角看“拦截原则声明”，《SIPRI 年鉴 2005：军备，裁军和国际安全》，牛津大学出版社，第 741－765 页。PSI“拦截原则声明”，见《SIPRI 年鉴 2005》，第 766－767 页。PSI 成员国在本卷术语汇编中列出。

〔7〕 由乔治·W. 布什总统提出的这一系列措施的进展快慢不一。其中一项提议促成了 2004 年 4 月联合国安理会通过第 1540 号决议。另一项提议要求在国际原子能机构（IAEA）成立一个特别委员会来讨论保障监督核查，其成员由在 IAEA 信誉好的国家政府组成。这一措施到 2005 年 6 月才实施。白宫新闻稿“关于总统防扩散提议取得进展声明”，华盛顿，2005 年 6 月 17 日，参见网址：URL〈http：//www. whitehouse. gov/news/releases/2005/06/20050617－6. html〉。

〔8〕 这个问题下文还有论述，并在本卷的附录 13B 中有详细阐述。

向中国提供的技术进行定期审核，并且对中国的许可身份作了若干次调整，以使其获得比其他共产党国家更优惠的待遇。

美国提出印度是否也可以被视为全面执行NSG指导方针的例外。在这方面，中国的例子令人关注之处可能是，巴统内部的凝聚力下降了。给予中国的例外地位，使美国更难反对与共产主义国家进行特殊贸易的其他国家的要求。尤其是联邦德国要求把与民主德国的贸易视为巴统实施禁运的例外。

澳大利亚集团

澳大利亚集团（以下简称AG）成立于1985年，源于国际社会对1980—1988年两伊战争中使用化学武器（简称化武）的关注。这一非正式集团的成员国最初就保持和制定各国国家出口控制条例开展合作，以防止可能用于或转用于化武计划的化学品进一步扩散。成员国旨在防止本国公民有意无意地为化武或生物武器（简称生武）计划提供有关材料或设备。此外，AG目前正在制订防止非国家行为体获取生武或化武的措施，特别是重点制订针对策划恐怖袭击的个人或团伙的措施。当AG1985年在布鲁塞尔成立时，仅有15个成员国。到2005年乌克兰新加入该集团时，AG已拥有39个成员国（包括欧洲委员会）。

2005年4月，AG在悉尼召开的全会庆祝了其成立20周年。在此次会议上，澳大利亚外长唐纳阐述了成员国在维护出口控制的有效性方面所面临的主要挑战。唐纳强调指出：扩散者的行为更加狡猾，其手段包括通过转运或转口物项以及利用猎头公司及中间商来掩饰两用出口物项的真实最终用途。他还说："科技变化的快速步伐，包括生物科技领域的惊人发展，使受控物项清单不断及时更新变得越来越困难了。"最后他指出，出口控制的传统做法受到了挑战，因为目前通过无形途径的发展趋势是把技术资料只是转让到接近市场的生产中心，而不是跨越国境转让原料和成品。正如唐纳指出，"这种交易无法通过传统手段监测"。〔9〕

〔9〕 唐纳外长阁下的讲话"澳大利亚集团成立20周年大会"，2005年4月18日，参见网址：URL〈http://www.foreignminister.gov.au/speeches/2005/050418_ag.html〉。也可查找AG网站：URL〈http://www.australiagroup.net〉。

AG 已就一系列控制清单达成协议，这些清单界定了两用化学品前体、生物制剂、生化设备及相关技术。成员国非正式承诺，保证将这些物项列入国家出口控制，并一致同意在审核出口许可证申请时考虑实施一套指导方针。2005 年，AG 修改了其《两用化学品制造设施和设备及相关技术控制清单》，对关于控制可用于制造化学武器或受 AG 控制的化学品前体的某些泵的条款加以修订。AG 还修订了《两用生物设备控制清单》，增加了某些喷雾或雾化系统，喷杆及大批的雾化器。对与 AG《生物制剂控制清单》、《动物病原体控制清单》以及《植物病原体控制清单》相关的技术问题的理解得到了澄清。[10]

AG 还做了大量对外交流和援助工作。AG 主席每年在全会后都要向一些非成员国介绍不保密情况。此外，还多次召开了关于出口许可证发放的区域研讨会，以处理诸如无形技术转让、最终用户核查及与企业界接触中遇到的问题。2005 年，AG 主席出访了中国、中国台湾地区和新加坡。

导弹及其技术控制制度

导弹及其技术控制制度（以下简称 MTCR）是一项非正式安排。在防止可携带核生化武器的无人操纵运载系统的扩散方面有共同目标的成员国开展相互合作，交换信息，协调各国的国家出口许可证管理工作。[11] MTCR 于 1987 年成立。成立之初的活动重点为控制可用于投掷有效荷载 500 公斤、射程 300 公里以下的弹道导弹。这些技术参数被认为与可能用于投掷第一代核武器的导弹是一致的。而后其成员国把活动范围扩大到控制能用于投掷核生化武器的其他无人驾驶飞行器（以下简称 UAV_S）。目前，MTCR 有 34 个成员国。

在其年度全会上，MTCR 成员国对扩散风险作出了总结评估，包括讨论该组织关注的导弹计划。但是成员国强调，《MTCR 指导原则》是普遍适用的，而非“针对”特定国家。与其他出口控制合作组织一样，出口控制在打击恐怖主义中的作用仍然是 MTCR 要讨论的问题。在这种情况下，一个重要问题是如何更有效地及时共享信息和

〔10〕 AG 的控制清单可查 AG 网站（同注释［9］）。

〔11〕 关于 MTCR 的情况，可查其网站：URL〈http：//www. mtcr. info/english/〉。

情报，以便实时向有需要的人提供最重要的情报。这项活动通常在双边进行。

一些导弹生产国没有参加该制度。非成员国也可以自愿遵守《MTCR 指导原则》。有些国家，如中国和以色列，就是这样做的，而且 MTCR 成员国鼓励所有非成员国采取这种做法。为促进这个目标的实现，MTCR 成员国与许多国家就导弹扩散问题开展过广泛的对话。MTCR 主席主要负责与外部接触交流工作。2005 年，MTCR 主席访问了印度、以色列、巴基斯坦和阿拉伯联合酋长国。

不履约指控

2005 年 8 月，美国发表了一份关于军控、防扩散和裁军协议履行情况的报告。其中单独有一部分关于履行导弹相关义务的情况。〔12〕尽管这份称之为《违约报告》的文件是根据《美国军控和裁军法》每年都要求提交的，但这份 2005 年度报告是 2003 年以来第一次提交。其中涉及各国不遵守导弹不扩散承诺的内容特别提及两个国家。

虽然中国尚未加入 MTCR（其加入申请受到美国的阻挠），但中国政府 2000 年 11 月就导弹扩散问题向美国作出特殊承诺，其中包括保证不帮助“任何国家以任何方式研制可用于运载核武器的弹道导弹”。〔13〕《违约报告》中提出“中国某些实体转让的物项可属于第一类导弹项目，违背了中国政府 2000 年 11 月作出的导弹不扩散承诺”。〔14〕报告还刻意提出中国向伊朗、朝鲜及巴基斯坦转让受控材料和技术。

俄罗斯从 1995 年起成为 MTCR 成员国。《违约报告》称：“俄罗斯一些实体进行的转让活动，尽管根据《MTCR 指导原则》俄作出的承诺不是直接禁止，但引起了人们对导弹扩散的严重关切，并使俄执行导弹相关技术的控制能力受到质疑。迄今为止，俄罗斯为防止进一步的转让活动所做的努力还非常不足。”〔15〕 该报告特别提到俄实体

---

〔12〕 美国国务院，核查与履约局，“遵守并履行军控、防扩散及裁军协定和承诺”，华盛顿，2005 年 8 月 30 日，参见网址：URL〈http：//www. state. gov/t/vci/rls/rpt/51977. htm〉。

〔13〕 美国国务院（同注释 [12]），第 104 页。

〔14〕 美国国务院（同注释 [12]），第 106 页。

〔15〕 美国国务院（同注释 [12]），第 108 页。

向中国、印度和伊朗提供了可用于发展导弹的技术。

核供应国集团

核供应国集团（以下简称 NSG）的宗旨是，通过对核及其相关材料、设备、软件和技术的控制防止核武器扩散。出口控制通过成员国的国家立法和程序实现，而不是为了阻止或妨碍和平利用核能的国际合作。在 NSG2005 年全会上，与会国一致同意克罗地亚可以参与集团的活动。NSG 现有 45 个成员国，欧盟委员会是观察员。[16]

NSG 成员国通过了两套指导原则，用以评估受控物项出口申请。其中一套是针对为核用途而专门设计或研制的物项，另一套则针对核两用物项的出口。NSG 成员国中有核技术主要出口商所在的国家，和平核合作既合法也必要。NSG 成员国一致认为，其指导原则“推动了这方面贸易的发展，因为这些原则为成员国提供在符合国际核不扩散准则的情况下，履行和平利用核合作义务的途径”。[17]

2005 年，NSG 的成员国一致同意将以下三个新问题纳入国家制订出口控制决策：第一，NSG 决定建立一个暂停向不遵守与国际原子能机构（IAEA）签订的双边保障监督协议的国家进行核转让的程序。第二，NSG 认为供应国和接受国有必要完善“备用保障监督措施”，以便 IAEA 无法继续在接受国实施保障监督时可以采取。第三，NSG 一致同意对其指导原则作出重要修改，即接受国是否拥有有效的出口控制系统应被作为向其提供核材料、设备和技术的标准，也作为考虑向其提供两用物项和技术的一个因素。此外，参加国还同意继续讨论其他两项提议：一是把接受《附加议定书》[18]作为核供应的条件；在浓缩和后处理技术方面进一步加强 NSG《指导原则》。

---

〔16〕 核供应国集团（NSG），“NSG 全会，挪威奥斯陆，2005 年 6 月 23－24 日”。新闻发布稿，参见网址：URL 〈http：//www. nuclearsuppliersgroup. org/public. htm〉。

〔17〕 最新版本的《NSG 指导原则》以及如何应用该原则的说明，可参见网址：URL 〈http：//www. nuclearsuppliersgroup. org/guide. htm〉。

〔18〕 《附加议定书》第二条 a. ix 中有出口控制相关内容。与 IAEA 签订双边协议的供应国承诺向 IAEA 报告触发清单中的物项出口情况，而签订该协议的接受国也必须应 IAEA 要求向其报告确认接受触发清单中物项的情况。

根据已经讨论过的在浓缩和后处理技术方面进一步加强《指导原则》的提议规定：如果某最终用户被一个以上 NSG 成员国列为目前禁运对象，供应国就不得向其转让这些物项，并确认最终目的国有核能需求，而且没有其他办法得到核燃料供应和废料处理技术。对这些修改建议没有达成一致表明：鉴于民用核能部门对这类技术的潜在需求，各国对禁止敏感技术（尤其是铀浓缩）的进一步扩散持保留态度。至少某些 NSG 成员国更愿意研究对核物项的最终用户进行有效控制，而不是对转让采取一禁了之的办法。

在过去的一段时间里，NSG 内部对与印度的核合作及对其核供应进行了广泛的讨论。该集团的观点是，这种合作与 NSG《指导原则》中的一些内容不符。2005 年 7 月 18 日华盛顿召开的印美峰会上就下阶段《战略伙伴倡议》双方达成一致，其中包含了民用核合作的内容。〔19〕 美国答应采取一些行动，包括努力“调整国际机制，从而得以同印度进行全面民用核能源合作及贸易”，以换取印度也采取一些措施。〔20〕

2005 年 10 月 16—17 日，NSG 讨论了印美合作对实施其《指导原则》的影响，虽然没有讨论任何具体建议。后据报道，法国、俄罗斯和英国都表示有条件地支持印度开展民用核合作，前提是印度必须首先采取与美国签订的双边协议中列出的行动。另据报道，加拿大要求探讨在 NSG 调整目前的政策和做法前，印度应采取更多行动，包括印度要公开宣布它不再生产更多的核武器用裂变材料。据说，奥地利、瑞典和瑞士等其他一些国家，对修改 NSG《指导原则》持强烈保留态度。〔21〕

瓦森纳安排

1995 年 12 月，33 个国家在荷兰瓦森纳召开的一次会议上决定成

〔19〕 白宫，“乔治总统和辛格总理的联合声明”，新闻发布稿，华盛顿，2005 年 7 月 18 日，参见网址：URL〈http：//www.whitehouse.gov/news/releases/2005/07/20050718—6.html〉。

〔20〕 关于印美核武器控制和出口控制协议的更多内涵在附录 13B 中有阐述；关于国际核聚变能源集团在附录 13C 中有介绍。

〔21〕 W. Boese，“供应国权衡与印度的核合作”，《今日军控》，2005 年 11 月。

立瓦森纳安排（以下简称 WA）。其宗旨是：增加透明度，交换信息，就协商一致的一系列物项转让问题交换意见，从而提高转让常规武器及两用物项与技术的责任心，防止此类物项的积聚导致形势不稳定。

2004 年，WA 同意斯洛文尼亚加入，这是其自成立以来的首次扩大。此后 2005 年春，经过多次会间磋商，又接纳了 5 个国家（克罗地亚、爱沙尼亚、拉脱维亚、立陶宛以及马耳他）。这就使塞浦路斯成为唯一未加入 WA 的欧盟成员国。在 2005 年 12 月举行的 WA 全会期间，南非获准加入，这是 WA 首次将其成员国扩展到非洲。〔22〕到目前为止，WA 共有 40 个成员国。

WA 扩员决定必须经过现有成员国一致通过，并按多项条件审核：申请国“是否既是武器或者工业设备的生产国也是出口国”；该国是否遵守“充分有效的出口控制制度”；该国是否有“防扩散政策和适当的国家政策”；以及该国的国家出口控制制度是否参照了 WA 控制清单。〔23〕

在 2005 年全会上，成员国一致通过了一项“经过调查制订的被普遍使用的最终用途保证”“标识性清单”。该文件列出了必须及可选事项：（a）“参与交易的有关方”（b）“物项”（c）“最终用途”（d）“地点”（e）“转出口/转移”（f）“交付核查”（g）“文件”。〔24〕WA 控制清单修改时考虑了技术和安全两方面的情况变化。有些修改之处涉及恐怖分子今后可能想获取的物项，如干扰设备和某些无人驾驶飞行器（以下简称 UAVs）。修改 WA 控制清单的筹备工作是在当年的技术会议上进行的，最终在 12 月全会上正式通过。

2005 年 10 月，WA 举行了第二次对外交流会议，这次是面向企业界。有 50 多家公司代表与会。发言人包括政府官员、学者和企业

〔22〕 WA，《瓦森纳安排 2005 年全会关于对常规武器和双重用途物资及技术出口控制的公开声明》，维也纳，2005 年 12 月，参见网址：URL〈http：//www.wassenaar.org/docs/docindex.html〉。

〔23〕 瓦森纳安排，《宗旨、指导原则与程序，包括 2003 年 12 月全会上通过并修改的初始条款》，可查 URL〈http：//www.wassenaar.org/2003Plenary/2003PlenaryDocs.htm〉。

〔24〕 瓦森纳安排，2005 年 WA 全会上修订的“普遍采用的最终用途保证，综合明示清单”，参见网址：URL〈http：//www.wassenaar.org/publicdocuments/〉。

界代表。[25]

2004 年 4 月和 2005 年 5 月，WA 和中国在维也纳进行了两轮对话。双方就对常规武器出口控制的原则、相关两用物项和技术、控制清单以及最佳实施方法交换了意见。双方同意今后举行定期对话。[26]

防扩散安全倡议在加强出口控制方面所起的作用

防扩散安全倡议是美国在 2003 年提出的，目的在于追踪并拦截在国际运输中扩散敏感货物。后来提出扩展 PSI 的范围。乔治·W·布什总统提议将 PSI 扩员，让更多国家参加进来并将其功能扩大到不限于处理运输和转让中的扩散。布什称，在已有的反恐手段基础上，各国可以通过执法合作直接采取行动打击扩散网络。他还提出，“PSI 参加国及其他有相同意愿的国家应该利用国际刑警组织及所有其他途径将贩运致命武器的人绳之以法，关闭其实验室，没收其材料，并冻结其资产。”[27]

2003 年 5 月举行的 PSI 成立大会共有 11 个国家参加（澳大利亚、法国、德国、意大利、日本、荷兰、波兰、葡萄牙、西班牙、英国及美国）。60 多个国家以及欧盟和北约的代表参加了 PSI 成立一周年大会。到两周年大会时有 100 多个国家派代表参加，可见扩员之迅速。此外，PSI 的职能范围也在改变。参加国同意指定执法机构并利用可用的其他手段和资源，配合为制止助长扩散活动做的努力，并共享这方面的信息。另外，在内布拉斯加州奥马哈市举行的主管部门专家会议上，与会者一致认为有必要“使所有 PSI 伙伴国家的执法机构

---

〔25〕“瓦森纳安排扩展研讨会”，新闻发布稿，维也纳，2005 年 10 月，参见网址：URL〈http://www.wassenaar.org/publicdocuments/press031005.html〉。

〔26〕中国国务院新闻办公室，“中国为军控、裁军和防扩散所做的努力”白皮书，2005 年 9 月，参见网址：URL〈http://www.china.org.cn/english/features/book/140320.htm〉。

〔27〕白宫，“总统宣布打击 WMD 威胁的新措施”，总统在 Fortlesley J. McNair 军营作关于大规模杀伤性武器扩散的演讲，国防大学，新闻发布稿，华盛顿，2004 年 2 月 11 日，参见网址：URL〈http://www.whitehouse.gov/news/releases/2004/02/20040211-4.html〉。

能更多参与”PSI 活动。[28] 在这个意义上，PSI 可以发展成为一个实践机制，通过它实施联合国安理会 1540 号决议。该决议要求所有国家将非国家行为体的扩散行为定为犯罪，并执行有效的出口控制。

第三节　欧盟内采取的供应方措施

2005 年，欧盟成员国将主要精力放在完成 1998 年《欧盟武器出口行为准则》[29] 的修改工作，并更有效地实施对两用物项的出口控制上。欧盟理事会领导下的工作小组还继续讨论与两用物项和常规武器出口控制相关的若干问题。其中包括对无形技术转让的控制，对非法出口进行法律制裁的共同对策，防止中间交易及走私，以及更加协调、更加全面地在出口控制方面扩大交往能力。

两用物项出口控制

2003 年 12 月通过的《欧盟防止大规模杀伤性武器扩散战略》将出口控制列为防扩散的第一道防线，并要求欧盟“在其境内外”加强出口控制政策及安全举措。[30] 2004 年欧盟理事会重新审议了第 1334/2000 号条例（适用于所有成员国的统一的两用出口控制法律基础）在扩大后的欧盟内实施情况。[31] 这次审议暴露出各成员国在有关立法实施、加强企业界防扩散意识、相关部门评估许可证申请和物项分类的技术能力以及情报设施等方面存在差异。审议中还发现两用

---

〔28〕 Stephen G. Rademaker，“防扩散安全倡议（PSI）：成功的记录”，负责军控事务助理国务卿在众议院国际关系委员会，国际反恐和防扩散小组委员会听证会上作证，华盛顿，2005 年 6 月 9 日，参见网址：URL〈http：//www. state. gov/t/ac/rls/rm/47715. htm〉。

〔29〕 欧盟理事会，《欧盟武器出口行为准则》，布鲁塞尔，1998 年 6 月 5 日，参见网址：〈http：//ue. eu. int/uedocs/cmsUpload/08675r2en8. pdf〉。

〔30〕 欧盟理事会，《欧盟防止大规模杀伤性武器扩散战略》，布鲁塞尔，2003 年 12 月 12 日，参见网址：〈http：//ue. eu. int/cms3 _ applications/Applications/newsRoom/LoadDocument. asp? directory=en/misc/&filename=78340. pdf〉。

〔31〕 配对审议的第一阶段审议情况可参见 I. Anthony 和 S. Bauer 的“转让控制”，《SIPRI 年鉴 2005》第十七章，（同注释［6］），第 699－719 页。

物项条例的实施在诸多方面存在差异，尤其是“全面控制”条款的使用、交流拒发许可证实施情况、无形技术转让的控制和过境及转运监控。

2004 年 12 月 13—14 日举行的总务委员会会议决定：为消除这些差异而提出的各项建议应该“刻不容缓地落实”，使加强出口控制成为 2005 年工作的重中之重。〔32〕这些建议可分为以下九大类：(a)“确保实施欧盟系统的透明度及法治意识”；(b)“尽量减少成员国在实践中的重大分歧”；(c)“研究对过境及转运加强控制的可能性”；(d)“为识别受控的两用物项提供帮助”；(e)“改进对拒发许可证的信息交流，并考虑建立交流敏感信息的数据库”；(f)“就是时出口控制的最佳举措达成一致”；(g)“提高透明度，以利于协调对未列入清单的物项实行（全面）控制”；(h)“加强与出口国的沟通”；以及(i)“就控制无形技术转让的最佳举措达成一致”。

欧盟理事会关于两用物项工作小组有责任将后续工作提交理事会审议，〔33〕但实施由纳入欧盟成员国有关职能部门负责。为最大限度减小各国在发放许可证方面的差异，成员国就对各国对各种出口授权所附加的条件进行了讨论。

欧盟大力支持的联合国安理会第 1540 号决议要求各国建立有效的过境及转运控制措施。然而，这些控制措施目前并未被列入第 1334/2000 号条例中。2005 年，欧盟委员会开始收集必要的信息，以评估修改第 1334/2000 号条例把过境和转运两用物项控制列入法令会带来的影响。

出口商经常要听取许可证颁发部门的意见，以确认其产品出口前是否需要授权。如果怀疑某出口物项有违出口控制法律及条例，随后的法律程序要求具备授权书，表明该出口物项或待出口物项是否属于

---

〔32〕 欧盟理事会，第 2630 届欧盟大会及对外关系会议，布鲁塞尔，2004 年 12 月 31 日，欧盟大会，新闻发布稿第 15460/04 号（Presse 343），参见网址：URL〈http://www.consilium.eu.int〉。

〔33〕 关于 2005 年取得的进展，参见欧盟理事会，“成员国两用物项出口控制制度配对审议建议的落实情况”“两用物项控制系统”，第 15826/05 号文件，布鲁塞尔，2005 年 12 月 15 日，可查网址：URL〈http://register.consilium.eu.int/pdf/en/05/st15/st15826.en05.pdf〉。

可发许可证之列。出于这些原因，各政府有必要为出口商“需要时”提供技术咨询的渠道。对出口多种两用物项的较大国家来说，必然需要在出口部门配备一批敬业的技术专家。而对于小国家来说，可能不需要经常定期得到此类咨询，国家花钱维持一批常设技术专家也不值得。理事会两用物项工作小组内设立了一个技术专家团，可以帮助其他国家的同事识别受控的两用物项。这显示了成员国之间的互相信任，因为该类专家团必然会参与信息共享，而有些信息可能具有商业敏感性。

任何一个欧盟成员国在批准某出口物项而该物项在三年中已遭到另一个或几个成员国作为本质上同类交易拒批之前，该国都必须先与拒发许可证的每个国家磋商。成员国自行负责收集和储存拒发许可证的信息。欧盟成员国正在着手建立一个电子数据库，用来收集和记录成员国根据第 1334/2000 号条例以及国际出口控制机制发出的拒签通知。各方就该数据库的设计达成一致，预计于 2006 年年中前建成。一旦投入使用，该数据库有望加强成员国迅速得到和交换信息的能力。

近年来，对加强两用物项出口控制的讨论日益把重点放在有效执行的必要性上。作为对等审议的一项举措，欧盟成员国建立了一套全面的实施许可证批发和通关程序的审议制度。根据第 1334/2000 号条例规定：

> “如果出口商所在的成员国主管部门已告知其相关的全部或部分，打算或可能用于与化学、生物或核武器或其他核爆装置与有关的研制、生产、管理、运行、维护、储存、探测、辨认或扩散，或用于可运送此类武器的导弹的研制、生产、维护或储存。”

要出口控制清单中未列入的物项，出口商必须申请获准。企业界已经注意到各成员国间对这种“全面控制”有不同解释，并为此在对等审议中和作为审议后续工作的一部分，对“全面控制”的实施进行了研究。

更广义来说，各方逐渐意识到：与企业界的密切接触必然在现代出口控制制度中起更重要的作用，因为出口国根据加强国际合作的要求采取了新的举措。欧盟成员国制定了一个清单，用于统一衡量目前各国与企业界交流的做法，以便提高私营企业的出口控制意识，并使其在防止大规模杀伤性武器扩散的斗争中予以全力支持和积极配合。[34]

欧盟海关安全举措

从 2003 年开始，针对扩员后欧盟的外部边界，欧盟委员会将各方面归纳在一起，逐步制定了一项新的安全管理模式。此模式立足于两个支柱：一套共同出口控制标准，以此作为全欧盟范围内通关程序的基础；以及出口国有一套贸易促进措施，以表明其对出口采取负责任的态度。该模式中的内涵构成了修改《共同体关税准则》涉及安全管理内容的基础。该《准则》已列入 2005 年 4 月 13 日通过的欧盟委员会第 648/2005 号条例。[35]

欧盟对《海关准则》作出了三项重要修改：第一，新条例要求，贸易商需要向海关部门提交进关前和出关前的申报，其中包含从欧盟进口或从欧盟出口的货物情况。第二，新条例引入授权的经济运行者身份，一旦其具备这一身份，可靠的贸易商有权享受某些贸易促进措施。第三，新条例引入了一项新机制，为出口控制的风险选择设立由计算机系统支持的共同体统一标准。

后来，欧盟委员会草拟了相关执行条款（2005 年 7 月公布），并组织了一次公开磋商会，以此来准备最终的条例草案供欧盟成员国在欧盟海关准则委员会范围内讨论。[36] 修改后的《共同体海关准则》执行条例预期将于 2006 年生效。新条例旨在促进保护欧盟内部市场并保障国际供应链条。[37] 然而，作为该进程一部分而制定的新机制，

---

〔34〕 欧盟理事会，"向企业界介绍控制清单"，理事会文件第 15291/05 号，2005 年 12 月 5 日，可查网址：URL〈http：//register. consilium. eu. int/〉。

〔35〕 "2005 年 4 月 13 日欧洲议会及欧盟理事会第 648/2005 号条例修改理事会第 2913/92 号条例（EEC）建立共同体海关准则"，Official Journal of the European Union，L113（2005 年 5 月 4 日），第 13—19 页。

〔36〕 "欧洲委员会条例初稿起草委员会条例（EEC）第 2913/92 号的执行作出规定，确定《共同体关税准则》"，工作文件 TAXUD/1250/2005，REV. 3，布鲁塞尔，2006。

〔37〕 欧盟采取的方式与当时世界海关组织（WCO）制订的《保障及促进全球贸易标准框架》相一致。自 2004 年 7 月起，WCO 内部的一个高级别战略小组一直在拟定关于国际贸易供应链条的全球安全和促进措施。

也可以通过帮助海关部门识别敏感物项装运，将其扣押在边境并对其进行更严密检查，以便更有效地实施对两用物项的出口控制。根据新条例要求，提交进出关前申报还可以为控制两用物项在欧盟境内的转运和跨国货运提供必要的信息。

欧盟对可能用于死刑、酷刑或其他残酷、不人道或毁誉行为的物项的贸易控制

欧盟内部市场对维持和实施国家出口控制提出了法律上和实际操作上的挑战。有的情况下，为了进一步推动其战略和政治目标，欧盟想对出口物项实施集体控制。目前正在筹划对准军事装备在全欧盟范围内实施控制便是一例。又如，2005 年 6 月，欧盟通过了理事会第 1236/2005 号条例，并决定于 2006 年 7 月 30 日开始执行该条例。该条例涉及某些可能被用于死刑、酷刑或其他残酷、不人道或毁誉行为或惩处的货物贸易。[38] 尽管若干欧盟成员国对用于酷刑的装备出口已有禁令或控制措施，但这项直接适用于所有成员国的法规的目的在于各国在出口此类物项的问题上保证做到协调一致。

在某些类型的贸易中，该条例禁止了除了用于死刑、酷刑或其他残酷、不人道或毁誉行为以外无实际用处的货物的出口。条例还要求对可能用于这些目的的某些鉴别出的物项实施出口控制。条例附录包括一项禁止进出口欧盟的货物及提供与之相关的技术援助清单；还有一项除非得到对其负责的欧盟成员国政府批准否则不得出口的货物清单。每项出口申请必须进行个案审查，通用或全球性的许可不可作为批准出口的依据。在一个单独的附件中还包括样本许可证申请书，但条例也允许基于国家规定的一些具体程序颁发电子许可证。

第 1236/2005 号条例要求成员国在许可证申请被拒批后的 30 天内互相通报并向欧盟委员会通报。条例还含有一项“不拆台”程序，即审批本质上相同的交易时，某成员国主管部门必须与在过去三年内

---

〔38〕“2005 年 6 月 27 日通过的欧盟理事会第 1236/2005 号条例，涉及某些可能被用于死刑、酷刑或其他残酷、不人道或毁誉行物项贸易”，*Official Journal of the European Union*，L200（2005 年 7 月 30 日），第 1—19 页。

拒发许可证的成员国商议。商议后还是可以批准该项出口，但必须向各欧盟伙伴国通报批准原因。

条例的附件Ⅲ中列出了审批出口货物申请的标准。如果有合理的依据可以认定列表中的物品“可能用于死刑、酷刑或其他残酷、不人道或毁誉行为或惩罚，包括审判中的体罚，执法部门或第三国的任何自然人或法人”可以不批准某项出口。此外，主管部门还需考虑另外两个因素：(a) 是否有相关的国际法院的判决；和 (b) 是否有联合国职能机构、欧洲理事会和欧盟的调查汇编，包括欧洲理事会就《欧盟委员会关于禁止死刑、酷刑或其他残酷、不人道或毁誉行为问题的报告》以及联合国关丁死刑、酷刑或其他残酷、不人道或毁誉行为及惩罚的特别报告员提交的各项报告。该条例引起人们对其他相关信息的注意（例如，已得到国家法院的判决、民间社团提交的报告或其他信息，及目的地国实行的限制出口清单物项的信息），在审核出口申请时都应纳入考虑范围。

2005 年的条例是基于 2002 年 12 月由欧盟委员会提出的一项提案，但并没有采纳该项提案的所有内容。[39] 例如，委员会原来的提案中列入的若干化学制品属于没有批准不能出口的物项，也是欧盟成员国军品出口控制机制实施的出口控制清单的一部分。这些化学制品列入瓦森纳安排的军品清单，而塞浦路斯尚未加入瓦森纳安排。然而，欧盟的共同军品清单完全复制了瓦森纳安排的军品清单，所有成员国以此作为保证共同实施《欧盟关于武器出口行为准则》的参考清单。《行为准则》还列入了一项相关通用标准，即要求在审批出口时考虑最终目的地国对人权的尊重程度。在欧盟成员国讨论条例草案的过程中，用清单方式控制出口的做法受到质疑，因为很多日常用品理论上都可能被误用，但是执行中的实际困难其实不可能编列出一项非常广泛的控制清单。[40]

欧盟对外关系事务专员瓦尔德纳（Benita Ferrero－Waldner）强

〔39〕“关于对某些可用于死刑、酷刑或其他残酷、不人道或毁誉行为或刑罚的用具和产品制订理事会条例的建议”，COM（2002）770 定稿，2002 年 12 月 30 日。

〔40〕英国会上院，欧盟委员会，“关于禁止用于死刑或酷刑产品贸易的建议：证明报告”，HL paper 75，伦敦，2005 年 3 月 22 日，参见网址：URL〈http：//www. publications. parliament. uk/pa/ld200405/ldselect/ldeucom/ldeucom. htm〉。

调指出：该条例不应孤立地来看，而应将其看作是欧盟正在采取的许多措施中的一项，其目的是“鼓励所有尚未采取这一措施的所有国家取消死刑、酷刑，并跟随欧盟对用于这些目的的物项贸易进行控制”。〔41〕

《欧盟武器出口行为准则》

《欧盟武器出口行为准则》是 1998 年 6 月通过的。〔42〕除适用于欧盟 25 个成员国之外，波斯尼亚和黑塞哥维那（简称波黑）、保加利亚、加拿大、克罗地亚、前南斯拉夫马其顿共和国（简称前南马其顿共和国）、冰岛、挪威以及罗马尼亚都认同该准则的各项标准和原则。〔43〕在这些国家中，挪威被赋予正式守则国地位，享有可适当获得有关拒发出口许可证的信息等待遇。此外，一些东南欧国家（波黑、塞尔维亚和黑山以及前南马其顿共和国）在 2004 年和 2005 年新出台的出口控制法律中涉及评估许可证申请时，还要求必须采用《欧盟行为准则》规定的标准。申请加入欧盟的保加利亚和罗马尼亚两国参加了自 2005 年 5 月以来的历次欧盟理事会常规武器出口工作组（以下简称 COARM）会议。

《欧盟行为准则》中有八项关于审批的标准和操作规定，简要列出了政府间拒发许可证情况互相通报和磋商的报告程序和机制。《行

〔41〕 欧盟委员会，“欧盟禁止酷刑用具贸易”，第 IP/05/819 号新闻发布稿，2005 年 6 月 30 日。例如，在必要的情况下，需要通过外交交涉和公开声明反对酷刑和虐待的行动要在与第三国的关系中得到反映，作为在与有关国家进行政治对话的一项内容纳入考虑范围，同时作为促进人权的双边或多边合作努力的一个组成部分。欧盟驻世界各国使团团长需要分析其驻在国酷刑及虐待的发生情况以及为防止此类状况在驻在国发生而采取的措施，并报告他们了解到的情况。理事会人权问题工作小组（COHOM）将这些报告与其他相关信息结合，以便明确哪些情况下需要欧盟采取行动，然后决定是否采取进一步措施或者向欧盟部长提出建议。“欧盟关于对第三国酷刑或其他残酷、不人道或毁誉行为的行为或刑罚的政策指针”，由总务委员会通过，卢森堡，2004 年 9 月 1 日，参见网址：URL〈http://ue.eu.int/uedocs/cmsUpload/TortureGuidelines.pdf〉。

〔42〕 S. Bauer 和 M. Bromley，《欧盟武器出口行为准则：改进年度报告》，《SIPRI 政策文件》第 8 期（SIPRI：斯德哥尔摩，2004 年 11 月），参见网址：URL〈http://www.sipri.org/〉。

〔43〕 “第七个年度报告，依据《欧盟武器出口行为准则》第八项操作规定”，*Official Journal of the European Union*，C 328（2005 年 12 月 23 日），第 1—288 页。

为准则》也适用于欧盟成员国 2000 年通过的一项军事装备控制清单，该清单曾多次修改。2006 年新修订的《行为准则》考虑了 2005 年 12 月通过的《瓦森纳军需品清单》。〔44〕

2004 年，欧盟成员国启动了对 1998 年《行为准则》的审议。COARM 准备了《行为准则》修订文本，其中包括对操作规定、八项标准及其法律地位的修改。〔45〕“界定了关于控制军事技术与装备出口的共同规则《理事会共同立场文件》草案”。该文件草案于 2005 年春季在技术层面上已达成一致，但仍有待于在 2006 年年初举行的部长级会议上被批准。〔46〕原因不在于对修改《准则》有实质性反对意见，而是因为这在政治上涉及有争议的对华武器出口禁令以及为补充欧盟《行为准则》建立一个“工具箱”来加强向已取消武器禁令国家转让的透明度的提议。〔47〕2005 年 6 月 30 日，欧盟常任代表委员会（简称 Coreper）认可了在技术层面上达成的《行为准则》修改草案，〔48〕却未能就“解除武器出口禁令之后采取更多的加强透明度和共同控制措施纳入《理事会共同立场文件》的《用户指南》，该文件界定了关于控制军事技术和装备出口的共同规则”。〔49〕

欧盟《行为准则用户指南》于 2003 年 11 月出台，之后至少每年更新一次。《指南》进一步界定并解释了 1998 年《行为准则》中列出

---

〔44〕《欧盟共同军品清单》，欧盟理事会 2006 年 2 月 27 日通过的《欧盟武器出口行为准则》限制的装备，Official Journal of the European Union，C66（2006 年 3 月 17 日），第 1—28 页。

〔45〕对修订内容综述详见安东尼和鲍尔（同注释 [31]），第 715—718 页。

〔46〕《共同立场文件》与《理事会宣言》不同，它是执行共同外交和安全政策的其中一个手段，政治上要求成员国在其立法和政策方面都与《共同立场文件》保持一致。尽管《共同立场文件》不能将《行为准则》变为欧洲的法律或使其受欧洲法院的管辖，但《共同立场文件》对某些成员国来说有国家法律的含义。

〔47〕参见安东尼和鲍尔（同注释 [31]）；以及 I. 安东尼“与军备相关的欧中贸易和技术转让：分歧与问题”，在“中国军事现代化：东亚在政治、经济和防务工业方面如何应对”会议上提交的论文，夏威夷毛伊岛，2005 年 5 月 19—20 日，参见网址：URL〈http://www.sipri.org/contents/expcon/euchinapaper〉。

〔48〕“欧盟/军备：制订新的武器出口控制共同规则”，《大西洋新闻》，第 3693 期，2005 年 7 月 5 日，第 4 版。

〔49〕D. Dombey，“欧盟考虑在军售问题上制订有约束力的规则”，《金融时报》，2005 年 4 月 18 日，第 2 版。

的条款和程序。2005 年 10 月的版本概述了应用八项标准的最佳做法，即成员国有义务在许可证审批过程中考虑武器出口与接受国的科技和经济能力相一致的问题。对于实施标准二（人权）和标准七（最终用途控制）的指南仍在制订中。[50] 2006 年 1 月发表的最新指南版本提出了国家报告需要有些信息的通用样式，并更新了关于武器出口国家报告的网站域名表。[51]

2005 年《行为准则》实施的进展写入第七个年度报告。[52] 尽管 COARM 的大部分工作集中于审议过程，其他方面的工作包括实施 2003 年《关于中介交易的共同立场文件》。根据第七个年度报告，27 个成员国和申请入盟国中有 19 个国家的立法完全符合《共同立场文件》。

COARM 宣布近期有两项工作重点：一是加强对外交流交流，介绍《行为准则》的各项原则和标准；二是为此提供实实在在的帮助和技术上的援助。欧盟成员国还在努力加强各国对外交流和援助工作的协调。

第四节 放射性材料的出口

放射源在全世界应用广泛，涉及医药、农业、科研和工业等领域。由于活动规模和放射剂量造成的潜在危害相对较小，绝大多数放射源相对无害，但疏于保护的放射源辐射性强，而且其物理形态易于分散，得到这些放射源后，可能会被用于制造"脏弹"。[53] 此外，已发现非法核走私中的放射源数量远远超过可能用于制造核爆炸装置的核材料。鉴于这种情况，国际社会采取了一些行动来打击放射恐怖主义，包括

〔50〕欧盟理事会，"关于《欧盟武器出口行为准则》的《用户指南》"，第 5179/05 号文件，布鲁塞尔，2006 年 1 月 11 日，参见网址：URL 〈http: //ue. eu. int/cms3 _ fo/showPage. asp? id=408&lang=en&mode=g〉。

〔51〕欧盟理事会（同注释 [50]）。

〔52〕"根据《欧盟武器出口行为准则》第八项操作规定而提交的第七个年度报告"（同注释 [43]）。

〔53〕曾经发生过放射性武器被次国家组织使用的情况。有关论述参见 N. Zarimpas，"核及放射性材料的非法交易"，《SIPRI 年鉴 2001：军备、裁军和国际安全》，牛津大学出版社：2001，第 503－511 页。

为降低放射源的脆弱性以防止恐怖分子获取而制订高防控措施标准。

布莱恩·多得（Brian D）指出：其宗旨为防止恐怖分子获取放射性材料，发现和应对任何试图获取相关材料或应对其实际获取并使用该类材料的国际组织、团体和机构数目非常之多。[54] 其中一项倡议是对 2001 年的《国际原子能机构关于放射源安全和保安的行为准则》进行修改和更新。2003 年 9 月 8 日，国际原子能机构理事会通过了这项没有约束性的行为准则。[55]

鉴于放射源“对个人、社会和环境带来相当大危险”，《准则》旨在建立一套关于放射源“从摇篮到坟墓”的规章制度及安全保管体系，并“通过各国制订、协调和执行相关政策、法律及法规，以及促进国际合作”来实现这个目标。

作为该防控体系的一部分，《准则》为控制高危放射源的出口和进口，以一套指导方针的形式拟定了各项具体要求。这些方针已列入《国际原子能机构关于放射源安全和保安的行为准则》及于 2004 年 9 月通过的《放射源进口和出口导则》。

《国际原子能机构关于放射源进出口导则》

《国际原子能机构关于放射源进出口导则》是为补充该机构《行为准则》中的进出口规定而制定的。[56] 这是全球第一个控制放射源出口的框架。2004 年 9 月 24 日，IAEA 大会通过了该《导则》并指出 30 多个国家表示要在 2005 年 12 月 31 日前实现有效控制进出口的目标。大会鼓励所有国家在协调一致基础上按《导则》行事。[57]

IAEA 的《导则》规定，高活性放射源只可以出口到具有可对其

---

〔54〕 B. Dodd，“打击放射性恐怖主义的国际行动”，*Health Physics*，第 89 期（2005 年），第 556—565 页。

〔55〕 国际原子能机构，《关于放射源安全和保安的行为准则》，GOV/2000/34—GC (44) /7，2003 年 9 月 8 日。该准则替代了机构 2001 年 3 月公布的文本。

〔56〕 A. G. Sowder，《国际原子能机构行为准则及进出口控制导则：通过国际协调和援助加强放射源的全球安全和保安》，第 37 届放射物控制全国会议，放射物控制项目主任会议，密苏里州堪萨斯城，2005 年 4 月 25—28 日，参见网址：URL〈http://www.crcpd.org/AnnualMeeting—05/Abstracts/Sowder.htm〉。

〔57〕 国际原子能机构大会，第 GC (48) /RES/10.D 号决议，2004 年 9 月 24 日。

拥有和使用进行有效控制机制的国家，并且只有在接受国相关职能部门同意交易之后才能进行。有的国家还提出应建立通报机制以保证相关职能部门知晓何时何地放射源进入该国，并核实最终用户是否收到。只有在极少例外情况下，放射源才可提供给达不到审批标准的国家。〔58〕

2005 年 6 月，欧盟和美国重申了其目标是到 2005 年前根据 IAEA《导则》实施有效控制举措。〔59〕然而，尽管履行这项政治承诺的最终期限是自行规定的，大多数人仍然认为这个目标不切实际，因为欧盟内部各成员国尚无实施 IAEA《导则》的共识。〔60〕在 2005 年年中在法国波尔多召开的一次国际会议上有的与会者指出，尽管 30 多个国家明确表示要在 2005 年 12 月 31 日前做到有效控制进出口，但是只有三个 IAEA 成员国后来向机构总干事通报它们采取了国家措施。〔61〕

欧盟成员国长期以来一直在执行 2003 年理事会关于控制高活性封存放射源和遗弃放射源的欧盟理事会条令。〔62〕然而，该指令只规定对在欧盟内部的放射源引进先进有效的控制，而没有涉及向其他国家的出口或转让。根据关于实施 2003 年 12 月《欧盟防止大规模杀伤

〔58〕 该导则与八国集团（简称 G8）在 2003 年在法国埃维昂峰会上通过的《关于确保放射源安全的声明》一致。八国集团峰会“防止大规模杀伤性武器扩散：确保放射源安全，八国集团声明”，埃维昂，2003 年，参见网址：URL〈http：//www. g8. fr/evian/english/〉。

〔59〕 白宫，“欧盟和美国关于防止大规模杀伤性武器共同工作计划联合声明”，新闻发布稿，华盛顿，2005 年 6 月 20 日，参见网址：URL〈http：//www. whitehouse. gov/news/releases/2005/06/20050620. html〉。

〔60〕 美国核管理委员会于 2005 年 7 月 1 日修改了联邦条例准则第 110 部分的标题 10（核设备和材料出口及进口），以体现该项承诺。

〔61〕 国际原子能机构，关于放射源安全和保安：为在放射周期内持续控制放射源建立全球体系的国际会议上大会主席的总结发言，2005 年 6 月 27 日—7 月 1 日，波尔多，可参见网址：URL〈http：//www — pub. iaea. org/MTCD/Meetings/Announcements. asp? ConfID=134〉。

〔62〕“2003 年 12 月 22 日理事会关于高活性密封放射源和遗弃源指令 2003/122/EURATOM”，Official Journal of the European Union，L346（2003 年 12 月 31 日），第 57 页。到 2005 年年底时，欧盟成员国仍在忙于将该条令纳入各自的国家立法中。欧盟理事会，“关于实施欧盟防止大规模杀伤性武器扩散战略第三章的半年度报告”，理事会文件第 14520/05 号，布鲁塞尔，2005 年 12 月 5 日，第 12 页。

性武器扩散战略》的“进展报告”，关于放射源进口和出口的欧共体补充立法正在准备中。[63] 尽管 IAEA《导则》规定的各项要求在欧盟法律中得到部分体现，[64] 但在实际执行中相关方面的问题（包括谁能授权出口，起运前谁去争得目的地国的同意），都必须由各国自行决定。

欧盟和美国表示愿意支持“帮助有需要的国家建立有效和长期的控制制度”。[65] 国际援助的组织工作大部分由 IAEA 统筹，资金来源是汇入 IAEA 核安全基金的外部捐赠。[66]

第五节　结　论

为加强国家出口控制的有效性而参加各种非正式多边组织的国家认识到，尚需做出更多努力以应对（如果可能的话）并扭转大规模杀伤性武器及其运载工具的扩散趋势。各方越来越意识到必须使尽可能多的国家参与到加强出口控制工作中，未来的行动应立足于实施统一的国际标准。各国逐渐认识到，过去通过各种自行选择的出口控制协议所取得的成就为建立一套国际标准打下了坚实的基础。

有迹象表明，今后可能会在一定新的实用领域实施出口控制，从而使武器控制更好地适应安全环境变化。本章阐述了两大问题：一是欧盟对可能用于死刑、酷刑和其他残忍、不人道或有辱人格的做法的

---

〔63〕 与之形成对比的是，到 2006 年初，美国只是停留在讨论把加强控制高活性放射源作为国土安全一个方面的初期阶段。

〔64〕 J.－M. Hallemans and A. Tricas Aizpún，“欧洲关于运输放射性材料的立法”，*International Journal of Radioactive Materials Transport*，第 12 卷，第 4 期（2001 年），第 193－196 页。

〔65〕 白宫（同注释 [59]）

〔66〕 例如，来自欧盟的支持有助于国际原子能机构开展有关项目以加强在非核应用中放射源的安全保障，同时加强各国对非法运输的侦查和反应的能力。这些项目主要集中在东南欧国家和中亚地区国家（哈萨克斯坦、吉尔吉斯斯坦、乌兹别克斯坦、塔吉克斯坦和土库曼斯坦）。“2004 年 5 月 17 日《理事会联合行动 2004/495/CFSP》关于支持国际原子能机构按照核安全项目及实施欧盟防止大规模杀伤性武器扩散战略实施的框架”，Official Journal of the European Union，L182（2004 年 5 月 19 日），第 46－50 页。

物项贸易制订的新规定，把出口控制延伸到军事或战略产品之外的领域，以实现人权目标；二是很多国际原子能机构成员国正在研究如何使出口控制有助于减小非国家行为体获取和使用放射性武器的危险。

通过国家法律和条例加快落实最高国际标准的必要性也继续要求各国在出口控制方面展开更多对外交往和援助工作。各出口控制多边组织都继续积极开展对外活动，而且欧盟和日本都在考虑如何最有效地帮助美国向有需要的地方提供必要数额的资金和援助。

在制订和实施国际标准方面需要更多国家的参与，同时也需要更多研讨，从正反两方面区别对待各接受国。对那些普遍认为是构成扩散挑战的国家，要长期对其进行更严密的审查，到一定的时期支持对其进行技术禁运。同时，要求更有效地实施出口控制，加强与企业界的合作，可能有助于促使双方赞成简化与公认为对防扩散和出口控制作出高度承诺的国家的贸易程序。

2005 年对两个最新行动的大力支持（联合国安理会第 1540 号决议和防扩散安全倡议）表明，各国日益认识到需要对落实出口控制和制订当代全面立法予以同等关注。在这方面，那些负责制订、管理和实施出口控制的人看来面临一些棘手问题，已初露端倪。在不久的将来，有这样的两类问题：一是如何控制无形技术转让；二是如何将实施出口控制与打击有组织的跨境犯罪其他方面的工作相结合。

（吕品柔 译）

附　　件

附件 A　军控与裁军协议

附件 B　2005 年大事记

作者简介

本书摘要

附件A 军控与裁军协议

南尼·博德尔

注释

1. 各项协定按其通过、签署或开放供签署日期（多边协定）或签署日期（双边协定）的顺序排列。协定生效日期及多边协定的保存人也一并列出。除非另外注明，资料提供的情况截至 2006 年 3 月 1 日。

2. 资料主要来自条约保存方提供的签约国和缔约方名单。

3. 缔约方名单下面的脚注列出了有关国家就签署、批准、加入或继承某些主要条约所作的最重要保留、声明和/或解释性声明的实质性部分的内容。1925 年日内瓦议定书中，只列出对该协定有“明确保留”的缔约国。对协定有“含蓄保留”和对有关类目作出自己解释的缔约国，参见网址：URL〈http：//www. sipri. org/contents/cbwarfare/cbw _ research _ doc/cbw _ historical/cbw－hist－geneva－paties. html〉。

4. 国家按照批准国、加入国或继承国的顺序排列。原非自治领地在获得独立之后，一般会申明其前殖民国家所签署的所有协定继续有效。本附件只列出那些无争议声明协定继续生效或已通知协定保存方要继承协定的新国家。

5. 由于国际社会不承认台湾地区为主权国家，它仅被列为其所批准的协定的缔约方。

6. 俄罗斯联邦确认继承苏联承担的国际义务。

7. 除非另外注明，附件中所列的多边协定向所有国家开放签署、批准、加入或继承。

8. 联合国所有会员国的名单及其成为联合国会员国的年份列在本卷前面的术语汇编中，本附件所列签约国或缔约方并不都是联合国会员国。

禁止在战争中使用窒息性、毒性或其他气体及细菌作战方法的议定书（1925 年日内瓦议定书）

1925 年 6 月 17 日在日内瓦签署，1928 年 2 月 8 日生效，由法国政府保存。

议定书宣告缔约国同意遵守禁止在战争中使用这些武器的义务。

缔约国（134 个）：阿富汗、阿尔巴尼亚、阿尔及利亚[1]、安哥拉[1]、安提瓜和巴布达、阿根廷、澳大利亚、奥地利、巴林[1]、孟加拉国[1]、巴巴多斯、比利时、贝宁、不丹、玻利维亚、巴西、保加利亚、布基纳法索、柬埔寨[1]、喀麦隆、加拿大、佛得角、中非共和国、智利、中国[1]、科特迪瓦、古巴、塞浦路斯、捷克共和国、丹麦、多米尼加共和国、厄瓜多尔、埃及、赤道几内亚、爱沙尼亚、埃塞俄比亚、斐济[1]、芬兰、法国、冈比亚、德国、加纳、希腊、格林纳达、危地马拉、几内亚比绍、梵蒂冈、匈牙利、冰岛、印度[1]、印度尼西亚、伊朗、伊拉克[1]、爱尔兰、以色列[2]、意大利、牙买加、日本、约旦[3]、肯尼亚、朝鲜[1]、韩国[5]、科威特[1]、老挝、拉脱维亚、黎巴嫩、莱索托、利比里亚、利比亚[1]、列支敦士登、立陶宛、卢森堡、马达加斯加、马拉维、马来西亚、马尔代夫、马耳他、毛里求斯、墨西哥、摩纳哥、蒙古、摩洛哥、尼泊尔、荷兰、新西兰、尼加拉瓜、尼日尔、尼日利亚[1]、挪威、巴基斯坦、巴拿马、巴布亚新几内亚[1]、巴拉圭、秘鲁、菲律宾、波兰、葡萄牙、卡塔尔、罗马尼亚、俄罗斯、卢旺达、圣基茨和尼维斯、圣卢西亚、圣文森特和格林纳丁斯、沙特阿拉伯、塞内加尔、塞尔维亚和黑山、塞拉利昂、斯洛伐克、所罗门群岛[1]、南非、西班牙、斯里兰卡、苏丹、斯威士兰、瑞典、瑞士、叙利亚、台湾、坦桑尼亚、泰国[4]、多哥、汤加、特立尼达和多巴哥、突尼斯、土耳其、乌干达、英国[4]、乌克兰、乌拉圭、美国[4]、委内瑞拉、越南[1]、也门。

1. 本议定书对该缔约国的约束力，只限于该国对签署、批准或加入本议定书的国家。对其武装力量或盟国不遵守本议定书条款的任何敌国，议定书对该缔约国无约束力。

2. 本议定书对以色列的约束力，仅限于以色列对签署、批准或继承本议定书的国家所采取的行动。如其敌国的武器力量、其敌国盟国的武装力量、正规或非正规力量，或在其领土上活动的组织或个人不遵守议定书的禁止条款，本议定书则对以色列无约束力。

3. 约旦承诺履行议定书规定的各项义务，范围只限于作出同样承诺的国家。对于其正规或非正规武装力量不遵守议定书禁止条款的国家，约旦不受议定书的约束。

4. 如其任何敌国或敌国的任何盟国不遵守本议定书的禁止条款，本议定书关于使用窒息性的、有毒的或其他的气体，以及一切类似的液体、物质或设备的规定则对该缔约国没有约束力。

5. 2002年，韩国撤销了有关细菌和毒素武器的保留。

签署但未批约国：萨尔瓦多

西欧国家经济、社会、文化合作和集体正当自卫条约(布鲁塞尔条约)

1948年3月17日在布鲁塞尔签署，1948年8月25日生效，由比利时政府保存。

条约规定缔约国在军事、经济和政治领域密切合作。

缔约国（7个）

原始缔约国：比利时、法国、卢森堡、荷兰和英国。

德国和意大利通过1954年议定书加入。

亦见修订后的布鲁塞尔条约和1954年议定书。

关于防止和惩治灭绝种族罪公约（种族灭绝公约）

1948年12月9日在巴黎召开的联合国大会上通过，1951年1月12日生效，由联合国秘书长保存。

根据该公约，任何意在全部或部分消灭一个民族、部族、种族或宗教团体的行为都是应按国际法进行惩治的罪行。

缔约国（138个）：阿富汗、阿尔巴尼亚*、阿尔及利亚*、安提瓜和巴布达、阿根廷*、亚美尼亚、澳大利亚、奥地利、阿塞拜疆、巴哈马、巴林*、孟加拉国*、巴巴多斯、白俄罗斯*、比利时、伯利兹、玻利维亚、波黑、巴西、保加利亚*、布基纳法索、布隆迪、柬埔寨、加拿大、智利、中国*、哥伦比亚、科摩罗、刚果民主共和国、哥斯达黎加、科特迪瓦、克罗地亚、古巴、塞浦路斯、捷克共和国、丹麦、厄瓜多尔、埃及、萨尔瓦多、爱沙尼亚、埃塞俄比亚、斐济、芬兰、法国、加蓬、冈比亚、格鲁吉亚、德国、加纳、希腊、危地马拉、几内亚、海地、洪都拉斯、匈牙利*、冰岛、印度*、伊朗、伊拉克、爱尔兰、以色列、意大利、牙买加、约旦、哈萨克斯坦、朝鲜、韩国、科威特、吉尔吉斯斯坦、老挝、拉脱维亚、黎巴嫩、莱索托、利比里亚、利比亚、列支敦士登、立陶宛、卢森堡、前南马其顿共和国、马来西亚*、马尔代夫、马里、墨西哥、摩尔多瓦、摩纳哥、蒙古*、摩洛哥*、莫桑比克、缅甸*、纳米比亚、尼泊尔、荷兰、新西兰、尼加拉瓜、挪威、巴基斯坦、巴拿马、巴布亚新几内亚、巴拉圭、秘鲁、菲律宾*、波兰*、葡萄牙*、罗马尼亚*、俄罗斯*、卢旺达*、圣文森特和格林纳丁斯、沙特阿拉伯、塞内加尔、塞尔维亚和黑山*、塞舌尔、新加坡*、斯洛伐克、斯洛文尼亚、南非、西班牙*、斯里兰卡、苏丹、瑞典、瑞士、叙利亚、坦桑尼亚、多哥、汤加、特立尼达和多巴哥、突尼斯、土耳其、乌干达、英国、乌克兰*、阿拉伯联合酋长国、乌拉圭、美国*、乌兹别克斯坦、委内瑞拉*、越南*、也门*、津巴布韦。

* 批准、加入和继承时表示有所保留和/或发表声明。

签署但未批约国： 多米尼加共和国

关于战争时期保护平民的日内瓦第四公约

1949 年 8 月 12 日在日内瓦签署，1950 年 10 月 21 日生效，由瑞士联邦委员会保存。

公约规定了在战争地区和被占领土保护平民的原则。公约在 1949 年 4 月 21 日到 8 月 12 日召开的外交会议上制定。（同时，其他三个公约相继出台。第一公约旨在改善战地武装部队伤者、病者境遇；第二公约旨在改善海上武装部队伤者、病者及舰艇失事人员的境遇；第三公约涉及战俘待遇。）

缔约国（192 个）： 阿富汗、阿尔巴尼亚*、阿尔及利亚、安道尔、安哥拉*、安提瓜和巴布达、阿根廷、亚美尼亚、澳大利亚*、奥地利、阿塞拜疆、巴哈马、巴林、孟加拉国、巴巴多斯*、白俄罗斯、比利时、伯利兹、贝宁、不丹、玻利维亚、波黑、博茨瓦纳、巴西、文莱、保加利亚、布基纳法索、布隆迪、柬埔寨、喀麦隆、加拿大、佛得角、中非共和国、乍得、智利、中国*、哥伦比亚、科摩罗、刚果民主共和国、刚果（布）、库克群岛、哥斯达黎加、科特迪瓦、克罗地亚、古巴、塞浦路斯、捷克共和国*、丹麦、吉布提、多米尼克、多米尼加共和国、厄瓜多尔、埃及、萨尔瓦多、赤道几内亚、爱沙尼亚、厄立特里亚、埃塞俄比亚、斐济、芬兰、法国、加蓬、冈比亚、格鲁吉亚、德国*、加纳、希腊、格林纳达、危地马拉、几内亚、几内亚比绍*、圭亚那、海地、梵蒂冈、洪都拉斯、匈牙利、冰岛、印度、印度尼西亚、伊朗*、伊拉克、爱尔兰、以色列*、意大利、牙买加、日本、约旦、哈萨克斯坦、肯尼亚、基里巴斯、朝鲜*、韩国*、科威特*、吉尔吉斯斯坦、老挝、拉脱维亚、黎巴嫩、莱索托、利比里亚、利比亚、列支敦士登、立陶宛、卢森堡、前南马其顿共和国*、马达加斯加、马拉维、马来西亚、马尔代夫、马里、马耳他、马绍尔群岛、毛里塔尼亚、毛里求斯、墨西哥、密克罗尼西亚、摩尔多瓦、摩纳哥、蒙古、摩洛哥、莫桑比克、缅甸、纳米比亚、尼泊尔、荷兰、新西兰*、尼加拉瓜、尼日尔、尼日利亚、挪威、阿曼、巴基斯坦*、帕劳、巴拿马、巴布亚新几内亚、巴拉圭、秘鲁、菲律宾、波兰、葡萄牙*、卡塔尔、罗马尼亚、俄罗斯*、卢旺达、圣基茨和尼维斯、圣卢西亚、圣文森特和格林纳丁斯、西萨摩亚、圣马力诺、圣多美和普林西比、沙特阿拉伯、塞内加尔、塞尔维亚和黑山、塞舌尔、塞拉利昂、新加坡、斯洛伐克、斯洛文尼亚、所罗门群岛、索马里、南非、西班牙、斯里兰卡、苏丹、苏里南*、斯威士兰、瑞典、瑞士、叙利亚、塔吉克斯坦、坦桑尼亚、泰国、东帝汶、多哥、汤加、特立尼达和多巴哥、突尼斯、土耳其、土库曼斯坦、图瓦卢、乌干达、英国*、乌克兰*、阿拉伯联合酋长国、乌拉圭*、美国*、乌兹别克斯坦、瓦努阿图、委内瑞拉、越南*、也门*、赞比亚、津巴布韦。

* 批准、加入或继承时表示有所保留和/或发表声明。

1989 年，巴勒斯坦解放组织（PLO）通知公约保存方已决定遵守 4 项日内瓦公约和 1977 年的两个议定书。

亦见 1977 年的议定书Ⅰ和议定书Ⅱ。

经济、社会和文化合作及集体正当防卫条约（修改后的布鲁塞尔条约）；1948 年布鲁塞尔条约议定书（巴黎协定）

1954 年 10 月 23 日在巴黎签署，1955 年 5 月 6 日生效，由比利时政府保存。

考虑到欧洲的政治和军事形势，四个议定书对 1948 年的布鲁塞尔条约原文本进行了修改，允许联邦德国（西德）和意大利成为缔约国，以换取控制德国的军备和兵力员额（除有关大规模杀伤性武器的规定外，该规定于 1984 年被废除）。根据修改后的布鲁塞尔条约创立了西欧联盟（WEU）。条约含有缔约国集体防御的义务。

西欧联盟成员国是：比利时、法国、德国、希腊、意大利、卢森堡、荷兰、葡萄牙、西班牙、英国。

南极条约

1959 年 12 月 1 日在华盛顿签署，1961 年 6 月 23 日生效，由美国政府保存。

条约宣布南极地区只能用于和平目的。禁止在南极地区采取任何有军事性质的措施，诸如建立军事基地和要塞，进行军事演习或任何种类武器的试验。条约禁止在南极进行任何核爆炸和抛置放射性废料。

根据条约第 9 条规定：定期举行会议交换信息，就有关南极问题进行磋商，为促进本条约的宗旨和目标向有关国家政府提出举措建议。

条约须经各签字国批准，向联合国会员国，或经有资格参加本条约第九条规定的磋商会议的所有缔约国同意而应邀加入本条约的任何其他国家开放入约。

缔约国（45 个）：阿根廷$^{+}$、澳大利亚$^{+}$、奥地利、比利时$^{+}$、巴西$^{+}$、保加利亚$^{+}$、加拿大、智利$^{+}$、中国$^{+}$、哥伦比亚、古巴、捷克共和国、丹麦、厄瓜多尔$^{+}$、爱沙尼亚、芬兰$^{+}$、法国$^{+}$、德国$^{+}$、希腊、危地马拉、匈牙利、印度$^{+}$、意大利$^{+}$、日本$^{+}$、朝鲜、韩国$^{+}$、荷兰$^{+}$、新西兰$^{+}$、挪威$^{+}$、巴布亚新几内亚、秘鲁$^{+}$、波兰$^{+}$、罗马尼亚、俄罗斯+、斯洛伐克、南非+、西班牙+、瑞典+、瑞士、土耳其、英国+、乌克兰、乌拉圭+、美国+、委内瑞拉。

+ 根据条约第九条有资格参加磋商会议的国家。

《南极条约环境保护议定书》(1991 年马德里议定书) 于 1998 年 1 月 14 日生效。

禁止在大气层、外层空间和水下进行核武器试验条约 (部分禁试条约, PTBT)

1963 年 8 月 5 日三个原始缔约国在莫斯科签署, 1963 年 8 月 8 日在伦敦、莫斯科和华盛顿对其他国家开放签署。条约于 1963 年 10 月 10 日生效, 由英国、美国和俄罗斯三国政府保存。

条约禁止缔约方在下列地方进行任何核武器试验爆炸或任何其他核爆炸:

(一) 在大气层; 在它的范围以外, 包括外层空间; 或水下, 包括领海水域或公海。

(二) 在任何其他环境中, 如果这种爆炸所产生的放射性尘埃出现于在其管辖或控制下进行这种爆炸的缔约方领土界限以外的地方。

缔约国 (125 个): 阿富汗、安提瓜和巴布达、阿根廷、亚美尼亚、澳大利亚、奥地利、巴哈马、孟加拉国、白俄罗斯、比利时、贝宁、不丹、玻利维亚、波黑、博茨瓦纳、巴西、保加利亚、加拿大、佛得角、中非共和国、乍得、智利、哥伦比亚、刚果民主共和国、哥斯达黎加、科特迪瓦、克罗地亚、塞浦路斯、捷克共和国、丹麦、多米尼加共和国、厄瓜多尔、埃及、萨尔瓦多、赤道几内亚、斐济、芬兰、法国、加蓬、冈比亚、德国、加纳、希腊、危地马拉、几内亚比绍、洪都拉斯、匈牙利、冰岛、印度、印度尼西亚、伊朗、伊拉克、爱尔兰、以色列、意大利、牙买加、日本、约旦、肯尼亚、韩国、科威特、老挝、黎巴嫩、利比里亚、利比亚、卢森堡、马达加斯加、马拉维、马来西亚、马耳他、毛里塔尼亚、毛里求斯、墨西哥、蒙古、摩洛哥、缅甸、尼泊尔、荷兰、新西兰、尼加拉瓜、尼日尔、尼日利亚、挪威、巴基斯坦、巴拿马、巴布亚新几内亚、秘鲁、菲律宾、波兰、罗马尼亚、俄罗斯、卢旺达、西萨摩亚、圣马力诺、塞内加尔、塞尔维亚和黑山、塞舌尔、塞拉利昂、新加坡、斯洛伐克、斯洛文尼亚、南非、西班牙、斯里兰卡、苏丹、苏里南、斯威士兰、瑞典、瑞士、叙利亚、中国台湾地区、坦桑尼亚、泰国、多哥、汤加、特立尼达和多巴哥、突尼斯、土耳其、乌干达、英国、乌克兰、乌拉圭、美国、委内瑞拉、也门、赞比亚。

签署但未批约国：阿尔及利亚、布基纳法索、布隆迪、喀麦隆、埃塞俄比亚、海地、马里、巴拉圭、葡萄牙、索马里、越南。

关于各国探索和利用包括月球与其他天体在内的外层空间活动的原则条约（外空条约）

1967 年 1 月 27 日在伦敦、莫斯科、华盛顿开放签署，1967 年 10 月 10 日生效，由英国、俄罗斯和美国三国政府保存。

条约禁止在环绕地球的轨道放置任何载有核武器或任何其他种类的大规模杀伤性武器的物体，禁止以任何其他方式在天体上或外层空间安置此种武器。同时，也禁止在天体上建立军事基地、装置和要塞，或试验任何种类的武器和进行军事演习。

缔约国（106 个）：阿富汗、阿尔及利亚、安提瓜和巴布达、阿根廷、澳大利亚、奥地利、巴哈马、孟加拉国、巴巴多斯、白俄罗斯、比利时、贝宁、巴西、文莱、保加利亚、布基纳法索、加拿大、智利、中国、古巴、塞浦路斯、捷克共和国、丹麦、多米尼克、多米尼加共和国、厄瓜多尔、埃及、萨尔瓦多、赤道几内亚、斐济、芬兰、法国、德国、希腊、格林纳达、几内亚比绍、匈牙利、冰岛、印度、印度尼西亚、伊拉克、爱尔兰、以色列、意大利、牙买加、日本、哈萨克斯坦、肯尼亚、韩国、科威特、老挝、黎巴嫩、利比亚、马达加斯加、马里、毛里求斯、墨西哥、蒙古、摩洛哥、缅甸、尼泊尔、荷兰、新西兰、尼日尔、尼日利亚、挪威、巴基斯坦、巴布亚新几内亚、秘鲁、波兰、葡萄牙、罗马尼亚、俄罗斯、圣基茨和尼维斯、圣卢西亚岛、圣文森特岛和格林纳丁斯、圣马力诺、沙特阿拉伯、塞舌尔、塞拉利昂、新加坡、斯洛伐克、所罗门群岛、南非、西班牙、斯里兰卡、斯威士兰、瑞典、瑞士、叙利亚、中国台湾地区、泰国、多哥、汤加、突尼斯、土耳其、乌干达、英国、乌克兰、阿拉伯联合酋长国、乌拉圭、美国、委内瑞拉、越南、也门、赞比亚。

签署但未批约国：玻利维亚、博茨瓦纳、布隆迪、喀麦隆、中非共和国、哥伦比亚、刚果民主共和国、刚果共和国、埃塞俄比亚、冈比亚、加纳、圭亚那、海地、梵蒂冈、洪都拉斯、伊朗、约旦、莱索托、卢森堡、前南马其顿共和国、马来西亚、尼加拉瓜、巴拿马、菲律宾、卢旺达、塞尔维亚和黑山、索马里、特立尼达和多巴哥。

拉丁美洲和加勒比地区禁止核武器条约（特拉特洛尔科条约）

原始条约于 1967 年 2 月 14 日在墨西哥联邦区开放签署，1968 年 4 月 22 日生效。1990 年、1991 年和 1992 年三次修改，由墨西哥政府保存。

条约禁止拉丁美洲和加勒比海国家通过任何方式试验、使用、制造、生产或获得，以及接受、储存、安置、部署或以任何形式拥有核武器。

缔约国应与国际原子能机构就其核活动签订保障监督协定。国际原子能机构享有进行特别视察的专有权。

条约向本地区所有独立国家开放签署。

根据附加议定书Ⅰ，在本地区拥有领土的国家（法国、荷兰、英国和美国）承诺使这些领土适用军事非核武化法规。

根据附加议定书Ⅱ，公认的有核国家［中国、法国、俄罗斯（签署时为苏联）、英国和美国］承诺尊重拉丁美洲的军事非核武化法规，不从事违反条约的行为，也不对缔约国使用或威胁使用核武器。

原始条约的缔约国（33 个）：安提瓜和巴布达、阿根廷、巴哈马、巴巴多斯、伯利兹、玻利维亚、巴西、智利、哥伦比亚、哥斯达黎加、古巴、多米尼克、多米尼加共和国、厄瓜多尔、萨尔瓦多、格林纳达、危地马拉、圭亚那、海地、洪都拉斯、牙买加、墨西哥、尼加拉瓜、巴拿马、巴拉圭、秘鲁、圣基茨和尼维斯、圣卢西亚、圣文森特和格林纳丁斯、苏里南、特立尼达和多巴哥、乌拉圭、委内瑞拉。

修改条约的批约国：阿根廷、巴巴多斯、伯利兹、巴西、智利、哥伦比亚、哥斯达黎加、古巴、多米尼加共和国、厄瓜多尔、萨尔瓦多、格林纳达、危地马拉、圭亚那、牙买加、墨西哥、巴拿马、巴拉圭、秘鲁、苏里南、乌拉圭和委内瑞拉。

注：截至 2005 年 1 月 1 日，并非所列的所有国家都批准了三次修改的条款。

附加议定书Ⅰ签署国：法国[1]、荷兰、英国[2]、美国[3]。

附加议定书Ⅱ签署国：中国[4]、法国[5]、俄罗斯[6]、英国[2]、美国[7]。

1. 法国声明：议定书Ⅰ不适用于从条约地区内的法国领土过境到达其他法国领土的情况。议定书不应限制在法国领土上的居民参加条约第一条提及的活动，也不应限制其参加与法国国防相关的活动。法国不认为条约界定的区域是根据国际法确立的区域，因此不认为条约适用于该区域。

2. 英国在签署及批准议定书Ⅰ和Ⅱ时，做了如下谅解声明：英国对条约的签署和批准，不能被视为以任何方式影响由英国负责而该领土位于条约界定的地理区域之内的任何领土的国际关系法律地位。如果条约的任何缔约国在某个有核武器国家支持下采取任何侵略行为，英国有权重新考虑议定书Ⅱ对其行动的约束力范围。

3. 美国在批准议定书Ⅰ时，发表了如下谅解声明：在是否给予本国和其他船只或飞机过境和运输货物或武器的特权方面，条约的规定并不影响议定书缔约国根据国际法所享的专有权和法律权限，也不影响缔约国根据国际法所享有的海洋自由权或通过一国领水或领水上空的自由权。美国批准议定书Ⅱ的附加声明也适用于议定书Ⅰ。

4. 中国宣布绝不会派载有核武器的运输和交货工具穿越拉美国家的领土、领海或领空。

5. 法国声明，它认为议定书Ⅱ第三条的规定并不对根据联合国宪章第 51 条的规定充分行使自卫权构成障碍。法国注意到拉丁美洲非核武化筹备委员会的解释，根据这一解释条约不适用于过境安排。根据国际法是否允许过境是一国的专有权。1974 年，法国做了补充声明，指出法国对议定书Ⅱ所承担的义务不仅适用于条约签约国，也适用于根据议定书Ⅰ非核武器化法规生效的领土。

6. 苏联签署并批准议定书时发表了如下声明：苏联设定本条约第一条对任何核爆炸装置都有效。因此，任何国家进行用于和平目的的核爆炸都构成对第一条规定义务的违反，并与其无核武器地位不相符。条约的缔约国应根据核不扩散条约第五条，并在国际原子能机构的国际程序框架内找到解决以和平为目的的进行核爆炸问题的办法。苏联宣布：允许任何形式的核武器过境均同条约的宗旨不符。

如一个或多个缔约国采取任何违背其无核武器国地位的行动，或一个或多个缔约国在某拥有核武器国家的支持下或与其一起进行侵略，苏联将视这种行动违反有关国家对条约承担的义务。在这些情况下，苏联保留重新考虑其对议定书Ⅱ所承担义务的权利。如其他拥有核武器国家采取违反议定书所规定义务的行为，苏联还将保留重新考虑其对该议定书态度的权利。

7. 美国签署并批准议定书Ⅱ时有如下声明和谅解：每个签约国拥有决定是否给予非缔约国过境和运输特许的专有权和法律权限。关于承诺不对缔约国使用或威胁使用核武器，美国认为，一个签约国在某核国家支持下发起武装进攻的行为是违反条约的。

不扩散核武器条约（核不扩散条约，NPT）

1968 年 7 月 1 日在伦敦、莫斯科、华盛顿开放签署，1970 年 3 月 5 日生效，由英、俄、美三国政府保存。

条约禁止核武器国家（在此条约中，界定为 1967 年 1 月 1 日以前制造并爆炸了核武器或其他核爆炸装置的国家）向任何接受者转让核武器或其他核爆炸装置，或此种武器或爆炸装置的控制权；禁止其协助、鼓励、诱导任何无核武器国家制造或以其他方法获得这种武器或装置；禁止非核武器国家从任何转让者获取此种武器；禁止非核武器国家制造或以其他方式获得核武器或其他核爆炸装置。

缔约方承诺为和平利用核能而进行设备、原料以及科技信息的交换提供便利，并确保条约的非核武器缔约方也能享有和平利用核爆炸带来的潜在好处。缔约方还承诺就早日停止核军备竞赛和进行核裁军的有效措施，以及就全面彻底裁军条约进行有诚意的谈判。

为了防止用于和平目的的核能转用于制造核武器或其他核爆炸装置，非核武器国家承诺与国际原子能机构签定保障监督协定。附加于该协定用于强化措施的议定书范本于 1997 年通过，附加保障监督议定书由各国分别与国际原子能机构签署。

1995 年召开的不扩散核武器条约审议与延期大会决定，该条约无限期有效。

缔约国（189 个）：阿富汗$^{+}$、阿尔巴尼亚$^{+}$、阿尔及利亚$^{+}$、安道尔、安哥拉、安提瓜和巴布达+、阿根廷+、亚美尼亚+、澳大利亚+、奥地利+、阿塞拜疆+、巴哈马+、巴林、孟加拉国+、巴巴多斯+、白俄罗斯+、比利时+、伯利兹+、贝宁、不丹+、玻利维亚+、波黑+、博茨瓦纳、巴西+、文莱+、保加利亚+、布基纳法索+、布隆迪、柬埔寨+、喀麦隆+、加拿大+、佛得角、中非共和国、乍得、智利+、中国+、哥伦比亚、科摩罗、刚果（民主共和国）+、刚果（布）、哥斯达黎加+、科特迪瓦+、克罗地亚+、古巴+、塞浦路斯+、捷克共和国+、丹麦+、吉布提、多米尼克+、多米尼加共和国+、厄瓜多尔+、埃及+、萨尔瓦多+、赤道几内亚、厄立特里亚、爱沙尼亚+、埃塞俄比亚+、斐济+、芬兰+、法国+、加蓬、冈比亚+、格鲁吉亚、德国+、加纳+、希腊+、格林纳达+、危地马拉+、几内亚、几内亚比绍、圭亚那+、海地、梵蒂冈+、洪都拉斯+、匈牙利+、冰岛+、印度尼西亚+、伊朗+、伊拉克+、爱尔兰+、意大利+、牙买加+、日本+、约旦+、哈萨克斯坦+、肯尼亚、基里巴斯+、韩国+、科威特+、吉尔吉斯斯坦+、老挝+、拉脱维亚+、黎巴嫩+、莱索托+、利比里亚、利比亚+、列支敦士登+、立陶宛+、卢森堡+、前南马其顿共和国+、马达加斯加+、马拉维+、马来西亚+、马尔代夫+、马里+、马耳他+、马绍尔群岛、毛里塔尼亚、毛里求斯+、墨西哥+、密克罗尼西亚、摩尔多瓦、摩纳哥+、蒙古+、摩洛哥+、莫桑比克、缅甸+、纳米比亚+、瑙鲁+、尼泊尔+、荷兰+、新西兰+、尼加拉瓜+、尼日尔、尼日利亚+、挪威+、阿曼、帕劳、巴拿马、巴布亚新几内亚+、巴拉圭+、秘鲁+、菲律宾+、波兰+、葡萄牙+、卡塔尔、罗马尼亚+、俄罗斯+、卢旺达、圣基茨和尼维斯+、圣卢西亚+、圣文森特和格林纳丁斯+、西萨摩亚+、圣马力诺+、圣多美和普林西比、沙特阿拉伯、塞内加尔+、塞尔维亚和黑山+、塞舌尔+、塞拉利昂、新加坡+、斯洛伐克+、斯洛文尼亚+、所罗门群岛+、索马里、南非+、西班牙+、斯里兰卡+、苏丹+、苏里南+、斯威士兰+、瑞典+、瑞士+、叙利亚+、中国台湾地区、塔吉克斯坦+、坦桑尼亚+、泰国+、多哥、东帝汶、汤加+、特立尼达和多巴哥+、突尼斯+、土耳其+、土库曼斯坦、图瓦卢+、乌干达、英国+、乌克兰+、阿拉伯联合酋长国+、乌拉圭+、美国+、乌兹别克斯坦+、瓦努阿图、委内瑞拉+、越南+、也门+、赞比亚+、津巴布韦+。

十　根据条约要求同国际原子能机构所签保障监督协定已生效的国家，或在自愿基础上签定这种协定的核武器国家。

保障监督附加议定书对 75 个缔约国生效：阿富汗、亚美尼亚、澳大利亚、奥地利、阿塞拜疆、孟加拉国、比利时、保加利亚、布基纳法索、加拿大、智利、中国、刚果民主共和国、克罗地亚、古巴、塞浦路斯、捷克共和国、丹麦、厄瓜多尔、萨尔瓦多、爱沙尼亚、芬兰、法国、格鲁吉亚、德国、加纳、希腊、梵蒂冈、匈牙利、冰岛、印度尼西亚、爱尔兰、意大利、牙买加、日本、约旦、韩国、科威特、拉脱维亚、立陶宛、卢森堡、马达加斯加、马里、马耳他、马绍尔群岛、摩纳哥、蒙古、荷兰、新西兰、尼加拉瓜、挪威、帕劳、巴拿马、巴拉圭、秘鲁、波兰、葡萄牙、罗马尼亚、塞舌尔、斯洛伐克、斯洛文尼亚、南非、西班牙、瑞典、瑞士、塔吉克斯坦、坦桑尼亚、土耳其、土库曼斯坦、乌干达、英国、乌克兰、乌拉圭和乌兹别克斯坦。

注：伊朗和利比亚承诺在附加议定书生效期间执行议定书的规定。中国台湾地区虽未签订保障监督协定，但已同意采用 1997 年保障监督议定书范本中包含的措施。

禁止在海床洋底及其底土安置核武器及其他大规模杀伤性武器条约（海床条约）

1971 年 2 月 11 日在伦敦、莫斯科和华盛顿开放签署；1972 年 5 月 18 日生效；由英国、俄罗斯和美国三国政府保存。

条约禁止在 12 海里海床区外部界限以外的海床、洋底及其底土安装或设置任何核武器和其他任何类型的大规模杀伤性武器，以及专为储存、试验或使用此种武器而设计的建筑物、发射装置或任何其他设备。

缔约国（94 个）：阿富汗、阿尔及利亚、安提瓜和巴布达、阿根廷[1]、澳大利亚、奥地利、巴哈马、白俄罗斯、比利时、贝宁、波黑、博茨瓦纳、巴西[2]、保加利亚、加拿大[3]、佛得角、中非共和国、中国、刚果（布）、科特迪瓦、克罗地亚、古巴、塞浦路斯、捷克共和国、丹麦、多米尼加共和国、埃塞俄比亚、芬兰、德国、加纳、希腊、危地马拉、几内亚比绍、匈牙利、冰岛、印度[4]、伊朗、伊拉克、爱尔兰、意大利[5]、牙买加、日本、约旦、韩国、老挝、拉脱维亚、莱索托、利比亚、列支敦士登、卢森堡、马来西亚、马耳他、毛里求斯、墨西哥[6]、蒙古、摩洛哥、尼泊尔、荷兰、新西兰、尼加拉瓜、尼日尔、挪威、巴拿马、菲律宾、波兰、葡萄牙、卡塔尔、罗马尼亚、俄罗斯、卢旺达、圣文森特和格林纳丁斯 圣多美和普林西比、沙特阿拉伯、塞尔维亚和黑山[7]、塞舌尔、新加坡、斯洛伐克、斯洛文尼亚、所罗门群岛、南非、西班牙、斯威士兰、瑞典、瑞士、中国台湾地区、多哥、突尼斯、土耳其[8]、英国、乌克兰、美国、越南[9]、也门、赞比亚。

1. 阿根廷排除以下可能性：根据此条约加强某些同大陆架有关的方位，从而损害基于不同标准的其他方位。

2. 巴西声明，该条约中任何条款不应解释为能以任何方式侵害巴西在靠近其海岸的海洋、海床和底土的主权。巴西理解条约第三条第一款中“观察”一词仅指根据国际法进行同正常航海路线有关的观察。

3. 加拿大声明，不能把第一条第一款理解为任何国家有权在其国家管辖范围之外的海床、洋底及其底土安装或设置任何第一条第一款没有禁止的任何武器，也不能解释为对这片海床、洋底及其底土地区完全用于和平目的的原则构成任何限制。第一、二、三条不能被解释为表示除沿岸国以外的任何国家有任何权利在同沿岸国家相连的、在第一条提到的和第二条界定的海底地区之外的大陆架或其底土上安装或设置第一条第一款未禁止的任何武器。第三条不能被解释为容许以任何方式限制或约束沿岸国享有的同其专有主权一致的有关大陆架的权利，以及在以下方面的权利：对在同其相连的、在第一条提到的和第二条界定的海底地区之外的大陆架或其底土上安装或设置的任何武器、建筑、装置、设施或设备进行视察或实行拆除。

4. 印度加入该条约是基于以下立场：印度对与其领土相连、在其领水及其底土以外的大陆架享有充分、专属的权利。因此，不能禁止或限制印度作为一个沿岸国家行使以下方面的主权：核实、检查、拆除或销毁任何可能在其大陆架上或大陆架下安装或设置的武器、设备、建筑、装置或设施，以及采取其他可被认为必要的保护国家安全的措施。

5. 意大利声明，除其他事项以外，为达成在裁军领域进一步采取措施以防止在海床、洋底及其底土上进行军备竞赛的协议，需要根据措施的性质逐一审查其适用范围，并解决划定其范围的问题。

6. 墨西哥声明，该条约不能解释为一国有权在墨大陆架设置大规模杀伤性武器或其他任何种类的武器或军事装备。墨西哥保留核实、检查、拆除或销毁任何部署在其大陆架的武器、建筑、装置、设备或设施，包括核武器或大规模杀伤性武器的权利。

7. 1974 年，南斯拉夫大使转交给美国国务卿一份照会，称南斯拉夫政府认为对条约第三条第一款应作如下解释：一国在行使该条款规定的权利时，只要是在“有关沿岸国大陆架的海域内”进行观察，就应该提前通知该沿岸国。美国反对南斯拉夫的保留意见，认为这不符合条约的宗旨和目的。

8. 土耳其声明，缔约国不能用第二条的规定来支持与裁军无关的要求。因此，第二条不能解释为与联合国海洋法公约建立了联系。另外，海床条约的任何规定都未给缔约国权利使已被其他国际文书非军事化的地区军事化，也不能被解释为给予沿岸国或其他国家任何权利实行在非军事化领土的大陆架设置核武器或其他大规模杀伤性武器。

9. 越南声明，条约任何条款都不应被解释为可违背沿岸国对其大陆架拥有的权利，包括采取措施维护国家安全的权利。

签署但未批约国：玻利维亚、布隆迪、柬埔寨、喀麦隆、哥伦比亚、哥斯达黎加、赤道几内亚、冈比亚、几内亚、洪都拉斯、黎巴嫩、利比里亚、马达加斯加、马里、缅甸、巴拉圭、塞内加尔、塞拉利昂、苏丹、坦桑尼亚、乌拉圭。

禁止细菌（生物）及毒素武器的发展、生产及储存以及销毁这类武器的公约（禁止生物武器公约，BTWC）

1972 年 4 月 10 日在伦敦、莫斯科、华盛顿开放签署；1975 年 3 月 26 日生效；由英国、俄罗斯、美国三国政府保存。

公约禁止发展、生产、储存或以其他方法取得或保有在类型和数量不能证明用于预防、保护或其他和平目的的微生物剂或生物战剂或毒素，不论其来源或生产方法如何。公约还禁止将生物战剂或毒素用于敌对目的或武装冲突而设计的武器、设备或运载工具。各缔约方应最迟于本公约生效后九个月内将其所拥有的物剂、毒素、武器、设备和运载工具销毁或转用于和平目的。根据 1996 年 BTWC 审议会议的授权，一个特设小组正在讨论和审议旨在加强公约的核查措施及其他措施。

缔约国（155 个）：阿富汗、阿尔巴尼亚、阿尔及利亚、安提瓜和巴布达、阿根廷、亚美尼亚、澳大利亚、奥地利、阿塞拜疆、巴哈马、巴林、孟加拉国、巴巴多斯、白俄罗斯、比利时、伯利兹、贝宁、不丹、玻利维亚、波黑、博茨瓦纳、巴西、文莱、保加利亚、布基纳法索、柬埔寨、加拿大、佛得角、智利、中国、哥伦比亚、刚果民主共和国、刚果（布）、哥斯达黎加、克罗地亚、古巴、塞浦路斯、捷克共和国、丹麦、多米尼克、多米尼加共和国、厄瓜多尔、萨尔瓦多、赤道几内亚、爱沙尼亚、埃塞俄比亚、斐济、芬兰、法国、冈比亚、格鲁吉亚、德国、加纳、希腊、格林纳达、危地马拉、几内亚比绍、梵蒂冈、洪都拉斯、匈牙利、冰岛、印度、印度尼西亚、伊朗、伊拉克、爱尔兰、意大利、牙买加、日本、约旦、肯尼亚、朝鲜、韩国、科威特、吉尔吉斯斯坦、老挝、拉脱维亚、黎巴嫩、莱索托、利比亚、列支敦士登、立陶宛、卢森堡、前南斯拉夫马其顿共和国、马来西亚、马尔代夫、马里、马耳他、毛里求斯、墨西哥、摩尔多瓦、摩纳哥、蒙古、摩洛哥、荷兰、新西兰、尼加拉瓜、尼日尔、尼日利亚、挪威、阿曼、巴基斯坦、帕劳、巴拿马、巴布亚新几内亚、巴拉圭、秘鲁、菲律宾、波兰、葡萄牙、卡塔尔、罗马尼亚、俄罗斯、卢旺达、圣基茨和尼维斯、圣卢西亚、圣文森特和格林纳丁斯、圣马力诺、圣多美和普林西比、沙特阿拉伯、塞内加尔、塞尔维亚和黑山、塞舌尔、塞拉利昂、新加坡、斯洛伐克、斯洛文尼亚、所罗门群岛、南非、西班牙、斯里兰卡、苏丹、苏里南、斯威士兰、瑞典、瑞士*、中国台湾地区、泰国、东帝汶、多哥、汤加、突尼斯、土耳其、土库曼斯坦、乌干达、英国、乌克兰、乌拉圭、美国、乌兹别克斯坦、瓦努阿图、委内瑞拉、越南、也门、津巴布韦。

* 批准、加入或继承时有所保留。

签署但未批约国：布隆迪、中非共和国、科特迪瓦、埃及、加蓬、圭亚那、海地、利比里亚、马达加斯加、马拉维、缅甸、尼泊尔、索马里、叙利亚、坦桑尼亚、阿拉伯联合酋长国。

美苏关于限制反弹道导弹系统条约（反导条约，ABM）

美国和苏联于 1972 年 5 月 26 日在莫斯科签署，1972 年 10 月 3 日生效。2002 年 6 月 13 日失效。

缔约方保证不建立全国性反弹道导弹防御系统，限制发展和部署得到允许的战略导弹防御系统。条约禁止为防空导弹、雷达和发射架提供反战略弹道导弹的技术能力，并禁止以战略反弹道导弹（ABM）模式对其进行试验。

1974 年签署的 ABM 条约议定书从数量上进一步限制了得到允许的弹道导弹防御系统。

1997 年俄罗斯和美国签署了一组协商一致的声明，明确区别条约不允许的战略导弹防御系统和条约允许的非战略或战区导弹防御系统的技术参数。2000 年 4 月俄罗斯批准了 1997 年签署的这些协定，但由于美国拒绝批准而使这些协定未能正式生效。2001 年 12 月 13 日，美国宣布退出反导条约（ABM），2002 年 6 月 13 日退约生效。

美苏限制地下核武器试验条约（限当量条约，TTBT）

美国和苏联于 1974 年 7 月 3 日在莫斯科签署，1990 年 12 月 11 日生效。

缔约国承诺不进行任何爆炸当量超过 15 万吨的地下核试验。

和平利用地下核爆炸条约（和平核爆炸条约，PNET）

美国和苏联于 1976 年 5 月 28 日在莫斯科和华盛顿签署，1990 年 12 月 11 日生效。

缔约国承诺不进行任何用于和平目的、其爆炸当量超过 15 万吨的地下核试验，

或任何其总当量超过 15 万吨的系列爆炸。

禁止为军事目的或任何其他敌对目的使用改变环境的技术的公约（禁止改变环境公约，Enmod 公约）

1977 年 5 月 18 日在日内瓦开放签署，1978 年 10 月 5 日生效，由联合国秘书长保存。

公约禁止为军事目的或其他任何敌对目的使用能造成广泛的、持久的或严重影响的改变环境的技术，作为给条约缔约方造成破坏、损害或伤害的手段。“环境改造技术”指用于以下目的的技术：通过故意改变自然进程改变地球的动态、组成和构造，包括其生物圈、岩石圈、水圈、大气层，或外层空间。通过谈判达成的但未写入公约的谅解对“广泛”、“持久”和“严重”等词作出解释。

缔约国（72 个）：阿富汗、阿尔及利亚、安提瓜和巴布达、阿根廷、亚美尼亚、澳大利亚、奥地利、孟加拉国、白俄罗斯、比利时、贝宁、巴西、保加利亚、加拿大、佛得角、智利、中国*、哥斯达黎加、古巴、塞浦路斯、捷克共和国、丹麦、多米尼克、埃及、芬兰、德国、加纳、希腊、危地马拉、匈牙利、印度、爱尔兰、意大利、日本、哈萨克斯坦、朝鲜、韩国*、科威特、立陶宛、老挝、马拉维、毛里求斯、蒙古、荷兰*、新西兰、尼日尔、挪威、巴基斯坦、巴拿马、巴布亚新几内亚、波兰、罗马尼亚、俄罗斯、圣卢西亚、圣文森特和格林纳丁斯、圣多美和普林西比、斯洛伐克、斯洛文尼亚、所罗门群岛、西班牙、斯里兰卡、瑞典、瑞士、塔吉克斯坦、突尼斯、英国、乌克兰、乌拉圭、美国、乌兹别克斯坦、越南、也门。

* 批准、参加或继承时发表声明。

签署但未批约国：玻利维亚、刚果民主共和国、埃塞俄比亚、梵蒂冈、冰岛、伊朗、伊拉克、黎巴嫩、利比里亚、卢森堡、摩洛哥、尼加拉瓜、葡萄牙、塞拉利昂、叙利亚、土耳其、乌干达。

1949 年日内瓦公约关于保护国际武装冲突受害者的附加议定书Ⅰ；以及 1949 年日内瓦公约关于保护非国际武装冲突受害者的附加议定书Ⅱ

1977 年 12 月 12 日在伯尔尼开放签署，1978 年 12 月 7 日生效，由瑞士联邦委员会保存。

议定书确认国际性或非国际性武装冲突的参与者选择战争的方式或手段的权利应受到限制；禁止使用造成过度伤害或不必要苦难的武器或战争手段。

议定书Ⅰ的缔约国（163 个）和议定书Ⅱ的缔约国（159 个）：阿尔巴尼亚、阿尔及利亚*、安哥拉*[1]、安提瓜和巴布达、阿根廷*、亚美尼亚、澳大利亚*、奥地利*、巴哈马、巴林、孟加拉国、巴巴多斯、白俄罗斯、比利时*、伯利兹、贝宁、玻利维亚、波黑、博茨瓦纳、巴西、文莱、保加利亚、布基纳法索、布隆迪、柬埔寨、喀麦隆、加拿大*、佛得角、中非共和国、乍得、智利、中国*、哥伦比亚、科摩罗、刚果民主共和国、刚果共和国、库克群岛、哥斯达黎加、科特迪瓦、克罗地亚、古巴、塞浦路斯、捷克共和国、丹麦*、吉布提、多米尼克、多米尼加共和国、厄瓜多尔、埃及*、萨尔瓦多、赤道几内亚、爱沙尼亚、埃塞俄比亚、芬兰*、法国*、加蓬、冈比亚、格鲁吉亚、德国*、加纳、希腊、格林纳达、危地马拉、几内亚、几内亚比绍、圭亚那、梵蒂冈、洪都拉斯、匈牙利、冰岛*、爱尔兰、意大利*、牙买加、日本*、约旦、哈萨克斯坦、肯尼亚、朝鲜[1]、韩国*、科威特、吉尔吉斯斯坦、老挝、拉脱维亚、黎巴嫩、莱索托、利比里亚、利比亚、列支敦士登*、立陶宛、卢森堡、前南斯拉夫马其顿共和国、马达加斯加、马拉维、马尔代夫、马里、马耳他*、毛里塔尼亚、毛里求斯、墨西哥[1]、密克罗尼西亚、摩尔多瓦、摩纳哥、蒙古、莫桑比克、纳米比亚、荷兰*、新西兰*、尼加拉瓜、尼日尔、尼日利亚、挪威、阿曼、帕劳、巴拿马、巴拉圭、秘鲁、菲律宾[2]、波兰、葡萄牙、卡塔尔*[1]、罗马尼亚、俄罗斯*、卢旺达、圣基茨和尼维斯、圣卢西亚、圣文森特和格林纳丁斯、西萨摩亚、圣马力诺、圣多美和普林西比、沙特阿拉伯*、塞内加尔、塞尔维亚和黑山*、塞舌尔、塞拉利昂、斯洛伐克、斯洛文尼亚、所罗门群岛、南非、西班牙*、苏里南、斯威士兰、瑞典*、瑞士*、叙利亚*[1]、塔吉克斯坦、坦桑尼亚、东帝汶、多哥、汤加、特立尼达和多巴哥*、突尼斯、土库曼斯坦、乌干达、英国、乌克兰、阿拉伯联合酋长国*、乌拉圭、乌兹别克斯坦、瓦努阿图、委内瑞拉、越南[1]、也门、赞比亚、津巴布韦。

* 批准、加入或继承时表示有所保留和/或发表声明。

1. 只是议定书Ⅰ的缔约国。

2. 只是议定书Ⅱ的缔约国。

1989 年，巴勒斯坦解放组织（PLO）通知条约保存国，它已决定遵守四项日内瓦公约和两项议定书。

核材料的实物保护公约

1980 年 3 月 3 日在维也纳和纽约开放签署，1987 年 2 月 8 日生效，由国际原子能机构总干事保存。

公约要求缔约国为用于和平目的的核材料的国际间运输提供保护。

缔约国（116 个）：阿富汗、阿尔巴尼亚、阿尔及利亚*、安提瓜和巴布达、阿根廷*、亚美尼亚、澳大利亚、奥地利*、阿塞拜疆*、孟加拉国、白俄罗斯、比利时*、玻利维亚、波黑、博茨瓦纳、巴西、保加利亚、布基纳法索、喀麦隆、加拿大、智利、中国*、哥伦比亚、刚果民主共和国、哥斯达黎加、克罗地亚、古巴*、塞浦路斯*、捷克共和国、丹麦、吉布提、多米尼克、厄瓜多尔、赤道几内亚、爱沙尼亚、欧洲原子能共同体*、芬兰*、法国*、德国、加纳、希腊*、格林纳达、危地马拉*、几内亚、洪都拉斯、匈牙利、冰岛、印度*、印度尼西亚*、爱尔兰*、以色列*、意大利*、牙买加、日本、哈萨克斯坦、肯尼亚、韩国*、科威特*、拉脱维亚、黎巴嫩、列支敦士登、利比亚、立陶宛、卢森堡*、前南马其顿共和国、马达加斯加、马里、马耳他、马绍尔群岛、墨西哥、摩尔多瓦、摩纳哥、蒙古、摩洛哥、莫桑比克*、纳米比亚、瑙鲁、荷兰*、新西兰、尼加拉瓜、尼日尔、挪威*、阿曼*、巴拿马、巴基斯坦*、巴拉圭、秘鲁*、菲律宾、波兰、葡萄牙*、卡塔尔*、罗马尼亚*、俄罗斯*、塞内加尔、塞尔维亚和黑山、塞舌尔、斯洛伐克、斯洛文尼亚、西班牙*、苏丹、斯威士兰、瑞典*、瑞士*、塔吉克斯坦、汤加、特立尼达和多巴哥、突尼斯、土耳其*、土库曼斯坦、乌干达、英国*、乌克兰、阿拉伯联合酋长国、乌拉圭、美国、乌兹别克斯坦。

*在批准、加入或继承时有所保留和/或发表声明

签署但未批约国：多米尼加共和国、海地、尼日尔、南非。

注：2005 年 1 月 8 日土库曼斯坦批准公约。

禁止或限制使用某些可被认为具有过分杀伤力或滥杀滥伤作用的常规武器公约（特定常规武器公约，CCW）

公约及三个议定书于 1981 年 4 月 10 日在纽约开放签署，1983 年 12 月 2 日生效，由联合国秘书长保存。

公约属“总的条约”，即可根据公约以议定书形式签订具体协议。作为缔约国必须批准三个议定书中的两个。

修订的 1981 年公约原始条款Ⅰ于 2001 年 11 月 21 日在日内瓦开放签署。它将公约的运用范围扩大到非国际间武装冲突。修订后的公约于 2004 年 5 月 18 日生效。

议定书Ⅰ禁止使用主要作用是碎片伤人且碎片在人体内无法用 X 射线检测的武器。

议定书Ⅱ禁止或限制使用地雷、饵雷和其他装置。

修订后的议定书Ⅱ进一步限制使用地雷。它于 1998 年 12 月 3 日生效。

议定书Ⅲ限制使用燃烧武器。

议定书Ⅳ禁止使用能使人眼永久性失明的激光武器。1998 年 7 月 30 日生效。

议定书Ⅴ涉及战争遗留爆炸物，于 2003 年 11 月 28 日在日内瓦通过。该议定书认为需要采取普遍性措施，将战争遗留爆炸物的危害和影响减到最小。该议定书在 20 个国家交存了批准文书后生效。

公约和原始议定书（1981 年）的缔约国（100 个）：阿尔巴尼亚、阿根廷*、澳大利亚、奥地利、孟加拉国、白俄罗斯、比利时、贝宁[1]、玻利维亚、波黑、巴西、保加利亚、布基纳法索、柬埔寨、加拿大、佛得角、智利[1]、中国、哥伦比亚、哥斯达黎加、克罗地亚、古巴、塞浦路斯*、捷克共和国、丹麦、吉布提、厄瓜多尔、萨尔瓦多、爱沙尼亚[1]、芬兰、法国*、格鲁吉亚、德国、希腊、危地马拉、梵蒂冈、洪都拉斯、匈牙利、印度、爱尔兰、以色列[2]、意大利、日本、约旦[1]、韩国[3]、老挝、拉脱维亚、莱索托、利比里亚、列支敦士登、立陶宛[1]、卢森堡、前南斯拉夫马其顿共和国、马尔代夫[1]、马里、马耳他、毛里求斯、墨西哥、摩尔多瓦、摩纳哥[3]、蒙古、摩洛哥[4]、瑙鲁、荷兰*、新西兰、尼加拉瓜[1]、尼日尔、挪威、巴基斯坦、巴拿马、巴拉圭、秘鲁[1]、菲律宾、波兰、葡萄牙、罗马尼亚、俄罗斯、塞内加尔[5]、塞尔维亚和黑山、塞舌尔、塞拉利昂、斯洛伐克、斯洛文尼亚、南非、西班牙、斯里兰卡、瑞典、瑞士、塔吉克斯坦、多哥、突尼斯、土耳其[3]、土库曼斯坦[2]、乌干达、英国、乌克兰、乌拉圭、美国[2]、乌兹别克斯坦、委内瑞拉。

*批准、加入或继承时有所保留和/或发表声明。

1. 只是 1981 年议定书Ⅰ和Ⅲ的缔约国。

2. 只是 1981 年议定书Ⅰ和Ⅱ的缔约国。

3. 只是 1981 年议定书Ⅰ的缔约国。

4. 只是 1981 年议定书Ⅱ的缔约国。

5. 只是 1981 年议定书Ⅲ的缔约国。

签署但未批准公约和 1981 年原始议定书的国家：阿富汗、埃及、冰岛、尼日利亚、苏丹、越南。

修订后的公约和原始议定书的缔约国（44 个）：阿根廷、澳大利亚、奥地利、比利时、保加利亚、布基纳法索、加拿大、中国*、克罗地亚、丹麦、爱沙尼亚、芬兰、法国、德国、希腊、梵蒂冈*、匈牙利、印度、意大利、日本、韩国、拉脱维亚、利比里亚、列支敦士登、立陶宛、卢森堡、马耳他、墨西哥*、摩尔多瓦、荷兰、挪威、巴拿马、秘鲁、罗马尼亚、塞尔维亚和黑山、塞拉利昂、斯洛伐克、西班牙、斯里兰卡、瑞典、瑞士、土耳其、英国、乌克兰。

* 批准、加入或继承时有所保留和/或发表声明。

修改后的议定书Ⅱ的缔约国（85 个）：阿尔巴尼亚、阿根廷、澳大利亚、奥地利、孟加拉国、白俄罗斯、比利时、玻利维亚、波黑、巴西、保加利亚、布基纳法索、柬埔寨、加拿大、佛得角、智利、中国、哥伦比亚、哥斯达黎加、克罗地亚、塞浦路斯、捷克共和国、丹麦、厄瓜多尔、萨尔瓦多、爱沙尼亚、芬兰、法国、德国、希腊、危地马拉、梵蒂冈、洪都拉斯、匈牙利、印度、爱尔兰、以色列、意大利、日本、约旦、韩国、拉脱维亚、利比里亚、列支敦士登、立陶宛、卢森堡、前南马其顿共和国、马尔代夫、马里、马耳他、摩尔多瓦、摩纳哥、摩洛哥、瑙鲁、荷兰、新西兰、尼加拉瓜、挪威、巴基斯坦、巴拿马、巴拉圭、秘鲁、菲律宾、波兰、葡萄牙、罗马尼亚、俄罗斯、塞内加尔、塞舌尔、塞拉利昂、斯洛伐克、斯洛文尼亚、南非、西班牙、斯里兰卡、瑞典、瑞士、塔吉克斯坦、土耳其、土库曼斯坦、英国、乌克兰、乌拉圭、美国、委内瑞拉。

议定书Ⅳ的缔约国（81 个）： 阿尔巴尼亚、阿根廷、澳大利亚、奥地利、孟加拉国、白俄罗斯、比利时、玻利维亚、波黑、巴西、保加利亚、布基纳法索、柬埔寨、加拿大、佛得角、智利、中国、哥伦比亚、哥斯达黎加、克罗地亚、塞浦路斯、捷克共和国、丹麦、厄瓜多尔、萨尔瓦多、爱沙尼亚、芬兰、法国、德国、希腊、危地马拉、梵蒂冈、洪都拉斯、匈牙利、印度、爱尔兰、以色列、意大利、日本、拉脱维亚、利比里亚、列支敦士登、立陶宛、卢森堡、马尔代夫、马里、马耳他、毛里求斯、墨西哥、摩尔多瓦、蒙古、摩洛哥、瑙鲁、荷兰、新西兰、尼加拉瓜、挪威、巴基斯坦、巴拿马、秘鲁、菲律宾、波兰、葡萄牙、罗马尼亚、俄罗斯、塞尔维亚和黑山、塞舌尔、塞拉利昂、斯洛伐克、斯洛文尼亚、南非、西班牙、斯里兰卡、瑞典、瑞士、塔吉克斯坦、土耳其、英国、乌克兰、乌拉圭、乌兹别克斯坦。

16 个提交议定书 V 批准书的国家： 保加利亚、克罗地亚、丹麦、芬兰、德国、梵蒂冈*、印度、利比里亚、立陶宛、卢森堡、荷兰、尼加拉瓜、挪威、塞拉利昂、瑞典、乌克兰。

* 提交时有所保留和/或发表声明。

南太平洋无核区条约（拉罗汤加条约）

1985 年 8 月 6 日在库克群岛的拉罗汤加岛开放签署，1986 年 12 月 11 日生效，由太平洋岛国论坛秘书处保存。

条约禁止缔约国在附录所述区域内外的任何地方制造或以其他方式获得任何核爆炸装置，或拥有或控制这类装置。缔约国还作出以下承诺：只有在符合国际原子能机构保障监督措施的前提下才提供核原料或设备；防止在其领土上安置或试验任何核爆炸装置；以及不向区域内的任何海域倾倒并防止倾倒放射性废料或其他放射性物质。每个缔约国保有允许外国船只或飞机停靠或过境的自由。

条约开放供太平洋岛国论坛的成员国签署。

根据议定书 1，法国、英国和美国承诺遵守条约关于禁止在位于区域内的三国负有国际责任的领土上生产、安置和试验核爆炸装置的规定。

根据议定书 2，中国、法国、俄罗斯、英国和美国承诺不对条约缔约国或议定书 1 的缔约国负有国际责任的、位于区域内的领土使用或威胁使用核爆炸装置。

根据议定书 3，中国、法国、英国、美国和俄罗斯保证不在区域内的任何地方试验任何核爆炸装置。

缔约国（13 个）：澳大利亚、库克群岛、斐济、基里巴斯、瑙鲁、新西兰、纽埃、巴布亚新几内亚、西萨摩亚、所罗门群岛、汤加、图瓦卢、瓦努阿图。

议定书 1 的缔约国：法国、英国；**签署但未批准国：**美国。

议定书 2 的缔约国：中国、法国[1]、俄罗斯、英国[2]；**签署但未批准国：**美国。

议定书 3 的缔约国：中国、法国、俄罗斯、英国；**签署但未批准国：**美国。

1. 法国声明，议定书 2 所列的消极安全保证与 1995 年 4 月 6 日裁军谈判会议声明相同。联合国安理会 1995 年 4 月 11 日 984 号决议提到该声明。

2. 英国 1997 年批准议定书 2 时声明，公约的规定不影响国际法承认的船只和飞机在该地区过境或停靠港口或机场的权利。如果某一缔约国同一个核武器国家一道或联合起来对英国、其领土、武装部队或盟国发动侵略或任何其他进攻，或如果某一缔约国违反了条约规定的其不扩散义务，英国将不受议定书 2 中所作承诺的约束。

销毁中短程导弹条约（中导条约，INF）

美国和苏联于 1987 年 12 月 8 日在华盛顿签署，1988 年 6 月 1 日生效。

条约要求缔约国到 1991 年 6 月 1 日为止销毁所有的射程为 500—5500 公里的陆基导弹（射程 1000—5500 公里为中程导弹；射程 500—1000 公里为短程导弹）及其发射装置。到 1991 年 5 月为止，共销毁了 2692 枚导弹。此后的十年内进行了现场核查以确认履约情况；2001 年 5 月 31 日核查终止。

欧洲常规武装力量条约（欧常裁条约，CFE）

原始条约于1990年11月19日在巴黎签署，1992年11月9日生效，由荷兰政府保存。

条约为从大西洋到乌拉尔山脉区域（大西洋至乌拉尔区，ATTU区）五个种类的受条约限制的军备（作战坦克、装甲战斗车、口径不小于100mm的火炮、作战飞机和攻击直升机）规定了数量上限。

条约由华约（WTO）和北约成员国在欧洲安全与合作会议（从1995年1月1日起更名为欧洲安全与合作组织，OSCE）的框架内谈判达成协议并签署。

1992年塔什干协议由除波罗的海三国之外的、领土位于ATTU区域内的各前苏联共和国签署。1992年签署的奥斯陆文件（CFE条约缔约国非常会议最后文件），提出条约必须修改，原因是苏联解体后出现了许多新国家。

缔约国（30个）： 亚美尼亚、阿塞拜疆、白俄罗斯、比利时、保加利亚、加拿大、捷克共和国、丹麦、法国、格鲁吉亚、德国、希腊、匈牙利、冰岛、意大利、哈萨克斯坦、卢森堡、摩尔多瓦、荷兰、挪威、波兰、葡萄牙、罗马尼亚、俄罗斯、斯洛伐克、西班牙、土耳其、英国、乌克兰、美国。

1996年召开的CFE条约首次审议会议，通过了**侧翼文件**。该文件从地理方面和数量上重新规划了侧翼区域，允许俄罗斯和乌克兰沿各自的边界部署更多受条约限制的军备。

1999年签署的**《欧洲常规武装力量条约修改协定》**在条约限制的军备问题上，以各别国家限额代替了CFE条约的集团对集团的军力平衡，建立了一个新的限额结构和新的军事灵活机制以及侧翼次限额，并提高了透明性；修改协定CEF条约机制对所有欧洲国家开放。所有签约国都批准后，该修改协定正式生效。1999年的《最后文件》及其附件含有关于北高加索和中东欧地区有政治约束力的各项安排和从外国撤军的内容。

修改协定批准书的3个保存国： 白俄罗斯、哈萨克斯坦、俄罗斯*。

* 批准时有所保留和/或发表声明。

关于欧洲常规武装力量员额谈判的结束文件（CFE－1A 协定）

1992 年 7 月 10 日在赫尔辛基由 CFE 条约缔约国签署，与 CFE 条约同时生效，由荷兰政府保存。

该协定规定了成员国在 ATTU 区域内常规陆基武装部队的兵力限额。

美苏关于削减和限制进攻性战略武器条约（START Ⅰ 条约）

美国和俄罗斯于 1991 年 7 月 31 日在莫斯科签署，1994 年 12 月 5 日生效。

条约要求缔约国在 7 年内分阶段削减各自的进攻性战略核武器。条约规定了各自部署的洲际弹道导弹、潜射导弹和重型轰炸机等战略核运载工具及其携带核弹头的数量限制。在促进执行 START 条约的议定书（**1992 年里斯本议定书**，1994 年 12 月 5 日生效）中，白俄罗斯、哈萨克斯坦和乌克兰也继承了前苏联承担的条约义务。

开放天空条约

1992 年 3 月 24 日在赫尔辛基开放签署，2002 年 1 月 1 日生效，由加拿大和匈牙利政府保存。

条约要求缔约国允许临时通知的、非武装的观察飞行穿越其领空。条约适用范围从加拿大的温哥华向东至俄罗斯的符拉迪沃斯托克。

条约由华约组织（WTO）和北约组织（NATO）的成员国谈判达成。条约供北约成员国和前华约成员国，前苏联解体后成立的国家签署（波罗的海三国除外）。条约生效六个月后，欧洲安全和合作组织的任何其他国家都可以申请加入该条约。从 2002 年 7 月 1 日起，任何国家都可以加入该条约。

缔约国（34 个）： 白俄罗斯、比利时、波黑、保加利亚、加拿大、克罗地亚、捷克共和国、丹麦、爱沙尼亚、芬兰、法国、格鲁吉亚、德国、希腊、匈牙利、冰岛、意大利、拉脱维亚、立陶宛、卢森堡、荷兰、挪威、波兰、葡萄牙、罗马尼亚、俄罗斯、斯洛伐克、斯洛文尼亚、西班牙、瑞典、土耳其、英国、乌克兰、美国。

签署但未批约国：吉尔吉斯斯坦。

美苏关于进一步削减和限制进攻性战略武器条约(START Ⅱ条约)

美国和俄罗斯于 1993 年 1 月 3 日在莫斯科签署，尚未生效。

条约要求缔约国销毁各自的多弹头分导洲际弹道导弹，并削减已部署的战略核弹头的数量，到 2003 年 1 月 1 日为止每一方的战略核弹头均不得超过 3000—3500 枚（其中部署在潜射导弹上的核弹头不得超过 1750 枚）。1997 年 9 月 26 日，两国签署了该条约的议定书，将条约执行期限延至 2007 年底。

注：美国参议院、俄罗斯杜马和联邦委员会均批准该条约，但两国未交换批准文书，故条约未生效。2002 年 6 月 13 日美国退出反导条约（ABM 条约），作为回应，俄罗斯于 2003 年 6 月 14 日宣布不再受 START－Ⅱ条约的约束。

关于禁止发展、生产、储存和使用化学武器及销毁此种武器的公约（禁止化学武器公约，CWC）

1993 年 1 月 13 日在巴黎开放签署，1997 年 4 月 29 日生效，由联合国秘书长保存。

公约禁止使用、发展、生产、获得、转让和储存化学武器。各缔约国承诺在条约生效后 10 年之内保证销毁其化学武器及其生产设施。

缔约国（178 个）：阿富汗、阿尔巴尼亚、阿尔及利亚、安道尔、安提瓜和巴布达、阿根廷、亚美尼亚、澳大利亚、奥地利、阿塞拜疆、巴林、孟加拉国、白俄罗斯、比利时、伯利兹、贝宁、不丹、玻利维亚、波黑、博茨瓦纳、巴西、文莱、保加利亚、布基纳法索、布隆迪、柬埔寨、喀麦隆、加拿大、佛得角、乍得、智利、中国、哥伦比亚、刚果民主共和国、库克群岛、哥斯达黎加、科特迪瓦、克罗地亚、古巴、塞浦路斯、捷克共和国、丹麦、吉布提、多米尼克、厄瓜多尔、萨尔瓦多、赤道几内亚、厄立特里亚、爱沙尼亚、埃塞俄比亚、斐济、芬兰、法国、加蓬、冈比亚、格鲁吉亚、德国、加纳、希腊、格林纳达、危地马拉、几内亚、圭亚那、海地、梵蒂冈、洪都拉斯、匈牙利、冰岛、印度、印度尼西亚、伊朗、爱尔兰、意大利、牙买加、日本、约旦、哈萨克斯坦、肯尼亚、基里巴斯、韩国、科威特、吉尔吉斯斯坦、老挝、拉脱维亚、莱索托、利比里亚、利比亚、列支敦士登、立陶宛、卢森堡、前南斯拉夫马其顿共和国、马达加斯加、马拉维、马来西亚、马尔代夫、马里、马耳他、马绍尔群岛、毛里塔尼亚、毛里求斯、墨西哥、密克罗尼西亚、摩尔多瓦、摩纳哥、蒙古、摩洛哥、莫桑比克、纳米比亚、瑙鲁、尼泊尔、荷兰、新西兰、尼加拉瓜、尼日尔、尼日利亚、纽埃、挪威、阿曼、巴基斯坦、帕劳、巴拿马、巴布亚新几内亚、巴拉圭、秘鲁、菲律宾、波兰、葡萄牙、卡塔尔、罗马尼亚、俄罗斯、卢旺达、圣基茨和尼维斯、圣卢西亚、圣文森特和格林纳丁斯、西萨摩亚、圣马力诺、圣多美和普林西比、沙特阿拉伯、塞内加尔、塞尔维亚和黑山、塞舌尔、塞拉利昂、新加坡、斯洛伐克、斯洛文尼亚、所罗门群岛、南非、西班牙、斯里兰卡、苏丹、苏里南、斯威士兰、瑞典、瑞士、塔吉克斯坦、坦桑尼亚、泰国、东帝汶、多哥、汤加、特立尼达和多巴哥、突尼斯、土耳其、土库曼斯坦、图瓦卢、乌干达、英国、乌克兰、阿拉伯联合酋长国、乌拉圭、美国、乌兹别克斯坦、瓦努阿图、委内瑞拉、越南、也门、赞比亚、津巴布韦。

签署但未批约国：巴哈马、中非共和国、科摩罗、刚果共和国、多米尼加共和国、格林纳达、几内亚比绍、以色列、缅甸。

东南亚无核区条约（曼谷条约）

1995 年 12 月 15 日在曼谷签署，1997 年 3 月 27 日生效，由泰国政府保存。

条约禁止在本区域内外发展、制造、获得或试验核武器，并禁止在区域内或经过区域安置或运输核武器。每个缔约国自行决定是否允许外国船只和飞机停靠或过境。缔约国保证不向区域内的海域倾倒或向区域内的大气层排放任何放射性物质或废料，或在区域内陆地上抛置放射性物质。缔约国应与国际原子能机构达成协议，以为其和平利用核活动提供全面保障监督。

本区域不仅包括缔约国的领土，还包括其大陆架和专属经济区。

条约对所有十个东南亚国家开放签署。

根据条约一项议定书的规定，中国、法国、俄罗斯、英国和美国将承诺不对任何缔约国使用或威胁使用核武器。五国应进一步承诺不在东南亚无核区内使用核武器。议定书将在各缔约国交存批准书之时起生效。

缔约国（10 个）：文莱、柬埔寨、印度尼西亚、老挝、马来西亚、缅甸、菲律宾、新加坡、泰国、越南。

议定书：无签字国，无成员国。

关于在波黑、穆克联邦和塞族共和国之间建立信任与安全措施协定

1996 年 1 月 26 日在维也纳签署，同日生效。

该协定主要依据《1994 年关于建立信任和安全措施的维也纳文件》，附加了针对军事行动、军事部署和军事演习的限制和约束措施，并规定交换重型武器系统的信息和资料。

非洲无核区条约（佩林达巴条约）

1996 年 4 月 11 日在开罗签署，至 2006 年 1 月 1 日尚未生效，由非洲联盟秘书长保存。

条约禁止研究、发展、生产、获得、试验或安置核爆炸装置。每个缔约国有权允许外国船只和飞机停靠和过境的自由。条约还禁止对核设施的任何攻击。缔约国承诺不在区域内的任何地方倾倒或允许倾倒放射性废料和其他放射性物质。缔约国应同国际原子能机构(IAEA) 就为和平利用核活动提供全面保障监督达成协议。

非洲无核区指非洲大陆、非洲联盟（AU）岛屿成员国和非洲联盟认为属于非洲的所有岛屿。

该条约向所有非洲国家开放签署。条约在 28 个国家批约后生效。

根据议定书Ⅰ，中国、法国、俄罗斯、英国和美国应承诺不对缔约国使用或威胁使用核爆炸装置。

根据议定书Ⅱ，中国、法国、俄罗斯、英国和美国应承诺不在区域内任何地方试验核爆炸装置。

根据议定书Ⅲ，对区域内领土负有国际责任的国家应承诺执行条约中有关这些领土的规定。本议定书向法国和西班牙开放签署。

对已提交批准书的议定书签署国，议定书将与条约同时生效。

20 个已提交批准书的国家：阿尔及利亚、博茨瓦纳、布基纳法索、科特迪瓦、赤道几内亚、冈比亚、几内亚、肯尼亚、莱索托、利比亚、马达加斯加、马里、毛里塔尼亚、毛里求斯、尼日利亚、南非、斯威士兰、坦桑尼亚、多哥、津巴布韦。

签署但未批约国：安哥拉、贝宁、布隆迪、喀麦隆、佛得角、中非共和国、乍得、科摩罗、刚果民主共和国、刚果共和国、吉布提、埃及、厄立特里亚、埃塞俄比亚、加蓬、加纳、几内亚比绍、利比里亚、马拉维、摩洛哥、莫桑比克、纳米比亚、尼日尔、卢旺达、圣多美和普林西比、塞内加尔、塞舌尔、塞拉利昂、苏丹、突尼斯、乌干达、赞比亚。

议定书Ⅰ批准国：中国、法国[1]、英国[3]；**签署但未批准国：**俄罗斯[2]、美国[4]。

议定书Ⅱ批准国：中国、法国、英国[3]；**签署但未批准国：**俄罗斯[2]、美国[4]。

议定书Ⅲ批准国：法国。

1. 法国表示，这些议定书不影响其依据联合国宪章第 51 条规定所享有的自卫权。法国申明，根据议定书Ⅰ第一款所作的承诺与其对《不扩散核武器条约》无核武器缔约国的消极安全保证是一致的。这种保证于 1995 年 4 月 6 日法国在裁谈会上的发言中，在 1995 年 4 月 11 日联合国安理会第 984 号决议中也提到了。

2. 俄罗斯表示，只要查戈斯群岛上仍有核国家军事基地存在，这些岛屿就不能被视为符合条约对无核区提出的要求。俄还说，鉴于某些国家声明它们认为自己不受各议定书关于上述领土所规定义务的约束，俄不认为自己要受议定书Ⅰ关于这些领土义务的约束。就议定书Ⅰ第一款，俄罗斯不会对条约缔约国使用核武器，除非条约无核武器缔约国和某核武器国家以联合或联盟的方式对俄罗斯、其领土、武装部队或其他军队，对其盟国或对由俄罗斯作出安全承诺的国家发动或持续进行侵略或任何其他武装进攻。

3. 英国表示，它不接受在未经其同意的情况下将英属印度洋领土纳入非洲无核区，也不因签署议定书Ⅰ和Ⅱ而接受有关该领土的任何法律义务。如果英国、其属地、武装部队或其他军队、其盟国或英对其作出安全承诺的国家遭受缔约国和某核武器国家以联合或联盟的形式发动或持续进行侵略或任何其他进攻，或者任何缔约国对条约规定其不扩散义务有实质性的违反，英国将不受议定书Ⅰ第一款的承诺的约束。

4. 关于议定书Ⅰ。美国表示，如果美国、其领土、武装部队或其他军队、其盟国或美对其作出安全承诺的国家遭受缔约国和某核武器国家以联合或联盟的形式发动或持续进行侵略或任何其他攻击时，美就认为这与条约缔约国的相应义务是不一致的。美国还说，无论是条约还是议定书Ⅱ的规定都不适用英国、美国或其他任何非缔约国在迪戈加西亚岛或英属印度洋的任何领地进行的活动。因此，美军在迪岛和上述地域的军事活动也不必作任何调整。

关于南斯拉夫、波黑和克罗地亚的次地区军控协定（佛罗伦萨协定）

1996 年 6 月 14 日在佛罗伦萨签署并生效。

达成协定的谈判是根据 1995 年波黑和平总框架协定（代顿协定）在欧安组织（OSCE）主持下进行的。该协定为以下前交战国的军备数量规定了上限：波斯尼亚和黑塞哥维那及其两个实体、克罗地亚和南斯拉夫联邦共和国。所涉武器包括以下 5 个种类的重型常规武器：作战坦克、装甲战斗车、重型大炮（75 毫米及 75 毫米以上口径）、作战飞机和攻击直升机。到 1997 年 10 月 31 日为止已完成削减。到此日为止，已确认共有 6580 件武器被销毁。

全面禁止核试验条约（CTBT）

1996 年 9 月 24 日在纽约开放签署，至 2006 年 3 月 1 日尚未生效，由联合国秘书长保存。

条约禁止进行任何核武器试验爆炸或任何其他核爆炸，敦促各缔约国防止在自己管辖或控制的任何地方进行任何核爆炸，并避免引发、鼓励或以任何方式参与任何核武器试验爆炸或其他核爆炸。

条约将在附录所列的 44 个国家交存批准书 180 天后生效。这 44

个国家都拥有核能反应堆和/或核研究反应堆。

条约要生效必须得到下列 44 国的批准：阿尔及利亚、阿根廷、澳大利亚、奥地利、孟加拉国、比利时、巴西、保加利亚、加拿大、智利、中国*、哥伦比亚*、刚果民主共和国、埃及*、芬兰、法国、德国、匈牙利、印度*、印度尼西亚*、伊朗*、以色列*、意大利、日本、朝鲜*、韩国、墨西哥、荷兰、挪威、巴基斯坦*、秘鲁、波兰、罗马尼亚、俄罗斯、斯洛伐克、南非、西班牙、瑞典、瑞士、土耳其、英国、乌克兰、美国*、越南。

* 截至 2006 年 3 月 10 日尚未批约的国家。

已交存批准书的 132 个国家：阿富汗、阿尔巴尼亚、阿尔及利亚、安提瓜和巴布达、阿根廷、澳大利亚、奥地利、阿塞拜疆、巴林、孟加拉国、白俄罗斯、比利时、伯利兹、贝宁、玻利维亚、博茨瓦纳、巴西、保加利亚、布基纳法索、柬埔寨、喀麦隆、加拿大、佛得角、智利、刚果民主共和国、库克群岛、哥斯达黎加、科特迪瓦、克罗地亚、塞浦路斯、捷克共和国、丹麦、吉布提、厄瓜多尔、萨尔瓦多、厄立特里亚、爱沙尼亚、斐济、芬兰、法国、加蓬、格鲁吉亚、德国、希腊、格林纳达、圭亚那、海地、梵蒂冈、洪都拉斯、匈牙利、冰岛、爱尔兰、意大利、牙买加、日本、约旦、哈萨克斯坦、肯尼亚、基里巴斯、韩国、科威特、吉尔吉斯斯坦、老挝、拉脱维亚、莱索托、利比亚、列支敦士登、立陶宛、卢森堡、前南斯拉夫马其顿共和国、马达加斯加、马尔代夫、马里、马耳他、毛里塔尼亚、墨西哥、密克罗尼西亚、摩纳哥、蒙古、摩洛哥、纳米比亚、瑙鲁、荷兰、新西兰、尼加拉瓜、尼日尔、尼日利亚、挪威、阿曼、巴拿马、巴拉圭、秘鲁、菲律宾、波兰、葡萄牙、卡塔尔、罗马尼亚、俄罗斯、卢旺达、圣基茨和尼维斯、圣卢西亚、萨摩亚群岛、圣马力诺、塞内加尔、塞尔维亚和黑山、塞舌尔、塞拉利昂、新加坡、斯洛伐克、斯洛文尼亚、南非、西班牙、苏丹、苏里南、瑞典、瑞士、塔吉克斯坦、坦桑尼亚、多哥、突尼斯、土耳其、土库曼斯坦、乌干达、英国、乌克兰、阿拉伯联合酋长国、乌拉圭、乌兹别克斯坦、瓦努阿图、委内瑞拉、越南、赞比亚。

签署但未批约国：安道尔、安哥拉、亚美尼亚、巴哈马、波黑、文莱、布隆迪、中非共和国、乍得、中国、哥伦比亚、科摩罗、刚果共和国、多米尼加共和国、埃及、赤道几内亚、埃塞俄比亚、冈比亚、加纳、危地马拉、几内亚、几内亚比绍、印度尼西亚、伊朗、以色列、黎巴嫩、利比里亚、马拉维、马来西亚、马绍尔群岛、摩尔多瓦、莫桑比克、缅甸、尼泊尔、帕劳、巴布亚新几内亚、圣多美和普林西比、所罗门群岛、斯里兰卡、斯威士兰、泰国、美国、也门、津巴布韦。

美洲国家间关于反对非法生产和走私火器、弹药、爆炸物和其他相关材料公约

1997 年 11 月 13 日在华盛顿通过，1997 年 11 月 14 日在华盛顿开放签署。1998 年 7 月 1 日公约生效，由美洲国家组织秘书长保存。

公约的宗旨是：预防、反对和彻底制止非法生产、走私火器、弹药、爆炸物和其他相关材料；推动和促进缔约国之间的合作、信息和经验交流。

缔约国（26 个）：安提瓜和巴布达、阿根廷*、巴哈马、巴巴多斯、伯利兹、玻利维亚、巴西、智利、哥伦比亚、哥斯达黎加、多米尼克、厄瓜多尔、萨尔瓦多、格林纳达、危地马拉、洪都拉斯、墨西哥、尼加拉瓜、巴拿马、巴拉圭、秘鲁、圣基茨和尼维斯、圣卢西亚、特立尼达和多巴哥、乌拉圭、委内瑞拉。

* 批准、加入或继承时有所保留。

签署但未批约国：加拿大、多米尼加共和国、圭亚那、海地、牙买加、圣文森特和格林纳丁斯、苏里南、美国。

禁止使用、储存、生产和转让杀伤人员地雷及销毁此种地雷的公约（禁雷公约，APM）

1997 年 12 月 3—4 日在渥太华、1997 年 12 月 5 日在纽约联合国总部开放签署，1999 年 3 月 1 日生效，由联合国秘书长保存。

公约禁用杀伤人员地雷，系指有人出现、接近或接触而爆炸并使一人或多人致残、致伤和致死的地雷。

每个缔约国承诺尽快并不晚于公约生效 4 年内销毁其储存的所有杀伤人员地雷。各缔约国还承诺在公约生效 10 年之内销毁部署在其

管辖或控制的雷区内的杀伤人员地雷。

缔约国（149 个）：阿富汗、阿尔巴尼亚、阿尔及利亚、安道尔、安哥拉、安提瓜和巴布达、阿根廷、澳大利亚、奥地利、巴哈马、孟加拉国、巴巴多斯、白俄罗斯、比利时、伯利兹、贝宁、不丹、玻利维亚、波黑、博茨瓦纳、巴西、保加利亚、布基纳法索、布隆迪、柬埔寨、喀麦隆、加拿大、佛得角、中非共和国、乍得、智利、哥伦比亚、科摩罗、刚果民主共和国、刚果共和国、哥斯达黎加、科特迪瓦、克罗地亚、塞浦路斯、捷克共和国、丹麦、吉布提、多米尼克、多米尼加共和国、厄瓜多尔、萨尔瓦多、赤道几内亚、厄立特里亚、爱沙尼亚、埃塞俄比亚、斐济、法国、加蓬、冈比亚、德国、加纳、希腊、格林纳达、危地马拉、几内亚、几内亚比绍、圭亚那、海地、梵蒂冈、洪都拉斯、匈牙利、冰岛、爱尔兰、意大利、牙买加、日本、约旦、肯尼亚、基里巴斯、拉脱维亚、莱索托、利比里亚、列支敦士敦、立陶宛、卢森堡、前南马其顿共和国、马达加斯加、马拉维、马来西亚、马尔代夫、马里、马耳他、毛里塔尼亚、毛里求斯、墨西哥、摩尔多瓦、摩纳哥、莫桑比克、纳米比亚、瑙鲁、荷兰、新西兰、尼加拉瓜、尼日尔、尼日利亚、纽埃、挪威、巴拿马、巴布亚新几内亚、巴拉圭、秘鲁、菲律宾、葡萄牙、卡塔尔、罗马尼亚、卢旺达、圣基茨和尼维斯、圣卢西亚、圣文森特和格林纳丁斯、西萨摩亚、圣马力诺、圣多美和普林西比、塞内加尔、塞尔维亚和黑山、塞舌尔、塞拉利昂、斯洛伐克、斯洛文尼亚、所罗门群岛、南非、西班牙、苏丹、苏里南、斯威士兰、瑞典、瑞士、塔吉克斯坦、坦桑尼亚、泰国、东帝汶、多哥、特立尼达和多巴哥、突尼斯、土耳其、土库曼斯坦、乌干达、英国、乌克兰、乌拉圭、瓦努阿图、委内瑞拉、也门、赞比亚、津巴布韦。

签署但未批约国：文莱、库克群岛、印度尼西亚、马绍尔群岛、波兰。

美洲国家间关于获取常规武器透明度公约

1999 年 6 月 7 日在危地马拉城通过，2002 年 11 月 21 日生效。由美洲国家组织秘书长保存。

公约的宗旨是：为了促进美洲国家间的相互信任，通过交换关于获取常规武器的信息，有助于提高本地区在获取这类武器方面的公开性和通明度。

缔约国（11）：阿根廷、加拿大、智利、厄瓜多尔、萨尔瓦多、危地马拉、尼加拉瓜、巴拉圭、秘鲁、乌拉圭、委内瑞拉。

签署但未批约国：玻利维亚、巴西、哥伦比亚、哥斯达黎加、多米尼克、海地、洪都拉斯、墨西哥、美国。

1999 年关于建立信任与安全措施的维也纳文件

欧洲安全与合作组织的成员国于 1999 年 11 月 16 日在伊斯坦布尔签署。2000 年 1 月 1 日生效。

1999 年维也纳文件是在欧洲建立信任与安全措施（CSBMs）和裁军的 1986 年斯德哥尔摩文件，以及之前的三个维也纳文件（1990 年、1992 年和 1994 年）的基础上制定的。1990 年维也纳文件要求缔约国通报军费预算、减少危险程序、建立直接通信网，并且每年举行一次会议评估信任与安全措施的执行情况。1992 年和 1994 年的维也纳文件对军事活动、防务计划和军事交流制订了新的机制和参数。

1999 年维也纳文件提出了一些区域性措施，旨在双边、多边和地区层面上增加透明度和信任，并特别就约束措施提出了一些改进意见。

美俄削减进攻性战略武器条约（SORT 条约）

2002 年 5 月 24 日美国和俄罗斯在莫斯科签署，2003 年 6 月 1 日生效。

条约要求缔约国削减各自实战部署的战略核弹头，以便在 2012 年 12 月 31 日以前各自拥有的该类核弹头总数不超过 1700—2200 枚。

（徐　蓉 译）

附件 B 2005 年大事记

南尼·博德尔

为方便读者，在右栏上写上了相对每一条目的关键词。它们系指该条目所涵盖的主题领域。事件发生的日期系指当地时间。

1 月 3 日	美国总统和国务卿负责地雷行动的特别代表林肯·P. 小布卢姆菲尔德宣布：美国 2004 年 2 月颁布基地雷政策后，将停止使用任何不能用标准金属探测器测到的地雷。	美国：地雷
1 月 4 日	巴格达省长阿里·阿尔·海德里遭路边伏击遇刺身亡。1 月 30 日伊拉克议会选举前伊暴力活动升级。	伊拉克
1 月 9 日	苏丹政府代表与苏丹人民解放运动/军队代表在肯尼亚首都内罗毕签署全面和平协议，为双方分享自然资源的收入与苏丹南部的部分自治提供框架。	苏丹
1 月 9 日	马哈茂德·阿巴斯（又称阿布·马赞）赢得巴勒斯坦总统大选。1 月 15 日他在西岸拉马拉宣誓就任巴勒斯坦新总统。	巴勒斯坦民族权力机构

1月26日	1月25日两个巴勒斯坦圣战组织—哈马斯与伊斯兰杰哈德宣布，它们将暂停袭击以色列。随后以色列官员宣布，以色列以停止袭击巴勒斯坦激进分子。以色列总理阿里尔·沙龙决定解禁与巴勒斯坦新总统的外交接触。	以色列/巴勒斯坦
1月30日	伊拉克举行其50多年来第一次多党议会选举。	伊拉克
1月31日	在尼日利亚首都阿布贾召开非洲联盟大会，会议通过非盟不侵略与共同防务条约，强化非盟成员国在防务与安全领域里的合作，加强冲突预防、控制与解决机制。	非盟
2月1日	联合国安理会一致通过第1584号决议，强化2004年11月对科特迪瓦实施的武器禁运；呼吁交战各方列出他们拥有的武器及其储藏地的全面清单；授权联合国科特迪瓦行动团监督武器禁运，法国军队配合。	科特迪瓦；联合国；武器禁运
2月8日	巴勒斯坦总统穆罕莫德·阿巴斯与以色列总统阿里尔·沙龙在埃及沙姆沙伊赫会晤，双方宣布相互停火，停止连续四年的流血冲突，重开和谈。	以色列/巴勒斯坦
2月9日	第二论亚洲高层不扩散会谈在日本东京举行，讨论强化不扩散措施。	亚洲：不扩散
2月10日	朝鲜外交部第一次发表声明正式承认朝鲜为了自卫，已制造出核武器，宣布它将无限期拒绝继续参加关于其核计划的六方（中国、日本、朝鲜、韩国、俄罗斯与美国之间）会谈。	朝鲜：核武器

2 月 10 日	北约国防部长在法国尼斯举行非正式会议，决定将国际安全部队扩展至阿富汗西部。	阿富汗；北约
2 月 14 日	黎巴嫩贝鲁特发生一起汽车爆炸事件，黎巴嫩前总理拉菲克·哈里里及其他 15 人被炸身亡，约 120 人受伤。事件发生后，黎巴嫩军队处于高度戒备状态。叙利亚被控刺杀哈里里。哈的死亡引发了贝鲁特街头大规模的示威游行。	黎巴嫩；叙利亚
2 月 21—23 日	在以芬兰前总统马尔蒂·阿赫蒂萨里为首的“危机管理倡议”斡旋下，印度尼西亚政府代表与自由亚齐运动代表在芬兰赫尔辛基会晤，讨论全面和平解决亚齐省的冲突，包括建立亚齐自治政府。	印度尼西亚/亚齐
2 月 24 日	叙利亚政府宣布决定将其驻黎巴嫩部队重新部署到靠近叙利亚边境的东贝卡河谷。该行动的执行时间与 2004 年 9 月 2 日联合国安理会第 1559 号决议设定的时间相一致。	叙利亚；黎巴嫩；联合国
2 月 24 日	美国总统乔治·W. 布什与俄罗斯总统弗拉基米尔·普京在斯洛伐克布拉迪斯拉发会晤，发表《核安全合作联合声明》，强化对付核恐怖主义方面的双边合作。	美国；俄罗斯；恐怖主义
2 月 27 日	2 月 25 日特拉维夫自杀性爆炸事件发生后，以色列总理阿里尔·沙龙威胁冻结与巴勒斯坦的和平进程。以色列内阁决定暂停执行向巴勒斯坦权力机构移交五个西岸城镇的控制权与释放 400 名犯人的计划。	以色列/巴勒斯坦

2月28日	巴格达南部希拉镇发生一起大规模的汽车炸弹爆炸事件，大约125人被炸身亡，约140人受伤。这是2003年3月伊拉克被入侵以来发生的最恶劣的单一袭击事件。	伊拉克；恐怖主义
3月7日	黎巴嫩总统埃米尔·拉胡德与叙利亚总统巴萨尔·阿尔·阿萨德在叙利亚大马士革会晤，签署了正式同意分两阶段将叙利亚驻黎巴嫩部队重新部署到贝卡河谷的协议。2月24日叙利亚已宣布过此事。	黎巴嫩；叙利亚
3月8日	科索沃总理（前科索沃解放军司令）拉穆斯·哈拉丁内伊在被荷兰海牙前南斯拉夫国际刑庭指控在1998—1999年科索沃冲突中犯有战争罪后辞职。哈说：他将与前南斯拉夫国际刑庭充分合作。	科索沃；前南斯拉夫国际刑庭
3月8日	车臣匪首阿斯兰·马斯哈多夫在俄罗斯特种部队对车臣托尔斯泰—尤尔特镇的突然袭击中被击毙。	俄罗斯/车臣
3月15日	联合国安理会一致通过1587号决议，要求联合国秘书长科菲·安南重组调查索马里违反1992年武器禁运的核查小组。索的违禁行为包括：转让弹药、单兵武器和小武器。4月11日秘书长为该小组任命了4名专家。	索马里；联合国；武器禁运
3月16日	按照以色列总理阿里尔·沙龙2004年2月提出的计划，以色列开始从西岸杰里科撤军。	以色列/巴勒斯坦

3 月 20—24 日	2 月份有争议的议会选举后，3 月份，反对派在贾拉拉巴德与吉尔吉斯坦南部的几个城市示威游行。3 月 24 日亲政府力量与几千名反对派抗议者在比什凯克发生冲突。	吉尔吉斯斯坦
3 月 21 日	联合国秘书长科菲·安南向大会提交题为“全民享有更多发展、安全与人权方面的自由”的联合国改革报告。（见 9 月 14—16 日与 12 月 20 日）	联合国
3 月 24 日	联合国安理会一致通过第 1590 号决议，决定建立联合国苏丹特派团 (UNMIS)，首期为 6 个月。联合国苏丹特派团的使命是：与非盟驻苏丹特派团（AMIS）联络与协调；监督与核查停火协议；制定裁军、复员与重新安置前武装人员的计划；促进民族和解与人权。	苏丹；联合国；非盟
3 月 29 日	联合国安理会以 12 票对 0 票、3 票弃权（阿尔及利亚、中国、俄罗斯）通过了联合国第 1591 号决议，决定对在达尔富尔犯有暴行的个人实施制裁，强化对苏丹的武器禁运。	苏丹；联合国；制裁
3 月 31 日	在判断伊拉克是否拥有大规模杀伤性武器问题上出现错误后，美国关于大规模杀伤性武器情报能力调查委员会提交报告，提出 74 条改进美国情报机构的建议。	美国；大规模杀伤性武器

3 月 31 日	联合国安理会以 11 票对 0 票，4 票弃权（阿尔及利亚、巴西、中国与美国）通过了 1593 号决议，决定向国际刑庭引渡苏丹达尔富尔地区的战争嫌疑犯。美国不再反对在国际刑庭起诉这些人显示美国外交政策的明显改变。4 月 6 日，联合国秘书长科菲·安南向国际刑庭递交了一份被指控在达尔富尔地区犯有战争罪的 51 人名单。	苏丹；联合国；国际刑庭；美国
4 月 6 日	科特迪瓦政府与叛乱团体的代表在非盟的斡旋下，在南非比勒陀利亚签署停火协议《比勒陀利亚协议》，同意结束敌视，立即开始裁军并于 2005 年举行大选。	科特迪瓦；非盟
4 月 13 日	联合国大会一致通过《阻止核恐怖主义活动的国际公约》，视非国家行为体拥有核武器和威胁使用核武器为犯罪行为；强化反恐怖主义的国际法律框架。该条约将从 2005 年 9 月14 日—12月 31 日在联合国开放签署并在第 22 个国家提交批准书的 30 天后生效。	联合国；恐怖主义
4 月 16 日	军队首脑菲利·普曼戈与叛乱团体新军参谋长苏迈拉·鲍卡约科在布瓦凯会晤，达成临时裁军时间表，于 5 月 14 日—7 月 31 日开始执行（也见 5 月 14 日）。4 月 15 日叛乱团体两名部长在离职 5 个月后重返联合政府。	科特迪瓦

4月18日	联合国安理会一致通过第1596号决议，谴责武器持续地非法流入刚果民主共和国，扩大现有的武器禁运范围，包括禁止违禁者的旅游，以及冻结其财产。	民主刚果；联合国；武器禁运
4月20日	以色列军队开始从其加沙地带基地撤出设备和设施，为从巴勒斯坦撤军做准备（见7月13—20日）。	以色列/巴勒斯坦
4月21日	北约与俄罗斯理事会在立陶宛维尔纽斯开会，俄罗斯外交部长谢尔盖·拉夫罗夫签署《和平伙伴部队地位协议》(SOFA)，为前往和来自盟国、伙伴国与俄罗斯的军事人员和支援人员的行动提供法律框架。该协议系根据1951年的《北约部队地位协议》拟定的。	俄罗斯；北约
4月22日	古阿姆（GUAM）集团国家—格鲁吉亚、乌克兰、阿塞拜疆与摩尔多瓦领导人在摩尔多瓦基希讷乌会晤，决定激活该集团（成立于1997年），将其打造成在独联体与俄罗斯框架之外推进与欧洲—大西洋组织一体化的一个机构。乌兹别克斯坦没有与会，并于5月5日宣布退出古阿姆集团。自2002年以来，乌一直不与会。	古阿姆集团；独联体；俄罗斯；乌兹别克斯坦
4月26日	1976年黎巴嫩内战爆发以来部署在黎巴嫩的最后一批叙利亚部队撤出。标志叙利亚部队全部撤出的正式仪式在东贝卡河谷的雷亚克空军基地举行。联合国向黎巴嫩派出一个监督团，核查叙军队、军事资产和情报人员的撤离情况。5月23日，联合国秘书长科菲·安南确认撤军已完成。	黎巴嫩；叙利亚；联合国

4 月 26 日	美国伊拉克核查小组在发表 2004 年关于伊拉克大规模杀伤性武器最终报告的附录后正式解散。核查小组组长查尔斯·迪尤尔法说：对伊拉克大规模杀伤性武器的调查采取了尽可能适宜可行的方式进行。	伊拉克；美国；大规模杀伤性武器
4 月 30 日	欧盟驻刚果民主共和国金萨沙警察特派团成立。这是欧盟派往非洲的第一个民事危机管理特派团，是根据欧洲安全与防务政策派出的。	民主刚果；欧盟；欧洲安全与防务政策
5 月 2—27 日	《不扩散核武器条约》第七次审议大会在纽约举行。大会未能就未来的核不扩散与裁军通过任何决定或建议而结束。	《不扩散核武器条约》；核武器
5 月 14 日	科特迪瓦国家武装部队代表与叛乱团体新军的代表在亚穆苏克罗签署关于战斗人员解除武装和复员进程的协议。6 月 13 日反对力量政治领导人发表声明说，由于缺少执行该协议的政治与技术条件，解除武装计划不能如期进行。	科特迪瓦
5 月 26 日	欧盟与北约在埃塞俄比亚的斯亚贝巴举行对非盟驻苏丹特派团财政与后勤支持认捐大会，欧盟和北约均承诺在后勤与训练方面支持该特派团。大会已得到 2.91 亿美元的捐款承诺。	苏丹；非盟；欧盟；北约
5 月 30 日	格鲁吉亚外长萨洛梅·祖拉比希维里与俄罗斯外长谢尔盖·拉夫罗夫在莫斯科会晤，发表关于关闭俄罗斯在格鲁吉亚阿哈尔卡拉基与巴统军事基地的共同声明；俄罗斯的撤军将于 2008 年完成。	格鲁吉亚；俄罗斯；军事基地

6 月 8 日	欧盟驻刚果民主共和国安全部门改革顾问与援助团成立。	刚果民主共和国；欧盟
6 月 18 日	苏丹政府代表与反对派全国民主联盟代表在埃及开罗签署民族和解协议，根据该协议，全国民主联盟将在联合政府中占有一些席位。联合政府系根据苏丹人民解放军 1 月 9 日签署的全面和平协议而成立。开罗协议不包括达尔富尔地区的冲突(见 7 月 5 日)。	苏丹
6 月 18 日	在法国与荷兰的公民投票对欧洲宪法条约未能通过之后，布鲁塞尔欧洲理事会通过由欧盟成员国国家元首与政府首脑关于批准欧洲宪法条约的宣言，同意对新形势进行一段时间的反思。批准程序已延缓，将于 2006 年再议。	法国；荷兰；欧盟
7 月 5 日	在非盟的斡旋下，苏丹政府、苏丹人民解放军与正义平等运动在尼日利亚阿布贾签署解决达尔富尔苏丹人冲突原则宣言，包括民主与地区权力下放。各方还举行了进一步谈判，但未达成决定性的协议。	苏丹；非盟
7 月 6—8 日	八国集团领导人在英国格伦伊格尔斯开会晤，发表不扩散宣言，再次确认大规模杀伤性武器的扩散与国际恐怖主义仍是国际和平与安全的重大威胁；同意为非洲维和部队提供额外的资源支持，并宣称对所有负有沉重债务的国家都应取消其债务。	八国集团；不扩散；大规模杀伤性武器；维和

7月7日	四枚炸弹相继在伦敦地铁与汽车里爆炸，造成38人死亡，700人受伤。在利兹发现与其他袭击相似的炸药后，7月14日4名自杀性爆炸者被查明。	英国；恐怖主义；基地组织
7月9日	根据1月9日签署的全面和平协议，全国团结政府宣誓就职，前苏丹人民解放运动叛乱领导人约翰·加郎就任副总统。新的苏丹宪法开始生效。	苏丹
7月9日	科特迪瓦全国武装部队代表与科叛乱团体新军代表在科特迪瓦亚穆苏克罗会晤，签署新裁军时间表协议。据此，40500名叛乱分子与15000名政府军将在10月30日总统大选之前解除武装。（后来由于新军及反对党的不合作，总统选举被联合国安理会推迟，总统巴博继续留任。）	科特迪瓦
7月11—15日	联合国第二届两年一次的审议在各个方面执行防止、制止、消除小武器与轻武器非法交易行动计划的成员国会议在纽约举行。	联合国；小武器与轻武器
7月13—20日	以色列从巴勒斯坦土地上撤离之前，以色列总理阿里尔·沙龙下令关闭加沙地带，禁止非居民进入。该项禁令同样适用于四个以色列8月中旬要撤出的西岸定居点。反撤离分子在加沙定居者过境站以色列边界一侧同警察和士兵发生冲突。	以色列/巴勒斯坦

7 月 18 日	美国总统乔治·W. 布什与印度总理曼莫汉·辛格在华盛顿宣布美印民用核合作倡议。根据该协议，印度将获得美国民用核技术；把它的核设施置于国际原子能机构的保障监督；它将遵守核供应国集团与导弹及其技术控制制度的指导原则。	美国；印度；核能
7 月 23 日	三枚炸弹在旅游地点沙姆沙伊赫爆炸，造成至少 80 人死亡，200 人受伤。几个伊斯兰组织宣布对此事负责。	埃及；恐怖主义
7 月 26—8 月 7 日	第四轮朝鲜核问题六方（中国、日本、朝鲜、韩国、俄罗斯与美国）会谈在北京召开。谈判处于僵局 13 天后，从 8 月 7 日开始休会至 9 月 13 日。	朝鲜；核武器
7 月 28 日	爱尔兰共和军发表一项声明，正式命令其所有人结束武装斗争，宣布通过政治方式达到其目标。	北爱尔兰；爱尔兰共和军
8 月 1 日	苏丹政府宣布副总统约翰·加郎逝世。7 月 30 日在从乌干达鲁瓦基图拉参加会议后他乘坐的直升机在返回苏丹途中坠毁。消息宣布后喀土穆与苏丹南部爆发骚乱。	苏丹
8 月 1 日	伊朗政府在致国际原子能机构的信中说，它将去掉国际原子能结构 2004 年 11 月对伊斯法罕核工厂的密封条，恢复铀转化。8 月 10 日在国际原子能机构的监督下所有密封条都被拆除，国际原子能机构还装了监督铀转化的设备。	伊朗；国际原子能机构；铀

8 月 11 日	国际原子能机构在一次紧急会议上通过了理事会 2005 年第 64 号决议，呼吁伊朗停止发展其核燃料。8 月 10 日伊朗了恢复它在伊斯法罕的铀转化。	伊朗；国际原子能机构；铀
8 月 12 日	斯里兰卡外长拉克什曼·卡迪里加马尔在科伦坡遇刺身亡。斯里兰卡政府指责分离组织泰米尔伊拉姆猛虎解放组织对此事负责。泰米尔伊拉姆猛虎解放组织拒不承认。8 月 17 日斯里兰卡政府呼吁重审 2002 年停火协议。	斯里兰卡
8 月 15 日	印度尼西亚政府代表与自由亚齐运动代表在芬兰赫尔辛基会晤，签署谅解备忘录，确认 7 月 17 日达成的协议。根据该协议，亚齐省将实施新的法律；所有非当地军队与警察都必须撤出；停止所有敌对行动，解除自由亚齐运动武装，大赦自由亚齐运动成员；建立一个真正的和解委员会；东盟与欧盟将建立亚齐监督特派团。8 月 22 日政府军开始撤出。	印度尼西亚/亚齐；东盟；欧盟
8 月 15—23 日	以色列军队 8 月 9 日发布的从加沙地带以色列定居点撤出的最后期限到期。8 月 17 日以色列军队开始驱逐违背命令的定居者。根据以色列总理沙龙的撤出命令，8 月 23 日已完成从加沙地带与西岸撤出定居者的任务。	以色列/巴勒斯坦
8 月 28 日	伊拉克临时议会通过伊拉克宪法草案。10 月 15 日公投通过了宪法，12 月 15 日伊拉克议会选举开始（见 12 月 15 日）。	伊拉克

8 月 31 日	在几发迫击砲弹打到巴格达什叶派朝圣者人群后，人们蜂拥乱跑，大约 600 多人在混乱中被踩死。人群中还到处流传着有自杀性炸弹的说法。没有一个团体宣称对这起明显有意煽动教派纠纷的袭击事件负责。	伊拉克；恐怖主义
9 月 11 日	以色列宣布正式结束在加沙地带的军事占领，撤出在那里剩余的以色列军队。	以色列/巴勒斯坦
9 月 14 日	联合国安理会理事国国家元首与政府首脑级会议召开，一致通过 1624 号与 1625 号决议，呼吁强化反恐措施，加强联合国在预防冲突，特别是在非洲预防冲突方面的作用。	联合国；恐怖主义；预防冲突
9 月 14 日	2003 年 3 月伊拉克发生被侵略以来的最严重暴乱，一连串爆炸与枪击大约杀死 150 人，伤数百人。	伊拉克；恐怖主义
9 月 14—16 日	2005 年世界峰会—第 60 届联合国大会高级别全会在纽约举行。联合国秘书长科菲·安南向大会提交了他 3 月 21 日起草的关于联合国一揽子改革计划的报告。峰会决定建立“建设和平委员会”与“人权理事会”（见 12 月 20 日）。大会没有就不扩散与裁军做出任何决定。	联合国
9 月 18 日	阿富汗举行 30 多年来第一次议会与地方选举，最后结果被认可并于 11 月 15 日公布。	阿富汗

9 月 19 日	第四轮六方（中国、日本、朝鲜、韩国、俄罗斯和美国）会谈于 9 月 13—19 日在北京复会，朝鲜同意放弃其所有的核武器与现有核计划，尽早重返《不扩散核武器条约》；美国确认它无意侵略或攻击朝鲜。各方同意 11 月初期举行第五轮六方会谈（见 11 月 9—11 日）。	朝鲜；核武器；《不扩散核武器条约》
9 月 20 日	朝鲜宣布，除非它得到一座轻水反应堆，否则它不会放弃其核计划或重返《不扩散核武器条约》。这削弱了 9 月 19 日的协议。	朝鲜；核武器；《不扩散核武器条约》
9 月 21—23 日	为促使《全面禁止核试验条约》生效而召开的第四次大会在纽约联合国总部举行。大会通过了最终决议，重新确认了国际社会继续为使条约早日生效的决心。	《全面禁止核试验条约》
9 月 24 日	国际原子能机构理事会在奥地利维也纳开会，以 22 票赞成，1 票反对，12 票弃权通过理事会 2005 年 77 号关于对伊朗实施保障监督的决议；称伊朗不遵守条约，呼吁伊朗重返谈判。	伊朗；国际原子能机构；保障监督
9 月 26 日	独立缴械国际委员会宣布，爱尔兰共和军已经完成 2000 年 5 月开始的缴械计划。	北爱尔兰；爱尔兰共和军
10 月 2 日	三枚炸弹在巴厘岛两个旅游地库塔与金巴兰爆炸，造成 26 人死亡，50 多人受伤。没有组织宣布对此事负责。该爆炸发生在 2002 年 10 月恐怖爆炸整三年之后。	印度尼西亚；恐怖主义

10 月 3 日	印度外长与巴基斯坦外长在伊斯兰堡签署弹道导弹飞行试验预报协议，旨在减少两国之间的紧张。	印度/巴基斯坦；导弹
10 月 4 日	厄立特里亚政府颁布对联合国驻埃塞俄比亚与厄立特里亚特派团直升机的禁飞令。10 月 14 日厄立特里亚政府对联合国驻埃塞俄比亚与厄立特里亚特派团的活动实行进一步限制，禁止其夜间巡逻。	厄立特里亚/埃塞俄比亚；联合国
10 月 8 日	巴基斯坦克什米尔地区发生的毁灭性地震促进了印度与巴基斯坦之间的和平进程，地震导致人道主义灾难，造成 5.5 万人死亡，300 万人无家可归，10 月 11 日，应巴政府要求，北约启动其第二次救灾行动。	巴基斯坦/印度；北约
10 月 13 日	在一次针对卡巴尔达—巴尔卡里亚的内尔奇克市警察局及军事设施的叛乱袭击中至少 86 人被杀。10 月 17 日车臣匪首沙米尔·巴沙耶夫宣布对此事负责。	俄罗斯/车臣；恐怖主义
10 月 19 日	伊拉克特别法庭在巴格达开始审判伊拉克前总统萨达姆与其他七名被告。侯赛因与其他被告辩称，1982 年命令在杜贾尔村杀死 148 名什叶派人无罪。	伊拉克；伊拉克特别法庭
10 月 26 日	美国国家情报局局长发表美国国家情报战略，为美国情报界制定战略目标。	美国

10 月 27 日	以保尔·沃尔克为首的联合国独立调查委员会发表关于石油换食品的最终报告（沃尔克报告），发现非法、不道德与腐败行为，指责联合国秘书长科菲·安南管理不善。	联合国；伊拉克
10 月 29 日	新德里相继发生三起爆炸，60 多人被炸死。事前鲜为人知的“革命组织”宣布对此事负责。	印度；恐怖主义
11 月 9 日	安曼几家外资饭店几乎同时发生三起的自杀性爆炸事件，炸死 56 人，伤大约 100 人。美索不达米亚基地组织领导人阿布·穆沙巴·阿拉·扎尔卡维宣布对此事负责。	约旦；恐怖主义；基地组织
11 月 9—11 日	第五轮六方会谈（中国、日本、朝鲜、韩国、俄罗斯与美国）在北京举行。会议未取得其他进展，仅以重新确认各方执行 9 月 19 日达成协议的承诺而结束。	朝鲜；核武器
11 月 10 日	联合国秘书长科菲·安南任命前芬兰总统马尔蒂·阿赫蒂萨里为科索沃未来地位进程的特使，领导联合国安理会 1999 年 1244 决议中关于决定科索沃未来地位的政治进程。阿赫蒂萨里 11 月 21—27 日访问了该地区。	联合国；科索沃
11 月 14 日	欧盟理事会在布鲁塞尔开会，通过了关于对乌兹别克斯坦实施限制措施的共同立场（2005 年 792 号欧盟共同外交与安全政策决议），包括武器禁运。	乌兹别克斯坦；欧盟；武器禁运

11 月 16 日	伊朗不顾美国与欧盟三国（法国、德国与英国）迫使它停止所有核活动的巨大压力，在伊斯法罕工厂开始了第二轮铀转化。	伊朗；铀；美国；欧盟三国
11 月 23 日	联合国安理会一致通过第 1640 号决议，要求埃塞俄比亚与厄立特里亚回到 2004 年 12 月 16 日的军队部署水平；要求埃塞俄比亚不再拖延地完全接受厄立特里亚与埃塞俄比亚边界委员会最终的、有约束力的决定；要求厄立特里亚改变其 10 月以来对联合国驻埃塞俄比亚与厄立特里亚特派团施加限制的决定。	厄立特里亚/埃塞俄比亚；联合国
11 月 25 日	位于加沙地带与埃及交界的拉法过境站重新开放，由巴勒斯坦控制并由欧盟驻拉法过境站边界援助团监督。该过境站由以色列控制近 40 年之后在以定居者从加沙地带撤离不久于 9 月 7 日被以色列关闭。	以色列/巴勒斯坦；欧盟
12 月 6 日	厄立特里亚政府要求联合国驻埃塞俄比亚与厄立特里亚特派团成员中的美国人、加拿大人、欧洲包括俄罗斯人于 10 天之内撤走，而没有说出任何理由。联合国安理会与联合国秘书长科菲·安南谴责了该决定。	厄立特里亚/埃俄尔比亚；联合国
12 月 7 日	前克罗地亚将军安特·戈托维那在西班牙加那利岛的特内里费被捕，12 月 10 日他被带到荷兰海牙前南国际刑庭，被指控 1995 年在克罗地亚对克拉奇纳地区攻势中为大约 150 名塞族平民的死负责。	克罗地亚；前南国际刑庭

12月11日	朝鲜宣布它“无限期”暂停参加朝核问题六方会谈（中国、日本、朝鲜、韩国、俄罗斯与美国），除非美国取消对其实施的金融制裁。	朝鲜；核武器；制裁
12月15日	欧盟驻前南斯拉夫马其顿共和国警察顾问小组取代2003年12月启动的欧盟驻前南斯拉夫马其顿共和国警察特派团。	欧盟；前南斯拉夫马其顿共和国
12月15日	自从2003年3月伊拉克被入侵以来第一届国民大会选举在伊拉克举行。选举官员报告说，所有民族团体都有很高的投票率。投票发生在由15万伊拉克军队与警察参与、美国军队支持的大规模安全行动期间。	伊拉克
12月20日	联合国安理会与联合国大会一致通过由联合国秘书长科菲·安南3月21日报告中最初建议、由9月14—16日世界峰会决定的建立“建设和平委员会”的1645号、1646号决议和A/RES/60/180号决议。该委员会将成为一个帮助稳定与重建从战火中诞生的国家，防止他们重新陷入冲突的政府间咨询机构。	联合国
12月29日	印度尼西亚武装部队最终从亚齐撤出的正式仪式在亚齐洛司马威举行。12月19日自由亚齐运动交出与印度尼西亚政府8月15日达成的和平协议所涉及到的最后840件武器。	印度尼西亚/亚齐

（韩　辉译）

作者简介

克里斯特·阿尔斯特伦（Christer Ahlström）博士（瑞典）：瑞典驻荷兰海牙大使馆法律事务顾问。2002—2005 年间任 SIPRI 副所长。到 SIPRI 工作前，任瑞典外交部负责裁军和防止大规模杀伤性武器扩散事务副司长。他自 2003 年起历年为 SIPRI 年鉴撰稿。

伊恩·安东尼（Ian Anthony）博士（英国）：SIPRI 研究协调员，SIPRI“不扩散和出口控制项目”负责人。1992—1998 年担任 SIPRI“武器转让项目”负责人。SIPRI 近著有：SIPRI《研究报告》第 19 期《从源头减少威胁：欧洲对合作减小威胁的看法》（2004 年）。他还主编了《俄罗斯和武器贸易》（1998 年）、《武器出口条例》（1991 年）和 SIPRI《研究报告》第 7 期《中东欧防务工业的前景》（1994 年），并著有《海军武器贸易》（1990 年）和《武器贸易和中等国家：印度和巴基斯坦 1947—1990 年案例研究》（Harvester Wheatsheaf，1992 年）。他自 1988 年起历年为 SIPRI 年鉴撰稿。

艾丽森·J·K·贝尔斯（Alyson J. K. Bailes）（英国）：2002 年 7 月起任 SIPRI 所长。她曾在英国外交部门工作了 33 年，2000—2002 年任英国驻芬兰大使后结束其外交生涯。她的其他外交经历包括在北京、波恩、布达佩斯、奥斯陆和北约的英国代表团工作。她曾数次脱离外交部门，包括两次请假从事学术研究，借调到英国国防部工作两年，并被派到欧盟和西欧联盟供职。她的主要研究领域是政治军事问题、欧洲一体化和中欧问题。她在国际问题期刊上发表了大量有关这些问题和中国外交政策的文章。她撰写了 SIPRI《政策报告》第 10 期《欧洲安全战略的历史进程》(2005 年 2 月),与他人合编了《北欧国家和欧洲安全与防务政策》(2006 年)一书。她自 2003 年起历年为 SIPRI 年鉴撰稿。

西比勒·鲍尔(Sibylle Bauer)博士(德国):SIPRI“不扩散和出口控制项目”研究员。之前,她系布鲁塞尔欧洲问题研究所研究员。她撰写了大量关于欧洲出口控制和装备问题的文章,包括《欧洲国防工业重组》(欧盟委员会官方出版物办公室,2001 年)、《法国国际关系年鉴》(Bruglant,2001 年)和《欧洲国防之路》(Maklu,2003 年)的有关章节。她还与他人合写了 SIPRI《政策报告》第 8 期《欧盟武器出口行为准则:改进年度报告》(2004 年 11 月),并撰写了《欧盟武器出口政策和民主责任》(即将出版)一书。她自 2004 年起历年为 SIPRI 年鉴撰稿。

奥萨·布洛姆斯特伦(瑞典):2005 年到 SIPRI 工作,现任“军费开支和武器生产计划与武器转让项目”代理项目秘书。她负责管理这三个研究领域通用电子文档,并维护 SIPRI 的军费开支报告系统。

南尼·博德尔(Nenne Bodell)(瑞典):SIPRI“图书和文件部”及“军控与裁军文件查考项目”负责人。她自 2003 年起一直为 SIPRI 年鉴撰稿。

汉斯·博恩(Hans Born)博士(荷兰):日内瓦民主控制武装力量中心(DCAF)“安全部门的民主管理”项目资深研究员。领导 DCAF 的工作团队研究议会在安全部门的责任以及安全部门管理的法律监督。他还是苏黎世联邦技术研究所军民关系专题和联合国裁军研究项目“核武器管理”的客座讲师。与他人合写了《欧洲的军民关系》(Routledge,2006 年)、《使情报机构负起责任:监管情报机构的法律标准和最佳措施》(挪威议会,2005 年);他还曾是《议会对安全部门监管的原则、机制和措施》(国际议会联盟/DCAF,2003

年）的主要作者。他曾为《SIPRI 年鉴 2005》撰稿。

马克·布罗姆利（Mark Bromley）（英国）：SIPRI“武器转让项目”特约研究员。之前，他在英美安全信息委员会（BASIC）担任政策分析员。在 BASIC 期间，他撰写了或与他人合写了大量研究报告和文章，包括：《21 世纪英国“三叉戟”潜艇的秘密和未决之处》（Secrecy and Dependence: The UK Trident System in the 21st Century）（BASIC，2001 年）和《欧洲导弹防御的新重点和新规则》（BASIC，2001 年）；参与撰写了 SIPRI《政策报告》第 8 期《欧盟武器出口行为准则：改进年度报告》（2004 年 11 月）。他自 2004 年起为 SIPRI 年鉴撰稿。

朱利安·库珀（Julian Cooper）（英国）：伯明翰大学俄罗斯和东欧研究中心副主任、研究俄罗斯经济的教授。他撰写了大量关于俄罗斯和其他前苏联加盟共和国军事经济的文章，包括《SIPRI 年鉴 2001》中“俄罗斯的军费开支和武器生产”一章和《SIPRI 年鉴 2004》中“俄罗斯联邦、乌克兰和白俄罗斯的武器工业”一章。

安德鲁·科泰（Andrew Cottey）博士（英国）：“科克大学学院”政府学系“欧洲政治一体化”让·莫内讲座教授。此前，他先后就职于布雷德福大学和平研究系、东西方研究所、“更安全的世界”和英美安全信息委员会，曾是北约研究员、国际战略研究所（IISS）特约研究员和 SIPRI 访问学者。他的著作包括：《后共产党欧洲国家面临的新安全挑战：确保欧洲东部地区的安全》（曼彻斯特大学出版社，2002 年）、《后共产党欧洲国家中实施民主控制军队：守卫守卫者》（Palgrave，2002 年）；与他人合编了《后共产党欧洲国家军事改革面临的挑战：组建职业化武装力量》（Palgrave，2002 年）；与人合著 Adelphi Paper 第 365 期《重塑防务外交：军事合作和援助的新任务》（牛津大学出版社/国际战略研究所，2004 年 5 月）。2003 年和 2004 年曾为《SIPRI 年鉴》撰稿。

帕尔·多瑙伊（Púl Dunay）博士（匈牙利）：SIPRI“欧洲一大

西洋、全球和地区安全项目”高级研究员。到SIPRI就职前，他于1996—2004年在日内瓦安全政策中心任职。近著包括：与他人合著《1990—1997年匈牙利的对外政策：处于与西方融合、邻国关系和少数民族政策的十字路口》（Nomos Verlag，1998年）以及《开放领空：对军事透明和建立信任采取合作态度》（联合国裁军研究所，2004年）。他自2004年起为SIPRI年鉴撰稿。

J·保罗·邓恩（J. Paul Dunne）（英国）：布里斯托尔市英格兰西部大学经济学教授，“争取和平与安全”经济学家联合会英国分会主席，新近发行的《和平与安全中的经济问题》期刊共同主编。此前，他曾在利兹大学Birkbeck学院、米德尔塞克斯大学、沃维克大学和剑桥Magdalene学院任职。主要研究领域是关于和平与安全中的经济问题。他著作颇丰，与他人合编了《武器贸易与经济发展：武器贸易平衡的原理、政策和实例》（Routledge，2004年）、《装备南方国家：发展中国家军费开支、武器生产和贸易中的经济问题》（Palgrave，2002年）。关于他的著作，详见：URL〈http：//www.carecon. org. uk〉。

维达利·费琴科（Vitaly Fedchenko）（俄罗斯）：2005年到SIPRI就职前，任“加强欧盟合作减少威胁计划项目”研究员，负责研究核安全问题和欧盟—俄罗斯关系。此前，他在SIPRI作访问学者，曾是俄罗斯“政策研究中心”研究员和项目协调员，以及莫斯科国际问题应用研究所研究员。他撰写或与他人合写了多部有关国际防扩散、裁军援助和俄罗斯核出口的著作。

达米安·弗吕沙尔（Damien Fruchat）（英国）：SIPRI“军费开支和武器生产项目”助理研究员，负责追踪亚洲和大洋洲的军费开支。他在利兹大学获得中国和日本问题研究学士学位，在乌普萨拉大学获得硕士学位。此前，他在欧盟委员会驻中国北京代表团当过实习生。

理查德·格思里（Richard Guthrie）（英国）：SIPRI“化学和生物武器项目”负责人。此前，他作为国防和安全问题独立顾问，专门研究控制可用于制造核、生物、化学武器的材料和技术。他与政府间机构、各国政府、非政府组织和学术机构建立了广泛联系，并与哈佛大学苏塞克斯项目长期合作（1988—2003 年），负责撰写《〈禁止生化武器公约〉简报》和管理专门的数据资源。他还在 1992 年至 1997 年间主编或与他人合编了核查技术信息中心（VERTIC）年鉴，以及该中心的简讯《信任与核查》（1992—1997 年）。1986—2003 年间他还任英国议员顾问。

比约恩·哈格林（Björn Hagelin）博士（瑞典）：SIPRI“武器转让项目”负责人。1998 年到 SIPRI 任职前，他是乌普萨拉大学和平与冲突研究系的研究员和副教授、瑞典国防研究所安全问题分析员。近著有：《从一个小国看防务采购和工业政策》一书中“从确定到不确定：转型中的瑞典军备政策”一章（Routledge，2006 即将出版），《国际政治》第 12 卷“对批评安全政策的人的批判：企图重写瑞典历史”（2005 年）；《数十亿的军火》中的“装备研发的国际合作”一章（Riks revisionen，2004 年）；《武器贸易和经济发展：理论和政策的平衡》*Arms Trade and Economic Development: Theory and Policy in Offsets*（Routledge，2004 年）。自 1999 年起，他一直为 SIPRI 年鉴撰稿。

罗塔·哈博姆（Lotta Harbom）（瑞典）：乌普萨拉大学和平与冲突研究系“乌普萨拉冲突数据项目”研究助理。目前她既为乌普萨拉冲突数据项目工作，也在为一个有关非洲弱国冲突和冲突解决的项目工作。她曾为《SIPRI 年鉴 2005》撰稿。

约翰·哈特（John Hart）（美国）：SIPRI“化学与生物武器战项目”研究员。与他人合编了 SIPRI《化学战与生物战研究》第 17 期《俄罗斯销毁化学武器：政治、法律和技术问题》（1998 年）。2005 年他曾撰写欧盟关于援助俄罗斯销毁化学武器情况的报告。他撰写了《国际情报与反情报期刊》（2005 年秋季号）中“ALSOS Mission，1943—1945 年：一个美国秘密科学情报组织”以及《致命细菌培养：1945 年以来的生物武器一览》（哈佛大学出版社，2006 年）中“苏联的生物武器计划”一章。他自1997年以来一直为SIPRI年鉴撰稿。

德雷莎·希钦斯（Theresa Hitchens）（美国）：美国防务信息中心（CDI）主任。她长期从事新闻工作，重点研究军事、防务工业和北约问题。1998—2000年任《防务新闻》主编。除担任CDI主任外，她还领导CDI的空间安全项目。她撰写了《未来空间安全：制定一个合作进程》（CTR/DEFENCE，2004年），并继续为中心外的出版物撰写有关空间和核武器控制问题的文章。她是《原子能科学家公报》的编委会成员，也是国际安全妇女活动家组织和国际战略研究所的成员。

卡罗琳·霍尔姆奎斯特（Caroline Holmqvist）（瑞典）：SIPRI“武装冲突和冲突处理项目”特约研究员。她获得了伦敦经济学院国际关系和政治学学位。此前，她就职于伦敦外交政策中心。她撰写了多部有关武装冲突和非国家行为体扮演的角色的著作，包括SIPRI《政策报告》第9期《私人安保公司的规章概论》（2005年1月）和《安全管理和冲突后营造和平环境》中“冲突后环境中与武装非国家行为体交往”一章（Lit Verlag，2005年）。她自2004年起为SIPRI年鉴撰稿。

香农·基尔（Shannon N. Kile）（美国）：SIPRI“不扩散和出口控制项目”高级研究员，自1991年起一直负责这个项目。他的主要研究领域是核军备控制和核不扩散问题，特别关注伊朗和朝鲜问题。他为SIPRI多种出版物撰写了大量文章，包括自1995年以来所有SIPRI年鉴中有关核军备控制和世界核力量及核武器技术的章节。他的近著有：主编了SIPRI《研究报告》第21期《欧洲和伊朗：对不扩散的看法》（2005年）。

汉斯·克里斯滕森（Hans M. Kristensen）（丹麦）：华盛顿美国科学家协会（FAS）“核信息项目”主任。他与人合写《原子科学家公报》杂志“自然资源保护委员会（NRDC）核武器问题追踪”专栏文章。其近作有：《全球打击：五角大楼新的进攻性打击计划年表》

（FAS，2006 年）；Imaging Notes（2006 年冬季刊）载文“中国的核力量”一文；《为威慑失败做好准备》（加拿大皇家军事研究所，2005 年 11 月/12 月）；《今日军控》（2005 年 9 月号）月刊载文“新理论不足以实现布什的承诺”。他自 2001 年起一直为 SIPRI 年鉴撰稿。

弗丽达·库劳（Frida Kuhlau）（瑞典）：SIPRI“化学和生物武器战项目”特约研究员。2005 年，她为欧盟委员会撰写了一份关于在前苏联地区减少生物威胁计划的报告。她与人合写了 SIPRI《情况报告——生物技术和〈禁止生物武器公约〉的未来》（2001 年）、《保持〈禁止化学武器公约〉的有效性》（2002 年）、SIPRI《政策报告》第 5 期《不履行禁止化学武器公约：国际社会和伊拉克应吸取的教训》（2003 年 10 月）。自 2002 年以来，她一直为 SIPRI 年鉴撰稿。

兹希洛·拉霍夫斯基（Zdzislaw Lachowski）博士（波兰）：SIPRI“欧洲—大西洋、地区和全球安全项目”高级研究员。之前，在华沙的波兰国际问题研究所工作。他在欧洲军事安全、军备控制以及有关欧洲政治军事一体化等问题上著述甚丰。与他人合编了《变革时期的国际安全：威胁、观念和机制》（Nomos，2004 年），并撰写了 SIPRI《研究报告》第 18 期《新欧洲建立信任和安全措施》（2004 年）。自 1992 年起一直为 SIPRI 年鉴撰稿。

尼尔·梅尔文（Neil J. Melvin）博士（英国）：“武装冲突和冲突管理项目”负责人。到 SIPRI 就职前，他担任欧洲安全与合作组织少数民族高级专员的高级顾问。他在美国和欧洲的一些大学和政策研究机构担任教学和研究工作。他撰写了若干关于欧亚大陆安全和冲突问题的著作和文章，包括 SIPRI《政策报告》《应对北高加索地区的冲突》（2006 年即将出版），与他人合写了《国际安全》杂志（1999/2000 冬季合刊）载文“犹太移民政治：欧亚大陆的种族关系、外交政策和安全”。

乌毅·奥米图根（Wuyi Omitoogun）（尼日利亚）：SIPRI“军费开支与武器生产”项目研究员。与他人合编了《非洲军事部门预算：

控制的进程和机制》(2006 年)，并撰写了《SIPRI 研究报告》第 17 期《非洲各国一喀麦隆、埃塞俄比亚、加纳、肯尼亚、尼日利亚和乌干达一军费开支数据概览》(2003 年)。自 2000 年以来，他一直为 SIPRI 年鉴撰稿。

卡塔利娜·佩尔多莫 (Catalina Perdomo) (哥伦比亚)：SIPRI“军费.开支和武器生产”项目研究助理，负责追踪拉丁美洲的军费开支。到 SIPRI 任职前，她曾在华盛顿的美洲开发银行以及哥伦比亚和平研究基金会驻华盛顿办事处工作。与他人合写了《次国家发展战略的执行报告》(IADB，2004 年)，并撰写了“政府工作重心的国际比较方法论”一文。她自 2004 年以来一直为 SIPRI 年鉴撰稿。

罗杰·罗菲 (Roger Roffey) (瑞典)：瑞典国防研究院 (FOI) 核、生、化武器防卫部主任。他曾借调到瑞典国防部工作 5 年，重点研究核、生、化武器防卫政策问题。他是瑞典外交部参加日内瓦《禁止生物武器公约》裁军谈判的技术专家，曾在澳大利亚集团工作 15 年，并曾任联合国伊拉克问题特别委员会核查人员。他主要研究领域是与生物武器和生物恐怖主义相关的国际军控动向以及俄罗斯及前苏联地区的减少威胁计划。他自 2004 年起就一直为 SIPRI 年鉴撰稿。

伊丽莎白·申斯 (Elisabeth Sköns) (瑞典)：SIPRI“军费开支与武器生产”项目负责人。她在 SIPRI 外发表的最新著作有：关于冲突的代价以及关于全球公共事业的国际特别小组及其在维和行动中费用的文章、《武器贸易和经济发展：补偿理论和政策》(Rougledge, 2004) 一书中关于军贸补偿国防开支的章节；《迈向非国有化的防务?》中关于重建西欧防务工业的章节；《政治家年鉴 2007》中关于为安全提供经费的章节。1983 年以来，她历年为 SIPRI 年鉴撰稿。

彼得·斯塔伦海姆 (Petter Stalenheim) (瑞典)：2005—2006 年担任 SIPRI“军费开支与武器生产项目”代理负责人和“军费开支数据次项目”负责人。负责跟踪军费开支数据，特别是欧洲和中亚各国的军费开支数据，管理 SIPRI 军费开支数据库。他还是斯德哥尔摩民主和选举援助国际研究所顾问，并在德国乔治·马歇尔中心执教。他与他人撰写了 SIPRI《政策报告》第 3 期《高加索和中亚地区的军备和裁军》（2003 年 7 月）。1998 年以来，他一直为 SIPRI 年撰稿。

埃蒙·萨里（Eamon Surry）（澳大利亚）：SIPRI“军费开支和武器生产”项目特约研究员。他负责管理项目中军火工业数据库和互联网站。到 SIPRI 任职前，他在伦敦一家广播传媒咨询公司任研究员。他撰写了 SIPRI《政策报告》第 12 期《军火工业的透明度》（2006 年）。自 2004 年以来，他一直为 SIPRI 年鉴撰稿。

托马斯·瓦拉塞克（Tomas Valasek）（斯洛伐克）：美国防务信息中心（CDI）驻布鲁塞尔办事处主任。他主编了《欧洲安全政策的东部化》（IVO—CDI，2004 年），为各种报纸和杂志撰写了大量文章，包括：《华尔街日报》《简氏防务周刊》和《世界政治期刊》。他还在英国广播公司捷克语部担任防务和外交政策分析员。他是伦敦国际战略研究所成员。

彼得·瓦伦斯腾（Peter Wallensteen）教授（瑞典）：1985 年以来任“和平与冲突研究”“哈马舍尔德”讲座教授，1972—1999 年任乌普萨拉大学和平与冲突系主任。他领导乌普萨拉的冲突资料项目和关于有针对性制裁的斯德哥尔摩进程。著作包括《理解冲突的解决：战争、和平和全球体系》（SAGE，2002 年）；《有效实施针对性制裁：履行联合国政策选择的方针》（乌普萨拉，2003 年）。与他人合编了《国际制裁：全球体系中介于言论与战争之间》（Frank Cass，2005 年）。1988 年以来，他一直为 SIPRI 年鉴撰稿。

迈克尔·沃德（Michael Ward）（英国）：经济统计和发展问题独立顾问。他曾就职于世界银行和欧洲经济发展组织，首次提出对经济合作与发展组织国家和中东欧国家国内生产总值和国家开支作出国际可比的购买力平价估算。他最早参与研究基于国际比较的不同方法，发表了大量文章分析有关购买力平价的资料。他撰写了《量化世界：联合国的观点及统计》（联合国智力史项目，2004 年），与他人合编了《界定贫穷人口》(IOS 出版社，1999 年)，撰写了《资本评估：经合组织国家资本储备评估的方法论》(OECD，1976 年)。1999 年，他因为在国际统计学领域作出突出贡献获得国际统计学会奖章。

康尼·沃尔 (Connie Wall) (美国)：SIPRI 编辑与出版部主任。从 1970 年至今，她一直是 SIPRI 年鉴的编辑或撰稿人。

西蒙·魏泽曼 (Siemon T. Wezeman) (荷兰)：SIPRI“武器转让项目”研究员。他的一些著作涉及武器转让的国际透明度问题。近著是 SIPRI《政策报告》第 4 期《联合国常规武器登记制度前景展望》(2003 年 8 月)。他从 1993 年起历年为 SIPRI 年鉴撰稿。

莎伦·韦哈塔 (Sharon Wiharta) (印尼)：SIPRI“武装冲突与冲突处理项目”特约研究员。主要研究维和问题和冲突后和平重建问题，特别是在冲突后局势中推动公正和建立法治问题。最近，与他人共同领导一个关于和平重建进程的地产所有权和法制问题的研究项目。2001 年到 SIPRI 就职前，她在西雅图华盛顿大学国际问题研究中心研究可持续发展问题。与他人合写了《冲突后的转向治》(Folke Bernadotte Academy Publications，2006 年)。2002 年以来，她一直为 SIPRI 年鉴撰稿。

(徐　蓉 译)

本书摘要

引言：安全与和平研究界 40 年回顾（本卷第 1—34 页）

艾丽森·J. K. 贝尔斯

斯德哥尔摩国际和平研究所成立以来的 40 年，东西方冲突始终未被任何一个明确的战略模式所替代。现在所公认的是，安全已涉及比过去更多的内容和范围，因而参与角色更多种多样。军事防御与积极的建设和平之间的界线已变得很模糊，以至于不会自动地把军备增长看作问题，从而传统的裁军模式处于威胁之中。然而，现在有更多的机构在试图用更加多样的手段来限制冲突和军备引起的各种危害。但与 40 年以前相比，无数个严重的安全问题仍见不到解决办法，许多有价值的方案仍无法实现。

欧洲—大西洋安全与相关机构（本卷第 37—91 页）

P. 多瑙伊，Z. 拉霍夫斯基

2005 年，在欧洲—大西洋关系中，实用主义占据了上风。美国同欧盟/北约连在一起的欧洲，避开在伊拉克问题上基本未弥合的裂痕，巧妙地相互承认了双方在全球事务中的作用是互补的，而不是对抗的。欧盟与北约之间在机制上的竞争已进入一个新阶段，因为双方在地域和功能上的议程日益相互重叠。两个组织都已减弱了在今后若干年内继续扩展的势头。在前苏联地区，一些开始搞改革的国家同那些保持或已回到专制统治的国家依然有着深刻裂痕。中亚地区，虽至今不像高加索地区那样受冲突伤害，但要求改变政权的呼声将使其容易变得不稳定。

西巴尔干国家地位（本卷第75—91页）

P. 多瑙伊

1999年至2001年期间出现的暴乱形势现已消失。科索沃的未来地位、塞尔维亚与黑山的关系以及波黑的完整性这些问题控制了该地区的议事日程。这些问题究竟如何解决，将会重塑该地区的未来。按民族来组成国家和其他实体，对于国家边界是否会有长期效果，这是成问题的。实现稳定，不管时间长短，都能有助于地区和解。为了避免出现脆弱国家和无能实体，外部角色，主要是欧盟和美国应该继续支持这一地区，帮助促进对人权的尊重，并密切监视其发展。

重大武装冲突（本卷第92—170页）

C. 霍尔姆奎斯特

在过去40年中，不管有些冲突的时间有多长，如以巴冲突和克什米尔冲突，其冲突的原动力和对冲突的理解都发生了重大变化。尤其是，非国家行为体在冲突中日益占据主要地位，这对如何解决冲突形成了新的挑战。2005年苏丹达尔富尔的形势发展表明，非国家行为体的多变性，使冲突的解决变得更加复杂化；而车臣的冲突显示了涉及非国家行为体的冲突，罪犯和政治分子经常掺合在一起。刚果民主共和国的持续混乱，说明非国家的暴力行动多么地持久，尽管有过一个正式的“和平协议”。伊拉克的暴动事件在2005年实际上始终未减少，在建立正式政治机构上的进展未能制止该国不断扩大的教派分裂。

1990—2005年重大武装冲突的模式（本卷第132—146页）

L. 哈博姆，P. 瓦伦斯腾

2005年，在全世界16个地点发生了17场重大武装冲突。2005年重大武装冲突的次数和冲突地点的数量比2004年的17个地点19场冲突略少些。2005年国家间的冲突并不活跃，亚洲是冲突数量最多的地区。1990年至2005年，也就是冷战后的16年期间，总共发生了57场不同的重大武装冲突，但从1999年以来冲突数量呈现出下降的趋势，而 2005 年是这一阶段冲突次数量最少的一年。

伊斯兰、冲突和恐怖主义（本卷第 151—170 页）

N. J. 梅尔文

随着冷战的结束，宗教被越来越认为是许多世界冲突中的主要因素。近几年，尤其是在美国的 2001 年“9·11”事件之后，激进的伊斯兰教徒被认为是暴力活动，包括恐怖主义的一个源头。有些观察家认为在“文明冲突”中，宗教极端主义所引起的因素在增加，其中伊斯兰极端主义起着挑头作用。但最近的研究表明，在穆斯林社会中以及在穆斯林同外部世界的关系中存在着更为复杂的情况。从这个角度看，全球化的结果造成穆斯林世界的内部变革和冲突，这将引发出传统伊斯兰教徒所反对的各种新的、有活力的有时甚至是猛烈的运动。现代伊斯兰主义运动的多样性，以及塑造冲突中伊斯兰角色的各种因素也很多，这就意味着，为阻止和制止涉及同穆斯林世界有联系的个人和集团的冲突，需要更细仔地制定安全政策。

建设和平：国际社会对非洲工作新重点（本卷第 171—243 页）

S. 韦哈塔

负责协调各种维和和发展角色工作的联合国建设和平委员会在 2005 年得以建立，表明国际和平与安全议程中的重点放在冲突后的建设和平上，其中最突出的地区是非洲。非洲是 14 项非洲费用昂贵的多职能和平行动的所在地，部署有 65000 人。尽管为非洲联盟和联合国在苏丹的行动团拨出了大量的国际援助和资源，但其艰苦奋斗的程度说明在非洲进行建设和平的工作将依然是极端困难的。

21 世纪初期的地区性安全合作（本卷第 245—279 页）

艾丽森·J. K. 贝尔斯，A. 科泰

自 1945 年以来，地区性安全合作已扩及世界大部分地方，并已发展成多种新的形式。这种合作有助于避免和控制冲突，有助于建设性的军事合作、其他领域的安全合作，包括对付新的威胁或为安全目的进行的经济努力和政府工作方面的协调，也有助于促进人权和民主。合作的“质量”可以从自由、非“零和”做法、富有成果和低成本高效率这几方面的测试来评估。非常大的国家看来比那些各不相同的甚至是欠发达的国家更难与邻国成功地结伙。在未来的一定时间内，世界将是这样一个混合物：既有一体化的地区，也有新兴地区；既有单一大国地区，也有火药桶地区。

核武器的国家治理：机遇与限制（本卷第 280—300 页）

H. 博恩

虽然核武器的国际治理问题是个经常、广泛谈论的话题，但核武器的国家治理问题在核武器国家中却很少谈及。从管理安全部门的角度看，可以这样认为：对于核武器控制的责任问题的讨论应该扩伸到传统的“指挥与控制”套路之外。对中国、法国、俄罗斯、英国及美国五个《核不散条约》界定的核武器国家和印度、以色列及巴基斯坦三个事实上的核武器国家在核武器治理上的分析和比较，勾勒出这些核武器国家—无论是民主国家还是非民主国家，是如何以其政治责任来平衡核武器的使用与核武器的安全可靠这两者关系的。

武器寿命周期透明（本卷第 305—332 页）

B. 哈格林，M. 布罗姆利，J. 哈特，S.N. 基尔，Z. 拉霍夫斯基，W. 奥米图根，C. 佩尔多莫，E. 萨里，S.T. 魏泽曼

对于武器的寿命周期，即从军费支出、武器生产、研究发展、武器转让、武器库存到武器销毁处理这一周期，现在尚无一套系统、可靠、有效和全球性的定量数据。各地区的情况也大致如此。缺乏国际上公认的定义，或坚持现有的这些数据，使国际间进行比较就成为问题。而且，武器生产厂家的活动，有些依然超越所在国的控制。许多科技上的新近发明，其军民两用性质使我们对用于武器研究与发展的经费予以准确地搞清楚并进行比较，显得更为重要，也更加困难。各国武器库的透明度总体上是很有限的，全球核武器库和武器级裂变材料的情况依然存在着极大的不稳定性。生物武器方面的透明度可以说已有下降，但在化学武器、军费开支和武器转让方面的数据上出现了一些积极的趋势。

军费开支数据：40 年回顾（本卷第 333—363 页）

W. 奥米图根，E. 申斯

SIPRI 在过去 40 年间收集的全球范围的军费开支数据，其质量、可获取性以及用途受到了变化着的国际安全背景的影响。军费开支数据的用途发生了两个根本的转变：第一，从冷战时期的重点在北方国家变为后冷战时期的重点在南方国家；第二，由于联合国系统的政策变化，军费开支数据被用于推动裁军和发展变为用于增加透明度。军费开支数据对于分析和平与安全问题的参考性，受到了各国在当前安全环境中把更大的重点置于国内安全和人的安全这一点的进一步挑战。其结果是，军费开支数据失去的一定的相关性。这并不意味着军费开支数据不再有用，而是应该要有其他类型的数据系列来作补充。

军费开支（本卷第 364—496 页）

P. 斯塔伦海姆，D. 弗吕沙尔，W. 奥米图根，C. 佩尔多莫

2005 年全球军费开支估计达 1.001 万亿定值（2003 年）美元，或 1.118 万亿现值美元，与冷战后最低时的 1998 年相比，上升了 34%。这个高增长率主要是由美国在阿富汗和伊拉克发动的高耗资战争和“全球反恐战争”引起的。美国占了 2005 年全球军费增长额的 80%，其军费开支占了全球总支出的 48%，远远高于紧随其后的英国和法国，这两个国家各占全球支出的 5%。世界前 15 位开支大国合在一起占全球总开支的 84%，反映了对支出增长负有责任的国家为数不多。在许多国家，由于高物价而使税收不断增加，这就促成了军费的日益攀升。

国际军费比较：使用购买力平价的问题与挑战（本卷第 475—496 页）

M. 沃德

把一个国家在军事上（或其他方面）的开支同另一个使用不同货币的国家相比，会有很多难办的问题。一种传统的做法是将货币用市场汇率进行换算。现在倾向于使用购买力平价进行换算，因为购买力平价可以假设地显示一个国家购买另一个国家所买的相同（军事）货

物和服务需花多少钱，这样就可可通过较准确的国际比较，看出一个国家的军费支出所占的经济负担。但在购买力平价的估计中也有一些概念上和经验上的问题需要解决。对于军费开支来说，这里的问题更多，因为这受到军事秘密、军事预算的覆盖范围、军品价格的性质以及军事产品的独特性等方面的限制。

军火生产（本卷第 497—574 页）

J. P. 邓恩，E. 萨里

SIPRI 统计的全球军火生产 100 家最大公司（不包括中国）2004 年总销售额为 2680 亿美元（现值美元），比 2003 年增长 15%。这 100 强的销售额中有 64%属于北美洲的 41 家公司：美国 40 家，加拿大 1 家。40 家欧洲公司（包括 4 家俄罗斯公司）的销售额占 31%。冷战结束以来，国际军火工业发生了很大变化。军火生产公司 100 强中的前 4 家在 1990 年至 2003 年期间的销售份额由 22%上升到 44%。由于补偿贸易的增长和军工服务与保障业的日益私有化，供应链的国际化正在不断加强。尽管军火市场保持其独特性，包括其出入屏障，但仍有望会发生进一步变化。

俄罗斯军火工业的发展情况（本卷第 552—574 页）

J. 库珀

1991 年以来，庞大的苏联军火工业已有极大收缩，俄罗斯军事部门对它实施管理和监督的行政结构也发生了经常而深远的变化。自从弗拉吉米尔·普京总统上任以来，军工产量已得到某种程度的恢复，用于军品采购、研究与发展的经费得到了增加，但俄的军工生产仍然依赖于出口。苏联遗留下来的问题依然十分明显：其军火工业仍保持着同外部世界的相对隔断，不愿建立跨国合作伙伴关系，不允许外国控股；透明度的水平虽然有所改进，但仍与所期望的像民主国家那样的正常做法有着较大距离。

国际武器转让（本卷第 575—817 页）

B. 哈格林，M. 布罗姆利，S. T. 魏泽曼

在过去三年中，主要武器的转让数量出现了增长。2001 年至

2005 年的五年期间，世界上 5 个最大的主要常规武器供应国是俄罗斯、美国、法国、德国和英国。俄罗斯和美国各占全球主要武器交付量的约 30%。欧洲和北美以外的一些小供应国未能成功地向伊拉克提供主要武器，今后可能也继续会如此。然而，波兰可能仍是向伊拉克供货的主要欧洲国家。小供应国之间为加强它们在国际军火市场中的地位而进行的合作，一直出现问题。寻找新市场、保住老市场的努力已加剧了国际竞争，激励了各国出口政策中的商业实用主义。有些国家在政治上厌倦诸如联合国常规武器登记制度和国家年度报告这类透明机制。假如商业实用主义的倾向继续蔓延，报告国家军火出口的政治意愿继续降低，军火转让报告的透明将可能走到一个十字路口。

欧洲集体空间探索中的安全内涵（本卷第 818—841 页）

T. 希钦斯，T. 瓦拉塞克

欧洲—无论从集体看还是从国家看，很早就是外空领域中的一支重要力量。但是，正如欧洲力量的很多其他方面一样，欧洲的空间能力并不是一个完全统一的项目，而是通过国家和跨国间各个实体和各种努力混杂积累而成的。欧洲的空间活动，尤其是集体项目，很早就集中于民用和商用。然而，近几年来，欧洲国家已认识到他们的空间计划中还需考虑安全因素。这种推动力源于外交政策中的集体主义趋势、美国空间能力对其军事革命的促进，以及欧洲欲独立于美国行事的日益强烈的欲望。

对军控连续性与变化的思考（本卷第 845—867 页）

I. 安东尼

军备控制的一个主要目的——促进安全领域的国际政治一军事方面的对话——依然是有效和必要的，但冷战期间军备控制的其他方面（例如对称、对等和普遍参与）的重要性正在下降，并在当前许多进程中已不复存在。尽管如此，这些进程对于国家的政策和实践有着重要影响。改进了的核查制度及透明度促进了冷战后的各项军控协定。但现在已失去这些收获。对核查问题看法的改变对军控履约的评估和执行变得复杂化。军控在传统上是针对国家的，但现在的重点则是控制那些易被非国家组织可能用来搞恐怖活动的能力上。另一种较为积极的情况是，诸如私人企业这样的非国家行为体正变得更愿意参与到军控活动中来。彻底消除或完全不让接触两用物项，既不可行也不可取。阻止获取两用技术，只有在相关技术上可能被滥用或被滥用的危险程度很高的情况下才可以。

核军备控制与不扩散（本卷第 868—992 页）

S. N. 基尔

2005 年，核不扩散机制继续面临挑战。在第七次五年一度的《核不扩散条约》审议大会上出现的僵局，使该条约的有效性和生存力引起了怀疑。关于伊朗核计划性质的争论依然未能解决，因为国际原子能机构提供了进一步的细节，表明伊朗未按其与该机构签署的保障监督协定的要求申报其重要的核活动。关于朝鲜核计划前景的国际谈判未能取得突破，尽管朝鲜第一次宣布其已拥有核武器。对于全球库存核材料的安全和安保，继续存在着担心。鉴于这些挑战，国际社会对于全球核燃料循环采用多边方式加以管理这一点已重新引起了兴趣。

印美《民用核合作倡议》的法律方面（本卷第 947—967 页）

C. 阿尔斯特伦

2005 年，美国和印度启动了民用核合作倡议。从美国方面来说，该倡议旨在允许美向印出口民用核技术；而对印度而言，实质是想借此来宣示其承担一个核武器国家的责任。美国宣布愿意同印度在民用核技术领域合作，国际社会对于此举将对核不扩散条约产生的影响引起了关注。对于该倡议的法律方面的一份分析报告指出，这里面既有国际的也有国内的许多法律问题。民用核合作倡议的接纳，不仅是核共应国集团参加国和美国国会的事，而且也是 1968 年《核不扩散条约》所有缔约国的事。

核燃料循环的多边控制（本卷第 968—992 页）

V. 费琴科

几十年来大家一致公认的事实是，和平利用核能的发展也需要拥有生产核武器的技术才行。国际社会制定了三种方案来处理这一问题：对技术和敏感材料转让设置了法律和规则上的障碍；提倡通过多边协定来联合使用、发展和拥有敏感的核燃料循环设施；使用经改进的、防扩散的核技术。2005 年在核安全和能源安全方面的新动向再次加速了对上述方案优缺点的讨论，其中后两种的重要性得到了强调。

生化战的发展与军备控制（本卷第 993—1044 页）

R. 格思里，J. 哈特，F. 库劳

2005 年，1972 年的《生物与毒素公约》缔约国大会讨论关于科学家的行为准则，并为 2006 年召开第六次审议会作准备。1993 年的《化学武器公约》缔约国决定延长国家履约和普遍性的行动计划。疾病对于经济和国家安全的影响在 2005 年受到了前所未有的重视。美国领导的伊拉克调查小组公布了关于伊拉克先前武器计划的结论，并就战前的情报来源及处理的更多情况予以公布于众。一些重要庭审案例的宣判使许多关于恐怖组织为敌对目的获取生化材料的情况得到暴露。

加强生物安保：制定全球战略的必要性（本卷第 1024—1044 页）

R. 罗菲，F. 库劳

近年来一些疾病的暴发、生物技术的快速发展，以及人们所察觉到的生物恐怖主义的高度危险，已成为全球公共卫生和相关的安全挑战中的重要关注点。历史上，“减少威胁计划”的活动主要集中在俄罗斯和前苏联的一些共和国，但现在需要有一项更为广泛而细致考虑的全球战略来增强生物安保。要实现这一点，则应提高认知，加强在这方面的国际努力，改进全世界处理危险病原体设施的生物安保，制定有助于防止恶意角色获取材料、技术和专门知识的法律和标准。应建立有效的流行病监测网络。为防止万一出现安全缺口，需有一套预案和应对计划，以保护公众健康不受自然发生的意外泄漏的病原体威胁。应推动在这些问题上的全球性合作和讨论。

常规军备控制（本卷第 1045—1074 页）

Z. 拉霍夫斯基

2005 年是 1990 年《欧洲常规武器力量条约》签署 15 周年。然而，由于在欧洲安全与合作组织 1999 年伊斯坦布尔首脑会议通过的文件内容上有分歧，欧洲“硬的”常规武器控制机制的更新依然停滞不前。2005 年 5 月关于关闭俄罗斯在格鲁吉亚军事基地的协议算是向前走了一步，欧安组织成员国为能更好地应对欧洲所面临的共同和地区威胁及挑战，对于与军控相关的工作在继续进行评估、调整并作出努力。从全球看，“非人道武器”问题继续吸引着国际社会的注意。

转让控制（本卷第 1075—1100 页）

I. 安东尼，S. 鲍尔

参与改进出口控制的国家认为，为打击大规模杀伤性武器及其运载系统的扩散，还有更多的事情要做。他们承认，在执行国际标准上，需要有更多国家的参与和合作。有一个广泛一致的意见是，各国在自选的出口控制安排中取得的成就可以用作制定国际标准的一个坚固平台。对于联合国安理会第 1540 号决议和《防扩散安全倡议》这两个新近行动的坚定支持，表明国际社会认识到需对实施控制同已受重视的法律制定给予同等重视。最近的一些活动预示着，出口控制可能会应用于一些新的领域，作为使军备控制适应于日益变化的安全环境的种种努力的一部分。例如，欧盟一项新的法规将出口控制从军事和战略产品延伸到了人权目标。国际原子能机构的成员国正在审议如何使出口控制能有助于降低非国家行为体获取和使用放射性武器的风险。对于在实行国家法律和规定中加快采纳国际标准的这一需要，继续激励着扩展出口控制和提供相关援助的要求。

（庄茂成 译）